DICTIONNAIRE FRANÇAIS-BASQUE

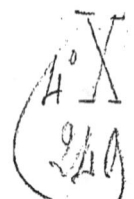

EXPLICATION

DES ABRÉVIATIONS EMPLOYÉES DANS CE DICTIONNAIRE

adj............	adjectif ou adjectivement.
adj. de t. g.....	adjectif de tout genre.
adj. num......	adjectif numéral.
adj. ord.......	adjectif ordinal.
loc............	locution.
loc. adv.......	locution adverbiale.
adv...........	adverbe, adverbial, ou adverbialement.
coll...........	collectif.
conj...........	conjonction.
interj.........	interjection.
fam...........	familier ou familièrement.
instr..........	instrument.
fig., au fig....	figurément, au figuré.
nég...........	négatif.
p. ou part.....	participe.
part...........	particule.
pl. ou plur.....	pluriel.
pop...........	populaire ou populairement.
pos...........	possessif.
prép..........	préposition.
prov..........	proverbialement.
s.............	substantif.
s. m..........	substantif masculin.
s. f...........	substantif féminin.
sing...........	singulier.
pron. pers.....	pronom personnel.
pron. poss.....	pronom possessif.
t.............	terme.
v. a...........	verbe actif.
v. n...........	verbe neutre.
v. p...........	verbe pronominal.
v. imp.........	verbe impersonnel.
v. pers........	verbe personnel.
v. r. ou v. réc..	verbe réfléchi, d'abord, ensuite réciproque.
altern.........	alternative.
t. de sal.......	terme de salines.
t. de ser.......	— de serrurier.
t. d'imp.......	— d'imprimerie.
t. de prat......	— de pratique.
t. de manuf....	— de manufacture.
t. fam.........	— familier.
t. d'arch.......	— d'architecture.
t. de mar......	— de marine.
t. de bot.......	— de botanique.
t. de chim.....	— de chimie.
t. de verr......	— de verrerie.
t. de sculp.....	— de sculpture.
t. de blas......	— de blason.
t. de man......	— de manége.
t. d'hipp.......	— d'hippiatrique.
t. didact.......	— didactique.
t. de vén......	— de vénerie.
t. popul.......	— populaire.
t. de jard......	— de jardinage.
t. d'antiq......	— d'antiquité.
t. de chas.....	— de chasse.
t. de méd......	— de médecine.

DICTIONNAIRE

FRANÇAIS-BASQUE

PAR

M.-H.-L. FABRE.

BAYONNE

P. CAZALS, Librairie Centrale,

Place du Réduit, N° 2.

1870

(L'auteur se réserve la propriété de l'ouvrage et tous les droits sans exception).

PRÉFACE

Il existe, entre la France et l'Espagne, un pays presque inconnu, même des savants, dont les mœurs et les usages sont différents des autres peuples. C'est le peuple Vasco-Cantabre, connu aujourd'hui sous le nom de Basques, reste d'une puissante nation d'une antiquité incontestable, et dont la langue primitive est si belle et cependant si peu parlée. Peu d'écrivains s'en sont occupés, quelques-uns ont écrit leur histoire, d'autres ont étudié leur langue, notamment le savant Guipuscoan, le P. Larramendi, qui, outre une grammaire, publia en 1745 un Dictionnaire. De nos jours, quelques personnes entreprirent d'en faire paraître un nouveau, mais diverses causes firent qu'il ne fut point terminé ou qu'il ne vit point le jour. Il y a plus de trente ans qu'un attrait invincible m'attirait à une étude, ingrate il est vrai, mais qui présentait à mon imagination sérieuse un vaste champ à cultiver ; je songeai plusieurs fois à entreprendre de former un Dictionnaire volumineux français-basque. Quoique cette exécution ne fût pas facile, je ne me laissai pas effrayer par toutes les recherches et le travail ardu qui allait m'échoir, et ma détermination ne se rebuta pas pendant les huit années que je mis à recueillir les mots qui m'étaient inconnus et à le former. J'ai aujourd'hui la douce satisfaction de l'offrir aux philologues qui, en ce moment, s'occupent d'une manière spéciale de la langue basque, et au public, qui commence à y jeter un regard curieux et plein d'intérêt ; je désire qu'ils l'accueillent avec bienveillance, et si quelqu'un d'entre les lecteurs m'adressait des observations, je les agréerai avec reconnaissance, si elles sont justes, et j'en tiendrai compte dans une prochaine édition, que je tâcherai de rendre plus complète et dans laquelle je ferai disparaître les lacunes qui pourraient exister dans celle-ci. Je ne doute pas que l'on ne me tienne compte des difficultés qui existent dans un pareil travail ; j'ose espérer qu'il en sera ainsi ; alors je me sentirai compensé de mes peines et de mes veilles.

OBSERVATIONS PRÉLIMINAIRES

La langue basque n'a pas de règles fixées par une Académie ; chaque auteur a son basque particulier, son orthographe ; cependant il serait nécessaire qu'il y eût uniformité.

Dans mes écrits basques j'ai adopté, comme étant la plus simple, une orthographe naturelle et non conditionnelle, et c'est ce qui devrait exister pour toutes les autres, car, par elles-mêmes, elles offrent déjà assez de difficultés. C'est donc à cette dernière que je me suis arrêté, et c'est d'après elle que j'ai dressé mon Dictionnaire ; les mots, sauf un petit nombre, en les lisant, vous donnent la prononciation qu'ils doivent avoir. J'ai promis une Grammaire qui fera connaître toutes les beautés de cette langue et qui en fixera les règles. Je donne ici les observations préliminaires sur l'alphabet basque.

L'alphabet est le même que dans le français, excepté que dans le basque il y a de moins le Q, qui n'existe que dans l'ancienne orthographe, et il n'est usité aujourd'hui que dans quelques noms propres : il est remplacé par le K ; et il a de plus l'Ñ avec un tilde, qui se prononce comme *gn* en français dans le mot Agnès : *Española* pour Espagnol.

A, même prononciation dans les deux langues, s'emploie quelquefois en double. — B (BÉ ou BE), en basque *beá*. — C (CÉ ou CE), en basque *ceá* ; le C a le son du K à la fin des voyelles, mais on ne doit l'employer que lorsque le son doit en être plus adouci que celui du K ; cette lettre-ci doit se mettre devant les voyelles et non le C, et lorsqu'il est suivi de l'H il faut lui donner un son guttural. — D (DÉ ou DE), en basque *deá*. — E, se dit en basque *eá*. L'E prend quelquefois un tréma, comme dans *makaëla* (maquereau-poisson), *Mikaëlu* (Michelle). — F (EFFE ou FE), en basque *efa*. — G (GÉ ou GE), en basque *geá*, prend un son guttural dans le basque espagnol. — H (ACHE), en basque *acha*. — I, même prononciation dans les deux langues. L'I prend souvent un tréma, comme par exemple dans *oïhu* (cri). — J (JI ou JE), en basque *ji*. Les Souletins et les Bas-Navarrais prononcent le J comme en français ; les Labourdins le prononcent comme l'Y, et les Basques-Espagnols le prononcent du gosier comme dans la langue espagnole. Exemple : *Jauna* (Monsieur), en basque espagnol se prononce comme *joven* (jeune), en espagnol. — K (KA ou KE), en basque *ká*. Il remplace le C et le Q au commencement des mots et s'emploie aussi dans le corps et à la fin de ceux-ci. — L (ÈLE ou LE), en basque *èle*. Quand deux LL sont ensemble on les mouille, comme dans la langue espagnole. Exemple : *Illoba* (neveu, nièce), en basque se prononce comme *llegar* (arriver) en espagnol. — M (ÈME ou ME), en basque *éma*. Cette lettre ne s'emploie jamais en double. — N (ENNE ou NE), en basque *éna*. Cette lettre non plus ne s'emploie pas en double. — O, en basque *ó*. Cette lettre s'emploie comme en français. — P, en basque *pé*. Il ne s'emploie jamais en double. PH ne remplace jamais l'F. En français on écrit *prophète* et l'on prononce *profète*. Dans la langue basque, lorsque ces deux lettres sont ensemble, on appuie sur le P et l'on aspire l'H. Ainsi *apheza* (prêtre), se prononce pour ainsi dire comme deux mots séparés : *ap-heza*. — Q, en basque *kü*. Voir au commencement l'observation le concernant. — R (ERRE ou RE), en basque *érra*, s'emploie quelquefois en double. — S (ESSE ou SE), en basque *ésa*. L'S a un son gras ; il se prononce en desserrant les dents, ne s'emploie jamais en double. L'S et le T se prononcent dans certains mots d'une manière que l'on ne peut expliquer ; il faut les entendre, car ils ne s'apprennent que par l'usage, et encore un étranger n'arrive-t-il pas toujours à les prononcer comme les gens du pays. — T (TÉ OU TE), en basque *teá*. Les deux TT ensemble se mouillent. — U, en Souletin, se prononce comme en français, et dans les autres dialectes basques *ou*, comme dans la langue espagnole. L'A et l'U (au) se prononcent *aou*, en ajoutant un tréma sur l'U ; ainsi *aürra* (enfant) se prononce comme si l'on écrivait *aourra*. Dans certains mots le tréma ne s'ajoute pas sur l'U quand celui-ci est seul, comme par exemple dans *untci* (vaisseau). — V (VÉ OU VE), en basque *veá*. Il n'est d'usage que dans le basque espagnol et il se prononce B. Il ne s'emploie pas en double. — X (IKS OU XE), en basque *itxa*. Il remplace l'S dans beaucoup de mots. — Y (I GREC), en basque *i gréka*. Il s'emploie comme en français. Quelquefois il se met avec l'I parce qu'alors la prononciation doit être prolongée et se faire sentir, comme dans ce mot : *bisaiya* (visage). — Z (ZÈDE OU ZE), en basque *zetá*. Le Z se met devant les voyelles dans le corps ou à la fin des mots et prend un petit sifflement ; l'on ne doit jamais mettre le C avec ou sans cédille (on ne met jamais aucune cédille sous le C, parce qu'on ne le place pas devant les lettres A, O, U), et on ne le met devant l'E et l'I que lorsque le son doit en être adouci ; ainsi on écrira *bizia* (vif, vive) avec un Z et *bicia* (vie) avec un C.

Dans les mots il y a souvent élision d'une lettre et parfois même de plusieurs ; quelques auteurs les remplacent par l'apostrophe, mais la plupart ne le font pas ; je serais bien de l'avis des premiers ; cependant je n'en ferai que rarement usage.

Les voyelles A, E, I, O, U, prennent l'accent circonflexe lorsqu'on doit mettre plus de force dans la prononciation.

La ponctuation et les accents s'emploient aussi comme dans notre langue.

Puis il est des mots ou des phrases qui ne peuvent se traduire que par des circonlocutions, parce que les mots correspondants manquent, comme, par exemple, dans les sciences, dans les arts, où on est obligé de les emprunter au français ou à l'espagnol, c'est pourquoi il y en a dans le basque de francisés ou d'espagnolisés. Il est vrai de dire aussi que la langue basque a une foule de mots que nous ne possédons pas.

DICTIONNAIRE FRANÇAIS-BASQUE.

A, s. m., première lettre de l'alphabet. — *Abeceko lehenbiciko letra.*
ABAISSEMENT, s. m., diminution de hauteur. — *Aphaltasuna.* ‖ Fig., humiliation : *Beératzepena, beérakuntza, beheramendua.*
ABAISSER, v. a., faire aller en bas, diminuer de hauteur, avilir. — *Beératzia, beheratzea, beheititzea, aphalzia, aphaltzea.*
ABANDON, s. m., délaissement. — *Uzkundea, utziera, largaera.* ‖ Négligence aimable dans les discours et les manières : *Utziera.* ‖ Négligence désordonnée : *Lazotasuna.*
ABANDONNÉ, ÉE, adj. et part. — *Utzia, uzia.*
ABANDONNER, v. a., délaisser, livrer. — *Uztea, uztia, abandonatzea, largatzea.*
ABATTEMENT, s. m., affaiblissement. — *Jaüsbetigoá, flakotasuna, erbartasuna, ebaintasuna.*
ABATTRE, v. a., mettre à bas. — *Eroraztia, azpiratzea, lurreratzea, beheratzea.*
ABBAYE, s. f., monastère. — *Abadiá.*
ABBÉ, s. m., celui qui possède une abbaye. On appelle communément abbé, tout homme qui porte un habit ecclésiastique, quoiqu'il n'ait point d'abbaye. — *Abadea.*
ABBESSE, s. f., supérieure d'un monastère de filles. — *Abadeza, Abadeseá.*
ABÉCÉDAIRE, s. m., livre destiné à apprendre aux enfants les lettres de l'alphabet. — *Abecedarioá.*
ABEILLE, s. f., mouche à miel. — *Erlia, erlea.*
ABHORRÉ, ÉE, part. — *Bekaïztua, iguïndua, ighuyndua.*
ABHORRER, v. a., avoir en horreur, en aversion, détester. — *Iguïntcea, ighuyntzia, bekaïztea.*

ABÎME, s. m., gouffre très-profond. — *Leizoa, leihse, lezia.*
ABÎMER, v. a, renverser, précipiter dans un abîme. — *Funditzea.*
ABLÉRET, s. m., espèce de filet. — *Phertola.*
ABLETTE, s. f., petit poisson d'eau douce. — *Chipa.*
ABNÉGATION, s. f., renoncement de soi-même. — *Ukhoa.*
ABOLI, IE, part. — *Khendua, indarbagatua, ghedeitzatua.*
ABOLIR, v. a., annuler, mettre hors d'usage. — *Khenzea, ghedeiztatzea, indarbaghetzea, indarkaiztea.*
ABOLITION, s. f., anéantissement, act. d'abolir. — *Guedeitza, indarkaitza, indarbarga.*
ABOMINABLE, adj., exécrable, détestable, qui est en horreur. — *Horriblia, nágatsa, nábasta, nagagarria, nazkagarria, icigarria.*
ABOMINABLEMENT, adv., d'une manière abominable. — *Horribleki, icigarriki, nágatski, nábaski, nagagarriki, nazkagarriki.*
ABOMINATION, s. f., détestation, exécration. — *Horribletasuna, icigarrikeria, nágatskeria, nábaskeria, negagarrikeria, nazkagarrikeria.*
ABONDAMMENT, adv., en abondance. — *Haüsarki, frangoki.*
ABONDANCE, s. f., grande quantité. — *Frangantzia, fragancia, abundantzia.*
ABONDANT, TE, adj., qui abonde. — *Haïnitz, anitch, frango.*
ABONDER, v. n., avoir en grande quantité, être en grande quantité. — *Frangatzea.*
ABONNER, v. a., convention faite, à un prix déterminé, en vue de s'assurer la jouis-

1

ABR — 2 — ACA

sance régulière de certains objets. — *Abonatzea.*

ABONNÉ, ÉE, part., qui a pris un abonnement. — *Abonatua.*

ABONNEMENT, s. m., convention ou marché, pour une chose dont le prix est casuel. — *Abonamendua.*

ABORD, s. m., accès. — *Lehorra, legorra.*

ABORD (D'), adv., dès le premier instant, au commencement, tout d'abord. — *Bercála, bertan, bérela, mementian, kuchian, ichtantian.*

ABORDABLE, adj., qui est accessible.— *Lehorrablia.* ‖ Attaquable : *Eraünsgarria, erasgarria, akopillagarria.*

ABORDAGE, s. m., s'approcher d'une côte, etc. — *Lehorramendua, lehorrakunza.* ‖ Assaut pour l'attaque d'un navire : *Akopilua, erasoá, eraüntzia.*

ABORDER, v. n., s'approcher de terre, etc. — *Lehortzea, légortzea.* ‖ Attaquer un vaisseau : *Eratsotzea, eraünztea, akopilatzea.*

ABOUTIR, v. n., toucher par un bout. ‖ Fig., signifie tendre : *Múgakidatzea, márrakidatzea.*

ABOUTISSANT, TE, adj., qui aboutit. — *Múgakidea, márrakidea.*

ABOYANT, TE, adj., qui aboie. — *Saïgan, chánpan, zángan, maüban.*

ABOYER, v. n., japper. — *Saïngatzea, zangatzea, champatzea, maübatzea.*

ABRÉGER, v. a., rendre plus court. — *Láburtzea.*

ABREUVÉ, ÉE, part., qui a bu.—*Edana, erana.* ‖ Qu'on a fait boire : *edanacia, edaneracia, edateratua.*

ABREUVER, v. a., faire boire. — *Edaraztea, edanaztea.*

ABREUVOIR, s. m., bassin, lieu où l'on fait boire le bétail. — *Edatokia, edaratokia.*

ABRÉVIATION, s. f., retranchement d'une lettre dans un mot, pour écrire plus vite ou en moins d'espace. — *Laburkunza, laburrera.*

ABRI, s. m., lieu où l'on peut se mettre à couvert du vent, de la pluie, etc. Plage où les vaisseaux sont en sûreté. ‖ Fig., lieu où l'on est en sûreté, hors de danger. — *Gheiza, atherbea, legorra, malda, leiyorra.*

ABRI (A L'), adv., à couvert. — *Estalgunan, gheizan, atherbean, gheïzian, maldan, leiyorrian.*

ABRICOT, s. m., fruit. — *Abrikota.*

ABRICOTIER, s. m., arbre fruitier. — *Abrikotondoa.*

ABRITER, v. a., mettre à l'abri. — *Estaltcea, legortzea, gheïzitzea.*

ABRITÉ, ÉE, part., à l'abri, en sûreté. — *Ghëizitua, atherbetua, leiyorrian emana.* ‖ Mis à couvert par un vêtement, etc. : *Estalia.*

ABSENCE, s. f., éloignement. — *Aücencia.*

ABSENT, TE, adj., éloigné de sa demeure ordinaire. — *Iyana, aücezatua.*

ABSENTER (S'), v. p., s'éloigner. — *Yuaïtia.*

ABSINTHE, s. f., plante. — *Asuncioa, asensioa, acencióa.*

ABSOLUMENT, adv., d'une manière absolue, sans restriction, sans bornes, sans partage, déterminément, tout à fait, entièrement. — *Absolutuki, baitezpada, nahieta-ez.*

ABSOLUTION, s. f., pardon. — *Absolucionia, absobluciúa, barkamendua.*

ABSOUDRE, v. a., pardonner. — *Absolucionia emaitea, absobluciúa emaitea, barkatzea.*

ABSORBÉ, ÉE, part., faire disparaître, engloutir, embu, consumé. — *Iretxia.*

ABSORBER, v. a., engloutir, faire disparaître, emboire. ‖ Fig., consumer : *Iretxtia.*

ABSTENIR (S'), v. p., s'empêcher, se priver, se retenir de l'usage de quelque chose, de faire quelque chose. — *Béghiratzea.*

ABSTENTION, s. f., action de s'abstenir. — *Béghiramendua.*

ABSTINENCE, s. f., action de s'abstenir. — *Béghirakuntza, urrijaldura, urrijalpena, abstinencia.*

ABSURDE, adj., contraire à la raison.—*Fántsgabea.*

ABSURDITÉ, s. f., vice de ce qui est absurde, chose absurde. — *Fánts-gabekóa.*

ABUS, s. m., mauvais usage, excès. —*Donghéa.*

ABUSER, v. n., faire mauvais usage, des excès, tromper, suborner. — *Donghetzea, gaïzki usatcea, dongheró usatcea.*

ABUSIF, IVE, adj., qui est contraire aux règles. — *Dongheakorra.*

ABUSIVEMENT, adv., d'une manière abusive. — *Donghearkiro.*

ACACIA, s. m., arbre. — *Akacia.*

ACADÉMIE, s. f., compagnie de savants, d'artistes. — *Akademia.*

ACARIATRE, adj., d'humeur aigre.—*Ingráta, kécho, pózoïna.*

ACCABLANT, TE, adj., qui accable. — *Akablagarria.*

ACCABLÉ, ÉE, part., abattu, chagrin. — *Akablatua.*

ACCABLER, v. a., abattre par la pesanteur, faire par exagération, surcharger ; se dit aussi au fig. — *Akablatzea.*

ACCAPARÉ, ÉE, part., enlever les denrées pour être maître du prix. — *Bazkorniac eremanac, yanariac altchatuac.*

ACCAPARER, v. a., enlever les denrées pour les vendre plus cher. — *Bazkorniac erematia, sobereghi, hainitzeghi salzeko, yanariac erosi sob.reghi salzeko.*

ACCAPAREMENT, s. f., action d'accaparer. — *Bazkornien, yanarien altchatzia, arrapatzia, erematia, précio gaitzbatian salzeko.*

ACCAPAREUR, EUSE, s., qui accapare. — *Bazkorni, yanari eremailia, arrapatzailea cer nahi precioetan salzeko.*

ACCÉDER, v. n., consentir. — *Konsenditzea, gogakidatzea, nahikidatzea, gurakidatzea.*

ACCÉLÉRÉ, ÉE, part., activé. — *Lasterrago eghiteko, fiteago eghiteko, ibiltceko, yuaiteko.*

ACCÉLÉRER, v. a., hâter, presser. — *Lasterreratzea, fitiago eghitia.*

ACCENT, s. m., inflexion de la voix. — *Hitztera, hitzeghiera, mintzoëra, bozaëra, berbaëra.* || Prononciation des mots : *Hitzéra, hitzéghiera.* || Accent aigu : *Hitzéra zorrotzá, biciá.* || Accent grave : *Hitzéra pisua, gheldia, astitsua.* || Accent circonflexe : *Hitzera goïbeá.*

ACCENTUATION, s. f., manière d'accentuer.— *Hitzteramendua.*

ACCENTUÉ, ÉE, part. — *Hitzteratua.*

ACCENTUER, v. a., marquer les syllabes avec des accents. — *Hitzteratzia.*

ACCEPTABLE, adj., qui peut, qui doit être accepté, recevable. — *Arkizuna, artugarria, argarria, arditekhena, acetaditekhena, onharditekhena.* || Agréable : *Onirizkhizuna, onirizgarria.*

ACCEPTATION, s. f., action d'accepter. — *Artzaphena, nahikundea.*

ACCEPTÉ, ÉE, part., accédé, voulu. — *Onhartua, topatua.*

ACCEPTER, v. a., recevoir. — *Artzia, topatcea, onhartzea.*

ACCEPTEUR, s. m., qui reçoit, accepte. — *Arlaria, erricibitzallea.*

ACCEPTION, s. f., considération, préférence, sens d'un mot. — *Personen irakurtza, bereiztasuna.* || Excepter, préférer : *Bereizteá.*

ACCÈS, s. m., abord. — *Urbilkunza, ertzaëra.*

ACCESSIBLE, adj., qui peut être abordé, dont on peut approcher. — *Alderagarria, urbilgarria, urreragarria.*

ACCESSOIRE, s. m., suite. — *Ichekaria, seghida.* || D'une manière accessoire : *Ichekiro.*

ACCIDENT, s. m., événement imprévu. — *Miña, akcidentea.* || Tombé malade : *Eritua, miñac artua.* || Cas fortuit : *Ustegabea.*

ACCIDENTÉ, ÉE, part., diversifié, pays accidenté. — *Bazterrac, tokiac diferentatuac.*

ACCIDENTEL, LE, adj., par accident. — *Ustegabekoa, oarkabekoa.*

ACCIDENTELLEMENT, adv., fortuitement, par accident. — *Ustegabean, oargabean.*

ACCIDENTER, v. n., diversifier. — *Diferentatzia.*

ACCLAMATION, s. f., cri de joie. — *Oihus norbeit icendatzia.* || Suffrage : *Icendamendua.*

ACCLAMÉ, ÉE, part., nommé par acclamation, par exclamation joyeuse : *Oihúka icendatua.* || Nommé par suffrage : *Icendatua.*

ACCLAMER, v. a., nommer par cris de joie. — *Oihúka icendatzia.* || Nommer par suffrage : *Icendatzia.*

ACCLIMATÉ, ÉE, part., accoutumé au climat. — *Aicetorkitua.*

ACCLIMATER, v. a., accoutumer au climat. — *Aicetorkiausatzia.*

ACCOLADE, s. f., embrassement. — *Bésarka.*

ACCOMMODABLE, adj., qui peut être accommodé, accordé, ajusté. — *Antolagarria.*

ACCOMMODAGE, s. m., apprêt, arrangement. — *Antoladura.*

ACCOMMODANT, TE, adj., complaisant, qui est facile, qui se fait aisément à tout.— *Antolagarria.*

ACCOMMODÉ, ÉE, part., arrangé.—*Antolatua.*

ACCOMMODER, v. a., ranger, ajuster, agencer, rétablir, bien traiter, préparer, conformer, faire convenir, faire cadrer. — *Arrenjatzea, antolatzea, onghitzea, onxatzea, alogatcea, kompontcea.*

ACCOMPAGNÉ, ÉE, part., suivi. — *Seghitua, lagundua.*

ACCOMPAGNER, v. a., suivre. — *Laguntzea, kompaynïatzia, laguntcia, seghitzea.*

ACCOMPLI, IE, adj., excellent, parfait.—*Komplitua, finitua, akabatua, aitua, obetandua, bukatua.*

ACCOMPLIR, v. a., achever tout à fait. — *Finitzea, bukatzea, aitutzea, komplitzea, akabatzea.* || Effectuer, exécuter : *Eghitea.*

ACCORD, s. m., harmonie. — *Alosia, harmonia.* || Consentement : *Baya, naya, goakida, naikida, gurakida.* || Union : *Akortasuna.* || Convention : *Antolamendua.* || Accommodement : *Arrenjamentia, arrenyamendua, antolamendua, zucenamendua.* || Consonnance : *Batsogoá, otsankida.*

ACCORDÉ, ÉE, part., donné. — *Emana.* || Arrangé : *Antolatua.* || Harmonisé : *Zucendua.*

ACCORDER, v. a., arranger. — *Antolatcea, kompontzea, zucentzea.* || Consentir : *Goakidatzea, naikidatzea, gurakidatzea.* || Gratifier : *Doaikertzea.* || Concilier, faire la paix, se rapatrier : *Baketzea.* || Concéder : *Uztea, utzikidatzea, emakidatzea.* || Mettre d'accord, harmoniser : *Zucentzea.*

ACCOSTÉ, ÉE, part., abordé, approché. — *Urbildua.*

ACCOSTER, v. a., aborder. — *Urbiltzea, alderatzea.* || Terme de marine, approcher : *Ertzatzea.* || S'accoster de.... v. p., s'approcher : *Urbiltzea, juntatzea, yuntatzea.*

ACCOUCHÉE, s. f., femme qui a fait ses couches. — *Erditua, erdia.*

ACCOUCHEMENT, s. m., délivrance d'une femme, enfantement. — *Erditzapena.*

ACCOUCHER, v. n., mettre un enfant au monde. — *Erditzea, erditcia.*

ACCOUCHEUR, s. m., dont la profession est d'accoucher les femmes. — *Erditzailea.*

ACCOUCHEUSE, s. f., dont la profession est d'accoucher les femmes. — *Emaghiña.*

ACCOUDER (s'), v. p., s'appuyer sur le coude. — *Ukhondo gaïnian yartzia.*

ACCOUPLÉ, ÉE, part., joint, réuni. — *Yuntatua.*

ACCOUPLER, v. a., joindre deux choses ensemble. — *Birazkatzea.* || Apparier, joindre deux bœufs, etc. : *Ustartcea, mulzatcea.*

ACCOUPLEMENT, s. m., conjonction (en parlant des animaux). — *Araghilotura.*

ACCOURIR, v. a., se rendre vite, courir à... — *Agudotzea, agudozia, lasterkatzea.*

ACCOUTUMÉ, ÉE, part., habitué. — *Trebatua, ohitua, khostumatua, usatua.*

ACCOUTUMER, v. a., s'habituer, donner l'habitude. — *Trebatcea, khostumatzea, usatcea.*

ACCRÉDITÉ, ÉE, part., qui a du crédit, bruit répandu. — *Zabaldua.*

ACCRÉDITER, v. a., donner de l'autorité, faire accroire, répandre un bruit. — *Zabaltzea.*

ACCROC, s. m., déchirure. — *Akroka.*

ACCROCHER, v. a., prendre, saisir, s'attacher. — *Lotzia, lotzea, aztaparkatzea, arrapatzea, atchekitzea, itchikitzea, atchematea, atzematea.* || Accrocher un navire : *Burdinez, burdiñez, burdunaz lotzea, artcea, itzatzea, krakoaz heltzea, burniaz, kakoaz, makoaz, eransitzea.*

ACCROCHEUR, s. m., qui accroche, attire. — *Atzemallea, arraparia, arrapatzailea, itchekaria, elzaillea, atzemailea.*

ACCROIRE (faire), v. n., faire croire une chose que l'on sait fausse. — *Sineztaztia, ghezurkhatzea.*

ACCROISSEMENT, s. m., augmentation. — *Handitasuna.*

ACCROÎTRE, v. n., devenir plus grand. — *Handitzea.* || v. a., rendre plus grand : *Handiaztia.*

ACCROUPI, IE, part., baissé, assis sur les talons. — *Aphaldua.*

ACCROUPIR (s'), v. p., se baisser sur le derrière pour s'y reposer. — *Hapaltzea.*

ACCRU, UE, part., grandi. — *Handitua.*

ACCUEIL, s. m., réception. — *Ghizajako.* || Bon accueil : *Ghizajako ona, beghi-tarte ona.* || Mauvais accueil : *Ghizajaco tzarra, ghizajaco tcharra, beghi-tarte gaistoa.*

ACCUEILLI, IE, part., reçu. — *Errecibitua.*

ACCUEILLIR, v. a., recevoir bien ou mal. — *Errecibitzea.* || Bien accueillir : *Agasajatzea, beghi-tarte on'ekilan errecibitzea.* || Mal accueillir : *Beghi-tarte gaizto ekilan errecibitzea.*

ACCUMULATION, s. f., amas de plusieurs choses, augmentation. — *Bildura.*

ACCUMULÉ, ÉE, part., réuni. — *Bildua.*

ACCUMULER, v. a., amasser, réunir, mettre ensemble. — *Biltzia.*

ACCUSATEUR, TRICE, s., qui accuse. — *Obendatzallea, oghendatzallea, gaizkitzallea, deügarotzallea, akusatzallea, salaketeria.*

ACCUSATION, s. f., plainte que l'on fait d'une faute ou d'un crime. — *Obendea, hoghendea, gaizkitzea, deugarotza, akusamendua, salaketa.*

ACCUSÉ, ÉE, part., prévenu d'un délit. — *Obendatua, hoghendatua, gaïzkitzatua, akusatua.*

ACCUSER, v. a., porter une accusation. — *Obendatzea, hoghendatzea, deugarotzatzea, gaizkitzatzea, akusatzea, salatzea, gaïneghitea.* ‖ S'accuser, v. r., déclarer ses fautes, ses péchés : *Akusatzea.*

ACHALANDÉ, ÉE, part., ayant des pratiques. — *Pratikac izatia.*

ACHALANDER, v. a., faire ayant des chalands, donner des pratiques. — *Pratikac izanaztia.*

ACHARNÉ, ÉE, part., ayant de l'acharnement. — *Errábiatua.*

ACHARNEMENT, s. m., fureur opiniâtre avec laquelle les animaux se battent les uns contre les autres. ‖ Fig., animosité opiniâtre : *Errabia.*

ACHARNER, v. a., exciter, animer, irriter. — *Errábiaztia.*

ACHAT, s. m., acquisition à prix d'argent. — *Erospena.*

ACHEMINEMENT, s. m., action de s'acheminer. — *Abiadura.*

ACHEMINER, v. a., mettre en état de pouvoir réussir, se mettre en route, en chemin. — *Abiatzea.*

ACHETÉ, ÉE, part., acquis par achat. — *Erosi.*

ACHETER, v. a., acquérir à prix d'argent. — *Erostea.*

ACHETEUR, s. m., qui achète. — *Erostalia, erostallea, eroslea.*

ACHEVÉ, ÉE, adj. et part., fini, terminé, accompli. — *Finitua, akabatua, atchutua, bukatua, neitcetua.*

ACHÈVEMENT, s. m., exécution entière. — *Akabanza, akabailla.*

ACHEVER, v. a., finir, terminer, parfaire. — *Finitzea, akabatzea, atchutzea, bukatzea, neitcea.*

ACIER, s. m., fer raffiné par le feu. — *Alzaïrua, altceirua.*

ACQUÉREUR, s. m., qui acquiert. — *Erostalia, Eroslea.*

ACQUÉRIR, v. a., acheter. — *Erostea.* ‖ Gagner : *Iraztia, irabaztia.* ‖ Se procurer : *Izatia, ukatia, izatea, ulhatzea.*

ACQUIESCEMENT, s. m., consentement. — *Konsentimendua.*

ACQUIS, SE, part., qu'on a eu, acheté. — *Izana, erosi.*

ACQUISITION, s. f., action d'acquérir. — *Erospena.*

ACQUIT, s. m., quittance, décharge. — *Erreciboa, errecebua, kontaraüa, errecebuta, kitanza.*

ACQUITTÉ, ÉE, part., payé, quittancé. — *Pagatua.*

ACQUITTER, v. a., payer, se libérer. — *Pagatzea.* ‖ Donner quittance : *Errecibo'ghitea, errecebughitea, kontaraughitea, kitanza-ghitea.*

ACTE, s. m., action. — *Eghina, eghinza, eghintza.* ‖ Fonction : *Eghiteduna, eghitekoa, eghinza, eghintza.*

ACTEUR, TRICE, s., qui joue un rôle au théâtre. — *Komedianta.*

ACTIF, VE, adj., laborieux, vif, diligent, prompt. — *Bizia, lasterra, presta, prunta.* ‖ Qui agit vivement, rapidement : *Eghillea, indartsua, lasterra, bizia, prunta.*

ACTION, s. f., chose que l'on fait. — *Obra, eghinza, eghindea.* ‖ Manière d'agir, mode d'exécuter : *Ekhera, eghiera, eghin bidea, eghin moldia, eghin modua.* ‖ Une action : *Eghindera, eghindura, eghina, eghintza.* ‖ Action de grâces : *Eskerra.* ‖ Action (droit contre....) : *Zucena.*

ACTIONNER, v. a., traduire, citer, appeler en justice. — *Deitzia, hotsghitea.*

ACTIVEMENT, adv., avec activité, vitesse. — *Biziki, lasterki, presakan.*

ACTIVER, v. a., presser. — *Lazterratzea, fite eghinaztea, presatzea, biziki eghinaztea, presakatzea.*

ACTIVITÉ, s. f., vivacité, promptitude. — *Bizitasuna, lasterrera.* ‖ Ce qui agit rapidement : *Eghinkera.*

ACTUALITÉ, s. m., qui est d'à présent, du moment. — *Oraïkúa.*

ACTUEL, LE, adj., effectif, certain, réel. — *Eghiazkua, oraïgua.*

ACTUELLEMENT, adv., présentement. — *Oraï, oranche, orantche, orantchitchó.*

ADAPTER, v. a., appliquer, mettre. — *Ezártzia.*

ADDITION, s. f., ce qui est ajouté à quelque chose, règle pour ajouter des sommes ensemble. — *Erainskincia, eraiskuncia, addicionea.*

ADDITIONNEL, ELLE, adj., qui doit être, qui est

ajouté. — *Eranshikorra, erachekikorra, addicionekua.*
ADDITIONNER, v. a., ajouter. — *Eranskitzia, crachekitzia, addicionatzea.*
ADHÉRENCE, s. f., union, ténacité. — *Ichatchkuna, itsatsia, ichekikuna.*
ADHÉRENT, TE, adj., joint, attaché. — *Itchatchia, itsatsia, atchikia, juntatua, yuntatua.*
ADHÉRER, v. n., tenir fortement à... — *Atchekitzea, atchikitzia, arganatzea.* ǁ Être du même sentiment de, confirmer : *Aprobatzea, afrogatzea.*
ADHÉSION, s. f., action d'adhérer, union, jonction, liaison. — *Itchachkuna, itsaskuna, ichekikuna.*
ADIEU ! interj., terme de civilité quand on se quitte. — *Adio, adi.* (Ce dernier est familier).
ADJOINDRE, v. a., joindre avec, parlant des personnes. — *Juntatzia, yuntatzea.*
ADJOINT, s. m. (collègue du maire). — *Achuanta, atjuanta.* ǁ Aide : *Yuntatua, juntatua, laguna, bigarren.*
ADJUDICATAIRE, s., m., à qui l'on adjuge. — *Ezkuperatzailea, meneratzailea.*
ADJUDICATION, s. f., action d'adjuger. — *Ezkupera, menera.*
ADJUGÉ, ÉE, part., accordé sur enchère. — *Ezkuperatua, meneratua.*
ADJUGER, v. a., délivrer sur enchère. — *Ezkuperatzea, meneratzea.*
ADMETTRE, v. a., recevoir, reconnaître pour véritable. — *Errecibitzia, etartzea, artzia.*
ADMINISTRATEUR, TRICE, s., qui gouverne, régit. — *Administratzallea, ekartaria, erabillaria, ekartzallea, erabiltzallea, beghiralca, beghiratzallea.*
ADMINISTRATIF, VE, adj., d'administration. — *Ekartarikua, erabillarikua, ekartzallekua, erabiltzallekua, administracionckoa, beghiralekua, beghiratzaillekua.*
ADMINISTRATION, s. f., gouvernement, direction, conduite, les administrateurs pris collectivement. — *Ekartariña, erabillariña, ekartzallua, erabiltzallua, administracionea, beghirallua, beghiratzaillua.*
ADMINISTRER, v. a., gouverner, régir. — *Ekartaritzea, erabillaritzea, ekartzalletzea, administratzea, erabiltzea, beghiratzea.*
ADMIRABLE, adj., qui mérite l'admiration, beau, bon, rare, excellent. — *Amiragarria, miragarria, arrigarria.*

ADMIRABLEMENT, adv., d'une manière admirable, étonnant : *Miragarriz, arrigarriz, amiragarriki, miragarriro, arrigarriro, miragarriki, arrigarriki.*
ADMIRATEUR, TRICE, s., qui admire. — *Mireslea, mirarizlea.* ǁ Se laissant entraîner facilement par l'admiration : *Mireskorra, mirariskorra, mireskoia, mirerizkoia.*
ADMIRATION, s. f., action d'admirer. — *Miraria, mireskuna, arriskuna.*
ADMIRÉ, ÉE, part., que l'on admire. — *Miretzia, miratua, amiratua, miraciztua.*
ADMIRER, v. a., considérer avec surprise une chose belle ou estimable. — *Amiratzia, miratzia.*
ADMISSIBLE, adj., qu'on peut admettre. — *Artzen ahaldena, errecibi ahaldena, etargarria, argarria, artutzgarria.*
ADMISSION, s. f., act. d'admettre. — *Etarza, arzekunza, artzekunza.*
ADMIS, SE, part., qui est reçu. — *Etartua, artua, errecibitua.*
ADOLESCENCE, s., jeunesse. — *Gaztetasuna.*
ADOLESCENT, TE, s., jeune. — *Gaztea.*
ADOPTER, v. a., choisir, prendre pour enfant. — *Béréztatzea.*
ADOPTIF, VE, adj., qui est adopté, fils adoptif. — *Seme-ordea, semeztatua.* ǁ Fille adoptive : *Alaba-ordea, alabaztatua.*
ADOPTION, s. f., act. d'adopter. — *Umetzatartzea.*
ADORABLE, adj., digne d'être adoré. — *Adoragarria, guragarria.*
ADORATEUR, TRICE, s. et a., qui adore. — *Adoratzalea, adoratzaillea, gurteghillea, gurtzallea.*
ADORATION, s. f., hommage. — *Gurtea, adoraciña, adoracionia.*
ADORÉ, ÉE, part., qu'on adore. — *Gurkatua, adoratua.*
ADORER, v. a., rendre à Dieu le culte qui lui est dû, honorer excessivement. — *Gurtzea, gurkatzea, adoratzea.*
ADOUCIR, v. a., rendre ou devenir plus doux. — *Eztitzia, eztitzea.*
ADOUCISSANT, TE, s. et adj., qui adoucit. — *Eztigarria.*
ADOUCISSEMENT, s. m., action d'adoucir. — *Eztimendua.*
ADRESSE, s. f., dextérité, ruse, finesse. — *Adrecia, ancea, maïna.* ǁ Suscription d'une lettre : *Nogandia.*
ADRESSÉ, ÉE, part., envoyé. — *Egorria.*
ADRESSER, v. a., envoyer. — *Egortzea.* ǁ

Adresser une lettre : *Adrezatzea, nogan-ditzea.*

ADROIT, TE, adj., qui a de la dextérité. — *Adreta, antcia, abudoa, anzosa, antcetxua, maïnusa.*

ADROITEMENT, adv., avec adresse.—*Adrecia-rekin, anzoski, abudoki, antceki, maïnuki.*

ADULATEUR, TRICE, s. et adj., qui flatte. — *Laüsengarria, laüsencharia, laüsengat-zallea.*

ADULATION, s. f., flatterie. — *Laüsenga, laüsencha.*

ADULTÈRE, adj., qui viole la foi conjugale.— *Bezterenaz araghizko bekatughillea, besterenganaria, adulteroa.* ǁ s. m., violement de cette foi : *Adulteroa.* ǁ s., personne qui a violé cette foi : *Adulterioa.*

ADVERSAIRE, s. m., ennemi. — *Etzaya, etshaya, partida, arerioa.* ǁ Opposé : *Kontraghillea, kontrestá, kontrakoa, partida.* ǁ Concurrent : *Kontraghillea, elkarresá elkarbaghea, alkarresá, elkarzkhea, kontrakua, partida.*

ADVERSITÉ, s. f., malheur. — *Gaitzegokia, gaitzkietoria, atsekabea.*

AÉRÉ, ÉE, adj., en bon air. — *Aïratua.*

AÉRER, v. a., donner de l'air. — *Aïratzia.*

AÉRIEN, NE, adj., qui appartient à l'air. — *Aïrekoa, aïrekua.*

AFFABILITÉ, s. f., qualité de celui qui accueille et écoute avec bonté.—*Erraikera, gozaghera, emaguria, lañotasuna, orkorrera.*

AFFABLE, adj., qui a de l'affabilité. — *Arraïa, arraïtxua, gozótxua, emaguritxua, lañotsua, orkotsua, arraïtsua, gozatxua.*

AFFABLEMENT, adv., avec affabilité. — *Arraiki, arraikiró, lañoki, lañokiro, orkorkiró.*

AFFAIBLIR, v. a. et p., débiliter, ôter des forces. — *Flakatzea, engochatzea, herbalatcea.*

AFFAIBLIR (s'), v. p. — *Flakatcea, erbaltzea, ebaintzea.* ǁ Tomber, en parlant d'un cheval : *Erortzea.*

AFFAIBLISSEMENT, s. m., perte de forces. — *Flakadura.*

AFFAIRE, s. f., occupation. — *Eghitekoa.* ǁ Procès : *Aücia.*

AFFAIRÉ, ÉE, adj., accablé d'affaires.—*Aferatua, lanaduna.*

AFFAMÉ, ÉE, adj., pressé de la faim.—*Goseiua.*

AFFAMER, v. a., causer la faim. — *Goseaztia, gosiaz hillaztia.*

AFFECTATION, s. f., singularité, recherche dans les manières. — *Gheïrudiro, gheïradia, morga.*

AFFECTÉ, ÉE, part., qui a de l'affectation. — *Gheïruditua.*

AFFECTER, v. a., faire ostentation de..., dessein marqué dans les manières. — *Gheïruditzea.*

AFFECTION, s. f., tendresse, amour, attachement. — *Gogoa, bihotzighinza, ekarraya, jayera, ederretzia.*

AFFECTIONNER, v. a., aimer. — *Bihetzghinzea, ederretzea, jayeratzea, ekarraitzea, maïtatzia.*

AFFECTUEUSEMENT, adv., d'une manière affectueuse. — *Bihotzetic, amodioz.*

AFFECTUEUX, SE, adj., qui marque l'affection. — *Gogotxua, onghinaya, amodiotxua.*

AFFERMER, v. a., prendre à ferme.— *Errentan hartzia, errendan artzea.* ǁ Donner à ferme : *Errentan emaitia, errendan ematea.*

AFFERMI, IE, part., rendu sûr.— *Seguratua.* ǁ Durci : *Gógortua.*

AFFERMIR, v. a., rendre sûr. — *Seguratzia.* ǁ Rendre dur : *Gógortzia.*

AFFICHE, s. f., placard public. — *Bataürkea.*

AFFICHER, v. a., mettre des affiches. — *Bataürke bat ematia, bataürke bat ezartzia.*

AFFIDÉ, ÉE, adj., à qui l'on se fie.—*Onetsia, kutuna.*

AFFILER, v. a., donner le fil à un tranchant. — *Chorrochtea, zorroztea, ezteratzea, cimeatzea.*

AFFINITÉ, s. f., alliance, liaison. — *Baltsakuntza.* ǁ Conformité, rapport : *Iguältasuna.*

AFFIRMATION, s. f., assertion. — *Bayetza, bayezkoa, shegurantza.*

AFFIRMATIVEMENT, adv., d'une manière affirmative. — *Bayezkiró, bayezkoró.*

AFFIRMER, v. a., soutenir qu'une chose est vraie. — *Sheguratzea, sheguratzia, bayeztzia, bayeztatzia.*

AFFLICTION, s. f., peine, déplaisir. — *Phena, atsekabea, ansia, larriá, estuá, ersiá, lantua, lástima.*

AFFLIGÉ, ÉE, part., qui a de l'affliction. — *Phenatua, lástimatua.*

AFFLIGER, v. a. et p., causer, sentir de la peine. — *Phenatzea, atsekabetatzea, ansiatzea, larritzea, estutzea, ersitzea, lástimatzea.*

AFFLUENCE, s. f., concours, abondance. — *Yoria, ugaria, naroa.*
AFFLUENT, E, adj., qui afflue. —*Ugari, yori, narozki.*
AFFLUER, v. n., se rendre au même lieu, au même bassin, arriver en abondance. — *Ugaritzia, narozkitzea, yoritzia.*
AFFRANCHI, IE, adj., qu'on a mis en liberté.— *Libratua, lokabetua.*
AFFRANCHIR, v. a., mettre en liberté. — *Libratzea, lokabetzea, lokabetzia.*
AFFRÉTER, v. a., prendre un vaisssseau à louage. — *Piay baten-dako untci bat artzea.*
AFFRÉTEUR, EUSE, s., qui affréte.—*Piay baten-dako untci bat artzen duena.*
AFFREUX, SE, adj., effroyable. — *Horriblia, icigarria.*
AFFRONT, s. m., outrage, injure. — *Laidoa, afrontua, afrontia, atsekhabea, nahigabea.*
AFFRONTER, v. a., faire un affront, un outrage, faire honte à quelqu'un. — *Laïdotzia, laïdaztatzia.* ‖ Risquer, se livrer à un danger : *Irriskatzia, deliberatzea.*
AFFUT, s. m., support de canon. — *Tiratzeco lanabesa, cañonaren irozoria, jasagarria, kanoyaren paüsatzeko-tokia.*
AFIN-QUE, conj. qui marque le but d'une action. — *Amoreagatic eta....*
AFRICAIN, NE, s., naturel d'Afrique. — *Afrikarra, afrikanua.*
AFRIQUE, s. f., l'une des quatre parties de la terre. — *Afrika.*
AFFINÉ, ÉE, part., qui a été passé au creuset ou à la coupelle. — *Sukatilluztua.*
AFFINER, v. a., purifier, passer dans le creuset ou la coupelle. — *Sukatilluztea.*
AGAÇANT, TE, adj., qui donne envie, qui émeut. — *Ernegarria, guticiagarria.* ‖ Qui agace les dents : *Ozkigarriro.*
AGACEMENT (des dents), s. m., qui est agacé par un acide. — *Ozkia.*
AGACÉ, ÉE, part., excité, ému. — *Ernetua, eznatua, pichtua.*
AGACER, v. a., exciter, provoquer. —*Ernatzia, erazarritzia.* ‖ Emouvoir, enhardir, donner envie, agacer les dents par un acide : *Ozkitzia, erneaztia, pitchaztia, erazararaztia, jaikiaraztia, guticiaztea, orzakililikitzea.*
AGE, s. m., durée de la vie, période. — *Adiña, adina.*

AGÉ, ÉE, adj., vieux.—*Adiñekoa, adinekoa, zaharra.*
AGENCE, s. f., emploi d'agent. — *Egokitza.*
AGENCEMENT, s. m., arrangement, manière d'arranger. — *Aphaindura, afaindura.*
AGENCER, v. a., arranger, mettre en bon ordre. — *Aphaintzea, afainzea.*
AGENOUILLER (s'), v. p., se mettre à genoux. — *Belaünikatcea.*
AGENT, s. m., celui qui fait les affaires d'autrui. — *Aldimatzaduna, kargaduna, eghillea, eghintaria.* ‖ Envoyé, commissionnaire : *Mandataria.* ‖ Agent d'affaires, de commerce : *Egokizduna, egokinzallea.*
AGGLOMÉRATION, s. f., réunion. — *Múltzua.*
AGGLOMÉRER (s'), v. p., réunir. — *Múltzatzia.*
AGGRAVER, v. a., rendre plus dur, plus pesant. — *Gachtatzia, mintzia, miñzea.*
AGILE, adj., léger, dispos, actif. — *Zalua, zalia, arina, ariña, lasterra, bizia.*
AGILEMENT, adv., avec agilité. — *Zaluki, zaliki, arinki, biziki, lasterkiró, arindo, laster.*
AGILITÉ, s. f., légèreté, facilité de se mouvoir. — *Zalutarsuna, zalutasuna, zalitasuna, arindera, arintasuna, bizitasuna, lasterrerá.*
AGIR, v. n., être en action, faire. — *Ibiltzia, eghitea.*
AGISSANT, TE, adj., qui agit.—*Ibilcian, ibilkiz, ibiltzean.*
AGITATION, s. f., ébranlement, émotion. — *Mughitze, ighintze, mughidura, ibilera, ibildura, ibilphena, mughiera, ibilte, mughite, ibiltze, mughipena, ighinera, ighidura, ighindura, ighipena, ighinte.*
AGITÉ, ÉE, part., ému, troublé.—*Mughitua, ighitua, menaïztua.*
AGITER, v. a., ébranler, troubler, mouvoir. —*Ighitzia, ibiltzea, mughitzea, ighitzea, ighinzea, menaïtzea.*
AGNEAU, s. m., petit d'une brebis.—*Bildotcha, bildotza, achouria, umerria.*
AGNELER, v. n., mettre bas ; se dit des brebis. — *Erditzia.*
AGNELLE, s. f., jeune brebis qui n'a pas porté. — *Anchia, anchua.*
AGONIE, s. f., dernière lutte contre la mort. — *Agoñia, atzeneco gudá, hiltzeracoá, sugarrá.*
AGONISANT, ANTE, adj., qui est à l'agonie. —*Agonian, hilcen dago, hiltzer dago.*

AGONISER, v. n., être à l'agonie. — *Agoniatzia, hilzeratzia.*
AGRAFE, s. f., crochet pour les vêtements. — *Krocheta.*
AGRAFER, v. a., attacher avec une agrafe.— *Krochelatzia.*
AGRANDIR, v. a. et p., accroître. — *Anditzea, gueitzea.*
AGRANDISSEMENT, s. m., accroissement. — *Andidura.*
AGRÉABLE, adj. des deux genres, qui plaît. — *Agradablia, agradagarria, nahikaria, otzana, onirizgarria, emaguria.*
AGRÉABLEMENT, adv., d'une manière agréable. — *Emaguriró, onirizgarriró, agradoski, agradableki.*
AGRÉER, v. a., trouver bon, recevoir. — *Errecibitzia.* || Plaire : *Agradatzia.*
AGRÉGER, v. a., associer quelqu'un à un corps, l'admettre dans une compagnie. — *Gheregatzea, ghereganatzea, yuntatzia.* || Admettre : *Errecibizia.*
AGRÉGATION, s. f., jonction. — *Bilzakunza, batzeakunza.*
AGRÉMENT, s. m., ce qui procure du plaisir. — *Agradamendua.* || Qualité par laquelle on plaît : *Emaguria, gracia oná, aüpeghi gozoa, beghitarte arraya.*
AGRESSEUR, s. m., celui qui attaque. — *Erasaria, erasotzallea, akopillatzallea.*
AGRESSION, s. f., acte de l'agresseur.—*Eraso, akopilatua, athakada.*
AGRESTE, adj., rustique.—*Salbaya, basatia, baskoarra.* || Grossier (en parlant des gens) : *Basagendea.*
AGRICOLE, adj., adonné à l'agriculture. — *Lurlanekoa, laboranzakoa.*
AGRICULTEUR, s. m., cultivateur. — *Laboraria, nekasalia, nekazalia.*
AGRICULTURE, s. f., art de cultiver la terre. — *Laborantza, lurlana.*
AGUERRI, IE, part., accoutumé à la guerre. — *Gherraritua, ghérlaritua.*
AGUERRIR, v. a. et p., accoutumer à la guerre. — *Gherraritzea, gherlaritzea.*
AH ! interj., marque la joie, etc. — *Ah ! ai !*
AHI ! ou AÏE, interj., sentiment de douleur. — *Aïe ! ay !*
AIDE, s. f., secours, assistance qui aide. — *Lagunza, laguntza, lakuntza.*
AIDER, v. a., assister, secourir. — *Laguntzia, lagunzea, lakuntzea.*
AÏEUL, pl. AÏEULS, s. m., grand-père. — *Aitaso, aitona, aitanagusia, aitasaba, aitasoa, aitagoya.*
AÏEULE, pl. AÏEULES, s. f., grand'mère. — *Amaso, amoná, amanagusia, amasaba, amagoya, amasoa.*
AIGLE, s. m., oiseau de proie. — *Arranoa.* || Aigle bâtard : *Arrano kampisa.*
AIGRE, adj. et s. m., acide. — *Khiratxa, kharatxa, mina, miña.* || Aigu : *Zorrotza.* || Rude : *Bortitza.*
AIGREUR, s. f., acidité. — *Khiratxtasuna, kharatxtasuna, mintasuna, gacigarra.* || Aigu dans la voix, le son : *Sorrotztasuna.* || Rudesse dans la voix, le son : *Laztasuna, bortitztasuna.* || Aigreur dans le caractère, le discours, la parole : *Gacigarra, laztazuna, garraztasuna, gogortasuna.* || Aigreur (parler avec) : *Lazki, lazkiró, garrazki, garrazkiro, gogorki, gogorkiro, bortizki, bortitzkiro.*
AIGRIR, v. a. et p., rendre ou devenir aigre. — *Khiratxtia, kharatxtia, mintzea.* || Aigrir (le caractère) : *Gachtotzea.*
AIGU, Ë, adj., tranchant, pointu. — *Chorrotcha, zorrotza.* || Aigu (voix, son perçant) : *Zorrotza, miña.*
AIGUILLADE, s. m., gaule pour piquer les bœufs. — *Akhillua, akhuillua.*
AIGUILLE, s. f., outil d'acier pointu. — *Orratza, kostorratza.*
AIGUILLÉE, s. f., longueur de fil pour l'aiguille. — *Zunza, orratzaza.*
AIGUILLIER, s. m., étui à aiguilles. — *Chichkua, iskilintokia, iskilinhuntzia, orratztokia.*
AIGUILLON, s. m., bâton armé d'une pointe en fer. — *Akhillua, akhuillua.* || Dard : *Estena, puntchua, puntchoña.*
AIGUILLONNER, v. a., piquer avec l'aiguillon. — *Chichtatzea, garrotchatzea, garrochatzia, cikatzea, cirikatzea.* || Fig., exciter : *Cirikatzea.*
AIGUISEMENT, s. m., action d'aiguiser. — *Chorrotchdura, zorrozdura.*
AIGUISER, v. a., rendre aigu, tranchant. — *Zorroztea, zorrotztia, chorrotchtea.*
AIL, pl. AULX, s. m., espèce d'oignon.—*Bahatchuria, baratchuria.*
AILE, s. f., membre des volatiles. — *Egala.*
AILÉ, ÉE, adj., qui a des ailes.— *Egalduna.*
AILLEURS, adv., en un autre lieu. — *Bertze nombaït, beste numbeit.* || D'ailleurs : *Bertzalde.* || Allez (ailleurs) : *Zoaz bertze nohabeit.* || Allez (ailleurs, à d'au-

tres) : *Zoaz bertzetarat, zoaci bestetarat, zoaza bestelerat, bertzetan.*

AIMABLE, adj., digne d'être aimé. — *Emablia, maïthagarria.*

AIMABLEMENT, adv., d'une manière aimable. — *Maïthagarriki.*

AIMANT, s. m., pierre qui attire le fer. — *Imana.*

AIMANT, TE, adj., porté à aimer. — *Maïthakorra.*

AIMÉ, ÉE, part., qu'on aime. — *Maïthatua, amatua, onetsia, orinitzia.*

AIMER, v. a., avoir de l'affection. — *Maïthatzia, maïthatzea, oniritztia.*

AINE, s. f., joint de la cuisse et du bas-ventre. — *Istalokia.*

AÎNÉ, ÉE, adj., premier né. — *Saharrena, lehena, ghehiena.*

AÎNESSE, s. f. (droit d'). — Au masc. *Premutasuna, primantza;* au fém. *andreyheitsuna, primantza.*

AINSI, adv., comme ça. — *Olá, orelá, ála, álan, alatan, hala, behaz.* || Ainsi (quoique, malgré) : *Alá ére, aleré, alambere.* || Ainsi (de la sorte) : *Alá, onelá, alan, onlá, onlatan.* || Ainsi (de sorte que? de manière que?) : *Béaz, orla, alan, onlá.* || Ainsi (de cette manière) : *Orela, orla, orlatan, olanka.* || Ainsi (comme, peut-être) : *Alá, nola, alan, ala-nola, celan, alatan, nolatan, behar bada, hala.* || Ainsi (comme l'on voudra) : *Nola-nahi.* || Ainsi (il en est de même, d'une façon comme de l'autre) : *Da onela edo orela, ambat da ola nola ala, manera batelic nola bertzetic, oro bat alde batera edo besterá, igual ola nola hala.*

AIR, s. m., combinaison de gaz qui enveloppe notre globe. — *Aïria, aïrea.* || Apparence : *Aïria, aïrea.* || Vent : *Haïzia, haïcea.* || Air (de chant) : *Aïria, boza.* || Air (manière de parler, d'agir, forme) : *Eskutura, anza, anzoa.*

AIRE, s. f., superficie plane pour y battre les grains. — *Oghi yotzeko sótua.*

AISANCE, s. f., facilité, fortune. — *Aïsia.* || Il est dans l'aisance, il a de l'argent : *Aïsian da, onghi dena da, bere aïsian da, badu bicitcekoa.* || En terme familier : *Moñua badu.* || Aisance (lieu d') : *Preozteiak.*

AISE, s. f., contentement, satisfaction. — *Era, eragoá, egokia, aïsia.* || Adj., content, joyeux : *Boza, alleghera, alheghera, kontent, kontenta.*

AISÉ, ÉE, adj., facile. — *Errech, errecha, gogokara.* || Riche : *Aberatxa.*

AISÉMENT, s. m., à l'aise, commodément. — *Aïseki, gogoz.* || A son aise : *Gogora.*

AISÉMENT, adv., facilement. — *Errechki, facilki.*

AJOURNÉ, ÉE, part., renvoyé. — *Luzatua, ghibelatua, egorria.*

AJOURNEMENT, s. m., action d'ajourner. — *Ghibelamendua, luzamendua.*

AJOURNER, v. a., renvoyer. — *Egortzia, lutzatzea, ghibelatzea.*

AJOUTER, v. a., joindre à... — *Emendatzia, emendatzea, berhatzea.*

AJUSTER, v. a., arranger, accommoder. — *Ongundetzea, eghinetzea, ajustatzea, kompontzea, antolatzea, komundatzea.* || Viser vers un point que l'on veut atteindre : *Beghichedatzea, apuntatzea.*

ALARME, s. f., signal de danger, frayeur. — *Alarma, dehadara.*

ALARMER, v. a. et p., donner l'alarme. — *Alarmatzia, alarmatzea, dehadaratzea.*

ALCOOL, s. m., liquide volatil, inflammable. — *Arnoizpiritua.*

ALCÔVE, s. f., enfoncement dans une chambre pour placer un lit. — *Alcobá, gheloya, oalekua, ohetegia, ohateghia.*

ALCYON, s. m., oiseau de mer. — *Itxaxchoria, ondarchoria.*

ALÈGRE, adj., dispos, agile, gai. — *Alleghera, alheghera, allagara.*

ALÈNE, s. f., poinçon de cordonnier. — *Eztena.*

ALENTOUR, adv., aux environs ; s. m. pl., ceux qui environnent. — *Ingurua, inguria.*

ALERTE, adj., vigilant. — *Artatsua, esnatua, ernaya, erne, ernia, ernea, iratzarria, irazarria.*

ALERTE ! interj., alarme. — *Asaltea.*

ALGUE, s. f., plante marine. — *Ubanarea, orbela.*

ALIÉNATION, s. f., aliénation mentale, folie. — *Errótasuna.* || Acte par lequel on transfère la propriété : *Ségunta, oñordia.*

ALIÉNER, v. a., transférer la propriété d'un immeuble. — *Becerencea, bertcerencea, besterencea, saltzea.* || Rendre fou : *Erroaztia, erroaztea, erro ekarraztia.*

ALIGNEMENT, s. m., action d'aligner. — *Lerroka.*

ALIGNER, v. a., ranger sur une même file. — *Lerrokatzea, lerrokan ematea, lerrokan esartzea, lerroan paratcerat.*

ALIMENT, s. m., nourriture.— *Yunaria, othoranza*. ‖ Aliment (pour le bétail) : *Bazka*.
ALIMENTATION, s. f., action de nourrir. — *Mantenua*.
ALIMENTER, v. a., nourrir. — *Biciaztea, janaritzea*. ‖ Alimenter le bétail : *Bazkatzea*.
ALINÉA, s. m., interj., loc. adv., à la ligne.— *Lerroat, lerrorat*.
ALISE, s. f., fruit de l'alisier. — *Azpila*.
ALISIER, s. m., arbre. — *Almezá*.
ALITER (s'), v. p., garder le lit.— *Ohihatza, oatzea, ohehatzea, ohetatzea*.
ALLAITER, v. a., nourrir de son lait. — *Bulhar emaïtea*.
ALLANT, s. m. et adj., qui va, qui vient. — *Pasantia*.
ALLÉCHEMENT, s. m., appât, amorce (adresse, rouerie en parlant des personnes). — *Eskura*.
ALLÉCHER, v. a., attirer par un appât (par adresse, rouerie en parlant des personnes). — *Eskuratzea*.
ALLÉE, s. f., passage qui communique de l'entrée d'une maison à un escalier. — *Aleiya, alya*.
ALLÉGATION, s. f., mettre une chose en avant. — *Ekarraya*.
ALLÉGER, v. a., soulager, rendre plus léger. — *Arincea, arintzia*.
ALLÉGRESSE, s. f., joie qui éclate au dehors, joie publique. — *Allegheratasuna, alhegheranza, allagaratasuna*.
ALLÉGUER, v. a., citer un fait. — *Deitzea, otheghitea*. ‖ Prétexter : *Aitsakietzea, asmutzea*.
ALLER, v. n., marcher. — *Ibiltzia, yoatea*. ‖ Se transporter : *Joaïtia, juatea, juaïtea, gatea, gatia, yoatea, huatchia*.
ALLER (S'EN), v. p., partir. — *Abiatzea*.
ALLIAGE, s. m., union de métaux. — *Aleantza*.
ALLIANCE, s. f., union. — *Batzundea*.
ALLIER, v. a., mêler, unir des métaux. — *Aleatzea*. ‖ S'unir, se liguer : *Batzea, batutzea, balleratzea*.
ALLOCATION, s. f., action de louer. — *Alokaïrua, aloghera, alkilera, alokaira*.
ALLONGER, v. a., rendre plus long.— *Luzatzia, luzatzea*.
ALLOUER, v. a., accorder. — *Emakidatzea, utzikidatzea*.
ALLUMER, v. a. et p., mettre le feu, enflammer. — *Phichtea, phitztia, irasakitzia, erachikitzea*.

ALLUMETTE, s. f., morceau de bois soufré.— *Sufremitcha, sukarichoa*.
ALLURE, s. f., démarche. — *Tornura, ibillera, païsoera, pausocrea*.
ALLUSION, s. f., jeu de mots. — *Adiera*. ‖ Qui fait allusion : *Adieratsua*.
ALMANACH, s. m., calendrier. — *Almanaca, egunaria*.
ALORS, adv., en ce temps-là. — *Orduan, ordian*.
ALOSE, s. f., poisson de mer. — *Kolaca*.
ALOUETTE, s. f., oiseau. — *Choriandra, allarda*.
ALPES, s. f. pl., montagnes. — *Alpheac*.
ALPHABET, s. m., collection de lettres ou signes. — *Abecea*.
ALPHABÉTIQUE, adj., de l'alphabet. — *Abecekoa* ou *abeceakoa*.
ALPHABÉTIQUEMENT, adv., selon l'ordre de l'alphabet. — *Abecekiro*.
ALPISTE, s. m., plante graminée.—*Alpistea*.
ALTÉRABLE, adj., qui peut être altéré. — *Egarsunablia*. ‖ Qui peut être changé : *Aldakorra*.
ALTÉRANT, adj. et s., qui cause la soif. — *Egarsuna*.
ALTÉRATION, s. f., modification, changement. — *Kambiamendua*. ‖ Soif : *Egarria*.
ALTERCATION, s. f., débat, dispute. — *Leyá, porfia, setá, sepá, hisia, burfidia*.
ALTÉRER, v. a., causer la soif. — *Egarritzia, egarritzea*. ‖ Falsifier : *Aldantzea*. ‖ v. p., se corrompre : *Ustelzea*.
ALTERNATIF, VE, adv., se dit de deux choses qui se succèdent. — *Aldiakera*.
ALTERNATIVE, s. f., succession de deux choses qui se suivent, option. — *Aldiazkoa*.
ALTERNATIVEMENT, adv., tour à tour. — *Bakotcha béré aldian, soïn béré aldian, aldizka, bakotcha aldiaka*.
ALTERNER, v. n., faire tour à tour.—*Aldizkatzea, aldiakatzea*.
ALTESSE, s. f., titre d'honneur. — *Gaïndea, gaïntza*.
ALTIER, ÈRE, adj., fier, superbe. — *Fierrá*.
ALUN, s. m., sulfate d'alumine.—*Zugatzarrá*.
AMABILITÉ, s. f., douceur, aménité. — *Maïthetasuna*.
AMADOU, s. m., agaric préparé. — *Ardaiyá, kardyua*.
AMADOUER, v. a., caresser, flatter. — *Laüsengatzea, titulikatzea*.
AMALGAME, s. m., mélange. — *Nahasteka*.

AMALGAMER, v. a., mêler, unir. — *Nastekatzea, nahashtekatzea.*
AMANDE, s. f., fruit de l'amandier. — *Almendra, almendreá.*
AMANDIER, s. m., arbre fruitier. — *Almendrua.*
AMANT, TE, s., qui aime une personne d'un autre sexe. — *Ghizongaia, ghizongaya, ghizongheia.* ‖ Amante : *Emazteghea, emaztegaya, emaztegheia.*
AMARRE, s. f., cordage, terme de marine. — *Amarra.*
AMARRER, v. a., terme de marine, lier, attacher : *Amarratzea.*
AMAS, s. m., assemblage. — *Móla, móntoïna, múlzua, múltzua, múlzoa.*
AMASSER, v. a. et p., faire un amas, réunir, ramasser. — *Biltzia, múltzatzia, biribilcatzea.* ‖ Mettre l'un sur l'autre : *Móntoïnatzea.*
AMATEUR, s., qui a du goût pour une chose. — *Ederretsia, jaieratua, ekarraitua.*
AMAZONE, s. f., femme guerrière. — *Emaztegherlaria.*
AMBASSADE, s. f., mission d'ambassadeur. — *Bialkindea.*
AMBASSADEUR, DRICE, s., envoyé avec le caractère de représentant d'une puissance à une autre. — *Embasadoria, bialkiña.*
AMBIGU, adj., obscur (discours). — *Bitardea, bialdea, bimoldezkoa.*
AMBIGUÏTÉ, s. f., double sens, confusion dans le discours. — *Bimoldeá, bitardeá, biáldea.*
AMBITIEUX, SE, adj., qui a de l'ambition. — *Irritxa, irritsa, nahikundea, apiciua, ansutia, andinaya, omenaga.*
AMBITION, s. f., désir immodéré de puissance et de gloire. — *Irritxa, nahikundea, apiciua, ansutia, guticia, andinaya, omenaya, andigura, irritsá.*
AMBITIONNER, v. a., rechercher avec ardeur, désirer fortement. — *Guticiatzea, irritxtea.*
AMBLE, s. m., pas redoublé d'un cheval. — *Urrubilla.*
AMBULANCE, s. f., sorte d'hôpital militaire établi près d'un champ de bataille. — *Hospitalea.*
AMBULANT, adj., non fixe, qui va et vient. — *Ambulanta, iragokoya, iragánkorra.*
AME, s. f., principe de la vie, personne. — *Arima, ánima.*
AMÉLIORATION, s. f., action d'améliorer. — *Obetasuna, obeagoá.*

AMÉLIORER, v. a., rendre meilleur. — *Ontzia, ónzea, ónaztia, obetzca, obeagotzea, abatzea, obeagotzea.*
AMENDE, s. f., peine pécuniaire. — *Amanda, muskilá, multa.*
AMENDER, v. a. et p., condamner à l'amende. — *Muskiltzea.* ‖ Corriger, rendre meilleur : *Ontzia, ónzea, ónaztia.*
AMENÉ, ÉE, part., ordre d'amener, jur. — *Ecartzeko ordea.*
AMENER, v. a., mener, faire venir au lieu où l'on est, tirer à soi. — *Erakartzea, ekarraztea, ethorraztea.* ‖ Faire aller à un lieu : *Erematia, erematea.* ‖ Amener (descendre le pavillon, terme de marine) : *Beheratzea, yaüstia.*
AMÉNITÉ, s. f., agrément, douceur, affabilité. — *Ikusterrá.*
AMER, ÈRE, adj., d'une saveur rude. — *Káratxa, kiratxa, kharatsa.*
AMERTUME, s. f., acidité. — *Káratxtasuna, kiratxtasuna, kharatxtasuna.*
AMÉTHYSTE, s. f., pierre précieuse. — *Odolardistea.*
AMEUBLEMENT, s. m., meubles d'une chambre. — *Alája, alajea.*
AMEUTER, v. a. et p., mettre en émeute, attrouper, soulever. — *Arazotzea, asaldatzea.*
AMI, IE, s., qui aime ; adj., propice. — *Adichkidia, adichkidea, oneritzia, adichkide.*
AMIABLE, adj., doux. — *Adichkidegarria.*
AMICAL, LE, (sans pl. m.), adj., d'amitié. — *Adichkidekoá.*
AMICALEMENT, adv., d'une manière amicale. — *Adichkideki.*
AMIDON, s. m., pâte de fleur de farine. — *Amiruna, empesa.*
AMINCIR, v. a., rendre mince. — *Mehatzia, mehatzea.*
AMIRAL, s. m., grand officier de marine. — *Almirantea.*
AMIRAUTÉ, s. f., charge d'amiral, sa juridiction. — *Almirantearen zucempidea.*
AMITIÉ, s. f., affection. — *Adichkidetasuna.*
AMNISTIE, s. f., pardon général. — *Barkamendu iritaraütia.*
AMOINDRIR, v. a., rendre moindre. — *Mendretzia, gutitzea, mendretzea, gutitzia, gutizea.*
AMOINDRISSEMENT, s. m., diminution. — *Gutitasuna.*
AMOLLIR, v. a. et p., rendre, devenir mou. — *Guritzia, guritzea.*

AMOLLISSEMENT, s. m., action d'amollir. — *Guritasuna.*
AMONCELER, v. a., entasser.—*Biltzia, mültzatzia, môntoïnatzea.*
AMONCELLEMENT, s. m., action d'entasser.— *Montoïnkatzea.*
AMORCE, s. f., appât. — *Bazká, peitá.* ‖ Poudre du bassinet : *Peitá.*
AMORCER, v. a., garnir d'amorce (le bassinet.) — *Peitzeá.* ‖ Mettre de l'appât : *Peitzea, bazká ezartzea.*
AMORTIR, v. a., rendre moins ardent, moins vif. — *Erdiltzea.* ‖ Eteindre : *Hiltzia.*
AMOUR, s. m. et f. au pl., attachement vif, passion d'un sexe pour un autre. — *Amodioá, amodiûa, amoriua, náhikundea.*
AMOUREUSEMENT, adv., avec amour. —*Amodioski, amodiorekin.*
AMOUREUX, SE, adj., qui aime d'amour. — *Amürusa, amórosa, amórusa, amódiosa, amodiotxua.*
AMPHIBIE, adj., qui vit sur terre et dans l'eau. — *Urlurrekoa.*
AMPHIBOLOGIE, s. f., double sens. — *Bi aürkea, bi aürke dituen hitz'erraná.*
AMPHIBOLOGIQUE, adj., ambigu.—*Biaürkezkoa.*
AMPHITHÉATRE, s. m., portion d'un théâtre, enceinte avec des gradins. — *Bóllesta.*
AMPLE, adj., étendu. — *Lárgüa, lasáya, aseá, zábala, lárgoa.*
AMPLEMENT, adv., d'une manière ample. — *Lárgoki, lasáyki, zábalki, lárgokiró, lásáykiro, zábalkiró, aüsarki, hedatuki.*
AMPLEUR, s. f., étendue d'étoffe. — *Lárgotasuna, lasáytasuna.*
AMPLIFICATEUR, s. m., qui amplifie.—*Emendatzaillea.*
AMPLIFICATION, s. f., extension, exagération. — *Emendá.*
AMPLIFIER, v. a., étendre par le discours, exagérer. — *Emendatziá.*
AMPOULE, s. f., fiole sainte. — *Ampólla saindua.* ‖ Enflure pleine de vent qui se forme sur l'eau lorsqu'elle est battue par la pluie : *Bibillá, urbeghia.* ‖ Enflure : *Babalarrua, bisiká.*
AMPUTATION, s. f., opération à l'aide de laquelle on enlève un membre.—*Membru idókitzeko óperacionea.*
AMPUTER, v. a., retrancher, chir. — *Iraucitzea, idókitzea.*
AMULETTE, s. f., prétendu préservatif.—*Dónghea, sendakaï-gaïstoa, sendagaï-gaïstoa.*

AMUSANT, TE, adj., qui amuse. — *Libertigarria, libertizánta, yóstagarria, jóstagarria.*
AMUSEMENT, s. m., ce qui amuse. — *Libertimendua, yósteta, jósteta, ábusamendua.*
AMUSER, v. a. et p., divertir, tromper, faire perdre le temps. — *Libertitzia, tóhostatzia, yóstatzia, jóstatzia, ábusatzia.*
AN, s. m., les douze mois de l'année. — *Urtia, úrtea.*
AN (L') dernier, l'année passée. — *Ydz, jáz, ganden urtian.*
ANALOGIE, s. f., rapport, ressemblance. — *Bardintasuna, igualtasuna.*
ANALYSE, s. f., réduction d'une chose dans ses principes. — *Berechtasuna, berechkuntza.*
ANATHÈME, s. m., excommunication, réprobation. — *Eskumikóa.*
ANATOMIE, s. f., dissection, analyse, terme de chirurgie. — *Hilikúskerra.*
ANATOMIQUE, adj., qui a rapport à l'anatomie. — *Hilikuskunza.*
ANCÊTRE, s. m., aïeul. — *Arbasoác, ásabac, gúrasoac, búrasoac.*
ANCHOIS, s. m., petit poisson de mer. — *Anchoá, ánchua, ánchova.*
ANCIEN, NE, s. m. et adj., qui est depuis longtemps, antérieur, de l'antiquité. — *Haïncinekoa, záharra, adinsuá, adintzúá.*
ANCIENNEMENT, adv., autrefois. — *Lehen, haraïnciña.*
ANCIENNETÉ, s. f., antiquité, priorité. — *Zaharretan.*
ANCRAGE, s. m., lieu où l'on peut mouiller. *Aïngura saria.*
ANCRE, s. f., pièce de fer pour arrêter les vaisseaux. — *Aïngura, angura.*
ANCRÉ, ÉE, adj., qui a jeté l'ancre. — *Aïngurutua, angurutua.*
ANCRER, v. n., jeter l'ancre. —*Aïnguratzea, anguratzea.*
ANDOUILLE, s. f., boyau de porc rempli de chair. — *Lukhaïnka.*
ANE, s. m., bête de somme. ‖ Fig., ignorant. — *Astoá, ástua.*
ANÉANTIR, v. a. et p., réduire à néant. — *Ezeztatzea, ecereztea, ecereztatzea, ezdeüstea, ezdeüstatzea, deüsgabetzéa.*
ANÉANTISSEMENT, s. m., réduction au néant. — *Ezdeüskunza.*
ANÉMONE, s. f., fleur des jardins. — *Naslorakia.*

ANERIE, s. f., ignorance, faute, bêtise. — *Astokeria.*

ANESSE, s. f., femelle de l'âne. — *Astaña.*

ANFRACTUOSITÉ, s. f., cavité. — *Ciloá.* ‖ Sinuosité : *Ingurakuntza.*

ANGE, s. m., créature spirituelle. — *Aïngheruá, aïnguruá.*

ANGÉLIQUE, adj., qui tient de l'ange. — *Aïngurukoá, aïngherukoá.* ‖ Plante ombellifère : *Aïngheru bédarra, bélarra, bélharra.*

ANGELUS, s. m., prière catholique. — *Anyelus.*

ANGLE, s. m., rencontre de deux lignes. — *Kantoʻna, kántia, kantoïa, ertzá, ichkiña.*

ANGOISSE, s. f., affliction. — *Ansia, ansias.*

ANGUILLE, s. f., poisson. — *Aʻnghira, aïnghila.* ‖ Anguille de mer : *Itxasʼ-aïnghira.*

ANGULAIRE, adj., à angles. — *Kantoïntxua, kantoïnsua, ertzatsua, ichkidxua.*

ANGULEUX, SE, adj., à plusieurs angles. — *Chokezkikoa.*

ANIER, ÈRE, adj., qui conduit des ânes. — *Astozaïna.*

ANIMAL, s. m., être sensible. ‖ Fig., personne stupide : *Alimalia, áberea, ábrea.* ‖ Bête sauvage : *Lárrabrea, lárraberea, alimalé básatia, alimalé salbaya.*

ANIMÉ, ÉE, part., vivant. — *Bicia, animatua.*

ANIMER, v. a., donner la vie, exciter. — *Animatzia, alimatzea, espórsatzea.*

ANIMOSITÉ, s. f., haine. — *Erabia, amurra.*

ANIS, s. m., plante, graine. — *Anisá.*

ANISETTE, s. f., liqueur d'anis. — *Anislikúrá.*

ANNEAU, s. m., cercle, bague. — *Errestuna, errastuna.*

ANNÉE, s. f., la réunion de douze mois. — *Urtiaxurteá, urthea.*

ANNEXE, s. m., ce qui est uni. — *Yunta.*

ANNEXER, v. a., joindre, unir. — *Yuntatzia.*

ANNEXION, s. f., action d'annexer. — *Yuntamena.*

ANNIHILER, v. a., anéantir. — *Ezeztatzea, ecerestatzea, ezdeüstea, ezdeüstatzea, deüsgabetzea.*

ANNIVERSAIRE, a. s., (époque), qui revient le même jour chaque année. — *Urtemúgha.*

ANNONCE, s. f., publication. — *Otsandeá, ochanded.*

ANNONCER, v. a., faire savoir, prédire. — *Adiáraztea.* ‖ Publier : *Otsandetzcá, ochanditzeá.*

ANNOTATION, s. f., note explicative, remarque. — *Nóta.*

ANNOTER, v. a., ajouter des éclaircissements. — *Nótatzia.*

ANNUEL, LE, adj., d'un an. — *Urtekoá.*

ANNUELLEMENT, adv., par chaque année. — *Urteka, urthorez, urteoroz.*

ANNUITÉ, s. f., remboursement partiel effectué chaque année. — *Urtianurtekoa.*

ANNULÉ, ÉE, adj., rendu nul. — *Deseghiña, indarkaʻstua.*

ANNULER, v. a. rendre nul. — *Deseghitea, indarkaʻiztea, deseghintea, ezdeüstea.*

ANOBLIR, v. a., rendre noble. — *Leñarghitzea, nóbletzea, nóblecitzea.*

ANOBLISSEMENT, s. m., action d'anoblir. — *Leñarghitea, nóblecieʻa.*

ANORMAL, ALE, adj., irrégulier. — *Kontrakua.*

ANSE, s. f., arc d'un vase pour le porter. — *giderra, kiterna.*

ANTAGONISME, s. m., résistance. — *Etxáykeria.*

ANTAGONISTE, s. m., adversaire; adj., opposé. — *Etzáya, kóntraghillea.*

ANTÉCÉDEMMENT, adv., auparavant. — *Lehendic.*

ANTÉCÉDENT, s. m., qui précède. — *Lehengoá, leheneká, aʻncinekoá.*

ANTÉRIEUR, adj., qui précède. — *Lehenagokéá.*

ANTÉRIEUREMENT, adv., précédemment. — *Lehendic, haʻncinetic.*

ANTICIPATION, s. f., action d'anticiper. — *Aïncintasuna.*

ANTICIPER, v. a., devancer. — *Aïncintzia.*

ANTIDOTE, s. m., contre-poison. — *Irasendedá, kontraposoʻna.*

ANTIPATHIE, s. f., aversion. — *Iguïntza.*

ANTIQUE, adj., fort ancien. — *Zaharra.*

ANTIQUITÉ, s. f., ancienneté reculée. — *Lehentasuna.*

ANTITHÈSE, s. f., contraste. — *Kontragaüza.*

ANTRE, s. m., grotte profonde, caverne. — *Harpia, leizé barne handikua.*

ANUS, s. m., orifice du rectum. — *Ipurchilua.*

ANXIÉTÉ, s. f., agitation, trouble de l'esprit. — *Griña.*

APAISÉ, ÉE, part., calme. — *Eztitua.*

APAISER, v. a. et p., calmer, adoucir. — *Emaátzea, gózatzea, málsotzea, meghintzea, sámurtzea.*

APANAGE, s. m., dot, dotation. — *Dóthea, dóthia.*

APATHIE, s. f., insensibilité, indolence. — *Lázotusuna.*

APATHIQUE, adj., insensible, indolent. — *Lázoa, acholgabia, acholgabea.*

APERCEVOIR, v. a. et p., commencer à voir, découvrir. — *Ikustea, apercebitzea.*

APITOYER, v. a., attendrir. — *Sámurtzea.*

APLANIR, v. a., rendre uni. — *Legúntzea, únitzea.*

APLATIR, v. a., rendre plat. — *Zabaltzea.*

APLOMB, s. m., équilibre. — *Plomüa.*

APOGÉE, s. m. élévation. — *Andimena, andigóa.*

APOPLEXIE, s. f., maladie du cerveau qui ôte subitement la faculté du mouvement. — *Sórmiña, sórreriá.*

APOSTASIE, s. f., abandon d'une religion. — *Arneghua.*

APOSTASIER, v. n., renoncer à sa religion. — *Arnegatzia.*

APOSTAT, s. m., qui a renoncé à sa religion. — *Arnagatzailea.*

APOSTER, v. a., mettre, placer. — *Ezartzia, ematia.*

APOSTROPHE, s. f., marque d'élision. — *Letrustea.* ‖ Figure de rhétorique : *Betstostea.*

APOTHICAIRE, s. m., qui prépare et vend les remèdes. — *Bótikarioa, oskayaria.*

APPARAÎTRE, v. n., devenir visible. — *Aghertzeá.*

APPAREIL, s. m., apprêt. — *Lanabesa.*

APPAREILLER, v. a., assortir. — *Berdintzea.* ‖ v. a., mettre à la voile : *Prestatzea, maneatzea.*

APPAREMMENT, adv., selon les apparences. — *Aparantziaz.*

APPARENCE, s. f., extérieur, probabilité. — *Aparantzia, ghisa, éra.*

APPARENT, TE, adj., visible. — *Agheriá.*

APPARITION, s. f., manifestation d'un objet visible. — *Agherpena, agherindeá.*

APPARTEMENT, s. m., logement. — *Apartamendua.*

APPARTENANT, TE, adj., qui appartient. — *Izan, dagokana.*

APPARTENIR, v. n., être à quelqu'un. — *Izátia, dagokitzea.*

APPAS, s. m. pl., charmes. — *Charmac, súrmúrra.*

APPAT, s. m., ce qui attire. — *Bazká, peitá.*

APPAUVRIR, v. a. et p., rendre pauvre. — *Pobretzia, érrosmestea, praübetzia.*

APPEL, s. m., recours au juge supérieur, appellation. — *Apelá, deyá.*

APPELANT, TE, adv., qui appelle d'un jugement. — *Deiytzailia.*

APPELER, v. a., nommer, crier au secours, envoyer chercher, citer ; v. n., interjeter appel. — *Deitzeá.*

APPESANTIR, v. a. et p., rendre ou devenir pesant. — *Pisitzeá, astúntzeá, pisutzea.* ‖ Devenir lourd, avoir un malaise : *Tóntotzia.*

APPESANTISSEMENT, s. m., état d'une personne appesantie, lourdeur, malaise. — *Hildura.*

APPÉTISSANT, TE, adj., qui donne de l'appétit. — *Apetitosa, yanbidosa.*

APPÉTIT, s. m., désir, faim. — *Gósia, gósea, yambidea, apetitua.*

APPLAUDIR, v. a. et n., marquer son approbation d'une manière quelconque. — *Dúndúriatzea, olagaratzea.*

APPLAUDISSEMENT, s. m., approbation. — *Dúndiaria, dúnduria, olagará.*

APPLICABLE, adj., qui doit ou peut être appliqué à.... — *Egokagarria.*

APPLICATION, s. f., action d'appliquer un objet sur un autre. — *Ifiñitea, ibentea, páratzea.* ‖ Attention : *Arreta, oárkera, arthá.* ‖ Comparaison : *Anzandeá, anzoera, bekaldea.*

APPLIQUER, v. a., mettre sur..., adapter. — *Esartzea, emaitea, ifiñitzea, alderatzea, alboratzea, urreratzea.*

APPLIQUER (s'), v. pr., apporter une attention extrême. — *Arreratzea, arthatzea, oáritzea.*

APPOINTEMENTS, s. m. pl., salaire annuel d'un emploi. — *Pága.*

APPORTER, v. a., porter au lieu où l'on est. — *Ekartzia, ekartzea, erematea, altchatzea.*

APPOSER, v. a., appliquer. — *Esartzea, esartzea.* ‖ Mettre : *Ematia, emaïtia.*

APPRÉCIATION, s. f., estimation. — *Estimacionea, estimaciúa.*

APPRÉCIER, v. a., évaluer. — *Preciatzea.* ‖ Estimer : *Oneskedatzea, estimatzea.*

APPRÉHENDER, v. a., craindre. — *Beldurtzea.*

APPRÉHENSION, s. f., crainte. — *Beldurra.*

APPRENDRE, v. a., acquérir une connaissance. — *Ikhastea.* ‖ Enseigner : *Irakatxtea.* ‖ Faire savoir : *Jakinaztea.*

APPRENTI, IE, s., qui apprend un métier. — *Aprendisa, ikasaria, ikasjarduna.*

APPRENTISSAGE, s. m., état d'apprenti. — *Ikaskunza.*

APPRÊT, s. m., manière d'apprêter. — *Prestamena, mancaldia.* ‖ Préparatif : *Prestamena, meneáldia, prestaera, ghertuera, managóa.*

APPRÊTER, v. a., préparer. — *Prestatzea, aphaïntzea, kómpóntzea, maneatzea.* ‖ Assaisonner : *Antolatzea, kómpóntzea.*

APPRÊTEUR, s. m., qui apprête. — *Antolatzaïllea, móldezaïllea, kómpóntzallea, máneatzallea, prestatzallea.*

APPRIVOISER, v. a. et p., rendre moins farouche. — *Usatzea.*

APPROBATEUR, TRICE, s., qui approuve. — *Onzataria, ekiyatzalleá.*

APPROBATION, s. f., consentement. — *Laüdamendua, ontzatea, ekiya.*

APPROCHANT, TE, adj., qui a du rapport. — *—Idúria.*

APPROCHE, s. f., action d'approcher. — *Urbiltasuna, úrbillian.* ‖ Approche (à l') : *Ingurúan.*

APPROCHER, v. a., n. et p., avancer, devenir proche. — *Urbiltzea, üillantzea.*

APPROFONDIR, v. a., creuser. — *Chillotzea.*

APPROPRIÉ, ÉE, adj., qui est mis à la convenance de…. — *Diñatua, dágokianari emana, ezarriá.*

APPROPRIÉ, ÉE, part., dont on s'est rendu maître. — *Yabetua, naüsitua, ezkuperatua, meneratua.*

APPROPRIER, v. a., proportionner, mettre à la convenance de… — *Diñan, dágokianari, dádorkianari emaïtea, ezartea, antolatzea, aphaïntzea.*

APPROPRIER (s'), v. p., se rendre maître, s'emparer. — *Yábetzea, naüsitzea, ezkúperatzea, ménèratzea.*

APPROUVER, v. a., donner son assentiment. *Aprobatzea, áfrogatzia, laüdatzea, ontzatzea, ekiyatzea.*

APPROVISIONNEMENT, s. m., fourniture de provisions. — *Ornidúra, zuzkidúra, jabiltzá.*

APPROVISIONNER, v. a., fournir les choses nécessaires à une armée, un hôpital, etc. — *Ornitzea, zuzkidúritzea, jabiltzeá.*

APPROXIMATIF, VE, adj., qui approche de l'exactitude. — *Meneán.*

APPROXIMATIVEMENT, adv., d'une manière approximative.— *Meneatxuki, meneátxuan.*

APPUI, s. m., soutien, support. — *Irozgárria.* ‖ Fig., protection : *Mempegoá.*

APPUYER, v. a et p., soutenir, étayer, se mettre contre. — *Arrimatzea, kontrakatzea.* ‖ Protéger, aider, favoriser : *Irózerazótzia, irózaraciatzia, sóstengatzeá.* ‖ Protégé : *Irózerazóa, irózaraciá.*

APRE, adj., rude au goût. — *Káratxa, minkorrá, khiratxa.*

APRETÉ, s. f., rudesse, violence. — *Aspretasuna.* ‖ Rude au goût : *Káratxa, minkorrá.*

APRÈS, adv. ou prép., ensuite. — *Ghéro, óndoan.* ‖ Après-demain : *Etzi.* ‖ Après (à la poursuite) : *Ondotic.*

APTE, adj., qui est propre à réussir à…— *Gay, gaï, cintzoá, entregú, propioá.*

APTITUDE, s. f., disposition naturelle à quelque chose. — *Gáyendea, entreghéra, gaïgoa, cintzoeria, cintzotasuna.*

AQUATIQUE, adj., marécageux, plein d'eau. — *Lurúrtarra, inzúra.*

AQUEDUC, s. m., espèce de canal. —*Uródia, úrjoáíra, úrjoála, erreká-estalia.*

ARAIGNÉE, s. f., insecte. — *Irmiárma, aïnharba.*

ARBALÈTE, s. f., arc, arme. — *Tiruztaya.*

ARBITRAGE, s. m., estimation faite par des juges. — *Erabakiá.*

ARBITRAIRE, adj., dépendant de la volonté, absolu. — *Naïnflea.*

ARBITRAIREMENT, adv., d'une manière arbitraire. — *Naïnfluez.*

ARBITRE, s. m., juge choisi par les parties pour terminer un différend. — *Zúcempidez, érabakitzallea, éstimatzallea.*

ARBORER, v. a., planter, lever un drapeau, se déclarer pour un parti. — *Bandera góratzea, goïtitzia, bandera altchatzea, destolastia.*

ARBRE, s. m., le premier et le plus grand de tous les végétaux. — *Arbola, suhaña, zúhatza, árecha, zúhaïtza.*

ARBRISSEAU, s. m., petit arbre. — *Arbolchikia, suhaïñchipia, árbolchumea.*

ARBUSTE, s. m., arbrisseau.—*Arbolatchua.*

ARC, s. m., arme de trait avec laquelle on tire les flèches. — *Tiruztáya.* ‖ Arc (en architecture) : *Arruztaya.* ‖ Arc (de cercle, terme de géométrie) : *Uztáyá, gúbia.* ‖ Arc de triomphe : *Gánustaya.* ‖ Arc-en-ciel : *Ortzadarrá, hustadarra, uztarghia, oltzadarrá, oftrellaká.*

ARCEAU, s. m., arc d'une voûte. — *Arkáda.*

ARCHANGE, s. m., ange supérieur. —*Arkanyelua, goyaïngherua, lenaïngherua.*

ARCHE, s. f., voûte d'un pont. — *Arkóa, árruztaya.* ‖ Arche de Noé (l'), s. f., le vaisseau qu'il construisit par l'ordre de Dieu : *Noëren arká, ontzia, unzia.*

ARCHET, s. f., qui sert à jouer du violon. — *Soñuztaya.*

ARCHEVÊQUE, s. m., évêque supérieur. — *Artchapezpikua, artzapezpikua.*

ARCHIPEL, s. m., mer semée d'îles. — *Itsas-ugarteduna.*

ARCHIPRÊTRE, s. m., premier prêtre. — *Aphaïz aürrena, lehenbiciko apheza.*

ARCHITECTE, s. m., qui exerce l'art de bâtir. — *Inghiñadoria, ekidaria, echaghillea.*

ARCHITECTURE, s. f., art de bâtir. — *Ekidakinza, echakinza, ekinza, echaghilleén jakindea, etcheéghilen yakitatia, inghiñadoren yakitatia.*

ARDEMMENT, adv., avec ardeur. — *Biciki, icekiró, ecioró, gartukiró.*

ARDENT, TE, adj., violent. ‖ Fig., qui a de l'ardeur. — *Bicia, icekia, ecioa, gartua.*

ARDEUR, s. f., forte chaleur. — *Berotasuna, beroizá, beroicekia.* ‖ Vivacité : *Bicitasuna, icekia, beroicekia, beroizá.*

ARDOISE, s. f., pierre feuilletée dont on se sert pour couvrir les maisons. — *Pizárra.*

ARDOISIER, s. m., ouvrier qui travaille aux ardoisières. — *Pizárraria.*

ARDOISIÈRE, s. f., carrière d'où l'on tire les ardoises. — *Pizárrobia.*

ARÊTE, s. f., os de poisson. — *Arrhaïn ezurra, arraï ezurra.*

ARGENT, s. m., monnaie. — *Dirúa, diaiyua.* ‖ Métal : *Cilharra, zilhárra.* ‖ Argent vif, s. m., métal liquide : *Cilhárbicia, zillárbizia.*

ARGENTÉ, ÉE, part., couvert d'argent. — *Cilhárrestatua, zillárrestatua.*

ARGENTER, v. a., couvrir d'argent : — *Cilhárreztatzia, zillárreztatzia.*

ARGENTERIE, s. f., vaisselle d'argent. — *Cilhárreria, zillárreria.*

ARGILE, s. f., terre glaise. — *Bustiñua.*

ARGILEUX, SE, adj., d'argile. — *Bustiñsua, bustiñutxua.*

ARGUMENT, s. m., raisonnement, exposition abrégée d'un ouvrage. — *Arghimena, arghimendua, inharduntza, iñarduntza.*

ARGUMENTATION, s. f., manière d'argumenter. — *Arghimendea.*

ARGUMENTER, v. a., faire un argument. — *Arghitzea, arghimendatzea, iharduntzea, iñarduntzea.*

ARIDE, adj., sec, stérile. — *Idórra.*

ARIDITÉ, s. f., sécheresse au pr. et au fig. — *Idórtasuna.*

ARISTOCRATIE, s. f., gouvernement des grands. — *Jaün ménea.*

ARISTOCRATIQUE, adv., de l'aristocratie. — *Jaün ménekoa.*

ARITHMÉTIQUE, s. f., science des nombres, art de calculer. — *Cembatcén jakindeá.*

ARLEQUIN, s. m., bouffon, bateleur. — *Arlekin, árlekiña.*

ARMATEUR, s. m., qui arme un vaisseau. — *Ederretzia, jaieratua, ekarraïtua.*

ARME, s. f., qui sert à attaquer ou à se défendre. — *Arma, ármea.* ‖ Arme à feu : *Súarma, garmá.*

ARMÉE, s. f., troupes sous un général. — *Armada, yendeóstea, óncidia, óncitea.*

ARMEMENT, s. m., appareil de guerre. — *Gúadaprestéa.*

ARMER, v. a., fournir d'armes, lever des troupes, équiper un vaisseau. — *Armátzea.*

ARMES, s. f. p., armoiries. — *Echarmac.*

ARMOIRE, s. f., meuble à serrer les hardes. — *Armarióa, armariña, mánka.*

ARMURE, s. f., armes défensives. — *Armápillá, armádura.*

ARMURIER, s. m., qui fait des armes. — *Armághillea.*

ARPENT, s. m., mesure agraire. — *Ghóldia.*

ARPENTAGE, s. m., mesurage des terres. — *Izármena, negurmena.*

ARPENTER, v. a., mesurer des terres. — *Izártzia, negurtzia.*

ARPENTEUR, s. m., celui qui arpente, mesure les terres. — *Izartzaïlia, negurtzaïlia.*

ARRACHER, v. a., ôter de force. — *Atheratzia, atheratzea, khentzea, jalkitzea, ilkitzea.*

ARRANGEMENT, s. m., action d'arranger. — *Antolamendua.*

ARRANGER, v. a., mettre en ordre, accommoder. — *Arrenyatzea, arrimatzea, aphaïntzea, ántolatzea, kompontzea.*

ARRÉRAGES, s. m. pl., revenus arriérés. — *Errestánzac, intresac, cenzuac.*

ARRESTATION, s. f., action d'arrêter quelqu'un. — *Arrestacionia.*

ARRÊT, s. m., jugement. — *Erabakia, erabaketa, erabakdea.* ‖ Terme de chasse : *Ghélditasuna.*

ARRÊTER, v. a., n. et p., retenir. — *Ghelditzea, atchikitzea, gheratzea, baratzea, trikátzea.* ‖ Fixer : *Ezártzea.* ‖ Saisir :

Artzea, atchematea, arrapatzea. ‖ Régler un compte : *Kontua eghitea, garbitzea.* ‖ Cesser d'aller, rester : *Gheldùtzea.*

ARRHES, s. f. pl., gage d'un marché. — *Erreshac.*

ARRIÉRÉ, s. m., dette publique dont on diffère le paiement. — *Errestantza, ghibelatua, ghibelamendua.*

ARRIÈRE-GARDE, s. f., dernière partie d'une armée. — *Diátostea, erretaguardia.*

ARRIVAGE, s. m., arrivée au port. — *Etorrera.*

ARRIVÉE, s. f., action d'arriver, venue de gens. — *Gendatzea, yendedia.* ‖ Arrivée de toute autre chose : *Naspilla.*

ARRIVER, v. n. imp., aborder, parvenir à.., survenir. — *Ethortzea, ethortcea, yeïtia, jeïtia.*

ARROGAMMENT, adv., avec arrogance. — *Arrotiró, fakatiró, antustekiró, árrogantki, fákaki.*

ARROGANCE, s. f., fierté. — *Arrogancia, árrotasuna, fáka, antustea, árrogantzia.*

ARROGANT, TE, adj., hautain. — *Arroganta, árrotitsua, fûrfâyatsûa, árrotatsua, árrûtitsua, fákatitsua.*

ARRONDIR, v. a., rendre rond. — *Biribillkatzea, biribill'ematea.*

ARROSER, v. a., humecter ; en parlant des rivières, couler dans un pays. — *Arrosatzea, árragatzea, ûrriztatzea.*

ARROSOIR, s. m., vase pour arroser. — *Uriztatcekoa.*

ARSENAL, s. m., lieu où l'on construit les vaisseaux de guerre. — *Atarasána, ónzikinteghiá.* ‖ Lieu où l'on renferme les armes et l'attirail de guerre : *Armatokia, ármateghia.*

ARSENIC, s. m., métal. — *Solimaná, ártzenika.*

ART, s. m., science, méthode, adresse, artifice. — *Artea, ekiñartea.*

ARTÈRE, s. f., vaisseau du corps qui porte le sang du cœur vers les extrémités. — *Ghia.*

ARTICLE, s. m., partie d'un discours. — *Berecindea.* ‖ Point de croyance : *Sinistamena.* ‖ Particule, gram. : *Osicheká.*

ARTICULATION, s. f., prononciation de mots. — *Oghûciera, nasbaghera.* ‖ Jointure des os : *Yónturac.*

ARTICULER, v. a., prononcer des mots. — *Ogûcitzea, nazbaghetzea.* ‖ v. n., se joindre, anat. : *Kóratztea.*

ARTIFICE, s. m., ruse. — *Trúmperia, zákurkeria, faltxokeria.* ‖ Composition de matières inflammables : *Parkida bat eghina sûgartzco gayaz.* ‖ Art : *Ekiñartea.*

ARTIFICIEL, LE, adj., qui se fait par art. — *Ekiñartekoá, ékidarikoá.*

ARTIFICIELLEMENT, adv., d'une manière artificielle. — *Ekiñartero.*

ARTIFICIEUX, SE, adj., plein d'artifice, trompeur, astucieux. — *Enganatzallea, zákurra, faltxóa.* ‖ Avec art : *Ekiñarteduna.*

ARTILLERIE, s. f., canons, mortiers, etc. — *Artilleriá.*

ARTILLEUR, s. m., canonnier, soldat d'artillerie. — *Artilláriá.*

ARTISAN, s. m., celui qui exerce un métier. — *Oficialea.*

ARTISTE, s. m., qui s'occupe d'art. — *Artistá.*

AS, s. m., point seul d'une carte, d'un dé. — *Bátecoa.*

ASCENDANT, s. m., pouvoir. — *Pódoria, pódorea.* — Terme d'astronomie : *Iganizárra.*

ASCENSION, s. f., fête catholique. — *Salbatore.* ‖ Elévation de N. S. J.-C. au ciel : *Jaûnaren ceruratzea, Christoren igoéren.* ‖ Action de monter : *Góramendua.*

ASILE, s. m., refuge. — *Lehiora.* ‖ Lieu de sûreté : *Yestokia, ighestokia, górdelekua, górdalekua, iheslekua.*

ASPECT, s. m., vue d'un objet. — *Bichta, aürkea, arpeghia, beghitartea, árdorea, ikartzea.*

ASPERGER, v. a., arroser avec de l'eau bénite. — *Isópatzea.* ‖ Arroser, répandre de l'eau : *Inzatzea.*

ASPÉRITÉ, s. f., inégalité, rudesse. — *Echkinda.*

ASPERSION, s. f., action d'asperger avec de l'eau bénite. — *Isópodea.* ‖ Action d'arroser : *Inzatzea.*

ASPERSOIR, s. m., goupillon. — *Inzemallea, átseman, átsemon.*

ASPHYXIE, s. f., suspension des phénomènes vitaux. — *Ithodura.*

ASPHYXIER, v. a., déterminer l'asphyxie, s'asphyxier. — *Ithotzea.*

ASPIRANT, TE, adj., qui aspire à un emploi, à entrer dans un corps. — *Aspiranta.*

ASPIRATION, s. f., action d'aspirer, de respirer. — *Asma, átxa.*

ASPIRER, v. a., attirer l'air avec la bouche. — *Atsghitea, ásmatea, átxghitea.* ‖ Désirer vivement : *Nahia.*

ASSAILLANT, s. m., qui attaque. — *Erazótzallea, ákopillatzallea, áttakatzaïllea.*
ASSAILLI, IE, part., attaqué. — *Erazóa, erazotuá, akopilatua.*
ASSAILLIR, v. a., attaquer. — *Attakatzea, erazótzea, eraünsitzea, akopilatzea.*
ASSAINIR, v. a., rendre sain. — *Sánotzea, sánotzia.*
ASSAISONNER, v. a., apprêter les mets. — *Arrimatzea, antolatzea, préparatzea, kompontzea.*
ASSASSIN, s. m., meurtrier, brigand. — *Asasinatzaïllea, heriotzaïllea, érallea, ériotzallea, hiltzaïllea.*
ASSASSINAT, s. m., meurtre prémédité. — *Eriotzea, érrallekeria.*
ASSASSINER, v. a., tuer quelqu'un. — *Bicia khentzea, bicia atheratzea, eriotzghitea, hiltzea, erralletzea.*
ASSAUT, s. m., attaque, lutte. — *Erazóa, erazotua.*
ASSEMBLAGE, s. m., réunion de choses. — *Bildura.*
ASSEMBLÉE, s. f., réunion de personnes. — *Kápitoa, kápitua, bilguma, batzarrea, bilkuya.*
ASSEMBLER, v. a., réunir. — *Biribilkátzea, biltzia, biltzea, batutzia, balzatzia, latutzia.* || Assembler (s') par troupes : *Gabillatzea, gabikotzea, yendedea biltzea, yendedia biltzea, biribilkatzea, balleratzea.* || S'attrouper : *Biribilkatzea, balleratzea.*
ASSÉNER, v. a., porter un coup violent. — *Jótsea, yótzea, jázartzea.*
ASSENTIMENT, s. m., consentement. — *Baya, nayá.*
ASSEOIR, v. a. et p., mettre dans un siége, établir. — *Yartzea, jartzea, esartzea, esertzia.*
ASSERMENTER, v. a., obliger par serment. — *Cinaghitea.*
ASSERTION, s. f., proposition qu'on avance. — *Errana.*
ASSERVIR, v. et p., assujettir. — *Mempetzeá, meneratzeá, mendazpitzea, sujetatzea.*
ASSERVISSEMENT, s. m., sujétion. — *Mempeá, menea, menera, mendera.*
ASSEZ, adv., autant qu'il faut. — *Aski, franko, frango, franki.*
ASSIDU, UE, adj., exact, continuellement appliqué, qui rend des soins continuels. — *Jarraïkia, yarraïkia, jarrikia.*

ASSIDUITÉ, s. f., exactitude, application. — *Oárkera, yarraïkitasuna, artha, arreta.*
ASSIÉGEANT, TE, adj., qui assiége. — *Sitiatzallea, setiatzallea, esitaria.*
ASSIÉGER, v. a., faire un siége. — *Sitiatzea, esitaritzea, setiatzea.*
ASSIETTE, s. f., vaisselle. — *Asieta, trenchoña, pláterua.*
ASSIETTÉE, s. f., plein l'assiette. — *Trenchoñada.*
ASSIGNATION, s. f., exploit, citation. — *Deïra.*
ASSIGNER, v. a., appeler devant un juge. — *Deïtzea.* || Désigner : *Señalpetzia.*
ASSIMILATION, s. f., action d'assimiler. — *Bekáldea, ánzundea, anzoëra.*
ASSIMILER, v. a. et p., comparer. — *Bekáltzea.*
ASSIS, ISE, part., mis sur un siége. — *Yarria.* || Etabli : *Ezarria.*
ASSISE, s. f., rang de pierres. — *Errenkáda, ándana, errondea, marcena.*
ASSISTANCE, s. f., aide, secours. — *Laguntza.*
ASSISTANT, TE, adj., qui est présent. — *Beraürkia.* || Qui aide : *Laguntzallea.*
ASSISTER, v. n., aider. — *Laguntzea.* || Etre présent : *Beraükitzea, beraüketzea.*
ASSOCIATION, s. f., union de personnes. — *Asosiasionea.*
ASSOCIÉ, ÉE, part., en société. — *Asosiatua.*
ASSOCIER, v. a., prendre pour compagnon, entrer en société. — *Asosiatzea.*
ASSOMBRIR, v. a., rendre sombre. — *Ilhuntzia.*
ASSOMMANT, TE, adv., ennuyeux. — *Unagarria.*
ASSOMMER, v. a., tuer, battre avec excès. — *Ehotzea, zámpatzea, ûmakatzea.*
ASSOMMOIR, s. m., canne ou bâton plombé. — *Pherton.*
ASSOMPTION, s. f., enlèvement de la Vierge au ciel, jour de cette fête. — *Andredena-Maria.*
ASSORTIMENT, s. m., convenance. — *Eraghóa, étorkida.* || Assemblage complet : *Ornidura, zuzkidura.*
ASSORTIR, v. a., réunir des choses qui se conviennent. — *Zuzkitzea, jabiltzea, eragótzea.* || v. n. et p., convenir à ... : *Etorkidatzea.*
ASSOUPIR, v. a. et p., endormir à demi. — *Loërazotzea, loëracitzea, kûluskatziá.* || Calmer : *Estitzia.*
ASSOUPISSEMENT, s. m., sommeil léger. — *Loërazoá, lóarazoá, kûluská.*

ASSOUPLIR, v. a., rendre souple, doux au toucher. — *Gúrutzia, sálutzia, súabetzia, ematutzia, eztitzia, malgatzia, bighinducatzia, gózatzia.*
ASSOURDIR, v. a., rendre sourd.—*Gógortzia.*
ASSOUVIR, v. a., rassasier une faim vorace. — *Ashetzia, asetzea.*
ASSUJETTIR, v. a., soumettre. — *Mempetzea, meneratzea, mendazpitzea, bortchatzea.* ‖ Consolider : *Sheguratzia, seguratzea.*
ASSURANCE, s. f., certitude, sécurité, garantie.—*Shegurancia, segurantzia, sheguramendua.* ‖ Qui répond pour.. : *Menpegoa.* ‖ Hardiesse : *Ozartasuna, qüsartasuna.*
ASSURÉ, ÉE, part., consolidé. — *Seguratua.* Affirmé : *Báyeztatua, báyeztua.* ‖ Qui assure (personne) : *Báyeztaria, bayetzallea, báyeztazallea.*
ASSURÉMENT, adv., certainement. — *Segur, shegurki, segurki.*
ASSURER, v. a., consolider. — *Segurtatzea, segurtatzia.* ‖ Affirmer : *Báyeztatzea, seguratzea, báyeztzea, seguratzia.*
ASTHMATIQUE, adj., qui a la respiration difficile. — *Azma, hásmatika, hatxa laburra duená.*
ASTHME, s. m., maladie, courte haleine. — *Azma, hásma.*
ASTRE, s. m., étoile, signe composé de plusieurs étoiles. — *Izárra, ceruárghia.*
ASTREINDRE, v. a., assujettir, forcer.—*Bortchatzia.*
ASTRINGENT, TE, qui resserre, méd.—*Estukia, ersikia.*
ASTROLOGIE, s. f., science qui traite des astres. — *Izárjakindea.*
ASTROLOGIQUE, adj., de l'astrologie. — *Izárjakindeeoa.*
ASTROLOGUE, s. m., qui s'occupe d'astrologie. — *Izárjakiña.*
ASTRONOME, s. m., celui qui pratique l'astronomie. — *Izar'arte-yakilea.*
ASTRONOMIE, s. f., science des astres. — *Izár'arte-yakintasuna, ceruárghien-yakintatea.*
ASTUCE, s. f., finesse condamnable, ruse.— *Gaïzgandea, ámarrúa, finezia, jokotria, zákurkeria.*
ASTUCIEUSEMENT, adv., d'une manière astucieuse.— *Gaïzgandiro, ámarrúki, ámarrúkiro, zákurki.*
ASTUCIEUX, SE, adj., qui a de l'astuce.— *Gaïzgandia, amarrutsua, zákurkéritxua, zákurkitxua.*

ATHÉE, s. m. et adj., qui nie Dieu.—*Jaïnkobaghea, Jaïnkogabea, Jaïnkozka, Yaïnkogabea.*
ATHÉISME, s. m., impiété qui consiste à ne reconnaître aucune divinité. — *Jaincogabetasuna, Jainkobaghetasuna.*
ATHLÈTE, s. m., celui qui, parmi les Grecs et les Romains, combattait dans les jeux publics, homme fort. — *Gúdaria, gúdutaria.*
ATMOSPHÈRE, s. f., air qui entoure la terre.— *Kémear ingurua, kémearen múga.*
ATMOSPHÉRIQUE, adj., de l'atmosphère. — *Kémear-ingurukoa.*
ATOME, s. m., corpuscule. — *Pitsa, fitsa, ikábea.*
ATRE, s. m. foyer. — *Súkaldia.*
ATROCE, adj., (âme) féroce ; (crime) énorme, cruel. — *Odolghirodia.*
ATROCITÉ, s. f., être atroce. — *Odolghiroa.*
ATROPHIE, s. f., amaigrissement. — *Yrá.*
ATROPHIER (s'), v. p., amaigrir, dépérir. — *Yrátzia.*
ATTACHE, s. f., lien. — *Lókcarria.*
ATTACHEMENT, s. m., affection. — *Atchikitasuna, estekadura.*
ATTACHER, v. a., lier, joindre une chose à une autre. — *Atchikaztia, juntatzia.* ‖ Attacher une chose à une autre : *Estakatzia, estekatzea.* ‖ S'attacher, v. p., se prendre à une chose : *Lótzia, lótzea.* ‖ Fig., s'attacher à quelqu'un, l'aimer, lui porter de l'intérêt : *Atchitkitzia.*
ATTAQUANT, adj. et s., assaillant à la prise d'une place, d'un camp. — *Irarparia, irarpatzallea.* ‖ Assaillant (l'ennemi) : *Erasotzallea, akópilatzallea.*
ATTAQUE, s. f., action d'attaquer une ville ou un camp.—*Irarpatua.* ‖ D'attaquer l'ennemi : *Attakada, eraso, eraünsia, akópilatua, erasotsua.*
ATTAQUER, v. a., assaillir une ville ou un camp. —*Irarpatzea.* ‖ Assaillir l'ennemi: *Eraünsitxea, erasotzea, akópilatzea, akómetatzea.*
ATTEINDRE, v. a., parvenir à son but. — *Heltzia.* ‖ Parvenir à toucher une chose, joindre : *Atchematia.*
ATTEINTE, s. f., préjudice. — *Bidegabea.*
ATTELAGE, s. m., bêtes attelées. — *Ustarraldia.*
ATTELER, v. a., attacher des animaux de trait à une voiture, etc.—*Páratzea, infiñitzea, ipiñitzea, ibenitzea, erenitzea*

ábereac, záldiac. || Atteler des bœufs : Uztartzia. || Atteler des chevaux, etc. : Paratzea.

ATTENANT, TE, adj. pr. et adv.; qui touche. — Atchikia. || Tout proche, à côté : Ondóan, áldian.

ATTENDANT (EN), loc. adv., dans l'intervalle. — Arte-hortan. || Jusqu'à ce que, jusqu'alors : Ordu-arte.

ATTENDRE, v. a., être dans l'attente. — Ugurikitzia, beïratzea, ugurikitzea, igúrikitzea.

ATTENDRIR, v. a., rendre tendre. — Sámurtzia, sámurtzea.

ATTENDRISSEMENT, s. m., sentiment par lequel on s'attendrit : Sámurtasuna.

ATTENDU, prép., vu. — Oladenazgheroztic.

ATTENTAT, s. m., entreprise coupable. — Gaïztopa.

ATTENTE, s. f., action d'attendre.—Egómena.

ATTENTER, v. n., commettre un attentat. — Gaïztopatzea.

ATTENTIF, IVE, adj., qui a de l'attention. — Arthosa, artatsua.

ATTENTION, s. f., application d'esprit. — Oárrera, attentcionéa, ártha, arreta, oárra, oárkuna, árta. || Action respectueuse : Beghirumea, artha.

ATTENTIVEMENT, adv., avec attention. — Attentcionekilan, arretaz, arthaz, artáz, oárraz.

ATTÉNUATION, s. f., diminution. — Gútimendua.

ATTÉNUER, v. a., affaiblir, rendre moindre. — Gútitzea.

ATTERRAGE, s. m., voisinage d'une terre. — Léor-urbilkuntza.

ATTERRER, v. a., abattre. — Lurreratzia.

ATTERRIR, v. n., terme de marine, prendre terre. — Leórreatzea.

ATTESTATION, s. f., action de certifier. — Segurantzá.

ATTESTER, v. a., certifier. — Seguratzea.

ATTIÉDIR, v. a. et p., rendre ou devenir tiède. — Epelcea, epeltziá, óztea.

ATTIRAIL, s. m., grande diversité de choses. — Trésna multzua.

ATTIRANT, TE, adj., qui attire.—Erakarlea.

ATTIRER, v. a., tirer à soi. — Ullanaztia, urbillaztia, erakartzea.

ATTISER, v. a., allumer, exciter. — Pichtea, pitztea, piztea, viztea.

ATTITUDE, s. f., tournure, pose. — Egonmánera.

ATTOUCHEMENT, s. m., action de toucher. — Unkia, unkimendúa.

ATTRACTIF, IVE, adj., qui attire.—Erakarlea, erakarlia.

ATTRAIT, s. m., ce qui attire. — Arrizdea.

ATTRACTION, s. f., action d'attirer. — Erakartasúna.

ATTRAPER, v. a., prendre à un piége, tromper, atteindre. — Atchemátia, harrapatzea, arrapatzia, éditia. || Obtenir : Izatia.

ATTRAYANT, TE, adj., qui a de l'attrait. — Charmagarria.

ATTRIBUER, v. a., attacher, annexer à.., imputer. — Dágoketzea.

ATTRIBUT, s. m., ce qui est propre à chaque sujet. — Dágokera, dágokindea.

ATTRIBUTION, s. f., concession d'une prérogative. — Dágokera.

ATTRISTANT, TE, adj., qui attriste. — Dámu garria, atsekabea, goibelkaria, odoliagarria, tristagarria.

ATTRISTER, v. a., affliger. — Tristatzea, damugarritzea, damutzea, atsekabetzea, goibeltzea.

ATTROUPEMENT, s. m., assemblée tumultueuse. — Biribilkunza.

ATTROUPER, v. a. et p., assembler en troupe. — Biribilkatzea, biltzea.

AU, AUX, part., à le, à les, là. — An, han, hor. || A lui, à elle : Hori, hari. || A eux, à elles : Oïer, ohier, ohieri, ehieri.

AUBADE, s. f., sérénade. — Alborada.

AUBAINE, s. f., profit. — Irabacia.

AUBE, s. f., pointe du jour. — Alba, arghiálba, albóa, egúanza, egunsentiá, eguaïrea, arthatsá, arghiaren beghia. || Vêtement ecclésiastique : Alba, álbea, elizá athorra.

AUBÉPINE, s. m., arbrisseau.—Elhorrichuria..

AUBERGE, s. f., maison où l'on loge et mange en payant. — Ostatua, oshtatua, ostatia, trabena, taberna.

AUBERGISTE, s., qui tient auberge.— Ostaléra, oshtalera, trabenaria, tabernaria.

AUCUN, NE, adj., nul.— Nihor, nehor, iñor, bátere, gáberic, gárabic.

AUCUNEMENT, adv., nullement. — Noholasés, niholasére ez, iñolarez, nihólere.

AUDACE, s. f., hardiesse extrême. — Borontia, aüsartzia. || Fig., affronterie. — Kópeta.

AUDACIEUSEMENT, adv., avec audace. — Aüsarki, boronteski.

AUDACIEUX, SE, adj., hardi. — *Aüsarta, borontia.*

AUDIENCE, s. f., séance, réception, entrevue. — *Aüdiencia, entzundea, adiundea.*

AUDITEUR, s. m., qui écoute. — *Aditzailea, aditzallea, enzúnlea.*

AUDITION, s. f., action d'entendre.—*Enzúna.*

AUDITOIRE, s. m., auditeurs. — *Aditzaileac, aditzalleac, enzúnleac.*

AUGE, s. f., pierre ou bois creusé. — *Aská, ashka.*

AUGMENTATION, s. f., accroissement.—*Emendea, gheïa, gheya, berrea, emendallá.*

AUGMENTER, v. a. et n., accroître. — *Handitzia, emendatzia, emendatzea.*

AUGURE, s. m., présage. — *Azma, aztina, aztia.* ‖ Celui qui prédit : *Azmatzallea.*

AUGURER, v. a., présager. — *Azmatzea, aztiatzea, aztinatzea.*

AUJOURD'HUI, adv., ce jour.—*Egun, ghaür.*

AUMÔNE, s. f., ce qu'on donne aux pauvres. — *Amoïna, erremusiña.*

AUNAIE, s. f., lieu planté d'aunes. — *Halzadia.*

AUNE, s. m., arbre. — *Halza, haltza.*

AUNE, s. f., mesure. — *Berga.*

AUPARAVANT, adv., avant tout. — *Lehendic, lehenago.* ‖ Avant : *Lehen.*

AUPRÈS, prép., tout près, en comparaison.— *Aldian, álderdian, hondoan, áldean, nilanian, álboan.*

AURÉOLE, s. f., cercle autour de la tête des saints, degré de gloire qui distingue les saints dans le ciel. — *Arghi-koroëa, arghizkó ingúrua, arghingúrua.*

AURICULAIRE, adj., qui a rapport aux oreilles. — *Beharrikoa, bearrikoa, belarrikoa.*

AURORE, s. f., lumière avant le lever du soleil. — *Iruskiatheratziac, ekhijalkitziac, egúnsentia, egúanza, eguaïza, arthasa, arghiarenbeghia.*

AUSPICE, s. m., présage. — *Azma, aztina, aztia.*

AUSSI, adv., de même.— *Igual, órobat, ére, bai eta éra.*

AUSSITÔT, adv., dans le moment. — *Ichtan berian, bertan, mementuan.*

AUSTÈRE, adj., rigoureux, âpre. — *Dorpéa, haïndura.*

AUSTÉRITÉ, s. f., rigueur, sévérité.—*Dorpétasuna, garratztasuna.*

AUSTRAL, LE, adj. (sans pl. m.), méridional. — *Egúerdironzkoa, egúaronzkoa, egoïaldekoa.*

AUTAN, s. m., vent du Midi, poét. — *Egoa, egua, egoya.*

AUTANT, adv., marque d'égalité. — *Horren, haïn bertce, haïn beste.* ‖ D'autant (ça de plus) : *Haïn bertcez.*

AUTEL, s. m., table pour les sacrifices. Fig., religion. — *Aldarea, áltarea.*

AUTEUR, adj., cause du bien et du mal. — *Eraghillea.* ‖ Principal d'une farce (bouffon) : *Jostalluen nagusia, burusaghia, burusaki.* ‖ Qui fait un livre : *Liburughillea.* ‖ Inventeur : *Aslea.*

AUTHENTICITÉ, s. f., qui fait autorité.—*Eghitasuna.*

AUTHENTIQUE, adj., qui fait autorité. — *Eghiazco gaüza, gaüza den arabera, eghiatua.*

AUTOMNE, s. m. et f., troisième saison. — *Udazkena, larazkena.*

AUTORISATION, s. f., pouvoir. — *Menandetzea, premicionia, premiciüa, menderatzea.*

AUTORITÉ, s. f., puissance. — *Ottoritatia, othoritatia, naüsitasuma, búrupea, jabétasúna, menándea, menderaz, meneaz, yabetasuna.*

AUTOUR, prép., aux environs. — *Ingúrua, ingúria, ingúruan, ingurian.*

AUTRE, adj., marque, distinction.—*Bertzia, beztia, bercea.*

AUTRE PART, adv., ailleurs. — *Bertze-nombeït, bertze-nombaït.*

AUTREFOIS, adv., anciennement, jadis. — *Lehen, berceorduz, bertzeorduz.*

AUTREMENT, adv., d'une autre manière. — *Bertzenaz, beztenaz.*

AUTRUCHE, s. f., oiseau fort grand qu'on dit digérer du fer. — *Sayeá.*

AUTRUI, s. m. (sans pl.), les autres. — *Jendiac, yendiac, yendeac, bercerena.*

AUXILIAIRE, adj., qui aide. — *Lagúntaria.*

AVALER, v. a., faire entrer dans le gosier.— *Irextia, irichtia, irexitzia, iresteá.*

AVANCE, s. f., avoir le devant, être monté en argent. — *Abanzua.*

AVANCEMENT, s. m., dignité, obtention d'un grade. — *Abanzamendua, haïncinamendua, aïtzinamendua, aürreranza, haürrerantza.* ‖ Aller en avant, progrès : *Arrerapena, aürrápena, aïtzinapena, aïtzindápena.*

AVANCER, v. a., n. et p., faire du progrès, prêter, aller en avant.—*Aïtcinatzea, aïncinatzea, haïcintzea, aürreratzea, haür-*

reratzia, aürreragotzea, aürragotzea, aïtcinagotzea, aïtzinduagotzea. ‖ Avancer davantage : *Aürreraghotutzea, aürraghotutzea, aïtzinghotutzea, aïtzinduagotutzea.* ‖ Avancer (encore davantage) : *Aürrereghitutzea, aürreghitutzea, aïtcineghitutzea, aïtzinduegotutzea.*

AVANT, adv., marque de priorité.—*Lehena.* ‖ Autrefois : *Lehenago, aïtcinean, haïncinian.* ‖ D'avant (d'autrefois) : *Lehendic.* ‖ Avant (en), aller, marcher : *Aürrera, haürrera, aïtzinat, haïncinat.*

AVANTAGE, s. m., profit, supériorité. — *Abantaillua, abantaillia, gaïndia, eraghina.*

AVANTAGER, v. a., donner des avantages. — *Abantaillatzia, gainditzea, eraghinzea.*

AVANTAGEUSEMENT, adv., d'une manière avantageuse. — *Abantaillu'kilan, abantallurekin, gaïndiróki, eraghindiróki, abantailloski.*

AVANTAGEUX, SE, adj., profitable, qui sied.— *Irabazgarria, gaïndiró, éraghindiro.*

AVANT-GARDE, s. f., première division d'une armée. — *Lengûardia, lehengûardia, haïntzinguardia.*

AVANT-HIER, adv., le jour qui précédait hier. — *Ehenegun, erenegun.*

AVANT-VEILLE, s. f., surveille. — *Haïcinecogaïhan, erenegun arratxian.*

AVARE, adj. et s., qui aime trop les richesses. — *Cizkoïtzá, cikoïtzá, ábáriciosá, lúkharraria, yrámana.*

AVARICE, s. f., vice de l'avare. — *Cizcoïtzkeria, cicoïtzkeria, abaricioskeria, lukhuranza, yrámanza.*

AVARIE, s. f., dégât à des marchandises, à un navire. — *Averia, káltea.*

AVEC, prép., ensemble, conjointement. — *Ekin.* ‖ Avec (moi) : *Nére-kin, énc-kin.* ‖ Avec (toi) : *Ire-kin.* ‖ Avec (lui ou elle) : *Orr'-kin, arr'-kin, arrekin.* ‖ Avec (eux ou elles) : *Oï-kin, eï-kin, eyekin.* ‖ Avec (vous) : *Zure-kin.*

AVÉNEMENT, s. m., venue, élévation à une dignité. — *Etorrera, ethorrera.*

AVENIR, s. m., temps futur.—*Ethòrtzekûa.* ‖ Adv., désormais : *Oraïndic, emendichaïntzinat.*

AVENT, s. m., temps avant la Noël.—*Abendóa.*

AVENTURE, s. f., événement, hasard.—*Ghertakaria.*

AVENTURER, v. a., hasarder.—*Menturatzeá.*

AVENTURIER, s., qui court les aventures. — *Menturatxua, menturagarria, ghertakaritxua.*

AVÉRÉ, ÉE, part., certifié, vérifié. — *Billakindua, jakindua, yakindua, yakina.*

AVÉRER, v. a., vérifier, certifier.—*Billakindetzea, jakindetzea.*

AVERSE, s. f., pluie abondante et subite. — *Phesia.*

AVERSION, s. f., haine, antipathie. — *Bekaïtza, bekaïzkoa.*

AVERTIR, v. a., donner avis. — *Abertitzia, mezutzea, abisátzea.*

AVERTISSEMENT, s. m., avis, préface.—*Abisûa, abisoa, mezua.*

AVEU, s. m., reconnaissance d'un fait, témoignage. — *Haïthorra, aïthortza.*

AVEUGLE, adj. et s., privé de la vue. — *Itxua, itsua.*

AVEUGLEMENT, s. m., cécité. — *Itxutasuna.* ‖ Aveuglément, fig. (obscurcissement de la raison) : *Itxutuki.*

AVEUGLER, v. a., priver de la vue. Fig., de la raison. — *Itxutzia, itxutzea.*

AVEUGLETTE (A L'), loc. adv., à tâtons, fam. — *Asmúat.*

AVIDE, adj., qui désire ardemment. — *Irriskina, andamutia, bekaïztia.* ‖ Intéressé : *Guticitsua.*

AVIDEMENT, adv., avec avidité (manger). — *Ithoka.* ‖ Désir ardent : *Guticiró, irriskiró.*

AVIDITÉ, s. f., désir ardent. — *Guticia, irritsa, behaïtza, bekaïzkoa, ondamua.* ‖ Insatiabilité de manger : *Ecin aséa.*

AVILIR, v. a. et p., rendre vil.—*Guchitzea, gutitzea, ûrritzea, beheititzea, aphaltzea, beheratzea.*

AVILISSANT, TE, adj., qui avilit.—*Guchikaria, gútikaria.*

AVILISSEMENT, s. m., état d'un être avili. — *Gútikaritasuna, beheramendua, aphaltasuna.*

AVIRON, s. m., sorte de rame. — *Ráma, arraüa.*

AVIS, s. m., opinion.—*Idea, abisua.* ‖ Avertissement : *Abisua, mezua, gaztigua, avisua.* ‖ Avis (donneur d') : *Bidarkitzallea, konseillu'emaillea.*

AVISÉ, ÉE, adj., prudent, éveillé, dégourdi. — *Ernaya, erazarria, eratzarria, zuhurra.*

AVISER, v. a. et n., avertir. — *Abisatzea, mezutzea, adieraztea, gaztigatzea.* ‖

S'aviser, v. p., apercevoir, penser. — *Abisatzea, oartzea.*

Aviso, s. m., petit navire de guerre. — *Avisu-ontzia, abisu-untzia, abisu-oncia, berri-uncia.*

Avitailler, v. a., fournir des vivres et des munitions. — *Ornitzea janedariz guerlaco gaücez.*

Avivé, ée, part., ranimé. — *Pichtua, pitztua.*

Aviver, v. a., rendre plus vif, ranimer. — *Pichtia, pichtea, pitztea, pitcheraztia, pitzeraztia.* ‖ Faire revivre : *Bicieraztia, picheraztia, pitzeraztia.*

Avocat, s. m., celui qui fait profession de défendre des causes en justice. Fig., qui intercède pour un autre. — *Abokata.*

Avoine, s. f., graine pour les chevaux. — *Olhua, óloa.*

Avoir, v. a., posséder ; s. m., bien. — *Eükitzea, izatia, ukatea, edukitzea.*

Avortement, s. m., action d'avorter. — *Bertitzá.*

Avorter, v. n., accoucher avant terme. — *Bertitzaz erditzea, úmea bótatzea.* ‖ Echouer : *Kosta'ghitea.*

Avouer, v. a. et p., reconnaître qu'une chose est. — *Aïthortzia, atroyatzea, haïtortzea.*

Avril, s. m., quatrième mois. — *Aphirilla, jorraïl.*

Axe, s. m., pivot. — *Opóa, kóntza.*

Axiome, s. m., maxime. — *Esanghia, esakia, erábakia.*

Azur, s. m., minéral. — *Urdinaria, urdinarra.* ‖ Couleur bleue : *Urdiña, urdina.*

Azurer, v. a., rendre bleu. — *Urdiñtzia, urdintzia.*

B

Babil, s. m., caquet. — *Hizkundea, hitzkundea.*

Babillard, de, adj. et s., qui a du babil. — *Elekária, hitzúntzia.*

Babiller, v. n., caqueter. — *Elekátzea.*

Babine, s. f., lèvre de quelques animaux. — *Ezpaina.*

Babiole, s. f., jouet, bagatelle. — *Deüsezbat.*

Babord, s. m., côté gauche du navire en partant de la poupe. — *Ezkérreronz.*

Bac, s. m., grand bateau plat. — *Kabarra.*

Bacchanale, s. f., orgie, désordre. — *Karrilluna.*

Bache, s. f., toile pour couvrir les charrettes, les bateaux. — *Estaltzeco cira, estaltzeko sáyala.*

Bacler, v. a., faire une chose à la hâte. — *Despeditzea, lasterka lan bat éghitea, presákan lan bat éghitea.*

Badaud, adj. et s., niais qui s'amuse de tout. — *Zózoa.*

Badigeonnage, s. m., action de badigeonner. *Pintradura.*

Badigeonner, v. a., peindre un mur. — *Pintratzea.*

Badin, ine, adj. et s., folâtre. — *Drólia, célebria.*

Badinage, s. m., action de badiner. — *Yósteta.*

Badiner, v. n., faire le badin, plaisanter. — *Libertitzia, yóstetatzia.*

Bafouer, v. a., railler, vilipender quelqu'un. — *Trufatzea.*

Bagage, s. m., équipage de guerre. — *Bágakia.* ‖ Effets de voyageur : *Arrópac.*

Bagarre, s. f., tumulte. — *Arrókeria.*

Bagatelle, s. f., chose frivole. — *Yeüsezbat, chirchilkeria.*

Bagne, s. m., prison des forçats. — *Gálerako presondeghia.*

Bague, s. f., anneau. — *Errestuna.*

Baguette, s. f., verge. — *Cihórra.*

Baie, s. f., petit golfe. — *Baiya* ‖ Fruit : *Mulkua.*

Baigner, v. a. et p., mouiller. — *Bústitzia.* ‖ Se baigner (prendre un bain) : *Maïnhatzea, maïñatzea, úrestea.* ‖ Tremper, couvrir une chose d'un liquide : *Asaltzea, gaïntchuritzea, gaïnchurizkatzed, azaleztzea.*

Baigneur, se, s., qui se baigne, qui tient des bains. — *Maïnhátzallea, úrestzailla.*

Baignoire, s. f., cuve où l'on se baigne. — *Mañuarra.*

Bail, s. m., convention par laquelle on transfère à quelqu'un la jouissance d'une chose. — *Balla.*

Baillement, s. m., action de bâiller. — *Ahozábalka.*

BAILLER, v. n., ouvrir involontairement la bouche.—*Ahózabalkatzia, ahorrositzea.*

BAILLON, s. m., morceau de bois que l'on met dans la bouche pour empêcher de parler. — *Ahó trábatzeko egurra.*

BAILLONNÉ, ÉE, part., qui est bâillonné.— *Ahóa trábatua, ahúa trábatua.*

BAILLONNER, v. a., mettre un bâillon. — *Baña trábatzia, ahoá trábatzea.*

BAIN, s. m., eau où l'on se baigne. — *Mañua, maïnhua.*

BAÏONNETTE, s. f., épée au bout d'un fusil.— *Baiyoneta.*

BAISER, v. a., appliquer sa bouche sur la joue ou ailleurs; action de baiser : *Músukatzea, pókatzea.* || Baiser (un) : *Músu bat, póta bat.*

BAISEUR, EUSE, s., qui aime à donner des baisers. — *Músukaria, pókaria.*

BAISSE, s. f., diminution de prix.—*Beheïtia.*

BAISSER, v. a. et n., abaisser, s'affaiblir. — *Aphalcea, aphaltzia.*

BAL, au pl. BALS, s. m. — *Bála, bálac.*

BALAI, s. m., instrument pour nettoyer. — *Erkatzá, yátxa, eratxa, eskóba.*

BALANCE, s. f., instrument pour peser. — *Bálenza, harahuna.*

BALANCEMENT, s. m., action de balancer. — *Balantza.*

BALANCER, v. a., mouvement par lequel un corps penche tantôt d'un côté, tantôt de l'autre. — *Balanzatzia.*

BALANCIER, s. m., partie d'une machine qui a un mouvement régulier. — *Balenza.*

BALANÇOIRE, s. f., corde attachée par les deux bouts à deux arbres ou à deux poteaux, au milieu de laquelle on se balance. — *Gorgoïna.*

BALAYER, v. a., nettoyer avec un balai. — *Garbitzia, erkatzez cháhutzea, erkatzez garbitzia.*

BALBUTIER, v. n., avoir la prononciation embarrassée, hésiter. — *Ahopiatzea.* || Il est là, balbutiant : *Hor dágo ahopian.* || Il a une hésitation en parlant, il balbutie : *Ahopia badu.*

BALCON, s. m., saillie d'une fenêtre. — *Balkoïna, balkoïa.*

BALEINE, s. f., cétacé, ses fanons. — *Bália, bálea.* || Baleine (huile ou graisse de) : *Lúmera, úriña, saiña.* || Baleine (chair de) : *Bálekia.*

BALEINEAU, s. m., petit d'une baleine. — *Bálekumea.*

BALEINIER, s. m., navire qui fait la pêche de la baleine. — *Báleazalea.*

BALISE, s. f., signal qui indique un écueil.— *Señalea.*

BALLE, s. f., boule pour jouer à la paume. — *Pilóta.* || Plomb pour les armes à feu : *Bála.*

BALLON, s. m., corps sphérique et creux. — *Bálona.*

BALLOT, s. m., paquet de marchandises recouvert de toiles. — *Bálota.*

BALLOTTÉ, ÉE, part., vaisseau ballotté. — *Ibillia.*

BALLOTTEMENT, s. m., mouvement imprimé à un corps. — *Ibilkuntza.*

BALLOTTER, v. a., agiter une chose.—*Ibiltzea.*

BALUSTRADE, s. f., rampe d'un escalier. — *Kalostra.*

BAN, s. m., publication de mariage.—*Mana.* || Proclamation, édit : *Bándoa, góyakindea.*

BANC, s. m., long siége.— *Alkia, jarteghia, eserlekua.* || Banc (de sable) : *Ondarpilla.*

BANCROCHE, adj. et s., à jambes tortues. — *Aztal-makurra.*

BANDAGE, s. m., bandes destinées à maintenir un appareil sur une blessure. — *Banda.*

BANDE, s. f., troupe. — *Trópa, gendedia, andana.* || Lien plat et large pour envelopper ou serrer : *Lótura, banda.* || Côté: *Banda, aldamena, albóa.*

BANDEAU, s. m., bandeau sur le front. — *Banda.*

BANDER, v. a., lier, serrer avec une bande. —*Bandatzia, lotzea.* || Tendre avec force : *Tiratzea.*

BANDIT, s. m., vagabond malfaisant.— *Bándita, bidostaria, bidebaslea, mandulera.*

BANDOULIÈRE, s. f., bande de cuir pour porter le mousquet. — *Bándolera, zaldunbandea.*

BANNI, IE, part., exilé. — *Erbestetua, kamporatua, erritic botatua, egorria, egotzia, desterratua.*

BANNIÈRE, s. f., étendard. — *Bándera.*

BANNIR, v. a., exiler, chasser.—*Kamporatzea, erbestatzea, kásatzea, desterratzea.*

BANNISSEMENT, s. m., exil. — *Destarrua.*

BANQUE, s. m., commerce d'argent.—*Bánka.*

BANQUIER, s. m., qui fait le commerce d'argent. — *Diru alikiduna.*

BANQUET, s. m., festin, repas magnifique.— *Yateketa, oberaria, oturunzá, bonaza.*

4

BAPTÊME, s. m., cérémonie en usage chez les catholiques. — *Báthayoa, bataiyua, pataïua.*

BAPTISER, v. a., donner le baptême, un nom, un sobriquet. — *Bataïtzea, bathaytzea, pataihatzea, pataïtzea, bathaiyatzea.*

BAQUET, s. m., petit cuvier. — *Tiña.*

BARAQUE, s. f., hutte des soldats pour se mettre à couvert, logement, petit réduit. — *Chóla, itchóla, etchóla.*

BARBARE, s. m., cruel, inhumain, sauvage, grossier, qui n'est point civilisé. — *Bárbarua, lankaïtza, estakindua, azalkeretsua.* ∥ Sanguinaire : *Odolghirodia.*

BARBAREMENT, adv., avec barbarie. — *Bárbaroki, bárbarecia'kilan, lankaïtzkiro, odolghiroki.*

BARBARIE, s. f., cruauté, inhumanité. — *Barbarotasuna, lankaïtztasuna, estakintasuna, azalkeretasuna.*

BARBARISME, s. f., faute contre la langue. — *Hitzunea.*

BARBE, s. f., poil du visage, poils de certains animaux. — *Bízarra, phizarra.*

BARBEAU, s. m., poisson.—*Bárboa, chárboa.*

BARBIER, s. m., celui dont la profession est de faire la barbe.—*Pérrukera, bizarghilea, pélukera.*

BARBU, UE, adj., qui a de la barbe. — *Bizartxua, phizartxua.*

BARDER, v. a., couvrir. — *Estaltzea.*

BARIL, s. m., tonneau. — *Bárrilla.*

BAROMÈTRE, s. m., instrument qui sert à déterminer les variations atmosphériques.— *Bárometra.*

BARQUE, s. f., embarcation. — *Urasca, üarka, üaska.* ∥ Espèce de chasse-marée non ponté : *Lánchá, lánchea.*

BARRAGE, s. m., action de barrer une rivière, une rue. — *Zerradura.*

BARRE, s. f., haut-fond. — *Bárra.* ∥ Trait de plume : *Márra.*

BARRÉ, ÉE, part., fermé, obstrué. — *Zerratua.*

BARRER, v. a., fermer, obstruer. — *Zerratzea.*

BARRIÈRE, s. f., pieux fixés en terre, enceinte, borne. — *Saraillua.*

BARRIQUE, s. f., sorte de tonneau.— *Barrika.*

BAS, adj., vil, méprisable, rampant, sans courage, sans générosité. — *Aphala.*

BAS, s. m., vêtement des jambes. — *Gálzerdiac.* ∥ Partie inférieure (le bas) : *Béhera.* ∥ Le dessous : *Azpiá.*

BAS (EN), adj. — *Beherian.* ∥ Là-bas : *Hán.* ∥ Par bas : *Azpitic.* ∥ Ici-bas : *Mundu huntan.* ∥ A bas : *Lúrrerat.* ∥ De bas en haut : *Azpitic góra.*

BAS, SSE, adj., la partie la plus basse.—*Péa, piá, zóla.* ∥ Qui a peu de hauteur : *Béhera.*

BASANE, s. f., peau de mouton travaillée. — *Básana.*

BASCULE, s. f., instrument qui sert à peser. — *Baskula.*

BASE, s. f., tout ce qui sert d'appui à un corps posé dessus. — *Zóla, azpia.* ∥ Appui, soutien : *Sustengua.*

BASER, v. a., appuyer, soutenir. — *Sustengatzea.* ∥ Poser sur une base : *Zóla baten gaïnian ezartzea, azpi baten gaïnian ematea.*

BASIN, s. m., sorte d'étoffe de coton. — *Basiña.*

BASQUE, s. m., personne née dans le pays basque. — *Eskualdun, eskualduna.* ∥ Pays basque : *Eskual-erria.* ∥ Les Basques (le peuple basque) : *Eskualdunac.*

BASSESSE, s. f., sentiment, inclination, action, manière méprisable. — *Béheratasunac* (ne se dit qu'au pluriel).

BASSET, s. m., chien à jambes courtes qui sert à chasser le lapin. — *Unchizakurra.*

BASSIN, s. m., grand plat, pièce d'eau, partie d'un port destinée au radoub, pierre creuse. — *Básiña.*

BASSINET, s. m. (d'une platine de fusil, pistolet).— *Sutesca.*

BASTINGAGE, s. m., espèce de parapet établi autour d'un navire. — *Bastingua.*

BASTION, s. m., fortification. — *Bástiona.*

BASTONNADE, s. f., application d'un certain nombre de coups de bâton. — *Pálüac, makill kolpeac.*

BAS-VENTRE, s. m., la partie la plus basse du ventre. — *Sábel-ázpia.*

BAT, s. m., selle des bêtes de somme. — *Básta.*

BATAILLE, s. f., combat général. — *Gúdua.*

BATAILLER, v. n., combattre. — *Gúdatzea.*

BATARD, DE, adj. et s., enfant né hors de légitime mariage. — *Bástarta.*

BATEAU, s. m., espèce de barque.—*Bácheta.*

BATTANT, s. m., partie d'une porte. — *Atherdia.*

BATTEMENT, s. m. (de cœur après que l'on a couru). — *Túpotza, pámpa.*

BATER, v. a., mettre le bât. — *Bástatzea.*

BATIMENT, s. m., navire. — *Oncia, uncia,*

BATON, s. m., morceau de bois long et maniable.— *Mákhilla.* ‖ A coups de bâton : *Mákhilka.*

BATONNER, v. a., frapper à coups de bâton. — *Pálùac ematea, makill kolpeac ematea.*

BATTRE, v. a., donner des coups pour faire du mal, gagner la bataille ; v. n., donner sur ; v. r., se frapper, se porter des coups, être aux mains avec. — *Yótzea, jótzia, gùdukatzea, éragoztea.*

BATTUE, s. f., chasse. — *Ihizia.*

BAUDRIER, s. m., bande de cuir qui sert à porter l'épée. —*Ezpata uhala.* ‖ A porter le sabre : *Sábre uhala.*

BAUME, s. m., plante, liqueur, onguent. — *Bálsamúa.*

BAVARD, DE, adj. et s., qui parle.—*Babarda, elhekdria, hitzúntzia, elheghilea.*

BAVARDAGE, s. m., action de bavarder, discours du bavard. — *Itzûnzekeria.*

BAVARDER, v. n., parler excessivement de choses frivoles et qu'on devrait tenir secrètes. — *Elestatzea.*

BAVE, s. f., écume ou eau gluante qui sort de la bouche des enfants ; se dit aussi de quelques animaux, tels que le limaçon, etc. — *Edea, lingherda, adurra, elderra, ghirlia, lerdea.*

BAVER, v. n., écumer, jeter de la bave. — *Ghirliatzea, lingherdatzea, eldcrratzea, edeatzea.*

BAVEUX, SE, adj., qui bave. — *Eldearia, ghirlaria, lingherdaria, adurraria.* ‖ Qui a de la bave : *Erdekorra, lingherkorra, adurrakorra, elderrakorra, ghirliakorra, lerdeakorra, linghertsua, lingherkiro.*

BÉANT, TE, adj., très-ouvert. — *Zábaldùa.*

BÉAT, TE, s., dévot. — *Doátsua, zórionekoa, béata.*

BÉATIFICATION, s. f., action par laquelle le pape béatifie. — *Doátsuera.*

BÉATIFIÉ, ÉE, part., qui a reçu la béatification. — *Doátsughiña.*

BÉATIFIER, v. a., mettre au catalogue des bienheureux. — *Doátsughitea.*

BÉATITUDE, s. f., bonheur, vision de Dieu.— *Dohátsutasuna.*

BEAU, OU BEL, BELLE, adj., qui fait naître l'admiration. — *Ederra.*

BEAUCOUP, adv., quantité, grand nombre, plusieurs, longtemps, extrêmement.— *Haïnitz, hanich.*

BEAU-FILS, s. m., gendre. — *Súhia.*

BEAU-FRÈRE, s. m., qui a épousé ou dont on a épousé la sœur ou belle-sœur.—*Koïnata.*

BEAU-PÈRE, s. m., de qui on a épousé l'enfant. — *Aïtaghiñarreba.*

BEAUTÉ, s. f., assemblage de grâces, juste proportion, mélange de couleurs nécessaires pour plaire aux yeux. — *Edertasuna.*

BEC, s. m., partie qui sert aux oiseaux à manger et à se défendre, outil, pointe, angle saillant : *Mókoa, mókua, mókhoa.*

BÉCASSE, s. f., oiseau. — *Pekada.*

BÉCASSEAU, s. m., sorte de bécasse.—*Pekardiñkumea.*

BÉCASSINE, s. f., oiseau. — *Pekardiña.*

BÊCHE, s. f., outil d'agriculture. — *Haïntzurra, atchurra, aïtchurra.*

BÊCHER, v. a., couper et remuer la terre avec la bêche : *Haïntzurtcea, haüzurtzea.*

BECQUÉE, s. f., ce qu'un oiseau prend avec le bec pour donner à ses petits. — *Mókkaren béthe.*

BECQUETER, v. a., donner des coups de bec, se battre ou caresser avec le bec. — *Móko yotzea.* ‖ Prendre : *Mókoz hartzea.*

BEDAINE, s. f., gros ventre. — *Shórroa, zórroa, tripa.*

BEDEAU, s. m., officier servant aux églises ou aux universités. — *Bedelá.*

BEFFROI, s. m., tour où se trouve une cloche pour donner l'alarme. — *Asalte-dorrea, dehadar-dorrea, alarma-dorrea.* ‖ Cloche du beffroi : *Asalt'-izkilla, dehadart'-izkilla, alarm'-izkilla.* ‖ Alarme pour l'incendie (cloche du feu) : *Súizkilla.*

BÉGAIEMENT, s. m., action de bégayer. — *Mótheltasuna.*

BÉGAYER, v. n., hésiter, manger les syllabes des mots en parlant. — *Mótheltzia.*

BÈGUE, adj., qui bégaye. — *Móthela.*

BEIGNET, s. m., sorte de pâte frite.—*Beñia, kaüsera.*

BÊLANT, TE, adj., qui bêle. — *Márrakaz.*

BÊLEMENT, s. m., le cri naturel des moutons, brebis et chèvres. — *Márraka.*

BÊLER, v. n., faire un bêlement. — *Márraka'ghitia, márrakatzia.*

BELETTE, s. f., sorte de petit quadrupède.— *Andereigerra, erbindoria, erbiñudea, pirocha, oghigaztaya.*

BÉLIER, s. m., mâle de la brebis. — *Ahária.* ‖ Ligne du zodiaque : *Ahárüzarra.*

BELLE-FILLE, s. f., fille par alliance. — *Erraña, erreïna.*

BELLE-MÈRE, s. f., mère par alliance. — *Amaghiñarreba.* ‖ Marâtre : *Amaïzuna, húazama.*
BELLE-SŒUR, s. f., sœur par alliance.— *Koïnata, koñata, koñadua.*
BELLIQUEUX, SE, adj., guerrier. — *Gherlaria, gherraria.*
BÉNÉDICITÉ, s. m., prière qu'on fait à table. *Mahainek'othoïtza.* ‖ Prière avant le repas : *Haintcinek'othoïtza.* ‖ Prière après le repas : *Ondok'othoïtza.*
BÉNÉDICTION, s. f., cérémonie religieuse par laquelle on bénit, faveur du ciel, vœu de la reconnaissance pour quelqu'un. — *Bénédicionia, bendicióa, bedeïkacióa, onereskúna, bénédicionea.*
BÉNÉFICE, s. m., profit. — *Irabacia, próbetchua.*
BÉNÉFICIER, v. n., faire quelque profit. — *Irabaztea, onekinzea.*
BÉNI, IE, part., qui a reçu la bénédiction. — *Bénédikatua, bédeïkatua, óneresia.*
BÉNIGNEMENT, adv., d'une manière bénigne. *Onghiro, ondoro, onghistero.*
BÉNIGNITÉ, s. f., douceur. — *Onghiroa, onghistea.*
BÉNIN, IGNE, adj., doux, humain. ‖ Fig. favorable, propice. — *Onghirotia, onghisteduna.*
BÉNIR, v. a., consacrer au culte, donner la bénédiction, louer, remercier. — *Bénédikatzea, bédeïkatzea, ónerestea.*
BÉNITIER, s. m., vase à eau bénite. — *Ur bénédicatu tokia, ûr bénédicatuen untzia.*
BÉQUILLE, s. f., bâton pour les infirmes. — *Bekilla.*
BERCAIL, s. m., bergerie. — *Kóralia.*
BERCEAU, s. m., lit d'enfant. — *Seáska, óhekóa.*
BERCER, v. a., remuer le berceau. — *Seáskatzea.*
BÉRET, s. m., sorte de coiffure. — *Gápelua.*
BERGAMOTE, s. f., sorte de poire. — *Bergamóta, üdare, mádari bergamóta.*
BERGE, s. f., rive, bord d'une rivière, d'un ravin. — *Ur'eghia.*
BERGER, ÈRE, s., qui garde les brebis. — *Arzaïha, artzaïna.* ‖ Berger, chef qui commande (en Espagne) tous les autres bergers d'une même maison. — *Artzaïnnaúsia, artzaïnágusia, maïyorála.*
BERGERIE, s. f., étable à moutons.— *Bórda, arditeghia.*

BERNE (EN), loc. adv., situation du pavillon. — *Luzekaran-bandera biltzia.*
BERNER, v. a, se moquer de quelqu'un, l'amuser par de fausses promesses. — *Abusatzia.*
BESACE, s. f., sac à deux poches. — *Alportchac.*
BESICLES, s. m., lunettes à branches. — *Lúnetac, misérac.*
BESOGNE, s. f., travail. — *Lána.*
BESOIN, s. m., manque, indigence, nécessité. — *Béharra, béhar.*
BESTIAUX, s. m. pl., bétail. — *Azindákáberiac, gánaruac, kábaleac, ábereac, áberiac.*
BÉTAIL, s. m., troupeau de bêtes domestiques à quatre pieds. — *Azindá, áberia, gánarua, áberea, kábalea.*
BÊTE, s. f., animal irraisonnable. ‖ Fig., stupide, sans raison. — *Béstia, ábrea, ázinda, álimalia, ázienda.*
BÊTEMENT, adv., en bête. — *Astoki, ábreki, álimaleki.*
BÊTISE, s. f., ignorance, stupidité. — *Abrekeria, ástokeria.*
BETTERAVE, s. m., plante, sa racine. — *Betarrába.*
BEUGLEMENT, s. m., cri du taureau, de la vache. — *Márruma.*
BEUGLER, v. n., mugir. — *Márruma'ghitea, márrumatzea.*
BEURRE, s. m., partie grasse du lait. — *Búrra, gúria.*
BEURRER, v. a., étendre du beurre. — *Búrrastatzea, búrra ématea, búrra édatzea.*
BÉVUE, s. f., méprise.— *Utxa, ustegabekóa.*
BIAIS, s. m., ligne oblique. — *Bidácha.*
BIAISER, v. n., aller obliquement.— *Bidáchtetzea.*
BIBERON, s. m., qui sert à boire — *Edálea.*
BIBLE, s. f., ancien et nouveau Testament. — *Bibla.*
BIBLIOTHÉCAIRE, s. m., préposé à une bibliothèque. — *Liburuteghi'saïntzállea.*
BIBLIOTHÈQUE, s. f., réunion de livres. — *Liburuteghia.*
BICOQUE, s. f., petite maison. — *Etche tchárra.*
BIDON, s. m., vase de fer-blanc. — *Biróna.*
BIEN, s. m., ce qui est bon, utile. — *Ona.* ‖ adv., convenablement : *Onxa, onghi, óntxa.* ‖ Possession : *Ontasuna.*
BIEN-AIMÉ, ÉE, adj., préféré. — *Maïtia, maïtea.*

BIENFAISANCE, s. f., inclination à faire du bien. — *Onghitasuna.*
BIENFAISANT, TE, adj., qui fait du bien. — *Onyhikaria, ónghi'ghilea.*
BIENFAIT, s. m., bien qu'on fait. — *Onghina, onghighina, ontxaghina, onghia.*
BIENFAITEUR, TRICE, s., qui fait du bien. — *Onghi'ghilea, óntxa'ghilea.*
BIENHEUREUX, EUSE, adj., fort heureux. — *Onghiúrusa.* ‖ s. m., saint : *Sa'ndua.*
BIENSÉANCE, s. f., convenance. — *Respetua, móldesia.*
BIENSÉANT, TE, adj., qui convient. — *Respetukóa, móldekúa.*
BIENTÔT, adv., dans peu. — *Láster, fíte.*
BIENVEILLANCE, s. f., disposition favorable, affection. — *Onghinaya, ondogúra.*
BIENVEILLANT, TE, adj., qui veut du bien. — — *Onghighilea.*
BIENVENU, ÚE, adj. et s., bien reçu. — *Onghi jina, onghi ethorri, ondo ethórri.*
BIÈRE, s. f., cercueil. — *Hilkutcha.* ‖ Boisson : *Biéra.*
BIFFER, v. a., raturer l'écriture. — *Bórratzea.*
BIFURCATION, s. f., l'endroit où une chose se divise en deux. — *Gurutzea.* ‖ Division de deux ou plusieurs autres chemins : *Bidegurutzea.*
BIFURQUER (SE), v. pron., se diviser en deux. — *Gurutzatzea.*
BIGAME, adj. et s., marié à deux personnes. — *Bi emaztekier ezkondua.*
BIGAMIE, s. f., état de bigame : *Bi emaztekiekin ezkondua.*
BIGARRER, v. a., couvrir de couleurs tranchantes et mal assorties. — *Pikardatzea.*
BIGARRURE, s. f., variété de couleurs tranchantes ou mal assorties. — *Pikarda.*
BIGOT, TE, adj., dévot outré. — *Beáta.*
BIGOTERIE, s. f., dévotion outrée. — *Beátkeriá.*
BIJOU, s. m., petit ouvrage précieux de parure ou d'ornement. ‖ Fig., jolie petite chose. — *Edergaílu.*
BIJOUTIER, s. m., qui fait et vend des bijoux. *Cilharghina.*
BILE, s. f., humeur du corps. — *Bíla.*
BILIEUX, EUSE, adj., qui a de la bile. — *Bilatxua.*
BILLET, s. m., petite lettre, missive. — *Billeta.*
BILLION, s. m., mille millions. — *Biliúna.*
BILLOT, s. m., bloc de bois. — *Trunkua.*

BIPÈDE, adj. et s., qui a deux pieds. — *Bi sangokoa.*
BIS ! interj., encore une fois. — *Berriz.*
BISAÏEUL, LE, s. m., père de l'aïeul. — *Arbaso.*
BISCAYEN, NE, s., de Biscaye. — *Bizkaïtarra, Bizkaïnoa.*
BISE, s. f., vent du Nord. — *Ipharra, ifar, iphar.*
BISQUER, v. n., éprouver du dépit. — *Bizkatzia.*
BISSEXTILE, adj., année où se rencontre le bissexte. — *Bichichtilá.*
BITUME, s. m., fossile inflammable. — *Bituma.*
BITUMINEUX, SE, adj., de bitume. — *Bitumatxua.*
BIZARRE, adj., fantasque. *Lunatiká, bitchia.*
BIZARREMENT, adv., d'une manière bizarre. — *Bítchiki.*
BIZARRERIE, s. f., caprice, action bizarre. — *Bítchikeria.*
BLAFARD, DE, adj., pâle. — *Chúri.*
BLAGUE, s. f., fanfaronnade, mensonge. — *Ghézurra, thirúa.* ‖ Blague (à tabac) : *Tócha, dócha.*
BLAGUER, v. n., conter des blagues. — *Ghézurtatzia, thiratzea.*
BLAIREAU, s. m., quadrupède. — *Azkanarrúa, akhúa, azkona.*
BLAMABLE, adj., digne de blâme. — *Erreportchugarria.*
BLAME, s. m., réprimande. — *Erreportchua.*
BLAMER, v. a., condamner, réprimander. — *Erreportchatzia.*
BLANC, CHE, adj., couleur de neige. ‖ Fig., propre. — *Chúria, chúri.*
BLANC-D'ŒUF, s. m., substance blanche, liquide et visqueuse, qui enveloppe le roux de l'œuf. — *Chúringóa.*
BLANCHATRE, adj., tirant sur le blanc. — *Churichká, chúrichkára.*
BLANCHEUR, s. f., couleur blanche. — *Chúritásuna.*
BLANCHIR, v. a., rendre blanc ; v. n., devenir blanc. ‖ Fig., propre. — *Chúritzeá.*
BLANCHISSEUR, SE, s., qui blanchit le linge. — *Chúritzaillea.*
BLASER, v. a., émousser les sens. — *Asetzea.*
BLASPHÉMATEUR, TRICE, s., qui blasphème. — *Arnégatzallea.*
BLASPHÈME, s. m., parole impie. — *Arnégúa.*
BLASPHÉMER, v. a. et n., proférer un blasphème. — *Arnégatzea.*

BLÉ, s. m., plante graminée. — *Bihia.* ‖ Blé (maïs), s. m., blé de Turquie : *Artóa, arthóa.*

BLÊME, adj., pâle. — *Chúria, kólore chúria.*

BLÉMIR, v. n., pâlir. — *Chûritzea.*

BLESSANT, TE, adj., outrageant. — *Damutia.*

BLESSÉ, ÉE, part., qui a reçu une blessure. — *Kólpatua, gólpatua.*

BLESSER, v. a., faire une plaie. — *Kolpatcea.* ‖ Fig., faire du tort, offenser : *Ofensatzia.*

BLESSURE, s. f., plaie. — *Kólpia, kólpea, zaüria, gólpea, gólpia.*

BLEU, EUE, adj., couleur d'azur. — *Urdiña, blüya.*

BLOC, s. m., masse. — *Péza.*

BLOCUS, s. m., action de cerner une place. — *Inguramendua.*

BLOND, DE, adj., couleur entre doré et châtain. — *Blúnda.*

BLOQUER, v. a., faire le blocus. — *Inguratzia.*

BLOTTIR (SE), v. p., s'accroupir. — *Kukurichkatzea.*

BLOUSE, s. f., vêtement. — *Chamarra, blúza.*

BLUETTE, s. f., étincelle. — *Pindárra.*

BOBÈCHE, s. f., partie du chandelier où se met la bougie. — *Bóbecha.*

BOCAGE, s. m., bosquet, petit bois. — *Arboladia, zuaïztia, arechaya, ezkuzta, ezkurduya, basaïlluna.*

BŒUF, s. m., taureau châtré. — *Idiá.*

BOIRE, v. a., avaler un liquide. — *Edateá.*

BOIS, s. m., substance compacte d'un arbre. — *Zúra.* ‖ Bois à brûler : *Egúrra.* ‖ Lieu planté d'arbres : *Othana, oyana.*

BOIS DE LIT, s. m., meuble qui sert pour se coucher. — *Ohekucheta.*

BOISAGE, s. m., bois employé à boiser. — *Zúreria.*

BOISER, v. a., garnir de boiserie. — *Zúreztatzea.* ‖ Garnir, planter d'arbres : *Arboleztatzea, arbolez landatzea.*

BOISERIE, s. f., menuiserie en bois. — *Zúreria.*

BOISEUX, SE, adj., de la nature du bois. — *Zúrtxua.*

BOISSEAU, s. m., mesure de capacité. — *Gaïtcerda.*

BOISSON, s. f., liqueur à boire. — *Edária.*

BOIS-TAILLIS, s. m., bois en coupe réglée. — *Chára.*

BOÎTE, s. f., coffret. — *Büata, búyta, kópa.*

BOITER, v. n., ne pas marcher droit. — *Maïngútzea, tchaïngútzea.*

BOITEUX, SE, adj., qui boite. — *Maïngúa, tchaïkia, tchaïngúa.*

BOL, s. m., vase. — *Gátillua, gátulia.*

BOMBANCE, s. f., bonne chère, fam. — *Aseá.*

BOMBARDEMENT, s. m., action de bombarder. — *Bômbardamendua.*

BOMBARDER, v. a., jeter des bombes. — *Bômbardatzea.*

BOMBE, s. f., boulet rempli de poudre. — *Bómba.*

BOMBÉ, ÉE, part., qui a une forme convexe. — *Biribillxua.*

BOMBER, v. a., rendre, devenir convexe. — *Biribillatzea.*

BON, NE, adj., qui a des qualités convenables à sa nature, indulgent. — *On, óna.* ‖ Bon (assez) : *Ontchoa.* ‖ Bon (fort) : *Arras óna.* ‖ Bon (tout de) : *Cinez.* ‖ Bon (trop) : *Oneghia.*

BONASSE, adj., simple, sans malice. — *Phásta, óneghia.*

BONBON, s. m., friandise. — *Onona.*

BOND, s. m., saut. — *Sáltua, yaützia.*

BONDIR, v. n., faire un bond. — *Saltatzia, yaützitzia.*

BONHEUR, s. m., félicité, prospérité. — *Bonhurra, zori-óna.*

BONHOMIE, s. f., bonté naturelle qui se fait remarquer à l'extérieur. — *Lañotasuna.*

BONIFIER, v. a., améliorer, rendre meilleur. — *Ontzia, óntzea.*

BONJOUR, s. m., salut du jour. — *Egun-hon.*

BONNE-FORTUNE, s. f., avantage inattendu. — *Fortuna, fortun'óna, zória.*

BONNEMENT, adv., de bonne foi. — *Fédeónez, frankokí.*

BONNET, s. m., coiffure. — *Bóneta.*

BONSOIR, s. m., salut du soir. — *Gaü-on, gaï-ón.*

BONTÉ, s. f., qualité de ce qui est bon ou porté à faire le bien. — *Ontasuna.*

BORD, s. m., extrémité. — *Bazterra, éghia, albenia, ertzá, ermiña.* ‖ Navire : *Bórnua.*

BORDÉE, s. f., décharge simultanée de canons situés du même côté du navire. — *Kañonazo-aldeá, úntci-alderdibatek'o pézeri sü bétan ématea.*

BORDER, v. a., garnir le bord. — *Cedariztatzea, bortatzea.*

BORDURE, s. f., entourage, cadre. — *Ingurua.* ‖ Le bord : *Bazterra.*

BORÉAL, adj., septentrional. — *Ipharaldekóa.*

BORGNE, adj., qui n'a qu'un œil. — *Okherra.*

Bornage, s. m., action de borner, lieu d'une borne. — *Mûgakida.*

Borner, v. a., mettre des bornes, limiter.— *Cedarriztatcea, mùgarriztatcea.*

Bosphore, s. m., détroit entre deux continents. — *Itsásodia.*

Bosquet, s. m., petit bois. — *Arboladia, oyantchûa.*

Bosse, s. f., grosseur. — *Kónkortasuna.* || Elévation : *Pántchoka.*

Bosseler, v. a., faire des bosses. — *Kónkórtzia, kónkórraztia.*

Bossoir, s. m., partie d'un navire qui supporte l'ancre. — *Ankora atchikitzenduen untciko alderdia.*

Bossu, ue, adj., celui qui a une ou plusieurs bosses. — *Konkorra.*

Botanique, s. f., connaissance des végétaux. — *Belharyakintatia.*

Botaniste, s. m., qui s'applique à la botanique, herboriste. — *Bélharghina, bélhardazaria.*

Botte, s. f., chaussure. — *Bóta.*

Bouc, s. m., mâle de la chèvre. — *Akérra, akherra.*

Boucan, s. m., lieu de débauche. — *Fildátókia.*

Boucaner, v. a., faire sécher de la viande et du poisson.-*Araghi eta arraïnidorraztea.*

Bouche, s. f., partie du visage par où sort la voix et par où l'on mange. — *Ahôa, àba, ahüa.*

Bouchée, s. f., morceau que l'on met en une fois à la bouche. — *Pókadua, áhúmena, áhotarra, mókadua, ahómena.*

Boucher, v. a., fermer une ouverture. — *Tápatzia, tápatcea.* || s. m., qui tue les bestiaux et en vend la chair : *Karnacera, haraghina, harakiña, báchera.*

Boucherie, s. f., lieu où l'on vend le bétail pour la consommation. — *Kárnaceria, haraghiteghia, bácheria.*

Bouchon, s. m., ce qui sert à boucher une bouteille, etc. — *Búchoña, tápoyna, tápa.*

Bouchonner, v. a., mettre en bouchons. — *Buchoïnatzea.* || Faire mettre des bouchons à des récipients : *Buchoïnaztea, tapoïnaztea.*

Bouchonnier, s. m., celui qui fait des bouchons. — *Buchoïnghilea.* || Qui vend des bouchons : *Buchoïn saltzaïlea.*

Boucle, s. f., anneau qui a une traverse avec un ou plusieurs ardillons au milieu ou dans sa longueur. — *Búrla.*

Boucler, v. a., serrer avec une boucle. — *Burlatzea, búrlac atchikaztea.*

Bouclier, s. m., arme défensive.—*Adárga, adárghea.*

Bouder, v. n. et a., faire mauvaise mine à quelqu'un. — *Mútur'ghitea.*

Bouderie, s. f., action de bouder.—*Muthur, murrukutun aldia.*

Boudeur, euse, adj., qui boude. —*Múrrukutuna.*

Boudin, s. m., boyau plein de sang et de lard assaisonné. — *Odolghia, ódolkia, órolkia.*

Boue, s. f., fange des rues et des chemins. — *Bása, lóhia, pártha, líga, bálsa, loya.*

Boueux, euse, adv., plein de boue. — *Lóhitchua, básatatxua, phártatxua, bálsatxua, lígatxua.*

Bouffant, te, adj., qui paraît gonflé-*Búfana.*

Bouffée, s. f., quantité d'air qui sort de la bouche d'une personne, souffle de vent, quantité de fumée que jette un fumeur.— *Bafada.*

Bouffer, v. n., enfler les joues, bomber.— *Mathelen ampatzea.*

Bouffi, ie, part., enflé, ampoulé, orgueilleux. — *Antüa ampatua.*

Bouffir, v. a. et n., enfler.— *Antzia, ampatzea.*

Bouffon, ne, s. et a., qui fait rire.—*Bitchia.*

Bouffonnerie, s. f., ce qu'on dit pour exciter le rire. — *Bitchikeria.*

Bouger, v. a. et n., mouvoir ou se mouvoir. *Ighitzia, mághitzia.*

Bougie, s. f., chandelle de cire. — *Chiriüa, tortcha.*

Bouilli, s. m., viande bouillie. — *Araghi-égosia.*

Bouillie, s f., brouet. — *Ahia.*

Bouillir, v. n., cuire dans l'eau.—*Egosteá.*

Bouillon, s. m., eau bouillie avec de la viande, des légumes ou des herbes. — *Salda.* || Bouillons (sortir à) : *Bórboraka, gálgaraka.*

Bouillonner, v. n., s'élever par bouillons. *Bórboratzea, gálgaratzea, irakitzea.*

Bouillant, te, adj., qui bout. — *Gálgaran, bórboran.*

Boulanger, ère, s., qui fait et vend du pain. *Okiña, bolanyera.*

Boulangerie, s. f., commerce du boulanger. *Oghiteghia, okiñteghia.*

Boule, s. f., corps sphérique. — *Bóla.*

Boulet, s. m., balle de fer pour le canon. — *Bóleta.*

BOULEVERSEMENT, s. m., désordre.—*Nahasteka-bat.*

BOULEVERSER, v. a., mettre en désordre. — *Nahastekatzea.*

BOUQUET, s. m., assemblage de fleurs. — *Búketa, bóketa, flóka.*

BOURBE, s. f., fange. — *Lohia.*

BOURBEUX, SE, adj., plein de bourbe. — *Lohitxua.*

BOURBIER, s. m., creux rempli de bourbe.— *Lohikia.*

BOURDONNANT, TE, adj., qui bourdonne. — *Búrrumban.*

BOURDONNEMENT, s. m., bruit sourd, bruit du vol des insectes. — *Búrrumba.*

BOURDONNER, v. n., faire un bourdonnement. — *Búrrumbatzia.*

BOURG, s. m., gros village. — *Erria.*

BOURGADE, s. f., petit bourg. — *Errichka.*

BOURGEOIS, SE, adj., personne qui tient le milieu entre le noble et l'artisan.—*Boryesa.*

BOURGEON, s. m., bouton qui pousse aux arbres, aux vignes, etc.—*Bóto'na, bóthua, bótoïa, móteá.* || Petite élevure ou pustule qui vient au visage : *Botoïna.*

BOURGEONNÉ, ÉE, part., qui a des bourgeons. — *Bótoïztatua.* || Bourgeonné (visage) : *Bichikaz bethéa, bóthuz bethea, bótoïnez estalia.*

BOURGEONNER, v. n., boutons qui poussent aux arbres. — *Botoïneztatzea, bóthuztatzea, móteztatzea.*

BOURRACHE, s. f., plante. — *Murriúna.*

BOURRASQUE, s. f., tourbillon, rafale de vent mêlée de pluie, de grêle ou de neige. — *Elementa.* || Légère bourrasque : *Máreta, iguñarta.*

BOURRE, s. f., amas de poil, ce dont on bourre une arme. — *Tápa, burra.*

BOURREAU, s. m., exécuteur de la haute justice, cruel, le. — *Burreüa.*

BOURRELER, v. a., tourmenter. — *Erregretaz bethetzea.*

BOURRELIER, s. m., celui qui fait des harnais. — *Basta'ghilea.*

BOURRER, v. a., enfoncer la bourre dans une arme à feu.—*Burratzea, burra ezartzea.*

BOURRU, UE, adj., brusque, brutal.—*Aspreá.*

BOURSE, s. f., petit sac pour l'argent, pension fondée dans une maison d'éducation. — *Molxa, moltxa.*

BOUSSOLE, s. f., cadran à aiguille aimantée. — *Itsásorratza.*

BOUT, s. m., fin, extrémité de quelle chose que ce soit. — *Púnta, kábüa, búrua.* || Bout (au), à l'extrémité : *Búruan, púntan.*

BOUTADE, s. f., caprice. — *Húmoré-aldiá.*

BOUTEILLE, s. f., vase à goulot en verre. — *Bótoïla, flaskúa.*

BOUTER, v. a., mettre. — *Ezartzia, ématea.*

BOUTIQUE, s. f., lieu où l'on vend. — *Bótiga, tienda.*

BOUTON, s. m., servant à attacher ensemble différentes parties d'un vêtement. — *Bótoïna, bótoïa, bótua, soñalea.* || Bouton de chaleur qui vient au visage, etc. : *Múskuloá, pikorta, pimporta.* || Bouton qui se place aux portes : *Atalea.* || Bouton qui se place aux clefs : *Ghilzalea.* || Boutons (bourgeons) : *Móteá, bótoïna, bóthua, bótoïa, ninikúa.* || Bouton (de fleur) : *Lóra, mótea, leká.* || Bouton-d'or (fleur) : *Urrebotoïna.*

BOUTONNER, v. a., passer les boutons. — *Bótoïnatzea.*

BOUTONNIÈRE, s. f., taillade pour passer le bouton. — *Botoïn-chilüa, bótoïniera.*

BOUTURE, s. f., pousse qui vient à un choux. *Chima.* — Pousse qui vient au pied des arbres, branche replantée. — *Aldaska.*

BOUVIER, s. m., conducteur de charrette à bœufs. — *Itzaïna.*

BOUVILLON, s. m., jeune bœuf. — *Erghiá.*

BOYAU, s. m., intestin. — *Ertzia.*

BRACELET, s. m., ornement que les femmes portent au bras. — *Brazeleta.*

BRACONNAGE, s. m., action de braconner. — *Ichilka ihiztatzia, ichilka ihizian ibiltzia.*

BRACONNER, v. n., chasser furtivement. — *Ichilka ihizian ibiltzia, gordeka ihizian ibiltzia.*

BRAILLER, v. n., parler très-haut. — *Góra mintzatzea, oïhuka elhextatzea.*

BRAIEMENT, s. m., cri de l'âne. — *Orrua.*

BRAIRE, v. n., crier (se dit de l'âne).—*Marrantzatzia.*

BRAISE, s. f., charbons ardents. — *Brása.*

BRANCARD, s. m., litière. — *Andac.* || Bras de voiture : *Timoñac* (se dit au pluriel).

BRANCHAGE, s. m., branches d'arbres. — *Adarrak.* || Branches coupées : *Abarrac.* || Branches (débris de) : *Chichpurrac.*

BRANCHE, s. f., bois qui sort du tronc. — *Adarra, adakia, adakaya, tantaya.*

BRANCHU, UE, adj., qui a des branches. — *Adartxua, adarreztatua.*

BRANDIR, v. a., secouer une arme.—*Ibiltzia.*

BRANDON, s. m., espèce de flambeau fait avec de la paille tortillée. — *Lásto-machota.*
BRANLE, s. m., oscillation. — *Bálanza, kórdoka, múghidura, ighidura.*
BRANLEMENT, s. m., mouvement de ce qui branle. — *Highialdura, highialdia.*
BRANLER, v. a. et n., remuer. — *Highitzea, múghitzea, kórdokatzeá.*
BRAS, s. m., membre qui part de l'épaule chez les personnes. — *Besúa, besóa.*
BRASIER, s. m., feu de charbons ardents. — *Brásadia.*
BRASSARD, s. m.; armure du bras chez les anciens. — *Besakia.*
BRASSE, s. f., mesure de deux bras. — *Bráza.*
BRAVADE, s. f., feinte bravoure, menace fanfaronne. — *Larderia.*
BRAVE, adj., vaillant. — *Kórayosa, ordongúa, fechua.*
BRAVEMENT, adv., avec courage. — *Ordonghi, kórayoski.*
BRAVER, v. a., affronter. — *Désafiatcea.*
BRAVO, interj., s. m., terme d'applaudissement. — *Brábo.*
BRAVOURE, s. f., valeur. — *Küraiya, kurayea.*
BREBIS, s. f., femelle du bélier. — *Ardia.* ‖ Brebis d'un an : *Antchua.* ‖ Brebis (vieille) qui n'est plus bonne que pour la boucherie : *Artzarra.*
BRÈCHE, s. f., ouverture d'un mur, etc. — *Brécha, zulaüzkerra.*
BREF, VE, adj., court. — *Motcha.* ‖ adv., en peu de mots : *Láburra.*
BRÉSIL (arbre et son écorce), s. m., bois de teinture. — *Kámpitcha.*
BRETELLE, s. f., tissu de fil, de coton, bande qui sert à soutenir les pantalons ou à d'autres usages. — *Bretelá.*
BREUVAGE, s. m., boisson. — *Edatekóa, édaria, édantza.*
BRIDE, s. f., rênes. — *Brida.*
BRIDER, v. a., mettre la bride. — *Bridatzia.*
BRIGADE, s. f., troupe de soldats, partie d'une compagnie. — *Brigáda.*
BRIGAND, s. m., voleur de grand chemin. — *Basalaria, ohoïna, laphurra, bándita.*
BRIGANDAGE, s. m., vol sur les routes. — *Ohoïntza, lapurkeria, basalarintza.*
BRIGUE, s. f., manœuvre secrète pour obtenir quelque chose. — *Delita.*
BRIGUER, v. a., solliciter. — *Delitzia.*
BRILLER, v. n. au pr. et au fig., reluire, avoir de l'éclat. — *Dirdiratzeá.*

BRILLANT, TE, adj., qui a de l'éclat. — *Dirdiranta, diztiranta.*
BRIN, s. m., petite partie d'une chose. — *Ichpia, izpia, mikúa.*
BRIQUE, s. f., terre plate, moulée et cuite. — *Adrillúa, adaraïlua, buztiñera.*
BRIQUETER, v. a., placer des briques. — *Adrillúztazia, adaraïluztatzea.*
BRIQUETERIE, s. f., lieu où se font les briques. — *Adrillola, adrallola, buztiñerola, adrillúteghia.*
BRIÈVEMENT, adv., d'une manière brève. — *Labúrzki, laburghiro.*
BRIÈVETÉ, s. f., courte durée. — *Labúrtasuma.*
BRISANT, s. m., écueil. — *Ugarria.*
BRISE, s. m., nom que l'on donne au vent quand il n'est pas violent. — *Aïce arina.*
BRISER, v. a., rompre et mettre en pièces. — *Cheátzia, aüstia, phorrokatzea.*
BROC, s. m., vase à anses. — *Chárrua, pitcharra.*
BROCHE, s. f., outil de cuisine. — *Gherrena, búrrutzia.*
BROCHET, s. m., poisson. — *Ugotsoá.*
BROCHETTE, s. f., petite broche de bois ou de métal. — *Gherrenatchua.*
BROCOLI, s. m., sorte de chou. — *Brókolia.*
BRODEQUIN, s. m., chaussure lacée. — *Bródckiña.*
BRODER, v. a., travailler en relief sur une étoffe. — *Bródatzia.* ‖ Fig., orner un récit : *Edertcea.*
BRODERIE, s. f., ouvrage brodé. — *Broderia.*
BRONCHES, s. f. pl., terme d'anatomie, ce sont les subdivisions de la trachée-artère dans les poumons. — *Atsodiac, birikódiac.*
BRONCHER, v. n., faire un faux pas. — *Trébukatzia, behaztopatzia.*
BRONCHIAL, ALE, adj., qui appartient aux bronches. — *Atsodiakúac, birikódiakúac.*
BRONZE, s. m., alliage de cuivre et d'étain. — *Menastória.*
BRONZÉ, ÉE, adj., qui a la couleur du bronze. — *Menastórtua.*
BRONZER, v. a., donner la couleur du bronze. — *Menastóritzea.*
BROSSE, s. f., vergette, gros pinceau. — *Eskóba, espontzeta.*
BROSSER, v. a., frotter avec une brosse. — *Eskobatzea, eskobillatzea, espontzetatzea.*
BROUETTE, s. f., petit véhicule. — *Orgatua.*
BROUILLARD, s. m., vapeur dans l'air. — *Brúma, lánoa, lañua.*

BROUILLE, s. f., querelle. — *Ahara.* ‖ Dispute violente : *Aharra.*
BROUILLER, v. a., mêler, désunir.—*Nahastea.*
BROUILLON, NNE, adj., qui brouille, qui fâche. — *Nahasia.*
BROUSSAILLES, s. f. pl., touffes de buissons. — *Sasidia.*
BROUTER, v. a., paître. — *Alatzea.*
BROYER, v. a., pulvériser, délayer avec un liquide. — *Ligatzea.*
BRU, s. f., belle-fille, femme du fils. — *Erraña.*
BRUINE, s. f., petite pluie très-fine. — *Uribrûma, lantzurda.*
BRUINER, v. imp., se dit de la bruine qui tombe. — *Lantzurdatzea.*
BRUIT, s. m., son, éclat, murmure.—*Arrabotxa.* ‖ Nouvelle : *Berria.* ‖ Renom : *Fáma.*
BRÛLANT, TE, adj., qui brûle, vif. — *Gória.*
BRÛLER, v. a., consumer par le feu, échauffer excessivement. — *Erretzea.*
BRÛLURE, s. f., action du feu. — *Erréa.*
BRUME, s. f., brouillard épais. — *Brûma.*
BRUN, NE, a. et s., couleur tirant sur le noir. — *Beltzáruna.* ‖ Qui a les cheveux bruns : *Brûna.*
BRUNIR, v. a., assombrir. — *Ilhuntzea.*
BRUSQUE, adj., prompt et rude, brutal. — *Aspréa, mokhorra.*
BRUSQUEMENT, adv., avec brutalité. — *Aspréki, mokorki.*
BRUSQUER, v. a., offenser par des paroles rudes. — *Asprétzea.*
BRUSQUERIE, s. f., action ou parole brusque. — *Mokhorkeria, asprékeria.*
BRUTAL, LE, adj., grossier, emporté, brusque. — *Mokhorra, aspréa.*
BRUTALEMENT, adv., avec brutalité. — *Mokhorki, aspréki.*

BRUTALISER, v. a., maltraiter. — *Aspréki tratatzia, mokhorki ibiltzia.*
BRUTE, s. f., animal. — *Abérea, álimalea.*
BRUYANT, TE, adj., qui fait grand bruit. — *Arrabotxkaria, arróa.*
BRUYÈRE, s. f., arbuste. — *Bránn, añatxkarra, ghillaria.*
BÛCHE, s. f., morceau de bois de chauffage. — *Araïl, araïla.*
BÛCHER, s. m., amas de bois. — *Egur'metá-bat.* ‖ Lieu où l'on met le bois : *Egurteghia.*
BÛCHERON, s. m., qui abat le bois. — *Egur'pikatzaïllea.*
BUFFET, s. m., armoire où l'on renferme la vaisselle, les mets, le dessert. — *Manka.*
BUIS, s. m., arbrisseau. — *Ezpéla, urrostá.*
BUISSON, s. m., hallier. — *Sásia.*
BULLE, s. f., globule. — *Ubegia, üampulla.*
BUREAU, s. m., table, lieu de travail. — *Büreba.*
BURLESQUE, adj. et s., bouffon, plaisant. — *Bitchia, drólia.*
BUSC, s. m., baleine du corset. — *Bûzka, pálua.*
BUSE, s. f., oiseau. — *Bûsoka.*
BUT, s. m., point où l'on vise. — *Chedia.*
BUTER, v. n., frapper au but. — *Yotzea.* ‖ Lancer une balle (une pelote) au jeu de paume, vers le rebot : *Bótatzea, sakatzea.*
BUTIN, s. m., ce que l'on prend à l'ennemi. — *Kaütûra.*
BUTTE, s. f., petit tertre, motte de terre relevée, petite élévation de terre.—*Bizkarra, pantoka.*
BUVABLE, adj., potable, qui peut se boire.— *Edan deïtakena, edaten ahal-dena.*
BUVEUR, SE, s., qui boit beaucoup. — *Edalia.*

C

C, s. m. (CÉ ou CE), troisième lettre de l'alphabet. — *C (céa), alfabeteko irurgarren letera, abeceko irurgarren letra.*
ÇA ET LA, loc. adv., de côté et d'autre. — *Emen eta hor.*
CABALE, s. f., complot de plusieurs personnes qui ont un même dessein. — *Kómplota.*
CABALER, v. n., comploter. —*Kómplotatzia, kómplota'-eghitia.*
CABALEUR, s. m., qui complote. — *Kómplotatzaïllia, kómplot'-eghilea.*

CABANE, s. f., maisonnette de chaume. — *Chóla, etchola, itchola.*
CABARET, s. m., taverne.—*Ostatua, dafarna, táberna.*
CABARETIER, ÈRE, s., qui tient un cabaret. — *Ostálera, dafarnaria, tábernaria.*
CABAS, s. m., panier fait en vannerie ou en étoffe. — *Khaba.*
CABESTAN, s. m., tourniquet pour rouler le câble. — *Giragora.*
CABINET, s. m., lieu de retraite pour travail-

ler ou converser, pour tenir les papiers, etc. — *Kamineta.*

CABLE, s. m., grosse corde pour amarrer les navires. — *Kablia.*

CABOCHE, s. f., tête. Il est du style familier. — *Káskóa.*

CABOTAGE, s. m., terme de marine, naviguer le long des côtes. — *Itxasoán, untciz kósta eghietan ibillcia, múnuz múnu, pórtuz pórtu, itxasoán barna ibillcia.*

CABOTEUR, s. m., navigateur côtier. — *Utcitako kapitaïna itxasoán kósta eghietan, múnuz múnu, pórtuz pórtu ibilteen dena.*

CABOTIER, s. m., bâtiment dont on se sert pour caboter : *Itxasoán kósta eghietan múnuz múnu, pórtuz pórtu zerbitchatcenden untcia.*

CABRER (SE), v. a., se lever sur les pieds de derrière (se dit d'un cheval). — *Chulitzia, yasotzia, goratzia.*

CABRI, s. m., chevreau. — *Phitiña, phitchika, anchumea, aümea, bítina.* || Cabri tué pour la boucherie : *Anchumekia, phitiñakia, aümerikia.*

CABRIOLE, s. f., espèce de saut. — *Itzulipurdia.*

CABRIOLER, v. n., faire des cabrioles. — *Itzulipurdikatzia.*

CABRIOLET, s. m., voiture légère. — *Kabrioleta.*

CABRON, s. m., peau du cabri. — *Bitiñlarrua.*

CACA, s. m., terme dont les nourrices se servent pour signifier les excréments d'enfant. — *Káká.*

CACAO, s. m., amande du cacaoyer. — *Kakaóa.*

CACAOYER ou CACAOTIER, s. m., arbre d'Amérique qui porte le cacao. — *Kakaóhondoa.*

✝CACAOYÈRE, s. f., lieu planté de cacaotiers. — *Kakaóteghia.*

CACHE, s. f., lieu pour cacher. — *Gordartea, gordetokia.*

CACHER, v. a., ne pas laisser voir. — *Gordetzea.*

CACHET, s. m., petit sceau. — *Cighillua, sellúa.*

CACHETER, v. a., mettre le cachet. — *Cighillatzea, sellotzea.*

CACHETTE (A LA), s. f., jeu d'enfant. - *Kukuka, gordeka.*

CACHOT, s. m., prison obscure. — *Káchotia, cepóa, lekotzea, ciegá.*

CACOLET, s. m., sorte de double fauteuil qu'on place sur le dos d'une monture pour transporter deux personnes à la fois. — *Kákoletac.*

CADASTRE, s. m., registre public dans lequel sont marqués en détail la quantité et la valeur des biens-fonds, le plan de ceux-ci. — *Kálastra.*

CADAVRE, s. m., corps mort. — *Gorphutzkila.*

CADEAU, s. m., présent. — *Présentá.*

CADENAS, s. m., serrure mobile. — *Kadenata.*

CADENCE, s. f., mesure de la danse. — *Otsuztea.*

CADET, TE, s., le plus jeune des frères ou des sœurs, puîné. — *Bigarrena.*

CADETTE, s. f., pierre de taille propre à paver. — *Galtzar'arria.*

CADRAN, s. m., surface divisée par heures. — *Orboilla.*

CADRE, s. m., bordure d'un tableau, etc. — *Kúadróa.*

CADRER, v. a., de la convenance, du rapport. — *Páretua, ber ghisan onghi dána.*

CAFARD, DE, adj. et s., hypocrite, bigot. — *Beata.*

CAFÉ, s. m., fève du caféier, sa liqueur, lieu où elle se prend. — *Káfia.*

CAFETIÈRE, s. f., vase pour le café. — *Kafetiéra.*

CAFÉIER, s. m., arbre qui produit le café. — *Káfi-hóndoa.*

CAGE, s. f., loge pour les oiseaux. — *Káyola, gáloya, káloa, gáyola.*

CAGNEUX, EUSE, s., qui a les genoux en dedans. — *Belhaün-barné.*

CAGOT, TE, s., faux dévot. — *Béata.*

CAHIER, s. m., feuilles de papier réunies. — *Káyera.*

CAHOT, s. m., saut que fait une voiture en roulant sur un chemin raboteux. — *Klanka.*

CAHOTER, v. a., causer des cahots. — *Klunkatzea.*

CAILLE, s. f., oiseau. — *Gáleperra, póspolina, káïlla.*

CAILLÉ, s. m., lait caillé. — *Kaillatua, gaztambera.*

CAILLER, v. a., figer. — *Kaïllatzia, gutzatzia.*

CAILLOU, s. m., pierre très-dure — *Arrikóchkorra.*

CAISSE, s. f., coffre. — *Khéza.*

CAISSIER, s. m., celui qui tient la caisse chez un négociant, financier, banquier. — *Diruatchikitzaïlea.*

CAJOLER, v. a., tâcher de séduire. — *Zúrikatzea, laüsengatzea.*

CAJOLERIE, s. f., louange qui sent la flatterie et dont on fait usage pour parvenir à ses fins. — *Laüsenguá, pálakua.*

CAJOLEUR, EUSE, s., qui cajole. — *Zúrikatzailea, laüsengatzailea.*

CALAMITÉ, s. f., grand malheur. — *Kálamitatia, gaïtzetea, mikaltá.*

CALCUL, s. m., compte. — *Kálkula.*

CALCULATEUR, s. m., qui calcule, qui sait calculer. — *Kalkulatzaïlea.*

CALCULER, v. a., compter. — *Kálkulatzia, chifretan-aïtzia, kóndutan aïtzia.*

CALCINER, v. a., réduire en chaux. — *Khisu billakatzia.* ‖ Réduire en cendres : *Erretzia.* ‖ Cuire outre-mesure : *Khichkiltzia, kázkaïltzia.* ‖ Brûlé par le soleil : *Pizpiltzia.*

CALE, s. f., lieu le plus bas d'un vaisseau. — *Untciaren zóla, kála.*

CALEÇON, s. m., sorte de culotte. — *Barneko-galtza-mótchac, gálzona.*

CALENDRIER, s. m., table des jours de l'année. — *Ildoroa.*

CALICE, s. m., vase sacré où se fait la consécration du vin à la messe. — *Káliza.*

CALICOT, s. m., toile de coton. — *Kalikoá.*

CALIFOURCHON (A), loc. adv., à cheval. — *Hichtapeka.*

CALLEUX, EUSE, adj., où il y a des cals. — *Bábáduna, kalutia, largortia, kolutsua, kaluduna.*

CALLOSITÉ, s. f., calus. — *Bába.*

CALMANT, s. m., qui calme. — *Gózagarria, eztitzekua, eztigarria.*

CALME, adj., tranquille. — *Eztia, úpakea, ugheraldia.*

CALMÉ, ÉE, part., apaisé. — *Eztitua, úpaketua, ugheraldua.*

CALMER, v. a., apaiser. — *Eztitzea, gózatzea, khalmatzea, úpaketzia, ugheraltzia.*

CALOMNIATEUR, TRICE, s., qui calomnie. — *Salgaïtztaria, phensakallaria, kálomniatzaïlea.*

CALOMNIE, s. f., fausse imputation. — *Salgaïtza, phensakallua, kálomnia.*

CALOMNIÉ, ÉE, part., qu'on a attaqué par calomnie. — *Salgaïtztatua, phensakallutua, kálomniatua.*

CALOMNIER, v. a., attaquer par des calomnies. — *Salgaïztatzia, pensakallutzea, kálomniatzea.*

CALOMNIEUSEMENT, adv., avec calomnie. — *Salgaïzki, salgaïztaró, pensakallutzki, kálomniozki.*

CALOMNIEUX, EUSE, adj., qui contient de la calomnie. — *Salgaïtzkia, pensakallugarria, kálomniosa.*

CALOTTE, s. f., petit bonnet qui ne couvre que la moitié de la tête. — *Kálota.*

CALVAIRE, s. m., élévation plantée d'une croix. — *Galbarioá.*

CAMARD, DE, adj. et s., nez plat. — *Súdur zábala.*

CAMARADE, s., compagnon. — *Laguna.*

CAMOMILLE, s. f., plante. — *Kámamilla.*

CAMP, s. m., là où une armée se loge en ordre. — *Diandea.*

CAMPAGNARD, DE, s., qui demeure aux champs. — *Kampañarra, kampañesa, etchekotakua, baztertarra, baserritarra.*

CAMPAGNE, s. f., champs, prairies, bois, etc. — *Bazterra.* ‖ Campagne (la) : *Basterrak.* ‖ Action de troupes : *Kámpaña.*

CAMPÊCHE, s. m., bois de teinture. — *Kámpitcha.*

CAMPEMENT, s. m., action de camper. — *Diandemendua.*

CAMPER, v. a. et n., rester dans un camp. — *Diandeatzea.*

CAMPHRE, s. m., gomme, principe végétal. — *Kánfria.*

CAMPHRÉ, ÉE, adj., où l'on a mis du camphre : *Kámfratua.*

CAMUS, SE, adj. et s., qui a le nez court. — *Súdur-motcha.*

CANAILLE, s. f., vile populace. — *Kánaïlla.*

CANAL, s. m., conduit de l'eau. — *Iztuna.*

CANAPÉ, s. m., grand siége à dossier. — *Kánapéa.*

CANARD, s. m., oiseau aquatique. — *Ahateá, ahatia.*

CANARI, s. m., serin des Canaries. — *Kanadia.*

CANCER, s. m., tumeur maligne. — *Minbicia, minjalcea.* ‖ Le quatrième des douze signes du zodiaque : *Izárpilla, arghiamarra.*

CANCÉREUX, EUSE, adj., de la maladie du cancer. — *Minbicikua, minjalekua.*

CANDEUR, s. f., pureté. — *Inocentcia.*

CANICULAIRE, adj., (jour) de la canicule. — *Izárkareghina.*

CANICULE, s. f., constellation, temps de l'année durant lequel on croit qu'elle donne. — *Izárkarra.*

Canif, s. m., instrument pour tailler les plumes. — *Kánifa.*
Canine, s. f., race canine, du chien. — *Chakurrezkua, chakurtarra.* ‖ Canine (faim) : *Gósebelharra.*
Canne, s. f., roseau. — *Khánabèra.* ‖ Bâton pour se promener : *Khána.* ‖ Mesure : *Kána.*
Cannelle, s. f., écorce du cannelier. — *Kánela.*
Cannelier, s. m., arbre qui produit la cannelle. — *Kánel'-hóndoá.*
Canon, s. m., pièce d'artillerie. — *Kánoya, sútumpa.* ‖ Règle, décision : *Neürtartea.*
Canonicat, s. m., prébende, titre d'un bénéfice de chanoine. — *Aphez nagucieren goyendea.*
Canonique, adj., qui est selon les canons. — *Neürtartekua.*
Canoniquement, adv., selon les canons. — *Neürtartero.*
Canonisable, adj., qui peut être canonisé. — *Doneghingarria.*
Canonisation, s. f., action de canoniser. — *Doneghitea.*
Canonisé, ée, part., qu'on a canonisé. — *Doneghitua.*
Canoniser, v. a., mettre au nombre des saints. — *Doneracitzea, doneraghitzea.*
Canonnade, v. a., coups de canon tirés coup sur coup. — *Péza tiruac, kañon tiruac, kañonazuac.*
Canonner, v. a., tirer le canon. — *Kánoyaz tiroka aïtzera.*
Canonnier, s. m., soldat qui sert le canon. — *Kánoniera.*
Canot, s. m., petite chaloupe. — *Kánota.* ‖ Embarcation d'Indien : *Kánoa, zubatontzia.*
Cantatrice, s. f., chanteuse. — *Khantatzaillea.*
Cantharide, s. f., mouche officinale. — *Erraülia.*
Cantine, s. f., cabaret militaire. — *Kántina.*
Cantinier, ère, s., qui tient une cantine. — *Kántiniera.*
Cantique, s. m., chant religieux. — *Kántika.*
Canton, s. m., étendue d'un pays, subdivision d'un département. — *Khantoina, khantoïa.*
Canule, s. f., tuyau au bout d'une seringue. — *Khaneta.*
Cap, s. m., sorte de promontoire. — *Múnoá.*

Capable, s. m., habile. — *Yakinsuna, yakina.*
Capacité, s. f., habileté. — *Yakintasuna, gaïtasuna.*
Cape, s. f., vêtement, manteau à capuchon. — *Khápa.*
Capitaine, s. m., chef militaire, commandant d'un vaisseau. — *Kapitaïna.*
Capitainerie, s. f., charge d'un capitaine d'une maison royale, d'un château, etc., l'étendue de sa juridiction. — *Kápitaïneria.*
Capital, s. m., somme d'argent, avoir. — *Izatia, khápitala.* ‖ Le premier, le principal : *Lehena.* ‖ Le plus grand : *Handiena.*
Capiteux, euse, adj., qui porte à la tête. — *Búrua yotzen duena, búrua hartzen duena.*
Capitulation, s. f., traité, convention. — *Baldindea, balindea, elkargoá.* ‖ Reddition : *Errendamendua.*
Capituler, v. n., venir à un accommodement. — *Baldindetzea, elkargotzeá.* ‖ Se rendre à l'ennemi : *Errendatzia.*
Capon, s. m., poltron. — *Putruna.*
Caporal, s. m., chef d'escouade. — *Kápodlá.*
Capot, s. m., fig. et fam., être confus. — *Konfusa.*
Capote, s. f., redingote. — *Kápotia.*
Caprice, s. m., fantaisie. — *Kapriciüa, kápriza, burkoïtasuna.*
Capricieux, euse, adj., fantasque, qui a des caprices. — *Kápriciütxua, burkoïtxua.*
Capsule, s. f., enveloppe, amorce d'une arme à feu. — *Kapsula, pistóna.*
Capter, v. a., gagner adroitement. — *Ekarrazterat bére ganat.*
Captif, ve, adj., prisonnier, esclave. — *Esklaboá, khátibu, gátibua.*
Captiver, v. a., assujettir, se rendre maître de la bienveillance. — *Gátibatzea, khátibutzea, esklabótzea.*
Captivé, ée, part., qu'on a rendu captif. — *Esklabotua, khátibutua, gátibutua.*
Captivité, s. f., privation de liberté, esclavage, sujétion. — *Esklabotasuná, khátibutasuna, gátibutasuna.*
Capture, s. f., prise, saisie. — *Katura, lanzuya, harzapena, sesida.*
Capturer, v. a., faire une capture, une prise. — *Hartzia, káturatzia, sésitzea, lanzutzea.*
Capucin, s. m., sorte de religieux. — *Kháputchinoá.*

CAQUET, s. m., babil.—*Hitzkundea, kálaka.*
CAQUETAGE, s. f., action de caqueter. — *Elheketa.*
CAQUETER, v. n., babiller. — *Elheketatzia.*
CAQUETERIE, s. f., action de babiller. — *Elhekeria.*
CAR, conj., marque la raison.— *Ecen, céren.*
CARABINE, s. f., fusil un peu court. — *Khárabina.*
CARACTÈRE, s. m., naturel, qualité distinctive. — *Káratera.*
CARAFE, s. f., vase de verre très-large par le bas et étroit par le haut. — *Gárafla.*
CARAMEL, s. m., sucre fondu et durci. — *Kháramelua.*
CARAVANE, s. f., troupe de marchands ou de voyageurs qui vont en compagnie. — *Bidezkodia, andána.*
CARBONISER, v. a., réduire en charbon. — *Ikhatzez billakaztea.*
CARCASSE, s. f., ossements décharnés et joints, charpente d'un navire. — *Kárkasa.*
CARDE, s. f., peigne de cardeur. — *Karda.*
CARDER, v. a., peigner avec la carde. — *Kardatzia.*
CARDEUR, EUSE, s., qui carde. — *Kardatzaïlia.*
CARDINAL, s. m., prélat. — *Kardinala.*
CARÊME, s. m., abstinence avant Pâques. — *Gaïzuma.*
CARESSE, s. f., témoignage d'affection. — *Karesa.*
CARESSER, v. a., faire des caresses. — *Karesatzia.*
CARGAISON, s. f., charge de navire. — *Kargadia, bekardia, kargamendua.*
CARILLON, s. m., battement de cloches en mesure. — *Izkill'errepika.* || Bruit : *Arrabotxa.*
CARILLONNER, v. a., sonner le carillon. — *Izkill'errepikatzea.*
CARILLONNEUR, s. m., celui qui carillonne. — *Izkilla yotzaïlea, izkill'errepikatza'lea.*
CARNAGE, s. m., massacre. — *Sárraskia, másagria.*
CARNASSIER, adj., qui ne vit que de chair. — *Araghi-yalea, araghiz baïcik bici ez dena.*
CARNASSIÈRE, s. f., sac de chasse.— *Ihizikozakua.*
CARNATION, s. f., teint d'une personne. — *Kholorea.*
CARNAVAL, s. m., temps de divertissements qui commence le jour des Rois et finit le mercredi des Cendres. — *Ihaüteria.*

CARNIVORE, adj., qui vit de chair. — *Araghiz bici dena.*
CAROTTE, s. f., racine légumineuse. — *Karrota, pástenagria.*
CARPE, s. f., poisson d'eau douce. — *Karpa.*
CARRÉ, s. m., à quatre angles. — *Laü-kántoinekua.*
CARREAU, s. m., coussin. — *Burkua, burneóa, burupea, lumatcha, buürdia.* || Terre cuite qui sert à paver : *Adrillua, buztiñerchoa.* || Carreau qui sert aux femmes pour travailler la dentelle : *Saramoya.* || Un des quatre points au jeu de cartes : *kopa.* || Arme de trait : *Ghécia.* || Carreau de couturière : *Yoskunen burkotchoa.* || Carreau de jardin : *Alhorra.*
CARRELÉ, ÉE, part., couvert de carreaux. — *Adrilluztatua.*
CARRELER, v. a., mettre des carreaux. — *Adrillatzea.*
CARRELEUR, s. m., qui pose les briques à carreler. — *Adrillaria.*
CARRIÈRE, s. f., lieu où l'on extrait des pierres. — *Arrubia, arrobia.*
CARROSSE, s. m., voiture suspendue.—*Karrosa.*
CARRURE, s. m., largeur des épaules.—*Bizka raren zábaltasuna.*
CARTE, s. f., représentation d'un pays. — *Maphá, ciazaldea.* || Carte pour jouer : *Karta.*
CARTEL, s. m., défi de combat. — *Désafioa.* || Règlement entre deux parties pour la rançon des prisonniers, celui qui affiche les jours de fête pour les joûtes et tournois, courses de bague, etc., celui qui affiche un écrit diffamatoire que l'on met secrètement aux coins des rues : *Chartela.*
CARTON, s. m., grosse carte faite de papier remis en pâte, battu et collé. — *Khartoïna.*
CARTONNER, v. a., faire des ouvrages en carton. — *Khartoïnatzea.*
CARTONNIER, s. m., qui fait du carton, qui cartonne.—*Khartoïn'eghilea.*
CARTOUCHE, s. f., charge d'arme à feu. — *Khartutcha.*
CAS, s. m., désinences des noms qui se déclinent. — *Khásua.* || Cas, issue, fin : *Suertaéra, ghertaéra, jasoéra, estropúa.* || Cas, casualité : *Oarkabea, üstekabea.* || Cas, occasion : *Suertaéra, suertaldia, ghertaldia.* || Cas, qui consulte : *Ekigaldea.* || Cas (en) que : *Enkas.* || Cas, pour

le même : *Bergatik.* ‖ Cas, probabilité : *Ditakena.* ‖ Cas, propos délibéré : *Arrétaz, bárariaz.*

CASANIER, ÈRE, adj., qui aime à rester chez lui.—*Etchckoya, etcheko alde maîte duena, etchian égoïlia.*

CASAQUE, s. f., vêtement, déshabillé de femme. — *Kérdoya, kásaka, arropoya, jasakia, jaka, jakea.*

CASAQUIN, déshabillé de femmes. — *Kasakiña, pularda, jústa, ezanza.*

CASCADE, s. f., chute d'eau. — *Uryaütsia, uralmildea.*

CASER, v. n. et p., s'établir, caser.— *Kókatzia.*

CASERNE, s. f., logement des soldats. — *Kázerna.*

CASERNÉ, ÉE, part., mis en caserne.—*Kázernatua.*

CASERNER, v. a., mettre en caserne. — *Kázernatzia.*

CASQUE, s. m., armure de tête. — *Burantza.*

CASSANT, TE, adj.; fragile. — *Haüsteko errecha.*

CASSE-COU, s. m., lieu glissant, dangereux, individu trop aventureux. — *Lepho-aüstailea.*

CASSE-NOISETTES, s. m., instrument pour casser les noisettes. — *Urr'aüstekua.*

CASSE-NOIX, s. m., instrument. — *Eltzaur'aüstekua.*

CASSER, v. a., briser, rompre. — *Aüstea, cheátzea.*

CASSEROLE, s. f., ustensile de cuisine. — *Kásola.*

CASSIS, s. m., sorte de groseiller, liqueur.— *Káciza.*

CASSOLETTE, s. f., vase ou petite boîte à parfum. — *Lurrunkaya.*

CASSONADE, s. f., sucre non raffiné. — *Azukre-gorria.*

CASSURE, s. f., fracture. — *Arraildura, artesia.*

CASTAGNETTE, s. f., instrument de musique. — *Kastañetac, kriskétac.*

CASTE, s. f., tribu, classe. — *Khásta.*

CASTILLAN, NE, s., habitant de la Castille. — *Kastillanoá, gaztelava, gaztelarra.*

CASTOR, s. m., quadrupède amphibie. — *Kástora.*

CASUALITÉ, s. f., état de ce qui est casuel.— *Mentura.*

CASUEL, LE, adj. et s., fortuit. — *Ustegabekua, oarkabekua, menturakua.*

CASUELLEMENT, adv., fortuitement. — *Menturalki, menturaz.*

CATALOGUE, s. m., liste. — *Errúnka, lista, cekidora.*

CATAPLASME, s. m., emplâtre propre à fomenter, à fortifier, à résoudre, etc. — *Kátaplasma, implastua.*

CATAPUCE ou ÉPURGE, s. f., plante dont le fruit purge violemment. — *Tortika.*

CATARRHE, s. m., fluxion qui tombe sur quelque partie du corps, gros rhume. — *Kátarrua.*

CATASTROPHE, s. f., événement funeste. — *Ipuïondoá.*

CATÉCHISME, s. m., instruction religieuse.— *Kátechima, katicismóa, katichimá, jakinbidea, doktrina.*

CATÉGORIE, s. f., classe. — *Bereztitza.*

CATÉGORIQUE, adj., dans l'ordre. — *Bereztitzki.*

CATÉGORIQUEMENT, adv., à propos.—*Bereztitzekua.*

CATHÉDRALE, s. f., église principale d'un diocèse. — *Katedrala, eleïznagusia, elizanaüsia.*

CATHOLIQUE, s. m., la foi de l'Eglise romaine. — *Kátolikoa.*

CATIN, s. f., prostituée. — *Pota, fildu.*

CATON, s. m., sage. — *Perestua.*

CAUCHEMAR, s. m., rêve qui produit une oppression si grande qu'on ne peut ni respirer, ni crier, et durant lequel il semble qu'on ait un poids sur la poitrine. — *Ilguna, hilduma.*

CAUSE, s. f., principe, sujet. — *Kaüsa.*

CAUSER, v. a., conversation. — *Elhe'ghitea.* ‖ Etre cause : *Kaüsatzia.*

CAUSERIE, s. f., babil. — *Elheketa.*

CAUSEUR, EUSE, s., qui aime à parler. — *Elheketaria.*

CAUSTIQUE, adj., corrosif, qui a la vertu de brûler. — *Errakaya, errekaya.*

CAUTÈRE, s. m., ulcère artificiel. — *Saalea.*

CAUTÉRISÉ, ÉE, part., qui a subi l'action de la cautérisation. — *Errekayaz erria.*

CAUTÉRISER, v. a., brûler les chairs. — *Errekaï gorriez erretzea, burdin gorriz erretzea.*

CAUTION, s. f., répondant.—*Fiadora, fianza, bermia, bermea, senaüsta.*

CAUTIONNEMENT, s. m., acte pour cautionner. — *Engayamendua, bermegoa, fiadorgoa.*

CAUTIONNER, v. a., se rendre caution. — *Engayatcea, bermetzea, fiador sartcea.*

CAVALCADE, s. f., marche de gens à cheval. — *Kabalkada, zaldizko andanat.*
CAVALE, s. f., jument. — *Behorra.*
CAVALERIE, s. f., troupe à cheval.-*Kabaleria.*
CAVALIER, ÈRE, s., personne à cheval, soldat de la cavalerie. — *Zaldizkua, kabaliera.*
CAVALIÈREMENT, adv., d'une façon hardie.— *Aüsartasunekin, aüsartziarekin.*
CAVE, s. f., lieu souterrain pour serrer le vin. *Kába, lûrruzpea, arnoteghia.*
CAVEAU, s. m., petite cave, lieu souterrain dans les églises, où l'on met les morts.— *Lûrruzpetchoa.*
CAVERNE, s. f., antre.—*Limpocilóa, arzuloa.*
CAVERNEUX, SE, adj., plein de cavernes. — *Lurruzpekoa, arzuluduna.*
CAVITÉ, s. f., creux, vide. — *Utsundea, cilóa.*
CE, CET, m., CETTE, f., CES, pl., pron. dém. — *Hori* (singulier), *haük, hék, ho:k* (pluriel).
CECI, pron. dém. — *Haü.*
CÉDER, v. a., laisser. — *Uztia.* || n., se rendre, se soumettre : *Sumetitzia.* || Lâcher : *Amor-emaïtia.*
CEINDRE, v. a., entourer, environner. — *Inguratzia.*
CEINTURE, s. f., ruban, cordon, tissu d'une certaine largeur et long, dont les hommes entourent leur taille. — *Cinta, gherikoá.* || Endroit du corps où l'on attache la ceinture : *Gherria.*
CEINTURON, s. m., ceinture pour l'épée ou le sabre : *Gherrikoá, gherriko-uhala.*
CELA, pron. dém. — *Hori, hura.*
CÉLÈBRE, adj., fameux. — *Fámatua, ospakoya, dóandikoya.*
CÉLÉBRER, v. a., exalter, solenniser la messe. — *Célebratzea, ospatzea, dóanditzea.*
CÉLÉBRITÉ, s. f., renom. — *Fáma.* || Solennité : *Ospaéra, dóandigoa.* || Célébrité (qui a de la) : *Fámaduna.*
CÉLER, v. a., taire. — *Ichiltzia.* || Cacher : *Gordetzea.*
CÉLERI, s. m., plante potagère. — *Celeria, peregil-ecea.*
CÉLÉRITÉ, s. f., vitesse. — *Arindea, lasterrera.*
CÉLESTE, adj., du ciel. — *Cerukua.*
CÉLIBATAIRE, s. m., non marié. — *Donadua.* || s. f., non mariée : *Mutchurdina.*
CELUI, CELLE, pron. dém. — *Nor, ceïn.* || Celui, celle qui : *Norc eta ere.* || Celui-ci ? celle-ci ? (qui est) : *Nor da? ceïn da?*

CELUI-CI, CELLE-CI, pron. dém. — *Haü, hunec.*
CELUI-LA, CELLE-LA, pron. dém. — *Hori, haü, horrec, harrec, ák, hura, archec, arrechec.*
CENDRE, s. f., résidu de la combustion. — *Haütxa.*
CENDRÉ, ÉE, adj., couleur de cendre. — *Hautx'-kholorea.*
CÈNE, s. f., dernier souper du Christ avec ses apôtres. — *Apaïrua.*
CENSÉ, ÉE, adj., réputé, paraître. — *Iduri.* || Une loi censée abolie par l'usage : *Leghebat usaiyaz iduri khendua.*
CENSEUR, s. m., qui critique. — *Kritikatzailea.*
CENSURE, s. f., répréhension. — *Kritika.*
CENSURÉ, ÉE, part., qui a encouru un blâme. — *Kritikatua.*
CENSURER, v. a., blâmer. — *Kritikatzia.*
CENT, adj. numéral, m. et f., nombre contenant dix fois dix. — *Ehún.* || Il est quelquefois s. m., un cent : *Ehún bat.*
CENTAINE, s. f., nombre collectif qui renferme cent unités. — *Ehúna.*
CENTAURÉE, s. f., plante médicinale. — *Lubeazuna.*
CENTENAIRE, adj., qui a cent ans, qui contient cent ans. — *Ehun urtekóa.*
CENTIÈME, adj., nombre ordinal de cent. — *Ehungarrena.*
CENTIME, s. m., centième partie du franc. — *Centima.*
CENTIMÈTRE, s. m., mesure de longueur, la centième partie du mètre. — *Centimetra.*
CENTRAL, adj., du centre. — *Erdikoarra.*
CENTRE, s. m., milieu. — *Erdia, centroa, erdiyoa.*
CEP, s. m., pied de vigne.—*Mahatz-hóndoa.*
CEPENDANT, adv., toutefois. — *Bizkitartian, hargatik.*
CÉRAT, s. m., sorte d'onguent. — *Cerata.*
CERCEAU, s. m., cercle de tonneau. — *Uztaiya, ustaia.*
CERCLE, s. m., cercle de barrique. — *Uztaiya, uztaia.* || Circonférence : *Arrunda, bollesia, bollagira, ingurua.*
CERCLER, v. a., mettre des cerceaux. — *Ustaiyatzia.*
CERCUEIL, s. m., coffre où l'on met un mort. — *Hilkutcha, kátabua, hiloéa.*
CÉRÉALE, adj. f. et s., graine farineuse-. *Bihiá.*
CÉRÉMONIE, s. f., forme extérieure d'un culte, formalité, déférence. — *Ceremonia.*

CÉRÉMONIEUX, SE, adj., qui fait trop de cérémonies. — *Ceremoniarra, ceremoniosa.* || Cérémonieux, formaliste, façonnier: *Fazointxua.*

CÉRÉMONIEUSEMENT, adv., avec cérémonie. — *Ceremoniaz, ceremoniozki.*

CERF, s. m., quadrupède. — *Oreina.*

CERF-VOLANT, s. m., insecte. — *Arkulua, arkambelia.* || Dragon volant en papier, jouet d'enfant: *Milocha.*

CERISAIE, s. f., lieu planté de cerisiers. — *Khereiztá, gherecidia, gheézidia.*

CERISE, s. f., fruit du cerisier. — *Ghézid, khereïza, ghérécia.*

CERISIER, s. m., arbre fruitier. — *Ghereci hóndoá, ghezi hóndoá.*

CERNÉ, ÉE, part., entouré. — *Inguratua.* || adj. (yeux) battus: *Beghi ehüac.*

CERNER, v. a., entourer. — *Inguratzia.*

CERTAIN, NE, adj., sûr. — *Segura, eghia, kalakoa.* || Quelque: *Cembeït.*

CERTAINEMENT, adv., en vérité. — *Eghiáz, ségur.*

CERTES, adv., certainement, sans doute, indubitablement: *Segurki, egiaz.* || Certes (oui): *Baï, eghiáz.* || Certes (oui, avec exclamation): *Báïya!*

CERTIFICAT, s. m., écrit faisant foi. — *Santificata.*

CERTIFIER, v. a., assurer. — *Seguratzia.*

CERTITUDE, s. f., assurance. — *Segurantza.*

CERVEAU, s. m.; cervelle, s. f., substance molle renfermée dans le crâne. — *Búrumuïna.*

CERVELET, s. m., la partie postérieure du cerveau. — *Búru ghibel azpiko búrumuïnac.*

CERVELLE, s. f., la partie blanche, molle et spongieuse du cerveau. — *Búrumuïna.*

CESSE, s. f. Il n'est employé qu'avec la préposition SANS et il signifie toujours. — *Bethi.*

CESSANT, TE, adj., qui cesse. — *Gheldikuntza, barakuntza.*

CESSER, v. a. et n., discontinuer. — *Ghelditzia, baratzia.*

CESSION, s. f., abandon. — *Utziera, lárgaera.*

CET. — Voyez CE.

CÉTÉRAC, s. m., plante. — *Charranghilla, ormabelharra.*

CEUX, pron. dém., pl. de CELUI. — *Ceïnec.*

CHACUN, NE, pron. distributif, sans pl. — *Bakotcha.* || Chacun un: *Bana.* || Chacun une fois: *Banatan.* || Chacun deux: *Bina, bira.* || Chacun deux fois: *Binatan.* || Chacun trois: *Irurna.* || Chacun trois fois: *Irurnatan.* || Chacun quatre: *Laürna.* || Chacun quatre fois: *Bakotchac laürnatan.*

CHAGRIN, s. m., affliction. — *Changrina, errea, sutsua.*

CHAGRINANT, TE, adj., qui chagrine.—*Changringarria.*

CHAGRINER, v. a., attrister. — *Changrintzia.*

CHAÎNE, s. f., anneaux entrelacés.—*Ghatia, gátea.* || Chaîne de montagnes: *Mendi seghida bat.*

CHAÎNETTE, s. f., petite chaîne. — *Gátetchikia, ghátettipia.*

CHAÎNON, s. m., anneau de chaîne. — *Errestuna.*

CHAIR, s. f., substance molle et sanguine qui est entre la peau et les os de l'animal. — *Araghia.*

CHAIRE, s. f., tribune. — *Mintzalekua.* || Tribune religieuse: *Prédikalekua.*

CHAISE, s. f., siége à dos. — *Khadira, silla.*

CHALAND, s. m., bateau allongé. — *Chalanta.*

CHALE. — Voyez SCHALL.

CHALEUR, s. f., état de ce qui est chaud au physique et au moral. — *Berotasuna.*

CHALOUPE, s. f., petit bâtiment de mer fort léger. — *Chalupa.*

CHAMAILLER, v. n., disputer. — *Disputan aïtzia.* || Se battre: *Borrokan aïtzia.*

CHAMARRER, v. a., orner sans goût de galons, etc. — *Galoïtzea.*

CHAMARRURE, s. m., manière de chamarrer. *Galoïadura, galoïdura.*

CHAMBRANLE, s. m., ornement qui borde les cheminées. — *Chimini'goïna.*

CHAMBRE, s. f., pièce d'une maison.— *Gambára, gambera, ghela.*

CHAMBRETTE, s. f., petite chambre. — *Gambáratchua, ghelatchua.*

CHAMEAU, s. m., animal qui a une espèce de bosse sur le dos. — *Khamelua.*

CHAMOIS, s. m., espèce de daim ou d'isard. — *Orkátza, orkhatzá.* || Chamois (femelle): *Orkhatz'emea.*

CHAMP, s. m., terre cultivée. — *Landa.* || Espace, extension d'un objet: *Barrutia, zabaldia.* || Champ de manœuvre: *Diandea.* || Champ de bataille: *Gudatokia.*

CHAMPÊTRE, adj., des champs. — *Basalia, kampotaria.*

CHAMPIGNON, s. m., plante spongieuse de la famille des cryptogames. — *Onjua, onyua, ontoa, ontyoa.*

CHANCE, s. m., hasard. — *Zortia.*

CHANCELANT, TE, adj., irrésolu, e. — *Zalatzan, kolokan.* ‖ Ne pas se tenir ferme sur ses pieds : *Bambalean, kordekan, balantzan.*

CHANCELER, v. n., être irrésolu. — *Zalantzatzea, kolokatzea.* ‖ N'être plus ferme sur les pieds : *Bambaleatzea, kordekatzea, balantzatzea.*

CHANCEUX, EUSE, adj., en bonheur. — *Zorionekua.* ‖ En incertitude : *Dudakua.*

CHANCIR, v. n., moisir. — *Urdintzia, lizuntzia.*

CHANCRE, s. m., ulcère malin. — *Minbicia, minjalea.*

CHANDELEUR, s. f., fête catholique. — *Khanderaïlu, kandeleguna, kanderaillu.*

CHANDELIER, s. m., qui fait la chandelle. — *Khandeleghilea.* ‖ Ustensile où l'on met la chandelle : *Khandelera, khandeleroa, zutarghia.*

CHANDELLE, s. f., flambeau de suif. — *Khandelaségua.* ‖ Flambeau de cire : *Chiriua.* ‖ Flambeau de résine : *Chiribita, arrochiña.*

CHANGE, s. m., troc. — *Truka.*

CHANGEANT, TE, adj., qui change facilement. — *Aldakorra, kambiakorra.*

CHANGÉ, ÉE, part. et adj., n'être plus la même chose. — *Kámbiatua.*

CHANGEMENT, s. m., action de changer. — *Aldakuntza, aldaïra, aldamena, kambiamendua.*

CHANGER, v. a., faire un échange. — *Kambiatzea, trukatzea.* ‖ Changer de lieu : *Aldatzea, kambiatzea.* ‖ Changer de linge, de vêtements : *Mudatzea, aldatzea, kambiatzea, chanyatzea.*

CHANOINE, s. m., qui a un canonicat. — *Kanonigoa, apheznagusia.*

CHANSON, s. f., couplets que l'on chante. ‖ Fig., sornette, discours frivole. — *Khanta, aheria, otsaldia, jakarra.*

CHANSONNETTE, s. f., petite chanson. — *Otsalditchoa, kantatchua, aheritchua, jakartchua.*

CHANSONNIER, s. m., faiseur de chansons. — *Kóplaria, otsaldighilea, kantaghilea, aherighilea, jukarghilea.* ‖ Recueil, livre de chansons : *Otsalditeghia, kantateghia, kóplateghia.*

CHANT, s. m., inflexion de voix prolongée avec modulation. — *Kantua, otsaltia.* ‖ Manière de chanter : *Otsaldea, kánta.*

CHANTER, v. a., former des sons modulés. — *Kantatzea, kantutzea.*

CHANTEUR, EUSE, s., qui chante. — *Kantatzailea, jakartzailea, otsalditzaïlea, aheritzaïlea.* ‖ Chanteur, qui a de la voix pour chanter : *Kantaria.*

CHANTIER, s. m., atelier où l'on travaille le bois de charpente, de charronnage. — *Chantiera.*

CHANTRE, s. m., celui dont la fonction est de chanter à l'église. — *Kantaria, otsastaria.*

CHANVRE, s. m., plante filamenteuse, sa filasse. — *Khalamua.*

CHAOS, s. m., confusion de toutes choses. — *Naspilla, nastapilla.*

CHAPE, s. f., vêtement d'église. — *Kópa.*

CHAPEAU, s. m., coiffure. — *Chápela, kápela, sombrellua.*

CHAPELET, s. m., certain nombre de grains enfilés, sur lesquels on dit des prières. — *Arrosariüa, kondera.*

CHAPELIER, s. m., qui fait des chapeaux. — *Chápelkiña, kápelkiña, sombrelukina.* ‖ Qui fait commerce de chapeaux : *Chápelsaltzailea, kápelsatzailea, sombrellusaltzaillea.*

CHAPELLE, s. f., petite église. — *Khápera.*

CHAPELLERIE, s. f., fabrique de chapeaux. — *Kápelkindeghia, chápelkindeghia, sombrelluteghia.*

CHAPITRE, s. m., partie d'un livre. — *Burua, berecita.* ‖ Assemblée de quelques communautés : *Bilguma, batzarrea.*

CHAPON, s. m., coq châtré. — *Kápoïna.*

CHAPONNER, v. a., châtrer un coq. — *Kápoïnatzea.*

CHAQUE, pron. distributif, sans pl. — *Bakotcha.*

CHAR, s. m., voiture à deux roues. — *Orga.*

CHARBON, s. m., bois coupé par tronçons à demi-brûlés et qu'on éteint pour le rallumer. — *Ikhatza.* ‖ Espèce de furoncle pestilentiel. — *Ikhatza.*

CHARBON-DE-TERRE, s. m., fossile combustible. — *Lür'-ikhatza.*

CHARBONNEUX, adj., du furoncle pestilentiel. — *Ikhatxua.*

CHARBONNIER, s. m., qui fait ou vend du charbon. — *Ikhatzkiña.*

CHARBONNIÈRE, s. f., qui vend du charbon. — *Ikhatzkiña.* ‖ Lieu où se fait le char-

bon, bois empilé mis en combustion et destiné à être carbonisé : *Ikhatztoya.*
CHARCUTIER, s. m., qui vend et prépare de la chair de porc. — *Cherrihiltzaïlea.*
CHARDON, s. m., plante dont la tête est couverte de piquants. — *Astokárlóa.*
CHARDONNERET, s. m., oiseau.— *Kárdinala, kardamirua.*
CHARGE, s. f., faix. —*Záma, kárga.* || Office : *Kargua, ekintza, ekindea, goyendea.* || Charge sur l'ennemi : *Eraünsia, érasoá.*
CHARGÉ, ÉE, part., mis en charge. — *Kárgatua, bekartua, bekarriztua, zámatua.* || Fig., qui a trop de quelque chose : *Soberakina.* || Le temps est chargé, couvert de nuages : *Dembora estalia da, dembora ilhűn.* || Avoir les yeux chargés, enflés, remplis d'humeurs : *Beghiac kárgatuac, beghiac antuac.* || Couleur chargée, trop forte : *Kholore ilhúna.*
CHARGER, v. a., mettre une charge. — *Kárgatzea, bekartzea, bekarritzea, zámatzea.* || Attaque sur l'ennemi : *Eraünsitzea, erasotzea.*
CHARGEMENT, s. m., cargaison. — *Kárgamendua.*
CHARGEUR, EUSE, s., qui charge un navire.— *Kárgatzaillea, kargaria.* || Qui porte ou conduit des charges : *Kárgaeremailea.*
CHARITABLE, adj., qui a de la charité. — *Káritátosa, amoïneilia.*
CHARITABLEMENT, adv., d'une manière charitable. — *Káritableki, amoïnki.*
CHARITÉ, s. f., amour de Dieu, du prochain. — *Káritatea.* || Aumône : *Káritatea, amoïna.*
CHARIVARI, s. m., fête ironique et tumultueuse, accompagnée de bruit de chaudrons, poêlons, cornes, sifflets, couplets malséants, qui se fait contre une personne dont on est mécontent ou que l'on veut ridiculiser pour un second mariage qu'elle contracte ou sa conduite qui déplaît. — *Zintzarrotza, zintzarrotxac, tóberac.* || En basque, charivari ne se dit dans les deux sens suivants qu'au pluriel : faire un charivari : *Zintzarrotxac eghitia, zintzarrotzac eghitea, tóberac eghitea.* || Donner un charivari : *Zintzarrotxac ematia, zintzarrotxac ematia, tóberac ematia.*
CHARIVARISER, v. a., donner, faire un charivari. — *Zintzarrotxtia, tóberakatzia.*
CHARIVARISEUR, s. m., qui charivarise. — *Zintzarrotxakaria, tóberaria.*

CHARLATAN, s. m., vendeur de drogues. || Fig., homme qui cherche à en imposer, faisant valoir par ses paroles ou ses actions. — *Operáturra.*
CHARMANT, TE, s., qui plaît, qui charme. — *Chármagarria.*
CHARME, s. m., sortilège, attrait. — *Chárma.*
CHARMER, v. a., enchanter, plaire. — *Chármatzia.*
CHARNEL, LE, adj. (de la chair), sensuel. — *Araghikoya.*
CHARNIER, s. m., cimetière. — *Elizailharghia, ilherria.*
CHARNIÈRE, s. f., deux pièces de métal enclavées et mobiles. - *Huntza, phartadura.*
CHARNU, UE, adj., bien fourni de chair. — *Araghitxua.*
CHARPENTE, s. f., assemblage de grosses pièces de bois taillées et équarries. — *Zureria.*
CHARPENTERIE, s. f., art du charpentier. — *Zurlana.*
CHARPENTIER, s. f., qui charpente. — *Champartera, mayestera, zurghina.* || Atelier de charpentier : *Zurghinteghia, egúrola, zuóla.*
CHARPIE, s. f., filaments de linge. — *Zaüralizia.*
CHARRETÉE, s. f., plein une charrette. — *Orgaldia, gúrdialdia, orgatrat.*
CHARRETIER, s. f., celui qui conduit la charrette. — *Itzaïna, gúrdizaya, orgazaïna.*
CHARRETTE, s. f., chariot à deux roues. — *Orga, gúrdiská, orgaska.*
CHARRIER, v. a., voiturer, transporter. — *Kárreiyatzea, garrayatzea, kárreatzea, éremaïtea.*
CHARRON, s. m., qui fait des chariots, charrettes, etc. — *Orgheïlea.*
CHARROYER, v. a., charrier. — *Kárreiyatzea, garrayatzea, kárreatzea, éremaïtea.*
CHARRUE, s. f., machine à labourer. — *Góldea, góldia, góldenabarra.*
CHASSE, s. f., action de chasser. — *Ihizia.*
CHASSE-MARÉE, s. m., espèce de petit navire. — *Káchamarea.*
CHASSÉ, ÉE, part., poursuivi par le chasseur. — *Ihiztatua.* || Mis dehors, congédié, renvoyé : *Egorria.* || Poussé en avant : *Púsatua.*
CHASSER, v. a., poursuivre le gibier, le tuer. — *Ihiztatzia.* || Mettre dehors, congédier, renvoyer : *Egortzea.* || Pousser en avant : *Púsatzia.*

CHASSEUR, ERESSE, s., qui chasse. — *Ihiztaria.*
CHASSIE, s. f., humeur des yeux. — *Pista, beteria, bekárrea, makârra.*
CHASSIEUX, EUSE, s., qui a de la chassie. — *Pistatxua, beteritxua, bekártxua, makártxua.*
CHASSIS, s. m., cadre à plusieurs compartiments, le plus ordinairement en bois. — *Oldabilla.*
CHASTE, adj., pudique. — *Gárbia.*
CHASTEMENT, adv., avec chasteté.—*Gárbiki.*
CHASTETÉ, s. f., état chaste. — *Gárbitasuna.*
CHASUBLE, s. f., ornement de prêtre. — *Khasola.*
CHAT, TE, s., quadrupède domestique. — *Gátua, gátia.* || Chat entier : *Kátarrua.*
CHATAIGNE, s. f., fruit du châtaignier. — *Gaztaïna.*
CHATAIGNERAIE, s. f., lieu planté de châtaigniers. — *Gaztaïndia.*
CHATAIGNIER, s. m., arbre produisant la châtaigne.—*Gaztaïn hóndoa, gazten hóndoa.*
CHATAIN, adj. m., couleur de châtaigne. — *Gaztaïn-kkolorea.*
CHATEAU, s. m., forteresse, maison seigneuriale. — *Gáztelua, yaüreghia.*
CHATELAIN, NÉ, s., seigneur ou dame d'un château. — *Gázteluzaya.*
CHATELLENIE, s. f., juridiction d'un château. — *Gázteluzaida.*
CHAT-HUANT, s. m., oiseau de nuit. — *Húntza.*
CHATIER, v. a., corriger. — *Kórreïtzia, gaztigatzia.*
CHATIÈRE, s. f., passage pour les chats. — *Gátuzilóa, katuzulóa, utsumboïlla.*
CHATIMENT, s. m., punition. — *Gaztigúa, kórreïmendua.*
CHATOUILLEMENT, s. m., action de chatouiller. — *Khilika.*
CHATOUILLER, v. a., causer un tressaillement nerveux par un attouchement léger. — *Kkilikatzia.*
CHATOUILLEUX, EUSE, adj., sensible au chatouillement. — *Khilika.*
CHATOYANT, adj., dont la couleur éblouit ou devient changeante aux rayons de la lumière. — *Dirdira, dirdiranta.*
CHATOYER, v. n., briller ou changer de couleur à la lumière. — *Dirdiratzia.*
CHATRÉ, adj. et s. m., privé de testicules. — *Chikiratua, zikiratua.*

CHATRER, v. a., ôter les testicules. — *Chikiratzea, zikiratzea.*
CHATREUR, s. m., hongreur, qui châtre. — *Chikiratzallea, zikiratzaïlea.* || Au fig., dans le Pays Basque, pour désigner une mauvaise femme qui, par ruse, sait se faire livrer peu à peu, par l'homme qui la courtise, l'argent qu'il possède, l'on dit aussi : *Chikiratzaïlea.*
CHATTEMITE, s. f., se dit d'une personne qui affecte une contenance douce et flatteuse pour tromper ; fam. — *Máltzurra.* || Yeux hypocrites, prunelle féline : *Beghi máltzurra.*
CHAUD, adj., qui a de la chaleur, au propre et au fig. — *Berua, béroa.* || s. m., chaleur : *Berotasuna.*
CHAUDEMENT, adv., avec chaleur. — *Beroki.*
CHAUDIÈRE, s. f., grand vaisseau de cuivre qui sert à faire cuire ou bouillir quelque chose. — *Panyerua, bertza, phertza, panjerua, galdaéra, maskelua, pacia.* || Très-grande chaudière : *Tulumbióa.*
CHAUDRON, s. m., petite chaudière. — *Panyerua, phertza.*
CHAUDRONNÉE, s. f., contenu d'un chaudron. — *Galdarada, phertzada, bertzada.*
CHAUDRONNIER, s. m., qui fait, qui vend des chaudrons ou autres ustensiles de cuisine. — *Khaütera, galdaerakiña, paciaghillea, panjerughillea, pacinghillea, phertzaghillea, bertzaghillea, maskelughilea.*
CHAUFFAGE, s. m., provision de bois pour se chauffer. —*Bérotzeko egurra.*
CHAUFFER, v. a. et n., donner ou recevoir de la chaleur. — *Berotzia, berotcea.*
CHAUFFERETTE, s. f., ustensile pour chauffer les pieds. —*Zango-berotzekúa.*
CHAUFFEUR, s. f., qui fait chauffer, qui entretient la chaleur de la chaudière sur un bateau à vapeur ou sur un chemin de fer. — *Bérotzallea, bérotzaïlea.*
CHAUMIÈRE, s. f., maison couverte en chaume. — *Etchóla, bórdachka.*
CHAUMINE, s. f., petite chaumière. — *Etchólatchua.*
CHAUSSER, v. a., mettre des bas, des souliers. — *Galzerdiac yaüstia, zapatac yaüstia.*
CHAUSSES, s. f., culottes. — *Galtza-motchac.*
CHAUSSETTES, s. f. pl., bas courts. — *Galtzerdi-motchac.*
CHAUSSON, s. m., sorte de chaussure. — *Zurichala.*

CHAUSSURE, s. f., ce qui chausse le pied. — *Zángotakuac.*

CHAUVE, adj., qui est sans cheveux. — *Kálbua.*

CHAUVE-SOURIS, s. f., sorte d'oiseau nocturne. — *Gaüaynara, gayaynéra, sagusiarra, gaüaynada.*

CHAUVIR, v. n., devenir chauve. — *Káklotzea.*

CHAUX, s. f., pierre ou roche calcinée par le feu. — *Khisua, ghisua.*

CHAVIRER, v. a., renverser. — *Itzultzia.*

CHEF, s. m., celui qui est à la tête d'un corps, d'une assemblée, etc., enfin celui qui commande. — *Chéfa, haïncindaria, buruzaghia.*

CHEF-LIEU, s. m., lieu principal. — *Tóki principala.*

CHÊMER (SE), v. n., maigrir beaucoup. — — *Péritzea, aügatzea.*

CHEMIN, s. m., voie, route. — *Bidia, bidea.* || Chemin de traverse : *Zehiar bidea.* || Fig., sur mon chemin : *Nére bidean, neüre bidian, éne bidean.* || Suivez le chemin : *Bidia seghizazu, bideá seghizu.* || Suivez ce chemin : *Bide haü seghizazu, bide haü seghizu.* || Ne vous écartez point du chemin : *Bidetic ez apharta, bidetic ez áldara.* || S'arrêter en chemin : *Bideun gheldítzea, bidian gheldítzia.* || Chemin creux : *Inta.* || Chemin couvert : *Bide estalia.* || Parcourir, être toujours sur les routes, aller, courir par tout chemin, par monts et par vaux : *Bethi bidez bide.*

CHEMINÉE, s. f., l'endroit où l'on fait le feu dans les maisons et où il y a un tuyau par où passe la fumée. — *Chimineya.*

CHEMINER, v. n., marcher, aller, faire du chemin. — *Ibiltzia.*

CHEMISE, s. f., vêtement de toile. — Pour homme : *Athorra*; pour femme : *Mantharra, athorra, kamisa.*

CHÊNAIE, s. f., lieu planté de chênes. — *Ahitztidia, aritztidia.*

CHENAL, s. m., courant d'eau. — *Izaka.*

CHENAPAN, s. m., vaurien, bandit. — *Zarpaïl, charpall.*

CHÊNE, s. m., arbre qui porte le gland. — *Aritza, ametza, haïtza.*

CHENET, s. m., ustensile de cheminée ; en basque ne se dit qu'au plur. — *Suburdinac.*

CHENEVIÈRE, s. f., champ où croît le chanvre. — *Khalamu péza.*

CHENEVIS, s. m., graine de chanvre. — *Khalamu azia.*

CHENIL, s. m., logement des chiens. — *Chakur'-etchola, chakur²-kurtchila.*

CHENILLE, s. f., insecte rampant. — *Erreghenchakurra.*

CHEPTEL, s. m., bail de bestiaux. — *Abantzua.*

CHER, ÈRE, adj., chéri. — *Maïtea.* || Qui est aimé : *Maïtatua.* || Qui coûte beaucoup : *Kário.*

CHER, adv., à haut prix. — *Kário.*

CHÈRE, s. f., quantité, qualité de mets. — *Yána.* || Chère (bonne) : *Yán'ona.* || Chère (mauvaise) : *Yán'tzarra.*

CHÈREMENT, adv., tendrement. — *Tendreki, amodiozki.* || A haut prix : *Kárioki.*

CHÉRIR, v. a., aimer tendrement. — *Maïtatzia.*

CHERVIS, s. m., pastenade, panais. — *Chirivia.*

CHERTÉ, s. f., prix excessif. — *Káriotasuna.*

CHÉTIF, VE, adj., mauvais, faible. — *Mendria.*

CHÉTIVEMENT, adv., d'une manière chétive. — *Mendreki.*

CHEVAL, s. m., animal à quatre pieds qui hennit. — *Zámaria, záldia.* || A cheval : *Záldiz..* || Aller à cheval : *Záldiz yuaïtia.* || Porter à cheval. — *Záldiz eremaïtea.*

CHEVALIER, s. m., autrefois qui avait l'état, la dignité de chevalier. — *Zámalduna.*

CHEVELU, UE, adj., qui a beaucoup de cheveux. — *Ilhetxua, ületxua, bilotxua.*

CHEVELURE, s. f., les cheveux qui couvrent la tête. — *Ilhea, úlea, biloa.*

CHEVET, s. m., long traversin. — *Buhurdia.* || La tête du lit : *Ohé-burua.*

CHEVEU, s. m., poil de la tête. Il ne se dit que pour l'homme en français, mais en basque indistinctement pour les poils qui recouvrent n'importe quelle partie du corps de l'homme ou des animaux. — *Ilhea, ilhia, bilóa, úlea, illea.* || Séparation, raie aux cheveux : *Ilheartea, ilhiartea, üleartea, bilóartea.*

CHEVILLE, s. m., morceau de bois ou de métal que l'on fait entrer dans un trou. — *Kábilla, chiria.* || Cheville du pied, malléole : *Achioïna, churmiyúa.*

CHEVILLER, v. a., joindre, assembler avec des chevilles. — *Kábillatzea, ziriztátzea, chiriztátzea.*

CHÈVRE, s. f., femelle du bouc. — *Ahuntza.* || Chèvre sauvage, espèce de chamois : *Basaüntza.*

CHÈVRE-FEUILLE, s. m., plante grimpante. — *Ama biryin'-aztaparra.*

CHEVREAU, s. m., petit de la chèvre. — *Pitiña, anchûmea.*

CHEVRETTE, s. f., femelle du chevreuil. — *Orkhatzûmea, basahuntzûmea.*

CHEVREUIL, s. m., bête fauve plus petite que le cerf et qui a quelque chose de la figure de la chèvre. — *Orkhatza.*

CHEVRIER, s. m., pâtre des chèvres. — *Ahuntzaïna.*

CHEVRON, s. m., pièce de bois équarrie, qui sert à la construction des maisons. - *Sóliba.*

CHEZ, prép., au logis de, parmi. — *Zérian.*

CHICANE, s. f., subtilité captieuse. — *Chikana.*

CHICANER, v. a. et n., user de chicane. — *Chikanatzia.*

CHICANERIE, s. f., tour de chicane. — *Chikan'keria, chikanakeria.*

CHICANEUR, EUSE, s., qui chicane. — *Chikanatzaïlea.*

CHICHE, adj., avare. — *Cikoïtza, abariciosa.*

CHICHEMENT, adv., d'une manière avare. — *Cikoïtzki, abaricioski.*

CHICORÉE, s. f., plante potagère. — *Chikoria.*

CHICOT, s. m., reste d'une dent rompue. — *Aghinerrua.*

CHIEN, s. m., animal domestique qui aboie. — *Chakurra, pótzua.* || Chien de berger : *Arzan-hora, artzaïn-hora.* || Chien dogue : *Alanoa.* || Chien courant : *Erbichakurra.* || Chien d'arrêt ou couchant : *Lûma-chakurra.*

CHIENNE, s. f., femelle du chien. — *Chakur'-emea.*

CHIENDENT, s. m., herbe qui jette en terre de longues racines. — *Chiendana.*

CHIER, v. n., se décharger le ventre de gros excréments. — *Kákághitea.*

CHIFFON, s. m., mauvais morceau de linge ou d'étoffe. — *Charpilla, trapu-tzarra.*

CHIFFONNER, v. a., froisser. — *Chimurtzia.*

CHIFFONNIER, s. m., qui ramasse des chiffons. — *Trápu biltzaïlea.* || Qui achète des chiffons : *Trápu erozlea, trápu erostaïlea.*

CHIFFRE, s. m., caractère dont on se sert pour marquer les nombres. — *Chifra.*

CHIFFRER, v. n., marquer par des chiffres. — *Chifratzia, chifretan aïtzia.*

CHIFFREUR, s. m., celui qui compte bien avec les chiffres. — *Chifratzailea, kalkulatzailea.*

CHIGNON, s. m., cheveux que les femmes retroussent sur le derrière de la tête. — *Mothûa.*

CHIPOTER, v. n., vétiller. — *Nahastekatzia.*

CHIPOTIER, ÈRE, s., qui chipote. — *Nahastaria.*

CHIQUE, s. f., tabac à mâcher. — *Chika.*

CHIQUER, v. n., manger ou boire. — *Yatia.* || v. a., mâcher du tabac : *Chikatzia.*

CHIQUET-A-CHIQUET, adv., peu à peu. — *Emeki-emeki.*

CHIRURGIE, s. f., art d'opérer sur le corps humain pour son soulagement. — *Barbergóa.*

CHIRURGIEN, s. m., qui exerce la chirurgie. — *Barbera.*

CHIURE, s. f., excrément de mouche. — *Ulikáká.*

CHOC, s. m., heurt de deux corps. — *Unkia, yóa.*

CHOCOLAT, s. m., pâte de cacao, de sucre et de cannelle. — *Chókolata.*

CHOCOLATIÈRE, s. f., cafetière pour faire le chocolat. — *Chókolatiera.*

CHŒUR, s. m., musiciens qui chantent ensemble. — *Kórua, kantaridia.*

CHOIR, v. n., tomber. — *Erortzia.*

CHOISIR, v. a., élire, préférer. — *Haütatzia.*

CHOIX, s. m., action de choisir. — *Haüta.*

CHÔMER, v. a. et n., ne rien faire, fêter. — *Bere lanac utziric dembora pasatzea, alferki egotea.*

CHOPINE, s. f., demi-pinte. — *Kutchota.*

CHOQUANT, TE, adj., offensant, déplaisant. — *Pikanta.*

CHOQUER, v. a., heurter. — *Yótzea.* || Fig., offenser : *Ofensatzea.*

CHOSE, s. f., ce qui est, bien, affaire. — *Gaüza.*

CHOU, s. m., plante potagère. — *Aza.* || Chou vert : *Aza-ferdia.* || Chou-côve : *Aza-kóba.* || Chou-fleur : *Aza-loratua.*

CHOUETTE, s. f., oiseau nocturne. — *Mózolloa.*

CHOYER, v. a., s'occuper de ses aises, fêter. — *Bestatzea.*

CHRÊME, s. m., huile sacrée. — *Khrisma saïndua.*

CHRÉTIEN, NE, adj., qui adore J.-C. — *Ghirichtinoa.*

CHRÉTIENNEMENT, adv., en chrétien. — *Ghirichtinoki, ghirichtino bezala.*

CHRÉTIENTÉ, s. f., pays chrétien. — *Ghirichtino-tokia.*

CHRIST ou JÉSUS-CHRIST, s. m., le Messie.— *Khristó, Khristóa.*
CHRISTIANISME, s. m., religion du Christ. — *Ghiristinokua.*
CHRONIQUE, s. f., histoire. — *Ichtoria.*
CHRONIQUEUR, s. m., auteur de chroniques. — *Ichtorio gondatzaïlea.*
CHUCHOTER, v. a., parler bas. — *Ahopeka-mintzatzia.*
CHUCHOTEUR, EUSE, s., qui chuchote.—*Ahopekatzaïlea, ahopekä-mintzatzaïlea.*
CHUT ! interj., silence. — *Tschut.*
CHUTE, s. f., action de tomber.—*Erorikua.*
CI, adv. de lieu qui ne s'emploie jamais seul. Il se met après les noms, les pronoms et désigne la personne ou la chose la plus proche. || Ici : *Emen.* || Viens ici : *Aüghi hunat.* || Venez ici : *Zâto hunat.* || Celui-ci, celle-ci : *Haü.* || Ci-joint : *Emen yuntatua.* || Ci-contre : *Hunen kontra.* || Ci-après : *Hunen ondotic.* || Ci-dessous : *Pé huntan.* || Ci-dessus : *Gaïn huntan.* || Ici et là : *Emen éta hor.* || Par-ci, par-là : *Emendic edo handic.* || Toujours ici : *Bethi emen.*
CIBLE, s. f., but où l'on tire. — *Desparrateghia.*
CIBOIRE, s. m., vase sacré des hosties. — *Kopoya, donontzia.*
CICATRICE, s. f., marque de plaie. — *Cikatriza, arradiza.*
CICATRISER, v. a., guérir une plaie. — *Cikatrizatzea, arradizatzea.*
CIDRE, s. m., boisson de jus de pommes. — *Sagardua, sagarnua, bustiñua.* || Cidre mêlé d'eau, piquette de pommes. — *Phitarra.*
CIEL, s. m., CIEUX pl., espace où se meuvent les astres. (En basque ne se dit qu'au singulier). — *Cérua.* || Ciel d'un tableau : *Kuadro baten cérua.* || Ciel de lit : *Ohécérua.* || Ciel serein : *Céru arghia.* || Gagner le ciel : *Cérua irabaztea.* || Grâces au ciel : *Céruari esker.* || Ciel orageux : *Céru kalernatxua.* || Ciel sombre (temps sombre) : *Céru ilhuna.* || Ciel couvert : *Céru estalia.*
CIERGE, s. m., bougie d'église.—*Chiriyua, tortcha.*
CIGALE, s. f., insecte. — *Chichârra, chirichka.*
CIGARE, s. m., feuilles de tabac roulées pour fumer. — *Cigarróa.*
CIGOGNE, s. f., oiseau de passage.—*Zigonna.*

CIL, s. m., poil des paupières.—*Bephurua.*
CIME, s. f., sommet. — *Punta.*
CIMENT, s. m., mortier qui devient extrêmement dur. — *Cimenta.*
CIMETERRE, s. f., sabre recourbé d'une trempe supérieure.—*Alfanghea.*
CIMETIÈRE, s. m., lieu pour enterrer. — *Hilerria, eliza-ilharghia.*
CINQ, adj. num. s. m., chiffre (4 plus 1). — *Bortz.*
CINQUANTAINE, s. f., nombre de cinquante (UNE). — *Berrogoi-t'-amar bat.*
CINQUANTE, adj. num., cinq dixaines. — *Berrogoi-t'-amar.*
CINQUANTIÈME, adj., nombre ordinal.—*Berrogoi-t'-amargarrena.*
CINQUIÈME, adj., nombre ordinal. — *Bortzgarrena.*
CINQUIÈMEMENT, adv., en cinquième lieu.— *Bortzgarrenian.*
CINTRE, s. m., arcade. — *Arkua.*
CIRAGE, s. m., action de cirer, composition pour cirer. — *Ciraiya.*
CIRCONCIRE, v. a., couper le prépuce. — *Epaïratzea.*
CIRCONCIS, s. m., celui à qui on a coupé le prépuce. — *Epaïratua.*
CIRCONCISION, s. f., action de circoncire. — *Epaïra.*
CIRCONFÉRENCE, s. f., tour d'un cercle. — *Arrunda, itzulingurua, icherza, bollezia.*
CIRCONFLEXE, adj., (accent). — *Hitzeragoïbea.*
CIRCONLOCUTION, s. f., périphrase. — *Hitzingurua.*
CIRCONSCRIPTION, s. f., limite. — *Bollezia.*
CIRCONSCRIRE, v. a., limiter autour. — *Bollezitzea, bollartetzea.*
CIRCONSCRIT, TE, adj., qui fait partie d'une circonscription.—*Bollesitua, bollartetua.*
CIRCONSPECT, adj., prudent. — *Prudenta, sensuá, bealditsuá.*
CIRCONSPECTION, s. f., prudence, retenue.— *Prudentcia, sensuárea, bealdiera.*
CIRCONSTANCE, s. f., particularité qui accompagne un fait. — *Cirkoñtztentzia, aldekoya, darraïkoya.*
CIRCONSTANCIER, v. a., détailler. — *Aldekoïtzea, darraïkotzea, cheheki erraïtea.*
CIRCONVALLATION, s. f., fossé avec redoutes autour d'un camp, fortifications. — *Bollaeziera, icherzaera, ingurundea.*
CIRCONVENU, UE, part., trompé par ruse. — *Enganatua.*

CIRCONVENIR, v. a., tromper artificieusement. — *Enganatzea.*

CIRCONVOISINS, adj. pl., environnants. — *Ingurutan, bolleziondokua, urbillian, icherzaondokoa.*

CIRCUIT, s. m., enceinte, tour. — *Ingurua, arrunda, icherza.*

CIRCULAIREMENT, adv., en rond. — *Inguruka, arrundan, icherzan.*

CIRCULATION, s. f., action de circuler. — *Inguraldéa.*

CIRCULER, v. n., se mouvoir. — *Ibiltzia, kurritzia.*

CIRE, s. f., l'un des produits des abeilles. — *Ezkua, ezkoa.* || Cire (à cacheter) : *Lakrea.*

CIRER, v. a., mettre de la cire, du cirage : *Ciratzea.* || Cirer un appartement : *Apartamendu bat ciratzea.* || Cirer la chaussure : *Zangotakoác ciratzea.*

CIRIER, s. m., ouvrier, fabricant de cire. — *Ezkoghilea.* || Cire (fabrique de) : *Ezkoteghia.*

CIRON, s. m., petit ver rond et blanc qui s'attaque principalement aux mains et qui cause une grande démangeaison. — *Cigarra, cildarra.*

CIRQUE, s. m., lieu destiné chez les anciens Romains pour les jeux publics ; aujourd'hui ils servent aux jeux équestres. — *Bollesia.*

CISEAU, s. m., instrument de fer pour travailler le bois, la pierre, les métaux. — *Zizela.*

CISEAUX, s. m. pl., instrument de fer composé de deux branches tranchantes. Il est quelquefois au singulier. — *Echturrac, hainzturrac, goraiziak.* || Ciseaux (forces à tondre) : *Mochallea.* || Ciseaux (forces à tondre les brebis : *Ardi-achturrac.*

CITADELLE, s. f., forteresse qui commande une ville. — *Citadela.*

CITATION, s. f., assignation. — *Deïra, otseghiera.*

CITÉ, s. f., ville. — *Iria.*

CITÉ, ÉE, part., assigné. — *Deïtua, otséghina.*

CITER, v. a., ajourner, appeler pour comparaître devant un magistrat, alléguer, citer un passage, nommer. — *Deitzia.*

CITERNE, s. f., réservoir sous terre pour recevoir et garder l'eau de la pluie. — *Urpeteghia.*

CITRON, s. m., fruit que porte le citronnier. — *Cítrua, zidroina.*

CITRONNIER, s. m., arbre des pays chauds qui porte le citron. — *Zidroïn hóndoa, citru hóndoa.*

CITROUILLE, s. f., plante rampante avec de grandes feuilles, son fruit. — *Khúyá.*

CIVET, s. m., ragoût de lièvre. — *Erbiyakia.*

CIVETTE, s. f., animal qui ressemble à une grosse fouine. — *Kataürina.*

CIVIÈRE, s. f., espèce de brancard. — *Káta bota.*

CIVIL, ILE, adj., qui regarde les citoyens. — *Irikua, errikua, errikoá.* || Civil, honnête, affectueux : *Beghiruntia, ónesta, beghitarte-ónekua.*

CIVILEMENT, adv., en matière civile. — *Gózandekua.* || Civilement, honnêtement, affectueusement : *Beghirunea, óneski.*

CIVILISER, v. a., rendre civil, sociable, polir les mœurs. — *Arzondetzea.*

CIVILISATION, s. f., état de ce qui est civilisé. — *Arzondetasuna.*

CIVILITÉ, s. f., courtoisie, politesse, sociabilité. — *Oneztasúna, arzondea.*

CLABAUDAGE, s. m., criaillerie. — *Bócingleria, erásia.*

CLABAUDER, v. a., crier, faire du bruit mal à propos. — *Bócingleriatzea.*

CLABAUDEUR, EUSE, s., criailleur, se. — *Bócingleriatzaïlea.*

CLAIE, s. f., ouvrage d'osier à claire-voie en forme de carré long. — *Losarra, zúmerghela.*

CLAIR, adj., éclatant, lumineux, net, luisant, peu foncé (liquide), peu épais, aigu (son). — *Klára, ocena.* || Clair de lune : *Arghizaïte, ilharghi-churi.*

CLAIREMENT, adv., d'une manière claire. — *Klárki, ocenki.*

CLAIRIÈRE, s. f., vide d'un bois. — *Sórropilla.*

CLAIRON, s. m., trompette. — *Trúnpeta, klárina, túrunta.*

CLAIR-SEMÉ, ÉE, adj., qui n'est pas semé près à près. — *Argal, bakán.* || On dit au fig. d'un livre où il y a quelques beaux traits, mais de loin en loin, que les beautés y sont clair-semées : *Gaüza ederrac argal dire, gaüza ederrac bakán dire.*

CLAIRVOYANCE, s. f., sagacité, pénétration, discernement. — *Ciurtea, ciurrera, ciártea.*

CLAIRVOYANT, TE, adj., qui pénètre, qui discerne. — *Ciurra, ciarta.*

CLAMEUR, s. f., grand bruit produit par des voix. — *Bruïta, arrabotxa.*

CLANDESTIN, INE, adj., secret, caché.—*Górderic, ichilic.*
CLANDESTINEMENT, adv., en cachette. — *Ichilka, górdeka.*
CLAPIER, s. m., lieu sous terre où les lapins se retirent. — *Ezkutaüntza, zulupeá, unchiteghia.*
CLAQUE, s. f., coup du plat de la main. — *Cháplada, záplada.*
CLAQUEMENT, s. m., bruit des dents. — *Hortz-gárrazkotza.* ‖ Bruit des mains : *Eskútada, blástada.* ‖ Bruit du fouet : *Záplakua.*
CLAQUER, v. n., faire du bruit avec les dents. —*Hortz-gárrazkotzea.* ‖ Avec les mains : *Eskútadatzea, blástadatzea.* ‖ Avec le fouet : *Klákatzea.*
CLAQUET, s. m., latte qui bat sur la trémie du moulin. — *Kláka, kálaka, citolá, arkolá.*
CLARINE, s. f., sonnette. — *Bulumba.* ‖ Clarine (grande) : *Búmba.*
CLARTÉ, s. f., lumière. ‖ Fig., netteté. — *Klartasuna, arghitasuna, arghiera.* ‖ Clarté dans le discours, dans les paroles, clarté indiscrète et indécente dans la conversation : *Hitzaünketa.*
CLASSE, s. f., ordre, rang. — *Errenkua, gradua, klaza.* ‖ Leçon : *Kláza, eskóla.*
CLASSEMENT, s. m., classification ; s. f., action de classer, ordre. — *Ordena.*
CLASSER, v. a., ranger par classes. — *Antolatzia, ordenan ezartzia, ordenan emaïtea.*
CLAUSE, s. f., condition. — *Hitzazkena, hitzerosa.*
CLAVICULE, s. f. On appelle ainsi chacun des deux os qui ferment la poitrine par le haut. — *Lepho-uztaiya.*
CLAYON, s. m., petite claie sur laquelle on fait ordinairement égouter les fromages.— *Matchola.*
CLEF, s. f., instrument pour ouvrir et fermer une serrure. ‖ de voûte, pierre qui la ferme. — *Ghiltza, gákua, gákoa.*
CLÉMENCE, s. f., vertu qui porte à pardonner. — *Barkamendua, gógózadea.*
CLÉMENT, TE, adj., miséricordieux, doux.— *Barkatzaillea, gógóztia.*
CLERC, s. m., celui qui écrit ou travaille sous un homme pratique.— *Berrettherra.*
CLERGÉ, s. m., l'ordre ecclésiastique. — *Aphezgua, aphezgôa.*
CLIENT, TE, s., qui a un avocat. — *Mempekua.* ‖ Pratique : *Prátiká.*

CLIENTÈLE, s. f., les clients. — *Mempea.* ‖ Les pratiques : *Prátikak.*
CLIGNEMENT, s. m., action de cligner. — *Eskela.*
CLIGNER, v. a., fermer l'œil à demi. — *Eskeltzia.*
CLIMAT, s. m., pays, température. — *Aïcetorkia.*
CLINQUANT, s. m., faux brillant. — *Urreriayarian.*
CLIQUE, s. f., gens qui cabalent. — *Kliká.*
CLIQUETIS, s. m., bruit d'armes qui se choquent. — *Arrabotxa.*
CLOAQUE, s. m., égout, voirie. — *Labaña.*
CLOCHE, s. f., instrument de métal pour sonner. — *Izkilla, izkila.*
CLOCHER, s. m., bâtiment pour les cloches. — *Izkilla-dorea.*
CLOCHETTE, s. f., petite cloche que l'on met au cou des bestiaux. — *Pampalina, pampaliña, chilintcha.*
CLOISON, s. f., séparation d'un appartement. *Argamasa.*
CLOÎTRE, s. m., monastère, couvent, servant aux hommes. — *Kombentua.* ‖ servant aux femmes : *Sérorateghia.*
CLOPIN-CLOPANT, adv., en clopinant : *Chinghili-changalaka ibiltzea.*
CLORE, v. a., fermer, achever.—*Cerratxia, etxtia, etxitzia.*
CLOS, s. m., lieu fermé. — *Cerratua, etxia.*
CLÔTURE, s. f., enceinte. — *Cerradura, itchidura, itxidira.* ‖ Action de clore : *Etxidura.*
CLOU, s. m.; pl. CLOUS, cheville de métal. — *Itzia.* ‖ Clou de girofle : *Klávoa, urriltzea, girofla.*
CLOUER, v. a., fixer avec des clous.—*Itzeztatzia.*
CLOUTIER, s. m., fabricant et marchand de clous. — *Itze'ghilea, itze'ghillea, ultzakiña.*
CLYSTÈRE, s. m., lavement. — *Ayúta.*
COAGULER (pour la graisse), v. a., figer (pour le sang). — *Gógórtzia, kaïllatzia, kaïllatzea.*
COALISER (SE), v. p., se réunir pour une cause. — *Elkarkidatzea.*
COALITION, s. f., union, ligue. — *Elkarkida.*
COASSEMENT, s. m., cri des grenouilles. — *Karaka.*
COASSER, v. n., crier (se dit des grenouilles). — *Karakatzea.*
COCARDE, s. f., nœud de rubans.—*Kókarda.*

7

COCASSE, adj., plaisant. — *Bítchia, drólia*.
COCHE, s. f., entaillure faite à un corps solide. — *Ozka, óchka*.
COCHENILLE, s. f., insecte dont on fait une couleur rouge. — *Ezakotcha*.
COCHER, s. m., qui mène un carrosse. — *Postilluna, manurgarria*.
COCHON, s. m., porc (châtré). — *Urdia, cherria, bilobetza*. ‖ Cochon entier (verat) : *Akhetcha, ápotea*. ‖ Cochon de lait : *Cherri esnekua*. ‖ Cochon sevré : *Bargochta*. ‖ Cochon déjà grand (de 6 mois ou un peu plus) : *Bargúa*. ‖ Cochon (prononcé en guise de mépris ou d'insulte : *Zérria* (rendre les r très-durs).
COCHONNERIE, s. f., malpropreté, pop. — *Urdekeria, zerrikeria*.
COCO, s. m., fruit du cocotier. — *Kachumbea*.
COCU, s. m., dont la femme est infidèle. — *Adarduna, adartua, adartxua*.
CODE, s. m., recueil, compilation de lois, constitutions, etc. — *Kóda*.
COÉTERNEL, qui est de toute durée avec un autre. — *Béthiraünbidea, bethikokidea*.
CŒUR, s. m., organe musculeux. — *Bihotza*. ‖ Sentiment : *Bihotza*. ‖ Courage : *Bihotza, kóraya, kórajia, kóragia*. ‖ Cœur (par) : *Gógoz*. ‖ Cœur, une des quatre couleurs des cartes : *Arrósa*. ‖ Milieu : *Bihotza, erdia*. ‖ Chœur (sanctuaire) : *Khoróo, aldar' haïntzina*.
COFFRE, s. m., sorte de boîte à couvercle. — *Kútcha*.
COFFRETIER, s. m., bahutier, qui fait et vend des coffres. — *Kútch'eghilea*.
COGNASSIER, s. m., arbre qui porte les coings. — *Irasagar'-hóndoa*.
COGNÉE, s. f., sorte de hache. — *Haïzkora, haïzkorea*.
COGNER, v. a., frapper. — *Yótzea*.
COHORTE, s. f., troupe armée. — *Gherraridia*.
COHUE, s. f., juridiction, assemblée tumultueuse. — *Sorka*.
COIFFE, s. f., couverture de tête. — *Kófia*.
COIFFER, v. a., parer, orner la tête. — *Búruztatzea, apaïndilletzea, koïfatzea*. ‖ Se couvrir la tête : *Estaltzea*.
COIFFEUR, EUSE, s., qui coiffe. — *Apaïndilletzallea*.
COIFFURE, s. f., couverture de tête. — *Koïfura, burustalkia, izarachoa, kurbitcheta*. ‖ Coiffure de femme : *Apaïndillea, koïfura*.

COIN, s. m., angle. — *Kántoïna, ichkina, angula*. ‖ Recoin : *Chokúa, chokóa*.
COING, s. m., fruit. — *Irásagarra*.
COIGNIER, s. m., arbre fruitier. — *Irásagarhóndoa*.
COL, s. m., collet de chemise. — *Fóla*. ‖ Col ou cou : *Lephóa*.
COLÈRE, s. f., irritation morale. — *Kólera, irakúndea, hizkúndea, naïkundea*.
COLÉRIQUE, adj., emporté. — *Irósia, irátia, irakúndetxua*.
COLIN-MAILLARD, s. m., jeu. — *Itxumandoka*. ‖ Colin-maillard (à) : *Itxumandokan*.
COLIQUE, s. f., douleurs dans le bas-ventre. — *Kolika*.
COLISÉE, s. m., amphithéâtre à Rome. — *Bóllesia*.
COLLATION, s. f., léger repas que l'on fait entre les principaux. — *Krákada*.
COLLE, s. f., matière gluante. — *Kóla*.
COLLECTIF, IVE, adj., terme de gram. qui présente l'idée d'un tout. — *Elkarrikóa, bilgoïtia*.
COLLECTION, s. f., réunion. — *Bilgoa, batunea*.
COLLECTIVEMENT, adv., ensemble. — *Elkárrekilan, bilgóra*.
COLLÉGE, s. m., corps de personnes notables, lieu d'enseignement. — *Dakireghia, kóleiyua*.
COLLER, v. a., joindre, enduire de colle. — *Kólatzia*.
COLLERETTE, s. f., petit collet de linge, etc., dont les femmes se couvrent la gorge et les épaules. — *Cherrá*.
COLLET, s. m., d'un manteau, etc. — *Fóla, euskarria*. ‖ De chemise, blouse, etc. : *Fóla*.
COLLIER, s. m., ornement du cou. — *Kóliera*.
COLLINE, s. f., petite montagne. — *Mendichka, bizkarra, larrechka*.
COLLISION, s. f., choc de deux corps. — *Yóbatea*.
COLLOQUE, s. m., dialogue. — *Erashia*.
COLLOQUER, v. a., placer. — *Páratzea, ifiñitzea, creñitzea*. ‖ Arranger, disposer, mettre en bon ordre : *Antolátzea*. ‖ Faire entrer : *Kolokatzea*.
COLOMBE, s. f., pigeon. — *Usúa, usóa*.
COLOMBIER, s. m., pigeonnier. — *Usóteghia*.
COLONEL, s. m., qui commande un régiment. — *Kóronela*.
COLONIE, s. f., peuplade d'émigrés. — *Kólonia, erdáliria*.

COLONNE, s. f., pilier rond. — *Kóloma, hábea, abea.* ‖ Colonne (en pierre): *Arroiña, métarria.* ‖ Colonne (en bois) : *Métola.* ‖ Colonne (d'un livre) : *Orriberreïza.*

COLORER, v. a., donner de la couleur. — *Kóloratzea, kólorezlatzia, koloretzia, gaïnchuritzea, gaïnchurizkatzea.*

COLORIER, v. a., employer les couleurs. — *Kóloratzea, kólorestatzia, gaïnckuritzea, kóloranztetzia.*

COLORISTE, s. m., qui entend le coloris. — *Kóloretzallea, kóloréztazaïllea, kóloranzlea, gaïnchurizlea.*

COLOSSAL, ALE, adj., de grandeur démesurée. — *Handitasun gaïtzekûa.*

COLOSSE, s. m, de grandeur gigantesque. — *Taïlla gaïtza duena, altura handikua, handitasun gaïtza duen presuna.*

COLPORTER, v. a., transporter. — *Erematea.* ‖ Fig., colporter une nouvelle, la répandre : *Berri bat édatzea.*

COLPORTEUR, s. m., qui colporte. — *Kargaketaria.*

COMBAT, s. m., action de combattre. — *Gómbata, gûdua, gûda, jazarra, gómbatea.*

COMBATTANT, s. m., qui combat. — *Gûdátzaïlea, gómbatzaillea, jazarratzaillea, jazarraria.* ‖ Assaillant : *Jazarraria, gûdaria, gómbataria.*

COMBATTRE, v. a., attaquer ou se défendre. — *Gûdatzea, gûdakatzea, jazartzea.*

COMBIEN, adv., quelle quantité. — *Cembât.* ‖ Combien de fois : *Cembât aldiz.*

COMBINAISON, s. f., disposition.—*Binakidea, biñakidea.*

COMBINER, v. a., arranger. — *Binakidatzea, biñakidatzea.*

COMBLE, s. m., le haut d'un bâtiment. — *Tûtûrrûtua, mukûrrua.* ‖ Ce qui peut tenir par dessus une mesure déjà pleine : *Mukûrrua.* ‖ Comble, le plus haut point d'une chose, comble d'éloges, de richesses, de malheurs : *Gaïndigaillua.*

COMBLER, v. a., remplir. — *Bethetzea, bethetzia.* ‖ Combler (par dessus) : *Mûrratzia, mukûrrukatzea.* ‖ Combler (déborder) : *Gaïndigallutzea.*

COMBUSTIBLE, adj. et s., qui peut brûler. — *Errekorra, errakorra, errekaya, errakaya.* ‖ Combustible (à brûler) : *Erretzekôa, erretzekûa.*

COMÉDIE, s. f., pièce de théâtre.—*Kómedia, dostirûdia.*

COMÉDIEN, NE, s., qui joue la comédie. — *Kómedianta, kómediantea, dostirûdiánta.*

COMESTIBLE, adj. et s., bon à manger. — *Yánaria, yakia, yankia.*

COMÈTE, s. f., météore. — *Izárkea.*

COMIQUE, adj., de la comédie, plaisant. — *Drólia, bitchia, dostirûditxua.*

COMIQUEMENT, adv., d'une manière comique. — *Drôleki, bitchiki, dostirûdiki.*

COMMANDANT, s. m., qui commande. — *Mánatzaïlea, gomendatzaïlea, aghintaria, kómandanta, gómandanta.*

COMMANDE, s. f., ce qui a été commis ou commandé. — *Gomendiûa.*

COMMANDEMENT, s. m., ordre. — *Manamendua, órdena.*

COMMANDER, v. a., ordonner. — *Manatzea, gómendatzea, kómendatzea.*

COMMANDEUR, s. m., pourvu de commandement. — *Manatzaïlea, gómendatzaïlea, gómendaria.*

COMME, adv. de temps, de compar. et conj. — *Bezala.*

COMMÉMORATIF, IVE, adj., qui rappelle un événement. — *Orhoïtze, orhoïtza.* ‖ Commémoratif (d'anniversaire) : *Urte-mâga.*

COMMÉMORATION, s. f., mémoire d'un saint. — *Orhoïkida.*

COMMENÇANT, TE, s., qui commence.—*Aslea, áslia, ásle.*

COMMENCEMENT, s. m., principe. — *Astia, ástapena, áspen, áste.* ‖ s. m. pl., première instruction en quelque art ou en quelque science : *Asteac.*

COMMENCER, v. a., entreprendre. — *Astea, astia.*

COMMENSAL au pl. COMMENSAUX, s., qui mangent à la même table. — *Maïkidekua, mainkindekua.*

COMMENT, adv., de quelle sorte, interrogation. — *Nóla? cer moldez? celan?*

COMMENTAIRE, s. m., explication ou interprétation de quelque chose de difficile. — *Azáldagóa, édarghindea.*

COMMENTATEUR, s. m., celui qui explique ce qu'il y a de plus difficile dans un auteur. — *Azáldaria, édarghitaria.*

COMMENTER, v. a., faire des commentaires. — *Azáldzia, édarghitzea.*

COMMÉRAGE, s. m., propos et conduite de commère. (En basque ne se dit qu'au pluriel). — *Elhekelac.*

COMMERÇANT, s. m., qui commerce. — *Trátughilea, tratularia, tratantia, negocianta.*

COMMERCE, s. m., négoce, trafic. — *Tratua, gomerciña, haremana.* ‖ Commerce charnel : *Araghizkobatzea.*

COMMERCER, v. n., trafiquer. — *Tratuan aïtzea, gomerciñan aïtzea, tratutzia.*

COMMERCIABLE, adj., de commerce. — *Salerosgarria.* ‖ Sociable, doux, affable : *Elkargarria, eskugarria.*

COMMÈRE, s. f., celle qui tient un enfant sur les fonts baptismaux. — *Amakidea, komaïa.*

COMMETTRE, v. a., faire. — *Eghitea.*

COMMIS, s. m., chargé d'un même emploi. — *Komisa, béréordaïna.*

COMMISÉRATION, s. f., pitié. — *Urrikalmendua, kupidakidea, errukikida.*

COMMISSAIRE, s. m., officier. — *Kómisariña, zaïgoraria, zaïkundaria.* ‖ Commissaire-général : *Kómisario yénerála, zaïgorari gúcierakóa.*

COMMISSION, s. f., charge. — *Kárgua, mandatua.* ‖ Brevet : *Brébeta.* ‖ Message : *Mézúa, mandatua.*

COMMISSIONNAIRE, s. m., chargé de commission. — *Mandataria, karguduna.*

COMMODE, adj., aisé. — *Aïsia, era, cragoá.* ‖ Qui donne du repos : *Egokia.* ‖ Utile : *Beharra.* ‖ Facile : *Errecha.*

COMMODÉMENT, adv., d'une manière aisée. — *Aïsian, cragoán.*

COMMODITÉ, s. f., état aisé. — *Era, cragoá, egokia, aïsia.* ‖ Moyen qui facilite : *Okasionea.* ‖ Commodité, occasion pour faire quelque chose : *Aürkera.*

COMMOTION, s. f., secousse. — *Múghidakida, inghintzakida.*

COMMUN, adj., ordinaire, vulgaire. — *Kómúna, berdina, igúala.* ‖ Abondant, de peu de prix : *Kómuna.* ‖ Appartenant à beaucoup de monde : *Guciepa, kómuna.*

COMMUNAUTÉ, s. f., société. — *Bakidargoa, anizkidargoa.*

COMMUNAUX, s. m. pl., biens d'une commune. — *Herriko-lurrac, herrikuac.*

COMMUNE, s. f., appartenant à plusieurs : *Kómuna.* ‖ Circonscription territoriale : *Kómuna.*

COMMUNÉMENT, adv., ordinairement. — *Kómuzki, arraükiro, alaüriro, bákidaro, kómunkiro, aïnizkidaro.*

COMMUNIANT, TE, adj., qui communie. — *Komuniatzaïlea, kómuniatzallea.*

COMMUNICATIF, IVE, adj., expansif. — *Bakidakorra, anizkidargua, bakidakoya.*

COMMUNICATION, s. f., action de communiquer, fréquentation. — *Bakidandea, anizkidandea.* ‖ Communiquer un mal : *Kutxua.*

COMMUNIER, v. n., recevoir l'Eucharistie. — *Kómuniatzea, kómulgacea, Christorenartzea.*

COMMUNION, s. f., sacrement de l'Eucharistie. — *Kómunionea, kómulgacioa.*

COMMUNIQUER, v. a., fréquenter. — *Bakidatu, komunikatu.* ‖ Donner un mal : *Kutxatzea.*

COMPAGNE, s. f., qui accompagne. — *Laguna.* ‖ Epouse par rapport au mari : *Laguna.*

COMPAGNIE, s. m., assemblée de plusieurs personnes, nombre de gens de guerre sous un capitaine : *Kompaïnia.*

COMPAGNON, s. m., camarade. — *Laguna, soinkidea.*

COMPARAISON, s. f., action de comparer. — *Komparacionea, bardinkunza, bekaldea, anzundia, anzoëra.*

COMPARATIVEMENT, adv., par comparaison. — *Bardintasunki, bekaldeki, anzundeki, anzoki.*

COMPARER, v. a., examiner les rapports. — *Komparatzia, bardinkatzea, auzunzea, bekaltzea, anzozea.*

COMPARAÎTRE, v. n., se présenter. — *Aghertcea, aghertzia.*

COMPARUTION, s. f., action de comparaître. — *Agherdura.*

COMPAS, s. m., instrument pour mesurer. — *Kómpasa, oïnkida, ciakidá.*

COMPASSER, v. a., mesurer au compas. — *Kómpasatzea, oïnkidatzea, ciakidatzea.*

COMPASSION, s. f., pitié. — *Lastima, kúpida, errukia, urrikia, urrikalmendua.*

COMPATIBILITÉ, s. f., état compatible. — *Batetanghea, elkarghea.*

COMPATIBLE, adj., qui peut s'accorder. — *Elkargóa, batetangóa.*

COMPATIR, v. n., avoir pitié. — *Batetangótzea, elkargótzea.* ‖ Prendre part à une peine : *Urricaltzea.*

COMPATRIOTE, s. m., du même pays. — *Erritarra, erritarkidea.*

COMPENSATION, s. f., dédommagement. — *Zórrotzikua, zórrotzika, ordaïna.*

COMPENSER, v. a., dédommager. — *Zórrotzikidatzea, ordaïntzea.*

COMPÉRAGE, s. m., qualité de compère. — *Aïtakidarea, aïtakigoa, kómpaytasuna.*

COMPÈRE, s. m., qui tient un enfant sur les fonts baptismaux. — *Aïtakidea, kómpaya.*

Compétence, s. f., droit de pouvoir juger. — *Eskakida, naïkida, kontrestalgóa, ielosgóa.*

Compétent, te, adj., qui a droit de juger. — *Dágokana, cegokana.*

Compétiteur, s. m., concurrent. — *Esakidaria, nahikidaria, kontrestatzaïlea, bilgotzeïlea.*

Compilateur, s. m., qui compile. — *Bilgotaria.*

Compilation, s. f., recueil. — *Bilgóa.* ‖ Amas : *Multzua.*

Compiler, v. a., recueillir. — *Bilgótzea.*

Complainte, s. f., chanson plaintive. — *Kantua.*

Complaire, v. n. et p., plaire. — *Pózkidatzea.*

Complaisamment, adv., avec complaisance. — *Komplesenki, pózkidakiro.*

Complaisance, s. f., facilité à se conformer aux goûts d'autrui. — *Pózkida, komplesentcia.* ‖ Obligeance : *Cerbitzua.*

Complaisant, te, adj., obligeant. — *Komplesenta, yaüskorra, amúlsua, pózkidagarria.* ‖ s. m., flatteur : *Laüsengatzaïlea.*

Complément, s. m., ce qui complète. — *Gainekua, usbetaro, osandero, bétandero, komplikagarriro.*

Complet, ète, adj. et s., entier, achevé, parfait. — *Osandea.*

Compléter, v. a., rendre complet. — *Osandetzea, bétandetzea, bétakidatzea, usbetatzea.*

Complexion, s. f., tempérament : *Temperamendua.* ‖ Constitution du corps : *Korpurantza.*

Complice, adj. et s., qui a part au crime. — *Gaïztakidea.*

Complicité, s. f., état de complice. — *Gaïztakidetasuna.*

Compliment, s. m., paroles civiles. — *Komplimendua.* ‖ Envoyer des compliments, faire dire des compliments : *Goraïntziac egortzia.*

Complimenter, v. a., faire compliment. — *Kómplimentatzia, kómplimentac eghitia.*

Complimenteur, euse, adj. et s., qui complimente. — *Kómpliment'eghitea.*

Complot, s. m., mauvais dessein formé entre plusieurs. — *Kómplota.*

Comploter, v. a., faire un complot. — *Kómplotatzea.*

Comporter, v. a. et n., souffrir. — *Suportatzea.* ‖ Se diriger, se conduire : *Ibiltzia.*

Composé, s., corps mixte. — *Eghindura.*

Composé, ée, part., formé. — *Eghina.*

Composer, v. a. et n., former un tout de diverses choses. — *Eghitea, menátzea.*

Compositeur, s. m., qui compose. — *Eghillia, eghillea, moldatzaïllea, perkitzaïllea, perkidaria.* ‖ Compositeur (de musique) : *Antolaria, kompontzallea.*

Composition, s. f., action de composer : *Eghindura, kómpondea, pérkida.* ‖ Agencement : *Antolamendua.*

Compréhensible, adj., concevable. — *Adigarria, entelagarria, endeglagarria, izkidagarria, ersikidagarria, kómprenigarria, kómprenitzen ahaldena.*

Compréhension, s. f., entendement. — *Adimendua, endeglera, izkida, erskida, entelegamendua.*

Comprendre, v. a., concevoir. — *Aditzea, aïtua, entelegatzia, izkidatzea, erskidatzea, kómprenitzea, endeglatzia.* ‖ Contenir, renfermer : *Kókatzea.* ‖ Joindre : *Yuntatzia.* ‖ Compter : *Kondatzea.*

Compression, s. f., action de comprimer. — *Eztuera, estugóa, ersiera, ersugóa, ertchidura.*

Comprimé, ée, part., que l'on comprime. — *Eztuá, estua, zerratua, ertchitua.*

Comprimer, v. a., presser, resserrer. — *Eztutzeá, ersitzeá, ertchitzeá, ersutzeá, zérratzeá.*

Compris, part., entendu. — *Kómprenitua, aïtua, aditua, entelegatua, erskitua, endeglatua, izkidatua.* ‖ Loc. adv., ajouté : *Bertzalde.* ‖ Compté (y compris) : *Kóndatuz.* ‖ Sans y comprendre : *Kóndatu gabe.*

Compromettre, v. a., se mettre ou mettre quelqu'un dans une mauvaise affaire. — *Uzkidatzea.*

Compromis, s. m., être ou avoir mis quelqu'un dans une mauvaise affaire. — *Uzkidatua.*

Compte, s. m., calcul. — *Kóntua, eraüskida.* ‖ Salaire : *Pága.*

Compter, v. a. (en calcul). — *Kóndatzea, eraüskidatzea, eghiztatzea.* ‖ Compter, réciter, raconter : *Kóndatzea.*

Compulsé, ée, part., ce que l'on compulse. — *Erabestatua.*

Compulser, v. a., parcourir un livre, un registre. — *Erabestatzea.*

Comte, esse, s., dignitaire : m., *Kóndea* ; f., *Kóndesa.*

CONCAVE, adj., creux. — *Utsunetua, kóbatua, zákona, zokona, kósadua.*

CONCAVITÉ, s. f., état concave. — *Utsunoa, kósadura, zákonera, zokonera, kóbadura.*

CONCÉDER, v. a., accorder. — *Uztea, emaïtea, utzikidatzea, emakidatzea.*

CONCENTRER, v. a., réunir au centre. — *Billzea, erdiratzea.*

CONCEPTION, s. f., entendement. — *Adimendua, endeglera, izkida, erskida, entelegamendua.* ‖ Action de mettre au monde : *Izórramendua, asidoreá.*

CONCERNANT, prép., qui concerne. — *Dágokana, cégokana.*

CONCERNER, v. a., avoir rapport à. — *Dágokitzea, cégokitzea.*

CONCERTER (SE), v. a., conférer ensemble. — *Elkar aditzea.*

CONCESSION, s. f., don. — *Utzikidá, emakida.*

CONCEVABLE, adj., qui peut se comprendre. — *Aditzen ahal den gaüza, aditzen ahaldena, komprenitzen ahaldena.*

CONCEVOIR, v. a., comprendre. — *Aditzea, aïtzea, entelegatzea, komprenitzea, izkidatzea, erskitzea, endeglatzea.* ‖ Mettre au monde : *Sortuzeá, sortutzeá, asidoratzeá.* ‖ Conçu, mis au monde : *Sortua, asidoretua.*

CONCILIANT, TE, adj., qui met d'accord. — *Ongundarekóa, bakezkoá.*

CONCILIATEUR, TRICE, celui qui met d'accord. — *Ongundaria, kómundaria, baketzaïlea.* ‖ Attractif, induisant : *Ekardaria.*

CONCILIATION, s. f., accord. — *Ongundea, kómundea, bakeá.* ‖ Attraction : *Ekarkida.*

CONCILIER (SE), v. p., faire la paix. — *Adichkidatzeá, baketzeá.* ‖ v. a., faire faire la paix : *Adichkidaztiá, bakeaztea.*

CONCIS, SE, adj. (style), court, resserré. — *Laburra.*

CONCISION, s. f., état concis. — *Laburtasuna, laburkera.*

CONCITOYEN, s. m., citoyen d'une même ville, d'un même lieu. — *Erritarra, erritarkidea, urritarkidea.*

CONCLUANT, TE, adj., qui prouve. — *Lokidazkóa, lókidaro.*

CONCLURE, v. a., finir. — *Finitzea, akábatzea, bukatzia, atzendutzia, azkenzia.* ‖ Déterminer, résoudre, décider : *Deliberatzea.*

CONCLUSIF, IVE, adj., qui finit. — *Akábatsua.* ‖ Qui détermine : *Lokidakiro.*

CONCLUSION, s. f., terminaison. — *Akábantza, akábera, bukaëra, atsendera.* ‖ Argumentation logique : *Lokida, arghimendea.*

CONCORDANCE, s. f., rapport. — *Araükida, ber ghisan den gaüza.*

CONCORDE, s. f., union, bonne intelligence. — *Unionea, bakea, akortasuna, araükida.* ‖ Entre ennemis : *Ongundea.*

CONCORDER, v. n., être d'un même sentiment, d'une même volonté. — *Akordatzea, araükidatzea.* ‖ Concorder entre ennemis : *Akordatzea, ongundetzia.*

CONCOURIR, v. n., se joindre à quelque chose pour produire un effet. — *Bakidatzea, bilkidatzia.* ‖ Assister, contribuer à la réussite d'une affaire : *Taldikidatzia, ambatkidatzia, laguntzea.*

CONCOURS, s. m., aide, assistance. — *Laguntza, lakuntza.* ‖ Concours, foule, multitude de gens qui s'assemblent dans un même lieu. — *Yendedia, bilkida, bakidagóa.*

CONCUBINAGE, s. m., action de vivre avec quelqu'un sans être marié. — *Amorangua, odkidea.*

CONCUBINAIRE, s. m., qui a une ou plusieurs concubines. — *Amorantzaïllea, odkidaria.*

CONCUBINE, s. f., qui vit en commerce illégitime avec un homme. — *Amorantea, odkida.*

CONCUPISCENCE, s. f., désir sensuel. — *Naïreghillea.*

CONCURREMMENT, adv., ensemble. — *Batian kónkurrentki.*

CONCURRENCE, s. f., prétention de plusieurs. — *Kónkurrentcia.*

CONCURRENT, s., celui qui concourt pour avoir le même honneur ou la même charge qu'un autre prétend. — *Bakidea, bilkidea, kónkurrenta.*

CONCUSSION, s. f., exaction. — *Emazkia, emaïtzagóa, emazpia.*

CONCUSSIONNAIRE, s. m., exacteur. — *Emazpitzallea.*

CONDAMNABLE, adj., qui doit être condamné. — *Kóndenagarria, eripegarria.*

CONDAMNATION, s. f., jugement qui condamne. — *Kóndenamendua, éripea.*

CONDAMNER, v. a., rendre un jugement contre. — *Kóndenatzea, éripetzea.*

CONDENSÉ, ÉE, part., rendu plus dense. — *Ciakidatua.*

CONDENSER, v. a., rendre plus dense.—*Cialkidatzea.*

CONDESCENDANCE, s. f., complaisance. — *Jaïskida.*

CONDESCENDANT, TE, adj., qui condescend. —*Jaïskidea, kontsentitzen duena.*

CONDESCENDRE, v. n., se rendre aux sentiments de quelqu'un. — *Kontsentitzea, jaïskidatzea.*

CONDISCIPLE, s. m., compagnon d'étude. — *Ikaslekidea, eskoletako laguna.*

CONDITION, s. f., humeur naturelle d'une personne. — *Kondicionea, ekarraya, etorkia, funtsa.* ‖ Pacte, offre que l'on fait : *Baïnandea.* ‖ Qualité, naissance : *Kondicionea.*

CONDITIONNÉ, ÉE, adj. (bien ou mal), qui réunit ou non les qualités requises.—*Eghina.* ‖ part. : *Antolatua, arrimatua.*

CONDITIONNEL, LE, adj., qui a une cause. — *Baïnandekóa.*

CONDITIONNELLEMENT, adv., avec cause. — *Baïnanderó, baïnandekiró.*

CONDITIONNER, v. a., mettre en état, donner les conditions requises. — *Eghitea.* ‖ Arranger : *Antolatzea, arrimatzea.*

CONDUCTEUR, TRICE, s., qui guide. — *Ghidatzaïlea, ghidaria, kidaria, aïtzinkidaria.*

CONDUIRE, v. a., guider. — *Ghidatzea, kidatzea, aïtzinghidatzea, irioïtzea, irionkidatzeá.* ‖ Conduire, emmener : *Erematea, eremakidatzea, eroakidatzea.*

CONDUIT, s. m., canal. — *Izaka estalia.* ‖ Conduit pour les immondices : *Labaña.*

CONDUITE, s. f., action de conduire. — *Konduta, kondita, ghidandea.*

CONFECTION, s. f., composition.—*Eghikida.*

CONFECTIONNÉ, ÉE, part., fait, fabriqué. — *Eghina, eghikidatua.* ‖ Arrangé : *Arrimatua.* ‖ Fini : *Finitua.*

CONFECTIONNER, v. a., achever. — *Finitzea.* ‖ Faire : *Eghitea.* ‖ Arranger : *Arrimatzea.* ‖ Fabriquer : *Eghitea, eghitia, eghikidatzea.*

CONFÉDÉRATION, s. f., ligue, alliance. — *Bilgumakida, ballerakida.*

CONFÉDÉRÉ, ÉE, part., faisant partie de la confédération. — *Bilgumakidatua, ballerakidatua.*

CONFÉDÉRER, v. p., se liguer, faire alliance. — *Bilgumakidatzea, ballerakidatzea.*

CONFÉRENCE, s. f., comparaison, discussion. — *Hitzerakida.*

CONFÉRER, v. a., avoir conférence, délibérer. — *Hitzerakidatzea.* ‖ Donner ou accorder quelque chose : *Ematea, emaïtea, emaïtia, emakidatzea.* ‖ Laisser : *Uztea.*

CONFESSE, s. f., confession au prêtre. — *Aïtorgóa, aïtorkuna, aïtorkuna, aütorgóa, aïtorra, aboáldea.*

CONFESSER, v. a., faire avouer, entendre en confession. — *Konfesatzea, gofesatzea, aïtorkidaztea, aïtorkiztea, aütorkidaztea.* ‖ v. p.; dire ses péchés à un autre : *Konfesatzea, gofesatzia, aïtorkitzea, aïtorkitzia, aütorkidatzea.*

CONFESSEUR, s. m., prêtre qui confesse. — *Konfesora, gofesora, aïtorkidalea, eraïtorlea, aïtorkidalea, aütorkidalea.*

CONFESSION, s. f., aveu de ses fautes. — *Aïtorgóa, konfesióa, gofesióa, aïtorkuna, aütorgóa, aïtorra, aboaldea.*

CONFESSIONNAL, s. m., siége du confesseur.— *Konfesalekua, gofesalekua, aïtorgoteghia, aïtorteghia, aïtorgunteghia, aïtorrarava.*

CONFIANCE, s. f., espérance ferme. — *Konfidancia, konfidantcia, fidandea, fidancia.* ‖ Je mets ma confiance en vous : *Emaïten dut néré konfidantcia zure baïtan.* ‖ Je n'ai point de confiance en lui : *Ez dut konfidantziaric haren baïtan.* ‖ En confiance : *Konfianzun, konfidanchan, fidandean, fidantzian.*

CONFIANT, TE, adj., disposé à la confiance. — *Fidatzaïlea, féde onekúa.*

CONFIDEMMENT, adv., en confiance. — *Konfidentcian, konfidanchan, konfidenki, fidandeki, fidanki.*

CONFIDENCE, s. f., communication d'un secret. — *Konfidentcia, fidancia, fidandea, fidancha.* ‖ Je vous le dis en confidence, en secret : *Konfidantcian, erraten zaïtut, segretki erraïten zaitut, fidancian, fidandean, fidanchan erraten zaïtut.* ‖ Je vous le dis secrètement : *Segretuan erraïten zaïtut.*

CONFIDENT, TE, s., à qui l'on confie.—*Konfidenta, onetsia, kuluna.*

CONFIDENTIEL, LE, adj., sous le secret. — *Segretukóa, fidakóa, konfidakóa.*

CONFIDENTIELLEMENT, adv., en confidence.— *Segretuki, segreki, onetziki, konfidenki.*

CONFIER, v. a., faire une confidence. — *Konfidatzea, ustakidatzia, fidatzia.* ‖ Se fier : *Fidatzia, fidatzea, sonduztatzea.*

CONFIGURATION, s. f., forme extérieure ; ordre, disposition des surfaces.— *Forma,*

CONFINER, v. n., toucher aux confins d'un pays. — *Cedarritzea, unkitzea.* ‖ v. a., reléguer. On l'a confiné dans une île : *Irbatera ezarri dute, irlabatera bidali dute.*

CONFINS, s. m. pl., limites. — *Mugac, mugakidac, marrakidac.*

CONFIRE, v. a., assaisonner et faire cuire au sucre. — *Gozagaïnghillatzea.*

CONFIRMATIF, IVE, adj., qui confirme une chose. — *Seguratuki.*

CONFIRMATION, s. f., qui assure. — *Segurantza, segurantzia.* ‖ Sacrement : *Konfirmationea.*

CONFIRMER, v. a., assurer. — *Seguratzia, seguratzea.* ‖ Sacrement : *Konfirmatzea.*

CONFISCATION, s. f., action de confisquer. — *Ongabekida.*

CONFISEUR, EUSE, s., qui confit. — *Gozagaïnghillea.*

CONFISQUER, v. a., adjuger au fisc. — *Ongabekidatzea.*

CONFITEOR, s. m., prière catholique.—*Konfiteora.*

CONFITURE, s. f., fruits confits.—*Konfitura.*

CONFLIT, s. m., choix, combat, contestation, vif débat. — *Erstura.*

CONFLUENT, s. m., l'endroit où se joignent deux rivières. — *Bi ibaï biltcendiren tokia, bi ibaï yüntatzen den tokia.*

CONFONDRE, v. a., mêler, brouiller plusieurs choses ensemble. — *Nahāstea, nahastekatzea.* ‖ Effrayer : *Lotxatzea, iziaztea.* ‖ Prendre une personne ou une chose pour une autre, se méprendre : *Trumpatzea.* ‖ Rendre confus (se) : *Lotxatzea, ahalketzea, ahalketzia.* ‖ Rendre confus, plein de honte : *Ahalkehastea.* ‖ Confondu, mêlé : *Nahastekatua, nahasia.* ‖ Confondu, rendu confus, plein de honte : *Lotxatua, ahalketua.* ‖ Effrayé : *Lotxatua.*

CONFORMATION, s. f., forme. — *Erakida.*

CONFORME, adj., semblable. — *Berdina.* ‖ adv., suivant, selon : *Erara, erakidera, araüra, araükidera.*

CONFORMÉMENT, adv., d'une manière conforme. — *Igualki.* ‖ Selon : *Araberan.*

CONFORMER, v. a., rendre conformé. — *Igualzea, bardintzea.* ‖ Conformer (se) au désir, à un ordre : *Onestia.*

CONFORMITÉ, s. f., rapport. — *Erakida, araükida.*

CONFORT, s. m., secours.—*Alaïkida, indarkida.*

CONFORTATIF, IVE, adj., qui fortifie.— *Alaïkidaria, indarkidaria.*

CONFORTER, v. a., fortifier. — *Bórthiztea, alaïkidatzea, indarkidatzea.*

CONFRÈRE, s. m., membre d'une confrérie. — *Anaïkidea, ballerá.*

CONFRÉRIE, s. f., association religieuse. — *Kónfardia.*

CONFRONTATION, s. f., action de confronter. — *Aürkandea, aürkakida, betandea, betakida, bekaldetua.*

CONFRONTER, v. a., comparer. — *Aürkedatzea, aürkakidatzea, betandetzea, betakidatzea, bekaldetzea.*

CONFUS, adj., confondu. — *Ahaketua.* ‖ Brouillé : *Nahastekatua, nahasia.* ‖ Honteux : *Ahalke.* ‖ Confus (quelque chose qui n'est pas distinct) : *Ilhuna, ilhun.*

CONFUSÉMENT, adv., d'une manière confuse, qu'on ne peut pas bien distinguer. — *Ilhunki.* — D'une manière embrouillée : *Nahaski.*

CONFUSION, s. f., honte. — *Ahalkea, ahalghea, ahalkeria.* ‖ Confusion, désordre · *Nahaskeria, nastegóa, nahaskida.*

CONGÉ, s. m., permission. — *Kónyta.*

CONGÉDIER, v. a., renvoyer. — *Kónyt'ematea,* — *Egortzea, kamporatzea.*

CONGÉLATION, s. f., action par laquelle le froid durcit les liquides. — *Horma, kharroïna.*

CONGRÉGATION, s. f., société religieuse. — *Kongregacionea.*

CONGRU, UE, adj., convenable. — *Ethorgozkóa, egókidezkóa, egókindezkóa.*

CONGRUITÉ, s. f., convenance. — *Ethorgóa, egókindea.*

CONGRUMENT, adv., d'une manière congrue. — *Egókiro, ethorghiro.*

CONJECTURALEMENT, adv., par conjecture.— *Dudanki, destunki, payerki, igherruski.*

CONJECTURE, s. f., doute. — *Dúda, destua, payerua, igherrusia.*

CONJECTURER, v. a., douter. — *Dúdatzea, destutzea, payerutzea, igherrusitzea.*

CONJOINT, TE, adj.; pl., CONJOINTS, époux.— *Ichkia, itsatsia.*

CONJOINTEMENT, adv., ensemble. — *Elkar, elkarrekin, bátaro, bátean.*

CONJONCTION, s. f., jonction de deux choses ensemble. —=*Bakida.* ‖ Particule qui joint les mots : *Hitsaskida.*

CONJUGAISON, s. f., manière de conjuguer.— *Erabidea.*

CONJUGAL, adj., du mariage.—*Ezkondakóa.*
CONJUGALEMENT, adv., comme époux.—*Ezkonduki, ezkondukiro.*
CONJUGUER, v. a., dire les diverses terminaisons d'un verbe. — *Erabidatzea.*
CONJURATION, s. f., conspiration. — *Cinazkida.*
CONJURER, v. a., prier.—*Kónyuratcea, kónyuratzia, kónjuratzea.* ‖ Exorciser : *Biraümendatzea.* ‖ Conspirer : *Cinazkidatzea.*
CONJURÉS, s. m. pl., conspirateurs.— *Cinazkidatzallea.*
CONNAISSABLE, adj., qui est aisé à connaître. —*Ezaütgarria, azagutzen ahaldena.*
CONNAISSANCE, s. f., notion, savoir. — *Yakintasuna.* ‖ Personne que l'on connaît : *Ezaguna.* ‖ Connaissance (il a perdu), il ou elle a une faiblesse : *Ezagutza galdu du, flakatu da.*
CONNAISSEUR, SE, s., qui se connaît à.... — *Ezaützallea, ezagutzaïlea.*
CONNAÎTRE, v. a., avoir quelque liaison avec. — *Ezaützea, ezagutzea.*
CONNEXE, adj., qui a de la liaison. — *Ligatua, ichekia, itsatsia.*
CONNEXION, s. f., liaison. — *Ichekigôa, itsasmena.*
CONNIVENCE, s. f., complicité. — *Gaïztakidetasuna, gaïstakidetasuna.*
CONQUÉRANT, s. m., qui a conquis. — *Kónkestatzallea, irabazkidaria.*
CONQUÉRIR, v. a., acquérir par les armes. — *Kónkestatzea, irabazkidatzea.*
CONQUÊTE, s. f., action de conquérir. — *Kónkesta, kenkida, irabazkida.* ‖ Chose conquise : *Kónkestatua, kenkidatua, irabazkidatua.*
CONSACRER, v. a., dédier. — *Kóntsekratzea, konsegratzea, donekidatzea, donakidatzea, konsagratzea.* ‖ Destiner : *Destinatzea.*
CONSANGUIN, adj. (frère) de père. — *Odolkidakua, odolkidea, aürkideakua.*
CONSANGUINITÉ, s. f., parenté. — *Odolkida, aürkidea.*
CONSCIENCE, s. f., lumière intérieure. — *Kóncientcia, barjakindea.*
CONSCIENCIEUSEMENT, adv., en conscience. *Kóncientciaz, barjakinkiro.*
CONSCIENCIEUX, EUSE, adj., scrupuleux. — *Koncientciakua, barjakintsua.*
CONSCRIPTION, s. f., enrôlement militaire. — *Sortea, zortia.*

CONSCRIT, s. m., compris dans la conscription. — *Konskrita, kosgrita.*
CONSÉCRATION, s. f., action de consacrer. — *Donekida, konsagracióa, konsegracionea.*
CONSÉCUTIF, IVE, adj., de suite. — *Bethi, seghidan, ondorozkoa, jarraiezkóa, gheldilu gabe.*
CONSÉCUTIVEMENT, adv., tout de suite. — *Kóntinoki, ondoreró, jarraïkiro.*
CONSEIL, s. m., avis, assemblée. — *Kontseïlua, kontsellua, konsejua, esondea.*
CONSEILLER, v. a., celui qui donne des conseils. — *Kóntzeïlatzalea, kóntsellutzalea, kónsejatzallea, esondatzallea.* ‖ Donner des conseils : *Kontseïlatzea, kontsellutzea, konsejatzea, konsellatzea, esondatzea.*
CONSENTANT, adj., qui consent. — *Konsentitzian, baya duena.*
CONSENTEMENT, s. m., acquiescement. — *Baya, naya, konsentimendua.*
CONSENTIR, v. n., trouver bon. — *Konsenditzea, onhatzea.*
CONSÉQUEMMENT, adv., d'après les principes. — *Orhez gheroz, onderero, ondorekiro, jarraïkiro, berazgoro.*
CONSÉQUENCE, s. f., conclusion. — *Kontsekentzia.* ‖ Résultat : *Ondorea, jarraïkida, berazgóa.*
CONSÉQUENT, TE, adj., qui agit conséquemment. — *Kontsekentki.*
CONSERVATEUR, TRICE, s., qui conserve. — *Zaïtiraünzallea, kontzerbatzaïlea, kontserbatzallea.*
CONSERVATION, s. f., action de conserver. — *Zaïtiraündea, kontserbacionea.*
CONSERVER, v. a., garder avec soin. — *Kontserbatzea, zaïtiraüntzea.*
CONSIDÉRABLE, adj., important. — *Importanta.* ‖ Beaucoup : *Haïnitz, aïnitz, anitz.* ‖ Digne de déférence, de respect : *Konsideragarria, betustegarria.*
CONSIDÉRABLEMENT, adv., beaucoup. — *Leher, haïnitz, aïnitz, anitz.*
CONSIDÉRATION, s. f., action de considérer. — *Kóntsideracionea, konsidaracióa.* ‖ Déférence, respect : *Kontsideracionea, betustea, konsideracióa, estimua.*
CONSIDÉRER, v. a., remarquer. — *Kónsideratzea, kóntsideratzea.* ‖ Regarder : *Beïratzea.* ‖ Avoir du respect : *Kóntsideratzea, betuztea, kónsideratzea.*
CONSIGNATAIRE, s. m., dépositaire. — *Kóntsinatzaïlea, kóntsinatsallea.*

8

Consignation, s. f., dépôt juridique. — *Kóntsina.*
Consigne, s. f., ordre à une sentinelle. — *Ordena.*
Consigner, v. a., déposer. — *Kóntsinatzea.* ‖ Donner une consigne : *Ordenatzea.*
Consistance, s. f., vigueur. — *Suportua.* ‖ Epaississement : *Loditasuna.* ‖ Stabilité : *Iraükida.*
Consister, v. n., être composé. — *Izatea, izatia.*
Consolable, adj., qui console. — *Kontsolagarria, kontsolaghilea, kontsolaghillea, bozkarioghilea, pozghillea.*
Consolant, te, adj., qui console. — *Kontsolagarria, kontsolanta, kontsolaghilea, pozghillea, bozkarioghilea.*
Consolateur, trice, s., celui ou celle qui console. — *Kontsolatzaïlea, kontsolatsallea, pozkidatzaïlea, pozkidatzallea.*
Consolation, s. f., ce qui console. — *Kontsolamendua, atzekidea, pozkida, konsuelóa.*
Console, s. f., meuble. — *Kónsola.*
Consoler, v. a., adoucir l'affliction. — *Kontsolatzea, bozkariotzea, pozkidatzea.*
Consolidant, adj., qui affermit. — *Séguratzian.*
Consolider, v. a., affermir. — *Seguratzea.*
Consommateur, s. m., qui consomme en nourriture solide. — *Yalea.* ‖ Qui consomme en boisson : *Edalea.* ‖ Qui emploie : *Gastatzaïlea, gastatzallea.*
Consommation, s. f., action de consommer. — *Gastua.*
Consommé, ée, part., accompli, exécuté. — *Eghina.*
Consommer, v. a., achever, finir. — *Finitzea, akhabatzea.* ‖ Absorber en solide : *Yatea.* Absorber en liquide : *Edatea.* ‖ Accomplir, exécuter : *Eghitea.*
Conspirant, adj., qui conspire. — *Cinazkidan.*
Conspirateur, s. m., qui conspire, qui conjure. — *Cinazkidatzallea.*
Conspiration, s. f., conjuration. — *Cinazkida.*
Conspirer, v. n. et a., concourir, comploter. — *Cinazkidatzia.*
Constamment, adv., avec constance. — *Fidelki.* ‖ Toujours : *Bethi.*
Constance, s. f., fermeté, persévérance. — *Egokida.* ‖ Fidélité : *Fidelitatia.*
Constant, te, fidèle. — *Fidéla.* ‖ Persévérant, ferme : *Egokidea.*

Constater, v. a., prouver. — *Frogatzea, progatzea.* ‖ Noter : *Notatzea.*
Constellation, s. f., assemblage d'étoiles. — *Izazkidéa, zoardia, izarkia.*
Constellé, adj., étoilé. — *Izarkitua, zoarditua.*
Consternation, s. f., état consterné. — *Lástima.*
Consterner, v. a., étonner et abattre. — *Lástimatzea.*
Constiper, v. a., resserrer le ventre. — *Gogortzea.*
Constituer, v. a., composer. — *Eghitea.* ‖ Etablir : *Ezartzea.*
Constitution, s. f., formation. — *Ekida.* ‖ Corps de lois fondamentales qui constituent le gouvernement d'un peuple : *Kónstitucionea.* ‖ Tempérament, complexion du corps humain : *Tempéramendua.*
Constructeur, s. m., qui construit. — *Ekidaria.*
Construction, s. f., action de construire. — *Ekida.*
Construire, v. a., bâtir, faire un vaisseau. — *Ekidatzea.* ‖ Fig., faire : *Eghitea.* ‖ Arranger : *Antolatzea.*
Consul, s. m., premier magistrat de la république romaine. — *Bakarkidea.* ‖ Représentant, officier, envoyé en divers ports, échelles et autres lieux de commerce : *Kóntsula.*
Consulat, s. m., dignité de consul. — *Bakarkidea.* ‖ Emploi dans un port, etc. : *Kóntsulgóa.*
Consultation, s. f., action de consulter. — *Itzerákidéa, ustenkidéa, kóntsulta.*
Consulter, v. a., prendre conseil. — *Itzerákidatzea, ustenkidatzeá, kóntsultatzea.*
Consumant, adj., qui détruit. — *Baghezgarria.*
Consumer, v. a., dissiper, détruire. — *Kónsumitzea.* ‖ Brûler : *Erretzea.* ‖ User : *Higatzea, lichigatzea.* ‖ Ruiner : *Deseghitea.*
Contact, s. m., attouchement. — *Unkia.*
Contagieux, euse, adj., mal qui se communique. — *Kutxutxua, ukeritsua.*
Contagion, s. f., communication du mal. — *Kutxua, ukeria.* ‖ La contagion elle-même : *Izurritia.*
Conte, s. m., récit fabuleux. — *Alheghia.*
Contemplateur, s. m., qui contemple. — *Béondaztaria, admiratzaïlea, miratzaïlea.*

CONTEMPLATIF, IVE, adj. de contemplation. — *Béondaztarigarria.*

CONTEMPLATION, s. f., action de contempler. — *Béondaztea, admiracionea, mirezkuna.*

CONTEMPLER, v. a., considérer. — *Béondatzea.* ‖ v. n., méditer : *Admiratzea, kóntemplatzea, gógótzea.*

CONTEMPORAIN, NE, adj., du même temps. — *Demborakua.*

CONTENANCE, s. f., capacité. — *Négurria.* ‖ Maintien, posture : *Postura, egokia.*

CONTENANT, adj., qui contient. — *Atchikitzen, kókátzen.* ‖ Qui mesure : *Négurtzen.*

CONTENIR, v. a., renfermer. — *Atchikitzia, kókátzea.* ‖ Mesurer : *Negurtzia.* ‖ Retenir : *Atchikitzia, gheldítzia, baratzia.*

CONTENT, adj., satisfait. — *Kóntent, kóntenta, bóza, alheghera.* ‖ Je suis joyeux : *Alheghera naïz, bózkario dut.* ‖ Content (je suis) : *Kontent naïz.*

CONTENTEMENT, s. m., satisfaction. — *Kontentamendua.* ‖ Joie : *Bóza alagrantcia, alhegherantzia, kontentamendua.*

CONTENTER, v. a., satisfaire. — *Kontentatzea.* ‖ Egayer. *Alhegheratzea, bóz'ghitea.* ‖ Rendre content : *Kontentatzia.*

CONTENU, s. m., ce qui est renfermé. — *Kókátua.* ‖ Enoncé dans une chose quelconque : *Errana.*

CONTER, v. a., narrer. — *Gondatzea, kóntatzea.*

CONTESTABLE, adj., qui peut se disputer. — *Talaskidágarria, jákirasdagarriró.* ‖ Qui suppose le faux, invraisemblable : *Ghezúrtagarria.* ‖ Qui peut se contester, qui est douteux : *Dudágarria.*

CONTESTATION, s. f., dispute. — *Ahara, jákiraskida, talaskida.* ‖ Débat, différend : *Ichurduka.*

CONTESTÉ, s. f., procès. — *Aücia.* ‖ Différend : *Diferentcia.*

CONTESTER, v. a., disputer. — *Aharatzea, talazkidatzea, jákirazkidatzea.* ‖ Nier la vérité : *Ghezurtatzea.* ‖ Débattre : *Ichurkidatzea.* ‖ Etre en procès : *Aücitan aïtzea.*

CONTEUR, EUSE, s., qui conte. — *Gondatzallea, gondáriá, kóntatzaïlea.*

CONTIGU, UE, adj., qui touche. — *Elkarren kontra, alde-aldian.*

CONTIGUÏTÉ, s. f., état contigu. — *Elkarren kontra diren gaüzac, alde-aldian diren gaüzac.*

CONTINENCE, s. f., vertu qui modère les passions. — *Eükidagóa.* ‖ Jeûne : *Barura.*

CONTINENT, adj., qui a de la continence. — *Eükidea, eükidazkóa.* ‖ Modestie, circonspection : *Manurka.* ‖ Terre ferme : *Lútughea.*

CONTINGENT, adj., casuel. — *Lizakeana, leikeana.* ‖ Côté, part : *Phartea, taldia.*

CONTINU, adj. et s., perpétuel. — *Bethi, bethiro.* ‖ Etendue continue : *Eremu kóntinokóa, edatzen dena.* ‖ adv., continuellement : *Ghelditu gabe, aürranderó, plegukiró, kóntinoki.*

CONTINUATEUR, s. m., qui continue l'ouvrage d'un autre. — *Séghidatzallea, seghitzaïlea, kóntinatzaïlea.*

CONTINUATION, s. f., suivre ce qui est commencé. — *Kóntinacionea, aürrandea, plegua.* ‖ Permanence : *Bethiraüna.* ‖ A la continue, adv., à la longue, à force de continuer. — *Seghituric.*

CONTINUE, s. f., durée sans interruption. — *Bethikóa, bethi iraüten dúena.*

CONTINUEL, LE, adj., qui n'a pas de fin. — *Ghelditu gabe, kóntinoki, bethikóa.*

CONTINUELLEMENT, adv., sans cesse. — *Ghelditu gabe, aürranderó, plegukiró, kóntinoki.*

CONTINUER, v. a., suivre ce qui est commencé. — *Kóntinatzia, seghitzia.* ‖ Aller en avant : *Aïtzinat yúaïtia.* ‖ Rendre permanent : *Iraüntzea.*

CONTINUITÉ, s. f., suite, liaison des parties. — *Pleghichekaren bataéra.* ‖ Durée continue : *Kontinacionea, aürrandea, plegua.*

CONTINUMENT, adv., sans interruption. — *Seghituz.*

CONTORSION, s. f., mouvement violent des muscles. — *Gozañen kiskurtea, zaïnen áttakada.*

CONTOUR, s. m., circuit. — *Inguruá, icherza.*

CONTOURNÉ, ÉE, part. et adj., de travers. — *Inguratua, icherzatua.*

CONTOURNER, v. a., marquer le contour. — *Inguratzea, icherzatzea.* ‖ Par des contours : *Ingurakan.*

CONTRACTER, v. a., s'engager. — *Engayatzea.* ‖ Prendre : *Hartzea.* ‖ Resserrement, rétrécissement, convulsion : *Barbillatzea.*

CONTRACTION, s. f., rétrécissement, etc. — *Barbillea.*

CONTRADICTEUR, s. m., qui contredit. — *Kóntrestatzallea, kóntraesallea, kóntraerral-*

lea, cedalitzallea. ‖ Qui aime à contredire, mauvais esprit, esprit mal tourné : *Izpiritu gaïchtóa, izpiritu itzuliq.*

CONTRADICTION, s. f., action de contredire. — *Kóntresta, cedalitza, kóntrakóa.*

CONTRADICTOIRE, adj., qui contredit. — *Ezeztaria, kóntraésalea, ezezgarria, cedalitzallea, cedalizgarria, kóntragarria.*

CONTRADICTOIREMENT, adv., d'une manière opposée. — *Kóntrarriki, ezeztakiro, kóntraésalkiro, cedalizkiro, kóntraki.*

CONTRAINDRE, v. a., forcer. — *Bortchatzea, erazoghitzea, eracighitzea, eraghitzea, bortchaz eghinaztea.* ‖ Celui qui contraint, qui force : *Bortchatzallea, erazoghillea, eraghillea, eracighillea, bortchaghillea.*

CONTRAINT, TE, part., obligé, forcé. — *Bortchatua.* ‖ adj., gêné : *Yeïnatua.*

CONTRAINTE, s. f., violence. — *Erazgóa, eracigóa, eraghigóa, erazkidea, erazkida.* ‖ Acte judiciaire : *Kóntrenta.* ‖ Gêne : *Bere aïsian ez-dena, yeïnamendua.*

CONTRAIRE, adj., opposé. — *Kóntrakua, diferenta.* ‖ Ennemi : *Etsaya, arerióa, kóntresta, phártida.*

CONTRAIREMENT, adv., opposément. — *Kóntraariró, diferentki, kóntragarriki.*

CONTRARIANT, TE, adj., qui aime à contrarier. — *Kontrariatzaïlea.*

CONTRARIER, v. a., contredire, traverser quelqu'un dans ses desseins. — *Kóntrariatzea.*

CONTRARIÉTÉ, s. f., opposition. — *Kóntrariûa, kóntraarigóa.*

CONTRASTE, s. m., différence. — *Diferentcia, kontragaüza.*

CONTRASTER, v. n., être en opposition. — *Kóntragaüzatzea.*

CONTRAT, s. m., convention. — *Kóntratua.*

CONTRAVENTION, s. f., infraction. — *Kóntraétorkiró.*

CONTRAYERVA, s. f., plante médicinale. — *Kóntrabelharra.*

CONTRE, prép. et s. m., le contraire. — *Kóntra.* ‖ Près : *Ondoan, aldian.*

CONTREBANDE, s. f., commerce défendu. — *Kóntrabanda, fróda, kóntrabandóa.*

CONTREBANDIER, s. m., qui fait la contrebande. — *Kóntrabandista, kóntrabandaria, fróda'ghilea.*

CONTRE-CŒUR (A), s. m., à regret, avec répugnance. — *Bihotzen-kóntrá, gógókóntra.*

CONTRE-COUP, s. m., impression d'un coup faite à une partie opposé à celle qui est frappée. — *Gólpe-itxua, kólpe-itxua.*

CONTRE-DANSE, s. f., danse à figures. — *Kóntradantza.*

CONTREDIRE, v. a., dire le contraire. — *Kóntraesatia, ezeztutzea, ezeztzea, cedalitzea.*

CONTREDISANT, adj., qui contredit. — *Kóntragarria, ezeztzallea.*

CONTREDIT, s. m., réponse contraire. — — *Ezeztua, cedalitua, ezeztatua.*

CONTRÉE, s. f., région. — *Aldiria.*

CONTREFAIRE, v. a., imiter. — *Igûal'-ghitea, berdin'-ghitea, ihankighitea, bezaghitzea, iñakintzea.* ‖ Feindre, faire semblant : *Ezteracitzea, desenkusatzea.* ‖ Contrefaire par dérision : *Eskarniatzea.*

CONTREFAISEUR, s. m., imitateur. — *Bezaghintzallea, iñakintzallea.*

CONTREFAIT, adj., difforme. — *Gaïzkiéghina, ébarria.* ‖ Imité : *Bazaghitua, iñakiña, iñakindua.* ‖ Feint : *Ezteracia, desenkusatua.*

CONTRE-MAÎTRE, s. m., officier de marine. — *Kóntramaïsua.*

CONTREMANDER, v. a., révoquer un ordre. — *Kóntr'aghintzea, kóntramanatzea, kóntramezutzea, desmanatzea.*

CONTRE-MARCHE, s. f., marche contraire. — *Kóntrajoïara.*

CONTRE-MARÉE, s. f., marée opposée à la marée ordinaire. — *Kóntramaréa.*

CONTRE-MINER, v. a., faire des contre-mines. — *Kóntralupobitzea.*

CONTRE-MUR, s. m., deuxième mur. — *Kóntramurrua.*

CONTRE-ORDRE, s. m., révocation d'ordre. — *Desmanua, kóntraghindea.*

CONTRE-PARTIE, s. f., partie opposée. — *Kóntrapartida.*

CONTRE-PESER, v. a., contre-balancer. — *Saïtatzea, kóntrapisatzea, kóntraberdintzea.*

CONTRE-POIDS, s. m, poids qui contre-balance. — *Sátaya, kóntrapisua, pisuberdindea.*

CONTRE-POIL, s. m., rebours du poil. — *Illekontra, ulekontra.*

CONTRE-POISON, s. m., remède du poison. — *Irasendedea, kóntraposoïa.*

CONTRESCARPE, s. f., glacis. — *Kóntrasupaldatsa.*

CONTRE-TEMPS, s. m., obstacle à contre-temps. — *Kóntraéra, kóntrakaïtza.* ‖ adv., mal à propos : *Kóntraéraki, kóntrakaïtzki.*

CONTREVENANT, TE, adj., qui contrevient. — *Kóntraéthorria.*

CONTREVENIR, v. n., agir contre une loi. — *Kóntraéthortzea.*

CONTREVENT, s. m., volet en dehors. — *Leiyoa.*

CONTRIBUABLE, s., qui paie un impôt. — *Talkidea, ambatkidea, zergaria.*

CONTRIBUER, v. n., payer un impôt. — *Zergatzea, talkidatzea, ambatkidatzea.* ‖ Aider : *Laguntzea.*

CONTRIBUTION, s. f., impôt, levée d'argent. — *Zerga, talkida, ambatkida.*

CONTRISTER, v. a., affliger. — *Tristakidatzea, pozgabetzea, lástimatzea.*

CONTRIT, adj., très-affligé. — *Tristatua, pozgabetua, lástimatua.* ‖ Repentant : *Urrikitua.*

CONTRITION, s. f., douleur du repentir. — *Urrikia, onef-damua.* ‖ Contrition (acte de) : *Kontricionezko akta.*

CONTRÔLE, s. m., vérification. — *Eghiztadea, eghiaztadea, berifikacionea.* ‖ Censure : *Irizpena, utseiná.*

CONTRÔLER, v. a., vérifier. — *Eghiztatzea, eghiaztatzea, bérifikatzea.* ‖ Censurer, critiquer, reprendre : *Irizpentzea, utseintzea.*

CONTRÔLEUR, s. m., qui contrôle. — *Kóntrolŭrra, ikustaria.*

CONTROVERSE, s. f., démêlé, querelle. — *Ezpaïta, leïkitza.*

CONTROVERSÉ, ÉE, adj., disputé, débattu. — *Ezpaïtua, leïkizatua.*

CONTROVERSER, v. a., disputer, débattre, quereller. — *Ezpaïtzea, ezpaïtatzea, leïkizatzea.*

CONTUMACE, s. f., sentence. — *Hisitia, burkoya, furfitia, burkoïdea.*

CONTUS, SE, adj., terme de chirurgie, meurtri, froissé sans être entamé. — *Maliatua, mallatua.*

CONTUSION, s. f., meurtrissure. — *Maliatza, mallatza.*

CONTUSIONNER, v. a., meurtrir. — *Maliatzea, mallatzea.*

CONVAINCRE, v. a., persuader. — *Gaïnkidatzea.*

CONVALESCENCE, s. f., état convalescent. — *Sendakida, sendabitartea.*

CONVALESCENT, TE, adj., qui relève de maladie. — *Sendakidea, sendabitarteduna.*

CONVENANCE, s. f., bienséance. — *Eragóa, ethorkida, helkida, elkida.*

CONVENIR, v. n., demeurer d'accord sur un prix, sur différentes affaires, sur un débat. — *Kónbenitzia, kómundatzea, kómpontzea.* ‖ S'entendre, convenir, choisir, désigner un jour : *Hitzartzea.* ‖ Convenir (se) : *Elkartzea, bateratzea, kónbenitzea.*

CONVENTION, s. f., accord. — *Antolamendua.*

CONVERSATION, s. f., entretien familier. — *Konberzazionea, elhesta, sholasha, zolasa, aharanza, aharaŭza, jolasa, hizketa, goyea.*

CONVERSER, v. n., parler, s'entretenir. — *Elhestatzia, aharanztea, aharaŭztea, sholash'ghitea, jolas'ghitea, hitzketatzea, goyetzea.*

CONVERSION, s. f., changement de religion. — *Kómbercióa, biŭrrondea, aldondea.* ‖ Changement d'une forme en une autre : *Chanyatzea.*

CONVERTI, IE, adj. et s., les infidèles. — *Kómbertitua, biŭrrundua, aldondetua, itzŭlia.* ‖ Changé de forme : *Chanyatua, bercetua, bestetua.*

CONVERTIR, v. a., les infidèles. — *Kómbertitzea, biŭrruntzea, aldontzea, itzŭltzea.* ‖ Changer de forme : *Chanyatzea, bestetcea, bercetzea.*

CONVEXE, adj., à surface bombée. — *Zákogaña, zákongaña, kófagaña.*

CONVEXITÉ, s. f., courbure extérieure. — *Zákongañatsuna, zókongañatsuna, kófagañduna.*

CONVICTION, s. f., preuve évidente. — *Segurantcia, segurtasuna.*

CONVIÉ, s. m., prié à un festin. — *Bestazalé, kómbidatua, gómbidatua, deïtua, otseghina.*

CONVIER, v. a., inviter. — *Kómbidatzea, gómbidatzea, deïtzea, otseghintzea.*

CONVIVE, adj., invité. — *Beztazalé, kómbidatua, gómbidatua, deïtua, otseghina.*

CONVOCATION, s. f., action de convoquer. — *Deïkida, deïra, oskida.*

CONVOI (funèbre), s. m. — *Zaïkida, aŭkua, pórogŭa, ahulkia.*

CONVOITER, v. a., désirer. — *Desiratzea, guticiatzea, irritzatzea.*

CONVOITISE, s. f., cupidité. — *Désira, guticia, irritza.*

CONVOLER, v. n., se remarier. — *Berriz-ezkontzea.*

CONVOQUER, v. a., assembler juridiquement. — *Deïtzea, ayornatzea.* ‖ Invitation à se réunir : *Deïtzea.*

CONVOYER, v. a., escorter. — *Eskortatzea, eskoltatzea, zaïkidatzea.*

CONVULSION, s. f., contraction des muscles. — *Gozañen kiskurtea, zaïn attakada.*

COOPÉRATEUR, TRICE, s., qui coopère. — *Eghinkidaria, laguntzallea, laguntzaïlea.*

COOPÉRATION, s. f., action de deux agents joints ensemble. — *Laguntzamena.*

COOPÉRER, v. n., joindre son action à celle d'un autre. — *Eghikidatzea, laguntzea.*

COORDINATION, s. f., disposition, arrangement. — *Zucenkida, antolamenduu.*

COORDONATEUR, s. m., qui coordonne. — *Zucenkidatzallea, antolatzaïlea.*

COORDONNER, v. a., arranger, disposer, mettre en bon ordre. — *Antolatzea, zucenkidatzea.*

COPEAU, s. m., éclat, morceau de bois tombé sous la hache. — *Ezpála.*

COPIE, s. f., travail fait d'après un autre. — *Kópia, érabezta.*

COPIER, v. a., faire d'après un autre. — *Kópiatzea, érabeztatzea, kópiatzia.*

COPIEUSEMENT, adv., beaucoup. — *Aüsarki, haïnitz, handiki, ioriro, ûgariro, nároró.*

COPIEUX, EUSE, adj., abondant. — *Leher, leér, ióri, ûgaria, nároa, anitz, aïnitz, haïnitz.*

COPISTE, s. m., qui copie. — *Kopiatzaïlea, erabeztaria, kópiatzaïlia.*

COPULATIF, IVE, adj., ce qui attache, lie, joint l'un à l'autre. — *Lokarrikúa, lokarria.*

COPULATION, s. f., conjonction de l'homme avec la femme pour la génération. — *Chikóka.*

COPULATIVEMENT, adv., d'une manière copulative. — *Lokharriro.*

COQ, s. m., oiseau domestique, mâle de la poule. — *Oïlharrá.*

COQ-A-L'ANE, s. m., discours sans suite. — *Ezkaïdea, disparatea.*

COQUE, s. f., enveloppe d'œuf. — *Kóskúa, arroltze kóskúa.* ‖ Coque de noix : *Eltzaür'achala.*

COQUELUCHE, s. f., sorte de rhume. — *Kókolotcha.*

COQUERICO, s. m., chant du coq. — *Kúkúruku.*

COQUET, TE, adj., qui cherche à plaire. — *Aïrosa.*

COQUETTEMENT, adv., d'une manière coquette. — *Aïroski.*

COQUETTERIE, s. f., man. de coquette. — *Aïroskeria.*

COQUILLAGE, s. m., testacé. — *Mazkurra, machkurra.*

COQUILLE, s. f., coque. — *Kóskúa.*

COQUIN, s. m., fripon. — *Frikúna, kokiña, filusa.*

COQUINERIE, s. f., action de coquin. — *Frikúnkeria, kokiñkeria, filuskeria.*

COR, s. m., trompe de chasse. — *Aütazaïoa, charambela.*

CORAIL, s. m.; pl., CORAUX, polypier. — *Kóraïlha, urondaïka.*

CORBEAU, s. m., oiseau. — *Belea.* ‖ Corbeau marin : *Itxasbelea.*

CORBEILLE, s. f., panier. — *Saskia.*

CORDAGE, s. m., plusieurs cordes. — *Esgarri guciac, esgarria.*

CORDE, s. f., tortis de chanvre, coton, etc. — *Sóka, esgarria, kórdela.*

CORDEAU, s. m, corde pour aligner. — *Kórdela.* ‖ Ligne de charpentier : *Yuntera.*

CORDELETTE, s. f., petite corde. — *Kórdilluna, kórdelatchua.*

CORDERIE, s. f., où on fait la corde. — *Sókateghia, esgarriteghia, kórdelateghia.*

CORDIAL, ALE, adj., qui conforte. — *Bihotztarra, bihotzekua, edari bórthizteko.* ‖ s., fig., affectueux : *Beghi-tarte onekua, lañua.*

CORDIALEMENT, adv., affectueusement. — *Beghi-hon-ekin, bihotz gucitic, biotztarkiro, bihotzgarriki, lañoki.*

CORDIALITÉ, s. f., affection sincère. — *Bihotzekua, bihotzgarritasuna.*

CORDIER, s. m., qui fait des cordes. — *Sókaghilea, esgarri ghilea, kord'eghilea.*

CORDON, s. m., brin de corde. — *Khórdoïna.*

CORDONNET, s. m., petit cordon. — *Khórdoïntchua.*

CORDONNIER, s. m., qui fait des souliers. — *Zapaïtaïna, oskúghilea, zapataghina.*

CORIACE, adj., dur comme du cuir. — *Zaïla.*

CORIS, s. m., coquillage. — *Púncelaya.*

CORNALINE, s. f., pierre précieuse. — *Zaïntistea.*

CORNARD, s. m., cocu. — *Adarduna, adartxua.*

CORNE, s. f., excroissance dure qui surmonte la tête de quelques animaux. — *Adarra.*

CORNEILLE, s. f., oiseau noir. — *Belachta.*

CORNICHON, s. m., petit concombre propre à confire au vinaigre. — *Kórnichúna.*

CORNOUILLE, s. f., fruit du cornouiller. — *Basagherecia, basakereïza, ghereci-bâsatia.*

✕CORNOUILLER, s. m., cerisier sauvage. — *Basaghereci-óndoa, basakereïzondoa.*

CORPOREL, adj., du corps. — *Gorphutzekóa.*

CORPORELLEMENT, adv., d'une manière corporelle. — *Gorphutzki, gorphutztaro, gorphutzkiro.*

CORPS, s. m., substance. — *Gorputza.* ‖ Corps inanimé : *Gorputz-hila.*

CORPS DE GARDE, s. m., poste militaire. — *Kordeguardia, zaïtzateghia, zantzateghia, zaïntzateghia.*

CORPS DE LOGIS, s. m., partie de maison. — *Apartamendua.*

CORPULENCE, s. f., volume de la taille de l'homme. — *Gorphutzandigóa.*

CORPULENT, TE, adj., qui a de la corpulence. — *Gorphutzandikua.*

CORRECT, adj., sans faute, courant.—*Lichta, okarteztua, utzendua, cenzatua.*

CORRECTEMENT, adv., sans faute, sans erreur. — *Lichtoki, ohartki, utzenduki.*

CORRECTIF, IVE, s. m., qui corrige ce qui est mal. — *Okartezlea, utzkendaria.* ‖ Fig., adoucissement dans le discours : *Eztitzekúa.*

CORRECTION, s. f., réprimande. — *Erreportchua.* ‖ Punition : *Gastigùa.* ‖ Punition selon les lois : *Kóndenamendua.* ‖ Arranger ce qui est mal fait : *Centzadura, utzendea.* ‖ Adoucir les termes : *Eztimendua.*

CORRECTIONNEL, LE, adj., qui réprime. — *Korreiytzekua.* ‖ Peine concernant les délits : *Kóndenamendukùa.*

CORRESPONDANCE, s. f., relation. — *Eranzkida, beanzkida, korrespondantzia.* ‖ Conformité : *Igualitatia, onghi yuaïtia bi gaüzen artian.*

CORRESPONDANT, TE, adj., qui correspond, qui entretient correspondance. — *Eranzkidea.*

CORRESPONDRE, v. n., répondre. — *Izkiribatzea, ichkiribatzia, eranzkidatzea, beanzkidatzea.* ‖ Se rapporter ensemble, se joindre : *Yuntatzea.* ‖ Se ressembler : *Iduritzia.*

CORRIDOR, s. m., galerie étroite pour aller à plusieurs appartemènts. — *Kórridorá, bárandá.*

CORRIGER, v. a., ôter les défauts. —*Korreiytzia.* ‖ Des fautes : *Cenzatzea, okarteztea, utzentzea.*

CORRIGIBLE, adj., qui peut se corriger. — *Korreiyditakena.*

CORROMPRE, v. a., gâter. — *Galtcea, kórrompitzea.* ‖ Dépraver : *Kórrompitzea, gaïzkincca, galkidatzea, gaïzkitzea, goáztatzea, gaïzkidatzea.*

CORROMPU, UE, part. et adj., gâté. — *Galdua, kórrompitua.* ‖ Dépravé : *Galdua, gaïztua, gaïzkidatua, galkidatua, kórrompitua, goáztatua.*

CORROYER, v. a., apprêter le cuir. — *Zurratzea.*

CORROYEUR, s. m., qui corroie. — *Zurratzaïlea.*

CORRUPTEUR, TRICE, adj., qui corrompt. — *Galtzaïlea, kórrompitzallea, kórrompitzaïlea, gaïzkidaria, gaïzkidatzaïlea, goáztatzallea.*

CORRUPTIBLE, adj., qui peut se corrompre. —*Galgarria, galkidakorra, goáztakorra.*

CORRUPTIBILITÉ, s. f., état corruptible. — *Galkidakortasuna.*

CORRUPTION, s. f., altération. — *Galkida.* ‖ Dépravation : *Gaïzkunza, gaïzkida, goástagóa.*

CORSAGE, s. m., taille du corps. — *Taïla, talla, tallea.*

CORSET, s. m., corps de jupe. — *Gorontza, kortzeta.*

CORTÈGE, s. m., suite qui accompagne. — *Séghida.*

CORVÉE, s. f., travail de vassal. — *Malobra.*

CORVETTE, s. f., navire léger. — *Korbeta, gherlako untci móta bat.*

COSSE, s. f., gousse. — *Leka.*

COSSU, UE, adj., riche. — *Ederki emana dena.*

COSTUME, s. m., habillement.—*Habillamendua, bestimendua.*

COSTUMER, v. a., vêtir suivant le costume.— *Bestitzia, bestitzea.*

CÔTE, s. f., rive.—*Itxas'eghia, kósta.* ‖ Pente: *Kósta, málda.* ‖ Côte, penchant d'une montagne : *Aldapa, irripa, aldatza,* ‖ Côte, penchant très-rapide d'une montagne : *Apitá.* ‖ Côte, montée : *Patarra, petarra.* ‖ Côte, os : *Sahetx'ezurra, alboko ezurra.*

CÔTÉ, s. m., partie latérale. — *Sahetxa, aldea, alda, albóa, aldamena, ayerá, endrecera.* ‖ Côté, ce qui est à droite ou à gauche : *Ceárra.* ‖ A côté : *Aldean, albóan, ondoun, aldamenean, cearrean, onjuan, onyuan, aldian.* ‖ Côté à côté, l'un près de l'autre : *Aldez alde.* ‖ Côté (regarder de) : *Ceázka beghiratzea, bazterka behatzea.*

COTEAU, s. m., petite colline. — *Mendichka.* ‖ Penchant d'une montagne : *Malda, alderdia, aldatsa.*

CÔTELETTE, s. f., petite côte de veau, de mouton, etc. — *Kósteleta, saketzkia.*

CÔTÉ, ÉE, part., marqué. — *Markatua.*

COTER, v. a., marquer suivant l'ordre des lettres ou des nombres, ou simplement marquer. — *Markatzea.*

COTHURNE, s. m., chaussure dont les acteurs anciens se servaient pour jouer la tragédie, sandale dont les anciens se servaient. — *Oñancia, gordoïnkia, abarka.*

CÔTIER, ÈRE, adj., pilote des côtes. — *Kósta eghitako pilota, kósta eghitako ghidaria.*

COTILLON, s. m., jupe de dessous. — *Zaïazpikua, kótilluna.*

COTI, IE, part. et adj., se dit du fruit meurtri par la grêle. — *Umakatua.*

COTIR, part. et adj., se dit des fruits cotis par la grêle. — *Umakatzea.* ‖ v. a., meurtrir. Il est populaire et ne se dit que des fruits : *Umakatzea.*

COTISATION, s. f., action de cotiser. — *Burukotiztea.*

COTISER, v. a., taxer par cote. — *Burukotitzea.*

COTISSURE, s. f., meurtrissure de fruits. — *Umakadura.*

COTON, s. m., sorte de laine du cotonnier. — *Liñaberaztia.*

COTONNIER, s. m., arbuste qui produit du coton. — *Liñabera.*

CÔTOYER, v. a., aller côte à côte. — *Eghitic ibiltzia.* ‖ Côtoyer la mer : *Itxasoá eghitic seghitzia.* ‖ Côtoyer une montagne : *Mendi bat eghiz-eghi seghitzia.*

COTTE DE MAILLES, s. f., chemise faite de mailles ou petits anneaux de fer. — *Altzaïriña.*

COU, s. m., partie du corps qui joint la tête aux épaules. — *Lephóa.*

COUARD, adj., poltron. — *Pátruña, kóbarda, kóbardiosa.*

COUARDEMENT, adv., lâchement. — *Pátrunki, kóbartki.*

COUCHANT, adj., l'endroit où le soleil se couche, Occident. — *Sartaldea, iruzki sartzeko phartea.*

COUCHE, s. f., lit (que l'on met par). — *Arranda.* ‖ Couches, enfantement : *Erditzia, erditzephena.*

COUCHÉE, s. f., où l'on couche en voyage. — *Paüsada, gaü-pasaldia.*

COUCHER, v. a., mettre au lit. — *Etzatia.* ‖ S'allonger, s'étendre : *Luzatzea.* ‖ Coucher (se), se mettre au lit : *Lótzea, oheatzea.* ‖ Coucher (se) à plat ventre : *lachitzea, gachitzea, lurreratzea ahoz-behera, sabelen gaïnian etzatea.*

COUCHETTE, s. f., petit lit. — *Ohe-kucheta. ohetchua.*

COUCHEUR, EUSE, s., qui couche avec un autre. — *Oheko-laguna.*

COUCI-COUCI, adj., terme familier, tellement, quellement, à peu près. — *Igualxu, álanóla.*

COUCOU, s. m., oiseau. — *Kúkua.*

COUDE, s. m., plis du bras. — *Ukhondoa, bechango, ukalondoa, besakoskoa.*

COUDÉE, s. f., mesure d'un pied et demi. — *Besaka.*

COUDE-PIED, s. m., la partie supérieure qui se joint à la jambe. — *Achoïna.*

COUDOYER, v. a., heurter du coude. — *Ukhóndoz yótzea, ukhondoz unkitzea.*

COUDRAIE, s. f., lieu planté de coudriers. — *Urritzadia.*

COUDRE ou COUDRIER, s. m., noisetier. — *Urritza.*

COUDRE, v. a., joindre avec du fil. — *Yostca.*

COUDRIER, s. m. — Voyez coudre.

COUENNE, s. f., peau du pourceau. — *Kaïlua, chingar achala.*

COULAGE, s. m., perte de liquide. — *Ichurtzia.*

COULAMMENT, adv., d'une manière coulante. — *Naturalki.*

COULANT, TE, adj., qui coule aisément, style coulant. — *Izkiribu naturala.* ‖ Nœud coulant : *Sóka-lasterra.*

COULER, v. n., verser. — *Ichurtzea.*

COULEUR, s. f., matière colorante. — *Kholorea.*

COULEUVRE, s. f., reptile. — *Sagheúrdina.*

COULEUVRINE, s. f., pièce d'artillerie plus longue que les canons ordinaires. — *Kánoylucea.*

COULISSE, s. f., rainure. — *Kúliza.*

COULOIR, s. m., ustensile pour couler le lait en le tirant. — *Iraázkia.* ‖ Passage de dégagement d'un appartement à un autre : *Pasaiya.*

COULPE, s. f., faute. — *Kúlpa, hoghena, hobena.*

COUP, s. m., choc, impression qui en résulte. — *Gólpea, kólpea.*

COUPABLE, adj., qui a commis une faute. — *Faltaduna, hoghendurua, hobenduna.*
COUPE, s. f., tasse. — *Kikera.* ‖ Coupe d'arbres : *Garraitza, boillosta.*
COUPER, v. a., trancher. — *Pikatzea.* ‖ Séparer : *Aüstea.*
COUPERET, s. m., couteau de boucher. — *Púda, matchitia.*
COUPEROSE, s. f., vitriol. — *Kaparosa, menaslora.*
COUPEUR, EUSE, s., qui coupe.- *Pikatzailea.*
COUPLE, s. m., deux choses de même espèce assemblées. — *Párea, paria.*
COUPLET, s. m., certain nombre de vers. — *Bertxua.*
COUPURE, s. f., division en coupant. — *Pikadura.*
COUR, s. f., maison d'un prince. — *Kórtea.*
COURAGE, s. m., hardiesse, audace.-*Kóraiya.*
COURAGEUSEMENT, adv., avec courage. — *Kóraiki.*
COURAGEUX, EUSE, adj., qui a du courage.— *kóraiyosa.*
COURAMMENT, adv., rapidement, avec agilité. — *Fite.*
COURANT, adj., qui court. — *Lasterkan.* ‖ s. m., fil de l'eau : *Ur-kúrrida, ur-kurrientia.*
COURBATURE, s. f., maladie. — *Erreïnetako krakakua.*
COURBÉ, ÉE, part., penché. — *Makurtua.*
COURBER, v. a., rendre courbe.— *Makhurtzea.*
COURBETTES, s. f., bassesse. — *Agurrac.*
COURBURE, adj., état d'une chose courbée. — *Makurra, makurtasuna.*
COUREUR, s. m., qui court. — *Lasterkaria.*
COUREUSE, s. f., fille ou femme prostituée.— *Filda.*
COURGE, s. m., plante cucurbitacée. — *Khúya.*
COURIR, v. n. et a., aller vite. — *Lasterkatzia, kurritzia.*
COURLIS ou COURLIEU, s. m., oiseau aquatique. — *Itxas'choria, kurlinka.*
COURONNE, s. f., ornement de tête.—*Kórua.*
COURONNÉ, ÉE, adj., tête couronnée, les empereurs et les rois. — *Kórutua.*
COURONNEMENT, s. m., action de couronner. — *Kórumendua.*
COURONNER, v. a., mettre une couronne. — *Kórutzia.*
COURRIER, s. m., qui court la poste. — *Kúrriera.*

COURROIE, s. f., lien de cuir.— *Uhala, edea, üala, uvalá.* ‖ Courroie pour attacher les bœufs ensemble : *Edia.*
COURROUCER, v. a., mettre en courroux. — *Kóleratzea, súpitatzea, erracitzea, irakuntzea, iraztatzea.*
COURROUX, s. m., colère. — *Kólera, súpita, erracita, irakundea, irá.*
COURS, s. m., flux de l'eau. — *Kúrsa.*
COURSE, s. f., action de courir. — *Lasterra.*
COURSIER, s. m., beau cheval. — *Zaldia.*
COURTAGE, s. m., salaire du courtier. — *Merkazaygóa.*
COURT, adj., qui n'est pas long. — *Laburra.*
COURTE-HALEINE, s. f., asthme. — *Artx'laburra.*
COURTE-PAILLE, s. f., manière de tirer le sort. — *Chortia.*
COURTE-POINTE, s. f., couverture de lit. — *Kóntra-pinta.*
COURTIER, s. m., entremetteur de ventes et achats. — *Merkazaya.*
COURTISAN, s. m., attaché à la cour. — *Korte'ghilea, beondaria.*
COURTISANE, s. f., femme publique chez les anciens. On les appelle encore ainsi en Italie. — *Ghizon-chikiratzailea.*
COURTISER, v. a., faire la cour.— *Korte'ghitea, beondatzea.*
COURTOIS, SE, adj., civil. — *Galanta, artzontia, kortesa.*
COURTOISEMENT, adv., d'une manière courtoise. — *Galantki, artzontki, kortetxki.*
COURTOISIE, s. f., civilité. — *Galantkeria, artzontkeria, korteskeria.*
COURU, adj., recherché. — *Billatua.*
COUSIN, INE, s., parent. — *Kúsia.* ‖ Cousin germain : *Lehen kúsia.* ‖ Second cousin : *Kúsi tchipia.* ‖ Cousin, insecte : *Ulitchá.*
COUSSIN, s. m., sac rembourré. — *Lúmatcha.* ‖ Coussin garni de plumes : *Kósna, lúmakia, lúmatcha.*
COUT, s. m., ce qu'une chose coûte.—*Balióa.*
COUTEAU, s. m. (de poche). — *Nabala.* ‖ Couteau (de table) : *Ganibeta, kanibeta, aïztua.*
COUTELAS, s. m., épée large. — *Ganibet'handia, alfanghea, ganibetzarra.*
COUTELIER, s. m., qui fait et vend des couteaux, ciseaux, etc.— *Ganibetghilea, nabalghilea.*
COUTELLERIE, s. f., métier de coutelier. — *Ganibetgóa, nabalgóa.*

COUTER, v. n., être acheté un prix. — *Góstatzea.* ‖ Causer des soins, des peines. — *Góstatzea.*

COUTEUX, EUSE, adj., qui cause de la dépense. *Góstayá.*

COUTIL, s. m., toile forte. — *Terliza, entarra.*

COUTRE, s. m., fer de charrue. — *Píkoyá, nabarra.*

COUTUME, s. f., habitude. — *Usaya, kóstuma, bereghitea.*

COUTUMIER, ÈRE, adj., qui a coutume. — *Usayaduna, kóstumaduna.*

COUTURE, s. f., action de coudre. — *Yostura.*

COUTURIÈRE, s. f., qui travaille en couture.— *Dendaria.*

COUVÉE, s. f., œufs couvés à la fois. — *Chitaldia.*

COUVENT, s. m., monastère. — *Kombentua, gombentua.* ‖ Couvent de femmes : *Serorateghia.*

COUVER, v. a., se dit des oiseaux qui se tiennent sur les œufs pour les faire éclore. — *Chitatzea.*

COUVERCLE, s. m., ce qui sert à couvrir un vase, une boîte. — *Estalkia.*

COUVERT, s. m., ce qui couvre la table. — *Mahaïneko-zerbitchua.* ‖ A l'abri : *Leiyorrian.*

COUVERTURE, s. f., ce qui sert à couvrir. — *Estalkia, estalghia.* ‖ Couverture de lit : *Chaloïna, estalkia, estalghia.* ‖ Couverture de lit en laine : *Bantcha.* ‖ Couverture d'un livre : *Estalkia, liburu estalkia.*

COUVEUSE, s. f., poule qui couve. — *Kóloka.*

COUVRE-PIED, s. m., petite couverture. — *Koltchoïna.*

COUVREUR, s. m., qui couvre. — *Estaltzaïlea.* ‖ Artisan dont le métier est de couvrir les maisons : *Ichagoïtaria, atarbetaria, barrumbetaria, teillataria.*

COUVRIR, v. a., mettre dessus. — *Estaltzea.* ‖ Revêtir, couvrir un toit : *Ichagoïtzea, atarbetzea, barrumbetzea, tellatzea.*

CRABE, s. m., crustacé. — *Changúrrua, amarratza, amarrá, karamarrua, chamarra.*

CRAC ! interj., intention soudaine. — *Karraskotsa, garraskotsa.*

CRACHAT, s. m., expectoration. — *Thúa.*

CRACHEMENT, s. m., action de cracher.-*Thú.*

CRACHER, v. a., expectorer. — *Thú'ghitea.*

CRACHEUR, EUSE, s., qui crache souvent. — *Thú'ghilea.*

CRAIE, s. f., pierre tendre et blanche. — *Kléra.*

CRAINDRE, v. a., avoir peur. — *Beldurtzea, icitzea.*

CRAINTE, s. f., peur. — *Beldurra, icialdura.*

CRAINTIF, IVE, adj., timide. — *Beldurtia, icikorra, icikoïa.*

CRAINTIVEMENT, adv., avec crainte. — *Beldurki, icikoïki.*

CRAMOISI, IE, adj., rouge foncé. — *Gorrigorria.*

CRAMPE, s. f., contraction d'un muscle. — *Arpá, arrampa, inhuria.*

CRAMPON, s. m., pièce de fer recourbé. — *Iltzakotia.*

CRAMPONNER, v. a., attacher avec un crampon. — *Iltzakotitzea.*

CRAN, s. m., entaille. — *Ochka.*

CRANE, s. m., os du cerveau. — *Búru-kaskóa, búru-kaskúa.*

CRANERIE, s. f., bravade, fanfaronade. — *Lárderia.*

CRAPAUD, s. m., reptile. — *Aphóa, aphuá.*

CRAPULE, s. f., débauche. — *Zarpaïla.*

CRAPULEUX, EUSE, adj., qui crapule. — *Zarpaïtxua.*

CRAQUEMENT, s. m., son de ce qui craque.— *Kraskakua, karraskotsa, garraskotsa.*

CRAQUER, v. n., rendre un son par le frottement ou en éclatant. — *Kraskatzea, karraskotzea, garraskotzea.*

CRAQUEUR, EUSE, s., menteur. — *Ghezurtia.*

CRASSE, s. f., ordure. — *Zikina, zikiña, zólda.*

CRASSEUX, EUSE, adj., sale. — *Zikintsua, zikiñtsua, zóldatsua.*

CRAVATE, s. f., morceau d'étoffe qui se met autour du cou. — *Kórbata.*

CRAYON, s. m., minéral pour dessiner. — *Kráyuna, lapitzá.*

CRAYONNER, v. a., dessiner, tracer au crayon, ébaucher. — *Kráyunatzea, lapitzez trazatzia.*

CRÉANCE, s. f., dette. — *Hartcekua.*

CRÉANCIER, IÈRE, s., à qui l'on doit. —*Hartzaïlea.*

CRÉATEUR, s. m., Dieu. — *Kreatzaïlea.* ‖ Inventeur dans quelque genre que ce soit : *Eghilea, phentxatzaïlea.*

CRÉATION, s. f., élection. — *Eghindura, aükeracióa, aükerandea.* ‖ Formation d'un emploi, d'un sujet : *Eghindura, aükeracióa, aükerandea.* ‖ Création du monde : *Munduko kreacionea, utsetic eghiña, deü-*

setic eghina. ‖ Production : *Deüsetic ethorria, ethorkuntza.*

CRÉATURE, s. f., celui qui a été créé, tout ce que Dieu a fait. — *Kréatura, kriatura.* ‖ Création (parlant d'un enfant) : *Aürra, seña, húmea.* ‖ Créature, celle qui a été avancée, élevée : *Aükerra.*

CRÈCHE, s. f., mangeoire des bestiaux. — *Banyatera.*

CRÉDIT, s. m., créance. — *Krédita, maïllegua, zorrustá.* ‖ Foi : *Sinestea, siñestea.* ‖ Réputation, pouvoir : *Menandea, podoréa.*

CREDO, s. m., symbole de la foi. — *Kredoa, fedaghia.*

CRÉDULE, adj., qui croit facilement, qui ajoute foi. — *Sinetxkorra, siniskorra, siniskoya, siñesberaá, sinhetsbera.*

CRÉDULITÉ, s. f., croyance facile. — *Sinetxtia, sinistia, sinetsbertasuna, siniskorgóa, siñesberatasuna, siniskorta.*

CRÉÉ, adj., élevé à quelque emploi ou dignité. — *Kréatua.* ‖ Produite : *Kréatua.* ‖ Née : *Sortua.*

CRÉER, v. a., produire. — *Kréatzea.* ‖ Créer, mettre au monde : *Kréatzea, sortaztea, ekaraztea.* ‖ Inventer : *Eghitea, phentxatzea.* ‖ Créer (un emploi, un sujet) : *Aükeratzea.*

CRÉMAILLÈRE, s. f., instrument de cuisine. — *Lagatza, laratza.*

CRÈME, s. f., partie grasse du lait. — *Kréma.*

CRÉNEAU, s. m., sorte de dent au haut d'un mur. — *Almená, almenea.*

CRÉNELER, v. a., faire des créneaux. — *Almenatzea, almeneatzea.*

CRÊPE, s. m., sorte d'étoffe. — *Krépa.* ‖ s. f., pâte frite : *Krúchpeta*

CRÊPER, v. a., friser. — *Kiskurtzea, izurtzea, arrotzea.*

CRÉPI, IE, s. m. et part. — *Zartatúa, embokatúa.*

CRÉPIR, v. a., enduire de mortier. — *Zartatzea, embokatzea.*

CRÉPU, UE, adj., frisé. — *Kiskurra, izurta, arrotza.* ‖ Cheveux frisés : *Ilhe kiskurtuac, ilhe izurtuac, ilhe arrotuac.*

CRÉPUSCULE, s. m., clarté qui précède et suit le soleil. — *Oztarghia.* ‖ Crépuscule du matin : *Goïztabarra.* ‖ Crépuscule du soir : *Ilhunabarra.*

CRESSON, s. m., plante. — *Ithurribelharra.*

CRÊTE, s. f., chair rouge sur la tête du coq ou d'un autre oiseau. — *Kukurusta, gandorra.*

CRÊTE DE COQ, s. f., herbe. — *Gondollarra.* ‖ Crête, cime : *Punta.*

CREUSER, v. a., rendre creux. — *Cilhótza, cilhókatzea.*

CREUX, EUSE, adj., vide. — *Utsa.* ‖ s. m., cavité : *Cilhóa.*

CREVASSE, s. f., fente. — *Arraïldura, arraïla.*

CREVASSER, v. a., faire des crevasses. — *Arraïltzea.*

CREVER, v. a., rompre ; v. n., mourir, fam. — *Lehertzea, leher'ghitea.*

CRI, s. m., voix haute. — *Oïhua.* ‖ Cri de secours : *Heldura.* ‖ Cri d'alarme : *Marraska.* ‖ Cri d'appel : *Oïhua, deadarra, eyagorra, zanzoa.* ‖ Cri de souffrance : *Eyagorra.* ‖ Cri de joie (que font les Basques) : *Zinka, irrintzina.*

CRIAILLER, v. n., faire beaucoup de bruit pour peu de chose. — *Deádarratzea, ojukatzea, ahuenatzia, eyágorratzia.*

CRIAILLERIE, s. f., crierie répétée, fam. — *Deádarra, eyágorra, ahuenarra.*

CRIAILLEUR, EUSE, s., qui criaille, fam. — *Oïhularia, deadarria, eyagorraria, ahuenaria.*

CRIANT, TE, adj., qui fait crier. — *Oïhuazlaria.* ‖ Injuste : *Injustua, inyustua, plañikorra, plañukorra.*

CRIARD, DE, adj., qui crie beaucoup. — *Oïhularia, deadarria, eyagorraria, ahuenaria.*

CRIBLE, s. m., instrument pour cribler. — *Bahia.*

CRIBLER, v. a., nettoyer avec un crible. — *Bahitzea.*

CRIBLEUR, EUSE, s., qui crible. — *Bahitzaïllea.*

CRIBLURE, s. f., ordure de grains criblés. — *Bahi buhukóa.*

CRIC-CRAC, s. m., bruit d'une fracture. — *Kric-krac.*

CRIER, v. n., jeter des cris. — *Oïhughitea, deadaratzea, eyagoratzeá, ahumenatzea.* ‖ Gronder : *Mókokatzea, erreportchátzea.*

CRIEUR, EUSE, s., qui crie. — *Oïhularia.*

CRIME, s. m., mauvaise action. — *Hoghena, legaütsia.* ‖ Crime de lèse-majesté : *Erreghen kontrako hoghena, erreghen kontrako legaütsia.* ‖ Chambre criminelle où l'on juge les causes du crime : *Oghensala.*

CRIMINALITÉ, s. f., qualité de ce qui est criminel. — *Oghenkia, obenkia, legaütsikia.*

CRIMINEL, LE, adj., du crime, coupable. — *Oghenduná, obenduna, legaütsitia.*

CRIMINELLEMENT, adv., en criminel. — *Oghenki, oghenkiró, obenkiró, legaütski.*
CRIN, s. m., poil long et rude. — *Zampela, zurda.*
CRINIÈRE, s. f., tout le crin du cou d'une monture, du lion. — *Zurdillea, zurdulea.*
CRISE, s. f., effort violent, moment décisif et périlleux. — *Erizmatea.*
CRISTAL, s. m., pierre transparente.-*Bridióa, kriztala, leyarrá.* ‖ Cristal de roche : *Arrokako-leyarra, meatzeko-kristalú.*
CRISTALLIN, INE, adj., de cristal. — *Bridiókóa, kristalkúa, leyarkúa.* ‖ Transparence de cristal : *Bridióko-klartasuna, kristaleko-klartasuna, leyarko-klartasuna.*
CRISTALLISÉ, adj., réduit en cristal. — *Bridiótua, kristaldua, leyartua.*
CRISTALLISER, v. a., réduire en cristal. — *Bridiótzea, kristaltzea, leyartzea.*
CRITIQUE, s. f., censure. — *Errankisuna.*
CRITIQUER, v. a., blâmer. — *Errakistatzea.*
CRITIQUEUR, EUSE, adj., qui critique. — *Errakistatzallea.*
CROASSEMENT, s. m., cri du corbeau.—*Karranka.*
CROASSER, v. n., faire des croassements. — *Karrankaz'ghitea, karrankatzea.*
CROC, s. m., instrument pour accrocher. — *Makúa.*
CROCHET, s. m., petit croc. — *Makútchua.*
CROCHU, UE, adj., recourbé. — *Makurra, makurtua.*
CROCODILE, s. m., espèce de grand lézard amphibie. — *Krokodilóa.*
CROIRE, v. a., estimer vrai. — *Sinetxtea.*
CROISADE, s. f., ligue de catholiques. — *Gurutzadea.*
CROISÉ, s. m., guerrier qui fit la guerre sainte. — *Gurutzetua.*
CROISÉE, s. f., fenêtre. — *Leiyoa.*
CROISEMENT, s. m., action de croiser. — *Gurutzeká, izaïtia, gurutzamena.* ‖ Union de deux espèces différentes : *Nahastekamendua.*
CROISER, v. a., mettre en croix. — *Gurutzatzea, kúrutzatzea.*
CROISEUR, s. m., capitaine de croise. — *Untcitako kapitaïna, tokibatian dabillana dembora batez, zaïntzekó edo celetatzeko cer pasatzen den yakiteko.*
CROISIÈRE, s. f., action de croiser. — *Ghérlako untci bat tóki batzutan ibiltzen dena zaïntzeko, celetatzeko, edo bertce untci batzuen arrapatzeko.*

CROISSANCE, s. f., action de croître, augmentation. — *Handitasuna.* ‖ Croissance (de la mer, regorgement de la mer, de la marée) : *Itxas-igandea.* ‖ Croissance (de la lune) : *Ilgora.* ‖ Croissance (des rivières, débordement) : *Ubeldea, ugoldea, ujola, uhaldea.*
CROÎT, s. m., multiplication du bétail. — *Estaltcia.*
CROÎTRE, v. n., devenir grand. — *Handitzea, larritzea.* ‖ Croître à vue d'œil, augmenter : *Arraka handitzea.*
CROIX, s. f., lignes formant quatre angles. — *Gurutcea, gurutzea.*
CROQUANT, TE, adj., qui croque sous la dent. — *Krokanta.*
CROQUER, v. n., faire du bruit sous la dent. — *Kurruskatzea.* ‖ v. a., manger en croquant : *Krokatzea.*
CROSSE, s. f., couche de mousquet.—*Króza.* ‖ Béquille : *Bekilla.* ‖ Bâton pastoral de l'évêque : *Zagaya, zaïmakilla.*
CROTTE, s. f., boue. — *Básá, lóya, lóhia, partha, líga, bálsa.*
CROTTIN, s. m., excrément de cheval. — *Pikorra.*
CROULEMENT, s. m., éboulement. — *Amilka.*
CROULER, v. n., tomber en s'affaissant. — *Erortzea, amilkatzea.*
CROUPE, s. f., derrière du corps. — *Hanka.* ‖ En croupe : *Enketan.*
CROUPION, s. m., partie où tient la plume de la queue de l'oiseau.—*Mókorra, kónkorra.*
CROUPIR, v. n., se corrompre faute de mouvement. — *Galtzea, korrompitzea.*
CROUTE, s. f., partie extérieure du pain ou d'un pâté. — *Azala, achala.*
CROUTON, s. m., grosse croûte de pain. — *Kochkorra.*
CROYABLE, adj., digne de foi. — *Sinetxgarria, sinetsgarria, sinesgarria, siñetxgarria, siniskisuna, sinistakisuna.*
CROYANCE, s. f., foi en quelque chose. — *Sinetstea, sinestea, sinetxtia, siñetxtia, sinistia.*
CROYANT, TE, s., qui croit, qui ajoute foi.— *Sinetxtkorra, siñetxtkorra, sinetstkorra, sinestkorra, sinistkorra.*
CRU, UE, adj., à qui l'on ajoute foi. — *Sinetxia, sinetsia, sinesia, sinisia.* ‖ Non cuit : *Gordina, gordiña.*
CRUAUTÉ, s. f., férocité, action cruelle. — *Krudelitatia, bihotzgortasuna, larrabretea, odolgirodoa.*

CRUCHE, s. f., vase de terre à anse. — *Pegarra.*

CRUCIFIEMENT, s. m., action de crucifier. — *Gurutzefikamendua, kurutcefikamendua.*

CRUCIFIER, v. a., attacher à une croix. — *Gurutzefikatzea, kurutcefikatcea.*

CRUCIFIX, s. m., J.-C. en croix. — *Gurutzefika, kurutcefika.*

CRUDITÉ, s. f., qualité de ce qui est cru. — *Gordintasuna.*

CRUE, s. f., augmentation des eaux. — *Uhaldea.*

CRUEL, LE, adj., inhumain. — *Krudela, bihotzgorra, odolghiroa.*

CRUELLEMENT, adv., d'une manière cruelle. — *Krudelki, bihotzgorki, odolghiroki.*

CRUMENT, adv., d'une manière dure. — *Gógorki, góhorki, aspreki.*

CUEILLIR, v. a., détacher de la tige. — *Biltzea, biltzia.*

CUILLER ou CUILLÈRE, s. f., ustensile pour manger. — *Koillera, kollira.* ‖ Cuiller à pot : *Zálhia, burruntzalia, chalia.*

CUILLERÉE, s. f., plein une cuillère. — *Kóilleratrat, kólliratrat, kóllira baten bethe.*

CUIR, s. m., peau corroyée. — *Larrua.*

CUIRASSE, s. f., armure du corps. — *Soïburnia.*

CUIRASSIER, s. m., cavalier portant cuirasse. — *Kulaciera, soïburni ekártzaïlea, zaldizko soldado soïburni duena.*

CUIRE, v. a. et n., préparer par le feu, griller dans la poêle, casserole, etc. — *Erretzea.* ‖ Cuire à l'eau : *Egostea.*

CUISANT, TE, adj., âpre, aigu. — *Erresumina.*

CUISINE, s. f., lieu où l'on cuit les mets. — *Sukhaldea.* ‖ Préparation de mets : *Kózina.*

CUISINIER, ÈRE, s., qui fait la cuisine. — *Kózinera.*

CUISINER, v. n., apprêter les mets. — *Kózinatzea, kózina'ghitea.*

CUISSE, s. f., partie du corps. — *Ichterra.* ‖ Cuisse de bœuf, vache, mouton, etc. : *Azpia.* ‖ Cuisse (viande de la) : *Azpikia.* ‖ Cuisse de volaille, de volatile : *Ichterra.*

CUISSON, s. f., action de cuire. — *Egostia.*

CUIVRE, s. m., métal. — *Kóbrea.*

CUIVREUX, EUSE, adj., couleur de cuivre. — *Kóbrekholorekua.* ‖ Ayant la qualité de cuivre : *Kóbretxua.*

CUL, s. m., derrière de l'homme et de quelques animaux. — *Iphurdia, uzkia.*

CULASSE, s. f., fond d'une arme à feu. — *Kulaza, krósa.*

CULBUTE, s. f., sorte de saut. — *Itzulipurdia.*

CULBUTÉ, ÉE, part., renversé. — *Itzulipurdikatua.*

CULBUTER, v. a., renverser. — *Itzulipurdikatzea.* ‖ v. n., tomber : *Erortzea.*

CULOTTE, s. f., vêtement des cuisses. — *Galtza-motchac.* En basque ne se dit qu'au pluriel.

CULTE, s. m., religion. — *Erreligionea.*

CULTIVABLE, adj., propre à la culture. — *Laboragarria, laborantzan ematen ahal den lúrra.*

CULTIVATEUR, s. m., qui cultive. — *Laboraria.*

CULTIVER, v. a., travailler la terre. — *Laboratzea, laborantzan aïtzea.*

CULTURE, s. f., action de cultiver. — *Laborantza, lurlana.*

CUMULER, v. a., assembler, réunir plusieurs objets. — *Biltzea.*

CUPIDE, adj., avide d'argent. — *Karusa, arrapaillu.*

CUPIDITÉ, s. f., convoitise. — *Naïtagóa, naïeraghillea.*

CURABLE, adj., qui peut être guéri. — *Sendagarria, senda ahal ditakena, sendatzen ahal dena.*

CURATELLE, s. f., charge de curateur. — *Zaïtagóa.*

CURATEUR, s. m., administrateur de biens. — *Zaïtaria.*

CURATIF, IVE, adj., pour guérir. — *Sendagarria.*

CURATION, s. f., terme de médecine, traitement d'une maladie. — *Tratamendua.*

CURE, s. f., guérison. — *Sendakuntza.* ‖ Emploi ecclésiastique. — *Erretoria.*

CURÉ, s. m., prêtre. — *Erretora.*

CURE-DENTS, s. m., instrument avec lequel on se nettoie les dents. — *Hortz-garbitzekúa.*

CURER, v. a., nettoyer ce qui est creux. — *Garbitzea.*

CURIEUSEMENT, adv., avec curiosité. — *Kurioski.*

CURIEUX, EUSE, adj., qui a de la curiosité. — *Kuriosa, birrighina.* ‖ Chose rare, extraordinaire : *Kuriosa, arraróa.*

CURIOSITÉ, s. f., désir de connaître. — *Kuriostasuna, birringitasuna.* ‖ Chose rare : *Kuriostasuna, gaüza arraróa.*

CUTANÉ, ÉE, adj., qui appartient à la peau. — *Lárrukúa.*

CUVE, s. f., vaisseau en bois. — *Kúba.*
CUVEAU, s. m., petite cuve. — *Kúbatchuá.*
CUVIER, s. m., cuve pour la lessive. — *Kúba, bokatera, bocha.*
CYCLOPE, s. m., qui n'a qu'un œil. — *Beghibakotcha, beghibakocha, beghibatekua.*
CYGNE, s. m., oiseau. — *Belchargá.*
CYLINDRE, s. m., gros rouleau de bois pour écraser les mottes d'une terre labourée. — *Martin-mullo, mokhor-maïlua.*
CYNOSURE, s. f., constellation, petite ourse. *Artz-tchikia.*
CYNIQUE, adj. et s., impudeur obscène. — *Ahalkegábca.*
CYPRÈS, s. m., arbre toujours vert. — *Cipresa, nekostá.* || Lieu planté de cyprès : *Cipresdia, nekosdia.*

D

D, s. m., quatrième lettre de l'alphabet. — *Alfabeteko laügarren letera.*
DA, particule, oui-da. — *Baiyá.*
DADAIS, s. m., niais, nigaud, fam. — *Zózua.*
D'ABORD, loc. adv., premièrement. — *Lehenic.* || Aussitôt, tout de suite : *Bereala.*
DAIGNER, v. n., avoir pour agréable, s'abaisser jusqu'à vouloir bien. Il est toujours suivi d'un infinitif. Daignez m'écouter... en basque l'on dira : *Haït nézazu óthoy.*
DAIS, s. m., poêle en ciel de lit. — *Pabillúna.*
DALLE, s. f., tablette de pierre. — *Arrizábala.*
DALMATIQUE, s. f., tunique que portent les diacres et sous-diacres quand ils servent la messe au prêtre. — *Eliz'athorra.*
DAM, s. m., dommage. — *Damu.*
DAME, s. f., titre de femme. — *Andére, andréa, andriá, madama.* || Devenue dame : *Andére ethorria, andré ethorria.* || Devenir dame : *Andére ethortzia, andré'ethortzia, damatzea, anderetzea.* || Dame (agréable, gracieuse, aimable, jolie, embellie) : *Andére agradablia, graciosa, maïtagarria, poillita, edertua.*
DAME-JEANNE, s. f., grosse bouteille. — *Chichterazko-botoïla.*
DAMNABLE, adj., détestable. — *Damnagarria.*
DAMNABLEMENT, adv., d'une manière damnable. — *Damnagarriki.*
DAMNATION, s. f., peine des damnés. — *Damnacionea.*
DAMNÉ, ÉE, s., qui est en enfer. — *Damnatua.*
DAMNER, v. a., punir de l'enfer. — *Damnatzea.*
DANDINEMENT, s. m., action de dandiner. — *Bálanza.*
DANDINER, v. n., balancer son corps. — *Balantzatzia.*
DANGER, s. m., péril. — *Lanyera.* || Danger (il est en) : *Lanyerian da.*
DANGEREUSEMENT, adv., avec danger. — *Lanyeroski.*
DANGEREUX, EUSE, adj., périlleux. — *Lanyerosa.*
DANS, prép. de lieu et de temps. Cette préposition, dans la langue basque, s'incorpore aux mots. Exemple : Dans le voisinage : *Aüzo-an, aünzoan.* || Dans la terre : *Lur'-ean, lurrean.* || Dans les pays, les lieux : *Erri-tan, erritan.* || Dans les montagnes : *Mendi-tan, menditan.* || Dans les livres : *Liburu-tan, liburutan.* || Dans le mois : *Ilhabet'-ian, ilhabetian.* || Dans un moment : *Ichtant-ian, ichtantian.* || Ainsi : *An, ean, tan, ian,* sont des prépositions qui s'unissent aux mots. Dans (pour dedans), dedans la chambre : *Gambar'-an, gambaran, gambararen barn'-ian, gambararen barnian.* || Dedans l'armoire : *Armarió-an, armarióan, armarioaren barn'-ian, armarióaren barnian.* Les prépositions *an, ian,* jouent le même rôle que celles ci-dessus.
DANSE, s. f., action de danser. — *Dantza.*
DANSER, v. n., se mouvoir en cadence. — *Dantzatzea.*
DANSEUR, EUSE, s., qui danse. — *Dantzaria.*
DARD, s. m., arme à lance. — *Eztena.*
DARTRE, s. f., maladie de la peau. — *Neghela.*
DARTREUX, EUSE, adj., qui a des dartres. — *Negheltxua.*
DATE, s. f., époque, son indication. — *Dáta.*
DATER, v. a., mettre la date. — *Datatzea.*
DAUBE, s. f., sorte de ragoût. — *Dóga.*
DAUPHIN, s. m., gros poisson de mer. — *Itxas'urdia.*
D'AUTANT, adv., de ça de plus. — *Haïn bertcez.*

DAVANTAGE, adv., plus. — *Gheiyago, aboro.* || Plus longtemps : *Dembora gheiyago.*

DE, prép. servant à marquer plusieurs rapports divers. Cette préposition s'incorpore. L'odeur de la rose : *Arrosa-ren (arrosaren) usaïna.* || L'ami de mon cœur : *Nére bihotza-ren (bihotzaren) maïtia.* || Qui parle de toi? *Nor mintzo da hi-taz (hitaz)?* || J'ai reçu une lettre de lui : *Harenganic (harenganic) errecibitu dut letera bat.* || Je viens de remettre l'objet : *Gaüzu ura emaïte-tic (emaïtetic) heldu naïz.* || Ainsi *ren, taz, haren, tic,* forment la finale et en sont les prépositions. || De, est encore l'article du génitif. Le plaisir de la table : *Mahaïne-ko placera (mahaïneko) placera. Ko* remplace *de la.* || De, pendant. Il est arrivé de nuit : *Gaühaz ethorri da.* || Sur. Parlons de cette affaire : *Afera hartaz mintza ghiten.* || A cause. Je suis charmé de sa fortune : *Haren fortunaz charmatua naïz.* || Depuis. De Paris à Rome : *Erromatic Pariserat.* || De par. De par le roi : *Errèghearen phartez.* 13

DÉ, s. m., instrument pour coudre. — *Ditharea.*

DÉBALLÉ, ÉE, part. et adj. — *Urratua (balotaz mintzatuz).*

DÉBALLER, v. a., défaire un ballot. — *Urratzea ballot bat, kácha bat deseghitea, urratzea.*

DÉBANDADE (A LA), adv., confusément, sans ordre. — *Bakotcha béré aldetic.*

DÉBANDER, v. a., détendre. — *Amor émaïtia, lachatzea.*

DÉBARCADÈRE, s. m., lieu de débarquement. — *Léorteghia, itxasgheteghia.*

DÉBARQUEMENT, s. m., action de débarquer. — *Itxasotic leiyorreat yuaïtea, untcitic hilkitzea leiyorreat, debarkamendua, leorrerat jaïstia, leorrerat jaüstea.*

DÉBARQUER, v. n., faire sortir d'un vaisseau. — *Debarkatzea, untcitic leiyorrerat emanazterat.* || v. a., en sortir : *Debarkatzea, untcitic leiyorrerat yuaïtea.*

DÉBARRASSEMENT, s. m., action de débarrasser. — *Arazoghero, desaragozkiro, lasaï nasaïkiro.* || Débrouillement : *Deskartrambilla, desekiñaspilla.*

DÉBARRASSER, v. a., ôter d'embarras. — *Libratzia, arazoghetzea, desarazotzea, deskatibatzea, desaragozitzea.*

DÉBAT, s. m., contestation. — *Liskarra, leya.*

DÉBATTRE, v. a., contester, s'agiter. — *Liskartzea, leyatzea.*

DÉBAUCHE, s. f., excès dans le boire et le manger. — *Bánbocha, bambochkeriac.* || Incontinence outrée : *Libertinkeria.*

DÉBAUCHÉ, s., m., libertin. — *Debochatua, bámbochurra.*

DÉBAUCHER, v. a., jeter dans la débauche. — *Bambochkerietan, libertinkerietan galaztea.*

DÉBILE, adj., faible. — *Mendria, hahitua, erbala, ebaïna.*

DÉBILITATION, s. f., affaiblissement. — *Hahitasuna, erbaldea, erbaltasuna, ébaïntasuna, mendretasuna.*

DÉBILITÉ, s. f., faiblesse. — *Hahitatia, erbaldeá.*

DÉBILITER, v. a., affaiblir. — *Mendretzeá, hahitzeá, erbaltzea, ébaïtzea.*

DÉBIT, s. m., vente, trafic. — *Sálera.*

DÉBITANT, TE, s., marchand en détail. — *Sáltzaïlea.*

DÉBITER, v. a., vendre. — *Sáltzea.*

DÉBITEUR, EUSE, s., qui débite. — *Sáltzaïlea.*

DÉBITEUR, TRICE, s., qui doit. — *Zórduna.*

DÉBLAI, s. m., enlèvement des terres. — *Lur emenda.*

DÉBLAYER, v. a., débarrasser. — *Lur emendatzia.*

DÉBOITER, v. a., disloquer un os, le faire sortir de sa place. — *Ezúr bat atheratzea, ezúr bat yalkitzea.*

DÉBORDEMENT, s. m., eaux qui sortent de leur lit. — *Gaïndia, uhaldea, ujola, ujoldea, ubeldea, ursobernac.*

DÉBORDER, v. a., n. et p., répandre. — *Gaïnditzea, uhaltzea, ujoltzea, ubeltzea, ursobernatzea.* || Oter le bord : *Bazterra khentzea.*

DÉBOUCHÉ, ÉE, part., dont le bouchon est ôté. — *Tápa, búchoïna khendua, destápatua.*

DÉBOUCHER, v. a., ôter ce qui bouche. — *Destapatzeá, tapa kentzea, buchoïna kentzea.*

DÉBOURRÉ, ÉE, part., dont la bourre a été enlevée. — *Tápa, búchoïna, búrra khendua, desburratua.*

DÉBOURRER, v. a., ôter la bourre. — *Desburratzea.*

DÉBOURSÉ, DÉBOURS, s. m., argent déboursé. — *Gástoa.*

DÉBOURSEMENT, s. m., action de débourser. — *Gástua, desiskudea.*

DÉBOURSÉ, ÉE, part., somme employée. — *Gástatu.*

DÉBOURSER, v. a., tirer de la bourse. — *Gástatzea, desizkutzea.* || Payer : *Págatzea.*

DEBOUT, adv., sur pied. — *Chutic.*

DÉBOUTONNER, v. a., sortir les boutons des boutonnières. — *Desbotoïnatzea, desbotoïtzea.*

DÉBRIDER, v. a., ôter la bride. — *Desbridatzea, brida khentzea.*

DÉBRIS, s. m., reste de repas. — *Errestantzac.* || Débris (restes d'un objet écroulé, brisé, etc.) : *Porroskac.* || Débris (de quelque objet cassé) : *Aütxidurac.*

DÉBROUILLER, v. a., demêler. — *Berechtea, deskatrampibillatzea, desekiñaspiltzea, aleratzea.* || Développer : *Esplakatzea.*

DÉBUSQUER, v. a., chasser d'un poste. — *Embuskadagóa ihesitzea, gorde-lekutic bidaltzia.*

DÉBUT, s. m., commencement. — *Astia, ástapena, áspen, áste.*

DÉBUTANT, TE, s., qui débute. — *Asleá.*

DÉBUTER, v. a., commencer. — *Astea.*

DEÇA (EN), adv. — *Hunatago.* || Au delà : *Haratago.* || De-çà, de-là : *Hortic eta handic.* || Par-deçà, de deçà : *Alde huntatic.*

DÉCACHETER, v. a., ouvrir ce qui est cacheté. — *Deskachetatzea.*

DÉCAMPER, v. a., s'enfuir. — *Ihesi yuaïtea, eskapatzea.*

DÉCAPITER, v. a., couper la tête. — *Bùru kentzea.*

DÉCÉDER, v. n., mourir. — *Hiltzea.*

DÉCELER, v. a., découvrir. — *Sálatzea.*

DÉCEMBRE, s. m., douzième mois de l'année. *Abendua, ilbats, abendóa, ilbeltz.*

DÉCEMMENT, adv., avec décence. — *Honeski, modeski, onirudiro.*

DÉCENCE, s. f., bienséance. — *Módestia, móldesia.*

DÉCENT, TE, adj., selon la décence. — *Módesta, moldesiakùa, onirudia.*

DÉCEPTION, s. f., tromperie. — *Engañua.*

DÉCÈS, s. m., mort naturelle. — *Heriotcea.*

DÉCHAÎNÉ, ÉE, part., à qui l'on a enlevé les chaînes. — *Desburdindua.*

DÉCHAÎNER, v. a., déferrer, ôter les fers des prisonniers. — *Desburdintzea, burdinac kentzea, gatiac libratzea.*

DÉCHARGE, s. f., plusieurs coups de feu. — *Deskarga, tiro aldea.* || Décharge (garantie) : *Deskargua.*

DÉCHARGEMENT, s. m., action de décharger. — *Deskargamendua.*

DÉCHARGER, v. a., ôter la charge. — *Deskargatzea.*

DÉCHARGEUR, s. m., qui décharge les marchandises. — *Deskargatzaïlea.*

DÉCHARNÉ, ÉE, part., trop amaigri. — *Araghiztatua.*

DÉCHARNER, v. a., amaigrir. — *Araghizeztatzea.*

DÉCHAUSSER, v. a., ôter la chaussure. — *Urtuztea.* || Oter la terre qui est autour des pieds des arbres : *Agorlantzatzia.*

DÉCHET, s. m., diminution. — *Galkuntza.*

DÉCHIFFRÉ, ÉE, part., qu'on a pu lire. | *Deseistalia.*

DÉCHIFFRER, v. a., lire une mauvaise écriture. — *Deseistalitzea, deseistatzea.*

DÉCHIRANT, TE, adj., qui déchire le cœur. — *Lastimagarria.*

DÉCHIRER, v. a., mettre en pièces. — *Aüstea, urratzea, tarratatzea, phorrokatzea, ethencea.*

DÉCHIRURE, s. f., rupture en déchirant. — *Tarrata, urradura.*

DÉCHOIR, v. n., s'appauvrir. — *Errekaratyotzea.*

DÉCIDÉ, adj., résolu, hardi. — *Atrebitua, ardita, erabakia, deliberatua, debidia.* || Décision prise : *Deliberacione artua.*

DÉCIDÉMENT, adv., d'une manière décidée, hardie. — *Atrebituki, arditki, erabaki, déliberatuki, débidiki.*

DÉCIDER, v. a. et n., déterminer. — *Deliberatzea, trenkatzea, debedetzea, atrebitzea, erabakitzea.* || Décider (dans un conseil) : *Déliberatzea.*

DÉCIME, s. m., dixième partie des revenus ecclésiastiques, levée pour une affaire importante. — *Amargarrena.*

DÉCISIF, IVE, adj., qui décide. — *Debedilea, erabaklea.*

DÉCISION, s. f., résolution. — *Déliberacionea, debedea, erabakdéa.*

DÉCISIVEMENT, adv., d'une manière décisive. — *Déliberatuki, debederó, erabakdero.*

DÉCLAMATEUR, s. m., harangueur. — *Hiztuna.* || Orateur : *Hiztuna.*

DÉCLAMATION, s. f., harangue. — *Hiztundea.*

DÉCLAMER, v. a., haranguer. — *Hiztzea.tun*

DÉCLARATION, s. f., action de déclarer. — *Deklaracionea, azaldea, azalgoá, arpetzá.*

DÉCLARER, v. a., manifester, faire connaître. v. pron., s'expliquer. — *Deklaratzea, azaltzea, arpetzea, ezplikatzea.* ǁ Se déclarer, se manifester, paraître : *Aghertzea.* ǁ Prendre part pour : *Alde-deklaratzea.* ǁ Contre · *Kóntra-deklaratzea.*

DÉCLIN, s. m., déclination. — *Makurtea.* ǁ Décadence : *Erortea.*

DÉCLINABLE, adj., terme de grammaire. — *Maillezgaya.*

DÉCLINAISON, s. f., terme de grammaire. — *Mailleztea.*

DÉCLINÉ, ÉE, part., penché. — *Makurtua.* ǁ Terme de grammaire : *Mailleztatua.*

DÉCLINER, v. a., pencher. — *Makurtzea.* ǁ Dépérir : *Higatzea.* ǁ En décadence : *Erortzea.* ǁ Terme de grammaire : *Mailleztatzea.*

DÉCLOUER, v. a., ôter les clous. — *Itzeac khentzea.*

DÉCOIFFER, v. a., ôter la coiffure d'une femme, ôter sa coiffure. — *Deskoïfatzea, koïfára khentzea, búrukúa khentzea.*

DÉCOLLATION, s. f., trancher la tête. — *Lephoepatza, lephóa pikatzea, lephóa khentzea', ebaïtea, idunepaïtea.*

DÉCOLLÉ, adj., qui a la tête tranchée. — *Lephogabetua, lephobaghetua, lephóa pikatua, lephóa khendua, lephoepatua.* ǁ Détaché (ce qui était collé) : *Deskólatua.*

DÉCOLLER, v. a., décapiter, trancher la tête. — *Lephoepatzea, idunepaïtzea, ebaïtzea, lephóa pikatzea, lephóa khentzea.* ǁ Détacher une chose qui était collée : *Deskólatzea.*

DÉCOMPOSÉ, ÉE, part., partie séparée d'un tout.—*Bérechi.* ǁ Changé : figure changée par une émotion : *Kambiatua.* ǁ Défait : *Déseghina.*

DÉCOMPOSER, v. a., séparer les parties dont un corps est composé. — *Bérechtea.* ǁ Changer : *Kambiatzea.* ǁ Défaire : *Déseghitea.*

DÉCOMPOSITION, s. f., dissolution, résolution, désorganisation. — *Déseghina.*

DÉCORATION, s. f., marque de dignité. — *Gurutzea.* ǁ Embellissement : *Edertzoïlua, ederyaya, apaïngarria, apaïngoya.*

DÉCORER, v. a., conférer la marque d'une dignité. — *Gurutzea ematea.* ǁ Embellir, orner : *Edertcea, apaïntzea.*

DÉCOUCHER, v. n., coucher hors de chez soi. — *Etchetic kámpo ló'ghitea.*

DÉCOUDRE, v. a., défaire une couture. — *Urratzea.*

DÉCOULEMENT, s. m., qui découle.—*Ichúria.*

DÉCOULER, v. n., couler de suite.-*Ichúrtzia.*

DÉCOUPER, v. a., couper en morceaux. — *Pikatzea.*

DÉCOURAGEANT, TE, adj., qui décourage. — *Koraya galkorra, alimu galkorra, desalaïkia.*

DÉCOURAGEMENT, s. m., abattement — *Desalaïtza.*

DÉCOURAGÉ, ÉE, part., qui a perdu courage. — *Desalaïtua, alimu galdua, koraya galdua.*

DÉCOURAGER, v. a., ôter le courage. — *Desalaïtzea, alimua khentzea, koraya khentzea.*

DÉCOURS, s. m., décroissement de la lune.— *Beherapena.*

DÉCOUVERT (A), adv. et part., sans être couvert. — *Estalki gabea.* ǁ Trouvé : *Atchemana.* ǁ Inventé : *Phentxatua.*

DÉCOUVERTE, s. f., invention. — *Phentxamendua.* ǁ Action de découvrir : *Atchematia.*

DÉCOUVRIR, v. a., ôter ce qui couvre. — *Desestaltzea, estalgóa kentzea.* ǁ Qui trouve : *Achematea.* ǁ Faire voir : *Irakutxtea.* ǁ Mettre en évidence : *Agherraztea.* ǁ Inventer : *Phentxatxea.* ǁ Découvrir un secret : *Salatzea, tragarritzea.* ǁ Découvrir un délit : *Salatzea.*

DÉCRASSER, v. a., ôter la crasse. — *Garbitzea, zikhina khentzea.*

DÉCRÉDITER, v. a., ôter le crédit. — *Kredita galaztea.*

DÉCRÉPIT, TE, adj., vieux, cassé. — Au masculin : *Sentona, aguriôa.* ǁ Au féminin : *Atsorioá, zagarlea.*

DÉCRÉPITUDE, s. f., âge décrépit, extrême vieillesse. — Au masculin : *Sentoñanza, aguriogheа.* ǁ Au féminin : *Atsorioghea, zagarlanza.*

DÉCRET, s. m., loi, ordonnance. –*Naïdarra, bétezarra, erabakdea.*

DÉCRÉTÉ, ÉE, part., paru par décret. — *Naïdartua, betezartua, erabakitua.*

DÉCRÉTER, v. a. et n., faire un décret. — *Naïdartzea, bitezartzea, erabakitzea.*

DÉCRIRE, v. a., peindre par le discours. — *Ciozaltzea.*

DÉCROCHER, v. a., détacher une chose qui était accrochée. — *Deskrochetatzea.*

DÉCROÎTRE, v. n., diminuer. — *Gutitzea, tchipitzea.*

DÉCROTTER, v. a., ôter la crotte. — *Bása, lóya, lohia, partha, liga, bálsa khentzea.*

DÉCROTTEUR, s. m., qui décrotte et cire la chaussure. — *Zangotakuac ciratzaïlea.*

DÉDAIGNER, v. a., marquer de dédain. — *Desdiñatzea, ekoïzkatzea, begaïztetzea.*

DÉDAIGNEUSEMENT, adv., avec dédain. — *Desdiñaki, ekoïski, begaïzki.*

DÉDAIGNEUX, EUSE, adj., orgueilleux.- *Ekoïzkaria, begaïztaria, desdiñatsua.* || Qui fait pitié : *Nardagarria.*

DÉDAIN, s. m., sorte de mépris. — *Desdiña, ekoïkóa, begaïztea.*

DÉDALE, s. m., labyrinthe.— *Nahaskuntza.*

DEDANS, s. m., intérieur. — *Barnea.* || Dedans (en avant) : *Barnerat.* || Dedans (le) : *Barnia.* || Dedans, adv. de lieu : *Barnean.* || Fig., n'être ni dedans ni dehors : *Ez barnian, ez kampóan izatia.*

DÉDICACE, s. f., consécration d'une église, adresse d'un livre. — *Donkida.*

DÉDICATOIRE, adj., épître, dédicace. — *Donkitekua.*

DÉDIÉ, ÉE, part., consacré. — *Donkitua, donekidatua.*

DÉDIER, v. a., consacrer, adresser. — *Donkitzia, donekidatzea.*

DÉDIRE, v. a., désavouer. — *Hitza yatia, ukhatzea.*

DÉDIT, s. m., révocation d'une parole donnée. — *Ukhua cerbeïten gaïnian.*

DÉDOMMAGEMENT, s. m., indemnité.— *Kálte baten pagamendua.*

DÉDOMMAGER, v. a., indemniser.- *Káltegabetzea, káltebaghetzea, káltearen pagatzea.*

DÉDUCTION, narration, récit détaillé. — *Bekartea, bejeistea.* || Soustraction, rabais : *Khentzea.* || Diminuer : *Urritzea, gutitzea*

DÉDUIRE, v. a., raconter en détail. — *Bekartzea, bejeistzea.* || Oter, rabattre : *Khentzea.* || Diminuer : *Urritzea, gutitzea.*

DÉDUIT, TE, part., rabattu. — *Khendu.* || Diminué : *Urritu, gutitu.* || Raconté : *Bekartu.*

DÉFAILLANCE, s. f., faiblesse, évanouissement : *Flakadura.*

DÉFAIRE, v. a., détruire. — *Deseghitea, urratzea.* || Défaire une chose convenue : *Deseghitea.* || Délivrer : *Libratzea.*

DÉFAIRE (SE), v. pr., d'un domestique, le congédier : *Egortzea.* || De son ennemi, le faire mourir : *Zango haïntcinaz egortzea.* || D'un animal, d'une chose, la vendre : *Saltzea.* || D'un importun, le renvoyer : *Egortzea.* || Fig., de ses chaînes, les rompre : *Libratzea.*

DÉFAIT, TE, part. et adj., amaigri, exténué. — *Ahitua.*

DÉFAITE, s. f., déroute. — *Deseigóa.*

DÉFALCATION, s. f., déduction. — *Urriéra.*

DÉFALQUER, v. a., déduire. — *Khentzea.*

DÉFAUT, s. m., vice, imperfection. — *Défaüta, baya.* || Défaut (manque d'un objet) : *Fálta.*

DÉFAVEUR, s. f., cessation de faveur. — *Desgracia, desagramendua, ondikóa, machurrea, dóankaïtza, dóakabea.*

DÉFAVORABLE, adj., non favorable. — *Gaïsto, kóntra, gaïchto.*

DÉFAVORABLEMENT, adv., d'une manière fâcheuse, défavorable. — *Gaïstoki, gaïchtoki.*

DÉFECTUEUSEMENT, adv., avec défaut. — *Eskaski.*

DÉFECTUEUX, EUSE, adj., imparfait.— *Eskas, fáltiar, fáltiarkiro, gabensuro, utsaldiro.*

DÉFECTUOSITÉ, s. f., défaut. — *Gabenda, utsaldia, itena, eskasa, fálta, baïa, baya.*

DÉFENDRE, v. a., protéger quelqu'un. — *Défendatzea, sustengatzea.* || Prohiber : *Débekatzea, esendatzea.*

DÉFENDU, part. et adj., protégé. — *Defendatua.* || Prohibé : *Débakatua.*

DÉFENSE, s. f., protection, soutien. — *Sustengúa.* || Prohibition : *Débekúa.*

DÉFENSEUR, s. m., celui qui défend, qui protége. — *Défensora.*

DÉFENSIF, IVE, adj., fait pour la défense. — *Défendatzekúa.*

DÉFERRER, v. a., ôter les fers d'une monture. — *Desferratzea.*

DÉFI, s. m., provocation. — *Desafiða, dechidua.*

DÉFIANCE, s. f., manque de confiance. — *Mezfidantcha, mesfidantcia.*

DÉFIANT, TE, adj., soupçonneux. — *Mezfidanta, mesfidanta.*

DÉFIER, v. a. et n., provoquer. — *Desafiatzea, dechidatzea.* || Méfier : *Mezfidatzea, mesfidatzea.*

DÉFIGURER, v. a., rendre difforme.— *Itchustia.* || Changer : *Kambiatzea.* || Donner le change : *Itzultcea.*

DÉFILÉ, s. m., passage étroit où l'on ne peut passer que quelques personnes de front : *Pasaiya ertchi bat.*

DÉFILER, v. a., ôter les fils. — *Firlatzia.* || Aller l'un après l'autre, terme militaire : *Errunkan yuaïtia.*

DÉFINIR, v. a., expliquer. — *Esplikatzea, arpetzia, arghipeztzea.* ‖ Déterminer, faire connaître : *Irakustea.*

DÉFINITEUR, s. m., titre caustral. — *Arpeztaria, arghipetzallea.*

DÉFINITIF, IVE, adj., qui décide. — *Azkena, erabakduna, azken errana.*

DÉFINITION, s. f., explication.-*Esplikacionea.*

DÉFINITIVEMENT, adv., en jugement définitif. *Azkenic.* ‖ En définitive : *Azkenian.*

DÉFLORÉ, ÉE, part., qui a perdu sa virginité. — *Desloratua.*

DÉFLORATION, s. f., action par laquelle on ôte à une fille sa virginité. — *Desloradura.*

DÉFLORER, v. a., ôter la virginité à une fille. — *Desloratzea.*

DÉFONCER, v. a., ôter le fond. — *Urratzea.*

DÉFORMER, v. a., ôter la forme. — *Desformatzea, erakaïztea.*

DÉFRICHEMENT, s. m., action de défricher.— *Lur atheratceko lána.*

DÉFRICHER, v. a., mettre en culture. — *Lur atheratcea, landetatzia, larre haïntzurzia, bastortzatzea, naüaztutzea.*

DÉFRICHEUR, s. m., qui défriche. — *Lur atheratzaïlea.*

DÉFUNT, TE, adj. et s., qui est mort. — *Zén, zéna.*

DÉGAGÉ, ÉE, adj., délié. — *Ighiñarkaïztua, ighiñarghetua.* ‖ Taille dégagée, corps dégagé : *Gherri, gorphutz lerdena.* ‖ D'une obligation, de sa parole : *Desegoka.* ‖ Débarrassé : *Arazghetua, desarosotua.*

DÉGAGEMENT, s. m., action de dégager. — *Ighiñarghea, desighiñarta.*

DÉGAGER, v. a., délier. — *Ighiñarkaïztea, ighiñarghetzea.* ‖ Dégager (se) d'une obligation, de sa parole, etc. : *Desegokatzea.* ‖ Débarrasser : *Arasoghetzea, desarazotzea, deskatibatzea, deseragositzea.*

DÉGAÎNE, s. f., façon. — *Tornura.*

DÉGAÎNER, v. a., tirer une arme blanche de son fourreau. — *Furreütic khentzea.*

DÉGARNIR, v. a., ôter la garniture. — *Desgarnitzea.*

DÉGAT, s. m., dommage. — *Gastua, káltea, galkuntza, bidegabea.*

DÉGEL, s. m., action de dégeler.—*Deshorma, horma hurtcen den dembora.*

DÉGELER, v. a. et n., fondre la glace. — *Horma hurtzea, kharrua hurtzea, deshormatzea, desizotzea, desleyatzea.*

DÉGÉNÉRATION, s. f., état de dégénéré. — *Etaüsta, asturrunda, azturritza.*

DÉGÉNÉRÉ, ÉE, part., abâtardi. — *Etaütsia, asturrundua, azturritua.*

DÉGÉNÉRER, v. n., s'abâtardir. — *Etaüstzea, asturruntzea, azturritzea.*

DÉGOURDIR, v. a., réchauffer. — *Berotzera.* ‖ Façonner : *Aïrostera.*

DÉGOUT, s. m., manque de goût. — *Desgustua.* ‖ Aversion : *Desgustua, igüintza.* ‖ Insipidité, sans goût : *Ghezandea, lelaïda, léla, gheza.* ‖ Pitié ridicule : *Narda.*

DÉGOUTANT, TE, adj., qui dégoûte. — *Desgustagarria, nakaïzgarria, nagagarria.* ‖ Dégoûtante (d'une manière) : *Nakaïzgarriki, naskaró, nagaró.* ‖ Qui produit de l'aversion : *Igüiñgarria.* ‖ Qui produit une pitié ridicule : *Nardagarria.*

DÉGOUTER, v. a., donner du dégoût. — *Desgustatzea, naskatzea, nakaïtztzea, nakaïztea, nagagarritzea.* ‖ Produire de l'aversion : *Igüinaztea.* ‖ Produire une pitié ridicule : *Nardatzea.*

DÉGRADATION, s. f., destitution. — *Degradamendua.* ‖ Abaissement : *Aphaltasuna.* ‖ S'avilir : *Ohoré jaltzea, maïllespea, ohoré galtzea.* ‖ Dégât : *Kaltea.*

DÉGRADÉ, ÉE, part., destitué.— *Degradatua, kargua galdua.* ‖ Abaissé : *Aphaldua.* ‖ Avili : *Ohoré galdua.* ‖ Gâté : *Fundilua.*

DÉGRADER, v. a., destituer. — *Degradatzea, kargua galtzea.* ‖ S'abaisser : *Aphaltzea.* ‖ Avilir : *Ohore jaütsitzea, maïllezpetzea.* ‖ Faire du dégoût : *Nardatzea.* ‖ Gâter : *Funditzea.*

DÉGRAFER, v. a., détacher une agrafe. — *Dekrochetátzea.*

DÉGRAISSER, v. a., ôter la graisse ou les taches de graisse. — *Deskoïpatzea, desgantzatzea, urina khentzea, uriña khentzia.*

DEGRÉ, s. m., escalier, marche.—*Eskalera, maïla.* ‖ Au fig., grade : *Gradua.* ‖ Division : *Gradua.*

DÉGRINGOLER, v. a., descendre trop vite. — *Itzulipurdikatzea.*

DÉGROSSIR, v. a., ôter le plus gros. — *Mehatzea.*

DÉGUENILLÉ, ÉE, adj., vêtu de guenilles. — *Puchkac-yarian.*

DÉGUERPI, IE, part., échappé. — *Yuana.*

DÉGUERPIR, v. a., s'en aller, échapper. — *Yuaïlea, eskapatzea.*

DÉGUEULER, v. n., vomir. — *Goïtikatzea, goïtika-'ghitea.*

DÉGUISER, v. a., travestir. — *Maskatzea, iduria kambiatzea.*

DÉGUSTER, v. a., goûter une boisson pour en connaître la qualité. — *Yastatzea.*

DEHORS, adv., hors de; s. m., extérieur. — *Kampoa.* ‖ Apparence : *Itchura.*

DÉIFIER, v. a., admettre au nombre des dieux. — *Ynkotzea.*

DÉITÉ, s. f., dieu ou déesse de la fable. Il n'est d'usage qu'en poésie.—*Ynkotasuna.*

DÉJA, adv., dès cette heure. — *Yadanic, yadan, gargoro, angoro.*

DÉJEUNÉ, s. m., repas du matin. — *Gosaria, askari-chumia.*

DÉJEUNER, v. n., manger le matin. — *Gosaltzea, askari-chumea'ghitea.*

DÉJOUER, v. a., empêcher l'effet. — *Empechatzea.*

DELA, prép., de cet endroit. — *Hortikan.* ‖ Delà (au) : *Aratago.*

DÉLACER, v. a., défaire un lacet. — *Kordoïnac lachatzea.*

DÉLAI, s. m., retardement. — *Delayóa, terminua, epéa.*

DÉLAISSEMENT, s. m., abandon.—*Abandona, desampara, desamparóa.*

DÉLAISSÉ, ÉE, part., abandonné. — *Utzia, abandonatua, kitatua, lajatua, lorgatua, desamparatua.*

DÉLAISSER, v. a., abandonner. — *Uztea, abandonatzea, kitatzea, lajatzea, largatzea, desamparatzea.*

DÉLASSEMENT, s. m., repos. — *Deskantsua, paüsada.*

DÉLASSÉ, ÉE, part., reposé. — *Deskantsatua, paüsatua.*

DÉLASSER, v. a., ôter la lassitude. — *Deskantsatzea, paüsatzea.*

DÉLATEUR, TRICE, s., dénonciateur. — *Salatzaïlea, salatzallea, gaïtzyhertaria.*

DÉLATION, s. f., dénonciation. — *Salaketa, gaïtzghertua.* ‖ Faire une dénonciation : *Salatzia, gaïtzghertatzea.*

DÉLAYER, v. a., détremper. — *Ligatzia.*

DÉLECTABLE, adj., agréable, qui plaît. — *Déliciosa, pózmagarria, gózagarria.*

DÉLECTABLEMENT, adv., d'une manière délectable. — *Gózoki, gózoro, gózokiro, gózarokiro, gózanderó, pózmatzuro.*

DÉLECTATION, s. f., plaisir savouré. — *Gózande gheldia, nughia, gózandea, pózmadea, gózotasuna.*

DÉLECTER, v. a., réjouir. — *Gózatzea, gózarotutzea, gózandetutcea, pózmatutcea.*

DÉLÉGATION, s. f., commission pour agir. — *Ordegóa, ordó.*

DÉLÉGUÉ, s. m., député. — *Ordetua.*

DÉLÉGUER, v. a., députer. — *Ordetzea.* ‖ Celui qui députe : *Ordetzaïlea.*

DÉLIBÉRANT, TE, adj., qui délibère.— *Déliberatzian, betuztean.*

DÉLIBÉRATIF, IVE, adj., qui délibère. — *Déliberagarria, betuztekóa.*

DÉLIBÉRATION, s. f., action de délibérer. — *Déliberacionea, betuztea.* ‖ Délibération (avoir en projet) : *Désidua.*

DÉLIBÉRÉ, ÉE, adj., déterminé.- *Déliberatua.* ‖ Résultat d'une délibération : *Déliberatua, betuztatua.*

DÉLIBÉRÉMENT, adv., hardiment. — *Déliberatuki.*

DÉLIBÉRER, v. a., résoudre.— *Deliberatzea, betuztetzea.* ‖ Délibérer (se décider à) : *Déliberatzea.*

DÉLICAT, TE, adj., scrupuleux, exquis, faible. — *Delikatua, delikatia.*

DÉLICATEMENT, adv., avec délicatesse. — *Délikatuki.*

DÉLICATESSE, s. f., état délicat. — *Délikatasuna, erbaldeá, ebaïndeá.* ‖ Suavité : *Gochotasuna.*

DÉLICES, plaisir, s. m. au sing., s. f. au pl. *Gózandea, placera, lória.* ‖ Délices (avec) : *Gózanki, lórian, placerian.* ‖ Délices (sensualité) : *Araghizdea, limuriac.*

DÉLICIEUSEMENT, adv., avec délices. — *Gózanki, lórian, placerian, amoltsuró, gózandero, gózaldiró, pózaldiro.*

DÉLICIEUX, EUSE, adj., extrêmement agréable. —*Górotxua, lóriakúa, gózandekua, gózarokia, pózmatzua.*

DÉLIÉ, ÉE, adj., mince, corps dégagé.—*Désgaiyatua, meéa, meárra, seguilla, lerdena.* ‖ Délié d'une parole : *Libratua.*

DÉLIER, v. a., dégager, détacher.—*Libratzea.*

DÉLINQUANT, s. m., coupable d'un délit. — *Fálta duena, kúlpa duena.*

DÉLINQUER, v. n., faillir. — *Fálta bat eghitea, kúlpa bat éghitea, fáltatzea, kúlpatzea.* ‖ Contrevenir à la loi : *Legheáren kóntra yuaïtia.*

DÉLIRE, s. m., égarement d'esprit. — *Errebrióa, desmorióa, hitzergóa.*

DÉLIRER, v. n., être en délire.— *Erreberiótan izalea, erreberiatzea, desmoriatzea, hitzerotzea.*

DÉLIT, s. m., contravention aux lois. — *Kúlpa, fálla, araüztea.*

DÉLIVRANCE, s. f., action de délivrer. —*Libranza.*

DÉLIVRE, s. m., arrière-faix. — *Ondokóac.*
DÉLIVRER, v. a., mettre en liberté. — *Libratzea.* || Affranchir : *Libratzea.* || Accoucher : *Erditzea.*
DÉLOGER, v. n., quitter un logement. — *Kámporatcea.*
DÉLOYAL, adj., sans loyauté. — *Féde gábekûa, desleyala, zûria, zákurra.*
DÉLOYALEMENT, adv., d'une manière déloyale. — *Féde gábcki, desleyalki, zûriki, zákurki.*
DÉLOYAUTÉ, s. f., manque de foi. — *Féde gábea, zûrikeria, zákurkeria.*
DÉLUGE, s. m., grande inondation. — *Uhaldéa, túlubióa.*
DÉLUSTRER, v. a., ôter le lustre. — *Désarghitzeu, distiakaïtzea, désgañarghitzea.*
DÉMAILLOTÉ, ÉE, part., à qui l'on a ôté le maillot. — *Déstrochatua, trócha khendua.*
DÉMAILLOTER, v. a., ôter du maillot. — *Déstróchatzia, trócha khentzia.*
DEMAIN, adv. ; s. m., le jour après celui-ci. — *Bihar.*
DÉMANCHÉ, ÉE, part., dont on a ôté le manche. — *Ghiderra khendua.*
DÉMANCHER, v. a., ôter le manche d'un instrument. — *Ghiderra khentzea.*
DEMANDE, s. f., action de demander. — *Galdeá, galdiá, eskeá.*
DEMANDER, v. a., solliciter. — *Guld'eghitea, eskatzea, galdetzea.* || Interroger : *Galdetzea.* || Exiger : *Grinaytzea.*
DEMANDEUR, EUSE, s. qui demande. — *Galdekaria, eskalia.*
DÉMANGEAISON, s. f., picotement. — *Atzdura.*
DÉMANGER, v. n. et imp., éprouver une démangeaison. — *Atz'eghitea.*
DÉMANTELÉ, ÉE, part., démolir en parlant d'un fort, d'une place. — *Arrasatua, lurreratua.*
DÉMANTELER, v. a., démolir une place. — *Arrasatzea, lurreratzea.*
DÉMARCATION, s. f., limite. — *Mugha.*
DÉMARCHE, s. f., allure, manière d'aller. — *Erarta, joaïta.* || Fig., procédé, manière d'agir : *Ensayáa.*
DÉMARQUER, v. a., ôter la marque. — *Désmarkatzea.*
DÉMARRER, v. a., détacher. — *Lachatzea.*
DÉMASQUER, v. a., ôter le masque. — *Désmazkatzea.*
DÉMATER, v. a., abattre ; v. n., ôter les mâts. — *Mástac beheïtitzea, mástac khentzea.*

DÉMÊLÉ, s. m., querelle. — *Ezpaitzá, eskatima, leikitza, egarghia.* || Contestation : *Ahara, jakirazkida, talazkida.*
DÉMÊLER, v. a., contester, quereller, débattre. — *Ezpaïtatzea, eskatimatzea, jardakitzea, leikidatzea, egarkidatzea.* || Démêler, éclaircir, débrouiller : *Billakindetzea, jakindetzea, ihardukitzea.* || Oter et séparer les choses mêlées ensemble : *Berechtea.*
DÉMÊLOIR, s. m., peigne à démêler. — *Orraze-largúa.*
DÉMEMBREMENT, s. m., action de démembrer. — *Séparadea.*
DÉMEMBRER, v. a., dépiécer. — *Séparatzea, bizakaïghetzea, désbizakaïtzea.*
DÉMÉNAGEMENT, s. m., action de déménager. — *Aldara, aldamena.*
DÉMÉNAGER, v. a. et n., transporter ses meubles ailleurs. — *Aldaratzia.*
DÉMENCE, s. f., folie. — *Erhotasuna, erhokeria.*
DÉMENER (SE), v. pr., se débattre. — *Arazotzea, asaldatzea, aütsitzea, ábartzatzea.* || S'agiter, se remuer violemment : *Saltatzia.*
DÉMENTI, s. m., action de démentir. — *Ghezurtadea, ghezurtamendua.*
DÉMENTIR, v. a., contredire. — *Ghezurtatzia, ghezurtaztea.*
DÉMÉRITE, s. m., ce qui rend digne de blâme ou de punition. — *Desmerecia.*
DÉMÉRITER, v. n., cesser de mériter. — *Onkaïghetzea, desonkaïtzea.*
DÉMESURÉ, ÉE, adj., excessif, très-grand. — *Neürri gabe, neurghea.*
DÉMESURÉMENT, adv., avec excès. — *Neürriric gabe, neurghekiro.*
DÉMETTRE, v. a., disloquer. — *Ihartatzeá.* || Renoncer : *Uztea.*
DÉMEUBLEMENT, s. m., action de démeubler. — *Móbliac khentzea.*
DÉMEUBLER, v. a., ôter les meubles. — *Désmoblatzea.*
DEMEURANT, adj., qui est logé en tel ou tel endroit. — *Egóten.* || Demeurant (au), adv., au reste, au surplus : *Gaïneatekûan.*
DEMEURE, s. f., domicile. — *Egoïtza, égónlekúa.*
DEMEURER, v. n., habiter, rester. — *Egotea, egoïtea.*
DEMI, IE, adj. sing., qui contient la moitié du tout. — *Erdi, erdia.* || Après le substantif il en prend le genre. Une aúne et

demie : *Berga bat eta erdi.* ‖ Lorsqu'il précède le substantif, il est toujours indéclinable. Demi-livre : *Libera erdia.* ‖ Demi-plein : *Erdi bethea.* ‖ Il se met encore devant plusieurs substantifs qui dénotent quelque qualité, et alors il signifie : qui participe à cette qualité. Demi-Dieu : *Jinko-erdia.* ‖ Devant plusieurs adjectifs, il signifie presque : Il est à demi-fou : *Erdi erhóa da.*

DEMIE, s. f., s'emploie pour signifier une demi-heure. Alors il reçoit un pluriel. Cette horloge sonne les heures et les demies. — *Horen hánec yótzentu horenac eta erdiac.* ‖ A demi, adv., à moitié : *Erdizka.*

DÉMISSION, s. f., acte pour se démettre. — *Kargu bat utztea, demicione ematea.*

DÉMOCRATE, s. m., partisan de la démocratie. — *Uritarra, erritarra.*

DÉMOCRATIE, s. f., gouvernement populaire. — *Uritarmenea, erritarmenea.*

DÉMOCRATIQUE, adj., de la démocratie. — *Uritarmenekóa, erritarmenekúa.*

DÉMOCRATIQUEMENT, adv., d'une manière démocratique. — *Erritarki, urritarki.*

DEMOISELLE, s. f., fille honnête. — *Andérea, ándéria, donceila.*

DÉMOLIR, v. a., détruire. — *Désekidatzea, bilakitzea.* ‖ Abattre, démanteler : *Eroraztea, déseghitea, lurreratzea, arrasatutzea.*

DÉMOLITION, s. f., action de démolir. — *Déseghina.*

DÉMON, s. m., diable. — *Debrüa, demoniüa.*

DÉMONIAQUE, s. et adj., possédé du malin esprit. ‖ Fig., colère, emporté, malin, rusé. — *Póseditua.*

DÉMONSTRATIF, IVE, adj., qui démontre, qui témoigne. — *Irakutxzaillea, aghertzallea.*

DÉMONSTRATION, s. f., preuve. — *Frógha, agheria.* ‖ Marque, témoignage : *Agheria.* ‖ Faux témoignage d'amitié, d'attachement : *Maltzurkeria.*

DÉMONSTRATIVEMENT, adv., d'une manière démonstrative. — *Agheric.* ‖ Faux témoignage d'amitié, d'attachement : *Maltzurki.*

DÉMONTER, v. a., désassembler. — *Urratzea, déseghitea.*

DÉMONTRER, v. a., prouver, enseigner. — *Irakutxtea.*

DÉMORALISER, v. a., pervertir. — *Galtzea.*

DÉMUNI, IE, part., à qui l'on a ôté les munitions. — *Gabetua.*

DÉMUNIR, v. a., ôter les munitions d'une place. — *Khentzia, gabetzea.*

DÉNATURÉ, ÉE, adj., contraire à la nature. — *Erbeztatua, atzerritua.* ‖ Inhumain : *Odolghirodia, bihotzgohorra.*

DÉNATURER, v. a., changer de nature. — *Erbeztetzea, atzerritzea.*

DÉNÉGATION, s. f., action par laquelle on dénie quelque chose en justice. — *Ukamendua.*

DÉNI, s. m., refus d'une chose due. — *Ukhamendua.*

DÉNICHÉ, ÉE, part., ôté du nid. — *Ohantze atchemana, cafi atchemana.*

DÉNICHER, s. m., ôter du nid. — *Ohantze atchematia, kafi atchemaïtia.*

DÉNICHEUR, s. m., qui déniche les petits oiseaux. — *Ohantzeketaria, káfiketaria.* ‖ Fig. et fam., chevalier d'industrie : *Atchemaïlea.*

DÉNIER, v. a., nier. — *Ukhatzea.*

DÉNIGRER, v. a., noircir la réputation. — *Gaïzkika erreputacionea galaztea.*

DÉNOMBREMENT, s. m., compte et détail de personnes ou de choses. — *Kóndu chehia, yendez édo gaüzez.*

DÉNOMBRER, v. a., terme d'arithmétique. — *Kóndatzea, góndatzea, cembatetzea.* ‖ Compter en détail plusieurs corps : *Icendatzea.*

DÉNOMINATION, s. f., désignation. — *Icendagóa.*

DÉNOMMER, v. a., nommer. — *Icendatzea.*

DÉNONCER, v. a., déclarer, déférer. — *Salatcea, salatzia, saliskindatzea.*

DÉNONCIATEUR, s. m., qui dénonce. — *Salataria, saliskina.*

DÉNONCIATION, s. f., délation. — *Salaketa, saliskindea.*

DÉNOUER, v. a., défaire un nœud. — *Déskopillatzea.*

DÉNOUEMENT, s. m., fin d'une action. — *Fina, akabantza.*

DENRÉE, s. f., ce qui se vend pour la nourriture. — *Yanaria.*

DENSE, adj., terme didactique. — *Lódi.*

DENT, s. f., os enclavé dans la mâchoire. — *Hortza.* ‖ Dents canines : *Lethaghinac.* ‖ Grosses dents : *Haghinac.* ‖ Pointe de certains outils : *Hortza.*

DENTELLE, s. f., ouvrage de fil à jours. — *Dentela.*

DENTISTE, s. m., qui soigne les dents. — *Dantista, aghinateratzaïlea, aghinidokit-*

zaïlea. || Instrument dont se sert le dentiste pour arracher les dents : *Aghinsakaya, aghinateratzekûa.*

DENTITION, s. f., naissance des dents. — *Hortz sortzeko dembóra.*

DÉNUÉ, ÉE, part., privé. — *Gabetua.*

DÉNUER, v. a., priver totalement. — *Gabeatzea, gabetzea.*

DÉNUMENT, s. m., privation totale. — *Deüsic gabe izatia.*

DÉPAREILLER, v. a., désaparier, désaccoupler. — *Desigóaltzea, berdinkaïztea.*

DÉPART, s. m., action de partir. — *Phartitzia, yoaïra, yóateá, juana.* || Sur le départ : *Abian, phartitze mementuan.* || Départ (en partance) : *Abian.*

DÉPARTEMENT, s. m., division de pays, district, détroit, juridiction, ressort. — *Départamendua, barrutia.*

DÉPARTEMENTAL, ALE, adj., qui a rapport au département. — *Departamendukûa.*

DÉPARTIR, v. a., se désister. — *Largatzea, hitza yatea, larghestatzea, barghetsitzea.*

DÉPASSER, v. a., devancer. — *Haïncintzea.*

DÉPAVER, v. a., ôter le pavé qui est en œuvre. — *Desgálzaratzea, desgálzadatzea.*

DÉPAYSÉ, ÉE, part., tiré de son pays. — *Erritic kámporatua.*

DÉPAYSER, v. a., tirer quelqu'un de son pays. — *Erritic kámporatzerat.* || Cette famille est dépaysée : *Familia ori erritic kámporatua da.*

DÉPÉCER, v. a., mettre en morceaux. — *Pikatzea, urratzea, aüstea.*

DÉPÊCHER, v. a., hâter. — *Lastertzea.*

DÉPEINDRE, v. a., décrire. — *Ciazaltea.*

DÉPENDAMMENT, adv., avec dépendance. — *Meneki.*

DÉPENDANCE, s. f., sujétion. — *Menea.*

DÉPENDANT, adj., qui dépend. — *Menian.*

DÉPENDRE, v. a., détacher, ôter une chose de l'endroit où elle était pendue.—*Dilindan zágon tokitic zerbaït khentzia.* || v. n., être subordonné : *Menetzea.* || v. imp., il dépend de moi de...... : *Nitaz meneatzen da.*

DÉPENS, s. m. pl., frais. — *Gastua.*

DÉPENSE, s. f., argent dépensé. — *Gastua, despendiña.*

DÉPENSER, v. a., employer. — *Gastatzea, emplegatzea, déspendiatzea.*

DÉPENSIER, ÈRE, adj., qui aime la dépense. — *Déspendiatzaïlea, emplegatzaïlea, gastatzaïlea.*

DÉPÉRIR, v. n., déchoir. — *Erortzea.* || Se détériorer : *Peritzia, chartzea, igatzea, funditzea, galtzea.*

DÉPÉRISSEMENT, s. m., décadence, dégradation. — *Erorpena.* || Santé en souffrance : *Tchartasuna, igamendua.*

DÉPEUPLEMENT, s. m., action de dépeupler. — *Diaghea, desdia, yendeén gutitciac.*

DÉPEUPLER, v. a., dégarnir d'habitants. — *Diaghetzea, desdiatzea, yendeac gutitzea.*

DÉPIÉCÉ, ÉE, part., démembré.— *Púskatua, púskakatua.*

DÉPIÉCER, v. a., démembrer. — *Púskatzea, púskakatzea.*

DÉPISTER, v. a., découvrir à la piste. — *Asmatzia.*

DÉPIT, s. m., fâcherie. — *Despita.*

DÉPLACÉ, adj., inconvenant. — *Ofentsa.* || part., changé de place : *Aldaratua.*

DÉPLACEMENT, s. m., action de déplacer. — *Aldaïza, aldamena.*

DÉPLACER, v. a., ôter de sa place. — *Chanyatzea, aldatzea.*

DÉPLAIRE, v. n., être désagréable.— *Ezgustatzia.* || v. p., s'ennuyer : *Unatzea.*

DÉPLAISANT, TE, adj., désagréable. — *Igüingarria.*

DÉPLAISIR, s. m., chagrin. — *Changrina, atsekabea.*

DÉPLIÉ, ÉE, part., étendu. — *Edatûa.* || Elargi : *Zabaldua.* || Allongé : *Luzatua.*

DÉPLIER, v. a., étendre ce qui est plié. — *Edatzea.* || Elargir : *Zabaltzea.* || Allonger : *Luzatzea.*

DÉPLORABLE, adj., digne de pitié. — *Lastimagarria.*

DÉPLORABLEMENT, adv., d'une manière déplorable.— *Lastimagarriki.*

DÉPLOYÉ, ÉE, part., étendu. — *Edatûa.* || Elargi : *Zabaldua.* || Allongé : *Luzatua.*

DÉPLOYER, v. a., étendre. — *Edatzea.* || Elargir : *Zábaltzea.* || Allonger : *Luzatzea.*

DÉPLUMÉ, ÉE, part., ôté les plumes. — *Lûmatua, biphildua.*

DÉPLUMER, v. a., ôter les plumes. — *Lumatzea, biphiltzea.*

DÉPOLI, IE, part., qui n'est plus uni. — *Legûna galdua, legûneztatua.*

DÉPOLIR, v. a., ôter le poli. — *Legûna galtzea, legûneztatzea.*

DÉPOPULARISÉ, ÉE, part., qui a perdu sa popularité. — *Populuaren amodióa galdu dûena.*

DÉPOPULARISER, v. a., ôter la popularité. — *Populuaren amodióa galaztea.* ‖ Perdre sa popularité : *Populuaren amodióa galtzea.*

DÉPOSÉ, ÉE, part., posé, réuni en un lieu. — *Phaüsatua, émana.*

DÉPOSER, v. a., poser, remettre. — *Phaüsatzea, ématea.*

DÉPOSITAIRE, s., qui a un dépôt. — *Gûardiatzaïlea, zaïnzaïlea, atchikitzaïlea, itchikitzallea, ipigándaria, ipigánde záya.*

DÉPOSITION, s. f., témoignage. — *Dákirasia, cinoldea, errana, sálaketa.* ‖ Action de laisser : *Utziera.* ‖ Action de priver : *Kaïztea, baghetzea, gabetzea.*

DÉPOSSÉDÉ, ÉE, part., qui ne possède plus. — *Gabetua.*

DÉPOSSÉDER, v. a., ôter la possession. — *Gabetzea.*

DÉPOSTÉ, ÉE, part., chassé d'un poste. — *Den tokitic khendua, zen tokitic khendua.*

DÉPOSTER, v. a., chasser d'un poste. — *Tóki bátetic khentzea, pósta bátetic egortzea.*

DÉPOT, s. m., action de déposer. — *Ipigandea.*

DÉPOUILLE, s. f., butin. — *Bülustea, zoïldea.*

DÉPOUILLÉ, ÉE, part., à qui on a ôté les vêtements. — *Biluzia, bûluzia.* ‖ Les biens : *Biluzia, buluzia, gabetua, soïltua.*

DÉPOUILLER, v. a., ôter les vêtements. — *Bilûztea, bûluztea, eraüncitzea, eraüncitzea, desjancitzea, bilucitzea.* ‖ Oter les biens : *Gábetzia, biluztea, buluztea, soïltzea.*

DÉPOURVOIR, v. a., dégarnir de ce qui était nécessaire. — *Gabetzea.*

DÉPOURVU, UE, adj., dégarni. — *Gabetua.*

DÉPRAVATEUR, s., celui qui déprave. — *Galtzaillea, gaïstozallea, deüngatzallea.*

DÉPRAVATION, s. f., corruption. — *Gaïstodea, deügadea.*

DÉPRAVER, v. a., corrompre. — *Galtzea, gaistotzea, deüngatzea.*

DÉPRÉCIATEUR, s., qui déprécie. — *Urruñaria, mesprezaria, mespresatzaïlea, utsastaria.*

DÉPRÉCIATION, s. f., action de déprécier. — *Mesprecióa, mespréza, utsasa, añkosa.*

DÉPRÉCIÉ, ÉE, part., rabaissé. — *Gutitua, mendretua, tchipitua, mespreciatua.*

DÉPRÉCIER, v. a., rabaisser. — *Gutitzea, mendretzea, tchipitzea, mespreciatzea.*

DÉPUCELÉ, ÉE, part., défloré. — *Déslóratua.*

DÉPUCELER, v. a., déflorer. — *Deslóratzea, donzella bati bére lórea khentzea.*

DEPUIS, prép. de temps, de lieu. — *Gheroztic.* ‖ Depuis que, de depuis : *Gheroztikun, ezkero, ezgheroz, ezgheroztic, ezgherotanic.* ‖ Depuis quand : *Noïzdic, noïztic, noïztikan, noïzezghero.* ‖ Depuis alors : *Ordudanic, gheroztanic, gherozdanic, azkero.*

DÉPUTATION, s. f., envoi d'une ou plusieurs personnes avec commission, corps des députés. — *Députacionea, ekaüta.*

DÉPUTÉ, s. m., envoyé par un corps. — *Dépûtatea, ekaütua, mandataria.*

DÉPUTER, v. a., déléguer. — *Dépûtatzea, ekaützea, enkargatzea.*

DÉRACINER, v. a., arracher la racine. — *Errhotic khentzea, errhotic atteratzea.*

DÉRAISON, s. f., défaut de raison. — *Arrazoïgabea, arrazoïbaghea.*

DÉRAISONNABLE, adj., contraire à la raison. — *Arrazoïngabekûa.*

DÉRAISONNABLEMENT, adv., sans raison. — *Arrazoïngabeki.*

DÉRAISONNER, v. n., raisonner faux. — *Zozoki mintzatzia, arrazoïn gabeki mintzatzea.*

DÉRANGEMENT, s. m., désordre. — *Désordena.*

DÉRANGÉ, ÉE, part., en désordre. — *Désordian.* ‖ Oté de place : *Aldaratua.* ‖ Indisposé, malade : *Ez onghi izatia, bére aisian ez izatia, eritua.*

DÉRANGER, v. a., déplacer. — *Aldaratzea.* ‖ Mettre en désordre : *Nahastekatzea.* ‖ Se déranger, devenir indisposé : *Eritzea.*

DÉRATÉ, ÉE, part., à qui l'on a enlevé la rate. — *Desbaritua, baria khendua.*

DÉRATER, v. a., ôter la rate. — *Desbaritzea, baria khentzea.*

DERECHEF, adv., de nouveau. — *Berriz.*

DÉRÉGLÉ, adj., contraire aux règles. — *Makurra.*

DÉRÉGLEMENT, adv., sans règle. — *Makurdura.*

DÉRÉGLER, v. a., mettre en désordre. — *Makhurtzea.*

DÉRIDÉ, ÉE, part., réjoui. — *Alhegheratua.*

DÉRIDER, v. a., réjouir. — *Alhegheratzea.*

DÉRISION, s. f., moquerie. — *Trûfa.* ‖ Dérision (avec) : *Trúfakeriarekin.*

DÉRISOIRE, adj., avec dérision. — *Trûfagarria.*

DÉRIVATIF, IVE, adj., qui détourne, t. de méd. — *Aldaratzen duena, aldarakorra.*

DÉRIVATION, s. f., origine d'un mot. — *Ethorkuntza.*

DÉRIVER, v. n., s'écarter du bord. — *Leiyoretic aphartatzia, urac eremaïtea.* ‖ Tirer sa source : *Ethortzea, heltzea.*

DERNIER, ÈRE, adj., après les autres. — *Azkena.* ‖ Le restant : *Hondarra.* ‖ Dernière fois (la) : *Azken aldian.*

DERNIÈREMENT, adv., depuis peu. — *Haïntcinhortan.*

DÉROBÉ, ÉE, part., volé.—*Ebatxia.* ‖ Caché : *Gordia.* ‖ Soustrait : *Kendua.* ‖ Échappé : *Eskapatua, yúana.*

DÉROBER, v. a., voler. — *Ebastea.* ‖ Cacher : *Gordetzea.* ‖ Soustraire : *Khentzea.* ‖ Échapper : *Eskapatzea, yúaïtea.*

DÉROGATION, s. f., action de déroger. — *Bere errenkútic aphalmendua.*

DÉROGER, v. n., agir en contradiction à, déchoir de la noblesse : *Bére errenkútic yaüstea.*

DÉROUILLER, v. a., ôter la rouille.—*Erdoïla khentzea.*

DÉROULER, v. a., étendre ce qui est roulé. — *Luzatzea, édatzea.*

DÉROUTE, s. f., fuite de troupes. — *Déseigóa, galtzendea.* ‖ Mettre en déroute : *Déseghitea.* ‖ Mis en déroute : *Déseghitua.*

DERRIÈRE, prép., adv., après. — *Ghero.* ‖ s. m., partie postérieure des fesses : *Iphurdia, uzkia, ghibela.*

DES, part., pour de les ; quand il est employé dans le sens partitif et que le substantif pluriel est précédé d'un adjectif, on ne dit pas *des*, mais *de*. Ainsi il faut dire : de savants auteurs : *Aütore yakinac*, quoiqu'on dise des auteurs savants, qui en basque se rend de la même manière : *Aütore yakinac.*

DES (au gén.), des hommes : *Ghizonen.* ‖ Des femmes : *Emaztekien.* ‖ A l'ablatif, des hommes : *Ghizonez.* ‖ Des femmes : *Emaztekiez.*

DÈS, prép. de temps et de lieu, depuis, dès que : *Ordutic.* ‖ Dès à présent : *Oraïtic, oraïdanic.* ‖ Dès hier : *Atzotic, atzodanic.* ‖ Dès aujourd'hui : *Egundic, gaürdanic.* ‖ Dès demain : *Bihartic, bihardanic.* ‖ Dès l'an passé : *Ganden urtetic, yázdanic.* ‖ Dès cette année : *Aürtendic, aürtendanic.* ‖ Dès et quand : *Noïzdic, noïzdanic.* ‖ Dès alors : *Ordutic, ordudanic.*

DES, conj., aussitôt que ; aussitôt que le soleil fut levé : *Iruzkia yeïkizen púntutic.* ‖ Il signifie aussi, puisque. Dès que vous le désirez : *Désiratzen duzunez gheroztic.*

DES ou DÈS s'incorpore et forme la finale, la dernière ou les dernières syllabes. Ainsi : *Aütore yaki-nac (aütore yakinac).* ‖ Des (gén.), des hommes : *Ghizon-en (ghizonen).* ‖ Des femmes : *Emazteki-en (emaztekien).* ‖ Des (abl.), des hommes : *Ghizon-ez (ghizonez).* ‖ Des femmes : *Emazteki-ez (emaztekiez).* ‖ Dès que : *Ordu-tic (ordutic).* ‖ Dès à présent : *Oraï-tic (oraïtic), oraïda-nic (oraïdanic).* ‖ Dès hier : *Atzo-tic (atzotic), atzo-danic (atzodanic).* ‖ Dès aujourd'hui : *Egun-dic (egundic), egun-danic (egundanic).* ‖ Dès demain : *Bihar-tic (bihartic), bihar-danic (bihardanic).* ‖ Dès l'an passé : *Ganden urte-tic (ganden urtetic), yáz dan-ic (yázdanic).* ‖ Dès et quand : *Noiz-tic, (noïztic), noiz-danic (noïzdanic).* ‖ Dès alors : *Ordu-tic (ordutic), ordu-danic (ordudanic).* ‖ Dès, aussitôt que. Dès que le soleil fut levé : *Iruzkia yeïkizen púntutic. (Iruzkia yeïkizen púntutic).* ‖ Puisque, dès que vous le désirez : *Désiratzen dùzunez gheroz-tic (désiratzen dùzunez gheroztic).* Ainsi les part. *ac, en, ez*, les prép. *tic, ic, danic*, les conj. *tic*, sont les finales ; la syllabe ou les syllabes qui finissent les mots, s'incorporent avec eux et complètent leur signification.

DÉSABUSEMENT, s. m., action de désabuser. — *Désenganua.*

DÉSABUSER, v. a., détromper. — *Désenganatzea.*

DÉSACCORD, s. m., désunion. — *Désérakidea, désaraükida, désaraükidea, désarakida.* ‖ Désaccord dans les voix : *Désbatosgóa.* ‖ Désaccord en la musique : *Batsokea.* ‖ Désaccord dans les volontés : *Désongundea, désarakida.*

DÉSACCORDER, v. a., détruire l'accord, désunir. — *Désarakidatzea, désarankidatzea.* ‖ Opposition de volontés : *Désogundutzea.*

DÉSACCOUPLER, v. a., détacher des choses accouplées : *Despariatzea.*

DÉSACCOUTUMER, v. a., déshabituer. — *Oïghetzea, desoïtutzea, oïkaztutzea.*

DÉSAGRÉABLE, adj., qui déplaît. — *Iguïngarria.*

DÉSAGRÉABLEMENT, adv., d'une manière désagréable. — *Iguïngarriki.*

11

DÉSAGRÉMENT, s. m., dégoût. — *Desgustûa.* ‖ Chagrin : *Changrina.*
DÉSALTÉRER, v. a., ôter la soif. — *Egarria hiltzea.*
DÉSANCRER, v. a., lever l'ancre. — *Desainguratzea.*
DÉSAPPARIER, v. a., séparer une paire. — *Despariatzea.*
DÉSAPPOINTEMENT, s. m., espérance déçue. — *Ustegabekûa.*
DÉSAPPRENDRE, v. a., oublier ce qu'on a appris. — *Ahanztea.*
DÉSAPPROBATEUR, TRICE, s., qui désapprouve. — *Desontzatzallea.*
DÉSAPPROBATION, s. f., action de désapprouver. — *Desontzatea.*
DÉSAPPROUVER, v. a., blâmer. — *Desontzatzea.*
DÉSARÇONNER, v. a., mettre hors des arçons. *Istributic atheratzea.*
DÉSARMEMENT, s. m., action de désarmer. — *Désarmamendua.*
DÉSARMER, v. a., ôter les armes. — *Désarmatzea.*
DÉSASTRE, s. m., grand malheur. — *Dóakea, dóakabea, zórigaïtza.*
DÉSASTREUSEMENT, adv., dans le sens de préjudice. — *Dóakabeki, zórigaïtzki.*
DÉSASTREUX, EUSE, adj., funeste. — *Doakabero.*
DÉSAVANTAGE, s. m., infériorité. — *Désabantaïla.* ‖ Préjudice : *Damûa, bide gabea, káltea.*
DÉSAVANTAGEUSEMENT, adv., d'une manière désavantageuse. — *Damûki, bidegabeki, káltekorki.*
DÉSAVANTAGEUX, EUSE, adj., qui cause ou peut causer du préjudice, du dommage. — *Damûgarria, bidegabegarria, káltegarria.*
DÉSAVEU, s. m., dénégation. — *Ukhamendua.*
DÉSAVOUER, v. n., nier, méconnaître. — *Ukátzia.*
DESCENDANCE, s. f., extraction. — *Arraká, leiñua.*
DESCENDANT, TE, adj., qui descend, s. m. — *Yaüstendena.* ‖ pl. postérité, fig. — *Sorgaütsia, ondokóa, ethorkikóa, leïñukóa.*
DESCENDRE, v. n., aller en bas. — *Beheïtitzea, yaüztea, eraïtxitzia.* ‖ Tirer son origine : *Sorgaütsitzea, ethortzea.* ‖ Extraction : *Ethortzea, yitea, jitea.* ‖ Descendre bas : *Beheïtitzea.*
DESCENTE, s. f., pente. — *Patarra, malda, yaûskuntza, eraüspena, jaïspena.*

DESCRIPTIF, IVE, adj., par lequel on décrit. — *Ciazalduna.*
DESCRIPTION, s. f., discours qui peint. — *Ciazaldea.*
DÉSEMBALLER, v. a., défaire une balle et en tirer le contenu. — *Idekitzia, urratzia.*
DÉSEMBARQUEMENT, s. m., action de désembarquer, tirer hors du vaisseau. — *Désbarkamendua.*
DÉSEMBARQUÉ, ÉE, part., tiré, sorti du vaisseau. — *Désembarkatua.*
DÉSEMBARQUER, v. a., tirer hors du vaisseau. — *Desembarkatzea, bornutic hilkitzea, bornutic atheratzerat.*
DÉSEMPAREMENT, s. m., action de désemparer, dégréement. — *Désempurua, mastac, heyen sokac eta tresnac eroraztea, khentzea.*
DÉSEMPARER, v. a., dégréer. — *Désemparatzea.* ‖ Démâter : *Désmastatzea.*
DÉSEMPLI, IE, part., ôté, sorti en partie. — *Pharte bat atheratua.*
DÉSEMPLIR, v. a., ôter en partie. — *Desbetetzea.* ‖ Il est aussi neutre, et alors il n'est guère d'usage qu'avec la particule négative. Sa maison ne désemplit pas : *Haren etchia ez da usten.*
DÉSEMPRISONNER, v. a., tirer de prison. — *Presondeghitic khentzea, presondeghitic atheratzea edo atheraztea.*
DÉSENCHAÎNER, v. a., ôter la chaîne. — *Désgaïetzea, gátea khentzea, kádena atheratzea.*
DÉSENCHANTEMENT, s. m., action de désenchanter. — *Descharmatua, désorghindea, désgaïtzkindea.*
DÉSENCHANTER, v. a., rompre l'enchantement. — *Descharmatzea, désorghintzea, désgaïtzkinzea.*
DÉSENFLER, v. a., ôter l'enflure. — *Désampatzea, désantzea, sekatzea.*
DÉSENIVRER, v. a., ôter l'ivresse. — *Désordiaztea.* ‖ v. n., cesser d'être ivre : *Désorditzea.*
DÉSENNUYER, v. a., dissiper l'ennui. — *Désertoïtzea, lasaïtzea, désumintzea.*
DÉSENROUÉ, ÉE, part., n'ayant plus d'enrouement. — *Desmarrantua, marranta khendua.*
DÉSENROUER, v. a., ôter l'enrouement. — *Désmarrantzea, marranta khentzea.*
DÉSENSORCELÉ, ÉE, part., délivré de l'ensorcellement. — *Désorghindua, zórte gaïchtua khendua.*

DÉSENSORCELER, v. a., délivrer de l'ensorcellement. — *Désorghintzea, zórte gaïchtua khentzea.*

DÉSENSORCELLEMENT, s. m., action de désensorceler. — *Désorghintza.*

DÉSERT, adj., inhabité.—*Désertua, ermuga, errimuga.* || s. m., lieu désert, lieu solitaire : *Toki deserta, toki basatia, toki ermugatxua.*

DÉSERTER, v. a., fuir. — *Désertatzea, ihesi yûaïtea, eskapatzea.* || Abandonner son drapeau : *Bandera úztea, banderatic ihes'ghitea.*

DÉSERTEUR, s. m., qui déserte. — *Désertora, bánder'uslea, bánderatic iheslea.*

DÉSERTION, s. f., action de déserter.—*Bandera uslea, banderatic ihesa.*

DÉSESPÉRANT, TE, adj., qui désespère. — *Désesperanta, etxikorra.*

DÉSESPÉRÉ, ÉE, adj. et subs., sans espoir.— *Etxitua, désachendetua.*

DÉSESPÉRÉMENT, adv., avec excès. — *Etxi, etsiki, etsian, etsigoró.*

DÉSESPÉRER, v. n., perdre l'espérance. — *Etstutzea, etxitzea, desechendatzea, désachendatzea.*

DÉSESPOIR, s. m., perte d'espérance. — *Etsimendua, etximendua, etsia, etsigóa, gogaïcióa.*

DÉSHABILLÉ, ÉE, part., qui n'a point de vêtement. — *Biluzia.* || Entièrement nu : *Biluzgorria.*

DÉSHABILLER, v. a., ôter les habits. — *Biluztea.* || Mettre tout nu : *Biluzgorritzea.*

DÉSHABITER, v. n., abandonner une maison. — *Echakaïztea.* || Un pays : *Irikaïztea.*

DÉSHABITUÉ, ÉE, part., qui a perdu l'habitude. — *Désoïtua.*

DÉSHABITUER, v. a., ôter l'habitude. — *Désoïtzea.*

DÉSHÉRITÉ, ÉE, part., privé d'hérédité. — *Désprimutua.*

DÉSHÉRITER, v. a., priver d'hérédité. — *Désprimutatzea, primezá khentzea, primuzghetzea.*

DÉSHONNÊTE, adj., contre la pudeur. — *Désonesta, aragheya, enraketa, andrezalea.*

DÉSHONNÊTEMENT, adv., d'une manière déshonnête. — *Désonestki, aragheyki, enrakeyki, andrezaleki.*

DÉSHONNÊTETÉ, s. f., action déshonnête. — *Désonestkeria, aragheykeria, enrakeyria, andrezalekeria.*

DÉSHONNEUR, s. m., honte, opprobre. — *Désórea, désóhorea, désóhoria, laïdoa, déshonrea.*

DÉSHONORABLE ou DÉSHONORANT, adj., qui déshonore. — *Désóragarria, désóhoregarria, laïdogarria, déshonragarria.*

DÉSHONORER, v. a., perdre l'honneur. — *Désóratzea, désóhoratzea, déshonretzea, laïdotzea.*

DÉSIGNATIF, IVE, adj., qui désigne. — *Señalgarria.*

DÉSIGNATION, s. f., action de désigner un objet ou lieu d'un rendez-vous. — *Señalpena, margotzadea.*

DÉSIGNER, v. a., indiquer, nommer, marquer, ordonner.— *Señalpetzea, señaltzea, margotzea, gochedatzea.*

DÉSINTÉRESSÉ, ÉE, adj., sans intérêt. — *Désonkarlea, desmalzurra.*

DÉSINTÉRESSEMENT, s. m., générosité. — *Motalaïdea, ekarghinza, désirabacia, désonkaria.* || adv., sans intérêt : *Désirabazkiro, désonkarriro, doán, doáric.*

DÉSINTÉRESSER, v. a., mettre hors d'intérêt. — *Désirabacitzea, désonkarritzea.*

DÉSIR, s. m., souhait. — *Naïmena, nahikundea, gáloskia, désira, aütoka, déseóa.*

DÉSIRABLE, adj., digne d'être désiré.—*Naïmengarria, nahikundagarria, gáloskaria, désiragarria, aütokaria, déseógarria.*

DÉSIRER, v. a., souhaiter. — *Nahikuntzea, gáloskitzea, desiratzea, aütokatzea, déseótzea, naïmenetzea.*

DÉSIREUX, EUSE, adj., qui désire. — *Nahikaria, naïkaria, gáloskorra, désirakorra, aütokorra, déseókorra.*

DÉSISTEMENT, s. m., action de se désister.— *Bárakúntza, larghesta.*

DÉSISTER (SE), v. p., renoncer.—*Báratzea, largheztatzea, larghetsitzea.*

DÈS LORS, adv., dès ce temps-là. — *Gheroztic, ordutic, dembora hartaric gheroz.*

DÉSOBÉIR, v. n., refuser d'obéir.-*Désobeïtzea.*

DÉSOBÉISSANCE, s. f., refus d'obéir. — *Désobedientzia.*

DÉSOBÉISSANT, TE, adj., qui désobéit. — *Désobedienta.*

DÉSOBLIGEANCE, s. f., disposition à désobliger. — *Damütusuna.*

DÉSOBLIGEANT, TE, adj., qui désoblige. — *Dámútzallea.*

DÉSOBLIGER, v. a., causer du déplaisir. — *Damützea.*

DÉSŒUVRÉ, ÉE, adj., qui ne fait rien. — *Alferra, alperra.*

DÉSŒUVREMENT, s. m., état désœuvré.—*Alferkeria, alperkeria.*

DÉSOLANT, TE, adj., qui désole. — *Lástimagarria, désolagarria.*

DÉSOLATION, s. f., affliction. — *Lástima, désolamendua.*

DÉSOLÉ, ÉE, adj., affligé. — *Lástimatua, désolatua.*

DÉSOLER, v. a., affliger. — *Lástimatzea, désolatzea.*

DÉSORDONNÉ, ÉE, adj., déréglé. — *Désordenatua.*

DÉSORDRE, s. m., trouble, vice. — *Désordena, araükea.* ‖ Objets en désordre, objets mal ordonnés, mêlés : *Désordia, désordena, désaraüdea, tropela, nasdia.*

DÉSORGANISATION, s. f., action de désorganiser. — *Déseghintza.*

DÉSORGANISÉ, ÉE, part., qui n'a plus d'organisation. — *Déseghina.*

DÉSORGANISER, v. a., détruire les organes, un corps politique, ce qui est arrangé, en ordre : *Déseghitea.*

DÉSORIENTÉ, ÉE, part., ne plus connaître le point où le soleil se lève. — *Iruzkiaren phartea, yaïkitzen den tokia ez ezagutzia, errebelatua.* ‖ Fig., égaré dans ce que l'on pense ou ce que l'on fait : *Errebelatua.*

DÉSORIENTER, v. a., empêcher de savoir où est l'Orient, le point où le soleil se lève. — *Iruzki yaïkitzen den puntua galtzea, errebelatzea.* ‖ Fig., ne plus savoir où l'on en est de sa pensée ou de son action : *Errebelatzea.*

DÉSORMAIS, adv., à l'avenir. — *Oraïdanic.*

DÉSOSSER, v. a., ôter les os.—*Ezurghetzea, désezurghetzea, désazurtzea.*

DESPOTE, s. m., qui gouverne despotiquement, tyran. — *Bidaghea, tiranóa.*

DESPOTIQUE, adj., arbitraire. — *Tiranotxua, bidaghetxua.*

DESPOTIQUEMENT, adv., avec despotisme. — *Tiranoki, bidagheki.*

DESPOTISME, s. m., pouvoir absolu. — *Tiranokeria, naïmena, bidaghea.*

DESSAISIR (SE), v. p., abandonner. — *Uztea, lárgatzea, lájatzea, itzitzea.*

DESSAISISSEMENT, s. m., abandon.—*Utziera, itziera, lájadea, lárgadea.*

✴ DESSALÉ, ÉE, adj., moins salé. — *Gacighetua, désgacitua, ghezatua.*

DESSALER, v. a., ôter la salure. — *Gacighetzea, désgacitzea, ghezatzea.*

DESSANGLÉ, ÉE, part., à qui on a ôté la sangle. — *Désanglatua, sabeleko úhalá largatua.*

DESSANGLER, v. a., ôter les sangles.—*Uhala lachatzea, sabeleko úhalá largatzea.*

DESSÉCHANT, TE, adj., qui dessèche.—*Idortzallea, sikatzallea.* ‖ Qui dessèche une source, un ruisseau, une rivière par la chaleur : *Agortzallea.* ‖ Qui dessèche un végétal, un corps : *Ihartzallea.*

DESSÉCHEMENT, s. m., action de dessécher. — *Sikatze, agortze, idortze.*

DESSÉCHÉ, ÉE, part., qui a séché la mouillure. — *Idortu, idortua.* ‖ Tari : *Agortu.* ‖ Tari (le sein d'une femme) : *Anzutu.* ‖ Durci : *Gógortu.*

DESSÉCHER, v. a., rendre sec. — *Idorraztea.* ‖ Se sécher : *Idortzea.* ‖ Dessécher (se), un arbre, un végétal : *Ihartzea, yartzea, eyartzea.* ‖ Dessécher (se), un ruisseau, une rivière, une source : *Agortzea.* ‖ En parlant du sein d'une femme : *Antzutzea.* ‖ Dessécher, durcir : *Gogortzea, elkortzea.* ‖ Dessécher (se), en parlant d'un corps : *Ihartzea.*

DESSEIN, s. m., intention. — *Gogóa, chedea, oldea, gochedea, intentcionea, déseñua, gogartá.* ‖ Projet : *Déseñua, intencionea, guticia.* ‖ Plan : *Plana.* ‖ Dessein (à) *Berariez, nahiz.*

DESSELÉ, ÉE, part., ôté la selle.—*Déselatua.*

DESSELLER, v. a., ôter la selle.— *Déselatzea, zéla khentzea.*

DESSERRÉ, ÉE, part., lâché. — *Lachatua, largatua.*

DESSERRER, v. a., lâcher ce qui est serré. — *Lárgatzea, láchatzea, amor émaïtea.*

DESSERT, s. m., dernier service du repas. — *Déserta.*

DESSERVI, IE, part., ôté les mets d'une table. — *Mahaïn'alchatua.*

DESSERVIR, v. a., ôter les mets de dessus la table. — *Mahaïna altchatzea.* ‖ Nuire : *Bidegabe'ghitea.*

DESSILLÉ, ÉE, part., ouvert les yeux. — *Arghitu.*

DESSILLER, v. a., ouvrir les yeux, faire apercevoir, désabuser. — *Arghitzea.*

DESSIN, s. m., représentation au crayon. — *Ciamartea.*

DESSINATEUR, s. m., qui dessine. — *Ciamartaria, lapitzaria.*

DESSINÉ, ÉE, part., tracé un dessin. — *Ciamartua, lapitztua.*

DESSINER, v. a., faire un dessin. — *Ciamartzea, lapitzatzea.*

DESSOULER, v. a. et n., désenivrer. — *Désorditzea, ordighetzea.*

DESSOUS, adv., sous ; s. m., partie inférieure. — *Azpia, pia, pea.* ‖ Dessous (de) : *Azpitic, pétic.* ‖ Dessous (au) : *Azpian, pian, péan.* ‖ Dessous d'une étoffe : *Alderantcia kóntra.*

DESSUS, adv., sur ; s. m., partie supérieure. — *Gaïna, goya.* ‖ Dessus (de) : *Gaïnetic, goyetic.* ‖ Dessus (au) : *Gaïnian, gaïnean; goyan.* ‖ Dessus d'une étoffe : *Aldegaña, aldea, gaïna.*

DESTIN, s. m., fatalité, sort. — *Sortea, zortea.*

DESTINATION, s. f., emploi déterminé. — *Déstinûa.*

DESTINÉE, s. f., destin. — *Zorteá, zoria.*

DESTINER, v. a., fixer la destination. — *Déstinatzea.*

DESTITUABLE, adj., qu'on peut destituer. — *Kargua khentzen ahal diótenari, errebokagarria.*

DESTITUÉ, ÉE, adj., mis hors d'emploi. — *Errebokatua, kargua galdua.*

DESTITUER, v. a., ôter l'emploi. — *Errebokatzea, kargua khentzea.*

DESTITUTION, s. f., privation d'une charge, d'un emploi. — *Errebokacionea.*

DESTRUCTEUR, TRICE, s., qui détruit, qui ruine. — *Arrasatzallea, soïllaria, soïltzallea, galgarria, désekidaria, lurreratzallea, déstruïtzallea, galgarritzallea.*

DESTRUCTIF, IVE, adj., qui détruit. — *Arrasatzallea, soïllaria, soïltzallea, galgarria, desekidaria, lurreratzallea, déstruïtzallea.*

DESTRUCTION, s. f., ruine totale. — *Déstrúcionea, soïlamena, soïllamena, galmendea, déseghina, désekida.*

DÉSUNION, s. f., défaut d'union. — *Asarrera.* ‖ Séparation : *Bateghea, désbatagóa, séparacionea.* ‖ Séparation, éloignement : *Aphartadura.*

DÉSUNIR, v. a., disjoindre. — *Separatzea.* — Eloigner : *Aphartatzea, urruntzea.* ‖ Rompre l'union : *Asarratzea.*

DÉTACHEMENT, s. m., troupe de soldats. — *Déstakamendua.*

DÉTACHER, v. a., dégager, défaire. — *Lachatzea, largatzea, deseghitea.* ‖ Envoyer dans un lieu un détachement de troupes, de marins, de douaniers : *Destakatzea.* ‖ Oter des taches, des souillures : *Garbitzea.* ‖ Démarrer : *Largatzea, désmarratzea, déslotzea.*

DÉTAIL, s. m., en détail. — *Chehetasuna, cheroki, hedatuki.*

DÉTAILLER, v. a., narrer, vendre en détail. — *Berechki, cheheki godatzea.*

DÉTAILLEUR, s. m., marchand en détail. — *Pichkeria saltzaïlea.*

DÉTALÉ, ÉE, part., plié la marchandise. — *Plegatua, bildua.* ‖ Fig., fui : *Eskapatua, yúana.*

DÉTALER, v. a., resserrer la marchandise qu'on avait étalée. — *Plegatzea, biltzea.* ‖ v. n., fig., se retirer promptement malgré soi : *Espakatzea, yuaïtia.*

DÉTEINDRE, v. a., ôter la couleur. — *Ichtea.*

DÉTELÉ, ÉE, part., détaché les montures. — *Lachatu, desteltatu.* ‖ Les bœufs : *Uztarretic khendua.*

DÉTELER, v. a., détacher les chevaux. — *Destelatzea.* ‖ Les bœufs : *Uztarretic khentzea.*

DÉTENDRE, v. a., relâcher ce qui est tendu. — *Lachatzea, amor emaïtea.*

DÉTENDU, UE, part., donné moins de tension. — *Lachatu, amor éman.*

DÉTENIR, v. a., retenir ce qui n'est pas à soi, garder quelqu'un en prison. — *Atchikitzea, gûardatzea.*

DÉTENU, s. m., prisonnier. — *Presoniera.*

DÉTÉRIORATION, s. f., action de détériorer. — *Galkuntza.*

DÉTÉRIORÉ, ÉE, part., dégradé, abîmé. — *Fünditua.*

DÉTÉRIORER, v. a., dégrader, gâter. — *Fünditzea, galtzea.*

DÉTERMINATION, s. f., qui détermine. — *Déliberamendua.* ‖ Action de se hasarder, résolution : *Cerbitetat déliberatzea, gogóan cerbit artzerat, naïdarra, betezarra, erabakdea.*

DÉTERMINÉ, ÉE, adj. et s., hardi, résolu. — *Déliberatua.*

DÉTERMINER, v. a., décider, résoudre. — *Déliberatzea.* ‖ Déterminer (se), prendre une résolution : *Déliberatzea, gogóan cerbeït artzerat, déterminatzea.*

DÉTERRÉ, ÉE, part., ôté de terre. — *Lur petic khendua, lur petic atheratua.*

DÉTERRER, v. a., exhumer. — *Lurretic khentzea, lur petic atheratzea.*

DÉTESTABLE, adj., exécrable (une personne). — *Igûingarria.* ‖ Mauvais en ce qui concerne le goût : *Gaïstóa, gachtúa.*

DÉTESTABLEMENT, adv., très-mal. — *Gaïzki.* ‖ Horriblement, qui entraîne le dégoût ou la haine. — *Igûingarriki.*

DÉTESTATION, s. f., haine, horreur. — *Iguinkeria.*

DÉTESTÉ, ÉE, part., qui n'est pas aimé. — *Iguindua.*

DÉTESTER, v. a., avoir en horreur. — *Iguintzea.*

DÉTONATION, s. f., action de détonner. — *Arrabotxa.*

DÉTONNER, v. n., s'enflammer avec bruit. — *Arrabotxtea.*

DÉTORDRE, v. a., défaire ce qui est tordu. — *Désbihurtzea.*

DÉTORDU, UE, part., défait ce qui est tordu. — *Désbihurtua.*

DÉTORS, SE, adj., détordu. — *Désbihurtua.*

DÉTORTILLER, v. a., défaire ce qui est tortillé. — *Désbiribilkatzea.*

DÉTOUR, s. m., sinuosité. Fig., susceptibilité. — *Ingurua.*

DÉTOURNER, v. a., écarter. — *Urruntzea, baztertzea.* || Changer de cours : *Itzultzea.* || Quitter le droit chemin : *Makurtzea.* || v. a., soustraire : *Khentzea.* || S'approprier (voler) : *Ebastea.* || Dissuader : *Kambiaztea, itzulaztea, gogáztatzea.*

DÉTREMPÉ, ÉE, part., délayé. — *Trempatua.* || Perdu sa trempe : *Destrempatua.*

DÉTREMPER, v. a., délayer. — *Trempatzea.* || Faire perdre la trempe à un morceau de fer : *Destrempatzea.*

DÉTRESSE, s. f., danger. — *Lanyera, irriskua.* || Détresse (en) : *Lanyerian, irriskuan.*

DÉTRIMENT, s. m., préjudice. — *Góstu.*

DÉTROIT, s. m., bras de mer resserré. — *Itxas-estua, chidorra, pasaiya.* || Passage resserré entre deux montagnes : *Bide-estua, bide-ertchia, bide-ertsia, pasaiya.*

DÉTROMPER, v. a., tirer d'erreur. — *Arghitzea.*

DÉTRONER, v. a., déposséder du trône. — *Destronatzea.*

DÉTROUSSER, v. a., défaire ce qui est troussé. — *Largatzea, déseghitea.* || Fig., voler par la force : *Bortchakan ebastea.*

DÉTRUIRE, v. a., démolir, renverser. — *Déstruitzea, désekidatzea, arrasatutzea, bilakitzea, lurreratzea, déseghitea.*

DÉTRUIT, TE, part., qu'on a démoli, renversé. — *Déstruitua, désekidatua, arrasatua, bilakatua, lurreratua, deseghina.*

DETTE, s. f., ce qu'on doit. — *Zorha.*

DEUIL, s. m., affliction, habits funèbres. — *Dólua, dólia, lutua, lutóa, dólkaya, dolgaña.*

DEUX, adj. num., unité double. — *Bi, bia.* || Lorsque l'article numérique basque *bat* (un) accompagne un nom, il prend place après lui. Exemple : Un oiseau : *Chori bat;* un cheval : *Zamari bat;* mais les autres se placent comme en français devant le substantif. Exemple : Deux hommes : *Bi ghizon ;* trois femmes : *Hiru emazteki,* etc. || Deux par deux, deux à deux : *Birazka, binaka, binazka, biñaka.* || Deux (les) : *Bihac.* || Deux fois : *Bi aldiz.* || Deux fois (en) : *Bietan, bi alditan.* || Deux cents : *Berrehun.*

DEUXIÈME, adj., nombre ordinal, second. — *Bigarren.* || Le deuxième : *Bigarrena.* || Au deuxième (à ce qui vient, qui suit en premier lieu) : *Bigarrenian.* || Au deuxième (à l'endroit du second) : *Bigarrenekuan.* || Au deuxième (à celui qui est après le premier) : *Bigarrenari.* || Dans le deuxième (dans celui qui suit le premier) : *Bigarrenian.* || Deuxième (pour le) : *Bigarrenarentzat.*

DEUXIÈMEMENT, adv., en deuxième ligne. — *Bigarrenki.*

DÉVALISER, v. a., voler, dépouiller. — *Arrobatzea, ebastea, ohoïntz'eghitea.*

DEVANCER, v. a., gagner le devant. — *Haïntzintzea.*

DEVANCIER, adj., prédécesseur. — *Haïntzinekua, lehengua.* || pl. m., aïeux : *Haïntzinekuac.*

DEVANT, prép. de lieu. — *Haïntcinean.* || s. m., partie antérieure : *Haïntzina.* || Devant (ci) : *Lehen.* || Le ci-devant marchand d'avant : *Lehengo marchant izan ura.*

DEVANTIÈRE, s. f., sorte de long tablier. — *Dabantiera, darantala.*

DEVANTURE, s. f., devant de la boutique. — *Trampa.*

DÉVASTATEUR, TRICE, s., qui dévaste. — *Arrasatzaïlea.*

DÉVASTATION, s. f., ruine d'un pays. — *Arrasadea.*

DÉVASTER, v. a., ravager, ruiner. — *Arrasatzea denac erematia.*

DÉVELOPPEMENT, s. m., action de développer. — *Zabalkuntza.*

DÉVELOPPÉ, ÉE, part., à qui on ôte l'enveloppe. — *Gaïna khendua.* || Etendu :

Zabaldua: ‖ Grandi : *Handitua.* ‖ Expliqué : *Esplikatua, cheheki errana.*
DÉVELOPPER, v. a., ôter l'enveloppe.—*Gaïna khentzea.* ‖ Grandir : *Handitzea.* ‖ Etendre : *Zabaltzea.* ‖ Fig., expliquer : *Esplikatzea, cheheki erraïtea.*
DEVENIR, v. n., changer de manière d'être. — *Ethortzea.*
DÉVERGONDÉ, adj., sans honte. — *Ahalkegábea.*
DÉVERGONDER, v. p., perdre toute pudeur.— *Ahalkea galtzea.*
DÉVERROUILLER, v. a., ôter le verrou. — *Desmorroïltzea.*
DEVERS, prép., vers. — *Halle.* ‖ Par devers lui : *Bére eskutan.*
DÉVIATION, s. f., action de dévier. — *Makurdurac.*
DÉVIDAGE, s. m., action de dévider. — *Haïkadea, harilgadea, arilkadea, arildea.*
DÉVIDÉ, ÉE, part., mis en écheveau. — *Haïlkatua, harilgatua, arilkatua, ariltua.*
DÉVIDER, v. a., mettre en écheveau. — *Haïlkatzea, harilgatzea, arilkatzea, ariltzea.*
DÉVIDEUR, EUSE, s., qui dévide. — *Haïlkatzaïlea, harigatzallea, aritzallea, ariltaria.*
DÉVIDOIR, s. m., instrument pour dévider.— *Haïlkayac, arilkaya.*
DÉVIER, v. n., se détourner de la route. — *Makurtzea, alderaghitea, désbidetzea, trebes yuaïtia.*
DEVIN, ERESSE, s., qui devine, qui prédit.— *Aztitzallea, asmatzallea, igherlea, phentxatzallea, aztinatzallea.*
DEVINATION, s. f., action de deviner.— *Asmóa, ighermena, aztia, aztina, phentxamendua.*
DEVINER, v. a., prédire, découvrir. —*Phentzatzea, aztiatzea, aztimatzea, asmatzea, ighertzea.*
DEVINERESSE, s. f., femme qui se mêle de prédire les choses à venir. — *Aztizallea, aztinatzallea, azmatzallea, ighertzallea, phentxatsallea.*
DEVINEUR, s. m., devin, fam. — *Aztitzallea, aztinatzallea, asmatzallea, ighertzallea, phentxazallea.*
DÉVISAGER, v. a., défigurer. — *Kambiatzea.*
DEVISER, v. n., converser. — *Elheketatzea*
DÉVOIEMENT, s. m., flux de ventre. — *Behei tikóa, ichuria, nehara.*
DÉVOILER, v. a., fig., découvrir ce qui est caché. — *Salatzea.*

DEVOIR, v. n., obligation, dette. — *Zorh'izatea.* ‖ s. m., obligation imposée : *Imbidia.*
DÉVOLU, adj., échu par droit — *Ethorkiza, berastua.* ‖ s. m., bénéfice : *Irabacia.*
DÉVOLUTION, s. f., droit dévolu. — *Ethorkimendua, berastea.*
DÉVORANT, TE, adj., qui dévore, qui avale, qui engloutit. — *Iretxzallea.* ‖ Fig., soif dévorante : *Egarriac ithóa izátia.*
DÉVORER, v. a., manger avidement. — *Ithoka iretxtea.*
DÉVOT, adj. et subs., pieux. — *Beáta.*
DÉVOTEMENT, adv., avec dévotion. — *Beátki.*
DÉVOTION, s. f., piété. — *Debocionea, debociua, jaiera, devocióa.*
DÉVOUÉ, ÉE, part., dédié, consacré. — *Donekitua.* ‖ Donné sans réserve : *Ekarria.*
DÉVOUER, v. a., dédier, consacrer. — *Donekitzea.* ‖ Donner sans réserve : *Ekarria izaïtia.*
DEXTÉRITÉ, s. f., adresse des mains. — *Adrezia.*
DEXTRE, s. f., adroite. — *Adreta.*
DEXTREMENT, adv., avec dextérité—*Adretki.*
DIABLE, s. m., démon. — *Débruá, démoniúa.*
DIABLEMENT, adv., excessivement. — *Débrúki.*
DIABLERIE, s. f., action méchante. — *Débrúkeria, démoniokeria.*
DIABLESSE, s. f., femme méchante. — *Débrúsa, démoniosa.*
DIABLOTIN, INE, s., méchant petit enfant, espiègle. — *Débrútchua.*
DIABOLIQUE, adj. du diable, méchant. — *Débrúkoki, démoniokoki, déabrútia, déabrúduna.*
DIABOLIQUEMENT, adv., par une méchanceté diabolique. — *Débrúki, démonioki.*
DIACONAT, s. m., office de diacre. — *Diakonatua.*
DIACRE, s. m., promu au diaconat. — *Diakonarra.*
DIADÈME, s. m., bandeau royal. — *Boïllandea, boïllersia.*
DIAGNOSTIQUE, adj. et s., symptômes. — *Señalea.*
DIALECTE, s. m., langue particulière. —*Lengúaiya, mintzua, hitzera.*
DIALOGUE, s. m., conversation. — *Diskursa, htzketa, hüzekaëra.*

DIALOGUER, v. a., mettre en dialogue. — *Hizketatzea, hitzketatzea, diskursughitea*

DIAMANT, s. m., pierre précieuse. — *Diamanta, diamatea, arturghia*. ‖ Diamant brut : *Diamanta, laneztatu gabea*.

DIAMÉTRAL, LE, adj., qui est opposé. — *Kóntrakùa*.

DIAMÉTRALEMENT, adv., directement, tout à fait opposé. — *Kóntra*.

DIAMÈTRE, s. m., ligne droite qui passe par le centre d'un cercle ou d'une autre figure ronde et qui en marque la largeur. — *Marrerdia*.

DIANE, s. f., batterie de tambour. — *Diăna*.

DIANTRE, s. m., diable, fam. — *Demontria, diamuchua, démorren*.

DIAPHANE, adj., transparent. — *Klara, igharghitua*.

DIAPHANÉITÉ, s. f., transparence. — *Klartasuna, igarghia*.

DIAPRÉ, adj., varié de couleurs. — *Kholore diferentez bethea*.

DIAPRURE, s. f., variété de couleurs. — *Diférentki khóloreztatua*.

DIARRHÉE, s. f., flux de ventre. — *Ichuria, beheïtikóa, kákeria, beronzkóa, uchara*.

DICTATEUR, s. m., souverain. — *Bakharmanatzaïlea*. ‖ Magistrat parmi les Romains : *Erromataren góyendea*.

DICTATURE, s. f., dignité. — *Bakhar batec manatzeko pódoreá*.

DICTÉE, s. f., ce qu'on dicte. — *Izkiributzeko erraïten diren hitzac*.

DICTER, v. a., prononcer pour faire écrire. — *Hitzez erraïtia, izkiribus éman behar diren gaûzac*.

DICTION, s. f., élocution. — *Hitza, erranza, ezakia*.

DICTIONNAIRE, s. m., vocabulaire. — *Hitzteghia*.

DICTON, s. m., proverbe. — *Errana*.

DIÈTE, s. f., régime. — *Dieta*.

DIEU, s. m., être suprême, divinité. — *Yinkóa, jinkûa, jaïnkóa, yaïnkóa*.

DIFFAMANT, TE, adj., qui diffame. — *Galetsagarria, kalomniagarria*.

DIFFAMATEUR, s. m., celui qui diffame. — *Kalomniatzaïlea, galotsaria*.

DIFFAMATION, s. f., action de diffamer. — *Kalomniûa, galotsidea*.

DIFFAMATOIRE, adj., qui diffame. — *Kálomniatxua, galitsitxua*.

DIFFAMER, v. a., décrire, calomnier. — *Kalomniatzea, galotsitzea*.

DIFFÉREMMENT, adv., d'une manière différente. — *Diferenki, diferentki*.

DIFFÉRENCE, s. f., dissemblance. — *Diferentcia*.

DIFFÉRENCIER, v. a., distinguer, mettre de la différence. — *Distingatzia*.

DIFFÉREND, s. m., débat. — *Eskatima, eztabada*. ‖ Contestation : *Ahara, jakirazkida, talazkida*.

DIFFÉRENT, adj., dissemblable. — *Diferenta*.

DIFFÉRER, v. a., retarder. — *Erretardatzea, ghibelatzea, luzatzea*. ‖ v. n., être différent : *Diferent izatea*.

DIFFICILE, adj., mal aisé. — *Dificila, gaïtza, gacha, nekeza, errazkea*.

DIFFICILEMENT, adv., avec difficulté. — *Dificilki, gaïtzeki, gaïtzki, nekez, errazkez*.

DIFFICULTÉ, s. f., ce qui rend difficile. — *Difikultatea, gaïtza, nekea, errazkea*.

DIFFICULTUEUX, EUSE, adj., qui fait des difficultés. — *Difikultosa, gaïtza, gacha, nekeza, errazkea*.

DIFFORME, adj., laid ; mal fait au pr. et au fig. — *Gaïzki-eghina, chit-itsusia*. ‖ Déformé : *Erazaka, erakaïtza, moldakaïtza, erabaghea, moldegabea*.

DIFFORMITÉ, s. f., état de ce qui est difforme. — *Eraïzdea, erakaïtzdea*.

DIFFUS, SE, adj., prolixe. — *Nahasia, barnisuria*.

DIFFUSÉMENT, adv., d'une manière diffuse. — *Nahasikic, barnisuriró, hedakiro*.

DIFFUSION, s. f., action de s'étendre. — *Nahasdura, barnisurtea, hedadura*.

DIGÉRER, v. a., faire la digestion. — *Dyeritzea, ehoïtea, chegositzea, eranjatzea, ichiritzitzea, ehoïtutzea*.

DIGESTIF, IVE, adj., qui fait digérer. — *Dyeritzallea, chegosagarria, eranjakia, ichiritzgarria, ehoïkarria*.

DIGESTION, s. f., coction dans l'estomac. — *Dyesticionea, chegosketa, chegoskera, erajatea, ichiritzitzea, ehoïtza*.

DIGITALE, s. f., plante. — *Kûkûbelharra*.

DIGNE, adj., qui mérite. — *Mehecia, gaya, diña, doyaya*.

DIGNEMENT, adv., d'une manière digne. — *Mechimenduki, gayki, diñoki, diñaro, dogaïro, dogaïkiro*.

DIGNITAIRE, s. m., celui qui jouit de dignités. — *Kargudun, gaïtasun*.

DIGNITÉ, s. f., mérite. — *Mechimendua, gaitasuna, diñadia, dogaïdea*. ‖ Charge élevée : *Goyendea*.

DIGRESSION, s. f., ce qui est hors de sujet. — *Esiskina.*
DIGUE, s. f., rempart contre les eaux.—*Káya.*
DILAPIDER, v. a., dépenser follement. — *Malaproposki gastatzea.*
DILATATION, s. f., action de dilater. — *Zábaldura, hedadura, berretá, lárgadura, amorra.*
DILATER, v. a. et p., étendre, élargir. — *Zábaltzea, hedatzea, berretzea, lárgatzea, amor'émaïtea.*
DILIGEMMENT, adv., promptement. — *Fité, bértan, prántuki, béréhala.*
DILIGENCE, s. f., célérité, vitesse. — *Arindeá, lasterra.* ‖ Voiture publique : *Dilijencia, kárrosa.*
DILIGENT, TE, adj., prompt. — *Bizia.* ‖ Laborieux : *Langhilea, lanari lothua, yarrikia.*
DILUVIEN, NE, adj., du déluge. — *Tulubiokua.* ‖ Pluie diluvienne : *Phesia.*
DIMANCHE, s. m., jour de la semaine. — *Igandea.*
DÎME, s. f., tribut du dixième des produits de la terre. — *Détchima, detchéma, amargarrena.*
DIMENSION, s. f., étendue. — *Anditasuna.*
DIMINUÉ, ÉE, part., amoindri. — *Gútitua, erkindua, tchipitua.*
DIMINUER, v. a. et n., amoindrir. — *Gútitzea, erkintzea, tchipitzea.*
DIMINUTIF, IVE, adj. et s. m., qui diminue. — *Gútikorra, kegheïkóa.*
DIMINUTION, s. f., rabais, amoindrissement. — *Gútimendua, kegheya.*
DINDE, s. f., poule d'Inde. — *Indioïluá.*
DINDON, s. m., coq d'Inde. — *Indioïluá.*
DÎNÉ, s. m., le dîner, repas au milieu du jour. — *Bázkaria.*
DÎNER, v. a., prendre le dîner.—*Bázkaltzea.*
DÎNEUR, s. m., celui dont le repas principal est le dîner, grand mangeur. — *Bazkaltzaïlea.*
DIOCÉSAIN, s. m., qui est du diocèse. — *Diosesakua, aphezpikuaren barrutiákua.*
DIOCÈSE, s. m., étendue de juridiction d'un évêché. — *Diosesa, aphezpikuaren barrutiá.*
DIPHTHONGUE, s. f., jonction de deux voyelles qui ne font qu'un son. — *Bibechaóa.*
DIPLÔME, s. m., acte public. — *Diplóma.*
DIRE, v. a., exprimer ; v. p., se prétendre. — *Erraitia.* ‖ s. m., ce qu'on avance, pal. : *Errana.* ‖ Dit, dite : *Erran, errana.*

DIRECT, adj., qui va droit. — *Chuchen.*
DIRECTEMENT, adv., en ligne directe. — *Chuchenki.*
DIRECTEUR, TRICE, s., qui dirige.— *Diretóra.*
DIRECTION, s. f., conduite. — *Konduta, ghigandea.* ‖ Emploi du directeur : *Direcionea.* ‖ Tendance : *Ekarria.*
DIRIGER, v. a., conduire, diriger vers. — *Ghidatzea.*
DISCERNEMENT, s. m., action de discerner.— *Ezaütza, ezagutza.*
DISCERNER, v. a., distinguer. —*Ezagutzea, ezaützea.*
DISCIPLE, s. m., écolier, sectateur. — *Dicipulua, ikaslea.*
DISCIPLINABLE, adj., docile. — *Irakaskorra, irákaskoya.*
DISCIPLINE, s. f., règlement. — *Irakasdea.* ‖ Fouet : *Azote kólpéac.* ‖ Donner le fouet (à un enfant) : *Iphurdian, iphurditan.* ‖ Peine du fouet (donner des coups de fouet) : *Azotatzea.*
DISCIPLINÉ, ÉE, adj., tenu dans l'ordre. — *Irakasia.*
DISCIPLINER, v. a., régler. — *Irakastea.*
DISCONTINUATION, s. f., acte de discontinuer. — *Gheldia, baragóa, gheradea.*
DISCONTINUER, v. a. et n., cesser. — *Ghelditzea, baratzea, gheratzea.*
DISCONVENANCE, s. f., acte de disconvenir.— *Déseragóa.*
DISCONVENIR, v. n., ne pas tomber d'accord. — *Déserakidatzea, déselkidatzea.*
DISCORD, adj., discordant, terme de musique. — *Bátsokea.*
DISCORDANCE, s. f., sans harmonie dans la voix. — *Bátsoketasuna.*
DISCORDANT, TE, adj., qui n'est point d'accord, instrument discordant. — *Bátsokea, instrument faltxoa.* ‖ Voix discordante : *Bóza faltxoa.* ‖ Fig., humeurs discordantes, incompatibles : *Elkarrekilan ecin ethorriac.*
DISCORDE, s. f., dissension. — *Désongundea, déserakida, asarrea.*
DISCOUREUR, EUSE, s., grand parleur. — *Elhekataria, ilkuskaria.*
DISCOURIR, v. n., parler longuement. — *Elheketatzea, ilkustetzea, ilkusitzea.*
DISCOURS, s. m., assemblage de paroles. — *Diskúrsa, sólasa, jólasa, góyea.* ‖ Faculté rationnelle : *Ilkuskaya.*
DISCOURTOIS, adj., sans courtoisie. — *Désartzontia, déskortesa.*

DISCOURTOISIE, s. f., manque de courtoisie. — *Désartzontea, déskortesia, désbaghirunea.*

DISCRÉDIT, s. m., perte de crédit, d'estime, de pouvoir, d'autorité. — *Désmendea, menandea, omendaghea, kreditic gabeà.* || Ne plus trouver à emprunter : *Désmalleghea, dézorusta, kreditic gabea.*

DISCRÉDITÉ, ÉE, adj., en discrédit. — *Kreditaz gabetua, désmendatua, menandetua, omendaghetua.* || Qui ne trouve plus à emprunter : *Désmalleghetua, dézorustatua, kreditaz gabetua, kreditua galdua.*

DISCRÉDITER, v. a., nuire au crédit. — *Désmendatzea, menandetzea, omendaghetzea, kredita galaztea.*

DISCRET, ÈTE, adj., prudent, retenu dans les paroles et les actions. — *Diskreta, bereista, zóghiera, zurrá, zuhurra, ichíla.*

DISCRÈTEMENT, adv., avec discrétion. — *Bereiski, zoghierki, zurki, zuhurki, ichilki, ichilic, diskretki.*

DISCRÉTION, s. f., circonspection. — *Diskrecionea, zurtasuna, zuhurtasuna, bereistasuna, zóghiertasuna.* || A discrétion, à volonté : *Aüsarki, nahi bezembat.*

DISCULPATION, s. f., action de disculper ou se disculper. — *Eskúsa.*

DISCULPER, v. a., justifier. — *Yustificatzea, obenkentzea, aïtzakidatzea.*

DISCUSSION, s. f., contestation. — *Ahara, talazkida, jakiraskida.*

DISCUTER, v. a., contester. — *Aharatzea, talazkidatzea, jakiraskidatzea.*

DISERT, TE, adj., qui parle aisément et avec quelque élégance. — *Erraïle éderra.*

DISETTE, s. f., manque du nécessaire. — *Gosetia.*

DISEUR, EUSE, s., qui dit, fam. — *Elheketaria.*

DISGRACE, s. f., défaveur, malheur. — *Désgracia, désagradamendua, ondikôa, machurrea, dóaïnkaïtza, dóakabea, zórigaïztoa, malhurra.*

DISGRACIER, v. a., priver de ses grâces, de ses faveurs. — *Désgraciatzea, ondikotzea, machurtzea, dóaïnkatzea, dóakabetzea, zórigaïztea.*

DISGRACIEUSEMENT, adv., d'une manière disgracieuse. — *Graciaric gabe, désgracioski.* || D'une manière malheureuse : *Désgraciaz, ondikóki, machurki, dóaïnkaïtzki, dóakabeki, zórigaïztoki, malhuruski.*

DISGRACIEUX, EUSE, adj., désagréable, sans grâce. — *Desgraciostxua, graciaric gabe.* || Malheureux : *Malhurusa, ondikotsua, machurtxua, dóaïnkaïtsua, dóakabetxua, zórigaïtsua.*

DISGRÉGATION, s. f., diffusion. — *Désbiltea.*

DISGRÉGER, v. a., séparer, éloigner. — *Désbiltzea.*

DISJOINDRE, v. a., séparer. — *Aphartatzea, séparatzea, paraghetzea, partaghetzea, béreeitzea, bereïztea.*

DISLOCATION, s. f., déboîtement d'un os. — *Iñartadura.*

DISLOQUÉ, ÉE, part., déboîté. — *Iñartátua.*

DISLOQUER, v. a., démettre, déboîter. — *Iñartatzea.*

DISPARAÎTRE, v. n., cesser de paraître. — *Désaghertzea, gordetzea, kúkúltzea.*

DISPARATE, s. f. et adj., manque de rapport. — *Diferenta, disparatea, ezkaïda, elkarrekilan gaïzki dóacin gaüzac.*

DISPARITÉ, s. f., différence. — *Désbekaldea, diférentcia.*

DISPARITION, s. f., action de disparaître. — *Desagheria, désaghiria.*

DISPENDIEUX, adj., très-coûteux. — *Gastu handikúa, hainitz gostaya.*

DISPENSE, s. f., exemption, permission. — *Legaskea, dispentsa.* || Libération, affranchissement : *Lokabea.*

DISPENSER, v. a., exempter, éviter. — *Dispentsatzea, legasketzea.* || Libérer, affranchir : *Lokabetzea.*

DISPERSER, v. a., répandre, dissiper. — *Barreiyatzea, gastatzea, darheïatzea, banacitzea, banatzea, banakazkatzea.*

DISPERSION, s. f., action de disperser. — *Barreiyamendua, banazkadea, banacidea.*

DISPONIBLE, adj., dont on peut disposer. — *Libro.*

DISPOS, s. m., agile. — *Trempuan, arin arina, ariña, istalgaratua.*

DISPOSER, v. a. et n., préparer, arranger. — *Antolatzea, arrimatzea, kompontzea, aphaïntzea, arrenyatzea.* || Mettre en bon ordre : *Maneratzea.* || Transfert de propriété : *Seguntatzea, oñorditzea.* || Déterminer : *Desegobitzea.* || Décider : *Erabakitzea, trenkatzea.* || Se préparer : *Prestatzea.* || Se disposer à un acte : *Abiatzea.*

DISPOSITIF, IVE, adj., qui dispose. — *Manerakúa.*

DISPOSITION, s. f., arrangement. — *Antólamendua, kompondura, aphaïndura.* || Disposition, mandat, décret : *Naïdarra, be-*

tezarrá, erabakdea. || Action de disposer, aptitude : *Erabilkuntza*. || Disposition, pouvoir : *Menea, mendea, boterea, podorea*. || De cette manière : *Prestaera, manayóa*. || Force : *Almena*. || Pouvoir qui s'accorde pour quelque objet : *Alordea*. || Arbitrage : *Eskukoera, aütakiña, erabakia*.

DISPROPORTION, s. f., inégalité. — *Dinghea, doïghea, dindekabea, doïdekabea, désigoldea, berdiñesa, bardinkaïtza, descelaïda*.

DISPROPORTIONNÉ, ÉE, part., sans proportion. *Dinghetua, doïghetua, dindekabetua, doïdekabetua, désigoldetùa, bardinestua, bardinkaïtztua, déscelaïtua*.

DISPROPORTIONNÉMENT, adv., sans proportion. — *Dinghero, doïghero, dindekabero, doïdekabero*.

DISPROPORTIONNER, v. a., s'éloigner des proportions. — *Dinghetzea, doïghetzea, dindekabetzea, doïdekabetzea, descelaïtzea*.

DISPUTE, s. f., débat, contestation. — *Eskatima, ezpaïta, leïkitza, aüciabartzea*. || Querelle : *Mókoka, asarrera, atelá, errierta, gatazka, ahara*. || Violente dispute : *Aharra*.

DISPUTER, v. n., contester, débattre. — *Eskatimatzea, espaïtzea, leïkitzea, aücitzea*. || Quereller : *Mókolotzea, atelátzea, erriertzea, aharatzea, gatazkatzea*. || Se disputer violemment : *Aharratzea*.

DISPUTEUR, s. m., qui dispute. — *Mókokaria, aharria, egarkitzallea, ezpaïtaria, eskatimalea, leïkitzallea*.

DISQUE, s. m., du soleil. — *Ekiaren bollandea, iruzkiaren bollandea, iguzkiaren bollandea*. || De la lune : *Ilharghiaren bollandea, arghizaghiaren bollandea*.

DISSECTION, s. f., action de disséquer. — *Erciera, epakéra*.

DISSEMBLABLE, adj., qui n'est point semblable. — *Diférenta*.

DISSEMBLANCE, s. f., différence. — *Diferentcia, irundighea, anzketasuna, anzokaïtasuna, désirunditasuna*.

DISSEMBLANT, TE, adj., différent. — *Irunditsua, désirunditsua, anzkea, anzokaïtza, diférenta*.

DISSÉMINER, v. a., répandre çà et là. — *Barreiyatzea, banacitzea*.

DISSENSION, s. f., discorde, querelle. — *Naskeria, nahaskeria, kontrestea, ezpaïta, kontrarigóa*.

DISSÉQUER, v. a., anatomiser un corps. — *Ereïatzea, epakitzea*.

DISSÉQUEUR, s. m., celui qui dissèque. — *Ereïatzaïlea, epakitzaïlea*. || Il ne se dit guère qu'avec un adjectif. Un bon, un habile disséqueur : *Erreïatzalé óna, epakitzaïle óna, habila, antcia, maïnusa*.

DISSERTATEUR, s. m., qui disserte. — *Eralgutzaïlea*. || Il ne se prend guère qu'en mauvaise part. Un ennuyeux dissertateur : *Eralgutzaïle onagarria*.

DISSERTATION, s. f., examen, discussion. — *Eralgudea*.

DISSERTER, v. n., faire une dissertation. — *Eralgudetzea*.

DISSIMULATEUR, s. m., qui dissimule.—*Gordia, faltxóa*.

DISSIMULATION, s. f., action de dissimuler.— *Gordetasuna*.

DISSIMULÉ, ÉE, adj. et s., artificieux. — *Gordea, gordia, kheritzatua, désenkusatua, ezteracia, zakurra*. || Rusé, fin, subtil : *Kheritzatia, ezterazlea*. || Feint : *Disimulatua, labaña, sabelzuria, zuhurra*.

DISSIMULER, v. a., cacher sa pensée. — *Disimulatzea, kheritzatzea, ezteracitzea, désenkusatzea*.

DISSIPATEUR, TRICE, s., dépensier. — *Gastatzallea, irioïlea, pillatzallea, eriatzallea, fundibitailla*.

DISSIPATION, s. f., action de dissiper. — *Eriandea, irioïdea*.

DISSIPÉ, ÉE, adj., livré à ses plaisirs. — *Irioïtsua, pilla*.

DISSIPER, v. a., disperser, distraire.—*Eriatzea, irioïtzea, pillatzea, gastatzea*. || S'évaporer : *Suntsitzea*.

DISSOLU, UE, adj., débauché, lassif.- *Lizuna, likitxa, araghikoya*.

DISSOLUBLE, adj., qui peut être dissous. — *Urtzen ahaldena*.

DISSOLUMENT, adv., licencieusement. — *Lizunki, likixtki*.

DISSOLUTION, s. f., action de dissoudre. — *Mezguchidea*. || Dérèglement : *Oïtazkandea*. || Action de fondre : *Urtua den gaüza*.

DISSOLVANT, s. f., t. de chim., corps propre à opérer la dissolution. — *Urtzaïlea*.

DISSOUDRE, v. a., décomposer. — *Mezguchitzea*. || Fondre : *Urtzea*. || Rompre : *Aüstia*.

DISSUADER, v. a., détourner d'un dessein. — *Gógaztantzea*.

DISSUASION, s. f., action de dissuader. — *Gógaztandea.*
DISTANCE, s. f., intervalle, différence.—*Distantcia, bidastia.*
DISTANT, TE, adj., éloigné. — *Bidastitua.*
DISTENDU, UE, part., fort étendu.--*Largatua.*
DISTENDRE, v. a., étendre fort. — *Largaitzea, amor emaitea.*
DISTENSION, s. f., tension violente. — *Largaëra, amorra.*
DISTILLATEUR, s. m., qui distille. — *Itoïketzallea.*
DISTILLATION, s. f., action de distiller. — *Itoïkera.*
DISTILLER, v. a., extraire le suc, l'esprit avec l'alambic ; v. n., couler. — *Itoïketzea.*
DISTILLERIE, s. f., lieu où l'on fait la distillation en grand. — *Itoïketariúa.*
DISTINCT, TE, adj., clair. — *Agheria.* ‖ Séparé : *Berecha.*
DISTINCTEMENT, adv., clairement. — *Klárki.* ‖ Séparément : *Berechki.*
DISTINCTIF, IVE, adj., qui distingue. — *Berechkigarria, bánaïkagarria.*
DISTINCTION, s. f., différence. — *Berechka, benaïta.* ‖ Egard : *Harta, attentcionea.* ‖ Mérite : *Mérecimendua.*
DISTINGUÉ, ÉE, part., vu. — *Ikhusia.*
DISTINGUER, v. a., voir. — *Ikhustea.* ‖ Différencier, discerner. — *Berechkatzea, banaïtzea, bánaïtatzea.*
DISTRACTION, s. f., inapplication.—*Desoárra, desarreta.* ‖ Oubli : *Oarkabea.*
DISTRAIRE, v. a., séparer. — *Berechtea.* ‖ Rendre distrait : *Ahantzaztea, oárkabetzea, désoártzea, désárretatzea.* ‖ Distraire (se) : *Alhegheratzea, yostatzea, libertitzea, dembora pasatzea.*
DISTRAIT, TE, adj., inattentif. — *Desoártua, oárkabetua, désarretatua.* ‖ Part., séparé, choisi : *Berechia.*
DISTRIBUÉ, ÉE, part., partagé. — *Phartitua.*
DISTRIBUER, v. a., partager. — *Phartitzea, emaskidatzea.*
DISTRIBUTEUR, TRICE, s., qui distribue. — *Phartitzaillea, emaskidatzallea.*
DISTRIBUTION, s. f., action de distribuer. — *Emaskida.*
DIVAGUER, v. n., s'écarter de la question. — *Zórokatzea.*
DIVERGENT, TE, adj., qui s'écarte. — *Urruntzendena.*
DIVERS, adj., différent ; pl., plusieurs. — *Batzuec, cembeïtec, askóc.*

DIVERSEMENT, adv., différemment. — *Diférentki.*
DIVERSIFIÉ, ÉE, part., varié, différencié. — *Bertzeghitua.* ‖ Varié de diverses couleurs : *Navartua.*
DIVERSIFIER, v. a., varier, différencier. — *Bertzeghitzea.* ‖ Varier de diverses couleurs : *Navartzea.*
DIVERSITÉ, s. f., variété. — *Banaïta, bersakea.*
DIVERTIR, v. a. et p., se réjouir. — *Alhegheratzea, lóriatzea.* ‖ S'amuser, se divertir : *Yostatzea, egurastea.* ‖ Divertir (se) de quelque pensée : *Desoartzea, desarretatzea.*
DIVERTISSANT, TE, adj., qui divertit. — *Yostagarria, libertigarria, eguragarria.*
DIVERTISSEMENT, s. m., action de divertir.— *Yosteta, libertimendua, eguradea.*
DIVIDENDE, s. m., nombre à diviser.—*Phartitzekúa.*
DIVIN, INE, adj., de Dieu. — *Yaïnkozkóa, yinkoskóa.* ‖ Fig., excellent : *Gaïnekua, dibinóa.*
DIVINATION, s. f., action de deviner. — *Asmóa, ighermena, aztinantza.*
DIVINEMENT, adv., d'une manière divine. — *Yinkoski, yaïnkoski, yaïnkoskiró.* ‖ D'une manière supérieure : *Gaïneki, dibinoki.*
DIVINISER, v. a., reconnaître pour divin. — *Yaïnkostea, yinkostea.*
DIVINITÉ, s. f., essence divine. — *Yaïnkotasuna, yaïnkosdea, yinkotasuna.* ‖ Dieu : *Yaïnkóa, yinkóa.*
DIVISER, v. a., partager. — *Phartitzea.* ‖ Mettre la discorde, désunir : *Barreiyatzea, asarraztea.*
DIVISEUR, s. m., nombre qui divise.—*Phartitzallea.*
DIVISIBLE, adj., qu'on peut diviser. — *Phartitzen ahal dena, neygarria, berecigarria.*
DIVISION, s. f., partage.—*Partayua, uzkuya, uzkóa, uzkurra, berezdea.* ‖ Fig., discorde : *Eskatima, nahasda.*
DIVORCE, s. m., rupture de mariage. — *Désezkondea.*
DIVORCER, v. n., rompre le mariage. — *Désezkontzea.*
DIVULGATION, s. f., action de divulguer. — *Otsandea, salaketa.*
DIVULGUER, v. a., rendre public. — *Otsandetzea, salatzea.*
DIX, adj. numérique. — *Amar.*
DIX-HUIT, adj., nombre. — *Emezortzi.*

DIXIÈME, adj. ord., s. m., dixième partie. — *Amargarrena*.

DIXIÈMEMENT, adv., en dixième lieu. — *Amargarrenian*.

DIX-NEUF, adj., nombre. — *Emeretzi*.

DIX-SEPT, adj., nombre. — *Amazazpi*.

DIZAINE, s. f. (une), total de dix. — *Amar bat*.

DOCILE, adj., facile à gouverner. — *Obedienta, irakazkoya, umilla*.

DOCILEMENT, adv., avec docilité. — *Obendientki, umilki, irakazkiro*.

DOCILITÉ, s. f., disposition à obéir. — *Umiltasuna, obedientasuna, irakaztasuna*.

DOCTE, s. m., savant. — *Yakina, yakiña, jakina, irakasia*.

DOCTEMENT, adv., d'une manière docte. — *Yakinki, irakasiró, iraskiró*.

DOCTEUR, s. m., qui est promu au plus haut degré de quelque faculté. — *Dótora*. || Fig., savant, habile : *Yakina*.

DOCTRINE, s. f., savoir, enseignement. — *Irakasdea*.

DOCUMENT, s. m., renseignement. — *Peza*.

DOGME, s. m., point de doctrine. — *Erakasia*.

DOGUE, s. m., gros chien de boucher. — *Alanóa*.

DOIGT, s. m., partie de la main. — *Erria*.

DOLÉANCE, s. f., plainte, fam. — *Gaïzoaldia, espá, errenkura, arrenkura, arrangura, kéjá, keisa*. En Biscayen, ces deux derniers mots signifient fatigue.

DOLEMMENT, adv., d'une manière dolente. — *Gaïzoaldiki, espáki, errenkuraki*.

DOLENT, adj., triste, fam. — *Minduna, tristia, trichtia, kejatsua, kejatia, arrenkuratia, arranguratia*.

DOMAINE, s. m., biens-fonds. — *Mempea, jabaria, bringhia*.

DÔME, s. m., voûte demi-sphérique. — *Ganarbea*.

DOMESTICITÉ, s. f., état domestique. — *Morroytasuna, sehitasuna, seyatasuna, birabetasuna*.

DOMESTIQUE, adj., serviteur, terme générique. — *Sehia, seya, mirabea, morroya*. || Domestique mâle : *Mutill*. || Servante : *Neskamia*.

DOMESTIQUEMENT, adv., en domestique. — *Sehiki, seyki, mirabetki, morroyki*.

DOMICILE, s. m., demeure, logis. — *Egonlekua, egoïtza*. || A domicile : *Egonlekuan*.

DOMICILIÉ, ÉE, part., restant à. — *Egoki*.

DOMICILIER (SE), v. p., fixer sa demeure. — *Egoïtea*.

DOMINANT, TE, adj., qui domine par sa puissance. — *Jabarudina, mempeduna, bringaya*. || Qui domine par sa hauteur : *Góragó izatia, altóago izatia*.

DOMINATEUR, TRICE, s., qui domine. — *Jabarikaria, jabaritzallea, mempetaria, mempetzallea, bringhillea*.

DOMINATION, s. f., puissance. — *Jabaridea, mèmpea, bringhidea*.

DOMINER, v. n. et a., commander. — *Manatzea*. || Fig., être au-dessus de sa puissance. *Jabaritzea, mempetzea, bringhiatzea*. || Dominer par sa hauteur : *Górago, altóago izaïtia*.

DOMMAGE, s. m., perte, préjudice. — *Bidegabea, khaltea, domaiya*. || Quel préjudice! *Cer bidegabea*.

DOMPTER, v. a., assujettir. — *Esitzea, eztea, cebatzea, maltsotzea*.

DOMPTEUR, s. m., qui dompte. — *Esitzaïlea, eztellea, cebatzellea, maltsotzallea*.

DON, s. m., présent. — *Presenta, orroïtzapena*. || Talent : *Talendua, emaïtza*. || Dotation naturelle : *Doaïnac* (en basque se dit au pluriel).

DONATEUR, TRICE, s., qui fait donation. — *Emaïlea*.

DONATION, s. f., don par acte public. — *Emaïtza*.

DONC, conj., ainsi. — *Behaz, beraz*.

DONNER, v. a., n. et p., faire don, présenter, avoir vu heurter. — *Emaïtea*. || Donnez-moi cela : *Ekhartzu ori, indazu ori, emanezazu ori*. || Donnez-lui cela : *Emózu ori*.

DONNEUR, EUSE, s., qui donne, fam. — *Emaïlea*.

DONT, particule qui se met au lieu de qui, duquel, de laquelle. Voulez-vous connaitre celui dont (de qui) je suis le fils. — *Ezagutu nahi duzu* NOREN (*nor-en* de qui) *semia naïzen*. || Celui dont (duquel) vous parlez : NORTAZ (*nor-taz* duquel) *mintzo beïtzaren*. || La personne dont (de laquelle) vous parlez : *Mintzo zaren presuna* HARTAZ (*har-taz* de laquelle). || Il se dit aussi pour avec lequel, avec laquelle, avec lesquels, avec lesquelles. Celui ou celle dont (pour lequel, laquelle, lesquels, lesquelles) j'ai porté les meubles *est* ou *sont* ici : *Norentzat* (*nor-en-tzat* celui ou celle pour lequel), etc. (On remarque que *nórentzat* n'a ni genre ni pluriel), *ekharri beïtitut mobliac emen* DAGO (est) *edo* DAGOCI (sont). Il se dit aussi pour de quoi. C'est selon ce dont (de quoi) il s'agit : *Eya gaüza cerden* (*cer-den* de quoi, quelle chose).

DORÉNAVANT, adv., à l'avenir. — *Emendic haïntcina.*

DORER, v. a., enduire, couvrir d'or. — *Urreztatzia.*

DOREUR, EUSE, s., qui dore. — *Urreztatzaïlea.*

DORMANT, TE, adj., qui dort. — *Ló.*

DORMEUR, EUSE, s., qui dort. — *Ló'ghilea, lótia, lótitzarra, lózarra.*

DORMIR, v. n., être dans le sommeil ; s. m., le sommeil. — *Ló'ghitea.*

DORMITIF, IVE, adj., qui fait dormir. — *Lókartzaïlea, lógaletzaïlea.*

DORTOIR, s. m., corridor pour dormir. — *Etzindeghia, etzan tokia, etzaüntza.*

DORURE, s. f., art de dorer. — *Urreria.*

DOS, s. m., partie postérieure des corps. — *Bizkarra.*

DOSE, s. f., quantité prescrite. — *Phartea.*

DOSSIER, s. m., dos d'un fauteuil, d'une chaise, d'un banc. — *Aldostea.* || Dossier de papiers ou d'écrits : *Aldazpia.* || Dossier d'un lit : *Oheburua, odpurua, ohatze bûrua.*

DOT, s. f., bien apporté par une fille qui se marie ou prend le voile. — *Dothea, dótia, alagoza.*

DOTATION, s. f., action de doter une fiancée. *Dotacionea.* || Don volontaire à une église, etc. : *Ondokartea, gozamendea.*

DOTÉ, ÉE, part., ayant une dot. — *Dothatûa, dótatûa, alagoztua.* || D'un don volontaire à une église, etc. : *Ondokartua, gozamendatua.* || De qualités, de grâces : *Doaïndua.*

DOTER, v. a., donner une dot à une fille, à un garçon. — *Dothatzea, dótatzea, alagozatzea.* || Doter une église, etc. : *Ondokartetzea, gozamentzea.* || Doter, orner, de belles qualités, de grâces, de dons : *Doaïntzea.*

DOUANE, s. f., lieu où se paie le droit des marchandises allant ou venant de l'étranger. — *Adûana.*

DOUANIER, s. m., préposé de la douane. — *Gûarda.*

DOUBLE, adj., qui vaut, pèse ou contient deux fois autant. — *Dóblia.* || Fig., traître : *Zûria.* || Objet composé de deux choses, deux fois : *Bambesteko, bidebiko, bisetakua.* || Double (en), en deux : *Dóblian, bitan, bambestea, biderbia.*

DOUBLEMENT, adv., en deux manières. — *Dóbleki.*

DOUBLER, v. a., mettre le double. — *Dóblatzia, dóblatzea, biderbitzea.* || Mettre en doublure : *Forratzia.* || Doubler, plier : *Tolestatzea, plegatzea, sustatzea.* || Doubler, courber : *Makurtzea.*

DOUBLURE, s. f., ce qui double une étoffe. *Horradura, fórradura.*

DOUCEATRE, adj., d'une douceur fade. — *Eztitxua.*

DOUCEMENT, adv., d'une manière douce, peu à peu. — *Emeki.*

DOUCEREUX, EUSE, adj. et s. m., fade. — *Eztitxua.*

DOUCETTE, s. f., plante. C'est la mâche. — *Dúzetá.*

DOUCEUR, s. f., qualité de ce qui est doux, profits. — *Eztitasuna.*

DOUILLET, TE, adj. et s., tendre et délicat. — *Beratza, mañetia, maïnatxua.*

DOUILLETTEMENT, adv., d'une manière douillette. — *Beratzki, mañeki, maïnuki.*

DOULEUR, s. f., mal de corps ou d'esprit. — *Dolorea, oïnacea, oñacia, païrakaria.*

DOULOUREUSEMENT, adv., avec douleur. — *Dolorezki, minez, somiñez, minkiró, sominkiró.*

DOULOUREUX, EUSE, adj., qui cause douleur. — *Doloregarria, doloretxua.*

DOUTE, s. m., incertitude. — *Dúda.*

DOUTER, v. n., être en doute. — *Dúdatzea.*

DOUTEUSEMENT, adv., avec doute. — *Dudarekin, dudaekin.*

DOUTEUX, EUSE, adj., incertain. — *Dúdakua.* || Personne qui doute de tout : *Dúdakorra.*

DOUVE, s. f., planche d'un tonneau. — *Pipola, pipolla, barrata.*

DOUX, CE, adj., ce qui est doux. — *Eztia, gózua.*

DOUZAINE, s. f., nombre de douze. — *Dotzena.*

DOUZE, adj. numérique. — *Amabi.*

DOUZIÈME, adj., nombre ordinal de douze, douzième partie. — *Amabigarrena.*

DOUZIÈMEMENT, adv., en douzième lieu. — *Amabigarrenki.*

DOYEN, NE, s., le plus ancien d'un corps en réception. — *Zaharrena.*

DRAGÉE, s. f., amande couverte de sucre. — *Gráchea, ónona.*

DRAGON, s. m., cavalier. — *Drágona, cinzaldizkóa.* ‖ Espèce de serpents : *Erensughia.* ‖ Tache qui vient à la prunelle de l'œil : *Zúria, beghilaüsóa, odeyá.*
DRAGONNE, s. f., nœud d'épée. — *Ezpatálokárria.*
DRAP, s. m., étoffe de laine. — *Landerra, óyala.* ‖ Drap de lit : *Mihisea, mihisa, izarea, maïndirea, manyria.*
DRAPEAU, s. m., enseigne d'infanterie. — *Bandera.* ‖ Maillot : *Chatarra.*
DRAPERIE, s. f., manufacture de drap. — *Landerrateghia.*
DRAPIER, s. m., marchand de drap. — *Lander-saltzaïlea.* ‖ Fabricant de drap : *Landertaria.*
ᴅRESSER, v. n. et p., lever, ériger. — *Chútitzea.* ‖ Rendre droit : *Chúchentzea.* ‖ Rendre propre à quelque chose, adroit : *Trebetzea, duïtutzea.* ‖ Dresser (un cheval) : *Eztea, eztia.* ‖ Celui qui le dresse : *Eztaïlea.* ‖ Qui est dressé (le cheval) : *Ezia.*
DRILLE, s. m., bon compagnon. — *Itsumutilla, itusuaürrea.* ‖ Chiffon : *Tcharpila.*
DROGUE, s. f. marchandise que vend l'apothicaire. — *Droga, likurta, likalea.*
DROGUERIE, s. f., toutes sortes de drogues. — *Drogheria, likaldea, likurtadea.*
DROGUISTE, s. m., marchand de drogues. — *Droghista, likurtaria, likaltaria, drogaria.*
DROIT, adj., non courbé, debout. — *Chúchena, zucena.* ‖ Fig., équitable : *Chúchena, yustúa, zucena.* ‖ s. m., justice, loi, taxe : *Dretchua.* ‖ Droit d'exportation par mer : *Aberia.* ‖ Droit canonique : *Elizako dretchua, eleïzaraüdea, eleïzaneütartea.* ‖ Droit, loi, règle : *Neürtartea, araüdea, dretchua, leghea, erreghela.* ‖ Selon le droit : *Araüdez, neütardez, dretcho arâberan.* ‖ Droit civil : *Uritaraüdea, iritaraüdea, urineütartea.* ‖ Droit des gens : *Oïtaraüdea, oïtneürtartea.* ‖ Droit divin : *Yinkóaren dretchua, yaïnkoaraüdea, yaïnkoneürtartea.* ‖ Droit humain : *Yendearen dretchua, ghizaraüdea, ghizaneürtartea.* ‖ Droit naturel : *Zor deretchua, sortaraüdea, sorneürtea.* ‖ Droit positif : *Naïtaraüdea, naïneürtartea, eghiazko dretchu.* ‖ Droit, action : *Zucená, lerdena, margóa, deretchóa.* ‖ Droit, solde, paye : *Saria, lasaria, pága.* ‖ Droit, droiture : *Zucentasuna, zucendea, artea.*
‖ Juste : *Margodea.* ‖ Droite (main) : *Esku eskúyna.* ‖ Droite (à) : *Eskúyn.*
DROIT, adv., directement. — *Chúchen zucen.*
DROITEMENT, adv., équitablement. — *Chúchenki, zucenki.*
DROITIER, ÈRE, s., qui se sert de la main droite. — *Eskúyna.*
DROITURE, s. f., équité ; adv., directement. — *Chúchentasuna, zucentasuna.*
DRÔLE, adj., plaisant. — *Drólia, bitchia, dostiráditxua.*
DRÔLEMENT, adv., d'une manière drôle. — *Dróleki, bitchiki, dostirádiki.*
DRÔLERIE, s. f., chose drôle. — *Drólekeria, bitchikeria, dóstirádikeria.*
Du, particule, pour *de le*. — *Aren, haren, áz.* ‖ Du, particule qui tient lieu de la préposition *de* et de l'article *le* : *Aren, az.* ‖ Du, part. du génitif. Du fils : *Semeáren (seme-áren).* ‖ Abl., du fils : *Semeáz, (seme-áz).* ‖ Gén., du mien : *Eneáren (Eneá-ren).* ‖ Abl., du mien : *Eneáz (eneáz).* ‖ Gén., du tien : *Hireáren (hireá-ren).* Abl., du tien : *Hireáz (hire-áz).* ‖ Gén., du sien : *Harenáren (haren-áren).* ‖ Abl., du sien : *Harenáz (hare-náz).* ‖ Gén., du nôtre : *Gúreáren (gúre-áren).* ‖ Abl., du nôtre : *Gúreáz (gúre-áz).* ‖ Gén., du vôtre : *Zúreáren (zúreá-ren).* ‖ Abl., du vôtre : *Zúreaz (zúre-áz).* ‖ Gén., du leur : *Heyenáren (heyen-áren).* ‖ Abl., du leur : *Heyenáz (heyen-áz).*
Dû, s. m., ce qui est dû, devoir. — *Zór, zórra.*
Duc, s. m., dignité. — *Dúkea.*
DUCHESSE, s. f., dignité. — *Dúkesa.*
DUCHÉ, s. m., seigneurie ducale. — *Dúkearen mempea, dúkearen barrutia.*
DUEL, s. m., combat d'homme à homme. — *Dichidá, disida, bikua.*
DUELLISTE, s. m., qui se bat en duel. — *Dichidaria, disidaria, bikudaria.*
DUNE, s. f., colline sablonneuse. — *Arepilla, ondar-múnóa.*
DUPE, s. f., qui est trompé. — *Enganatua, engañatua, atzipetua, baïratua, trumpatua.*
DUPER, v. a., tromper. — *Enganatzea, engañatzea, atzipatzea, baïratzea, trúmpatzea.*
DUPERIE, s. f., tromperie. — *Enganua, engañua, enganakeria, atzipekeria, baïrakeria, trumpakeria.*
DUPEUR, s. m., trompeur. — *Enganatzaï-*

lea, engañatzallea, atzipetzallea, gaïntatzallea, baïrataria, trumpatzaïlea.

DUPLICITÉ, s. f., état de ce qui est double; fig., mauvaise foi. — *Enganadúa, enganióa, gaïnta, atzipea, baïra, ciliboka.*

DUR, adj., ferme; fig., rude, inhumain, pénible. — *Gógórra.*

DURABLE, adj., qui doit durer. — *Iraüngarria.*

DURANT, prép., pendant. — *Diraüeno.*

DURCIR, v. a. et n., rendre, devenir dur. — *Gógórtzea, gógórtzia.*

DURCISSEMENT, s. m., état durci. — *Gógórtasuna.*

DURÉE, s. f., temps qu'une chose dure. — *Iraüpena.*

DUREMENT, adv., avec dureté. — *Gógórki.*

DURER, v. a., continuer d'être. — *Iraütia.*

DURETÉ, s. f., qualité dure, paroles dures. — *Gógórtasuna, gógórkeria.*

DURILLON, s. m., petit calus. — *Kállóa, lárgorra.*

DUVET, s. m., menue plume. — *Lúma-cheiya, lúma-chehia.* ‖ Fig., premier poil : *llhecheiya.*

DUVETEUX, EUSE, adj., qui a du duvet (relativement à la plume). — *Lúma-cheiyatxua.* ‖ Relativement au poil : *llhe-cheiyatxua.*

DYNASTIE, s. f., succession de rois. — *Erreghetarsunen-seghida.* ‖ Suite de rois ou de princes qui ont régné dans un pays : *Erreghea arraza baten seghida, erreghe arraza baten seghida.*

DYSSENTERIE, s. f., sorte de diarrhée avec flux de sang. — *Beheïtiko-odolezkóa, kuriciónia, sabeltarsuna, sabeldarsuna.*

DYSSENTÉRIQUE, adj., de la dyssenterie. — *Beheïtiko odolezkótarzunekóa, kurriciónezkóa.*

DYSURIE, s. f., difficulté d'uriner. — *Usuria.*

E

E, s. m. — *Eà.* ‖ E., cinquième lettre de l'alphabet : *Abeceko bortzgarren letra.*

EAU, s. f., élément liquide. — *Ura.* ‖ Eau courante, fontaine courante : *Urberontzia, iturri jariotia.* ‖ Eau dormante : *Ur hila, ur illa.* ‖ Eau-de-vie : *Agordienta.*

EBAHIR (s'), v. p., s'étonner. — *Arritzea.*

EBAHISSEMENT, s. m., étonnement. — *Arrimendua.*

EBAT, EBATTEMENT, s. m., passe-temps. — *Yosteta.*

EBATTRE (s'), v. p., se divertir. — *Yostatzea.*

EBÈNE, s. f., bois de l'ébénier. — *Zúrbelcha, zúrbeltza.*

EBÉNIER, s. m., arbre. — *Zúrbelch'ondoa, zúrbeltz-hondoa.*

EBÉNISTE, s. m., qui travaille un bois précieux. — *Zúrbelcharia, zúrbeltzaria.*

EBLOUIR, v. a., aveugler par trop d'éclat, de lumière. — *Llilloratzea, llillutzea, kandutzea.*

EBLOUISSANT, ANTE, adj., qui éblouit. — *Llilloragarria, llilluragarria, kandutugarria.*

EBLOUISSEMENT, s. m., état de l'œil ébloui. — *Llillura, lillurá, kandua.*

EBORGNER, v. a., rendre borgne. — *Okhertzea, okhertzia.*

EBOULEMENT, s. m., action d'ébouler. — *Leherdura, ansóa.*

EBOULER, v. n. et p., tomber en s'affaissant. — *Lurreratzea, gheldika deseghitea, baraïse lurreratzera, baratche lurreratzera.*

EBOULIS, s. m., chose éboulée. — *Ansodura.*

EBOURRIFÉ, ÉE, adj., se dit des personnes dont le vent a mis en désordre la coiffure. — *Arrótua.* ‖ Les cheveux : *Arrótua, fartzilua.*

EBRANCHÉ, ÉE, part., qui n'a plus de branches. — *Modortua.*

EBRANCHER, v. a., ôter les branches. — *Módortzea, adarrac moztea, abarrac pikatzea.*

EBRANLÉ, ÉE, part., secoué. — *Bámbolatua, kórdatua.* ‖ Fig., ému : *Ighindatua, mughindatua.* ‖ Indécis : *Dúdan.* ‖ Etonné: *Arritua.*

EBRANLEMENT, s. m., secousse. — *Bambolanza, kordapena.*

EBRANLER, v. a., donner des secousses. — *Bamboleatzea, kordokatzea.*

EBRÉCHÉ, ÉE, part., tranchant qui a une ou plusieurs brèches. — *Khamustua, ahástua, megaïztua, mellatua, máketxatua.* ‖ Assiette, pot, etc., qui a une ou plusieurs brèches : *Akástua, ertzatua, antsia, máketxtua.*

EBRÉCHER, v. a., faire une brèche à un instrument tranchant. — *Khamustea, akastea, megaïtzea, mellatzea, máketxatzia.*

‖ Faire une brèche à une assiette, un pot, etc. : *Akastea, ertza aüstea, mákestea.*

EBRUITÉ, ÉE, part., divulgué.—*Barreiyatua.*

EBRUITER, v. a., divulguer. — *Barreiyatzea.*

EBUARD, s. m., coin de bois fort dur qui sert à fendre les bûches. — *Ernal-ziria, ernal-zótza.*

EBULLITION, s. f., acte de bouillir.— *Irakia, idakia.*

ECAILLE, s. f., ce qui couvre les poissons, testacés, etc. — *Eskáta.* ‖ Ecaille de tortue ou autre testacé : *Maskorra, estalarra.* ‖ Ecaille d'œuf : *Arroltze kóskúa, arraúltza kóskóa.* ‖ Ecaille, coquille de certains fruits, noix, noisette, etc. : *Achala.* ‖ Ecaille, éclats de pierre quand on la taille : *Zátarria.*

ECAILLÉ, ÉE, adj., couvert d'écailles. — *Eskatua.* ‖ Privé d'écailles : *Déskatatua.*

ECAILLER, v. a., ôter l'écaille ; v. p., tomber par écailles. — *Déskatatzea.*

ECAILLEUX, EUSE, adj., qui se lève par écaille. — *Eskatatxua.*

ECALE, s. f., couverture extérieure et qui renferme la coque dure de certains fruits. — *Kózkarana.* ‖ Ecaille de noix : *Eltzaúrren kózkarana.* On dit aussi en français écales d'œufs, de pois, mais en basque *kóz karana* ne remplace pas ce terme ; pour l'œuf on dit le mot correspondant à écaille (d'œuf) : *Kóskúa ;* et pour les pois, on emploie le mot correspondant de cosse (de pois) : *Leka.*

ECALER, v. a., ôter l'écale.—*Kózkaranatzea.*

ECANGUÉ, ÉE, part., lin dont la paille est enlevée. — *Garbatua.*

ECANGUER, v. a., faire tomber la paille du lin. — *Garbatzia.*

ECARLATE, s. f., couleur. — *Shkarlata, súteóa.*

ECARLATINE, adj. f. Il ne se dit qu'en parlant d'une fièvre qui rend la peau rouge. — *Kábardilla.*

ECART, s. m., action de s'écarter, éloignement, digression, à l'écart. — *Bazterreat.* ‖ S'écarter : *Bazterkatzia.* ‖ Ecart, cartes que l'on écarte en jouant : *Karlaghea, déskartea.*

ECARTELER, v. a., mettre en quatre quartiers, supplice qu'on faisait souffrir aux criminels de lèse-majesté au premier chef, en les tirant à quatre chevaux. — *Laü phartetan'ghitea, laügritzia, laürden katzia.*

ECARTER, v. a., éloigner. — *Urruntzea.* ‖ S'écarter : *Urruntzea, aphartatzea, aldaratzea.* ‖ Ecarter une carte au jeu : *Kartaghetzea, deskartatzea.*

ECCLÉSIASTIQUE, adj. et s. m., d'église. — *Elizakúa.* ‖ Homme d'église : *Elizatarra, elcizatarra, beretarra, bereterra.* ‖ Livre de l'Ecriture : *Liburu saindua, eklesiastiko liburua.*

ECCLÉSIASTIQUEMENT, adv., en ecclésiastique. — *Elizakoki.*

ECERVELÉ, ÉE, adj., esprit léger, évaporé.— *Arina, buru gabia.*

ECHAFAUD, s. m., élévation en charpente pour supplicier. — *Eriondá.* ‖ Echafaud de maçon : *Aldamióa.* ‖ Echafaud, théâtre de charpenterie dressé pour divers usages : *Zábaya, seïlarua.*

ECHAFAUDAGE, s. m., action d'échafauder. — *Zábayda.*

ECHAFAUDER, v. n., dresser des échafauds pour bâtir. — *Zábaytzea.*

ECHALAS, s. m., étai de cep. — *Pazotac, matsolac.*

ECHALASSER, v. a., garnir d'échalas. — *Pazotatzea, matsolatzea.*

ECHALASSIÈRE, s. f., lieu planté de toute espèce d'arbres ou d'arbrisseaux que l'on coupe sans les laisser grandir. — *Chara.*

ECHALIER, s. m., clôture d'un champ faite avec des branches d'arbres pour en fermer l'entrée aux bestiaux. — *Esia.*

ECHALOTE, s. f., sorte d'ail. — *Chalota.*

ECHANCRÉ, ÉE, part., taillé, évidé. — *Chankratua.*

ECHANCRER, v. a., évider en croissant. — *Chankratzia.*

ECHANCRURE, s. f., action d'échancrer. — *Chankradura.*

ECHANGE, s. m., troc. — *Trukada.*

ECHANGER, v. a., troquer. — *Trukatzea.*

ECHANGISTE, s. m., qui fait un échange. — *Trukatzailea.*

ECHANTILLON, s. m., petite portion d'une chose pour la faire connaître. — *Echantilluna, mústra.*

ECHANVRER, v. a., ôter les plus grosses chenevottes du chanvre. — *Garbatxia.*

ECHAPPÉE, s. f., action imprudente. — *Eskapada.*

ECHAPPER, v. a., n. et p., éviter, se sauver, fuir. — *Eskapatzea.*

ECHARDE, s. f., petit éclat de bois qui entre dans la chair. — *Eskaltac, eskartac.*

ÉCHARPE, s. f., étoffe en baudrier ou en ceinture. — *Charpa.*

ÉCHARPER, v. a., faire une grande blessure. — *Chinchilakatzea.*

ÉCHAUDÉ, s. m., espèce de pâtisserie faite de pâte échaudée. — *Arroskilla.*

ÉCHAUDÉ, ÉE, part., mouillé d'eau chaude. — *Ugaldatua.*

ÉCHAUDER, v. a., mouiller d'eau chaude. — *Ugaldatzea.*

ÉCHAUFFÉ, s. m., odeur causée par une chaleur trop forte. — *Erre-usaïna.*

ÉCHAUFFÉ, ÉE, part., qui a pris de la chaleur. — *Berotua.*

ÉCHAUFFEMENT, s. m., action d'échauffer. — *Bérotasuna.*

ÉCHAUFFER, v. a. et p., rendre chaud. — *Berotzea.*

ÉCHÉANCE, s. f., terme de paiement. — *Termiña.*

ÉCHEC, s. m., perte. — *Desgracia, ondikóa, machurea, mainkaïtza, dóakabéa, zorigaïztóa, galtzea, galtzapená, galéra.* || Désagrément, chose désagréable, sujet de chagrin : *Erresghea, gózagaïtza, gózaghea.*

ÉCHELLE, s. f., machine pour monter et descendre. — *Zurubia, eskalera, eskallera.* || Echelle dans les cartes géographiques : *Zurubia, eskalera, eskála.*

ÉCHELON, s. m., degré d'échelle. — *Zurubietako-makhila, maïla, eskála-maïla.*

ÉCHEVEAU, s. m., fil replié en plusieurs tours. — *Astaria.*

ÉCHEVELÉ, ÉE, adj., qui a les cheveux épars, échevelés. — *Nastuletua.*

ÉCHINE, s. f., épine du dos. — *Bizkarezurra.*

ÉCHINER, v. a., rompre l'échine. — *Bizkarezurra haütxtia.* || Echiner (s'), se fatiguer à la course ou au travail outre-mesure. — *Ehotzea.*

ÉCHO, s. m., son réfléchi. — *Eyartzuna, oyarzuna.*

ÉCHOIR, v. n., arriver par le sort. - *Erortzia.*

ÉCHOUEMENT, s. m., choc d'un vaisseau contre un banc de sable. — *Ondarmena.*

ÉCHOUER, v. a., n. et p., donner sur un écueil ou sur la côte. — *Ondartzea, galaretzea, enkallatzea.*

ÉCLABOUSSER, v. a., faire jaillir la boue. — *Lohiztatzea.*

ÉCLABOUSSURE, s. f., boue qui rejaillit. — *Lohiztakóa.*

ÉCLAIR, s. m., éclat subit de lumière. — *Chimichta, simista, chismistia, oïnacia.*

ÉCLAIRAGE, s. m., action d'éclairer. — *Arghidura.*

ÉCLAIRCIE, s. f., endroit clair d'un ciel brumeux, nuageux. — *Atheria.* || Eclairci, ie, diminué en nombre : *Bakhandua.* || part., rendu clair : *Arghitua.*

ÉCLAIRCIR, v. a., rendre clair. — *Arghitzea.* || Diminuer le nombre : *Bakhantzea.*

ÉCLAIRCISSEMENT, s. m., explication d'une chose obscure, explication que l'on demande à un homme. — *Arghitasuna.*

ÉCLAIRÉ, ÉE, adj., lumineux, très-instruit. — *Arghitua.* || part., rendu clair : *Arghitua.*

ÉCLAIRER, v. a., illuminer. — *Arghitzéa.*

ÉCLAIREUR, s. m., qui éclaire. — *Arghitzaïlea.*

ÉCLAT, s. m., morceau brisé. — *Púska.* || Lueur : *Arghitasuna.* || Scintillement : *Dirdira, distira.*

ÉCLATANT, TE, adj., qui éclate, qui a de l'éclat. — *Distiranta.*

ÉCLATER, v. n. et pr., se rompre. — *Lehertzea.* || Briller : *Arghitzea.* || Faire grand bruit : *Arrabotxkatzea.*

ÉCLIPSE, s. f., interposition d'un astre. — *Arghea, arghighea, argusta.*

ÉCLIPSÉ, ÉE, part., interposé par un astre. — *Arghetua, arghighetua, argustua.* || Couvert : *Estalia.* || Obscurci : *Ilhundua.*

ÉCLIPSER, v. a. et p., couvrir. — *Estaltzea.* || Fig., éblouir : *Llilloratzea.* || Faire disparaître : *Gordetzea.* || Obscurcir : *Ilhuntzea.*

ÉCLOPPÉ, adj., qui marche avec peine. — *Herbala.*

ÉCLORE, v. n., sortir de la coque. — *Sortzea.* || S'épanouir : *Idekitzea.* || Paraître : *Aghertzea.*

ÉCLOSION, s. f., action d'éclore. — *Sortzia.*

ÉCLUSE, s. f., porte d'un canal. — *Utichia, ughersia, trapa, palanga.*

ÉCLUSIER, s. m., celui qui gouverne l'écluse. — *Utichitzaïleá, ughersitzaïleá, trapatzaïleá, palangatzaïlea.*

ÉCOLE, s. f., lieu d'étude. — *Eskola.*

ÉCOLIER, ÈRE, s., étudiant peu habile. — *Eskoliera, eskolaïna, ikhaslea.*

ÉCONDUIRE, v. a., éloigner, refuser. — *Urruntzia.*

ÉCONOME, adj., ménager. — *Chuhúrra, zuhúrra, onzurtaria.*

ECONOMIE, s. f., ordre. — *Chuhúrtasuna, onzurtea.* || Epargne : *Esparña.*
ECONOMIQUE, adj. et s., de l'économie. — *Onzurrá, onzuhurra.*
ECONOMIQUEMENT, adv., avec économie. — *Chuhúrki, onzurki, onzurkiró.*
ECONOMISER, v. a., ménager. — *Chuhúrki ibiltzea.* || Mettre de côté : *Aldaratzea.*
ECORCE, s. f., enveloppe des végétaux. — *Achála, azála.*
ECORCER, v. a., ôter l'écorce. — *Achála khentzea, azálkatzea.*
ECORCHÉ, ÉE, adj., sans peau. — *Lárrutua.*
ECORCHER, v. a., ôter la peau. —*Lárrutzea.* || S'écorcher : *Larrutzea.*
ECORCHEUR, s. m., qui écorche. — *Lárrutzaïlea.*
ECORCHURE, s. f., enlèvement de peau. — *Káramitcha.*
ECOSSER, v. a., tirer la cosse.—*Michkortzea.*
ECOSSEUR, EUSE, s., qui écosse.—*Michkortzaïlea.*
ECOT, s. m., quote-part de repas. — *Aimbadea.*
ECOULEMENT, s. m., action de s'écouler. — *Iracigóa, iragazgóa.*
ECOULER, v. n. et p., couler dehors, passer. — *Iracitzea, iragacitzea.*
ECOULER (s'), fig., passer, se dissiper. || *Pásatzea.* || Diminuer : *Gútitzea.* || S'échapper : *Yuaïtea.*
ECOUTE, s. f., lieu où l'on écoute. — *Cheleta.*
ECOUTER, v. a., être aux écoutes, ouïr. — *Aditzea.*
ECOUTEUR, EUSE, s., celui qui écoute. — *Cheletatzaïlea, cheletarria, aditzaïlea, aïtzaïlea.*
ECRAIGNES, s. f. pl., veillées de village. — *Tertulia.*
ECRASÉ, ÉE, adj., trop aplati. — *Lehertua.*
ECRASER, v. a., aplatir, briser. —*Lehertzea.*
ECRÉMÉ, ÉE, part., dont la crême est enlevée. — *Esne gaïna khendua.*
ECRÉMER, v. a., ôter la crême. — *Esne gaïna khentzea.*
ECRIÉ, ÉE, part., qui a poussé un grand cri, une exclamation.— *Deadartu, otsambotu.*
ECRIER (s'), v. p., faire une exclamation. — *Deadartzea, otsambotzea.*
ECRIRE, v. a., tracer des lettres, composer un ouvrage d'esprit. — *Ichkiribatzea, izkribatzea, eskribatzia.*
ECRIT, s. m., ce qui est écrit. —*Ichkiribua, izkiribua, eskribua.*

ECRITOIRE, s. f., ce qui contient l'encre. — *Ichkiribonia, tinta-tokia.*
ECRITURE, s. f., mots écrits. — *Eskribua.* || Ecriture Sainte : *Eskribu saïndua, iskritura saïndua, eskritura donatia.*
ECRIVAIN, s. m., qui écrit, auteur. — *Ichkribatzaïlea, izkiribatzaïlea, eskribatzaïlea.* || Office, métier d'écrivain : *Eskribakiniza.* || Greffier, notaire, tabellion : *Eskribania.* || Lieu où se tient cet office : *Eskribateghia.* || Lieu où l'on écrit, comptoir : *Leókadia.* || Ecrivain, clerc, copiste : *Eskribaria, eskuórdea.*
ECROUELLES, s. f. pl., humeurs froides. — *Humore hotzac, gúrintchuac, kúrintchuac.*
ECROULEMENT, s. m., action de s'écrouler.— *Ambilka.*
ECROULER (s'), v. p., s'ébouler. — *Ambilkatzea, erortzea.*
ECROUTER, v. a., ôter la croûte. — *Azalkatzea.*
ECRU, UE, adj., (fil, soie, toile) non lavés. — *Gordina, gordiña.*
ECU, s. m., monnaie. — *Luïsa, luïs.*
ECUEIL, s. m., roc en mer qui offre du danger ; fig., chose dangereuse pour la vertu, la fortune. — *Ugarria.*
ECUELLE, s. f., sorte de vase en bois. — *Gatilua, gateïlua, óphorra, káchola, techka.*
ECUELLÉE, s. f., plein une écuelle.—*Ophórratrat, gatiluat, kácholatat, techkatat, gateïlutat.*
ECULER, v. a. Il se dit des bottes et des souliers qui s'abaissent par derrière sur le talon. — *Bótatzia, makúrtzia.*
ECUMANT, ANTE, adj., qui écume. — *Arrapua-yarian, ahuna-yarian.*
ECUME, s. f., mousse de liquide. — *Arrapua, ahuna.*
ECUMER, v. n., jeter de l'écume ; v. a., ôter l'écume.—*Arrapua khentzea, ahunatzea.*
ECUMEUX, EUSE, adj., plein d'écume. — *Arrapotxua, ahunatxua.*
ECUMOIRE, s. f., ustensile de cuisine qui sert à écumer. — *Arrápo khentzekóa, ahunatzekúa, aparkeñá bisketakóa.*
ECURER, v. a., nettoyer la vaisselle. — *Garbitzea.*
ECUREUIL, s. m., petit quadrupède. — *Urchintcha, urchaïntcha.*
ECUREUR, EUSE, s., qui écure. — *Garbilzaïlea, chaützaïllea, ikhuslea.*

ECURIE, s. f., logement des montures. — *Zalditeghia, zamalteghia.* || Logement du bétail : *Eyá, heyá.*

ECUSSON, s. m., espèce de greffe. — *Chertadura espes bat.*

ECUSSONNER, v. a., greffer un écusson. — *Chertatzia.*

ECUSSONNOIR, s. m., outil pour greffer. — *Chertatzekúa.*

ECUYER, s. m., qui dresse les chevaux. — *Ezitaria.* || Qui donne la main à une dame pour la mener : *Eskudaria.*

EDEN, s. m., paradis terrestre. — *Párabisú lurtarra, lurreko-párabisúa.*

EDENTÉ, ÉE, part. et adj., qui n'a plus de dents. — *Hortzgabetua, hortzbaghetua, hortzic gabea.*

EDENTER, v. a., user, enlever, rompre les dents. — *Hortzgabetzea.*

EDIFIANT, ANTE, adj., qui porte à la vertu.— *Ombidagarria, ombidatzallea.*

EDIFICATEUR, s. m., qui fait un édifice. — *Ekidaria.* || Qui édifie : *Ombidatzallea.*

EDIFICATION, s. f., construction d'un bâtiment public. — *Ekidaritasuna, ekideá, ekidandeá.* || Sentiment, vertu que l'on inspire par les bons exemples : *Ombidagarritasuna, ombideá, etzondea.*

EDIFICE, s. m., bâtiment public. — *Ekidá.*

EDIFIER, v. a., bâtir. — *Ekidatzea.* || Porter à la vertu : *Ombidatzea, etzontzea, edifikatzea.*

EDIT, s. m., loi, ordonnance. — *Naïdarra, bitezarra.*

EDITEUR, s. m., qui publie un livre. — *Moldizkiraria.*

EDITION, s. f., publication d'un livre.—*Moldizkira.*

EDREDON, s. m., duvet d'oiseau.—*Bigarrenlúma, lúma-chehia, lúma-cheiya.*

EDUCATION, s. f., action d'instruire. — *Eskóla, edukácionea, oïkantza, azkera, aziera, azkuntza.*

EDUQUER, v. a., instruire, fam. — *Eskólatzea, irakustea, oïkatzea, azitzea, azkertzea, azkuntzea, edukacione ematea.*

EFAUFILER, v. a., tirer le fil d'une étoffe. — *Arikatzea.*

EFFAÇABLE, adj., qu'on peut effacer.—*Bórragaria, ciabezgarria.* || Qu'on peut oublier, effacer de la mémoire : *Ahantzgarria, orroïtzatic jaútzgarria, orroïtzatic yúangarria.*

EFFACÉ, ÉE, part., rayé. — *Borratua, arrayatua, ciabeztua.* || Oté la figure, l'image, les traits de quelque chose : *Khendua.* || Les couleurs : *Ichtua.* || On dit au fig. effacé les idées, effacé de la mémoire : *Khendua.* || Oublié : *Ahantzia.*

EFFACER, v. a., rayer. — *Bórratzea, arrayatzea, ciabeztea.* || Oter la figure, l'image, les traits de quelque chose : *Khentzea.* || Les couleurs : *Ichtea.* || On dit au fig. effacer les idées, effacer de la mémoire : *Khentzea.* || Oublier : *Ahantztea.*

EFFARER, v. a., troubler quelqu'un. — *Beldurtzea, icitzea.*

EFFAROUCHER, v. a., effrayer. — *Beldurraztea, iciaztea.*

EFFECTIF, IVE, adj., réel.—*Erreála, eghiazkóa.* || Qui produit, qui fait : *Eghillea, ekarraïkiña.*

EFFECTIVEMENT, adv., réellement. — *Erreálki, eghiaz, eghikundez, ekaraïro, ekondero.*

EFFECTUER, v. a., exécuter. — *Eghitea, ekarraïtzea, ekondetzea.*

EFFÉMINÉ, ÉE, adj. et s., amolli. — *Emaztetua, emaztekitua, emakumetua.* || Efféminé, d'une manière efféminée : *Emaztekiró, emaztekiroki, emazteró, emakumero.*

EFFÉMINER, v. a., rendre faible. — *Emaztetzea, emazteghitzea, emakumetzea.*

EFFERVESCENCE, s. f., ébullition.—*Irakiña, irakindea.* || Fig., émotion : *Alborotóa, arazóa, asaldá, cegarrega.*

EFFET, s. m., résultat, exécution.—*Efektúa.* || En effet, adv., effectivement : *Ereálki, cinez, eghiaz.* || Effet, ce qui est produit par quelque cause : *Ekarraya, eghinkundea, ekondea.* || Effet, fin pour ceci, cela, cet effet : *Orreteruko, hortako, onetarako, artarako.* || Effet, avoir, possession : *Ontasuna, izana.*

EFFEUILLER, v. a., dépouiller de feuilles. — *Ostokatzea.*

EFFICACE, adj., qui produit son effet.—*Eraghillea, eraghintaria.* || Force, vertu pour produire un effet : *Erakintza, eraghiera.*

EFFICACEMENT, adv., avec efficacité. — *Erakintzaz, eraghiro.*

EFFICACITÉ, s. f., vertu efficace. — *Erakintza, eraghiera.*

EFFICIENT, TE, adj., cause qui produit quelque effet. — *Eghillea.*

EFFIGIE, s. f., figure, représentation.—*Idurintza, irudintza, ekantza.*

EFFILÉ, s. m.; linge effilé; adj., menu. — *Firlantsatua, arikatua.*

EFFILER, v. a., défaire un tissu fil à fil. — *Firlantsatzea, arikatzea.*

EFFLANQUÉ, ÉE, part., dont les flancs sont creux et abattus. Il ne se dit proprement que des chevaux maigris par l'excès de travail ou le défaut de nourriture.—*Igatua.*

EFFLEURER, v. a., ôter la superficie, toucher légèrement. — *Arinki unkitzea, arrasatzea.*

EFFORCER (s'), v. p., employer toutes ses forces, toute son industrie. — *Bermatzea, fermatzia.*

EFFORT, s. m., action faite en s'efforçant. — *Bermadura, fermadura, ensayua.*

EFFRAYANT, TE, adj., qui effraie. — *Icigarria.*

EFFRAYÉ, ÉE, part., qui a peur. — *Icitua.*

EFFRAYER, v. a. et p., donner, avoir de la frayeur. — *Icitzea.*

EFFRÉNÉ, ÉE, adj., sans frein. — *Bridagabetua, bridabaghetua.*

EFFRITER, v. a., épuiser une terre, terme de jard. — *Igatzea.*

EFFROI, s. m., épouvante. — *Izidura, lotxadura.*

EFFRONTÉ, ÉE, adj. et s., imprudent, hardi. — *Haüsarta, ahalkegabea, deslotsatia, lotsagabea, desalketia.*

EFFRONTÉMENT, adv., impudemment, avec hardiesse.—*Haüsarki, lotsagabeki, ahalkegabe, desalki, deslotsaki.*

EFFRONTERIE, s. f., impudence. — *Haüsartasuna, haüsartkeria, delotsa, lotsagabetasuna, lotsabaghetasuna.*

EFFROYABLE, s., épouvantable, très-difforme, excessif. — *Icigarria, lotxagarria, espantagarria, ikharagarria, izugarria, bildurgarria, beldurgarria.*

EFFROYABLEMENT, adv., d'une manière effroyable. — *Icigarriki, lotxagarriki, espantagarriki, ikharagarriki, beldurgarriki.*

EFFUSION, s. f., épanchement. — *Fidandea.* || Effusion de sang : *Isurtea, izurtasuna.*

EGAL, LE, adj., de même rang, qualité ou quantité, uniforme, tranquille, indifférent. — *Iguala, bardina, bardiña.* || C'est égal : *Igual da, bardin da.*

ÉGALEMENT, s. m., égalisation. — *Igualki, bardinki, bardiñki.*

ÉGALER, v. a. et n., rendre, être égal. — *Igualtzea, bardintzea.*

ÉGALISATION, s. f., action d'égaliser. — *Bardintasuna, igualtasuna.*

ÉGALISER, v. a., rendre égal. — *Bartintzea, igualtzea.*

ÉGALITÉ, s. f., parité, droits égaux. — *Igualitatia, bardintasuna.*

ÉGARD, s. m., déférence, considération. — *Harta.* || A l'égard, loc. adv., par rapport : *Orrendako, orrengatic.*

ÉGAREMENT, s. m., écart de son chemin. — *Errebelamendua.* || pl., usité, écart d'esprit ou de conduite : *Errebelamendua.*

ÉGARER, v. a., détourner du chemin. — *Errebelatzea.* || Egarer (faire) : *Errebelaztea.* || Egarer (s'), *Errebelatzia.*

ÉGAYER, v. a., rendre gai. — *Alhegegheratzia.*

ÉGLANTIER, s. m., rosier sauvage. — *Otxolaharra, sapalarra, luisalea.*

ÉGLANTINE, s. f., fleur de l'églantier.—*Sasiarrosa, sapal-arrosa, luisal'arrosa.*

ÉGLISE, s. f., temple. — *Eliza, eleïza.*

ÉGLOGUE, s. f., poésie pastorale. — *Artzaïsolasa, arzaijolasa, pàstorala.*

ÉGOÏSME, s. m., amour de soi. — *Berekoïtasuna, berekitasuna.*

ÉGOÏSTE, s., qui a de l'égoïsme.—*Berekoya.*

ÉGORGER, v. a., couper la gorge. — *Lephoapikatzea, sarraskitzea.*

ÉGOUT, s. m., chute des eaux. — *Kánala.* || Cloaque : *Sorna.*

ÉGOUTTER, v. n., faire écouler; v. p., s'écouler peu à peu.—*Chortakatzea, zortakatzea.*

ÉGRAPPER, v. a., détacher le raisin de la grappe. — *Bihitzea, bihikatzea.*

ÉGRATIGNÉ, ÉE, part., qui a des égratignures. — *Aztaparkatua, karamitchatua.*

ÉGRATIGNER, v. a., déchirer légèrement la peau. — *Aztaparkatzea, karamitchatzea, zarrapokatzia.*

ÉGRATIGNURE, s. f., action d'égratigner. — *Kharamitcha.*

ÉGRAINÉ, ÉE, part., dont les grains sont enlevés. — *Bihitua.*

ÉGRENER, v. a. et p., ôter le grain de l'épi. — *Bihitzea.*

ÉGRILLARD, s. et a., vif, éveillé, fam.—*Erne, zólia, érnaya, esnaya, iratzarria.*

EH ! interj. de surprise. — *Ah !*

ÉHONTÉ, ÉE, adj., sans honte. — *Ahalkegabea.*

ÉLAGUER, v. a., ébrancher un arbre. — *Móchtea.*

ELAGUEUR, s. m., qui élague. — *Móchtaïlea.*
ELAN, s. m., mouvement subit. — *Bólada.*
ELANCÉ, ÉE, adj., effilé. — *Lerdena.*
ELANCER, v. n., produire des élancements ; v. p., se lancer. — *Bólatzea.*
ELARGIR, v. a., n. et p., rendre, devenir large. — *Zabaltzia, largatzia.* ∥ Mettre hors de prison : *Libratzia.*
ELARGISSEMENT, s. m., action d'élargir. — *Zabaldura, largadura.* ∥ Délivrance de prison : *Libramendua, largamendua, libräntza.*
ELARGISSURE, s. f., longueur ajoutée. — *Largodura.*
ELASTICITÉ, s. f., qualité de ce qui est élastique. — *Elastikadura.*
ELASTIQUE, adj., qui a du ressort. — *Elaztika.* ∥ Gommé : *Góma.*
ELECTEUR, TRICE, s., qui élit. — *Elétura, berechtaria, haütaria, berechtzaïlea, haütatzallea.*
ELECTIF, IVE, adj., qui se fait par élection. — *Haütakorra, eletzionetarra, berechtarra.*
ELECTION, s. f., action d'élire, tribunal. — *Haütakuntza.*
ELECTORAL, LE, adj., corps d'électeurs. — *Haütakua.*
ELECTRICITÉ, s. f., propriété physique. — *Eletrika.*
ELECTRIQUE, adj., de l'électricité. — *Eletrikakóa.*
ELECTRISABLE, adj., qui peut être électrisé. — *Eletrikagarria.*
ELECTRISATION, s. f., action par laquelle on électrise un corps. — *Eletrikagarritasuna.*
ELECTRISER, v. a., communiquer la faculté électrique. — *Eletrikatzia.*
ELÉGAMMENT, adv., mis avec élégance. — *Elegantki, ederki, edertó, aïroski.* ∥ Parler avec recherche : *Otsekiro.*
ELÉGANCE, s. f., choix de mots. — *Otsekitasuna, otsekia.* ∥ Mise recherchée : *Aïrostasuna, elegantzia, edertasuna.* ∥ Grâce : *Grácia.*
ÉLÉGANT, TE, adj., qui a une mise recherchée. — *Eleganta, ederra, aïrosa.* ∥ Qui a de la grâce : *Grácia duna.* ∥ Qui parle avec recherche : *Otsegoduna, otsekia.* ∥ Belle façon, bonne contenance, maintien, bonne mine, bonne grâce, bon air : *Garbosoa, garboa, garbotsua, garboduna.*
ELÉMENT, s. m., corps simple. — *Lénmena.* ∥ Au pl., principes : *Lénasteac.*

ELÉMENTAIRE, adj., des éléments. — *Lénmenakua, lénastekua.*
ELÉPHANT, s. m., grand quadrupède. — *Elefánta, élefandia.*
ELÉVATION, s. f., exhaussement. — *Altura, goya, goyamendua.* ∥ Hauteur : *Altura, goya, goyandea.* ∥ Action de s'élever, au pr.: *Goratzapena, alzaëra.* ∥ Au fig., moment de la messe où le prêtre lève l'hostie : *Elebacionea, konsegracionea.* ∥ Grandeur, souveraineté : *Gaïndiroa, garaïtza.*
ELÈVE, s., disciple. — *Estudianta.*
ELEVER, v. a., hausser. — *Altchatzia, altchatcea, goratzea, altotzea.* ∥ S'élever : *Goïtitzea.* ∥ Nourrir : *Aztea.* ∥ Instruire : *Eskolatzea.*
ELIDER, v. a., faire une élision. — *Letera baten plazan betsioste bat'ezartzea.*
ELIGIBILITÉ, s. f., qualité éligible. — *Haütagarritasuna, berechitasuna.*
ELIGIBLE, adj., qui peut être élu. — *Haütagarria, berechgarria.*
ELIMINATION, s. f., action d'éliminer. — *Kámporadea.*
ELIMINER, v. a., chasser, mettre dehors. — *Khentzea, atheratzea, kámporatzea.*
ELIRE, v. a., choisir, nommer. — *Haütatzea, berechtea.*
ELISION, s. f., suppression d'une voyelle. — *Letruztea.*
ELITE, s. f., ce qu'il y a de mieux. — *Hóbena, haüta.*
ELIXIR, s. m., terme de médecine. — *Barrizamena.*
ELLE, pron. pers. fém. à la troisième personne. — *Hura, harc, hunec.*
ELME (FEU SAINT-), s. m., nom que l'on donne à certains feux qui voltigent sur la surface des eaux et qui s'attachent quelquefois aux mâts d'un vaisseau. — *Arghiac.* (En basque se dit au pluriel).
ELOCUTION, s. f., manière de s'exprimer. — *Mintzua, hitztundea, hitzkuntza.*
ELOGE, s. m., louange, panégyrique. — *Laüdariua, dóandigóa, alabantza, laüsengua.*
ELOIGNEMENT, s. m., action d'éloigner, distance de lieu ou de temps. — *Urruntasuna, aldeghita.* ∥ Aversion : *Iguïntza.*
ELOIGNÉ, ÉE, part., être loin. — *Urrundua.*
ELOIGNER, v. a., séparer. — *Aphartatzea.* ∥ v. p., s'absenter : *Urruntzea, hastancea.* ∥ S'éloigner : *Urruntzea.*
ELOQUEMMENT, adv., avec éloquence. — *Hitztundero, bokanzkiró, urrutasuna.*

ÉLOQUENCE, s. f., art de bien dire. — *Hitztundea, bokanza.*

ÉLOQUENT, TE, adj., qui a de l'éloquence.— *Hiztun ederrekua, bokaztia, mintzatzaïle ederra.*

ÉLU, s. m., prédestiné ; adj., choisi. — *Berechia, berecia, bereïstua, haütatua, aütetsia.*

ÉLUDER, v. a., éviter avec adresse. — *Iskintza, iskincho eghitea.*

ÉMANATION, s. f., ce qui émane. — *Etorkia, jatorria.*

ÉMANCIPATION, s. f., action qui émancipe.— *Emankitadea.*

ÉMANCIPER, v. a., mettre hors de tutelle. — *Emankitatzea.* ǁ v. p., prendre trop de licence : *Aüsartzea, lizuntzea.*

ÉMANER, v. n., tirer son origine. — *Ethortzea, yalkitzia, jalkitzea, jatortzea.*

ÉMARGEMENT, s. m., action d'émarger. — *Sinakuntza.* ǁ Ce qui est porté en marge d'un compte, d'un inventaire : *Bazterradura.*

ÉMARGER, v. a., signer un rôle d'appointements. — *Sinatzea.* ǁ Porter quelque chose en marge d'un compte, d'un inventaire : *Bastertzea.*

ÉMASCULATION, s. f., castration. — *Chikiradura, zikiradura.*

ÉMASCULER, v. a., ôter à un mâle les parties de la génération. — *Chikiratzea, zikiratzea.*

EMBABOUINÉ, ÉE, part., s'emparer d'une personne pour obtenir d'elle ce que l'on désire. — *Eskuratua.*

EMBABOUINER, v. a., engager quelqu'un par des caresses à faire ce que l'on souhaite de lui. — *Eskuratzea.*

EMBALLAGE, s. m., enveloppe d'un ballot.— *Charpilla.*

EMBALLER, v. a., faire un ballot. — *Lopillatzea, bilgotzea.*

EMBALLEUR, s. m., qui emballe. — *Embalurra, fajerua, lopillatzallea, bilgotzallea.*

EMBARCADÈRE, s. f., lieu pour s'embarquer. — *Embarkateghia, itsasgoïteghia.*

EMBARCATION, s. f., barque, chaloupe, etc. *Embarkacionea, embarkacióa.*

EMBARQUEMENT, s. m., action d'embarquer. *Embarkamendua.*

EMBARQUER, v. a. et p., mettre dans une embarcation, un navire, etc.—*Embarkatzea, itsasgoïtea, onciratzea.*

EMBARRAS, s. m., obstacle, peine d'esprit.— *Embrazùa, trába, arazóa, eragozketa, echikidura, kátibuera, debekandea, empachua, fachelua, ekaïra, ekaya.*

EMBARRASSANT, TE, adj., qui embarrasse. — *Trabagarria, erazogarria, kátibugarria, embrazugarria, eragozgorria, echidugarria, empachugarria, fachelugarria, ekaïzgarria, ekaygarria, pochelugarria.*

EMBARRASSÉ, ÉE, part., qui a de l'embarras. — *Trabatua.*

EMBARRASSER, v. a., causer de l'embarras.— *Trabatzea, eragozitzea, kátibutzea, fachelutzea, embrazatzea, erazotzea, ekaïztea, ekaytea, echiduratzea, pochelutzea, facheriotzea.*

EMBATER, v. a., faire, mettre un bât.—*Bastatzea.*

EMBAUCHAGE, s. m., action d'embaucher. — *Galkuntza.*

EMBAUCHER, v. a., engager un ouvrier, enrôler par adresse. — *Galaztea.*

EMBAUCHEUR, s. m., qui embauche. — *Galaztaïlea.*

EMBAUMEMENT, s. m., action d'embaumer.— *Balsamumendua, urrindadea, usaïndadea.*

EMBAUMER, v. a., remplir d'aromates pour préserver de la corruption. — *Balsamutzea, urrindatzea, usaïndatzea.*

EMBAUMEUR, s., m., qui embaume. —*Balsamutzaïlea, urrindatzaïlea, usaïndatzaïlea.*

EMBELLIR, v. a., n. et p., rendre, devenir beau. — *Edertzea, galantutzea.*

EMBELLISSABLE, adj., qui peut être embelli.— *Edergarria, galantugarria, galantgarria.*

EMBELLISSEMENT, s. m., action d'embellir. — *Ederezaïlua, edergaya, apaïngaya, galantugaya.*

EMBELLISSEUR, EUSE, s., qui embellit. — *Edertzaïlea, edergaylea, apaïngaylea, apaïnlea, ederlea, galantzalea.*

EMBLAVER, v. a., semer en blé. — *Oghi eraïtea.*

EMBLAVURE, s. f., terre semée en blé. — *Oghiz eraïnaden lurra, oghi landa.*

EMBLÉE (D'), adv., tout d'un coup. — *Kólpez, gólpez.*

EMBLÈME, s. m., figure symbolique. — *Arghigarria.*

EMBONPOINT, s. m., bon état du corps. — *Ghizentasuna, loditasuna.*

EMBOUCHURE, s. f., bouche d'un fleuve, d'une rivière. — *Sarrateéra, barzulotzea, sarrera.*
EMBOUER, v. a., salir, couvrir de boue. — *Lohiztatzia.*
EMBOURBER, v. a. et p., mettre dans la boue. — *Lohiztatzia, idoïkatzea.*
EMBRASEMENT, s. m., grand incendie. — *Suáldia, iracekaldia, ecioaldia.*
EMBRASER, v. a., mettre en feu. — *Sútan lotaztea, sútan emaïtea, suztatzèa.*
EMBRASSADE, s. f., action d'embrasser. — *Besarka.*
EMBRASSEMENT, s. m., action d'embrasser; pl., conj. de l'homme et de la femme. — *Besarka-aldia, laztana, arraïcia.*
EMBRASSER, v. a., serrer dans ses bras. — *Besarkatzea, laztantcea, arraïztea.*
EMBRASURE, s. f., baie d'une porte, d'une fenêtre, ouverture dans un mur pour le canon. — *Cirritua.*
EMBRENER, v. a., salir de matière fécale. — *Kákaztatzea.*
EMBROCHER, v. a., mettre en broche. — *Gherrenatzea, gherrenian sartzea.*
EMBROUILLEMENT, s. m., action d'embrouiller. — *Nahasdura, nahaskeria.*
EMBROUILLER, v. a. et p., mettre de l'embarras, de la confusion. — *Nahastea.*
EMBRUINÉ, ÉE, adj., se dit pour le froment gâté par un brouillard humide. — *Gornitua.*
EMBRUMÉ, adj., chargé de brouillard. — *Brúmaz estalia, lañoztua, lanstua, goïbeldua.*
EMBUCHE, s. f., ruse pour nuire. — *Celatá.*
EMBUSCADE, s. f., embûche à couvert. — *Embuchkada.*
EMBUSQUER (s'), v. p., se mettre en embuscade. — *Embuchkatzea.*
EMERILLON, s. m., oiseau de proie. — *Miruska.*
EMÉRITE, adj., (professeur) pensionné, personne de premier mérite. — *Yakintxua.*
EMERVEILLER, v. a. et p., étonner. — *Mirestatzea, arriaztea, mirariztatzea.* ∥ S'émerveiller : *Mirestea, arritzea, mirariztea.* ∥ Qui est facile à s'étonner, à admirer : *Mirezkorra, mirezkoya, mirarizkoya.*
EMÉTIQUE, adj. et s. m., vomitif. — *Emétika.*
EMÉTISER, v. a., mêler de l'émétique dans une boisson. — *Emetikatzea.*

EMETTRE, v. a., produire. — *Ematea.* ∥ Publier : *Publikatzea.*
EMEUTE, s. f., sédition populaire. — *Errebúelta, alborotóa, arazóa, asaldá, cegarrera, biahorea.*
EMIER, v. a. mettre en miettes. — *Herratistea, mamiztatzea, papurtzea, apurtzea, lipertzea.*
EMIETTER, v. a., émier du pain. — *Mamitzea, purruskatzea, porrotzea.*
EMIGRANT, TE, adj. et s., qui émigre. — *Hekitzaïlea, hilkitzaïlea.*
EMIGRATION, s. f., action d'émigrer. — *Yoaïra, hillkia.*
EMIGRÉ, ÉE, adj. et s., qui a émigré. — *Yoana, ilkia.*
EMIGRER, v. n., abandonner son pays. — *Yoaïtea, hilkitzea.*
EMINEMMENT, adv., par excellence, au plus haut point. — *Guciz-guciz-gaïnetic.*
EMINENCE, s. f., petite hauteur. — *Altura, pantchoka.*
EMINENT, adj., élevé. — *Altóa, altúa, góra.*
EMISSAIRE, s. m., envoyé en secret. — *Espreza, mesutzaïlea.*
EMISSION, s. f., action d'émettre. — *Emankuntza.*
EMMAIGRI, IE, part., devenu maigre. — *Mehatua.*
EMMAIGRIR, v. a. (v. Amaigrir). — *Mehatzea, sekatzea.*
EMMAILLOTTER, v. a., mettre en maillot. — *Trochatzea.*
EMMANCHER, v. a., mettre en manches. — *Ghiderreztatzea.*
EMMÉNAGER (s'), v. p., ranger ses meubles dans un nouveau logement. — *Mobleztatzea.*
EMMENER, v. a., mener hors d'un lieu. — *Erematea, eremaïtia.*
EMMENOTTER, v. a., mettre les menottes. — *Eskuac lotzea.*
EMMOTTÉ, ÉE, adj., arbre entouré d'une motte de terre. — *Estalia.*
EMMUSELER, v. a., mettre une muselière. — *Muturrekoztatzea, muturrekóa ezartzea.*
EMOI, s. m., émotion. — *Tarritagóa.*
EMOLLIENT, adj. et s., qui amollit. — *Gozagarria, estitzaïlea, guritzaïlea.*
EMONDER, v. a., couper les émondes. — *Chederratzea, chichtókac khentzea, chichtokatzea.*
EMONDES, s. f., branches superflues. — *Chichtókac.*

EMOTION, s. f., agitation. — *Tarritagóa, asaldura.*

EMOTTER, v. a., briser les mottes.—*Mokhor yótzea, mokhor phorroskatzea, muillo yótzea.*

EMOUCHOIR, s. m., ustensile pour émoucher. — *Ulikhentzekùa.*

EMOUDRE, v. a., aiguiser. — *Chorrochtia, zorrotztea, choroïztea, ezteratzea, cimeatzea.*

EMOULEUR, s. m., celui qui émout. — *Chorrochtaïlea, zorroztallea, choroïztalea, ezteratzaïlea, cimeatzaïlea.*

EMOUSSER, v. a., ôter la pointe, le tranchant. — *Khamutxtea.*

EMOUVOIR, v. a. et p., mettre en mouvement. — *Tarritatzea, ighitzea, hukitzea.*

EMPAILLER, v. a., garnir de paille. — *Lastotzea.*

EMPAN, s. m., mesure. — *Zeheá.*

EMPANACHER, v. a., garnir d'un panache. — *Plumayatzea.*

EMPAQUETER, v. a., mettre en paquet. — *Paketatzea.*

EMPARER (s'), v. p., envahir. — *Yabetzea, naüsitzea, hartzea.*

EMPATEMENT, s. m., état pâteux. — *Pastatmena.*

EMPAUMER, v. a., recevoir la balle et la renvoyer. — *Erreferatzea, errefelatzea, bulkatzea.*

EMPÊCHEMENT, s. m., obstacle. — *Empachua, traba, debekua, embrazua, debekandea, pochulua.*

EMPÊCHER, v. a., s'opposer, embarrasser. — *Trabatzea, empechatzea, debekatzea, embrazatzea, pochulutzea.*

EMPEIGNE, s. f., dessus du soulier. — *Gaïnchola.*

EMPEREUR, s. m., chef d'empire. — *Emperadorea.*

EMPESAGE, s. m., action d'empeser. — *Amiruntasuna.*

EMPESER, v. a., mettre de l'empois. — *Amiruztatzea, amiruneztatzea, almidóatzea, empesatzea.*

EMPESEUR, EUSE, s., qui empèse. — *Amiruntzallea, almidóatzallea, empesatzaïlea.*

EMPESTER, v. a., infecter de la peste. — *Izurritiztatzea, izurritia, emaïtea.* || Fig., infecter de mauvaise odeur.— *Phestia, emaïtea.*

EMPÊTRER, v. a., embarrasser. — *Pochelutzea.*

EMPHASE, s. f., pompe affectée dans le style ou dans la prononciation. — *Esagheïda.*

EMPHATIQUE, adj., plein d'emphase. — *Esageïduna, fastikatia.*

EMPHATIQUEMENT, adv., avec emphase. — *Esagheïgarriki, fastikagarriki.*

EMPIÉTER, v. a., usurper. — *Oskentzea.*

EMPIFFRER, v. a., faire trop manger. — *Aseaztea.*

EMPILEMENT, s. m., action d'empiler. — *Métadura.*

EMPILER, v. a., mettre en pile. — *Métatzea, maïlkatzea, murrukatzea.*

EMPIRE, s. m., monarchie.— *Emperadoren mempea.* || Autorité : *Podorea.* || Fig., domination, ascendant des passions : *Iabaria, aghindea, bringhia, podoria.*

EMPIRER, v. a., redevenir pire. — *Gachtatzea, gaïztatzea, gaïzkuratzea.*

EMPLACEMENT, s. m., place.—*Tókia, lékùa.*

EMPLATRE, s. m., onguent étendu. — *Emplastua, chafla.*

EMPLETTE, s. f., achat de marchandises. — *Erospena, ampleta, gaüzac erosiac.*

EMPLIR, v. a. et p., rendre plein.— *Bethetzea.*

EMPLOI, s. m., fonction. — *Kárgua.* || Usage : *Emplegua.* || Dépense : *Erosgóa.*

EMPLOYÉ, s. m., commis de bureau. — *Komisa, kárguduna.*

EMPLOYER, v. a., mettre en usage. — *Emplegatzea.* || Occuper quelqu'un : *Emplegatzea, jarduracitzea, jarduerazotzea.* || Employer le temps, son savoir, etc. : *Emplegatzea.*

EMPOCHER, v. a., mettre en poche. — *Atzipatzia.*

EMPOIGNER, v. a., serrer avec la main. — *Lotzea, arrapatzea, itsastea, atchematea, atzematea, eskukarritzea, eskuzartzea.*

EMPOIS, s. m., colle d'amidon. — *Amiruna, empesa, almidoya.*

EMPOISONNEMENT, s. m., action d'empoisonner. — *Posoïnamendua, pozoïnamendua.*

EMPOISONNÉ, ÉE, part., qui a pris du poison. — *Posoïnatua, pozoïnatua, pozoïlua.*

EMPOISONNER, v. a., donner du poison. — *Posoïnatzea, pozoïnatzea, posoïndutzia.*

EMPOISONNEUR, EUSE, s., qui empoisonne.— *Posoïnatzailea, pozoïnatzallea, pozoïndaria.*

EMPORTÉ, ÉE, adj. et s., colère, violent. — *Saltakorra, kóleratxua, mutiria, sukoiya,*

14

EMPORTEMENT, s. m., accès de colère, furie, véhémence. — *Bóaldà, fúlia, sukoïdea, bultzera, bultzada, mutiridea.*

EMPORTER, v. a., enlever. — *Altchatzia, erematia.* ‖ Exceller, prévaloir : *Erematia.* ‖ v. p., se fâcher : *Saltatzia, kóleratzia, asarratzea, enfadatzea, mutiritzea, sukoïtzea.*

EMPREINDRE, v. a., prendre une empreinte. *Moldizkiratzea.*

EMPREINTE, s. f., impression, marque. — *Marka, moldekira.*

EMPRESSÉ, ÉE, adj. et s., zélé. — *Aïrian.*

EMPRESSEMENT, s. m., zèle. — *Presaka, aïrian lan bat, cerbeït eghitia.*

EMPRESSER (s'), v. p., agir avec ardeur. — *Presakan, lasterka, fite cerbeït eghitia.*

EMPRISONNEMENT, s. m., action d'emprisonner. — *Presondeïkuntza.*

EMPRISONNER, v. a., mettre en prison. — *Préso ematea, préso ezartcea.*

EMPRUNT, s. m., action d'emprunter. — *Maïlleba, prestamena, elkuztea.*

EMPRUNTÉ, ÉE, part., qui a fait un emprunt. — *Prestatua, elkuztua, maïllebatua.*

EMPRUNTER, v. a., demander et recevoir un prêt. — *Maïllebatzea, maïllegatzia, atheratzea, elkuztatzea.*

EMPRUNTEUR, EUSE, s., qui emprunte. — *Maïllebatzallea, elkuztzallea.*

EMPUANTIR, v. a., infecter. — *Uchaïntzea.*

EMULATION, s. m., désir d'égaler. — *Leya, ihakina, bezaghita.*

EMU, UE, adj., touché de compassion, attendri. — *Mughindatua, ighindatua.*

EMULE, s., concurrent. — *Bezaghitsua, leytxua.*

EN, prép., DANS pron. de là, de cela. — *Hartan, baïtan.*

ENCADRER, v. a., mettre en cadre. — *Enkûadratzia.*

ENCAGER, v. a., mettre en cage. — *Koyolatzia, kayolan ezartzia.*

ENCAISSEMENT, s. m., action d'encaisser. — *Diruen edo paperen kóbrantza.*

ENCAISSER, v. a., mettre en caisse. — *Dirua edo paperac kobratzea.*

ENCAN, s. m., vente à l'enchère. — *Enkantea.*

ENCANAILLER (s'), v. p., hanter la canaille. — *Charpaïlzea.*

ENCEINDRE, v. a., entourer. — *Inguratcea.*

ENCEINTE, s. f. (femme) grosse. — *Izórra.* ‖ s. f., circuit, clôture : *Ingurua, zerradura.*

ENCENS, s. m., résine, aromate, fig., louange. — *Insentxua.*

ENCENSEMENT, s. m., action d'encenser. — *Insentxamendua.*

ENCENSER, v. a., donner de l'encens. — *Insentxatzia.*

ENCENSEUR, s. m., louangeur. — *Insentxatzaïlea.*

ENCENSOIR, s. m., instrument pour encenser. — *Insentxdarra, insentxu tókia.*

ENCHAÎNÉ, ÉE, part., attaché avec une chaîne. — *Gátezlatua.* ‖ Fig., captif : *Kátibóa, esklabo.*

ENCHAÎNEMENT, s. m., liaison. — *Káteadura, gátedura.*

ENCHAÎNER, v. a., attacher avec une chaîne. — *Gátezlatzia, kátezlatzea.* ‖ Fig., captiver : *Kátibotzea, esklabotzea.*

ENCHANTEMENT, s. m., action d'enchanter. — *Chărmamendua, charma.*

ENCHANTER, v. a., ensorceler, charmer, ravir. — *Charmatzia.*

ENCHANTEUR, ERESSE, adj. et s., qui enchante. Au pr. et au fig. — *Charmatzaïlea.* ‖ Qui plaît, qui entraîne, qui séduit : *Charmagarria.*

ENCHÈRE, s. f., offre supérieure pour acheter. — *Inkantia.*

ENCHÉRIR, v. a., devenir plus cher. — *Káriotzea.*

ENCHÉRISSEMENT, s. m., hausse de prix. — *Góramendua precióan.*

ENCHÉRISSEUR, s. m., qui met enchère, qui fait enchérir. — *Goratzaïlea, káriotzaïlea, yotzaïlea.*

ENCLAVE, s. f., limite. — *Múga.* ‖ Terre enclavée : *Lur zerratua.*

ENCLAVEMENT, s. m., action d'enclaver. — *Múghaztamendua.*

ENCLAVER, v. a., enfermer l'un dans l'autre. — *Mugaztatzea.*

ENCLIN, adj., porté à quelque chose. — *Ekárria, emána, yárria, kóya, éroria.*

ENCLORE, v. a., clore de murs, enclaver. — *Cerratzea.* ‖ Enclore de pierres : *Arresitzea.* ‖ Enclore de terre : *Lesoïntzea, lesoïtzea, lubakitzea.* ‖ Enclore de bois : *Olesitzea, esitzea, zuresitzea.*

ENCLOS, s. m., enceinte, espace clos. — *Cerradura, cerrateghia.* ‖ Enclos de pierres : *Arresia.* ‖ Enclos de terre : *Lesoya, lutesia, lubakia.* ‖ Enclos de bois : *Esia, olesia, ertzaüla, zuresia.*

ENCLOUER, v. a. et p., enfoncer un clou. — *Itzeztatzea, itzatzea.*

Enclume, s. f., masse de fer sur laquelle on bat les métaux. — *Ingudia, inguria.*
Encoignure, s. f., angle de deux murs. — *Kantoyna.*
Encollé, ée, part., enduit de colle. — *Kólaztatua.*
Encoller, v. a., enduire de colle. —*Kólaztatzea.*
Encombre, s. f., embarras. — *Traba, pochelua.*
Encombrement, s. m., action d'encombrer. — *Trabamendua, trabûa, pocheludea.*
Encombrer, v. a., embarrasser. — *Trabatzea, pochelutzea.*
Encontre, s. f., s'avancer au devant de quelqu'un. — *Biderat yûaïtia.*
Encore, adv. de temps. — *Oraino, órano, araïnic.* || Encore que : *Nahiz gátic.* || Conj., quoique : *Halaric éré.*
Encourageant, te, s., qui encourage. — *Animutxua, alimutxua, alaytxua, kémetxua.*
Encouragement, s. m., ce qui encourage. — *Animûa, alimûa, alayóa, kémea.*
Encourager, v. a., donner du courage, exciter. — *Animutzea, alimutzea, alayotzea, kémetzea, kûraïtzea, indartzea, berotzerat, suztatzea, bihotz-emaïtea.*
Encourir, v. a., attirer sur soi.—*Merecitzea.*
Encrasser, v. a., rendre crasseux. — *Zinkintzea.*
Encre, s. f., liqueur pour écrire. — *Tinta.*
Encrier, s. m., vase pour l'encre. — *Iskiribania, tinta tókia, tinta untzia.*
Endetté, ée, part., qui a des dettes.—*Zórréztatua, zórrac dituena.*
Endetter (s'), v. p., faire des dettes. — *Zórreztatzea, zórrac'ghitea.*
Endiablé, ée, adj., et s., furieux, enragé.— *Débruz'ghina, débruz eghina, débrutua.*
Endiabler, v. n., endéver, avoir un grand dépit. — *Debrutzia.*
Endimancher (s'), v. a., mettre ses beaux habits. — *Igandetan bezala emaïtia.*
Endoctriner, v. a., instruire, fam.— *Eskolatzea.*
Endolori, ie, part., qui ressent de la souffrance. — *Mimberatua.*
Endolorir, v. a., rendre douloureux, souffrant. — *Mimberatzia.*
Endommagé, ée, part., détérioré. — *Gastatua, daïnatua, khátetua.*
Endommagement, s. m., détérioration. — *Kháltea, bidegabea, daïnua.*

Endommager, v. a., détériorer. — *Funditzea, káltetzea, bidegatzea, daïnatzea.*
Endormeur, euse, s. ; il ne se dit qu'au figuré, flatteur, enjôleur. — *Lôharkatzaïlea, lókarraztzaïlea, laüsengatzaïlea.*
Endormi, ie, adj., lent, engourdi. —*Lôharkatua.*
Endormir, v. a., faire dormir, amuser pour tromper. — *Loarkatzea, lokarraáztia.* || v. p., commencer à dormir : *Loharkatzea.*
Endroit, s. m., place. — *Tókia.* || Lieu natal : *Erria.* || Beau côté : *Gaïna.* || Endroit (épineux), landes couvertes d'épines : *Larre elhorritxua.*
Endosser, v. a., mettre sur son dos. — *Yaüstea, ezartzea.*
Enduire, v. a., couvrir d'un enduit. — *Estaltzia.*
Enduit, s. m., couche de chaux, etc. — *Estalkuntza.*
Endurant, te, adj., patient. — *Sofritua, païrakorra, yasaïna.*
Endurer, v. a., pâtir, souffrir. — *Sofritzia, yasaïtea, païratzea.*
Endurcir, v. a. et p., rendre, devenir dur. — *Gogortzea.*
Endurcissement, s. m., dur de cœur. — *Gogortasuna.*
Energie, s. f., force d'esprit. — *Otserrotasuna, kálipua, bihotza, kálapua.*
Energique, adj., qui a de l'énergie. — *Otserrua, kálipuduna, bihotz duna, kálapuduna.*
Energiquement, adv., avec énergie. — *Otserroki, kálipuki, bihotzki, kálapuki.*
Enerver, v. a., affaiblir. — *Zaïnac hiltzea, faüntzea, flakatzea.*
Enfaîteau, s. m., tuile faîtière. —*Bizkarteïla.*
Enfaîter, v. a., couvrir le faîte.— *Bizkarteïlatzia.*
Enfance, s. f., premier âge de l'homme, puérilité. — *Aürtasuna.* || Commencement : *Astea.*
Enfant, s. et adj., jeune, fils, fille.—*Aürra.*
Enfantement, s. m., action d'enfanter. — *Erditza, aürghintza, erditzapena.*
Enfanter, v. a., accoucher. — *Erditzea, seiñeg'hitea, aürghitea.*
Enfantillage, s. m., manière enfantine. — *Aürkeria.*
Enfantin, adj., d'enfant.— *Aürrekûa, aürrena.*

ENFARINÉ, ÉE, part., poudré de farine. — *Irineztatua.*
ENFARINER, v. a., poudrer de farine. — *Irineztatzea.*
ENFÉER, v. a., enchanter. — *Charmatzea, laminaztatzia.*
ENFER, s. m., lieu où sont punis les damnés, les démons. — *Infernua, gaïztoteghia.*
ENFERMÉ, ÉE, part., mis dans un lieu. — *Zerratua.* ‖ Mis sous clef : *Gakoztatua.*
ENFERMER, v. a., mettre en un lieu qui ferme, réclure, clore, contenir : *Zerratzea.* ‖ Mettre sous clef : *Gakoztatzea.*
ENFILER, v. a., passer un fil par un trou, traverser ; v. p., s'enferrer. — *Orratzian aria sartzea.*
ENFIN, adv., après tout, bref. — *Finean, azkenian, azkenekotz, noïzbeit.*
ENFLAMMÉ, ÉE, part., en feu. — *Pichtua, sútan.*
ENFLAMMER, v. a., mettre le feu ; fig., échauffer. — *Pichtea, gártzea, kártzea.*
ENFLÉ, ÉE, part., gonflé ; fig., enorgueilli. — *Antua, ampatua.*
ENFLER, v. a., n. et p., remplir de vent ; fig., enorgueillir : *Antzea, ampatzea.*
ENFLURE, s. f., tumeur, bouffissure, pr. et fig. — *Antura, ampadura.*
ENFONCEMENT, s. m., fond, action d'enfoncer. — *Barnadura, ciloguna.*
ENFONCER, v. a. et n., mettre, aller, pousser au fond. — *Barnatzea, sartzea, cilatzea.* ‖ Rompre : *Aüstea.*
ENFOUIR, v. n., cacher en terre. — *Lurrian gordetzea.* ‖ Dérober à la vue : *Gordetzea.*
ENFOUISSEMENT, s. m., action d'enfouir. — *Lur azpian gordekuntza, lur pean gordekuntza.*
ENFOURCHER, v. a., monter à cheval. — *Ichtapekatzea, ichtakloc ezartzea.*
ENFOURNER, v. a., mettre au four. — *Labekatzea.*
ENFREINDRE, v. a., violer (la loi). — *Erabakitzea.*
ENFUIR (S'), v. p., fuir d'un lieu. — *Eskapatzea, ihesig'hitea.*
ENFUMER, v. a., noircir ou incommoder par la fumée. — *Kheztatzia.*
ENGAGÉ, s. m., qui est engagé. — *Engayayatua, bahitua.* ‖ Engagé (d'amour), fiancé qui a donné sa foi : *Fedestatua, amoratua.*
ENGAGEANT, TE, adj., insinuant, qui inspire. — *Erakardea, erakartia.*

ENGAGEMENT, s. m., action d'engager. — *Engayamendua, bahikundea, bahia.*
ENGAGER, v. a., mettre en gage, déterminer, enrôler ; v. p., s'obliger. — *Engayatzea, bahikitzea, bakitzea.* ‖ Engager (d'amour), se fiancer, donner sa foi : *Fedeztatzea, amoratzea.*
ENGEANCE, s. f., race. — *Arraza, kásta.*
ENGELURE, s. f., enflure par le froid. — *Odol-gaïchtóa, eskordia, ospela.*
ENGENDRER, v. a., produire son semblable. — *Emartzea, emurmetzea.*
ENGERBER, v. a., mettre en gerbe.--*Spaltzia.*
ENGLOBER, v. a., réunir plusieurs choses pour en former un tout. — *Biltzea.*
ENGLOUTIR, v. a., avaler gloutonnement. — *Irestea, tragatzea.* ‖ S'enfoncer subitement : *Erechetea, iruncitzea, irunstea, erberaztea.*
ENGLUÉ, ÉE, part., enduit de glu, pris à la glu. — *Bizkatua.*
ENGLUER, v. a., enduire de glu ; v. r., se prendre à la glu. — *Bizkatzea.*
ENGORGEMENT, s. m., embarras dans un tuyau, dans un canal, enflure. — *Antura.*
ENGORGER, v. a., empêcher l'écoulement. — *Antzea.*
ENGOUEMENT, s. m., état engoué. — *Bertan, gogóan artua.*
ENGOUER (S'), v. p., s'éprendre, s'entêter d'une chose. — *Bertan, gogóan artzea.*
ENGOUFFRER (S'), v. p., se perdre dans une ouverture. — *Bortitzki sartzia toki ideki batian.* ‖ Entrer dans quelque golfe ou lieu serré par la mer : *Itxas-barrentzea, itxasbarrutzea.*
ENGOURDI, IE, part., rendu perclus. — *Gogortua.*
ENGOURDIR, v. a., rendre comme perclus de froid. — *Gogortzea, sortatzea.*
ENGOURDISSEMENT, s. m., état engourdi. — *Gogortasuna, sorrera.*
ENGRAIS, s. m., pâturage, fumier, etc. — *Ongarria, onkaïlua.*
ENGRAISSER, v. a., n. et p., rendre, devenir gras. — *Ghicentzea.*
ENGRANGER, v. a., mettre en grange. — *Bordan sartzea.*
ENGRENAGE, s. m., engrenure ; s. f., action d'engrener. — *Hortzkuntza.*
ENGRENER, v. n. et p., se dit des roues dont les dents s'emboîtent.—*Hortzatzea.* ‖ v. a., remplir la trémie : *Chúrrua, bihiz bethetzea.*

ENGROSSER, v. a., rendre enceinte, fam. — — *Izorratzia.*
ENHARDI, IE, part., devenu audacieux. — *Ozartua, harditua, aüsartua, atrebitúa.*
ENHARDIR, v. a., rendre hardi. — *Harditzea, hardiaztea, aüsartaraztea, atrebiaztea.* ‖ S'enhardir : *Aüsartatzea, atrebitzea, harditzea.*
ENIGMATIQUE, adj. d'énigme. — *Itanasikóa.*
ENIGMATIQUEMENT, adv., d'une manière énigmatique. — *Itanasikoki.*
ENIGME, s. f., définition obscure.—*Itanusia.*
ENIVRANT, TE, adj., qui énivre.—*Ordigarria.*
ENIVREMENT, s. m., ivresse ; au fig., enivrer. — *Orditasuna.*
ENIVRÉ, ÉE, part., qui est ivre. — *Ordia, orditua, mochkorra, mozkorra.*
ENIVRER, v. a., se rendre ivre. — *Horditzea, mochkortzea.* ‖ Rendre ivre : *Hordiaraztea, mochkoraztea, mozkorraztea.*
ENJAMBÉE, s. f., espace qu'on enjambe. — *Ichtapé zaballasuna.*
ENJAMBER, v. a. et n., faire un grand pas.— *Ichtapékatzea.*
ENJAVELER, v. a., mettre en javelle. —*Lerrokatzea.*
ENJEU, s. m., mise en jeu.— *Yokúa, yokóa.*
ENJOINDRE, v. a., ordonner. — *Ordenatzea, manatzea.*
ENJÔLER, v. a., séduire, fam. —*Zurikatzea, laüsengatzea.*
ENJÔLEUR, EUSE, s., qui enjôle. — *Zurikatzaïlea, laüsengatzaïlea.*
ENJOLIVEMENT, s. m., ce qui sert à enjoliver. — *Edergaïlua, poillitasuna.*
ENJOLIVER, v. a., rendre joli. — *Edertzea, poillitzea, pollitzea.*
ENJOLIVEUR, EUSE, s., qui pare, qui enjolive. *Edertzaïlea, poillitzaïlea, pollitzaïlea.*
ENJOLIVURE, s. f., petits enjolivements. — *Poillitasuna, edergaïlua, pollitasuna.*
ENJOUÉ, ÉE, adj., gai. — *Alheghera.*
ENJOUEMENT, s. m., gaîté douce. — *Alhegheratasuna.*
ENLACEMENT, s. m., action d'enlacer. — *Ichekera.*
ENLACER, v. a. (de ses bras).—*Besarkatzea.* ‖ Passer des cordons les uns dans les autres : *Chibiztatzea.* ‖ Joindre, entraver d'une autre manière : *Ichekeratzea, amarratzea.*
ENLAIDI, IE, part., qui est devenu laid, qui est rendu laid. — *Itxustua, narriatua, itxusitua, ezaïndua, despistatua.*

ENLAIDIR, v. a. et n., rendre, devenir laid.— *Itxustea, narriatzea, itxusitzea, ezaïntzea, despistatzea.*
ENLAIDISSEMENT, s. m., action d'enlaidir. — *Itxusidura, itxusdura.*
ENLÈVEMENT, s. m., action d'enlever. — *Ostutasuna, eremankuntza.*
ENLEVER, v. a., dérober, ravir une jeune fille. — *Erematea, ostatzea.* ‖ Lever en haut : *Altchatzea, aïratzea, goïtitzea.*
ENNEMI, IE, adj. et s., qui est contraire. — *Etxaiya, izterbeghiã, arrerióa, erabea.*
ENNOBLIR, v. a., rendre noble. — *Nóbletzia, aïthoretzea.*
ENNUI, s. m., langueur d'esprit, souci. — *Onadura, enfadóa, musturia, adorgóa, beltzuria, unadura, akidura, debeyadura.*
ENNUYANT, TE, adj., ennuyeux. —*Onagarria, enfadogarria, musturigarria, adorgarria, akigarria, unagarria, debeyagarria.*
ENNUYER, v. a. et p., causer, sentir de l'ennui. — *Onatzea, enfadotzea, musturigarritzea, adorgarritzea, musturritzea, adorgatzea, beltzuritzea, unatzea, debeyatzea, akitzea.*
ENNUYEUSEMENT, adv., avec ennui. — *Onagarriki, enfadotiro, musturiró.*
ENNUYEUX, EUSE, adj. et s., qui ennuie. — *Ongarria, enfadotia, enfadotsua, musturitsua, beltzurigarria.*
ENONCÉ, adj. et s., chose énoncée. — *Haïpatua.*
ENONCER, v. a. et p., exprimer sa pensée.— *Haïpatzea.*
ENONCIATION, s. f., manière d'énoncer. — *Haïpamendua.*
ENORGUEILLI, IE, part., qui a de l'orgueil.— *Urgullustua, antua.*
ENORGUEILLIR, v. a. et p., rendre orgueilleux. — *Urgulustea, aüdustezlea, goïtiaztea.* ‖ Devenir orgueilleux : *Urgullutzea, andustetzea, goïtiatzea.*
ENORME, adj., démesuré, excessif. — *Ikharagarria.*
ENORMÉMENT, adv., excessivement. — *Ikharagarriki.*
ENORMITÉ, s. f., excès. — *Izigarrikeria, terriblekeria, izigarritasuna, terribletasuna.*
ENOUER, v. a., ôter les nœuds d'une étoffe. — *Deskopillatzia, deskóropillatzea, koópillac, kóropilluac khentzea.*
ENQUÉRIR (s'), v. p., s'informer. — *Billakintzea.*

ENQUÊTE, s. f., recherche judiciaire. — *Bilbakindea, billakiña.*
ENQUÊTÉ, part., enquéri. — *Billakindua.*
ENQUÊTER (s'), v. pr., s'enquérir. — *Billakintzea.*
ENQUÊTEUR, s. m., officier commis pour faire des enquêtes. — *Billakindaria.*
ENRAGÉ, ÉE, adj.. qui a la rage. — *Errebiatua.* || s., fougueux : *Sútxua, oldartxua, bóaldítxua, fuliatxua.*
ENRAGEANT, TE, adj., qui fait enrager. — *Errebiagarria.*
ENRAGER, v. n., être saisi de la rage, endêver. — *Errebiatzea.*
ENRAYÉ, ÉE, part., entravé.--*Eskalapoïnatua.*
ENRAYEMENT, s. m., action d'enrayer. — *Eskalapoïnadura.*
ENRAYER, v. a., garnir une roue de l'enrais, l'arrêter. — *Eskalapoïná ezartzea, marrakatzea.*
ENRAYURE, s. f., ce qui sert à enrayer. — *Marrakadura.*
ENREGISTREMENT, s. m., lieu où l'on enregistre. — *Oamarteghia, óamartza.*
ENRHUMÉ, ÉE, part., qui a un rhume. — *Mafrunditua, marranta.*
ENREGISTRER, v. a., inscrire dans un registre diverses pièces. — *Oamartzea.*
ENRHUMER, v. a. et p., donner un rhume. — *Mafrunditzea, marrantatzea.*
ENRICHIR, v. a., rendre riche. — *Aberastea.*
ENRICHISSEMENT, s. m., ornement. — *Edergaïlua.*
ENRÔLEMENT, s. m., action d'enrôler. — *Engayamendua.*
ENRÔLER, v. a., mettre sur le rôle ; v. p., se faire soldat. — *Engayatzea.*
ENRÔLEUR, s. m., celui qui enrôle. — *Engaiyatzaïlea.*
ENROUEMENT, s. m., état enroué. — *Marranta, erlatxdura, marrangá.*
ENROUÉ, ÉE, part., qui a un enrouement. — *Marrantatua, erlatxtua, marrangatua.*
ENROUER, v. a., rendre la voix rauque. — *Marrantatzea, erlatxtea, marrangatzea.*
ENROUILLER, v. a., rendre rouillé. — *Erdoïllaztea.*
ENSANGLANTÉ, ÉE, part., souillé de sang. — *Odoldua.*
ENSANGLANTER, v. a., souiller de sang. — *Odoltzea.*
ENSEIGNE, s. f., bannière, étendard. — *Bandera, labaróa, estandartea.* || Indice, tableau à la porte d'un marchand : *Enseña.*

ENSEIGNÉ, ÉE, part., appris, instruit. — *Ikhasia.*
ENSEIGNEMENT, s. m., instruction, action d'enseigner. — *Erakasdea, irakaskera, erakuspena, erakutxpena.*
ENSEIGNER, v. a., instruire, indiquer. — *Irakastea, erakastea, erakustea, erakutxtea.*
ENSEMBLE, adv., l'un avec l'autre ; s. m., résultat de l'union des parties. — *Elkar, elkarrekilan, elkarrekin, baltxan, batean.*
ENSEMENCEMENT, s. m., action d'ensemencer. — *Eraïndura, ereïndura.*
ENSEMENCER, v. a., semer. — *Eraïtea, creïntea.*
ENSEVELIR, v. a., envelopper un mort. — *Ehortzea, meztitzea.*
ENSEVELISSEMENT, s. m., action d'ensevelir. — *Ehortztasuna.*
ENSORCELER, v. a., jeter un sort. — *Charmatzea.*
ENSORCELEUR, EUSE, s. m., qui ensorcèle.— *Charmatzaïlea.*
ENSORCELLEMENT, s. m., action d'ensorceler. — *Charmamendua.*
ENSUITE, adv. et prép., après. — *Ghéro, sharri, sarriche, ghérochiago, ondoan.*
ENSUIVRE (s'), v. p., suivre.—*Arribadayen.* || Dériver : *Ethorkuntza.*
ENTACHÉ, ÉE, part., infecté. — *Kutxatua.* || Gâté : *Galdua.*
ENTACHER, v. a., infecter, gâter. (Il est vieux et ne se dit guère qu'au participe). Infecter. — *Kutxatzea, zikintzea.* || Gâter : *Galtzea.*
ENTAILLE, s. f., coupure. — *Ochká, ozká.*
ENTAILLER, v. a., creuser le bois. — *Ochkátzea, ozkátzea.*
ENTAILLURE, s. f., entaille. — *Ochkádura, ozkádura.*
ENTAMER, v. a., faire une incision, ôter une partie, commencer. — *Astea.*
EN TANT QUE, conj. dont on se sert pour spécifier et pour restreindre quelque idée, quelque proposition. — *Non ezden.*
ENTASSEMENT, s. m., amas entassé. — *Métadura, méta, montoïna, montoïera, pillaéra, métaéra, murruërä.*
ENTASSER, v. a., mettre en tas. — *Montoïnatzea, motoïtzea, métatzea, pillatzea, murrutzea.*
ENTE, s. f., greffe.—*Chertadura, edaëndua, chertóa, chertúa.*

ENTENDEMENT, s. m., intelligence. — *Adimendua, aditza, adiera, adikiña, adiaïra.* ‖ Bon sens : *Centzûa.*

ENTENDEUR, s. m., qui entend bien. — *Aditzaïlea, enzunlea.*

ENTENDRE, v. a., comprendre. — *Aditzea, enzutea.*

ENTENDRE (s'), v. p., être d'intelligence avec, ouïr. — *Aditzea.*

ENTENDU, UE, adj., habile, bien entendu ; adv., sans doute, avec la condition. — *Aditua, yakina, enzuna, ikasia, sayatûa.*

ENTENTE, s. f., interprétation. — *Iduria.* ‖ Harmonie : *Alosia, armonia.* ‖ Intelligence, accord, union : *Akortasuna.*

ENTER, v. a., greffer.- *Chertatzea, edaënzea.*

ENTERREMENT, s. m., inhumation. — *Entarremendua, ehortztasuna.*

ENTERRER, v. a., enfouir, inhumer.—*Ehortzea, lurpetzea, obiratzea, lurperatzea, ehortzitzea.*

ENTÊTÉ, adj. et s., opiniâtre.— *Thematxua, isitia, burutia, buru-gógorra, buru-gachtóa, burkoïa, estokatxua.*

ENTÊTEMENT, s. m., obstination. — *Setá, sépa, thema, leiya, bûrkoïtasuna, isia, estakamendua.*

ENTÊTER, v. a., n. et p., porter à la tête, envoyer des fumées à la tête : *Bûrua zorabiatzea.* ‖ S'opiniâtrer : *Isiatzea, burujaïratzea, thematzia, estokatzea, setátzea, sépatzea.* ‖ Préoccuper : *Burezartzea.*

ENTHOUSIASME, s. m., exaltation de l'âme, admiration outrée. — *Sûmirezkûa, fûlia.*

ENTHOUSIASMER, v. a., ravir en admiration. — *Sûmirezkûntzea, fûliatzea.*

ENTHOUSIASTE, s. m., visionnaire, fanatique, admirateur outré.--*Sûmirezlea, fûliatxua.*

ENTIER, ÈRE, adj., complet, entêté, non hongre. — *Osûa.* ‖ Le tout : *Gûzia.*

ENTIÈREMENT, adv., totalement. — *Osoki.* ‖ Entièrement (pas) : *Ez choïl, eskachkó.*

ENTONNÉ, ÉE, part., commencé le chant. — *Okasia.*

ENTONNER, v. a., chanter le commencement. — *Okastea.*

ENTONNOIR, s. m., vase pour transvaser. — *Ùnilla, imitua, pasadera.*

ENTORSE, s. f., violente et subite extension d'un nerf. — *Iñartadura, zaïnartadura.* ‖ (Prendre une) : *Inartadura bat hartzera, zaïnartadura bat hartzea.*

ENTORTILLEMENT, s. m., action d'entortiller. — *Biribilkatasuna, burubilkatasuna.*

ENTORTILLER, v. a., envelopper en entortillant. — *Biribilkatzea, burubilkatzea.*

ENTOUR, s. m., environ ; pl., alentours. — *Ingurina, inguruïna.* ‖ Plur. : *Inguruac, ingurinac.*

ENTOURAGE, s. m., ce qui entoure. — *Inguramena, bollagira.*

ENTOURER, v. a., être autour.—*Inguratzea.*

ENTR'AIDER (s'), v. p., s'aider réciproquement : *Elkar-laguntzea.*

ENTRAILLES, s. f. pl., intestins. — *Errayac, alsarac, entrañac.*

ENTR'AIMER (s'), v. p., s'aimer réciproquement. — *Elkar-maïtatzea.*

ENTRAÎNANT, TE, adj., qui entraîne. — *Eremengarria.*

ENTRAÎNEMENT, s. m., action d'entraîner. — *Arrestëra, arrastëra, arrastapena, errestaëra.*

ENTRAÎNER, v. a., traîner avec soi.—*Arrastatzea, errestatzea, erematea.*

ENTR'APPELER (s'), v. p., s'appeler réciproquement. — *Elkar-oyu'ghitea, oïhueghitea.*

ENTRAVER, v. a., mettre des entraves. — *Trabatzea, pochelutzea.*

ENTR'AVERTIR (s'), v. p., s'avertir réciproquement. — *Elkar-abertitzea, elkar-premenitzea.*

ENTRAVES, s. f. pl., liens aux pieds; fig., obstacles. — *Trabac, pocheluac.*

ENTRE, prép. de lieu, au milieu. — *Artean, arte.*

ENTRE-BAILLÉ, adj., entr'ouvert. — *Athetartea.*

ENTRE-BAILLER (s'), v. a., entr'ouvrir.—*Erdikidatzea, tirt idekitzia.*

ENTRE-CHOQUER (s'), v. p., choquer réciproquement. — *Elkar-yótzea.*

ENTRE-CÔTE, s. m., viande d'entre les côtes. — *Sahetxkia.*

ENTRE-COUPER, v. a., couper en divers endroits. — *Toki batzutan, ceïnbeït tokitan pikatzea.*

ENTRE-DÉCHIRER (s'), v. p., se mettre en pièces. — *Elkar-porrokatzea.*

ENTRE-DÉTRUIRE (s'), v. p., se détruire l'un l'autre. — *Elkar-hiltzea, elkar destruïtu.*

ENTRE-DEUX, s. m., ce qui est entre deux choses. — *Bien-artian.* ‖ Entre deux eaux : *Urbiren artean, zalanzan.* ‖ Médiocrement : *Ala-ála, ála-óla, alan-alan, urraskiro, askarkiro, adiñonghi, adiñondo.*

ENTRE-DONNER (s'), v. p., se donner mutuellement. — *Elkarri-ematea.*
ENTRÉE, s. f., lieu par où l'on entre. — *Entrada, sartzea.* || Entrée d'un pont, d'une rue : *Sartzea.* || Entrée, à l'entrée de la nuit, à la nuit tombante : *Ilhunabarren, illuntzean, gaützerakóan.*
ENTREFAITES, s. f. (SUR CES), durant ce temps. — *Tarte-hortan.*
ENTRE-FRAPPER (s'), v. p., se frapper réciproquement. — *Elkar-yótzea.*
ENTRE-ÉGORGER (s'), v. p., s'égorger l'un l'autre : *Elkar-sarraskatzia.*
ENTRE-HEURTER (s'), v. p., se heurter l'un l'autre. — *Elkar-yótzea.*
ENTRELACEMENT, s. m., état de choses entrelacées. — *Ichekartetasuna.*
ENTRELACER, v. a., enlacer l'un dans l'autre. — *Ichekartetzea.*
ENTRE-MANGER (s'), v. p., se manger l'un l'autre. — *Elkar-yatea.*
ENTREMÊLER, v. a., mêler parmi. — *Nahastekatzea, nahastia, balsatzea, násartetzea.*
ENTREMETTEUR, EUSE, s., qui s'entremêt, femme intrigante. — *Entrebitartezallea, bitartezallea, hitzartedunа, hitzartekóa, ararteкóa.*
ENTREMETTRE (s'), v. p., s'employer pour entremise. — *Artetzea, bitartetzeа, sarrartetzea, ararteкotzea.* || S'entremettre : *Ararteкóaren-ezartzea.*
ENTREMISE, s. f., médiation. — *Entrebitartea, ararteкotasuna.*
ENTRE-NŒUD, s. m., espace de deux nœuds. — *Bi koópilluen artea.*
ENTRE-NUIRE (s'), v. p., se nuire l'un à l'autre. — *Elkarri gaïzki ghitea, elkarri-gaïzkitzea.*
ENTREPOSER, v. a., déposer. — *Paüsatzea.*
ENTREPOSEUR, EUSE, s., commis de l'entrepôt. — *Guardiatzaïlea.*
ENTREPÔT, s. m., lieu de dépôt. — *Entrepota.*
ENTREPRENANT, TE, adj., qui entreprend. — *Ensayatua.* || Hardi : *Atrebitua.*
ENTREPRENDRE, v. a. et n., commencer. — *Astea.* || Se charger de l'exécution : *Déliberatzea, mellatzea, ekigotzea.* || Se mêler de : *Sartzea.*
ENTREPRENEUR, s. m., qui entreprend. — *Entreprenúrra, mellatzallea, ekigotzallea.*
ENTREPRISE, s. f., dessein formé. — *Déliberamendua.* || Ce que l'on a entrepris :

Entrepresa, melladura, ekigodura. || Usurpation : *Ebatxkeria, laphurkeria, ohoïntza.* || Violence : *Bortchckuntza, bortcha, mutiritasuna.* || Action injuste : *Eghintza inyustua.*
ENTRER, v. n., passer du dehors au dedans. — *Sartzea.*
ENTRE-RÉPONDRE (s'), v. p., se répondre l'un à l'autre. — *Elkarri-erresponditzea.*
ENTRE-SECOURIR (s'), v. p., se secourir mutuellement. — *Elkar laguntzea, elkar sokorritzea.*
ENTRETENEUR, s. m., qui entretient. — *Entretenitzallea.*
ENTRETENIR, v. a., n. et p., tenir en état, faire subsister. — *Entretenitzea.* || Parler avec quelqu'un : *Solas'ghitea.*
ENTRETIEN, s. m., action de s'entretenir, converser : *Solasa, erabakia.* || Action d'entretenir : *Mantenua.*
ENTRE-TUER (s'), v. r., se tuer l'un l'autre. — *Elkar hiltzea.*
ENTREVOIR, v. a., voir un peu. — *Iduritzia.* || v. p., se visiter : *Hantatzea.*
ENTREVUE, s. f., rencontre concertée. — *Ikuskuntza.*
ENTR'OUÏR, v. a., ouïr imparfaitement. — *Doy-doya haïtzia.*
ENTR'OUVRIR, v. a., ouvrir un peu. — *Erdi-idekitzea.*
ÉNUMÉRER, v. a., dénombrer. — *Kóndatzea.*
ENVAHIR, v. a., usurper. — *Akopillatzea, eraünstea, erasotzea.*
ENVAHISSEMENT, s. m., action d'envahir. — *Accopillua, erasoéra.*
ENVELOPPE, s. f., ce qui enveloppe. — *Estaltzekúa, trocha, estalguna, estalingurua.* || Enveloppe (de lettre) : *Kárta-gaña, letera-estalghia, embelopa.* || Mis sous enveloppe (une lettre) : *Embelopan emaña.* || Mettre sous enveloppe : *Estaltzea, tróchatzea.*
ENVELOPPÉ, ÉE, part., mis sous enveloppe. — *Trochatua.*
ENVELOPPER, v. a., entourer, comprendre dans. — *Trochatzea, inguratzea.*
ENVENIMER, v. a., infecter de venin, rendre plus mauvais. — *Gachtatzea, gaïzkuratzea.*
ENVERS, prép., à l'égard. — *Aldeat.* || s. m., le côté le moins beau d'une étoffe : *Kóntrá, pimpera, ifrensua, aürkia.* || A l'envers, adv., en sens contraire : *Azpiz.* ||
Envers (quelqu'un) : *Alderat.*

ENVI (A L'), adv., avec emphase. — *Porfidiaz, burfidiaz.*

ENVIE, s. f., désir. — *Gúticia, gána, gógoa, gálea, ghillea, zalea, imbidia, nahikundea, trempea, trempua.* ‖ Déplaisir qu'on a de voir le bonheur des autres : *Yelosia, bekaïtza, bekaïzkóa, ondamúa.* ‖ Marque sur le corps humain : *Sor-siña-lea.* ‖ Petits filets de la peau autour des ongles : *Eskarda, zatala, zatalchóa.*

ENVIEILLI, IE, part., devenu vieux. — *Zahartu, zahartua.*

ENVIEILLIR, v. a., paraître vieux, faire paraître vieux. — *Zahartzia.*

ENVIER, v. a., porter envie, désirer. — *Guticiatzea, bekaïztea, bekaïzkotzea, ondamutza, desiratzea, imbidiatzea.*

ENVIEUX, SE, adj., qui envie. — *Guticiotxua, nahikorra, guticiosa, bekaïztia, ondamutia, bekaïzkotia.*

ENVIRON, adj., à peu près. — *Olatxu.* ‖ s. m. pl., lieux voisins : *Inguruac.*

ENVIRONNER, v. a., entourer. — *Inguratzea.*

ENVISAGER, v. a., regarder en face. — *Aürkeztea, betaztea.* ‖ Fig., considérer en esprit : *Betuztetzea, kónsideratzea.*

ENVOI, s. m., action d'envoyer. — *Egortce.*

ENVOLER (S'), v. p., fuir en volant. — *Airatzea, egaldatzea.*

ENVOYÉ, s. m., ministre, député. — *Mandalaria.*

ENVOYER, v. a., faire aller, faire porter. — *Egortzea, bidaltzea.*

EPAIS, SE, adj., qui a de l'épaisseur. — *Lódi, ordongóa.*

ÉPAISSEUR, s. f., profondeur d'un solide. — *Lóditasuna.*

EPAISSIR, v. a., rendre, devenir plus épais. — *Lóditzea.*

EPAISSISSEMENT, s. m., condensation. — *Lódimendua.*

EPAMPRER, v. a., ôter les pampres. — *Ayhen sobratxuac khentzea.*

EPANCHEMENT, s. m., action de répandre. — *Ichurtea, isurtea.* ‖ Effusion : *Fidandea.*

EPANCHER, v. a., répandre. — *Ichurtzea, isurtzea.* ‖ Se confier : *Fidatzea, konfidatzea.*

EPANDRE, v. a., répandre. — *Edatzea, barreiyatzea, berduratzea.* ‖ Jeter çà et là, éparpiller : *Barreiyatzea, berduratzea, barbanakatzea.*

EPANOUIR, v. pr., s'ouvrir (se dit des fleurs). — *Idekitzea, zabaltzea, loratzea.*

EPANOUISSEMENT, s. m., action de s'épanouir. — *Zabaldura, loredura.*

EPARGNANT, TE, adj., qui use d'épargne. — *Chuhurra.*

EPARGNE, s. f., économie. — *Aldaracionea.*

EPARGNER, v. a., ménager. — *Aldaratzea.* ‖ v. pr., s'éviter : *Itzurtzea.*

EPARPILLEMENT, s. m., action d'éparpiller. *Barraiyadura, derduradura, barbanakadura.*

EPARPILLER, v. a., jeter çà et là. — *Berreiyatzea, berduratzea, barbanakatzea.*

EPARS, adj., dispersé. — *Barreiyatuac, berduratuc, barbanakatuac.*

EPATÉ, s. m., nez épaté, large et gros. — *Zábala, mása.*

EPAULE, s. f., partie du corps. — *Espalda, sorbalda.*

EPAULÉE, s. f., effort de l'épaule. — *Espalda golphea, sorbalda golpia.*

EPAULER, v. a., disloquer l'épaule. — *Espaldatzia.*

EPAULETTE, s. f., partie de certains vêtements qui couvre l'épaule, sorte de frange sur l'épaule. — *Espoleta.*

EPAVE, adj., objet rejeté par la mer. — *Epaba.*

EPÉE, s. f., arme offensive. — *Ezpata.*

EPELER, v. a., assembler les lettres. — *Epelatzea, leterac batútzea.*

EPERDU, UE, adj., troublé par une passion. — *Galdua, balditua, itxutua.*

EPERDUMENT, adv., violemment. — *Bortitzki, baldituki, itxutuki.*

EPERON, s. m., branche de métal terminée par une molette pour exciter le cheval. — *Esperoïna, esproya, orpizarra.*

EPERONNÉ, ÉE, adj., qui a des éperons. — *Esperoïnatua.*

EPERONNER (s'), v. p., mettre des éperons. — *Esperoïnatzea.*

EPERVIER, s. m., oiseau de proie. — *Chapalatcha, mirotza, belatcha.*

EPHÈBE, s. m., jeune homme arrivé à l'âge de puberté. — *Morroïna.*

EPI, s. m., tête du blé, du maïs, fleurs en épi. — *Búrua.*

EPICE, s. f., drogue aromatique. — *Espesia, jakikaya.*

EPICER, v. a., mettre de l'épicerie. — *Espesiatzea, jakikaïtzea.*

EPICERIE, s. f., drogue aromatique. — *Espeseria.*

EPICIER, s. m., marchand d'épices. — *Espeşitzaïlea, jakikaïzalea.*

EPIDÉMIE, s. f., maladie générale.—*Eldeéra, saleria, eldea; izuria.*
EPIDÉMIQUE, adj., de l'épidémie. — *Eldeatxua, saleritxua, izuritxua.*
EPIDERME, s. m., surpeau. — *Frintza, téla.*
EPIER, v. a., espionner, observer secrètement les actions d'autrui. — *Cheletatzea, guardiatzea, barrandatzea.* || v. n., monter en épi : *Burutzea, burutchatzea.*
EPIGRAMME, s. f., poésie. — *Biursuria.* || Faiseur d'épigrammes : *Biursuritzaïlea, bihurzurikina.*
EPILEPSIE, s. f., mal caduc. — *Erortzekomina.*
EPILEPTIQUE, adj., de l'épilepsie. — *Erortzeko-min'duena, erortzeko minez attakatua.*
EPILER, v. a., ôter le poil. — *Ilheztatzea, soiltzia.*
EPILOGUE, s. f., conclusion d'un poëme. — *Itzaburra.*
EPILOGUER, v. a. et n., censurer, fam. — *Itzaburutzea.*
EPINARDS, s. m. pl., plante potagère. — *Espinagriac.*
EPINE, s. f., arbrisseau piquant. — *Elhorria, aranza, arancia.* || Vertèbres : *Bizkar-ezurra.*
EPINEUX, EUSE, adj., à épines. — *Elhorritxua, aranzatxua, arancitxua.*
EPINIÈRE, adj. f., qui appartient à l'épine du dos. — *Bizkar ezurrekóa.*
EPINGLE, s. f., pointe de laiton. — *Ichkilinga, ichkiliña, ispilinga, iskilimba.*
EPINGLETTE, s. f., aiguille pour déboucher la lumière du fusil. — *Ichkilimba.*
EPINIÈRES, s. m. pl., terme de chasse, bois, fourrés d'épines où se retirent les bêtes noires. — *Elhorriteghia.*
EPIPHANIE, s. f. (jour de l'). — *Trufania.*
EPISCOPAL, ALE, adj., qui appartient à l'évêque. — *Aphezpikukóa.*
EPISCOPAT, s. m., dignité de l'évêque. — *Aphezpikûaren gaïtasuna.*
EPISODE, s. m., action incidente. — *Ichtório pharte baten ghertua.*
EPISODIQUE, adj. de t. g., qui appartient à l'épisode.-*Ichtório pharte baten ghertakuntza.*
EPISTOLAIRE, s. m., livre des épîtres.—*Epistolariïa, gutunbilgóa.*
EPITAPHE, s. f., inscription de tombeau. — *Obizdea.*
EPITHÈTE, s. m., adjectif poétique. — *Osankia, errana.*

EPITOME, s. m., abrégé d'un livre. — *Laburtza, hitzaburra.*
EPÎTRE, s. m., partie de la messe qui précède l'évangile. — *Epistola.* || Faire des épîtres (lettre, missive) : *Letra.*
EPIZOOTIE, s. f., maladie contagieuse des bestiaux. — *Izurritikûa.*
EPIZOOTIQUE, adj. de t. g., qui tient de l'épizootie.— *Izurritia.*
EPLORÉ, ÉE, adj., en pleurs. — *Désolatua, lastimatua.*
EPLUCHER, v. a., trier, examiner. — *Billatzea.* || Nettoyer : *Churitzea, garbitzea.*
EPOINTER, v. a., ôter la pointe. - *Khamutxtea.*
EPONGE, s. f., sorte de polypier léger et poreux. — *Espoña, arrokia, beloghia, espoïñia.*
EPONGER, v. a., nettoyer avec une éponge. — *Espoñatzea, arrokitzea, beloghitzea, espoïñitzea.*
EPOQUE, s. f., temps fixe de l'histoire. — *Dembora.*
EPOUILLER, v. a., ôter les poux. — *Zórriac khentzea.*
EPOUSAILLES (MESSE DES), s. f. — *Esposatzeko meza.*
EPOUSÉE, s. f., celle qui vient d'épouser. — *Esposa.*
EPOUSER, v. a., prendre en mariage. — *Esposatzea.*
EPOUSEUR, s. m., qui veut se marier. — *Esposatzaïlea.*
EPOUSSETER, v. a., ôter la poussière. — *Eskóbatzea, brózatzea.*
EPOUSSETTE, s. f., vergette. — *Eskóba, bróza.*
EPOUVANTABLE, adj., effrayant, excessif. — *Izigarria.*
EPOUVANTABLEMENT, adv., d'une manière épouvantable ; excessivement, extrêmement. — *Izigarriki.*
EPOUVANTAIL, s. m. pl., haillons pour épouvanter les oiseaux. — *Izitzekûa, beldurtzekûa.*
EPOUVANTE, s. f., frayeur, terreur. — *Izialdura, lazdura.*
EPOUVANTER, v. a., faire peur, effrayer. — *Izitzea, laztea, larritzea.*
EPOUSE, s. f., conjointe par le mariage.—*Esposa, emazteá, emaztiá.*
EPOUX, s. m., conjoint par le mariage.— *Esposa, senhârra.*
EPREINDRE, v. a., serrer, presser. — *Tinkatzea.*

Éprendre (s'), v. pr., se passionner. — *Agradatzea, hartzea.*
Épreuve, s. f., essai. — *Esproba, fróga.*
Éprouver, v. a., essayer, ressentir. — *Esprobetzea, frógatzea, porogatzea.*
Épucer, v. a., ôter les puces. — *Kukusuac billatzea, kukusuac khentzea.*
Épuisable, adj., qu'on peut épuiser. — *Iragarria.*
Épuisé, ée, part., affaibli. — *Iratua, igatua.* ǁ Perdu sans ressources : *Irana.*
Épuisement, s. m., perte des forces. — *Iratasuna.*
Épuiser, v. a., tarir ; v. pr., s'affaiblir. — *Iratzea, igatzea.*
Épurer, v. a., rendre, devenir pur. — *Purifikatzea.*
Épurge, s. f., plante. — *Tortika.*
Équarrir, v. a., tailler à angles droits. — *Laŭrkatzea.*
Équerre, s. f., instrument pour tracer un angle. — *Certajoya, trebua, eskuaïra.*
Équilatéral, s. m., dont les côtés sont égaux. — *Berdiñaldea.*
Équilibre, s. m., égalité du poids. — *Aïmbastuna.* ǁ Mis en équilibre : *Aïmbastundua.* ǁ Qui mettent en équilibre : *Aïmbastundekúa.*
Équilibrer, v. a., mettre en équilibre. — *Aïmbastuntzea.*
Équinoxe, s. m., temps où les jours sont égaux aux nuits. — *Gaŭberdintza.*
Équinoxial, adj., de l'équinoxe. — *Gaŭberdintzakúa.*
Équipage, s. m., train, suite, carrosse, gens d'un vaisseau, équipage de guerre. — *Eskipaya, presbeharra.*
Équipement, s. m., action d'équiper. — *Eskipamendua.*
Équiper, v. a., pourvoir un individu, un navire ou une flotte des choses nécessaires. — *Presbehartzea, eskipatzea.*
Équitable, adj., qui a de l'équité. — *Yustua, justua, zucena.*
Équitablement, adv., avec équité. — *Yustuki, justuki, zucentki.*
Équitation, s. f., art du cavalier. — *Kábaliergóa, zaldizgóa.*
Équité, s. f., justice. — *Yustutasuna, justutasuna.*
Équivalent, te, adj. et s. m., qui équivaut. — *Berdina, igúala, aïmbategkóa.*
Équivalemment, adv., d'une manière équivalente. — *Berdinki, igúalki, aïmbateki.*

Équivaloir, v. a., être de la même valeur. — *Aïmbatetzea, berdinkatzea, igualkatzea.*
Équivoque, adj. et s. f., à double sens. — *Ekiboka, bidaŭzkea.*
Équivoquer, v. n., user d'équivoque ; v. pr., dire un mot pour un autre. — *Ekibokatzea, bidaŭzkatzea.*
Érable, s. m., arbre forestier. — *Astigarra, astiarra, gaztigarra.*
Érafler, v. a., effleurer la peau. — *Karamitchtea.*
Éraflure, s. f., légère écorchure. — *Karamitcha.*
Éraillé, adj. (œil) à filets rouges. — *Arraïldua.*
Éraillement, s. m., envers de la peau. — *Arraïladura.*
Érailler, v. a. (une étoffe), l'effiler, en relâcher le tissu. — *Arraïltzea.*
Éraillure, s. f., étoffe éraillée. — *Arraïzdura.*
Ère, s. f., point fixé pour compléter les années. — *Dembora.*
Éreinter, v. a., fouler les reins. — *Lehertzea.*
Érésipèle, voyez Érysipèle.
Ergot, s. m., d'animaux. — *Esproña.* ǁ Maladie du blé : *Ilhendia, illendia.*
Ergoté, adj., qui a des ergots (parlant des animaux). — *Esproïnatua.* ǁ Parlant du blé, du seigle : *Ilhenditua, illenditúa.*
Ériger, v. a., élever un monument ; v. pr., s'attribuer un droit. — *Altchatzea, zulitzea, zutatzea.*
Erminette, s. f., hache courbée. — *Trebesa.*
Ermitage, s. m., habitation d'ermite. — *Ermita.*
Ermite, s. m., qui vit dans le désert. — *Ermitanua, ermitaïna.*
Érotique, adj., appartenant à l'amour. — *Amodiozkóa.*
Errant, adj., vagabond ; fig., dans l'erreur. — *Errebelatua, erratua.*
Errer, v. n., vaguer. — *Errebelatzia, erratzia.* ǁ Fig., se tromper : *Utxghitea.*
Erreur, s. f., fausse opinion, méprise, faute. — *Utxa, falta.*
Erroné, ée, adj., qui contient des erreurs. — *Utxekúa, faltakúa.*
Érudit, ite, adj. et s., savant. — *Jakinxua, jakintia, jakina, irakasia.*
Érudition, s. f., vaste savoir. — *Yakintasuna, jakintza, jakindea, irakasdea, yakitatea.*

ÉRUPTION, s. f., évacuation subite. — *Yalkiltasuna.*
ÉRYSIPÈLE, s. f., tumeur cutanée.-*Eresipela.*
ESCABEAU, s. m., siége de bois. — *Kacheta, alkia.*
ESCABELLE, s. f., escabeau. — *Kácheta, alkia.*
ESCADRE, s. f., flotte de guerre.—*Eskuadra.*
ESCADRON, s. m., corps de cavalerie. — *Eskuadruna.*
ESCALADE, s. f., action d'escalader.— *Ygaïtia, iraïtia.*
ESCALADER, v. a., monter à l'échelle, à un mur, à un rocher. — *Ygaïtia, iraïtia.*
ESCALIER, s. m., partie du bâtiment composée de degrés pour monter et descendre. — *Eskalera.* ǁ Escalier (marche d') : *Maïla.*
ESCAMOTER, v. a., faire disparaître subitement. — *Operatzea.*
ESCAMOTEUR, s. m., qui escamote. — *Operaturra.*
ESCAPADE, s. f., échappée, fam. — *Ihesia, eskapada.*
ESCARBOT, s. m., scarabée. — *Kakalordoa, kakamarróa.*
ESCARBOUCLE, s. f., rubis. — *Kaztistea.*
ESCARCELLE, s. f., grande bourse. — *Istarcellua.*
ESCARGOT, s. m., limaçon. — *Barakullóa, barakulua, maskulua, maïkurkuïlua, karakoïla, marikorkoïla.*
ESCARMOUCHE, s. f., combat des parties. — *Gûdaürrea.*
ESCARMOUCHER, v. n., combattre par escarmouche. — *Gûdaürratzea, gûdaïzintzea.*
ESCARMOUCHEUR, s. m., qui va à l'escarmouche.—*Gudaürratzaïlea, gûdaïzintzaïlea.*
ESCARPÉ, ÉE, adj., pente rapide. — *Chuta.*
ESCARPEMENT, s. m., pente. — *Aldapa, aldatsa.*
ESCARPER, v. a., couper droit du haut en bas un rocher, un fossé. — *Arkaïztea, murkaïztea.*
ESCARPIN, s. m., soulier léger. — *Zapatamehia, chinela, eskarpiña.*
ESCARPOLETTE, s. f., siége pour se balancer. *Ghirgiñac, zábua, górgoïna.*
ESCARRE, s. f., croûte de plaie. — *Sakharra, chaürala.*
ESCLANDRE, s. m., accident bruyant. — *Eskandala.*
ESCLAVAGE, s. m., état d'esclave. — *Esklabotasuna, kátiberia, gatibueria, kátibotasuna.*

ESCLAVE, adj., qui a perdu sa liberté. — *Esklabóa, kátibu, gatibu.*
ESCOMPTE, s. m., remise pour un paiement fait avant l'échéance. — *Pagamendu baten gaïnian, haïn bertce éhuneko, ghibelat emaïten den dirûa, erostaïliari, édo zór dúenari.*
ESCOMPTER, v. a., faire de l'escompte. — *Haïn bertce éhuneko súma bat pasátzia bertce bati.*
ESCOPETTE, s. f., sorte de carabine. — *Eskopeta.*
ESCORTE, s. f., gens qui escortent. — *Eskolla, laguntza.*
ESCORTER, v. a., accompagner pour protéger. — *Eskoltatzea, laguntzea.*
ESCOUADE, s. f., détachement militaire. — *Kûadra, andana.*
ESCOURGÉE, s. f., fouet du charretier ou du cocher. — *Azotea, ázotia, latigóa.* ǁ Coup d'escourgée : *Azote kholpea, ázote golpia, zartada, zartadakoa, latigokóa.*
ESCOUSSE, s. f., action pour mieux s'élancer. — *Boliera.*
ESCROC, s. m., fripon. — *Filusa, frikúna, ostapatzallea.*
ESCROQUER, v. a., voler par fourberie. — *Filuskeria'ghitea, frikunkeria'ghitea, ostapatzea.*
ESCROQUERIE, s. f., action d'escroc. — *Filuskeria, frikunkeria, ostapatasuna, ostapakeria.*
ESCROQUEUR, EUSE, s., qui escroque. — *Filusa, frikuna, ostapatzallea.*
ESPACE, s. m., étendue de lieu. — *Tokia, erteghia, erdiyoa, epea.* ǁ De temps : *Artia, bitertea, artea.*
ESPACEMENT, s. m., distance des corps. — *Tartea, artia.*
ESPACER, v. a., ranger les choses de manière à laisser entr'elles les espaces nécessaires. — *Tartekatzea.*
ESPADON, s. m., poisson qui a une espèce d'épée dentelée des deux côtés. — *Arraïzpata.* ǁ Large épée : *Ezpata largóa.*
ESPAGNE, s. f., péninsule ibérique. — *Espaïnia, España.*
ESPAGNOLETTE, s. f., ferrure de fenêtre. — *Arrasta.*
ESPARGOUTTE, s. f., sorte de menue herbe. — *Izarbelharra.*
ESPÈCE, s. f., division du genre, sorte. — *Kálitatia, ghisa, móta, kásta.* ǁ pl., argent monnayé : *Dirua, sosac.* ǁ Apparence du

pain et du vin après la consécration : *Transubztanciacionea.*

ESPÉRANCE, s. f., attente et désir. — *Esperantza, pezkiza, irritxa, ustea.*

ESPÉRER, v. a. et n., avoir espérance. — *Esperatzia, igurikitzia, pezkizatzea, uste izatea, irritxtea, goïtatzea.*

ESPIÈGLE, adj. et s., subtil, éveillé. — *Bitchia, drôlia, donghea.*

ESPIÉGLERIE, s. f., malice d'espiègle. — *Bitchikeria, drôlekeria, donghetasuna.*

ESPINGOLE, s. f., fusil à canon évasé. — *Kañoy-largoko chichpa.*

ESPION, s. m., qui fait le métier d'épier. — *Espiuna, ichpia, salaria, celataria, guardia-ichla, barhandari.*

ESPIONNAGE, s. m., action d'espionner. — *Espionamendua, celeta, cheleta, ichilka guardatzia, barhanda.*

ESPIONNER, v. a., servir d'espion. — *Espiunatzea, ichpiatzea, celetatzea, cheletatzea, ichilic guardatzia, barhantzea.*

ESPOIR, s. m., espérance. — *Esperantza, ustea, irritxa, perkiza.*

ESPRIT, s. m., être incorporel, ange, revenant, âme de l'homme, ses facultés, facilité de conception, vivacité d'imagination, essence, fluide, subtil, chim. — *Izpiritua.*
|| Follet : *Arghiac.* || Lutin : *Gaïzkiña.* || Fort : *Sinetxteric ez duena.* || Esprit-de-vin : *Arno-'zpiritua.* || Esprit Saint, troisième personne de la Trinité : *Izpiritu saïndua, espiritu santua.* || Esprit (pauvre d') : *Zozolo.*

ESQUILLE, s. f., éclat des fractures. — *Ezûr puska.*

ESQUINANCIE, s. f., inflammation de gorge. — *Eskinantcia.*

ESQUISSE, s. f., ébauche. — *Magaïndea.*

ESQUISSER, v. a., ébaucher. — *Magaïntzea.*

ESQUIVER, v. a. et n., éviter adroitement. — *Paratzea.* || v. pr. : *Ihesi'ghitea, eskapatzea.*

ESSAI, s. m., expérience, première reproduction, épreuve, échantillon. — *Ensayûa, sahakera.*

ESSAIM, s. m., volée de jeunes abeilles. — *Erle-umia.*

ESSANGER, v. a., mouiller avec la lessive. — *Lechibaz trempatzia.*

ESSAYER, v. a., n. et pr., éprouver, faire l'essai. — *Ensaiyatzea, esayatcea, sayatzea.*

ESSAYEUR, s. m., qui essaie. — *Ensaiyatzaïlea.*

ESSE, s. f., cheville ou crochet en forme d'S. — *Esa.*

ESSENCE, s. f., nature d'une chose, huile volatile. — *Izana, izaïra.*

ESSENTIEL, LE, adj., de l'essence. — *Premiôa.* || Nécessaire, chose dont on ne peut se passer : *Nesesariôa, izanezkôa, izaïrazkoa.*

ESSENTIELLEMENT, adv., d'une manière essentielle. — *Nesesariôzki, izanezkiro, izalezkiro, izaïrazkiro.*

ESSEULÉ, ÉE, adj., solitaire, fam.-*Bakhartua*

ESSEULER (s'), v. a., rendre, devenir solitaire. — *Bakhartzea.*

ESSIEU, s. m., pièce qui traverse le moyeu des roues. — *Ardatza, hacha.*

ESSOR, s. m., vol fort haut. — *Aïratzia, egaldatzea.*

ESSOUFFLÉ, ÉE, part., hors d'haleine. — *Atx-hantua.*

ESSOUFFLER, v. a., mettre hors d'haleine. — *Atx-hantzea.*

ESSUIE-MAIN, s. m., linge pour essuyer les mains. — *Esku-chukatzekua, chukatzeko oïyala, chukadera, chukadorra.*

ESSUYER, v. a., ôter la poussière, sécher. — *Chukatzea.*

EST, s. m., le levant. — *Iruzki-phartea.*

ESTACADE, s. f., digue de pieux. — *Pasotadea, estakada, stakadura, esoladura, baldadura.*

ESTAFETTE, s. f., courrier d'une poste. — *Estafeta, postakaria.*

ESTAME, s. f., tricot de laine. — *Trikotakia.*

ESTAMPE, s. f., image, gravure. — *Estuampea, estampea, ezanzá.* || Marchand d'estampes : *Estampe marchanta, ezanzá martchanta, ezanzá saltzaïlea.*

ESTIMABLE, adj., digne d'estime. — *Estimagarria.*

ESTIMATEUR, s. m., qui prise une chose. — *Estimatzaïlea.*

ESTIMATIF, IVE, adj., (devis, procès-verbal) d'estimation. — *Precio-emäilea.*

ESTIMATION, s. f., évaluation. — *Estimacionea, preciôa.*

ESTIME, s. f., cas que l'on fait d'une personne. — *Estimua, perechua.*

ESTIMER, v. a., priser. — *Estimatzea, perechatzea.*

ESTOMAC, s. m., viscère pour digérer, partie extérieure qui y répond : *Estomaka.*

ESTOMAQUÉ, ÉE, part., offensé. — *Estomakatua.*

ESTOMAQUER (s'), v. pr., s'offenser, fam. — *Estomakutzea.*

ESTROPIÉ, ÉE, part., privé de l'usage d'un membre. — *Imbaliera, estropiatua, daïnatua, makáldua, erbaldua, emblaïtua.*

ESTROPIER, v. a., ôter l'usage d'un membre. — *Imbaliliertzea, estropiatzea, daïnatzea, mákaltzea, erbaltzea, elbarritzera, emblaïtzea.*

ESTURGEON, s. m., poisson de mer. —*Goïzkata.*

ET, conj., copulation. — *Eta, 'da, enda, aldiz.* ‖ Et cætera, s. m., et autres : *Etcetera, eta gañearekua.*

ÉTABLE, s. f., logement des bestiaux. — *Heyá, eya, establia, ehia, abreteghia, sabaya, barrokia.*

ÉTABLER, v. a., mettre à l'étable. — *Heyan sartzea, establian ezartzea.*

ÉTABLI, s. m., table d'artisan. — *Lan tókia.*

ÉTABLIR, v. a., fixer, rendre stable, donner un état, créer. — *Ezartzea, paratzea, emaïtea, bitezartzea.*

ÉTABLISSEMENT, s. m., action d'établir. — *Bitezardea.*

ÉTAGE, s. m., espace d'entre les planchers. — *Estaiya.*

ÉTAGÈRE, s. f., rayons en planche. — *Alasia.*

ÉTAI, s. m., pièce de bois pour soutenir. — *Puntchoïna, punchoïa, pordoïna, temposa.*

ÉTAIN, s. m., métal blanc. — *Estañua, esteïnua, cirraïda, ezteïnua.*

ÉTAL, s. m., table de boucher. — *Taüla pikatzekúa.*

ÉTALAGE, s. m., action d'étaler. —*Ecieusta, muestra.*

ÉTALÉ, ÉE, part., mis en vente, déployé. — *Destolatua, ecieustatua.*

ÉTALER, v. a., exposer en vente, déployer. — *Desbiltzea, destolestea, zabaltzea.*

ÉTALEUR, s. m., celui qui étale. — *Destolatzaïlea, ecieustaria.*

ÉTALON, s. m., cheval entier. — *Garañua.*

ÉTAMAGE, s. f., action d'étamer. — *Estañudura.*

ÉTAT-MAJOR, s. m., corps des principaux officiers. — *Trópako oficial mayoralen bilkua.*

ÉTAMBORD, s. m., pièce de bois qui soutient le château de poupe et le gouvernail. — *Chókoïla.*

ÉTAMER, v. a., enduire d'étain. — *Estañutzea, estañuztatzea, cerradatzeá.*

ÉTAMEUR, s. m., qui étame. — *Estañutzallea, estañuztatzallea, cirradatzallea.*

ÉTAMURE, s. f., étain pour étamer. — *Estañutzekua, estañuztatzekóa, cirradatzekúa.* ‖ Etain couché sur un objet : *Estañudura, estañuztadura, cirraïdura.*

ÉTANCHEMENT, s. m., action d'étancher. — *Barakuntza.*

ÉTANCHER, v. a., arrêter l'écoulement. — *Baratzea, gheldiaztea, gheratzea.*

ÉTANÇON, s. m., étai. — *Puntchoïna, punchoïa, pordoïna, temposa.*

ÉTANÇONNER, v. a., étayer. — *Puntchoïnatzea, punchoïzea, pordoïtzea, tempostea.*

ÉTANG, s. m., amas d'eau sans cours.—*Antapara, aïntzira, langóa, ugoïtza, haüsina.*

ÉTAT, s. m., situation, condition, gouvernement, liste, train, dépense; pl., assemblée politique.— *Estatua.* ‖ Condition : *Heïna.* ‖ Métier : *Oficiúa, opiciúa.* ‖ Etat (en son) : *Bere estatuan, bere heïnian.* ‖ Manière de vivre : *Bicibidea, bicimodua.*

ÉTAU, s. m., instrument de serrurier pour serrer. — *Bigornia, bihurnia.*

ÉTAYEMENT, s. m., action d'étayer, ou l'état de ce qui est étayé. — *Puntchoïnamendua, pordoïnamendua.*

ÉTAYER, v. a., appuyer avec les étais. — *Puntchoïnatzea, punchoïatzea, pordoïnatzea.*

ÉTÉ, s. m., saison la plus chaude. — *Uda.* ‖ part., qui a existé : *Izana.*

ÉTEIGNOIR, s. m., instrument pour éteindre une lumière. — *Tchutcha, esteñuarra.*

ÉTEINDRE, v. a., étouffer le feu. — *Ithotzea, hiltzea.* ‖ Abolir : *Khentzea.*

ÉTEINT, TE, part., qui n'a plus de feu. — *Ithóa, hila, itzalia, iraünghia.*

ÉTENDARD, s. m., enseigne de guerre. — *Bandera.* ‖ Etendard (nom de l'ancien étendard cantabre) : *Laüburu, leaburu* (ce qui signifie quatre têtes, extrémités qui forment une croix).

ÉTENDRE, v. a., allonger, déployer. —*Zabaltzea, edatzea.*

ÉTENDUE, s. f., dimension. — *Zabaldura, zabaltasuna, handitasuna, hedadura.* ‖ part., allongé, déployé : *Zabaldua, edatua.*

ÉTERNEL, LE, adj., sans commencement et sans fin. — *Bethikúa, bethiraüna, sékulakua, égudaïnokóa.*

ÉTERNELLEMENT, adv., sans cesse. — *Bethi, kóntinoki, sekulakotz, eternalki, egundaïnoki.*

ETERNISER, v. a., rendre éternel. — *Bethiraützea, bethikoëratzea, sekulakotzea.*

ETERNITÉ, s. f., durée sans commencement ni fin. — *Eternitatea.*

ETERNUEMENT, s. m., mouvement subit et convulsif des muscles du nez.—*Urtzintza, urcinza, echun, echuja.*

ETERNUER, v. n., faire un éternuement. — *Urtzintz'ghitea, urcinz'ghitea, echun'ghitea.*

ETÊTEMENT, s. m., action d'étêter. — *Murritztasuna.*

ETÊTER, v. a., couper la tête d'un arbre. — *Murritztea.*

ETEUF, s. m., balle de paume. — *Pilota.*

ETEULE ou ESTEULE, s. f., chaume sur pied. — *Kuzkuta.*

ETHER, s. m., fluide subtil, le ciel. — *Sugoya.*

ETHÉRÉ, ÉE, adj. de l'éther. — *Sugoytarra.*

ETINCELANT, TE, adj., qui étincelle. — *Dirdirakan, inharran, distiran, chindarra.*

ETINCELER, v. n., jeter des éclats de lumière. — *Dirdiratzea, distiratzea, inharkorra, pindarkorra, chindakorra.*

ETINCELLE, s. f., parcelle de feu. — *Pindarra, supinta, pinda, chinda, inharra.*

ETINCELLEMENT, s. m., état étincelant. — *Pindamendua, pindarmendua, inharmendua, dirdira, distira.*

ETIOLÉ, ÉE, part., affaibli et pâli.— *Péritúa.*

ETIOLEMENT, s. m., état étiolé. — *Péridura, perimendua.*

ETIOLER (s'), v. pr., s'affaiblir faute d'air.— *Péritzea.*

ETIQUE, adj., attaqué d'étisie, maigre. — *Ethika, idorberitua, sekeretua.*

ETIQUETER, v. a., mettre une étiquette. — *Marbetzea.* || Mettre un écriteau sur un sac, etc. : *Aürkizkeratzea.*

ETIQUETTE, s. f., cérémonial. — *Etiketa.* || Morceau de papier portant certaine marque de fabrique que l'on met sur les étoffes : *Marbetea.* || Ecriteau sur un sac, etc.: *Aürkizkira.*

ETIRER, v. a., étendre, allonger.—*Luzatzea.*

ETISIE, s. f., phthisie.—*Idorberia, sekerea.*

ETOFFE, s. f., tissu de soie, laine, etc. — *Gheïa, gaya, estófa, ekeïa.*

ETOFFÉ, ÉE, part. et adj., bien vêtu, garni, meublé. — *Garnitua.*

ETOFFER, v. a., bien vêtir, garnir, meubler. — *Garnitzea.*

ETOILE, s. f., astre. — *Izárra.*

ETOILÉ, ÉE, adj., semé d'étoiles. — *Izárreztatua, izárrez bethea.*

ETOLE, s. f., ornement du prêtre. — *Estóla.*

ETONNAMMENT, adv., d'une manière étonnante. — *Estonagarriki, arrigarriki, espantugarriki.*

ETONNANT, TE, adj., qui étonne. — *Estonagarria, estonigarria, arrigarria, mirezgarria.*

ETONNEMENT, s. m., surprise, admiration.— *Mireskuna, arridura, estonimendua.*

ETONNÉ, ÉE, part., surpris. — *Estonitua, arritua.*

ETONNER, v. a., surprendre ; v. pr., être étonné : *Estonitzea, arritzea.* || Etonner (s') : *Mirestea.*

ETOUFFANT, TE, adj., qui étouffe. — *Ithogarria.* || Chaleur étouffante, temps lourd et chaud : *Béro-sápa.*

ETOUFFEMENT, s. m., difficulté de respirer. — *Itoëra, sargorria, lamberóa, atxeztea.*

ETOUFFER, v. a. et n., suffoquer.—*Ithotzea, sargorritzea, lamberotzea, atxeztatzea.*

ETOUPE, s. f., rebut de filasse. — *Ichtupa.*

ETOUPER, v. a., mettre de l'étoupe. — *Ichtupatzea.*

ETOURDERIE, s. f., action d'étourdi. — *Esturderia, moldegaïtztasuna, zórotas una.*

ETOURDI, IE, adj. et s., inconsidéré. — *Esturditua, moldegaïztua, zoróa.* || Troublé les sens : *Zóratua, durduratua.*

ETOURDIMENT, adv., avec étourderie. — *Esturdituki, moldegaïtzki, zóroki, desenaro, sómaghero.*

ETOURDIR, v. a, troubler les sens. — *Durduratzea, zóratzea.* || Importuner : *Nabarmenatzea.* || v. pr., se distraire : *Esturditzea, aturaïtzea, arduritzea, yoztatzea.*

ETOURDISSANT, TE, adj., qui étourdit. — *Esturdigarria, aturaïgarria, ardurigarria, zóragarria.*

ETOURDISSEMENT, s. m., trouble. — *Aturdigóa.* || Vertige : *Zóramendua.*

ETOURNEAU, s. m., oiseau. — *Bahor-choria.*

ETRAIN, s. m., litière, soutrage.—*Ihaürkia.*

ETRANGE, adj., contre l'usage, surprenant. — *Atzea, atzekóa, atzerrikóa.* || Rare, étonnant : *Ikusgarriki, miragarria.*

ETRANGEMENT, adv., d'une manière étrange. — *Atzeki.*

ETRANGER, adj. et s., d'une autre nation. — *Arroïza, estranyera.* || Devenir étranger : *Arrotztea.*

ETRANGLE-LOUP, s. m., herbe vénéneuse. | Otseria.

ETRANGLEMENT, s. m., resserrement.—Ithodura, estuera, estugóa, ersiera, ersigóa, barbillea.

ETRANGLER, v. a., tuer en serrant, en bouchant le gosier. — Ithotzea.

ETRANGUILLONS, s. m., glandes qui naissent à la gorge, qui tiennent au gros bout de la langue. — Gurintchuac, gurinchac.

ETRAPE, s. f., faucille pour couper le chaume. — Ihiteghia.

ETRE, v. a., exister, appartenir; s. m., ce qui est, existence. — Izatea.

ETRÉCIR, v. a., rendre, devenir plus étroit. — Erchitzea, mehartzea.

ETRÉCISSEMENT, s. m., action d'étrécir. — Erchidura, mehardura.

ETREINDRE, v. a., serrer fortement en liant. — Zerratzea, erchitzea, ersitzea, tinkatzea.

ETREINTE, s. f., action d'étreindre.— Erchidura, ersidura, estuera, ersiéra, estura, estutasuna, ertsigóa, tinkadura, erstura.

ETRENNE, s. f., cadeau du premier de l'an, premier argent que reçoit un marchand dans la journée. — Estreña, urkoroïla, emaïtza, urkorolla, aghinaldóa, pelanaia, aüricha, urtatxa.

ETRENNER, v. a., donner ou recevoir les étrennes. — Estreñatzea, urkoroïltzea. || Mettre pour la première fois : Estreñatzea.

ETRIER, s. m., sorte d'anneau à la selle. — Estriba, estribua.

ETRILLE, s. f., instrument pour étriller les chevaux. — Karatosá, budortzá.

ETRILLER, v. a., frotter avec l'étrille. — Karatostea, budortzatzea, karatosatzea.

ETRILLEUR, s. m., qui étrille. — Karatostallea, budortzallea.

ETRIPER, v. a., ôter les tripes. — Tripac khentzea, hertziac khentzea.

ETRIQUÉ, ÉE, adj., (habit) sans ampleur. — Estua, ertchia, ertsia.

ETROIT, TE, adj., qui a peu de largeur, borné, intime. A l'étroit, adv., resserré. — Ertsia, ertchia.

ETROITEMENT, adv., à l'étroit. — Ertsiki, ertchiki.

ETRON, s. m., matière fécale. —Káká-murrua.

ETUDE, s. f., action d'étudier. — Estudióa, artikasdea.

ETUDIANT, adj., qui étudie. — Estudianta, estudiantea, ikhaslea, jakitarra, jakinaya, eskolarra.

ETUDIÉ, ÉE, adj., fait avec soin. — Estudiatua, artikusia. || Affecté : Gheïraditua. || part., appris : Ikhasia.

ETUDIER, v. a., appliquer son esprit pour apprendre, méditer. — Estudiatzea, artikastea. || Examiner avec soin pour connaître ; v. pr., s'appliquer : Arthátzea.

ETUI, s. m., boîte pour porter, conserver.— Ichkilimuncia, chickua, ichkilintokia.

ETYMOLOGIE, s. f., origine d'un mot. — Hitzen ethorkuntza, hitzen jayotza, hitzen sortzea.

ETYMOLOGIQUE, adj., de l'étymologie. — Hitzen ethortzekua, hitz dagonaka, hitz jayotzari.

EUCHARISTIE, s. f., sacrement. —Gorphutzsaïndua.

EUCHARISTIQUE, adj. de t. g., qui appartient à l'Eucharistie. — Gorphutz saïndukóa.

EUCOLOGE, s. m., livre de prières. — Eukologia.

EUFRAISE, s. f., herbe. — Sendikusa.

EUNUQUE, s. m., homme châtré. — Ghizon chikiratua, zikiratua, irindua, irancia, osatua.

EUPHORBE, s. f., plante médicinale.—Ciursa.

EUROPE, s. f., une des cinq parties du monde. — Eropa.

EUROPÉEN, NE, adj. et s., de l'Europe. — Eropañoa.

EURUS, s. m., vent d'Orient. — Egóa.

EUX, pl. m. du pron. pers. LUI.—Hec, hoïc, urac.

EVACUANT, ATIF, adj. et s., qui évacue. — Yalkiazten dúena.

EVACUATION, s. f., action d'évacuer. —Yalkitasuna.

EVACUER, v. a., vider. — Ustea, ustutzea, utsitutzea. || Sortir : Hilkitzea, jalkitzea.

EVADER (s'), v. pr., s'échapper furtivement. — Ihesi'ghitea.

EVALUATION, s. f., action d'évaluer. — Estimua, yoïtasuna.

EVALUER, v. a., apprécier la valeur. — Estimatzea yoïtea.

EVANGÉLIQUE, adj., selon l'évangile.—Ebanyelióari dagokana.

EVANGÉLIQUEMENT, adv., d'une manière évangélique. — Ebanyelikoki.

EVANGÉLISER, v. a. et n., prêcher l'Evangile. — Ebanyelisatzea.

EVANGÉLISTE, s. m., chacun des quatre auteurs d'Évangiles. — *Ebanyelista.*

EVANGILE, s. f., loi de Jésus-Christ.— *Ebanyeliüa.*

EVANOUI, IE, part., défailli, perdu connaissance. — *Flakatua.* ‖ Disparu : *Suntxitua, iraünghitua.*

EVANOUIR (s'), tomber en défaillance, perdre connaissance. — *Eriltzea, kordea galtzea, flakatzea, desmayatzea, hilguntzea, desalaïtzea, deslaïtzea, trakiltzea.* ‖ Se pâmer, perdre courage : *Flakatzea.* ‖ Disparaître : *Suntxitzea, iraünghitzea.*

EVANOUISSEMENT, s. m., défaillance, pamoison. — *Flakamendua, desmayoa, hilguma, desalaïdea, erildea, erarzuna.* ‖ Disparition : *Suntxidura, iraünghidura.*

EVAPORATION, s. f., action d'évaporer. — *Celaüstea, khemearta.*

EVAPORÉ, ÉE, part., réduit en vapeur. — *Celaustatua, khomeartua.*

✝EVAPORER (s'), v. pr., se résoudre en vapeur. — *Celaüstetzea, khomeartzea.*

EVASEMENT, s. m., état évasé. — *Zábaltza, berratá.*

EVASER, v. a., élargir l'ouverture. — *Zábaltzea, berratzea.*

EVASIF, IVE, adj., qui sert à éluder. — *Iheskorra, igheskorra, itzurkorra, iskinkorra.*

EVASION, s. f., action de s'évader. — *Ihesia, ihesdea, ighesdea, itzurpidea, itzurtea, ighesia.*

EVÊCHÉ, s. m., diocèse d'évêque. — *Aphezpikuteiya.*

EVEIL, s. m., avis intéressant, fam. — *Iratzardea.*

EVEILLÉ, ÉE, adj. et s., qui ne dort plus. *Ihatzarria, iratzarria.* ‖ Vif : *Bizia.* ‖ Attentif, espiègle : *Ernea.*

EVEILLER, v. a., tirer du sommeil ; v. pr., cesser de dormir : *Ihatzartzea, iratzartzea, atzartzea.*

EVÉNEMENT, s. m., issue d'une chose. — *Estrópua, suertaéra, ghertaéra, jasó, jasoéra, acertaéra, suertapena, ghertapena, ghertakuntza, estrápua.*

EVENTAIL, s. m., ce qui sert à s'éventer. — *Ebantaïla, aïtzekiña, aïzeghillea, aïzemallea.*

EVENTAIRE, s. m., plateau d'osier que portent les marchandes ambulantes. — *Zaréta.*

EVENTÉ, ÉE, adj. et s., évaporé.— *Aïratua, osgortua, faüna, vanoa.*

EVENTER, v. a. et pr., donner de l'air. — *Aïratzea, aïzatzea.* ‖ Un secret, le découvrir : *Saltzea, salatzea, edatzea.* ‖ La mine, faire échouer : *Saltzea, galtzea.*

EVENTRER, v. a. et p., fendre le ventre. — *Tripa urratzia.*

EVENTUEL, LE, adj., fondé sur un événement. — *Ondakúa.*

EVENTUELLEMENT, adv., par événement. — *Dud'ekilan.*

EVÊQUE, s. m., prélat de premier ordre. — *Aphezpikua.*

EVIDEMMENT, adv., avec évidence.—*Klarki, garbiki, agheriki.*

EVIDENCE, s. f., action évidente. — *Aghertasuna, agheria.*

EVIDENT, TE, adj., manifeste. — *Agheri, agheria.*

EVIDER, v. a., échancrer. — *Changratzea.*

EVIER, s. m., égout de cuisine. — *Sulla tokia, araska, uraska, churruta.*

EVITABLE, adj., qu'on peut éviter. — *Itzurigarria.*

EVITER, v. a. et pr., fuir, esquiver. — *Urruntzea, itzurtzea.*

EVOCATION, s. f., action d'évoquer. — *Deïa, otseghia, deïguna, deïkera.*

EVOQUER, v. a., appeler.-*Deïtzea, otseghitea.*

Ex, prép., ci-devant, qui a été. — *Izana.*

EXACT, TE, adj., soigneux, régulier. — *Chuchena, zucena, zorrotza.*

EXACTEMENT, adv., avec exactitude. — *Chuchenki, zucenki, chuchen, zorrotzki.*

EXACTION, s. f., action d'exiger plus qu'il n'est dû. — *Eskátera.*

EXACTITUDE, s. f., soin, justesse. — *Chuchentasuna, zucentasuna.*

EXAGÉRATEUR, s. m., qui exagère. — *Handizkaria, gheïtizkaria, espantukaria.*

EXAGÉRATIF, IVE, adj., d'exagération.—*Handizkorra, gueïtizkorra, espantukorra.*

EXAGÉRATION, s. f., action d'exagérer. — *Handizkada, gheïtizkada, espantua.*

EXAGÉRÉ, ÉE, s. et adj., qui exagère.—*Handizkatua, gheïtizkatua, espantutua.*

EXAGÉRER, v. a., outrer ce qu'on dit. — *Handizkatzea, gheïtizkatzea, espantutzea.*

EXALTATION, s. f., fig., exagération dans les sentiments. — *Sentimenduen handizkada, asalda.*

EXALTER, v. a., vanter, animer ; fig., échauffer jusqu'à l'enthousiasme. — *Goratzea, altchatzea.* ‖ Exagérer dans ses sentiments : *Asaldatzea.*

16

EXAMEN, s. m., recherche. — *Etxamina.*
EXAMINATEUR, s. m., qui examine. — *Etxaminatzaïlea, miratzaïlea, ikertzaïlea.*
EXAMINER, v. a., faire l'examen. — *Etxaminatzea, miratzea, ikhertzea.*
EXASPÉRATION, s. f., action d'exaspérer. — *Gorrota, gorrotadea.*
EXASPÉRER, v. a., irriter à l'excès. — *Gorrotatzea.*
EXAUCER, v. a., accorder la demande. — *Goakidatzea, nahikidatzea, entzutea.*
EXCAVATION (faire une), s. f., action de creuser. — *Ustutzea, utsitzia, zulapetzea.* ‖ Creux dans un terrain : *Utxa, cilóa, chilóa, chuhúa.*
EXCAVÉ, ÉE, part., creux. — *Cilotúa, chilotua, chulutua.*
EXCAVER, s. m., creuser. — *Cilotzea, chilotzea, chulutzea, zulupetzea.*
EXCÉDANT, adj. et s. m., qui excède. — *Gaïntikóa, gaïneatekóa, gaïndiakúa, soberakina.*
EXCÉDER, v. a. et pr., outre-passer, traiter avec excès. — *Gaïneatzea, gaïnditzea, soberatzea, gaïntitzea.*
EXCELLEMMENT, adv., d'une manière excellente. — *Etselenki, bitorkiro, gandiaro, hobenki.*
EXCELLENCE, s. f., perfection, titre. — *Etselentzia, gaïndiatia, bitorantza.* ‖ Par excellence, adv., excellemment : *Etselenkoki.*
EXCELLENT, TE, adj., qui excelle. — *Hobena, etselenta, gaïndikua.*
EXCELLENTISSIME, adj., très-excellent. — *Gaïndikóa.*
EXCELLER, v. n., surpasser en perfection. — *Onghi baino hobeki.*
EXCEPTÉ, prép., à la réserve — *Salbo, salbu.*
EXCEPTER, v. a., ne pas comprendre dans. — *Bastertzea, salbutzia, salbotzia.*
EXCEPTION, s. f., action d'excepter. — *Salbutea, erresalbua.* ‖ A l'exception, prép., excepté : *Sabo, salbu, lekat.*
EXCÈS, s. m., excédant, dérèglement, outrage ; à l'excès, loc. adv., outre-mesure. — *Sóbera, soberátia, gheïdiatia, gheïeghia, guüdiatia.*
EXCESSIF, IVE, adj., qui excède la règle. — *Sóbera, soberatia, gheydiatia, gheyeghia.*
EXCESSIVEMENT, adv., avec excès. — *Sóberaki, gheydiaró, gheyeïki.*
EXCITATIF, IVE, adj., qui excite. — *Guticikorra.*

EXCITATION, s. f., action d'exciter. — *Guticitasuna.* ‖ Provoquer : *Zirikamendua.*
EXCITER, v. a., animer. — *Guticiatzea.* ‖ Provoquer : *Zirikatzea, subermatzea.* ‖ Exciter (en parlant d'un chien) : *Húyatzea.*
EXCLAMATION, s. f.; cri d'admiration. — *Déadarra, otsambóa.* ‖ Faire une exclamation : *Déadartzea, otsambotzea.*
EXCLU, UE, part., écarté, mis de côté, expulsé. — *Aphartatua, kamporatua.*
EXCLURE, v. a., écarter, expulser. — *Kamporatzea, aphartatzea.*
EXCLUSIF, IVE, adj. et s. m., qui exclut. — *Aphartakorra, kamporakorra.*
EXCLUSION, s. f., action d'exclure. — *Ezaüdea.*
EXCLUSIVEMENT, adv., en excluant. — *Bastertzian, kamporatzian.*
EXCOMMUNICATION, s. f., censure par laquelle on excommunie. — *Eskomiciua, eskomikacionia.*
EXCOMMUNIER, v. a., retrancher de la communion. — *Eskomikatzea, eskomiciútzea.*
EXCORIATION, s. f., écorchure. — *Karamitcha, larrudura, larridikia, narrudea.*
EXCORIER, v. a., écorcher la peau. — *Karamitchtea, larrutzea, larridikitzea, narrutzea.*
EXCRÉMENT, s. m., ce qui sort du corps. — *Káka, jakondá.*
EXCRÉMENTEUX, EUSE, TIEL, LE, adj., qui tient de l'excrément. — *Kákátxúa, jakondatsuá.*
EXCROISSANCE, s. f., tumeur, superfluité de chair qui se forme sur la chair de l'animal. — *Goracidea.*
EXCURSION, s. f., course. — *Erasúa, akopillua.*
EXCUSABLE, adj., digne d'excuse. — *Barkagarria.*
EXCUSE, s. f., raison pour s'excuser. — *Estakurua.* ‖ Excuse (faire) : *Barkamendu eghitia.*
EXCUSER, v. a. et p., se disculper. — *Estakuru bat billatzea.* ‖ Pardonner : *Barkatzea.*
EXÉCRABLE, adj., horrible. — *Izigarria.* ‖ Détestable : *Iguïngarria.*
EXÉCRABLEMENT, adv., d'une manière exécrable, horrible : *Izigarriki.* ‖ Détestablement : *Iguïngarriki.*
EXÉCRATION, s. f., horreur. — *Izigarritasuna.* ‖ Blasphème : *Naga, nazká.* ‖ Action de détester : *Iguïntza.*

EXÉCRER, v. a., détester. — *Iguïntzea*.
EXÉCUTABLE, adj., qui peut s'effectuer. — *Osekigarria, eghiten ahal den gaüza*.
EXÉCUTER, v. a., effectuer. — *Eghitia*. ‖ Ouvrer : *Obratzea*. ‖ v. pr., punir de mort, faire un sacrifice : *Hiltzea, osekitzea*.
EXÉCUTEUR, TRICE, s., qui exécute. — *Hiltzaïlea, osekitzaïlea*.
EXÉCUTIF, IVE, adj., qui fait exécuter. — *Otsekitzekûa, osekigarrikûa*.
EXÉCUTION, s. f., action d'exécuter un condamné. — *Osekia*. ‖ Une chose : *Eghintza*.
EXÉCUTOIRE, adj. et s. m., qui donne pouvoir d'exécuter. — *Osekigarriduna*.
EXEMPLAIRE, adj., d'exemple. — *Etxemplagarria*. ‖ s. m., copie, imprimé : *Etxemplua, etxempluiya, ihemplua*.
EXEMPLAIREMENT, adv., d'une manière exemplaire. — *Etxempluki, ihempluki*.
EXEMPLE, s. m., modèle, chose pareille. — *Modela, ghiza berdina*. ‖ Par exemple, loc. adv., pour citer un exemple : *Etxemplua, ihemplua*.
EXEMPT, TE, adj., dispensé, préservé. — *Dispentsatua, cepedatua, lokabetua, askabiatua*.
EXEMPTER, v. a., dispenser. — *Dispentsatzea, cepedatzea, lokabetzea, askabiatzea*.
EXEMPTION, s. f., action d'exempter. — *Dispentsa, cepeda, lokabea, askabia*.
EXERCER, v. a. et p., instruire. — *Eskolatzia*. ‖ Pratiquer : *Ekersitzea*. ‖ Mettre en action : *Ibilkatzea*.
EXERCICE, s. m., action d'exercer, pratique. — *Etxercicio, etxersisa, malobraciôa, ibilkuntza, ekersia, ibilkaïra*.
EXHALAISON, s. f., ce qui s'exhale. — *Khemea, khemearra*. ‖ Odeur : *Usaïna, bafada*.
EXHALATION, s. f., action d'exhaler. — *Khemearkuntza*.
EXHALER, v. a., pousser des vapeurs. — *Khemeartzea*. ‖ v. p., s'évaporer : *Bâporatzea, lanotzea, aïratzea*. ‖ Fig., dissiper en manifestant sa douleur : *Lastimatzea*. ‖ Sa colère : *Saltatzea*.
EXHAUSSEMENT, s. m., élévation, arch. — *Goramendua*.
EXHAUSSER, v. a., élever plus haut. — *Goratzea*.
EXHIBER, v. a., montrer en justice. — *Aghertzea, presentatzeá, ikusaüretzea*.
EXHIBITION, s. f., action d'exhiber. — *Ikusaürrea*.

EXHORTATION, s. f., discours pour exhorter. — *Etxorta, etxortacionia, sermoiya, cakinda*.
EXHORTER, s. f., exciter au bien. — *Etxortatzea, etxortatzia, sermoïtzea, eakintzea*.
EXHUMATION, s. f., action d'exhumer. — *Désobiradea, déschortzimendua*.
EXHUMER, v. a., déterrer un mort. — *Désobiratzea, déschortzitzea*.
EXIGEANT, TE, adj., qui exige trop. — *Prétenditua*.
EXIGENCE, s. f., besoin. — *Prétencioneá*.
EXIGER, v. a., demander, astreindre à. — *Prétenitzea*.
EXIGIBLE, adj., qu'on peut exiger — *Prétenigarriá*.
EXIGU, UE, adj., petit, modique, fam. — *Ttipia, tchipia, chumea*.
EXIGUITÉ, s. f., petitesse, modicité. — *Ttipitasuna, tchipitasuna, chumetasuna*.
EXIL, s. m., bannissement. — *Destarrua*.
EXILÉ, ÉE, adj. et s., envoyé en exil. — *Destarrotua*.
EXILER, v. a., bannir. — *Destarrotzea*.
EXISTANT, TE, adj., qui est fondé sur l'expérience. — *Bicidena*. ‖ Qui existe : *Badena*.
EXISTENCE, s. f., état de ce qui existe. — *Bicimodua, bicia*.
EXISTER, v. n., vivre actuellement. — *Bicitzea*.
EXODE, s. m., livre de l'Ecriture. — *Etxodea*.
EXORABLE, adj., qui se laisse fléchir. — *Urrikalmendutxua*.
EXORBITAMMENT, adv., avec excès. — *Désaraüdeki, gheiyeghi, sobranuki*.
EXORBITANCE, s. f., superfluité, excès. — *Sobranioa, gheiyeghia, désaraüdetasuna, désaraüdea*.
EXORBITANT, adj., excessif. — *Gheiyeghi, désaraüda, sobra*.
EXORCISER, v. a., chasser le démon. — *Biraümendatzea*.
EXORCISME, s. m., action d'exorciser. — *Biraümena*.
EXORCISTE, s. m., qui exorcise. — *Biraümenaria*.
EXOTIQUE, adj., étranger. — *Kampokôa, atzea, atzerikôa, erbestekûa*.
EXPANSIBILITÉ, s. f., faculté de se dilater. — *Hedadura, amorra, zabaldura*.
EXPANSIBLE, adj., qui peut s'étendre. — *Hedagarria, amorgarria, zabalgarria*.
EXPANSIF, IVE, adj., qui s'épanche. — *Fidantxua*.

EXPANSION, s. f., action de se dilater. — *Hedadura, amorra, zabaldura.* ‖ Épanchement : *Fidandea.*
EXPATRIATION, s. f., action de s'expatrier.— *Destarróa.*
EXPATRIER (s'), v. pr., abandonner sa patrie. — *Destarrotzea.* ‖ v. a., forcer à s'expatrier : *Destarroztea.*
EXPECTANT, TE, adj. et s. m., qui attend. — *Beïran, egoki, dagoha.*
EXPECTATIF, IVE, adj., qui donne droit d'attendre. — *Beïrakaria, eresia, ustekaria, peskiza.*
EXPECTORANT, TE, adj., qui fait expectorer. — *Krachagarria.*
EXPECTORATION, s. f., action d'expectorer.— *Krachamendua.*
EXPECTORER, v. a., cracher les humeurs. — *Krachatzea.*
EXPÉDIENT, s. m., moyen de terminer ; adj., convenable. — *Moyena, moyana, ûsma.*
EXPÉDIER, v. a., finir promptement, envoyer. *Despeditzea, bidaltzea.*
EXPÉDITIF, IVE, adj., qui expédie, qui agit promptement. — *Bizia, lasterra.*
EXPÉDITION, s. f., action d'expédier. — *Espedicionea, espediciúa.* ‖ Entreprise militaire : *Ekigóa.* ‖ Copie, pl., dépêches : *Kópia, érabesta ;* pl. : *Kópiac, érabestac.*
EXPÉDITIONNAIRE, adj. et s. m., qui expédie. — *Espeditzaïlea.*
EXPÉDITIVEMENT, adv., d'une manière expéditive. — *Laster, fité, biciro, lasterkiro.*
EXPÉRIENCE, s. f., épreuve. — *Espédientcia, oïtakia, fróganza, fróga.*
EXPÉRIMENTAL, ALE, adj., qui est fondé sur l'expérience de.—*Oïtakiarra, espédientztarra.*
EXPÉRIMENTÉ, ÉE, adj., qui a de l'expérience. — *Espédientziakûa, oïtakiduna.*
EXPÉRIMENTER, v. a., faire l'expérience de.— *Espedientziac eghitea.*
EXPERT, adj. et s. m., versé dans un art. — *Adreta, trebea, jakina.* ‖ Examinateur nommé : *Estimatzaïlea, ghizona.* ‖ Fin, rusé : *Cintza, fayatua.*
EXPERTISE, s. f., opération d'expert. — *Estimua.*
EXPIATION, s. f., action d'expier. — *Garbile, pekamendûa.*
EXPIATOIRE, adj., qui expie. — *Garbigarria, chaügarria, pekarria.*
EXPIER, v. a., réparer une faute. — *Garbitzea, chaützea, pekatzea.*

EXPIRATION, s. f., dernier moment d'une personne qui se meurt. — *Atxazkena.* ‖ Terme convenu ou accordé : *Termiyoa.*
EXPIRER, v. n., mourir. — *Hiltcea, azken atxa botazea.*
EXPLICABLE, adj., qui peut être expliqué. — *Esplikagarria, azalgarria, azalghiró, arpeztgarria, arpeztghiró, erabakiró, erabakigarria, chehegarria.*
EXPLICATIF, IVE, adj., qui explique.-*Azaldera, arpeztdera, erabakidera, chehekorra.*
EXPLICATION, s. f., discours qui explique. — *Explikacionea, azaldea, azalgheta, arpezta, erabakera, chehetosuna.*
EXPLICITE, adj., clair, formel. — *Azaldua, agheria, klára, arpeztua.*
EXPLICITEMENT, adv., en termes formels. — *Agheriki, klárki, azalki, arpezki, agheriro, azalduro, arpezturo, arpeztea, cheheki.*
EXPLIQUER, v. a., éclaircir, interpréter ; v. pr., s'énoncer : *Explikatzea, esplikatzia, azaltzea, arpeztea, erabakitzea, cheheki erraïtea.*
EXPLOIT, s. f., action de guerre mémorable. — *Balentria.*
EXPLOITABLE, adj., qu'on peut exploiter. — *Baleiyakorra.*
EXPLOITATION, s. f., action d'exploiter. — *Baleiyadea.*
EXPLOITER, v. a. et n., cultiver.—*Baleiyatzea.* ‖ Faire valoir, fouiller : *Dabilkatzea.*
EXPLOITEUR, s. m., celui qui fait exploiter. — *Baleiyatzaïlea.*
EXPLORATEUR, s. m., qui va à la découverte, espion. — *Billakinaria, billakindaria.* ‖ Exploration : *Billakiña, billakindea.*
EXPLORER, v. a., examiner. — *Billakintzea.*
EXPLOSION, s. f., mouvement subit avec détonation.— *Arrabotxa, ázantza, ératxa.*
EXPORTATION, s. f., action d'exporter. — *Estranyercat marchandizen eremantza.*
EXPORTER, v. a., transporter des marchandises hors d'un pays. — *Estranycreat marchandizac eremaïtia.*
EXPOSANT, TE, adj. et s., qui expose un fait. — *Aürbendaria, azaldaria, aübentaria, aürbentzallea, arpeztaria, aghertaria.*
EXPOSER, v. a., mettre en vue. — *Aürbentzea, agherian ematea, aghertzea, crakustea.* ‖ Mettre en péril, v. pr., se hasarder : *Irriskatzea, lanyeratzerat.*
EXPOSITION, s. f., action d'exposer.—*Agherdura.*

EXPRÈS, adj., formel. — *Presisóa*. ‖ s. m., messager : *Mandataria*. ‖ adv., à dessein : *Berariaz, nahiz, exprés*. ‖ Exprès (fait) : *Espréski, esprésuki, nahi ukanez*.

EXPRESSÉMENT, adv., en termes exprès. — *Espresuki, bérariazki*.

EXPRESSIF, IVE, adj., énergique. — *Esagherlea*.

EXPRESSION, s. f., manière d'exprimer. — *Errantza, ezanza, hitzkuntza*.

EXPRIMABLE, adj., qui peut être dit. — *Erragarria, ezangarria*.

EXPRIMER, v. a. et p., tirer le suc en pressant. — *Estateratzea, ersateratzea*. ‖ Rendre sa pensée : *Erraïtea, esatea*.

EXPROPRIATION, s. f., exclusion de la propriété. — *Ontasunen salera*.

EXPROPRIER, v. a., exclure de la propriété. — *Ontasuna salaztea*.

EXPULSER, v. a., chasser. — *Kámporatzea, egortzea, iraïztea, khentzea, bulkatzea*. ‖ Déposséder : *Gabetzea*.

EXPULSIF, IVE, adj., qui expulse, méd. — *Kámporatzellea, iraïztzallea*.

EXPULSION, s. f., action d'expulser. — *Iraiztmendua, kámporadea, bulkamena*.

EXQUIS, SE, adj., excellent. — *Honhona*.

EXTASE, s. f., ravissement d'esprit. — *Centzudea, kordebaghea*.

EXTASIÉ, ÉE, part., qui est en extase. — *Centzutia, kordebaghetua*.

EXTASIER (s'), v. pr., être ravi, en extase. — *Centzutzea, kordebaghetzea*.

EXTATIQUE, adj., causé par l'extase. — *Centzugarria*.

EXTENSIBLE, adj., qui peut s'étendre, se dilater. — *Edagarria*.

EXTENSION, s. f., ce qui s'étend, se dilate. — *Edadura, edea, edaïra, edamena, luzaëra*.

EXTÉNUATION, s. f., affaiblissement. — *Erkitasuna, argaltasuna, éhótasuna, aüga, faïllikatasuna, ahidura, akidura*.

EXTÉNUÉ, ÉE, part., affaibli, fatigué. — *Erkitua, argaldua, éhóa, faïllikatua, aügatua, ahitua, akitua*.

EXTÉNUER, v. a., affaiblir. — *Erkitzea, argaltzea, éhótzea, faïllikatzea, aügatzea, ahitzea, akitzea*.

EXTÉRIEUR, adj., qui est au dehors. — *Kámpóa, kámpúa*. ‖ s. m., le dehors : *Kámpóa, hámpúa*. ‖ L'apparence : *Kámpóa, kámpúa, iduria, aghirudia*.

EXTÉRIEUREMENT, adv., à l'extérieur. — *Kámpotic*. ‖ De l'extérieur : *Kámpoz*. ‖

En apparence : *Kámpokóro, aghirudiro, iduriz*.

EXTERMINATEUR, adj. et s., qui extermine, détruit. — *Ondatzallea, hiltzaïllea, mugatitzallea, arrasatzaïlea*.

EXTERMINATION, s. f., action d'exterminer. — *Ondatasuna, hilkuntza, mugatiza*.

EXTERMINER, v. a., tuer, détruire entièrement. — *Ondatzea, hiltzea, mugatizatzea, arrasatzea*.

EXTERNE, adj. de t. g., qui est au dehors. — *Kámpóarra*. ‖ s. m. pl., ceux qui, dans les colléges et les académies, n'y sont pas en pension et viennent du dehors assister aux cours : *Kámpóarrac*.

EXTINCTION, s. f., amortissement d'une rente ou d'une pension. — *Akabantza*.

EXTIRPATION, s. f., action d'extirper. — *Erroïtitza, sustraïtitza*.

EXTIRPER, v. a., déraciner ; fig., détruire totalement. — *Khentzea, atheratzea, erroïtzea, soustraïtitzea*.

EXTRACTION, s. f., action d'extraire. — *Kámporera, atheraëra*. ‖ Origine : *Ethorkiza*.

EXTRAIRE, v. a., faire l'extrait. — *Khentzea, atheratzea, hilkitzea*.

EXTRAIT, TE, part., ôté, sorti. — *Khendua, atheratua, kámporatua, hilkia*. ‖ s. m., ce qu'on tire d'une substance, d'un livre, résumé : *Gutistea*. ‖ Sorti : *Khendua*.

EXTRAORDINAIRE, adj., non ordinaire. — *Estraordinarioa, ohiezbelzalakua*.

EXTRAORDINAIREMENT, adv., d'une façon extraordinaire. — *Estraordinarioki*.

EXTRAVAGAMMENT, adv., follement. — *Désaraüki, desaraürkiro*.

EXTRAVAGANCE, s. f., bizarrerie, folie. — *Désaraüdea, errokeria*.

EXTRAVAGANT, TE, adj. et s., fou. — *Zózóa, erróa, désaraüa*.

EXTRAVAGUER, v. n., parler sans raison. — *Désaraützea*.

EXTRÊME, adj., excessif. — *Gheïdia, gandia*. ‖ s. m., l'opposé de ce qui finit : *Hursuna*.

EXTRÊME-ONCTION, s. f., sacrement. — *Oliodura, anunciúa*.

EXTRÊMEMENT, adv., au dernier point. — *Hurranian*. ‖ Excessivement : *Soberakiña, gheïyeghi, gheïdiaro, gandiaro*.

EXTRÉMITÉ, s. f., bout. — *Punta, búrua*. ‖ Fin : *Estremitatia*. ‖ Excès : *Soberadura, gheïdia, gandia*.

EXUBÉRANCE, s. f., surabondance. — *Sóberakina, goïtia, sóberakiña.*
EXULCÉRATION, s. f., action d'ulcérer. —
Zaürimendúa.
EXULCÉRER, v. a., causer des ulcères. — *Zaüritzea.*

F

F, s. m. et f., sixième lettre de l'alphabet. —*Abeceko seïgarren letra.*
FABLE, s. f., chose inventée pour instruire. —*Kóndera, alheghia.* || Faiseur de fables : *Kónderatzaïlea, kóndera'ghillea, alheghi'ghillea.*
FABLIER, s. m., fabuliste.—*Kónder'ghilea.* || Certain recueil de fables : *Kónderateghia.*
FABRICANT, s. m., qui fabrique. — *Fabrikanta, pabrikanta.*
FABRICATION, s. f., action de fabriquer. — *Fabrikacionea, pabrikacionea.*
FABRICIEN, CIER, s. m., marguillier. — *Klabera, sankristo.*
FABRIQUE, s. f., construction d'un édifice, façon, manufacture.— *Fabrika, pabrika.* || Revenus d'église : *Errentac.* || pl., édifices : *Ekidác.*
FABRIQUER, v. a., faire un ouvrage. — *Fabrikatzea, pabrikatzea.*
FABULEUSEMENT, adv., d'une manière fabuleuse. — *Kónderaki, alheghiki.*
FABULEUX, EUSE, adj., feint, controuvé. — *Kónderatxua, alheghitxua.*
FABULISTE, s. m., auteur qui écrit des fables. — *Kónder'ghilea.*
FAÇADE, s. f., face d'un édifice. — *Aïtzina, haïntzina, aïtzinaldia, haïntzinaldia, haüria.*
FACE, s. f., visage. — *Bisaiya, arpeghia, músua.* || En terme de mépris : *Múturra* (museau). || Superficie : *Edadura.* || Situation : *Planta.* || Face à face : *Buruz buru.* || adv., vis-à-vis : *Bisiambi.*
FACÉTIE, s. f., bouffonnerie.— *Bitchikeria.* || Plaisanterie : *Yosteta.*
FACÉTIEUSEMENT, adv., d'une manière bouffonne. — *Bitchiki.*
FACÉTIEUX, EUSE, adj., plaisant qui fait rire. — *Bitchitxua, présuna bitchia irri eghinazten duena.* || Paroles, écrit plaisant, bouffon qui fait rire : *Bitchikorra.*
FACETTE, s. f., petite face. —*Alderditchua.*
FACHER, v. a. et pr., causer de la colère, du déplaisir, irriter. — *Aserratzea, samurtzea, damutzea, enkoniatzea, adorgatzea, ekaïztea, kéjatzea, súmintzea, asarratzea.*

FACHERIE, s. f., chagrin. —*Asarkeria, aserkeria, samurkeria, damukeria, enkoniakeria, adorgadea, ekaïtzkeria, kejakeria, súminkeria.*
FACHEUX, EUSE, adj., qui chagrine.— *Asargarria, asergarria, samurgarria, damugarria, enkoniagarria, adorgarria, ekaïtzgarria, kejagarria, súmingarria.*
FACILE, adj., aisé, complaisant.— *Errecha, arracha, eghinkarra, facilla.*
FACILEMENT, adv., avec facilité. —*Errechki, arrachki, eghinkarki, facilki.*
FACILITÉ, s. f., manière aisée. — *Facilitatia, errechtasuna.*
FACILITER, v. a., rendre facile. — *Errechtea, facilitatzia.*
FAÇON, s. f., manière.—*Moldea, eskuantza, ghisa, éra, ára, phaziûa, tornura.* || Main-d'œuvre ou prix, travail : *Preciôa, baliôa.* || Maintien : *Mánera.* || De façon que, adv., de manière que : *Fazoïn'hartan behaz, mánera hortan behaz, ghisa hortan hortaz.* || Façon d'agir (sa) : *Bere eghin moldea, eskuantza, ghisa, éra, ára, phaziûa, tornura.* || Façon (sans) : *Phestaric gabe.*
FAÇONNER, v. a., donner de la façon.—*Moldatzea, aphaïntzea, lantzea, birrighinatzea.*
FACTEUR, s. m., porteur de lettres. — *Fátura, pietuna.* || Celui qui est chargé de quelque négoce pour un autre, commissionnaire de marchand : *Zaïgoraria.*
FACTICE, adj., fait par artifice. — *Faltxua, falxua.*
FACTIEUX, EUSE, adj. et s. m., séditieux. — *Mugaïztia, ghenastia.*
FACTION, s. f., guet. — *Fakcionea, celata.* || Parti : *Mugaïtza, ghenastea.*
FACTIONNAIRE, s. m., qui fait sentinelle. — *Sentinela, sentiñela.*
FACTORERIE, s. f., bureau où se tiennent les factures, ou les commis des grands négociants. — *Zaïgôa.*
FACTURE, s. f., note des marchandises vendues. — *Zaïgokóntûa.*
FACULTATIF, IVE, adj., qui donne la faculté. — *Pódoregarria.*

FACULTÉ, s. f., puissance. — *Indarra.* ‖ Pouvoir : *Pódorea.* ‖ Vertu naturelle : *Ahala.* ‖ Talent, facilité que l'on a à bien faire quelque chose : *Tolendua.* ‖ Le pouvoir ou le droit de faire quelque chose : *Dretchûa.*

FADAISE, s. f., bagatelle. — *Uzkitza, ghichikeria.*

FADE, adj., insipide, sans goût. — *Lóleá, lergóa, garrastua, lélá, lolóa, óla, gazá, gheza, yózaghetua, gozakaïztua.*

FADEUR, s. f., qualité fade. — *Gózaghea, gózagaïztza, gárratza.*

FAGOT, s. m., faisceau de menu bois. — *Záma, fágota, págota.*

FAGOTAGE, s. m., travail d'un faiseur de fagots. — *Zámakuntza.*

FAGOTER, v. a., mettre en fagots. — *Zámatzea, zámac'ghitea, fágotatzea, pagotatzea.*

FAGOTEUR, s. m., faiseur de fagots. — *Zámatzaïlea, págotzaïlea, fágotzaïlea.*

FAIBLE, adj., sans force. — *Flakûa, mendrea, herbola, iraünghia, flucha, flakóa, plakûa, argala, erbala, maskela.*

FAIBLEMENT, adv., avec faiblesse. — *Flakoki, plakoki.* ‖ Doucement : *Emeki.*

FAIBLESSE, s. f., manque de force. — *Flakeza, indar gabea, flakotasuna, plakotasuna.* ‖ Facile défaillance : *Flakezia.*

FAIBLIR, v. a., tomber en faiblesse. — *Flakatzea, mendretzea, ttipitzea, plakatzea.* ‖ Manquer de courage : *Désalaïtzia.* ‖ Faibli, qui a manqué de cœur : *Désalaïtzea.*

FAÏENCE, s. f., sorte de poterie. — *Tálavera, lúbichia, báchera.*

FAÏENCERIE, s. f., commerce de faïence. — *Tálaveraki, lúbichiki, bácheraki, salerosia.* ‖ Fabrique de faïence : *Talaverteghia, lúbichiteghia, báchcrateghia.* ‖ Vaisselle : *Tálaverakia, lúbichikia, bácherakia.*

FAÏENCIER, ÈRE, s., marchand de faïence. — *Tálaver'ghilea, lúbichi'ghilea, bachera'ghilea.*

FAILLIBILITÉ, s. f., possibilité de se tromper. — *Faltakortasuna.*

FAILLI, IE, part., qui est seulement en usage dans le sens de fini. A jour failli, à jour fini. — *Eguna finituric, éguna ákhabaturic.* ‖ Il est aussi substantif en parlant d'un marchand qui a fait banqueroute. C'est un failli : *Maïtaûstea da, mankarrut'eghillea da.* ‖ Failli, ie, s., qui a fait banqueroute : *Maïtaûstua.*

FAILLIBLE, adj., exposé à l'erreur. — *Faltakorra.*

FAILLIR, v. n., faire faillite. — *Mankatzea, maïtaûstea, mankarrûta'ghitea.* ‖ Manquer à ses devoirs : *Mankatzia, uts'eghitea.*

FAILLITE, s. f., cessation de paiement. — *Mankarrûta, maïnaütsia.*

FAIM, s. f., besoin et désir de manger. — *Amia, gósea.* ‖ Fig., avoir les dents longues : *Bethiri-sans.* ‖ Faim canine : *Gosebelharra, janisa, yanisa.*

FAINE, s. f., fruit du hêtre. — *Fágo-eskurra.*

FAINÉANT, adj. et s., paresseux. — *Alferra, alperra.*

FAINÉANTISE, s. f., vice de fainéant. — *Alferkerria, alperkeria.*

FAIRE, v. a., créer, fabriquer, exécuter, causer. — *Eghitia.* ‖ v. pr., s'habituer : *Luketzia.* ‖ Faire apprendre : *Ikasaztia.* ‖ Faire boire : *Edanaztia.* ‖ Faire faire : *Eghinaztia.*

FAISABLE, adj., qui peut être fait. — *Eghingarria, eghiten ahaldena.*

FAISAN, s. m., oiseau, poule faisane, sa femelle. — *Naüderra, fesana.*

FAISANCES, s. f. pl., ce qu'un fermier fournit. — *Urtekûac.*

FAISANDEAU, s. m., jeune faisan. — *Naüdertchûa, naüderkumia, fesantchûa.*

FAISANDER, v. a., acquérir du fumet. — *Sámurtzea.*

FAISANDERIE, s. f., lieu fermé où on élève les faisans. — *Naüderghia, fesanghia.*

FAISANDIER, s. m., celui qui nourrit et élève des faisans. — *Naüdergarritzaïlea, faisangarritzaïlea.*

FAISCEAU, s. m., amas de choses liées. — *Machûa.*

FAISEUR, EUSE, s., qui fait. — *Eghilea.*

FAISSELLE, s. f., moule pour faire les fromages. — *Cimitza.*

FAIT, s. m., ce qu'on a fait. — *Eghina.* ‖ De fait, adv., en effet : *Ala baïnan.*

FAÎTE, s. m., le comble d'un édifice. — *Gaïna.* ‖ Sommet d'une montagne : *Bizkarra pûnta.* ‖ Sommet des arbres : *Pûnta.* ‖ Le bout, sommet d'un objet : *Kaskóa.* ‖ Le haut d'une plante : *Bûrua.*

FAITIÈRE, s. f., tuile creusée pour le faîte. — *Bizkar teila.*

FAIX, s. m., fardeau. — *Záma, achia.*

FALAISE, s. f., côte escarpée. — *Kósta eghiko ápika.*

FALAISER, v. n., se briser sur une falaise (se dit de la mer). — *Tirañac kósta cghiko ápika batian lehertzea.*

FALBALA, s. m., bande d'étoffe plissée. — *Farbala.*

FALLOIR, v. imp., être de nécessité. — *Behar, bortcha.*

FALOT, s. m., lanterne. — *Lanterna.*

FALOURDE, s. f., fagot de gros bois. — *Gabilla, pilla.*

FALSIFICATEUR, s. m., qui falsifie. — *Nahastekaria, fálsaria, palsaria.*

FALSIFICATION, s. f., action de falsifier. — *Nahasdura, faltsoëra, páltsoëra.*

FALSIFIER, v. a., contrefaire, altérer. — *Nahastekatzea, fáltsotzea, páltsotzea.*

FAME, s. f., renommée. — *Fáma.*

FAMÉ, ÉE (bien, mal), adj., qui a bonne ou mauvaise réputation. — *Fámatua.*

FAMEUX, EUSE, adj., renommé, célèbre. — *Deïkatua, izendatua, aïpatua, ospetxua, fámatua, lélotsûa, famatia, ospetsûa, otsandi duna.*

FAMILIARISER (SE), v. pr., se rendre familier. — *Trebatzea, lañotzea, orkortzea, diápetzea.*

FAMILIARITÉ, s. f., manière familière. — *Trebetasuna, elkar jayera, diápegóa, lañotasuna, orkorra.*

FAMILIER, ÈRE, adj., qui vit librement. — *Trébeá, trébé, laño, órkor, diápearra.*

FAMILIÈREMENT, adv., d'une manière familière. — *Trébéki, lañoki, órkorki, diápaki.*

FAMILLE, s. f., tous ceux d'un même sang, race, lignée. — *Maïnada, familia, echadia, pamilia.* ‖ Classe d'animaux : *Kásta.* ‖ Classe de plantes : *Kalitatia, espesa.*

FAMINE, s. f., disette de vivres. — *Gosetia.*

FANAGE, s. m., action de faner le foin. — *Belhar idordea.*

FANAISON, s. m., temps de faner. — *Belhar dembora.*

FANAL, s. m., lanterne aux mâts, phare. — *Lanterna.*

FANATIQUE, s., fou par dévotion, etc. — *Itxûa, itxùtxua.*

FANATISER, v. a., rendre fanatique. — *Itsùaztea, itxûaztea.*

FANATISME, s. m., zèle du fanatique. — *Itsùkeria, itxûkeria.*

FANÉ, ÉE, part., flétri (parlant du foin). — *Idortua.* (Parlant d'une personne, d'une fleur, etc.) : *Ichtua.*

FANER, v. a. et p., étaler l'herbe. — *Idorraztea.* ‖ Flétrir (une fleur, etc.), se faner (une personne) : *Ichtea.*

FANEUR, EUSE, s., qui fane le foin. — *Belhar-langhillea.*

FANFARE, s. f., air de trompette et d'autres instruments de musique. — *Fánfarra.*

FANFARON, NE, s. et adj., qui fait le brave. — *Larderiatxua, fûrfuyatxua, pamparoya.*

FANFARONNADE, s. f., vanterie. — *Larderia, fûrfuytasuna, pamparoytasuna.*

FANFARONNERIE, s. f., manière de fanfaron. — *Larderiakeria, fûrfuzkeria, pamparoykeria.*

FANGE, s. f., crotte, bourbe. — *Lohia, basa, liga, pharta.*

FANGEUX, EUSE, adj., plein de fange. — *Lohitxua, basatxua, ligatxua, phartatxua.*

FANON, s. m., gorge de bœuf. — *Gólóa, lephópaparda.* ‖ Barbe de baleine : *Balena.* ‖ Manipule que les prêtres portent au bras : *Estóla.*

FANTAISIE, s. f., idée, envie, caprice. — *Oldeá, párra, téma, fantesia.* ‖ Fantaisie (selon ma) : *Ene oldearen arábera, nére párra, téma, fantesiaren arábera.*

FANTASIER, v. a., irriter. — *Zirikatzea, guticiatzia.*

FANTASQUE, adj., bizarre. — *Oldetxua, párratxua, tématxua, fantesitxua.*

FANTASQUEMENT, adv., d'uue manière fantasque. — *Oldetxuki, tématxuki, fantesioski, párratzuki.*

FANTASSIN, s. m., soldat à pied. — *Oïnezkûa, hoïntaria, hoïkaria.*

FANTASTIQUE, adj., chimérique. — *Idurindarra.*

FANTÔME, s. m., spectre. — *Búltua.* ‖ Chimère : *Iduria.*

FAQUIN, s. m., gueux. — *Fukiña.*

FAQUINERIE, s. f., action de faquin. — *Fakiñkeria.*

FARANDOLE, s. f., danse provençale et danse basque. — *Sóka-dantza.*

FARCE, s. f., hachis. — *Fartcidura.* ‖ Bouffonnerie : *Bitchikeria.*

FARCEUR, s. m., bouffon. — *Bitchia.*

FARCIN, s. m., gale des chevaux. — *Maturia, gûrerda, gûrichanda.*

FARCINEUX, EUSE, adj., et s., qui a le farcin. — *Maturitxua, gûrerdutxûa, gûrichantxûa.*

FARCIR, v. a., remplir de farce. — *Fartcitzea.*

FARD, s. m., couleur dont on se teint la figure. — *Edergarri, aphaïngarri, ghezurtia, kholoregarria.*

FARDEAU, s. m., charge, poids. — *Kárga, hachea.*

FARDER, v. a., se teindre la figure avec du fard. — *Edertzea, kholoreztatzea.*

FARFOUILLER, v. a. et n., fouiller en brouillant. — *Gaïnazpikatzea, parfillatzia, parpillatzia.*

FARIBOLE, s. f., chose frivole. — *Frioleria.*

FARINE, s. f., grain réduit en poudre. — *Irina, iriña.* || Fleur de la farine : *Iriñlórea.*

FARINEUX, EUSE, adj., blanc de farine qui tient de la nature de la farine. — *Irintxua.*

FARINIER, s. m., marchand de farine. — *Irinsaltzaïlea, irin martchanta.*

FAROUCHE, adj., sauvage, rude. — *Hezgaïtza, basa, aïzia.*

FASCINATION, s. f., charme qui fascine. — *Charma, llillorodura, beïratzen charma, llilloradura.*

FASCINE, s. f., fagot de branches. — *Sórtarbazta.*

FASCINER, v. a., ensorceler; fig., éblouir. — *Beïratzez charmatzea, llilloratzea.*

FASTE, s. f., ostentation. — *Soberbia.*

FASTIDIEUSEMENT, adv., avec ennui. — *Nardagarriki, unagarriki.*

FASTIDIEUX, EUSE, adj., ennuyeux. — *Nardagarria, unagarria.*

FASTUEUSEMENT, adv., avec faste. — *Soberbiro, soberbikiro, soberbiatsuro, goïtiro, goïtustez, antustez, handiki, soberbiaz goïteriz.*

FASTUEUX, EUSE, adj., qui a du faste. — *Goïtustarra, antustetia, handiarra, soberbioso, soberbióa, soberbiotxua, goïtia, urgulutxua, antusteduna.*

FAT, s. et adj. m., impertinent. — *Bobaïska, ceadigotia, béré buruz hartua.*

FATAL, adj. sans pl. m., funeste. — *Zorigaïtzezkóa, pátu gaïztokóa.*

FATALEMENT, adv., par fatalité. — *Zorigaïtzezki, pátu gaïzkiró.*

FATALISME, s. m., doctrine du fataliste. — *Zórigaïtztasunkeria, zorigaïtzkeria.*

FATALISTE, s. m., qui croit au destin. — *Dóagaïzkorra, zorigaïtzezkorra, pátugaïzkorra.*

FATALITÉ, s. f., hasard, malheur. — *Zorigaïztasuna, dóakaïtztasuna, pátu gaïztasuna.*

FATIGANT, adj., qui fatigue. — *Unagarria, nekhegarria, akigarria.*

FATIGUE, s. f., travail, lassitude. — *Nekhea, unadura, akia.*

FATIGUÉ, ÉE, adj., qui a de la fatigue. — *Nekhatua, unatua, akitua.*

FATIGUER, v. a., lasser, importuner. — *Nekhatzea, unatzea, akitzea.*

FATUITÉ, s. f., impertinence. — *Bobaïsketa, ceádigóa.*

FAUCHAGE, s. m., action de faucher. — *Itaïtea, ighitaïtea.*

FAUCHAISON, s. f., temps de faucher. — *Belhar pikatze sasoïna.*

FAUCHE, s. f., produit du fauchage. — *Belhar haldea.*

FAUCHÉE, s. f., ce qu'on fauche en un jour. — *Egun baten belhar pika haldea.*

FAUCHER, v. a., couper avec la faulx. — *Epaïtea, segatzea, belhar pikatzea.*

FAUCHET, s. m., rateau des faneurs. — *Arrastalúa, árastela.*

FAUCHEUR, s. m., qui fauche. — *Epaïtzaïlea, segatzaïlea, segaria, belhar pikatzaïlea.*

FAUCILLE, s. f., instrument pour scier les blés. — *Ihiteghix, ighitaïa, hitaya, iritaïa.*

FAUCILLON, s. m., petite faucille. — *Ihiteghitchua, ighitaïtchua, hitaytchua, iritaïtchua.*

FAUCON, s. m., oiseau de proie. — *Mirotza.*

FAUFILER, v. a., coudre à longs points. — *Ari falxatzia.* || v. pr., s'introduire : *Sartzea.*

FAUSSAIRE, qui fait de faux actes. — *Faltxokorra, ichkiribu faltxóa eghiten dúena.*

FAUSSEMENT, adv., contre la vérité. — *Faltxoki, faltsuki.*

FAUSSETÉ, s. f., qualité de ce qui est faux. — *Faltxokeria, faltsukeria.*

FAUTE, s. f., manquement, manque. — *Fálta, pálta, phalta, hoghena, kúlpa, utxaldia, itena.* || Sans faute, adv., sans faillir : *Fálta gabe.*

FAUTEUIL, s. m., chaise à bras. — *Fótoïla.*

FAUTEUR, TRICE, s., complice. — *Láguntzaïlea, gaïztakidea.*

FAUTIF, IVE, adj., sujet à faillir, erroné. — *Fáltakorra, fálta duna.*

FAUVE, adj., roussâtre; s. m., bêtes fauves, les cerfs, daims, etc. — *Górri-orikara, karchuria.*

FAULX, s. f., instrument pour faucher. — *Shegá, séga.*

17

Faux, ausse, adj. et s. m., contraire au vrai, contrefaire, altéré, discordant. — *Faltxóa, faltsia, faltxúa, phalsóa.* ‖ Faux (homme) : *Ghizon faltxo, ghizon zúria, ghizon baïratia.* ‖ Par allusion : *Zúria, zábelzuria.*

Faveur, s. f., grâce, protection, bienfait. — *Fáborea, fágorea, laguntza, gheriza, aldea, mempegóa.*

Favorable, adj., propice. — *Fáboretxua, fagoretxua, lagungarria, gheriztia, aldetia.*

Favorablement, adv., d'une manière favorable. — *Faboreki, fagoreki, lagungarriki, aldeki.*

Favori, ite, s., qui plaît le plus, qui a les bonnes grâces. — *Maïtea, faboretua, fagoretua, maïtena.*

Favoriser, v. a., traiter favorablement. — *Faboretzea, fagoretzea, laguntzea, gheritzea.*

Fébrifuge, s. m. et adj., remède qui chasse la fièvre. — *Súkarretakúa.*

Fébrile, adj. de t. g. Il se dit de tout ce qui a rapport à la fièvre. — *Súkarrekúa.*

Fécond, adj., productif. — *Nasaya, naróa.* ‖ Fertile (en parlant de la terre) : *Ghizena, úgaria.* ‖ Fertile (en parlant des fruits) : *Bethékorra, podorosa.*

Fécondant, te, adj., qui féconde. — *Nasaytxua, narotxua.*

Fécondation, s. f., action de féconder. — *Nasaytasuna, narotasuna.*

Féconder, v. a., rendre fécond. — *Nasaytzea, narotzea.* ‖ Féconder un terrain : *Ugaritzea, ïoritzea.* ‖ Féconder les arbres fruitiers : *Bothereztea.*

Fécondité, s. f., qualité productive. — *Nasaytasuna, podorostasuna.*

Fécule, s. f., substance farineuse. — *Pátáta-iriña.*

Fée, s. f., divinité imaginaire. — *Lamina.*

Feindre, v. a., simuler, controuver. — *Alheghia'ghitea.* ‖ v. n., dissimuler, hésiter : *Desenkusatzea.*

Feinte, s. f., dissimulation. — *Alheghia, itchura, ezterazia, désenkusa.*

Feintise, s. f., feinte. — *Alheghia, itchura, ezterazia, désenkusa.*

Fêler, v. a., fendre un verre, etc. —*Arraïlatzea, artesitzea.*

Félicitation, s. f., action de féliciter. — *Pózerazkida.*

Félicité, s. f., état heureux. — *Zóriôna.*

Féliciter, v. a., complimenter. — *Pózakidatzea.*

Félon, ne, adj., traître, rebelle, cruel. — *Traïdorea, beáriketsua.*

Félonie, s. f., action de félon. — *Beáriketa, tradicionea.*

Félure, s. f., fente d'une chose fêlée. — *Arraïldura, artesidura.*

Femelle, s. f. et adj., animal qui conçoit les petits. — *Urricha, emea, urrucha, emia.*

Féminin, adj. et s., de la famille ; t. de gram. — *Urrichakúa, emekua, urruchakúa.*

Femme, s. f., femelle de l'homme. — *Emaztekia, ema, emaztea, emakumea.* ‖ Epouse : *Esposa, emaztea.* ‖ Femme (grande) : *Emazteki handia.* ‖ Femme (petite) : *Emazteki tchipia.*

Fémur, s. m., terme d'astronomie pris du latin, os de la cuisse. — *Ichter-ezurra.*

Fenaison, s. f., action de couper le foin. — *Belhar dembora, belhar epaïta.*

Fendre, v. a., couper, diviser en long, séparer avec force ; v. pr., s'entrouvrir. — *Erdikatzea, arraïltzea, urratzea, artesitzea.*

Fenêtre, s. f., ouverture pour le jour — *Leiyoa, icharghia, ventana.*

Fenil, s. m., lieu où l'on serre le foin. — *Belharteghia.*

Fenouil, s. m., plante aromatique. — *Millua, málua, skarlata.*

Fente, s. f., ouverture en long ; pl., gerçures. — *Arraïla, arraïladura, zartadura, hirrikadura.*

Fenugrec, s. m., plante officinale. — *Allubria, allorbea.*

Fer, s. m., métal.—*Burdina, burnia, burduina, burdiña.*

Fer-blanc, s. m., fer en lame étamée.— *Burdinchuria, burnichuria, latorria.*

Ferblantier, s. m., ouvrier qui travaille au fer-blanc. — *Ferblankiera, latorrizallea, burdinchuri-apaïntzallea.*

Fer-de-cheval, s. m., fer pour cheval. — *Ferra.*

Férie, s. f., jour de repos, un des jours de la semaine. — *Asteleguna, asteéguna.* ‖ Jour férié : *Yaïeguna, besta.*

Fermage, s. m., loyer d'une ferme. — *Errenta.*

Ferme, adj., qui tient fixement, solide. — *Borthitza, férmu, férmoa, tinkia.* ‖ Fig., fort : *Solidúa, zaïla, borthitza.* ‖ Constant : *Fidela.* ‖ Roide : *Fermu.* ‖ Inébranlable : *Fidela.* || adv., fortement : *Borthitza.* || Ferme (il est) : *Fermu da, segura da.* || Grave : *Sérios.* || Mesuré : *Paüsatua.*

FERME, s. f., bien de campagne. — *Bórdá, basterrechea.* || Donner à loyer, rente, droit, etc. — *Errentan ematea.* || Ferme, bail : *Balla.*

FERMEMENT, adv., avec fermeté : *Fermuki, solidoki.*

FERMENT, s. m., levain. — *Lemamia, leramia, legamia.* || Mettre du levain : *Lemamitzea, leramitzea, legamitzea.* || Qui fermente, terme de chimie : *Mughigudaria.*

FERMENTATIF, IVE, adj., qui peut fermenter. — *Mughigukorra.*

FERMENTATION, s. f., action de fermenter, terme de chimie. — *Mughiguda.*

FERMENTER, v. n., s'agiter par le ferment. — *Mughigudatzea.* || Par le levain : *Lemamiztatzia, leramiztatzia, legamiztatzia.*

FERMER, v. a., ne pas laisser ouvert ; v. n., être clos. — *Cerratzea, ichitzea, esitzea.*

FERMETÉ, s. f., état ferme. — *Fermutasuna, solidotasuna.* || Fig., énergie : *Otserrúa.*

FERMETURE, s. f., ce qui ferme. — *Cerradura, cerrateghia, itchidura, cerrakia, cerrateya, cerrakia, cerraghia.*

FERMIER, ÈRE, s., qui prend à ferme. — *Bordaria, machterra.*

FERMOIR, s. m., agrafe d'un livre. — *Añazmea, serratzekúa, manilla, lotamua.*

FÉROCE, adj., cruel, dur, farouche. — *Ezgaïtzgogorra, odolghiróa, écigaïtza, súmindúa, aserrea.*

FÉROCEMENT, adv., avec férocité, cruauté. — *Odolghiroki, écigaïtzóro, súminduro, súminkiro.*

FÉROCITÉ, s. f., caractère féroce. — *Odolghirotasuna, ezgaïtza, súmindura, odolghirodea, écigaïtzdea.*

FERRAILLE, s. f., morceau de vieux fer. — *Burdin-tchar, burni-zahar, burdin-zahar.*

FERRANT (maréchal), adj. m., qui ferre. — *Ferratzaïlea, burdineztatzaïlea, pherratzaïlea.*

FERRER, v. a., garnir de fer. — *Ferratzea, burdineztatzea, pherratzea.* || Mettre des fers au cheval, etc. : *Ferratzea, pherratzea.* || Marquer d'un fer rouge le bétail ou les esclaves : *Burdin gorriz markatzea, erraghintzea.*

FERRURE, s. f., garniture de fer. — *Burdineria.* || Action de ferrer les chevaux : *Ferradura.*

FERTILE, adj., fécond, productif. — *Nasaya, ghizena, ûgaria, nároa.*

FERTILEMENT, adv., abondamment. — *Násayki, nároki.*

FERTILISER, v. a., rendre fertile. — *Násaytzia, nárotzea.*

FERTILITÉ, s. f., qualité fertile. — *Nasaytasuna, ghizentasuna, ûgaridea, národadea.*

FÉRULE, s. f., certaine herbe. — *Astakañabera.* || Sceptre du pédant dont il se sert pour châtier les écoliers : *Palotea, naveskûa, navaskûa.*

FERVEMMENT, adv., avec ferveur. — *Khartxuki, eracióro, chit béroro.*

FERVENT, TE, adj., qui a de la ferveur. — *Khartxua, bérua, sútua, ecióa.*

FERVEUR, s. f., ardeur, zèle de piété. — *Khartasuna, khartxutasuna, eracióa.*

FESSE, s. f., partie charnue du derrière. — *Iphurdi-macela, iphurdi-alderdia, uski-macela, uski-alderdia, usku-machela, epurmamia.*

FESSÉE, s. f., coups sur les fesses. — *Iphurkuâc, azotadea, astidea, cingana, cealdea.*

FESSER, v. a., fouetter, fam. — *Iphurditan záflakûa emaïtea, cinganatzea, iphurditan, uskitan, cealtzea, astitzea, azotatzea, ceátzea.*

FESSEUR, EUSE, s., fouetteur. Il est fam. — *Azotatzaïlea, iphurditan emaïlea.*

FESSIER, ÈRE, adj., t. d'anat.; s. m., les fesses. — *Iphurdi alderdiac, uski alderdiac, iphurdi-macelac, uski-macelac, iphurdia, uskia.*

FESTIN, s. m., banquet. — *Gombidanza, jaketa, oberaria, oturunza, bonaza.*

FESTON, s. m., faisceau de branches. — *Bichurgunea, loroskia, nasorlora.* || Ornement de fleurs, etc. : *Króska.* || Ornement d'architecture : *Ostoïria, ostongarria, orrigheya.*

FESTONNER, v. a., découper en feston. — *Bichurguntzea, festonatzea.*

FESTOYER, v. a., fêter. — *Bestatzea, besta'ghitea.*

FÊTE, s. f., jour consacré au culte. — *Besta.* || Réjouissance publique : *Besta, phesta, eguzaria.* || Fig., joie, réjouissance : *Bózkalentzia.*

FÊTER, v. a., faire fête, accueillir. — *Bestatzea, besta'ghitea.* || Se réjouir : *Bózkaletzea.*

FÉTIDE, adj., infect. — *Usaïndúa, urrindúa, kiratsúa, kindúa, kérutsúa, úsaïntxúa, kérúa.*

FÉTIDITÉ, s. f., mauvaise odeur. — *Usaïntasúna, urraïntasuna, urrintasúna, kiratstasúna, kintasúna, kérustasúna, usaïntasúna, kárutasúna.*

FEU, s. m., principe calorique. — *Súa.*

FEU-FOLLET, s. m., météores. — *Arghiac.* (En basque se dit au pluriel).

FEU, EUE, adj. sans pl., décédé récemment ; toujours masc. devant l'article ou le pronom. — *Céna.*

FEU SAINT-ELME, s. m., feu ardent qui paraît sur la mer après la tempête. — *Fúgosóa, gargosóa.*

FEUILLAGE, s. m., les feuilles d'un arbre. — *Hostaya, ostoya, ostodia.*

FEUILLAISON, s. f., poussée des feuilles. — *Hostaytasuna, ostoytasusa, ostoditasuna.*

FEUILLE, s. f., partie de la plante. — *Hostóa, ostúa.* ‖ Pétale : *Lórearen hosto bakotcha.* ‖ Feuille (de papier) : *Plamúa, pláma, plameá.* ‖ Feuille (sèche) : *Hosto idórra, osto idórra, orbela, osto iharra.* ‖ Feuilles (pousser des) : *Hostotzea, ostotzea.*

FEUILLÉ, ÉE, adj., garni de feuilles. — *Hostotua, ostotúa, ostoditua.*

FEUILLÉE, s. f., berceau de feuillage. — *Hostaydura, ostaïdura, ostodia.*

FEUILLER, v. n., représenter les feuillages, terme de peinture, moment où les feuilles paraissent aux arbres ; s. m., manière de feuiller. — *Ostotzia.*

FEUILLET, s. m., partie d'une feuille de papier qui contient deux pages. — *Fúlla.*

FEUILLU, UE, adj., plein de feuilles. — *Hostotxua, ostotxua.*

FEURRE, s. m. (on disait autrefois foarre), paille de toute sorte de blé. — *Bihi kalitate gucien lástóa.*

FÈVE, s. f., légume. — *Bába.* ‖ Lieu planté de fèves : *Bábadia.* ‖ Fèves d'haricot, s. f., légume : *Baberrunac, maïllarac, indiabábac.*

FÉVRIER, s. m., deuxième mois de l'année. — *Otxaïla, otsaïl.*

FI ! interj. de mépris. — *Fú.*

FIANÇAILLES, s. f. pl., promesse de mariage en présence d'un prêtre. — *Fédestasuna, fédastéa, ezkontitza.*

FIANCÉ, ÉE, adj. et part., qui a fiancé. — *Fédestatua, ezkontiztua, fedastatua.*

FIANCER, v. a., promettre en mariage. — *Fédestatzea, fédastatzea, ezkontitzea.*

FIBRE, s. f., filaments musculaires ou végétaux. — *Aria.*

FIBREUX, EUSE, adj., qui a des fibres. — *Aritxua.*

FICELER, v. a., lier de ficelle. — *Belariztatzia, liztatzia, cizelatzia, kálonatzia.*

FICELLE, s. f., petite corde. — *Liztaria, belaria, cizela, kálona.*

FICHE, s. f., marque que l'on donne au jeu, et à laquelle on assigne une certaine valeur. — *Tántóa.*

FICHER, v. a., entrer la pointe. — *Sártzea.*

FICHU, UE, adj., mal fait, las. — *Gaïzki éghina.* ‖ s. m., mouchoir du cou : *Cherra, lephokóa*, lorsque le mouchoir est en soie ; *Mókanesa*, lorsque le mouchoir est d'une autre étoffe.

FICTIF, IVE, adj., feint, supposé. — *Idurikosa, idurikorra, iduritxua.*

FICTION, s. f., invention. — *Eztaracia, iduria.*

FIDÈLE, adj. et s., qui garde sa foi. — *Fidela, arthatxua, leyala, fiéla.* ‖ Qui professe la vraie religion : *Fidela.* ‖ Fidèle, discret : *Ichila, gardiakorra.* ‖ Exact, ponctuel : *Chuchena.*

FIDÈLEMENT, adv., d'une manière fidèle. — *Fidelki, arthatxki, leyalki, fiélkiro, fiélki.*

FIDÉLITÉ, s. f., foi. — *Fidelitatia, bihurkundea, leyaltasuna, fiéltasuna, fédekardea, fideldadea.* ‖ Exactitude : *Chuchentasuna, arthasuna, artha.*

FIEL, s. m., liqueur jaunâtre et amère contenue dans un petit réservoir attaché au foie. — *Mina, kheldarra, bidachuna.* ‖ Fig., haine, animosité : *Herra.*

FIENTE, s. f., excrément de bête. — *Káká.*

FIER, v. a. et p., commettre à la fidélité. — *Fidatzia.* ‖ Fier (se) : *Fidatzea, atrebitzea.*

FIER, ÈRE, adj., hautain, altier, grand. — *Fierra.*

FIÈREMENT, adv., d'une manière fière. — *Fierki.*

FIERTÉ, s. f., caractère de ce qui est fier. — *Fiertasuna.*

FIÈVRE, s. f., mouvement déréglé du sang. — *Súkhárrá.*

FIÉVREUX, EUSE, adj., qui cause la fièvre. — *Súkhártxua.*

FIGEMENT, s. m., action de se figer (se geler). — *Hormadura.* ‖ Coagulation (parlant du sang) : *Gatzakuntza, gatzagóa, ciagóa.*

FIGER, v. a. et p., congeler. — *Hormatzea.* ‖ Coaguler (en parlant du sang) : *Gatzatzea, ciatzea.*
FIGUE, s. f., fruit du figuier. — *Pikóa, pikùa.*
FIGUIER, s. m., arbre fruitier. — *Pikó-hondóa, pikótea.*
FIGURATIF, IVE, adj., qui représente. — *Idurikóa, ekanzaria.* ‖ Qui se figure : *Iduritzaillea, iduritzallea.*
FIGURE, s. f., visage. — *Bisaiya, mùsua, beghitartea, ahurpeghia.* ‖ Figure (forme) : *Itchura, forma.*
FIGURÉ, ÉE, part., représenté, imaginé. — *Idurilua, iduria.* ‖ Style métaphorique : *Hitziduritia.*
FIGURÉMENT, adv., d'une manière figurée. — *Idurikoki.* ‖ Discours, phrase : *Hitzirudero.* ‖ D'une manière imaginaire : *Idurituki.*
FIGURER, v. a., représenter. — *Iduriaztia, ekanzutzia.* ‖ pr., s'imaginer : *Iduritzia.*
FIL, s. m., brin délié de lin, de soie. — *Aria, pirùa.* ‖ De métal : *Arimea, arimear, aramea, arambréa.* ‖ Fil tranchant d'un instrument qui coupe : *Ahúa, ciméa.* ‖ Fil de perles, collier de perles enfilées : *Aleztaria.* ‖ Fil retors : *Ari bihurtua, pillera, fillera.* ‖ Fil de cordonnier : *Aribiûrzákea.*
FILAMENT, s. m., filet délié. — *Erraria.*
FILAMENTEUX, EUSE, adj., à filaments. — *Aritxua.*
FILANDIÈRE, s. f., femme dont le métier est de filer. — *Irúlea, irúlia.*
FILANDRE, s. f. pl., fils blancs en l'air. — *Estara.* ‖ Fibre de la viande : *Aria.* ‖ Filaments de sang caillé ou vers qui sont dans le corps d'un oiseau de proie : *Estarra.*
FILANDREUX, EUSE, adj., plein de filandres. — *Estartxua.*
FILASSE, s. f., filaments de lin, etc. — *Iruña.*
FILE, s. f., rangée en long. — *Lerróa, errenkùa, erronka.* ‖ File de soldats : *Lerróa.*
FILÉ, ÉE, part., fil fait. — *Iruña.*
FILER, v. a. et n., faire du fil. — *Irutea.*
FILET, s. m., fil délié. — *Ari méheá.* ‖ Fil de la langue : *Mihi azpiko aria.* ‖ Des plantes : *Aria.* ‖ Rets : *Sária.* ‖ Petite quantité d'un liquide : *Iñdar, ihintz.*
FILEUR, EUSE, s., qui file. — *Irúlea, irúlia.*
FILIAL, adj., du devoir de l'enfant. — *Aürrekóa.*

FILIALEMENT, adv., d'une manière filiale. — *Aürreki.*
FILIATION, s. f., descendance. — *Ethorkuntza.*
FILIÈRE, s. f., outil pour filer les métaux. — *Kárrera.*
FILIPENDULE, s. f., herbe. — *Burdilinda.*
FILLE, s. f., personne du sexe féminin. — *Neskatcha, neskatila, nechka.* ‖ Par rapport au père et à la mère : *Alaba.* ‖ Fille non mariée : *Neskatcha, neskatila.* ‖ Domestique : *Nechkatùa.* ‖ Femme de chambre : *Andere-orena.* ‖ Vieille fille non mariée : *Mutchurdina.*
FILLEUL, LE, s., qu'on tient sur les fonds. — *Sémeaïtchia, sémebitchia.*
FILOSELLE, s. f., grosse soie. — *Filozela, pilozela.*
FILOU, s. m., FILOUS au pl., qui filoute. — *Frikuna, fùlleróa, pùlleraria.*
FILOUTER, v. a. et n., voler avec adresse. — *Fùllerotzea, pùlleratzea.*
FILOUTERIE, s. f., action de filou. — *Frikunkeria, fùlleria, pùlleria.*
FILS, s. m., enfant mâle (par rapport à son père et à sa mère). — *Sémea, semia.* ‖ Fils (petit) : *Ilhobasóa.* ‖ Fils (naturel) : *Bastarta, lotezkumea.* ‖ Fils (légitime) : *Humea legheén arabera.* ‖ Fils posthume : *Ehortzumea.*
FILTRATION, s. f., action de filtrer. — *Iraztasuna, pásakuntza, iracigóa, iragazgóa.*
FILTRE, s. m., terme de chimie, ou philtre. — *Irazdea, pásatzekùa, irazkaya, iragazkaya.* ‖ s. f., boisson que les femmes donnent aux hommes et les hommes aux femmes pour se faire aimer. (En basque ne peut se traduire que par : *Amodio-beldiobelharra* (herbe d'amour), *amarazkina.*
FILTRER, v. a., n. et pr., clarifier un liquide en le passant : *Iraztea, pásatzea, iracitzea, iragaztea.*
FIN, s. m., terme, but. — *Chedia.* ‖ Mort : *Hériotcea.* ‖ s. m., le principal : *Principala* ‖ A la fin, adv., enfin : *Fineán, azkenian, azkenekotz.* ‖ Adj., délié : *Fina, meharra.* ‖ Excellent : *Onóna, hóbena.* ‖ Subtil, rusé, habile : *Unhea, zorrotza, amarrutxua.* ‖ Fin, fine, rusé, habile : *Amarrutxua.* ‖ Terminaison : *Akabantza.* ‖ Menu : *Chehia.* ‖ ‖ Limite : *Mûga.* ‖ Motif : *Kozka, chedea, beamùga, arrengóa.* ‖ A fin de : *Izatia-gatic.*

FINAL, ALE, adj. sans pl., qui finit.—*Azkena.* || s. f., dernière syllabe : *Azken cilába.*
FINALEMENT, adv., à la fin. — *Azkeneat, azkenian.*
FINAUD, adj. et s., fin, rusé, fam. — *Zákurra, abilla.*
FINEMENT, adv., avec finesse.—*Amarrutxki, finoki, abilki.*
FINESSE, s. f., ce qui est fin, rusé. — *Finezia, fiñesia, amarrua, abillezia.*
FINI, IE, adj., limite. — *Finitua, akabatua.* || Parfait : *Ontzatua, kómplitua.* || s. m., perfection : *Kómplidura.*
FINIR, v. a. et n., achever, cesser. — *Finitzea, akábatzea, akitzea.* || Mourir : *Hiltzea.*
FIOLE, s. f., petite bouteille de verre. — *Ampolla, ampoïla.*
FIRMAMENT, s. m., le ciel. — *Ceruá.*
FISC, s. m., trésor public. — *Dirgordaïrua.*
FISCAL, ALE, adj., du fisc. — *Dirgordaïrukóa.*
FISSURE, s. f., fente. — *Artea, arraïlea.*
FISTULE, s. f., sorte d'ulcère. — *Ithurria, Zaüri zornagarioa.*
FISTULEUX, EUSE, adj., t. de méd., qui est de la nature de la fistule. — *Zaüritxúa, zornatxua.*
FIXATION, s. f., action de fixer un objet. — *Tinkadura.*
FIXE, adj., invariable, sans mouvement. — *Gheldiric..*|| Regard fixe · *Fitxa.*
FIXEMENT, adv., d'une manière fixe. — *Tinkoki, tinkiró.* || Regard fixe : *Fitxuki.*
FIXER, v. a. et pr., arrêter, assurer, faire, tenir. — *Gheldilzea, finkatzea.* || Regarder : *Beïratzed.*
FIXITÉ, s. f., état fixe d'un objet. — *Gheldiasuna.* || Fixité du regard : *Fitxakuntza.*
FLACON, s. m., sorte de bouteille. — *Flaskóa.*
FLAGELLATION, s. f., action de flageller. — *Azótadea..*
FLAGELLER, v. a., fouetter. — *Azotatzea, iphurditan emaïtea.*
FLAGEOLET, s. m., petite flûte. — *Chirolátchua.*
FLAGORNER, v. n., flatter bassement, fam.— *Laüsengatzea.*
FLAGORNERIE, s. f., flatterie basse. Il est familier. — *Laüsengúa.*
FLAGORNEUR, EUSE, s., qui flagorne. — *Laüsengatzaïlea.*

FLAGRANT, ANTE, adj., délit pris sur le fait. — *Arder, ardiente.*
FLAIR, s. m., terme de chasse. — *Asmüa.*
FLAIRER, v. a., sentir par l'odorat. — *Asmutzea.*
FLAMBANT, adj., qui jette de la flamme. — *Kharran, gárran.*
FLAMBART, s. m., oiseau. — *Egaztiankalucea.*
FLAMBEAU, s. m., bougie. — *Arghia, eskosúya, ezkosuzia, arghizuzia.* || Chandelier : *Khandelera, zutarghia, ezkozuïkia.*
FLAMBER, v. a., passer sur le feu. — *Sútasitzea.* || Jeter de la flamme : *Icekitzea, sútzea, gártzea, éciotzea.* || Faire fondre du lard : *Koïpatzea, koïpeztatzea.*
FLAMBOYANT, TE, adj., qui flamboie, qui jette une vive lumière.— *Kharran, pindarran, gárran.*
FLAMBOYER, v. n., jeter un grand éclat. — *Arghitzea, distiratzea, dirdiratzea.* || Lancer des flammes : *Khartzea, gártzea, pindartzea.* || Briller, en parlant des armes : *Dirdiratzea, diztiratzea.*
FLAMME, s. f., partie subtile du feu. — *Kharra, gárra, láma.*
FLANC, s. m., côté. — *Sahetxa.* || Fig., côté, sein : *Bulharra.* || Se dit aussi du côté de certains choses. Flanc d'un vaisseau : *Untci baten sahetxa.* || Un côté de la montagne : *Mendiaren alderdia.* || Ce côté de rivière : *Ibayaren alde haü.* || pl., ventre : *Sábela.*
FLANELLE, s. f., étoffe de laine. — *Fanela.*
FLANDRIN, s. m., homme grand, fort et maigre. — *Zardaya.* || Homme tout d'une venue : *Luceghia.*
FLANER, v. n., niaiser, fam. — *Pasayetan alferkerietan zózokérietan ibiltzea.*
FLANEUR, EUSE, s., qui flâne. — *Pasayetan alferkerietan zózokérietan ibiltzaïlea, ibiltzen dena.*
FLASQUE, adj., mou et sans force. — *Faüna, gúria, ibilikia.*
FLATTER, v. a., louer à l'excès, cajoler. — *Laüsengatzia, balakatzia, palakatzea.* || Faire espérer : *Esperantzan titulikatzia.*
FLATTERIE, s. f., louange outrée. — *Laüsengúa, balakakuntza, palaka.*
FLATTEUR, EUSE, adj. et s., qui flatte.—*Laüsengatzaïlea, balakatzaïlea, palakaria.*
FLATTEUSEMENT, adv., d'une manière flatteuse. — *Laüsengoki, balakuntki, palakuki.*

FLATUEUX, adj., venteux.—*Aïretxua.* || Aliments flatueux : *Hazkurri aïretxuac, yanari aïretxuac.*

FLATUOSITÉ, s. f., vents du corps.— *Aïrcac.* (En basque se dit au pluriel).

FLÉAU, s. m., instrument pour battre le blé.- *Traïlua, treïllua, iraburra.* || Ouvrier qui s'en sert pour battre le blé : *Traïluria, oghi yótzaïlea, treilluria, iraburtzallea.* Partie de la balance : *Bálanza, haraüna.* Châtiment de Dieu : *Izâria, gaïtzetea, mikalta.*

FLÈCHE, s. f., arme, trait qu'on lance avec l'arc. — *Ghécia, istóa, istorra, sayeta.* || Coup de flèche : *Ghécikada, istokada, sayetada.* || Tirer des flèches : *Ghécikatzea, istokatzea, sayetatzea.* || Tireur de flèches : *Ghécitaria, istokaria, sayetaria.* || Faiseur de flèches : *Ghéci'ghilla, istoka'ghilea, sayet'ghilea.*

FLÉCHIR, v. a. et n., plòyer. — *Ukitzea, kurtzea, malgutzea.* || Attendrir : *Urrikaltzea.*

FLÉCHISSEMENT, s. m., action de fléchir. — *Ukidura, kurtzdura.*

FLEGMATIQUE, adj., pituiteux. — *Odol-otzekúa, mukaïtsua, istatsinduna.* || Fig., de sang-froid, lent, patient, modéré : *Otza naghia, naghi, ghibel handikóa.* || Paresseux : *Nághia, alferra, alpherra.*

FLEGME, s. m., pituite. — *Mukaïa, istatsia.* || Fig., sang-froid : *Otztasuna, naghitasuna.* || Par métaphore, lenteur, patience, modération, paresse : *Nághitasuna, alfertasuna, alphertasuna.*

FLÉTRIR, v. a., ôter la fraîcheur.—*Ichtea.* || Attaquer la réputation : *Ichtea, tachatzea.*

FLÉTRISSURE, s. f., état flétri. — *Ichtasuna.* || Peine juridique de l'application d'un fer chaud, marque qui en résulte : *Tatcha.*

FLEUR, s. f., partie d'une plante où s'opère la fécondation : *Lórea, lilia, flória.* || Fleur (en) : *Lórean, lilian, flórian.*

FLEURAISON, s. f., formation des fleurs. — *Loretasuna, lilitasuna, flóretasuna.*

FLEURIR, v. n., mettre en fleur.—*Lóratzea, lilitzea, flóratzea.*

FLEURISSANT, adj., qui pousse des fleurs. — *Lóratzean, lilitzian, flóratzian.*

FLEURS BLANCHES, s. f. Voyez FLUEURS.

FLEUVE, s. m., rivière qui se jette dans la mer. — *Uhaïtza.*

FLEXIBILITÉ, s. f., qualité flexible. — *Súfletasuna, zúflantasuna, tóleskia.*

FLEXIBLE, adj., souple, aisé ; au pr. et au fig. — *Zuflanta, súflia.*

FLOCON, s. m. (de neige), touffe. — *Málóa, málota, elhur lúma.*

FLORAISON, s. f., fleuraison.— *Lóretasuna, lilitasuna, flóretasuna.*

FLOT, s. m., vague de lames. — *Tiraña.*

FLOTTE, s. f., compagnie de vaisseaux qui vont ensemble. — *Flóta.*

FLOTTER, v. n., être porté sur l'eau, être agité, irrésolu. — *Ur gaïnian iragaïtia.*

FLOU, adj., tendre, doux. — *Góchua.*

FLUCTUATION, s. f., agitation des flots. — *Bagaritza.*

FLUER, v. n., couler. — *Ichurtzea.*

FLUET, TE, adj., mince, délicat. — *Meharra, lerdena, zardaya.*

FLUIDE, adj. et s., qui coule aisément. — *Ubilla.*

FLUIDITÉ, s. m., qualité, fluide. — *Ubiltasuna.*

FLUTE, s. f., instrument de musique. — *Chiróla, chilibitua, chúrula.*

FLUTISTE, s. m., qui joue de la flûte.— *Chirola-yótzaïlea, chúrula-yótzaïlea, chilibitu-yótzaïlea, chirolaria, chirolaya.*

FLUX et REFLUX, s. m., mouvement réglé de la mer. — *Mareá, ugoïbea.* || Flux de paroles : *Hitz jarióa, hitz yarióa.* || Flux de sang : *Odolgarióa, odolyaüstia.* || Flux de ventre : *Kákeria, uchadá.*

FLUXION, s. f., enflure d'une partie du corps. — *Antura.*

FOERRE ou FOARRE, s. m., paille longue de toute espèce de blé. — *Bihi kalitate gucien lástóa.*

FOI, s. f., dogme, religion, croyance. — *Fedea, sinhestea.* || Probité : *Fedea.*

FOIE, s. m., viscère. — *Ghibela.*

FOIN, s. m., graminée. — *Belharra.*

FOIRE, s. f., marché public. — *Féria.* || Au pl., foires : *Fériac.*

FOIS, s. f., désigne le nombre. — *Aldia.*

FOISON, s. f., qui n'a point de pl., grande quantité. — *Leher.* || Il y en a à foison : *Leher izanda.*

FOISONNER, v. n., abonder. — *Leher izatia.*

FOL, FOU ou FOLLE, adj. et s. ; Fous, pl., qui a perdu l'esprit, badin, bouffon, imprudent. — *Errúa, zóróa.*|| pl. : *Errúac, zóróac.*

FOLATRE, adj., badin. — *Erroska, zóroska.*

FOLATRER, v. n., badiner. — *Erroki yóstatzia, zóroki libertitzea.*

FOLATRERIE, s. f., badinage. — *Errokeria, zórokeria.*

FOLIE, s. f., démence, propos gais, passion, imprudence; pl., excès. — *Errotasuna, erancimendua, burujaüstea.*

FOLIO, s. m., numéro d'une|page.—*Ormeska.*

FOLLEMENT, adv., d'une manière folle. — *Erroki, zóroki.*

FOMENTATION, s. f., remède extérieur. — *Bérotasuna, béróa, óroldea, súkaria.*

FOMENTÉ, ÉE, part. — *Bérotúa, óroldetúa, súkaritúa.*

FOMENTER, v. a., appliquer une fomentation. — *Bérotzea, óroltzea, súkaritzea.* || Fig., entretenir : *Bérotzea.*

FONCÉ, adj., couleur chargée. — *Beltzkara, ilhuna, sombria.*

FONCER, v. a., mettre un fond, rembrunir. — *Beltztea, ilhuntzea, sombretzea.*

FONCTION, s. f., action de remplir son devoir. — *Kárgúa, ekersia.* || Action des viscères : *Errayen, haltsarren entrañen eghinzac.* || Fonction militaire : *Kárgúa, gúdakindea.*

FONCTIONNAIRE, s. m., qui exerce une charge. — *Kárgúduna, diakinda duna.*

FOND, s. m., l'endroit le plus bas d'une chose creuse.—*Zóla, ondóa, ondo.* || Restant d'une chose : *Ondarra.* || Derrière, champ de tableau : *Azpia.* || Fond, profondeur : *Ondura, ondóa, ondoya.* || A fond, adv., jusqu'au fond : *Beheraïno.* || Au fond, dans le principal : *Funtxian.* || Fond d'un plat, etc., concavité : *Kósadura, zókonera, zókonera.*

FONDANT, ANTE, adj., qui se fond. — *Urkorra.*

FONDATEUR, TRICE, s., qui fonde un établissement. — *Ondekitaria.*

FONDATION, s. f., action de fonder. — *Ondekida.* || Travaux qui se font en terre pour asseoir les fondements d'un édifice : *Asentura, cimenta.*

FONDAMENTAL, ALE, adj., qui sert de fondement : *Ondekidatxúa.*

FONDAMENTALEMENT, adv., sur de bons fondements. — *Ondekidatxuki.*

FONDEMENT, s. m., maçonnerie pour fonder. — *Cimenda, asentura.* || Anus : *Iphurchilóa.*

FONDER, v. a., commencer à bâtir. — *Asentatzia, cimendatzia.* || Etablir, appuyer, v. pr., faire un fond : *Asentatzia, ondekidatzea.*

FONDERIE, s. f., lieu où l'on fond. — *Olha, urteghia, burnikintzteghia.*

FONDEUR, s. m., qui fonde les métaux. — *Urtzaïlea.*

FONDRE, v. a., n. et p., liquéfier. — *Urtzea, menaztea.* || Fondre de la graisse, du suif, etc. : *Urtzea.*

FONDS, s. m., biens. — *Ontasunac.* || Somme d'argent destinée à quelque chose : *Dirúa, suma, kódala, dirutornia.* || Fonds de science, de jugement, etc. : *Yakitatia, batundea.*

FONTAINE, s. f., eau sortant de terre, édifice, vase pour l'eau : *Ithurria.*

FONTE, s. f., action de fondre. — *Urtasuna.* || Métal fondu : *Métála.*

FONTS, s. m. pl., vaisseau pour baptiser. — *Bathaïo arria, bathaïo lekua.*

FOR, s. m., tribunal. — *Tribunala.* || pl., us., fors : *Fueruac.*

FORÇAT, s. m., galérien. — *Gáleranóa.*

FORCE, s. f., vigueur, puissance, contrainte, énergie. — *Indarra, ahala.* || pl., grands ciseaux : *Achturrac, motchalea.* || Violenter : *Bortcha.* || Force (par) : *Bortchaz.* || Force (avec) : *Finki.*

FORCÉ, adj., qui n'est pas naturel. — *Bortchatua.* || part., obligé : *Bortchatua.*

FORCÉMENT, adv., par force.—*Bortchatuki, bortchaz, nahi'ta-ez.*

FORCER, v. a., contraindre, violenter, excéder, prendre par force, rompre. — *Bortchatzea, hertchatzea, behartzea.*

FORER, v. a., percer, t. d'arts. — *Cilhatzea.*

FORESTIER, s. m. (garde) : *Oïhan-zaïna, oïhan-zaña.*

FORÊT, s. f., terre couverte de bois. — *Oïhana, oïhan.*

FORFAIRE, v. n., faire quelque chose contre le devoir. — *Oghendatzea.*

FORFAIT, s. m., crime. — *Hoghena.*

FORGE, s. f., lieu où l'on fond le fer.— *Ola, olea, olha, burdinolá, burniola.* || Forge (petite) : *Olhatchua.* || Lieu où l'on forge le fer : *Arotchteghia, arotzteghia.*

FORGER, v. a., travailler le fer. — *Burdineztatzea, burdinesko tresnac éghitea.*

FORGERON, s. m., qui travaille aux forges.— *Arotcha, arotza, olaghizona.* || Forgeron ordinaire : *Arotcha, arotza.*

FORMALISER (SE), v. pr., s'offenser. — *Chokatzia, menatzea.*

FORMALITÉ, s. f., formule de droit. — *Formalitatia.*

FORMATION, s. f., action de former. — *Eraztea, moldaëra.*

FORME, s. f., ce qui détermine la matière à être telle ou telle chose. — *Forma, bilgura, era.* || Figure extérieure : *Itchura.* || Figure (modèle) : *Módela.* || Forme de souliers : *Urkoïya.* || Forme, terme générique : *Era.* || Forme substantielle : *Era, egopearra.* || Forme accidentelle : *Era itzurpearra.* || Forme (manière de vivre) : *Bici modua.* || Forme, moule : *Móldea, orkeïa, eraghillea.* || Forme, figure : *Itchura, iduria, irudia, ekanza.*

FORMEL, LE, adj., exprès, excessif.—*Presiso.*

FORMELLEMENT, adv., précisément. — *Presiski, absolutuki.*

FORMER, v. a., donner l'être à la forme. — *Eghitea, moldatzea, eskuaïratzea.* || Instruire : *Eskolatzea.*

FORMIDABLE, adj., à craindre. — *Lazgarria, ikharagarria, gaïtza.*

FORMULE, s. f., modèle d'acte, ordonnance de médecine. — *Errandea.*

FORMULER, v. n., diriger une ordonnance médicale. — *Errantzea.*

FORNICATION, s. f., péché de la chair. — *Emajaüztea, andreketa, paillardiza, chikoka.*

FORNIQUER, v. n., commettre la fornication ; pl., us. — *Emajaüztetzea, paillardizatzea, chikokatzea.*

FORPAÎTRE, v. a., se dit des bêtes qui vont chercher leur pâture dans les lieux éloignés de leur séjour ordinaire. — *Alatzea.*

FORS, prép., hormis. — *Sálbo.*

FORT, s. m., l'endroit le plus fort d'une chose, ce en quoi on excelle. — *Borthitz, borthitza, sendóa, azkarra, pizkorra, erskona, füertea, indartia.* || adv., vigoureux, solide, violent, énergique : *Borthitza.* || Crocheteur : *Borthiza, azkarra, borthitzea, orronkalea, orronkazlea.* || s. m., forteresse : *Füertea, gastelûa.*

FORTEMENT, adv., avec force. — *Azkarki, borthitzki, finki, tinki.*

FORTERESSE, s. f., lieu fortifié. — *Füertea, gazteluûa, citadela.*

FORTIFICATION, s. f., action de fortifier. — *Esindartza.*

FORTIFIER, v. n., rendre fort. — *Borthitztea.* || Terme militaire : *Borthitztea, esindartzea.* || Donner de la vigueur : *Azkartzea, aützetzea, khementzea, sendotzea, estenkatzea.*

FORTIN, s. m., diminutif, petit fort.—*Füertetchûa.*

FORTUIT, adj., qui arrive par hasard.—*Menturaz, ghertuaz, ohartgabeaz, kólpez, uste gabetan.*

FORTUITEMENT, adv., par hasard. — *Uste gabeki.*

FORTUNE, s. f., hasard. — *Mentura, zória.* || Situation heureuse ou malheureuse : *Zória.* || Richesse : *Aberatxtasuna, fortuna.* || Les bonnes grâces d'une femme : *Kónkesta.* || Bonne fortune : *Zóri ona.* || Mauvaise fortune : *Zóri gachtua, zóri gaïtza.*

FORTUNÉ, ÉE, adj., heureux. — *Zóri-onekûa.* || Riche : *Aberatxa.*

FOSSE, s. f., creux en terre.—*Aska, bezoïnaska.* || Creux pour enterrer un cadavre : *Cilhóa, hilobia.*

FOSSÉ, s. m., fosse en long. — *Erreka, arroïla, aska, bezoïnaska.*

FOSSETTE, s. f., petit creux à la joue ou au menton. — *Chilôa, chulûa.*

FOSSOYER, v. a., clore des fosses. — *Askatzea, bezoïn askaz inguratzea.*

FOSSOYEUR, s. m., qui fait des fosses pour enterrer.—*Chilô'ghilea, obï'ghilea, zûlo'ghilea, cilhô'ghilea.*

FOU, s. m. Voyez FOL, FOLLE. — *Erróa, errûa, zóroa.* || Fou (devenir) : *Errotzea, zóratzea.*

FOUACE, s. f., sorte de galette. — *Ophila.*

FOUDRE, s. f., fluide électrique qui sort de la nue avec détonation. — *Ihurtzuria, ozpina, oñaztarria, oñazkarra, ostikarria.*

FOUDROIEMENT, s. f., action d'être foudroyé. — *Ciztadea.*

FOUDROYANT, ANTE, adj., qui foudroie. — *Ciztagarria.*

FOUDROYER, v. a., frapper de la foudre. — *Ciztatzea.*

FOUET, s. m., cordelette pour fouetter. — *Azótea.* || Coups de verge pour châtier : *Zûrra.*

FOUETTER, v. a. et n., donner le fouet. — *Azótatzea, iphurditan emaïtea, zehatzea, larrutzea.*

FOUETTEUR, s. m., qui fouette. — *Azótetzaïlea, phurditan émaïlea.*

FOUGERAIE, s. f., lieu planté de fougère. — *Iralekûa, iraztoya, irastorra.*

FOUGÈRE, s. f., plante. — *Iratzea, ihatzia, iratze, hiretcea.*

FOUGUE, s. f., mouvement violent avec colère. — *Sûa, oldarra, bóaldá, fûlia.*

FOUGUEUSEMENT, adv., d'une manière fougueuse. — *Oldarki, sùtxuki, bóaldaki, fûliatki, fuliatxuki.*

FOUGUEUX, EUSE, adj., qui entre en fougue. — *Oldartxua, sùtxua, bóaldatxua, fûliatxua.*

FOUILLER, v. a. et n., creuser pour chercher, chercher dans les poches. — *Billatzia, miratzia, ikartzea.*

FOUINE, s. f., petit quadrupède. — *Pitocha, pitosa, piztia, udóa, katakuisanchóa, mierlea, fuiña, gâtupitotcha.*

FOULARD, s. m., étoffe de soie peinte. — *Fûlarra.*

FOULE, s. f., presse, multitude de personnes. — *Ostea, multzua, ozpia, yendedia.* ‖ En foule, adv., en grand nombre : *Multxuan, ostean, ozpian.* ‖ Troupe de gens sans ordre, en confusion : *Nasdia, tropelia, andana.*

FOULER, v. a., presser. — *Herchatzea, zápatzea, zaïnhartatzea, behartzea.* ‖ Fouler du drap : *Bólatzea, boïllatzea, batantzea.*

FOULON, s. m., qui foule les draps. — *Bóla, batana.*

FOULURE, s. f., contusion. — *Zaïnhartadura.*

FOUR, s. m., lieu voûté pour cuire le pain. — *Labea, labia.* ‖ Lieu pour faire la chaux : *Khisu-labea.* ‖ Les briques, les tuiles, etc. : *Teïla-labea.*

FOURBE, adj., trompeur. — *Enganatzaïlea, faltxûa.*

FOURBER, v. a., tromper finement. — *Enganatzea.*

FOURBERIE, s. f., tromperie. — *Enganadura.*

FOURBIR, v. a., polir le fer. — *Arghitzea, leguntzea, laüaïntzea.*

FOURBU, UE, adj. (cheval), qui perd l'usage des jambes. — *Gorbera.*

FOURCHE, s. f., instrument à deux ou trois branches. — *Sahardea, sardia.* ‖ Fourche (petite) : *Sahardetchua, sarditchua, puchiñac.*

FOURCHETTE, s. f., ustensile de table. — *Forcheta, sardeska.*

FOURCHU, adj., en fourche. — *Kákola, sardia.*

FOURMI, s. f., insecte. — *Chinaürria, cinaürria, chimaürria, chingurria, chindurria.*

FOURMILIÈRE, s. f., gîte des fourmis. — *Chinaürriteghia, cinaürriteghia, chimaürriteghia, chingurriteghia, chindurriteghia.*

FOURMILLEMENT, s. m., picotement. — *Chingurtea, chindurtea.*

FOURMILLER, v. n., abonder, picoter. — *Chingurritzea, cinaürritzea, chimaürritzea, chinaürritzea, chindurritzea.*

FOURNAISE, s. f., grand four; fig., feu ardent. — *Sûteghia.*

FOURNEAU, s. m., vase pour mettre le feu. — *Fûrneba.*

FOURNÉE, s. f., contenu d'un four. — *Labealdea, labealdia, eraldia, labaldia.*

FOURNIL, s. m., lieu où est le four. — *Labeteghia.*

FOURNIR, v. a., pourvoir, garnir. — *Hornitzia, aïtzinatzea, hornitzea, puchitzea.*

FOURNISSEUR, s. m., qui fournit des marchandises. — *Hornitzaïlea, aïtzintzaïlea, puchitzaïlea.*

FOURNITURE, s. f., provision, ce qui est fourni. — *Hornidura, aïtzindura, puchidura.*

FOURRAGE, s. m., herbe pour le bétail. — *Belharkia.*

FOURRÉ, adj., rempli, bois rempli de broussailles. — *Sasidia.* ‖ Vêtement garni de fourrure : *Larruztatua.*

FOURREAU, s. m., gaîne. — *Maghina, sórûa.*

FOURRER, v. a. et pr., garnir chaudement. — *Larruztatzea.* ‖ S'introduire, s'immiscer, fam. — *Sartzea.* ‖ Mettre : *Ematea, sakatzea.*

FOURRIER, s. m., sous-officier. — *Fúrriera.*

FOURRIÈRE, s. f., détention de bestiaux. — *Bazkadea, zuhaïn, zuhaïna.*

FOURRURE, s. f., peau à poil pour fourrer. — *Larrudura.*

FOUTEAU, s. m., hêtre, arbre. — *Fagóa, págúa.*

FOUTELAIE, s. f., lieu planté de hêtres. — *Fagódia, págúdia.*

FOYER, s. m., âtre. — *Sûpareta, sûghibela, sûteghia.* ‖ Chauffoir : *Sûteghia.* ‖ Domicile : *Egoïtza.*

FRACAS, s. m., grand bruit, au pr. et au fig. — *Arrabotxa, azantza, harramantza.*

FRACASSER, v. a., rompre. — *Phorrokatzea, aüstea, erabaghitzea, zátitzea, chedtzea, ccátzea.*

FRACTION, s. f., action de rompre. — *Phorrokadura.* ‖ Partie de l'unité : *Phartea.*

FRACTURE, s. f., rupture avec effort. — *Aütxidura.*

FRACTURÉ, adj. (os), où il y a une fracture. — *Aütxi.*

FRACTURER, v. a., faire une fracture. — *Aütxtea.*

FRAGILE, adj., aisé à se chuter. — *Hanzkorra, flucha, kampecha.* ‖ A briser, à détruire : *Aütxkorra.*

FRAGILEMENT, adv., d'une manière fragile. — *Hanzkorki, fluchki, kampechki.* ‖ Sans force, sans vigueur : *Flakoki.*

FRAGILITÉ, s. f., qualité fragile qui peut se briser : *Aütxkortasuna.* ‖ En ce qui est de mal faire : *Flakotasuna, fluchtasuna.*

FRAGMENT, s. m., morceau. — *Puska, zátia.*

FRAÎCHEMENT, adv., avec fraîcheur. — *Freskoki, frechkoki.* ‖ Nouvellement : *Berriki.*

FRAÎCHEUR, s. f., frais. — *Freskotasuna.* ‖ Froideur : *Freskura.*

FRAIS, FRAÎCHE, adj., qui tempère la chaleur. — *Freskûa, freskóa, frechkûa.* ‖ Récent, te : *Berria.* ‖ Non salé : *Freskûa.* ‖ adj., froidement : *Hotza.* ‖ s. m., fraîcheur : *Freskura.* ‖ pl., dépenses, dépens, frais : *Fresac, gastuac, despendióac.*

FRAISE, s. f., fruit. — *Marrubia, mallughia, morrobia, arrega, maraguria, arraga.* ‖ Boyau de veau : *Lúpia.*

FRAISIER, s. m., plante. — *Marrubi-hondoa, morrobi-hondoa.* ‖ Lieu planté de fraises : *Marrubiteghia, morrobiteghia, arregateghia, maraguriteghia, mallughidia.*

FRAMBOISE, s. f., fruit. — *Masusta, zarzaïdea, gortalea.*

FRAMBOISIER, s. m., arbrisseau. — *Masust'-hondoa, zarzaï-hondoa, gortale'-hondoa.*

FRANC, s. m., exempt d'aller à la guerre ou de quelque autre charge. — *Libratua, kitortua, frankóa.*

FRANC, CHE, adj., libre, exempt de charge sincère. — *Frankûa, agheria, phrankua.*

FRANÇAIS, AISE, adj., de la nation française. — *Fransesa, phransesa.*

FRANCHEMENT, adv., avec franchise. — *Frankoki, agheriki, phrankoki.*

FRANCHIR, v. a., sauter par dessus. — *Saltatzia.* ‖ Passer au delà : *Iragaïtea.*

FRANCHISE, s. f., sincérité. — *Frankotasuna, agherdura.* ‖ Exemption : *Librantza, kitorza.*

FRANCISER, v. a., donner une terminaison française à un mot. — *Fransestatzea, franseskatzia.*

FRANCOLIN, s. m., oiseau. — *Chálunta.*

FRANGE, s. f., tissu effilé. — *Branya, franya, franjea, lisdinda, adaria, tiraltsia.*

FRANGER, v. a., garnir de franges. — *Branyatzia, franyatzea, franjeatzea, lisdindatzea, adaritzea, tiraltsitzea.*

FRAPPANT, ANTE, adj., qui fait impression. — *Harrigarria.*

FRAPPER, v. a. et n., donner un coup ; s. m., battre la mesure. — *Yotzea.* ‖ Fig., impressionner : *Harritzea.*

FRAPPEUR, EUSE, s., qui frappe. — *Yotzaïlea.*

FRATERNEL, LE, adj., de frère. — *Anayakûa, anaïtarra.*

FRATERNELLEMENT, adv., en frère. - *Anayaïki, anaïtarkiró.*

FRATERNISER, v. a., vivre en frères. — *Anaykidatzea.*

FRATERNITÉ, s. f., union fraternelle. — *Anaïdea, anaytasuna.*

FRATRICIDE, s. m., qui a tué son frère ou sa sœur. — *Aürridi baten hiltzea, anay'errallea.* ‖ Crime du fratricide : *Anay'era-yóa, arreb'errallea, ahizp'errallea, aürridi-heriotcea.*

FRAUDE, s. f., tromperie. — *Enganakuntza, maüla, yakotzia.* ‖ Contrebande : *Kóntrabanda, fródá.*

FRAUDER, v. a., tromper. — *Enganatzea, maülatzea, yokotritzea.* ‖ Frustrer par la fraude : *Kóntrabánda'ghitea, fróda'ghitea.*

FRAUDEUR, EUSE, adj., qui fraude. — *Kóntrabandista, kóntrabandaria, fróda'ghilea.*

FRAUDULEUSEMENT, adv., avec fraude. — *Fródakoki, engañoki.*

FRAUDULEUX, EUSE, adj., fait avec fraude. — *Engañoki, fródaki.*

FRAYER, v. a., tracer une route. — *Libratzea, oñaztea, oñeztatzea, ondikatzea, kalkatzea.* ‖ Au prop. et au fig. : *Libratzea.* ‖ Fréquenter : *Bakidatzea.*

FRAYEUR, s. f., peur, crainte vive. — *Beldurra, icialdura, harridura.*

FREDAINE, s. f., trait de libertinage. — *Trabesura.*

FREDONNER, v. a., faire des roulades. — *Otsaützea.*

FRÉGATE, s. f., navire. — *Frégata, azabra, frágata.*

FREIN, s. m., mors, ce qui bride. — *Esteka.*

FRELATER, v. a., falsifier le vin, etc. — *Nahastekatzea.*

FRELATERIE, s. f., action de frelater. — *Nahastekadura.*

FRÊLE, adj., fragile. — *Mendria.*
FRELON, s. m., grosse mouche.—*Lichtorra, listorra, kuruminoa, habea, eütitzarra.*
FRELUQUET, s. m., damoiseau. — *Fakiña.*
FRÉMIR, v. n., trembler par un mouvement de crainte ou d'horreur. —*Laztea, lardakitzea, ikharatzea.* || Bourdonner après avoir sonné les cloches.—*Burrumbatzea, dindatzea, dindaïtzea, dunduriatzea.*
FRÉMISSEMENT, s. m., dans le sens de frémir. — *Lazdura, lardakitza, ikhara.*
FRÊNE, s. m., arbre. — *Lizarra, leïzarra.*
FRÉNÉSIE, s. f., fureur aveugle.—*Desmoria, zórabia.*
FRÉNÉTIQUE, adj. et s. m., atteint de frénésie. — *Desmoriatua, zórabiatua.*
FRÉQUEMMENT, adv., souvent. — *Maïz, ardura, usû.*
FRÉQUENCE, adj., qui arrive souvent.—*Maïz ghertatzen dena.*
FRÉQUENT, adj., qui arrive. — *Maïz ghertatzen dena.*
FRÉQUENTABLE, adj., qu'on peut fréquenter. — *Ibilgarria.* || Qu'on peut voir, hanter : *Ikhusgarria, bakidagarria.*
FRÉQUENTATION, s. f., action de fréquenter. — *Ibibilkuntza.* || Communication : *Bakindadea.*
FRÉQUENTER, v. a., hanter, voir souvent. — *Bakidatzea.* || Parcourir : *Ibiltzea.*
FRÉQUENTÉ, ÉE, part., hanté, vu. — *Bakindatua.* || Parcouru : *Ibillia.*
FRÈRE, s. m., né d'un même père, etc. — *Anaya.* || Frère et sœur : *Anaya'ta arreba, anay'arreba.*
FRESSURE, s. f., partie intérieure de quelques animaux. — *Ghibelarraïa.*
FRET, s. m., louage d'un vaisseau.-*Ugasaria.*
FRÉTER, v. a., louer un vaisseau. — *Ugasaritzea.*
FRÉTEUR, s. m., qui frête.— *Ugasaritzallea.*
FRÉTILLANT, adj., qui frétille. — *Bullaria, iskambillaria, trabiesóa.*
FRÉTILLEMENT, s. m., action de frétiller. — *Iskambilla, trabiesura, bullarisura.*
FRÉTILLER, v. n., s'agiter vivement. — *Bullaritzea, iskambillatzea, trabiesotzea.*
FRIABILITÉ, s. f., qualité friable. — *Chedkortasuna, ceákortasuna.*
FRIABLE, adj., aisé à pulvériser. — *Cheágarria, ceágarria.*
FRIAND, adj. et s., qui aime la chair fine, les mets délicats. - *Frianta, gormanda, gógosetia.*

FRIANDISE, s. f., goût de friand. — *Friandiza, gormandiza, gógosetia.*
FRICASSÉE, s. m., mets frits dans la poêle. — *Frighidura.*
FRICASSER, v. a., cuire en morceaux dans la poêle avec certains assaisonnements, de la viande, etc. — *Freïtzea, frighitzea, sartaghitzea, erragositzea.* || Fig. et pop., dissiper en bonne chère et en débauches : — *Barreiyatzea.*
FRICHE, s. m., terre inculte. — *Luralferra, larrea, othedia.*
FRICOT, s. m., mets. — *Frikûa.*
FRICTION, s. f., frottement du corps. — *Fereka.*
FRILEUX, EUSE, adj., très-sensible au froid. — *Hozbera.*
FRIMAS, s. m., grésil, brouillard, froid, etc. — *Eskarcha, ékachea, bitsuria.*
FRIME, s. f., semblant. — *Alheghia.*
FRINGANT, adj., fort éveillé.-*Gallartóa, gallardia, ernea, bizia, mizkuëa, malatsa.*
FRION, s. m., petit fer au côté de la charrue. — *Pikoya.*
FRIPER, v. a., chiffonner, gâter, user ; fig., dissiper en débauches. — *Funditzea.*
FRIPON, adj. et s., voleur adroit.—*Frikûna, filûsa, pikaróa.* || Coquet : *Aïrosa.*
FRIPONNER, v. a., escroquer. — *Frikûnkerian, filûskerian, pikardian aïtzea.*
FRIPONNERIE, s. f., action de fripon. — *Frikûnkeria, filûskeria, pikardia.*
FRIRE, v. a. et n., cuire dans la friture. — *Frighitzea, freïtzea.*
FRISE, s. f., sorte d'étoffe de laine. — *Orrakaya.* || Terme d'architecture : *Arpaïndartea.*
FRISÉ, ÉE, adj., crépu.—*Kuskuïldúa, kochkoïllatúa, kizkurtúa, izkurtúa, larrotúa, galbartúa.*
FRISER, v. a., créper.—*Kuskuïlatzea, kochkoïlltzea, kizkurtzea, izkurtzea, arrotzea, galbartzea.*
FRISSON, s. m., tremblement. — *Ikhara, daldara.*
FRISSONNEMENT, s. m., léger frisson. — *Ikharadura, daldaradura.*
FRISSONNER, v. n., avoir le frisson. — *Ikharatzera, daldaratzea.*
FRISURE, s. f., façon de friser. — *Kuskuïldura, kochkoïldura, kizkurdura, arrodura, galbardura.*
FRITURE, s. f., action et manière de frire. — *Erragochóa.*

FRIVOLE, adj., vain, léger.—*Arina, cekaya.*
FRIVOLEMENT, adv., d'une manière frivole.— *Arinki, cekaïki.*
FRIVOLITÉ, s. f., caractère frivole. — *Arintasuna, cekaïdea.*
FROC, s. m., habit monacal.—*Aphezarropa.*
FROID, s. m., l'opposé du chaud. — *Hotza.* || Fig., indifférence : *Hotza.* || adj., sans chaleur : *Hotza.* || Fig., impassible, sérieux : *Hotza.*
FROIDEMENT, adv., d'une manière froide. — *Hotzki.*
FROIDEUR, s. f., qualité froide, froid. — *Hotztasuna.*
FROIDIR, v. n., refroidir. — *Hotztea.*
FROIDURE, s. f., froid de l'air. — *Hotzdura.*
FROISSEMENT, s. m., action de froisser. — *Chimurdura.* || Meurtrissure : *Uspeldura.*
FROISSER, v. a., meurtrir.—*Uspeltzea, mallatzea, maliatzea.* || Chiffonner : *Chimurtzea.*
FROISSURE, s. f., état froissé (meurtri). — *Uspela, malla, malia.* || Etat chiffonné : *Chimurra.*
FRÔLEMENT, s. m., action de froisser. — *Unkidura arina.*
FRÔLER, v. a., toucher légèrement en passant. — *Arinki unkitzea.*
FROMAGE, s. m., lait caillé, égoutté.—*Gasna, gaztá, gaztaya.* || Lait presque caillé pris pour faire le fromage : *Matoya.*
FROMAGER, s. m., fabrique de fromage.—*Gasnadia.* || Vase pour égoutter : *Cimitza.* || Celui qui fait le fromage : *Gasna'ghilea.*
FROMAGERIE, s. f., lieu où l'on fait le fromage. — *Gasnadia.*
FROMENT, s. m., sorte de blé. — *Oghia.*
FRONCEMENT, s. m., action de froncer. — *Cimurdura, chimurdura, izurdura.*
FRONCER, v. a., plisser, froncer le front. — *Cimurtzea, chimurtzea, izuria.*
FRONCIS, s. m., plis à une étoffe.—*Cimurra, chimurra, ichurra, bildura, izurtzea.*
FRONDE, s. f., instrument pour lancer des pierres. — *Habalá, halibarra, dafaïla, abalarria, aballá.*
FRONDEUR, s. m., qui lance la pierre.—*Habalaria, halibarraria, dafaïlaria, aballaria.*
FRONT, s. m., le haut du visage. — *Kópeta, bekokia.* || Fig., audace : *Kópeta, aüsartzia.* || Impudence : *Kópeta.*
FRONTIÈRE, s. f., limite d'Etats. — *Muga, mugakidia, frontera.* || adj. f., limitrophe: *Mugakidea.*

FRONTISPICE, s. m., façade principale d'un édifice. — *Aürkea, aürrea, aürea.*
FROTTAGE, s. m., travail du frotteur : *Férekadura.*
FROTTEMENT, s. m., action de frotter. — *Férekamendua.* || Froissure : *Murruska.*
FROTTER, v. a., toucher en passant à plusieurs reprises. — *Férekatzea.* || Battre : *Yótzea.* || Froisser : *Murruskatzea.*
FROTTEUR, s. m., celui qui frotte. — *Ferekatzaïlea.*
FROTTOIR, s. m., linge, etc., pour frotter.— *Ferekatzekûa.*
FRUCTIFICATION, s. f., formation du fruit. — *Pipitadura, pipitan, frútua pipitan izatia.*
FRUCTIFIER, v. n., rapporter du fruit. — *Frútukartzea.* || Progresser : *Eremaïztea.*
FRUCTUEUSEMENT, adv., utilement. — *Frútukartasuna.* || Avec progrès : *Eremaïztasuna.*
FRUCTUEUX, EUSE, adj., utile. — *Frútuekia.* || Profitable : *Eremaïztia, cremaïztuna.*
FRUGAL, adj. sans pl. m., sobre.—*Piskasea.* || Simple : *Bákuna.*
FRUGALEMENT, adv., avec frugalité. — *Piskiró.*
FRUGALITÉ, s. f., sobriété. — *Piskasadea.* || Economie : *Onzurra, zuhurtasuna.*
FRUGIVORE, adj., qui vit de végétaux, de fruits. — *Frútukórra.*
FRUIT, s. m., production végétale. — *Frútia, fruïtua.* || Profit: *Eremaïtza.* || Fig., enfant dans le sein de sa mère, fruit : *Fruïtua, alorta.*
FRUITAGE, s. m., toute sorte de fruits.—*Frútukeria.*
FRUITIER, adj., qui a du fruit. — *Frútuda, alortakia.* || Arbre fruitier (sauvage) : *Basatia.*
FRUITIER, ÈRE, adj., marchand de fruits. — *Frútu marchanta.*
FRUSTRER, v. a., priver d'une chose. — *Enganatzea.*
FUGITIF, IVE, adj. et s., qui fuit. — *Iheslaria.* || Léger : *Iheslaria.*
FUIR, v. n., courir pour se sauver ; v. a., éviter. — *Ihesghitea.*
FUITE, s. f., action de fuir. — *Ihesa, ihesia.*
FULMINANT, ANTE, adj., qui fulmine, qui éclate avec bruit. — *Ciztalea.*
FULMINER, v. a., publier une sentence d'excommunication ; v. n., s'emporter, faire feu et flamme, faire une explosion : *Ciztatzea.*

FUMANT, ANTE, adj., qui fume. — *Kheá dariola.*

FUMÉE, s. f., vapeur tirée par le feu. — *Kheá, khiá, khé.*

FUMER, v. n., prendre du tabac en fumée.— *Pipatzea.* ∥ Faire de la fumée, répandre de la fumée : *Khé'gkitea.* ∥ Répandre du fumier : *Ongarritzea.*

FUMEUR, s. m., qui fume du tabac. — *Pipatzaïlea.*

FUMIER, s. m., soutrage mêlé de fiente. — *Ongarria, samatxa.*

FUMIGATION, s. f., action de fumiger. — *Urrindura.*

FUMIGATOIRE, adj., propre à fumiger. — *Urrintzallea.*

FUMIGER, v. a., exposer aux vapeurs. — *Urrindaztia.*

FUNÈBRE, adj., des funérailles. — *Ilorea, progúa, pórogúa, hilorea.* ∥ Lugubre : *Ilhuna, negargarria.*

FUNÉRAILLES, s. f., obsèques. — *Iloreac, progúac, póralzuac, hiloreac.*

FUNÉRAIRE, adj., des funérailles. — *Ilorekúac, progukúac, pórogukúac, hilorekúac.*

FUNESTE, adj., malheureux. — *Gaïtza, ondikorra, eriozkóa.*

FUNESTEMENT, adv., d'une manière funeste. — *Gaïtzkoki, eriozkiró, ondikorki.*

FURET, s. m., animal dont on se sert pour prendre des lapins. — *Udóa, uncharta.* ∥ Femelle du furet : *Udó'emeá, unchart'emea.* ∥ Chasser le lapin avec le furet : *Udóatzea, unchartatzea.*

FURETER, v. n. ; fig., fouiller. — *Billatzea, érabiltzea.*

FURETÉ, ÉE, part., fouillé. — *Billatua, érabildúa.*

FURETEUR, s. m., qui furette.—*Billatzaïlea, érabiltzallea.*

FUREUR, s. f., colère. — *Errabia, fúlia, fúria, irakundea, kholéra.* ∥ Frénésie : *Desmoria, zórabia.*

FURIBOND, s. et adj., furieux. — *Errabiatua, fúliatia, furiatia, súmintia, otsarkatia.*

FURIE, s. f., colère. — *Errabia, fúlia, fúria, irakundra, kholéra.* ∥ Passion : *Errabia.*

FURIEUSEMENT, adv., à l'excès.—*Errabioski, fúlioski, fúrioski, súminkiro, otsarkatiro.*

FURIEUX, EUSE, s. et adj., en furie. — *Errabiatua, fúliatua, súmintia, otsarkatia.* ∥ Excessif, violent, impétueux, prodigieux : *Mutirikia, oldarkia.*

FURONCLE, s. m., flegmon. — *Anditxua.*

FURTIF, IVE, adj., fait en cachette. — *Gordeka, ichilka, eskutuka.*

FURTIVEMENT, adv., à la dérobée. — *Gorderic, ichilic, eskutuki, eskutuan ichilic.*

FUSEAU, s. m., instrument pour filer. — *Ardatza.*

FUSÉE, s. f., fil sur le fuseau. — *Ardaztarra.* ∥ Espèce de feu d'artifice : *Ardaztarra.* ∥ adj. f., chaux éteinte : *Khisú trempatua.*

FUSELÉ, ÉE, adj., en fuseau, blas., arch.— *Ardatz-moldea.*

FUSIBILITÉ, s. f., qualité fusible. — *Ugarritasúna.*

FUSIBLE, adj., qui peut se fondre.-*Ugarria.*

FUSIL, s. m., arme à feu. — *Chichpa, arkaüza.*

FUSILLADE, s. f., plusieurs coups de fusil.— *Chichpatadea, chichpa gólpeac.*

FUSION, s. f., liquéfaction. — *Ugarrikuntza.* ∥ Réunion : *Bilkúa, bilku.*

FUSTIGATION, s. f., action de fustiger.—*Azotadea.*

FUSTIGER, v. a., battre à coups de fouet. — *Azotatzea.*

FUT, s. m., bois sur lequel est monté un pistolet, un fusil, etc. — *Kureña, tiratzeko lanabesa, kánoyaren irozarria.* ∥ Futaille, barrique : *Barrika.*

FUTAIE, s. f., bois de grands arbres. — *Arbol handiko oïhana.*

FUTAILLE, s. f., barrique, tonneau.-*Barrika.*

FUTÉ, adj., rusé. — *Amarrutxua.*

FUTILE, adj., frivole, bagatelle. — *Ezdeúsa, telachuta, cekaya, faüna, utxa, vanóa.*

FUTILITÉ, s. f., frivolité, bagatelle. — *Ezdeústasuna, telachútasuna, cekaydea, vanolasuna, faüntasuna, utxtasuna.*

FUTUR, v. a. et s., à venir. — *Ethortzekúa, ikeïa, ethorkizunekúa, izákizunekúa.* ∥ Terme de grammaire : *Gherokoëra.*

FUYANT, ANTE, adj., qui se perd dans le lointain. — *Urruntzen dena.*

FUYARD, adj., qui fuit ; s. m., qui s'enfuit. — *Ihestaria.*

G

G, s. m. (GÉ ou GE), septième lettre de l'alphabet. — *Abeceko zazpigarren letra*. ‖ Excepté dans quelques mots où la prononciation est plus dure et plus sèche, comme *gnomonique*, *gnostique*, G et N réunis forment une prononciation mouillée, comme dans les mots : *Digne*, *signal*, *agneau*. Dans la langue basque ces deux lettres sont remplacées par une seule N qui, surmontée d'un tilde (Ñ) comme dans la langue espagnole, prend un son mouillé.

GABARE, s. f., bateau. — *Khabarra*.

GABARIER, s. m., conducteur de gabare. — *Khabarra-zaña*.

GABER, v. a. et n., railler, se moquer. — *Trufatzea*.

GABEUR, s. m., qui gabe. — *Trufatzaïlea*.

GABIER, s. m., matelot qui fait le guet sur la gabie. — *Gabiera*.

GACHER, v. a., détremper, délayer. Il ne se dit que du mortier ou du plâtre que l'on délaie. — *Ligatzea*.

GACHETTE, s. f., pièce de serrure. — *Klichketa*. ‖ De fusil : *Krichketa*.

GAFFE, s. f., perche armée d'un croc. — *Makúa*.

GAFFER, v. a., accrocher avec la gaffe. — *Makótzia, makozkartzea*.

GAGE, s. m., nantissement. — *Baya*. ‖ Preuve : *Frogantza*. ‖ Assurance : *Segurantcia*. ‖ Paie : *Soldata*.

GAGER, v. a. et n., parier. — *Yokatzea, ichpichoïnatzea*.

GAGEUR, EUSE, adj., qui gage souvent. — *Yokatzaïlea, ichpichoïnaria, yokaria*.

GAGEURE, s. f., pari. — *Pariúa, ichpichoïna, paramena, temá*.

GAGNANT, ANTE, adj., qui gagne. — *Irabaztaïlea*.

GAGNE-DENIER, s. m., portefaix. — *Fajerua*. Gagne-petit, rémouleur : *Chorrochtaïlea*.

GAGNER, v. a. et n., tirer profit, faire un gain, obtenir, remporter, vaincre au feu. — *Irabaztea*. ‖ Fig., dépasser : *Aintzinatzea*. ‖ Séduire : *Maïnatzea, eskuratzea*.

GAI, E, adj., joyeux, qui porte à la joie ; adv., gaiement. — *Bóza, alheghera, harróa, arraya*.

GAIEMENT, adv., avec gaieté. — *Bózki, alhegheraki, harroki, arrayki*.

GAIETÉ, s. f., joie. — *Bózkia, alhegheratatasuna, alhegrentcia, arraykia, harrotasuna*.

GAILLARD, ARDE, adj. et s., sain, dispos. — *Trempúan*. ‖ Licencieux : *Sasúala, bárrayatda, lizuna*.

GAILLARDEMENT, adv., gaiement. — *Alhegaráki, bózki, harroki, arrayki, gallardóro, mánóro*.

GAILLARDISE, s. f., gaieté. — *Alhegrentcia, arraykia, bózkia, hárrotasuna*.

GAIN, s. m., profit, succès. — *Irabacia*.

GALAMMENT, adv., d'une manière galante. — *Galantki*.

GALANT, ANTE, adj. et s., probe, civil. — *Galanta*. ‖ Amoureux : *Ghizongheya*. ‖ Agréable : *Arraya, atxeghina, gózóa*. ‖ Femme qui a des intrigues d'amour : *Aïrosa*. ‖ Galant amant : *Amorantea*.

GALANTERIE, s. f., qualité galante. — *Galantkeria*. ‖ Cadeau : *Orhoïtzapena*.

GALE, s. f., maladie de peau. — *Záragarra*.

GALÈRE, s. f., peine afflictive. — *Gálera*.

GALERIE, s. f., chambre. — *Aldamiúa, gáleria*.

GALÉRIEN, s. m., mis aux galères. — *Gálerianóa*.

GALET, s. m., caillou plat, jeu de palet. — *Arri-chabala*.

GALETAS, s. m., logement pauvre. — *Teillarasa*.

GALETTE, s. f., gâteau plat. — *Olata, ophila*.

GALEUX, EUSE, adj. et s., qui a la gale. — *Záragartxúa*.

GALIMATIAS, s. m., discours confus. — *Nahasdura, barnisurtea*.

GALIOTE, s. f., galère, bateau, navire. — *Galeóta*.

GALIPOT, s. m., résine de pin. — *Arrusiña*.

GALLE, s. f. (noix de), excroissance végétale. — *Kálitcha*.

GALOCHE, s. f., sorte de chaussure. — *Kálotcha*.

GALON, s. m., tissu en forme de rubans de soie, d'or, etc. — *Gáluna, gáloya*.

GALONNER, v. a., orner de galons. — *Gálunatzia, gáloyatzia*.

GALOP, s. m., allure rapide du cheval. — *Galúpa, laürintka, laürazka, laüroïnka*.

GALOPADE, s. f., action de galoper, espace que l'on parcourt en galopant. — *Galúpa*.

GALOPER, v. a., aller, mettre au galop. — *Galüpatziá, laürinkatzia, laürazkatzia, laüroïnkatzia.*

GALOPIN, s. m., petit commissionnaire. — *Mütchila.*

GAMBADE, s. m., saut sans cadence. — *Gorroïnka, kallarda, brinkóa, gorroïnkea.*

GAMBADER, v. a., faire des gambades. — *Goroïnkatzea, kallardatzea, brinkatzea.*

GAMELLE, s. f., écuelle en bois. — *Kásola.*

GAMME, s. f., nom des notes de musique disposées en ordre. — *Solfá, otsankida, otsankideá.*

GANACHE, s. f., la mâchoire inférieure du cheval. — *Zaldiaren azpiko matraïla.*

GANGRÈNE, s. f., mortification d'une partie du corps. — *Gangrena.*

GANGRÉNER (SE), v. p., se corrompre. — *Gangrenatzea.*

GANGRÉNEUX, EUSE, adj., de la gangrène. — *Gangrenatxua.*

GANSE, s. f., cordonnet de soie, etc.— *Kordoya, kórdea, esgarria.*

GANT, s. m., partie de l'habillement qui couvre la main. — *Eskularrúac, gùantiac, achorroac, gùanteac.* (En basque se dit au pluriel).

GANTER, v. a., n. et pr., mettre les gants.— *Eskularruac ezartzea, eskularruac emaïtea.*

GANTERIE, s. f., fabrique de gants. — *Eskularru fabrika, achorroya, gùanteága.*

GANTIER, s. m., marchand et fabricant de gants. — *Eskularru'ghilea, achorro'ghilea, gùant'eghilea.*

GARANCE, s. f., plante vivace dont la racine teint en rouge. — *Ocharra.*

GARANCER, v. a., teindre en garance. — *Ocharraztatzea, ocharrez kholoreztatzea.*

GARANT, s. m., caution, autorité.— *Bermea.*

GARANTI, s. m. et part., qui est garanti. — *Bermetua.*

GARANTIR, v. a. et pr., se rendre garant. — *Bermeztatzea.* || Préserver : *Oneghitzea.*

GARBURE, s. f., potage de choux. — *Heltcekaria, aza zópa.*

GARÇON, s. m., enfant mâle. — *Mutikua, mutila.* || Ouvrier, valet, serviteur dans un bureau : *Mutilla, mutila, mutilkia.* || Célibataire : *Donado, donadua, ezkongaya.*

GARÇONNIÈRE, s. f., jeune fille qui hante les garçons, pop. — *Mari'-mutill.*

GARDE, s., action de se tenir en observation, guet, action de garder, ceux qui gardent. — *Zaïna, beghiralea.*

GARDE-BOIS, s. m., qui garde les bois. — *Oïhan-zaïna.*

GARDE-CHAMPÊTRE, s. m., qui garde les champs. — *Landa zaïna.*

GARDE-CHASSE, s. m., qui surveille la chasse. — *Ihizi-zaïna.*

GARDE-CÔTES, s. m., qui garde les côtes. — *Kósta-zaïna.*

GARDE-MAGASIN, s. m., qui garde les magasins. — *Magasiñ'beghiralea.*

GARDE-FOU, s. m., balustrade des ponts. — *Eskubanda.*

GARDE-MALADE, s., qui a soin des malades. — *Héri-zaïnzalea.*

GARDE-MANGER, s. m., lieu pour garder la viande, etc. — *Yangordaïrua.*

GARDE NATIONALE, s. f., garde de citoyens ; s. m., citoyens de cette garde ; pl., nationaux. — *Gùarda-nationala.*

GARDER, v. a., conserver, retenir, veiller à la sûreté, à la conservation, garantir. — *Gùardiatzea, zaïntzea.*

GARDE-ROBE, s. f., où l'on serre les hardes. — *Arropatokia.*

GARDEUR, s., qui garde les bestiaux. —*Gùardiatzaïlea, zaïntzalea, azindá zaïntzalea, beghiralea.*

GARDIEN, NE, s., qui est commis à la garde. — *Gurdiatzaïlea, zaïntzalea, beghirelea.*

GARE ! interj., pour avertir ou menacer. — *Guardia !*

GARE, s. f., lieu d'où partent et où arrivent les trains des chemins de fer. — *Gára.*

GARER (SE), v. pr., se préserver. — *Baztertzea.*

GARGARISER (SE), v. pr., se laver le gosier. — *Ugargaritzea.*

GARGARISME, s. m., action de gargariser. — *Ugargara.*

GARGOTAGE, s. m., repas malpropre. — *Gargotheria.*

GARGOTE, s. f., petit cabaret. — *Gargota, bazkasotóa.*

GARGOTIER, ÈRE, s., qui tient gargote, qui prépare mal les aliments. — *Bazkasolatzaïlea, bazkasotaria.*

GARGOUSSE, s. f., charge d'un canon. — *Kánoy kártutcha.*

GARIGUE, s. f., lande, terre inculte. — *Larria, larrea.*

GARNEMENT, s. m., vaurien, fam. — *Landerra, dollorra, dolorra.*

GARNIR, v. a., pourvoir. — *Hornitzea.* ‖ Remplir : *Bethetzea.* ‖ Doubler : *Doblatzea.* ‖ v. pr., se munir : *Hornitzea.*

GARNISAIRE, s. m., homme en garnison chez un débiteur. — *Solada 'óa.*

GARNISON, s. f., garde d'une place militaire. — *Zaïntzeko trópa.*

GARNITURE, s. f., ce qui garnit, ornement. — *Garnidura.*

GAROU, s. m. Il n'est d'usage qu'avec le mot loup : Loup-garou. — *Otxo-ghizona.*

GAROU, s. m., lauréole ; s. f., petit arbrisseau toujours vert. — *Oïlakarra.*

GARROT, s. m., le haut du cheval. — *Soïngaïna, espalda-gaïna.* ‖ Bâton pour serrer : *Garrotia.*

GARROTTER, v. a., lier fortement. — *Finki lótzea.*

GASCON, adj. et s., de Gascogne.—*Kázkoña.*

GASPILLAGE, s. m., action de gaspiller. — *Fundidura.*

GASPILLER, v. a., dissiper, gâter, fam. — *Funditzea.*

GASPILLEUR, EUSE, adj., qui gaspille.—*Fundinzallea, funditzaïlea.*

GASTER, s. m., le bas-ventre.—*Sabel-azpia.*

GASTRIQUE, adj. de t. g., qui appartient à l'estomac. — *Sabel-azpikúa.*

GASTRONOME, s. m., qui pratique la gastronomie. — *Zaleá, záletua.*

GASTRONOMIE, s. f., science de la bonne chère. —*Záldura.* ‖ S'adonner à la gastronomie : *Záletzèa.*

GATEAU, s. m., sorte de pâtisserie.—*Ophila.*

GATER, v. a. et pr., endommager. — *Funditzea.* ‖ Trop indulgent, corrompre : *Galtzea.*

GAUCHE, adj., opposé à droit. — *Ezkerra.* ‖ s. f., le côté gauche : *Alderdi ezkerra.* ‖ Travers : *Bazterra.* ‖ A gauche : *Ezkerreat.* ‖ adv., du côté gauche : *Ezkerretic.*

GAUCHEMENT, adv., d'une manière gauche, maladroite. — *Errebeski.*

GAUCHERIE, s. f., maladresse. — *Errebeskeria.*

GAUCHER, adj. et s., qui se sert de préférence de la main gauche au lieu de la main droite. — *Ezkerra.*

GAUFRE, s. f., rayon de miel. — *Orrazia.*

GAULE, s. f., houssine.—*Chigorra, cigorra, záhorra, cihórra.*

GAZE, s. f., étoffe très-claire. — *Khaza.*

GAZER, v. a., couvrir de gaze.— *Khazatzea.*

GAZETTE, s. f., feuille qui contient les nouvelles. — *Kazeta.*

GAZON, s. m., terre couverte d'herbe. — *Sórropilla.* ‖ pl., motte de gazon : *Zátola, zóhia.*

GAZONNEMENT, s. m., action de gazonner. — *Zátoladura, zóhiztadura.*

GAZONNER, v. a., garnir de gazon. — *Zátolatzea, zóhiztatzea.*

GAZOUILLEMENT, s. m., chant des oiseaux.— *Bóaüsta.*

GAZOUILLER, v. a., faire un gazouillement.— *Bóaüstatzea.*

GEAI, s. m., oiseau. — *Uzkinachúa, uchkinachóa, uzkiñachúa.*

GÉANT, s., personne de grandeur colossale. — *Geánta, jayana, digantea.*

GELÉE, s. f., froid qui glace.—*Kharrúa, hórma, karroïna.* ‖ Gelée (blanche) : *Hizotza, leya, gelá, yelada.* ‖ Jus coagulé : *Geleá.*

GELER, v. a., n., pr. et imp., glacer.—*Hórmatzea, kharrotzea, karroïntzea.* ‖ Geler (faire une gelée blanche) : *Hizotz-churia' ghitea.*

GÉLINOTTE, s. f., sorte de poule sauvage. — *Bas'oïlóa.*

GÉMEAUX ou JUMEAUX, s. m., des douze signes du zodiaque. — *Birichiac.*

GÉMIR, v. n., exprimer sa peine par des sons plaintifs. — *Aühendatzea, oïhuzkatzea, antxitzia, plañutzia, adiakatzea, oyhuzkatzea.*

GÉMISSANT, ANTE, adj., qui gémit. —*Aühendatzian, antxitzian, plañutzian, adiakatzian, oyuzkatzian, oïhuzkatzean.*

GÉMISSEMENT, s. m., plainte douloureuse.— *Aühena, antxia, plañua, adia, oyhuska, oïhuzka.*

GÊNANT, ANTE, qui gêne. — *Yeïnagarria.*

GENCIVE, s. f., chair qui entoure les dents. — *Hobia.*

GENDARME, s. m., soldat de police. — *Yandarma.*

GENDARMERIE, s. f., corps de gendarmes. — *Yandarmeria.*

GENDRE, s. m., qui a épousé la fille de quelqu'un. — *Suhia.*

GÊNE, s. f., torture, situation pénible. — *Yeïnadura.*

GÉNÉALOGIE, s. f., postérité, race, règne, lignée. — *Ethorkia, sortgaüspena, ondokoëra, sorteróa, leïnua, leïñua.*

19

GÊNER, v. a., incommoder, contraindre; fig., embarrasser.— *Yeïnatzea.*

GÉNÉRAL, adj., universel; s. m., chef militaire, religieux, le grand nombre. En général, adv., d'une manière générale; s. f., batterie de tambour. — *Yeneralá.*

GÉNÉRALEMENT, adv., universellement. — *Yeneralki, bakidaro.*

GÉNÉRALISATION, s. f., action de généraliser. — *Yeneraltasuna.*

GÉNÉRALISER, v. a., rendre général. — *Yeneralkitzea.*

GÉNÉRALISSIME, s. m., celui qui commande dans une armée, même au général.— *Armada batian gûcien búruzaghia dena.*

GÉNÉRALITÉ, s. f., qualité générale.-*Gheïena, bakidadea.*

GÉNÉRATION, s. f., action d'engendrer, chose engendrée, postérité, filiation, production. — *Yeneracionea.*

GÉNÉREUSEMENT, adv., avec générosité. — *Yeneroski, ekarghiñez, motalaïkiro, bihotzki.*

GÉNÉREUX, EUSE, adj., magnanime, libéral. — *Yenerosa, ekharghiña, motalaya, bihotztoya.*

GÉNÉROSITÉ, s. f., libéralité, magnanimité.— *Yenerostasuna, ekarghintza, motalaïdea, bihotztasuna.*

GENÊT, s. m., arbuste légumineux. — *Zúmarika.*

GENÉVRIER, ou GENIÈVRE, s. m., arbrisseau et son fruit. — *Likabra, ipurua, iñibrea, aghinteka.* || Lieu planté de genévriers : *Likabradia, likabraga, ipuruaga, iñibredia, aghintekadia.*

GÉNIE, s. m., esprit, talent. — *Maïna, ancea.*

GENIÈVRE, s. m., arbuste, fruit, liqueur. — *Likabra, ipurua, iñibrea, aghiñteka.*

GÉNISSE, s. f., jeune vache. — *Miga.*

GÉNITAL, ALE, adj., qui sert à la génération. — *Aür'ghitekóa.*

GÉNITURE, s. f., enfants. — *Aürrac, kastá, leïñua, arraka.*

GENOU, s. m., jonction de la cuisse avec la jambe. — *Belhaüna.*

GENRE, s. m., espèces, sorte. — *Kálitatia, móta.* || Manières : *Manera.*

GENT, s. f., nation, plus usité au sing.; ne s'emploie au pl. que dans cette phrase : le droit des gens. Gens, personnes, domestiques, n'a point de singulier, il est m. avant l'adj. et f. après. — *Yendeac.*

GENTIANE, ELLE, s. f., plante. — *Errosta.*

GENTIL, ILLE, adj., joli. — *Charmanta, pollita, galaya, galanta, liraña.*

GENTILLESSE, s. f., grâce, agrément; pl., tours agréables. — *Charmantkeria, pollikeria, galaykeria, galantkeria, lirañkeria, gallardia.*

GENTILHOMME, s. m., noble.—*Aïtorensemea.*

GENTIMENT, adv., joliment, fam. — *Charmantki, pollitki, galayki, galantki, lirañtki, bizarroró, ederki, ederto, ederkiro-eraz.*

GÉNUFLEXION, s. f., action de fléchir le genou. — *Ukurra, belhaünikúa.*

GÉOGRAPHE, s. m., qui sait la géographie.— *Luciazaldaria.*

GÉOGRAPHIE, s. f., description de la terre.— *Luciazalda.*

GÉOGRAPHIQUE, adj., de la géographie. — *Luciazaltarra.* || Géographie (carte) : *Ciazaldea.*

GEÔLE, s. f., prison. — *Presondeghia, karcela, arraïsteghia, gaïztateghia.*

GEÔLIER, s. m., gardien de prison.-*Yaülera, karcelaria, karcelazaya, presondeghizaïna.*

GÉOMANCIE, s. f., art de deviner par des points marqués au hasard sur la terre ou sur le papier. — *Aztia, asmúa, aztina, igherdura, ighermena, phentxamendua, lutikazma.*

GÉOMANCIEN, s. m., qui pratique l'art de la géomancie. — *Aztitzallea, asmútzallea, aztinatzallea, igherlea, phentxat'zallea, lutikazmatzallea.*

GÉOMÈTRE, s. m., qui sait la géométrie. — *Neürtarkindarra.*

GÉOMÉTRIE, s. f., science des mesures.— *Neürtakindea.*

GÉOMÉTRIQUE, adj., de la géométrie.—*Neürtakindakóa.*

GÉOMÉTRIQUEMENT, adv., d'une manière géométrique. — *Neürtarkindeki.*

GERBE, s. f., faisceau de blé coupé. — *Ezpa, ezpala, karba, garba.*

GERBER, v. a., mettre en gerbe. — *Ezpatzea, ezpaltzea, karbatzea, garbatzea.*

GERCER, v. a., n. et pr., faire des gerçures. — *Arrallatzia.*

GERÇURE, s. f., petite crevasse.-*Arralldura.*

GERFAUT, s. m., oiseau de proie.—*Arranourdiña.*

GERMAIN, AINE, adj., issu de frère ou de sœur, cousin germain, cousine germaine. — *Lehen kúsia.*

GERMANDRÉE, s. f., herbe. — *Achariôa.*
GERME, s. m., embryon de graine.—*Bùztana.* ‖ fig., semence : *Azia.* ‖ Cause : *Kutxua.* ‖ s. m., germe d'œuf : *Oïlhar-yokadura.* ‖ Germe des herbes potagères qui montent en épi : *Azia.*
GERMER, v. n., pousser le germe. — *Bùztantzea.*
GERMINATION, s. f., action de germer. — *Bùztandura.*
GÉSIER, s. m., deuxième ventricule d'oiseau. — *Bapharùa, sabulcha.*
GESTATION, s. f., temps de la portée des femelles.—*Azindâ bat hernari dagon demborâ gucia.*
GESTE, s. m., action du corps, contenance, maintien. — *Egokida.* ‖ Façon de faire, mine : *Maïna, éghiramùa, ademana, adiemana.*' ‖ Semblant : *Kheïnua, yestùa, siñua, kéñua.*
GESTICULATEUR, s. m., qui gesticule.—*Kheïnularia, kéñularia, yestularia, siñughillea, eghiramutaria.*
GESTICULATION, s. f., action de gesticuler.— *Kheïnua, éghiramùa.*
GESTICULER, v. n., faire trop de gestes en parlant. — *Eghiramutzea.*
GIBECIÈRE, s. f., sac de chasseur.—*Ihizikozakùa, dibiciera, deskarcela.*
GIBERNE, s. f., boîte aux cartouches. — *Giberna.*
GIBET, s. m., potence pour pendre. — *Urkâ, urkamendia.*
GIBIER, s. m., animaux pris à la chasse et bons à manger. — *Ihizia.* ‖ Pièces de gibier servies à table : *Ihizikia.*
GIBOULÉE, s. f., douce pluie. — *Babazizkor.*
GIBOYEUR, s. m., qui chasse beaucoup. — *Ihizikaria.*
GIBOYEUX, EUSE, adj., abondant en gibier. — *Ihizitxua.*
GIGANTESQUE, adj. et s., de géant.— *Goïantearra, goïantekùa.*
GIGOT, s. m., cuisse de mouton. — *Cikiroazpia.*
GILET, s. m., veste courte. — *Barnekùa, maripulisa.*
GINGEMBRE, s. m., plante. — *Sengibre.*
GIROFLE, s. m., fleur de giroflier. — *Espesitzia, klàvôa, urriltza.*
GIROFLÉE, s. f., plante des jardins. — *Yulufreya.*
GIROFLIER, s. m., arbre exotique.—*Urriltz'hondôa.*

GIROUETTE, s. f., banderole mobile qui tourne au vent. — *Giraboïla, beleta.* ‖ Fig., personne changeante : *Kambiakorra, arina.*
GISANT, ANTE, adj., couché. — *Etzana.*
GISEMENT, s. m., couche de minerai.—*Miatokia.*
GÎT, troisième personne du v. n. gésir ou gir, qui est inusitée quoiqu'on dise encore : Nous gisons, ils gisent, il gisait. Ci-gît, formule d'épitâphe, ici est : *Egôki.* ‖ Ci-gît : *Emen dâgo, emen egôki.*
GÎTE, s. m., lieu où l'on couche. — *Etzanlekùa.*
GÎTER, v. n., demeurer. — *Etzan lekùan egotea, gheldîtzea.*
GIVRE, s. m., espèce de frimat qui s'attache aux arbres et aux buissons. — *Ezkartchôa, ekachea, bitsuria.* ‖ Givre plus fort qui fait paraître qu'il a neigé sur les arbres : *Lanzurda.* ‖ Givre presque imperceptible qui se voit sur les feuilles des arbres : *Inciarra.*
GLAÇANT, ANTE, adj., qui glace. — *Hôrmagarria.*
GLACE, s. f., eau durcie par la gelée. — *Hôrma.*
GLACER, v. a., n. et pr., congeler, causer un froid très-vif. — *Hôrmatzea.*
GLACIAL, ALE, adj. sans pl. m., glacé ; qui glace, au pr. et au fig. — *Hôrmatxua.*
GLAÇON, s. m., morceau de glace..— *Hôrma pùska.*
GLAÏEUL, s. m., sorte de fleur et d'herbe. — *Ezpataïna, espadaña.*
GLAIRE, s. f., humeur visqueuse. — *Omena, ospea.* ‖ Blanc d'œuf : *Churingua.*
GLAIREUX, EUSE, adj., plein de glaire. — *Omenatxua, ospetxua.* ‖ Plein de blanc d'œuf : *Churingotxua.*
GLAISE, adj. et s. f., terre grasse. — *Bustiñua.*
GLAISEUX, EUSE, adj., de la glaise. — *Bustiñtxua.*
GLAISIÈRE, s. f., lieu d'où l'on tire la glaise. — *Bustiñteghia.*
GLAIVE, s. m., épée tranchante. —*Marroza.*
GLANAGE, s. m., action de glaner.—*Buruchkada.*
GLAND, s. m., fruit du chêne. — *Ezkurrâ, ziâ.* ‖ Ornement de passementerie : *Pùnpùna.*
GLANDE, s. f., partie molle, tumeur. — *Gurinchùa.* ‖ Glande lacrymale, s. f., coin de l'œil où coulent les larmes : *Beghichokôa.*

GLANDULEUX, EUSE, adj., qui a des glandes. — *Gurintchutxua.*

GLANE, s. f., poignée d'épis. — *Buruchka.*

GLANER, v. a. et n., ramasser les épis après la moisson. — *Buruchkatzea.*

GLANEUR, EUSE, s., qui glane. — *Buruchkatzaïlea, buruchka biltzaïlea.*

GLANURE, s. f., ce qu'on glane. — *Buruchkac.* (En basque se dit au pluriel).

GLAPIR, v. n., se dit du cri du renard. — *Saïngatzea.*

GLAPISSANT, ANTE, adj., qui glapit. — *Soïngan.*

GLAPISSEMENT, s. m., cri en glapissant. — *Saïnga.*

GLAS, s. m., son funèbre de cloche. — *Hilizkila.*

GLISSADE, s. f., glissement involontaire. — *Lerrada, hirrichtakúa, lerraákúa.*

GLISSANT, ANTE, adj., sur quoi l'on glisse. — *Lerrakorra, hirrichtatxua, lerragarria.*

GLISSEMENT, s. m., action de glisser. — *Lerradura, lerraákúa, hirrichtadura.*

GLISSER, v. n., couler sur un corps uni. — *Lerratzea, hirrichtazea, limburtzea.*

GLOBE, s. m., corps sphérique. — *Boïla, bóla.*

GLOBULE, s. m., petit globe. — *Uleghia, úampulúa.*

GLOBULEUX, EUSE, adj., composé de globules. — *Boïlatxua, bólatxua.* ǁ Globules qui se forment dans l'eau : *Uleghitxua, boïlatxua.*

GLOIRE, s. f., honneur, éclat, splendeur. — *Loria, gloria, omena, iomena.* ǁ Vanité : *Urguïllua.* ǁ Céleste : *Gloria, dóakundea, dóakuntza.*

GLORIA, s. m., café mêlé d'eau-de-vie. — *Gloria.*

GLORIEUSEMENT, adv., avec gloire. — *Glorioski, gloriokiró, dóatxukiro.*

GLORIEUX, EUSE, adj., qui a de la gloire. — *Gloriosa.* ǁ s., orgueilleux, vaniteux : *Urguïllutxua.*

GLORIFICATION, s. f., élévation à la gloire céleste. — *Dóatsughieta.*

GLORIFIER, v. a. et pr. (Dieu), lui rendre gloire. — *Lória'ghitea, dóatxu'ghitea, glorifikatzea.*

GLORIOLE, s. f., petite vanité. — *Urguïllua.*

GLOUGOUTER, v. n., exprimer le cri du dindon. — *Karrankatzea.*

GLOUSSEMENT, s. m., action de glousser. — *Karranka, klukakua, kolkakúa.*

GLOUSSER, v. n., crier, se dit de la poule. — *Karrankatzea, klukatzea, kolkatzea.*

GLOUTERON, s. m., herbe. — *Lampaza, lapabelharra.*

GLOUTON, s. et adj., gourmand, avide. — *Yalea, triponcia, tripuntzia, sayea, mandika.*

GLOUTONNEMENT, adv., avec avidité. — *Hitoka, hitchoka yatia.*

GLOUTONNERIE, s. f., vice du glouton. — *Yalekeria, tripontcigóa, tripuntzigúa, sayekeria, mandikadea.*

GLU, s. f., matière visqueuse. — *Bizka.*

GLUANT, ANTE, adj., visqueux. — *Liska.*

GLUAU, s. m., branche frottée de glu. — *Adar bizkatua.*

GLUER, v. n., rendre gluant. — *Bizkaztatzia.*

GLUTINEUX, EUSE, adj., gluant, didactique. — *Liskatxua.*

GOBELET, s. m., vase pour boire. — *Basóa, basúa, gandola.*

GOBER, v. a., avaler avec avidité et sans savourer ; fig., croire légèrement. — *Irestea.* ǁ Pop., se saisir de quelqu'un : *Hartzea.*

GOELAND, s. m., oiseau de mer. — *Itxaschoria.*

GOELETTE, s. f., bâtiment. — *Goëleta.*

GOÉMON, s. m., plante marine. — *Orbela, itxasorbela.*

GOGO (A), adv., dans l'abondance. — *Aïsian.*

GOGUENARD, adj. et s., railleur, mauvais plaisant. — *Otsantzalea, irrialdizalea, araldizalea.*

GOGUENARDER, v. a., railler, fam. — *Otsandetzea, irrialditzea, aralditzea.*

GOGUENARDERIE, s. m., raillerie. — *Otsandea, irrialdia, araldia.*

GOINFRE, s. m., goulu, gourmand, pop. — *Yalea, triponcia, tripuntzia, sayea, mandika.*

GOINFRER, v. n., manger avidement. — *Ithoka, hitchoka yatia.*

GOINFRERIE, s. f., gourmandise, pop. — *Yalekeria, tripontcigóa, tripuntzigúa, sayekeria, mandikadea.*

GOÎTRE, s. m., tumeur à la gorge. — *Kólambeko, trunkullúa.*

GOÎTREUX, EUSE, adj., de la nature du goître. — *Kólambekotxua, trunkullutxua.*

GOLFE, s. m., portion de mer qui avance dans les terres. — *Ugolkóa, ugarrada.*

GOMME, s. f., suc qui découle de certains arbres. — *Góma, likurta, likalea, chorinigarra.*

GOMMER, v. a., enduire de gomme. — *Gómatzia, likurtatzia, likaletzea, chorinigartzea.*

GOMMEUX, EUSE, adj., qui jette de la gomme. — *Gómatxua, likurtatxua, likaletxúa, chorinigartxúa.*

GOND, s. m., fer sur lequel tourne la penture. — *Huntza, kuntza, erróa.*

GONDOLE, s. f., petit bateau plat et fort long qui est particulièrement en usage à Venise. — *Góndola.*

GONDOLIER, s. m., celui qui mène les gondoles. — *Góndoliera.*

GONFLEMENT, s. m., enflure. — *Hantura.*

GONORRHÉE, s. f., maladie vénérienne. — *Humekaï-heria.*

GONFLER, v. a., n. et pr., enflure.—*Hantzea.*

GORET, s. m., petit porc. — *Bargochta.*

GORGE, s. f., gosier. — *Eztaria, samea, gubióa, cintzurra, gangarra.* ‖ Sein de femme : *Bulharra, titiac.* (Ce dernier, en basque, se dit au pluriel). ‖ Passage resserré : *Mendi tartea.*

GORGÉE, s. f., plein la gorge. — *Urrupa, urrupakúa, surruta, surrutakúa.*

GORGER, v. a., soûler, rassasier. — *Cintzuhaïno ashetzia, estarriraño ashetzia.*

GORGERETTE, s. f., colerette. — *Cherrenda.*

GOSIER, s. m., partie du cou qui sert de conduit alimentaire. — *Cintzurra, eztaria.*

GOUDRON, s. m., poix pour calfater.—*Alkaterna.*

GOUDRONNER, v. a., enduire de goudron. — *Alkaternatzea.*

GOUFFRE, s. m., trou profond, abîme.—*Leïcea, leïza, lécca, ondalécea, lúzolóa, hicilóa, gaïntondóa.*

GOUGE, s. f., ciseau à biseau concave. — *Cizela-kópa.*

GOUJON, s. m., poisson. — *Charbóa, zárbóa.*

GOULET, s. m., entrée étroite d'un port. — *Icherpóa.*

GOULOT, s. m., cou étroit d'un vase. — *Lephúa.*

GOULU, UE, adj. et s. m., glouton. — *Mandika, jalea, tripuntzia, triponcia, sayea, sabeldarrayóa.*

GOULUMENT, adv., avidité.—*Ithoka, itchoka yatea, mandikoki, sayeki yatea.*

GOUPILLE, s. f., petite cheville. — *Kábilla, chiria.*

GOUPILLER, v. a., mettre des goupilles. — *Kabillatzea, chiritzea.*

GOUPILLON, s. m., brosse à manche, aspersoir pour l'eau bénite. — *Isópa.*

GOURDE, s. f., calebasse. — *Kúyatchóa, kúlubitchúa, kálabaza.*

GOURMAND, ANDE, adj. et s., qui mange avec excès.- *Gormanta, sábelkorra, tripazaya.*

GOURMANDISE, s. f., vice du gourmand. — *Gormantkeria, sábeldarrayotasúna, sábeldaroïtasuna.*

GOURME, s. f., maladie. — *Hormúa.*

GOURMER, v. a., mettre la gourmette à un cheval. — *Charrantchatzea.*

GOURMET, s. m., qui se connaît en bons vins, en mets délicats.—*Górmanta, sábelkorra, tripazaya.*

GOURMETTE, s. f., chaînette de la bride. — *Charrantcha.*

GOUSSE, s. f., légume enveloppé. — *Léka, lekaña.* ‖ Gousse d'ail : *Atalá, cichterra.*

GOUSSET, s. m., poche. — *Chichkua.*

GOUT, s. m., sens des saveurs, saveur. — *Góstua, záporea.* ‖ Discernement : *Ezagutza.* ‖ Penchant : *Gógóa, yaïdura.* ‖ Manière : *Moldea.*

GOUTER, v. a., discerner les saveurs, saveurs. — *Dastatzea, gústatzia, záporetzea, yastatzia.* ‖ Fig., essayer : *Probatzia.* ‖ Approuver : *Afrogatzia.* ‖ v. n., manger entre le dîner et le souper : *Krákada'ghitea.* ‖ s. m., le repas : *Krákada, arratxaldeko haskaria.*

GOUTTE, s. f., petite partie d'un liquide. — *Chórta, zórta, chinchúa.* ‖ Goutte à goutte : *Chórtaku-chórtaka, zórtaka-zórtaka, chinchoka-chinchoka.* ‖ adv., une goutte après l'autre : *Chórta bat bertciaren ondotic, zórta bat bertziaren hondotic, chincho bat bertciaren hondotic.* ‖ Au fig., peu à peu : *Emeki-emeki.* ‖ Goutte (maladie de la) : *Kóta.*

GOUTTIÈRE, s. f., canal pour la pluie, eau qui tombe le long des toits : *Itzaïtzura, itaïtzura, citoytza.*

GOUVERNAIL, s. m., assemblage de planches à l'arrière d'un navire pour le gouverner. — *Léma, buztega.*

GOUVERNANTE, s. f., femme qui gouverne.— *Gobernanta.*

GOUVERNEMENT, s. m., manière de gouverner, loi, constitution d'un Etat, autorité qu'elles investissent du pouvoir suprême, ville, province sous un gouvernement particulier. — *Gobernúa, erondea, anzaëra, manaïmendua, gobernamendua, gúbernúa.*

GOUVERNER, v. a., régir, ménager, économiser. — *Gobernatzea, gůbernatzea, anzatzea, manaïtzea.* ‖ Ménager, économiser : *Ménayatzea.*

GOUVERNEUR, s. m., qui gouverne. — *Gobernadorea, gobernadoria, gobernaria, erondaria, anzaztaria.*

GRABAT, s. m., méchant lit. — *Kámaña.*

GRACE, s. f., secours divin, faveur, agrément. — *Dohaïna, grácia.* ‖ Pardon : *Barkamendua.* ‖ pl., remerciement à Dieu : *Grácia.* ‖ De grâce, adv., par bonté : *Gráciaz.* ‖ Grâce (de...) : *Othoï.*...

GRACIABLE, adj., rémissible.—*Barkagarria.*

GRACIEUSEMENT, adv., d'une manière gracieuse. — *Grácioski, grácia onez, móduz, móldez, eraz.*

GRACIEUSETÉ, s. f., honnêteté, civilité. — *Graciostasuna, eraztasuna.*

GRACIEUX, EUSE, adj., plein de grâce, doux, civil, agréable. — *Gráciosa, móduzkóa, moldatxua, érazkóa.*

GRADATION, s. f., augmentation, progression. — *Maïlleurtzea.*

GRADE, s. m., dignité, degré de commandement. — *Gradua.*

GRADUÉ, ÉE, adj., augmenté par degré. — *Maïlleurtua.*

GRADUEL, ELLE, adj., qui va par degrés. — *Maïlleurkatxúa.*

GRADUELLEMENT, adv., par degré. — *Maïlleurki, maïlleurkiro.*

GRADUER, v. a., diviser en degrés. — *Maïlleurtatzea.*

GRAIN, s. m., fruit. — *Bihiya.* ‖ Semence des graminées : *Hacia, aléa, garaŭa, pipia.* ‖ Parcelles : *Fitxa.* ‖ Bouton de chaleur qui vient au visage : *Botoïa, botoïna, sŭa.*

GRAINE, s. f., semence d'herbes. — *Hacia, aléa, garaŭa, pipia.*

GRAINIER, ÈRE, s., qui vend au détail toutes sortes de graines. — *Bihi saltzaïlea.*

GRAISSAGE, s. m., action de graisser. — *Uriñdura, urindura.*

GRAISSE, s. f., substance animale huileuse et fusible.—*Urina, uriña, ghicena.* ‖ Graisse de baleine : *Lŭmera.* ‖ Graisse qui surnage lorsqu'on fait bouillir de la viande. —*Koïpia.* ‖ Graisse (surnager de la) lorsqu'on fait bouillir de la viande : *Koïpatzea.*

GRAISSER, v. a., oindre.— *Urindatzea, uriñaztatzea.*

GRAISSEUX, EUSE, adj. de graisse. — *Urintxua, uriñtxua.*

GRAMMAIRE, s. f., règle du langage. — *Letrakindea, hitzekindea.*

GRAMMAIRIEN, ENNE, s., qui sait la grammaire. — *Hitzekindarra, letrakindarra.*

GRAMMATICAL, ALE, adj., selon les règles de la grammaire. — *Letrakindekúa, hitzekindekúa.*

GRAMMATICALEMENT, adv., selon les règles de la grammaire. — *Hitzkindarki, letrakindarki.*

GRAND, ANDE, adj., étendu dans les dimensions, qui surpasse les autres ; au pr. et au fig., important.—*Handia.* ‖ Grand (de taille) : *Handia, larria.* ‖ Principal : *Buruzaghia.* ‖ Illustre : *Bitorea, garantúa, handia.* ‖ En grand, adv., d'une manière grande : *Hundiki.* ‖ Homme grand (de taille) : *Ghizon larria, handia.* ‖ Femme grande (de taille) : *Emazteki larria, handia.*

GRANDELET, ETTE, adj., diminutif, de grand. Il est familier. — *Handitchúa.*

GRANDEMENT, adv., avec grandeur, beaucoup. — *Handizki, haüsarki, andizkiró, andiró, aŭndiró.*

GRANDEUR, s. f., grande étendue.—*Handitasuna, aŭnditasuna.* ‖ Sublimité : *Goïtandiera.*‖Excellence : *Gaïndiki, záporeki.* ‖ Supériorité, élévation, orgueil : *Grundesa.*

GRANDIOSE, adj., grand, t. d'arts. — *Handitia, andizkiró, andiró, aŭndiró.*

GRANDIR, v. n., devenir grand. — *Handitzea, handitzia, larritzea, tarrotzea.*

GRANDISSIME, adj., très-grand : *Icigarri handia, larria.*

GRANGE, s. f., lieu où l'on serre le foin, la paille et le bétail. — *Borda.*

GRANIT, s. m., pierre dure. — *Granita.*

GRAPPE, s. f., fruit en bouquet. — *Mulkóa, murdŭa.* ‖ Grappe (dépouillée du fruit) : *Ciztorma.*

GRAPPILLER, v. a. et n., ramasser les restes. — *Utxabiltzea, utxabillatzea.*

GRAPPILLEUR, EUSE, s., qui grappille. — *Utxabiltzaïlea, utxabilltzallea.*

GRAPPIN, s. m., ancre à quatre becs, crocs. — *Krakŭa.*

GRAS, ASSE, adj., qui a beaucoup de graisse, d'embonpoint. — *Ghicen, ghicena, gurdua, fezóa, yoria.*

GRAS-DOUBLE, s. m., estomac du bœuf, du veau, etc. — *Tripakia.*

GRASSEMENT, adv., à son aise. — *Aiseki.* ‖ Vivre grassement, faire bonne chère. — *Ghicenki.*

GRASSEYEMENT, s. m., action de grasseyer. — *Ceceatasuna.*

GRASSEYER, v. a., prononcer mal les *r* : *Ceceatzea.*

GRATIFICATION, s. f., don, libéralité à titre de récompense. — *Gratifikacionea, dóaïkerra, dóhaïkerra.* ‖ Pot de vin que l'on accorde en passant un marché : *Dóaïkerra, dóhaïkerra, saria.* ‖ Gratification en sus de la solde : *Gratifikacionea.*

GRATIFIER, v. a., favoriser par un don. — *Dóaïkertzea, dóaïkerra, dóhaïkerra emaïtia.*

GRATIS, adj. et s. m., sans frais. — *Dohaïnic, urririk, débalde, dóango, dóaric.*

GRATITUDE, s. f., reconnaissance. — *Ezagutza, ikustatea, bihurkundea, dóaïkerda.*

GRATTE-CUL, s. m., fruit de l'églantier. — *Sapalaren, luisaleáren fruïtia.*

GRATTELEUX, EUSE, adj., qui a de la grattelle. — *Chákur zaragarra, atza, atzeria duena.*

GRATTELLE, s. f., petite gale. — *Chakur zaragarra, atza, atzeria.*

GRATTER, v. a., frotter, ratisser. — *Atz'ghitea.*

GRATTOIR, s. m., outil. — *Arraskea.*

GRATUIT, ITE, adj., ce qu'on donne gratis.— *Urririk, dohaïnic, débalde, dóangó, dóaric.*

GRATUITEMENT, adv., gratis. — *Urririkan, dohaïnikan, dóañikan, debaldez.*

GRAVE, adj., sérieux. — *Sériosa.*

GRAVÉ, ÉE, adj., marqué de la petite vérole. — *Pikotesa.* ‖ Part. : *Bernuzatua.*

GRAVER, v. a., tracer. — *Bernuzatzea.*

GRAVELEUX, EUSE, adj., mêlé de gravier. — *Legortxua, legartxua.* ‖ s., sujet à la gravelle : *Grábelatxua.*

GRAVELLE, s. f., gravier dans les reins. — *Grábela.*

GRAVEMENT, adv., avec gravité. — *Sérioski.*

GRAVIER, s. m., sable mêlé de cailloux. — *Legorra, legarra, zágorra.*

GRAVIR, v. n. et a., monter avec peine. — *Hizatzia, higatzia, igaïtzea.*

GRAVITÉ, s. f., importance, qualité d'une personne sérieuse : *Sériostasuna.*

GRÉ, s. m., bonne volonté. — *Gógóa, gógarra.* ‖ Au gré: *Gógóan.* ‖ De gré à gré : *Onez on, onez onean.* ‖ adj., à l'amiable : *Adichkideki.* ‖ Bon gré, mal gré : *Nahi'ta ez.* ‖ De gré ou de force : *Bortchaz.* ‖ De bon gré : *Gógótic, gógo onez.*

GREC, GRECQUE, s., qui est de la Grèce. — *Greka.*

GRÉEMENT, s. m., ce qui sert à gréer. — *Greámendua.*

GRÉER, v. a., équiper un vaisseau.— *Greátzea.*

GREFFE, s. m., branche entée. — *Chertadura, chertóa.*

GREFFÉ, ÉE, part., enté. — *Chertatua.*

GREFFER, v. a., enter une branche sur un autre arbre. — *Chertatzia.*

GREFFOIR, s. m., instrument pour greffer.— *Sárpeta.*

GRÊLE, adj., menu, faible. — *Mendria, flakúa, tcharra.*

GRÊLE, s. f., pluie congelée. — *Bahazuza, barazuza, harria, kaskarabarra, chigorra, iñatacia, cizarkorra, babazuza, abazuza, babazuka.*

GRÊLÉ, ÉE, adj., marqué de la petite vérole. — *Pikotesa.*

GRÊLER, v. n., frapper de la grêle. — *Bahazuzatzea, barazuzatzea, babazuzatzea, abazuzatzea, babazukatzea, kaskarabaratzea, harriá, chigorra, iñatacia'ghitca.*

GRÊLON, s. m., gros grain de grêle. — *Bahazuz, barazuz, babazuz, abazuz, habazuka, kaskarabarra, harri, chigor, iñataci pikorra.*

GRELOT, s. m., sonnette sphérique. — *Kroskoïla, koskarabilla, kuskuïla.*

GRELOTTER, v. n., trembler de froid. — *Ikharatzea.*

GRENADE, s. f., fruit. — *Grenada, millagrana.* ‖ Petit boulet plein de poudre : *Súpillatuna, sumigranaria.*

GRENADIER, s. m., soldat.— *Grenadera, súpillaturia, súmigranaria.* ‖ Arbre : *Grenada-hondóa, millagrana-hondóa.*

GRENADIÈRE, s. f., gibecière de grenadier. — *Zórróa, súpillatunea.*

GREÑAT, s. m., pierre précieuse fort rouge. — *Grenata.*

GRENER, v. a., réduire en grains. — *Bihiztatzea.* ‖ v. n., produire de la graine : *Bihikatzea, aciltzea.*

GRENETIER, ÈRE, s., qui vend des grains ou des graines. — *Bihi-marchanta.*

GRENIER, s. m., lieu où l'on serre les grains. — *Bihileghia.* ‖ Le plus haut étage d'une maison : *Scïllaria, alsistua, alteghia, garaüteghia.*

GRENOUILLE, s. f., reptile aquatique. — *Ighela.*

GRENOUILLÈRE, s. f., retraite des grenouilles. — *Ighel-pützúa, ighelteghia.*

GRENU, UE, adj., plein de grains. — *Acitxua, bihitxua.*

GRÉSIL, s. m., menue grêle. — *Bahazuza chehia, eskarcha, ekachea, bitsuria.*

GRÉSILLER, v. a. raccornir. — *Biltzea, kozkortzea.* ‖ v. imp., tomber (en parlant du grésil) : *Bahazuza chehia'ghitea, ezkarchatzia, ekachatzia, bitsuritzea.*

GRÈVE, s. f., plage sablonneuse. — *Kósta eghi'aretxua.*

GREVER, v. a., léser. — *Damu'ghitea, bidegabetzea.* ‖ Surcharger : *Pisutzea, aztuntzea.*

GRIÈCHE (PIE), adj. f., espèce de pie. — *Mika, fika, mikia.*

GRIEF, adj., grave.— *Seriosa.* ‖ s. m., tort : *Khaltea, damúa, bidegabea.* ‖ Plainte : *Arrangura, aühena.* ‖ Injure : *Eskarnióa, laïdóa.*

GRIÈVEMENT, adv., excessivement. — *Borthitzki.*

GRIÈVETÉ, s. f., énormité. — *Neürkaïzdea, eskergadea.*

GRIFFE, s. f., ongle crochu. — *Aztaparra.*

GRIFFER, v. a., prendre avec la griffe. — *Aztaparrez hartcea, aztaparkatzea.*

GRIGNON, s. m., croûton de pain cuit. — *Kochkorra.*

GRIL, s. m., ustensile pour faire griller. — *Krisela, kriseïllua, grilla.*

GRILLAGE, s. m., garniture de fil de fer. — *Cerradura bat arambrez eghina.*

GRILLE, s. f., clôture de barreaux. — *Grilla, balustraya.*

GRILLER, v. a. et n., faire cuire de la viande sur le gril. — *Erretzea, kriseïlluan erretzea.* ‖ Faire griller du pain : *Chigortzea.* ‖ Fermer avec une grille : *Grillatzea, balustraytzea.*

GRILLON, s. m., insecte. — *Tchirritcha, tirrita, tirritaria, kirkira, kirillóa.*

GRIMACE, s. f., contorsion du visage. — *Grimasa, burla, kheïnúa, mughida, ihakina.*

GRIMACER, v. n., faire des grimaces. — *Grimasac, kheïnuac, mughidac, ihakinac'ghitea.*

GRIMACIER, ÈRE, s. et adj., qui grimace. — *Grimaskaria, kheïnukaria, mughidakaria, ihakinaria.*

GRIMPANT, ANTE (plante), adj., qui grimpe. — *Ayhenaria, ayhen duna.*

GRIMPER, v. a., monter. — *Izatzia.*

GRINCEMENT, s. m., action de grincer des dents. — *Karraska.*

GRINCER, v. a. et n. (les dents ou des dents), les serrer de douleur ou de colère.—*Karraskatzea.*

GRIPPE, s. f., sorte de maladie. — *Grípa.*

GRIS, adj., à demi-ivre. — *Erdi mozkorra, erdi mochkorra.*

GRIS, ISE, adj., couleur. — *Grisá, urdiñarrea.*

GRISATRE, adj., tirant sur le gris. — *Griskára, urdiñarretxúa.*

GRISER, v. a. et p., rendre demi-ivre.—*Erdi mochkortzea, orditzea, mozkortzea.*

GRISETTE, s. f., jeune ouvrière. — *Grizeta.*

GRIVE, s. f., oiseau. — *Billigarrúa, bilagarróa.*

GROGNEMENT, s. m., cri du porc. — *Kurrinka.*

GROGNER, v. n., se dit au pr. du cri du porc. Au fig., crier, gronder : *Kurrinkatzea.*

GROIN, s. m., museau du porc.—*Muthurra.* ‖ Anneau en fer que l'on met au bout du groin pour que l'animal ne fouille pas. — *Muthurrekóa.*

GRONDEMENT, s. m., bruit sourd. — *Arrabotxa, soñúa.*

GRONDER, v. a., gourmander ; v. n., murmurer. — *Arrabotxkatzea, errastea, atelatzea, atelakatzea, aghirakatzea, arrenkuratzea.*

GRONDEUR, EUSE, adj., qui gronde. — *Aghirakatzallea, erastetzallea, atelatzallea, aghiratzallea, arrenkuratzallea.* ‖ Ruisseau, vent, etc., qui fait du bruit. — *Arrabotxkaria.*

GROS, GROSSE, adj., volumineux, épais, considérable.— *Lódia.* ‖ Beaucoup : *Haïnitz.* ‖ Grosse, enceinte (femme) : *Izórra.*

GROSEILLE, s. f., fruit du groseillier. —*Mahats-larra, matz-larra.*

GROSEILLIER, s. m., arbrisseau. — *Mahatslar'-hondoa, matz-lar'-hondóa.*

GROSSESSE, s. f., état d'une femme enceinte. — *Izóraldia.*

GROSSEUR, s. m., volume. — *Lóditasuna.*

GROSSIER, ÈRE, adj., épais. — *Lóditxua.* ‖ Mal poli, impoli : *Kómuna, grósiéra.*

GROSSIÈREMENT, adv., avec grossièreté. — *Grósierki.*

GROSSIR, v. a. et n., rendre, devenir gras.— *Lóditzea.*

GROS-TEMPS, s. m., orage. — *Khalerna, oragia.*

GROTESQUE, adj., ridicule ; s. m. pl., figures bizarres. — *Desaraüdetia, barregarria, arraüdebaghekóa, farragarria.*

GROTESQUEMENT, adv., d'une manière grotesque. — *Desaraüdeki, barregarriki, arraüdebaghekiró, farragarriki.*

GROTTE, s. f., caverne. — *Harpea, harpia, lecea, lamiña-cilúa, kharba.*

GROUILLANT, ANTE, adj., qui grouille. — *Kúrrukan.*

GROUILLEMENT, s. m., action de grouiller, mouvement et bruit de ce qui grouille. — *Kúrruka.*

GROUILLER, v. n., remuer, pop. — *Kúrrukatzea.*

GROUPE, s. m., assemblage, réunion. — *Multchua, multzua.*

GROUPER, v. a., mettre en groupe. — *Multchukatzea, multzukatzea.*

GRUE, s. f., oiseau. — *Lertchuna, kúrrillua, kúrlod, gúrluá, lertxúna.* || Machine avec laquelle on enlève les fardeaux : *Upelá, ásupelá.*

GRUGER, v. a., briser avec les dents. — *Kúrruskatzia.* || Fig., manger le bien d'antrui : *Irestea, iretxtea.*

GRUYÈRE, s. m., fromage de Suisse. — *Súizáko gasna espes bat.*

GUÉ, s. m., endroit de rivière qu'on passe à pied. — *Hibia, urbidea, ondajóa, uberá.*

GUÉABLE, adj., qu'on passe à gué. — *Hibitia, urbidetia, ondajotia, uberatia.*

GUÉDER, v. a., soûler, bas. — *Mochkortzea, mozkortzea, orditzea.*

GUENILLE, s. f., haillon, chiffon. — *Zátarra, zarpila, pilda.*

GUENIPE, s. f., prostituée, fam. — *Púta, fildá.*

GUÊPE, s. f., grosse mouche à aiguillon. — *Lichtorra, lichtafina, lichtamia, kúrumiñoa, listorra.*

GUÊPIER, s. m., nid de guêpes. — *Lichtorkafia, lichta-kafia, kúrumiño-kafia, listor-kafia.*

GUÈRE, GUÈRES, adv., peu. — *Gúti, gútchi.* || Presque : *Kási, abantzu.*

GUÉRET, s. m., terre labourée et non ensemencée. — *Lur itzulia.*

GUÉRIDON, s. m., petite table ronde. — *Mahaiñ arrúnda tchikia.*

GUÉRIR, v. a. et n., rendre, recouvrer la santé. — *Sendatzea, sentatzea.* || Guérir le dessus d'une plaie, la guérir mal : *Osagaïntzea.* || Guérison superficielle : *Osagaïndiró.* ||Mal guérie (plaie) : *Osagaïndua.*

GUÉRISON, s. f., action de guérir. — *Sendakuntza, sendotasuna, sendalla, sendagóa.*

GUÉRISSABLE, adj., qu'on peut guérir. — *Sendagarria, sendogarria.*

GUÉRITE, s. f., loge de sentinelle. — *Chócha.*

GUERRE, s. f., lutte à main armée. — *Gherla, gherra, gherrea.*

GUERRIER, ÈRE, adj., de la guerre ; s., qui fait la guerre. — *Gherlaria, gherraria, gherranaya, gherratia, guerratzallea.*

GUERROYER, v. n., faire la guerre. — *Gherratzea, gherlatzea, gherla'ghitea.*

GUERROYEUR, s. m., qui guerroie. — *Gherlaria, gherraria, ghernaya, gherratia, gherratzallea.*

GUET, s. m., action de guetter. — *Célata, góaïtea, barranda.*

GUÉTABLE, adj., sujet au guet. — *Celetatxua, góaïtatxúa, barrandatxua.*

GUÊTRE, s. f., partie de l'habillement qui se met sur la chaussure. — *Póliñac, pólañac, póloïnac, bótinac.* (En basque se dit au pluriel).

GUÊTRER, v. a. et p., mettre des guêtres. — *Póliñac, pólañac, póloïnac, bótinac ezartzia.*

GUETTER, v. a., épier, fam. — *Céletatzea, góaïtatzea, barrandatzea.*

GUEULARD, s. m., qui parle haut, pop. — *Oïhularia, deadaria, eyagorraria.*

GUEULE, s. f., bouche d'animaux. — *Ahúa, aóa, aba, abá, abóa, aüba.*

GUEULÉE, s. f., grosse bouchée. — *Ahotada, abatada, abotada, aübatada.* || Paroles sales et obscènes : *Ahokada, ahopaldia.*

GUEULER, v. n., crier. — *Oïhu'ghitea, deadar'ghitea, eyagorra'ghitea, eyagorratzea.*

GUEUX, EUSE, adj. et s., indigent, mendiant. — *Errumesa, núarroïna.*

GUI, s. m., plante parasite qui vient sur le pommier, le sapin, etc. — *Midra.*

GUICHET, s. m., petite porte. — *Chókatza, óstatea.*

GUICHETIER, s. m., valet du geôlier. — *Chóka-zaïna, óstate-zaïna, chókatzaïlea, óstatzaïlea.*

GUIDE, s. m., qui conduit. — *Ghida, ghidaria, kidaria.* || s. f., rêne : *Brida.*

GUIDER, v. a., conduire. — *Ghidatzea, kidatzea.*

GUIDON, s. m., petit enseigne militaire. — *Bandere tchipi espes bat.*

20

GUIGNER, v. a., regarder de côté. — *Bazterka beïratzia, kéñu'ghitea, keïnatzea.*

GUIGNON, s. m., malheur, fam. — *Lastima.*

GUILLEMETS, s. m., terme d'imp., double virgule placée au commencement des lignes pour marquer les citations. — *Cigortchôac.*

GUILLERET, ETTE, adj., éveillé, léger, fam. — *Aïrosa.*

GUILLOTINE, s. f., instrument de supplice. — *Ghillotina.*

GUILLOTINER, v. a., trancher la tête avec la guillotine. — *Ghillotinatzia.*

GUIMAUVE, s. f., sorte de mauve. — *Malbabizkûa.*

GUIMBARDE, s. f., petit instrument d'acier composé de deux branches recourbées et d'une languette au milieu. — *Trumpa.*

GUIMPE, s. f., vêtement. — *Cherrá, méchana.*

GUINDÉ, ÉE, part., affecté. — *Morgatxua, gheïraditua.*

GUINDER, v. a. et pron., au pr. et au fig., affecter dans ses manières. — *Morgatzea, gheïraditzea, ampatzea.* ǁ v. a., hausser par une machine : *Altchatzea, goïtitzea.*

GUIRLANDE, s. f., couronne. — *Ghirlanda, kórûa.* ǁ Feston de fleurs : *Ghirlanda, bichurmea, loroskia, nasorlora.*

GUISE, s. f., façon. — *Moldea, ghisa, era, ara.* ǁ Manière : *Moldea, eskuantza, ghisa, era, ara, anzura.* ǁ A sa façon, à sa manière : *Bere ghisan, bere moldean, bere anzuran.*

GUITARE, s. f., instrument à cordes. — *Ghitarra.*

GUTTURAL, ALE, adj., du gosier. — *Eztarriara, eztarrikóa, sametarra, samekóa.*

GUTTURALEMENT, adv., d'une manière gutturale. — *Eztarriki, eztarriaz, sametarki, sameki, sameaz.*

GYPSE, s. m., pierre à plâtre. — *Latxuna, igheltxua.*

GYPSEUX, EUSE, adj., de la nature du plâtre. — *Latxuntxûa, igheltxutxûa.*

H

H, s. f. (ACHE) ou m. (HE), huitième lettre de l'alphabet. — *Abeceko zortzigarren letra.*

HA ! interj. de surprise. — *Ha !*

HABILE, adj., capable. — *Habila, yakinsuna, yakina, gaï, cintzóa, entregu, propióa.* ǁ Adroit : *Habila, adreta, antcia, antcetxûa, maïnusa, maïnatxûa.* ǁ Savant : *Yakina.*

HABILEMENT, adv., avec habileté. — *Habilki, adretki, antceki, maïnuki.*

HABILETÉ, s. f., capacité. — *Habiltasuna, yakintasuna, cintzoëra, adrecia, antcetasuna, maïna, habilitatia, gaïgóa.*

HABILISSIME, adj., supérieur, très-habile, fam. — *Habil-habila, habilutxa.*

HABILLEMENT, s. m., vêtement. — *Arropa, bestimendûa, soñekûa, soïnekûa, haûntcia, yaûnzkia, jaskaya, jancikaya.*

HABILLER, v. a., n. et p., vêtir. — *Bestitzea.*

HABIT, s. m., vêtement. — *Habitua.*

HABITABLE, adj., qu'on peut habiter. — — *Egongarria.*

HABITACLE, s. m., demeure, armoire pour la boussole. — *Itsasorratzaren tókia, itxasorratzaren mánka.*

HABITANT, adj. et s. m., qui habite. — *Habitanta, biztanlea.*

HABITATION, s. f., demeure. — *Egonlekûa, biztandea, biciteghia.*

HABITÉ, ÉE, part., qui sert de demeure. — *Habitatua, biztantua.*

HABITER, v. a., faire sa demeure. — *Bicitzea, biztantzea, habitatzea.*

HABITUDE, s. f., usage. — *Habitura, aztura, oïtura.*

HABITUÉ, s. m., qui vient habituellement en un lieu. — *Usatûa.* ǁ part., qui a pris l'habitude : *Usatûa.*

HABITUEL, ELLE, adj., passé en habitude. — *Oïtûarra, usatuarra.*

HABITUELLEMENT, adv., par habitude. — *Oïtûarki.*

HABITUER, v. a. et pr., accoutumer. — *Oïtûartzea, usatzea, azturatzea.*

HABLER, v. n., mentir. — *Ghezurtzea, eraûsitzea, hitzontzikeritzea, eraûstaritzea, berriketaritzea.* ǁ Exagérer : *Handizkantzea, gheïzkatzea, espantutzea.*

HABLERIE, s. f., mensonge. — *Ghezurtadea, eraûsia, hitzontzikeria, berritxukeria.* ǁ Vanterie : *Handizkeria, gheïtzkeria, espantukeria.*

HABLEUR, EUSE, s., qui hable. — *Ghezurtaria, eraûslea, eraûsturia, hitzontzia, hitzjarióa, berritsûa, verbatsûa.*

HACHE, s. f., outil tranchant. — *Haïzkora, púda.*

HACHER, v. a., couper en petits morceaux. — *Cheátzea, aüstea.*

HACHEREAU, s. m., petite cognée. — *Haïzkoratchúa, púdatchúa.*

HACHETTE, s. f., petite hache. — *Haïzkoratchúa.*

HACHIS, s. m., viande hachée. — *Chókela.*

HACHOIR, s. m., table. — *Tajóa, zúntoya.* ‖ Couteau pour hacher : *Ganibet'-handia.*

HAGARD, adj., rude, farouche. — *Latza, gógorra, aserratia.*

HAIE, s. f., clôture de branchage. — *Esia.* ‖ Haie vive : *Berrhóa, sasia.*

HAÏE ! interj., cri pour animer les chevaux. — *Harri !* ‖ Cri plaintif : *Aï ! atch ! ayey !*

HAILLON, s. m., vieux lambeau d'étoffe. — *Zatárra, zarpilla, piltzarra, pilda.*

HAINE, s. f., inimitié. — *Gaïtzetxa, gaïtzerizkóa, igoria, gorrotóa, herra, ehia, ehea, herrakundea, ayherkundea.* ‖ Aversion : *Iguíntza, hastiadea, gaïtzezdea.*

HAINEUX, EUSE, adj., porté à la haine. — *Gaïtzetxúa, yaïtzeriztxúa, igoritxúa, gorrotxúa, herratxúa, ehitxúa, chetxúa, ayherkutxúa.*

HAÏR, v. a., avoir de la haine. — *Gaïtzetzea, gaïtzeritzea, igoritzea, gorrotzea, herratzea, ehitzea, chetzea, ayherkuntzea.*

HAÏSSABLE, adj., odieux. — *Gaïtzezgarria, gaïtzerizgarria, igorrigarria, gorrotgarria, herragarria, chigarria, ehegarria, ayherkundagarria.* ‖ Digne d'aversion : *Iguíngarria, hastiagarria, gaïtzezgarria.*

HALAGE, s. m., action de haler. — *Kórdaz, sókaz tiratzia.*

HALE, s. m., air sec et chaud. — *Aïze gaïchtóa.*

HALEINE, s. f., air attiré et repoussé par les poumons. — *Atxa, eznasia.*

HALENÉE, s. f., haleine désagréable. — *Atxada, bafada, bufada, túfóa.*

HALENER, v. a., sentir l'haleine. — *Atxatzea, bafadatzea, bufadatzea, túfótzea.*

HALÉ, ÉE, part., dont le teint est noirci. — *Berdaratchtua.*

HALER, v. a., tirer un bateau. — *Bacheta bat, chalupa bat sokaz, kórdaz eremanaztia.* ‖ Noircir le teint : *Berdarachtea.*

HALETANT, ANTE, adj., action de haleter. — *Atxantua, asperatua.*

HALETER, v. n., être hors d'haleine, panteler. — *Atxantzea, asperatzea, itastea.*

HALEUR, s. m., qui hale un bateau. — *Bacheta, chalupa kórdaz, sókaz tiratzaïlea, eremaïlea.*

HALLE, s. f., place du marché. — *Salerosteghia.*

HALLIER, s. m., buisson fort épais. — *Sasidia.*

HALTE, s. f., pause des gens de guerre ou des chasseurs. — *Paüsada, paüsa.*

HALTER, v. n., faire halte. — *Paüsatzia, itchotzia.*

HAMAC, s. m., lit suspendu. — *Kamaïna.*

HAMEAU, s. m., quartier d'un village. — *Bazterretchia, herrichka, basabarren.*

HAMEÇON, s. m., crochet pour prendre le poisson. — *Amúa.*

HANCHE, s. f., partie où tient la cuisse. — *Aùka.*

HANGAR, s. m., espèce de remise pour les chariots. — *Bandiúa, loriúa.*

HANNETON, s. m., scarabée. — *Hanton, kakamarlua.*

HANTÉ, ÉE, part., fréquenté. — *Bakindatua.*

HANTER, v. a. et n., fréquenter. — *Bakindatzea.*

HANTISE, s. f., action de hanter. — *Bakindadea.*

HAPPE, s. f., cercle d'essieu. — *Buhona.*

HAPPER, v. a., saisir avidement (se dit du chien). — *Arrapatzea, lotzea.*

HARANGUE, s. f., discours d'apparat. — *Hitzaldia, hiztaldia.*

HARANGUER, v. a., parler en public. — *Hitzaldiatzea, hiztaldiatzea.*

HARANGUEUR, s. m., qui harangue. — *Hitzalditzallea, hiztalditzallea, hiztuna.*

HARAS, s. m., lieu destiné à propager la race des animaux. — *Garañodia.*

HARASSER, v. a., lasser à l'excès. — *Ehotzea, akhitzea.*

HARCELER, v. a., provoquer. — *Cirikatzea.* ‖ Fatiguer : *Nekatzea, unatzea, arikatzea.*

HARDES, s. f. pl., ce qui sert à l'habillement. — *Arropac, haüluac.*

HARDI, IE, adj., courageux. — *Kóraiyosa.* ‖ Entreprenant : *Deliberatua, atrebitua.* ‖ Dévergondé, effronté : *Aüsarta, ozarra, nabarmena.* ‖ Qui est au-dessus des règles : *Ardita.*

HARDIESSE, s. f., courage. — *Kóraiya.* ‖ Licence : *Barrazadura, lizunkeria.* ‖ Impudence : *Aüsartzia, ozarkeria, nabarmentasuna.*

HARDIMENT, adv., avec hardiesse. — *Délibératuki, kóraiyoski, lotxa gabeki.*
HARENG, s. m., poisson de mer. — *Sardina-igarra, chardiña-igarra.*
HARENGÈRE, s. f., celle qui fait métier de vendre des harengs et autres poissons. — *Sardiñ'igar'saltzaïlea, arraïn saltzaïlea.* ‖ Fig., femme qui se plaît à quereller et à dire des injures : *Zarpaïla.*
HARGNEUX, EUSE, adj., querelleur. — *Jaïtaria, aüciabartaria, liskartaria, jaïtezalea, lizkarzalea, aüciabartzalea.*
HARICOT, s. m., plante légumineuse. — *Maïkola, maïlara, ilharra, leïkua.*
HARMONIE, s. f., accord des sens. — *Alosia, bózarokia, armonia.* ‖ Mesure : *Negurria, izaria.* ‖ Cadence : *Otsuztea.* ‖ Accord des personnes : *Akortasuna.*
HARMONIEUSEMENT, adv., avec harmonie. — *Armonioki, alosiozki.*
HARMONIEUX, EUSE, adj., qui a de l'harmonie dans la voix. — *Armoniosa, alosioza, bózaroki.*
HARMONIQUE, adj., qui produit de l'harmonie. — *Bózarokiro, armoniotxua, alositzua.*
HARMONIQUEMENT, adv., suivant l'harmonie. — *Bózarokiroki, armoniokoki, alosiozkoki.*
HARMONISÉ, ÉE, part., mis en harmonie. — *Bózarokitua, armoniatua, alositua.*
HARMONISER (s'), v. p., se mettre en harmonie. — *Bózarokitzea, armoniatzea, alositzea.*
HARMONISTE, s. m., savant en harmonie. — *Alosiarra, bózarokiarra, armoniarra.*
HARNACHEMENT, s. m., harnais. — *Zalpaïna, eskurtarma.*
HARNAIS, s. m., équipage de cheval. — *Eskurtarma.*
HARPE, s. f., instrument de musique. — *Arpa, arpea.*
HARPISTE, s. m., joueur de harpe. — *Arpearra.*
HARPON, s. m., croc pour pêcher. — *Arpoya, archa, archea.*
HARPONNER, v. a., se servir du harpon. — *Arpoyatzea, archatzea, archeatzea.*
HARPONNEUR, s. m., qui harponne. — *Arpoyatzallea, archatzaïlea, archeatzaïlea.*
HASARD, s. m., fortune, sort, risque. — *Méntura, ghertua, zória, asarta, aserta, parada.* ‖ Hasard (par) : *Ménturaz, ghertuz, zóriz, asartez, asertez, paradaz.*

HASARDER, v. a. et pr., exposer au hasard. — *Menturatzea, ghertutzea, zóritzea, asartatzea, asertatzea, paradatzea, irriskatzea, atrebitzea.*
HASARDEUSEMENT, adv., avec risque. — *Menturazki, ghertutzki, zóritzki, asartatzki, asertatzki, paradatzki, irriskuzki, atrebiki.*
HASARDEUX, EUSE, adj., hardi. — *Atrebitua, aüsarta, ardita, délibératua.* ‖ Périlleux : *Lanyerosa, péligrosa, galgarria.*
HASE, s. f., femelle du lapin et du lièvre. — *Konechuaren edo herbiaren emea.*
HATE, s. f., promptitude. — *Hirritxa, lehia, lastertasuna, agúdotasúna.* ‖ Précipitation : *Erresaka, lastertasuna.* ‖ Hâte (à la) : *Láster, fíte, águdo, agúro, lehi.*
HATER, v. a. et p., dépêcher. — *Lástertzea, fítetzea, hirritxatzea, lehitzea, agúrotzea, agúdotzea.*
HATIER, s. m., chenêt de cuisine. — *Súburdina, súburdiña.*
HATIF, IVE, adj., précoce. — *Goïztiarra, lásterkoya.*
HATIVEMENT, adv., avec hâtiveté. — *Goïz.*
HATIVETÉ, s. f., précocité. — *Goïztiartasuna.*
HAUBANS, s. m. pl., cordages des mâts. — *Obenkeác.*
HAUSSE, s. m., ce qui sert à hausser. — *Goradia, goïtidia.* ‖ Augmentation de valeur : *Púja, gaïnarta, gaïnsala, gaïndia.*
HAUSSE-CONTRE, s. f., t. de musique. — *Goïtotsa.*
HAUSSEMENT, s. m., action de hausser. — *Goratasuna, goïtitasuna, goratzapena, alzaëra.*
HAUSSER, v. a. et n., rendre plus haut. — *Goratzea, goïtitzea, goïchitzea.* ‖ Devenir haut : *Altchatzea.* ‖ Enchérir : *Káriotzea.*
HAUT, AUTE, adj., élevé. — *Góra, haltúa.* ‖ s. m., hauteur : *Haltura.* ‖ Sommet : *Púnta, búrua.* ‖ Haut (de haut en bas) : *Gaïndic behera.* ‖ adj., fier : *Fierra.* ‖ Orgueilleux : *Urguillutxua.* ‖ Haut, adv., hautement : *Haltoki.*
HAUTAIN, adj., fier. — *Fierra, búrgoyosa.*
HAUTAINEMENT, adv., avec fierté. — *Fierki, búrgoyoski.*
HAUT-BORD, s. m. (vaisseau de), grand vaisseau. — *Gherlako untci handia.*
HAUTE-FUTAIE, s. f., bois dans sa hauteur. — *Arbol handiac sekulan pikatúac izan ez dienac.*

HAUTEMENT, adv., hardiment. — *Fierki.* ǁ Avec hauteur : *Góraki, búrgoyski.* ǁ Publiquement : *Públikoki, góra.*

HAUTEUR, s. m., étendue d'un corps en élévation. — *Goratasuna, altura.* ǁ Colline : *Mendichka.* ǁ Éminence : *Altura.* ǁ Fig., fierté, arrogance, orgueil : *Ghizadiña, búrgoytasuna, urguïllua.* ǁ Taille d'un homme : *Handitasuna.*

HAUT-MAL, s. m., épilepsie. — *Erortzekomina, bihotzeko-mina.*

HAVE, adj., pâle. — *Kábartúa.* ǁ Maigre : *Mehe, mehia.* ǁ Défiguré : *Eragaïztua.*

HAVIR, v. a. et pr., desséché, peu usité. — *Mehatzea, eragaïztea, kizkortzea.*

HAVRE, s. m., port de mer. — *Baiya, bayona, pórtúa.*

HAVRE-SAC, s. m., sac de soldat. — *Sonsakea, zákúa, talega, zórróa.*

HÉ ! interj., pour appeler, hé ! ici. — *Hé !* ǁ Hé ! là-bas : *Hóla ! han, heï ! han.*

HÉ ! interj., quoi ! — *Cer !*

HÉBERGER, v. a., loger chez soi. — *Etcheko bezála tratatzea.*

HÉBÉTÉ, ÉE, adj. et p., stupide. — *Tontóa, naghia, tételé, eraúcia, búrujaúcia, narrá, ghelpea.*

HÉBÉTER, v. a., rendre stupide. — *Tontótzea, naghitzea, tételetzea, eraúcitzea, búrujaúcitzea, narratzea, ghelpetzea.*

HÉBRAÏQUE, adj., des hébreux. — *Hébreókoárra.*

HÉBRAÏSME, s. m., terme particulier et propre au langage hébraïque. — *Hébreótarren hitzera.*

HÉBREUX, s. m., juif. — *Hébroá.*

HÉCATOMBE, s. f., sacrifice de cent bêtes que faisaient les Grecs et les Romains. — *Abreúndea.*

HECTARE, s. m., cent ares. — *Hektára, hetára.*

HECTOGRAMME, s. m., cent grammes. — *Hektográma, hetográma.*

HECTOLITRE, s. m., cent litres. — *Hektólitra, hetólitra.*

HECTOMÈTRE, s. m., cent mètres. — *Hektómetra, hetómetra.*

HÉLAS ! interj. de plainte, de commisération. — *Hélas !*

HÉLER, v. a., interroger. — *Deadaratzea, eyagoratzea.*

HÉLIOTROPE, s. m., herbe aux verrues. — *Pika-belharra.*

HÉLOSE, s. f., retroussement des paupières. — *Bekhoskoen eritasuna.*

HEM, interj., en usage pour appeler. — *Hola ! heup !*

HÉMATITE, s. f., sorte de pierre servant à brunir. — *Odolkarra.*

HÉMATOSE, s. f., flux de sang. — *Odol'ichuria.*

HÉMICYCLE, s. m., demi-cercle. — *Inguruerdia, ustaï-erdia.*

HÉMIPLÉGIE, s. m., demi-paralysie. — *Erdiparelesia.*

HÉMISPHÈRE, s. m., moitié du globe. — *Boïllerdia.*

HÉMISTICHE, s. m., moitié d'un vers héroïque ou alexandrin. — *Biurserdia.*

HÉMOPTYQUE, adj. et s., qui crache le sang. — *Odola bulhárretaric etchatzen duena.*

HÉMOPTYSIE, s. f., crachement de sang. — *Odola bulhárretaric etchatzea.*

HÉMORRAGHIE, s. f., perte de sang. — *Odolgariða.*

HÉMORROÏDAL, ALE, adj., des hémorroïdes. — *Pikokóa, odoluzkikóa.*

HÉMORROÏDE, s. f., flux de sang à l'anus. — *Pikóa, odoluzkia.*

HÉMORROÏSSE, s. f., femme malade d'un flux de sang. — *Odolezko librantzaz eri den emaztekia.*

HENNIR, v. n., crier (en parlant du cheval). — *Irrintzin'eghitea, irrintziñ'ghitea.*

HENNISSEMENT, s. m., action de hennir. — *Irrintzina, irriñtziña.*

HERBACÉ, ÉE, adj., plante non ligneuse. — *Belharkúa.*

HERBAGE, s. m., toute sorte d'herbes. — *Belharkia, belhardia, bedardia, belhartza, bedartza.*

HERBE, s. f., plante à tiges faibles qui se fanent. — *Belharra, bedarra.*

HERBE-AU-CHAT, s. f., plante. — *Gátu-belharra, kátu-bedarra.*

HERBETTE, s. f., l'herbe courte. — *Belharmótza, sóro'hondoa.*

HERBEUX, EUSE, adj., où croît l'herbe. — *Belhartxúa, bedartxúa.*

HERBIÈRE, s. f., marchande d'herbes. — *Belhar'martchanta, bedar'saltzaïlea.*

HERBIVORE, adj., qui vit d'herbes. — *Belharkorra, bedarkorra.*

HERBORISTE, s. m., botaniste. — *Belhardazaria.*

HERBU, UE, adj., couvert d'herbes. — *Belhartxúa, bedartxúa.*

HERCULE, s. m., se dit d'un homme possédant une force supérieure. — *Erkula, erkulesarra.*

HÉRÉDITAIRE, adj., qui hérite, succession.— *Primúarra, guruzkuya, ondorezgóaz.* ǁ Héréditaire (maladie) : *Kutxukúa.*

HÉRÉDITAIREMENT, adv., par succession. — *Primuzki, guruzkuyki, ondoregóazki.*

HÉRÉDITÉ, s. f., héritage. — *Primeza, primantza, guruzkuya, ondoregóa, segunta.*

HÉRÉSIARQUE, s. m., auteur d'hérésies. — *Fedatzaïlena, fedaüstena.*

HÉRÉSIE, s. f., doctrine erronée. — *Fedatzaïgóa, fedaüstea, hereghia.*

HÉRÉTICITÉ, s. f., qualité hérétique. — *Fedatzaïtzarra, fedaüstearra, hereghitzarra.*

HÉRÉTIQUE, adj., de l'hérésie. — *Fedatzaya, fedaüslea, heregheu.* ǁ s., son partisan : *Fedetzaïkorra, fedaüskorra, hereghekorra.*

HÉRISSER (SE), v. pr., se dresser, se dit des cheveux, des poils. — *Chútzea.*

HÉRISSON, s. m., quadrupède. — *Sagarroya.*

HÉRITAGE, s. m., ce dont on hérite. — *Primeza, primantza, guruzkoya, ondoregóa, segunta.*

HÉRITER, v. a. et n., acquérir par succession. — *Seguntatzia, primantzatzia, guruzkoytzia, ondoregotzia.*

HÉRITIER, s. m., qui hérite, au pr. et au fig. — *Premúa, primua, ondorea, guruzka, seguntaria.* ǁ Héritière, s. f. — *Prema, prima, ondorea, seguntaria, guruzka.*

HERMAPHRODISME, s. m., état hermaphrodite. *Ghisandretasuna, andreghizontasuna.*

HERMAPHRODITE, adj. et s. m., à deux sexes. — *Ghizandrea, andreghizona.*

HERMÉTIQUE, adj., t. d'alchimie. — *Zerratúa, tinkóa.*

HERMÉTIQUEMENT, adv., bien fermé. — *Zerratuki, tinkoki.*

HERMINE, s. f., quadrupède. — *Armiña, armiñoa.*

HERMINÉ, ÉE, adj., moucheté. — *Armiñatua, armiñotúa, pintcharkatúa.*

HERMITAGE, voyez ERMITAGE. — *Ermita.*

HERMITE, voyez ERMITE. — *Ermitañóa, ermitanúa, ermitaüna.*

HÉROÏNE, s. f., femme héroïque. — *Humantesa.*

HÉROÏQUE, adj., de héros. — *Humantekóa.*

HÉROÏQUEMENT, adv., avec héroïsme. — *Humanteki, humantekoki.*

HÉRON, s. m., oiseau. — *Gartza, kóartza, ugaria, amiamókóa.* ǁ Héron (jeune) : *Gartzatchúa, kóartzatchúa, ugaritchúa, amiamókótchúa.*

HÉROS, s. m., homme illustre par sa valeur. — *Humanta.*

HERSAGE, s. m., action de herser. — *Eskubaredura, arreadura.*

HERSE, s. f., instrument pour herser. — *Eskubarea, arrea.* ǁ Porte-coulisse ou sarrasine : *Keretatea.*

HERSER, v. a., passer la herse dans un champ. — *Eskubaretzea, keretatetzea, arreatzea, arratzea.*

HERSEUR, s. m., qui herse.-*Eskubaretzallea, keretatezallea, arreatzallea, arratzallea.*

HÉSITATION, s. f., action d'hésiter. — *Dúda, dúra.*

HÉSITER, v. n., être embarrassé à parler ou agir. — *Dúdatzia, dúratzia.*

HÉTÉROCLITE, adj., irrégulier, bizarre. — *Adrakaïtza, adrebaghea, araübaghea.*

HÉTÉROGÈNE, adj., de différente nature. — *Izate diférenta.*

HÉTÉROGÉNÉITÉ, s. f., état hétérogène. — *Izatiaren diférentasuna.*

HÊTRE, s. m., arbre forestier. — *Fagóa, pagúa, pagóa, fagúa, agúa, phago.*

HEURE, s. f., vingt-quatrième partie d'un jour. — *Orena, ordúa.* ǁ Heure indue : *Désorena, désordúa.* ǁ À cette heure-ci, (à présent) : *Oraï.* ǁ A cette heure-là : *Oren hartan.* ǁ Heure (de bonne) : *Goïz, múga ónez.* ǁ Quelle heure est-il? *Cer ordu da? Cer múga da? Cembat orenac dire?* ǁ Moment convenable : *Tenoria, múga.* ǁ Arrivé à l'heure convenable : *Tenorez, múgaz.*

HEURES, s. f., livre de prières. — *Othoïtzeko libúrúa.*

HEUREUSEMENT, adv., par bonheur. — *Húruski, dohatxuki, zóriónean.*

HEUREUX, EUSE, adj., qui a du bonheur.— *Hárus, dohatxua, zóriónekúa.*

HEURT, s. m., choc, coup en heurtant. — *Gólpea, kólpea.*

HEURTER, v. a., toucher rudement. — *Arraskatzea.* ǁ v. n., frapper : *Yotzea.* ǁ Fig., choquer : *Unkitzea.* ǁ Contrarier : *Kóntrariatzea.*

HEURTOIR, s. m., marteau à la porte pour heurter. — *Martillúa.*

HIBOU, s. m., oiseau de nuit. — *Huntza, hontza.*

HIC, s. m., principale difficulté, fam. — *Errazkea.*

HIDEUSEMENT, adv., d'une manière hideuse. — *Icigárriki.*

HIDEUX, EUSE, adj., très-difforme. — *Icigarria.*

HIÈBLE, s. f., plante. — *Andurá, maüsá, osillapikóa, akáramamaïlúa.*

HIER, adv., le jour d'avant celui où l'on est. — *Atzo.* ‖ Hier au soir : *Atzo arratxian, barda, barta-arratxian.* ‖ Avant-hier : *Erenegun.* ‖ Avant-hier au soir : *Erenegunhaïncinean, erenegunarratxian, mendartzabart.*

HIÉRARCHIE, s. f., ordre subordin. — *Batinchekia.*

HIÉRARCHIQUE, adj., de la hiérarchie. — *Batinchekiarra.*

HIÉRARCHIQUEMENT, adv., par hiérarchie. — *Batinchekiarkiro.*

HILARITÉ, s. f., joie douce et calme. — *Boztasuna, irrigarrikeria, parragarrikeria.*

HIPPOPOTAME, s. m., cheval marin ou de rivière. — *Ibaïzaldia.*

HIRONDELLE, s. f., oiseau de passage. — *Aynara, aïnada, eñada, elaya.*

HISSER, v. a., hausser. — *Hizatzia, igatzia, goïtitzea, goratzea.*

HISTOIRE, s. f., narration de faits dignes de mémoire, description. — *Ichtorióa, kóndera, kóndaïra, esagaróa, lempiztea.*

HISTORIEN, s. m., qui écrit l'histoire. — *Ichtorio'ghilea, kóndera'ghilea, kóndaraïla, esagorlea, lempiztaria.*

HISTORIER, v. a., enjoliver. — *Esagoratzea, kóndaraïtzea.*

HISTORIETTE, s. f., petite histoire. — *Ichtotoriotchúa, kónderatchúa, esagortchúa, lempiztetchúa.*

HISTORIOGRAPHE, s. m., chargé d'écrire l'histoire. — *Ichtorio'ghilea, kónderaïlea, esagoralea, lempiztaria, kóndaïrarra, esagorlarra.*

HISTORIQUE, adj., qui appartient à l'histoire. — *Ichtoriokúa, kónderakúa, esagorakúa, lempiztekúa.*

HISTORIQUEMENT, adv., d'une manière historique. — *Ichtórioki, kónderaïki, kóndaïraki, esagorki, lempiztki.*

HIVER, s. m., saison la plus froide. — *Negúa, néghia, néguïa.*

HIVERNAL, adj., d'hiver. — *Négukúa, néghikúa, néguïkúa.*

HIVERNER, v. a., passer l'hiver, t. mil., de marine ; v. p., s'endurcir au froid. — *Négutzea, néghitzea, néguïtzea.*

Ho ! interj. d'appel, de surprise. — *Ho !*

HOCHE, s. f., entaillure. — *Ochka.*

HOCHEMENT, s. m., action de hocher la tête. — *Inharrosta.*

HOCHER, v. a., secouer. — *Inharrostea.*

HOGNER, v. a., grogner, pop. — *Murmuratzea.*

HOHE ou HOU, mot pour faire arrêter les chevaux et autres bêtes de somme. — *Chó, zó.*

HOLA ! interj., appeler. — *Heï ! hóla ! óles ! óla ! hóla-heï ! héla !* ‖ adv., tout beau : *Attentcióne.* ‖ Assez : *Aski, frángo, fránko.* ‖ Il suffit : *Aski dá.*

HOM ! interj., exclamation. — *Heú !*

HOMARD, s. m., grosse écrevisse de mer. — *Otarraïna.* ‖ Petite écrevisse : *Otarraïntchúa.*

HOMICIDE, s. m., meurtre. — *Heriótza, heriótzea.* ‖ Meurtrier d'un homme : *Heriotztaïlea.*

HOMICIDER, v. a., tuer. — *Heriótztea.*

HOMMAGE, s. m., devoir rendu à quelqu'un. — *Ahoria.*

HOMMAGÉ, ÉE, adj., tenu en hommage. — *Ahoratúa.*

HOMMAGER, adj., qui doit l'hommage. — *Ahoratzea.*

HOMMASSE, adj., qui tient de l'homme. — *Mari'-ghizon.*

HOMME, s. m., animal raisonnable. — *Ghizon, ghizona.* ‖ Homme (grand) : *Ghizon handia, ghizon larria.* ‖ Homme (petit) : *Ghizon ttipia, ghizon tchipia, ghizontúa, ghizontóa.*

HOMOGÈNE, adj., de même nature. — *Naturaleza berekúa.*

HOMOGÉNÉITÉ, s. f., qualité homogène. — *Naturalez iaren igúaltasuna.*

HOMONYME, adj. et s. m., mot semblable à un autre pour le son, mais non pour le sens. — *Tokayo.*

HONGRE, adj. m., cheval châtré. — *Chikiratúa, zikiratúa.*

HONGRER, v. a., châtrer une monture, etc. — *Chikiratzea, zikiratzea.*

HONGREUR, s. m., celui qui châtre. — *Chikiratzaïlea, zikiratzaïlea.*

HONNÊTE, adj. et s. m., conforme à la morale. — *Zuccna, perestua, prestua, yustua.* ‖ A la bienséance : *Móldekua, respetukua.* ‖ Civil : *Kórtesa, beghitarte'ghilea.* ‖ Bon : *On, óna.*

HONNÊTEMENT, adv., d'une façon honnête. — *Perestuki, pérestuki, yustuki, óneski.*

HONNÊTETÉ, s. f., conformité à la morale, à la vertu, à la bienséance — *Prestutasuna, ónestasuna, zucentasuna.*

HONNEUR, s. m., estime, vertu, réputation des hommes, respect. — *Ohoreá, ohoria.* ‖ Au pl., charges, dignités : *Ohoreac, ohoriac.* ‖ En parlant des femmes, pudicité, chasteté : *Gárbitasuna.*

HONNIR, v. a., couvrir de honte. — *Désohoratzea.*

HONORABLE, adj., qui fait honneur. — *Ohoragarria, ohoregarria.*

HONORABLEMENT, adv., avec honneur. — *Ohoragarriki, ohorezki.*

HONORAIRE, adj., rétribution. — *Sária, pága.*

HONORER, v. a., rendre honneur. — *Ohoratzea.*

HONORIFIQUE, adj., d'honneur. — *Ohoragarrikua.*

HONTE, s. f., confusion. — *Ahalghea, ahalkea, ahalea, erabea, ahalkia.* ‖ Opprobre : *Laidoa.* ‖ Honte (par) : *Ahalghez, ahalkez.*

HONTEUSEMENT, adv., avec honte. — *Ahalgheki, ahalkeki, ahaleki, erabeki.*

HONTEUX, EUSE, adj., qui cause de la honte. — *Ahalgheyarria, ahalkegarria, ahalekigarria, erabegarria.* ‖ Qui a honte : *Ahalghekorra, ahalkekorra, ahalkorra, erabekorra.*

HÔPITAL, s. m., maison pour les malades. — *Ospitalea, ospitalia, eriteghia.* ‖ Hôpital de charité : *Káritatezko ospitalea, káritatezko eriteghia.* ‖ Hôpital des pauvres et des pélerins : *Arrotzteghia.*

HOQUET, s. m., sorte de mouvement convulsif. — *Chopina, tchokuna, hokina, hopina.*

HORIZON, s. m., cercle qui partage la sphère, bornes de la vue. — *Marboïla, orzia, ortzia.*

HORIZONTAL, ALE, adj., parallèle à l'horizon. — *Marboïlkiro, orziara, ortziara.*

HORIZONTALEMENT, adv., d'une manière horizontale. — *Marboïlki, ortziazki, orziaki.*

HORLOGE, s. f., machine qui marque l'heure. — *Orena, erloya, erloja, orenloyua.*

HORLOGER, s. m., qui fait ou vend des horloges. — *Oren'ghillea, erloy'ghilea, erloja'ghilea, orenloyu'ghilea.*

HORLOGERIE, s. f., art de faire des montres, des horloges, etc., lieu où on les fabrique. — *Orenaghia, erloyghia, erlojaghia, orenloyughia.*

HORMIS, prép., hors. — *Sálbo, sálbu.*

HORREUR, s. f., mouvement de l'âme avec indignation et terreur, détestation, énormité, abomination. — *Lardazkia.*

HORRIBLE, adj., qui fait horreur, extrême, excessif. — *Lardazkigarria, lazturagarria.*

HORRIBLEMENT, adv., d'une manière horrible. — *Lardazki, lazturazki, lazturagarriki.*

HORS, prép., excepté. — *Salbu.* ‖ Dehors : *Kámpo.*

HORTENSIA, s. m., bel arbrisseau du Japon. — *Hortanzia.*

HOSPICE, s. m., asile des pauvres, hôpital. — *Ospitalia, ospitalea, arrotzteghia.*

HOSPITALIER, ÈRE, adj., qui exerce l'hospitalité ; hospitalier qui exerce l'hospitalité envers les pauvres et les pélerins. — *Ostatu'mallea, ostatu emaïlea.*

HOSPITALIÈREMENT, adv., d'une manière hospitalière. — *Ostatu-emaïleki, ostatu'maïtzaro.*

HOSPITALITÉ, s. f., action de loger les étrangers par bonté de cœur. — *Ostatu-emaïtza, leïhorra emaïtea.*

HOSTIE, s. f., pain pour la messe. — *Ostia, orosmea.* ‖ Victime, ant. — *Ostia, ostuja.*

HOSTILE, adj., ennemi. — *Kóntra, etsaïtarra.*

HOSTILEMENT, adv., en ennemi. — *Kóntraki, etsaïtkiro.*

HOSTILITÉ, s. f., action d'ennemi. — *Etsaïkalta.*

HÔTE, ESSE, s., qui tient auberge, qui loge ou est logé. — *Ostalera.*

HÔTEL, s. m., grande maison, maison garnie. — *Ostatua, ótela.* ‖ Hôtel de ville, maison commune : *Errikotchea.*

HÔTELIER, ÈRE, s., qui tient hôtellerie. — *Ostalera, dafarnaria.*

HÔTELLERIE, s. f., auberge. — *Ostatua, ótela, dafarna.*

HOTTE, s. f., sorte de panier à bretelles qu'on porte sur le dos. — *Bizkarzaria, bizkarotharria.*

HOTTÉE, s. f., plein une hotte. — *Bizkar zare baten béthe, bizkar otharre baten béthe.*

HOTTEUR, EUSE, s., qui porte la hotte. — *Bizkarzaretzaïlea, bizkaratharretzallea.*

HOUBLON, s. m., plante qui entre dans la composition de la bière. — *Ezker-aïhena.*

HOUE, s. f., instrument de vigneron. — *Palaherra, pikua, matraza.*

HOUER, v. a. et n., labourer avec la houe.— *Palaherratzea, pikuatzea, matrazatzea.*
HOUILLE, s. f., sorte de charbon de terre.— *Lur ikhatza.*
HOULE, s. f., vague après la tempête. — *Tyrañ menaïzta.*
HOULEUX, EUSE, adj., mar., agité. — *Tyrañ menaïztua.* ‖ Bouillonnant : *Bórboran, gálgaran.*
HOUPPE, s. f., touffe de fil de duvet.—*Hûpa.*
HOUPPER, v. a., faire des houppes. — *Hûpatzea, hûpac'ghitea.*
HOUPPETTE, s. f., petite houppe. — *Hûpatchua.*
HOUSSAIE, s. f., lieu où croît le houx.— *Gohostidia, gorostidia, gorostudia.*
HOUSSE, s. f., sorte de couverture.—*Fûrtsa.*
HOUSSINE, s. f., baguette pour battre. — *Chigorra, ciórra, cihóra, záhorra.*
HOUSSINER, v. a., battre avec la houssine. — *Chigorraz yótzea, ciórraz yótzea, cigorratzea, ciórratzea, cihórraz yótzea, záhorraz yótzea.*
HOUX, s. m., arbrisseau toujours vert. — *Gohostia, gorostia, gorostûa.*
HUCHE, s. f., coffre pour le pain. — *Maïramahaïna, maïra-mahina, maïra, aspireá, oramaya.*
HUÉE, s. f., cris pour effrayer les bêtes, chas., cris de dérision. — *Algarada.*
HUER, v. a., faire des huées. — *Algaradatzea, deádaratzea, algaraz oyuká, deádarka ojuká, deádarkaz aïtzia.*
HUILE, s. f., liqueur grasse onctueuse. — *Oliúa, olióa.*
HUILER, v. a., oindre d'huile.—*Olioztatzia.*
HUILEUX, EUSE, adj., de nature d'huile. — *Oliotxua.*
HUILIER, s. m., vase à huile. — *Olio-untcia.*
HUISSIER, s. m., officier de justice. — *Saryanta, úchera.*
HUIT, adj. numér. — *Zortzi.* ‖ Huit (dix-) : *Emezortzi.*
HUITAINE, s. f., huit jours. — *Zortzian.*
HUITIÈME, adj. ordin.; s. m., huitième partie. — *Zortzigarrena.*
HUITIÈMEMENT, adv., en huitième lieu. — *Zortzigarrenekoric.*
HUITRE, s. f., testacé comestible. — *Ostrea, ostria.*
HULOTTE, s. m., hibou. — *Gaü-belea.*
HUMAIN, AINE, adj. de l'homme, sensible à la pitié, secourable; s. m., homme. — *Umanoa.*

HUMAINEMENT, adv., d'une manière humaine. — *Umanoki.*
HUMANISER, v. a. et pr., rendre, devenir humain. — *Umanotzea.*
HUMANITÉ, s. f., nature humaine, bonté. — *Umanidadea, umanera, ghizondera.*
HUMBLE, adj., qui a de l'humilité. — *Humilla, manughina, ethorkorra.*
HUMBLEMENT, adv., avec humilité. — *Humilki, manughiki, ethorkorki.*
HUMECTANT, ANTE, adj. et s., qui rafraîchit. — *Bustikorra.*
HUMECTATION, s. f., action d'humecter. — *Bustikortasuna.*
HUMECTER, v. a., rendre humide. — *Bustitzea.*
HUMER, v. a., avaler un liquide. — *Urrupatzea, hurrupatzea.*
HUMEUR, s. f., sorte de fluide des corps organisés, disposition de l'esprit et du tempérament.— *Umorea.* ‖ Humeur (bonne) : *Umore óna.* ‖ Humeur (mauvaise) : *Umore gastóa, ûmore tcharra.*
HUMIDE, adj., aqueux. — *Umia, ecea, leka.*
HUMIDEMENT, adv., en lieu humide.—*Umiki, eceki, lekaki, ecekiro.*
HUMIDITÉ, s. f., état humide. — *Umitasuna, ecetasuna, lekatasuna.*
HUMILIANT, ANTE, adj., qui humilie.—*Aphalkorra, aphalgarria, mortifikaġarria.*
HUMILIATION, s. f., action d'humilier. — *Aphaltasuna, mortifikacionea.*
HUMILIER, v. a., abaisser, mortifier. — *Aphaltzea, mortifikatzea.*
HUMILITÉ, s. f., soumission modeste. — *Umiltasuna.*
HUMORAL, ALE, adj., terme de méd., qui vient des humeurs. — *Humorezkóa.*
HUMORISTE, adj., qui a de l'humeur, avec qui il est difficile de vivre. —*Mokhorra.*
HUNE, s. f., guérite au haut du mât.—*Kábia.*
HUNIER, s. m., mât de hune, sa voile. — *Kábiko masta.*
HUPPE, s. f., touffe de plumes que certains oiseaux ont sur la tête. — *Kúkúrrina.*
HURE, s. f., tête de sanglier, de thon.-*Búrua.*
HURLEMENT, s. m., cri du chien, du loup, etc., cri de douleur. — *Arrubia, inciria, marruma, aüena, marrubia, uhurria, goaüta, maüria.*
HURLER, v. n., pousser des hurlements. — *Arrubitzea, marrumatzea, aünatzea, marrubitzea, uhurritzea, goaüutzea, inciratzea, maüritzea.*

HUTTE, s. f., cabane.-*Chola, itchola, etchola.*
HUTTER (SE), v. n. et p., faire une hutte, s'y loger. — *Cholatzea, itcholatzea, etcholatzea.* || v. a., amarrer : *Lotzea, amarratzea.*
HYDRAULIQUE, adj. et s. f., art d'élever les eaux. — *Ulankaya.*
HYDRE, s. f., serpent fabuleux. — *Usughea.*
HYDROGRAPHIE, s. f., description des mers, des rivières et des lacs, art de naviguer.— *Uciabetzea.*
HYDROGRAPHIQUE, adj., qui contient l'hydrographie. — *Uciabeztarra.*
HYDROCÉPHALE, s. f., hydropisie de la tête. — *Ura-búrura.*
HYDROPHOBE, adj., attaqué de la rage. — *Errabiatua, amúrratúa.*
HYDROPHOBIE, s. f., horreur des liquides. — *Errabia, amúrra.*
HYDROPIQUE, adj. et s., qui a de l'hydropisie.—*Hytropika, ugheritxua, úmiñtxúa.*
HYDROPISIE, s. f., enflure causée par un épanchement. — *Hytropizia, ugheria, úmiña.*
HYGIÈNE, s. f., art de conserver la santé. — *Osasunen-béghirakuntza, osasunen-zaütiraüdea, osagarrien-kontserbakuntza.*
HYGIÉNIQUE, s. f., médecine préservatrice.— *Osasunen-beghiratzekóa, osasunen-zaütiratzekúa, ósagarrien-kontserbatzekóa.*
HYMEN, s. m., mariage. — *Eskontza.*

HYMNE, s. m., cantique. — *Dokanta, kantoná, kantika, himnóa.*
HYPERBOLE, s. f., terme de géométrie ; fig., de réthorique. — *Andizkadea, gheïtizkadea.*
HYPERBOLIQUE, adj., qui exagère au delà du vrai. En mathématique, qui tient de l'hyperbole. — *Andizkadekúa, gheïtizkadekúa.*
HYPERBOLIQUEMENT, adv., avec exagération. — *Andizkadeki, gheïtizkadeki.*
HYPOCONDRE, s. m., t. d'anat. ; HYPOCONDRIAQUE, adj., affection cérébrale.—*Sayesperiarra.*
HYPOCONDRIE, s. et adj., maladie. — *Sayesperia.*
HYPOCRISIE, s. f., vertu feinte. — *Ipokrisia, irudestea.*
HYPOCRITE, s. et adj., de l'hypocrisie. — *Ipokrita, irudestarra.*
HYPOTHÉCAIRE, adj., qui a de l'hypothèque. — *Lotapéarra.*
HYPOTHÉCAIREMENT, adv., par hypothèque. — *Lotapez, lotapeárki.*
HYPOTHÈQUE, s. f., droit acquis à un créancier sur les biens de son débiteur. —*Lotapeá.*
HYPOTHÉQUER, v. a., soumettre à l'hypothèque. — *Lotapetzea.*
HYSOPE, s. f., plante aromatique. — *Urdingorria.*

I

I, s. m., neuvième lettre de l'alphabet. — *Abeceko bederatzigurren letra.*
IBÉRIE, s. f., nom que l'on donna à l'Ebre et qui devint ensuite celui de l'Espagne. — *Ibéria.*
ICI, adv., en ce lieu-ci. — *Hemen.* || Ici ! impératif : *Hunat !* || Ici-bas, dans ce monde : *Mundu huntan, mundu unetan.* || Ici (d') : *Hemengóa.* || Ici (par) : *Hemendic.* || Ici (pour) : *Hemengotz.*
IDÉAL, adj. sans pl. m., qui n'existe qu'en idée. — *Iduridearra, irudideárra.*
IDÉE, s. f., notion, pensée. — *Idea, idia, iduria, irudia, gogóa.* || Vision, fausse imagination : *Irudidea, idurídea.*
IDEM, adj. et s., le même. — *Igual, bardin.*
IDENTIFIÉ, ÉE, part., confondre deux objets identiques. — *Bizbatetúa, aïmbatetúa.*

IDENTIFIER, v. a. et p., confondre deux objets indentiques. — *Bizbatetzea, aïmbatetzea.*
IDENTIQUE, adj., le même, semblable à un autre. — *Berdin, berdina, igúala.*
IDENTIQUEMENT, adv., d'une manière identique. — *Berdintki, igúalki.*
IDENTITÉ, s. f., état identique, ressemblance de deux objets. — *Berdintasuna, igúaltasuna.*
IDIOME, s. m., langue, dialecte.—*Lenguaiya, hitzkuntza, hizkuntza, hizkundea, mintzoëra, mintzaya.*
IDIOT, adj. et s., stupide.—*Chórúa, zózúa, leleá, cedakiña, inochenta, tontóa, zóróa, leleka.*
IDIOTISME, s. m., état d'idiot. — *Chórotasuna, zórotasuna, leletasuna, cedakiñtasuna, inochentasuna.*

IDOLATRE, adj. et s., qui adore les idoles.— *Ceághigurta.*

IDOLATRER, v. n., adorer les idoles ; v. a., aimer avec passion. — *Ceághigurtzea.*

IDOLATRIE, s. f., adoration des idoles. — *Ceághigurtea.* || Fig., amour excessif : *Amodio pasionatúa.*

IDOLATRIQUE, adj., de l'idolâtrie. — *Ceághigurtakóa.*

IDOLE, s. f., figure qu'on adore, belle femme sans esprit. — *Yaïnko faltxua, ceághia.*

IF, s. m , arbre toujours vert. — *Aghiná.*

IGNARE, adj., sans étude. — *Iñoranta, cejakina, jakiñeza.*

IGNOBLE, adj., bas, vil. — *Gaïzdiomena, laïdoya, cicenda, aphala.*

IGNOBLEMENT, adv., d'une manière ignoble.— *Gaïzdiomenez, laïdoz, cicendaz, aphalki.*

IGNOMINIE, s. f., infamie. — *Gaïzdiomena, laïdóa, cicenda, aphaltasuna.*

IGNOMINIEUSEMENT, adv., avec ignominie, avec affront, honteusement. — *Gaïzdiomenki, laïdoki, cicendoki, abphalki.*

IGNOMINIEUX, EUSE, adj., déshonorant. — *Gaïzdiomengarria, laïdogarria, cicendarria, aphalgarria.*

IGNORAMMENT, adv., avec ignorance. — *Iñorantcian, cejakinderoz, jakiñezkiroz.*

IGNORANCE, s. f., manque de savoir. — *Iñorantcia, cejakiñdea, eraücimendúa, jakiñeztea.*

IGNORANT, ANTE, adj. et s., ignare, qui ignore. — *Iñoranta, cejakiña, jakiñeza.*

IGNORER, v. a., ne pas savoir. — *Iñoratzea, cejakiñtzea, jakiñeztea.*

IL, pron. m. de la troisième personne, lui. — *Ori, orrec, harc, hura.* || Il est juste : *Yustua da.* || Il est mort : *Hil da.* || Il est mort ? : *Hila da ?* || Serait-il mort ? : *Hil othe da ?* || Il est bon : *Ona da.* || Il est méchant : *Gachtóa da.*

ILE, s. f., terre entourée d'eau. — *Irla, ugartea, uribitartea.*

ILIAQUE, s. m. , maladie très-dangereuse qu'on appelle passion iliaque ou miséréré. — *Esteriá.*

ILLÉGAL, adj., non légal. — *Célegarra, zucen kóntrakúa.*

ILLÉGALEMENT, adv., contre les lois. — *Célegarki, célegarkiró.*

ILLÉGALITÉ, s. f., caractère illégal. — *Célegartasuna, célegardea.*

ILLÉGITIME, adj., non légitime.—*Célegarra, célegaraüta.*

ILLÉGITIMEMENT, adv., avec illégitimité. — *Célegarkiro, célegaraükiró.*

ILLÉGITIMITÉ, s. f., défaut de légitimité. — *Célegardea, célegaraüdea, célegartasuna.*

ILLICITE, adj., non licite. — *Débekatúa, cécilleghia, fóriezá.*

ILLICITEMENT, adv., d'une manière illicite. — *Débekatuki, cécilleghiki, fóriezki.*

ILLIMITÉ, adj., sans limites. — *Negurri gabea, cedarri gabea, múgaric gabea, múgaric baghea, marric eztuena, cebukatúa.*

ILLISIBLE, adj., qu'on ne peut lire. — *Ecinirakurtúa, leátezgarria, leátceciña, ecinleïtua, ecin-irakurria, irakurezgarria, irakureciña.*

ILLUMINATIF, IVE, adj., qui éclaire. — *Arghigarria.*

ILLUMINATION, s. f., quantité de lumières.— *Arghitza.*

ILLUMINÉ, ÉE, part., éclairé. — *Arghitua.*

ILLUMINER, v. a. et n., éclairer, faire des illuminations. — *Arghitzea.*

ILLUSION, s. f., apparence trompeuse. — *Illusionia, illusiúa, itsirudia, irudutza.*

ILLUSOIRE, adj., trompeur, captieux. — *Irudiskorra, illusionekorra, itsirudikorra.*

ILLUSOIREMENT, adv., d'une manière illusoire. — *Irudiskorki, illusioneki, itsirudikorki.*

ILLUSTRATION, s. f., ce qui illustre. — *Arghidorea.* || Qui est illustre : *Omenda, deïtamena.*

ILLUSTRE, adj. et s. m., célèbre. — *Famatúa.* || Eclatant par les mérites ou les ancêtres : *Omendatúa, deïtatúa, famatúa, arghidortarra.*

ILLUSTRER, v. a., rendre, illustre, célèbre.— *Omendatzea, deïtzea.* || Rendre éclatant par le mérite de ses ancêtres : *Arghidorátzea.*

ILLUSTRISSIME, adj., très-illustre par ses ancêtres. — *Chit-arghidortarra.*

ILOT, s. m., petite île. — *Irlatchúa, irla chúmeá.*

IMAGE, s. f., représentation. — *Iduria, imagina.* || Estampe, au pr. et au fig. : *Estampeá, estampá, ezunza, estuanpea.* || Vendeur d'images : *Estampariá.*

IMAGINABLE, adj., qu'on peut imaginer. — *Idurigarria, irudesgarria.*

IMAGINAIRE, adj., idéal.—*Iduridearra, irudideárra.* || Impossible : *Eciña, ezina, ecingarria, ecinkizuna, ezdatekena, ecinlitakena, ezlizatekedna.*

IMAGINATIF, IVE, adj. et s., faculté, qui imagine. — *Idurigarritasuna, irudesgarritasuna.*

IMAGINATION, s. f., idée, action d'imaginer. — *Irudia, irudetsia, iduria.*

IMAGINER, v. a., inventer ; pr., se figurer.— *Iruditzia, irudetsitzia, iduritzea.* ||Croire, supposer : *Phentxatzia, iduritzia.*

IMBÉCILE, adj. et s., faible d'esprit. — *Enochenta, erghela, argalá, zózóa.*

IMBÉCILEMENT, adv., avec imbécilité.—*Enochentki, erghelki, argalki, zózoki.*

IMBÉCILITÉ, s. f., état imbécile. — *Enochentasuna, ergheltasuna, argaltasuna, zózotasuna.*

IMBERBE, adj., sans barbe. — *Bizar gabea.*

IMBIBER, v. a. et p., mouiller. — *Bustitzea.*

IMBIBITION, s. f., action d'imbiber.- *Bustitze.*

IMBOIRE (s'), v. p., s'imbiber. — *Bustitzia.* || Pénétrer : *Adieraztia.*

IMBU, UE, adj., pénétré ; rempli, fig. — *Adieratua.*

IMITABLE, adj., qu'on peut imiter. — *Idurikagarria, irudikagarria, bezaghigarria, besteragarria.*

IMITATEUR, TRICE, s. et adj., qui imite. — *Imitaria, imitatzallea, bezaghitaria, idurikaria, besteratzallea.*

IMITATIF, IVE, adj., qui imite. — *Imitaria, imitatzallea, bezaghitaria, idurikaria, besteratzallea.*

IMITATION, s. f., action d'imiter, chose imitée : *Imitaldea, bezaghita, irudikantza, besteraldea.*

IMITER, v. a., prendre pour modèle. — *Idurikatzea, imitatzea, imatzea, bezaghitzea, besteratzea, ihakundatzea.*

IMMACULÉE, s. f., pure et nette (ceci se dit de la Vierge). — *Notaric-gabea, naturicgabea, guciz-garbia, chaüe, chaüba.*

IMMANGEABLE, adj., qu'on ne peut manger. — *Ezinyana, ezinjana.*

IMMANQUABLE, adj., infaillible. — *Ezinfaltatua, ezinmankatúa, ezin hutx eghina.*

IMMANQUABLEMENT, adv., d'une manière immanquable. — *Faltaric gabe.*

IMMÉDIAT, adj., sans intermédiaire. — *Béreála, bertan.*

IMMÉDIATEMENT, adv., d'une manière immédiate. —*Bereála, kúchian, kúchean, orduberean, ichtant-bérian.*

IMMÉMORIAL, adj., très-ancien. — *Orrhoïtezgarria, komutezgarria, oroïtezgarriró, komutezgarriró.*

IMMENSE, adj., d'une grandeur infinie, très-grand. — *Gaïnditua, ezinegurtúa, neürteza, neürgaghea, neürrigabea.*

IMMENSÉMENT, adv., sans mesure. — *Gaïnditadea, neürtezkiró, neürrigabekóa.*

IMMENSITÉ, s. f., étendue immense. — *Gaïndia, neürtezdea, neürrigabetasuna.*

IMMERSION, s. f., état de plonger. — *Uran sartza, urian sartza.*

IMMEUBLE, adj. et s. m., bien-fonds. — *Lurrezko óntasuna, etche, landa eta olakuac.*

IMMINENCE, s. f., état imminent.—*Meátchua.*

IMMINENT, TE, adj., menaçant. — *Ghertakorra, meátchugarria.*

IMMISCER (s'), v. pr., prendre possession, s'ingérer. — *Sartzea.*

IMMIXTION, s. f., action de s'immiscer.— *Sartkuntza.*

IMMOBILE, adj., qui ne se meut pas.—*Gheldigheldia.*

IMMOBILISER, v. a., rendre immobile.—*Gheldiaztia.*

IMMOBILITÉ, s. f., état immobile. — *Gheldítasuna, mughitezkisuna.*

IMMODÉRATION, s. f., action immodérée. — *Sobrakina, sobraniotasuna.*

IMMODÉRÉ, ÉE, adj., violent, excessif.—*Gaïnditúa, sobraniatúa, modereztúa, cémoderatúa.*

IMMODÉRÉMENT, adv., sans modération. — *Sobraniozki, moderezteró, moderezkiró, cémodereró, gaïndiki.*

IMMODESTE, adj., sans modestie.—*Desonezta, modesteza, manaürkeza, cemoldestia.*

IMMODESTEMENT, adv., avec immodestie. — *Desoneski, cemoldestiro, moldesibaghero, cemodesturo, cemanaüzedro.*

IMMODESTIE, s. f., manque de modestie. — *Desonestasuna, cemoldesia, moldesteza, manaürkeza.*

IMMOLATEUR, s. m., qui immole.-*Abrildaria, sakrifikatzaïlea.*

IMMOLATION, s. f., action d'immoler.—*Abrildea, sakrificiúa.*

IMMOLÉ, ÉE, part., sacrifié. — *Abrildua, sakrifikatúa.*

IMMOLER, v. a. et pr., sacrifier. — *Abriltzea, sakrificatzea.*

IMMONDE, adj., impur. — *Cegarbia, garbieza, likitxa, téma, zikina.*

IMMONDICE, s. f., impureté, ordure. — *Cegarbiera, garbieztasuna, lohikeria, likitxtasuna, likitxkeria, urdekeria, basakeria, askeriá, basikeria, zikinkeria.*

IMMORAL, ALE, adj., contraire aux mœurs.— *Desonesta, lizuna, likitxa.*
IMMORALITÉ, s. f., état immoral. — *Desoneskeria, lizunkeria, likitxkeria, likitxtasuna.*
IMMORTALISÉ, ÉE, part., qui ne meurt pas. — *Hilezindatua.*
IMMORTALISER, v. a., rendre immortel. — *Hilezindatzea, ezin-hila.*
IMMORTALITÉ, s. f., qualité immortelle. — *Hilezintasuna, hilezindea, hilezkordea, hilezkoydea, hillezkizuna, hilleciñkizuna, ecin-hiltasuna.*
IMMORTEL, ELLE, adj., non sujet à la mort; s., divinité. — *Ecin-hila, hilezkorra, ilezkoya, hilleciña.* || s. f., plante : *Imortela.*
IMMUABLE, adj., qui ne peut changer. — *Ezinmudatua, ezmughigarria, aldaézgarria, aldaézkizuna, ezinmughitúa.*
IMMUABLEMENT, adv., d'une manière immuable. — *Ezinmudatuki, ezmugarriki, aldaézgarriro, gambiakidezgarria, gambiaciña, gambiezgarria.*
IMMUNITÉ, s. f., exemption. — *Lokabea, lokabera, beretardea.*
IMMUTABILITÉ, s. f., qualité immuable. — *Ezmughitasuna, aldaézkisuna.*
IMPAIR, adj., qui n'est pas pair. — *Bakanta, désbardina, bakotchia, batgutia, batgutchia.*
IMPALPABLE, adj., trop fin pour être senti au tact.—*Ezunkitúa, ezunkigarria, azkaézgarria, ukitezgarria, ezinunkitúa, ezinukitúa.*
IMPARDONNABLE, adj., qu'on ne peut pardonner. — *Ezinbarkatúa.*
IMPARFAIT, adj., non parfait. — *Eskatxúa.*
IMPARFAITEMENT, adv., d'une manière imparfaite. — *Eskatxuki.*
IMPARTABLE, adj., qu'on ne peut partager. — *Ezinparteyatúa, utcitezgarria, partiezgarria.*
IMPARTIAL, ALE, adj., qui n'est pas partial. — *Zucena, pare-gabea, aldeztuna.*
IMPARTIALEMENT, adv., avec impartialité. — *Zucenki, pare-gabeki, aldezgarriki.*
IMPARTIALITÉ, s. f., qualité impartiale. — *Zucentasuna, pare-gabetasuna, aldezgarritasuna.*
IMPASSIBILITÉ, s. f., qualité de ce qui est impassible. — *Sorrayotasuna, cemingarritasuna, minezgarritasuna, païraézgarritasuna.*

IMPASSIBLE, adj., incapable de souffrir. — *Sorayóa, cemingarria, minezgarria, païraézgarria.*
IMPATIEMMENT, adv., avec impatience.—*Yaüskorki, kilikaki, astigabeki, impasientki, leyarreki, païraézkiro, otsartezkiro.*
IMPATIENCE, s. f., manque de patience. — *Yaüskortasuna, kilikatasuna, astigabetasuna, impasientasuna, leyartasuna, païraétasuna, osarteztasuna.*
IMPATIENT, ENTE, adj., non patient.— *Yaüskorra, ezinpaïratúa, kilika, astigabea, impatienta, sügarra.*
IMPATIENTÉ, ÉE, part., qui a perdu patience. — *Yaüskortúa, yaüstetúa, pastikaratúa, païraézaracitua, païraézerazotúa, osarteracitúa, osarteatúa.*
IMPATIENTER, v. a. et pr., ôter, perdre patience. — *Yaüstea, yaüzarratzea, pastikaraztea, païraézaracitzea, païraézerazotzea, osarteracitzea, osarteatzea.*
IMPAYABLE, adj., qu'on ne peut trop payer. — *Ezinpagatúa.*
IMPECCABLE, adj., qui ne peut pécher. — *Bekatezgarria, bekatuézingarria.*
IMPÉNÉTRABLE, adj., qui ne peut être pénétré. — *Barnezgarria, billakindezgarria.*
IMPÉNÉTRABLEMENT, adv., d'une manière impénétrable. — *Barnezgarriki, barnezgarriró.*
IMPÉNITENCE, s. f., état impénitent. — *Damuricgabetasuna, bihotzgogortasuna, damuricbaghetasuna.*
IMPÉNITENT, TE, adj. et s., endurci dans le péché.— *Damuricgabea, damuricbaghea, bihotzgogortua.*
IMPÉRATIF, IVE, adj., impérieux.— *Iabaria, aghintaria, mempérataria.*
IMPÉRATIVEMENT, adv., d'un ton altier. — *Iabariki, aghintaki, mempératatuki, jabariró, mempératuriró.*
IMPÉRATRICE, s. f., femme d'empereur, princesse qui de son chef possède un Empire. — *Emperatrizá.*
IMPERCEPTIBLE, adj., qui ne peut être vu.— *Ezagheria, ikusiezgarria, bidadizgarria, ecinikusia.* || Qui ne peut être entendu : *Aditezgarria, ezinaditúa.*
IMPERCEPTIBLEMENT, adv., peu à peu. — *Ezagheriki, ikusiezgarriki, aditezgarriró, bidadizgarriró.*
IMPERDABLE, adj., qu'on ne peut perdre. — *Ezingaldúa.*

IMPERFECTION, s. f., défaut. — *Itena, gabenda, baia, utsaldia.*
IMPÉRIAL, adj., de l'Empire. — *Emperadorekûa.*
IMPÉRIEUSEMENT, adv., d'une manière impérieuse, altière. — *Mempetiró, jabaritsuró, aghindetiró, bringhiansuró, larderitxuki.*
IMPÉRIEUX, EUSE, adj., altier. — *Larderitxua, mempetia, mempetxua, aghindetia, aghindetsua.*
IMPÉRISSABLE, adj., qui ne peut périr. — *Ezingaldûa, ezgalgarria, ecinakabatua.*
IMPÉRITIE, s. f., défaut d'habileté. — *Tontotasuna, cejakindea, jakiñeztea, eraücimendua, cedakindea.*
IMPERMÉABLE, adj., impénétrable à un fluide. — *Ezinbustia, ezinbusti ditakena.*
IMPERSONNEL, ELLE, adj., terme de grammaire. — *Izapebaghea.*
IMPERTINEMMENT, adv., avec impertinence. — *Ozarki, aüsarki, atrebituki, éragokiró, maükeratiró, impertinentki.*
IMPERTINENCE, s. f., action contre la politesse, la bienséance. — *Osartasuna, aüsarkeria, atrebitasuna, éragokirá, maükira, uztitza, impertinentcia.*
IMPERTINENT, TE, adj., qui choque la bienséance. — *Ozarra, aüsarta, atrebitua, eragokia, maükeratia, impertinenta.* ‖ s., sot : *Zózóa, erghela.* ‖ Indiscret : *Nabarbena.*
IMPERTURBABLE, adj., qu'on ne peut troubler. — *Beldurgabea, beldurricbaghea.*
IMPERTURBABLEMENT, adv., d'une manière imperturbable. — *Beldurgabeki, beldurricbagheki.*
IMPÉTRER, v. n., obtenir. — *Ardiestea, ardestea.*
IMPÉTUEUSEMENT, adv., d'une manière impétueuse. — *Mûtiriki, oldarrean, bóaldero, bóalkiró.*
IMPÉTUEUX, EUSE, adj. (des choses), violent, rapide ; (des personnes), vif, emporté.— *Mûtiria, oldarra, bóaldia, bóaldatsúa, fûliatia, bültzadatia, bültzadatsúa.*
IMPÉTUOSITÉ, s. f., violence, vivacité. — *Mûtiritasuna, oldartasuna, bóaldá, fúlio, bultzera, bultzada.*
IMPIE, adj. et s., qui outrage la divinité, la religion. — *Sinetxtegabekûa, sinesteric ez duena Yinkóaren baïtan.*
IMPIÉTÉ, s. f., vice de l'impie. — *Sinetxtegabetasuna.*

IMPITOYABLE, adj., sans pitié. — *Bihotzgabekûa, bihotxgogorrekûa.*
IMPITOYABLEMENT, adv., d'une manière impitoyable.—*Bihotzgabeki, bihotzgogorki, bihotzgogorkiró.* ‖ Sans remords : *Urrikalmenduric gabe.*
IMPLACABLE, adj., qu'on ne peut apaiser. — *Barkamenduricgabekúa, emaézgarria, gozaézgarria, malsoézgarria, barkaézgarria.*
IMPLICATION, s. f., complicité. — *Lopizta, lopiztea.*
IMPLIQUER, v. a., comprendre, envelopper.— *Lopetzea, sartzea.*
IMPLORER, v. a., demander avec ardeur. — *Galdetzea.*
IMPOLI, IE, adj., sans politesse. — *Desártzontia, deskortesa.*
IMPOLIMENT, adv., d'une manière impolie.— *Desártzontki, desártzontiró, deskorteski, deskorteskiró.*
IMPOLITESSE, s. f., défaut de politesse. — *Desártzontea, deskortesia, desbeghirunea.*
IMPORTANCE, s. f., ce qui rend considérable. — *Premia.*
IMPORTANCE (D'), adv., très-fort.—*Premütuki.*
IMPORTANT, adj. et s., qui importe. — *Egokidakóa.*
IMPORTATION, s. f., action d'importer. — *Kámpotikakóa.*
IMPORTER, v. a., faire venir du dehors. — *Kámpotic ekhartzea.*
IMPORTUN, adj., fâcheux. — *Unagarria, nekagarria, muturia.*
IMPORTUNÉMENT, adv., avec importunité. — *Eragokiz, éragokiro, unagarriki, nekarriki, muturiki.*
IMPORTUNER, v. a., fatiguer par ses assiduités, ses questions. — *Unatzea, nekatzea, muturitzea, eragokitzea.*
IMPORTUNITÉ, s. f., action d'importuner. — *Unagarrikeria, nekagarrikeria, muturikeria, eragokeria.*
IMPOSANT, ANTE, adj., qui impose du respect. — *Ahalkezuna.*
IMPOSÉ, ÉE, part., mis un impôt.—*Cergatua, légarritua.* ‖ v. n., inspiré du respect : *Imbenitua, ahalkezuntua.*‖Imp., imposé, menti : *Enganatua.* ‖ Forcé : *Bortchatua.*
IMPOSER, v. a. et p., mettre dessus un impôt. — *Cérgatzea, légarritzea.* ‖ v. n., inspirer du respect : *Ahalkezuntzea.* ‖ Imp., en imposer, mentir : *Enganatzea.* ‖ Forcer : *Bortchatzea.*

IMPOSITION, s. f., action d'imposer.—*Ezárdea*. || Impôt : *Cérga, légarria, imposa*.

IMPOSSIBILITÉ, s. f., qualité de ce qui est impossible. — *Ezindea, ezingarria, ezinkizuna*.

IMPOSSIBLE, adj. et s. m., qui ne se peut. — *Ezina, cziña, ezinbertzea, ezingarria, ezinkizuna, ezdatekeána, ezinlitekeána, ezlizatekeána*. || Rendre impossible : *Ezinerazia, ezindzia*. || Rendu impossible : *Ezindua, ecinerazóa*.

IMPOSTEUR, adj. et s. m., qui en impose. — *Ghezurtia, enganatzaïlea, nahastaria, dógakaria*.

IMPOSTURE, s. f., action de tromper.—*Ghezurra, enganamendua, nahasdura, dógakaritasuna*.

IMPÔT, s. m., droit imposé. — *Cérga, légarria, imposa*.

IMPOTENCE, s. f., impuissance. — *Eziña, emblaytasuna, herbaltasuna, imbaliertasuna, alikeza, alikabetasuna*.

IMPOTENT, TE, s. et adj., privé d'un membre. — *Ezindúa, emblaya, herbala, imbaliéra, alikeztuna, alikabea, ezintia*.

IMPRATICABLE, adj., non praticable.—*Ezin'ghina*.

IMPRÉCATION, s. f., malédiction. — *Madarikamendúa, hiraüa, biraüba, burhóa, harnegúa, mádaricionea*.

IMPRÉGNER, v. a., charger de parties étrangères. — *Arraztia*.

IMPRENABLE, adj., qui ne peut être pris. — *Ezinhartúa*.

IMPRESCRIPTIBLE, adj., non prescriptible. — *Beraütezgarria*.

IMPRESSION, s. f., action d'un corps sur un autre, action d'imprimer. — *Moldizkira, moldura, ekanzá*. || Fig., effet produit sur les sens ou sur l'esprit. — *Múghidaldá*.

IMPRESSIONNÉ, ÉE, part., qui a reçu une impression. — *Múghidaldatúa*.

IMPRESSIONNER, v. a., faire impression. — *Múghidaldatzia*.

IMPRÉVOYANCE, s. f., défaut de prévoyance. — *Ustegabea*.

IMPRÉVOYANT, ANTE, adj., sans prévoyance. — *Ustegabekóa*.

IMPRÉVU, UE, adj., qu'on n'a pas prévu. — *Ustegabez*.

IMPRIMÉ, s. m. et part., écrit imprimé. — *Moldizkiratua, ekanzatua*. || Gravé (estampes) : *Estampatúa, estampetúa*.

IMPRIMER, v. a., faire une empreinte de lettres. — *Moldizkiratzea, ekanzatzea, imprimatzia*. || Fig., laisser des traces dans l'esprit ou dans le cœur : *Múghidaldatzia*. || Imprimer, graver les estampes, les gravures. — *Estampatzia, estampetzia*.

IMPRIMERIE, s. f., art d'imprimer. — *Moldizkira, imprimeria*. || Lieu où l'on imprime : *Moldizteghia, imprimeria*.

IMPRIMEUR, s. m., qui exerce l'art de l'imprimerie.—*Moldizkaria, imprimatzallea*.

IMPROBABILITÉ, s. f., qualité de ce qui est improbable. — *Káragabekúa, itchurágabekúa, billaézbidekúa, frogaézbidekóa*.

IMPROBABLE, adj., non probable, douteux, qui ne peut se prouver. — *Káragabea, itchurágabea, billaézbidea, frogaézbidea*.

IMPROBATION, s. f., action d'improuver. — *Désontzatea*.

IMPROBITÉ, s. f., défaut de probité. — *Désonestkeria, infieltasuna, infideltasuna*.

IMPROMPTU, s. m., fait sans préméditation. — *Golpez eghina*.

IMPROPRE, adj., qui manque de justesse. — *Ezagokia, egokeza*.

IMPROPREMENT, adv., d'une manière impropre. — *Ezagokiro, egokezki*.

IMPROUVER, v. a., désapprouver. — *Désontzatzea*.

IMPROVISATEUR, TRICE, s., qui improvise.— *Golpez eghin dúena kántac édo bertxuac, édo bertze cerbeït*.

IMPROVISER, v. a. et n., composer sur-le-champ. — *Golpez eghitia*.

IMPROVISTE (A L'), adv., subitement.—*Ohartgabean, ustegabean*.

IMPRUDEMMENT, adv., avec imprudence. — *Ezacholatuki, imprudentki, zurrezkiró, zóghiezkiró, zúhurcigheró*.

IMPRUDENCE, s. f., défaut de prudence. — *Ezacholezia, imprudentcia, zurrezta, zóghezta, ezuhurcia*.

IMPRUDENT, TE, adj. et s., sans prudence.— *Ezaholatua, imprudenta, zurrezduna, zógheztúa, ezuhurtúa, aïntsikabea*.

IMPUBÈRE, adj., qui n'est pas pubère.—*Ezmorroïna*.

IMPUDEMMENT, adv., avec impudence.—*Ezacholutuki, ahalkegabeki, déslotsatiró, lotsabaghero, lizunki, likitxki*.

IMPUDENCE, s. f., effronterie. — *Ahalkegabetasuna, ezacholakeria, déslotsa, déslotsaéra, lotsagheria, lotsabaghekeria, lotsagabetasuna, lizuntasuna, likitxtasuna*.

IMPUDENT, TE, adj. et s., effronté, insolent. —*Ozarra, ahalkegabea, ezacholatûa, déslotsatia, lotsabaghea, désalkatia, kópeta dûna, likitxa, lizuna.*

IMPUDEUR, s. f., défaut de pudeur. — *Desonestasuna, aragheya, désalkatasuna, anraketa, désonestkeria, limuridea.*

IMPUDICITÉ, s. f., état de ce qui est impudique.—*Lizunkeria, limurikeria, likitxkeria, lizuntasuna, désonestidad.*

IMPUDIQUE, adj. et s., qui n'est pas chaste. — *Lizuna, limuria, likitxa, aragheytia, désonesta, désonestó.*

IMPUDIQUEMENT, adv., avec impudicité. — *Lizunki, limunki, likitxki, aragheyki, désonestki, ahalkegabeki.*

IMPUGNER, v. a., résister, être contraire.— *Kontraésatea, celaditzea.*

IMPUISSANCE, s. f., état de ce qui est impuissant. — *Ezahala, algabetasuna, ezina, eziña.* ‖ Qui ne peut engendrer : *Flakotąsuna.*

IMPUISSANT, ANTE, adj. et s. m., sans pouvoir. — *Ahalgabea.* ‖ Incapable d'engendrer : *Flakóa.*

IMPULSER, v. a., inciter. — *Oldartzea, boleïatzea, eraghitzea, esportzatzea, kilikatzea, cihikatzea.* ‖ Emouvoir : *Highitzea, hughitzea.* ‖ Pousser : *Bûltzatzea, búlkatzea, bóleatzea, esportzatzea.*

IMPULSIF, IVE, adj., qui donne de l'impulsion. — *Bültzakorra.*

IMPULSION, s. f., mouvement communiqué. — *Bûelta, oldarra, boleïa, búltzada, búltza, bûlkada, búlka, esportza.* ‖ Fig., instigation : *Narritza, erghidura.*

IMPUNÉMENT, adv., avec impunité. — *Pûnitugabetan, alferretan.*

IMPUNI, IE, adj., sans punition. — *Pûnitugabea, millanda, miñortia.*

IMPUNITÉ, s. f., manque de punition.—*Millandeta, miñorradea, púnitu gabe egoïtia.*

IMPUR, URE, adj., qui n'est pas pur. — *Likitxa, téma, zikina, cechaüa, cegarbia, chaübeza, chaüéza, garbiéza, lizuna.*

IMPURETÉ, s. f., ce qu'il y a d'impur. — *Likitxkeria, témadea, lizunkeria, zikinkeria, cechaüéta, cegarbiéra.*

IMPUTABLE, adj., qu'on peut imputer.—*Dagokigarria.*

IMPUTATION, s. f., accusation.—*Dagokitza.*

IMPUTER, v. a., attribuer. — *Dagokitzea.*

INABORDABLE, adj., non abordable. —*Ezinhurbildûa, ezinyanxia.*

INACCESSIBLE, adj., non accessible, lieu où on ne peut aller. — *Ezinhurbildûa, alderezgarria, urrezgarria, ezinullandûa, ezinurbildûa.*

INACCOMMODABLE, adj., non susceptible d'accommodement.--*Ezinantolatûa, ezinmoldatûa, ezinkompondûa, kónpondezgarria.*

INACCORDABLE, adj., qu'on ne peut accorder. — *Ezinantolatûa.*

INACCOSTABLE, adj., qu'on ne peut accoster. — *Ezinhurbildûa, ezinyanxia, ezinullandûa.*

INACCOUTUMÉ, ÉE, adj., inusité. — *Usaëzgarria, ezûsátûa.*

INACTIF, IVE, adj., sans activité.—*Gheldia, alferra, mughitzen ez dena.*

INACTION, s. f., défaut d'action. — *Alferkeria, gheldítasuna.*

INADMISSIBLE, adj., non admissible. — *Ezinerrecibitûa.*

INADVERTANCE, s. f., défaut d'attention. — *Ohartgabea, ustegabea, estrapûa, óarreztea, semkesta, óarkabea, senikabea, arreteztea, arretabaghea.*

INALIÉNABLE, adj., qui ne peut s'aliéner.‖*Besterengarria, eztana, berceren ezinizana.*

INALLIABLE, adj., qu'on ne peut allier. — *Ezinjuntatûa, ezinyuntatûa, ezinelkarria, ezinbalsatûa.*

INALTÉRABLE, adj., qui ne peut s'altérer. — *Ezingaldûa, galezgarria, ezinmûdatûa.*

INADMISSIBLE, adj., qui ne peut être admis. — *Ezingaldûa.*

INAMOVIBLE, adj., non amovible.—*Ezinmûdatûa, mughiezgarria, bethikokóa, ezinkambiatûa.*

INANIMÉ, ÉE, adj., qui manque de sentiment, de vie. — *Hila, arimateza, animateza.*

INANITION, s. f., faiblesse causée par défaut de nourriture. — *Gosezflakezia, ahidura.*

INAPERÇU, UE, adj., qui n'est pas aperçu. — *Aghertugabea, ezinikusia.*

INAPPLICABLE, adj., non applicable, inattentif. — *Ohargabekóa, oárgabekóa, eznahikûa, hartaricgabekóa.* ‖ Qui ne peut être placé : *Ezinezarria, ezinegokaria.*

INAPPLICATION, s. f., inattention. — *Ohartgabea, óarkabea, arretabaghea, artaricbagea, artaricgabea.*

INAPPLIQUÉ, ÉE, adj., sans application. — *Hartaric ez dûena, ez nahia.*

INAPPRÉCIABLE, adj., non appréciable. — *Ezinestimatûa, ezinpreciatûa, estimaézgarria, ezinperechatûa.*

INAPTITUDE, s. f., défaut d'aptitude. — *Artaricgabea, arretabaghea.*

INARTICULÉ, ÉE, adj., non articulé. — *Trenkatugabea, oguziteza.*

INATTAQUABLE, adj., non attaquable.—*Ezinerazóa, ezineraüntsia, ezinakopilatúa, ezinakometetatúa.*

INATTENDU, UE, adj., non attendu. — *Ustegabekóa, ohartgabekóa, igurikigabekóa, artaricgabekóa.*

INATTENTIF, IVE, adj., sans attention. — *Ohartgabekóa, óargabekóa, eznahikúa, artaricgabekóa.*

INATTENTION, s. f., défaut d'attention. — *Ohartgabea, oargabea, artagabea, arretabaghea, artaricgabea, artaricbaghea.*

INCAPABLE, adj., non capable. — *Ezindua, gaï ez dena, gayeza, cintzoëra.*

INCAPACITÉ, s. f., défaut de capacité. — *Ezina, ezindura.* || Défaut d'espace : *Lekunegabea.*

INCARCÉRATION, s. f., action d'incarcérer.— *Karcelamendúa, arachimendúa, presondeghian ezartza.*

INCARCÉRER, v. a., emprisonner. — *Karcelatzea, arachitzea, présondeghitzea, présondeghian ezartzea.*

INCARNAT, adj. et s. m., sorte de rouge. — *Gozuria.*

INCARNATION, s. f., action de s'incarner, verbe divin. — *Yinkóaren semearen araghidura.*

INCARNÉ, ÉE, adj., qui s'est incarné.— *Araghitúa.*

INCARNER (s'), v. p., se revêtir de chair. — *Araghitzea.*

INCENDIAIRE, adj. et s. m., auteur volontaire d'incendie. — *Erretzaïlea, sútan emaïleâ.* || Séditieux : *Súg'hilea, iracekaria, eciotaria.*

INCENDIE, s. f., grand embrasement. — *Súaldia, súhaltea.* || Fig., trouble séditieux, guerre civile : *Iracekaldia, ecióaldia.*

INCENDIER, v. a., consumer par le feu. — *Sútzea, súhaltetzea, sútan emaïtea.*

INCERTAIN, AINE, adj., sans certitude.—*Dúdakóa, menturakóa, ségur ezdena, cierto éztena, ikaldeztena.*

INCERTAINEMENT, adv., avec incertitude. — *Dúdan, menturan, ikaldezkiro, ciertoézkiró.*

INCERTITUDE, s. f., défaut de certitude. — *Dúda, mentura, ikaldeza, ciertoéza.*

INCESSAMMENT, adv., au plus tôt. — *Laster, berehala, kuchian, kuchean, fite.* || Sans cesse : *Baratu gabe.* || Sans fin : *Bethikóa.*

INCESSANT, ANTE, adj., continuel, sans s'arrêter. — *Baratugabe, baratezgarria, gheratezgarriró.*

INCESTE, s. m., conjonction illicite. — *Kútxaïdea, kútxahaïdea.*

INCESTUEUSEMENT, adv., dans l'inceste. — *Kútxaïdeki, kútxahaïdeki.*

INCESTUEUX, EUSE, adj. et s., souillé d'inceste.— *Kútxaïdekiro, kútxahaïdegarria.*

INCIDEMMENT, adv., par incident. — *Estrapuki, destapeki, ghertaki, ustegabeki.*

INCIDENT, s. m., cas qui survient. — *Estrapúa, destapea, ghertaëra, ustegabea.*

INCISER, v. a., terme de chir., faire des entailles sur la chair. — *Pikatzea.*

INCISIF, IVE, propre à inciser. — *Epaïkorra.* || Incisive (dent) : *Hortza.*

INCISION, s. f., taillade en long. — *Pikóa, pikadura, épaïra, epaïketa, epaïdea.*

INCITATEUR, s., qui incite. — *Súbermatzaïlea, zirikatzaïlea, cihikatzaïlea, eraghitzaïlea, esportzaïlea, narrizaria, akullataria, súkarritaria.*

INCITATION, s. f., instigation. — *Súbermea, zirikadura, cihikadura, eraghidura, esportza, narritza, akullá, súkarria.*

INCITER, v. a., exciter. — *Súbermatzea, zirikatzea, cihikatzea, eraghitzea, esportzea, narritzatzea, akullatzea, súkarritzea.*

INCIVIL, ILE, adj., impoli. — *Nabarmena, dongaro acia, aztura gachtokóa.*

INCIVILEMENT, adv., avec incivilité. — *Nabarmentki, desartzontiró, deskortezkiró.*

INCIVILISÉ, ÉE, adj., qui n'est pas civilisé.— *Nabarmetúa, desartzontúa, dezkorteztúa.*

INCIVILITÉ, s. f., manque de civilité. — *Deskortesia, desartzontia, nabarmentasuna, nabarmenkeria.*

INCLÉMENCE, s. f., rigueur excessive.—*Garratztasuna, zórrotztasuna, bihotzgóhortasuna, gogoëzadea.* || Rigueur du temps : *Egunaldia gógórra.*

INCLÉMENT, ENTE, adj., rigoureux. — *Góhorra, gogorra.* || Impitoyable : *Bihotgozeza, bihotzgohorra, urrikalmenduric gabea.*

INCLINAISON, s. f., état de ce qui va d'en haut en bas sans être perpendiculaire. — *Makurtasuna, beheretasuna, apaltasuna, kúrtasuna.*

INCLINANT, ANTE, adj., incliné. — *Makurtzean, beheratzean, apaltzean, kurtzean.*
INCLINATION, s. f., action d'épancher.—*Pendura.* ‖ Propension, penchant : *Griña, jarkia, lisûa, ekarraya, ayerra, gógóa, yaïdura, mughida.* ‖ Affection : *Yarkia, jayera, jaïgura, ayerra, bihotzighintza, ekarraya, ederretzia, tendrezia.* ‖ Salut que l'on fait en baissant la tête : *Agùrra, gûrtza, kûrtza, burupetza.*
INCLINER, v. a., n. et pr., pencher, se courber. — *Makurtzea, okartzea, beheratzea.* ‖ Incliner la tête pour saluer ou par déférence : *Agùrtzea, gûrtzea, kûrtzea, burupetzéa.* ‖ Avoir un penchant pour quelque chose : *Yarkitzea, jayertzea, jaïgûrtzea, ayertzea, bihotzghintzea, ekartzea, ederretzea.* ‖ Application à un travail : *Yarkitzea, jarkitzea, griñatzea, lisnartzea.*
INCLUS, USE, adj., enfermé ; s. f., dans une lettre, dans un paquet. — *Barnean, nichian.*
INCLUSIF, IVE, adj., qui renferme. — *Barnaria, nichigarria.*
INCLUSIVEMENT, adv., y compris. — *Sarturic, nichigarriró.*
INCOGNITO, adv. et s. m., sans être connu.— *Gordean, jakiñeza, ezaguneza.*
INCOHÉRENCE, s. f., défaut de liaison. — *Seghidaric gâbe.*
INCOHÉRENT, TE, adj., sans liaison. — *Chórókoki.*
INCOMBUSTIBLE, adj., non combustible. — *Ezinerreá, erreézgarria, erreézkisuna, erreéciña.*
INCOMMENSURABLE, adj., qui ne peut être mesuré. — *Ezinegurtûa, ezineûrtua, neûrrigabekóa, neûkidezgarria.*
INCOMMODE, adj., gênant. — *Unagarria, ezegokia, ézera, ézeragóa, narraïgarria, érazkea, kechagarria.* ‖ Fâcheux : *Gaïtza, damugarria, asargarria, samurgarria, asergarria.*
INCOMMODÉ, ÉE, adj. et part., indisposé. — *Ezonghiaïrian, kechatua, erichko.* ‖ Gêné : *Trabatûa, ereztatua, yeïnatûa, ezeratûa, ezeragotûa, narrayatûa.*
INCOMMODÉMENT, adv., avec incommodité.— *Yeïnatuki, trabatuki, ezeratuki, narrayki, narraïokiro, ezegokiro, ezeraró.* ‖ Avec indisposition : *Kechatuki, herichkoki.*

INCOMMODER, v. a., gêner. — *Trabatzea, ereztatzea, yeïnatzea, ezeratzea, ezeraghetzea.* ‖ Indisposer : *Kechatzéa, eritzea.*
INCOMMODITÉ, s. f., peine. — *Damûa, lastima, arankura, gastigûa.* ‖ Maladie : *Eritasuna, kechúa, gaïztea, errecelûa, daïnûa, gaïtzeria.*
INCOMPARABLE, adj., à qui rien ne se compare. — *Pare gabea, bekaleciña, bekalezgarria, aüzundezgarria.*
INCOMPARABLEMENT, adv., sans comparaison. — *Para gabeki, bekaleciñki, bekalezki, aüzundezki, bekalezghiró.*
INCOMPARABILITÉ, s. f., état qui n'est pas comparable. - *Ezbantetangóa, ezelkargóa.*
INCOMPATIBLE, adj., non compatible. — *Elkar ezinethorria, ucitezgarria, partiezgarria.*
INCOMPÉTENCE, s. f., défaut de compétence. — *Eztagokea.*
INCOMPÉTENT, TE, adj., non compétent. — *Eztagokana.*
INCOMPLET, ÈTE, adj., non complet. — *Ezosûa, ezochûa.*
INCOMPLEXE, adj., qui n'est pas composé. — *Bakarra, berecha, chimplia.*
INCOMPRÉHENSIBLE, adj., qu'on ne peut comprendre. — *Ezinkoncebitûa, ezinadituą, ezinkomprenitûa, ezinentelegatûa.*
INCONCEVABLE, adj., non concevable. — *Ezinkoncebitûa.*
INCONCILIABLE, adj., non conciliable.-*Ezinethorria, ezinakordatúa, ezinkonpondûa.*
INCONDUITE, s. f., défaut de conduite. — *Konduta gabetasuna.*
INCONGRU, UE, adj., terme de gram., qui pèche contre la règle de syntaxe.—*Ethorgoëza.* ‖ Fig., contraire à la bienséance : *Nabarmena.*
INCONGRUITÉ, s. f., faute incongrue. — *Nabarmenkeria.*
INCONGRUMENT, adv., d'une manière incongrue. — *Nabarmenki.*
INCONNU, UE, adj., non connu. — *Ezagutûa ezdena.*
INCONSÉQUENCE, s. f., défaut de conséquence, action, discours irréfléchi. — *Ondorezá, jarraïezkida, ceberazgóa, ezacholkeria, arinkeria.*
INCONSÉQUENT, TE, adj. et s., non conséquent. — *Ondorebaghea, berazgobaghea, ezacholatûa, arina.*
INCONSIDÉRATION, s. f., imprudence.—*Arinkeria, betustéeza, cebetustea.*

INCONSIDÉRÉ, ÉE, adj. et s., peu réfléchi. — *Arina, burugabekûa, betustebaghea.*

INCONSIDÉRÉMENT, adv., sans considération. — *Arinki, betustekiró, cebetusteró.*

INCONSOLABLE, adj., qu'on ne peut consoler. *Ezinsosegatûa, ezinkontsolatûa, kontsolaézgarria, pozkidezgarria.*

INCONSOLABLEMENT, adv., d'une manière inconsolable. — *Ezinkontsolatuki.*

INCONSTAMMENT, adv., avec inconstance. — *Mudakorki, kambiakorki, gambiakorki, ezegokidaró, egokibagheró, aldakorki, aldakorkiró, sanyakorki.*

INCONSTANCE, s. f., facilité à changer. — *Mudakortasuna, kambiakortasuna, gambiakortasuna, aldakortasuna, czegokida, sanyakundea.*

INCONSTANT, TE, adj. et s., sujet à changer. — *Mudakorra, kambiakorra, gambiakorra, ezegokidea, egokibaghea, sanyakorra, aldakorra.*

INCONSTITUTIONNEL, ELLE, adj., qui n'est pas constitutionnel. — *Kónztitucione kóntrakûa.*

INCONTESTABLE, adj., certain. — *Ezinukatûa, leïkitzezgarria, segura.*

INCONTESTABLEMENT, adv., qui ne peut être contesté. — *Segurki, ezinukatuki, leïkitzezgarriró.*

INCONTESTÉ, ÉE, adj., qui n'est pas contesté. — *Eghia ezagutûa, leïkitzeztatua, eghitzat hartûa.*

INCONTINENCE, s. f., défaut de continence, intempérance. — *Barrayadura, ezeükidagóa, eükidezagóa.*

INCONTINENT, TE, adj., qui n'est pas chaste. — *Barreyatûa, ezeükidatûa, eükidezatûa.* || adv., aussitôt : *Bertan, kuchian, berehala, ichtantian, bertatic.*

INCONVENANCE, s. f., état de ce qui est inconvenant. — *Deseragóa.*

INCONVENANT, TE, adj., sans bienséance. — *Deserazkóa, deselkidazkóa.*

INCONVÉNIENT, s. m., incident fâcheux, résultat désagréable. — *Ezera, ezeragóa, narriotasuna, erazghea, ezegokida.*

INCORPORATION, s. f., action d'incorporer. — *Baltxadura, batunea.*

INCORPORÉ, ÉE, part., mêlé. — *Baltxatua, batunetua.*

INCORPOREL, LE, adj., qui n'a point de corps. — *Gorphutz gabea, gorphutzic gabe dena.*

INCORPORER, v. a. et p., mêler. — *Baltxaltzea, batunetzea.*

INCORRECT, TE, adj., qui n'est pas correct. — *Lichtaëzdena, ohartezgabea.*

INCORRECTION, s. f., défaut de correction. — *Ohartezgabekûa.*

INCORRIGIBLE, adj., qui ne peut être corrigé. — *Ezinkorreïtûa, ezinkorreïytua, utsartezghegarria.*

INCORRUPTIBLE, adj., non corruptible. — *Galkidezkorra, ezingaldúa.* || Qui ne transige pas avec sa conscience, intègre : *Ezingaldua, ezineskuratúa, ohorezko presuna.*

INCORRUPTION, s. f., état de ce qui ne se corrompt pas. — *Ezingaldutasuna, cegalkidá, galkidezá.*

INCOUVRABLE, adj., qu'on ne peut couvrir. — *Ezinkobratûa, kobraéziña, kobraézgarria, eskaterezgarria.*

INCRÉDULE, adj. et s. m., qui ne croit pas — *Sinetxgabia, sinetxgaïtz, sinetxgogorra, siñisgorra, eziniskórra, sinistezkoya.*

INCRÉDULITÉ, s. f, répugnance à croire. — *Sinetxgabetasuna, sinetxgaïtztasuna, sinetxgogortasuna, siñisgortasuna, siñistezkorgóa.*

INCROYABLE, adj., impossible ou difficile à croire, extraordinaire. — *Ezinsinetxia, siñistezgarria, siñistecina.*

INCROYABLEMENT, adv., d'une manière incroyable. — *Ezsinetxgàrria, siñistezgarriro.*

INCRUSTATION, s. f., action d'incruster. — *Estalkuntza.*

INCRUSTER, v. a., revêtir, couvrir. — *Estaltzea.*

INCULPATION, s. f., action d'inculper. — *Izpirituan ezarkuntza.* || Accusation : *Obendea, oghendea, gaïzkitza, deügarotza, akusamendûa, salaketa.*

INCULPER, v. a., accuser d'une faute. — *Obendatzea, oghendatzea, gaïzkizatzea, deügarozatzea, akusatzea, gaïneghitzea, saltzea.*

INCULQUER, v. a., graver dans l'esprit. — *Izpirituan sartzea.*

INCULTE, adj., qui n'est pas cultivé, esprit inculte. — *Ezikasia, iñoranta.* || Inculte (terre) : *Larrea, landuéza, landubaghea.*

INCULTURE, s. f., état inculte, ignorance. — *Iñorantxia.* || Etat inculte d'une terre : *Landagoëza.*

INCURABLE, adj., que l'on ne peut guérir. — *Ezinsendatûa, sendaéziña, sendatezgarria.*

INCURIE, s. f., défaut de soin. — *Dorpetasuna, arteskasa, ardureztea, ajoleztea.*

INCURSION, s. f., course à main armée en pays ennemi. — *Jotaüstea, irtaldea.*

INDÉCEMMENT, adv., avec indécence.-*Desoneski, moldesibagheki, immodeski, ahalkeki.*

INDÉCENCE, s. f., action indécente. — *Desonestasuna, moldesieza, ahalkègarritasuna.*

INDÉCENT, TE, adj., contraire à la décence. — *Desonesta, moldesibaghea, immodesta.*

INDÉCHIFFRABLE, adj., non déchiffrable. — *Ezinirakurtua, jakinezgarria.*

INDÉCIS, ISE, adj., non décidé. — *Dúdan, debedebaghea, gogoétan.*

INDÉCISION, s. f., irrésolution. — *Dúda, gogoétamendúa, debedeza.*

INDÉCLINABLE, adj., qui ne peut être décliné. — *Maïllezgaya.*

INDÉCOUVRABLE, adj., qui ne peut se découvrir, se savoir. — *Ezinatchemana, ezinjaña, jakiñezgarria.*

INDÉFINI, IE, adj., sans bornes. — *Arpezteza, neürrigabea, neürribaghea.* ‖ Qui ne peut s'expliquer : *Ezinerrana, ezinesplikatúa.*

INDÉFINIMENT, adv., d'un manière indéfinissable. — *Ez yakin noïz arte.*

INDÉFINISSABLE, adj., qu'on ne saurait définir. — *Ezinerrana, arpeztezgarria.*

INDÉLÉBILE, adj. de t. g., qui ne peut être effacé. — *Ezinborratúa, ezinyúana.*

INDÉLIBÉRATION, s. f., action de ne point délibérer. — *Betuzteza.*

INDÉLIBÉRÉ, ÉE, adj., non délibéré. — *Betuztebaghea, dúdan.*

INDÉLIBÉRÉMENT, adv., d'une manière irréfléchie. — *Betuztekiro.*

INDÉLICAT, TE, adj., non délicat. — *Délikatasuna gabea, ebaïn gabea.*

INDÉLICATESSE, s. f., action de celui qui n'est point délicat. — *Ohoren gaïnian falta bat eghitia.*

INDEMNISÉ, ÉE, part., dédommagé. — *Kaltegabetúa, kaltebaghetúa.*

INDEMNISER, v. a., dédommager. — *Kaltegabetzea, káltebaghetzea, káltea pagatzea, damua pagatzea.*

INDEMNITÉ, s. f., dédommagement. — *Kálte baten pagamendua.*

INDÉPENDAMMENT, adv., d'une manière indépendante. — *Bertzalde, orrez ostean, orrez landan, hortaz gheroztic, hortaz kampo, orrez gañera.*

INDÉPENDANCE, s. f., état indépendant. — *Libertatia, ezekigobaghea.*

INDÉPENDANT, TE, adj., qui ne dépend de personne. — *Libro, ezekigbagheró.*

INDES (Occidentales), c'est le nom que l'on donne à l'Amérique du Nord. — *Norte parteko Indiac, iphar parteko Indiac.* ‖ Indes du Sud (Orientales) : *Eguardi parteko Indiac.* ‖ Indien (né dans l'Inde) : *Indianóa.* ‖ Indien (qui est de l'Inde) : *Indiarra.*

INDESTRUCTIBLE, adj., impérissable. — *Ezinfinitúa, ezinakabatúa, ezindeseghitua, ezinezeztatúa.*

INDÉTERMINATION, s. f., irrésolution. — *Egobia, bibidea.*

INDÉTERMINÉ, ÉE, adj., irrésolu, indéfini. — *Egobitúa, bibidetúa.*

INDÉVOT, TE, adj. et s., non dévot. — *Yaïnko leghe gabekúa, jayertieza, jaïnkotieza, jaïnko leghe gabia.*

INDÉVOTEMENT, adv., sans dévotion.-*Jayergabeki, jayergabekiró, yaïnko leghe gabeki.*

INDÉVOTION, s. f., défaut de dévotion. — *Jayereza, yaïnkogabetasuna.*

INDEX, s. m., table de livre. — *Cekidorea.* ‖ deuxième doigt : *Andiúrrena.*

INDICATEUR, TRICE, adj., qui indique.—*Irakustaïlea.* ‖ Celui qui découvre ou qui vend des complices. — *Saltzaïlia, salataria.* ‖ s. m., doigt index : *Andiúrrena.*

INDICATIF, IVE, adj., qui indique. — *Adierazkorra, irakusgarria, irakutxgarria, aseïkaria, adierazgarria.*

INDICATION, s. f., action d'indiquer. — *Adierazta, eseïkuntza.*

INDICE, s. m., signe probable ou apparent.— *Arradiza, ayerupena, aztarna, sená, señalia.* ‖ Donner un indice : *Arradizatzea, ayerupentzea, aztarnatzea, señaletzea, señalitzea.* ‖ Donné un indice : *Arradizatu, ayerupendu, aztarnatu, señaletu, señaletu.*

INDICIBLE, adj., inexprimable. — *Ezinerrana, esaëzgarria, erranézgarria, esanézkisuna.*

INDIFFÉREMMENT, adv., avec indifférence. — *Indiferenki, egobiarkiró, bibidarkiró.*

INDIFFÉRENCE, s. f., froideur. — *Indiferentcia, egobia, bibidea.*

INDIFFÉRENT, TE, adj., qui peut se faire également bien de différentes manières sans importance ; subst., sans attachement. — *Indiferenta, egobiarra, bibideárra.*

INDIGENCE, s. f., pauvreté. — *Probezia, behartasuna, erromestasuna.*
INDIGÈNE, s. et adj., naturel d'un pays. — *Errikua.*
INDIGENT, TE, adj., nécessiteux. — *Probea, erromesa, beharra.*
INDIGESTE, adj., difficile à digérer. — *Ezindiyeritua, ichirizteza.*
INDIGESTION, s. f., mauvaise coction des aliments dans l'estomac. — *Ezindiyeritatasuna, ichiriztezia.*
INDIGNATION, s. f., colère qu'inspire une injustice, etc. — *Bekaïzkóa, bekaïtza, gaïtzita.*
INDIGNE, adj. et s., non digne, méchant. — *Ezdiña, dogayeza, dogaïbeghea, bekaïtztia, gaïtzitia.*
INDIGNER, v. a. et pr., irriter.- *Ezdiñtzea, dogaytzea, dogaïtzea, bebaiztea, gaïtzitzea.*
INDIGNEMENT, adv., d'une manière indigne. — *Ezdiñaró, dogayezkiró, bekaïtzki, gaïtziki, dogaïzkiró.*
INDIGNITÉ, s. f., qualité odieuse, outrage. — *Ezdiñdea, dogayezdea, dogaïezdea, bekaïzdea, gaïtzidea.*
INDIGO, s. m., bleu. — *Indugua.*
INDIQUER, v. a., montrer. — *Erakustea, erakutxtea, esleïtzea.* || Marquer : *Seïnaletzea, markatzea.*
INDIRECT, TE, adj., qui n'est pas direct. — *Artezeza, zuzeneza, ceárka.*
INDIRECTEMENT, adv., d'une manière indirecte. — *Ezucenderó, ezartezteró, ceárkaz, ceárkiró, inguruz.*
INDISCIPLINE, s. f., défaut de discipline. — *Ezirakasdea.*
INDISCIPLINÉ, ÉE, adj., non discipliné. — *Ezirakasia, eziñirakasia.*
INDISCRET, ÈTE, adj., sans discrétion. — *Nabarmena, bereïzteza, zóghiezo, zuhurrezeza.*
INDISCRÈTEMENT, adv., avec indiscrétion. — *Nabarmentki, bereïztezkiró, zóghiezkiró, zuhurrezezkiró.*
INDISCRÉTION, s. f., manque de discrétion. — *Nabarkeria, bereïzteza, zoghiereza, zuhurtzieza.*
INDISPENSABLE, adj., dont on ne peut se dispenser. — *Ezinpasatúa, beharra.*
INDISPENSABLEMENT, adv., ce qui est indispensable. — *Ezinpasatuki, beárkiró, beharki.*
INDISPONIBLE, adj., non disponible. — *Libro ezden gaüza.*

INDISPOSÉ, ÉE, adj. et part., un peu malade. — *Erichkúa, ez onghi, ez onghiaïrian.* || Peu favorable : *Gogaïztúa, súmintúa, ceprestatúa, cebidakaïtúa, cemareatúa, prestabaghetúa, bidakaïbaghetúa, maneagabetúa.*
INDISPOSER, v. a., mettre dans une disposition peu favorable. — *Gogaïztea, súmintzea, ceprestatzea, cebidakaïtzea, cemaneatzea, prestabaghetzea, bidakaïbaghetzea.*
INDISPOSITION, s. f., mauvaise disposition. — *Prestaüreza, bidakaïdeza, manegoëza.* || Maladie passagère : *Tchar-aldia.*
INDISSOLUBLE, adj., qui ne peut se dissoudre. — *Ezinurtua.* || Fig., union, attachement indissoluble : *Ezinaütxia, bethikóa, bethi iraüna.*
INDISSOLUBLEMENT, adv., d'une manière indissoluble. — *Bethikoki, ezinpikatúa, bethi iraünkoki.*
INDISTINCT, TE, adj., non distinct. — *Banaïteza.*
INDISTINCTEMENT, adv., confusément. — *Banaïtabaghea.* || Sans choix : *Edo ceïn, ceïn nahi, berezi gabe, berechi gabe.* || N'importe quel, quelle : *Nor nahi.*
INDISTINCTION, s. f., qui est sans distinction. — *Banaïtasuna.*
INDIVIDU, s. m., être particulier. — *Batucia.*
INDIVIDUEL, ELLE, adj., de l'individu. — *Bakotchkúa, batuciarra.* || De chacun : *Bakotchena.*
INDIVIDUELLEMENT, adv., par individu. — *Bakotchki, batuciarkiro.* || A chacun : *Bakotchari.* || Séparément : *Aldizka, banazka.* || A part : *Berech.*
INDIVIS, ISE, adj., non divisé, non partagé. — *Uciteza, ez phartitúa.*
INDIVISIBLE, adj., qu'on ne peut diviser. — *Ezinséparatúa, ucitezgarria, bereciezgarria, ezinpartitúa, ezinbérezia.*
INDIVISIBLEMENT, adv., sans division. — *Ezinséparatuki, ucitezgarriró, bereciezgarriró, ezinpartituki, ezinbéreziki.*
INDOCILE, adj., non docile.- *Desobedienta, irakasezkoya, makurra, hezgaïtza, bihurria.*
INDOCILITÉ, s. f., manque de docilité. — *Désobedientasuna, irakaskoyeza, makurtasuna, hezgaïtztasuna, bihurritasuna.*
INDOCTE, s. m., qui n'est point savant, ignorant. — *Irakasieza, jakiñeza.*
INDOCTEMENT, adv., d'une manière indocte. — *Irakasezkiro, jakiñezkiro, iñorentki, ezyakinez.*

INDOLEMMENT, adv., avec indolence. — *Lazoki, banoki, naghiki, faünki.*

INDOLENCE, s. f., nonchalance. — *Banokeria, banotasuna, naghikeria, naghitasuna, faünkeria, faüntasuna, lazokeria, lazotasuna.*

INDOLENT, TE, adj., nonchalant. — *Banóa, naghia, faüna, lazua, sorra, miñeza.*

INDOMPTABLE, adj., non domptable. — *Ezin ezia, ezin hezia, hezgaïtza, eziezkorra, cebaëzkorra.*

INDOMPTÉ, ÉE, adj., non dompté. — *Ezigabia, hezigabia, eziteza, cebateza.*

INDU, UE, adj., contre la règle, le devoir. — *Pasatúa.*

INDUBITABLE, adj., assuré. — *Seguratúa, ezindudatúa, dúdaëzgarria.*

INDUBITABLEMENT, adv., sans doute. — *Seguratuki, dúda gabe, prefosta, dúdezgarria, dúdabagheró.*

INDUCTION, s. f., conséquence. — *Arkidagóa.*

INDUIRE, v. a., exciter, inférer. — *Arkidatzea.*

INDULGEMMENT, adv., avec bonté. — *Oneghiki, endulgenki, gózakaïki, indulyentki.*

INDULGENCE, s. f., bonté. — *Endulgencia, oneghitasuna, gózakaïdea, indulyentzia.* || Pardon : *Barkamendúa, barkacióa, barkakoïdea.*

INDULGENT, TE, adj., qui pardonne aisément. — *Barkakoïya, gózakaïkoya.*

INDUSTRIE, s. f., dextérité, travail, commerce. — *Antzea, ancea, maïna, dúïkiña, dúïkindea, asmúa.*

INDUSTRIEL, LE, adj., produit par l'industrie. — *Antzearra, ancearra, maïnútarra, dúïkindarra, asmutarra.*

INDUSTRIEUSEMENT, adv., avec industrie. — *Antzeki, anceki, maïnuki, dúïkintzuró, asmutxuki.*

INDUSTRIEUX, EUSE, adj., qui a de l'industrie. — *Antzosa, anzosa, maïnutxúa, dúïkintsúa, asmutxúia.*

INÉBRANLABLE, adj., ferme. — *Fermúa, ezinkordakatúa.* || Constant : *Gambieziña.*

INÉBRANLABLEMENT, adv., fermement. — *Fermuki, ezinkordakatuki.*

INEFFABLE, adj., inexprimable. — *Ezinerrana, esaneza, erraneza.*

INEFFAÇABLE, adj., qu'on ne peut effacer. — *Ezinkendúa, ezinborratúa.* || Qu'on ne peut oublier : *Ezinahantzia, gógóandagoána.*

INEFFICACE, adj., sans effet. — *Ezeraghilla.*

INEFFICACITÉ, s. f., manque d'efficacité. — *Ezeraghiera.*

INÉGAL, ALE, adj., qui n'est point égal. — *Desperdiña, desberdina.* || Caractère, humeur : *Makurra, kámbiakorra, zayarra.*

INÉGALEMENT, adv., d'une manière inégale. — *Desperdiñki, desbardinki.* || Inégalement (agir), par caractère : *Makurki, kambiakorki.*

INÉGALITÉ, s. f., défaut d'égalité. — *Desperdiñdea, desbardintasuna.* || Inégalité de caractère, d'humeur : *Makurtasuna, kambiakortasuna, zayartasuna.*

INÉLIGIBLE, adj., non éligible. — *Ezindeïtúa.*

INÉNARRABLE, adj., qui ne peut être raconté. — *Ezinerrana, kóntaézkisuna, kóntaézgarria.*

INEPTE, adj., sans aptitude, absurde. — *Funtsgabea, gayeza, kadendea.*

INEPTIE, s. f., absurdité. — *Ezdúskeria, funtsgabetasuna.*

INÉPUISABLE, adj., qu'on ne peut épuiser. — *Ezinahitua, ahitzen ez dena, akaba ez diïakena.* || Qu'on ne peut tarir : *Ezinagortúa.*

INERME, adj., sans épine, bot. — *Elhorrigabea.*

INERTE, adj., sans ressort. — *Mughitzen ez tena, hila.* || Fig., sans activité : *Tontúa, tontóa, alferra, alperra, naghia, banóa.*

INERTIE, s. f., inaction. — *Ezeghiñeza.* || Fig., inactivité : *Naghitasuna, alfertasuna, alpertasuna, tontokeria.*

INESPÉRÉ, ÉE, adj., qu'on n'espérait pas. — *Ustegabekóa, déstapokóa, echedeneza, igurikeza.*

INESTIMABLE, adj., qu'on ne peut assez priser. — *Ezinestimatúa, onesbedezgarria, estimaézgarria, ezinperechatua.*

INÉVITABLE, adj., qu'on ne peut éviter. — *Ezinfaltatua, ezinbertzea, itzurézgarria.*

INÉVITABLEMENT, adv., d'une manière inévitable. — *Ezinfaltatuki, ezinbertzeki, itzurézgarriró.*

INEXACT, TE, adj., qui n'est pas exact. — *Ez zucena, ez bardiña.*

INEXACTITUDE, s. f., manque d'exactitude. — *Zucentasun gabea, ezbardintasuna.*

INEXCUSABLE, adj., non excusable, — *Ezin barkatua, eskusaézgarria, aïtzakiézgarria.*

INEXÉCUTABLE, adj., non exécutable. || *Ezineghina.*

INEXÉCUTION, s. f., défaut d'exécution. — *Ezeghintasuna.*

INEXERCÉ, ÉE, adj., qui n'est point exercé.— *Eztrebea, ezikusia.*

INEXORABLE, adj., qu'on ne peut fléchir. — *Ezinurrikaldûa, gógorra, ezinhunkitua, bighintezgarria, ezinunkitûa.*

INEXORABLEMENT, adv., d'une manière inexorable.—*Ezinurrikalduki, gógorki, ezinhunkituki, bighintezgarriki, ezinunkituki.*

INEXPÉRIENCE, s. f., défaut d'expérience. — *Expérientziaric gabetasuna, oïtaki gabetasuna, oïtakia ez duena.*

INEXPÉRIMENTÉ, ÉE, adj., sans expérience. —*Expérientziaric gabea, oïtueza, oïtaézkindua.*

INEXPIABLE, adj., qu'on ne peut expier. — *Ezingarbitûa, ezinchaüa, ezinpekatûa, chaütezgarria.*

INEXPLICABLE, adj., qu'on ne peut expliquer. — *Ezinerrana, arpeztezgarria, ezaldezgarria.*

INEXPRIMABLE, adj., non exprimable. — *Ezinerrana.*

INEXPUGNABLE, adj., qui ne peut être forcé. — *Ezinhurbildûa, ezinbortchatua, ezinhartûa, irarpatezgarria, irarpaézgarria.*

INEXTINGUIBLE, adj., qu'on ne peut éteindre. — *Ezinhila, hil ez ditakena.*

INEXTRICABLE, adj., qui ne peut être démêlé. *Ezinberechia, ezinklartûa, ezinberecia.*

INFAILLIBLE, adj., certain. — *Ezinfaltatûa, manka ez ditakena.* || Non faillible : *Utsic eghiten ez duena, utxik eghiten ez duena.*

INFAILLIBLEMENT, adv., immanquablement. — *Ezinfaltatuz, ezinmankatuz, faltaric gabe, mankatu gabe.*

INFAISABLE, adj., non faisable. —*Ezineghina, ecina.*

INFAMANT, ANTE, adj., qui porte infamie. — *Infamoki, betzizturó, galozturó, laïdoki.*

INFAMATION, s. f., note d'infamie. — *Infametasuna, betziztasuna, galoztasuna, laïdotasuna.*

INFAME, adj. et s., diffamé, indigne. — *Infamea, laïdotarra, betziztarra, galoztarra.*

INFAMIE, s. f., flétrissure, action infâme. — *Infamia, infametasuna, laïdóa, galotza, betzizta.*

INFANT, ANTE, s., titre des enfants puînés des rois d'Espagne, de Portugal et de Naples. Au masc. — *Infantea.* || Au fém. : *Infanta.*

INFANTERIE, s. f., fantassins.— *Hoïnezkûac.* (En basque français on traduit au pluriel le mot fantassins, et non au singulier le mot infanterie. En basque espagnol on traduit infanterie et au singulier : *Oïntaridia.*

INFANTICIDE, s. m., meurtrier d'enfant, meurtre d'enfant. — *Aüriltzaïlea, aürhitzallea, aürellea, seïñerallea, séïñiltzallea.*

INFATIGABLE, adj., qu'on ne peut fatiguer.— *Ezinuatûa, ezinekatûa, nekatezgarria, unatezgarria, arikatezgarria.*

INFATIGABLEMENT, adv., sans se lasser. — *Ezinunatuki, ezinekatuki, nekatezgarriró, unatezgarriro, arikatezgarriró.*

INFATUATION, s. f., prétention excessive et ridicule. — *Bóbaïzkatasuna.*

INFATUÉ, ÉE, part., trop prévenu en sa faveur. — *Bóbaïzkatua.*

INFATUER, v. a. et p., trop prévenir en faveur. — *Bóbaïzkatzea.*

INFÉCOND, DE, adj., stérile. — *Alferra, idorra, ugariéza, ugaribaghea, alperra.*

INFÉCONDITÉ, s. f., stérilité. — *Alfertasuna, idortasuna, alpertasuna, ugarribaghetasuna.*

INFECT, TE, adj., puant, corrompu.—*Usaïndua, urrindua.*

INFECTÉ, ÉE, part., qui a de la corruption. — *Usaïndua, urrindua.* || Qui infecte : *Kutxakorra.*

INFECTER, v. a., rendre infect. — *Usaïntzea, urrintzea.* || Communiquer : *Kutxatzea.*

INFECTION, s. f., puanteur, corruption. — *Urrina, usaïnq, hiróa, phestia.* || Communication : *Kutxûa.*

INFÉRÉ, ÉE, part., conclu. — *Bilguratûa, berazgotûa, ondoretûa.*

INFÉRER, v. a., conclure de... — *Bilguratzea, bérazgotzea, ondoretzea.*

INFÉRIEUR, EURE, adj. et subs., placé au-dessous. — *Azpikóa, beheragokóa, béagóa, béragóa.*

INFÉRIEUREMENT, adv., au-dessous. — *Azpian, pian, pean, aphalian, bëherian.*

INFÉRIORITÉ, s. f., rang inférieur. — *Bëherakuntza, azpitasuna, beragontza.*

INFERNAL, ALE, adj., d'enfer. — *Infernala, infernukûa.* ‖ Pierre infernale caustique : *Arri'infernala.*
INFERTILE, adj., stérile au pr. et au fig. — *Agorra, alferra, alperra, idorra.*
INFERTILITÉ, s. f., stérilité. — *Agortasuna, alfertasuna, alpertasuna, idortasuna.*
INFESTER, v. a., piller, incommoder. — *Etseratzea.*
INFEUILLÉ, ÉE, adj., sans feuilles. — *Ostogabea.*
INFIBULATION, s. f., opération sur les femelles pour empêcher le coït. — *Errestunakuntza.*
INFIBULER, v. a., faire l'infibulation. — *Errestunatzea.*
INFIDÈLE, adj., déloyal. — *Fedegabea, hitzgabea, fedebaghea, fedekarleza.* ‖ Inexact : *Ez bardina, ez zucena.* ‖ Qui n'est pas dans la vraie religion : *Infidela, infiela, fedegabea, fedebagea.*
INFIDÈLEMENT, adv., d'une manière infidèle. — *Infidelki, infielki, fedegabeki, fedebagheki.*
INFIDÉLITÉ, s. f., manque de fidélité. — *Infidelitatia, infielitatia, fedegabetasuna, fedekarlezkiró.*
INFILTRER (s'), v. p., passer dans les pores, pénétrer. — *Sartzia, pasatzea.*
INFIME, adj., dernier. — *Azkena, tchipiena, chúmena.* ‖ Bas : *Béherena, beéna, beérena.*
INFINI, IE, adj. et s. m., sans commencement ni fin, à l'infini, sans bornes.—*Eremugabea, ondobaghea, bukabeghea, atzenbaghea, asteric ez finitzeric ez duen gaûza.*
INFINIMENT, adv., à l'infini, sans bornes et sans mesure. — *Eremugabeki, bukabegheró, ondobagheró, atzenbagheró.* ‖ Extrêmement : *Arras, haïnitz, soberakiña, gheiyeghi, gheïdiaro, gandiaró.*
INFINITÉ, s. f., qualité infinie, grand nombre. — *Ezingheiyagokóa.*
INFIRMATIF, IVE, adj., terme de palais, qui infirme, qui rend nul. — *Indargabetzekûa, indarbaghetzekûa.*
INFIRME, adj. et s., malade, faible. — *Eria, gaïzkitua, ecindûa, herbala.*
INFIRMER, v. a., déclarer nul, pal. — *Indargabetzea, indarbaghetzea.*
INFIRMERIE, s. f., lieu pour les malades. — *Ospitalea, eriteghia.*
INFIRMIER, ÈRE, s., chef d'infirmerie. — *Erizaïna, erizaya.*

INFIRMITÉ, s. f., maladie, faiblesse. —*Ecindura, eritasuna, eritarsuna, errecelûa, daïnûa, herbaltasuna.*
INFLAMMABLE, adj., qui peut s'enflammer.— *Kargarria, gárgarria, súgarria, pindargarria, éciogarria.*
INFLAMMATEUR, adj., qui enflamme.—*Khartasuna, sûaldia, gártasuna, súgaridea, pindartasuna, ecióa emaïtenduena.*
INFLAMMATION, adj., âcreté et ardeur qui surviennent aux parties du corps qui sont échauffées. — *Inflamacionea, sûandigóa.* ‖ Action de s'enflammer : *Inflamatzea, sûandigotzea.*
INFLAMMATOIRE, adj., qui enflamme. — *Inflamagarria, súgarria, bérogarria.*
INFLEXIBILITÉ, s. f., qualité inflexible. — *Tolesestasuna.* ‖ Qui ne se plie pas : *Biurreztasuna.*
INFLEXIBLE, adj., inexorable. — *Ezinurrikaldna, gógóra, ezinunkitûa, ezinhunkitua, barkatzen ez duena.* ‖ Qui ne plie point : *Biurtzen ez dena, plegatzen, zuflatezen ez dena.*
INFLEXIBLEMENT, adv., d'une manière inflexible. — *Ezinurrikalduki, gógórki, ezin hunkituki.*
INFLEXION, s. f., changement de ton dans la voix. — *Bihurguma, plegura, toleza, tolezia.* ‖ Terme de grammaire : *Maïlleztea.*
INFLICTION, s. f., condamnation à une peine afflictive et corporelle. — *Eripea, gastigûa, kondanacionea, kóndenamendûa.*
INFLIGER, v. a., imposer une peine. — *Gáztigu bat emaïtia, kastigu bat emaïtia, phena bat czartzea.*
INFLUENCE, s. f., vertu des astres ; fig., action d'une cause. — *Podoria, eghinkaria.*
INFLUENCER, v. a.; au fig., faire usage de son influence sur quelqu'un.—*Eghinkaritzea.*
INFLUER, v. n., agir par influence.—*Eghinkaritzea.*
INFORMATION, s. f., action d'informer. — *Arghidura, informacionea, informaciûa, billakindea.*
INFORME, adj., non conforme, imparfait. — *Eragabea, erabaghea, formagabea.*
INFORMÉ, ÉE, s. m. et part., pal. — *Arghitua, yakina, jakina, informatûa, adierazóa.*
INFORMER, v. a., n. et p., avertir. — *Yakinaztea, jakinaztea, adieraztea, informatzea.* ‖ Faire une enquête : *Arghitzea, billakintzea.*

INFORTUNE, s. f., malheur. — *Dóakabetāsuna, dóagabetasuna, fortunabaghetasuna, dóakabea, zórigaiztóa, zórigachtúa.*

INFORTUNÉ, ÉE, adj., malheureux. — *Dóagabekóa, dóakabekúa, fortunagabekóa, zórigaïztokóa, zórigactokúa.*

INFRACTEUR, s. m., qui a enfreint. — *Aüslea, zatitzallea.*

INFRACTION, s. f., transgression. — *Aüstasuna, zatitasuna.*

INFRUCTUEUSEMENT, adv., sans profit.—*Probetchuricgabe, frutuezkiró, eremaïztiezkiró.*

INFRUCTUEUX, EUSE, adj., sans fruit.—*Probetchugabekóa, frutugabekúa, eremaïtziera.*

INFUS, USE, adj., donné par la nature. — *Barrisuria.*

INFUSER, v. a., faire tremper.—*Trempaztea.*

INFUSIBLE, adj., qu'on ne peut fondre. — *Ezinurtúa.*

INFUSION, s. f., action d'infuser. — *Trempakuntza.*

INGAMBE, adj., dispos, familier. — *Zalúa, osasunian.*

INGÉNIER (s'), v. p., tâcher de trouver dans son esprit quelque moyen de réussir. — *Ciadiztea, ciadiz arkitzea, antzosea.*

INGÉNIEUR, s. m., qui invente, trace et conduit des fortifications, des ponts, des chaussées, etc. — *Inghiñadorea.*

INGÉNIEUSEMENT, adv., d'une manière ingénieuse.— *Antzoski, maïnatxuki, ciadizki, ciaditiro, ciaditsuró.*

INGÉNIEUX, EUSE, adj., qui a l'esprit d'invention, qui est fait ou trouvé avec esprit. — *Inghiña, antzosa, maïnatxúa, ciaditia, ciaditsua.*

INGÉNU, UE, adj., naïf.—*Naturala, bakuna, tolezgabea, tolezbaghea.*

INGÉNUITÉ, s. f., naïveté. — *Naturaltasuna, bakundea, tolezgabetasuna, tolezbaghedea.*

INGÉNUMENT, adv., naïvement. —*Naturalki, bakunkiró, tolezgabero, tolezbaghero.*

INGÉRER (s'), v. p., s'entremettre à tort. — *Artetzea, bitartetzea, sararetetzea, sartzea.*

INGRAT, ATE, adj. et s., sans reconnaissance. — *Ingrata, eskergabea, ezagutzagabea, ikustategabea.* || Terrain, métier ingrat, stérile, infructueux : *Ingrata, ezemaguria.*

INGRATITUDE, s. f., manque de reconnaissance. — *Eskerghea, eskerbeltza, ezagutzgabetasuna, eskergabetasuna.*

INGOUVERNABLE, adj., qui ne peut être gouverné. —*Ezingobernatúa, erondezgarria, gúbernezgarria.*

INGRÉDIENT, s. m., partie d'un mélange. — *Nahastura baten phartea.*

INGUÉRISSABLE, adj., incurable.— *Ezinsendatúa.*

INHABILE, adj., incapable. — *Gayeza, cegaya, cintzoëra, eztrebea, entregheza, ecindúa.*

INHABILETÉ, s. f., incapacité. — *Gayeztatasuna, cegakaytasuna, cintzoëztasuna, entregheztasuna.*

INHABITABLE, adj., non habitable. — *Bicitezgarria, ezinegongarria.*

INHABITÉ, ÉE, adj., que personne n'habite. — *Bictiezá.*

INHABITUDE, s. f., défaut d'habitude.—*Usaïyaricgabetasuna.*

INHÉRENCE, s. f., état inhérent. — *Elkaryunta, ichekadea.*

INHÉRENT, TE, adj., joint par nature. — *Elkaryuntatua, ichekana.*

INHIBER, v. a., défendre, prohiber. — *Débekatzea, eragotzea, esendatzea.*

INHIBITION, s. f., terme de prat., défense, prohibition. — *Débekúa, eragóa, esenda, defentsa.*

INHOSPITALIER, ÈRE, adj., non hospitalier.— *Ostatuezemaïlea, ostatezmallea.*

INHOSPITALITÉ, s. f., défaut d'hospitalité. — *Ostatuezmatea, ostatezmatea.*

INHUMAIN, AINE, adj. et s., cruel, dur. — *Umaneza, umano ez dena.*

INHUMAINEMENT, adv., avec inhumanité. — *Umanezkiro, umanotatericgabe.*

INHUMANITÉ, s. f., cruauté, dureté. —*Umanotasunic gabetasuna.*

INHUMATION, s. f., action d'inhumer. — *Ehortzkuntza.*

INHUMER, v. a., enterrer un mort.—*Ehortztea.*

INIMAGINABLE, adj., qui passe l'imagination. — *Ezinpensatúa, izpiritu baïno goragóa, ezinasmatúa.*

INIMITABLE, adj., qui ne peut être imité. — *Imitaézgarria, ezinimitatúa, bezaghiézgarria, bezteraézgarria.*

INIMITIÉ, s. f., haine, aversion. — *Igoria, herra, exaïgóa, etxaïtasuna, hudigóa, areriotasuna, gorotóa, ehia, ehea.* || Aversion : *Iguïntza, hastiadea, gaïtzezdea.*

ININTELLIGIBLE, adj., incompréhensible. — *Ezinaditúa, adiezgarria, aditeciña.*

INIQUE, adj., injuste, sans équité. — *Gaïtzakina, gaïztaghiróa.*
INIQUEMENT, adv., d'une manière inique.— *Gaïtzakinki, gaïztakiro, dóngaró.*
INIQUITÉ, s. f., injustice, méchanceté. — *Gaïztakeria, izigarrikeria.* || Péché : *Bekatûa.*
INITIAL, ALE, adj., qui commence. — *Asierakóa.*
INITIATION, s. f., action d'initier. — *Yakintasuna, segretu batian sarkuntza.*
INITIATIVE, s. f., liberté de commencer. — *Asteko libertatia.*
INITIÉ, ÉE, subs. et adj., qui est initié. — *Yakina, ikhasi.* || Admis : *Sartûa.*
INITIER, v. a., admettre à la participation de certaines cérémonies secrètes. — *Segretu batian sarraztea.*
INJECTER, v. a., introduire un liquide.—*Cirriztatzia.*
INJECTEUR, TRICE, adj., instrument qui injecte. — *Cirrizta.* || Celui qui injecte : *Cirriztatzallea.*
INJECTION, s. f., action d'injecter. — *Cirriztadea.*
INJONCTION, s. f., commandement. — *Manamendûa, manûa.*
INJURE, s. f., insulte, outrage.—*Eskarnióa, laïdóa, induria, inyurióa, iraïna, betzigóa, erasoa, akopilla.*
INJURIER, v. a., dire des injures. — *Eskarniótzea, laïdoztatzea, iraïntzea, betzitzea, induriatzea, inyuriatzea, erasotzea, akopillatzea.*
INJURIEUSEMENT, adv., avec outrage. — *Eskarnióki, laïdoki, iraïnki, iraïnez, betziki, betzigoz, induriki, inyurioski, betzigotsuró, erasoki, akopillaki.*
INJURIEUX, EUSE, adj., d'une manière injurieuse. — *Eskarniotxûa, laïdotxûa, induritsûa, inyuriotxûa, iraïntsûa, betzigotsua, erasotxûa, akopillatxûa.*
INJUSTE, adj., contraire à la justice. — *Inyustûa, ekardoyeza, zucen-kontrakóa.*
INJUSTEMENT, adv., d'une manière injuste.— *Ynyustuki, ekardoyezkiró, ezekardoïkiró.*
INJUSTICE, s. f., action injuste. — *Inyusticia, ekardoïbaghea.*
INNAVIGABLE, adj., non navigable.—*Ugarezgarria, ugarotezgarria, ugaroéciña.*
INNÉ, ÉE, adj., né avec nous. — *Gurekin sortûa, gurekin ethorria, gurekin ekarria, berezkóa.*

INNOCEMMENT, adv., avec innocence. — *Inocenki, gaïtzicgabeki, bilaztez, gaïtzibagheró.*
INNOCENCE, s. f., état de celui qui est innocent. — *Inocencia.* || Trop grande simplicité : *Gaïzotasuna, zózókeria, lélétasuna.*
INNOCENT, ENTE, adj., non coupable. — *Inocenta, faltagabea, gaïtzicbaghea.* || Sans malice : *Gaïzóa, zózóa, léléa.*
INNOMBRABLE, adj., qu'on ne peut nombrer. — *Leher, ezinkóndatûa, kóntaézgarria, kóntaéciña, cembateciña.*
INNOMMÉ, ÉE, adj., sans nom.—*Icenicgabe, icenicgabea.*
INNOVATEUR, s. m., celui qui innove. — *Berritzallea.*
INNOVATION, s. f., action d'innover. — *Berrikuntza, berritasuna.*
INNOVER, v. a., induire de nouveautés. — *Berritzea.*
INOBSERVATION, s. f., inobservance, inexécution. — *Seghitzen ez dena, beghiratzen ez dena, eghiten ez dena.* || Inadvertance : *Ustegabekóa.*
INOCCUPÉ, ÉE, adj., non occupé, vacant. — *Utxa.* || Sans travail : *Lanicgabea, langabea.*
INOCULATION, s. f., communication artificielle d'un virus. — *Chertûa.*
INOCULER, v. a., communiquer le virus, méd. — *Chertatzea.*
INODORE, adj., sans odeur. — *Usaïngabea, usaïngabekóa.*
INONDATION, s. f., action d'inonder.—*Uhaldea.*
INONDER, v. a., submerger. — *Uhaldetzea.*
INOPINÉ, ÉE, adj., imprévu. — *Ustegabekóa.*
INOPINÉMENT, adv., d'une manière inopinée. — *Ustegabeki, ustegabean, ohartgabean.*
INORGANIQUE, adj., non organisé. — *Organizatugabea.*
INOUÏ, ÏE, adj., tel qu'on n'a jamais rien ouï de semblable. — *Ezaditûa, aditueztana, enzuneza.*
INQUIET, ÈTE, adj., qui a de l'inquiétude, tourmenté sans repos. — *Inkieta, kechúa, batziatûa, griñatua.* || Turbulent : *Bekaltsûa, kejaltsûa, ghelkaïtsûa.* || Séditieux : *Ezinegona, ghelkaïtza, naskaria, iskambillaria, sûmintxûa, biahozkatxûa.*
INQUIÉTANT, ANTE, adj., qui inquiète. — *Inkietanta, griñagarria, kechagarria, batziakiró, kejakiró, asaldagarria.*

INQUIÉTER, v. a. et p., rendre inquiet. — *Inkietaztia, kechaztia, batziaztea, griñaztea.* || Devenir inquiet : *Inkietatzea, kechatzea, batziatzea, griñatzea.*

INQUIÉTUDE, s. f., trouble, agitation. — *Griña, inkietamendua, kechadúra, kóromiόa, górrotúa, irakidúra, hughigóa, hudigóa.* || pl., petites douleurs : *Kechakundea, oïnacetchúa.* || Inquiétude vague, confuse : *Naspilla.*

INQUISITEUR, s. m., juge de l'Inquisition. — *Fedezaïna, fedezaya.* || Regard : *Beïratzebillaria, sόabillaria.* || Discours, etc. : *Solasbillaria.*

INQUISITION, s. f., enquête, tribunal ecclésiastique.-*Fedaüzleteghia, inkisicionia.* || Prison ecclésiastique : *Fedazayen batunea.*

INSAISISSABLE, adj., qu'on ne peut saisir. — *Ezinatchemana, ecinhartúa, ezinlόtúa.*

INSALUBRE, adj., malsain. — *Osasun kόntra.*

INSALUBRITÉ, s. f., qualité insalubre. — *Osasun kontrakúa.*

INSATIABLE, adj., qu'on ne peut rassasier.— *Ezinasea, aseézgarria, aseéciña.*

INSCRIPTION, s. f., action d'inscrire. — *Izkirotallúa.* || Ce qu'on grave sur cuivre, marbre, etc. : *Bernuzta.*

INSCRIRE, v. a., écrire sur.... — *Izkirotallutzea.* || Graver : *Bernuztatzea.*

INSCRUTABLE, adj., impénétrable, qui ne peut être conçu par l'esprit humain. — *Ezinezaütúa, barnezgarria, billakindezgarria, ezinasmatúa.*

INSECTE, s. et adj., petit animal articulé. — *Arbiská, mamutcha, marmalúa.*

INSENSÉ, ÉE, adj. et s., fou, qui n'est pas conforme à la raison. — *Errόa, errúa, eraúcia, eraúcitúa, búrujaúcia, zόrόa.*

INSENSIBILITÉ, s. f., défaut de sensibilité. — *Sorrerá, kordebaghetasuna, bihotzgabetasuna, sorrhayotasuna.*

INSENSIBLE, adj. et s., non sensible à la vue. — *Ekinikhusia, ezinapercebitua.* || Au toucher : *Ezinhunkitúa.* || Au fig. : *Sorra, kordebaghea, bihotzgόgorra, ezinhunkitúa, sorrhayόa, sorreratxua.*

INSENSIBLEMENT, adv., peu à peu. — *Emeki emeki, pichkaka pichkaka, bidadiezgarriro.*

INSÉPARABLE, adj. et s., non séparable. — *Ezinutzia, uciteciña, ucitezgarria, ezinseparatúa.*

INSÉPARABLEMENT, adv., d'une manière inséparable. — *Ezinseparatuki, ucitocinez, ezinutziz, ucitezgarrirό.*

INSÉRER, v. a., mettre parmi. — *Ezartzea, sarraztetzea.*

INSERTION, s. f., action d'insérer. — *Esarkuntza, sarrartea.*

INSIDIEUSEMENT, adv., par surprise. — *Ustegabean, celatáz, celatezkirό, amarrutxuki.*

INSIDIEUX, EUSE, adj., qui tend à surprendre. — *Ustegabekaria, celataria, amarrutxúa.*

INSIGNE, adj., signalé, notable. — *Dόagarraya.* || Remarquable : *Ikusgarria, beïragarria.* || Marque que l'on porte pour être distingué d'avec les autres. — *Dόakurtza.*

INSIGNIFIANCE, s. f., état insignifiant.—*Deüseztasuna.*

INSIGNIFIANT, ANTE, adj., qui ne signifie rien, sans caractère.— *Deüsezbat.*

INSINUANT, ANTE, adj., qui s'insinue. — *Sarkorra, sartzaïlia.* || Qui fait partager sa pensée : *Adieraztzaïlea, adiaraztzallea.*

INSINUATION, s. f., action d'insinuer, d'introduire. — *Sarkortasuna.* || Faire comprendre : *Adieraztasuna.*

INSINUER, v. a. et pr., introduire, enregistrer. — *Bururatzea, sinetxaraztea, sartzia, sarraztia, adieraztia, adiaraztia.*

INSIPIDE, adj., sans goût. — *Lelá, lόlόa, ghezá, aúla, gazá.*

INSIPIDEMENT, adv., d'une manière insipide. — *Lelárο, leláki, lόlόki, lόlόkiro, ghezaki, ghezákiro, aülaki, aülarkirό, gazáki, gazákirό.*

INSIPIDITÉ, s. f., qualité insipide. — *Lelátasuna, lόlόtasuna, ghezátasuna, aülatasuna, gazátasuna.*

INSISTER, v. n., insistance. — *Lekintzea.*

INSOCIABLE, adj., avec qui on ne peut vivre. — *Lagunezgarria, lagundezgarria, ilkartezgarria.*

INSOLATION, s. f., terme de chimie, exposition au soleil des matières contenues dans un vaisseau. — *Iguzkiztadea.*

INSOLEMMENT, adv., avec insolence. — *Aüsartki, ozarki, insolentki, lekoïtiro, ahalkegabeki.*

INSOLENCE, s. f., effronterie. — *Aüsartkeria, ozarkeria, insolentkeria, ahalkegabetasuna.* || Injure : *Erasoá, akopilla.* || Fierté arrogante : *Larderia, arrotasuna, fáka, antustea.* || Une chose étrange, inaccoutumée : *Oïtezkiña.* || Dévergondée, déshonnête : *Laïdotasuna, lizuntasuna, likixtasuna, deslotsá, deslotsaêra.*

INSOLENT, ENTE, adj. et s., effronté. — *Aüsarta, ozarra, insolenta, ahalkegabea.* ‖ Injurieux : *Erasotxùa, akopillaria.* ‖ Arrogant : *Larderitxùa.* ‖ Qui fait une chose étrange, inaccoutumée : *Oïtezkitxùa.* ‖ Dévergondé, déshonnête : *Laïdotxùa, lizuna, likitxa, deslotsatia, ahalkegàbea, lotsabaghea.*

INSOLER, v. a., exposer au soleil. — *Iguzkiztatzea.*

INSOLUBLE, adj., qui ne peut être fondu. — *Ezinurtùa.* ‖ Qui ne peut être expliqué : *Ezinerrana.*

INSOLVABLE, adj., qui ne peut payer. — *Sorezinpagatùa.*

INSOMNIE, s. f., privation de sommeil. — *Lóeskasa.*

INSOUCIANCE, s. f., état de l'insouciant. — *Ezacholtasuna.*

INSOUCIANT, ANTE, adj., qui ne se soucie de rien. — *Ezacholatùa.*

INSOUMIS, ISE, adj., non soumis. — *Cebatùa ez dena.* ‖ Qui n'admet pas, qui n'est pas consent : *Eskuperatu ez dena.* ‖ Qui n'est point vaincu : *Benzutùa ez dena.*

INSOUTENABLE, adj., non soutenable.—*Ezinsuportatùa, ezinatchikia, ezinsustengatùa.*

INSPECTER, v. a., faire l'inspection. — *Bérifikatzea, espetatzea, beïratzea, beghiratzea, ikustea.*

INSPECTEUR, s. m., qui a inspection. — *Bérifikatzaïlea, espeturra, behatzallea, beïratzallea, beghiratzallea, ikuslea.*

INSPECTION, s. f., action d'examiner. — *Bérifikacionea, espekcionea, behakuntza, beghirakuntza.* ‖ Division sous la surveillance d'un inspecteur : *Espekcionea.*

INSPIRATEUR, TRICE, adj., qui inspire. — *Gógóatzaïlea, gógarghidatzallea, bihotzmughitzallea, bururatzallea, gógarghitzallea.*

INSPIRATION, s. f., action d'inspirer. — *Hasperena, hatxperena.* ‖ Conseil : *Bitzarra, esondea.* ‖ Suggestion : *Gógóakida, gógarghia, bihotzmughida.*

INSPIRER, v. a., respirer. — *Hasperatzea, hatxperatzea, hatx hartzea.* ‖ Suggérer : *Gógóakidatzea, gógarghitzea, bihotzmughitzea, bururatzea.* ‖ Conseiller : *Bitzartzea, esontzea.*

INSTABILITÉ, s. f., défaut de stabilité. — *Eziniraùna, iraùpeneza, iraùndeza.*

INSTABLE, adj., qui n'a point de stabilité. — *Eziraùkorra, eziraùkoya.*

INSTALLATION, s. f., action d'installer. — *Sartzeà, sarrerazóa.*

INSTALLER, v. a. et pr., mettre en possession. — *Ezartzea, sarrerazotzea.*

INSTAMMENT, adv., avec instance. — *Othoïtzka, lekindez, eragokiz.*

INSTANCE, adj., sollicitation pressante. — *Othoïtza, lekindea, eragokia.*

INSTANT, ANTE, adj., pressant. — *Presatua, beharra.* ‖ s. m., moment : *Mementua, ichtanta, liparra, ergaya, istantea.* ‖ adv., à l'instant, à l'heure même : *Bertan, kùchian, ichtant berian, sost, sùpituro, sostaghiro, bat batean, ordu bereàn.* ‖ Dans un instant : *Mement bat, ichtampat, lipar bat, ergay baten bùruan.*

INSTANTANÉ, ÉE, adj., qui dure un instant. — *Ichtantian, bertan, berehala, instantekóa, sùpitoki.*

INSTANTANÉITÉ, s. f., existence d'un moment. — *Mementutasuna, ichtantasuna.*

INSTANTANÉMENT, adv., sur l'heure, sans délai. — *Bertan, berehala, sùpitoki.*

INSTAR (A L'), adv., à la manière.— *Bezala, maneraz, maneretan, bezalakóa.*

INSTIGATEUR, TRICE, s., qui incite. — *Narritzarria, akullataria, sùrikataria, sùrikatzaïlea, zirikatzalea, sùbermetzallea, zirikatzaïlea, sùbermatzaïlea, eraghitzaïlea, esportzaïlea.*

INSTIGATION, s. f., suggestion.—*Zirikamendua, narritzamendua, sùbermea, zirikodura, eraghidura, esportza, narritza, akulla, sùkarria.*

INSTIGUER, v. a., exciter à.... —*Zirikatzea, narritzea, akullatatzea, sùrikatzea, sùbermetzea, eraghitzea, esportzea, akullatzea, sùkarritzea.*

INSTINCT, s. m., sentiment naturel des animaùx. — *Usma, asmùa, gógakidaria.*

INSTITUÉ, ÉE, part., établi. — *Ezarria, emana, bitezartua, bitezarria.*

INSTITUER, v. a., établir.— *Ezartzea, ematea, bitezartzea.* ‖ Nommer : *Icendatzea.*

INSTITUTEUR, TRICE, s., qui institue. — *Ezartzaïlea, emaïlea, bitezarlea.* ‖ Précepteur : *Erreyenta, maèstro.* ‖ Institutrice, qui enseigne les préceptes : *Maëstra.*

INSTITUTION, s. f., action d'instituer. — *Bitezardea.* ‖ Action d'éduquer : *Eskola, kóleÿua, dakireghia, irakasdea.*

INSTRUCTEUR, s. m., qui instruit.-*Irakaslea.*

INSTRUCTIF, IVE, adj., qui instruit. — *Irakasgarria, eskolagarria.*

INSTRUCTION, s. f., action d'instruire. — *Irakaskuntzea, eskola, irakasdea.* || Savoir : *Yakitatea.* || pl., ordres : *Manamendúac.* Sans instruction, qui ne sait ni lire ni écrire : *Eskolagabea, jakineza.*

INSTRUIRE, v. a., enseigner. — *Erakastea, eskolatzia.* || Informer : *Yakinaztia.* || S'informer : *Arghitzea.*

INSTRUIT, ITE, adj., qui a du savoir. — *Yakinsuna, ikasia, irakasia.* || Eclairé : *Arghitua.* || Informé, prévenu : *Yakina, prebenitúa.*

INSTRUMENT, s. m., outil (instruments tranchants).—*Arma*. || Outils qui ne sont pas tranchants (pour les ouvriers ou le labourage) : *Apareïlluac, tresnac, lanabezac, lankayac.* || Machine harmonieuse : *Inchtrumenta.*

INSU (A L'), sans qu'on le sache. — *Ichilic, gorderic, yakingabean.*

INSUBORDINATION, s. f., défaut de subordination. — *Désobedientcia, ezobediencia.*

INSUBORDONNÉ, ÉE, adj., non subordonné.— *Désobedienta, ezobedienta.*

INSUFFISAMMENT, adv., avec insuffisance. — *Ez aski, eskaski, laburski, gútichkó, gutchichó.*

INSUFFISANCE, s. f., manque de suffisance, incapacité. — *Eskastasuna, doyezkia, gayezkia.*

INSUFFISANT, ANTE, adj., qui ne suffit pas.— *Eskasa, laburra, sobera doy, ez aski.*

INSULAIRE, adj. et s., habitant d'une île. — *Ugateturra, ugarteárra, urbitarteárra.*

INSULTANT, ANTE, adj., qui insulte. — *Eraskorra, akopillaria, eskarniókorra, laïdokorra, indurikorra, inyuriósa, iraïnkorra, betzigorra, lizkarra.*

INSULTE, s. f., injure. — *Erasóa, akopilla, eskarnióa, laïdóa, induria, inyurióa, iraïna, betzigóa, lizkardea.*

INSULTER, v. a. et n., faire insulte, attaquer. — *Erasotzea, akopillatzea, eskarniótzea, laïdoztatzea, iraïntzea, betzitzea, induriatzea, inyuriatzea, lizkartzea.*

INSUPPORTABLE, adj., qu'on ne peut supporter. — *Unagarria.* || Haïssable, détestable : *Iguïngarria.*

INSUPPORTABLEMENT, adv., d'une manière insupportable. — *Unagarriki.* || D'une manière qui fait haïr, détester : *Iguïngarriki.*

INSURGÉ, ÉE, adj. et part., qui est en révolte. — *Errebúeltan, errebúeltatúa, altchatúa.*

INSURGER (s'), v. pr., se soulever contre. — *Errebúeltazia, altchatzia.*

INSURMONTABLE, adj., non surmontable. — *Eziniragana, ezingarraïtúa.*

INSURRECTION, s. f., soulèvement. — *Errebúelta.*

INSURRECTIONNEL, LE, adj., qui tient de l'insurrection. — *Errebúeltakúa.*

INTACT, ACTE, adj., auquel on n'a pas touché. — *Unkitugabea, osúa, osóa, uñkitugabia.*

INTARISSABLE, adj., qu'on ne peut tarir. — *Ezinagortúa, agortezgarria, leórteciña.*

INTÉGRAL, ALE, adj., probe. — *Parkidaria.*

INTÉGRALEMENT, adv., avec probité. — *Parkidariki.* || Complètement : *Kabalki, osoki.* || Justement : *Yústuki, zucenki, ekardayki.*

INTÈGRE, s., probe. — *Parkidaritxua, parkidaya.* || Complet : *Kabalá, osóa.* || Juste : *Yústua, ekardoyarra, zucena.*

INTÉGRITÉ, s. f., état d'un tout complet. — *Kabaldea.* || Probité : *Parkida, parkidoïdea.* || Justice : *Yústicia, ekardoya, zucentasuna.*

INTELLECT, s. m., entendement.— *Centzúa, centzuna, bidadia, adimendúa.*

INTELLECTIF, IVE, adj., qui appartient à l'entendement. — *Centzuárra, adialduna.*

INTELLECTION, s. f., action de comprendre. — *Adia, aditza, adiera, gosarta.*

INTELLECTUEL, LE, adj., de l'intellect. — *Adimentarra, gosarkiarra.*

INTELLECTUELLEMENT, adv., d'une manière intellectuelle.—*Adimenduz, adimentuz, sentsuki, adieraz, gosartaz.*

INTELLIGEMMENT, adv., d'une manière intelligente. — *Sentsuki, adieraró, gosartáro.*

INTELLIGENCE, s. f., perfection nette et facile. —*Adimendúa, hedadura, adiera, gosarta.* || Bon accord, accord secret : *Ekipea.* || Substance spirituelle : *Megopea.*

INTELLIGENT, ENTE, adj., qui comprend facilement. — *Ernea, ernia, aditzallea, gosartiarra.* || Savant : *Yakinsuna, ikasia, irakasia, eskola handikúa, jakina.*

INTELLIGIBLE, adj., facile à comprendre. — *Adigarria, kómprenigarria, adikisuña.*

INTELLIGIBLEMENT, adv., d'une manière intelligible. — *Adigarriki, sentsuki, adieraro.*

INTEMPÉRANCE, s. f., vice opposé à la tempérance. — *Barrayadura, soricstasuna.*

INTEMPÉRANT, ANTE, adj. et s. m., qui n'est pas tempérant. — *Soriesa.*

INTEMPÉRÉ, ÉE, adj., déréglé. — *Barrayatúa, sorietxua.*
INTEMPÉRIE, s. f., dérèglement dans l'air, etc. — *Désaróa, desghiróa, gozakaïtza, desaraüdea.*
INTEMPESTIF, IVE, adj., contre-temps. — *Sasoïn kontrakúa, erabaghea, mugaïztarra.*
INTENDANCE, s. f., administration.— *Ekaïta, benaïta.*
INTENDANT, s. m., administrateur. — *Ekaïtaria, benaïtaria.*
INTENSE, adj., grand.- *Handi.* ǁ Epais : *Lódi.* ǁ Vif : *Bizia.* ǁ Fort : *Azkar, azkarra.*
INTENSITÉ, s. f., degré de grandeur.— *Handitasuna.* ǁ Degré d'épaisseur : *Lóditasuna.* ǁ Degré de vivacité : *Bizitasuna.* ǁ Degré de force : *Azkartasuna.*
INTENTER, v. a., faire un procès. — *Aüzitatzia.*
INTENTION, s. f., volonté. — *Chedea, gogóa, intentcionea.*
INTENTIONNÉ, ÉE, adj., qui a une intention. *Chedeatúa, gogóatúa, intentcionatúa.*
INTERCALAIRE, adj., qui est inséré ou ajouté. — *Barnekúa, artekúa, emendakúa.*
INTERCALER, v. a., insérer. — *Artekatzea, ibinartetzea, artian, ezartzea, barnetzea, emendatzia.*
INTERCÉDER, v. n., prier pour quelqu'un. — *Othoïztea, ararteko yartzea.* ǁ Entremettre : *Artetzea, ararietzea, bitartetzea, sarartetzea.*
INTERCEPTER, v. a., arrêter par surprise. — *Baratzea, atzartetzea.*
INTERCEPTION, s. f., action d'intercepter. — *Barakuntza.*
INTERCESSEUR, s. m., qui intercède. — *Othoïtzallea, othoïtztaïlea, galdetzellea.* ǁ Entremetteur : *Artekóa, bitartekóa, ararietkóa, entrebitartezallea, bitartezallea.*
INTERCESSION, s. f., action d'entremise. — *Ararledea, bitartedea, artekotasuna, arartekótasuna.* ǁ Act. d'intercéder : *Othoïtza, galdea.*
INTERDICTION, s. f., action d'interdire. — *Debekúa.*
INTERDIRE, v. a., prohiber. — *Debekatzea, interditzea.* ǁ Déconcerter : *Harritzea, balditza.*
INTERDIT, ITE, part. et adj., troublé, étonné, déconcerté. — *Arritua.* ǁ En parlant d'un ecclésiastique à qui l'exercice des ordres sacrés est défendu : *Ekersitic khendúa.*

INTÉRESSANT, ANTE, adj., qui intéresse. — *Intéresanta.*
INTÉRESSÉ, ÉE, part., qui a intérêt, qui a un intérêt. — *Intresatúa, yaramana, onkarritúa, sarrerasóa.*
INTÉRESSER, v. a. et pr., donner, prendre intérêt. — *Itresatzea, yaramantzea, onkarritzea, sarreraztea.*
INTÉRÊT, s. m., ce qui importe, profit. — *Intresa, intéresa, censúa, profeïtúa, irabacia, onkaria.*
INTÉRIEUR, adj. et s. m., qui est au dedans. — *Barnea, barrengóa, bárrukóa, barnakóa.*ǁDe l'intérieur : *Bárnetic, barrengotic.*
INTÉRIEUREMENT, adv., au dedans. — *Barneán, barrengoró, bárrukoró, barrenen, barrúan.*
INTERLIGNE, s. m., entre deux lignes. — *Marrartea, marrartekóa.*
INTERLOCUTEUR, s. m., personnage de dialogue. — *Hitzarteghillea.*
INTERLOCUTION, s. f., jugement par lequel on interloque. — *Hitzartea.*
INTERLOCUTOIRE, s. et adj. Il se dit d'une sentence qui interloque. — *Hitzartekóa.*
INTERLOQUER, v. a. et n., ordonner par jugement l'instruction d'une cause ; fig., embarrasser. — *Hitzartetzea.*
INTERMÈDE, s. m., divertissement entre deux actes. — *Erdiartea.*
INTERMÉDIAIRE, adj., qui est entre deux. — *Entrebitartekúa, ararlekóa.*
INTERMINABLE, adj., qu'on ne peut terminer. *Ezinfinitúa, ezinakatúa, bukatezgarria, aïtutezgarria, akabaïllic ez duena.*
INTERMITTENT, ENTE, adj. (fièvre), qui discontinue et reprend par intervalle. — *Helgaïtza.*
INTERNE, adj., au dedans. — *Barnekúa, barrenekúa.*
INTERNÉ, ÉE, part., envoyé à l'intérieur. — *Barnatúa, barrentúa, barrutúa.*
INTERNER, v. a., envoyer à l'intérieur.—*Barnatzea, barrentzea, barrutzea.*
INTERPELLATION, s. f., action d'interpeller. *Galdekuntza, deïartea.*
INTERPELLÉ, ÉE, part., sommé de répondre. — *Galdetúa, deïartúa, interrogatúa.*
INTERPELLER, v. a., sommer de répondre.— *Galdetzea, deïartzea, interrogatzia, galdeïtea.*
INTERPOSÉ, ÉE, part., posé entre deux, employer l'autorité, etc. — *Paratúa, ibinartúa, bitartetúa.*

INTERPOSER, v. a., poser entre deux, employer l'autorité, etc. — *Paratzea, ibinartzea, bitartetzea.*
INTERPOSITION, s. f., action d'interposer. — *Parartea.*
INTERPRÉTATION, s. f., explication. — *Azaldea, arpetza, arpetzea.*
INTERPRÈTE, s., celui qui rend les mots d'une langue par ceux d'une autre langue. - *Adiarazlea, endeglatzalea, iskidalea, ersikidalea, azaldallea, arpeztaria, arpeztallea.*
INTERPRÉTÉ, ÉE, part., traduit, expliqué. — *Adiaratúa, endeglatúa, azaltúa, arpeztúa.* || Fait interprété : *Adieraztua, endeglaztua, adiaztua, azaltúa, arpeztúa.*
INTERPRÉTER, v. a., traduire. — *Adiaratzea, endeglatzia, azaltzea, arpetzea.* || Expliquer : *Azaltzea, arpetzea.* || Faire interpréter : *Adiaraztea, endeglatzea, adiaztea, azalztea, arpeztea.*
INTERROGATION, s. f., question. — *Galdea.*
INTERROGATOIRE, s. m., question d'un juge qui interroge, qui questionne. — *Galdekuntza, galdetaldia, itanaldia.*
INTERROGER, v. a., questionner avec autorité. — *Galdetzea, itantzea, interrogatzea.*
INTERROMPRE, v. a., faire discontinuer. — *Ghelditzea, baratzea, artaústea.* || Interrompre un discours : *Ichilastia, gheldiaztia.* || Embrouiller : *Nahastea.*
INTERRUPTION, s. f., action d'interrompre.— *Gheldialdia, artaústea.*
INTERVALLE, s. m., distance d'un lieu à un autre. — *Arteka, aldartea, aincina, artia, dichtantcia.* || Moment écoulé : *Buelta, ichtanta, memento, artea.*
INTERVENANT, ANTE, s. et adj., qui intervient. — *Etorartekóa.*
⟨INTERVENIR, v. n., entrer dans une affaire, s'intéresser. — *Sartzia, ethorraztia.* || Subvenir : *Hornitzia.*
INTERVENTION, s. f., action d'intervenir. — *Etorartea.*
INTERVERTIR, v. a., changer l'ordre. — *Itzultzea, barraútzea.* || Embrouiller, mêler : *Nahastea.*
INTESTINS, s. m. pl., boyaux. — *Hertzea, morá, estea, ertzea.*
INTESTINAL, ALE, adj., terme d'anat., qui appartient aux intestins. — *Hertzetakóa, estetakóa, mórákúa.*
INTESTINE, adj., intérieure, guerre civile. — *Barnekúa, barnakóa, barrukóa, barrengóa.*

INTIMATION, s. f., action d'intimer.— *Ordena, manamendua, besartea, sarpeta.*
INTIME, adj. et s., ami particulier. — *Chitezkoa, adichkidia.* || Qui tient de près (intérêt) : *Barnekóa, mina.*
INTIMEMENT, adv., d'une manière intime. — *Chitezkoz, adichkideki, bihotzetic.*
INTIMER, v. a., ordonner. — *Ordenatzea, manatzea, besartzea, sarpetzea.*
INTIMIDATION, s f., crainte. — *Lotxa, beldurra, icialdura.*
INTIMIDÉ, ÉE, part., rendu craintif. — *Lotxatúa, beldurtúa, icitúa.*
INTIMIDER, v. a., inspirer de la crainte. — *Lotxatziá, beldurtzia, icitzea.*
INTIMITÉ, s. f., liaison intime. — *Adichkidetasuna, bihotzurkodea.*
INTITULATION, s. f., l'inscription, le titre et le nom qu'on donne à un livre. — *Icena, gaïcenda.*
INTITULÉ, s. m. et part., titre d'un livre, d'un acte. — *Icendatúa, gaïcendatúa.*
INTITULER, v. a., donner un titre à un livre. — *Icendatzea, gaïcendatzea.*
INTOLÉRABLE, adj., qu'on ne peut tolérer. — *Ezinsuportatúa, eramezgarria, eramezkisuna, erampezgarria, erampezkisuna.*
INTOLÉRANCE, s. f., défaut de tolérance. — *Ezinsuportúa, erameza, erampeza.*
INTOLÉRANT, ANTE, adj., qui n'est point tolérant. — *Ezinsuportatzallea, erameztzallea, erampeztzallea.*
INTRADUISIBLE, adj., non traduisible. — *Ezinerrana, ezinesplikatúa, ezinirakurtúa, ezinitzulia.*
INTRAITABLE, adj., qui n'est pas traitable.— *Eskutezgarria, ezineskuratúa, ukitezgarria.*
INTRÉPIDE, adj., qui affronte le danger. — *Atrebitúa, kóraiyosa, beldurgabea, bildurbaghea, egotzia, lotxagabea.*
INTRÉPIDEMENT, adv., d'une manière intrépide. — *Atrebituki, kóraiyoski, beldurgaberic, bildubagheró, egotzikiró, lotxagaberic, kóraïki.*
INTRÉPIDITÉ, s. f., fermeté dans le péril. — *Atrebitasuna, kóraiya, beldurgabetasuna, bildurbaghea, lotxagabea, egotzikia.*
INTRIGANT, ANTE, adj. et s., qui se mêle d'intrigues. — *Naspiltzallea, kátrambillaria, intriganta.*
INTRIGUE, s. f., pratique secrète pour réussir. — *Naspiltza, kátrambilla, kátrambiltza, intriga.*

INTRIGUER, v. a., embarrasser ; v. n. et pr., faire des intrigues.—*Naspiltzea, kátrambiltzea, intrigatzia.*
INTRINSÈQUE, adj., qui est en soi, réel. — *Barnekóa, bérena, barrukóa, barrengóa.*
INTRINSÈQUEMENT, adv., d'une manière intrinsèque. — *Barnekóki, bárenkoki, barrukóki, barrengoki.*
INTRODUCTEUR, TRICE, s., celui qui introduit. — *Sarartetzaïlea, barnatzallea.*
INTRODUCTION, s. f., action d'introduire. — *Sarartea, barnartea.*
INTRODUIRE, v. a., donner entrée, faire entrer. — *Sarraztea, barnetzea.*
INTROUVABLE, adj., qui ne peut se trouver. —*Ezinatchemana, ezinatzemana, ezinarrapatúa.*
INUSITÉ, ÉE, adj., qui n'est pas usité. — *Ezusatúa, oïtzakea, usatua ez den gaüza.*
INUTILE, adj., qui ne sert à rien. — *Alferra, ezdeüsa, gayeza, gaüzeza, kádena, inutila.*
INUTILEMENT, adv., sans utilité. — *Alferki, ezdeüski, gayezkiró, gaüzezkiro, ezdeüskiró, kádenderó, inutilki, alferretan.*
INUTILITÉ, s. f., non utile, chose inutile. — *Ezdeüsa, alfertasuna, deüsezgóa, gayezta, gaüzezta, kádendea, inutila.*
INVALIDE, adj. et s., personne estropiée. — *Ezindua, emblaïtúa, herbaldúa, elbarritúa, makaldua.* || Non valable : *Ez óna, ezin baleiyatúa.*
INVALIDEMENT, adv., sans validité. — *Ezinduki, emblaïki, herbalki, elbarrituki, makalduki.*
INVALIDER, v. a., estropier. — *Ezintzea, emblaïtzea, herbaltzea, elbarritzea, makaltzea.* || Rendre nul : *Deüsaztea, aütsaztea, ez baleiyaztea.*
INVALIDITÉ, s. f., position d'une personne estropiée. — *Imbaliertasuna, baliokaïztasuna, baliogabetasuna.* || Manque de validité : *Deüsaztasuna, aütsaztasuna, ezin baleiyatu den gaüza.*
INVARIABLE, adj., qui ne varie point. — *Ezinkambiatúa, ezinaldagarria, aldaëzgarria, ezimudatúa.*
INVARIABLEMENT, adv., d'une manière invariable. — *Ezinkambiatuki, ezinaldagarrituki, aldaëzgarriki, ezinmudatuki.*
INVASION, s. f., incursion. — *Erasóa, akopillua, eraünsia.*
INVECTIVE, s. f., injure.— *Sutazerrea, eskarnio, lizkarra.*

INVECTIVER, v. a., dire des invectives. — *Sutazerretzea, lizkartzea, eskarniotzea.*
INVENDABLE, adj., qu'on ne peut vendre. — *Ezinsaldua, salduëciña, salduëzgarria.*
INVENDU, UE, adj., qui n'est pas vendu. — *Ez saldúa, saldugabea, saldubaghea.*
INVENTAIRE, s. m., état de biens, etc. — *Ekidora.*
INVENTER, v. a., trouver par son imagination. — *Phentxatzea, gógóratzea, asmatzea, édireïtea.*
INVENTEUR, TRICE, s., qui invente. —*Phentxatzaïlea, gógóratzaïlea, asmatzaïlea, édiretzaïlea, sortakitzallea, sortakitaria.*
INVENTIF, IVE, adj., qui a le génie, le talent d'inventer.—*Gógórakorra, phentxakorra, asmalxúa, édiretxúa, sortakitxúa.*
INVENTION, s. f., action d'inventer, chose supposée. — *Phentxamendua, gógóramendua, asmúa, édireïtasuna, sortakita.*
INVENTORIER, v. a., faire un inventaire. — *Ekidoratzea.*
INVERSABLE, adj., qui ne peut verser. — *Ezinitzulia, ezinuzkaïlia.* || Qui ne peut se répandre (du liquide) : *Ezinichuria.*
INVERSE, adj., dans un ordre renversé. — *Kóntrakúa, ifrentzúa, aürkia.*
INVERSION, s. f., transposition. — *Begoïtea, begoïtza.*
INVERTIR, v. a., transposer. — *Begoïtzea.*
INVESTIGATEUR, TRICE, adj., qui cherche.— *Billatzaïllea, billatzallea, billakindaria, billakinllea, jakinkidaria, jakinkillea.*
INVESTIGATION, s. f., recherche exacte. — *Billakinda, billakindea, billakuntza, jakinkindea.*
INVESTIR, v. a., cerner. — *Inguratzea, birátzia.* || Installer : *Ezartzea, jancioratzea.*
INVESTISSEMENT, s. m., action de cerner. — *Inguramendua, biramendua.* || Action d'installer : *Ezarkuntza, janciorea.*
INVESTITURE, s. f., mise en possession. — *Janciora.*
INVÉTÉRÉ, ÉE, adj., mal enraciné.-*Zaharra, aspalditúa, ancinat.la, aïnciñatúa.*
INVÉTÉRER, v. n. et pr., s'enraciner, devenir vieux et difficile à guérir. Il ne se dit que des malades. — *Zahartzea, aspalditzea, ancinatzea, zabartzea.* || Au fig., des vices et des mauvaises habitudes : *Zahartzea, ancinatzea, aïnciñatzea.*

INVINCIBLE, adj., qu'on ne peut vaincre. — *Ezingarraïtúa, garraïtezgarria, venzutezgarria, ezinbentzutúa.*
INVINCIBLEMENT, adv., d'une manière invincible. — *Ezingarraïtuki, garraïtezgarriró, venzutezgarriró, ezinbentzutuki.*
INVIOLABLE, adj., qu'on ne viole pas.—*Aütsiezbeárra, ezinbortchatúa.*
INVIOLABLEMENT, adv., d'une manière inviolable. — *Aütsiezbeárkiro, ezinbortchatuki.*
INVISIBLE, adj., qu'on ne peut voir. — *Ezin ikhusia, ezagheria, ikuseciñ, ikusesgarria, ikusezkizuna.*
INVISIBLEMENT, adv., sans être vu. — *Ikuseniñez, ikusezgarriki, ikusezkizunez, ezagheriki, ikusezgarriró.*
INVITATION, s. f., action d'inviter. — *Gombitasuna, gombidúa.*
INVITER, v. a., prier d'assister, exciter à... — *Gombidatzea.*
INVOCATION, s. f., action d'invoquer. — *Arrendea, othoïtza, deïa, déiya.*
INVOLONTAIRE, adj., sans volonté. — *Uste gabe, nahi ez duelaric, naïbaghea.*
INVOLONTAIREMENT, adv., sans le vouloir. — *Uste gabetan, nahigabez, nahibaghean, gúrabagan, naïeskiró, nahi gabean.*
INVOQUER, v. a., appeler à son aide. — *Arrentzea, arrendetzea, deïtzea, otseghitea, deiytzea.*
INVRAISEMBLABLE, adj., non vraisemblable. — *Itchuragabea, idurigabea, káragabea.*
INVRAISEMBLABLEMENT, adv., d'une manière invraisemblable. — *Itchuragabeki, idurigabeki, káragabeki.*
INVRAISEMBLANCE, s. f., défaut de vraisemblance. — *Itchuragabetasuna, idurigabetasuna, itchuragabekóa, idurigabekóa, káragabetasuna, karágabekúa.*
INVULNÉRABLE, adj., non vulnérable. — *Ezinhunkitúa, éritezgarria, ezinkólpatúa, zaüritezgarria.*
IRASCIBLE, adj., qui excite, colérique. — *Kilikakorra, irakórra, irósa, iratia, saltakorra, sukoiya.*
IRE, s. f., colère. — *Irá, hirá, kólera.*
IRIS, s. m., partie de l'œil. — *Beghi-ninia.* ǁ Fleur : *Ustarghibelharra.* ǁ Arc-en-ciel : *Ustarghia, oltzadarra, ostrelaka.*
IRONIE, s. m., raillerie fine.-*Trúfa, ezteracia.*
IRONIQUE, adj., d'ironie. — *Ezteracióa.*
IRONIQUEMENT, adv., par ironie. — *Ezteracikóro.*

IRRAISONNABLE, adj., non doué de raison.— *Razoïngabea, razoïgabea, éraldeza, eraldegabea, eraldebaghea.*
IRRAISONNABLEMENT, adv., d'une manière irraisonnable. — *Arrazoïngabeki, arrazoïgabeki, éraldezkiró, arrazoïgaberó, arrazaïbaghero.*
IRRATIONNEL, LE, adj., qui n'est pas rationnel. — *Razoïgabea, razoïbaghea, éraldeza, éraldebaghea, éraldegabea.*
IRRATIONNELLEMENT, adv., d'une manière irrationnelle. — *Arrazoïngabeki, arrazoïbagheró, éraldezkiro, razoïngabeki.*
IRRÉCONCILIABLE, adj., qui ne peut se réconcilier. — *Ezinadichkidetúa, baketeciña, paketeciña, ongundezgarria.*
IRRÉCUSABLE, adj., non récusable. — *Ezinukhatúa, iraïtezgarria, ukaëzgarria, ukatezgarria, ukateciña.*
IRRÉDUCTIBLE, adj., non réductible.—*Ezintchipitúa.*
IRRÉFLÉCHI, IE, adj., qui n'est pas réfléchi. —*Phentxugabea, gógóratugabea.*
IRRÉFLEXION, s. f., manque de réflexion. — *Phentxamendugabetasuna, phentxatu faltan, gógóratu faltan.*
IRRÉFRAGABLE, adj., qu'on ne peut contredire. — *Cedalezgarria, kóntrakúa ezin errana.*
IRRÉGULARITÉ, s. f., manque de régularité. — *Makurtasuna, adrakaïztea, adrebaghea, araübaghea.*
IRRÉGULIER, ÈRE, adj., non régulier. — *Makurra, adrakaïtza, adrebaghea, araübaghea.*
IRRÉGULIÈREMENT, adv., d'une manière irrégulière. — *Makurki, adrakaïzkiró, adrebagheró, araübagheró.*
IRRÉLIGIEUSEMEMT, adv., d'une manière irréligieuse. — *Doneghekiró.*
IRRÉLIGIEUX, EUSE, adj., contraire à la religion. — *Doneghea.*
IRRÉLIGION, s. f., manque de religion. — *Donegheró.*
IRRÉMÉDIABLE, adj., auquel on ne peut remédier. — *Ezinerremediatúa, oskaïtezgarria, ozkaïtezkizkuna.*
IRRÉMÉDIABLEMENT, adv., sans remède. — *Ezinerremédiatuki, oskaïtezgarriro.*
IRRÉMISSIBLE, adj., impardonnable.—*Ezinbarkatúa, barcatezgarria, barkatezciña, barkatezkisuna.*
IRRÉMISSIBLEMENT, adv., sans rémission. — *Ezinzarbatuki, barkatezgarriró.*

IRRÉPARABLE, adj., qu'on ne peut réparer. — *Ezinerremédiatûa, onghitezgarria.*

IRRÉPARABLEMENT, adv., d'une manière irréparable. — *Ezinerremediatuki, onghitezgarriró.*

IRRÉPRÉHENSIBLE, adj., irréprochable. — *Aserrezgarria, asarrezgarria, ezinerreportchatúa.*

IRRÉPRÉHENSIBLEMENT, adv., d'une manière irréprochable. — *Ezinerreportchatuki, aserrezgarriró, aserrezgarriki.*

IRRÉPROCHABLE, adj., sans reproche. — *Ezinerreportchatúa, aserezgarria, asarrezgarria.*

IRRÉPROCHABLEMENT, adv., d'une manière irréprochable. — *Ezinerreportchatuki, aserrezgarriró, aserrezgarriki.*

IRRÉSISTIBLE, adj., non résistible.-*Ezinihardukitúa, ezinenferratúa, cemuïezgarria.*

IRRÉSISTIBLEMENT, adv., d'une manière irrésistible. — *Ezinihardukituki, ezinenferratuki, cemuïezgarriki.*

IRRÉSOLU, UE, adj., non résolu. — *Egobitúa, bibidatúa.* ǁ Indécis : *Dûdan, gógöëtatxûa, debedeza, debedebaghea, erabakigabea.* ǁ Sans courage : *Kóraiy gabea, atrebitu gabea, bihotz gabea.*

IRRÉSOLUMENT, adv., avec irrésolution. — *Egobituki, bibidatuki, dûdarekin.* ǁ Indécision : *Dûdatuki, gógöëtatxuki, débedean, erabakian.* ǁ Sans courage : *Kóraiy gabeki, ezinatrebituki.*

IRRÉSOLUTION, s. f., état irrésolu.—*Egobia, bibidadea.* ǁ Indécis : *Dûda, gógöëta, débedea, erabakia.* ǁ Manque de courage : *Atrebigabetasuna, bihotzgabetasuna.*

IRRÉVÉREMMENT, adv., avec irrévérence. — *Ozarki, beghirunbaghekiró, béghirungabeki.*

IRRÉVÉRENCE, s. f., manque de respect. — *Ozarkeria, béghirunbaghea, béghirungabea.*

IRRÉVÉRENT, ENTE, adj., contre le respect. — *Béghirunbaghekûa, beghirungabekûa.*

IRRÉVOCABLE, adj., qui ne peut se révoquer. — *Ezinegorria, ceghedeïgarria, urratezkisuna, urratezgarria.* ǁ Qui ne peut s'annuler : *Ezinurratûa.*

IRRÉVOCABLEMENT, adv., d'une manière irrévocable.— *Ezinegorria, ceghedeïgarriró, urratezgarriró.*

IRRIGATION, s. f., arrosement par rigoles. — *Urbidea, izakac, arroïlac eghitia urtatzeko.*

IRRITABILITÉ, s. f., qualité de ce qui est irritable. — *Samurgarritasuna, irótasuna, iratasuna, yaüskortasuna.* ǁ Facile à envenimer : *Gaïtzkuragarritasuna.*

IRRITABLE, adj., qui s'irrite aisément. — *Samurgarria, asarregarria, irósa, iratia, irakûnaëtzua, yaüskorra.* ǁ Qui s'envenime facilement : *Gaïtzkuragarria, gachtagarria.*

IRRITANT, ANTE, adj., qui irrite, qui met en colère. — *Samurtzallea, aserretzallea, narrikaria, despitagarria, iretzallea, iratzallea.* ǁ Qui envenime : *Gachtatzaïlea, gaïzkuratzaïlea.*

IRRITATION, s. f., état irrité, colère. — *Kólera, irakûndea, hizkundea, samurtasuna, asarretasuna.* ǁ Augmentation de mal : *Gachtaldea, gaïzkura.*

IRRITÉ, ÉE, part., mis en colère. — *Kóleratúa, samur, samurtúa, narritúa, irótua, iratúa, aserretúa.* ǁ Envenimé : *Gachtatúa, gaïzkuratúa.*

IRRITER, v. a. et pr., mettre en colère. — *Kóleratzea, samurtzea, irótzea, iratzea, narritzea, aserretzea.* ǁ Envenimer : *Gachtatzea, gaïzkuratzea.*

IRRUPTION, s f., invasion d'ennemis.—*Erasoëra, akópillúa.*

ISARD, s. m., chamois, chèvre sauvage. — *Basahunzá.*

ISOLÉ, ÉE, adj. et part., qui ne tient à rien. — *Bakarra.* ǁ Bien isolé, solitaire : *Bakar-bakarra.*

ISOLEMENT, s. m., état isolé. — *Bakartasuna, aphartasuna, askantza, soledadea.*

ISOLÉMENT, adv., d'une manière isolée. — *Bakarric, aphart, askantzki, soledakiró.*

ISOLER, v. a. et pr., séparer de tout, faire éloigner, séparer l'un de l'autre. — *Bakartzea, aphartatzea, askantzea.*

ISRAËLITE, s., juif. — *Yúdûa.*

ISSU, adj., descendu d'une race. — *Ethorria, yina, jina.*

ISSUE, s. f., sortie. — *Atheralekûa, hilkitza, hilkice.* ǁ Fig., conclusion : *Akabantza, fina.*

ISTHME, s. m., langue de terre entre deux mers. — *Lubesa.*

ITEM, adv., de plus.—*Are, arere, gheiyago.*

ITINÉRAIRE, s. m., note des lieux où l'on passe en voyageant ; adj., colonne indicative de toutes les distances. — *Bidekaya.*

IVOIRE, s. m., morfil, dent d'éléphant. — *Marfila.*

IVRAIE, s. f., mauvaise herbe. — *Iráka, lollóa, zóragarria.*
IVRE, adj., troublé par le vin, par la passion, etc. — *Hordia, mozkorra, mochkorra.* ‖ Ivre-mort : *Arraïla.*
IVRESSE, adj. et s., état de celui qui est ivre. — *Hordiztasuna, mozkortasuna, mochkortasuna.*
IVROGNE, adj., et s., sujet à s'enivrer.—*Mozkortzaïlea, mochkortzaïllea, horditzaïlea.*
IVROGNER, v. a., s'enivrer souvent. — *Horditzea, mozkortzea, mochkortzea.*
IVROGNERIE, s. f., action de s'enivrer. — *Hordikeria, mozkorkeria, mochkorkeria.*
IVROGNESSE, s. f., femme ivrogne. — *Horditzaïlca, mozkortzaïlea, mochkortzaïlea.*
IXODE, s. m., tique des chiens. — *Lakasta.*

J

J, s. m. (JI ou JE), dixième lettre de l'alphabet. — *Abeceko hamargarren letra.*
JA, adv., déjà.— *Yadanic, yadan, gargoro, angoro.*
JABOT, s. m., poche d'oiseau. — *Baparûa.* ‖ Ornement de chemise : *Yabota.*
JACHÈRE, s. f., terre en repos. — *Paüsuan den lurra.*
JACINTHE ou HYACINTHE, s. f., plante liacée. — *Móredina.* ‖ Pierre précieuse : *Mórdinarria.*
JACTANCE, s. f., forfanterie. — *Baneloria, aüdiaka, otsarróa, arrutia.*
JADIS, adv., autrefois, le temps passé. — *Lehen, aspaldi, lehenago, bertceorduz, bestceorduz.*
JAILLIR, v. n., s'élancer avec impétuosité; se dit de l'eau, etc. — *Jalkitzea, yalkitzea, hilkitzea, surruztatzea, purruztatzea.*
JAILLISSANT, ANTE, adj., qui jaillit.— *Jalkitzian, yalkitzian, hilkitzian, surruztan, purruztan.*
JAILLISSEMENT, s. m., action de jaillir. — *Jalkitza, yalkitza, hilkitze, surruzta, purruzta.*
JALE, s. f., grande jatte.— *Tirrina, tirriña, tirrisa.* ‖ Baquet : *Tiña, kúbela.*
JALON, s. m., perche que l'on plante pour prendre des alignements. — *Agá, haga.*
JALONNER, v. n. et a., planter des jalons de distance en distance. — *Distantciatic distantciarat âgác sartzea, distantcia batetic distantcia baterat hagac sartzea.*
JALOUSER, v. a., avoir de la jalousie contre quelqu'un. — *Yelostea, bekaïztea.* ‖ Envier : *Guticiatzea, ondamutzea, nahi izatia.*
JALOUSIE, s. f., chagrin, inquiétudes, angoisses, d'un époux, d'un amant soupçonneux. — *Yelosia, bekaïzgóa, bekaïtzgóa.* ‖ Espèce de contrevent à jour : *Leyakereta, léyasareá.* ‖ Envie : *Imbiria, gutizia, imbidia, ondamua.*
JALOUX, OUSE, adj. et s., qui a de la jalousie. — *Yeloskorra, bekaïtza.* ‖ Envieux : *Guticiatxua, guticiosa, ondamutia, nahikaria.*
JAMAIS, adv., en aucun temps. — *Sékulan, behiněré, ěgundaïno, nihoïz, iñoz, inoz, yagoïtu.*
JAMBAGE, s. m., ligne droite des lettres. — *Letra-zangóa.*
JAMBE, s. f., partie du genou au pied. — *Aztala zankóa, ustala, eztala.*
JAMBÉ, ÉE, adj., qui a la jambe bien faite.— *Astal, aztal, eztal, zanko ederretakóa.*
JAMBON, s. m., cuisse ou épaule du porc salé. —*Azpikia, urdaya, chingarra, zingarra, urdaïazpia, ankurdaïa.* ‖ Viande de jambon : *Chingarra, zingarra.*
JANTE, s. f., partie en bois de la circonférence d'une roue. — *Sátia, zátia, paldóa.*
JANVIER, s. m., premier mois de l'année. — *Urtharrilla, urtharila.*
JAPPEMENT, s. m., action de japper. — *Zanga, saïngá, champa, eraüsia, maüba.*
JAPPER, v. n., se dit des petits chiens. — *Saïngatzea, zangatzea, champatzea, eraüsitzea, maübatzea.*
JARDIN, s. m., lieu pour cultiver des légumes. — *Bahatzia, baratzia, baraicea.*
JARDINAGE, s. m., produit du jardin.-*Bahatzekaria, baratzekaria, baratzezaïgóa.*
JARDINIER, ÈRE, s., cultivateur de jardin. — *Bahatzezaïna, baratzezaïna.*
JARGON, s. m., langage corrompu. — *Lengüaya, lenguaiya.*
JARRE, s. f., grand vase de grès, de cristal. *Tirriña.*

JARRET, s. m., endroit où se plie la jambe. — *Belhaunazpia.*

JARRETIÈRE, s. f., lieu pour retenir les bas. — *Galzerdilôkarria.*

JAS, s. m., bois de l'ancre. — *Aïnguraren, ánguraren egur trebesa.*

JASER, v. n., babiller, causer. — *Eleketatzea, erasitzea, aharaüztea, hitzketatzea, erastea.*

JASERIE, s. f., babil, caquet, fam. — *Eraskeria, eleketa, aharaükeria, hitzketa, hitzuntzkeria.*

JASEUR, EUSE, s., causeur. — *Erasiketaria, eleketaria, aharaükeritaria, hitzketaria, hitzuntzia, eletxua.*

JASMIN, s. m., plante. — *Krachmina, krasmina.*

JASPE, s. m., sorte d'agate. — *Navarria.*

JASPÉ, ÉE, part., bigarré en jaspe. — *Navarritúa.*

JASPER, v. a., bigarrer en jaspe. — *Navarritzea.*

JASPURE, s. f., action de jasper ou l'effet de cette action. — *Navarridura.*

JATTE, s. f., vase rond sans rebord. — *Gatelúa, tirriña, tirrina.*

JATTÉE, s. f., plein une jatte. — *Gatelutara, tirriñatra, tirrinatra.*

JAUGE, s. f., juste contenu d'un vaisseau, etc. — *Neüria, negurria.*

JAUGEAGE, s. m., action de jauger. — *Neürtzea, negurtzea.*

JAUGER, v. a., mesurer un vaisseau pour en connaître la contenance. — *Neürtzea, negurtzea.*

JAUGEUR, s. m., celui dont l'emploi est de jauger. — *Neürtzallea, negurtzaïllea.*

JAUNATRE, adj., tirant sur le jaune. — *Orikara.*

JAUNE, s. m., couleur d'or. — *Oria.*

JAUNIR, v. a. et n., rendre, devenir jaune. — *Oritzea.*

JAUNISSANT, ANTE, adj., qui jaunit. — *Oritzian.*

JAUNISSE, s. f., sorte de maladie. — *Yonisia.*

JAVELER, v. a., mettre en javelle. — *Maltchotzia.*

JAVELEUR, EUSE, s., qui javelle. — *Maltchotzaïlea.*

JAVELINE, s. f., espèce de dard long et menu. — *Jabaliná.*

JAVELLE, s. f., poignée de blé scié. — *Maltchúa, agurra, eskúa.*

JAVELOT, s. m., dard, arme de trait. — *Eztena.*

JE, pron. pers. de la première personne. — *Ni, nic.*

JÉSUITE, s. m., religieux. — *Yesusa, jesusa, jesuita, jesuistá.*

JÉSUITIQUE, adj., de jésuite. — *Yesusetakóa, jesusena, jesuitena.*

JÉSUITISME, s. m., système de conduite des jésuites. Il se dit en mauvaise part. — *Yesustasuna, jesuitasuna.*

JÉSUS-CHRIST, s. m., fils de Dieu. — *Yesus, Jesus, Yesu-Christo, Jesu-Christo.*

JET, s. m., action de jeter. — *Besaña, urtukia, artikia, aürdikia.* || Jet de pierre : *Harri-beso-gaïna.*

JET-D'EAU, s. m., qui jaillit d'un tuyau. — *Ur-surrusta.*

JETÉE, s. f., digue de pierres. — *Káya, náza, antapera, páchera.*

JETER, v. a. et pr., lancer. — *Etchatzea, etchatzia, botatzea, aürdikitzea, urtukitzia, artikitzia, egortzea.*

JETON, s. m., pièce pour compter. — *Tantóa, tantúa.*

JEU, s. m., récréation. — *Yókoa, yókua, jókua, jókoa.* || Jeu de bergers : *Artzain-yókoa.* || Jeu d'amusement, moquerie : *Yóstaëta.* || Jeu de correspondance : *Behantza.* || Jeu de prétention : *Iriskaya.* || Jeu de mots : *Hitzjostaëta.* || Jeu de main : *Esku-yókoa.* || Jeu d'enfant : *Aürkontúa.*

JEUDI, s. m., quatrième jour de la semaine. — *Ortzeguna, osteguna, orceguna, eguëna.* || Jeudi-Saint : *Aïzaróa, ortzegun-saïndu, ostegun-santóa.*

JEUN (A), adv., sans avoir mangé. — *Barur, baruric.*

JEUNE, adj. et s. m., peu âgé. — *Gaztia, gaztea, nérabea.*

JEUNE, s. m., abstinence. — *Barura.*

JEUNER, v. n., faire abstinence. — *Barur'-ghitea.*

JEUNESSE, s. f., âge entre l'enfance et l'âge viril. — *Gaztetasuna.* || Les jeunes gens : *Gazteria.*

JEUNET, TE, adj., fort jeune. — *Gaztetchúa.*

JEUNEUR, EUSE, s., qui jeûne. — *Barur'-ghilea.*

JOAILLERIE, s. f., art, métier et fabrique de joaillier. — *Cilharteghia, joyateghia, yoyateghia.*

JOAILLIER, s. m., qui travaille la pierre fine, etc. — *Cilharghina, joyaria, yoyaria.* || Boutique de joaillier : *Cilharghin-botika, cilhargin-botiga, joyateghia.*

JOIE, s. f., passion causée par le plaisir. — *Loria, bozkarióa, bozkalentzia, boztasuná.*

JOIGNANT, ANTE, adj., contigu. — *Kontra.* || Réunissant : *Yuntatzian.* || prép., tout proche : *Onyûan, aldian.*

JOINDRE, v. a. et n., approcher deux choses de sorte qu'elles se touchent. — *Yuntatzia.* || Ajouter : *Emendatzea, berhatzea.* || Unir : *Erachikitzea, yuntatzea.* || Mêler : *Balsatzia.* || v. p., se rencontrer : *Biltzea, batatzia.*

JOINT, s. m., articulation, point de jonction. — *Yuntadura.*

JOINTURE, s. f., joint du corps. — *Yuntadura, batokia, ghilza.*

JOLI, IE, adj. et s., qui plaît à l'œil par sa grâce et sa gentillesse. — *Pollit, pollita, ederra.*

JOLIET, TE, adj., diminutif de joli. — *Pollitchûa, pollitûa, edertchûa.*

JOLIMENT, adv., d'une manière jolie. — *Polliki, ederki.*

JOLIVETÉ, s. f., babiole. — *Pollitkeria, edergaïlûa.* || Gentillesse : *Charmantkeria, galaykeria, lirañkeria.*

JONC, s. m., plante. — *Ihia, ya, ia.* || Jonc des Indes : *Yndiarriya.*

JONCHAIE, s. f., lieu ou viennent les joncs ou rempli de joncs. — *Ihiteghia, yteghia, iteghia, izaya, icetá, ikiztoka.*

JONCHÉE, s. f., herbe dont on jonche. — *Berdura.* || Sorte de petit fromage : *Gatzatúa.*

JONCHEUX, adj., lieu plein de joncs. — *Ihitxûa, ytsûa, itzûa.*

JONCHER, v. a., parsemer de joncs, de fleurs, de branchages verts pour une cérémonie. — *Berduratzea, ihaürtzea.*

JONCTION, s. f., action de joindre. — *Yuntadura, biltzeko puntûa.*

JONGLERIE, s. f., charlatanerie. — *Charlataneria, operatûr lana.*

JONGLEUR, s. m., bateleur, charlatan. — *Charlataria, berritsûa, porreróa.*

JONQUILLE, s. f., fleur. — *Ilora, ilorea.*

JOUE, s. f., partie latérale du visage. — *Macela, matela, masalla, matraïla, aütza.*

JOUER, v. a., n. et p., se divertir, représenter, tromper, railler, contrefaire, se servir d'un instrument. — *Yókatzea.*

JOUET, s. m., ce qui sert à amuser les enfants. — *Yóstaïlûa.*

JOUEUR, EUSE, s., qui joue. — *Yokolaria.*

JOUFFLU, UE, adj. et s., grosses joues. — *Macelhandi, matelhandi, masallhandi, macelatxua, matelatxua, masallatxua, aützantxua.*

JOUG, s. m., pièce pour atteler les bœufs. — *Ustarria.* || Esclavage : *Esklabotasuna, esklavotasuna.* || Morceau de bois carré de la longueur du joug ordinaire, muni de quatre anneaux : *Ghezur-ustarria.*

JOUIR, v. n., avoir l'usage, la possession d'une chose. — *Gozatzia.* || Prendre plaisir : *Atseïñ-artzia, placer artzea, lóriatzea.*

JOUISSANCE, s. f., action de jouir. — *Atseïña, placera.* || Possession : *Gozamena, lória.*

JOUISSANT, ANTE, adj., qui jouit, qui possède. — *Gozatzian.* || Qui prend plaisir : *Lóriatzian, placer artzian.*

JOUJOU, s. m., jouet ; pl., joujoux. — *Yostallúa, jostallúa.*

JOUR, s. m., clarté du soleil, espace de vingt-quatre heures. — *Eguna.* || Jusqu'à ce jour-ci : *Egun arte, egun artio.* || Chute du jour : *Egun finitzea.*

JOURNAL, s. m., relation jour par jour. — *Egunarra, egun gucietako kóntaria.* || Feuille périodique, gazette : *Kázeta.* || Mesure agraire : *Góldea.*

JOURNALIER, ÈRE, adj., ouvrier à la journée. — *Langhilea, yornalerûa, alogheraria, alokacera, lakuntaria, aillataïrutaria, peóna, egunorozkóa.* || De chaque jour : *Egunian-eguneko.*

JOURNALISTE, s. m., qui fait un journal. — *Kázetaria.*

JOURNÉE, s. f., gain d'un jour. — *Irabacia, yornala, aloghera, allakaïrûa, lókanderó.* || Travail d'un jour : *Yornada.* || Durée d'un jour : *Eguna.* || Journée se dit aussi pour un voyage, pour une entreprise de plusieurs jours, pour une bataille : *Egunaldia, jornada, jûtaldia.*

JOURNELLEMENT, adv., tous les jours. — *Egunoroz, egun gucietan, egun guciz.*

JOUVENCE, s. f., jeunesse. — *Gaztetasuna.*

JOUVENCEAU, s. m., adolescent, fam. — *Mutchila, garbotxa.*

JOUVENCELLE, s. f., adolescente. — *Nechkatcha, nechkatila, garbotxa.*

JOVIAL, ALE, adj. sans pl. m., gai, joyeux. — *Alheghera, bóza, harróa, arraya.*

JOYAU, s. m., pierre précieuse. — *Goyá.*

JOYEUSEMENT, adv., gaiement. — *Alegheraki, bózki, harróki, arrayki.*

JOYEUSETÉ, s. f., plaisanterie, fam. — *Alheghertasuna, bóztasuna, harrótasuna, arraytasuna.*

JOYEUX, EUSE, adj., qui a, donne, procure la joie. — *Alheghera, bóza, harróa, arraya, bozkariosa.*

JUBÉ, s. m., tribune d'église. — *Predikatokia, predikalkia, sermoïlekúa.*

JUBILATION, s. f., réjouissance, fam. —*Bóza, bozkarióa, alhegherantzia.*

JUBILÉ, s. m., indulgence plénière ; adj., qui exerce depuis 50 ans. — *Barkacio osúa, jubileóa.*

JUC, s. m., lieu pour jucher. — *Paüsatokia.*
‖ Lieu où se couchent les poules : *Oïlloteghia, ollateghia, ollatokia.*

JUCHER, v. n., percher pour dormir (se dit des oiseaux). — *Paüsatzea.*

JUCHOIR, s. m. Voyez JUC.

JUDA, s. m., petite ouverture à un plancher pour voir. — *Yúdasa.*

JUDÉE, s. f., contrée de l'Asie. — *Yúdea.*

JUDAÏQUE, adj., des juifs. — *Yúduarra.*

JUDAÏSER, v. n., vivre en juif. — *Yúduëratzea.*

JUDAÏSME, s. m., religion. — *Yúduëra.*

JUDAS, s. m., traître. — *Yúdas.*

JUDICATURE, s. f., dignité, emploi de juge. —*Ekadoïtea.*

JUDICIAIRE, adj., fait en justice ; s. f., faculté de juger. — *Ekadoïkôa, ekadoyarra, yústiciakóa.*

JUDICIAIREMENT, adv., en forme judiciaire.— *Ekadoïkiro, yústiciazki.*

JUDICIEUSEMENT, adv., avec jugement. — *Centzuki, centzukiro, centzuturó.*

JUDICIEUX, EUSE, adj., qui a du jugement.— *Centzutia, centzutúa, úmóa.*

JUGE, s. m., magistrat investi du droit de juger. — *Yúyá, ekadoya, júeza.* ‖ Arbitre : *Erabakitzallea, éstimatzallea.* ‖ Juge de paix : *Bakezko-yúyá.*

JUGEMENT, s. m., décision en justice.-*Yúyámendua.* ‖ Faculté intellectuelle : *Centzúa, juïcióa, ékadoya.* ‖ Faculté de juger : *Ekadoïkia.*

JUGER, v. a. et n., rendre la justice. — *Yúijatzea.* ‖ Penser : *Yúyatzea.* ‖ Juger par arbitre : *Erabakitzea.*

JUGULAIRE, adj. et s. f., de la gorge. — *Estarikóa, samekóa, gubikóa, cintzurrekóa, gangarrakóa.* ‖ Veine jugulaire : *Estariko, sameko, gubiko, cintzurreko, gangarrako zaïna.*

JUGULER, v. a., étrangler. — *Ithotzea.*

JUIF, s. et adj., qui professe le judaïsme ; fig., usurier. — *Yúdúa.*

JUILLET, s. m., septième mois de l'année.— *Uztaïla, garilla.*

JUIN, s. m., sixième mois de l'année. — *Eréaróa, garagarilla, vaghilla.*

JUMEAU, ELLE, s. et adj., né d'une même couche. — *Bibithia, bikia, bizkia, birokia, birithia.*

JUMENT, s. f., femelle du cheval.—*Behorra, bohorra, bigorra, bióarra, behorka.*

JUNTE, s. f., conseil en Espagne. — *Batzarrea, biltzarra, bilguna, bilduma.*

JUPE, s. f., vêtement de femme. — *Zayá, kótilluna, ghóna, kóta.*

JUPITER, s. m., nom d'une des sept planètes. — *Yúpiter.* ‖ En terme de chimie, l'étain : *Estañua.*

JUPON, s. m., jupe. — *Kótillun-azpikúa, ghóna-pekúa, kótápilota.*

JURÉ, s. f., officier de communauté, membre de jury. — *Yúrádúa, júrádúa.* ‖ adj., qui prête serment, juré d'un métier : *Behargayen ikuslea.*

JUREMENT, s. m., serment fait sans nécessité. — *Yúramentúa, ciná, ekideïtza.*

JURER, v. a. et n., affirmer, ratifier par serment. — *Yúrátzea, cina'ghitea, ekideïtzea.* ‖ Blasphémer : *Arnegatzea.* ‖ Contraster trop : *Yúratzea.*

JUREUR, s. m., qui jure sans nécessité. — *Yúramentu'ghillea, cina'ghillea, ekidaria.* ‖ Blasphémateur : *Arnegatzaïlea.*

JURI ou JURY, s. m., commission de citoyens appelés pour constater l'existence d'un édit. — *Yúradúaren, júradúaren bilkida, aldimaïtza.*

JURIDICTION, s. f., pouvoir, ressort d'un juge. — *Arraütalá.* ‖ Territoire : *Barrutia.* ‖ Pouvoir supérieur : *Menpeá, ikuspea, menea, mendea.*

JURIDIQUE, adj., de droit. — *Ekadoïkóa, ékadoïkarra.*

JURIDIQUEMENT, adv., d'une manière juridique. — *Ekadoïki.*

JURISCONSULTE, s. m., homme entendu dans les lois. — *Araükaraya, araüjakiña.*

JURISPRUDENCE, s. f., science du droit. — *Arraüjarraïdea, araüjakintza.*

JURON, s. m., façon de jurer, fam. — *Yúramentúa, ciná, ekideïtza.*

JUS, s. m., suc exprimé. — *Yúsa, ezadea.*

JUSANT, s. m., reflux de la marée. — *Mareáran beheratziac, mareáren beératzea*.

JUSQUE, prép. de lieu, de temps. — *Artio, arte, ino, dino, artino, ganaïno*. ‖ Jusqu'à aujourd'hui, jusqu'à ce jour : *Egunartio, egunarte, egundino, egunartino*. ‖ Jusques à moi : *Niartio, niganaïno*. ‖ Jusques à vous : *Zuartio, zuganaïno*. ‖ Jusques à toi ou à elle : *Hiriartio, hiriganaïno, hiartio, higanaïno*. ‖ Jusques à lui ou à elle : *Oriartio, origanaïno*. ‖ Jusqu'à présent : *Oraïartio, oraïarte*. ‖ Jusqu'ici : *Unaïno*. ‖ Jusqu'alors : *Orduartio, orduarte, orduartino*.

JUSTAUCORPS, s. m., vêtement. — *Púlárda*.

JUSTE, adj., étroit. — *Ertchia*. ‖ adv., avec justesse : *Doya, diña, doïkira, din-diña, doï-doï, yustúa*. ‖ s. m. et adj., religieux : *Debota*. ‖ Vertueux : *Birtutosá*. ‖ Equitable : *Yustua, justua, bideskóa, bidedana, ékadoyarra, zucena*. ‖ Exact : *Zuçena*.

JUSTEMENT, adv., avec justice. — *Yustuki, ékadoyez, bidezki, zucenki, justuki*. ‖ Avec justesse : *Doya, diña, doïkiro, din-diña, doï-doï, yustuki*.

JUSTESSE, s. f., précision, exactitude. — *Yustutasuna, zucentasuna*. ‖ Trop étriqué : *Ertchitasuna*.

JUSTICE, s. f., vertu morale. — *Yusticia*. ‖ Les juges : *Yusticia, ékadoya*. ‖ Droiture : *Yustutasuna, zucentasuna, ékadoya, justutasuna*.

JUSTICIABLE, adj., qui doit répondre devant certains juges. — *Ekadoyarra, yusticiarra*.

JUSTICIER, s. m., celui qui fait justice. — *Yuyá, ékadoïtarra, ekadoïghillea*.

JUSTIFIABLE, adj., qu'on peut justifier. — *Yustifikagarria, bitoregarria*.

JUSTIFIANT, ANTE, adj., qui rend juste. — *Yustifikanta, bitorean*.

JUSTIFICATIF, IVE, adj., qui sert à justifier. — *Yustifikatxúa, bitoretsúa, bedoïtsua*.

JUSTIFICATION, s. f., action de justifier, preuve, décharge. — *Yustifikacionea, bitorea, bedoya, bedoïtza*.

JUSTIFIER, v. a., prouver l'innocence. — *Yustifikatzea, bitoretzea, bedoïtzea*. ‖ Rectifier : *Chúchentzea*.

JUTEUX, EUSE, adj., qui a beaucoup de jus. — *Yustxua, ezatsua*.

JUVÉNIL, ILE, adj., de jeunesse. — *Gaztetasunekóa*.

K

K, s. m. (KA), onzième lettre de l'alphabet. — *Abeceko amekagarren letra*.

KAKATOÈS, s. m., perroquet à couronne. — *Kóroáko-perrúketa*.

KAOLIN (feld-spath), s. m., matière pierreuse qui sert à faire de la porcelaine. — *Káolina*.

KERMÈS, s. m., excroissance du chêne. — *Kálitcha*.

KILOGRAMME, s. m., mille grammes. — *Kilográma*.

KILOLITRE, s. m., mille litres. — *Kilolitra*.

KILOMÈTRE, s. m., mille mèt. — *Kilométra*.

KILOSTÈRE, s. m., mille stères. — *Kiloztéra*.

KIOSQUE, s. m., mot emprunté du turc, qui se dit de certains pavillons qui sont dans les jardins, sur les terrasses. — *Kiózka*.

KYRIELLE, s. f., litanie, longue liste. — *Kyriela*.

KYSTE, s. m., terme d'anatomie, membrane en forme de vessie qui renferme des humeurs liquides. — *Bichika espés bat*.

L

L, s. m. (ÈLE) douzième lettre de l'alphabet. — *Abeceko amabigarren letra*.

LA, art. pron. fém. DE LE. En français l'article précède le nom ; en basque, c'est l'opposé, il est postposé ou ajouté à sa terminaison et établit la différence du singulier au pluriel. — La fleur : *Lóre-a (lòrea)*. ‖ La giroflée : *Krabelin-a (krabelina)*. ‖ L'homme : *Ghizon-a (ghizona)*. ‖ Les hommes : *Ghizon-ac (ghizonac)*. ‖ Dans les montagnes : *Mendi-etan (mendietan)*. ‖ Avec les chevaux : *Zaldi-ekin (zal-*

diekin. || Sans les femmes : *Emaztekigabe* (*emaztekigabe*). || Par la parole : *Hitz-etic* (*hitzetic*). || Ainsi *a, ac, étan, ekin, gabe, etc,* sont les articles qui forment les terminaisons.

LA, adv., démonstration de lieu : *Hor.* || Restez, demeurez là : *Egontzite hor.* || Là-bas : *Han.*

LA, LA, adv., tout beau. — *Yá, yá, emeki, emeki.* || Là, là, rassurez-vous : *Yá, yá, izan zite segúr.* || Là, là, tout doux : *Emeki emeki.* || Médiocrement : *Artekoki, holá holá.* || Comme çà : *Artekoki, holá.* || Est-il savant ? là là : *Holá holá.*

LABEUR, s. m., travail. — *Lana.* || Grand ouvrage : *Lan handia.*

LABIAL, ALE, adj., qui se prononce des lèvres. — *Ezpaïnetaïc, ezpañetaric.*

LABILE, adj. (mémoire), infidèle. — *Orrhoiteza.*

LABORIEUSEMENT, adv., avec travail. — *Lanekilan nekatuz, nekatuki.*

LABORIEUX, EUSE, adj., qui fait. — *Langhillea, langhilea.* || Qui exige beaucoup de travail : *Nekagarria.*

LABOUR, s. m., façon donnée en labourant. — *Goldeáldia.*

LABOURABLE, adj., propre à labourer. — *Iraüligarria.*

LABOURAGE, s. m., art de labourer. — *Lurlana, laborantza, iraüldia.*

LABOURÉ, ÉE, part., unir la terre. — *Iraülia.*

LABOURER, v. a., remuer la terre. — *Iraültzea, lurra hitzultzea.*

LABOUREUR, s. m., qui laboure. — *Laboraria.*

LABYRINTHE, s. m., lieu coupé de détours. — *Irteciña.* || Cavité de l'oreille : *Beharri cilóa.*

LAC, s. m., grand amas d'eau dormante. — *Lagóa, aïntzira, osina.*

LACER, v. a., serrer avec un lacet. — *Aghilletatzia.*

LACÉRATION, s. f., action de lacer. — *Sarraska.*

LACÉRER, v. a., déchirer, pal. — *Sarraskatzia.*

LACET, s. m., cordon ferré. — *Aguilleta, abuleta.* || Lacets pour la chasse : *Segada, chedera, sakalasterra.*

LACHE, adj., non tendu. — *Lazúa, lácho, láchóa.* || s. m., poltron, qui n'a nullement de point d'honneur : *Pútruna, aïntzinkabea, bihotzgabea, aïnsikhabea.* || Sans activité : *Lazúa, bánóa.*

LACHEMENT, adv., avec lâcheté. — *Pútrunki, aïntzinkabeki, bihotzgabeki, aïnzikabeki.*

LACHER, v. a., diminuer de tension. — *Libratzea, lachatzia, lechatzia, eskastzia, lasaïtzea, largatzea, amor émaïtea.* || Echapper : *Eskapatzea.*

LACHETÉ, s. f., poltronnerie. — *Pútrunkeria, aïntzingabetasuna, bihotzgabetasuna, aïnsikhabetasuna.* || Paresse, fainéantise : *Lazokeria, bánokeria.*

LACONIQUE, adj., concis. — *Laburra.*

LACONIQUEMENT, adv., d'une manière laconique. — *Laburzki.*

LACONISME, s. m., façon de parler laconique. — *Laburtasuna.*

LACRIMAL, ALE, adj., terme d'anatomie, qui appartient aux vaisseaux d'où coulent les larmes. — *Beghietako zaïnekóa.*

LACS, s. m., espèce de nœud coulant pour prendre le gibier. — *Lakióa, lázóa, artea.* || Piège : *Artea, artia.*

LACTÉE, adj. f., voie lactée, terme d'astron., blancheur qui paraît au ciel et qui est formée, suivant plusieurs astronomes, par un nombre infini d'étoiles très-éloignées. — *Yondoni-yakubako-bidea.*

LACUNE, s. f., vide dans un texte. — *Utxa.*

LADRE, adj., lépreux. — *Leghenartia, leghenartxua.*

LADRE, ESSE, s., avare. — *Cizkoïtzá, cikoïtzá, abariciosá, yrámana, gupidea, lúkhararia.*

LADRERIE, s. f., lèpre. — *Leghenarra.* || Avarice : *Cizkoïtzkeria, cikoïtkeria, yrámanza, abaricioskeria, lúkharantza, gupidetasuna.*

LAGOPHTALMIE, s. f., maladie des paupières. — *Betachaleko, bekhosko suharra.*

LAGRE, s. f., sillage. — *Ur'errastúa, laña.*

LAGUNE, s. f., petit lac, flaque d'eau dans les lieux marécageux. — *Osina, aïntzira.*

LAID, adj., désagréable à voir. — *Itchuchia, itxusia.* || Contraire à la bienfaisance : *Itxusi.* || Faire quelque chose de laid : *Itxuskeria bat eghitea.*

LAIDEUR, s. f., état de ce qui est laid. — *Itxustasuna.*

LAIE, s. f., femelle du sanglier. — *Basurdeemea.*

LAINAGE, s. m., marchandise de laine. — *Illekeria.*

LAINE, s. f., poil de mouton, cheveux de nègres. — *Illia, ilea, úlea.*

LAINEUX, EUSE, adj., fourni de laine. — *Illetxúa, iletxúa, úletsúa.* || Qui a de la laine : *Illedúná, iledúna, úledúna.*

LAINIER, s. m., qui vend des laines. — *Ille martchanta, illezalea, ille saltzaïlea, illezalea, illeketaria.*

LAÏQUE, adj. et s., ni ecclésiastique, ni religieux. — *Arrontera.*

LAISSE, s. f., cordon pour mener les chiens. — *Sóka.* ‖ Cordon de chapeau : *Chapel lókarria.* ‖ pl., terres laissées par la mer : *Lertzóa.*

LAISSER, v. a., quitter, ne pas emporter, mettre en dépôt, permettre. — *Uztea.*

LAIT, s. m., liqueur blanche des mamelles. — *Esnea, esnia, eznia.*

LAITAGE, s. m., aliment fait de lait. — *Esnekia, eznekia.*

LAITE ou LAITANCE, s. f., sperme de poisson. — *Arraïnesnea.*

LAITERIE, s. f., lieu où se conserve le lait. — *Esneleghia, esnetokia, esneteya, ezneteiya.*

LAITEUX, EUSE, adj., qui a un suc blanc. — *Esnetxûa, eznetsûa.*

LAITIÈRE, s. f., marchande de lait. — *Esne martchanta, ezne saltzaïlea.* ‖ adj. f., vache qui a beaucoup de lait : *Esneduna, esnaduna.*

LAITON, s. m., cuivre jaune. — *Letoïna, letoña, menastoria.*

LAITUE, s. f., plante potagère. — *Litchuba.*

LAIZE, s. f., largeur d'une étoffe, toile, etc., entre deux lisières. — *Largotasuna.*

LAMANEUR, s. m., pilote côtier. — *Pilotóa, untcighidaria, oncikidaria.*

LAMANTIN, s. m., animal amphibie. — *Urlurrekóa.*

LAMBEAU, s. m., morceau déchiré. — *Puska.*

LAMBIN, INE, adj. et s., qui lambine. — *Gheldia, astitsûa, zabarra, langhia, lúcea, banóa.*

LAMBINER, v. n., agir lentement. — *Lúzatzea, berantzea, zabartzea, banokerian egotea.*

LAMBRIS, s. m., revêtement d'un mur à hauteur d'appui. — *Bobeda, choladura, aspillá, askea.*

LAMBRISSAGE, s. m., ouvrage du maçon et du menuisier qui a lambrissé. — *Bobedadura, choladurtasuna, aspilltasuna, asketasuna.*

LAMBRISSER, v. a., couvrir de lambris. — *Bobedatzea, cholatza, aspillátzea, asketzea.*

LAME, s. f., fer d'un instrument tranchant. — *Ahóa, mihia.* ‖ Terme de marine, vague de la mer : *Tiraña.*

LAMEAU, s. m., poisson. — *Ibarta.*

LAMENTABLE, adj., digne de pitié, déplorable. — *Aühengarria, aübengarria, lástimagarria, kéjatsûa, kejatia, arrenkuratia.*

LAMENTABLEMENT, adv., d'un ton lamentable. — *Aühengarriki, aübengarriki, lástimagarriki, kéjatsuki, arrenkuratxuki, aühendagarria.*

LAMENTATION, s. f., cris plaintifs. — *Aühena, aübena, éroyúa, marraska, aühenda.*

LAMENTER, v. a., déplorer. — *Lástimatzea, plañitzea.* ‖ v. pr., se plaindre : *Aühentzea, aübentzea, éroyutzea, marraskatzea, aühendatzea.*

LAMPE, s. f., vase à huile pour éclairer. — *Kriselia, kriselua, lámpá, lámparrá, arghizaghia, arghiontzia.*

LAMPERON, s. m., bec de lampe. — *Mokúa.*

LAMPION, s. m., sorte de lampe pour les illuminations. — *Lampiñna, arghiária.*

LAMPROIE, s. f., poisson de mer. — *Lampardá.*

LANCE, s. f., arme à long bois et à fer pointu. — *Lantza, lantzarra.* ‖ Instrument de chirurgie : *Lantzeta.* ‖ Défense de la main droite qui s'attache au gros bout de la lance et est faite en forme d'entonnoir : *Eskugordaya.*

LANCER, v. a. et pr., jeter avec force. — *Etchatzea, botatzea, aürtikitzea, iraücitzea, iraïtzitzea, egotchitzea, egotzitzea.*

LANCETTE, s. f., instrument de chirurgie. — *Lantzeta, chista, zaïncia.* ‖ Coup de lancette : *Lantzetada, chistakóa, zaïncikadea.*

LANCIER, s. m., cavalier armé de lance. — *Lantziera, lanceróa.*

LANÇOIR, s. m., pale qui arrête l'eau du moulin et qu'on élève lorsqu'on veut le faire moudre. — *Trampa.*

LANDE, s. f., terre inculte et infertile. — *Larrea.*

LANDIER, s. m., chenêt de cuisine. — *Súburdina, súburdiña, súburnia.*

LANDIT, s. m., foire. — *Féria.*

LANGAGE, s. m., idiome. — *Lenguaiya, mintzaya, minzaïka, mintzaïoa.* ‖ Style : *Mintzaëra.* ‖ Manière de parler : *Lenguaiya, mintzaya.*

LANGE, s. m., morceau d'étoffe pour maillot. — *Chatarra.*

LANGOUREUSEMENT, adv., avec langueur. — *Balenkanioski.*

LANGOUREUX, EUSE, adj., qui a de la langueur. — *Balenkoniosa.*

LANGOUSTE, s. f., crustacé. — *Langrosta, otarraïna.*

LANGUE, s. f., organe du goût et de la parole. — *Mihiá.* ‖ Idiome, langage : *Lenguaiya, mintzaya, minzaïka, mintzaïóa.* ‖ Langue mère : *Amizkuntza, burizkuntza.*

LANGUEUR, s. f., abattement. — *Ahula, languiadura, erbartasuna, ebaïntasuna, ahidura, iraüghidura.* ‖ Ennui : *Onadura, enfadóa, musturia, adorgóa, beltzuria.*

LANGUEYER, v. a., visiter la langue d'un porc. — *Mihiá ikuslia.*

LANGUEYEUR, s. m., commis pour langueyer. — *Mihiá ikuslea.*

LANGUIER, s. m., la langue et la gorge d'un porc quand elles sont fumées. — *Lephosagarra.*

LANGUIR, v. n., être consumé peu à peu par une maladie.— *Ahitzea, hiratzea.* ‖ Souffrir un supplice lent : *Iraünghitzea.* ‖ Fig., se dit de l'effet de l'ennui et de la lenteur : *Onatzea, enfadotzea, masturitzea, adorgarritzea, beltzuritzea, unatzea.*

LANGUISSAMMENT, adv., d'une manière languissante. — *Ahituki, hiratuki, langhiduki.*

LANGUISSANT, ANTE, adj., qui languit. — *Ahitúa, hiratúa, langhiatxua, iraünghia.*

LANIÈRE, s. f., courroie étroite. — *Edia, eria.*

LANTERNE, s. f., ustensile pour renfermer une lumière. — *Lánterna, gábarghia, gaüarghia.*

LANTIPONAGE, s. m., discours frivole et importun (populaire). — *Hitzuntzikeria.*

LANTIPONNER, v. n., dire des riens. — *Hitzuntzikiac erraïtea.*

LAPEREAU, s. m., jeune lapin. — *Lápiñatchúa, kónejutchóa, kónechutchúa.*

LAPIDAIRE, s. m., joaillier qui vend des pierres. — *Artisjakiña.* ‖ Art du lapidaire : *Artiskendca.*

LAPIDATION, s. f., action de lapider. — *Arrikamendúa.*

LAPIDER, v. a., tuer à coups de pierre. — *Arrikatzea.*

LAPIN, s. m., quadrupède. — *Lápiña, kónejúa, kónechúa.*

LAPINE, s. f., femelle du lapin.— *Lápiñ emea, kóneju emea, kónechu emea.*

LAPIS, s. m., pierre précieuse. — *Céruarria.*

LAPS, s. m., espace de temps. — *Erajóaïra.*

LAQUAIS, s. m., valet de pied. — *Lakayóa.*

LARCIN, s. m., action de dérober.-*Ohoïntza, ohoïnkeria, lapurtza, ohoïngóa.*

LARD, s. m., graisse de porc. — *Urdaya, chingar-ghicena.*

LARDER, v. a., mettre des lardons à la viande. — *Gantzutzea.*

LARES, s. m., dieux domestiques des Gentils. — *Echea.*

LARGE, adj., qui a de la largeur. — *Largóá, zabala, lasaïa, nasaya.* ‖ s. m., largeur : *Largóa.*

LARGEMENT, adv., abondamment.—*Aüsarki, handiki, arrus, oparó, nasaiki, ekarghinez, motalaïkiro, bihozki.*

LARGESSE, s. f., libéralité. — *Liberaltasuna, emaïtza, emaïnahitasuna, onghillasuna, ekarghiñtza, motalaïdea, bihotztasuna.*

LARGEUR, s. f., étendue d'une chose considérée entre ses côtés. — *Largotasuna, zabaltasuna.*

LARME, s. f., eau qui sort de l'œil, goutte ou petite quantité de vin ou de quelqu'autre liqueur, suc qui découle de quelques végétaux. — *Nigarra, negarra.*

LARMOYANT, ANTE, adj., qui pleure. — *Nigartxúa, negartxúa.*

LARMOYER, v. n., pleurer. — *Nigar etchatzea, nigar'ghitea.*

LARRON, NESSE, s., qui vole. — *Ohoïna, lapurra, ebaslea.*

LARRONNEAU, s. m., petit voleur.—*Ohoïntchúa, lapurtchúa, ebasletchúa.*

LARYNX, s. m., terme d'anatomie, partie supérieure de la trachée-artère. — *Asbida, hatxbidea.*

LAS ! interj., hélas. — *Haï !*

LAS, SE, adj., qui est fatigué, ennuyé de quelque chose. — *Akitua, unatua, nekatua, musturitúa.*

LASCIF, IVE, adj., enclin à la luxure.—*Aragheytia, lizuna, likitxa.*

LASCIVEMENT, adv., avec lasciveté. — *Aragheyki, lizunki, likitxki.*

LASCIVETÉ, s. f., luxure, plaisir, jouissance. — *Aragheytasuna, lizunkeria, lihitxkeria.*

LASSANT, ANTE, adj., qui lasse. — *Akigarria, nekagarria, unagarria.*

LASSER, v. a. et pr., affaiblir par la peine.— *Akitzea, nekatzea, unatzea.* ‖ Ennuyer : *Unatzca, musturitzea, adorgatzea, musturritzea, beltzuritzea, enfadatzea, adorgarritzea.*

LASSITUDE, s. f., état de l'homme las. — *Nekadura, unadura, eñedura, enoïdura, akidura.*
LATENT, ENTE, adj., caché, inconnu.—*Gordia, gordea.*
LATÉRAL, ALE, adj., qui appartient au côté. — *Sahetxa, sahietsa, albokóa, aldekóa, aldemanekóa.*
LATÉRALEMENT, adv., de côté. — *Sahetxez, sahietxez, albokoz, aldekoz.*
LATIN, INE, adj., qui concerne la langue latine. — *Latina, latiña.* ‖ s. m., qui parle latin ou né en pays latin : *Latinarra, latiñarra, latindarra.* ‖ Du pays latin, du latin : *Latinezkóa, latiñezkóa.* ‖ En latin : *Latinez, latiñez.*
LATINISER, v. a., donner une terminaison latine à un mot d'une autre langue. — *Latintzea, latiñtzea.*
LATINISTE, s. m., qui entend et qui parle bien la langue latine. — *Latinista.*
LATITUDE, s. f., distance de l'équateur. — *Boïlaren erdiko ingurúa edo uztaiya.* ‖ Etendue dans le moral : *Dembora.*
LATRIE (culte de), s. f., rendu à Dieu seul. — *Jaïnkurtea.*
LATRINES, s. f. pl., lieux privés. — *Preósteiyac, priasteghiac, zerbitzúac.*
LATTE, s. f., pièce de bois long, morceau étroit et mince. — *Latta.*
LATTER, v. a., garnir de lattes. — *Lattatzea.*
LAURÉOLE, s. f., arbrisseau toujours vert. — *Arióa, saradona, oïlakarra.*
LAURIER, s. m., arbre toujours vert, symbole de triomphe. — *Erremúa, erramúa, ereñozkóa.* ‖ Couronné de lauriers : *Erramuz kóroatúa, erremuz kóroatúa.* ‖ Couronner de lauriers : *Erremuz, erramuz kóroatzea.*
LAURIER-ROSE, s. m., rosagine. — *Erroïtzorria.*
LAVAGE, s. m., action de laver le linge. — *Churiketa.* ‖ Pour tout autre objet : *Garbiketa.*
LAVANCHE, s. f., neige détachée des monts. — *Aüsóa.*
LAVANDE, s. f., aspic. — *Belharchuta.*
LAVANDIÈRE, s. f., blanchisseuse. — *Churitzaïlea.*
LAVATÈRE, s. f., plante malvacée. — *Malba espés bat.*
LAVEMENT, s. m., clystère. — *Ayuta.*
LAVER, v. a. et pr., nettoyer avec un liquide. — *Churitzea* (pour le linge), *garbitzea* (pour tout autre objet). ‖ Nettoyer avec le balais, etc., rendre propre ; au fig., se réhabiliter : *Garbitzea, chahutzea.*
LAVEUR, EUSE, s., qui lave. — *Garbitzaïlea, churitzaïlea.*
LAVOIR, s. m., lieu à laver. — *Ithurria, garbitokia.*
LAVURE, s. f., eau qui a servi à laver. — *Salboïura.* ‖ Eau de vaisselle : *Ichurkina.*
LAXATIF, IVE, adj., qui lâche le ventre. — *Lasaïgarria, nasaïgarria.*
LAYETTE, s. f., maillot. — *Trocha, trocheta.*
LAZARET, s. m., lieu où l'on fait quarantaine. — *Eriteghia.*
LE, LA, LES, art. et pr. relatifs. On a dû voir à l'article *la* que les articles, dans la langue basque, forment les terminaisons. Voir au commencement de la lettre L les observations et les exemples y relatifs.
LÉ, s. m., largeur d'étoffe. — *Largura, orrazea.*
LÉANS, adv., là-dedans. — *Horren barnéan, barne hortan, barne horretan.*
LÈCHE, s. m., tranche mince. — *Lécha.*
LÈCHEFRITE, s. f., ustensile de cuisine. — *Chifrita.*
LÉCHER, v. a., passer la langue sur.... — *Milikatzea, millikatzia, limikatzea.*
LEÇON, s. f., instruction, chose à apprendre. — *Letcionia, letcionea, lekciúa, ïrakurtza.* ‖ Réprimande : *Erreportchúa.*
LECTEUR, TRICE, s., qui lit. — *Ïrakurtzaïlea, lehitzaïlea.*
LECTURE, s. f., action de lire. — *Irakurkuntza, lehikuntza.*
LÉGAL, ALE, adj., selon la loi. — *Zucena, leghiaren arabera, dretchóaren arabera, légarra, légatarra, légaraükóa.*
LÉGALEMENT, adv., d'une manière légale. — *Zucenki, leghiaren araberan, dretchóaren araberan, légarkiró, légaraükiró.*
LÉGALISATION, s. f., certification d'acte. — *Légaraütza.*
LÉGALISER, v. a., rendre authentique — *Légaraütztea.*
LÉGAT, s. m., ambassadeur. — *Bialkiña, embajadorea, embachadorea.*
LÉGATAIRE, s., à qui on fait un legs. — *Esleïmendúa unkitu behar duena, unkitzen zaiyonari.*
LÉGER, ÈRE, adj., qui pèse peu.—*Arina.* ‖ Agile : *Arina, zalua.* ‖ Fig., volage : *Arina, mudakorra.* ‖ adv., à la légère, légèrement : *Arinki.*

LÉGÈREMENT, adv., avec légèreté.—*Arinki.* || Avec agilité : *Arinki, zaluki.* || Chargé légèrement : *Arinki, achiki.*

LÉGÈRETÉ, s. f., qualité de ce qui est léger, qui a peu de réflexion. — *Arintasuna.* || Qui a commis une légèreté : *Arinkeria.* || Qui a peu de poids : *Arintasuna.* || Qui a de l'agilité : *Arintasuna, zalutasuna.*

LÉGION, s. f., corps militaire. — *Ďiantá.*

LÉGIONNAIRE, s. m., soldat dans une légion. — *Diantárra.* || Qui a la croix de la Légion d'honneur : *Ohorezko gurutzia duena.*

LÉGISLATEUR, s., m., qui fait les lois. — *Le ghe'maïllea.*

LÉGISTE, s. m., savant en droit. — *Leghejarraya, leghetan ikhasia.*

LÉGITIMATION, s. f., action de légitimer. — *Ezaütkuntza.*

LÉGITIME, adj., légal, équitable. — *Zucena, leghiaren araberan, dretchóaren araberan, légarra, légaraükóa, zucenbidekóa, legitimóa, ekadoyarra.*

LÉGITIME, s. m., part héréditaire accordée aux enfants par la loi. — *Legitimóa, legokia.*

LÉGITIMEMENT, adv., d'une manière légitime. — *Legitimoki, zucenki, zucenbidez, légarki, légaraüki, ekadoyki.*

LÉGITIMER, v. a., rendre légitime. — *Legitimotzea, zucembidetzea, légaraützea, légaraüdetzea.*

LÉGITIMITÉ, s. f., qualité légitime. — *Legitimotasuna, zucembidea, légaraudea.*

LEGS, s. m., ce qui est légué.- *Esleimendua.*

LÉGUER, v. a., donner par testament. — *Esleitzea.*

LÉGUME, s. m., gousse, herbe potagère. — *Bahatzekaria, baratzekaria, belharona, lekacia, barazkia, baratzalda.*

LÉGUMINEUX, EUSE, adj., de légume. — *Bahatzekarikóa, baratzekarikóa, belharonekúa, lekacikóa, barazkikóa, baratzadakóa.*

LENDEMAIN, s. m., le jour suivant. — *Biharamuna, bihardamu.*

LENDORE, s., lent. — *Lucea, lucia, tontúa, herabea, úrria, astitxúa, gheldia, malsóa, zábarra, langhia.* || Assoupi : *Lógaletua.* || Paresseux : *Alferra, alperra.*

LÉNIFIER, v. a., adoucir, terme de méd. — *Eztitzea.*

LÉNITIF, s. m., adoucissant, t. de méd. — *Eztitxúa.*

LENT, ENTE, adj., tardif, sans vitesse. — *Lucea, lucia, tontúa, herabea, úrria, astitxua, gheldia, malsóa, zábarra, langhia.*

LENTE, s. f., œuf de pou.—*Fártza, pártza.*

LENTEMENT, adv., avec lenteur. — *Luceki, tontoki, herabeki, urriki, astitxuki, gheldiki, malsoki, zábarki, langhiki.*

LENTEUR, s. f., manque d'activité. — *Lucetasuna, astitasuna, gheldiera, herabea, úrritasuna, malsotasuna, zábartasuna, langhitasuna.*

LENTILLE, s. f., légume. — *Lentilla.*

LENTILLES, s. f. pl., rousseurs. — *Lantiñac.*

LENTILLEUX, EUSE, adj., taché de rousseurs. — *Lantiñatxúa.*

LENTISQUE, s. m., arbre. — *Lekelchorra.*

LÉOPARD, s. m., animal féroce. — *Léoïnabarra, léoïnavarra, léoynabarra.*

LÈPRE, s. m., maladie de la peau. —*Leghenarra, sorrayóa.*

LÉPREUX, EUSE, adj. et s., personne qui a la lèpre. — *Leghenartsúa, leghenartia, sorrayotxua.*

LÉPROSERIE, s. f., hôpital pour les lépreux. — *Leghenarteghia, sorrayoteghia.*

LEQUEL, pron. rel., qui, que, etc. — *Ceïn.* || Laquelle : *Ceïna.*

LES, art. et pron., pl. de *le, la.* (Voir les art. pr. *la* au commencement de la lettre et ensuite *le, la, les*).

LÉSER, v. a., faire tort. — *Bidegabe'ghitea, damu'ghitea, kalte'ghitea.*

LÉSINE, s. f., épargne sordide. — *Cikoïtzkeria, zakurkeria.*

LÉSINER, v. a., user de lésine.—*Cikoïtztea, zakurtzea.*

LÉSINERIE, s. f., acte de lésine. — *Cikoïtztasuna, zakurtasuna.*

LÉSION, s. f., tort. — *Kaltea.* || Dommage : *Bidegabea, damúa.* || Blessure : *Kólpéa, gólpéa, zaüria.* || Coupure, déchirure : *Sarraskia.*

LESSIVE, s. f., eau de cendre pour laver, lotion. — *Bókata, góbada, lichiba, lisiba, lisibea.*

LESSIVER, v. a., blanchir, faire la lessive. — *Bóhata, góbada, lichiba'ghitea.*

LEST, s. m., poids qu'on met au fond d'un navire. — *Lastá, lastreá.*

LESTE, adj., léger. — *Arina, zalua, zalia.* || Adroit : *Atrebitua, adreta, maïnatxúa.*

LESTEMENT, adv., d'une manière leste. — *Arinki, zaluki, zaliki, chotilki.*

LESTER, v. a., garnir de lest. — *Lastatzea, lastratzea.*
LÉTHARGIE, s. f., assoupissement morbifique. — *Lóasma, lótarkia.*
LÉTHARGIQUE, adj., de léthargie. — *Lóasmakûa, lótarkikôa.*
LETTRE, s. f., figure de l'alphabet, missive. — *Letra, letera, gutuna, izkira, bechia.* ǁ Lettre pour lettre : *Hitzetic hitz, bechiz bechi.* ǁ Lettre de change : *Gambizkira, cambioko letra.* ǁ Caractère d'imprimerie : *Moldizkira.*
LETTRÉ, ÉE, adj. et s., instruit, érudit. — *Eskolatua, yakina, izkiraduna, bechiduna, yakintsûa, jakiña.*
LEUR, pr. pers. et adj. pos. des deux genres. — *Heiyena, hoiyena.*
LEURRÉ, ÉE, part., trompé. — *Enganatua.*
LEURRER, v. a., attirer par une apparence trompeuse. — *Enganatzea.*
LEVAIN, s. m., substance qui facilite la fermentation. — *Lemamia, legamia, altchagarria, hargarria, oranza, aïlisa, beraüzgarria, azkagarria.*
LEVANT, adj., qui se lève. — *Altchatzen dena.* ǁ s. m., l'Orient : *Iruzki phartea, sortaldea.* ǁ Levant (du) : *Iruzki phartetic, sortaldetic, iruzki atheratzetic.*
LEVÉE, s. f., action de lever, terme de jeu. — *Altchaldia.* ǁ Recrutement d'hommes pour la guerre : *Diagheïtia.*
LEVER, v. a., hausser. — *Altchatzea, goratzea, goïtitzea.* ǁ Prendre : *Hartzea.* ǁ Oter de dessus : *Khentzea.* ǁ Recueillir : *Biltzea.* ǁ v. pr., se mettre : *Ezartzea.* ǁ Se mettre debout : *Chutitzea.* ǁ Sortir du lit : *Yeïkitzea.* ǁ Lever du soleil : *Iruzki, atheratzea, iguzki atheratzea, iguski yalghitzea.*
LEVIER, s. m., bâton, barre en fer pour soulever. — *Barra, pelenka.*
LÉVITE, s. f., habit. — *Cheliña.*
LEVRAUT, s. m., jeune lièvre. — *Lebrosta.*
LÈVRE, s. f., partie de la bouche. — *Ezpaïna.*
LEVRETTE, s. f., femelle du lévrier. — *Faldaraka emea, lebrala emea, charlango emea.*
LÉVRIER, s. m., race de chien de chasse. — *Faldaraka, lebrala, charlangóa.*
LEXIQUE, s. m. et adj., dictionnaire. — *Hizteghia, hitzteghia.*
LEZ, adv., à côté de... — *Aldian, ondoan.*
LÉZARD, s. m., reptile (gros lézard). — *Súmandilla, muskerra.*

LÉZARDE, s. f., petit lézard grisâtre. — *Súranghilla, súgalinda.* ǁ Fente de mur : *Arraïla.*
LIAISON, s. f., union, ce qui lie. — *Yuntada, liatura, lotura.*
LIANT, ANTE, adj., souple. — *Laüsengatzaïlea, balakatzaïlea, sartzaïlea.* ǁ Fig., doux : *Eztia.* ǁ Affable : *Solastiarra, lañua, arraiya.*
LIARD, s. m., petite monnaie. — *Ardita.*
LIASSE, s. m., papiers cotés et liés ensemble. — *Paper lothura.*
LIBÉRA, s. m., prière pour les morts. — *Libera.*
LIBÉRAL, ALE, adj., qui aime à donner. — *Yenerosa, emankorra, bizarra.*
LIBÉRALEMENT, adv., d'une manière libérale. — *Yeneroski.*
LIBÉRALITÉ, s. f., vertu libérale. - *Yenerostasuna, emakintza, dôakintza, largotasuna, ekarghintza, motalaïdea.* ǁ Don : *Présenta.* ǁ Souvenir : *Orroïtzapena, orrhoïtzapena.*
LIBÉRATEUR, TRICE, s., qui délivre. — *Libratzaïlea.*
LIBÉRATION, s. f., action de libérer. — *Libramendua, librantza.*
LIBÉRER, v. a. et p., se décharger d'obligations. — *Libratzea.*
LIBERTÉ, s. f., pouvoir d'agir ou de ne pas agir, indépendance, manière familière, facilité; pl., franchise, imminutés. — *Atrebencia, cepeda, eskukoëra, libertatia, lokabea, eskudencia, aütakiña, orradea, kitadea, libertatea.* ǁ Liberté (il est en) : *Libertatian da, lachoán da, eskukotùa, aütakindúa, lokabetúa.*
LIBERTICIDE, s. f., destructeur de la liberté. — *Libertatia khentzaïlea.*
LIBERTIN, INE, adj. et s., déréglé. — *Barrayatua.* ǁ Incrédule : *Siñetxgabea, sinetxgaïtza.*
LIBERTINAGE, s. m., débauche. — *Barrayadura.*
LIBIDINEUX, EUSE, adj.; dissolu. — *Lizuna, likitxa, araghikoya.* ǁ Crapuleux : *Zarpaïltxua.*
LIBRAIRE, s. m., marchand de livres. — *Liburu martchanta, liburu saltzaïlea, liburukiña.*
LIBRAIRIE, s. f., magasin de livres. — *Liburuteghia, liburutokia.*
LIBRE, adj., indépendant, qui use de la liberté, qui peut disposer de son temps, employer ses moments. — *Libro, aïsu.* ǁ Qui est lâché en liberté : *Libro, lacho.*

LIBREMENT, adv., sans contrainte.—*Libroki, librekiro.*

LICE, s. f., lieu préparé pour les combats, les courses, les tournois, lieu pour courir. — *Boïllesia, biltokia.*

LICENCE, s. f., permission. — *Licencia, premisionea, eskudancia, oniritza.* ‖ Liberté trop grande : *Barrayadura.*

LICENCIÉ, s. m., qui a fait sa licence soit en théologie, soit en droit, soit en médecine. — *Licentciadûa.*

LICENCIÉ, ÉE, part., congédié.—*Eskudanditûa, oniriztatûa, kónyca.* ‖ Licencié d'une faculté : *Licentciadûa.*

LICENCIEMENT (de troupes), s. m., congé lorsqu'elles sont inutiles. — *Kónyta.*

LICENCIER, v. a., dissoudre. — *Déseghitea.* ‖ Renvoyer : *Eskudantzia, oniriztatzea, kónyit'emaïtea.*

LICENCIEUSEMENT, adv., avec licence.—*Barrayatuki, lizunki, likitxki.*

LICENCIEUX, EUSE, adj., déréglé, désordonné. — *Barrayatûa, lizuna, likitxa.*

LICHEN, s. m., plante parasite. — *Goroldiña.*

LICITE, adj., permis par la loi. — *Cilegña, sória, libro, cileiya, cilleghia, bidezkóa, bidedana, haüzûa, legaraükóa.*

LICITEMENT, adv., d'une manière licite. — *Cileyki, cilleghiró, bidezkoró, haüzukiró, sóriró, sóriki, legaraüki, legaraükiró, libroki.*

LICOU, s. m. (LICOL en poésie devant une voyelle ou à la fin d'un vers), lien de cuir, de corde, que l'on met à la tête d'un cheval. — *Kaprestûa.*

LIE, s. f., dépôt d'une liqueur. — *Liga, lápa.* ‖ Ruban de fil : *Lókarria.*

LIÉGE, s. m., arbre. — *Tortotcha.* ‖ Son écorce : *Tortotch'azala.*

LIÉGER (un filet), v. a., le garnir de morceaux de liége qui se tiennent suspendu dans l'eau. — *Tortotch'azalaztatzea.*

LIEN, s. m., ce qui lie.—*Lokuda, lókarria.* ‖ Liaison : *Yuntada, liatura.* ‖ Conjonction : *Bakida.* ‖ s. f., accouplement : *Araghilotura.* ‖ Attachement : *Atchitasuna, estakura, amodióa, adichkidetasuna.*

LIER, v. a. et pr., serrer avec une corde, etc. — *Estakatzea, lotzea.* ‖ Fig., joindre : *Yuntatzea, atchikaztea.* ‖ Faire une liaison : *Yuntatzea.* ‖ Arranger : *Kómpotzea, antolatzea, arrimatzea, arrenyatzea.* ‖ Contracter : *Engayatzea.*

LIERRE, s. m., plante grimpante. — *Chira, chida, huntzostóa.*

LIESSE, s. f., joie, gaieté. — *Alhegherantza, bózkia, arraykia.*

LIEU, s. m., espace qu'occupe un corps, endroit. — *Lekûa, lekia, tokia.* ‖ Lieu de dire (au) : *Erran behar lekûan, erran behar plazan, erran beharrean, erraïteko plazan.* ‖ Extension : *Edadura, edea, edaëra, edamena.* ‖ Latrines : *Priasteghiac, preósteghiac, preásteiyac, zerbitzuac.* ‖ En dernier lieu : *Azkenian, azkeneun, ondarrean.*

LIEUE, s. f., mesure itinéraire.-*Lekóa, lekûa.*

LIEUTENANT, s. m., officier qui remplace le chef. — *Lótinenta.*

LIÈVRE, s. m., quadrupède. — *Erbia.*

LIGAMENT, s. m., tout ce qui lie, attache les parties. — *Billura.* ‖ Ligament des chairs : *Ghiá.*

LIGAMENTEUX, EUSE, adj., racine tortillée.— *Billurtxua.*

LIGATURE, s. f., bande pour lier dans la saignée. — *Lótura.*

LIGNE, s. f., rang militaire. — *Ciluza, lerróa, errenka, errenkûa.* ‖ Rangée de mots : *Lerrca.* ‖ Ligne de charpentier : *Yuntera.* ‖ Cordeau pour tracer : *Kórdela.* ‖ Ficelle ou crin pour pêcher : *Liña.* ‖ Trait simple : *Marka, arraya.*

LIGNÉE, s. f., race. — *Leïnua.*

LIGNEUL, s. m., fil ciré de cordonnier. — *Zápataïn-aria.*

LIGNEUX, EUSE, adj., de la nature du bois.— *Egur kastakóa.*

LIGUE, s. f., union d'Etats, faction. — *Batzundea, batzaündea, bigulmakida, ballerakida, elkarkida.*

LIGUER, v. a. et pr., coaliser. — *Batzaüntzea, bilgumatzea, ballerakidatzea, elkarkidatzea.*

LILAS, s. m., arbre. — *Lila-hóndoá, lorastunkia.* ‖ Sa fleur : *Lila, lorastunkia.* ‖ Couleur : *Lila.*

LIMACE, s. f., limaçon. — *Barea, baria.*

LIMAÇON, s. m., limace. — *Barea, baria.*

LIMAILLE, s. f., partie de métal que la lime fait tomber. — *Erraütxa.* ‖ Limaille de fer : *Burdin erraütxa.* ‖ Limaille d'acier : *Alzeïru erraütxa.* ‖ Limaille de cuivre : *Kobre erraütxa.* ‖ Limaille d'un métal : *Metal baten erraütxa.*

LIME, s. f., outil pour limer. — *Lima, karraka, arraspa.*

LIMER, v. a., polir avec la lime.—*Limatzea, karrakatzea, arraspatzea.*

LIMIER, s. m., chien de chasse. — *Potingóa.*

LIMITATIF, IVE, adj., qui limite. — *Mugakorra, cedarrikorra.*

LIMITATION, s. f., action de limiter. — *Mugatza, cedaritza.*

LIMITE, s. f., borne. — *Mugarria, cederia.* ‖ Ce qui sépare deux pays : *Muga.* ‖ Limites : *Mugac, cedarriac.*

LIMITER, v. a., borner. — *Mugakidatzea, mugatzea, cedarriztatzea, chedatzea.*

LIMITROPHE, adj., sur les limites. — *Mugakidea, cedarrikidea.*

LIMON, s. m., boue, terre détrempée. — *Liga, loya, lóhia, pártha, bálsa, bása.* ‖ Sorte de citron : *Limoná.*

LIMONADE, s. f., jus de limon ou citron. — *Limonáda.*

LIMONADIER, ÈRE, s., celui, celle qui fait de la limonade. — *Limonadá'ghilea.* ‖ Qui vend : *Limonáda martchanta.*

LIMONEUX, EUSE, adj., bourbeux. — *Ligatxúa, loyatxúa, lóhitxúa, párthatxúa, bálsatxúa, básatxúa.*

LIMPIDE, adj., clair, net (eau). — *Arghia, garbia, klára, arrasóa, zóharra.*

LIMPIDITÉ, s. f., qualité limpide. — *Arghitasuna, garbitasuna, klártasuna, arrasotasuna, zóhartasuna.*

LIN, s. m., plante, ses filaments. — *Lihóa, lihúa, liñua.*

LINCEUL, s. m., drap pour ensevelir les morts. — *Hil-mihisea, hil-mihizia, manyiria.*

LINGE, s. m., toile pour le ménage. — *Linja, linya, eúna, ehuná, lieúta, liñenta, linteóa.* ‖ Linge (de corps) : *Linya.*

LINGER, s. m., marchand de linge. — *Linyamartchanta, linya saltzaïlea.*

LINGERIE, s. f., ouvrage de toile.—*Oiyalezko gaüzac.* ‖ Magasin de linge : *Linyazko magasina, eünazko, ehunázko, liütazko, liñeutzko, linteózkó magasina.*

LINGUAL, ALE, adj., qui a rapport à la langue, terme de gram. — *Lenguaiyakóa, lenguaiykóa, mintzayakóa, mintzaïokóa.*

LINIMENT, s. m., topique onctueux.—*Gozagarria.*

LINTEAU, s. m., pièce de bois qui se met en travers au-dessus d'une porte ou d'une fenêtre pour soutenir la maçonnerie. — *Madriga.*

LION, s. m., le cinquième signe des douze du zodiaque, signe céleste. — *Izarléoyá.* ‖ Quadrupède : *Léoyá, lehoïna.*

LIONCEAU, s. m., petit lion. — *Léoytchúa, lehoïntchúa.*

LIONNE, s. f., femelle du lion. — *Léoy emea, lehoïn emea.*

LIQUÉFACTION, s. f., action de liquéfier. — *Urtkuntza.*

LIQUÉFIER, v. a. et p., rendre liquide. — *Urtzea.*

LIQUEUR, s. f., substance liquide, sorte de boisson. — *Likúrra.*

LIQUIDATION, s f., action de liquider. — *Garbitzea, kóntuac chuchentzea.*

LIQUIDE, adj. et s. m., qui coule. — *Likúratia.* ‖ Net et clair : *Garbia.*

LIQUIDITÉ, s. f., quantité liquide. — *Urtasuna, likatsuna.*

LIQUOREUX, EUSE, adj. (vin), qui a une douceur particulière. — *Likurtxúa.*

LIQUORISTE, s. m., celui qui fait des liqueurs. — *Likur'ghilea.*

LIRE, v. a. et n., parcourir des yeux ce qui est écrit ; fig., lire dans les yeux, dans l'avenir. — *Irakurtzea.*

LIS, s. m., plante, sa fleur.—*Andre-Maria-lorea, Ama-Biryina-lorea.*

LISÉRÉ, s. m., bordure sur une étoffe. — *Bordura.*

LISET ou LISERON, s. m., herbe aux cloches. — *Eskilluntza, ezkartia, ezkerayena.*

LISEUR, EUSE, s., qui lit beaucoup. — *Irakurtzaïlea.*

LISIBLE, adj., facile à lire. — *Irakurgarria, irakurkisuna, leagarria, leakisuna.*

LISIBLEMENT, adv., d'une manière lisible. — *Irakurgarriki, irakurgarriro, leagarriro.*

LISIÈRE, s. f., bord d'étoffe. — *Ertza, albenia, ezpaïna.* ‖ Cordon pour soutenir un enfant : *Braciera, bésopekúa.* ‖ Limites d'un pays. — *Muga.* ‖ D'un bois, etc. : *Ehunpazterra, cerrenga, eghia.*

LISSE, adj., uni et poli. — *Leguna, leüna, lisóa, berdina.*

LISSER, v. a., rendre lisse. — *Leguntzea, leüntzea, lisotzea, berdintzea.* ‖ Repasser : *Lisatzia.*

LISTE, s. f., catalogue de noms. — *Lista, cekidorá, errunká.*

LIT, s. m., meuble pour coucher. — *Ohia, ohea, etzantza.* ‖ Canal de fleuve, etc. : *Ohia, ohea.* ‖ Chose étendue pour coucher : *Anduna, errenkáa.*

LITANIE, s. f., longue et ennuyeuse énumération familière. — *Litania*. ‖ Au pl., prières : *Litaniac*.

LITEAUX, s. m. pl., raies au linge.—*Marra*.

LITHOGRAPHE, s. m., dessinateur sur pierre. — *Arrianciartzallea*, *arrianlapiztaria*.

LITHOGRAPHIE, s. f., art d'imprimer sur la pierre. — *Arrianciamartza*.

LITHOGRAPHIQUE, adj., de la lithographie.— *Arrianciamarzekia*.

LITIÈRE, s. f., paille dans les écuries. — *Ihaŭrkia, ihaŭrkhea, anda, litéra bidakoya, bidekaŭntza, etzantza*.

LITRE, s. m., mesure. — *Litra*.

LITTÉRAIRE, adj., des belles-lettres. — *Izkirazkóa*.

LITTÉRAL, ALE, adj., selon la lettre. — *Izkirarra*.

LITTÉRALEMENT, adv., à la lettre. — *Izkirarkiro*.

LITTÉRATEUR, s. m., homme de lettres. — *Yakintxŭa, jakintsŭ., izkiratŭa, izkirajarraya*.

LITTÉRATURE, s. f., belles-lettres. — *Izkirakuntza*.

LITTORAL, ALE, adj., qui baigne une rive particulière. — *Kóste-eghia*.

LIVIDE, adj., de couleur plombée et noirâtre. — *Uhela, ubela, zúrpila*.

LIVIDITÉ, s. f., état livide. — *Uheltasuna, ubeltasuna, zurpiltasuna*.

LIVRAISON, s. f., action de livrer. — *Librantza*.

LIVRE, s. m., volume relié ou broché, ouvrage d'esprit. — *Librŭa, liburua*. ‖ Registre : *Erregistrŭa*. ‖ s. f., poids : *Libéra*.

LIVRER, v. a. et p., donner, abandonner. — *Libratzea*.

LIVRET, s. m., petit livre. — *Liburuchŭa, librutchŭa*.

LOCAL, s. m., disposition des lieux. — *Tokia*. ‖ Endroit : *Tokia*. ‖ adj., du lieu : *Tokikŭa*.

LOCALITÉ, s. f., circonstance locale, lieu. — *Tokia, epaĭtza, aŭrkintza*.

LOCATAIRE, s., qui tient à louage. — *Etchetiarra, machterra*.

LOCATIF, IVE, adj., qui regarde le locataire. — *Etchetiarkŭa, machtergóa*.

LOCATION, s. f., action de donner à loyer.— *Alokaciŭa*.

LOCOMOTION, s. f., faculté de changer de place. — *Mughitza, mugantza, ibilkuntza*.

LOCUTION, s. f., façon de parler. — *Mintzóa, solasa*.

LODIER, s. m., couverture de lit faite de laine entre deux toiles piquées. — *Kŭltchoĭna*.

LOGE, s. f., petite hutte, réduit. — *Egoĭtza, etchóla, tokia, itchóla, chóla, gordeteghia*.

LOGEABLE, adj., où l'on peut loger.—*Egongarria, bicigarria*.

LOGEMENT, s. m., lieu où on loge. — *Aloyamendŭa, egonlekŭa, biciteya, kramesta, biciteghia, egoĭtza*.

LOGER, v. n. et p., habiter. — *Egotia, bicitzia, kramestea*. ‖ v. a., donner à loger : *Alokatzia, ostatutzea*.

LOGEUR, EUSE, s., qui donne à loger.—*Alokatzaĭlea*.

LOGIQUE, s. f. et adj., art de raisonner. — *Dialektika, billeghidea*.

LOGIQUEMENT, adv., suivant la logique. — *Dialektikoki, billeghikoki*.

LOGIS, s. m., habitation. — *Egonlekŭa, aloyamendŭa, biciteghia, kramesta, egoĭtza*. ‖ Maison : *Etchia, etchea*.

LOI, s. f., règle, autorité, obligation de la vie civile. — *Leghia, leghea*.

LOIN, adv. prép. de lieu et de temps, à grande distance. — *Urrun, urruti*. ‖ Au loin : *Urruneat*. ‖ De loin : *Urrundic, urrutic*. ‖ De loin (être) : *Urrundic, urrutitic, urrundanikakóa*. ‖ Ecarté : *Aphart*.

LOINTAIN, adj. et s. m., qui est loin. — *Urruna*. ‖ En peinture : *Urrutirudia*.

LOIR, s. m., animal approchant du rat. — *Basakŭa, lumisarra*.

LOISIBLE, adj., permis. — *Cileghia, cileiya, cilleghia, bidezkóa, bidedana, haŭzŭa, sória, legaraŭkóa*.

LOISIR, s. m., temps disponible. — *Astia, artea, choĭara*. ‖ Loisir (à son) : *Bere aĭsian*. ‖ Loisir (à mon) : *Nere aĭsian, ene aĭsian*. ‖ Loisir (à) : *Aĭsian, astian*.

LONG, GUE, adj. et s., qui a de la longueur, se dit de l'étendue d'un corps considérée entre deux bouts. — *Lucia, lucea, luzea*.

LONGANIMITÉ, s. f., clémence.— *Barkamendŭa, góyózadea, onextasuna, bihotzberá*. ‖ Patience : *Pacientcia, paĭramena, osartea*.

LONGE, s. f., lanière de cuir. — *Edia, edea, eria, ŭala, uhala, uvala*. ‖ Partie du quartier du derrière d'une bête : *Gheruntza, bizkarra*.

LONGER, v. a., aller le long de... — *Eghizeghi*.

LONGÉVITÉ, s. f., longue durée de la vie. — *Bici lucekóa.*

LONGITUDE, s. f., distance d'une lieue au méridien. — *Lucetasuna.*

LONGITUDINAL, ALE, adj., étendue en long.— *Lucetarra.*

LONGITUDINALEMENT, adv., en long. — *Lucekaran.*

LONGTEMPS, adv., durant un temps. — *Haïnitz dembora, lucez.* ǁ Longtemps (il y a) : *Aspaldi da, dembora ditu.*

LONGUEMENT, adv., longtemps. — *Luceki.*

LONGUET, adj., un peu long. — *Lucetchia.*

LONGUEUR, s. f., étendue d'un bout à l'autre. — *Luzetasuna, lucetasuna.* ǁ Durée : *Iraüpéna.* ǁ Lenteur dans ce qu'on fait : *Lucetasuna, astitasuna, herabea, urritasuna, malsotasuna, langhitasuna.*

LONGUE-VUE, s. f., lunette d'approche. — *Largabichta, kátalucha.*

LOPIN, s. m., morceau. — *Púska.*

LOQUACE, adj., bavard. — *Eletxua.*

LOQUACITÉ, s. f., babil. — *Erasia, hitzkundea, hizkundea.*

LOQUET, s. m., sorte de fermeture. — *Maratilla, klichketa, krisketa.*

LORGNER, v. a., regarder de côté. — *Bazterka beïratzea, beghiratzea.*

LORGNETTE, s. f., petite lunette. — *Eskuko begliordea, eskuko beghirateghia, eskuko begaltoghia, eskuko behatokia.*

LORGNEUR, EUSE, s., celui, celle qui lorgne. — *Beïratzaïlea, beghiratzailea.*

LORGNON, s. m., sorte de lorgnette. — *Eskuko beghiordea, eskuko beghirateghia, eskuko begaltoghia, eskuko behatokia, beátokikia.*

LORS, adv., alors. — *Orduan.* ǁ Dès lors (donc ainsi) : *Béhaz, beraz.* ǁ Pour lors (déjà) : *Yadanic.* ǁ Pour lors (depuis) : *Gheroztic.* ǁ prép., dans le temps, alors, dans ce temps-là : *Orduan, dembora hartan.* ǁ Lors de (pendant) : *Bitartean.* ǁ conj., quand : *Noiz.*

LOT, s. m., portion, gain à la loterie. — *Lótúa.*

LOTERIE, s. f., espèce de banque où les lots sont tirés au sort. — *Loteria.* ǁ Fig., affaire de hasard : *Loteria.*

LOTO, s. m., jeu en forme de loterie. — *Lótóa.*

LOUABLE, adj., digne de louange. — *Laüdagarria, dóangarria, dóandigarria, alabagarria.*

LOUABLEMENT, adv., avec louange. — *Laüdagarriki.*

LOUAGE, s. m., cession de l'usage. — *Alokariña.*

LOUAGER, s. m., locataire. — *Etchetiarra, machterra.*

LOUANGE, s. f., éloge. — *Laüdoriña, laüdoriña, dóandia, alabantza.*

LOUANGER, v. a., donner des éloges. — *Laüdatzia, dóantzia, alabantzia.*

LOUANGEUR, EUSE, s., qui louange. — *Laüdatzaïlea, dóantzaïlea, alabantzaïlea.*

LOUCHE, adj., qui a la vue de travers. — *Ezkela.* ǁ Fig., équivoque : *Ekiboka, bidaüzka.* ǁ Trouble : *Nahasia.* ǁ Qui est confus, pas clair : *Ilhun.*

LOUCHER, v. n., regarder de travers. — *Ezkeltzea.*

LOUER, v. a. et p., donner ou prendre à louage. — *Alokatzea.* ǁ Donner des louanges : *Laüdatzia, laüdatzea, laüsengatzea, férekatzea.*

LOUEUR, EUSE, s., qui donne à louage. — *Alokatzaïlea.*

LOUIS, s. m., monnaie d'or. — *Urrea.*

LOUP, s. m., quadrupède carnassier. — *Otxoá, otxuá.* ǁ Constellation : *Izarotxóa.* ǁ Loup-cervier, espèce de linx : *Lincea.* ǁ Loup-marin : *Ugotxóa.*

LOUPE, s. f., tumeur. — *Otxúa.*

LOUPEUX, EUSE, adj., qui a des loupes. — *Otxotxúa.*

LOUP-GAROU, s. m., homme que le peuple suppose être sorcier et courir les rues et les champs transformé en loup. — *Otxoghizona, ghis-otxoá.*

LOURD, adj., pesant. — *Pisúa, dorpea, lerdóa.* ǁ Fig., stupide : *Zórúa, zózóa, tontóa.*

LOURDAUD, adj., grossier. — *Leïtsúa, dorpea.* ǁ Maladroit ; *Moldegaïtza.*

LOURDEMENT, adv., d'une manière lourde.— *Leïtsuki, pisuki, lerdoki.*

LOURDERIE, s. f., faute grossière. — *Leïtsukeria, pisukeria, lerdokeria.*

LOURDEUR, s. f., pesanteur. — *Pisutasuna.*

LOUTRE, s. f., quadrupède aquatique. — *Udagarra.*

LOUVE, s. f., quadrupède, femelle du loup. — *Otxó emea.*

LOUVETEAU, s. m., petit de louve. — *Otxó umea, otxó-kúmia.*

LOUVETER, v. n., se dit d'une louve qui fait les petits. — *Erditzea.*

LOUVOYER, v. n., aller çà et là pour mieux profiter du vent, terme maritime. — *Ghiratzea, ghiraka ibilltzea.*

LOYAL, ALE, adj., suivant la loyauté, fidèle. — *Leála, leyalá.* ‖ pl., loyaux : *Leálac, leyalac.*

LOYALEMENT, adv., avec loyauté. — *Leálki, leyalki.*

LOYAUTÉ, s. f., fidélité, probité. — *Leáltasuna, leyaltasuna.*

LOYER, s. m., prix du louage. — *Alokariûa.* ‖ Salaire : *Sária.*

LUBRICITÉ, s. f., lasciveté excessive. — *Lizuntasuna, aragheytasuna, anraketa, limuridia, labañtasuna.*

LUBRIQUE, adj., impudique. — *Lizuna, aragheïtia, anraketia, labaña, andretia, limuria.*

LUBRIQUEMENT, adv., d'une manière lubrique. — *Lizunki, argheïki, anrakeki, labañki, limuriki.* ‖ Danser lubriquement : *Lizunki, aragheïki, anrakeki, labañki, limuriki, desoneski, andrezaleki dantzatzia.*

LUCARNE, s. f., petite fenêtre au toit. — *Kolomucilóa.*

LUCIDE, adj., qui jette de la lumière ; fig., moment de raison. — *Arhigarria.*

LUCIDITÉ, s. f., qualité de ce qui est lucide. — *Arghigarritasuna.*

LUCIFER, s. f., démon. — *Debrûa.*

LUCRATIF, IVE, adj., qui apporte du bénéfice. — *Irabasduna, irabazosa.*

LUCRE, s. m., gain, profit. — *Irabacia.*

LUETTE, s. f., sorte de glande du gosier. — *Ganga.*

LUEUR, s. f., faible clarté; fig., légère apparence. — *Arghi-aïria, distira.*

LUGUBRE, adj., funèbre. — *Ilhuna, sombria.*

LUGUBREMENT, adv., d'une manière lugubre. — *Ilhunki, sombreki.*

LUI, pr. pers. de la troisième personne. — *Harrec, harc.*

LUIRE, v. n., éclairer, briller au pr. et au fig. — *Arghitzea, arghiratzia, dirdiratzia.* ‖ Faire luire : *Dirdiraztia.* ‖ Faire éclairer : *Arghiraztia.*

LUISANT, ANTE, adj., qui luit ; s. m., éclat. — *Arghia, dirdiranta.*

LUMIÈRE, s. f., ce qui éclaire, fluide subtil; pl., le jour; fig., intelligence. — *Arghia.* ‖ Eclaircissement : *Arghitasuna.*

LUMINAIRE, s. m., cierges. — *Arghiac.* (En basque se dit au pluriel).

LUMINEUX, EUSE, adj., qui a de la lumière. — *Arghitxua.*

LUNAIRE, adj., de la lune. — *Ilharghiárria.*

LUNAISON, s. f., durée d'une lune. — *Ilbetetzea.*

LUNATIQUE, adj. (cheval), sujet aux fluxions. — *Lûnatika.* ‖ Fig., capricieux, fantasque : *Lûnatika, alditxûa.*

LUNDI, s. m., deuxième jour de la semaine. — *Astelehena.*

LUNE, s. f., satellite de la terre. — *Ilharghia.* ‖ Nouvelle lune : *Ilharghi berria.* ‖ Premier quartier : *Lehen laürdena.* ‖ Pleine lune : *Ilharghi bethea.* ‖ Dernier quartier de lune : *Azken laürdena.* ‖ Croissance de la lune : *Gorapena, ilgora.* ‖ Déclin de la lune : *Beherapena, ilbera.* ‖ Lever de la lune : *Ilharghi atheratzea.* ‖ Coucher de la lune : *Ilharghi sartzea.* ‖ Lune (clair de) : *Arghizaria, ilharghi churi.*

LUNETIER, s. m., marchand et fabricant de lunettes. — *Luneta martchanta, misera martchanta.*

LUNETTE, s. f., verre qui fortifie la vue. — *Lunetac, miserac.* (En basque se dit au pluriel). ‖ Lunette servant aux myopes : *Beghiordolucea, miseraürrutierakóac.* ‖ Lunette d'approche, longue-vue : *Largabichta, katalucha, kataloghia.*

LURON, adj., bon vivant, fam.—*Kapiraïllua.*

LUSTRE, s. m., brillant éclat, au pr. et au fig. — *Distiadura, brilladura.* ‖ Girandole de cristal, chandelier à plusieurs branches que l'on suspend au plafond ou à la voûte : *Arghi-armiarma.*

LUSTRER, v. a., donner le lustre. — *Dirdiraztia, distiraztea.*

LUSTRINE, s. f., étoffe. — *Perkaliña.*

LUTH, s. m., instrument à cordes. — *Chiribika.*

LUTHÉRIEN, adj. et s. m., sectateur de Luther. — *Lutherianóa.*

LUTIN, s. m., esprit follet. — *Dûendea, naspecha, icechea.*

LUTINER, v. n., faire le lutin. — *Dûendetzea, naspechatzea, icechetzea.*

LUTRIN, s. m., pupitre d'église.— *Kantorea, libraï-zûtâ, libraya.*

LUTTE, s. f., combat corps à corps. — *Bórroka, gûda, burruka.*

LUTTER, v. n., combattre à la lutte ; fig., résister. — *Bórrokatzea, burrukatzea, gûdatzea.*

LUTTEUR, s. m., qui lutte. — *Bórrokatzaïlea, burrukatzaïlea, gúdatzaïla.*
LUXATION, s. f., déboîtement d'un os. — *Iñartadura, desteghia.*
LUXE, s. m., somptuosité. — *Gheïtia.*
LUXER, v. a. et pr., déboîter un os. — *Iñartatzeá, desteghitzea.*
LUXURE, s. f., incontinence. — *Lizunkeria, aragheya, likitxkeria.*
LUXURIEUSEMENT, adv., d'une manière impudique. — *Lizunki, aragheïki, likitxki.*

LUXURIEUX, EUSE, adj., impudique.- *Lizuna, araghcïtia, emakhoïa, andrekhoïa, likitxa.*
LUZERNE, s. f., plante légumineuse.-*Lúzerna.*
LUZERNIÈRE, s. f., terre de luzerne. — *Lúzernasaïlla.*
LYCÉE, s. m., collége. — *Kóleyna.*
LYNX, s. m., animal sauvage qui, dit-on, a la vue très-perçante. — *Lincea.*
LYRE, s. f., instrument de musique à cordes, qui était en usage chez les anciens.— *Arabita.*

M

M, s. f. (ÈME) et m. (NE), treizième lettre de l'alphabet. — *Abeceko amahirurgarren letra.*
MA, adj. pron. pos. fém. sing. — *Ene, neré.*
MACÉRATION, s. f., action de macérer, mortifier.—*Samurtasuna.* ‖ Tremper : *Urian trempan ematia.*
MACÉRER, v. a. et p., mortifier. — *Samurraztia.* ‖ Tremper : *Trempaztea.*
MACHEFER, s. m., scorie du fer. — *Ugherra.*
MACHELIÈRE, adj. et s. f. (dent), molaires.— *Aghina, aghiña.*
MACHER, v. a., broyer avec les dents. — *Cheatzea, cheatzia.*
MACHEUR, EUSE, s., celui ou celle qui mange beaucoup. — *Cheatzaïlea.*
MACHINAL, ALE, adj., mouvement naturel où la volonté n'a point de part. — *Machinadarra.*
MACHINALEMENT, adv., d'une manière machinale. — *Machinakoki.*
MACHINATEUR, s. m., qui machine. — *Machinatzaïlea, billatzaïlea, ciarkidaria, cinazkidaria, ekarkidaria, kómplot'ghilea.*
MACHINATION, s. f., action de machiner. — *Ciarkida, ekarkida, kómplota.*
MACHINE, s. f., instrument pour mouvoir, assemblage de ressorts. — *Machina, lankaya, lanabeza, tresna.*
MACHINER, v. a., comploter. — *Ciarkidatzea, cinazkidatzea, ekarkidatzea, kómplotatzea.*
MACHINISTE, s. m., qui fait des machines.— *Machinizta, lankay'ghilea, tresna'ghilea, lanabez'ghilea.*
MACHOIRE, s. f., os où sont les dents. — *Matraïla, matraïlla, aghintopóa, macel'ezurra.*

MAÇON, s. m., ouvrier qui maçonne. — *Arghina, arghiña.*
MAÇONNAGE, s. m., travail de maçon. — *Arghin lana, arghintza.*
MAÇONNER, v. a., travailler à un bâtiment en pierre, plâtre, etc. — *Asantatzea, arghintzea.*
MAÇONNERIE, s. f., ouvrage de maçon. — *Arghindura.*
MADAME, s. f., titre des femmes. — *Andria, andrea, anrea, madama, damandrea.* ‖ pl., mesdames : *Andriac, andreac, anreac, madamac, damandreac.*
MADEMOISELLE, s. f., titre des filles. — *Andretchúa, anretchúa.* ‖ pl., mesdemoiselles : *Andretchúac, anretchúac.*
MADONE, s. f., image de la Vierge.—*Biryna, birjina.*
MADRÉ, ÉE, adj., rusé, fam. — *Sómaria.* ‖ D'une manière rusée : *Sómariki, sómariró, sómaz.*
MADRIER, s. m., planche de chêne très-épaisse. — *Madrilla.*
MADRIGAL, s. m., sorte de petite poésie. — *Arzaïneürotsa.*
MAGASIN, s. m., lieu où l'on serre les marchandises. — *Magasiña, itsazpita.* ‖ Maître d'un magasin ou de marchandises : *Itsazpitaria, magasiña baten naüsia.*
MAGE, s. m., savant, antique. — *Magóa.*
MAGICIEN, NE, s., qui professe la magie. — *Astia, aztia, mirakindarra.*
MAGIE, s. f., art prétendu de produire des effets contraire à l'ordre de la nature. — *Mirakindea.* ‖ Fig., illusion produite par l'art : *Mirakinde, duikindarra.*
MAGIQUE, adj., de la magie. — *Mirakintxua.*
MAGISTRAL, ALE, adj., qui tient du maître.— *Buruzaghikóa.*

MAGISTRALEMENT, adv., d'une façon magistrale. — *Buruzaghiki, buruzaghikoki.*

MAGISTRAT, s. m., officier de justice, de police. — *Goyaraükiña.*

MAGISTRATURE, s. f., dignité et charge de magistrat, temps pendant lequel on est magistrat. — *Goyaraükintza.*

MAGNANIME, adj., qui a l'âme grande. — *Arimandikóa, errandikóa.*

MAGNANIMEMENT, adv., avec magnanimité. — *Arimandiki, errandiki.*

MAGNANIMITÉ, s. f., grandeur d'âme. — *Arimanditasuna, erranditasuna.*

MAGNÉTIQUE, adj., de l'aimant, du magnétisme animal. — *Imandarra.*

MAGNÉTISER, v. a., communiquer ou développer, mettre en mouvement et en action le magnétisme animal. — *Imandartzea.*

MAGNÉTISEUR, s. et adj., qui magnétise. — *Imandartzallea.*

MAGNÉTISME, s. m., propriété de l'aimant, fluide magnétique. — *Imangokia.*

MAGNIFICENCE, s. f., qualité magnifique. — *Handigoytasuna, manificencia, ekiñandikoytasuna.*

MAGNIFIQUE, adj., somptueux. — *Manifikúa.*

MAGNIFIQUEMENT, adv., avec magnificence. — *Manifikoki, ekinandiró, handigoïró, handizkiró.*

MAHOMÉTAN, ANE, adj. et s., qui professe le mahométisme. — *Mahometana, mahomarra.*

MAHOMÉTISME, s. m., religion de Mahomet. — *Mahometaïdea, mahomarraïdea.*

MAI, s. m., cinquième mois de l'année. — *Maiyatza, maïhatza, mayatza.*

MAIGRE, adj. (animal), sans graisse. — *Mehia, mehea.* || s. m., chair maigre, poisson, etc. : *Mehia, mehea.* || Maigre (viande) d'un quadrupède : *Ghiñarra.*

MAIGRELET, TE, adj., un peu maigre. — *Mehetchúa.*

MAIGREMENT, adv., d'une façon maigre. — *Meheki.* || Mesquinement, fig. et fam. : *Eskaski.*

MAIGRET, TE, adj., un peu maigre. — *Mehetchúa.*

MAIGREUR, s. f., état de ce qui est maigre. — *Mehetasuna.*

MAIGRIR, v. n., devenir maigre. — *Mehatzea.*

MAILLE, s. f., anneau de tissu, annelet de fer. — *Malla, pontúa.*

MAILLET, s. m., marteau de bois. — *Maïluka.*

MAILLOT, s. m., enveloppe d'enfant. — *Trocha, trochatzekúa.*

MAIN, s. m., extrémité du bras divisée en doigts. — *Eskûa.* || Main droite : *Esku eskuïna.* || Main gauche : *Esku ezkerra.* || Paume de la main : *Esku-barnea.*

MAIN-CHAUDE, s. f., sorte de jeu. — *Matamataloka, atakataka.*

MAIN-D'ŒUVRE, s. f., travail de l'ouvrier. — *Esku-lana.*

MAIN-FORTE, s. f., assistance à la justice. — *Yusticiari laguntza ematia.*

MAIN-LEVÉE, s. f., levée de saisie. — *Désampará.*

MAINT, AINTE, adj., plusieurs, fam. — *Asko.*

MAINTENANT, adv., actuellement. — *Oraï.*

MAINTENIR, v. a. et p., tenir en état. — *Atchikitzia, atckitzea, idukitzea, beghiratzea.* || Soutenir : *Atchikitzea.* || Affirmer : *Seguratzea.*

MAINTENUE, s. f., acte qui maintient. — *Ampará, amparóa, zántza, zaïkera, zaïtzaketa, beghiraëra.*

MAINTENU, UE, part., resté dans l'état d'auparavant. — *Atchikia.*

MAINTIEN, s. m., contenance. — *Beghitartea, bekokia.*

MAIRE, s. m., chef d'un corps municipal. — *Méra, aüzapeza, baldarnapeza, alkatea.*

MAIS, conj. adverbiale, marque, contrariété, exception, différence ; s. m., empêchement. — *Baïnan, bena, orduan, ordian.*

MAÏS, s. m., blé de Turquie. — *Arthóa.*

MAISON, s. f., bâtiment pour habiter, les personnes qui l'habitent, famille, établissement de commerce, communauté. — *Etchea.* || Maison commune, hôtel de ville : *Errikotchea.* || Maison d'arrêt, prison : *Presondeghia.*

MAISONNETTE, s. f., petite maison. — *Etchetchúa.*

MAÎTRE, s. m., de qui d'autres gens dépendent, qui a des esclaves, qui enseigne, propriétaire, reçu dans un corps de métier. — *Naüsia, naguzia.* || Savant principal, supérieur : *Buruzaghia.* || Maître de maison : *Naüsia, nagusia, etchekoyaüna.* || Possesseur : *Yabea.*

MAÎTRESSE, s. f., qui reçoit presque toutes les acceptions de maître, maîtresse de maison, de ménage. — *Etcheko-andrea, etchekondrea, etcheandrea.* || Maîtresse (qui possède) : *Yabea.* || Amante : *Maïtea, maïtia, emaztegheïya, amorantea.*

MAÎTRISE, s. f., qualité du maître. — *Naüsitasuna, eskudantza.*

MAÎTRISER, v. a., gouverner en maître. — *Ibiltzea.*

MAJESTÉ, s. f., grandeur suprême, titre de roi.- *Mayestatea, handientza, mayestadea.*

MAJESTUEUSEMENT, adv., avec grandeur. — *Mayestuki, handientzuró.*

MAJESTUEUX, EUSE, adj., qui a de la grandeur. — *Mayestxua, handientsúa.*

MAJEUR, adj., en âge de jouir de ses droits. — *Adiñetan.* ‖ Important : *Egokidakóa.* ‖ La plus grande partie : *Gheïyena.*

MAJOR, s. m., officier chargé du détail d'un corps, chirurgien militaire. — *Mayora.*

MAJORAT, s. m., droit d'aînesse en Espagne. — *Mayoratúa.*

MAJORITÉ, s. f., état majeur — *Adiñtasuna, gallendea, nagusitea, naüsitea.* ‖ La plupart des voix : *Gheïyen bozac izatia.*

MAJUSCULE, s. f., grande lettre. — *Letrahandia, hizkirandia.*

MAL, s. m. — *Mina, gaïtza.* ‖ pl., maux : *Minac, gaïtzac.* ‖ Maladie locale : *Eritasuna.* ‖ Douleur, souffrance : *Dolorea, hoïnacea.* ‖ Peine : *Dolorea, changrina.* ‖ Contraire au bien, défaut : *Gaïzkia.* ‖ Imperfection, vice; adv., de mauvaise manière : *Gaïzki.* ‖ Mal (vouloir du) : *Aïherizaïtea.*

MALADE, adj. et s., qui n'est pas en santé.— *Eri.* ‖ Malade (le ou la) : *Eria.* ‖ Tomber malade : *Eritzea.*

MALADIE, s. f., altération de santé. — *Eritasuna.*

MALADIF, IVE, adj., souvent malade.—*Eritxüa, erikorra, eriska.*

MALADRESSE, s. f., défaut d'adresse au pr. et au fig.—*Moldegabekeria, errebestasuna.*

MALADROIT, OITE, adj. et s., qui manque d'adresse. — *Moldegabea, moldegabia, errebesa.*

MALADROITEMENT, adv., sans adresse. — *Moldegabeki, moldegabeski, moldegaïzki, errebeski.*

MALAISE, s. m., état fâcheux, incommode.— *Gaïzkitasuna.* ‖ Indisposition : *Ez-onghiaïria.*

MALAISÉ, ÉE, adj., difficile. — *Gaïtza, gacha, nekeza, errazkea.* ‖ Peu riche : *Ezbére aïsian.*

MALAISÉMENT, adv., avec peine. — *Nekez, gaïzkiro, errazkez.*

MALAVISÉ, ÉE, s. et adj., imprudent. — *Aïntsikabea, zógheztúa.* ‖ Indiscret : *Nabarmena.*

MALBATI, IE, adj. et s., mal fait. — *Gaïzki'-ghina.*

MALCONTENT, ENTE, adj., non satisfait. — *Déskontenta.*

MALE, s. m. et adj., sexe opposé à la femelle. — *Ordotxa, ohotxa, ordotcha, arrá.* ‖ Mâle (homme) : *Ghizonkia.* ‖ Mâle (enfant) : *Mutikúa, muthikúa.* ‖ Mâle (jeune homme) : *Mutilkia, muthikia.* ‖ Mâle (de quadrupède) : *Ordotxa.* ‖ Mâle (oiseau) : *Arra.*

MALEBÊTE, s. f., personne dangereuse. — *Lanyerosa, asto-gachtúa, alimale-tzarra.*

MALÉDICTION, s. f., imprécation. — *Burhóa, madarikacionea, madaricióa, alpadiza, gaïzkotza.* ‖ Souhait du mal : *Aïher-izaïtea.*

MALEFAIM, s. f., faim cruelle. — *Gosetia.*

MALÉFICE, s. m., sort prétendu jeté sur les hommes ou les animaux et qui les fait mourir. — *Charma.*

MALÉFICIÉ, ÉE, adj., languissant, malade.— *Charmatúa.*

MALEHEURE (A LA), adv., malheureusement. — *Oren-gachtúa.*

MALEMORT, s. f., mort funeste, pop.—*Hiltzetrichtia.*

MALENCONTRE, s. f., malheur. — *Estrapúa.*

MALENCONTREUSEMENT, adv., par malencontre. — *Estrapuki.*

MALENCONTREUX, EUSE, adj., malheureux. — *Estraputxúa.*

MALENTENDU, s. m., méprise. — *Gaïzkiaïttúa, gaïzki-enzuna.*

MAL-ÊTRE, s. m., état de langueur. — *Ezaïnsian.*

MALFAIRE, v. n., faire du mal. — *Gaïzki eghitea.*

MALFAISANT, ANTE, s., qui fait du mal. — *Gaïstoa, gaïchtóa, gachtóa.* ‖ Malfaisante (personne) : *Gaïstaghina, gaïchtagina.* ‖ Malfaisante (chose) : *Gaïtzkorra.*

MALFAIT, adj., qui est fait mal. — *Gaïzkieghina, gaïzki eghina den gaüza.* ‖ Mauvaise action : *Gaïzkia.*

MALFAITEUR, s. m., qui commet des crimes. — *Gaïstaghina, gaïchtaghina, gaïzki eghilea.*

MALFAMÉ, adj., qui a mauvaise réputation, fam. — *Gaïzki-fámatua, fáma tzarrekúa.*

MALGRACIEUSEMENT, adv., d'une manière mal gracieuse. — *Aspréki.*

MALGRACIEUX, EUSE, adj., rude, incivil. — *Aspréa.*

MALGRÉ, prép., contre le gré. — *Nahi eta ez, bortchaka, bortchaz, bortchara, halarikan ére.*

MALHABILE, adj., qui n'est point intelligent, qui est peu capable. — *Moldegabea.*

MALHABILEMENT, adv., d'une manière malhabile. — *Moldegabeki.*

MALHABILETÉ, s. f., incapacité, manque d'habileté. — *Moldegabekeria.*

MALHEUR, s. m., mauvaise fortune. — *Zórigaïtza, zórigachtúa, zórikaïtza.* || Désastre : *Ondikóa, kháltea, bidegabea, bidegabia, dóakea, dóakabea, dóakabetasuna.* || Accident fâcheux : *Malhurra, estrepúa, ghertakuntza, désventura.*

MALHEUREUSEMENT, adv., par malheur. — *Estrapuz, ghertakuntzaz, málhuruski, zórigachtoki, dóakaberó, zórikaïzkiró, zórigaistoró.*

MALHEUREUX, EUSE, adj. et s., non heureux. — *Málhurusa, dóakabea, zórikaïztia, zórigachtokóa, gaïzkidohatúa, ondizkoz.*

MALHONNÊTE, adj., non honnête, sans probité. — *Frikuna, pikarúa, filusa, fulleróa.* || Contraire à la bienséance, incivil : *Désonesta, nabarmena, gaïzki ikhasia, deskortesa.*

MALHONNÊTEMENT, adv., avec malhonnêteté, contre la probité. — *Frikunki, pikaroki, filuski, fulleroki.* || Incivil, sans bienséance : *Désonestki, nabarmentki, déskorteski.*

MALHONNÊTETÉ, s. f., incivilité. — *Désonestkeria, nabarmenkeria, deskortesia.* || Improbité : *Frikunkeria, pikardia, filuskeria, fullerokeria.*

MALICE, s. f., méchanceté. — *Amarrúa, gaïstokeria, gachtakeria, málecia.* || Espièglerie : *Bitchikeria, drólekeria, donghetasuna.*

MALICIEUSEMENT, adv. avec malice, méchanceté. — *Gaïstoki, gachtoki, amarrutxuki.* || Avec espièglerie : *Bitchiki, dróleki, dongheki, málicioski.*

MALICIEUX, EUSE, adj. et s., qui a de la malice, qui est méchant. — *Gaïstóa, gachtóa, amarrutxúa.* || Espiègle : *Bitchia, drólia, donghea, máleciosa.*

MALIGNEMENT, adv., avec malignité. — *Málecioski, gaïstoki, gachtoki, oárpez, oárpeso, aïdurki.*

MALIGNITÉ, s. f., inclination au mal. — *Máleciakeria, aïdurkeria, gaïstokeria, gachtokeria, donghetasuna, oárpestasuna.*

MALIN, IGNE, adj., malicieux. — *Máleciosa, deseghillea, gaïstóa, gachtóa, oárpea, aïduróa, gaïzki erraïlea.*

MALINE, s. f., temps des grandes marées. — *Ur-bicia.*

MALINGRE, adj., infirme, fam. — *Mendria, eskasa.*

MALINTENTIONNÉ, ÉE, adj. et s., malveillant. — *Intentcione gachtokóa, gaïzkirat ekharria.*

MALLE, s. f., coffre. — *Kutcha.* || Valise : *Maleta.*

MALLÉABLE, adj., qui s'étend sous le marteau. — *Maïlu azpian édatzen den métala.*

MALLÉOLE, s. f., cheville du pied. - *Achioña, tchurmiúa.*

MALLETTE, s. f., petite malle. — *Kutchatchúa.*

MALLETIER, s. m., ouvrier qui fait les malles. — *Kutcha'ghilea, maleta'ghilea.*

MALMENER, v. a., maltraiter. — *Gaïzki erabiltzea.*

MALOTRU, UE, adj. et s., maussade. — *Murrukutuna.*

MALPROPRE, adj., sale. — *Zikhina, tiña.* || Qui n'a point de propreté : *Zikhintxúa, tiñtsua.*

MALPROPREMENT, adv., avec malpropreté. — *Zikhintki.*

MALPROPRETÉ, s. f., saleté. — *Zikintkeria, zikhintasuna.*

MALSAIN, AINE, adj., qui n'est pas sain. — *Osasun kontrakúa.*

MALTRAITER, v. a., traiter durement. — *Gógogórki tratatzea, gaïzki erabitzea, gaïzki tratatzea.* || Battre : *Yotzea, yoïtea.* || Outrager : *Erasotzea, eskarniótzea, laïdótzea.* || Faire tort : *Damutzea.*

MALVEILLANCE, s. f., haine, mauvaise volonté pour quelqu'un. — *Gaïtzeria, gaïznaya, dongagura.*

MALVEILLANT, ANTE, adj. et s., qui veut le mal. — *Gaïtzerizkorra, gaïznaykorra, dongagurakorra.*

MALVOULU, UE, adj., à qui on veut du mal. — *Gaïzki ethorria, gaïtzesitúa, gorrotatúa, gaïtzezia.*

MAMAN, s. f., mère, terme enfantin. — *Amá.*

MAMELLE, s. f., partie charnue du sein. — *Titia, ditia.* || Mamelle d'un animal : *Errapia.*

MAMELON, s. m., le bout de la mamelle. — *Titi punta, diti punta.* || Petite montagne : *Mendichka.*

MANCHE, s. f., vêtement du bras. — *Mahunka, mahunga*. ‖ s. m., poignée d'instrument : *Ghiderra, ghièrra, khièrra*.

MANCHETTE, s. f., ornement du poignet d'une chemise. — *Manicheta, eskutarra, eskumuturra, eskondóa*.

MANCHON, s. m., fourrure pour les mains. — *Manaüka, manghitóa*.

MANCHOT, s., estropié d'une main. — *Mantchota, besomotcha, besomotza*.

MANDAT, s. m., procuration. — *Podorea*. ‖ Mission : *Mandatûa, mézûa, kárgûa*. ‖ Ordre : *Ordena*. ‖ Traite tirée sur un tiers : *Gambizkira, kambioko letra*.

MANDATAIRE, s. m., charge de procuration. — *Mandataria, mézu'ghilea, kárguduna, godadiaria, godadighillèa, joaïritzaria*.

MANDEMENT, s. m., ordre. — *Ordena, manûa, mandamentûa*. ‖ Ordonnance : *Ekaraüa, aghindea, manamendûa, manamentia*.

MANDER, v. a., faire savoir. — *Manatzea, adiaraztea, aghinaztea, mezutzea, gaztiatzia*. ‖ Faire venir : *Ekarraztea, ethorraztea*.

MANDIBULE, s. f., mâchoire. — *Matralla, matraïla*.

MANDRAGORE, s. f., plante. — *Urrilóa*.

MANDUCATION, s. f., action de manger. — *Yanamena*.

MANÉGE, s. m., exercice du cheval, ruse. — *Maneyûa*.

MANGEABLE, adj., qu'on peut manger. — *Yan ditekena, jan ditchakena*.

MANGEAILLE, s. f., nourriture. — *Yanaria, jánaria, yankia*.

MANGEANT, ANTE, adj., qui mange. — *Yatian, játian*.

MANGEOIRE, s. f., auge de cheval, etc. — *Aska, mahara*.

MANGER, v. a. et p., mâcher et avaler. — *Yatea, yatia, játea*. ‖ Manger (avec excès) : *Asetzea, chiflatzea*. ‖ Manger (avec goût) : *Niaflatzea*. ‖ s. m., ce qu'on mange : *Yatekóa, játekóa*.

MANGEUR, EUSE, s., qui mange beaucoup. — *Yalia, yalea, jálea*.

MANIABLE, adj., aisé à manier. — *Ibilgarria, eskugarria*.

MANIAQUE, adj. et s., possédé de manie. — *Aldiakóya, sinotxûa*.

MANIE, s. f., aliénation d'esprit sans fièvre, passion portée à la folie. — *Aldia, sinóa*.

MANIEMENT, s. m., action de manier. — *Eskumendûa*. ‖ Administration : *Manayûa, antzadura*.

MANIER, v. a., tâter avec la main. — *Ibiltzea, maneiyatzea, ibiltzea, erabiltzea*. ‖ Fig., administrer, conduire, gouverner : *Eskutatzea, antzatzea, maneiyatzea*.

MANIÈRE, s. f., façon. — *Manera, era, ara*. ‖ Sorte : *Ghisa*. ‖ Usage : *Usaiya*. ‖ Espèce : *Ghisa*. ‖ Affection : *Morga, gheïradia, gheirudiró*. ‖ pl., façon d'agir. Il a des manières agréables : *Manera góchuac ditu*. ‖ adv., de sorte que : *Behaz, holá, orelá, álan, orlatan, holetan, horletan*.

MANIÉRÉ, ÉE, adj., plein d'affectation. — *Maneratxûa, morgatxûa, gheïraditxûa, gheïruditxûa*.

MANIFESTATION, s. f., action de manifester. — *Agherdura, aghertasuna*.

MANIFESTE, adj., notoire. — *Agheria, aghiria, klára, arpekóa*.

MANIFESTEMENT, adv., évidemment. — *Agheriki, aghiriki, klárki, arpekoki, agherian, arpezkiró*.

MANIFESTER, v. a. et p., rendre manifeste. — *Agherraztia, aghirriztia, arpekoztea, erakutxtea, irakustia, arpezaztéa*.

MANIGANCE, s. f., manœuvre secrète. — *Azpiko-yokóa*.

MANIGANCER, v. a., tramer une intrigue. — *Azpitic-yokatzea*.

MANIVELLE, s. f., instrument pour faire tourner un essieu. — *Ghiderra, khièrra, ghièrra*.

MANNE, s. f., drogue purgative. — *Lizakia*. ‖ Celle qui tomba miraculeusement : *Maná, cerokia*.

MANŒUVRE, s. m., aide-maçon, etc. — *Pióna, peóna, alogheraria, langhilea, malobraria, alokacero, lakondaria*. ‖ Fig., conduite bonne ou mauvaise que l'on tient dans les affaires du monde : *Malobra, erabilkuntza*.

MANŒUVRER, v. n., faire la manœuvre. — *Malobratzea*.

MANŒUVRIER, s. m., ouvrier à la journée. — *Langhilea, yornalera*.

MANQUE, s. m., défaut ; adv., faute de. — *Eskasa, fálta, utxa, phalta, pálta*.

MANQUEMENT, s. m., omission. — *Utxaldia, itena, kulpa*.

MANQUER, v. n. et a., être de moins, ne pas être à sa place, faillir, avoir faute de..., négliger, offenser, ne pas trouver, laisser échapper. — *Faltatzia, phaltatzia, mankatzea, utx'ghitea, eskastea, eskas'ghitea.*

MANSUÉTUDE, s. f., douceur, affabilité. — *Lañotasuna, biguntasuna, malsotasuna, malgutasuna.*

MANTEAU, s. m, vêtement ample. — *Kapá.* ∥ Saillie de cheminée : *Chiminei-gaïna.*

MANTELET, s. m., sorte de manteau jusqu'à la ceinture, petit manteau violet que portent les évêques. — *Laburgaña.*

MANTILLE, s. f., mantelet. — *Mantalina, mantaliña, manteliña.*

MANUEL, LE, adj., qui se fait avec les mains. — *Eskukóa, eskutakóa.*

MANUELLEMENT, adv., de la main à la main. — *Eskuz.*

MANUFACTURE, s. f., fabrication en grand. — *Fabrika, phabrika, eskukintza.* ∥ Manufacture de laine : *Illekintza, ulekintza.*

MANUFACTURER, v. a., fabriquer. — *Fabrikatzea, phabrikatzia, eskukintzea.*

MANUFACTURIER, s. m., qui fabrique. — *Fabrikanta, phabrikanta.*

MANUSCRIT, adj., écrit à la main ; s. m., livre écrit à la main. — *Eskuz-iskribatúa.*

MAPPEMONDE, s. f., carte géographique des deux hémisphères. — *Ciazaldéa.*

MAQUEREAU, s. m., poisson. — *Makaëla.*

MAQUEREAU, ELLE, s., qui débauche, prostitue les femmes, obsc. — *Makaëla, estaltzaïlea, estalghillea.*

MAQUERELLAGE, s. m., métier infâme de débaucher et prostituer, obsc. — *Makaëlgóa, estalkintza.*

MAQUIGNON, s. m., marchand de chevaux, qui les troque. — *Zalditratularia.*

MAQUIGNONNAGE, s. m., métier de maquignon, vendre un cheval, etc. — *Zalditratukintza.*

MAQUIGNONNER, v. a., intriguer pour vendre un cheval, etc. — *Zalditratukintzea.*

MARAIS, s. m., terres abreuvées d'eau dormante. — *Aïntzira, umantzia, ihintzuka, ur gheldia, ichtoka.* ∥ Saline où se fait le sel avec l'eau de mer : *Lugacitúa, urgacitúa.*

MARATRE, s. f., belle-mère. — *Amaïzuna, ugazama, güazama.*

MARAUD, s. m., coquin, impudent. — *Citala, dolorra, dóllorra, gaïztakiña.*

MARAUDE, s. f., vol fait par les soldats. — *Ohoïntzá.*

MARAUDER, v. a., aller en maraude. — *Ebasteá.*

MARAUDEUR, s. m., celui qui va à la maraude. — *Ebasleá.*

MARBRE, s. m., pierre calcaire. — *Márbóla, mármola.*

MARBRÉ, ÉE, adj., couleur de marbre. — *Márbólatúa, mármolatua.* ∥ Garni de marbre : *Márbóleztatúa, mármoleztatúa.*

MARBRER, v. a., imiter le marbre par la peinture. — *Mármolatzia, márbólatzea.*

MARBRIER, s. m., qui travaille le marbre. — *Marbolazko langhilea.*

MARBRURE, s. f., imitation du marbre. — *Marbolakuntza.* ∥ Qui imite le marbre : *Marboladura.*

MARC, s. m., reste des fruits pressés ou bouillis. — *Lápa.*

MARCASSIN, s. m., petit d'une laie. — *Basaürde umia.*

MARCHAND, ANDE, s., qui vend ou achète. — *Tratularia, merkateria, mártchanta.*

MARCHANDER, v. a., débattre le prix. — *Tratu'ghitea, márchandatzea, merkataritzea.*

MARCHANDISE, s. f., denrée, chose dont on fait trafic. — *Mártchandiza, merkaderia, jenerúa.*

MARCHE, s. f., action de marcher. — *Ibiltzea, urratx'ghitea.* ∥ Fig., conduite. J'ai fait des pas, des démarches inutiles : *Urratx alferrac eghintut.* ∥ Degré qui sert à monter et à descendre : *Maïlá.*

MARCHÉ, s. m., lieu public où l'on vend. — *Merkatua, merkadua.* ∥ Acheté bon marché : *Merke erosi.* ∥ Acheté cher : *Khario erosi.* ∥ Personne qui vend ou qui va au marché pour la vente ou l'achat. — *Merkatuzale, merkatuzalea.* ∥ Vente : *Tratua, salériosa.*

MARCHEPIED, s. m., banquette pour poser le pied. — *Zangopaüsatzekúa.*

MARCHER, v. n., aller d'un lieu à l'autre. — *Ibiltzea, ibiltzia, bide'ghitea.* ∥ s. m., manière de marcher : *Ibiltze, ibilkuntza.* ∥ Venir : *Ethortzea.* ∥ Arriver : *Llegatzia.* ∥ Marcher, aller à quatre pattes : *Botikoka, potikoka, oïñeskuka, aüspeka, ahozpeka ibiltzea.*

MARCHEUR, EUSE, s., qui marche. — *Ibiltzaïlea, hoïnkaria, zangokaria.*

MARCOTTE, s. f., branche couchée à terre pour s'enraciner. — *Errakatxua, lakastuna.*

MARCOTTER, v. a., coucher les marcottes. — *Errakatxtea, lakastuntzea, errakatxac, lakastunac lurrian ematia, ezartzea.*

MARDI, s. m., troisième jour de la semaine. — *Asteartea*. ‖ Mardi-gras, dernier jour de carnaval : *Asteartea ihaût*.

MARE, s. f., eau stagnante et bourbeuse. — *Ur-gheldia, aïntzira, umantzia*.

MARÉCAGE, s. m., terre bourbeuse. — *Lintzura, aïntziradia, umantzidia, hinzuka, cinghira, istilia, uchula, lokarda*.

MARÉCAGEUX, EUSE, adj., de marécage. — *Linzurtxûa, aïntziratxûa, umantzitxûa, hinzukatxûa, cinghiratxûa, istiltxûa, uchultsûa, lôkardatxûa*.

MARÉCHAL, s. m., qui ferre les chevaux. — *Ferratzaïlea, perratzaïlea, eraslea*.

MARÉE, s. f., flux et reflux.—*Maréá, maria*.

MARELLE, s. f., jeu. — *Artzaïn-yokúa*.

MARGE, s. f., blanc autour d'une page. — *Margiña, ertza, bazterra*.

MARGINAL, ALE, adj., qui est à la marge. — *Marginakôa, ertzakôa, bazterrekôa*. ‖ Au bord : *Eghikôa, álbenikôa, ertzakôa, ermiñakôa, bazterrekôa*.

MARGUERITE, s. f., plante et fleur. — *Margaita-belharra*.

MARGUILLIER, s. m., qui régit l'œuvre et la fabrique d'une paroisse. — *Ocentaria, ghilzaïna, klabera*.

MARI, s. m., époux. — *Senhârra*.

MARIABLE, adj., en état d'être marié. — *Ezkongarria, eskondarra*.

MARIAGE, s. m., union légale. — *Ezkontza, senhârrea, elkartea*.

MARIÉ, ÉE, s., qui vient d'être marié. — *Esposa*. (En basque n'a pas de genre). ‖ part., qui est marié : *Ezkondûa*.

MARIER, v. a. et p., unir par le mariage. — *Eskontzea, senhârtzea*.

MARIN, INE, adj., qui appartient à la mer ; s. m., homme de mer. — *Mariñela*.

MARINE, s. f., navigation sur mer, les marins, les navires, etc. — *Marina*.

MARINER, v. a., assaisonner pour conserver. *Mariatzia, eskabechatzea*.

MARINIER, s. m., qui conduit des bateaux. — *Mariñela*.

MARITAL, ALE, adj., du mari. — *Senhargôa*.

MARITALEMENT, adv., en mari.—*Senhargoki*.

MARITIME, adj., de mer, qui en est près. — *Itxasokôa, itsastarra, ichazokôa, itsasokôa*.

MARMAILLE, s. f., petits enfants, fam.—*Aürreria*.

MARMELADE, s. f., fruits très-cuits. — *Marmelada*.

MARMITE, s. f., vase pour faire cuire. — *Túpina*.

MARMOT, s. m., petit garçon. — *Mûtiltchûa, mûtikotchûa*. ‖ Espèce de singe à longue queue. — *Chiminó espes bat*.

MARMOTTE, s. f., quadrupède. — *Marmota*. ‖ Petite fille : *Nechkatchûa*.

MARNE, s. f., sorte de terre calcaire. — *Túparria*.

MARNIÈRE, s. f., lieu d'où l'on tire la marne. — *Túparridia*.

MARNEUX, EUSE, adj., qui a de la marne. — *Túparritxûa*.

MAROQUIN, s. m., peau de chèvre apprêtée. — *Marrokiña, kordubana*.

MAROQUINER, v. a., façonner des peaux en maroquin. — *Marrokiñtzea, kordubantzea*.

MAROQUINIER, s. m., qui maroquine.—*Marrokintzaïlea, kordubantzaïlea*.

MARQUANT, ANTE, adj., qui se fait remarquer. — *Señalaztendena*.

MARQUE, s. f., ce qui désigne, empreinte, trace, distinction. — *Marka, señalea, sinalea, ezagutkuntza*.

MARQUÉ, ÉE, part., qui a une marque. — *Markatûa, señaletûa, sinaletûa*.

MARQUER, v. a., mettre une marque, spécifier, indiquer. — *Markatzea, markatzea, señalatzea, sinalatzea, chedatzea*.

MARQUEUR, EUSE, s., qui marque. — *Markatzaïlea, señaletzaïlea, chedatzaïlea, señaletzallea*.

MARQUIS, ISE, s., titre de dignité. — *Mârtrisa, márkisa, márkesa*. (En basque n'a pas de genre).

MARQUISAT, s. m., dignité, terre de marquis.— *Mârtrisaren, márkisaren, mártkhesaren mempeá*.

MARRAINE, s. f., celle qui tient un enfant sur les fonts baptismaux. — *Amatchi, eguzama*.

MARRI, IE, adj., fâché. — *Samur*.

MARRON, s. m., châtaigne. — *Gaztaïna*. ‖ Couleur marron châtain : *Gaztaïn kholorea*.

MARRONNIER, s. m., arbre des Indes.—*Gaztaña*.

MARRUBE, s. m., plante labiée. — *Lekucibedarra*.

MARS, s. m., troisième mois de l'année. — *Martchoa, ephaïlı*. ‖ Planète : *Mártizarra*.

MARSOUIN, s. m., cétacé. — *Itxasurdia*.

MARTAGON, s. m., plante et fleur. — *Citorigorria.*
MARTEAU, s. m., outil pour battre. — *Maïlua, martillua.* ‖ Heurtoir de porte : *Martillua.*
MARTELAGE, s. m., marque sur les arbres à couper. — *Markakuntza.*
MARTELER, v. a., marquer les arbres. — *Markatzea.*
MARTELET, s. m., petit marteau. — *Maïlutchua, martillutchua.*
MARTINET, s. m., sorte d'hirondelle. — *Sorbeltza.* ‖ Marteau de forge : *Olha-maïlua.* ‖ Discipline de cordes : *Azótea.*
MARTIN-PÊCHEUR, s. m., oiseau aquatique. — *Martiñeta.*
MARTINGALE, s. f., courroie qui empêche le cheval de se porter au vent. — *Martingala.*
MARTRE, s. f., quadrupède, sa fourrure. — *Martea, martirina.*
MARTYR, YRE, s., qui souffre la mort pour la foi. — *Martyra.*
MARTYRE, s. m., mort, tourment de martyr. — *Onkeriola.* ‖ Peine d'amour : *Onkerióa.*
MARTYRISER, v. a., faire souffrir le martyre. — *Martyrisatzia.* ‖ Fig., tourmenter : *Onkeriotzea.*
MASCARADE, s. f., déguisement avec des masques. — *Mùsiganga, mask'aldea.*
MASCULIN, INE, adj. et s. m., du mâle. — *Ordotxekùa, orotxekùa, argokia.*
MASQUE, s. m., faux visage de carton. — *Maska, mosorrùa, mùsiga.*
MASQUER, v. a., mettre un masque. — *Maskatzea, mosorrutzea, musigangatzea.* ‖ Cacher : *Gordetzea, estaltzea.*
MASSACRE, s. m., carnage. — *Sarraskia, sakaïla, sakhaïla, sarbaskia, hilkintza, eriokintza.*
MASSACRER, v. a., tuer des hommes sans défense. - *Sarraskitzea, sakaïltzea, sakhaïltzea, sarbaskitzea, hilkintzea, eriokintzea.*
MASSACREUR, s. m., qui massacre. — *Sarraskitzaïlea, sakaïltzaïlea, sakhaïltzaïlea, sarbaskitzaïlea, hiltzaïlea, eriotzaïlea, eriokintzallea.*
MASSE, s. f., amas. — *Meta, pilla, murrùa, multchùa, móla, montoïna, multzua, mulzóa.* ‖ Totalité, fonds d'argent, corps solide : *Mása.* ‖ Arme dont on se servait autrefois en guerre : *Agapurùa.* ‖ Masse de sang : *Odol'opila.* ‖ Massue : *Mallùa, mallukia, zumallùa, zumallukia, makil'borra.*

MASSEPAIN, s. m., sorte de pâtisserie. — *Masapina, otorea.*
MASSIF, IVE, adj., sans creux. — *Uskabea, utxgabea.* ‖ Fig., épais : *Lódi.* ‖ Lourd : *Pisù.*
MASSIVEMENT, adv., d'une manière massive. — *Pisuki.*
MASSUE, s. f., arme dont on se servait anciennement. — *Mallùa, mallukia, zumallùa, zumallukia, makil'borra.*
MASTIC, s. m., sorte de colle. — *Mastika.*
MASTICATION, s. m., action de mâcher. — *Cheakuntzea.* ‖ Action de coller avec du mastic : *Mastikadura.*
MASTIQUER, v. a., coller avec du mastic. — *Mastikatzea.*
MASTURBATION, s. f., onanisme. — *Eskuyostadura.*
MASTURBER (SE), v. pers., abuser de soimême. — *Eskuz-yostatzea.*
MASURE, s. f., maison en ruine. — *Etchedeseïgóa.*
MAT, TE, adj., qui n'a pas d'éclat. — *Dirdiratzen ez dùena.*
MAT, s. m., arbre qui porte les voiles. — *Masta.*
MATELAS, s. m., enveloppe de toile remplie de laine pour un lit. — *Matalaza, koltchoïa, kultchoña.*
MATELOT, s. m., marin qui sert à la manœuvre. — *Mariñela.*
MATER, v. a., garnir de mâts. — *Mastatzea.*
MATÉRIAUX, s. m. pl., qui sert à bâtir. — *Gheïya, materialac, ekaya, ekeïa.*
MATERNEL, LE, adj., de la mère. — *Amatarra, amarena.* ‖ Langue de son pays : *Erriko mintzóa, erriko lengùaiya.*
MATERNELLEMENT, adv., en bonne mère. — *Ama onez.*
MATERNITÉ, s. f., qualité de mère. — *Amatasuna, amaïzatea.*
MATHÉMATICIEN, s. m., qui sait les mathématiques. — *Neùrtakintsùa.*
MATHÉMATIQUEMENT, adv., selon les mathématiques. — *Neùrtakindeki, neùrtakindero.*
MATHÉMATIQUES, s. f. pl., science des grandeurs. ‖ Mathématique, adj., qui appartient aux mathématiques. — *Neùrtakindea.*
MATIÈRE, s. f., excrément, substance. — *Zorna, zornia, zornea, materia.* ‖ Sujet : *Sùyeta.*

MATIN, s. m. adv., première partie de la journée. — *Goïza*. ‖ Matin (demain) : *Bihar goïzian*. ‖ Demain matin (de bonne heure) : *Bihar goïzic*.

MATIN, s. m., gros chien.—*Borta-zakurra*. ‖ Femelle du mâtin : *Borta-zakur emea*.

MATINAL, ALE, adj., qui se lève matin. — *Goïztiarra*.

MATINÉE, s. f., du point du jour à midi. — *Goïza, goïzaldia, goïztiria*.

MATINES, s. f. pl., première partie de l'office. — *Matutiac*.

MATINEUX, EUSE, adj., qui se lève matin. — *Goïztiarra*.

MATINIER, ÈRE (étoile), adj., du matin. — *Arghi-izárra, art-izarra*.

MATOIS, OISE, adj., rusé. — *Amarrutxúa, yokotritxúa*.

MATOISERIE, s. f., qualité du matois, tromperie, fourberie. — *Amarrutxakeria, yokotrikeria*.

MATOU, s. m., chat entier. — *Gatou-arra, kátarrúa*.

MATRICAIRE, s. f., plante.—*Emasabeldarra*.

MATRICE, partie où l'enfant se forme.—*Emasabela, haür-untzia*.

MATRICULE, s. f., registre, rôle de noms de personnes. — *Cekidoria*.

MATRIMONIAL, ALE, adj., qui appartient au mariage. — *Ezkondarra, ezkontzakúa*.

MATRONE, s. f., mère de famille vertueuse. — *Echandrea*.

MATURITÉ, s. f., état de ce qui est mûr. — *Aldera, eltasuna, soritasuna, sasóalda*.

MATUTINAL, ALE, adj., qui appartient au matin. — *Goïzekúa*.

MAUDIRE, v. a., faire des imprécations, réprouver. — *Madarikatzia, apaldiztea, burhotzea, gaïkotsatzea*.

MAUDISSON, s. m., malédiction.—*Burhóa, madarikaciónea, madaricionea*.

MAUDIT, ITE, adj., exécrable, détestable ; s. m., réprouvé. — *Madarikatúa, madaricitua, apaldiztua, burhotúa, gaïzkotsatúa*.

MAURE, ESQUE, s., habitant de la Mauritanie. — *Morúa*.

MAUSOLÉE, s. m., tombeau orné. — *Antobia*.

MAUSSADE, adj., désagréable. — *Sunkuïlla, mestitsúa, deskuritsúa, désapaïntsúa*.

MAUSSADEMENT, adv., de mauvaise grâce. — *Sunkuïlki, mestitsuki, deskuritsuki, désapaïntsuki*.

MAUSSADERIE, s. f., mauvaise grâce, façon désagréable. — *Sunkuïlkeria, mestitsukeria, deskuritsutasuna, désapaïntasuna*.

MAUVAIS, AISE, adj. et s., qui n'est pas bon, incommode, nuisible.—*Gachtóa, gaïztóa, gaïtza, tzarra*. ‖ Dangereux : *Lanyerosa*.

MAUVE, s. f., plante officinale. — *Malba, malva, malma, cighiña*.

MAXILLAIRE, adj., terme d'anat., qui appartient aux mâchoires. — *Matraïlakúa*.

MAXIME, s. f., proposition qui sert de principe. — *Esanghia, errantza, erran-zaharra*.

MAXIMUM, le plus haut degré d'une grandeur. — *Gheïyena, gorena*. ‖ Taux : *Precióa, balióa*.

ME, pron. pers. de la première personne.— *Ni, nic, neü, néüc, néür, néüre*. ‖ Moi, moi-même : *Nihoni, néhonec, néronec, nérau*.

MÉCANICIEN, s. m., qui sait la mécanique.— *Mékanika'ghilea*.

MÉCANIQUE, s. f., science des lois, du mouvement. — *Mékanika*.

MÉCANIQUEMENT, adv., d'une façon mécanique. — *Mékanikoki, lankaïkiró*.

MÉCANISME, s. m., structure mécanique, action des causes mécaniques. — *Mékanisma, lankaïkeria, lanisbékeria*.

MÉCHAMMENT, adv., avec méchanceté. — *Gachtoki, gaïstoki, gaïstakeriaz*.

MÉCHANCETÉ, s. f., penchant au mal, action méchante. — *Gachtokeria, gaïstakeria*.

MÉCHANT, ANTE, adj. et s., mauvais, qui fait du mal : *Gachtóa, gaïstóa, gaïstaghina*.

MÈCHE, s. f., coton de lampe, etc. — *Mïtcha, métcha*. ‖ Mèche de chandelle : *Mécha, arghi biukaya*. ‖ Mèche pour certaines armes à feu : *Mécha*.

MÉCOMPTE, s. m., erreur de calcul. — *Kóntufaltaduna*. ‖ Fig., déception : *Engañua, engañoa, gaïnta, atzipea, baïra, ciliboka*.

MÉCONNAISSABLE, adj., qu'on reconnaît avec peine. — *Ezinezagutúa*.

MÉCONNAÎTRE, v. a., ne pas reconnaître. — *Ez ezagutzea, ukhatzea*. ‖ v. p., être ingrat : *Ezagutzaric ez izatúa*.

MÉCONTENT, ENTE, adj. et s., non satisfait, pl., factieux. — *Déskontenta, múgaïtza, désnaïkidéá, déskontatúa*.

MÉCONTENTEMENT, s. m., déplaisir. — *Déskontentamendúa, múgaïkoria, múgaïtzasuna, désnaïkida*.

MÉCONTENTER, v. a., rendre mécontent. — *Déskontentatzea, mugaïztea, désnaïkidea, déserapotzea.*

MÉDAILLE, s. f., pièce de métal frappée en mémoire d'une action. — *Médaïla, médalla, médalleá.*

MÉDECIN, s. m., qui exerce la médecine. — *Medikûa, dótora, bárbera, eruskiña, sendakiña.*

MÉDECINE, s. f., art de guérir. — *Sendakindea, eruskindea.* ‖ Médicament : *Sendagallac, sendayac, eruskayac, erremedióac.* ‖ Purge : *Púrgá.*

MÉDIATEUR, TRICE, s., conciliateur. — *Ararlekóa, bitartekóa, artekóa, ongundaria, kómundaria, baketzaïlea.*

MÉDIATION, s. f., intervention. — *Ararteza, bitarteza, artetzdea, ongundea, kómundea, bakeá.*

MÉDICAL, ALE, adj., qui appartient à la médecine. — *Sendakindarra, eruskindarra.*

MÉDICAMENT, s. m., remède intérieur ou extérieur. — *Erremedióa, sendagalla, sendagaya, eruskaya.*

MÉDICAMENTER, v. a. et p., administrer des médicaments. — *Erremediotzea, sendagaltzea, sendagaytzea, eruskaytzea.*

MÉDICINAL, ALE, adj., qui sert de remède. — *Erremediokûa, sendakindarra, eruskindarra.*

MÉDIOCRE, adj., entre le grand et le petit, le bon et le mauvais. — *Artekoa, ordenariûa, erditsukóa.*

MÉDIOCREMENT, adv., d'une façon médiocre. — *Artekoki, ordenariokoki, erditsuki.*

MÉDIOCRITÉ, s. f., état médiocre. — *Artetasuna, ordenariotasuna, erditasuna.*

MÉDIRE, v. n., dire du mal sans nécessité. — *Gaïzkika, mintzatzia, akastea, médisentki, elheketatzea.*

MÉDISANCE, s. f., action du médisant. — *Médisentzia, akastea.*

MÉDISANT, ANTE, adj. et s., qui médit. — *Médisenta, akastaria, akastallea.*

MÉDITATIF, IVE, adj. et s., porté à méditer. — *Gógartagarria.*

MÉDITATION, s. f., application de l'esprit, écrit. — *Méditacionea, gógarteá.*

MÉDITER, v. a. et n., délibérer en soi-même, former un plan. — *Méditatzia, gógartatzea.*

MÉDITERRANÉE, adj. et s. f. (mer), au milieu des terres. — *Erriartea, lurrartea, lur arteko itxasóa, méditerraneá.*

MÉFAIT, s. m., mauvaise action. — *Gaïstakeria, gaïztakeria, gachtokeria.*

MÉFIANCE, s. f., soupçon en mal. — *Bekaïzgóa, idurikortasuna, mesfidentzia, fidakaïtztasuna, fidagaïtztasuna.*

MÉFIANT, ANTE, adj., qui se méfie. — *Bekaïtza, bekaïtztia, idurikorra, mesfidenta, fidakaïtza, fidagaïtza.*

MÉFIER (SE), v. p., ne pas se fier. — *Bekaïtztea, iduritzea, fidakaïztea, fidagaïztea, mesfidatzea, ez fidatzea.*

MÉGARDE, s. f., inattention. — *Ustegabea.* ‖ Par mégarde : *Ustegabez, ustegabetan.*

MEILLEUR, adj. et s., au-dessus du bon. — *Obea, obia.* ‖ Le meilleur : *Obena.*

MÉLANCOLIE, s. f., atrabile, tristesse, habitude de la rêverie. — *Langhiadura, balenkonioskeria, gógótasuna.*

MÉLANCOLIQUE, adj. et s., enclin à la mélancolie. — *Balenkoniosa, langhiatxûa, gógóëtatxûa.* ‖ Devenu mélancolique : *Balenkoniostûa, langhiatûa, gógóëtatua.*

MÉLANCOLIQUEMENT, adv., avec mélancolie. — *Balenkonioski, langhiaki, gógóëtatuki.*

MÉLANGE, s. m., résultat de choses mêlées. — *Nahasdura.*

MÉLANGÉ, ÉE, part., qui a fait un mélange. — *Nahasia, nahastekatûa, baltxatûa.*

MÉLANGER, v. a., faire un mélange. — *Nahastea, nahastia, nahastekatzea, baltxatzea.*

MÊLÉE, s. f., combat ; fig., bagare, dispute. — *Gaïtea, aützbartza, nahasdura, gidua, jazarra, aharra.*

MÊLER, v. a. et p., brouiller diverses choses. — *Nahastea, nahastia, baltxatzea, nahastekatzea, nahastekatzia.* ‖ S'entremettre : *Sartzea, ararteotzea, bitartetzea, artetzea.*

MÉLÈSE ou MÉLÈZE, s. m., arbre résineux. — *Zúcia, torchóa.*

MÉLILOT, s. m., sorte d'herbe. — *Hirusta, trebola.*

MÉLISSE, s. f., plante aromatique. — *Meliza, larania, toronghilla.*

MÉLODIE, s. f., résultat harmonieux d'une suite de sons, chant doux. — *Abalia, otseztia, aheria.*

MÉLODIEUSEMENT, adv., avec mélodie. — *Abaleki, otsezki, aheriki.*

MÉLODIEUX, EUSE, adj., plein de mélodie. — *Abalitxûa, otsezlitxûa, aheritxûa.*

MELON, s. m., plante cucurbitacée, son fruit. — *Meloña, meloya, moloya, meloka, kalabasa.* ‖ Melon d'eau : *Angurria.*

MELONNIÈRE, s. f., l'endroit où l'on fait croître les melons. — *Meloyteghia, moloyteghia, kalabasteghia, meloñteghia, angurriteghia.*

MEMBRANE, s. f., enveloppe, t. d'anat. — *Téla, mebarna, frintza.*

MEMBRANEUX, EUSE, adj., de la membrane. — *Telakúa, mebarnekúa, frintzakúa.* ‖ Qui a des membranes : *Télatxúa, mebarnetxúa, frintzatxúa.*

MEMBRE, s. m., partie du corps. — *Membrúa, bizkaya.*

MEMBRU, UE, adj., qui a les membres gros. — *Membrutxúa, bizkaylia, goïtia.*

MÊME, adj., qui n'est pas autre. — *Ber.* ‖ Le même, la même, lui-même, elle-même : *Bera.* ‖ Les mêmes : *Berac.* ‖ Eux-mêmes : *Bercc.* ‖ Vous-même : *Cehonec, cerori.* ‖ adv., plus : *Gheiyago.* ‖ Aussi : *Baï'ta éré.* ‖ Encore : *Oraïno.*

MÊMEMENT, adv., de même.—*Orobat, igúal.*

MÉMOIRE, s. f., faculté de se souvenir. — *Gógóa, orrhoïtzapena.* ‖ Compte : *Kóntúa.*

MÉMORABLE, adj., digne de mémoire.—*Orrhoïtgarria, gógóangarria, orrhoïtkaria.*

MÉMORATIF, IVE, adj., qui se souvient, fam. - *Orrhoïtzekúa, gógoangarrikúa, orrhoïtkarikúa.*

MÉMORIAL, s. m., placet ; pl., registres d'inscriptions des lettres patentes.- *Gógarkaya, orrhoïtkaya, komutakaya, dichidanta.*

MENAÇANT, ANTE, adj., qui menace. — *Mehatchugarria, mehatchagarria.*

MENACE, s. f., parole ou geste pour inspirer de la crainte. — *Mehatchúa, larderia, dichidúa.*

MENACER, v. a., faire des menaces. — *Mehatchatzea, larderitzea, dichidatzea.*

MÉNAGE, s. m., gouvernement domestique, meubles. — *Ménayúa.* ‖ Famille : *Familia, echadia, diapea, maïnada.* ‖ Economie : *Onzurta.*

MÉNAGEMENT, s. m., égard. — *Menayamendua, zaïtiraündea.* ‖ Circonspection, prudence : *Beghirada, beghikada, beáda, beákada, behada, begaldia, behaldia.*

MÉNAGER, v. a. et p., dépenser peu, procurer. — *Menayatzia, menayatzea, beghiratzea, zaïtiraüntzea.* ‖ Agir avec prudence et circonspection : *Betuztetzea, kóntsideratzea.*

MÉNAGER, ÈRE, adj. et s., économe, qui entend le ménage. — *Menayatzaïle, bicitorea, zuhurra, guardiakorra.*

MÉNAGERIE, s. f., bâtiment où l'on tient les animaux étrangers. — *Alimaleteghia.*

MENDIANT, ANTE, s., qui mendie. — *Erromesa, eskalea, eskaïlia, eskatzaïlea, nóarroïntza.*

MENDICITÉ, s. f., état de mendiant. — *Erromeseria, eskegóa, nóarroïnkeria, eskapremia.*

MENDIER, v. a., demander l'aumône. — *Eskatzea, nóarroïntzea, erromeskerian ibiltzea.*

MENÉE, s. f., intrigue. — *Ekiñartea.*

MENÉ, ÉE, part., conduit. — *Eremana.* ‖ Voituré : *Karreiyatúa.*

MENER, v. a., conduire. — *Eremaïtea.* ‖ Voiturer : *Karreiyatzea.*

MÉNÉTRIER, s. m., joueur d'instrument, fam. — *Soñularia, soïnularia, soïnu yotzaïlea.*

MENEUR, EUSE, s., qui mène. — *Ghidatzaïlea, ibiltzaïlea.*

MENOTTE, s. f., petite main. — *Eskutchúa.* ‖ pl., fers aux mains : *Mañotac.*

MENSE, s. f., table. — *Mahaïna, maïa.*

MENSONGE, s. m., discours trompeur.—*Ghezurra, guzurra, ghizurra, enganióa.*

MENSONGER, ÈRE, adj., faux, trompeur. — *Ghezurtia, guzurtia, ghizurtia, enganagarria, enganakorra.*

MENSTRUATION, s. f., flux des menstrues. — *Illodoltasuna, odoltasuna.*

MENSTRUES, s. f. pl., évacuations périodiques, règles des femmes. — *Odolac, ilberac, illodolac, astegaïtzac.*

MENSTRUEL, LE, adj., des menstrues. — *Illodolekúa, illodoldarra, ilberakiro, odolkiro, illodolkiró, odolgóa.*

MENSUEL, LE, adj., de tous les mois. — *Ilhabete gucikúa, illórokóa.*

MENSUELLEMENT, adv., tous les mois. — *Ilhabete guciz, illóroz.*

MENTAL, ALE, adj., qui se fait d'esprit. — *Aditzakóa, adimentukóa, centzukóa, gógókóa.*

MENTALEMENT, adv., dans son esprit. — *Aditzez, adimentuz, centzuz, gógóz.*

MENTERIE, s. f., mensonge, fam. — *Ghezurra, guzurra, ghizurra, enganióa.*

MENTEUR, EUSE, adj. et s., qui ment. — *Ghezurtia, guzurtia, ghizurtia, enganatzaïlea.*

MENTHE, s. f., plante aromatique. — *Menda, erremonia, kúkuso-belharra, akamenda.* ‖ Bonbons de menthe : *Arriminac, garratchac, pikantac.*

MENTION, s. f., commémoration. — *Aĭpua, haĭpamendua, aĭpamena, solasa.*

MENTIONNER, v. a., faire mention. — *Haĭpatzea, aĭpatzea, solastatzea.*

MENTIR, v. n., dire un mensonge. — *Ghezurtatzia, ghezur erraĭtia.*

MENTON, s. m., partie inférieure du visage. — *Kokotxa.*

MENTOR, s. m., guide, gouverneur.— *Ghidaria, kóntseillaria.*

MENU, adv., en petits morceaux. — *Chehe.* || s. m., détail : *Chehe-chehia.* || Détail (en) : *Cheheki, chehe-cheheki.* || adj., délié : *Luchia, lucia, luzia, luzea.*

MENUAILLE, s. f., petites choses.-*Chehekeria.*

MENUISERIE, s. f., art du menuisier. — *Menuzeria, menuceria.*

MENUISIER, s. m., qui travaille en menu bois pour l'intérieur des maisons. — *Menuzera, benucera, maihechtera, maĭestúa, benocera, menucera.*

MÉPRENDRE (SE), v. p., se tromper. — *Enganatzia, engañatzea, trumpatzea.*

MÉPRIS, s. m., sentiment par lequel on juge ; adv., sans égard.—*Arbuyôa, mesprecióa, zithal.*

MÉPRISABLE, adj., digne de mépris. — *Arbuyagarria, mespreciogarria, zithalgarria.*

MÉPRISÉ, ÉE, part., mésestimé. — *Arbuyatúa, mespreciatúa, zithalgarritúa.*

MÉPRISANT, ANTE, adj., qui marque du mépris. — *Arbuyatxua, mespreciotxúa.*

MÉPRISER, v. a., avoir du mépris. — *Arbuyatzea, mespreciatzea, mespechatzea, zithaltzea.*

MER, s. f., eau qui environne la terre. — *Itxasóa.*

MERCANTILE, adj., commercial (en mauvaise part). — *Merkakindarra.*

MERCANTILLE, s. f., petit négoce. — *Tratutchúa.*

MERCENAIRE, adj., qui se fait pour de l'argent, homme facile à corrompre. — *Alogheraria, alokacera, allatarutaria, lakondaria.*

MERCENAIREMENT, adv., d'une façon mercenaire. — *Alogherariki, alokacerkiro, allatarutiró, lokondariki.*

MERCERIE, s. f., marchandises de mercier. — *Mercheria.*

MERCI, s. m. et adv., remerciement.—*Milesker, eskarikaski, eskarikasko.* || s. f. sans pl., miséricorde : *Errukia, kûpida, urrikalmendúa, miserikordia.*

MERCI (A LA), adv., à la disposition. — *Almenéan.*

MERCI (A), adv., à discrétion. — *Borondatera.*

MERCIER, ÈRE, s., marchand de fil, de rubans. — *Mertcheróa, mertcheri saltzailea.*

MERCREDI, s. m., quatrième jour de la semaine. — *Asteazkena.*

MERCURE, s. m., vif argent. — *Cilhárbicia azoghe.* || Planète : *Merkûrio-izarra.*

MERCURIALE, s. f., herbe médicinale. — *Galosiña.* || Réprimande : *Ministа.*

MERCURIEL, LE, adj., qui contient du mercure. — *Cilhár-hicitxúa, azoghetxúa.*

MERDAILLE, s. f., troupe d'enfants, bas. — *Kakatxuac.* (En basque se dit au pluriel).

MERDE, s. f., excrément. — *Káká.*

MERDEUX, EUSE, adj., souillé de merde. — *Kákátxua.*

MÈRE, s. f., femme qui a mis au monde un enfant. — *Ama.* || Femelle qui a un petit : *Ama.* || Grand'mère : *Amaso.* || Père et mère : *Burasóac, burasúac.*

MÉRELLE ou MARELLE, s. m., jeu des enfants ou des écoliers. — *Artzaĭn-yókoa.*

MÉRIDIEN, adj., du Midi. — *Eguardikóa.* || s. m., cercle de la sphère ; s. f., ligne dans le plan méridien : *Boïlaren erdiko marra.* || Sommeil après le dîner : *Siesta.*

MÉRIDIONAL, ALE, adj., du Midi. — *Eguardikóa.* || Du Midi (du côté) : *Eguardi phartekóa.*

MÉRINOS, s. m., mouton d'Espagne. — *Mérinoza.* || Sa laine : *Ilhe, ille mérinoza.*

MÉRISE, s. f., fruit du mérisier. — *Ghézibásatia, ghéreci-básatia, bása-ghézia, ghéci-básatia.*

MÉRISIER, s. m., cerise des bois. — *Básaghézi hôndoá, bása-ghéreci hôndoá, ghécibásati hôndoá.*

MÉRITE, s. m., bonne qualité ; pl., bonnes œuvres.— *Onkaya, mérecimendúa, mérechimendúa.*

MÉRITER, v. a. et n., se rendre digne de... — *Onkaĭtzea, mérecitzea, mérechitzea.*

MÉRITOIRE, adj., digne de récompense. — *Onkaĭtaria, mérecilea.*

MÉRITOIREMENT, adv., qui est digne d'être récompensé. — *Onkaĭki, onkaĭkiró, méreciki.*

MERLAN, s. m., poisson. — *Matrana.*

MERLE, s. m., oiseau ; fig., fin, adroit : *Chôchuá, sasizózóa, chochóa.*

MERLUCHE, s. f., morue sèche. — *Bákaillaba, bakallaüá*. ‖ Poisson qui est le même que la morue : *Lágatza, lábatza*.

MÉROVINGIENS, s. m. pl., race de Mérovée, roi de France. — *Mérobenjienac*.

MERRAIN, s. m., planchettes de chêne. — *Yóbalta*.

MERVEILLE, s. f., chose rare ou admirable. — *Marabilla, mirabilla, miraria, sentagallá*. ‖ A merveille, adv., parfaitement : *Marabilki, mirabilki, mirariki, espantugarriki, sentagallki*.

MERVEILLEUSEMENT, adv., à merveille, admirablement. — *Sentagallki, marabilki, mirabilki, miragarriki, espantugarriki*.

MERVEILLEUX, EUSE, adj., admirable ; s. m., tout ce qui étonne. — *Miragarria, marabillagarria, espantugarria*.

MES, particule qui change la signification d'un mot en mal. — *Eneac, eniac, nériac*.

MÉSAISE, s. m., malaise. — *Ez aïsian, ez-onghi-aïria*.

MÉSALLIANCE, s. f., mariage avec une personne d'une condition inférieure. — *Ezkontza aphala*.

MÉSALLIÉ, ÉE, part., qui a fait une mésalliance. — *Ezkontz'-aphal'ghin duena*.

MÉSANGE, s. f., oiseau de volière. — *Erléengalgarria*.

MÉSARRIVER, v. n. et imp., avoir une issue fâcheuse. — *Estrapu ghertatzea, ethortzaphena*.

MÉSAVENIR, v. n. et imp., mésarriver. — *Estrapu ghertatzea, ethortzaphena*.

MÉSAVENTURE, s. f., accident fâcheux. — *Estrapua*.

MESCHIEF, s. m., malheur, infortune. — *Málhurra, zórigaïtza, zórikaïtza, zórigachtúa*.

MÉSESTIMER, v. a., n'offrir que la valeur réelle. — *Déspresiatzea*.

MÉSINTELLIGENCE, s. f., désunion. — *Khiméra, eskatima*.

MÉSOFFRIR, v. n., offrir moins que la valeur. — *Déspreciotzea*.

MESQUIN, INE, adj., chiche, pauvre, de mauvais goût. — *Michkina, eskasa, tcharra*.

MESQUINEMENT, adv., d'une façon sordide et mesquine. — *Michkintki, eskaski, tcharki*.

MESQUINERIE, s. f., épargne sordide. — *Eskaskeria, tcharkeria, michkinkeria*.

MESSAGE, s. m., charge de dire ou de porter. — *Mézúa, mandatúa*.

MESSAGER, s. m., qui fait un message. — *Mézu'ghilea, mandataria*.

MESSAGERIE, s. f., emploi de messager. — *Mandari plaza*. ‖ Voiture publique : *Karrosa, kótchia*.

MESSE, s. f., sacrifice divin. — *Meza*. ‖ Grand'messe : *Meza naüsia*.

MESSÉANCE, s. f., manque de bienséance. — *Errespetu gabetasuna, moldesibaghea*.

MESSÉANT, ANTE, adj., inconvenant. — *Errespetu gabekúa, moldesi baghekúa*.

MESSOIR, v. n., n'être pas séant. — *Errespetu ez izaïtea*.

MESSIDOR, s. m., dixième mois de l'année de la république. — *Uztaïl*.

MESSIE, s. m., le Christ promis. — *Khristóa, mésia, khrichtóa*.

MESSIEURS, s. m. pl. de Monsieur. — *Yaünac, jaünac*.

MESURABLE, adj., qui peut se mesurer. — *Negurgarria, neürrigarria, izárgarria*.

MESURAGE, s. m., action de mesurer. — *Negurtasuna, neürtasuna, izártasuna*.

MESURE, s. f., règle pour mesurer. — *Negurria, neürria, izária, mesura*. ‖ Au fig., précaution, moyen : *Negurria, neürria, izária*. ‖ Terme de musique : *Eskuëra*. ‖ Terme de poésie : *Neürria*.

MESURE (A), adv., à proportion. — *Arabéra*. ‖ A mesure que : *Dembora bérian*.

MESURÉ, ÉE, adj., prudent. — *Zuhurra, chuhurra*. ‖ part., dont on a pris les proportions : *Neürtúa, négurtúa, izartúa, mésuratúa*.

MESURER, v. a., déterminer une quantité ; fig., proportionner ; v. p., lutter. — *Négurtzea, neürtzea, izartzea, mésuratzea*.

MESUREUR, s. m., qui mesure. — *Négurtzaïlea, neürtzaïlea, izártzaïlea*.

MÉSUSER, v. n., abuser. — *Abusatzia*.

MÉTACARPE, s. m., deuxième partie de la main. — *Eskuzabala*.

MÉTAIRIE, s. f., ferme. — *Borda, etchaltea*.

MÉTAL, s. m., sorte de substance minérale. — *Métaïllúa*.

MÉTALLIQUE, adj., de métal. — *Métaïllukóa*.

MÉTALLISATION, s. f., formation naturelle des métaux. — *Métaïllukuntza*.

MÉTALLISER, v. a., donner la forme métallique. — *Métaïllukintzea, métaïllutzea*.

MÉTAMORPHOSE, v. a. et p., changement de forme. — *Billakakuntza, kambiamendúa, chanyamendúa*.

MÉTAMORPHOSER, v. a. et pr., changer de forme. — *Billakatzea, kambiatzea, chanyatzea.*

MÉTAPHORE, s. f., espèce de comparaison ou d'allusion. — *Egokilkida.*

MÉTAPHORIQUE, adj., de la métaphore. — *Egokilkidarra.*

MÉTAPHORIQUEMENT, adv., d'une manière métaphorique. — *Egokilkideki, égokilkideró.*

MÉTAPHRASE, s. f., traduction littérale. — *Ichkribu bat den bezala itzultzia.*

MÉTAPHYSICIEN, s. m., qui sait la métaphysique. — *Meïcetakiña.*

MÉTAPHYSIQUE, s. f., partie de la philosophie qui a pour objet l'être universel. — *Meicetakindea.*

MÉTAPHYSIQUEMENT, adv., d'une manière métaphysique. — *Meïcetakindeki.*

MÉTATARSE, s. f., deuxième partie du pied. — *Zangozabala.*

MÉTAYER, ÈRE, s., fermier. — *Bordaria, etchetiarra, maïchterra, maïsterrá.*

MÉTEIL, s. m., froment et seigle mêlés. — *Oghi'ta sékalca nahastekatuac.*

MÉTEMPSYCHOSE, s. f., transmigration des âmes. — *Arimaldaëra.*

MÉTÉORE, s. m., phénomène atmosphérique. — *Kémeaïra.*

MÉTÉOROLOGIE, s. f., science des météores. — *Kémeaïrakindea.*

MÉTÉOROLOGIQUE, adj., qui concerne les météores. — *Kémeaïrakindeki.*

MÉTHODE, s. f., règle, usage, ordre. — *Manera, ékidaraüa, moldéa.*

MÉTHODIQUE, adj., qui a de la méthode. — *Manerakúa, ékidaraütarra, moldekúa.*

MÉTHODIQUEMENT, adv., avec méthode. — *Maneraékin, ékidaraüró, moldéarekin.*

MÉTHODISME, s. m., système des méthodes. — *Maneratasuna, ékidaraütasuna, moldetasuna, ékindaraüdea.*

MÉTIER, s. m., profession d'artisan. — *Estatúa, oficiúa, opiciúa, oficióa.* || Machine : *Machina.* || Fabrique pour draps ou toile : *Ehunteiya.*

MÉTIS, SE, adj. et s., né de deux espèces. — *Mulatra.* || Métis (en parlant d'une brebis) : *Morlantxa.*

MÉTOPE, s. f., terme d'architecture. — *Doyuskia.*

MÈTRE, s. m., mesure de longueur. — *Métra.*

MÉTRIQUE, adj., composé de mètres. — *Métrakúa.*

METS, s. m., ce qu'on sert pour manger. — *Yanaria, yankia.* || En basque se dit au pluriel : *Yanariac, yankiac.*

METTABLE, adj., qu'on peut mettre. — *Ezargarria, emangarria, paragarria.*

METTRE, v. a., poser ; v. p., s'habiller, se mettre à quelque chose, s'en occuper. — *Ezartzea, émalea, paratzea.*

MEUBLE, s. m., ce qui sert à meubler. — *Moblia, alaja, alajea.*

MEUBLER, v. a., garnir d'ustensiles nécessaires. — *Moblatzia, alajatzea, alajeatzea.*

MEUGLEMENT, s. m., beuglement, cri du bœuf : *Márruma.*

MEUGLER, v. n., beugler, mugir. — *Márrumatzea, márruma'ghitea.*

MEULE, s. f., cylindre pour aiguiser. — *Ezterá, boïlleztera.* || Corps solide, rond et plat qui sert à broyer, meule de moulin : *Errot'arria, ihar'arria.* || Pile de foin, etc : *Méta.*

MEULIÈRE (pierre de), s. f., dont on fait les meules. — *Errot'arria, ihar'arria.*

MEUNIER, ÈRE, s., qui gouverne un moulin. — *Errotazaïna, iharazaïna, errotazaya.*

MEURTRE, s. m., homicide. — *Heriotzea.*

MEURTRIER, ÈRE, adj. et s., qui a commis un meurtre. — *Heriotzaïlea.*

MEURTRIR, v. a., faire une contusion, une meurtrissure. — *Uspeltzea, úmatzea.*

MEURTRISSURE, s. f., contusion livide. — *Uspeldura, úmadura.*

MEUTE, s. f., troupe de chiens. — *Chakurdia, zakurdia, pótzodia.*

MÉVENDRE, v. a., vendre à vil prix. — *Yeüsesian, yeüsekerian saltzea.*

MÉVENTE, s. f., vente à vil prix. — *Yeüsesetan salkuntza.*

MÉZÉRÉON, s. m., voyez LAURÉOLE.

MI, particule indéclinable, demi, sert à marquer partie d'une chose ; mi-carême..., à mi-jambe, etc. — *Erdi.*

MIAULANT, ANTE, adj., qui miaule. — *Niaükan, miaúkan.*

MIAULEMENT, s. m., cri du chat. — *Niaúka, miaúka.*

MIAULER, v. n., se dit du chat qui crie. — *Niaükatzea, miaúkatzea.*

MICHE, s. f., petit pain. — *Oláta, óped, opilla, ophila.* || Gros morceau de mie : *Mámi piska.*

MICROSCOPE, s. m., lunette qui grossit les objets. — *Urrikuskaya.*

MICROSCOPIQUE, adj., qui a rapport au microscope, qui s'observe au microscope. — *Urrikuskaykóa.*

MIDI, s. m., milieu du jour, Sud.—*Eguerdi, egùardi.*

MIE, s. m., partie molle du pain. — *Mâmia.*

MIEL, s. m., suc doux des abeilles. — *Eztia.*

MIELLAT, s. m., miel des feuilles.—*Ostoëzti.*

MIELLEUX, EUSE, adj., qui tient du miel; fig., fade. — *Eztitxúa.*

MIEN, NE, adj. pos., qui est à moi. — *Ene, énia, énea, néré, néria.* || s. m., mon bien : *Ene, néré ontasuna.* || pl., mes proches : *Ene, néré burasóac, éne, néré burasasúac.*

MIETTE, s. f., parcelle de pain, etc. — *Oghi papurra, oghi purruchka.*

MIEUX, adj. comparatif.— *Hobeki, onghiago.* || Plus parfaitement : *Hobekiago.* || s. m., meilleur : *Hobiago.* || Le mieux est : *Hoberena da.* || Il vaut mieux : *Hobe da.*

MIGNARD, DE, adj., mignon, gentil, qui se dorlote. — *Delikatua, andérelia, anyéreretia, meámetsúa, mañatxua.*

MIGNARDEMENT, adv., délicatement. — *Delikátuki, andéreki, anyéreki, meámetsuki, mañatxuki.*

MIGNARDER, v. a., dorloter. — *Delikátuki, andéreki, anyéreki, meámetsuki, mañatxuki ibiltzea, tratatzea, mañatxútzia.*

MIGNARDISE, s. f., délicatesse. — *Delikátasuna, mañakeria, maña, mélindrea, andérekeria, anyérekeria, meámekeriá.*

MIGNON, NE, adj. et s., délicat. — *Miñuna.* || Bien-aimé : *Galaïchóa, galantchóa, maïtea, amorantea.*

MIGNONNEMENT, adv., délicatement. — *Miñunki, mañaz, kúperaz, mañatiró, kúperatiró.*

MIGNOTER, v. a., traiter délicatement.-*Mañotzea, mañotzia, kúperatzia, laüsengatzia.*

MIGNOTISE, s. f., flatterie, caresse. — *Káricia, bálakúa, pálakúa, maïtagóa, maïtepena, laüsengúa.*

MIGRAINE, s. f., grand mal de tête. — *Mingrana, bútargóa.*

MIGRATION, s. f., émigration nombreuse. — *Yóaïra, hilkida.*

MIJOTER, v. a., faire cuire doucement. — *Eztiki egostea.* || Fig., mignoter : *Mañotzea, mañotzia, kúperatzia, laüsengatzia.*

MIL, MILLET, s. m., plante graminée. — *Arto-chehia, artho-chehea, égazkin-arthóa, chóri-artóa, chóri-arthóa.*

MILAN, s. m., oiseau de proie. — *Mirúa.*

MILANEAU, s. m., petit milan. —*Mirutchúa.*

MILICE, s. f., soldatesque, nouvelles recrues. — *Gúdaria, gúdartaria.*

MILICIEN, s. m., soldat de milice. — *Gúdartarra, gúdaritarra.*

MILIEU, s. m., centre d'un lieu, etc.—*Erdia.*

MILITAIRE, adj., de la guerre. — *Soldadúa, soldarúa, gúdartarra, gúdaritarra.*

MILITAIREMENT, adv., d'une manière militaire. - *Soldadoki, gúdarteró, gúdartekiró.*

MILLE, sans s au pl., dix fois cent. — *Milla, mila.*

MILLÉSIME, s. m., date d'une monnaie, d'un livre, etc. — *Dáta.*

MILLET, s. m., plante graminée. — *Arthochehia, artho-chehea, chóri-arthóa, egazkin-arthóa, chóri-artóa.*

MILLIARD, s. m., mille millions. — *Milliarra, miliarra.*

MILLIÈME, adj. et s. m., millième partie. — *Millagarrena, milagarrena.*

MILLIER, s. m., nombre de mille, dix quintaux. — *Milla, mila, hamar kintal.*

MILLIGRAMME, s. m., millième partie du gramme. — *Milligrama, miligrama.*

MILLILITRE, s. m., millième partie du litre. — *Millilitra.*

MILLIMÈTRE, s. m., millième partie du mètre. — *Millimétra, milimétra.*

MILLION, s. m., mille fois mille. — *Milliùn, miliùn.*

MILLIONIÈME, adj., nombre qui complète un million. -*Milliúngarrena, miliúngarrena.*

MILLIONNAIRE, adj. et s., très-riche. — *Millionéra, milionéra.*

MINAUDER, v. n., affecter des mines. — *Mañatxutzia, mañotzea, mañotzia, kúperatzia.*

MINAUDERIE, s. f., manières affectées. — *Maña, kúpera.*

MINAUDIER, ÈRE, adj. et s., qui minaude. — *Mañatxua, kúperatxua, mameátsúa, andéretia, anyeretia.*

MINCE, adj., de peu d'épaisseur. — *Mehia, mehea.*

MINE, s. f., air de visage, apparence. — *Itchura, aïria, kara, mústra.* || Minauderie : *Maña, kúpera.* || Bonne mine : *Itchur'óna.* || De bonne mine : *Itchur'ónekúa.*|| Lieu où se forment les minéraux dans la terre, minerai : *Mia.* || Cavité pratiquée pour faire sauter avec la poudre à canon : *Mina.*

MINER, v. a., creuser une mine.—*Minatzia, lupobitzea.*

MINERAI, s. m., métal mêlé à la terre. — *Minerala, menasta.*

MINÉRAL, s. m., corps solide tiré des mines ; pl., minéraux ; adj., qui tient des minéraux.— *Mineralarra, menastarra.* ‖ s. f., eau minérale : *Ugayóa.*

MINEUR, s. m., ouvrier des mines. — *Arrobiko-ghizona, miaria, arri-atheratzaïlea, menastaria.* ‖ Soldat mineur : *Lupobitaria.* ‖ adj. et s., qui est en tutelle : *Humerakóa, humonekóa.*

MINIATURE, s. f., peinture très-délicate que l'on fait ordinairement sur de l'ivoire. — *Ciantzlea.*

MINIÈRE, s. f., terre des mines.— *Miadia.*

MINISTÈRE, s. m., emploi, charge, fonction.- *Ministérióa, ministériña, ekintza, laudagóa.* ‖ Action d'un agent, entremise : *Entrebitartea, ararlekotasuna.*

MINISTÉRIEL, LE, adj., qui est propre au ministère. — *Ministériokóa, ekindarra, ministériokúa.*

MINISTÉRIELLEMENT, adv., dans la forme ministérielle. — *Ministerioki, ekindarkiró.*

MINISTRE, s. m., chargé d'affaires publiques, etc. — *Ministróa, ministrúa, ekindaria.*

MINORITÉ, s. f., état de personne mineure. — *Humerá, humena.*

MINUIT, s. m., milieu de la nuit. — *Gaüherdi, gaüerdi, gaberdi.*

MINUTE, s. f., soixantième partie de l'heure. — *Minueta.* ‖ Brouillon, original d'acte : *Minuta.*

MINUTIE, s. f., bagatelle, chose frivole. — *Yeüsezbat, chirchilkeria.*

MINUTIEUX, EUSE, adj. et s., qui s'attache aux minuties. — *Beïrakorra.*

MI-PARTIE, adj., composé de deux parties égales mais dissemblables. — *Pharteerdia.*

MIRABELLE, s. f., sorte de fleur : *Chuzendia.* ‖ Sorte de prune : *Aran espés bat.*

MIRACLE, s. m., acte de la puissance divine contre l'ordre naturel ; fig., chose extraordinaire. — *Mirakulúa, sentagalla.*

MIRACULEUSEMENT, adv., par miracle. — *Mirakuluki, mirakulugarriki, sentagallki.*

MIRACULEUX, EUSE, adj., merveilleux. — *Mirakulugarria, sentagallgarria.*

MIRE, s. f., bouton au canon pour mirer. — *Artzekia.*

MIRER, v. a., se regarder au miroir, etc. — *Miraïllatzia.* ‖ Viser avec une arme à feu : *Miratzia.*

MIRLICOTON, ONE, s., sorte de pêche. — *Muïsika, muxika.*

MIROIR, s. m., glace pour se mirer. — *Miraïla, miralla, ichpillua.*

MIROITIER, s. m., marchand de miroirs. — *Miraïl, mirall martchanta, ichpill saltzaïlea.*

MIRTILLE, s. m., arbrisseau. — *Ahabia, arabia.*

MISAINE, s. f., mât de la poupe. — *Mesana.*

MISCIBILITÉ, s. f., qualité de ce qui est miscible. — *Nahastasuna.*

MISCIBLE, adj., qui peut se mêler.— *Nahasgarria.*

MISE, s. f., manière de se mettre. — *Ezordea, berreghintza.* ‖ Ce que l'on met au jeu : *Yokúa.* ‖ Enchère : *Précióa.*

MISÉRABLE, adj., malheureux. — *Beharra, erromesa, behartxúa.* ‖ Fig., mauvais : *Gaïstóa, gachtúa, tzarra.* ‖ Impitoyable : *Bihotzgabekúa, bihotzgogorrekúa, dóakabea.*

MISÉRABLEMENT, adv., d'une manière misérable, pauvre.—*Erromeski, behartxuki.* ‖ Fig., mauvaise : *Gaïstoki, gachtoki, tzarki.* ‖ Impitoyablement : *Bihotzgabeki, dóagabeki.*

MISÈRE, s. f., état malheureux. — *Miséria, erromeseria, hagóa, laceria eskasa.* ‖ Bagatelles : *Deüsezac, chirchilkeriac.*

MISÉRICORDE, s. f., pitié, pardon. — *Urrikalmendua, misérikordia, érrukia, kúpida.*

MISÉRICORDIEUSEMENT, adv., avec miséricorde. — *Urrikalmenduki, misérikordioski, misérikordioskiró, érruki, érrukiró, kúpidoki, kúpidokiró.*

MISÉRICORDIEUX, EUSE, adj., clément. — *Urrikalmentxua, misérikordiosa, érrukitxua, kúpidatia, miserikordiotxua.*

MISSION, s. f., prêtres pour convertir ou instruire. — *Misionea, misionia, bidaldia.* ‖ Envoi, pouvoir qu'on donne à quelqu'un pour faire quelque chose : *Kárgúa, mézúa, mandatua, enkargúa.*

MISSIONNAIRE, s. m., celui qui est employé aux missions pour la conversion, pour l'instruction des peuples. — *Misionista.*

MISSIVE, adj. et s. f., (lettre) pour être envoyée, fam. — *Letra, páketa, letera, gutura, izkira, bechia.*

MITAINE, s. f., gant sans doigts. — *Mitena.*
MITE, s. f., petit insecte. — *Pipia, errena, biphu, zerren.*
MITHRIDATE, s. m., antidote ou préservatif contre le poison. — *Irasenda.*
MITIGATION, s. f., adoucissement. — *Eztidura, eztimendúa, gozadura, facegadura, emadura, beraámendua.*
MITIGER, v. a., adoucir. — *Eztitzea, gozatzea, facegatzea, ematzea, béraátzea.*
MITONNER, v. n. et p., tremper longtemps sur le feu. — *Egostea, mitonatzea.*
‖ Préparer doucement le succès d'une affaire : *Eztiki ekarraztea.*
MITOYEN, NE, adj., qui est entre deux. — *Erdikóa, artekóa.*
MITRAILLADE, s. f., décharge de canon chargé à mitraille. — *Mitrallada, metrallada.*
MITRAILLE, s. f., ferraille. — *Mitrallá, metralla.*
MITRAILLER, v. a., tirer à mitraille. — *Mitrallatzea, metrallatzea.*
MITRE, s. f., ornement de tête d'évêque, etc. *Búrukia, grezá.*
MITRÉ, ÉE, adj., qui porte la mitre. — *Búrukitúa, grezatúa.*
MIXTE, adj., mélangé. — *Nahasia, nástua, naásia.*
MIXTION, s. f., mélange de drogues. — *Nahasdura, násdura, naásdura.*
MIXTIONNÉ, ÉE, part., mélangé, frelaté. — *Nahastekatúa, nástekatúa, naástekatúa.*
MIXTIONNER, v. a., mélanger, frelater. — *Nahastea, nástea, naástea.*
MIXTURE, s. f., mélange de choses. — *Násmena, nahasmena.*
MOBILE, adj., changeant. — *Chanyakorra, chanjakorra.* ‖ Qui se meut : *Ibilgarria.* ‖ s. m., motif : *Erakayá.*
MOBILIER, ÈRE, adj., de la nature des meubles. — *Alajakúa, móblekúa, múblekúa.* ‖ s. m., tous les meubles : *Alajac, alajea, móbleac, móbliac.*
MOBILISATION, s. f., action de mobiliser. — *Ibilkastasuna.*
MOBILISER, v. a., rendre mobile. — *Ibilkatzea.*
MOBILITÉ, s. f., état mobile. — *Ibiltasuna.*
MODE, s. m., manière d'être ; s. f., usage passager ; s. pl., parures à la mode. — *Móda.*
MODÈLE, s. m., essai en petit, exemple. — *Módela.*
MODÉRATEUR, TRICE, s., qui modère. — *Móderaria, móderatzallea.*

MODÉRATION, s. f., retenue, diminution. — *Móderacionea, móderá, païrúa, mólderá, eztimendúa.*
MODÉRÉ, ÉE, adj. et part., retenu, sans excès. — *Móderatúa, païratúa, eztia.*
MODÉRÉMENT, adv., avec modération. — *Móderatuki, païratuki, eztiki.*
MODÉRER, v. a. et p., tempérer. — *Móderatzea, païratzea, eztitzea.*
MODERNE, adj., nouveau (se dit des auteurs). — *Berria, módernóa, módernea.*
MODERNER, v. a., restaurer un antique à la moderne. — *Berriratzia, berriratzea, módernostatzea.*
MODESTE, adj., qui a de la modestie. — *Módesta, móldatsúa, módestúa, módestitxua, moldesitsua.*
MODESTEMENT, adv., avec modestie. — *Módeski, módeskiró, móldeskiró, manaürkáro.*
MODESTIE, s. f., retenue, pudeur. — *Módestasuna, módestia, móldesia, manaürka.*
MODICITÉ, s. f., état modique. — *Gútitasuna, gúchitasuna, ghichitasuna, urritasuna.*
MODIFICATIF, IVE, adj. et s. m., qui modifie. — *Múdakorra, chanyakorra.*
MODIFICATION, s. f., action de modifier. — *Múdantza, chanyamendúa.*
MODIFIER, v. a., modérer, donner une mode. — *Múdatzea, chanyatzea.*
MODIQUE, adj., peu considérable. — *Gúti, gútchia, gúchi, ghichi.*
MODIQUEMENT, adv., avec modicité. — *Gútitan, gúchitan, ghichitan, eskaski, eskaskiró, urririk.*
MODISTE, adj., qui fait ou vend des modes. — *Módista, módaria.*
MODULATION, s. f., changement de ton qui varie le chant. — *Otseztia.*
MODULER, v a. et n., composer, former un chant suivant les règles de la modulation. — *Otseztitzea.*
MOELLE, s. f., substance molle et grasse dans les os, les bois. — *Muïna, fiña, muïña.*
MOELLEUSEMENT, adv., d'une manière moelleuse. — *Gózoki, góchoki.*
MOELLEUX, EUSE, adj., plein de moelle, qui tient de la nature de la moelle. — *Muïnatxúa, muïñatxúa, fúñatxúa.* ‖ Fig., discours moelleux, étoffe moelleuse, contours moelleux : *Gózóa, góchúa.*
MŒURS, s. f. pl., habitudes, vertus, etc. — *Usayac, bici-manera, bici-módua.*
MOI, JE, ME, pron. pers. de la première personne et s. m. — *Ni, nic.*

MOIGNON, s. m., reste d'un membre coupé. — *Muñuka.*

MOINDRE, adj., plus petit. — *Ttipiago, tchipiago, tchikiago, mendriago, gutiago.* ‖ Moins bon : *Ez haïn óna.* ‖ Le moindre : *Gútiena, tchipiena, tchikiena, ttipiena, mendria.*

MOINE, s. m., religieux. — *Fraïlea, fraïdea, fraïlia.*

MOINEAU, s. m., oiseau. — *Elizachória, etchechória, paretachória.*

MOINS, adv., l'opposé de plus; s. m., la moindre chose. — *Gutiago, ttipiago, tchipiago, tchikiago, mendriago.*

MOIS, s. m., douzième partie de l'année. — *Ilhabetea, illabetia, hila, hilabetea.* ‖ Gage, salaire : *Ilbitantza.* ‖ Menstrues : *Odolac.*

MOISI, IE, adj. et s. m., qui est moisi. — *Urdindúa, urrindúa, lizundúa, mutchitúa, zurmindua.*

MOISIR, v. a., n. et p., altérer, corrompre. — *Urdintzea, urrintzea, lizuntzea, mutchitzea, zurmintzea.*

MOISISSURE, s. f., altération d'une chose moisie. — *Urdindura, urrindura, lizundura, mutchidura, zurmindura.*

MOISSON, s. f., récolte de grains. — *Errekolta, itaïtea, ighitaïtea.* ‖ Moisson (temps de la) : *Citu biltzeko dembora.*

MOISSONNER, v. a., faire la moisson. — *Citu biltzea, errekoltatzea, itaïtzea, ighitaïtzea.*

MOISSONNEUR, EUSE, s., qui moissonne. — *Citu biltzaïlea, oghi pikatzaïlea, ighitaria, itanghillea, itzundaria, segaria, segatzaïlea.*

MOITE, adj., un peu humide. — *Humia, hecea, leka.*

MOITEUR, s. f., légère humidité. — *Icerdileka.* ‖ En moiteur : *Icerdi lekan.*

MOITIÉ, s. f., portion d'un tout divisé en deux parties égales. — *Erdia.* ‖ A demi, adv. : *Erdizka.*

MOKA, s. m., café qui est de Moka, ville d'Arabie. — *Móka.*

MOLAIRE (dent), adj., qui sert à broyer. — *Haghina, aghiña, hortzakia.*

MOL, LE, adj., qui cède facilement au toucher. — *Gúria.*

MÔLE, s. m., rempart contre les vagues. — *Kaya, kaïghiña.* ‖ Masse de chair informe qui s'engendre dans la matrice des femmes : *Okezorra.*

MOLÉCULE, s. f., petite partie organique d'un corps. — *Fitxa, philtxa.*

MOLESTÉ, ÉE, part., tourmenté, vexé. — *Toleiyatúa, ekaïztúa, atsekabetúa.*

MOLESTER, v. a., tourmenter, vexer. — *Toleiyatzea, ekaïztea, atsekabetzea.*

MOLETTE, s. f., étoile d'éperon. — *Esperoïnarrúda, chichtatzekúa.*

MOLLASSE, adj., trop mou. — *Gúria.*

MOLLEMENT, adv., d'une manière molle et efféminée. — *Gózoki, naghiki.* ‖ Faiblement, lâchement, sans vigueur : *Banoki, alferki, aïntsingabeki.* ‖ Sans dureté : *Gúriki.*

MOLLESSE, s. f., qualité molle au physique et au moral. — *Naghitasuna, banotasuna.* ‖ Qualité de ce qui est mou : *Gúritasuna.*

MOLLET, TE, adj., agréable au toucher par sa mollesse. — *Gúria, gúritchúa.* ‖ s. m., le gras de la jambe : *Aztala, zango-sagarra, zangóa, aztal-chagarra.*

MOLLETON, s. m., étoffe de laine. — *Moletona.*

MOLLIR, v. n., devenir mou au physique et au moral, être fâché, sans énergie. — *Bighintzeá, beradtzea, ematzea, amor-emaïtea, banotzea, aïntzinkabetzea.* ‖ Acquérir une qualité molle : *Gúritzea.*

MOMENT, s. m., temps fort court. — *Ichtantata, ergaya, apurra, artea, aldartea, antzina, mémentúa.*

MOMENTANÉ, ÉE, adj., qui ne dure qu'un moment. — *Ichtantekóa, ergaykóa, apurkóa, artekóa, aldartekóa, antzinkóa, mémentukóa.* (L'on peut, si l'on veut, mettre indifféremment *u* comme *o* à la dernière syllabe *kóa*.)

MOMENTANÉMENT, adv., pour un moment. — *Ichantanteki, apurki, mémentoki, ergayró, ergaynkiro, artekoki, aldartekoki, antzinkoki.*

MON, MA, MES, pron. pos. — *Ene, énea, néré, néreá, neúre, neúrea.*

MONACAL, ALE, adj., de moine. — *Fraïdetako, fraïletakóa.*

MONACALEMENT, adv., d'une façon monacale. — *Fraïdekoki, fraïlekoki.*

MONACHISME, s. m., état des moines. — *Fraïdetasuna, fraïlétasuna.*

MONARCHIE, s. f., gouvernement d'un Etat régi par un seul chef. — *Bakarondea.*

MONARCHIQUE, adj., de la monarchie. — *Bakarondara.*

MONARCHIQUEMENT, adv., d'une manière monarchique. — *Bakarondarki, bakarondarkiro.*

MONARCHISME, s. m., opinion des partisans de la monarchie. — *Bakarontardia.*

MONARCHISTE, s. m., partisan de la monarchie. — *Bakarondartaria.*

MONARQUE, s. m., qui a seul l'autorité, roi. — *Bakaronda, erreghe, erreghea, erreghia.*

MONASTÈRE, s. m., couvent. — *Kombentûa, kombentuya, bakarteghia.*

MONASTIQUE, adj., qui concerne les moines. — *Fraïdetakûa, fraïletakûa.*

MONCEAU, s. m., tas, amas en forme de petit mont. — *Méta, monterûa.*

MONDAIN, AINE, adj. et s., qui sent, qui aime le monde. — *Munduarra, mundutarra, mundukôa.* || Qui aime les plaisirs profanes, licencieux : *Ganustarra.*

MONDAINEMENT, adv., d'une manière mondaine. — *Mundutarki.* || D'une manière profane, licencieuse : *Ganustarki.*

MONDANITÉ, s. f., vanité du monde. — *Mundugokia.*

MONDE, s. m., l'univers, la terre, tout ce qui y est compris. — *Mundûa.* || Terme de spiritualité. — *Ganutsá.*

MONDÉ, ÉE, part., nettoyé. — *Garbitûa, cháhûtûa.*

MONDER, v. a., nettoyer. — *Garbitzea, cháhûtzea.*

MONNAIE, s. f., toute sorte de pièces d'or ou d'argent ou de quelque autre métal servant au commerce, etc. — *Moneda.* || Le lieu où l'on bat la monnaie : *Monenateghia.* || Menue monnaie : *Moneda chehea.*

MONNAYAGE, s. m., fabrication de la monnaie. — *Monedakintza.*

MONNAYER, v. a., faire de la monnaie. — *Moneda'ghitea, moneda fabrikatzea, pabrikatzea, diru éghitea.*

MONNAYEUR, s. m., qui fabrique de la monnaie. — *Moneda'eghilea, moneda fabrikatzaïlea, pabrikatzaïlea, diru éghilea.*

MONOPOLE, s. m., commerce exclusif. — *Ambasala.*

MONOPOLEUR, s. m., qui fait le monopole. — *Ambasallea.*

MONOSYLLABE, s. m., mot d'une syllabe. — *Gheïbechi bakotcha.*

MONOTONE, adj., sur un seul ton, qui manque de variété. — *Léléka.*

MONOTONIE, s. f., conformité ennuyeuse. — *Lélékadea.*

MONS, s. m., abréviation de Monsieur, fam. — *Mûs, yaün.*

MONSEIGNEUR, s. m., titre d'honneur. — *Yaün, yaüna.* || pl., Messeigneurs, Nosseigneurs : *Yaünac.*

MONSEIGNEURISER, v. a., traiter de Monseigneur. — *Yaüntzea.*

MONSIEUR, s. m., titre de civilité. — *Mûs, yaün.* || pl., Messieurs : *Yaünac.*

MONSTRE, s. m., production contre la nature; fig., personne cruelle, dénaturée, laide. — *Mûstrûa, bidutzia, gheyurtia.*

MONSTRUEUSEMENT, adv., d'une manière monstrueuse. — *Mûstruki, bidutziki, gheyurki, bidutziró, biduskiró, gheyurtiró.*

MONSTRUEUX, EUSE, adj., d'une conformation contre nature. — *Mûstrutxua, ikharagarria, bidutziduna, gheyurtiduna.*

MONSTRUOSITÉ, s. f., chose monstrueuse. — *Mûstrukeria, gheyurtia, bidutzitia, ikharagarrikeria.*

MONT, s. m., montagne. — *Mendi, mendia, mûntaña.*

MONTAGE, s. m., action de monter. — *Goïtitzia, goytitce.*

MONTAGNARD, ARDE, adj. et s., habitant des montagnes. — *Menditarra, mûntañesa.*

MONTAGNE, s. f., grande élévation de terre, de rochers. — *Mendi, mendia, mûntaña.*

MONTAGNEUX, EUSE, adj., couvert de montagnes. — *Menditxûa, mûntañatxûa.*

MONTANT, ANTE, adj., qui monte. — *Goïtitzian.*

MONTE, s. f., terme dont on se sert pour désigner l'accouplement des chevaux et des cavales, le temps de cet accouplement. — *Estalkuntza.*

MONTÉE, s. f., escalier. — *Eskaléra.* || Action de monter : *Igaytia.* || Endroit par où l'on monte à une montagne ou un coteau : *Ygaytia, iganéra, igoëra, ioëra, iyoëra.*

MONTER, v. n., a. et p., aller en un lieu plus haut, s'élever. — *Ygaytea, goïtitzea, igotzea, totzea.* || Lever : *Goïtitzea, igatzea, goratzea, altchatzea.* || Hausser le prix : *Goratzea, altchatzea.*

MONTICULE, s. m., petite montagne. — *Mendichka, pantchoka, goïhena.*

MONTOIR, s. m., le côté gauche d'un cheval. — *Zaldi baten ezkerreko aldia.*

MONTRE, s. f., horloge portative. — *Mûntra, orena.* || Echantillon, étalage : *Mûestra.*

MONTRER, v. a. et p., faire voir, enseigner. — *Irakustea.*

MONTUEUX, EUSE, adj., pays inégal. — *Menditxua, muntañatxûa, pátartxúa.*

MONTURE, s. f., bête qu'on monte. — *Aberea, zaldia.* ‖ Bois de fusil, etc. : *Armapilla.* ‖ Action de monter un ouvrage : *Armadura.*

MONUMENT, s. m., marque publique pour transmettre à la postérité. — *Orrhoïkaria.* ‖ Tombeau : *Arkera.*

MONUMENTAL, ALE, adj., des monuments antiques. — *Orrhoïkarikûa.*

MOQUER (SE), v. p., se railler, braver. — *Trûfatzia, bùrlatzia, ihakindatzea.*

MOQUERIE, s. f., action, parole par laquelle on se moque. — *Trûfa, trûfakeria, bùrla, ihakinda.*

MOQUEUR, EUSE, adj. et s., qui se moque. — *Trûfatzaïlea, trûfanta, trufaria, bùrlatzaïlea, bùrlaria, ihakindatzallea, ihakindaria.*

MORAL, ALE, adj., qui regarde les mœurs. — *Cileïkinda.* ‖ s. m., disposition morale ; fig., les mœurs : *Cileïkindarra.* ‖ Morale : *Etxhorta.*

MORALEMENT, adv., selon lumières de la raison, les apparences. — *Cileïkindeki, cileïkinderó.*

MORALISER, v. n., faire des réflexions morales. — *Cileïkintzea.* ‖ Faire de la morale : *Etxhortatzea.*

MORALISEUR, s. m., qui moralise. — *Cileïkindaria, cileikintzaïlea.* ‖ Qui fait de la morale, qui exhorte à bien faire : *Etxhortatzallea, etxhortaria.*

MORALISTE, s. m., qui écrit sur les mœurs. — *Cileïkindaria.* ‖ Qui écrit sur la morale : *Etxhortaria.*

MORALITÉ, s. f., sens, caractère moral. — *Cileïkindea.*

MORBIFIQUE, adj., qui cause la maladie. — *Erigarria.*

MORCEAU, s. m., partie. — *Phartea, puska, zátika, póchia.* ‖ Un petit morceau : *Puskatcho bat, pochi bat.* ‖ Mettre en morceaux : *Puskatzea, zátitzea.* ‖ Bouchée : *Pókadua.*

MORCELER, v. a., diviser par morceaux. — *Puskatzea, zátitzea.*

MORDANT, ANTE, adj., qui mord, satirique. — *Aüsikaria, okotaria, asikaria.*

MORDRE, v. a. et n., serrer avec les dents. — *Asikitzea, aüsikitzea, oskatzia, ûtsikitzea.*

MORELLE, s. f., plante. — *Kukuma.*

MORE, ESQUE. — Voyez MAURE.

MORFIL, s. m., ce qui reste à un tranchant repassé. — *Ahopizarra.*

MORFONDU, UE, part., refroidi. — *Hotztua.*

MORFONDRE, v. a., refroidir. — *Hotztea.*

MORGUE, s. f., fierté, arrogance. — *Fâka, arrotasuna, antustea, soberbia.*

MORGUER, v. a., braver quelqu'un en le regardant d'un air fier et menaçant. — *Fâkatzea, arrotasuntzea, antustetzea, soberbitzea.*

MORIBOND, ONDE, adj., qui va mourir. — *Agonian, azkeneko-atxetan dena, azkeneko esnasietan dena.*

MORICAUD, AUDE, adj. et s., qui a le teint brun. — *Beltzarana, beltzhaána.*

MORILLE, s. f., sorte de champignon. — *Onyo espés bat.*

MORNE, adj., triste, sombre. — *Ichilkorra, isilkorra, isilkoya, ilhuna.*

MOROSE, adj., chagrin, bizarre. — *Berankoya, gheldigotsua.*

MOROSITÉ, s. f., caractère morose. — *Berankoïdia, gheldigóa.*

MORPION, s. m., vermine, bas. - *Lakatzorria.*

MORS, s. m., fer de bride. — *Ahoburdina, aóburnia, aóburdiña.*

MORSURE, s. f., plaie faite en mordant. — *Asikia, aüsikia.*

MORT, ORTE, adj. et s., qui a cessé de vivre. — *Hila.* ‖ s. f., la fin de la vie : *Heriotzea.* ‖ Causer la mort : *Hilaztea.*

MORTALITÉ, s. f., qualité mortelle, mort simultanée causée par une même maladie. — *Hiltze handia.*

MORTE EAU, s. f., basse marée. — *Marebehera.*

MORTEL, LE, adj., sujet à la mort, qui la cause ; s., homme, femme. — *Mortala, hilkizuna, hilkorra.*

MORTELLEMENT, adv., à mort. — *Mortalki, hilgarriki.* ‖ Excessivement : *Soberaki, izigarriki.*

MORTE-SAISON, s. f., temps sans ouvrage. — *Alfer-dembora, alper-dembora.*

MORTIER, s. m., chaux détrempée. — *Morterua, naskarilla.* ‖ Vase pour piler, en bois ou en pierre : *Motraïrûa, motraïllûa.* ‖ Vase en métal : *Amireza, menastazko, motraïlúa.* ‖ Espèce d'artillerie : *Sûmotraïrûa.* ‖ Mortier qui sert à lancer les bombes : *Bombamortraïrûa.*

MORTIFÈRE, adj., qui cause la mort. — *Hilgarria.*

MORTIFIANT, ANTE, adj., qui chagrine. — *Mortifikanta, damugarria, daïnuztagarria, atxekabezgarria.*

MORTIFICATION, s. f., action de mortifier (son corps, ses sens).—*Mortifikacionea.* ‖ Chagrin, humiliation : *Mortifikacionea, damia, atxekabeztasuna.*

MORTIFIER, v. a. et p., rendre la viande plus tendre. — *Samurraztia.* ‖ Fig., humilier, affliger son corps : *Damutzia, hildumatzea, daïnuztatzea, atxekabeztatzea.*

MORTUAIRE, adj., des morts. — *Hilekua.* ‖ s. m., extrait mortuaire : *Paper-mortuala, atla-mortuala.*

MORUE, s. f., sorte de poisson de mer. — *Bakallaü, bakallhia, bakaillaba, marluza.*

MORVE, s. f., humeur du nez. — *Mókia, mukhia.* ‖ Maladie de cheval : *Formuá, ithogarria.*

MORVEUX, EUSE, adj., qui a la morve ; fig., enfant, mépris. — *Mókitxua, mukhitxua.* ‖ Qui a la morve : *Formutxua, ithogárritxua.*

MOT, s. m., assemblage de lettres formant un sens.—*Itza, hitza.* ‖ Terme, diction : *Solasa, elhe.* ‖ Sentence, etc. : *Errantza, errankizuna.* ‖ Mot à mot, adv., littéralement. — *Itzez-itz, hitzez-hitz.* ‖ Mot à double sens : *Aürkca.* ‖ Mot, diction : *Hitza, aóskia.*

MOTEUR, TRICE, s. et adj., qui fait mouvoir. — *Eraghillea, ighitaria, ighindaria, érabiltaria, uherritzallea.* ‖ Provocateur : *Subermatzaïlea.*

MOTIF, s. m., ce qui meut et porte à agir.— *Arrazoïna, khaüsa, almutea, arrazoya, arrazoïnu, erakaya.*

MOTION, s. f., action de mouvoir. — *Ighidura, mughidura.* ‖ Proposition dans une assemblée : *Bóza.*

MOTIVÉ, ÉE, adj., allégué. — *Erakaïtua.*

MOTIVER, v. a., alléguer les motifs. — *Erakaïtzea.*

MOTTE, s. f., morceau de terre détachée. — *Mokórra.*

MOTUS ! interj., ne dites rien, fam. — *Chó !*

MOU, s. m., poumon de veau, etc.—*Birika.*

MOU, MOLLE, adj., qui cède facilement au toucher. — *Guria.* ‖ Sans vigueur : *Naghia, hila, guria, biguña.*

MOUCHARD, s. m., espion de police. — *Espiuna, espia, salaria, celataria, salataria, guard'ichila, barrandari, ichpia.*

MOUCHE, s. f., insecte. — *Ulia, illia, ehulia.*

MOUCHER, v. a. et p., ôter la morve du nez. — *Cintz'ghitea, mukentzea.* ‖ Couper le lumignon d'une chandelle. — *Mitcha pikatzea, désbabillatzca, déskuteratzea.*

MOUCHERON, s. m., petite mouche. — *Ulitcha, elzó.*

MOUCHETÉ, ÉE, part., tacheté. — *Titákatua, pintarnakatua.*

MOUCHETER, v. a., faire des mouchetures, de petites taches. — *Titákatzea, pintarnakatzea.*

MOUCHET, s. m., oiseau de proie. — *Mozollóa.*

MOUCHETTE, s. f., sorte de ciseaux pour moucher la chandelle. — *Muchetac, desbabillakaya.*

MOUCHETURE, s. f., ornement qu'on donne à une étoffe en la mouchetant. — *Titákadura, pintarnakadura.*

MOUCHOIR, s. m., linge pour se moucher. — *Mókanesa, mókones, pañelua, mokonasa.* ‖ Pour se couvrir le cou : *Lephokua.*

MOUDRE, v. a., broyer avec la meule. — *Ehaitea, éhotzia, éhotzea, ihotzia, éhotea.*

MOUE, s. f., grimace. — *Mutur, ihalkina.*

MOUETTE, s. f., oiseau de mer. — *Gaviota, kayóa.*

MOUILLAGE, s. m., fond pour jeter l'ancre. — *Aïngura-saria, angura-saria, ankorasaria.*

MOUILLER, v. a., humecter. — *Bustitzea, bustitzia.* ‖ v. n., jeter l'ancre : *Aïnhura botatzia, aïngura etchatzia, angura botatzia, ankora botatzia.*

MOUILLURE, s. f., action de mouiller.—*Bustidura.*

MOULE, s. f. pl., mollusque acéphale. — *Muskoliua.* ‖ s. m., matière creusée pour donner une forme : *Moldea, moldia.*

MOULER, v. a., jeter en moule. — *Moldatzea, moldatzia.* ‖ Prendre l'empreinte : *Moldekiratzea.*

MOULIN, s. m., machine à moudre, etc.— *Errota, ihara, eyhara, igára, bólua.* ‖ Moulin à vent : *Aïzerrota, aïzigára, aïzabólua.*

MOULINET (faire le), s. m., tourner rapidement un bâton. — *Mákhila ferrundatziá, mákhilla gurutzatzia.*

MOULU, UE, adj., pulvérisé. — *Ehóa.* ‖ Fig., meurtri : *Ehóa.*

MOURANT, ANTE, adj. et s., qui se meurt. — *Iltzen dagona, hiltzen dagona.*

MOURIR, v. n., cesser de vivre (se dit des êtres animés et des végétaux) ; v. p., être près de mourir. — *Hiltzea, iltzea.*

MOURON, s. m., herbe qu'on donne aux oiseaux. — *Odarrá.*

MOUSQUET, s. m., ancienne arme à feu. — *Chichpa.*
MOUSQUETON, s. m., fusil court. — *Chichpatchua, mósketona.*
MOUSSE, s. m., jeune matelot. — *Músa, aprendiz mariñela.* || s. f., plante parasite : *Goroldióa, oroldióa, goroidiua.* || Ecume : *Harrapóa, arrapua, ahuna, arrampua, apharra.*
MOUSSELINE, s. f., toile fine de coton. — *Museliña.*
MOUSSER, v. n., se dit des liqueurs sur lesquelles il se forme de la mousse. — *Arrapotzea, arraputzea, ahuntzea, arramputzea, aphartzea.*
MOUSSERON, s. m., petit champignon. — *Chicha.*
MOUSSEUX, EUSE, adj., qui monte. — *Arroputxua, harrapotxua, chunatxua, arrampotxua, apharratxua.*
MOUSSU, UE, adj., couvert de mousse. — *Gorolditxua, orolditxua.*
MOUSTACHE, s. f., barbe de la lèvre supérieure. — *Muztatcha, bigótea, mustatcha.*
MOUT, s. m., vin non fermenté. — *Arnoliga, arneztia, muztia, mastióa, buztióa.*
MOUTARDE, s. f., senevé, sa graine, sa poudre délayée. — *Bostoñaza, mustardá, ciápea, cerba.*
MOUTARDIER, s. m., petit vase à mettre la moutarde. — *Bostañaz, mustarda ciape cerba tokia, untcia.* || Qui fait de la moutarde : *Bostañaz, mustarda ciape, cerba eghilea.* || Qui vend de la moutarde : *Mustarda, bostañaza, ciápea, cerba saltzailea.*
MOUTON, s. m., bélier châtré. — *Chikirua, zikirua, chikita.*
MOUTURE, s. f., action de moudre, quantité qu'on moud en une fois. — *Ehotaldia.*
MOUVANT, ANTE, adj., qui se meut. — *Mughirra, ighinkorra, ighikorra, érabilkorra, mughikoya, ighikoya, érabilkoya.*
MOUVEMENT, s. m., transport d'un lieu à un autre, passion, marche d'une armée, impulsion, émeute, changement, mesure. — *Mobemendua, mughidura, ighidura.*
MOUVER, v. a., remuer la terre. — *Itzultzea.*
MOUVOIR, v. a., donner du mouvement. — *Ighitzea, mughitzea.* || Exciter : *Mughiaztia, ighiaztia, ibillaztia, erabillaztia, subermeaztea.* || Se mouvoir : *Mughitzea, ighitzea, ibiltzea, erabiltzea.*

MOYEN, s. m., ce qui sert à parvenir à une fin. — *Lot-bidea, moyena, ghisa, ghiderra, bidea, karia.* || Pouvoir : *Pódoreá, ahala.* || s. m. pl., richesses : *Ontasuna, moyena, aberatxtasuna, izáteá.* || Facultés : *Moyena, yakitatea, talendua.*
MOYEN, NE, adj., médiocre, entre deux extrémités. — *Artekua.*
MOYENNANT, prép., à l'aide de. — *Médioz, káriaz.*
MOYENNEMENT, adv., médiocrement. — *Artekoki, urraskiro, askukiro, adiñondo, adiñonghi.*
MOYEU, s. m., milieu de la roue. — *Kurpoïlandea, orgaárdatza, kuppillárdatza, tuhuma, ardatza, abatza.*
MUABLE, adj., inconstant, changeant. — *Mudakorra, aldakorra, aldakóya, ichulkóya, chanyianta, iraülkóya, iraülkorra, kambiakórra.*
MUCILAGE, s. m., viscosité des végétaux. — *Liska, mukiliká.*
MUCILAGINEUX, EUSE, adj., du mucilage. — *Liskatxua, mukilitsua.*
MUCOSITÉ, s. f., humeur visqueuse. — *Liskatasuna.*
MUE, s. f., action de muer, changement de voix. — *Otsaldaïra, bózaldaïra.* || Changement de plumes qui arrive aux oiseaux quand ils muent : *Lumaldaïra.*
MUER, v. n., changer de plumage. — *Luma berritzea, luma'aldatzea.* || Changer de poil : *Ille berritzea, ill'aldatzea.* || Changer de peau : *Larru berritzea, larru'aldatzea.* || Changer de voix : *Otsaldatzea, bózaldatzea.*
MUET, TE, s. et adj., qui ne peut parler. — *Mutua, mutchua, ahobóratua.*
MUFLE, s. m., museau de bœuf, etc. — *Muturra, musturra, musturia, mustupilla.*
MUGIR, v. n., se dit des bœufs, etc. — *Márrumatzia, órro'ghitea, órroya'ghitea.*
MUGISSANT, ANTE, adj., qui mugit. — *Marruman, órroán, órroyan.*
MUGISSEMENT, s. m., action de mugir. — *Márruma, órroá, órroya.*
MULATRE, ESSE, adj. et s., né d'une négresse et d'un blanc et vice-versá. — *Mulatra, beltzuria, betzuria, beltzchuria.*
MULE, s. f., mulet femelle. — *Mándo emea.*
MULET, s. m., né d'un âne et d'une jument. — *Mándoá.*
MULETIER, s. m., conducteur de mulets. — *Mándozaïna, mándozaya.*

MULOT, s. m., espèce de rat des champs. — *Lursabua, sorroëtako sabua, sahaxuria.*

MULOTTE, s. f., gésier des oiseaux de proie. — *Páparua, baphurua, sabulcha.*

MULTIFORME, s. m., de diverses formes. — *Era askotakóa.*

MULTIPLIABLE, adj., qui peut être multiplié. — *Diaskigarria.* || Dont le nombre peut être augmenté: *Emendagarria, usugarria.*

MULTIPLICANDE, s. m., nombre à multiplier. — *Diaskidarra.*

MULTIPLICATEUR, s. m., nombre par lequel on multiplie. — *Diaskitaria.*

MULTIPLICATION, s. f., action de multiplier. — *Diaskitea:*

MULTIPLICITÉ, s. f., grand nombre. — *Diaskia.*

MULTIPLIER, v. a., augmenter en nombre. — *Diaskitzea, frangatzea, haïniztea, émendatzea.*

MULTITUDE (1), s. f., grand nombre, le vulgaire. — *Ostea, ospea, dia, askidea, askogóa.*

MUNICIPAL, ALE, adj. et s. m., officier de municipalité. — *Irigokia, múnicipala.*

MUNICIPALITÉ, s. f., circonscription de territoire, officiers municipaux. — *Irigokidea, múnicipalitatia.*

MUNIFICENCE, s. f., grande libéralité. — *Liberaltasuna, onghillatasuna, émaïtasuna.*

MUNIR, v. a. et p., fournir le nécessaire. — *Hornitzea, furnitzea.*

MUNITION, s. f., provisions de bouche. — *Municionia, behardia.* || Provisions de guerre: *Tirakaya.*

MUNITIONNAIRE, s. m., qui fournit les munitions. — *Hornitzaïlea, municioneac, behardiac, tirakayac hornitzen tuena.*

MUQUEUX, EUSE, adj., qui a de la mucosité ; s. m., mucilage. — *Liskatxúa, múkilikatxúa, múkilikatsúa.*

MUR, s. m., clôture de pierre, muraille, etc. — *Múrrúa, ásentúa, ásantúa, páreta, harrasia.* || adj., fruit mûr, bon à cueillir : *Hondúa, ontchúa.*

MURAILLE, s. f., mur. — Voyez MUR.

MURE, s. f., fruit du mûrier. — *Mártchuka, mártchoka, másusta, martochá.*

---

(1) MULTITUDE. — *Dia* s'ajoute au nom lorsqu'il vient avec lui : *Multitu*DIA , multitude de garçons, etc., mais il se met seul devant un adjectif : DIA *handi bat,* une grande multitude; DIA *eder bat,* une belle multitude.

MUREMENT, adv., avec réflexion. — *Pisatuz, umoki, oárrá ékilan.*

MURER, v. a., entourer, fermer d'un mur. — *Murruztatzea, asentatzea, asantutzea, páretaz inguratzea, cerratzea.*

MURIER, s. m., arbre fruitier. — *Masusta, marzucera.*

MURIR, v. n., rendre, devenir mûr. — *Hontzea, hontzia, óntzea.*

MURMURATEUR, s. m., celui qui murmure. — *Barbullatzaïlea, murmuratzaïlea, marmarikatzaïlea.*

MURMURE, s. m., bruit sourd. — *Murmura, marmarika, burrumba.* || Plainte : *Arrankura.* || Paroles confuses : *Barbulla, murmura, marmarika.*

MURMURER, v. n., faire un murmure. — *Murmuratzea, marmarikatzea, burrumbatzea.* || Se plaindre entre les dents : *Barbullatzea, murmuratzea, marmarikatzea.*

MUSARD, ARDE, adj. et s., qui s'arrête et qui s'amuse partout. — *Yostatzaïlea.*

MUSC, s. m., animal gros comme un chevreuil. — *Kataürrina.* || Parfum qu'il fournit : *Kataürrin icerdia.*

MUSCADE, adj. et s. f., noix du muscadier, aromatique. — *Muchkáda, intchaür muskátúa, elzaúr, intchaür muchkáda.*

MUSCADIER, s. m., arbre qui porte la muscade. — *Muchkáda, muskátu hóndoá ; muskáta.*

MUSCADIN, s. m., fat, musqué, pop. — *Muchkadina, muskudiña, chanfarin.*

MUSCAT, ADE, adj. Il se dit de certaines choses qui ont ce parfum. — *Múskatela, múchkatela.* || Raisin, vin muscat : *Mahatx, arno múchkatela.* || Poire muscade : *Udare músketela.*

MUSCLE, s. m., partie charnue et fibreuse du corps. — *Ghia, nasarkia.*

MUSCLÉ, ÉE, adj., qui a les muscles bien marqués. — *Ghiatúa, nasarkitúa.*

MUSCULAIRE, adj., des muscles. — *Ghiakóa, nasarkikóa.*

MUSCULEUX, EUSE, adj., plein de muscles. — *Ghiatxua, nasarkitia, nasarkitxúa.*

MUSEAU, s. m., la gueule et le nez de quelques animaux. — *Muturra.*

MUSELER, v. a., mettre la muselière. — *Múturrekúa, múturrekóa ezartzea.*

MUSELIÈRE, s. f., ce qu'on met à quelques animaux pour les empêcher de mordre, de paître. — *Múturrekúa, múturrekóa.*

MUSEROLLE, s. f., partie de la bride du cheval sur le nez. — *Múturmispira.*

MUSETTE, s. f., instrument de musique champêtre. — *Cháramelá.*

MUSICAL, ALE, adj., de la musique. — *Músikakóa, músikakúa, otsandikúa, soïnukúa, soñukóa.*

MUSICALEMENT, adv., harmonieusement. — *Músikakoki, otsandikoki.*

MUSICIEN, NE, s., qui sait, qui professe la musique. — *Músikaria, soñularia, otsankirra, soïnularia.*

MUSIQUE, s. f., science du rapport et de l'accord des sons, concert, compagnie de musiciens.-*Músika, soñua, soïnúa, otsankida.*

MUSULMAN, ANE, adj. et s., Mahométans. — *Músulmana.*

MUTABILITÉ, s. f., état muable. — *Aldakoïdea, ezegokida, kambiakida, gambiankida, aldaïrakida.*

MUTATION, s. f., changement. — *Kambiamendua, aldaïra, gambiantza, ichulgóa.*

MUTILATION, s. f., action de mutiler. — *Epaïra, épakida, ébakida.*

MUTILER, v. a. et p., couper, estropier. — *Epakitzea, ebakitzea, mochtea, moztea.*

MUTIN, INE, adj., et s., opiniâtre, séditieux. — *Mútiña, mútina, múgaïztia, genastia, arazotzallea.*

MUTINER (SE), v. p., faire le mutin. — *Mútiñatzea, mutinatzea, arazotzea.*

MUTINERIE, s. f., révolte, obstination. — *Mútiñkeria, mutinkeria, arazóa.*

MUTUEL, LE, adj., réciproque.—*Elkardúna, elkargankia.*

MUTUELLEMENT, adv., réciproquement. — *Elkarri, elkarganderó.*

MYOPE, s. f., qui a la vue courte. — *Lansóa.*

MYOPIE, s. f., état myope. — *Lansotasuna.*

MYRIAGRAMME, s. m., poids nouveau de 10,000 grammes. — *Myriagráma.*

MYRIALITRE, s. m., nouvelle mesure de capacité égale à 10,000 litres. — *Myriálitra.*

MYRIAMÈTRE, s. m., nouvelle mesure itinéraire égale à 10,000 mètres, environ dix lieues. — *Myriamétra.*

MYRRHE, s. f., gomme odoriférante. — *Mírrha.*

MYRTE, s. m., arbrisseau toujours vert, lieu planté de myrte. — *Arrayana, mitrea.*

MYSTÈRE, s. m., ce qu'une religion a de plus caché. — *Misterióa, michteriúa.* ‖ Secret de la nature, de la politique, d'un sort, d'une intrigue, etc. — *Misterióa, michtériúa, garaïnstea, gaïndadia, estalpea.*

MYSTÉRIEUSEMENT, adv., avec mystère. — *Misterioki, michtérioki, garaïnsteró, gaïndadiró, estalpeki.*

MYSTÉRIEUX, EUSE, adj., secret. — *Misteriosa, michtériotxua, garaïnsteduna, gaïndiduna, estalixúa.*

MYSTIFICATEUR, s. m., qui mystifie. — *Trúfakerietan enganatzaïlea, trúfakan enganatzen duena.*

MYSTIFICATION, s. f., action de mystifier. — *Trúfako enganamendúa.*

MYSTIFIER, v. a., abuser de la crédulité pour ridiculiser. — *Trúfakan enganatzia.*

MYSTIQUE, s., dévot. — *Garaïnsteduna.*

MYSTIQUEMENT, adj., selon le sens mystique. — *Garaïnsteró.*

MYTHOLOGIE, s. f., science de la fable. — *Hipuïnkidea.*

MYTHOLOGIQUE, adj., de la mythologie. — *Hipuïnkidakúa.*

MYTHOLOGISTE ou MYTHOLOGUE, s. m., celui qui traite de la fable et qui en explique les allégories. — *Hipuïnkindarra.*

N

N, s. f. (ENNE), m. (NE), quatorzième lettre de l'alphabet. — *Abeceko amalaúgarren letra.*

NACELLE, s. f., petit bateau. — *Bárkocha, chánela.*

NACRE, s. f., coquille lisse et argentée, au dedans de laquelle se trouvent ordinairement des perles. — *Nákra.*

NAGE (A LA), s. f., en nageant. — *Iherikan, igherikan.* ‖ En nage, adv., inondé de sueur : *Icerdi-fatxetan, icerdi-ohaletúa, icerdi-trempatua.*

NAGEOIRE, s. f., membrane de poisson pour nager. — *Arraïn-égala, itsátsa.*

NAGER, v. n., se mouvoir sur l'eau, surnager. — *Iherikatzea, igherikatzea.* ‖ Nager entre deux eaux : *Murghil'ghitea.* ‖ Ramer : *Ramatzea.*

NAGEUR, EUSE, s., qui nage. — *Iherikatzaïlea, igherikatzaïlea, igherikaria.*

NAGUÈRE, adv., il n'y a pas longtemps. — *Doï-doïya, dodoïa, ez da dembora handiric.*

NAÏADES, s. f., nymphes. — *Uganyerusac.*

NAÏF, IVE, adj., naturel, sans fard. — *Sencillóa, bákuna, tóleskabea.*

NAIN, AINE, adj. et s., de très-petite taille. — *Nánóa, manúa, humaïska.*

NAISSANCE, s. f., sortie du sein de la mère. — *Sorkuntza, sortziac.* || Fig., commencement : *Astea, ethorkia.*

NAISSANT, ANTE, adj., qui naît. — *Sortzen dena.*

NAÎTRE, v. n., venir au monde. — *Sortzea, yáyótzea.* || Commencer : *Astea, ethortzea.*

NAÏVEMENT, adv., avec naïveté. — *Bákunki, bákunkiró, tóleski, tóleskaberó, sencillki, sencilloró.*

NAÏVETÉ, s. f., ingénuité, simplicité. — *Sencildea, bácundeá, tóleskabea.*

NANKIN, s. m., cotonnade jaune. — *Ankina.*

NANKINETTE, s. f., étoffe légère de coton. — *Ankiza.*

NANTIR, v. a. et p., donner des gages. — *Prendatzea.*

NANTISSEMENT, s. m., ce qu'on donne pour sûreté. — *Prenda.*

NAPPE, s. f., linge destiné à couvrir la table. — *Dafaïla, dafalla.*

NARCISSE, s. m., fleur. — *Lilipa.*

NARCOTIQUE, adj. et s. m., qui assoupit. — *Oñasorlea, lógalegarria, lóarkagarria.*

NARD, s. m., plante odoriférante. — *Akara.*

NARGUE, s. f., mépris, fam. — *Trúfa, urruña, mezpresa, utsasa, aûkesa, mespreciôa, zital, arbuîoa, búrla.*

NARGUEUR, v. a., qui nargue. — *Trúfanta, urruñaria, mezpresutsúa, mespreciotxúa, zitaltxúa, arbuîtxúa, búrlaria.*

NARINE, s. f., ouverture du nez. — *Súdurcilóa, súdur-mizpira, súdurprintza, súrzulóa.*

NARRATEUR, s. m., qui raconte. — *Kóndatzaïla, gondatzaïlea.*

NARRATION, s. f., récit historique. — *Kóndaïra, góndaïra.*

NARRÉ, s. m., récit. — *Kóndaïra, góndaïra.*

NARRER, v. a., raconter. — *Kóndatzea, góndatzea.*

NASAL, ALE, adj. sans pl. m., du nez, son modifié par le nez. — *Súdurrekúa, zúdurrekóa.*

NASALEMENT, adv., avec un son nasal. — *Súdurretic, zúdurretic.*

NASEAU, s. m., narine des animaux. — *Súdur cilóa, súdur mizpira.*

NASILLARD, ARDE, adj. et s., qui nasille. — *Súderretic, zúdurretic, mintzaria, mintzatzaïlea.*

NASILLER, v. n., parler du nez. — *Súdurrez, zúdurrez mintzatzia.*

NASSE, s. f., sorte de passage étroit et penché d'une rivière. — *Náza, násu.* || Espèce de filet pour pêcher. — *Násu, násu, sareïska.*

NATAL, ALE, adj. sans pl. m., où l'on est né. || *Sorlekúa, sorteghia.* ||Pays, endroit natal (où l'on vient) : *Yáyeteguna.* || Lieu natal (d'où l'on vient) : *Yáyetegunekóoa.*

NATIF, IVE, adj., né en un certain lieu. — *Sortzez, yáyótzaz.* || Il est natif de : *Sortzetic, yáyótzako, yáyótzakóa.* || Métal pur : *Métal yáyótza, métal náturala, métal bérenazkóa, éthorkikóa.*

NATION, s. f., les habitants d'un pays. — *Nacionea, nazionea, naciúa, yendakia, dierria.*

NATIONAL, ALE, adj., de la nation. — *Nacionala, nazionala, yendakikóa, dierritarra, dierrikóa, dierria.*

NATIONALEMENT, adv., d'une manière nationale. — *Nacionalki, nazionalki, yendakikoki, dierriki.*

NATIONALITÉ, s. f., état national. — *Nacionalitatea, nazionalitatea, yendakidea, dierritardea.*

NATIVITÉ, s. f., naissance de Jésus-Christ. — *Yesu-Christoren sortzea, yáyótza.* || De la Vierge : *Ama-Biryinaren sortzea, yáyótza.* || De quelques saints : *Saïndu batzuen sortzea, yáyótzea.*

NATTE, s. f., tissu de jonc. — *Zareta, zpartzúa.* || Tresse de cheveux : *Zpartzúa.* || Tresse (d'un tissu, de corde, cordon, etc.): *Trentza, zpartzúa.*

NATTER, v. a., couvrir de nattes. — *Zaretatzea.* || Tresser (faire des nattes) : *Zaretzea.* || Tresser (des cheveux) : *Zpartzútzea.* || Tresser (des tissus, des cordes, cordons, etc. : *Trentzatzea, zpartzatzea.*

NATTIER, s. m., celui qui fait des nattes. — *Zaret', zpartzu'ghilea.* || Qui vend des nattes : *Zaret'zpartzu saltzaïlea.*

NATURALISATION, s. f., action de naturaliser. — *Sortetorrera, billakuntza.*

NATURALISÉ, ÉE, part., qui a acquis les droits naturels. — *Sortetorria, sorkidatúa, billakatúia.*

NATURALISER, v. a., donner les droits naturels. — *Sortetorreretzea, billakatzea, sorkidatzea.*

NATURALISTE, s. m., celui qui connaît la nature et les êtres naturels. — *Sortizkindea.*

NATURE, s. f., l'univers, son ordre et ses lois. — *Iceta.* ‖ Essence de chaque être, complexion : *Naturaleza, ethorkia, izaïra, izatea, sortiza, ycitea, ethorkuntza.*

NATUREL, LE, adj., de la nature, non altéré, facile sans contrainte, caractère sans artifice. — *Naturala, ethorkuntza, hazkunza, berenazkòa, ethorkizkòa.*

NATUREL (enfant), adj., bâtard. — *Bastarta.*

NATURELLEMENT, adv., par nature. — *Naturalki, berebidez, bereghitez.* ‖ Aisément : *Aïseki.*

NAUFRAGE, s. m., submersion de navire. — *Urikala.* ‖ Qui est en danger de périr par naufrage : *Urikalian dagona.*

NAUFRAGÉ, ÉE, adj. qui a péri par naufrage. — *Urikaldúa.*

NAUFRAGER, v. n., périr par naufrage. — *Urikaltzea.*

NAULAGE, s. m., t. de mar., prix de passage. — *Pasayaren preciòa.*

NAUSÉABONDE, adj., qui cause des nausées. — *Goïtikakorra, kómitakorra, góragaltsùa.*

NAUSÉE, s. f., envie de vomir. — *Goïtikadea, kómita, góragalca.*

NAUTIQUE, adj., de la navigation. — *Ugarokia.* ‖ Art de la navigation : *Ugarokindea.*

NAUTONNIER, s. m., conducteur de barque. —*Ugarokiña, itarka, uraska, uaska, lancha, lanchea, barkòa, untze ibiltzaïlea, ghidaria, ghidatzaïlea.*

NAVAL, ALE, adj. sans pl. m., qui concerne les vaisseaux de guerre. — *Untzitarra, ontzitarra, gherlazko untzikùa.*

NAVÉE, s. f., charge d'un bateau. — *Bacheta baten kárga.*

NAVET, s. m., plante potagère, sa racine. — *Arbia.*

NAVETTE, s. f., instrument de tisserand. — *Martchuka-tokia, martchuka, lanzadura, lantzadera.*

NAVIGABLE, adj., où l'on peut naviguer. — *Ugarogarria.*

NAVIGATEUR, s. m., qui a fait de longs voyages sur mer, qui connaît la navigation. — *Ugarótaria, ugarotzallea.*

NAVIGATION, s. f., art de naviguer. - *Ugaróa.*

NAVIGUER, v. n., aller sur mer, etc. — *Ugarotzea.* ‖ Qui a navigué : *Ugarotùa, itxasotan ibillia.*

NAVIRE, s. m., bâtiment de mer. — *Untzia, uncia, honzia, untcia.*

NAVRER, v. a., blesser ; fig., affliger. — *Kólpatzea, eritzea, erdiratzea.*

NAYADES, s. f. — Voyez NAÏADES.

NE, particule négative, qui doit toujours précéder le verbe ; elle est souvent accompagnée de *pas* ou *point*. — *Ez.* ‖ Ne dites pas le secret d'un autre : *Ez erran bertce baten segretúa.* ‖ Ne faites point le mal : *Ez zázula eghin gaïzkia.*

NÉ, ÉE, adj., venu au monde.-*Sortúa, yáyóa.*

NÉANMOINS, adv., pourtant, toutefois. — *Bizkitartian.*

NÉANT, s. m., rien, nullité. — *Ezdeùsa.*

NÉBULEUX, EUSE, adj., couvert de nuages. — *Goïbela, hedoïxua, edoïtxùa, lambrotzùa, eroïtxua, lanutxùa, lanotxùa.*

NÉCESSAIRE, adj., dont on a besoin. — *Beharra, premia, nésesariòa.* ‖ Ce qui doit être ou arriver : *Ezin-bertzèa, ecin-bertzea, ecin-bestea.* ‖ s. m., ce qui est nécessaire : *Premiazkòa, beharrezkoa.*

NÉCESSAIREMENT, adv., infailliblement. — *Nésesarioski, premiazki, premiazkiró, beharkiró, ecin-bertzez, ezin-bertzez.*

NÉCESSITÉ, s. f., chose nécessaire, contrainte excessive, indigence. — *Beharra, premia, nésesitatia.* ‖ pl., besoins de la vie : *Beharrac, premiac, nésesitatiac.* ‖ adv., nécessairement : *Ecin pasatuz, ezin pasatuz, ecin bertzea.* ‖ Ce qui manque : *Kásua, beharra, mengòa.* ‖ Nécessité grave et extrême : *Apoïta, premia, estúa.*

NÉCESSITEUX, EUSE, adj. et s., pauvre. — *Behartxua, premitsua, erromesa.*

NÉCESSITER, v. a., avoir besoin. — *Behartzea, premitzea, premiatzea.* ‖ Contraindre : *Bortchatzea, eraciaztea, eraghinaztea, erazóaztiá, eghinaztea.*

NEF, s. f., partie de l'église, depuis la grande porte jusqu'au chœur. — *Otoïgopea.*

NÈFLE, s. f., fruit du néflier. — *Mizpira.*

NÉFLIER, s. m., arbre à nèfles. — *Mizpira hondoá.*

NÉGATIF, IVE, adj., qui nie, qui refuse, proposition négative, refus. — *Ukatia, eza.*

NÉGATION, s. f., action de nier. — *Ukòa, ukaëra, ezezkòa, ezetza.*

NÉGATIVEMENT, adv., d'une manière négative. — *Ukuró, ukakiró, ezezkiro.*

NÉGLIGÉ, ÉE, adj., peu travaillé, auquel on fait peu d'attention. — *Arta gabé, arreta baghé, attentcione gabé.* ‖ s. m., manque de parure : *Negliyatúa, deslaytua.* ‖ Peu propre : *Cekinaïtia, zikina, lázúa.*

NÉGLIGEMMENT, adv., avec négligence, sans parure. — *Neghiyentki, déslaïtsuki.* ‖ Peu proprement : *Cekinaïtiro, zikintki, lázoki.*

NÉGLIGENCE, s. f., manque de soin. — *Negliyentcia, déslaytasúna.* ‖ Manque d'attention : *Arretabaghekeria, oártgabetasuna, deslaytasuna.* ‖ Nonchalance en soi-même : *Lázotasuna.* ‖ Nonchalance en quelque chose : *Lazokeria.*

NÉGLIGENT, ENTE, adj., sans soin, qui a de la négligence. — *Lázóa, negliyenta, deslaya.* ‖ Qui ne prend pas garde : *Negliyenta, ohartgabea, oártgabea, arretabaghea.* ‖ Peu propre : *Lázóa, cekinaïtsúa, zikina.*

NÉGLIGER, v. a., ne pas soigner quelque chose. — *Negliyatzia, déslaytzea, lázotzea.* ‖ Ne pas fréquenter quelqu'un : *Bazterreat uztea.* ‖ v. p., se relâcher : *Lázotzea, déslaytzea.* ‖ Etre malpropre : *Cekinaïtzea, zikintki ibiltzea.*

NÉGOCE, s. m., commerce. — *Tratúa, négocióa, kómerciúa, hartuémana, salérosgóa.*

NÉGOCIABLE, adj., qui peut se négocier. — *Eghingarria.*

NÉGOCIANT, s. m., qui fait le négoce. — *Tratularia, négocianta, kómercianta, merkataria, tratalaria, salerostaria, sáleroslea, hartuémaïlia..*

NÉGOCIATEUR, TRICE, s., qui négocie une affaire. — *Eghillea.*

NÉGOCIATION, s. f., action de négocier. — *Behargaya, éghinbidea, áboria.*

NÉGOCIÉ, ÉE, part., fait un marché. — *Tratatúa, négociatúa, komerciatúa, merkaritúa, salerostúa.* ‖ Traité une affaire : *Négociatúa, tratatúa, áboritúa.*

NÉGOCIER, v. a., faire un négoce. — *Tratutzea, négociatzea, kómerciatzea, merkaritzea, salérostea.* ‖ Traiter une affaire : *Négociatzea, áferac éghitea, tratatzia, beharkiac éghitea, áboritzea.*

NÈGRE, NÉGRESSE, s., homme et femme de couleur noire, esclaves. — *Mórúa, beltzá, beltchá, báltza, bálcha.*

NÉGRERIE, s. f., lieu où sont les nègres à vendre. — *Móruteghia, beltzteghia, beltchteghia, báltzteghia, bálchtegia.*

NÉGRIER, adj. m., (vaisseau), pour la traite des nègres. — *Móru, beltz, beltch, báltz, bálch, tratúan aïden untcia.*

NÉGRILLON, NE, s., petit nègre, petite négresse. — *Mórutchúa, beltztchúa, beltchúa, báltztchúa, bálchúa.* (En basque n'a pas de genre).

NEIGE, s. f., vapeur gelée en flocons. — *Elhurra, elhúr, élur.*

NEIGER, v. imp., se dit de la neige qui tombe. *Elhurtzea, elhúr'ghitea, élur'ghitea.*

NEIGEUX, EUSE, chargé de neige. — *Elhurtxúa, élurtsua.*

NENNI, part. nég., non, fam. — *Ez.*

NÉNUFAR, s. m., lis d'étang. — *Ighebederra.*

NERF, s. m. (f. muet au pl.), tendon de muscles. — *Zaïna, saña.*

NERVEUX, EUSE, adj., plein de nerfs, vigueur musoulaire. — *Zaïntxúa, sañtsúa.*

NET, TE, adj., propre, sans souillure. — *Garbi, garbia, cháhú.* ‖ Clair : *Garbi, klára.* ‖ Vide : *Utxa, utsa.* ‖ adv., tout d'un coup : *Súpitoki.* ‖ Franchement : *Frankoki.*

NETTEMENT, adv., avec netteté, clairement. — *Garbiki, klárki, cháhúki.*

NETTETÉ, s. f., qualité de ce qui est net. — *Garbitasuna, klártasuna.*

NETTOIEMENT, s. m., action de nettoyer. — *Garbikuntza, cháhukuntza.*

NETTOYER, v. a., rendre net. — *Garbitzea, cháhutzea.*

NEUF, adj. num., s. m., huit plus un. — *Bederatzi, bederetci.* ‖ Dix-neuf : *Emeretzi, hemeretci.*

NEUF, VE, adj., fait depuis peu. — *Berria.* ‖ Qui n'a pas ou a peu servi ; fig., inexpérimenté, novice ; s. m., nouveau : *Berria.* ‖ A neuf : *Berritúa.* ‖ De neuf : *Berri.* ‖ adv., en renouvelant : *Berritzian.*

NEUTRALEMENT, adv., d'une manière neutre. — *Nútreki.*

NEUTRALISATION, s. f., action de neutraliser. — *Egobia.*

NEUTRALISER, v. a., rendre neutre, nul. — *Egobitzea.*

NEUTRALITÉ, s. f., état neutre. — *Egobia.*

NEUTRE, adj., qui ne prend point de parti. — *Egobiarra.*

NEUVAINE, s. f., exercice de dévotion qui dure neuf jours. — *Bederatziurrena.*

NEUVIÈME, adj. ord., s. m., neuvième partie. — *Bederatzigarrena.*

NEUVIÈMEMENT, adv., en neuvième lieu. — *Bederatzigarrenékoric.*

NEVEU, s. m., fils du frère ou de la sœur; fils du cousin ou de la cousine-germaine. — *Illobá, iloba, ilhoba.*

NEZ, s. m., partie saillante du visage, l'odorat. — *Súdurra, súgurra, súrra.*

NI, particule conjonctive négative. — *Ez.*

NIABLE, adj., qui peut être nié. — *Ukagarria, ukhagarria.*

NIAIS, AISE, adj., idiot. — *Erghela, zózóa, zóróa, léleá.*

NIAISEMENT, adv., d'une façon niaise. — *Erghelki, zózoki, zóroki, léleki.*

NIAISER, v. n., s'amuser à des riens. — *Erghelkerietan, zózokerietan, zórokerietan, lélekerietan aïtzea, dembora pasatzea.*

NIAISERIE, s. f., caractère de niais, bagatelle. — *Zózokeria, zórokeria, lélekeria.*

NICHE, s. f., enfoncement pour une statue. — *Nichóa.* ǁ Espièglerie : *Yestúa, chazkóa, donghetasuna.*

NICHÉE, s. f., petits dans un nid. — *Kábialdia, káfialdia, úme-aldia.*

NICHER, v. a., faire son nid, placer. — *Kábetzea, ohatzeztatzea, ohatzea, kafitzea, ohantzearen éghitea.*

NICHOIR, s. m., cage pour faire couver. — *Káfi, bábe, ahaze, kábi, ohantze lekúa, tokia.*

NID, s. m., logement des oiseaux. — *Kábea, kábia, káfia, ohatzea, ohantzea, hábea.*

NIDOREUX, EUSE, adj., qui a une odeur de gâté. — *Usaïndúa, urrindúa.*

NIÈCE, fille du frère ou de la sœur. — *Illobá, iloba, ilhoba.*

NIELLE, s. f., maladie des grains. — *Añoa, lúdoya.* ǁ Mauvaise graine qui naît parmi les blés : *Usagarria, úchagarria, albechea, ilhindia.*

NIELLER, v. a., gâter par la nielle. — *Ilhindiaz, usagarriz, úchagarriz, albechez funditzea, galtzea.*

NIER, v. a. et n., dire qu'une chose n'est pas. — *Ukatzea, ukhatzea.*

NIGAUD, AUDE, adj. et s., sot, niais. — *Erghela, zózóa, zóróa, léléa.*

NIGAUDER, v. n., faire des nigauderies. — *Erghelkerietan, zózokerietan, zórokerietan, lélekerietan aïtzea, dembora pasatzea.*

NIGAUDERIE, s. f., niaiserie. — *Erghelkeria, zózokeria, zórokeria, lélekeria.*

NILLE, s. f., petit filet rond qui sort du bois de la vigne en fleur. — *Aÿen-tchikia, aïhen-ttipia.*

NIPPE, s. f., habits. — *Churcheria.*

NIPPER, v. a. et p., fournir de nippes. — *Churcheritzea.*

NITOUCHE (SAINTE-), s. f., hypocrite, fam. — *Santa-mitutcha.*

NITRE, s. m., espèce de sel minéral. — *Gátzúa.*

NITREUX, EUSE, adj., qui tient du nitre. — *Gatzutzúa.*

NITRIÈRE, s. f., lieu où se forme le nitre. — *Gatzudia.*

NIVEAU, s. m., instrument pour mesurer horizontalement ; fig., être au niveau, etc. — *Béruna, berdinkaya, berdiña, bardiña, nibelá.*

NIVELER, v. a., mesurer avec le niveau, aplanir. — *Berdintzea, bardiñtzea, nibeltzea.*

NIVELEUR, s. m., qui s'occupe du nivellement. — *Berdintzaïlea, bardiñtzallea, nibeltzallea.*

NIVELLEMENT, s. m., action de niveler. — *Berdinkuntza, bardiñkuntza, nibelkuntza.*

NOBLE, adj. et s., de haut rang, illustre, qui n'est point vulgaire. — *Aïtun, aïthorá.*

NOBLEMENT, adv., avec noblesse. — *Aïtunki, aïthorki.*

NOBLESSE, s. f., qualité noble, les nobles. — *Aïturia, aïthoria.* ǁ Fig., élévation, grandeur : *Gaïndiróa, garaïtza, grandesa.*

NOCE, s. f., mariage, festin, etc. — *Eztéyac, esposác, ezteya, eztáya.*

NOCHER, s. m., celui qui gouverne un vaisseau. — *Untci-gobernatzaïlea, untzighidaria.*

NOCTAMBULE, s. m., somnambule. — *Ametxetan ibiltzen-dena.*

NOCTAMBULISME, s. m., somnambulisme. — *Ametxetan-ibilkuntza.*

NOCTILUQUE, adj. et s. m., qui donne de la lumière pendant la nuit. — *Epurtarghia.*

NOCTURNE, adj., de nuit. — *Gabazkóa, yaütarra, ghaü.* ǁ Oiseau nocturne : *Gaúchória, gaü-chória.*

NOEL, s. m., fête de la Nativité de Jésus-Christ. — *Eguerri, eguerria.*

NŒUD, s. m., enlacement d'un corps flexible. — *Kóropilóa, góropilúa, kóropila.* ǁ Espèce de rose qui se fait en nouant le ruban d'un soulier, d'un mouchoir : *Kóropiḷóa, góropiḷua, kóropila.* ǁ Les rubans ou cordons d'un tablier, etc. : *Kôropilôa, góropilûa, kóropila.* ‖ Excroissance, botanique : *Beghia.* ‖ Nœud courant ou coulant : *Chibistea, saka-lasterra.*

NOIR, OIRE, adj. et s. m., de couleur obscure, livide, nègre. — *Beltza, beltcha, balchâ.*

NOIRATRE, adj., tirant sur le noir. — *Beltzkara, beltchkarra, balchkara.*

NOIRAUD, AUDE, adj., qui a le teint très-brun. — *Beltzarana.*

NOIRCEUR, s. f., qualité noire. — *Beltztasuna, beltchtasuna, balchtasuna.*

NOIRCIR, v. a., rendre noir ; fig., diffamer ; v. a. et p., devenir noir : *Beltztea, beltztia, belchtea, balchtea.*

NOIRCISSURE, s. f., tache de noir. — *Beltzdura, beltchdura, balchdura, belchatûa.*

NOISE, s. f., querelle, fam. — *Erriertea, aserrera, atelá, gatazka, aûciabartza, eskatima.*

NOISETIER, s. m., arbre qui produit la noisette. — *Urritza, urr'hóndoá, hurr'hóndoá.*

NOIX, s. f., fruit du noyer. — *Helzaûr, intzaûr, inchaûr.* ‖ Sa première enveloppe (la coque) : *Helzaûr achala, intzaûr ázala.* ‖ Sa seconde enveloppe, celle qui est sur la coque : *Koskaána.* ‖ Noix de galle, excroissance sur la feuille du chêne : *Kálitcha, kúskuïla.*

NOLIS, ISSEMENT, s. m., fret d'un vaisseau, d'une barque. — *Ugasaria.*

NOLISER, v. a., fréter. — *Ugasaritzea.*

NOM, s. m., mot pour désigner une personne. — *Deitura.* ‖ Désigner un objet : *Icena, cibotá.* ‖ Fig., réputation : *Fâma.*

NOMADE, adj. et s. m., peuple errant. — *Pópulu-erratûa.*

NOMBRANT, adj., qui nombre. — *Numbretzaïlea, chifratzaïlea.*

NOMBRE, s. m., collection d'unités. — *Múltzûa, múltchûa, numbria, óstea, sástea.*

NOMBRER, v. a., compter les unités. — *Numbratzea, chifratzea, óstetzea, sástetzea.*

NOMBREUX, EUSE, adj., en grand. — *Haïnitz, ûsu.*

NOMBRIL, s. m., petite cavité au milieu du ventre.—*Cilkóa, chilkûa, chilborra, cila.* ‖ Œil du fruit : *Beghia.* ‖ Nombril de Vénus, plante : *Hormabelharra.*

NOMENCLATEUR, s. m., celui qui fait une nomenclature, qui s'y applique. — *Icendatzaïlea.*

NOMENCLATURE, s. f., classification. — *Icendadea, cekidora.*

NOMINAL, ALE, adj. (appel), par des noms. — *Icenez.*

NOMINATEUR, s. m., qui a droit de nommer. — *Icendatzaïlea.*

NOMINATION, s. f., action de nommer. — *Icendakuntza.*

NOMMÉMENT, adv., spécialement. — *Icendatuz, icendatuki.*

NOMMER, v. a., donner, imposer un nom, désigner par un nom. — *Icendatzea.* ‖ Choisir : *Haütatzea.* ‖ Instituer : *Ezartzea, emaïtea.*

NOMPAIR, adj., impair. — *Bakanta, désbardina, batguti, bakotchia, batgutia, batgutchia.*

NOMPAREIL, LE, adj., sans pareil. — *Pareric-gabea.*

NON, adv., particule négative.— *Ez.* ‖ Non, monsieur : *Ez yauna.* ‖ Non, cela ne peut pas être : *Ez, ori ez ditake izan.*

NONAGÉNAIRE, adj., qui a quatre-vingt-dix ans. — *Laûrogoï'ta amar urte duena.*

NONANTE, adj., quatre-vingt-dix. — *Laûrogoï'ta amar.*

NONANTIÈME, s. m., quatre-vingt-dixième. — *Laûrogoï'ta amargarrena.*

NONCHALAMMENT, adv., avec nonchalance.— *Banoki, naghiki.*

NONCHALANCE, s. f., négligence, lenteur. — *Banokeria, banotasuna, naghitasuna.*

NONCHALANT, ANTE, adj. et s. m., lent, négligent. — *Bañoa, banûa, naghia.*

NON-CONFORMITÉ, s. f., défaut de conformité. — *Eïteric-ez-izatia.*

NON-JOUISSANCE, s. f., privation de jouissance. — *Gózamenic-ez-izatia.*

NONNAIN, NONNE, s. f., religieuse, fam. — *Serora.*

NONNETTE, s. f., diminution de nonne. — *Seroratchûa.*

NONOBSTANT, prép., malgré. — *Argatic, aleré, nahiz.*

NON-OUVRÉ, ÉE, adj., se dit des matières et particulièrement des métaux qui ne sont point travaillés, qui ne sont pas mis en œuvre. — *Apaïndu-gabea, obratu gabea.*

NON ou NEC PLUS ULTRA, s. m., terme qu'on ne peut passer. — *Lehenbicikóa.*

NON-RÉSIDENCE, s. f., défaut de résidence. — *Egon-leku-gabe.*

NON-SENS, s. m., phrase qui n'a pas de sens. — *Zenzu-gabea, mengu-gabea.*

Non-usage, s. m., cessation d'usage.—*Usayaren-gheldilzea.*

Non-valeur, s. f., manque de valeur. — *Balioric-gabe.*

Non-vue, s. f., impossibilité de voir, t. de marine. — *Ezin-ikusia.*

Nord, s. m., septentrion, partie du monde opposée au Midi. — *Nortea, ipharra.* || Nord-Est, point entre le Nord et l'Est : *Iphar-iruzki pharte.* || Nord-Ouest, point entre le Nord et l'Ouest : *Iphar-mendebal'pharte.* || Nord (vent de) : *Norte aïcea, iphar aïtcea.*

Nostalgie, s. f., maladie du pays. — *Herriko-mina.*

Nota, s. m. sans pl., remarque en marge.— *Irazagha, adirakia, seña.*

Notable, adj., remarquable. — *Señagarria, irazagugarria, margarria, adiragarria.* || s. m. pl., les principaux habitants d'un lieu : *Printcipalac, goïyenac, lehenac.*

Notablement, adv., beaucoup. — *Haïnitz, biciki.* || Remarquablement: *Señagarriró, margariró, irazagugarriró, adiragarriró.*

Notaire, s. m., officier qui passe les actes. — *Nótaria, notariua, notarióa.*

Notamment, adv., spécialement. — *Bereciki.*

Notariat, s. m., charge de notaire. — *Notarikintza.*

Notarié, ée, adj., passé devant notaire. — *Notaritua.*

Note, s. f., marque. — *Ciabieztea.* || Commentaire : *Azáldagóa, édarghindea.*

Noter, v. a., marquer. — *Ciabeztatzea.* || Commenter : *Azáltzia, édarghitzea.* || Ecrire par renvoi : *Aldapitzea.*

Notice, s. f., catalogue. — *Cekidorá.* || Extrait : *Gutitzea.*

Notification, s. f., acte pour notifier. — *Yakinazdea, jakiñerazó, ezagherazó, notifikacionea.*

Notifier, v. a., faire savoir juridiquement. —*Yakinaztea, jakiñerazotzea, ezagherazotzea, notifikatzea.*

Notion, s. f., connaissance. — *Yakintza, yakitatia.* || Idée d'une chose : *Ezaghera.*

Notoire, adj. des deux genres, manifeste, qui se sait.—*Yakina, jakina, ezaguna.* || Evident : *Agheria, aghiria, klára; arpekóa.*

Notoirement, adv., manifestement, que l'on sait. — *Yakintki, jakinki, ezaguntki.* || Evidemment : *Agheriki, aghiriki, klárki, arpezki.*

Notoriété, s. f., évidence. — *Yakina den gaüza.*

Nôtre, pron. pos., qui est à nous. — *Guria, gurea.* || s. m. pl., nos parents, ceux de notre parti, etc. : *Guriac, gureac.*

Notre-Dame, s. f., la sainte Vierge, sa fête. — *Andredena-Maria.*

Noue, s. f., tuile en canal.— *Arroïlan eghinikako teïla.*

Noué, ée, adj., rachitique. — *Kóra.* || part., formé en nœud : *Kórapillatua, kóropillatuá, kóapillatua.*

Nouer, v. a., faire un nœud ; fig., lier. — *Kóropillatzea, kórapillatzea, kóapillatzea.* || Passer de fleur en fruit : *Pipitatzea.*

Nouet, s. m., drogue dans un linge noué. — *Pilóta, pútchukina.* || Herbes dans un linge ou sans linge pour un pot à soupe, etc. : *Búketa.*

Noueux, euse, adj., bois à nœuds. — *Ardatxua.* || En parlant d'un bâton : *Kóshatuq.*

Nourrice, s. f., femme qui allaite. — *Amaño, unidea, unhide.*

Nourricier, ère, adj., qui nourrit.— *Hastzaïllea, aztzallea.* || s. m., le mari d'une nourrice : *Aïta-lekukua, aïtaña.*

Nourrir, v. a. et p., sustenter, fournir d'aliments, allaiter. — *Asteá, haztea.*

Nourrissage, s. m., manière d'élever les bestiaux. — *Hazkuntza, askuntza.*

Nourrissant, ante, adj., qui nourrit. — *Hazgarria, asgarria.*

Nourrisson, s. m., enfant en nourrice. — *Bulharreko-aurra, unidetako-aurra, unhidetako-aurra.*

Nourriture, s. f., ce qui nourrit. — *Yanaria, janaria, hazkaria, hazkuria.*

Nous, pr. de la première personne, pl. de *je* ou *moi.* — *Gú.*

Nouveau, vel, le, adj. (*nouvel* devant les noms masculins commençant par une voyelle ou par une h muette). — *Berri, berria.* || Qui commence d'être : *Aste, astea.* || adv., nouvellement : *Berriki.* || De nouveau : *Berriz.* || De rechef : *Berriz ére.*

Nouveauté, s. f., qualité de ce qui est nouveau, chose nouvelle. — *Berritasuna.*

Nouvelle, s. f., premier avis qu'on reçoit d'une choe arrivée récemment. —*Berria.* Conte : *Kóntua.* || pl., renseignements sur l'état des affaires ou sur la santé : *Berriac.*

Nouvellement, adv., depuis peu.—*Berriki.*

NOUVELLISTE, s. f., curieux de nouvelles. — Berriketaria.

NOVALE, s. f., terre nouvellement défrichée. — Lurra berriki atheratùa.

NOVATEUR, s. m., qui innove. — Berrizalea.

NOVATION, s. f., changement. — Berrikuntza.

NOVEMBRE, s. m., onzième mois de l'année. — Hazilá.

NOVICE, adj. et s., nouveau religieux, jeune marin. — Frogantzakóa. || Fig., apprenti : Aprendizá, ikasaria, ikaslea. || Peu habile : Moldegabea.

NOVICIAT, s. m., état de novice. — Frogantza dembora.

NOVISSIMÉ, adv., mot latin, tout récemment. — Berri-berriki.

NOYAU, s. m., partie dure, osseuse d'un fruit. — Ezurra.

NOYÉ, ÉE, adj., s. m. et part., mort dans l'eau. — Itho dena, urian itho dena.

NOYER, s. m., arbre. — Elzaür, eltzaür, intzaür, inchaür hóndoá. || Lieu planté de noyers : Elzaürdia, eltzaürdia, intzaürdia, inchaürdia.

NOYER, v. a. et p., mourir ou faire mourir dans l'eau. — Urian ithotzea.

NU, UE, adj., qui n'est pas couvert. — Estaligabea. || Sans aucun vêtement : Bilhuzgorria, pikaraïgorria, larrugorria, pikaraya. || Fig., sans ornement, sans garniture : Búlucia, búlaza, garnitu gabea, ornementic gabe, berreghintzic gabe, edergaïluric gabe. || s. m., ce qui est sans draperie : Búlucia, búlaza. || Nu-tête : Buruhas, búru-ütsik. || Nu-pieds : Orthutx, úrthutx, oïnutx. || Nu (à), adv., à découvert : Agheriki.

NUAGE, s. m., amas de vapeurs dans l'air. — Edoya, edoïya, eroïa, odeïa, osá.

NUAGEUX, EUSE, adj., couvert de nuages. — Edoïytxua, eroïtxua, edoïtxua, odeïtsua, osátsùa.

NUANCE, s. f., degré d'une couleur. — Matiza. || Fig., différence délicate entre deux choses du même genre : Matiza.

NUANCER, v. a., assortir les couleurs. — Matizatzea.

NUBILE, adj., en âge de se marier. — Morroïna, ezkon-adina.

NUBILITÉ, s. f., état nubile. — Morroïntasuna.

NUDITÉ, s. f., état d'une personne nue. — Eranztea, biluzdea.

NUE, s. f., nuage. — Edoya, edoïya, eroïa, odeïa, osá.

NUÉE, s. f., nuage. — Edoya, edoïya, eroïa, odeïa, osá, odeïjasa. || Fig., multitude : Ostea, ospea, mulsutasuna, dia, askita, molá, andana.

NUIRE, v. a., faire tort. — Gaitz'ghitea, kálte'ghitea, damu'ghitea.

NUISIBLE, adj., qui nuit. — Gaïzki'ghilea, kalte'ghilea. || Qui peut nuire : Gaïtzkorra, kaltekorra.

NUIT, s. f., temps où le soleil est sous l'horizon. — Gaùa, gába, gaùha, gaïha. || De nuit, adv., nuitamment : Gaùaz, gábaz, gaùhaz, gaïhaz.

NUITAMMENT, adv., pendant la nuit. — Gaùaz, gábaz, gaùhaz, gaïhaz.

NUITÉE, s. f., espace de nuit. — Gaù'bat, gáb'bat, gaùh'bat, gaïh'bat.

NUL, LE, adj., pas un, personne. — Nihor, nehor. || Point, pas aucun : Bihiric, batere. || Sans valeur : Deüs balioric gabe. || Homme sans capacité : Deüsez bat, iñolazkóa, iñoranta.

NULLEMENT, adv., en nulle manière. — Bátere, iñolazkiró, neholaéz.

NULLITÉ, s. f., défaut qui rend un acte nul. — Iñolazkogóa, útxa.

NUMÉRAIRE, adj., valeur fictive. — Baliòa, pápera. || s. m., argent monnayé : Dirùa.

NUMÉRAL, ALE, adj., qui marque un nombre. — Cembatetara, númbretzailea.

NUMÉRATEUR, s. m., nombre supérieur d'une fraction. — Cembatetatzaïlea.

NUMÉRATION, s. f., action de compter. — Cembatetasuna, númbremendua.

NUMÉRO, s. m., nombre pour coter. — Númeróa, lumeróa, limeróa, cembatea.

NUMÉROTER, v. a., mettre le numéro. — Númeratzea, lumeratzea, limeratzea, cembatetatzea, númbratzea.

NUPTIAL, ALE, adj., qui appartient aux noces. — Ezteïyakóa, estaïkóa.

NUQUE, s. f., creux entre la tête et le chignon du cou. — Lepho-ghibela, garkotzea, garondo-chilùa, buru ghibeleko chilóa, lepachokóa, garrondoa, burughibela.

NUTRITIF, IVE, adj., qui nourrit. — Galordegarria.

NUTRITION, s. f., fonction du suc nourricier. — Galordea.

O

O, s. m., quinzième lettre de l'alphabet. — *Abeceko amabortzgarren letra.*

O ! interj., avec l'accent circonflexe, qui sert dans les exclamations. — O mon Dieu ! *O éne Yinkóa!* ‖ O ma mère : *O éne ama !* ‖ O quel temps ! *O cer dembora !*

OBÉIR, v. n., se soumettre à la volonté. — *Obeditzea, oberitzea.* ‖ Plier, condescendre : *Yaüstea, meñeghintzea.*

OBÉISSANCE, s. f., action d'obéir. — *Obedientzia, oberientzia.* ‖ Condescendance : *Etardura, menegindea.*

OBÉISSANT, ANTE, adj., qui obéit. — *Obedienta, aberienta.* ‖ Fig., souple : *Yaüskorra, meneghintarra, menghillea.* ‖ Condescendant : *Menghillea.*

OBÉLISQUE, s. f., pyramide d'une seule pierre. — *Métarria.*

OBÉRER, v. a. et p., endetter. — *Zorretan sartzea.*

OBÉSITÉ, s. f., excès d'embonpoint. — *Ghicentasuna, ghizentasuna, lóditasuna.*

OBIT, s. m., service fondé pour le repos de l'âme d'un mort. — *Obitúa.*

OBJECTER, v. a., faire une objection. — *Kóntrezartzea, kóntrezartea.*

OBJECTION, s. f., difficulté opposée à une proposition. — *Difikultatea.*

OBJET, s. m., ce qu'on voit. — *Gaüza, gaïza.* ‖ But : *Chedia.*

OBLATION, s. f., offrande à Dieu. — *Doneskañia.*

OBLIGATION, s. f., devoir. — *Imbidia, eghinbidea, obligaciña, obligacionea.* ‖ Reconnaissance : *Ezagutza, eskerra, ikustatea.* ‖ Promesse de payer : *Ezagutza, billeta, obligacionea.* ‖ Dette : *Zorra.*

OBLIGATOIRE, adj., qui contraint. — *Bortchagarria.*

OBLIGÉ, ÉE, adj. et s. m., redevable. — *Zorduna, zordurua.* ‖ part., forcé : *Bortchatua, obligatua.* ‖ Obligé (bien) : *Milesker, eskarikaski, eskarikasko.*

OBLIGEAMMENT, adv., avec obligeance. — *Komplesentki, erchatuki, amúlsuki.*

OBLIGEANCE, s. f., penchant à obliger. — *Obligentcia, erchamendua, amúlsutasuna.*

OBLIGEANT, ANTE, adj., officieux, qui aime à rendre service, à faire plaisir. — *Erchakorra, komplesenta, amúlsua.*

OBLIGER, v. a. et p., engager, imposer l'obligation. — *Hertchatzea, behartzea.* ‖ Forcer : *Bórtchatzea.* ‖ Exciter : *Subermatzea.* ‖ Rendre service : *Obligatzea, amúlsutzea.*

OBLIQUE, adj., incliné. — *Makurra, cearra, okherra, seyarra.* ‖ Fig., frauduleux : *Makurra, enganakorra.*

OBLIQUEMENT, adv., de biais. — *Bazterka, cearki, seyarki.* ‖ Fig., par fraude : *Enganoki, makurtki.*

OBLIQUER, v. a., incliner. — *Makurtzea.* ‖ A gauche (incliner) : *Esker makurtzea, ezkertzea.* ‖ A droite (incliner) : *Eskuin makurtzea, eskuïntzea.*

OBLIQUITÉ, s. f., inclinaison. — *Makurtasuna, ceartasuna, seyartasuna.*

OBLONG, UE, adj., plus long que large. — *Lucekaran.*

OBOMBRER, v. a., couvrir de son ombre. — *Itzaltzia.* ‖ Couvrir d'ombre : *Beltztea.*

OBREPTICE, adj., obtenu par surprise. — *Ghezurrez izana, enganioán.*

OBREPTICEMENT, adv., par surprise. — *Eganiokoki.*

OBREPTION, s. f., réticence. — *Gordetasuna.*

OBSCÈNE, adj., qui blesse la pudeur. — *Lizuna, likitxa, desonesta, aragheya.*

OBSCÉNITÉ, s. f., impudicité. — *Lizunkeria, lizuntasuna, likitxkeria, likitxtasuna, desonestkeria.*

OBSCUR, URE, adj., sombre. — *Ilhuna.* ‖ Embrouillé : *Itxua.* ‖ Fig., peu intelligible : *Aditezgarria.*

OBSCURCIR, v. a. et p., rendre plus foncé. — *Beltztea.* ‖ Devenir obscur au pr. et au fig. : *Beltztea, désarghitzea.* ‖ Devenir sombre : *Ilhuntzea.* ‖ Devenir nuageux : *Goïbeltzea.*

OBSCURCISSEMENT, s. m., affaiblissement de lumière. — *Ilhuntasuna, désarghiera.*

OBSCURÉMENT, adv., avec obscurité. — *Ilhunki, désarghiki.*

OBSCURITÉ, s. f., défaut de clarté. — *Ilhuntasuna, illumpia.* ‖ Chose obscure au pr. et au fig. : *Ilhuntasuna.*

OBSÉDER, v. a., être assidu pour capter. — *Fastikatzia.*

OBSÈQUES, s. f., enterrement pompeux, funérailles. — *Póroguac.*

OBSÉQUIEUSEMENT, adv., d'une manière obséquieuse. — *Ménekióki, ménekiotiró.*
OBSÉQUIEUX, EUSE, adj., vil, complaisant.— *Ménekiotia.*
OBSÉQUIOSITÉ, s. f., complaisance vile. — *Ménekiotasuna, ménekióa.*
OBSERVABLE, adj., qui peut être observé. — *Beghiragarria, beïragarria, ikusgarria.* || Que l'on peut pratiquer, suivre les préceptes : *Eghingarria.*
OBSERVANCE, s. f., pratique de la règle des préceptes, déférence, honneur.—*Gúardá.*
OBSERVATEUR, TRICE, s., qui observe, remarque, suit les préceptes, les prescriptions. — *Beghiratzaïlea, beïratzaïllea.*
OBSERVATION, s. f., action d'observer. — *Beghiramendua, beïramendua, obserbacionea.* || Remarque, suivre les prescriptions, les préceptes : *Gúardia, oharra, oárra, oárkearra, arreta.*
OBSERVATOIRE, s. m., lieu pour les observations d'astronomie. — *Oárteghia, celatateghia.*
OBSERVER, v. a., suivre ce qui est prescrit. — *Seghitzea, beghiratzea.* || Considérer avec application : *Beïratzea.* || Epier : *Cheletazea, zeletatzea, celetatzea;* v. p., être circonspect : *Beálditzea.*
OBSESSION, s. f., action d'obséder. — *Fastikamendúa.*
OBSTACLE, s. m., empêchement. — *Trabua, empechúa, estekúa, eragozketa.* || Défense : *Debekua.*
OBSTINATION, s. f., opiniâtreté.— *Séta, burkoïdea, isia, sépa, leiya, thema.*
OBSTINÉ, ÉE, adj. et s., entêté, opiniâtre. — *Sétatxua, burkoitxúa, isitsúa, isitia, thematxúa, burkoïa, sépatsúa.*
OBSTINÉMENT, adv., avec obstination. — *Sétaki, sétakiró, burkoïkiró, burkoïki, isitiki, thematxuki, sépaki.*
OBSTINER, v. a. et p., s'opiniâtrer. — *Sétatzea, sépatzea, burkoïtzea, isitzea, thematzea, leiyatzea, isiatzea.*
OBSTRUCTIF, IVE, adj., qui cause des obstructions. — *Bidichagarria.*
OBSTRUCTION, s. f., engorgement. — *Bidicha.*
OBSTRUER, v. a., causer une obstruction. — *Bidichatzea.* || Fig., embarrasser la marche d'une affaire : *Trabatzea, empechatzea, pochelutzea.*
OBTEMPÉRER, v. n., obéir. — *Obeditzea, kónsenditzea.*

OBTENIR, v. a., se faire accorder. — *Izaïtia, ardiestia, ardiestea.*
OBTENTION, s. f., action d'obtenir. — *Izankuna, ardieskuntza.*
OBTUS, USE, adj., sans pointe. — *Ciaghea.*
OBUS, s. m., petite bombe. — *Obusa.*
OBUSIER, s. m., mortier pour l'obus.—*Obusamortraïrúa.*
OBVIER, v. n., prévenir le mal. — *Itzultzea.*
OCCASION, s. f., conjoncture opportune pour dire ou faire. — *Okasionea, okasiúa, aürghina.* || Rencontre : *Ghertúa, parada.* || Extrémité, danger, péril : *Trancea, ghertoya.*
OCCASIONNEL, LE, adj., qui occasionne. — *Mugaldikóa, goïataldikóa, okasionekúa.*
OCCASIONNELLEMENT, adv., par occasion. — *Mugaldiró, mugaldeki, goïataldiró, okasioneki.*
OCCASIONNER, v. a., causer. — *Okasionatzea, bide ematia.*
OCCIDENT, s. m., point cardinal où le soleil se couche. — *Mendebaleko pharteu, sartaldea, mendebal'aldea.* || Vent d'Occident : *Mendebala, mendebal'aïzia, sartaïzia, mendebal'haïcea.*
OCCIDENTAL, ALE, adj., de l'Occident. — *Mendebal'phartekúa, sartaldearra.*
OCCIPITAL, ALE, adj., terme d'anat., qui appartient à l'occiput. — *Garandukúa.*
OCCIPUT, s. m., derrière de la tête. — *Garandúa.*
OCCIRE, v. a., tuer. — *Hiltzea.*
OCCULTE, adj., caché. — *Gordia, gordea, tchila.*
OCCULTEMENT, adv., d'une manière occulte. — *Gordeki, ichilki, ichilic, eskutakiró, estalian, eskutúan.*
OCCUPANT, adj., qui occupe, prend possession. — *Sarartzallea.*
OCCUPATION, s. f., ce à quoi on emploie son temps, affaire. — *Okupacionea, okupaciúa, ékaïra, áboria, lanzaróa, lana.* || Emploi : *Emplegúa, kárgúa.*
OCCUPER, v. a. et p., remplir. — *Bethetzea.* || Habiter : *Egoïtea, bicitzea.* || S'emparer : *Sarartzea, hartzea.* || Employer : *Emplegatzea, ekaïratzea, kátibatzea.* || Donner du travail : *Emplegatzea, lana emaïtea.*
OCCURRENCE, s. f., rencontre. — *Ghertúa, parada, ghertaldia, goaïtaldia, errekontra, ustegabekóa.* || Occasion : *Okasionea, okasiúa, aürghina.*

OCCURRENT, ENTE, adj., qui survient. — *Ghertukúa, ustegabea, dátorrena, datoztena.*

OCÉAN, s. m., la grande mer. — *Itxasóa, itxasúa, océána.*

OCÉANIEN, adj., de l'Océan. — *Itxasokóa, itxasukúa, itxas-océántarra.*

OCRE, s. f., terre ou craie rouge à teindre. — *Lugarria.*

OCTANT, s. m., instrument de 4 degrés. — *Laü graduko tresna espes bat.*

OCTANTE, adj., quatre-vingts. — *Laúrogoï, laüetanogoï.*

OCTANTIÈME, adj., quatre-vingtième.-*Laúentanogoïgarrena, laúrogoïgarrena.*

OCTAVE, s. f., huitaine d'une fête religieuse. — *Otaba.*

OCTOBRE, s. m., dixième mois de l'année.— *Urria.*

OCTOGÉNAIRE, adj. et s., âgé de 80 ans. — *Laúrogoï-urtekía, laúetangoï-urtekúa.*

OCTROI, s. m., concession. — *Utzikida, emakida.* || Droit sur les denrées : *Chócha.*

OCTROYER, v. a., concéder.— *Utzikidatzea, emakidatzea, uztea, emaïtea.*

OCULAIRE, adj. (témoin), qui a vu.— *Beghikóa, beghitarra.*

OCULAIREMENT, adv., visiblement.— *Beghikóro, beghitarkiró.*

OCULISTE, s. m., médecin qui peut guérir les yeux. — *Beghisendaria.*

ODEUR, s. f., senteur. — *Usaïna, urrina, usaïa.* || Bonne odeur : *Usaïn, urrin, usaï óna.* || Senteur (mauvaise) : *Usaïn, urrin, usai, kiratxa, usaïn, urrin, usaï kindua, usaïn, urrin, usaï kerúa, gaïstóa.*

ODIEUSEMENT, adv., d'une manière odieuse. — *Iguïnki, gaïtzesgarriró, igorigarriró.*

ODIEUX, EUSE, adj., haïssable. — *Iguïna, iguïngarria, gaïtzesgarria, igorigarria.*

ODORANT, ANTE, adj., qui répand une bonne odeur.-*Usaïngarria, usaïntsúa, urrintsúa.*

ODORAT, s. m., sens qui perçoit les odeurs. — *Sendikúa, usná, usmá, usaïkiña, usantsa.*

ODORIFÉRANT, ANTE, adj., odorant, qui répand une odeur. — *Usaïntsúa, urrintsúa, usaïn emaïlea, urrin emallea.*

ŒIL, s. m., pl. YEUX, organe de la vie. — *Beghia.* || Fig., trou de certains instruments : *Cilóa, cilúa.* || Fig. pl., petites cavités dans le pain : *Cilóa.*

ŒIL-DE-BŒUF, s. m., lucarne ronde. — *Kolomucilóa, kolomúa, leyakereta, beásarea.*

ŒILLADE, s. f., regard. — *Beghi-kolpea, beghi-golpeá, beïratzia, beghi-tartia, begi-ukaldia.*

ŒILLÈRE, s. f., dent qui répond à l'œil. — *Létaghina, letaghiña.*

ŒILLET, s. m., fleur. — *Yulufreya, chilipraya, yulufrea.* || Petit trou pour passer un lacet : *Abuïllet-chilúa.*

ŒILLETON, s. m., rejeton d'œillet, etc. — *Aldaska.*

ŒNAS, s. m., pigeon sauvage.— *Basa-usua, basa-usóa.*

ŒSOPHAGE, s. m., canal de l'estomac. — *Iresbidea.*

ŒUF, s. m., pl. ŒUFS, corps organique pondu par des femelles. — *Arroltzea, arroltzia.* || Blanc d'œuf : *Churingúa.* || Jaune d'œuf : *Gorringoa.*

ŒUVÉ, ÉE, adj., qui a des œufs. — *Arroltzelúa.*

ŒUVRE, s. f., ouvrage, produit de l'esprit ; pl., les écrits d'un auteur ; s. m., estampes, musique. — *Obra.*

OFFENSANT, ANTE, adj., qui offense.— *Ofentsagarria, iraïngarria, damugarria.*

OFFENSE, s. f., injure. — *Ofentsa, iraïna, damua.* || Péché : *Békatúa, pékatúa.*

OFFENSÉ, ÉE, adj., qui a reçu une offense.— *Ofentsatua, damutúa, iraïndúa.*

OFFENSER, v. a., faire une offense. — *Ofentsatzea, damutzea, iraïntzea.* || Fig., choquer : *Chokatzea.* || Blesser : *Kólpatzea, gólpatzea.* || v. p., se fâcher : *Asarretzea.*

OFFENSEUR, EUSE, s., qui offense. — *Ofentsatzaïlea, damutzaïla, iraïntzaïlea.*

OFFENSIF, IVE, adj., qui attaque. — *Ofentsagarria, damugarria, iraïngarria.*

OFFENSIVEMENT, adv., d'une manière offensive. — *Ofentsagarriki, damugarriki, iraïngarriki.*

OFFERTOIRE, s. m., offerte ; f., partie de la messe. — *Eskeïntza, aghintza.*

OFFICE, s. m., assistance. — *Laguntza.* || Prières : *Othoïtzac.* || Office divin : *Meza.* || Office, charge, fonction : *Kárgúa, emplegúa.*

OFFICIANT, ANTE, adj. et s., qui officie à l'église. — *Meza emaïla.*

OFFICIEL, LE, adj., déclaré par l'autorité. — *Otoritatez yakina.*

OFFICIELLEMENT, adv., d'une manière officielle. — *Otoritatuki.*

OFFICIER, v. n., dire l'office divin. — *Meza ematia, meza erraïtea.*

OFFICIER, s. m., qui a un office, un grade militaire. — *Oficiera, oficiale.*

OFFICIEUSEMENT, adv., d'une manière officieuse. — *Azpitic, ichilic, balakoki, laüsengoki.*

OFFICIEUX, EUSE, adj., obligeant. — *Cerbitzazaïla, erchakorra.* ‖ s., flatteur : *Balakatzaïlea, laüsengatzaïlea.*

OFFRANDE, s. f., ce qu'on offre, oblation.— *Doneskánia, ofrendá, olatá.* ‖ Faire une offrande de pain, etc., à l'église : *Ofrendatzea, otemaïtea.*

OFFRANT, s. m., qui offre. — *Aghintzaïlea, aghintzallea, eskaïntzallea.*

OFFRE, s. f., action d'offrir, ce qu'on offre. — *Eskaïntza, aghintza.*

OFFRIR, v. a. et p., présenter. — *Eskaïntzea, aghintzea, ofreïtzea.* ‖ Proposer : *Ofreïtzea, proposatzea.*

OFFUSQUER, v. a. et p., empêcher de voir.— *Estaltzea, itxutzea.* ‖ Eblouir : *Llilloratzea, llillutzea, kandutzea.* ‖ Fig., troubler l'esprit : *Chóratzea, zóratzea.* ‖ Déplaire : *Ezgustatzia.*

OIGNON, s. m., racine bulbeuse, plante. — *Thipulá, tipúla.*

OIGNONIÈRE, s. f., terre semée d'oignons. — *Thipuladia, tipúladia.*

OGRE, ESSE, s. m., monstre fabuleux. — *Yende-yalea.*

OH ! interj. de surprise. — *Oh !*

OIE, s. f., oiseau de basse-cour.— *Antzara, anzara.* ‖ Jeu d'oie : *Antzara-yokúa, anzara-jokúa.* ‖ Cri de l'oie : *Antzararen oïhúa, kárranka.*

OINDRE, v. a., frotter d'huile. — *Olioztatzea, olioz fretatzea, ferekatzea, gózatzea.* ‖ Oindre de graisse : *Gantzutzea, urindatzea, gantzaz, urinaz ferekatzea, fretatzea, gózatzea.*

OINT, s. m., qui a reçu une onction sainte. — *Olioztatúa.*

OISEAU, s. m., animal à deux pieds ayant un bec, des plumes, des ailes. — *Chória, tchória, hegaskiña, egaskin.* ‖ Instrument pour porter le mortier : *Aspila.*

OISELET, s. m., petit oiseau. — *Chóritchúa.*

OISELEUR, s. m., qui prend les oiseaux. — *Chórikiketaria, tchóketaria, hegaskiñketaria, egazkinketaria.*

OISELIER, s. m., celui qui vend des oiseaux. — *Chóri saltzaïlea.*

OISEUX, EUSE, adj., oisif, inutile.— *Alferra, alpherra, deüsetakóa.*

OISIF, IVE, adj., qui ne fait rien, qui ne sert point. — *Aroya, naghia, alferra, alpherra, deüsetakóa.*

OISILLON, s. m., petit oiseau. — *Chóritúa, tchóritúa, hegazki itipia, egazkin chumea.*

OISIVEMENT, adv., d'une manière oisive. — *Alferki, alpherki, alferric, arroyrik, alperric, naghiki.*

OISIVETÉ, s. f., état oisif. — *Alferkeria, alpherkeria, naghitasuna, arroykeria, aïsekeria.*

OISON, s. m., petit de l'oie. — *Piróa, antzara umea.*

OLÉAGINEUX, EUSE, adj., huileux.—*Oliotxua.*

OLÉCRANE, s. m., éminence derrière le pli du coude. — *Ukóndóa.*

OLIVATRE, adj., couleur olive. — *Olibakara, oliba kholorekúa.*

OLIVE, s. f., fruit. — *Oliba, oliva, olivéa.* ‖ couleur : *Oliba kholore.*

OLIVET, s. m., lieu planté d'oliviers. — *Olibadia, olivadia.*

OLIVIER, s. m., arbre qui produit les olives.— *Oliba hóndoá, oliva hóndoá, olivo'hóndoá.*

OLYMPIADE, s. f., espace de quatre ans. — *Laü urteko artea, olympiada.*

OMBILIC, s. m. — Voyez NOMBRIL.

OMBRAGE, s. m., ombre des arbres.— *Itzalgunea, itzala.*

OMBRAGER, v. a., donner de l'ombre. — *Itzaltzea, itzaltzia.*

OMBRAGEUX, EUSE, adj. (cheval), peureux ; fig., défiant. — *Idurikorra, ghibel-beldurtia.*

OMBRE, s. f., obscurité. — *Itzala.*

OMBREUX, EUSE, adj., qui donne de l'ombre. —*Itzaltxúa.*

OMBRELLE, s. f., petit parasol. — *Ombrela, paresola, iruzkiko paresola, guardasol tchikia.*

OMELETTE, s. f., œufs battus et cuits. — *Omeleta, moleta, arroltze-tortolla, arroltze-ómeleta, arroltze-moleta.*

OMETTRE, v. a., manquer. — *Faltatzea, utx'ghitea, gheldoïkatxea, utxketatzea, bagutzea, mankatzea.* ‖ Oublier: *Ahantztea, aztutzia.*

OMISSION, s. f., manquement.—*Falta, utxa, uzketa, utziera, bagustea, gheldoïka.*

OMNIVORE, adj., qui mange de tout.—*Gucietaric-yalea.*

OMOPLATE, s. f., os de l'épaule. — *Espald'-ezurra.*

ON, pron. pers. indéfini, qui ne se joint qu'à la troisième personne du sing. du verbe. — On a vu : *Ikusi du-te (Ikusi dute)*. || On a su : *Yakin du-te (Yakin izan dute)*. || On lui a dit : *Erran dio-te (Erran diote)*. || On dit : *Dio-te (Diote)*. || On dit ainsi : *Ala dio-te (Ala diote)*. Ainsi, en basque *te* remplace le pronom et forme la terminaison du mot.
ONAGRE, s. m., âne sauvage.—*Asto-salbaiya*.
ONCE, s. f., poids. — *Untza*. || Pièce de monnaie d'Espagne : *Otchinekûa, unzako urrea*. || Animal quadrupède du genre *feles* : *Leoiaremea*.
ONCLE, s. f., frère du père ou de la mère ; grand-oncle, frère de l'aïeul. — *Osaba*.
ONCTION, s. f., action d'oindre.—*Gatzuëra, likayotia*.
ONCTUEUSEMENT, adv., avec onction.—*Gatzuki, likayoki*.
ONCTUEUX, EUSE, adj., huileux.— *Oliotxua*. || Fig., pieux : *Yaïerkirûa*.
ONCTUOSITÉ, s. f., qualité onctueuse. — *Oliotasuna*. || Qualité douce au toucher : *Gozotasuna*.
ONDE, s. f., flot, l'eau, la mer. — *Tiraña, baga*.
ONDÉE, s. f., averse passagère.—*Eraüntxia*.
ONDOIEMENT, s. m., baptême sans cérémonie. — *Ur'emakuntza, batayóa*.
ONDOYER, v. a., baptiser sans cérémonies.— *Ur'emaïtea, batayatzea*. || v. n. , flotter par ondes ; fig., se dit de la flamme, des cheveux, etc. : *Ibiltzea*.
ONDULATION, s. f., mouvement par les ondes. — *Bagaria*.
ONDULER, v. n., avoir un mouvement d'ondulation. — *Bagaritzea*.
ONÉREUX, EUSE, adj., à charge. — *Kaltekorra, bidegabegarria, pisugarria, pisutia*. || Incommode : *Unagarria, kechagarria*.
ONGLE, s. m., corne des doigts. — *Behatza, atzazhala, azkazala, ezkezala*. || Griffe : *Aztaparra*.
ONGUENT, s. m., médicament externe. — *Tirakoloma, balsamua*.
ONOCROTALE, s. m., oiseau qui ressemble au cygne. — *Astorróa*.
ONZE, adj. num., dix et un. — *Ameka*.
ONZIÈME, adj. num. — *Amekagarren*. || s. m., le onzième : *Amekagarrena*.
ONZIÈMEMENT, adv., en onzième lieu.—*Amekagarrenekoric*.

OPACITÉ, s. f., qualité opaque. — *Igarghiketasuna*.
OPALE, s. f., pierre précieuse. — *Bilgustarria*.
OPAQUE, adj., non transparent.-*Igarghikea*.
OPÉRA, s. m., pièce de théâtre en musique accompagnée de trucs et de danses ; prend *s* au pluriel. — *Opéra*.
OPÉRATEUR, TRICE, s., qui fait des opérations de chirurgie. — *Operatzaïlea*.
OPÉRATION, s. f., action d'opérer, action militaire, terme d'arithmétique. — *Operacionea*.
OPERCULE, s. m., plaque osseuse de l'ouïe des poissons. — *Arraïn beharrien ezur zabala*.
OPÉRER, v. a., produire un effet. — *Operatzea, eghitea, ekartza*. || Calculer : *Chifratzea, karkulatzea*. || Faire une opération chirurgicale : *Operatzea*.
OPHITE, adj., espèce de marbre. — *Verdari navar bat, marbol espés bat*.
OPHTALMIE, s. f., maladie des yeux. — *Beghiko mina, beghiko miña, beghietako miñarghia*.
OPINANT, ANTE, adj. et s., qui opine. — *Bibetaria*.
OPINER, v. n., dire son avis dans une délibération. — *Bibetatzea*.
OPINIATRE, adj. et s., obstiné, entêté. — *Thematxûa, isitia, sétatxua, burkoïtxua, burkoïa, burfiditia*.
OPINIATREMENT, adv., avec opiniâtreté. — *Tamatxuki, isiki, sétatxuki, burkoïki, burfidiki*.
OPINIATRER, v. a., soutenir avec obstination, rendre opiniâtre. — *Thematzea, burkoïtzea, burfidiatzea, isitatzea, sétatzea*.
OPINIATRETÉ, s. f., entêtement. — *Thema, isia, séta, sépa, leïya, burfidia, burkoïdea*.
OPINION, s. f., croyance. — *Ustea, sinetxtea, iduria, opinionea*. || Avis : *Abisûa*. || Opinion reçue, accréditée : *Irizko góaïtia*.
OPIUM, s. m., suc de pavot. — *Opiuma*.
OPPORTUN, UNE, adj., à propos. — *Aproposki, mugontia, oriozkóa, kárazkóa*.
OPPORTUNITÉ, s. f., qualité opportune. — *Apropostasuna, mugoná, oriôa, párada, kárazka*.
OPPOSANT, ANTE, adj. et s., qui s'oppose. — *Kóntrakûa, oposanta, kóntrestatzaïlea, partida*.
OPPOSÉ, ÉE, adj. et s. m., contraire. — *Kóntra, aürkárayña*.

OPPOSER, v. a., faire obstacle, empêcher. — *Debekatzea.* ǁ v. p., être contraire : *Kóntrestatzea, aürkáraytzea.* ǁ Mettre vis-à-vis : *Kóntrakatzea.*

OPPOSITE, s. m., l'opposé. A l'opposite, loc. adv., vis-à-vis. — *Aürkára.*

OPPOSITION, s. f., obstacle. — *Debekua, traba, oposicionea.* ǁ Partie opposante : *Kóntrakára, kóntresta.* ǁ Action juridique : *Bihurmandúa, oposicionea.*

OPPRESSÉ, ÉE, part., avoir la respiration gênée. — *Atx'laburtúa.* ǁ Opprimé : *Mendetua.* ǁ Pressé : *Zapatúa.*

OPPRESSER, v. a., gêner la respiration. — *Atx'laburtzea.* ǁ Opprimer : *Mendestea.* ǁ Presser fort : *Zapatzea.*

OPPRESSEUR, s. m., qui oppresse. — *Mendeslea, mendestaria.*

OPPRESSION, s. f., action d'oppresser. — *Atx'laburra.* ǁ Action d'opprimer : *Mendersia.*

OPPRIMÉ, ÉE, part., rendu esclave. — *Mendestúa.*

OPPRIMER, v. a., accabler par abus d'autorité. — *Mendestea.*

OPPROBRE, s. m., ignominie. — *Laïdóa, iraïna, cicenda, gaïzdiomena.*

OPTER, v. a., choisir entre plusieurs. — *Aütatzea.*

OPTION, s. f., action d'opter. — *Aüta, aütua.*

OPULEMMENT, adv., avec opulence. — *Nasaïki, aberatxki, ondigoriró, ondugariró.*

OPULENCE, s. f., grande richesse. — *Nasaïtia, aberatxtasuna, ondigoria, ondugaria.*

OPULENT, ENTE, adj., très-riche. — *Aberatxa, ontsuntxúa, ondogoritia, ondugaritia.*

OPUSCULE, s. m., petit ouvrage d'esprit. — *Obratchúa.*

OR, conj., pour lier, pour engager. — *Bada.* ǁ Donc : *Behaz, beraz.* ǁ s. m., métal jaune. — *Urreá, urria.* ǁ La monnaie d'or : *Urre moneda.* ǁ Fig., richesse : *Ontasuna.* ǁ Mine d'or : *Urre mina.*

ORACLE, s. m., réponse des dieux. — *Aratoïza.*

ORAGE, s. m., tempête. — *Khalerna, oragia, zóperna, pésia.*

ORAGEUX, EUSE, adj., qui cause de l'orage. — *Khalernatxua, zópernatxúa, pésiatxúa, oragiatúa.*

ORAISON, s. f., discours. — *Hitzaldia.* ǁ Prière : *Othoitza, oracióa.* ǁ Prière mentale : *Adimenduzko othoïtza.* ǁ Prière vocale : *Hitzezko othoïtza.*

ORANGE, s. f., fruit en pomme, à pepins, jaune doré. — *Laranya, laranja.*

ORANGÉ, ÉE, adj. et s. m., couleur d'orange. — *Lanranyakholore, laranjakholore.*

ORANGER, s. m., arbre qui porte les oranges. — *Larany'hóndoa.* ǁ s. m., marchand d'oranges : *Larany'marchanta, larany'saltzaïlea.*

ORANG-OUTANG, s. m., homme des bois, espèce de grand singe. — *Oïhan-ghizona, chimino espés bat.*

ORATEUR, s. m., qui harangue. — *Arangatzaïlea, hitztuna.*

ORATOIRE, adj., qui appartient à l'orateur. — *Arangatzaïlekúa, hiztunkúa.*

ORATOIREMENT, adv., d'une manière oratoire. — *Arangatzaïleki, hiztunki.*

ORBICULAIRE, adj., rond. — *Arrunda.*

ORBICULAIREMENT, adv., en rond. — *Arrundan.*

ORBITE, s. f., creux de l'œil. — *Beghi-cilóa, beghi-chilúa.*

ORCHESTRE, s. m., place des musiciens. — *Músika.*

ORDINAIRE, adj., de coutume. — *Ordinariúa.* ǁ Médiocre, vulgaire : *Komuna, ordinarióa, ordinariúa.* ǁ Qui arrive souvent : *Ardura, komuna.* ǁ s. m., repas accoutumé : *Yanaria.* ǁ s. m. pl., menstrues : *Odolac, ilberac.* ǁ Ordinaire (à l') : *Bethi bezala.* ǁ Ordinaire (d') : *Kómuzki.* ǁ Ordinaire (pour l') : *Gheïhenian.* ǁ adv., ordinaire (le plus souvent) : *Maïzenic.*

ORDINAIREMENT, adv., d'ordinaire. — *Komuzki.* ǁ Souvent : *Maïz.*

ORDONNANCE, s. f., disposition, arrangement, règlement, ordre de payer, ce que prescrit le médecin, uniforme. — *Ordenantza, manakuntza, manamendúa.*

ORDONNANCER, v. a., donner un ordre pour payer, etc. — *Ordenatzia.*

ORDONNATEUR, s. m., qui ordonne. — *Manatzaïlea, komendatzaïlea, gomendatzaïlea.*

ORDONNER, v. a. et p., disposer. — *Arrimatzea, antolatzea.* ǁ Commander : *Manatzea, komendatzea, gómendatzea, ordenatzea, mézutzea.* ǁ Conférer les ordres sacrés : *Ordenatzea.*

ORDRE, s. m., disposition. — *Antolamendua, kompondura, aphaïndura.* ǁ Rang : *Errenkúa.* ǁ Devoir : *Imbidia.* ǁ Injonction : *Manamendúa, ordena, manúa.* ǁ Mot du guet : *Hitza.* ǁ Compagnie religieuse assujettie aux mêmes règles de la vie : *Ordena, erreghela.*

ORDURE, s. f., excréments, malpropreté, turpitude, obscénités. — *Zinkinkeria.*

ORDURIER, ÈRE, adj. et s., qui dit, qui contient des ordures. — *Zikina, likitxa.*

ORÉE, s. f., bord d'un bois. — *Bazterra, eghia, eskiña.*

OREILLE, s. f., organe de l'ouïe, se dit de beaucoup de choses qui ressemblent plus ou moins à l'oreille. — *Beharria.*

OREILLER, s. m., coussin de lit pour la tête. — *Buhurdia, buruneghia, lümatcha, bururdia, burukia.*

OREMUS, s. m., prière, fam. — *Oremuz.*

ORFÈVRE, s. m., marchand d'ouvrages en or, etc. — *Cilharghina.*

ORFÉVRERIE, s. f., art de l'orfèvre. — *Cilharghintza.* ‖ Ouvrages d'argent : *Cilharreria.* ‖ Ouvrages d'or : *Urreria.*

ORGANDI, s. m., mousseline. — *Organdilla.*

ORGANE, s. m., partie qui sert aux sensations, la voix ; fig., médiation : *Bizodia.*

ORGANIQUE, adj., qui agit par les organes, qui concourt à l'organisation. — *Bizodikúa, bizoditarra.*

ORGANISATION, s. f., manière d'être organisé ; fig., constitution. — *Bizodiera.*

ORGANISER, v. a., former les organes. — *Bizodiretzea.* ‖ Donner une forme stable et déterminée : *Organisatzia.*

ORGANISME, s. m., organisation. — *Bizodiera.*

ORGANISTE, s. m. et f., celui, celle dont la profession est de jouer de l'orgue. — *Organista.*

ORGE, s. f., sorte de grain. — *Garagarra.*

ORGEAT, s. m., boisson rafraîchissante. — *Orjata.*

ORGIE, s. f., débauche de table. — *Ordikeria.*

ORGUE, s. m., ORGUES au pl., instrument de musique. — *Organuac, orginac.* (En basque se dit au pluriel).

ORGUEIL, s. m., grande opinion de soi. — *Urguillua, soberbióa, goïteria, antustea, urgulleria.*

ORGUEILLEUSEMENT, adv., d'une manière orgueilleuse, arrogante, hautaine, superbe. — *Urguïlluski, soberbioski, goïteriki, antusteki, urgulluki, antustez, goïtiró.*

ORGUEILLEUX, EUSE, adj., qui a de l'orgueil, superbe, arrogant, hautain, qui l'annonce. — *Urgullusa, urguillutxua, soberbiosa, soberbioso, goïtia, antustea.*

ORIENT, s. m., point où le soleil se lève, l'Asie. — *Iruzki-aldia, iruzki-atheratzia, iguzki-aldia, éki-aldia, éki-phartea, iguzkiko-phartea, sortaldea.*

ORIENTAL, ALE, adj., de l'Orient. — *Sortaldekóa, sortaldearra, iruzki-aldekóa, iguzki-aldekóa, éki-aldekóa.*

ORIENTAUX, adj. et s. m. pl., peuples du Levant. — *Iruzki-alde-phartekuac, iguzki-alde-phartekuac, éki-alde-phartekua.*

ORIENTER, v. a., disposer suivant les quatre points du monde. — *Sortaldetatzea.* ‖ v. p. et fig., reconnaître relativement le lieu où l'on se trouve : *Yakitia ceïn munduko phartean záren.*

ORIFICE, s. m., ouverture. — *Entrada.* ‖ Goulot : *Lepóa, lephoa.*

ORIFLAMME, s. f., étendard que les anciens rois de France faisaient porter quand ils allaient à la guerre. — *Bandera espés bat.*

ORIGAN, s. m., plante aromatique. — *Moregana.*

ORIGINAIRE, adj., qui tire son origine. — *Izatez, jatorriz.*

ORIGINAIREMENT, adv., primitivement. — *Haïntzinetic, astetic, lehen bician.*

ORIGINAL, ALE, adj., qui est l'origine, qui n'a point de modèle ; s. m., premier en ce genre. — *Lehenbidea, jatorrizkóa.* ‖ Homme bizarre : *Bitchia.* ‖ Modèle primitif : *Bezucendea.*

ORIGINALEMENT, adv., d'une manière originale. — *Jatorriz, errotic, sustraïtic.* ‖ D'une manière bizarre, bouffonne : *Bitchiki.*

ORIGINALITÉ, s. f., caractère original. — *Jatorrizkóa.* ‖ Caractère bizarre, comique : *Bitchikeria.*

ORIGINE, s. f., principe. — *Astea, astia, ethorkia.* ‖ Commencement : *Astia, áste, ástapena, áspen.* ‖ Etymologie : *Hitzen ethorkuntza, hitz dagonaka, hitz jayotzari, jatorria, ethorbidea.*

ORIGINEL, LE, qui vient dès l'origine. — *Astetic.* ‖ Péché originel : *Bekatu originala, bekhatu originala.*

ORIGINELLEMENT, adv., dès l'origine. — *Astetikan, jatorriz.*

ORIN, s. m., câble de bouée d'ancre. — *Orikea.*

ORIPEAU, s. m., cuivre mince et brillant. — *Menastorikia.*

ORME, s. m., arbre forestier. — *Zuharra, zugarra.*

ORMEAU, s. m., petit orme. — *Zuhartchûa, zugartchûa.*

ORMILLE ou ORMAYE, s. f., plant d'ormes. — *Zuhardia, zugardia.*

ORNE, s. m., frêne sauvage. — *Leghizar basatia, lizar basatia.*

ORNEMENT, s. m., parure. — *Edergaïlûa, berreghintza, aphaïngarri, edergaya.* ‖ Habits sacerdotaux : *Elizako aphez arropa.*

ORNÉ, ÉE, part., embelli. — *Edertûa, aphaïndua, galantûa.*

ORNER, v. a., parer. — *Edergaïlatzea, berreghintzea, galantzea, eïgertzea.* ‖ Embellir : *Edertzea, eïgertzea.*

ORNIÈRE, s. f., trace de roue de voiture. — *Orga-cilôa, orga-cilûa, órga-zúlûa.*

ORONGE, s. f., sorte de champignon. — *Gorringûa.*

ORPHELIN, INE, s. et adj., sans père ni mère. — *Umechurtcha, umezurtza.*

ORTEIL, s. m., gros doigt du pied.. — *Erripototxa.*

ORTHODOXE, adj. et s. m., suivant les bons principes. — *Bibertatia.*

ORTHODOXIE, s. f., qualité orthodoxe. — *Biberta.*

ORTHOGRAPHE, s. f., art d'écrire correctement les mots. — *Artizkindea.*

ORTHOGRAPHIER, v. a., écrire correctement. — *Artizkintzea.*

ORTHOGRAPHIQUE, adj., qui traite de l'orthographe. — *Artizkindarra.*

ORTHOGRAPHISTE, s. m., auteur qui traite de l'orthographe. — *Artizkiña.*

ORTIE, s. f., plante à feuilles piquantes. — *Aüsina, aüsiña, osina, asuna, aüsina.*

ORTOLAN, s. m., petit oiseau de passage. — *Ortcholanta, barazchória.*

Os, s. m., partie dure et solide du corps. — *Ezurra.*

OSCILLATION, s. f., mouvement de pendule ou d'un autre corps qui va et vient. — *Balantza, zalantza.*

OSCILLATOIRE, adj., d'oscillation. — *Balantzakûa, zalantzakûa.*

OSCILLER, v. n., se balancer. — *Balantzatzea, zalantzatzea.*

OSCITATION, s. f. — Voyez BAILLEMENT.

OSÉ, ÉE, adj., hardi, audacieux. — *Haüsarta, ozarra.*

OSEILLE, s. f., plante. — *Mineta.*

OSER, v. n. et a., avoir de la hardiesse. — *Atrebitzea, haüsartatzea, ozartzea.*

OSERAIE, s. f., lieu planté d'osiers. — *Zumedia, zumadia, zumeta, zumeteghia.*

OSIER, s. m., arbrisseau, ses jets. — *Zumea, zumia, zumitza.*

OSSELET, s. m., petit os. — *Ezurtchûa.* ‖ pl., petits os avec lesquels les enfants jouent : *Maïlac.*

OSSEMENTS, s. m. pl., os décharnés. — *Ezurrac.*

OSSEUX, EUSE, adj., nature d'os. — *Ezurtxua.*

OSSIFICATION, s. f., conversion en os. — *Ezurdura.*

OSSIFIER, v. a. et p., changer en os. — *Ezurtzea, ezur bilakatzia.*

OSSUAIRE, s. m., lieu où l'on entasse les ossements. — *Ezurlekûa, ezurteghia.*

OSTENSIBLE, adj., qu'on peut montrer. — *Agheria.*

OSTENSIBLEMENT, adv., d'une manière ostensible. — *Agheriki, agherian, klaruan.*

OSTENSOIR, s. m., vase pour l'hostie. — *Cibóara, kopoya, donontzia.*

OSTENTATION, s. f., affectation de montrer. *Balentria, espantua.*

OSTÉOLOGIE, OSTÉONOGIE, s. f., traité des os. — *Ezurkindea, ezurjakindea.*

OTAGE, s. m., personne remise pour garant. — *Ongudaria, baya, ordaïna.*

OTER, v. a., tirer de la place, faire cesser, retrancher. — *Khentzea, edekilzea, ateratzea.* ‖ Mettre de côté : *Aldaratzea.* ‖ Prendre par force ou par autorité : *Ateratzerat, khentzea.*

OU, conj. altern. — *Edo, ala, nahiz.*

OÙ, adv. de lieu, en quel lieu, dans quel endroit, etc. — *Non, nun.*

OUAILLE, s. f., brebis (s'emploie au fig. en parlant d'un chrétien relativement à son pasteur). — *Ardiac.* (En basque se dit au pluriel).

OUAIS, interj., marque la surprise, fam. — *Baiyá.*

OUATE, s. f., coton très-fin pour mettre entre deux étoffes. — *Uáta.*

OUATÉ, ÉE, part., garni de ouate. — *Uátatûa.*

OUATER, v. a.; doubler de ouate. — *Uátatzea.*

OUBLI, s. m., manque de souvenir. — *Ahantzia.*

OUBLIANCE, s. f., oubli. — *Ahantzia.*

OUBLIER, v. a. et p., perdre le souvenir, laisser, omettre par inadvertance ; v. p., manquer à son devoir, négliger ses intérêts. — *Ahantztea.*

OUBLIEUX, EUSE, adj., sujet à oublier, fam.— *Ahantzkorra.*

OUEST, s. m., l'Occident. — *Mendebala.* ‖ Ouest (vent) : *Mendebal'aïzia.* ‖ Ouest sud-ouest : *Mendebal'-eguerdi-phartemedebal.* ‖ Ouest nord-ouest : *Mendebal'-iphar-pharte-mendebal.*

OUF, interj. de douleur. — *Uf.*

OUI, adv., particule d'affirmation et s. m. — *Ba, baï.*

OUI-DA, adv., volontiers, fam. — *Baïyá.* ‖ Vraiment : *Eghiaz.*

OUÏ-DIRE, s. f., ce qu'on entend dire. — *Entzunez, aituric.*

OUÏE, s. f., sens qui reçoit les sons; pl., organes de la respiration chez les poissons : *Beharria.* ‖ Ouïe, oreille d'un poisson : *Beharria, itsatsa.*

OUÏR, v. a., recevoir les sons par l'oreille, recevoir les dépositions. — *Aïtzea, entzutea.*

OURAGAN, s. m., grande tempête. — *Tempesta, uholtia, urakan.*

OURDIR, v. a., disposer les fils pour le tissu. — *Irazkitzia.*

OURDISSAGE, s. m., action d'ourdir. — *Irazkidura.*

OURDISSOIR, s. m., outil pour ourdir. — *Irazkaya.*

OURDISSURE, s. f., action d'ourdir la toile. — *Irazkikuntza.*

OURLER, v. a., faire un ourlet. — *Azpiltzia.*

OURLET, s. m., rebord fait à du linge, etc. — *Azpiltzuna.*

OURS, s. m., quadrupède. — *Artza.*

OURSE, s. f., femelle de l'ours.— *Artz'emea.*

OURSON, s. m., petit d'un ours. — *Artztchúa.*

OUTIL, s. m., instrument d'artisan.— *Tresna, aparaïllúa.*

OUTRAGE, s. m., injure atroce. — *Iraüa, aputióa, laïdóa.*

OUTRAGEANT, EANTE, adj., qui outrage. — *Iraützkorra, aputiotsúa, laïdagarria.*

OUTRAGER, v. a., faire outrage. — *Iraützia, laïdotzea, aputiotzea.*

OUTRAGEUSEMENT, adv., avec outrage. — *Iraützoki, iraütgarriró, laïdogarriki, laïdogarriró, aputiotxuki.*

OUTRAGEUX, EUSE, adj., outrageant. — *Iraützúa, laïdotxúa, aputiotxvia.*

OUTRANCE, s. f. (à), adv., jusqu'à l'excès. — *Sobereghia* ‖ Combat à outrance (à mort) : *Hilarteko gúda.*

OUTRE, s. f., sac de peau de bouc.—*Chahakúa, chahakóa, chahatúa, zahaghia.*

OUTRE, adv. prép., au delà. — *Bertzalde, orrez-kámpo.* ‖ Par-dessus : *Orrez gañera, aregheïago, hortaz gaïnetic.* ‖ Outre (d'outre en), de part en part : *Alderez-alde.*

OUTRÉ, ÉE, adj., exagéré. — *Handizkatúa, gheïtizkatua, espantatua, emendatua.* ‖ Irrité : *Mimberatúa, chokatúa.* ‖ Offensé : *Iraïntúa, damutúa, chokatúa.*

OUTRÉMENT, adv., d'une manière outrée. — *Handizki, ghaïtizki, espantuki.*

OUTRE-MESURE, adv., avec excès. — *Gheiyeghi, larreghi.*

OUTRE-PASSER, v. a., aller au delà. — *Iragaïtia, chitzea, gheïdiatzea, gandiatzea.*

OUTRER, v. a., accabler. — *Akabatzea.* ‖ Exagérer : *Handizkatzea, gheïtizkatzea, espantutzea.* ‖ Offenser : *Iraïntzea, damutzea, chokatzea.*

OUVERTEMENT, adv., franchement. — *Agheriki, aghertuki, agherian, frankoki, klárki, garbiki.* ‖ Hautement : *Azalderó, arpeztó, urpezkiró, góraki.*

OUVERTURE, s. f., fente. — *Arraïla, arraïladura, hirrikadura, artea.* ‖ Trou : *Cilóa, chilóa, zilúa.* ‖ Action d'ouvrir : *Idekia, idekidura, sartzea.* ‖ Fig., commencement : *Astea, astia.* ‖ Proposition : *Proposicionea.*

OUVRABLE, adj., jour consacré au travail. — *Aste eguna, ast'eguna, asteleguna.*

OUVRAGE, s. m., résultat du travail.—*Lana.* ‖ Façon : *Obra.*

OUVRAGÉ, ÉE, bien travaillé. — *Obratúa.*

OUVRÉ, ÉE, adj., façonné. — *Obratúa, lantúa, moldatúa.*

OUVRER, v. a., travailler.— *Lantzea, obratzea.* ‖ Fabriquer : *Obratzea, fabrikatzea.*

OUVRIER, ÈRE, s., qui travaille de la main. — *Langhilea, obraria.* ‖ adj., cheville ouvrière qui tient le train d'un carrosse : *Kábilla.* ‖ Jour ouvrable : *Aste eguna, ast'eguna, asteleguna.*

OUVRIR, v. a., n. et p., faire que ce qui était fermé ne le soit plus. — *Idekitzea, idekitzia.* ‖ Fig., entamer, commencer : *Astea.*

OUVROIR, s. m., lieu où quelques ouvriers travaillent. — *Lanteghia, lan tókia.*

OVAIRE, s. m., partie où se forme l'œuf. — *Arroltze-zákúa.*

OVALE, adj., rond et oblong comme un œuf; s. m., fig., ovale. — *Itarká, arraützera, arroltzera.*

OVIPARE, adj. et s. m., qui se reproduit par des œufs. — *Arroltzckúa.*

OVOÏDE, adj., en forme d'œuf. — *Arroltze formakúa, arraützertxúa, itarkatxúa.*

OXYDABILITÉ, s. f., disposition, facilité des métaux à s'oxyder. — *Erdoïlgarritasuna, erdoïgarritasuna.*

OXYDABLE, adj., qui peut s'oxyder. — *Erdoïlgarria, erdoïgarria.*

OXYDATION, s. f., combinaison de l'oxygène avec une autre substance. — *Erdoïltasuna, erdoïtasuna.*

OXYDE, s. m., substance oxygénée. — *Erdoïla, erdoïa.*

OXYDÉ, ÉE, part., couvert d'oxygène. — *Erdoïldúa, erdoïdúa.*

OXYDER, v. a., élever à l'état d'oxyde. — *Erdoïltzea, erdoïtzea.*

OYEZ, impératif, écoutez. — *Aïtzazue, entzunzazue, adizazue.*

P

P, s. m., seizième lettre de l'alphabet. — *Abeceko amaseïgarren letra.* || Quand *h* suit le *p*, ces deux consonnes se prononcent comme *f*. Ainsi on prononce *pharmacie, philosophe,* comme s'il y avait *farmacie, filosofe.* En basque, lorsque ces deux lettres se rencontrent (*p* et *h*), l'on appuie sur le *p* et l'on aspire l'*h*. Ainsi *apheza* (prêtre), *phartea* (partie), *phazka* (pâture), se prononcent pour ainsi dire comme si la première syllabe était séparée de la seconde.

PACAGE, s. m., pâturage. — *Alabidéa, bazkalekúa, lárrea, phazka lekhúa.*

PACAGER, v. a., paître.-*Alatzea, bazkatzea.*

PACIFICATEUR, TRICE, s., qui pacifie. — *Baketzaïlea, zucentaria, zucentzallea.*

PACIFICATION, s. f., action de pacifier. — *Bakekuntza.*

PACIFIER, v. a., établir la paix. — *Baketzea, facegatzia.*

PACIFIQUE, adj., qui aime la paix ; fig., paisible. — *Baketxúa, bakekúa, buketiarra, trankilla.*

PACIFIQUEMENT, adv., en paix. — *Bakeki, eztiki, trankilki.*

PACOTILLE, s. f., marchandise embarquée avec soi, pour son compte. — *Pákotilla.*

PACTE, s. m., convention. — *Pátúa, baïnandeá, balindeá, baldindeá.*

PAGANISME, s. m., religion païenne. — *Fedebaghetea, bedegabetea.*

PAGE, s. f., côté d'un feuillet. — *Plamúa, plana, orría, ormeskaldia, paja.* || s. m., jeune gentilhomme servant auprès d'un roi, d'un prince dont il porte la livrée : *Lekayóa.*

PAGINATION, s. f., les numéros des pages. — *Plamakuntza, planakuntza, orrekuntza, ormeskalditasuna, pajakuntza.*

PAÏEN, NE, s. et adj., idolâtre. — *Pagañoa, paganúa, faganúa.*

PAILLARD, ARDE, adj. et s., impudique. — *Païllarta, emakoya, andrekoya, aragheytia, aragheïtia, emakhoïa, andrekhoïa.*

PAILLARDER, v. n., faire le paillard. — *Païllartzea, emakoytzea, andrekoytzea, aragheytzea, emakhoïtzea, andrekhoïtzea, aragheïtzea.*

PAILLARDISE, s. f., débauche. — *Païllarkeria, emagoykeria, andrekoykeria, aragheykeria, aragheïá, emakhoïkeria, andrekhoïkeria.*

PAILLASSE, s. f., toile cousue en forme de matelas et remplie de paille. — *Lastayra, lastozazua, lastuntzia.*

PAILLASSON, s. m., paillasse piquée, natte. — *Zareta, zpartzúa.*

PAILLE, s. f., tuyau de blé, etc. — *Lastóa, lastúa.*

PAILLER, s. m., cour à paille d'une ferme. — *Lastoteghia.*

PAILLET, adj. (vin), rouge pâle. — *Arno gorrichta.*

PAILLETTE, s. f., parcelle de métal. — *Païlleta, menasdilista.*

PAILLEUR, EUSE, s., celui qui vend ou qui voiture de la paille. — *Lastoketaria.*

PAILLEUX, EUSE, adj. (métal), qui a des pailles. — *Menasdilistxua.*

PAILLON, s. m., grosse paillette. — *Païllethandia, menasdilista larria.*

PAIN, s. m., aliment fait de farine. — *Oghia,*

‖ Fig., nourriture, subsistance : *Yana, laborea*. ‖ Pain de maïs : *Arthóa, arthua*. ‖ Pain à cacheter : *Kácheta*.

PAIR, adj. et s. m., égal, nombre divisible en deux parties égales sans fraction. — *Paria*. ‖ s. f., couple de choses assorties, d'animaux : *Paria, parea*.

PAISIBLE, adj., tranquille. — *Trankilla, eztia, gheldia, emea*. ‖ Pacifique: *Baketxua, bakekua, baketiarra, baketxuïa*.

PAISIBLEMENT, adv., sans trouble. — *Trankilki, eztiki*.

PAÎTRE, v. a. et n., brouter l'herbe, donner à manger. — *Alatzea, bazkatzeo*.

PAIX, s. f., état hors de guerre. — *Bakhea, bakhia, baked*. ‖ Concorde : *Unionea, baked, akortasuna*. ‖ Tranquillité : *Deskantxúa, sosegúa*.

PAL, s. m., pieu. — *Hesaüla, pázotea, páchota*. ‖ pl., pieux aiguisés par un bout : *Hesaülac, pásoteac, páchoteac*.

PALADIN, s. m., grand seigneur. — *Aghiria, agherria*. ‖ Chevalier brave, galant : *Ezkutari portita, zaldun garayóa*.

PALAIS, s. m., maison de roi, de prince. — *Palacióa, palaciúa*. ‖ Partie supérieure du dedans de la bouche : *Aósapaya, migaña, mingaña, ahogaïna*.

PALANQUE, s. f., fortification avancée faite de pieux. — *Espeka*. ‖ Faubourgs d'une ville fortifiée à la turque, avec des arbres ou des poutres, de grandes pierres ou de la terre : *Balenka*.

PALATIN, s. m., celui qui possède un palatinat. — *Palatiñoa*.

PALATINAT, s. m., dignité ou état d'un palatin.—*Palatiñoaren goyendea'ta barutiya*.

PALE, s. f., le plat de la rame. — *Araba*. ‖ Carton qui couvre le calice : *Pála*.

PALE, adj., blême, peu coloré. — *Chúria, zurpila, itxa, chúri, itchur'tcharra*.

PALÉE, s. f., pieux pour soutenir une digue. *Puntañac, pachoteria, hesaülleria*.

PALEFRENIER, s. m., valet qui panse les chevaux. — *Trastuketaria, heyázaïna*.

PALERON, s. m., le plat de l'épaule du cheval. — *Besonda*.

PALESTRE, s. f., lieu public destiné aux exercices du corps. — *Gúdesia, gúdateghia*.

PALET, s. m., pierre plate pour jouer. — *Arrichabala*.

PALETTE, s. f., sorte de raquette de bois, ais pour mélanger les couleurs. — *Kololcha*.

PALEUR, s. f., couleur pâle (ne se dit que des personnes). — *Zúritasuna, chúritasuna, zurpiltasuna, itxtasuna*.

PALIER, s. m., repos d'escalier. — *Eskalerburúa*.

PALIR, v. a. et n., rendre, devenir pâle. — *Zúritzea, chúritzea, zurpiltzea*.

PALIS, s. m., pieu. — *Hesaüla, pázotea, páchota*. ‖ Lieu entouré de pieux, palissadé. — *Hesaültatúa, pázotatúa, páchotatúa*.

PALISSADE, s. f., clôture de pieux. — *Estakada, estakadura, hesaüldura, pazotadura, pachotadura, esoladura, baldadura*.

PALISSADER, v. a., garnir de palissades. — *Hesaültzea, pazotatzea, pachotatzea*.

PALLIATIF, IVE, adj. et s. m., qui pallie. — *Estalgarria*.

PALLIATION, s. f., action de pallier.— *Estalkuntza, estalera, churiketa, ganchurisketa*.

PALLIER, v. a., déguiser, excuser. — *Estaltzea, churitzea, ganchuriskatzea*.

PALMIER, s. m., arbre qui porte un fruit qu'on nomme dattes. — *Palma*.

PALOMBE, s. f., ramier des Pyrénées. — *Paloma*.

PALPABLE, adj., qu'on sent au toucher. — *Hatzgarria, unkigarria, ukigarria*. ‖ Fig., évident : *Klára, agheria*.

PALPABLEMENT, adv., clairement. — *Agheriki, klárki*.

PALPER, v. a., toucher avec la main, fam.— *Unkitzea*.

PALPITANT, ANTE, adj., qui palpite. — *Túpozkarrian, urrugarrian, pilpiran*.

PALPITATION, s. f., mouvement déréglé du cœur. — *Túpotzá, urruyóa, bihotzurrugóa, pilpira*.

PALPITER, v. n., se mouvoir d'un mouvement inégal et fréquent. — *Itastea, túpotzkatzea, urrugotzea, pilpiratzea*.

PALUS, s. m., terme de géogr., marais. — *Aïntzira, umantzia, ihintzuka, ur gheldia, ichtoka*.

PAMER, v. n. et p., tomber en défaillance. — *Kordebaghetzea, flakatzea*.

PAMOISON, s. f., défaillance.— *Kordebaghea, flakadura*.

PAMPE, s. f., feuille du blé, de l'orge, etc.— *Zuhaïna*.

PAMPRE, s. m., branche de vigne. — *Aïhena, ayena*.

PAN, s. m., d'un vêtement. — *Alderdia, egalá*. ‖ D'un mur : *Fálda*.

PANACÉE, s. f., remède universel. — *Sendagaï gucitarakóa.*

PANACHE, s. m., plume de casque. — *Pánacha.*

PANACHÉ, ÉE, part., qui a des panaches. — *Pánachatúa.*

PANACHER, v. n. et p., devenir panache ou mettre des panaches pour ornement. — *Panachatzea.*

PANARIS, s. m., tumeur au bout du doigt.— *Panadiza.*

PANCARTE, s. f., affiche, écrit. — *Aficha.*

PANDORE, s. f., instrnment de musique. — *Bandurria.*

PANÉGYRIQUE, adj. et s. m., discours à la louange. — *Dôándigokóa, dóandigóa.*

PANÉGYRISTE, s., auteur de panégyrique. — *Dóanditaria.*

PANER, v. a., couvrir de pain émietté. — *Oghi papurrez estaltzea.*

PANERÉE, s. f., plein un panier. — *Otharretara, záretara, eskusaretrat, eskutarrebat.*

PANICULE, s. f., terme d'anat., membrane qui est sans la graisse. — *Mebarnaria.*

PANIER, s. m., ustensile en osier. — *Otharea, zárea, ótarra, eskusaria, eskutaria.* || Panier à porter des viandes froides en voyageant : *Otzegosien otarra, otharrea, zárea, eskusaria, eskutaria.*

PANNELLE, s. f., feuille de peuplier. — *Churchurien ostúa.*

PANSE, s. f., ventre, pop. — *Zórrúa, tripá.*

PANSER, v. a., soigner une plaie. — *Khuratzea.* || Etriller un cheval, etc. : *Estrillatzea.*

PANSU, UE, adj. et s., à grosse panse, fam. — *Zórrotxúa, tripatxúa.*

PANTALON, s. m., culotte longue. — *Galtzá, galzá, pantaluna.*

PANTELANT, ANTE, adj., haletant, qui palpite. — *Itastean, tupotzean.*

PANTELER, v. n., haleter. — *Itastea, tupotzea.* || Palpiter : *Pilpiratzea.* || Hors d'haleine : *Hantxhantzea.*

PANTOIS, adj. — Voyez PANTELANT.

PANTOUFLE, s. f., chaussure de chambre. — *Pantufla, zápata-errésta.*

PANTHÈRE, s. f., bête féroce. — *Leoïarremea.*

PAPA, s. m., père, enfantin. — *Aïtatcho, átcha, aïtta.*

PAPAL, ALE, adj., qui appartient au Pape. — *Aïta-saïndukóa.*

PAPAUTÉ, s. f., dignité du Pape. — *Aïta-Saïndutarsuna.*

PAPE, s. m., évêque de Rome, chef de l'Eglise universelle. — *Aïta-Saïndûá, atchasantúa.*

PAPELARD, s. m., terme d'injure, hypocrite, faux dévot. — *Ipokrita, irudestarra.*

PAPETERIE, s. f., manufacture, commerce de papier. — *Pâper fabrika, pâper pábrika, becikaïdea, paperdia.*

PAPETIER, s. m., qui fabrique du papier. — *Pâper'ghillea.* || Qui vend du papier : *Pâper martchanta, pâper saltzaïle, pâper tratularia, beci martchanta.*

PAPIER, s. m., feuille faite de vieux linge, lettre de change. — *Pâperá, pâpela, becikaya.* || pl., titre de renseignement : *Titulúa.* || Mémoire : *Kóntua.* || Gazettes : *Pâperac, gázetac.*

PAPILLON, s. m., insecte lépidoptère. — *Pimpirina, pimpiriña, uchaketa, uli-farfaïla.*

PAPILLOTAGE, s. m., effet de ce qui papillote. — *Papilloteria.*

PAPILLOTE, s. f., enveloppe de cheveux roulés. — *Papillota.*

PAPILLOTER, v. a., mettre en papillotes, rouler les cheveux. — *Papillotatzia.*

PAQUEBOT, s. m., bâtiment servant de courrier. — *Páketa.*

PAQUES, s. f. pl., fête chrétienne.— *Bazko, pazko.*

PAQUERETTE, s. f., espèce de marguerite. — *Margarita, margaïta.*

PAQUET, s. m., assemblage de choses liées ou enveloppées ensemble. — *Paketa, fardela, pardela.* || Lettres sous enveloppe : *Paketa.*

PAQUETER, v. a., mettre en paquet. — *Paketatzea, fardelatzea, pardelatzea.*

PAR, prép., qui exprime le temps, le lieu, l'ordre, la cause, la manière, le moyen.— *Taz, az.* || De par, de la part : *Harren phartez.*

PAR CI, PAR LÀ, loc. adv. — *Hemendic eta handic.* || Çà et là : *Hemen eta hor.* || Par devant : *Haïntcinetic.* || En présence : *Haïntcinian.* || Par ici : *Hemendic.* || Par là : *Hortic.* || Par où : *Nondic, nuntic.* || Par moi : *Nitaz.* || Par toi : *Hitaz.* || Par hasard : *Ustegabe.*

PARABOLE, s. f., allégorie. — *Antzesandea, bekalitza, parabola.*

PARADE, s. f., étalage.—*Ecieusta, edakuntza.* ‖ Ostentation : *Balentria, espantúa.* ‖ Action de parer : *Parakuntza.*

PARADIGME, s. m., terme de gram., qui signifie exemple, modèle. — *Etxemplua, módela.*

PARADIS, s. m., jardin délicieux, séjour des bienheureux, paradis terrestre. — *Parabisúa.*

PARADOXAL, ALE, adj., qui tient du paradoxe, qui aime le paradoxe. — *Eghianzkarra, eghianzkabearra.*

PARADOXE, s. m., proposition contraire à l'opinion commune. — *Eghianzkabea.*

PARAFE OU PARAPHE, s. m., marque qui est d'un ou de plusieurs traits de plume, qu'on met ordinairement après son nom quand on signe un acte. — *Parrafla, seniketa.*

PARAFER ou PARAPHER, v. a., mettre son paraphe. — *Parraflatzea.*

PARAGE, s. m., espace de mer. — *Tokia, parajia.*

PARAGRAPHE, s. m., petite section d'un discours. — *Berecizkira.*

PARAÎTRE, v. n., être exposé à la vue, se faire voir. — *Aghertzea, aghertzia.* ‖ Ressembler : *Iduritzea.*

PARALLÈLE, adj. et s. f., ligne également distante d'une autre dans tous les points. — *Bidastigóala.* ‖ Comparaison : *Bekaldea, anzundea, anzoëra, bardinkuntza.*

PARALLÈLEMENT, adv., en parallèle. — *Bidastigóalaki.*

PARALOGISME, s. m., faux raisonnement. — *Ciliboka.*

PARALYSER, v. a., rendre paralytique ; fig., rendre inutile. — *Paralesiatzia, farnesiatzea.*

PARALYSIE, s. f., privation d'un mouvement volontaire. — *Paralesia, farnesia.*

PARALYTIQUE, adj. et s., atteint de paralysie. — *Paralesiatika, farnesiôa.*

PARANT, ANTE, adj., qui pare, qui orne. — *Aphaingarria, apaingarria, edergarria, peramena.*

PARAPET, s. m., mur d'appui.- *Asentúa.* ‖ Elévation de terre : *Lesoña, pezoña, pezoïna.*

PARAPHE, s. m. — Voyez PARAFE.

PARAPLUIE, s. m., petit pavillon portatif pour garantir de la pluie. — *Parasola, guardesola, gamboïlla.*

PARASITE, s. m., qui fait métier d'aller manger à la table d'autrui. — *Bertzeren gaïn bici dena, bertzen bizkar bici dena.*

PARASOL, s. m, petit pavillon pour se garantir du soleil. — *Parasola.*

PARAVENT, s. m., meuble peur se garantir du vent. — *Biombóa, salesia.*

PARC, s. m., clôture pour les bestiaux, enclos. — *Korrela, korrolia, horralia.* ‖ Bois clôturé : *Esibasóa.* ‖ Où l'on place l'artillerie : *Gordateghia.*

PARCAGE, s. m., séjour des moutons parqués. — *Korrelakuntza.*

PARCELLE, s. f., petite partie. — *Puskatchúa, puchkatchúa.* ‖ Petite partie de parcelle, diminutif infiniment petit : *Purruchka, fitxa, papurra.*

PARCE QUE, conj., à cause que. — *Ceren, ceren gatic, ortako.*

PARCHEMIN, s. m., peau de mouton préparée. — *Perganióa, germamia, billoruskia.*

PARCHEMINERIE, s. f.; lieu où l'on prépare le parchemin, l'art de le préparer et le négoce qui s'en fait. — *Perganiteghia, permamiteghia, bilorruskiteghia.*

PARCHEMINIER, s. m., ouvrier qui prépare le parchemin. — *Perganio'ghilea, permamighilea, biloruskighilea.* ‖ Qui vend le parchemin : *Perganio saltzaïlea, permami saltzaïlea, biloruski marchanta.*

PARCIMONIE; s. f., épargne outrée.—*Zuhurkeria, zuhurtasuna, cizkoïtzkeria.*

PARCIMONIEUX, EUSE, adj.; économe à l'excès. — *Zuhurra, cikoïtza, abariziosa, cizkoïtza.*

PARCOURIR, v. a., courir çà et là. — *Iagaïtea, kurritzia, ibiltzea.*

PAR-DEVANT, prép., terme de formule, en présence de.....— *Haïntzinian, haïntzinean.*

PARDON, s. m., rémission d'une offense, indulgence de l'Eglise. — *Barkamendua, harkacióa, dóacilla, burkamena.*

PARDONNABLE, adj., qui mérite le pardon.— *Barkagarria, barkakizuna, dóacilgarria, burkagarria.*

PARDONNER, v. a., accorder le pardon. — *Barkatzea, dóaciltzea, burkatzea.*

PARÉ, ÉE, part., embelli, orné, décoré. — *Edertua.* ‖ Apprêté : *Prestatua.*

PAREIL, LE, adj. et s. m., semblable.—*Berdina, iguala, ghisa berekúa.*

PAREILLEMENT, adv., semblablement. — *Ghisa berean, alaber.*

PARENT, ENTE, s., uni par le sang. — *Ahaïdea, askazia.* ‖ pl., le père et la mère : *Burasóac.*

PARENTÉ, s. f., qualité de parent. — *Ahaïdetasuna, askazitasuna, ahaïdegóa.*

PARENTHÈSE, s. f., paroles formant un sens distinct et séparé de celui de la période où elles sont insérées, les marques dont on se sert dans l'écriture ou l'imprimerie pour enfermer les paroles d'une parenthèse. Ces marques sont ( ). — *Párantesa, bérechia, tartekóa.*

PARER, v. a. et p., décorer. — *Edertzea, edergalatzea, edergaïlatzea.* ǁ Orner : *Edertzea, edergaïlatzea, eïgertkea, berreghintzea.* ǁ Embellir : *Edertzea, galantutzea, eïgertzea.* ǁ Apprêter : *Prestatzea.* ǁ Eviter, garantir : *Paratzea.*

PARESSE, s. f., fainéantise. — *Alfertasuna, alpertasuna, naghitasuna.*

PARESSER, v. n., faire le paresseux. — *Alfertzea, alpertzea, naghitzea.*

PARESSEUSEMENT, adv., d'une manière paresseuse. — *Alferki, alperki, naghiki, naghiró, alferic, alperric, bagaïro.*

PARESSEUX, EUSE, adj. et s., nonchalant, qui n'aime pas le travail — *Alferra, alperra, naghia, bágaya, alfer, érabea, pótza.*

PARFAIRE, v. a., achever quelque chose de sorte qu'il n'y ait rien qui y manque. — *Gaúza bat osoki finitzea.*

PARFAIT, AITE, adj., à qui il ne manque rien dans son genre. — *Perfeta, ontzatúa, onztatúa, kómplitúa, obetaudúa.*

PARFAITEMENT, adv., d'une manière parfaite. — *Perfetki, ontzaki, onztaki, kómpliki, obetanduró.*

PARFOIS, adv., quelquefois. — *Batzutan, cembeït-aldiz, noïzian-behin.*

PARFUM, s. m., la matière qui parfume. — *Lurrinkaya, lurrunkaya, usaïn ona.* ǁ Senteur agréable : *Usaïn ona, lurrina, lurruna.*

PARFUMÉ, ÉE, part., qui a de la senteur, à qui l'on a mis de la senteur. — *Lurrindúa.*

PARFUMER, v. a. et p., répandre une bonne odeur. — *Usaïndatzea, urrindatzea, usaïntzia, lurrintzea.*

PARFUMERIE, s. f., fabrication et commerce de parfums, cosmétiques, pommades, eaux parfumées, etc. — *Lurrinteghia.*

PARFUMEUR, EUSE, s. m., qui fait des parfums. — *Lurrinkay, lurrunkay fabrikanta.* ǁ Qui vend des parfums : *Lurrindaria, lurrintzallea, lurindaria, lurrinkay, lurrunkay saltzaïlea.*

PARI, s. m., gageure. — *Ispichoïna, ichpichoïna, pariúa.* ǁ Somme gagée : *Yokóa, yokúa.*

PARIER, v. a. et n., faire un pari. — *Yokatzea, ispichoïntzea, ichpichoïntzea, pariatzea, ichpichoïnatzea.*

PARIEUR, EUSE, s., qui parie. — *Ispichontzaïlea, ichpichontzaïlea, yokatzaïlea, pariatzaïlea.*

PARISIEN, NE, s., de Paris. — *Paristarra.*

PARITÉ, s. f., conformité. — *Bardintasuna, iguallasuna, erakida.*

PARJURE, s. m., faux serment et adj., qui le fait. — *Ghezurrezko cineghilea, ghezurrezko yuramentu'ghilea.*

PARJURER, v. a., faire un parjure. — *Fédé-ukhatzia.*

PARLANT, ANTE, adj., qui parle. — *Mintzatzian, elestan, elhestan.*

PARLER, v. n. et a., articuler des mots, discourir, s'expliquer, plaider. — *Mintzatzia, mintzatzea, elhestatzea, mintzotzea, solastatzea, hitzghitea, verb'ghitea, édasitzea, édastea, erastea.*

PARLEUR, EUSE, s., qui parle beaucoup. — *Eraslea, solastaria, elestatzaïla, elhekaria.*

PARLOIR, s. m., lieu destiné dans une maison religieuse pour parler aux personnes du dehors. — *Solasteghia.*

PARMI, prép., entre, dans le nombre. — *Artean, ertekan.* ǁ Parmi nous : *Gure artean, gure artian, gure artekan.* ǁ Parmi eux : *Eyen artean, eïhen artean, eïhen artekan.*

PAROI, s. f., surface interne. — *Pareta.*

PAROISSE, s. f., territoire d'une cure, l'église paroissiale, le corps des paroissiens. — *Premileïza.*

PAROISSIAL, ALE, adj., de la paroisse. — *Premileïzkúa.*

PAROISSIEN, ENNE, s., habitant d'une paroisse. — *Premileïztarra.* ǁ s. m., livre de prières : *Elizako liburúa.*

PAROLE, s. f., le parler, mot prononcé, faculté de parler, voix soutenue, promesse, proposition, entretien. — *Hitza, mintzóa, verba, solasa, jolasa.*

PAROTIDE, s. f., glande située au-dessous des oreilles, la tumeur qui occupe ces glandes. — *Gurintchóa, gurintchúa.*

PARQUER, v. a. et n., mettre dans un parc. — *Korraleatzea, korroleatzia.*

PARQUET, s. m., assemblage de pièces de bois qui font un compartiment sur le plancher. — *Taülazko zóla.* ǁ Salle des officiers du ministère public : *Yûsticiako sála.* ǁ Ces officiers eux-mêmes : *Yústicia.*

PARRAIN, s. m., qui tient sur les fonts baptismaux. — *Aïtátchi, aïtabitchia, gozaïta, eguzaïta.*

PARRICIDE, adj. et s., qui tue son père. — *Aïtaren hiltzaïlea.* ǁ Qui tue sa mère : *Amaren hiltzaïlea.* ǁ s. m., crime du parricide : *Aïtaren hiltzaïlea, heriotzaïlea.* ǁ Pour une mère l'on dit : *Amaren hiltzaïlea, heriotzaïlea.*

PARSEMER, v. a., répandre, jeter çà et là. — *Barreïyatzea.*

PART, s. f., portion. — *Zútia, phartea.* ǁ Intérêt : *Intresa.* ǁ Lieu, endroit : *Tókia.* ǁ A part : *Berech.* ǁ Part (à part soi) : *Béré baïtan.* ǁ Part (de sa) : *Harren phartez.* ǁ Part (de la part de qui ?) : *Noren phartez, noren ganic ?* ǁ Part (de ma) : *Ene phartez, néré phartez.* ǁ Part (de leur) : *Eyen phartez.* ǁ Part (d'une) : *Pharte batetic, alde batetic, alde batetaric.* ǁ Part (de part en part) : *Alderen alde.* ǁ Part (prendre en bonne) : *Ontxa hartzea.* ǁ Part (prendre en mauvaise) : *Gaïzki hartzea.*

PARTAGE, s. m., division d'une chose entre plusieurs personnes. — *Berechkuntza, zátika, ezleghitasuna, phartaïllúa, phartayúa.* ǁ Portion : *Phartea, zátia.*

PARTAGER, v. a., faire le partage, avoir part, prendre part à. — *Partayatzea, phartallutzea, ezleghitzea.* ǁ Mettre, diviser en morceaux : *Puskatzea, puchkatzea, zátitzea, zátikatzea.* ǁ Choisir : *Berechtea.*

PARTANCE, s. m., départ d'une flotte, etc. — *Yoaïra, joaïra, jóatea, hilkida.*

PARTANT, adv., par conséquent. — *Hortazgheroz, hartarakotzat, beraz-gheroztic, hartakotzat.*

PARTERRE, s. m., jardin à fleurs. — *Sarjiña, lórealhorra.*

PARTI, s. m., réunion de personnes contre d'autres. — *Phartida, partida.* ǁ Résolution : *Atrebiantza, atrebitasuna.* ǁ Parti, faction : *Aldedaridea.* ǁ Parti, faveur : *Partekiña.*

PARTIAL, ALE, adj., qui favorise au préjudice de. — *Aldekaria, aldekorra, aldedaria, parteárra.*

PARTIALEMENT, adv., avec partialité. — *Aldekoki, phartekoki, aldekorriki, aldebandaka.*

PARTIALITÉ, s. f., prévention. — *Aldekotasuna, aldekorrikuntza.*

PARTICIPANT, ANTE, adj., qui participe. — *Partalea, partaliera, partaria, uzkuduna, uciduna, bereciduna.*

PARTICIPATION, s. f., action de participer. — *Partalekuntza, partardea, uzkudea, partakida.*

PARTICIPE, s. m., qui a part. — *Parteduna.*

PARTICIPER, v. n., tenir de la nature, avoir part, prendre part à. — *Partartzea, uzkuntzea, bereciduntzea.*

PARTICULARISER, v. a., marquer les particularités. — *Partikulartzia.*

PARTICULARITÉ, s. f., circonstance particulière. — *Partikulartasuna.*

PARTICULE, s. f., petite partie. — *Partetchúa, phartetchóa, piska, pichka, puiska.*

PARTICULIER, adj., l'opposé de général. — *Partikularra, bereghitezkóa.* ǁ s. m., personne privée : *Partikularra.* ǁ En particulier : *Bereghitezkóa, bereciki.* ǁ adv., à part, séparément : *Berech, berechki.*

PARTICULIÈREMENT, adv., spécialement. — *Partikularzki, bereciki, beregaïnki.*

PARTIE, s. f., portion d'un tout. — *Phartea.* ǁ Divertissement : *Partidá, phartidá.* ǁ Jeu : *Partidá.* ǁ Plaideur : *Kóntrakúa.* ǁ pl., contractants : *Partidác.* ǁ Partie (au jeu) le jeu gagné : *Partidá, yokóa, jokóa, irabacia, jokoaldia.* ǁ Partie (au jeu) les uns contre les autres : *Partidá, yokoáldekóa, jokoáldekúa.* ǁ Partie, avantage que l'on donne au jeu : *Yokoteldea, jokoteldea.* ǁ Partie, district, territoire : *Erbarrutia.*

PARTIR, v. a., partager. — *Partitzea, phartallutzea, esleghitzea.* ǁ v. n., se mettre en chemin : *Yoaïtea, abiatzea, bideari lotzea.* ǁ Sortir avec impétuosité : *Yalkitzea.* ǁ Tirer son origine : *Ethortzea, atheratzea.* ǁ Conclure : *Finitzea, bukatzea.* ǁ s. m., départ : *Abiantza.* ǁ Partie (il ou elle est) : *Yóan dá, jóan dá.* ǁ Partir (il va) : *Abiatzea dóa, badóa.*

PARTISAN, s. m., attaché à un parti, chef de parti. — *Aldekóa, aldekúa.*

PARTNER, s. m., associé au jeu. — *Asosianta.*

PARTOUT, adv., en tout lieu. — *Non nahi, horotan.*

PARURE, s. f., ce qui pare. — *Edergaïlúa, aphaïndura, berreghintza.*

PARVENIR, v. n., arriver à ses fins.—*Ethortzia.*

PARVENU, UE, s., qui a fait fortune.—*Ethorria, aberatxtúa.* || Arrivé à un grade, etc.: *Ethorria.*

PARVIS, s. m., place devant une église. — *Sotóa, ataria, eskaratza, bébarrúa.*

PAS, s. m., mouvement pour marcher. — *Urratxa.* || Vestige du pied : *Herrestóa, harrastúa, herecha.* || Espace entre les deux pieds quand on marche : *Paüsúa.* || Mesure : *Négurria, neürria, izaria.* || Mouvement de danse : *Paüsúa.* || Passage entre deux vallées : *Iragaïtza.* || pl., démarche : *Erarta, yoaïta.* || s. m., seuil : *Atelasa.* || Pas (point) : *Bihiric.* || Pas (du tout) : *Batére.* || Pas (non) : *Ez.* || Pas (faux) : *Béhatztupa, urratx faltxóa.*

PASCAL, ALE, adj. sans pl., de Pâques. — *Bazkokóa, pazkokóa.*

PASSABLE, adj., admissible. — *Pasablia, pasagarria.*

PASSABLEMENT, adv., d'une manière passable. — *Onghitcho, pasableki.*

PASSADE, s. f., action de passer. — *Pasantian.*

PASSAGE, s. m., action de passer, lieu où l'on passe. — *Pasayúa, pasateghia, pasalekúa.* || Passage étroit entre deux vallées, droit de passer : *Iragaïtza.* || Passage, phrase, fragment d'un écrit : *Pasartea.*

PASSAGER, ÈRE, adj. et s. m., qui ne fait que passer, qui s'embarque pour passer.— *Bideanta, pasayatzaïlea, pasajerúa.* || Qui passe, qui ne dure pas : *Iragankorra, iraünghikorra.*

PASSAGÈREMENT, adv., en passant.—*Pasantian, empasantian.*

PASSANT, ANTE, adj., fréquenté. — *Ibillia, pasantia, pasayakúa, pasakária.* || s. m., celui qui passe par un chemin : *Empasantekua, bideanta, pasakaria, iragaria, iragankorra.*

PASSAVANT, s. m., ordre de laisser passer. — *Pásabana.*

PASSE, s. f., action de passer. — *Pása, pásea.*

PASSÉ, ÉE, adj., qui n'a pas conservé son état primitif. — *Yúana, júana, iragana, pasatúa.* || Passé (le temps) : *Haïntzineko dembora.* || Passé (le temps qui est): *Dembora iragana.*

PASSE-DROIT, s. m., grâce accordée au préjudice d'un autre. — *Injustitia.*

PASSEMENT, s. m., tissu plat de fil d'or, de soie, de laine, etc. — *Khordoïn-pláta.*

PASSEMENTER, v. a., chamarrer de passements. — *Khordoïn-plataz garnitzea.*

PASSEMENTERIE, s. f., art, marchandises y relatives. — *Khordoïn-pláten hornidura.*

PASSEMENTIER, ÈRE, s., qui vend des passements. — *Khordoïn-plát saltzaïlea.* || Qui fait des passements : *Khordoïn-plát egilea.*

PASSE-PARTOUT, s. m., clef commune. — *Ghiltza doblia, gako-doblia.*

PASSE-POIL, s. m., bord d'or, de soie, etc., que l'on met sur les coutures d'un habit. — *Betulea, bepilóa.*

PASSE-PORT, s. m., permission de voyager. — *Pasaporta, pasaportia, pasaportea, libranza, joleïta, biala.*

PASSER, v. n. et a., aller d'un lieu à un autre, s'écouler, aller vers sa fin. — *Pasatzea, pasatzia, iragaïtea.* || Cesser, faire transition, suffire, être admis : *Pasatzea, pasatzia.* || Mourir : *Pasatzea, hiltzea.* || Tamiser : *Pasatzea.* || Omettre : *Pasatzea, ahantztea.* || Pardonner : *Pasatzea, barkhatzea.* || v. p., perdre son éclat : *Pasatzea, ichtea.* || S'abstenir : *Pasatzea, beghiratzea.* || Avoir lieu : *Pasatzea.*

PASSEREAU, s. m., moineau.— *Etchechoria, paret'chória, elizachoria.*

PASSE-TEMPS, s. m., divertissement. — *Jostaëla, yostaëta, jostaketa, egurasá, atseghindea.*

PASSIBILITÉ, s. f., qualité possible relativement à la souffrance. — *Padecigarria, païragarria, osarkagarria, erampegarria.* || A la condamnation : *Eripe baten merecimendúa.*

PASSIBLE, adj., capable de souffrir. — *Padecikorra, païrakorra, osarkorra, erampekorra.* || Qui encourt une peine : *Eripe bat merecitzea.*

PASSION, s. f., souffrance de J.-C., sermon sur ce sujet. — *Pasionea, païramena, osartea, erampea.* || Mouvement de l'âme : *Pasionea, païrakuntza, lehia, bihotzukia, bihotzalea, griñalda.* || Amour, affection violente: *Yayera, kária, ayerta, pasionea.*

PASSIONNÉMENT, adv., avec passion.—*Pasioneki, bihotzuki, païraki, griñalki.* || Avec amour : *Yayarki, káriki, ayerki.*

PASSIONNER, v. a. et pr., intéresser fortement. —*Pasionatzea, bihotzukitzea, bihotzaletzea, griñatzea.* || Exprimer sa passion : *Yayertzea, káritzea, agerta.*

32

PASSIVEMENT, adv., d'une manière passive. — *Ekitarleró.*
PASSOIRE, s. f., ustensile de cuisine pour passer. — *Posúara, irazkaya, pasóará.*
PASTEL, s. m., sorte de plante. — *Urdinbelharra.*
PASTEUR, s. m., berger. — *Artzaïna, arsaiya, arzaïna.*
PASTILLE, s. f., composition de sucre, etc. — *Pastilla.*
PASTORAL, ALE, adj., des pasteurs. — *Artzaïnekua, arzaiyekúa, arzaïnekúa, pastorala.*
PASTOUREAU, ELLE, s., petits bergers. — *Artzaïntchúa, arzaïtchúa.*
PATATE, s. f., espèce de pomme de terre. — *Patata, lursagarra.*
PATE, s. f., farine pétrie, etc. — *Orhea, pásta.*
PATÉ, s. m., pièce de pâtisserie, tache d'encre. — *Pastiza.*
PATELIN, INE, adj., souple et artificieux. — *Tramposóa, trampaghillea, atzipakaria.*
PATELINAGE, s. m., manière de patelin. — *Atzipekeritasuna.*
PATELINER, v. n., agir en patelin. — *Enganatzea, atzipetzea, baïratzea, cilibokatzea.*
PATELINEUR, EUSE, adj. et s., patelin. — *Enganatia, enganutzaïlea, gaïntatsúa, atzipatia, atzipatzaïlea, baïratsúa, cilibokatia.*
PATÈNE, s. f., vase sacré en forme de petite assiette. — *Pátena.*
PATENTE, s. f., espèce de brevet que toute personne qui veut faire un commerce ou exercer une industrie quelconque est tenue d'acheter du Gouvernement. — *Pátanta.*
PATER, s. m., prière chrétienne. — *Páterra.*
PATERNEL, LE, adj., de père. — *Aïtatsúa, aïtarena, aïtarra.*
PATERNELLEMENT, adv., en père. — *Aïtaren araberan.*
PATERNITÉ, s. f., état, qualité de père. — *Aïtatasuna, aïtagokia.*
PATEUX, EUSE, adj., en pâte, empâté. — *Pástatsúa, pástatxúa, orhetxúa.*
PATHÉTIQUE, adj. et s. m., qui émeut les passions. — *Bihotzukilea, goghintaria.*
PATHÉTIQUEMENT, adv., d'une manière pathétique. — *Bihotzukileki, goghintariki.*
PATHOLOGIE, s. f., traité des maladies. — *Erjakindea, miñakindea, minjakindea.*

PATHOLOGIQUE, adj., qui appartient à la pathologie. — *Erjakindarra, miñakindarra, minjakindarra.*
PATIEMMENT, adv., avec patience. — *Païrakoki, pasientki.*
PATIENCE, s. f., vertu qui fait supporter avec résignation le mal. — *Païrakuntzea, païrabidea, païráa.* || s. f., plante médicinale : *Aragorria, lapaïtza.*
PATIENT, ENTE, adj., doué de patience ; fig., qui souffre. — *Païrakorra.* || Condamné : *Eripetua.*
PATIENTER, v. n., avoir patience. — *Païratzea, pasientatzea, egokitzea.*
PATINER, v. a., manier indiscrètement. — *Azkatzea, eskukatzea, eskuztatzea, eskuaz erabiltzea, unkitzea.*
PATIR, v. n., souffrir. — *Païratzea, padecitzea, osartzea, erampetzea.*
PATIS, s. m., pâturage. — *Bazkalekúa, alapidea.*
PATISSER, v. n., faire de la pâtisserie. — *Pástizeri'eghitia, páztizeri'eghitea.*
PATISSERIE, s. f., pâte assaisonnée et cuite au four. — *Pástizeria, páztizeria.*
PATISSIER, ÈRE, s., qui fait et vend de la pâtisserie. — *Pástizera, páztizera.*
PATISSOIRE, s. f., table avec des rebords sur laquelle on pâtisse. — *Pástiz'eghiteko mahaïna.*
PATOIS, s. m., langue rustique. — *Lenguaiya.*
PATRAQUE, s. f., machine usée, sans valeur, personne d'une mauvaise tournure et maladroite. — *Pátraka.*
PATRE, s. m., gardien de bétail. — *Artzaïna, artzaiya, arzaïna, abere zaïna.*
PATRIARCAL, ALE, adj., de patriarche. — *Aïtalendarra.*
PATRIARCHE, s. m., saint personnage. — *Aïtelena, aïtaúrrena, aïtansitia.* || Dignité ecclésiastique : *Aïtalenaren goyendea.*
PATRIE, s. f., pays où l'on est né. — *Bererria, sorherria, erria, sorterria, jayeterria, sorlekúa.*
PATRIMOINE, s. f., héritage de ses pères. — *Gurasonkaria, ethorkia.*
PATRIMONIAL, ALE, adj., de patrimoine. — *Gurasonkarra, ethorkikarra.*
PATRIOTE, adj. et s., qui aime sa patrie. — *Erritarra, sorteritarra, jayeterritarra, sortlekutarra.*
PATRIOTIQUE, adj., qui appartient au patriote, de la patrie. — *Erritarkoa, sórterrikúa, sortlekukúa, jayeterrikóa.*

PATRIOTIQUEMENT, adv., en patriote. — *Erritarki, sorterriki, sortlekuki, jayeterriki.*

PATRIOTISME, s. m., caractère patriotique.— *Errirtartasuna, sorterritasuna, sortlekutasuna, jayeterritasuna.*

PATRON, NE, s., protecteur, saint dont on porte le nom. — *Patrona, patroña, icenkidea.* || s. m., maître de la maison. — *Etcheko yaüna, naüsia, patroïna.* || Chef d'une barque : *Patrona.* || Modèle : *Patroña, moldekaya, erakia.*

PATRONAL, ALE, s., du patron (fête).—*Eliza besta, erriko besta.*

PATROUILLE, s. f., escouade marchant de nuit. — *Patruïla, gaübilla, gaübillandea.*

PATROUILLER, v. n., faire patrouille. — *Patruïllatzea, gaübillatzea.*

PATTE, s. f., pied des animaux à quatre pattes qui ont des doigts, et même de tous les oiseaux, excepté ceux de proie, se dit aussi des écrevisses, araignées, etc. — *Páta, aztaparra.*

PATURAGE, s. m., lieu pour paître, pâturage commun qui appartient à plusieurs.—*Bazkalekûa, alapidea, lárrea, phazka lekûa.*

PATURE, s. f., nourriture. — *Azkurria, bázka.*

PATURER, v. n., prendre la pâture. — *Bázkatzea, alatzea.*

PATUREUR, s. m., qui mène paître. — *Bázkatzaïlea, alatzaïlea.*

PATURON, s. m., le pied du cheval, mulet, âne, etc. — *Laügarrenázala.*

PAUME, s. f., le dedans de la main.—*Eskubarnea, eskubarnia, eskibarrena.* || Jeu de balle, la balle dont on se sert pour ce jeu : *Pilota.* || Lieu où l'on joue : *Pilota-plaza.*

PAUPIÈRE, s. f., peau qui couvre l'œil, cils. —*Bekhoskóa, betazala, bekhaïna, bekhosóa.*

PAUSE, s. f., cessation momentanée d'une action, intervalle. — *Paüsada.*

PAUSER, v. n., appuyer sur une syllabe en chantant. — *Paüsatzea.*

PAUVRE, adj. et s., indigent, mendiant. — *Póbria, póbrea, praübia, erremesa, erromesa, eskalea.*

PAUVREMENT, adv., dans la pauvreté. — *Pópreki, praübeki, erremeski, erromeski.*

PAUVRESSE, s. f., mendiante. — *Póbria, póbrea, praübia, erremesa, erromesa, eskalea.*

PAUVRET, TE, s., terme de compassion. — *Gaïchúa.*

PAUVRETÉ, s. f., indigence. — *Póbretasuna, praübetasuna, erremestasuna, erromestasuna.*

PAVAGE, s. m., ouvrage du paveur. — *Gálzarakuntza, gáltzadakuntza, gálzarakuntza, galzadakuntza.*

PAVANE, s. m., danse. — *Pavana.*

PAVANER (SE), v. p., marcher fièrement. — *Paranatzea.*

PAVÉ, s. m., pierre pour paver, lieu pavé.— *Gáltzara, gáltzada, gálzara, gálzada.*

PAVEMENT, s. m., action de paver. — *Gáltzadea, echompea, gálzaradea.*

PAVER, v. a. et n., couvrir de pierres une rue, un chemin, une cour, etc.—*Gáltzaratzea, gáltzadatzea, gálzalzea, gálzadzea.*

PAVEUR, s. m., qui pave. — *Gáltzadatzaïlea, gáltzaratzaïlea.*

PAVILLON, s. m., bâtiment carré joint à une maison. — *Pabilluna.* || Etendard de marine : *Bandera.*

PAVOISER, v. a., garnir de pavillons. — *Banderatzia, banderatzea.*

PAVOT, s. m., plante soporifique. — *Lóbelharra, lóbedarra, lóërazlea, emalopa, punpuna.*

PAYABLE, adj., qui doit être payé. — *Pagagarria.*

PAYANT, ANTE, adj. et s., qui paie.—*Pa atzaïlea.* || En payant : *Pagatzian, dirutan.*

PAYE, s. f., solde des gens de guerre. — *Pága, soldata.*

PAYEMENT, s. m., action de payer. — *Pagamendua.*

PAYEN, NE, s. et adj. — Voyez PAÏEN.

PAYER, v. a., n. et p., acquitter une dette, récompenser, être puni. — *Pagatzea, pagatzia.*

PAYEUR, EUSE, s., qui paie. — *Pagatzaïled, pagatzaïlia.*

PAYS, s. m., région, patrie. — *Erria.* || Contrée : *Aldiria.* || Province : *Probentzia.*

PAYS, AYSE, adj., compatriote, fam. — *Erritarra.*

PAYSAGE, s. m., étendue d'un pays vue d'un seul aspect. — *Bista, bichta.* || Tableau représentant un paysage : *Bista, bichta.*

PAYSAGISTE, s. m., peintre qui fait des paysages. — *Bist'eghilea, bicht'eghilea.*

PAYSAN, NE, s., gens de la campagne. — *Peysanta, laboraria, nekazalea, nekatzaïlea.*

PÉAGE, s. m., passage. — *Oïnsaria.* ‖ Droit qui se paie pour passer un pont. — *Zubisaria.*

PÉAGER, s. m., fermier du péage; adj. (pont), où l'on paie. — *Oïnsarizaga.*

PEAU, s. f., enveloppe d'animal. — *Larrúa.* ‖ De fruit, etc., croûte de pain, d'arbre, etc. — *Achala, ázala.*

PEAUSSIER, s. m., artisan qui prépare les peaux. — *Larru-aphaïntzaïlea, larruantolatzaïlea.*

PÉCADILLE, s. f. Ce mot ne se dit guère qu'en plaisantant pour signifier un péché léger. — *Deüsezbat, yeüsezbat, chirchilkeria.*

PÉCHÉ, s. m., transgression de la loi divine. — *Bekhâtua.*

PÊCHE, s. f., fruit.— *Muchika, peska, mirtchika.* ‖ Prendre du poisson : *Arrantza.*

PÉCHER, v. n., transgresser la loi divine, faillir. — *Bekhâtu'ghitea.*

PÊCHER, s. m., arbre. — *Mirtchika hóndoá, muchika hóndoá, peska hóndoá.* ‖ v. a., prendre du poisson : *Arrantzatzea, arraïn atchematia.*

PÊCHEUR, CHERESSE, s., sujet au péché. — *Bekhâtoréa, bekhâtoria.* ‖ s. m., qui pèche : *Arrantzalea, arrantzalia, arranzaïlera, arranzaria.*

PECTORAL, ALE, adj., qui est favorable à la poitrine. — *Bulhardagokia.* ‖ s. m., ornement de l'habit du grand-prêtre, d'un évêque : *Bulhargurutzea.*

PÉCULE, s. f., argent.—*Dirúa, diyúa, diaiyúa.*

PÉCUNIAIRE, adj., qui consiste en argent. — *Diruzkóa, diruzkúa.*

PÉCUNIEUX, EUSE, adj., qui a de l'argent. — *Dirutúa, dirutia, diruztatúa, diruz bethea, zuzkitúa.*

PÉDESTREMENT, adv., à pied. — *Hoïnez.*

PÉDONCULE, s. m., queue de fleur ou de fruit. — *Chirtoña, churtoïná, churtoyá, ghirtoïná.*

PÉDONCULÉ, ÉE, adj., porté en pédoncule.— *Chirtoñdúa, churtoïndua, churtoydúa, ghirtoïndúa.*

PEIGNE, s. m., instrument à dents pour démêler les cheveux. — *Orrazea, orrazia.*

PEIGNER, v. a., démêler avec un peigne. — *Orraztatzea, orraztatzia.*

PEIGNIER, s. m., marchand de peignes. — *Orraze saltzaïlea, orraze marchanta.*

PEINDRE, v. a. et p., représenter par les traits, les couleurs, par le discours, couvrir de couleur. — *Pintratzia, pintratzea.* ‖ Ecrire, former des lettres : *Ichkiribatzea, iskiribatzea, izkribatzea.*

PEINE, s. f., douleur. — *Péna, dolorea, phena.* ‖ Souffrance : *Oïnacea, sofrikariúa.* ‖ Affliction : *Lastima, atxekabetasuna.* ‖ Punition : *Gastigúa, gaztigóa.* ‖ Fatigue : *Nekhea, nékeá, unadura.* ‖ Difficulté : *Difikultatea, nékeá, errazkea.* ‖ Répugnance à dire ou faire : *Herabetasuna, nakaïzdura.* ‖ Inquiétude : *Kechadura.* ‖ Chagrin : *Errea, suxúa.* ‖ adv., à peine : *Doïdoya.* ‖ Presque pas : *Kásic batéré.* ‖ Avec peine : *Penaturic, nekatuz.* ‖ Difficulté (avec) : *Nekhaturic.* ‖ Châtiment : *Gastigúa, gaztigóa, miñaria, gaïtzondorea.* ‖ Sollicitude, soin : *Griña, ansiya, ajola, ardura.* ‖ Peine de dommage, de perte : *Damúa, khaltepena.* ‖ Peine d'affront, de sensation : *Péna, phena, errea, sutsúa, gorphutzpéna.* ‖ Peine d'émotion : *Païrakaria.* ‖ Peine du talion : *Pénordaña, miñondorea, besteanbesteko péna.*

PEINÉ, ÉE, adj. et part., fâché, qui a de la douleur, du chagrin. — *Pénatua, phenatua, changrindúa, miñaritúa.* ‖ Trop travaillé : *Nékatua, nekhatúa.*

PEINER, v. a., n. et p., chagriner. — *Khechatzea, miñaritzea.* ‖ Fatiguer, trop travailler : *Nékatzea, nekhatzea, eñetzia, uñatzia.* ‖ Répugner : *Herabetzea, nakaïztea.*

PEINTRE, s. m., qui exerce la peinture, qui fait des portraits. — *Pintria.*

PEINTURE, s. f., action de peindre. — *Pintura.* ‖ Couleur : *Kholorea.* ‖ En peinture, adv., en apparence : *Pinturan.*

PELAGE, s. m., couleur, poil des bêtes fauves. — *Kholorea.*

PELARD, s. m. (bois) écorcé sur pied. — *Arbol'larruta.*

PELÉ, ÉE, adj. et part., sans poil, sans peau, etc. — *Larrutúa.*

PÊLE-MÊLE, adv., confusément. — *Nahastekan, baltxan, nahasteka.*

PELER, v. a. et n., enlever l'écorce d'un arbre. — *Larrutzea.* ‖ Oter, perdre le poil, la peau, ôter l'écorce d'un fruit : *Chúritzea, achala khentzea.*

PÈLERIN, INE, s., qui va en pèlerinage. — *Pelegriña, beïlaria.*

PÈLERINAGE, s. m., voyage fait par dévotion. — *Beïla, erromeria, pelegriñdea.*

PÉLICAN, s. m., oiseau. — *Pelikanóa.*

PELISSE, s. f., sorte de robe fourrée. — *Péliza.*

PELLE, s. f., instrument de fer ou de bois, large et plat, à long manche. — *Pála, phálá.* ǁ Pelle à feu : *Súphálá.*

PELLÉE, LERÉE, LETÉE, s. f., plein une pelle. — *Pálatra, phálátra.*

PELLETIER, ÈRE, s., qui accommode les peaux. — *Larru aphaïntzalea.* ǁ Qui vend les peaux : *Larru saltzaïlea.*

PELLICULE, s. f., peau très-mince.—*Frintza, achala.* ǁ Pellicule de froment : *Arlantxa.*

PELON, s. m., couverture piquante dans laquelle est renfermée la châtaigne. — *Morkotza, morkola, lakatza, kharlóa.*

PELOTE, s. f., boule de fil, etc. — *Haïlkóa, aïlcióa.* ǁ Coussinet à épingle : *Kúchiña, pillota.* ǁ Pour jouer à la paume : *Pilota.*

PELOTER, v. n., jouer à la paume. — *Pilotakatzea, pilotan aïtzia.*

PELOTON, s. m., petite pelote.—*Haïlkotchúa, alciotchúa.* ǁ Petite troupe : *Pélotoná.*

PELOTONNER, v. n., mettre en pelotons (en parlant du fil. — *Haïlkatzea, aïlcekatzea.*

PELOUSE, s. f., gazon. — *Artalarra, ipurûa.*

PELU, UE, adj., garni de poils. — *Ilhetxúa, úletxúa, illetxúa, illitxúa, bilotxúa.*

PELUCHE, s. f., étoffe à grands poils. — *Felpea, felpa, úlepea, illepea.*

PELURE, s. f., peau ôtée d'un fruit, etc. — *Achala, ázala.*

PÉNAL, ALE, adj., qui concerne les peines légales. — *Phenekúa, phenatarra, miñaritarra, gastigukúa, gaztigukúa.*

PÉNALITÉ, s. f., peine encourue. — *Phena, miñaria, miñaritarra, gastigúa.*

PÉNATES, s. m. pl. et adj., dieux domestiques. — *Etcheynkóac, echajaïnkóac.*

PENCHANT, s. m., qui penche pour le mal, le bien, etc.—*Gogóa, yaïdura, lehia.* ǁ Penchant (son) : *Béré gogóa, yaïdura, lehia, béré mughida.* ǁ Penchant (pente, versant) : *Ichuria, mazela, macela, eroria, malda.*

PENCHEMENT, s. m., action de pencher. — *Makurkuntza.*

PENCHER, v. a., n. et p., incliner. — Au pr. : *Makurtzea, okartzea, beheratzea.* ǁ Au fig. : *Yarkitzea, jayetzea, jaïgurtzea.*

PENDABLE, adj., qui mérite la potence. — *Urkagarria.*

PENDANT, ANTE, adj., qui pend. — *Dilidan.* ǁ prép., durant : *Arte-hortan, artean, diraüéna.*

PENDANTS, s. m. pl., boucles d'oreilles. — *Petentac.*

PENDARD, s. m., vaurien, fam. — *Pendaria.*

PENDELOQUE, s. f., pendant d'oreilles. — *Udaria.*

PENDRE, v. a., suspendre. —*Dilindatzea.* ǁ Etrangler à un gibet : *Urkatzea.* ǁ v. n., être suspendu : *Dilindakan.*

PENDU, adj. et s. m., attaché à une potence. — *Urkatúa.*

PENDULE, s. m., balancier d'horloge ; s. f., horloge à pendule : *Orena, pandula.*

PÊNE, s. m., lame de serrure. — *Sarraïlmihiá.*

PÉNÉTRABILITÉ, s. f., qualité de ce qui est pénétrable. — *Sargarritasuna, barnagarritasuna, barrenkaytasuna.*

PÉNÉTRABLE, adj., qu'on peut pénétrer. — *Sargarria, barnagarria, barrenkaya.*

PÉNÉTRANT, ANTE, adj., qui pénètre.—*Barnaria, barrenkaria, sarkorra, mina.* ǁ Son pénétrant, voix : *Zólia, ciúrra.*

PÉNÉTRATIF, IVE, adj., qui pénètre aisément. — *Zorrotza, barnagarria, barnakaya.* ǁ Sagace : *Sómatia.*

PÉNÉTRATION, s. f., action de pénétrer. — *Barnadea, barrendea, barrutea.* ǁ Fig., sagacité d'esprit : *Sóma.*

PÉNÉTRER, v. a., n. et p., passer à travers. — *Sartzea.* ǁ Fig., toucher (le cœur) : *Ukitzea, erdiratzea.* ǁ Approfondir : *Bamatzea.*

PÉNIBLE, adj., qui donne de la peine. — *Nekagarria, akigarria, unagarria.* ǁ Qui fait de la peine : *Pénagarria, lastimagarria, damugarria, hirgarria.*

PÉNIBLEMENT, adv., avec douleur. — *Pénatuz, damutuz, minki.* ǁ Avec effort : *Nékatuz, akituz, unatuz.*

PÉNICHE, s. f., petit bâtiment de transport. — *Kárgako untcia.*

PÉNINSULE, s. f., presqu'île. — *Oztugartea.*

PÉNITENCE, s. f., repentir. — *Damúa, urrikalmendúa, garbaya, bihotzmindea, biozmindea, urrikia.* ǁ Punition des péchés qu'impose le confesseur : *Pénitentcia, miñaria, gaitzondorea.* ǁ Mortification, châtiment du corps : *Mortifikacionea.* ǁ Sacrement : *Pénitentcia, ezkutape, miñarikóa.*

PÉNITENT, ENTE, adj. et s., qui fait pénitence. — *Pénitenta, pénitentea, miñarizlea, gaïtzondorckóa.* ǁ De confession : *Pénitenta, pénitentea, aïtorgumea.* ǁ Austère, mortifié : *Illerazgarria.*

PENSANT, ANTE, adj., qui pense. — *Pentxatzaïlea.* ‖ Pensant (en) : *Pentxatzian, phentxatzian.*

PENSÉ, s. m., imaginé. — *Phentxatûa.* ‖ Médité : *Méditatûa, gógartatûa.*

PENSÉE, s. f., opération de l'intelligence, action de penser, chose pensée et exprimée, projet, idée. — *Pentxamendûa, phentzamendûa, ustekiña, gógakiña, pensada, gógoëta, adimentûa, pensamentûa.* ‖ Action de comprendre : *Aditza, ustea, gógóa, pensamentûa, phentxamendûa, pentxamendûa.* ‖ Fleur : *Panzia.*

PENSER, v. a. et n., former dans son esprit l'idée, l'image d'une chose. — *Phentxatzea.* ‖ Songer, rêver : *Ametxtea.* ‖ Croire : *Sinetxtea.* ‖ Songer, se rappeler : *Gógoratzea.* ‖ Raisonner : *Mengutzea.* ‖ Deviner, être sur le point : *Asmatzea.* ‖ Fig., imaginer, s'imaginer : *Iduritzea, ametxtea.*

PENSEUR, EUSE, s. et adj., personne habituée à réfléchir. — *Phentxatzaïlea, gógartaria.* ‖ Qui devine : *Asmatzaïla.*

PENSIF, IVE, adj., occupé d'une pensée. — *Phentxaketaria, gógoëtatxûa.* ‖ Devenu pensif : *Gógoëtatûa.*

PENSION, s. f., somme pour l'entretien. — *Mantenûa, errenta, pentsionea, phentsionea.* ‖ Rente : *Errenta, pentsionea, phentsionea.* ‖ Pensionnat : *Pentsionea, eskola, phentsionea.*

PENSIONNAIRE, s., qui paie, à qui l'on paie pension. — *Phentsionera, pensionista.*

PENSIONNAT, s. m., maison d'éducation. — *Pentsionea, phentsionea, eskola.*

PENSIONNER, v. a., donner une pension. — *Errentatzia, phentsionatzea.*

PENTE, s. f., ce qui va en descendant. — *Patarra, malda, emalda, ikhea, aldatsa, jaïspena, yaüskuntza, eraúspena.* ‖ Versant, pente d'une montagne : *Mazela, malkarra, aldatza, aldapa.*

PENTECÔTE, s. f., fête chrétienne. — *Mendekoste.*

PENTURE, s. f., bande pour soutenir une porte. — *Unza, huntza, partadera.*

PÉNULTIÈME, adj. et s., avant-dernier. — *Haïntzinekôa.*

PÉNURIE, s. f., extrême disette. — *Beharra, eskasia.*

PÉPIE, s. f., pellicule à la langue des oiseaux. — *Pipita, kióa.*

PÉPIN, s. m., semence du fruit. — *Pipita, pepita, mina, alcia.*

PÉPINIÈRE, s. f., plant de jeunes arbres. — *Mindeghia, muïnteghia, landaïteghia.*

PÉPINIÉRISTE, s. m., qui élève des pépinières. — *Mindeghizaïna, muïnteghizaïna, landaïteghizaïna.*

PERCALE, s. f., toile de coton. — *Perkala.*

PERÇANT, adj., qui perce. — *Zorrotza.* ‖ Qui pénètre : *Sarkorra.* ‖ Œil perçant : *Beghi zorrotza.* ‖ Cri perçant : *Oïhu zorrotza.* ‖ Regard pénétrant : *Beghi sarkorra.* ‖ Chagrin pénétrant : *Dolore mina.*

PERCE (EN), adv., tonneau percé. — *Asia, chotchian, chotchean, dutchuloan.*

PERCE-BOIS, s. m., insecte. — *Pipia.*

PERCÉE, s. f. ou PERCÉ, m., ouverture. — *Cilhadura, cilhóa.*

PERCEMENT, s. m., action de percer. — *Cilhakuntza.*

PERCE-PIERRE, s. m., herbe. — *Arraütsibedarra.*

PERCEPTEUR, s. m., qui perçoit un impôt. — *Kóbratzallea, eskateratzallea, presetura.*

PERCEPTION, s. f., action de percevoir. — *Kóbrantza, kóberanza, eskatera.*

PERCER, v. a. et n., faire une ouverture, pénétrer au pr. et au fig. — *Cilhatzea.* ‖ Fig., s'avancer : *Haïntzinatzea.*

PERCEPTIBILITÉ, s. f., qualité de ce qui est perceptible. — *Ikusgarritasuna.*

PERCEPTIBLE, adj., qui peut être aperçu. — *Ikusgarria.*

PERCEVOIR, v. a., recevoir, recueillir des revenus. — *Kóbratzea, kóberatzea, eskateratzea, percebitzea.* ‖ Recevoir par les sens l'impression des objets (entendre) : *Aditzea, aïtzea.* ‖ Voir : *Ikhustea.*

PERCHE, s. f., bâton fort long. — *Aga, zardaya.*

PERCHÉ, ÉE, s. m. et part., perché sur une branche ou un lieu élevé. — *Kókatûa.*

PERCHER, s. m. et p., se mettre sur une perche. — *Kókatzea.*

PERCHOIR, s. m., lieu pour percher. — *Kókatzeko tókia.*

PERCLUS, USE, adj., impotent. — *Imbaliera, ezindûa, emblaïtûa.*

PERCUSSION, s. f., action de frapper. — *Yokadea, unkia.*

PERDABLE, adj., qui peut se perdre. — *Galgarria.*

PERDANT, s. m., qui perd au jeu. — *Galtzaïlea.*

PERDITION, s. f., vice. — *Galtzepena, gálla, galerá.*

PERDRE, v. a., n. et p., être privé de ce qu'on possédait, avoir du désavantage, ruiner, débaucher, égarer. — *Galtzea, galtzia.*
PERDREAU, s. m., jeune perdrix. — *Epher umia.*
PERDRIX, s. f., gallinacé. — *Epherrá.*
PÈRE, s. m., qui a engendré, celui qui traite les autres comme ses enfants. — *Aïta.* || Père et mère : *Burasóac, burasuac.*
PÉRÉGRINATION, s. f., pèlerinage. — *Bidagóa, jorrutea.*
PÉRÉGRINER, v. n., voyager. — *Bidagotzea, jorrutitzea.*
PÉREMPTOIRE, adj., décisif. — *Epondea.*
PÉREMPTOIREMENT, adv., d'une manière péremptoire. — *Eponderó, debedilea, erabaclea.*
PERFECTION, s. f., qualité parfaite, perfection (avec). — *Perfetcionea, bethetasuna, obetandea.*
PERFECTIONNEMENT, s. m., action de perfectionner. — *Obetandura, perfetcionamendúa.*
PERFECTIONNER, v. a. et p., rendre, devenir parfait. — *Obetantzea, perfetcionatzea.*
PERFIDE, adj. et s., qui manque à sa foi. — *Fede gachtokóa, fedegabea, deslayala.* || Qui s'applique aux choses, démarches perfides : *Ibiltze faltxóac, ensayu faltxuac.* || Regard perfide : *Beghi faltxúa, beghi maltzurra.*
PERFIDEMENT, adv., avec perfidie. — *Fedegabeki, fedekabekiró, déslayki, déslaykiró.*
PERFIDIE, s. f., déloyauté. — *Fedegabetasuna, déslaytasuna.*
PERFORATION, s. f., action de perforer. — *Cilhadura, chiladura.*
PERFORER, v. a., percer, t. d'arts. — *Cilhatzea, chilatzea.*
PÉRIL, s. m., risque. — *Irriskúa, mentura.* || Danger : *Hexutura, ateka, kórdoka, lanyera.*
PÉRILLEUSEMENT, adv., avec péril. — *Irruskuki, menturalki, kórdokoki, lanyeroski, irriskuki.*
PÉRILLEUX, EUSE, adj., où il y a du péril. — *Irriskosa, menturakúa, kordotsúa, lanyerosa.*
PÉRIMÈTRE, s. m., terme de géométrie, contour, circonférence. — *Ingurúa.*
PÉRIODE, s. f., révolution d'un astre, temps fixe. — *Artia, bertaëra.* || Phrase à plusieurs membres ; s. m., le plus haut point, temps vague. — *Bertaëra.*

PÉRIODIQUE, adj., qui a ses périodes. — *Bertaërakóa.*
PÉRIODIQUEMENT, adv., d'une manière périodique. — *Bertaërakoki.*
PÉRIPHRASE, s. f., circuit de paroles. — *Gheïzaldea.*
PÉRIPHRASER, v. n., parler par périphrases. - *Gheïzaltzea.*
PÉRIR, v. n., prendre fin, faire une fin violente, tomber en ruine, naufrager. — *Péritzea, funditzea, galtzea.*
PÉRISPERME, s. m., tégument du grain. — — *Achala.*
PÉRISSABLE, adj., sujet à périr. — *Galkorra, périgarria.*
PÉRISTYLE, s. m., galerie à colonnes. — *Apiriko-azpia.*
PERLE, s. f., globule qui se trouve dans quelques coquillages. — *Perla, altistea.*
PERLÉ, ÉE, adj., orné de perles. — *Perlatúa, altistetúa.*
PERMANENCE, s. f., stabilité. — *Kóntinokóa.* || Permanence (en) : *Kóntinoki.*
PERMANENT, ENTE, adj., stable. — *Kóntinokóa, bethikóa, bertiraünlea.*
PERMETTRE, v. a., donner la permission de dire, de faire, tolérer, donner le moyen. — *Permetitzea, permetitzia, baïmentzea, bialustea, cilheghitzea.*
PERMIS, adj., juste, non défendu. — *Haïzúa, cilheghi dena, cilheghia, prometitúa, libro.*
PERMISSION, s. f., liberté de faire ou de dire. — *Haïzugóa, baïmenena, licentcia, libertasuna, premisionea, libertatia.* || J'ai la permission : *Libertatia dut, licentcia dut, haïzúa, baïmena, premisionea dut.*
PERMUTANT, s. m., qui permute. — *Gambiatzallea, bizgambiatzallea.*
PERMUTATION, s. f., action de permuter. — *Gambióa, bizgambia, bétoria.*
PERMUTER, v. a., échanger un emploi. — *Gambiatzea, bizgambiatzea, bétorritzea.*
PERNICIEUSEMENT, adv., d'une manière pernicieuse. — *Káltarkitsúa, káltekorki, kháltekorki.*
PERNICIEUX, EUSE, adj., nuisible. — *Khaltekorra, káltiarra, gachtúa, galgarria.*
PÉRORAISON, s. f., conclusion de harangue. — *Hitzaldia.*
PÉRORER, v. a., haranguer, fam. — *Hitzaldiatzea.*
PERPENDICULAIRE, adj. et s. f. (ligne), qui tombe à angle droit. — *Chúta, arteza.*

PERPENDICULAIREMENT, adv., en ligne perpendiculaire. — *Chútki, artezki.*

PERPÉTUATION, s. f., action de perpétuer.— *Iraüntasuna.*

PERPÉTUEL, LE, adj., continuel, fréquent.— *Sekulakóa, bethiraüna, bethikóa, kóntinokóa, iraünghia.*

PERPÉTUELLEMENT, adv., sans discontinuation.—*Bethikoki, bethiraünki, kóntinoki, iraünkoki.* || Pour toujours : *Bethikotz.*

PERPÉTUER, v. a., rendre perpétuel. — *Bethikotzea, bethiraüntzea, iraünghitzea.*

PERPÉTUITÉ, s. f., durée continue. — *Bethitasuna, bethikotasuna, bethiraündea.* || A perpétuité, adv., pour toujours : *Bethikotz, sekulakotz.*

PERPLEXITÉ, s. f., irrésolution, incertitude. — *Aspesá, dúdaldia, kándura, beïgheróa, zalantzá.*

PERQUISITION, s. f., recherche exacte.—*Billakuntza, billaldia.*

PERRON, s. m., escalier extérieur et peu élevé. — *Aldamiúa.*

PERROQUET, s. m., oiseau. — *Perroketa, perruketa, lóro.* || Petit mât : *Mastagañekóa, gaïnekomasta.*

PERRUCHE, s. f., femelle du perroquet. — *Lóro emea, perruket'emea, perroket'emca.* || Petit perroquet : *Perruketchúa, perroketchúa, lórotchúa.*

PERRUQUE, s. f., coiffure de faux cheveux. —*Pérruka, péluka.*

PERRUQUIER, ÈRE, s., celui qui fait et vend des perruques, coiffe, rase. — *Pérrukera, pélukera, bizarghilea.*

PERSÉCUTANT, ANTE, adj., importun.-*Unagarria, nekagarria, muturia, persekutaria.*

PERSÉCUTER, v. a., vexer, inquiéter, importuner. — *Toleïatzea, perseghitzea, persekutatzea, kalteraïtzea.*

PERSÉCUTEUR, TRICE, s., qui persécute. — *Toleïatzaïlea, perseghitzaïlea, persekutatzaïlea, kalteratzaïlea.*

PERSÉCUTION, s. f., vexation, importunité.— *Toleïatasuna, perseghitasuna, persekucionea, persekucióa, kaltarraya.*

PERSÉVÉRAMMENT, adv., avec persévérance. — *Iraünkiró.*

PERSÉVÉRANCE, s. f., qualité persévérante. — *Iraüpena, iraütza, iraündea.*

PERSÉVÉRANT, ANTE, adj., qui persévère. — *Iraünkorra, iraütia, iraüntia.*

PERSÉVÉRER, v. n., persister. — *Iraützea, iraüntzea, ihardukitzea.*

PERSIFLAGE, s. f., raillerie fine. — *Trúfa, búrla.*

PERSIFLER, v. a. et n., railler finement. — *Trúfatzea, búrlatzea.*

PERSIFLEUR, s. m., qui persifle. — *Trúfatzaïlea, búrlatzallea, trúfaria.*

PERSIL DE MACÉDOINE. — Voyez CÉLERI.

PERSIL, s. m., plante potagère. — *Péresila, péresilla, péretxilla.*

PERSISTANCE, s. f., action de persister. — *Sentegoïla, sentegoïllasuna.*

PERSISTANT, ANTE, adj., qui persiste.— *Sentegoïlea.*

PERSISTER, v. n., demeurer dans sa résolution ou dans son opinion. — *Sentegoïtzea.*

PERSONNAGE, s. m., homme. — *Personagea, ghizanoblea, ghizon.*

PERSONNALITÉ, s. f., caractère, qualité de ce qui est personnel.—*Izapedea.* || Egoïsme : *Berekoïtasuna.* || Injure : *Erasoá, laïdóa.*

PERSONNE, s. f., homme ou femme. — *Presuná, yendea, izapena, khristaba.* || s. m., nul : *Nihor, nehor.* || Quelqu'un : *Norbeït.* || Il n'y a personne : *Nihor ez da, nehor ez da.*

PERSONNEL, LE, adj., qui est propre et particulier à chaque personne. — *Béréna.*

PERSONNELLEMENT, adv., en personne, moi. — *Ni.* || Moi-même : *Nehone, nihoni, nehonec.* || Lui : *Bera.* || Lui-même : *Bérac.* || Vous : *Zúc.* || Vous-même : *Cehorrec, cihorrec.* || Eux : *Hec.* || Eux-mêmes : *Berec.* || Elles : *Hec.* || Elles-mêmes : *Berec.*

PERSPECTIF, IVE, adj., aspect d'objets vus de loin.—*Ikusari.* || En perspective, adv., en éloignement : *Urruneat.* || Art, science de perspective : *Antaghiria.*

PERSPICACE, adj., éclairé, clairvoyant. — *Ciarta, cieurra.*

PERSPICACITÉ, s. f., pénétration d'esprit. — *Ciurtea, ciurrera, ciartea.*

PERSUADER, v. a. et n., porter à croire. — *Seguraztia, sinetxaztea, senetxaraztea.* || v. p., croire : *Sinetxtea.*

PERSUASIF, IVE, adj., qui persuade. — *Sinetxeraztzaïllea, eragokitzaïllea.*

PERSUASION, s. f., action de persuader. — *Sinetxtea, ustea, eragokia, segurtasuna.* || Dans sa persuasion, sa croyance : *Beresinetxtean, ustean, eragokian, bere segurantzan, bere segurtasunean.*

PERTE, s. f., privation. — *Galtzapena.* || Dommage : *Bidegabia, bidegabea, kháltea.* || Ruine : *Errekarat-yóa.* || adv., à perte de vue : *Bichtaz ikusi ahala.* || Hors de la vue : *Bichtaz kámpo, bichtatic kámpo.*

PERTINEMMENT, adv., convenablement. — *Behar den ghisan, dagokana.*

PERTINENT, ENTE, adj., convenable. — *Egokiró.*

PERTURBATEUR, TRICE, s., qui cause du trouble, du désordre. — *Turbakidaria, eraücilea, bakaldaria, kejálea, ghelkaïztaria, okasione émaïlea, nahastaïlea, asaldatzaïlea.*

✗ PERTURBATION, s. f., trouble, désordre. — *Nahasmundúa, asaldúa, nahaskeria, turbakida, eraücia, bakalda.*

PERVERS, adj. et s. m., méchant. — *Biúrra, bihurra, galdúa, barrayatúa, deüngatúa.*

PERVERSION, s. f., changement en mal. — *Biúrritza, biúrtasuna, deüngatasuna, bihurtasuna.*

PERVERSITÉ, s. f., méchanceté, dépravation. — *Bihurradea, biúrradea, deüngadea.*

PERVERTIR, v. a., changer en mal. — *Biúrtzea, biúrritzea, deüngatzea, galtzea.*

PERVERTISSABLE, adj., aisé à pervertir. — *Galgarria.*

PERVERTISSEUR, s. m., corrupteur. — *Galtzaïlea.*

PESAMMENT, adv., d'une manière pesante. — *Pisuki.*

PESANT, ANTE, adj., qui pèse ; s. m., poids ; adv., de tel poids. — *Pisúa.*

PESANTEUR, s. f., qualité pesante. — *Pisutasuna.*

PESÉ, ÉE, part., qu'on a mis au poids. — *Pisatúa.*

PESER, v. a., juger avec des poids la pesanteur, etc. ; v. n., avoir un certain poids. — *Pisatzea.*

PESEUR, s. m., qui pèse. — *Pisatzaïlea.*

PESTE, s. f., maladie épidémique ; fig., personne dont la fréquentation est pernicieuse. — *Phestia, izuria, izurritia.*

PESTER, v. n., exhaler son humeur. — *Mokokatzea.*

PESTIFÈRE, adj., qui communique la peste. — *Phestiagarria, izurrigarria, izurrikaya.*

PESTIFÉRÉ, ÉE, adj. et s., infecté de peste. — *Phestiatúa, izurritúa.*

PESTILENCE, s. f., peste répandue dans un pays. — *Phestia, izuria, izurritia.*

PESTILENTIEUX, EUSE, adj., infecté de peste. — *Phestiatxúa, izurrigarria, izurrikaya.*

PET, s. m., vent qui sort du corps. — *Uzkerra, uzkarra, puzkerra, phuskerra.*

PÉTALE, s. m., feuille de la fleur. — *Ostúa.*

PETER, v. n., faire un vent, éclater avec bruit. — *Uzker'ghitea, uzkar'ghitea, puzker'ghitea, phusker'ghitea.*

PETEUR, EUSE, s., qui pète. — *Uzkerkaria, uzkarkaria, puzkerkaria, phuzkerkaria.*

PÉTILLANT, ANTE, adj., qui pétille (feu). — *Sartakorra, pindarkorra.*

PÉTILLEMENT, s. m., action de pétiller. — *Sartakortasuna, pindarkortasuna.*

PÉTILLER, v. n., éclater avec bruit et à plusieurs reprises. — *Sartatzia, pindarkatzea, pindarnakatzea.*

PÉTIOLE, s. m., queue des feuilles. — *Chirtoïna, chirtoña, chirtoïa, ghirtoïna, churtoya, churtoïna.*

PÉTIOLÉ, ÉE, adj., porté par un pétiole. — *Chirtoïndúa, chirtoñdúa, chirtoïtúa, ghirtoïndúa, churtoydúa, churtoïndúa.*

PETIT, ITE, adj., qui a peu d'étendue, peu de volume. — *Chipia, ttipia, tchipia, chumia.* || Petite chose : *Gaüza chumea.* || Fort petit : *Ttipi-ttipia, tchiki-tchikia, chipi-chipia, ñimiñua, chumetchóa, chikitchúa, chume-chumea.* || s. m., animal nouvellement né : *Umea.* || En petit : *Chipiz, ttipiz, tchipiz, chumez, ñimiñoki, chumeki.* || En raccourci : *Laburturic, chikituric, ttipituric, tchipituric, chumeturic.* || adv., petit à petit : *Emeki-emeki, baratche-baratche.* || Peu à peu : *Pichkaka-pichkaka, pochika-pochika.*

PETIT-FILS, s. m., fils du fils ou de la fille. — *Ilobasóa, semetchikia, semechikia.*

PETITE-FILLE, s. f., fille du fils ou de la fille. — *Ilabasóa, alabatchikia, alabachikia.*

PETIT-GRIS, s. m., quadrupède. — *Anyederra.*

PETIT-HOMME, s. m., de petite taille. — *Ghizontúa, ghizontchúa.*

PETIT-LAIT, s. m., sérosité du lait. — *Gazura.* || Petit-lait clarifié : *Cirikota.*

PETIT-NEVEU, s. m., fils du neveu ou de la nièce. — *Illobatchikia, illobachikia.*

PETITE-NIÈCE, s. f., fille du neveu ou de la nièce. — *Illobatchikia, illobachikia.*

PETITE-FEMME, s. f., de petite taille. — *Emaztekitúa, emaztekitchúa.*

PETITEMENT, adv., en petite quantité. — *Gúti, tchikiki, chikiki, chumeki.*

PETITESSE, s. f., peu d'étendue. — *Tchikitasuna, chikitasuna, chumetasuna.* ‖ Fig., bassesse, minutie : *Tcharkeria, chumetasuna.*

PETITE-VÉROLE, s. f., maladie dangereuse qui se manifeste par des éruptions à la peau. — *Pikota, zurruminóa.*

PÉTITION, s. f., demande à une autorité. — *Peticionea.*

PÉTITIONNAIRE, s. m., qui pétitionne. — *Peticionetzaïlea.*

PÉTRIFICATION, s. f., chose pétrifiée. — *Arrikuntza, arritan ethorri den gaûza.* ‖ Action de pétrifier : *Arridura, arritan bihurkuntza.*

PÉTRIFIÉ, ÉE, part., devenu pierre. — *Arritúa, arritan bihurtúa.*

PÉTRIFIER, v. n., changer en pierre. — *Arritzea, arritan bihurtzea.*

PÉTRIN, s. f., coffre pour pétrir. — *Maïra, mayra, aska.*

PÉTRIR, v. a., faire de la pâte. — *Orratzea, orratzia, estikatzia, oratzia.*

PÉTRISSAGE, s. m., action de pétrir. — *Orratzekuntza, estikakuntza.*

PÉTRISSEUR, EUSE, s., qui pétrit. — *Orratzaïlea, oratzaïlia, estikatzaïlea.*

PÉTRO-SILEX, s. m., pierre à fusil.-*Sú-arria.*

PETTO (IN), loc. adv., en secret. — *Bere baïtan, bere gogóan.*

PÉTULAMMENT, adv., avec pétulance. — *Biziki, bizikiró, bahaskoki.*

PÉTULANCE, s. f., vivacité immodérée. — *Bizitasuna, bahaskotasuna.*

PÉTULANT, ANTE, adj., brusque, impétueux. — *Bizia, bahaska.*

PETUNSÉ, s. m., pierre à porcelaine. — *Porcelen'arria.*

PEU, adv., l'opposé de beaucoup. — *Gúti.* ‖ Peu (fort) : *Gutichko.* ‖ Peu (très-) : *Arras gúti.* ‖ Peu à peu, insensiblement : *Emeki emeki.* ‖ Peu (bien peu) : *Onghi gúti.* ‖ A peu près, presque : *Kasic, urran.*

PEUPLADE, s. f., tribu indienne, habitants pour peupler. — *Populuchka.*

PEUPLE, s. m., nation, populace. — *Populúa.*

PEUPLER, v. a., remplir d'habitants, etc. — *Poblatzea, yendeztatzca.*

PEUPLIER, s. m., arbre pyramidal. — *Churchuria, zurtchuria, burtzuntza.*

PEUR, s. f., crainte, frayeur. — *Beldurra, beldurkundea, izialdura, lotxa.* ‖ Il a peur, il craint : *Beldur da, izitzen da, lotxa da, izi da.* ‖ J'ai peur : *Beldur naïz, izitzen naïz, lotxa naïz, izi naïz.* ‖ Nous avons peur : *Beldur dugu, izitzen gare, lotxa dugu, berdur ghia, izi ghia.* ‖ Ils ont peur : *Beldur dire, izitzen dire, lotxa dire.*

PEUREUX, EUSE, adj., sujet à la peur.— *Beldurtia, izikorra, izipera, lotxatia.*

PEUT-ÊTRE, adv. et s. m., il se peut, ça peut être. — *Behar-bada.* ‖ Il se peut : *Baditake, balitzate, izan daïte, menturaz, badate, badatake, balitzateke, izan leï.* ‖ Il se peut que oui : *Behar-bada baï, naskiró baï, apukan baï.*

PHALANGE, s. f., os des doigts.-*Erriko ezur bakotcha.*

PHARE, s. m., grand fanal de mer, sa tour. — *Dorrea, torria, goïtarghia.*

PHARMACIE, s. f., lieu où l'on prépare et où l'on vend les remèdes.—*Erremedioteghia.*

PHARMACIEN, s. et adj., qui sait la pharmacie, apothicaire. — *Botikariúa.*

PHARYNX, s. m., orifice du gosier. — *Zintzur chilúa, estar'chulúa.*

PHÉNOMÈNE, s. m., chose extraordinaire. — *Bertaghia.*

PHILOLOGIE, s. f., édition critique. — *Askijakindea.*

PHILOLOGIQUE, adj., de la philologie. — *Askijakindarra.*

PHILOLOGUE, s. m., savant érudit. — *Askijakilea.*

PHILOSOPHE, adj. et s., savant, sage, esprit fort et incrédule, philosophe moral. — *Egokintsúa.*

PHILOSOPHER, v. n., traiter des matières de philosophie. — *Egokintzea.*

PHILOSOPHIE, s. f., sagesse, science des causes et des effets, cours de philosophie. — *Egokindea.*

PHILOSOPHIQUE, adj., de la philosophie. — *Egonkidekóa.*

PHILOSOPHIQUEMENT, adv., en philosophe.— *Egokindeki, egokinsuró.*

PHOSPHORE, s. m., substance qui luit dans l'obscurité et s'enflamme par le contact de l'air. — *Fosfora.*

PHOSPHORESCENCE, s. f., formation du phosphore. ‖ *Fosforendea.* ‖ Lueur de certains corps analogues au phosphore : *Fosfor'arghitasuna, fosfor'dirdira.*

PHOSPHOREUX, adj., acide de phosphore. — *Fosforatxúa.*

Phosphorique, adj., du phosphore. — *Fosforakúa.*

Phrase, s. f., mots formant un sens. — *Hitzera.*

Phrénésie. — Voyez Frénésie.

Phrénétique. — Voyez Frénétique.

Physionomie, s. f., l'air, traits du visage, action de juger par les traits le caractère des individus. — *Arpeghia, aürpeghia, beghitartea.*

Physique, s. f., science qui a pour objet les corps et leurs propriétés. — *Icetakinda.* ‖ s. m., constitution, apparence extérieure d'un individu, naturel qui appartient à la physique : *Sortizkoya, izakoya.*

Physiquement, adv., naturellement. — *Sortizkoró, izakoïró.*

Piailler, v. n. Il se dit proprement des enfants qui, par dépit ou par malice, crient continuellement. Il est fam. — *Oïhu'ghitea, eyagortzea, ahuenatzea.*

Piailleur, euse, s. et adj., criard. — *Oïhularia, ohularia, eyagoraria, ahuenaria.*

Piano, adv., doucement ; s. m., espèce de clavecin. — *Pianóa.*

Piastre, s. f., monnaie. — *Espaïniako, Turkiako, Amériketako moneda, kómuzki bortz libera balio dúena.*

Piauler, v. n., cri des poulets. — *Tiütatzia.*

Piaulement, s. m., action de piauler. — *Tiüta.*

Pic, s. m., instrument acéré, crochu et à pointe. — *Pikotcha.* ‖ Oiseau grimpeur : *Kátachória, aótzilaria, ókila, okhilá.* ‖ Mont élevé : *Pikacho, pikacha.*

Pic (a), adv., perpendiculairement. — *Apika, chúta.*

Pica, s. m., appétit dépravé. — *Yaniza.*

Picorée, s. f., maraude. — *Ohoïntza.*

Picorer, v. n., aller en maraude. — *Arrobatzea, ohoïntzan ibiltxea.*

Picoreur, s. m., qui va à la picorée. — *Ohoïna.*

Picoté, ée, adj., marqué de la petite-vérole. — *Pikotesa.*

Picotement, s. m., douleur ressemblant à des piqûres. — *Atza.*

Picoter, v. a., causer des picotements. — *Atz'ghitea.* ‖ Harceler par des sarcasmes : *Pikokatzea.*

Picoterie, s. f., parler pour picoter. — *Pikoka.*

Picotin, s. m., mesure pour l'avoine. — *Láka.*

Pie, s. f., oiseau. — *Fiká, piká.*

Pie-grièche, s. f., sorte de petit oiseau de proie. — *Sughe-chória, kánkanota.*

Pièce, s. f., portion d'un tout, chambre, tonneau, monnaie, canon, certain nombre d'aunes d'une étoffe ; pl., écritures produites en justice, etc. — *Peza.* ‖ Morceau d'un objet, morceau ajouté à un objet (étoffe), pièce, morceau : *Puska, zatia.* ‖ Pièce d'or, etc. : *Peza, urrezko garantá.* ‖ Pièce de toile : *Oïhal peza, oïyal peza, eütaldia.* ‖ Pièce de drap : *Lauder peza.* ‖ Salle, chambre : *Peza, mandiota.* ‖ Pièce rapportée : *Pédachúa.*

Pied, s. m., membre pour marcher. — *Sangóa, oïna, oña.* ‖ Sa trace : *Errestóa, oïnhatza.* ‖ Base : *Asentúa.* ‖ Plant, tige : *Hóndoá.* ‖ A pied : *Oïnez.* ‖ Coup de pied : *Ostikóa, ostikúa.* ‖ A coup de pieds : *Ostikoba.* ‖ Pied d'un arbre : *Hóndoá.* ‖ Tronc d'un arbre : *Trunkúa, zútondóa, zukoïtza.* ‖ Pied d'une montagne : *Mendi-azpia.* ‖ Pied de l'autel : *Hóndoa, aldareko hóndóá, altareko étondóa.*

Piédestal, s. m., support de colonne, etc. — *Irozpea.* ‖ Ce qui sert à soutenir quelque figure : *Peaña.*

Piége, s. m., machine pour attraper des animaux. — *Artea, artia, sarea.* ‖ Fig., embûche : *Celata.*

Pierraille, s. f., petite pierre. — *Arri-kochkorra.*

Pierre, s. f., corps dur formé dans la terre, caillou. — *Arria.* ‖ Pierre (borne) : *Cedarria.* ‖ Pierre précieuse : *Arri fina.* ‖ Gravelle : *Grábela.* ‖ A coups de pierre : *Arrika.* ‖ Pierre tumulaire, grande pierre qui recouvre une tombe et sur laquelle on met ordinairement une inscription : *Obarria.* ‖ Pierre servant de borne, ronde et élevée, qui se termine en pointe comme une pyramide. — *Mugaïzka.*

Pierrée, s. f., conduit en pierres sèches. — *Izaka-estalia.*

Pierreries, s. f. pl., pierres précieuses. — *Arri finac.*

Pierrette, s. f., petite pierre. — *Arritchúa, arri-kochkorra.*

Pierreux, euse, adj., plein de pierres. — *Arritxúa, arriz bethea.*

Piété, s. f., respect religieux. — *Debocionea, debociúa, jaïera.* ‖ Piété filiale, amour pour ses parents : *Amodióa.*

PIÉTINER, v. a., remuer fréquemment le pied. — *Zangoz yotzea, oñakin jó.*
PIÉTON, s. m., qui va à pied. — *Oñezkúa, oïnkaria, oñeztaria, oïnezkóa.*
PIÈTRE, adj., chétif, fam. — *Tcharra.*
PIÈTREMENT, adv., chétivement, fam. — *Tcharki.*
PIEU, s. m., pièce de bois aiguisée par le bout. — *Pásotea, pázota, esola, paldóa, hesaüla, pachotea.*
PIEUSEMENT, adv., d'une manière pieuse. — *Debotki, devotkiró, jaïerkiró.*
PIEUX, EUSE, adj., plein de piété. — *Yúyúsa.*
PIGEON, s. m., oiseau. — *Usóa.*
PIGEONNEAU, s. m., petit pigeon. — *Usotchúa.*
PIGEONNIER, s. m., lieu où l'on élève des pigeons. — *Usoteghia, usoteya, ursoteya.*
PIGNON, s. m., amande du pin.— *Pino azia.* ǁ Mur en pointe : *Piñalea, pinumia.*
PILASTRE, s. m., colonne carrée. — *Pillaria.*
PILE, s. f., amas de choses rangées les unes sur les autres. — *Méta, montoïna.*
PILE, s. f., maçonnerie de pont. — *Metarria, arroïna.* ǁ Côté de monnaie : *Pirla.*
PILER, v. a. et n., écraser avec un pilon, etc. — *Chehátzea, erraústea.*
PILIER, s. m., support de maçonnerie. — *Pillaria, arroïna.* ǁ Pilier en bois : *Métola.*
PILLAGE, s. m., action de piller.— *Ohoïntza, lapurreria, lapurkeria, ohoïnkeria, pilla, pillagia, harrapaka, ohoïnketa, pillaëra, lapurreta.*
PILLARD, ARDE, adj. et s., qui aime à piller. —*Ohoïna, lapurra, pillaria, harrapakaria, pillazalea, arraparia, ebaslea.*
PILLER, v. a., prendre et emporter avec violence.—*Ebastea, ohoïnkerietan, lapurkerietan, pillagian, harrapakan aïtzea.* ǁ S'attribuer des écrits : *Biribilkatzea, hartzea.*
PILLERIE, s. f., volerie, extorsion, action de piller. — Voyez PILLAGE.
PILLEUR, s. m., qui pille. — Voyez PILLARD. ǁ Plagiaire : *Bertzeren obretan hartzaïlea.*
PILON, s. m., instrument pour piler.— *Maïlkayá, jokaya.*
PILORI, s. m., poteau où l'on condamne les criminels, l'exposition. — *Errollea, chefaúta, urkarria.*
PILOSELLE, s. f., sorte d'herbe. — *Bilorria.*

PILOTAGE, s. m., action de piloter un navire. — *Uncikadá, uncighidá, pilotagea.*
PILOTE, s. m., qui gouverne un navire. — *Pilota, pilotóa, untcighidaria, oncikidaria.*
PILOTER, v. a. et n., enfoncer des pilotis. — *Paldotzea, pázotatzea, hesaültzea.* ǁ Gouverner un navire : *Pilotatzea, untcighidatzea, oncikidatzea.*
PILOTIS, s. m., gros pieu ferré qu'on enfonce dans la terre. — *Paldóa, pázotea, hesaüla.*
PILULE, s. f., bol médical.—*Pirula, pirola, pillula, pullura.*
PIMENT, s. m., plante, fruit du piment. — *Bipherra, pimenta.*
PIMPANT, ANTE, adj. et s., élégant, plaisant. — *Pampiñatua.*
PIN, s. m., arbre résineux. — *Pinóa.*
PINACLE, s. f., partie la plus élevée d'un édifice. — *Káskóa, kápeta.*
PINASSE, s. f., chaloupe à voiles et à rames. — *Pinaza, piñaza.*
PINCE, s. f., tenaille. — *Tenaza.*
PINCEAU, s. m., faisceau de poils emmanché pour peindre. — *Pintcela.*
PINCÉE, s. f., ce qu'on prend avec deux ou trois doigts. — *Presa.*
PINCER, v. a., serrer fort entre les doigts.— *Zimikatzea, cimikokatzea.*
PINCETTES, s. f. pl., ustensile à deux branches, pour accommoder le feu, etc.— *Súhatxa, tenázac.*
PINÇON, s. m., marque à la peau pincée. — *Zimikóa, cimikúa.*
PINSON, s. m., oiseau. — *Chorchinta.*
PINTADE, s. f., gallinacé.— *Pintarda.*
PINTE, s. f., mesure liquide. — *Pinta, laürdena.*
PINTER, v. n., faire débauche de vin. — *Pintatzia.*
PIOCHE, s. f., instrument pour fouir la terre. *Haïntzurra, haïtchurra, aïtzurra, aïnzurra, achurra.* ǁ Coup de pioche : *Haïntzurrada, haïtchurrada, aïtzurkada, aïtzurrada, achurrada, haïntzur'kólpéa, aïtzur'gólpéa.*
PIOCHER, v. a. et n., fouir avec la pioche.— *Haïntzurtzea, aïtzurtzea, aïnzurzea, achurzea, haïtchurtzea.*
PIOLER, v. a. — Voyez PIAULER.
PIONNIER, s. m., terrassier. — *Alogaria, yornaléra, langhilea, péona, nekazalea.*

PIPE, s. f., instrument pour fumer. — *Pipa, pichimbala, khedoskoya.* || Tonneau, barrique, futaille : *Pipa, ûpamea.*

PIPEAU, s. f., flûte champêtre. — *Chirôla.*

PIQUANT, ANTE, adj., qui pique ; au pr. et au fig., offensant, séduisant. — *Pikanta.* || D'un très-haut goût à la bouche : *Mina.* || Pointes qui viennent à certaines plantes et à certains animaux : *Púnta.*

PIQUE, s. m., une des couleurs noires des cartes. — *Ezpata.* || Espèce de lance : *Pika.*

PIQUE-NIQUE, s. m., repas où chacun paie son écot. — *Bakotcha-béré.*

PIQUER, v. a., percer légèrement, larder. — *Sastatzea, chichtatzea.* || Unir deux étoffes par des points symétriques : *Trespuntatzia.* || Offenser : *Pikatzea.* || v. p., se vanter : *Larderiatzea.*

PIQUET, s. m., petit pieu. — *Pázota, pachota, paldóa, hesaûla.* || Jeu de cartes : *Piketa.* || Peloton de soldats prêts à marcher : *Prestegoûtza.*

PIQUETTE, s. f., boisson faite avec de l'eau et du marc de raisin. — *Minata, minatcha, miñatcha.*

PIQURE, s. f., légère blessure, action de piquer. — *Ghichtakóa, pikóa.*

PIRATE, s. m., qui court les mers pour piller. — *Itxaslapurra.*

PIRATER, v. n., faire le métier de pirate. — *Itxaslapurkerietan ibiltzea.*

PIRATERIE, s. f., métier de pirate. — *Itxaslapurreta, itxaslapurkeria.*

PIRE, adj. et s. m., plus mauvais. — *Gastoëna, gaïchtoëna, areagóa, gachtóago.*

PIROGUE, s. f., embarcation indienne. — *Piragûa.*

PIROUETTE, s. f., tour fait sur un pied. — *Itzulia, birahakûa.*

PIROUETTER, v. n., faire la pirouette. — *Itzultzia, birakatzia.*

PIS, s. m., tétine de vache, de brebis, etc. — *Ditia, titia.* || adv., plus mal : *Gaïzkiago, gaïstóago, gachtóago.* || Au pis aller : *Gorenaz éré, ghcihenaz eré.* || s. m., pire, le pis-aller : *Gaïzkiena.* || Le pis qui puisse arriver : *Gaïzkienic, gachtoënic, gaïstoënic.*

PISCINE, s. f., vivier, réservoir. — *Aïtzira, langóa, ûgoïtza.*

PISÉ, s. m., construction en terre, rendue compacte. — *Lurrezko asentûa.*

PISSAT, s. m., urine des animaux. — *Picha.*

PISSENLIT, s. m., plante. — *Thikore-salbaya.*

PISSER, v. a. et n., uriner. — *Picha'ghitea, pichatzia, chistea, ur'ichurtzia.*

PISSEUR, EUSE, s., qui pisse. — *Pichatzaïlea, pisyajarió, chisyajarióa.*

PISSOIR, s. m., lieu pour pisser. — *Picha eghiteko tókia, picha eghite tókia.*

PISSOTER, v. n., uriner peu et souvent. — *Gûti éta maïz picha'ghitea.*

PISTE, s. f., vestige de pas. — *Pichta, tráza, oñatzá, aztarna, hatzá.* || A la piste, adv., sur les traces : *Pichtan, trázan, oñatzan, aztarnan, hatzan.*

PISTIL, s. m., terme de botanique, organe femelle de la fructification. — *Ninia, ninikóa.*

PISTOLE, s. f., monnaie. — *Amar liberako urrea, pichtola.*

PISTOLET, s. m., arme à feu. — *Pichtola, pistola, pichtoleta.*

PITANCE, s. f., portion du repas, fam. — *Phartea.*

PITE, s. f., plante qui se trouve aux îles d'Amérique. — *Pita.*

PITEUSEMENT, adv., d'une manière piteuse. *Urrikalki, lastimaki, kûpidaki, errukitki, urrikalmenduki.*

PITEUX, EUSE, adj., digne de pitié. — *Bihotzukitxúa, biozberatsûa, bihotzukieratsúa, pietatetxûa, urrikaltxûa, lastimatxûa, errukitxûa, kûpidatxûa.*

PITIÉ, s. f., compassion. — *Bihotzukia, bihotzukiera, bihotzbera, pietatia, urrikaltzapena, lastima, kûpida, errukia, urrikalmendúa.* || Avoir pitié : *Bihotzukia, bihotzukiera, bihotzbera, pietate, urrikaltzapena, lastima, kûpida, errukia, urrikalmendûa, izatia, urrikaltzia.* || Ayez pitié : *Bihotzukia, bihotzukiera, pietate, urrikatzapena, lastima, kûpida, errukia, urrikalmendûa, izantzazu, urrikalt'zite.*

PITOYABLE, adj., humain, piteux. — *Bihotzukigarria, biozukigarria, pietategarria, urrikalgarria, kûpidagarria, errukigarria.*

PITOYABLEMENT, adv., d'une manière pitoyable. — *Bihotzukigarriki, biozukigarriró, pietategarriki, urrikalmenduki, kûpidagarriki, errukiró.*

PIVERT, s. m., oiseau verdâtre qui pique les arbres. — *Okila, okhilá, kâtachoria, aótzilaria.*

PIVOT, s. m., support sur lequel un objet tourne. — *Opóa, kóntza, altcha-pichóac.*
PIVOTER, v. n., pousser un pivot, tourner sur un point. — *Opótzea, kóntratzea.*
PLÁCAGE, s. m., bois appliqué en feuilles. — *Ostoïria, ostongarria, orrigheya.*
PLACARD, s. m., écrit qu'on affiche. — *Pláka, aficha, aflicha.* ‖ Ornement de menuiserie au-dessus d'une porte : *Borthá gaïnaren edergaïlua.*
PLACARDER, v. a., afficher un placard. — *Plákatzea, afichatzea, aflichatzea.*
PLACE, s. f., lieu, endroit, espace qu'on peut occuper ou qui est occupé, situation, lieu public entouré de bâtiments. — *Plaza, khalia, tókia, lekûa, lekhia.* ‖ Place de guerre : *Plaza.* ‖ Emploi : *Plaza, emplegua.* ‖ Rang : *Errenkûa.*
PLACEMENT, s. m., action de placer. — *Errentan ezartzea, intresian ezartzia.*
PLACER, v. a., donner une place. — *Plazatzea.* ‖ Employer : *Emplegatzea.* ‖ Mettre à la rente : *Plazatzea, nongartetzea, errentan ematea.* ‖ Situer : *Ezartzea, imintzea, imincea, plazatzea.* ‖ Mettre un objet en place : *Ezartzea.*
PLACET, s. m., tabouret. — *Kacheta, alkitchûa.* ‖ Demande écrite : *Galdia, galdea, gógarakaya, oroïkaya, kómutakaya.*
PLAFOND, s. m., dessous d'un plancher. — *Plafona.*
PLAFONNER, v. a., garnir un plafond. — *Plafonatzia.*
PLAFONNEUR, s. m., qui plafonne. — *Plafonatzaïlea.*
PLAGE, s. f., rivage. — *Itxas'eghia.*
PLAGIAIRE, adj. et s. m., qui s'approprie et pille les ouvrages d'autrui. — *Bertzeren obretan hartzaïlea.*
PLAGIAT, s. m., action du plagiaire. — *Bertze baten obra batian cerbeït hartzea.*
PLAID, s. m., plaidoyer ; pl., lieu de l'audience. — *Aüzikitza.*
PLAIDANT, ANTE, adj., qui plaide. — *Aüzilaria.*
PLAIDER, v. n. et a., contester, défendre en justice. — *Aüzitzea, aüzitan ibiltzea, aüzitan aïtzea.*
PLAIDEUR, EUSE, s., qui plaide. — *Aüzilaria, aüzi émallea.*
PLAIDOIERIE, s. f., art, action de plaider. — *Aüzidea.*
PLAIDOYER, s. m., discours d'avocat. — *Aüzikuntza.*

PLAIE, s. f., blessure. — *Zaüria, sakaïlla.* ‖ Cicatrice : *Cikatriza, arradiza.* ‖ Fig., malheur : *Málhurra, zórigaïtza, zórigachtûa.* ‖ Calamité : *Kálamitatea, gaïtzetea, mikalta.*
PLAIGNANT, ANTE, adj. et s., qui se plaint en justice. — *Plañitzaïlea.*
PLAIN, AINE, adj., uni, plat. — *Zabaldokia.*
PLAIN-CHANT, s. m., chant d'église. — *Elizakanta.*
PLAINDRE, v. a., avoir pitié. — *Urrikaltzea, kûpidatzea, errukitzea.* ‖ Donner ou faire à regret : *Erregretatzea, urrikitzea.* ‖ v. p., faire des plaintes : *Plañitzea, arranguratzea.*
PLAINE, s. f., plate campagne. — *Celaya, érripea, elghia, ordokia, celaïdura, naüda, navatasuna, plaüntasuna, laübatasuna.*
PLAINIER, ÈRE, adj., qui est uni, plat. — *Berdiña, celaya, laüba, náva, plaüna.* ‖ Le champ plainier : *Laüba, náva, celaya.*
PLAINIÈREMENT, adv., d'une manière plainière. — *Celayki, celaïró, návaro, plaünkiró, laübaró.*
PLAIN-PIED, s. m., adv., de niveau. — *Nibelez.*
PLAINTE, s. f., lamentation. — *Aühena, aübena, aüheñda, eroyûa, marraska, plañûa.* ‖ Grief : *Arrangura.*
PLAINTIF, IVE, adj., dolent, qui se plaint. — *Aühentxuki, eroytsuki, plañuki.*
PLAINTIVEMENT, adv., d'une voix plaintive. — *Aühentxuki, eroytsuki, plañuki.*
PLAIRE, v. n., agréer, trouver bon ; v. p., prendre plaisir. — *Gustatzia, agradatzia.* ‖ Se plaire en un lieu : *Laketzea.*
PLAISAMMENT, adv., d'une manière plaisante. — *Bitchiki, gózoró, bozkarioz, dróleki.*
PLAISANT, ANTE, adj., agréable, qui plaît, divertissant, qui fait rire ; s. m., bouffon. — *Bitchia, emaguria, gózdghiróa, ótzana, drólia, yóstagarria.*
PLAISANTER, v. a. et n., railler, badiner. — *Yóstatzea.*
PLAISANTERIE, s. f., raillerie, dérision. — *Yóstaketa, jakikera, trûfa, bûrla.*
PLAISIR, s. m., divertissement. — *Placera.* ‖ Sensation agréable : *Gozaldia, atxeghina, póza.* ‖ Volonté : *Gostûa, nahia.* ‖ Joie, contentement : *Placera, póza, bozkariûa.* ‖ Faveur, bon office : *Placera, fagorea, atxeghina.* ‖ A votre plaisir, à votre loisir : *Zure aïsian.* ‖ Si c'est votre plaisir : *Zure placera balimbada.* ‖ Par plaisir : *Placerez.*

PLAN, ANE, adj., plat et uni ; s. m., surface plane. — *Celaya, ordokia.* || Projet : *Proyeïta, gogóa, karkula, chedea.* || Plan (dessin) : *Plana.*

PLANCHE, s. f., morceau de bois plat. — *Taüla, ola.*

PLANCHÉIER, v. a., garnir de planches un plancher. — *Taülatzia, olatzia, dornatzea.*

PLANCHER, s. m., partie haute ou basse d'une salle. — *Dornûa.*

PLANCHETTE, s. f., petite planche. — *Taülatchûa, olatchûa.*

PLANÉTAIRE, adj. et s. m., des planètes. — *Izárkolokaria.*

PLANÈTE, s. f., étoile errante. — *Izárkoloka.*

PLANER, v. n., se soutenir en l'air. — *Aïrian, góra egaldatuz arrundan ibiltzea.* || Voir de haut : *Altura batetic tóki gucietarat beïratzea.*

PLANT, s. m., scion qu'on tire d'un arbre pour le planter. — *Landaria.* || Jeune vigne : *Bargota.* || Jeune bois : *Sarbia, sabia.*

PLANTAIN, s. m., plante des champs. — *Zaïn-belharra, ahuntz-belharra, bortzzaïnetako-belharra.*

PLANTATION, s. f., action de planter, plant. — *Landatu alde bat.*

PLANTE, s. f., corps organisé qui tient à la terre par des racines. — *Landarea, landaya.* || Plante grimpante : *Landare ayentxûa, ayenduna.* || Plante rampante : *Landare-errestaria.* || Plante des pieds : *Zangozóla, oñazpia oïnzóla, oïnchába.* || Le dessous des pieds : *Zango azpia.*

PLANTER, v. a., n. et p., mettre en terre une plante, etc. — *Landatzea, landatzia.* || Mettre, établir : *Ezartzea, paratzea, ifiñetzea, ereñitzea.*

PLANTEUR, s. m., qui plante. — *Landatzaïlea.*

PLANTULE, s. f., germe de la semence. — *Búztana.*

PLAQUE, s. f., table de métal. — *Pláka.*

PLAQUER, v. a., appliquer une chose plate sur une autre. — *Plákatzea.*

PLAT, ATE, adj., dont la surface est unie. — *Zabála, ohila.* || Plat (à), adv., tout à fait : *Zabalez.* || s. m., vaisselle : *Plata.* || Vaisselle en bois : *Azpila.*

PLATANE, s. m., arbre. — *Platañoa.*

PLATEAU, s. m., terrain plat sur une hauteur. — *Zabaldokia, ordokia.* || Petit plat vernissé : *Kâbareta.* || Plat en bois d'une balance : *Pláta.*

PLATE-BANDE, s. f., bordure de parterre de jardin. — *Zérrenda, cherrenda.*

PLATE-FORME, s. f., toit plat. — *Platûa, mugaïsia.*

PLATEMENT, adv., d'une manière plate. — *Zábalki.*

PLATINE, s. f., pièce à laquelle sont attachées toutes celles qui servent au ressort d'une arme à feu. — *Platina.*

PLATRAGE, s. m., ouvrage en plâtre. — *Ighelxdea, iyesadea, ielsadura.*

PLATRAS, s. m., débris de vieux mur. — *Mùrrû zahar baten purruskac.*

PLATRE, s. m., sorte de pierre. — *Igheltxûa, ighelsûa, latxuna.*

PLATRER, v. a. et p., enduire de plâtre. — *Igheltxatzea, iyelsatzea, ielsatzea, latxunatzea.*

PLATREUX, EUSE, adj., terre mêlée de craie. — *Igheltxutxûa, iyelsutsûa, ielsutsûa, latxuntxûa.*

PLATRIER, s., qui fait ou vend du plâtre. — *Igheltxukaria, iyelsukaria, ielsukaria, latxunkaria.*

PLATRIÈRE, s. f., carrière de plâtre. — *Igheltxuteghia, iyelsuteghia, ielsuteghia, latxunteïya.*

PLATUCHE, s. f., poisson. — *Platucha, chabaloya.*

PLAUSIBILITÉ, s. f., qualité de ce qui est plausible. — *Dundieriakaya, olagaragarritasuna.*

PLAUSIBLE, adj., spécieux. — *Gherta ditakena, dundurikaya, dunduriakaya, olagaragarria, ghertagarria.*

PLAUSIBLEMENT, adv., d'une manière plausible. — *Itchuren arabera, ghertagarriki.*

PLEIN, EINE, adj., rempli ; s. m., l'opposé du vide, abondant au pr. et au fig. — *Bethea.* || Entier : *Osûa.* || prép., autant qu'il peut en contenir : *Bethe-bethea.*

PLEINEMENT, adv., entièrement. — *Osoki.*

PLEINIÈRE, adj. f. (indulgence), entière. — *Osûa.*

PLÉNIPOTENTIAIRE, s. m., ministre d'un prince ou d'un souverain qui a plein pouvoir de traiter quelque affaire. — *Beteaálduna, bethehalduna.*

PLÉNITUDE, s. f., grande abondance. — *Bethetasuna, betandea, betaldia, bethealdia.*

PLEURANT, ANTE, adj., qui pleure. — *Nigarretan, negarretan.*

PLEURER, v. a. et n., répandre des larmes. — *Nigar'ghitea, negar'ghitea, parrakatzea.*

PLEURÉSIE, s. f., douleur de côté avec fluxion de poitrine. — *Bulusmeria, ïotúa, alboko miña.*

PLEURÉTIQUE, adj., atteint de pleurésie. — *Balusmeritxña, ïotutxúa, alboko miña dúena.*

PLEUREUR, EUSE, s., qui pleure. — *Nigar'ghilea, negar'ghilea.*

PLEURNICHER, v. n., feindre de pleurer. — *Faltxokerietan alheghia nigar'ghitea.*

PLEURNICHEUR, EUSE, s., qui ne fait que pleurer. — *Nigartia, negartia, nigartxúa.*

PLEURS, s. m. pl., larmes. — *Nigarrac, negarrac, aühenac.*

PLEUVOIR, v. n. imp., se dit de la pluie qui tombe. — *Uritzia, eüritzia, uritzea, uri'ghitea.*

PLEYON, s. m., osier pour lier la vigne. — *Zumia.*

PLI, s. m., double fait à une étoffe, un vêtement, etc. — *Plegúa.* || A la peau, aux chairs : *Cimurra.* || Fig., habitude : *Plegura.*

PLIABLE, adj., pliant, flexible. Il se dit figurément de l'esprit, de l'humeur. — *Sûflia.*

PLIAGE, s. m., action de plier. — *Plegadura.*

PLIANT, ANTE, adj., facile à plier. — *Plegarria, aïse plegatzen dena.* || s. m., siège qui se plie : *Pianta.*

PLIER, v. a., n. et p., mettre en double — *Plegatzea, suflatzea.*

PLIEUR, EUSE, s., qui plie. — *Plegatzaïlea.*

PLISSÉ, ÉE, part., la chair, la peau. — *Chimurtúa, cimurtúa.* || Une étoffe : *Tólestatúa, izurtúa, zúlpidúa, chúspildúa.*

PLISSER, v. a., n. et p., faire des plis à une étoffe. — *Tólestatzea, izurtzea, chuspiltzea, zúlpitzea.* || A la chair, à la peau : *Chimurtzea, cimurtzea.*

PLISSURE, s. f., manière de plisser. — *Tólesta, izurra, zúlpiltzúa, chúspiltzúa.*

PLOMB, s. m., métal. — *Plomúa, béruna.* || Balle de fusil : *Plomúa, bála.* || Cendre de plomb brûlé : *Berunaütsa.*

PLOMBER, v. a., remplir de plomb. — *Plomutzia, berunatzia.*

PLOMBERIE, s. f., art de fondre et de travailler le plomb. — *Plomuteghia, berunteghia.*

PLOMBIER, s. m., ouvrier qui travaille le plomb. — *Plomutako langhilea, berun'ghilea.*

PLONGEANT, ANTE, adj., dont la direction est de haut en bas. — *Púlumpan.*

PLONGEON, s. m., oiseau aquatique qui plonge souvent. — *Púlumparia, ur'tchória.*

PLONGER, v. a., enfoncer un objet dans l'eau ou dans une autre chose pour l'en retirer. *Púlumpatzia, púlumpatzea, búlhundatzea.* || Au fig., on dit plonger dans la douleur, dans la misère : *Sartúa.*

PLONGEUR, s. m., qui plonge. — *Púlumpatzaïllea, búlhundatzaïlea.*

PLOQUE, s. f., feuillet de laine cardée. — *Karda aldi bat.*

PLOYER, v. a., courber, plier. — *Plegatzea, tólestatzea, kúrtzea.*

PLUIE, s. f., eau qui tombe du ciel. — *Uria, eüria.* || Pluie grosse : *Zóperna.* || Pluie forte et abondante : *Eraüntxia, uharra.* || Pluie fine, bruine : *Lanzurda.* || Pluie longue, qui dure longtemps : *Uritea.*

PLUMAGE, s. m., la plume de l'oiseau. — *Lúmaya, plúmagia.*

PLUMASSEAU, s. m., balai de plume. — *Lúm'erkatza.*

PLUMASSIER, s. m., marchand qui prépare et vend des plumes d'autruches, des aigrettes, etc. — *Lúmaketaria.*

PLUME, s. f., ce qui couvre les oiseaux, gros tuyau de plume pour écrire. — *Lúma, hegatsa, hegatxa.*

PLUMEAU, s. m., balai de plumes. — *Lúm'erkatza.*

PLUMER, v. a., arracher les plumes, dépouiller quelqu'un par ruse. — *Biphiltzea, tlipiltzea.*

PLUMET, s. m., plume au chapeau. — *Pánacha.*

PLUPART (LA), s. f., la plus grande partie. — *Gheïyena, haboróa.*

PLURALITÉ, s. f., le plus grand nombre. — *Gheïyena, gheïlea.*

PLURIEL, LE, adj. et s. m., qui marque la pluralité. — *Diakóa.*

PLUS, adv., davantage. — *Gheïyago.* || Plus (au), à l'excès : *Gheïyenian, haboroski.* || Plus grand : *Handiago.* || Plus petit : *Ttipiago, tchipiago.* || Plus (de plus en), progrès. *Gheróago'ta gheïyago.* || Plus tôt : *Lehenago, lasterragó, fiteágo.* || Plus (au plus tôt) : *Lasterrenea, fitenea.* || Plus tard : *Berantago.* || Plus (au plus tard) : *Berantenic.* || Je reviendrai au plus tôt : *Ahalic eta lasterrena ethorriko naïz.* || Je reviendrai tard : *Berant ethorriko naïz.*

PLUSIEURS, adj. pl., un grand nombre. — *Cembeït, zombeït.*

PLUTÔT, adv., marque la préférence. — *Lehenago.*
PLUVIALE, adj. f. (eau), de pluie. — *Urikúa.*
PLUVIEUX, EUSE, adj., abondant en pluie, qui menace de pluie. — *Uritxúa.*
PLUVIÔSE, s. m., 5ᵉ mois de l'année républicaine. — *Uril.*
POCHE, s. f., sorte de petit sac faisant partie de l'habillement. — *Sakela, zárpa, patrika.*
POCHETTE, s. f., sorte de petite poche. — *Sakelatchua, zárpatchúa, patrikatchúa.* || s. m., petit violon que les maîtres de danse portent dans leurs poches. —*Charrabeta.*
POÊLE, s. m., drap mortuaire. — *Hilóyala.*
POÊLE, s. f., ustensile pour frire. —*Padera, zartayna, sartaghia.*
POÊLIER, s. m., qui fait des poêles. — *Padera'ghilea, zartayn'ghilea, sarta'ghilea.*
POÊLON, s. m., petit poêle. — *Paderatchúa, sartaghitchua, sartayntchua.*
POÊLONNÉE, s. f., plein poêlon. — *Paderatrat, sartaghy-bat, zartayn-bat, zartaïntara, paderatara.*
POÈME, s. m., ouvrage en vers. — *Glóba biursatea, lototsatea.*
POÉSIE, s. f., action de faire des vers; pl., ouvrage en vers. — *Glóbadea, lototskindea, biursakindea.*
POÈTE, s., qui fait des vers.— *Glóbaria, lototsaria, biursaria.*
POÉTIQUE, adj., qui concerne la poésie, qui lui appartient. — *Glóbaritxúa, lototsaritxúa.*
POÉTISER, v. n., versifier. — *Glóbatzea, lototsitzea, biursaritzea.*
POIDS, s. m., pesanteur, masse pour peser. — *Pisúa, pezia.*
POIGNARD, s. m., arme courte et pointue.— *Puñala, traketá, úkabicia.* || Poignard (coups de) : *Puñalada, traketáda, úkabiciada.*
POIGNARDER, v. a., frapper avec un poignard. — *Puñaltzea, traketátzea, úkabicitzea.*
POIGNÉE, s. f., partie qu'on empoigne, celle d'un sabre, etc. — *Ghiderra, khierra.* || Plein la main; fig., petit nombre : *Ahurra, ahurtarra, eskualdia, eskubethea.* || A poignées : *Ahurka, eskualdizka, eskubethezka.*
POIGNET, s. m., joint du bras et de la main. — *Esku-muthurra.* || Bord de la manche d'une chemise : *Athorraren esku-muthurra, alkandoraren esku-muthurra.*

POIL, s. m., filet délié qui sort de la peau, tous ces filets, leur couleur, barbe, chevelure. — *Illea, ilea, illia, bilúa, illhea, ilhea, úlea, bilóa.*
POILU, adj., velu.—*Iletxua, illhetxua, illetxua, bilutxua, uletxua, bilótxua, ilhetxua.*
POINÇON, s. m., outil pour percer, marquer, estamper. — *Eztena, cikaya, barcikaya.*
POINDRE, v. n., paraître. — *Aghertzea.*
POING, s. m., main fermée. — *Ukhaïlla, ukabilla, ukaraya, ukumilóa.* || A coups de poing : *Ukhaïla kólpeka, ukhaïlaka, ukabilka, ukarayka, ukumilka.* || Coup de poing : *Ukhaïl kópea, ukabil kópea, ukaray kólpea, ukumil kólpea.*
POINT, s. m., piqûre faite avec l'aiguille enfilée. — *Puntúá.* || Petite marque sur les *i* ou *ï* et à la fin d'une phrase : *Ciboïlla.* || Fig., endroit déterminé : *Puntúa, tókia.* || Temps précis, fixe : *Agriperó.* || Objet principal : *Puntúá.* || Point du jour, instant où il commence : *Arghitzea, arghihastea, arghi-punta.* || Point d'honneur : *Pundonorea.* || s. m., l'honneur : *Ohorea.* || adv., à point nommé, à temps : *Puntúán, bereála, bertatic.* || Au dernier point, extrêmement : *Azken puntuán.* || De point en point, exactement : *Puntuz puntu, puntu gucietan, gucilaz, guciz, oroz, guciroz.* || Point de quantité, son principe : *Erodasa.* || Point, terme de jeu : *Puntúá.* || Point, pas du tout : *Batéré, gaberic, pikorric, izpíc.* || Point (je n'en ai point) : *Bihiric ez du, batéré ez du.* || Point (il n'en a point) : *Bihiric ez du, batéré ez du.* || Point (nous n'en avons point) : *Bihiric ez dugu, batéré ez dugu.* || Point (ils n'en ont point) : *Bihiric ez dute, batéré ez dute.* || Point (c'est cuit à point) : *Behar den puntuan egosia da.* || Point (c'est un point dangereux) : *Puntu irriskosa da, puntu lanyerosa da.* || adv. de négation, pas, nullement : *Batéré, gaberic.*
POINTE, s. f., bout piquant et aigu, petit clou. — *Punta.* || Saveur piquante : *Mindua.*
POINTER, v. a., diriger sur un point.— *Puntatzia, zucentaretzea, beghichedatzea.* || Marquer des points : *Ciabeztatzea.*
POINTEUR, s. m., qui pointe, qui dirige vers un point. — *Puntatzaïlea, zucentaria, beghichedaria.*
POINTILLEUX, EUSE, adj., qui se fâche aisément. — *Minkorra.*

POINTU, UE, adj., en pointe. — *Puntaduna, zorrotza, cialua, ciaztaiua.*

POIRE, s. f., fruit. — *Udarea, udaria, péra, uraria, madaria.* ‖ Poire sauvage : *Acherea.* ‖ Poire de conserve : *Neguko udarea.* ‖ Poire (conserve de) : *Udarekia, urarekia, pérakia, madarikia.*

POIRÉ, s. m., boisson faite avec du suc de poire. — *Udar'arnóa.*

POIREAU ou PORREAU, s. m., plante potagère. — *Forña, porrúa.*

POIRIER, s. m., arbre. — *Udare-hóndoá, urare-hóndoá, madari-hóndoá.* ‖ Lieu planté de poiriers : *Udariaga, madariaga, udaredia, péradia, madaridia.*

POIS, s. m., légume. — *Ilharra, illarra, illarbiribilla, etchillarra, ilhar-tchikia, illar-chikia.*

POISON, s. m., substance délétère. — *Pozoiña, posua, posoïa, irea, phozoïna.*

POISSARD, ARDE, adj. et s. f., marchand ou marchande de poisson. — *Arraïn martchanta, arraïnaketaria, arraïnkaria.*

POISSON, s. m., animal aquatique. — *Arraïno, arraña, arraïa.*

POISSONNERIE, s. f., lieu où l'on vend le poisson. — *Arraïnteghia, arrañteghia, arraïteghia.*

POISSONNEUX, EUSE, adj., abondant en poisson. — *Arraïntxúa, arrañtsúa, arraïsúa.*

POITRAIL, s. m., poitrine de cheval, etc. — *Potralla, bulharra, aïntzina, bulhar-artea.*

POITRINAIRE, adj. et s., malade de la poitrine. — *Ethika, promestika.*

POITRINE, s. f., cavité qui renferme les poumons et le cœur, se dit principalement des poumons. — *Bulharra, petchúa.*

POIVRADE, s. f., sauce au poivre — *Bipherrada, piperrada.*

POIVRE, POIVRE-LONG, s. m., épice. — *Bipherbeltza, piperbeltza.* ‖ Poivre (corail de jardin), piment : *Bipherra, biphergorria, pipergorria.*

POIVRER, v. a., assaisonner. — *Bipherraztatzea, piperraztatzea, bipher ematia, bipherreztatzea.*

POIVRIER, s. m., arbrisseau qui porte le poivre : *Bipherbeltz'hóndoá.* ‖ Petit vase où l'on met le poivre : *Bipher-tókia, bipheruntcia.*

POIX, s. m., suc résineux.— *Bikhea, bikhia.*

POLACRE ou POLAQUE, s. f., navire. — *Untci espés bat.*

POLAIRE, adj., des pôles. — *Eükaïztarra, cükachekóa.*

PÔLE, s. m., extrémité de l'axe de la terre. — *Eükacha.*

POLI, IE, adj., doux, civil. — *Gózóa, eztia, lañoa, gózua.* ‖ Gracieux : *Grásiosa, móduzkóa.* ‖ Flatteur : *Laüsengatzaïlea, balakatzaïlea.* ‖ s. m., lustré, luisant : *Leguna, leña.*

POLICE, s. f., ordre, règlement pour la sûreté d'une ville, d'une assemblée.— *Póliza, iritaraüa.*

POLICER, v. a., établir la police. — *Iritaraützea.* ‖ Civiliser : *Arzondetzea.*

POLIMENT, s. m., action de polir. — *Leguntesuna, leñtasuna.* ‖ adv., avec politesse : *Oneski, korteski.*

POLIR, v. a., rendre poli, uni. — *Leguntzea, leñtzea, chotiltzea, pólitzea, arghitzea.* ‖ Civiliser : *Arzondetzea, arghitzea.*

POLISSEUR, EUSE, s., qui polit. — *Leguntzaïlea, leñtzallea, arghitzaïlea.* ‖ Fig., civilisateur : *Arzondetzallea, arghitzaïlea.*

POLISSOIR, s. m., instrument pour polir. — *Polikaya.*

POLISSON, NE, adj., petit vagabond, libertin. — *Polizuna, icharra.*

POLISSONNER, v. n., faire le polisson. — *Polizunkerietan aïtzea, icharkerietan aïtzea.*

POLISSONNERIE, v. n., tour, espièglerie de polisson, mots indécents. — *Polizunkeria, libertinkeria, libertiñkeria, icharkeria.*

POLITESSE, s. f., civilité. — *Onestasuna, kortesia.*

POLITIQUE, s. m., art de gouverner un Etat, conduite adroite dans les affaires. — *Politika, iritaraüa, iritaüdez.* ‖ adj., fin, adroit : *Antcia, maïnusa, amarrutxua.*

POLITIQUEMENT, adv., en politique. — *Politikoki, iritaraükiró.*

POLTRON, adj. et s. m., sans courage. — *Putruna, putrua, aïnsikabea, bihotzgabea.*

POLTRONNERIE, s. f., manque de courage.— *Putrunkeria, putrukeria, aïnsikhabetasuna, bihotzgabetasuna.*

POLYGAME, s., marié à plusieurs maris ou femmes.— *Diezkondua, emazte nahi duen becembat ekilan bici dena.*

POLYGAMIE, s. f., état de polygame.— *Diezkontza, nahi becembat emaztekilan bicitzea, nahi becembat emazte hartzea.*

POLYGLOTTE, adj. et s., écrit, imprimé en plusieurs langues (bible). — *Dizkuntzakua*. ‖ Celui qui parle beaucoup de langues : *Dizkuntzakiña*.

POLYGRAPHE, s. m., auteur qui écrit sur diverses matières. — *Dizkirakiña*.

POLYGRAPHIE, s. f., action d'écrire sur plusieurs matières. — *Dizkirakendea*.

POLYPE, s. m., poisson. — *Olagarrua*. ‖ Excroissance de chair dans les narines : *Solikorra*.

POLYPODE, s. f., herbe. — *Garoiska, charranghilla*.

POMMADE, s. f., graisse préparée pour les cheveux. — *Pómadá, pumada, okenguria*.

POMMADER, v. a., enduire de pommade. — *Pómadáztatzea, pumadaztatzea, okenguritzea*.

POMME, s. f., fruit. — *Ságarra*. ‖ Pomme douce : *Mámula*. ‖ Pomme rainette : *Erneta*. ‖ Pomme rainette blanche : *Górdinchuria*. ‖ Pomme anis : *Pedacha*. ‖ Pomme museau de lièvre : *Estudiant-ságarra*. ‖ Pomme St-Jean : *Yon-doni-baniságarra*. ‖ Pomme de terre : *Lurságarra, patata*. ‖ Pomme d'amour : *Thomatia, thomatea*. ‖ Pomme de pin : *Pinomorkóla*.

POMMÉ, s. m., cidre de pommes. — *Ságarnua, sagarnua, ságarnóa, sagardóa*.

POMMEAU, s. m., pomme d'épée. — *Ezpataren burua*. ‖ Pomme de l'arçon du devant d'une selle. — *Sell'aíntzina*.

POMMELÉ, ÉE, part., taché de gris et de blanc. — *Churinavartua*.

POMMELER (SE), v. p., se tacheter, se dit du temps et d'un cheval. — *Churinavartzea*.

POMMER, v. n., se former en pomme. — *Burutzea*.

POMMERAIE, s. f., lieu planté de pommiers. — *Ságardia*.

POMMETTE, s. f., os de la joue. — *Maccl'ezurra*.

POMMIER, s. m., arbre fruitier. — *Ságar hóndoa*.

POMPE, s. f., appareil superbe, somptuosité. — *Betederra, aüdiantá*. ‖ Vanité : *Soberbióa*. ‖ Machine pour élever l'eau. — *Pómpa, úpompa*.

POMPER, v. a. et n., faire agir la pompe, attirer l'eau. — *Púmpatzea, úpompatzia*. ‖ Aspirer : *Zurgatzea, chúrgatzea*. ‖ Attirer l'humidité : *Iretatcea*.

POMPEUSEMENT, adv., avec pompe. — *Betederkiró, aüdiantarkiró*.

POMPEUX, EUSE, adj., qui a de la pompe. — *Betedertsua, aüdiantatsua*.

POMPIER, s. m., qui fait agir la pompe. — *Púnpatzaïlea, úpompatzaïlea*.

POMPON, s. m., touffe en laine, etc., ornement sur la coiffure. — *Pámpuna*.

PONCEAU, s. m. et adj., coquelicot, pavot sauvage, rouge vif. — *Emapola, lóbelharra, lóbedarra*.

PONCTUALITÉ, s. f., exactitude. — *Chichentasuna, zucentasuna, eraúdea*.

PONCTUATION, s. f., art de ponctuer, manière de distinguer les sens d'un discours par des points ou autres petits caractères. — *Ciboïldea*.

PONCTUÉ, ÉE, part., où l'on a mis les points nécessaires. — *Ciboïldua*.

PONCTUEL, LE, adj., exact. — *Chúchena, zucena*.

PONCTUELLEMENT, adv., avec ponctualité. — *Chúchenki, zucenki*.

PONCTUER, v. a. et n., mettre les points, etc. — *Puntukatzia, ciboïltzea, ciboïltzia, puntutzea, puntuztea*.

PONDRE, v. a. et n., faire ses œufs. — *Errutia, errotea*.

PONT, s. m., ouvrage élevé d'un bout à l'autre d'une rivière, d'un fleuve, etc., pour le traverser. — *Zubia*.

PONTE, s. f., action de pondre. — *Erruta*.

PONTÉ, ÉE, adj., navire avec un pont. — *Barko'estalia, embarkació'estalia*.

PONTIFE, s. m., grand dignitaire ecclésiastique, le Pape. — *Aïta-saíndua, Aïta-santua, Christordea, Christaúburua*.

PONTIFICALEMENT, adv., en pontife. — *Aïtasainduki, Aïta-santuki, Christordeki*.

PONTIFICAT, s. m., dignité de grand pontife; parmi les chrétiens, dignité du Pape. — *Aïta-Saínduaren goyendea*.

PONTON, s. m., barque plate dont on se sert à la guerre pour faire des ponts sur les fleuves et sur les rivières. — *Zurzubia, olzubia*.

PONTONNIER, s. m., qui perçoit le péage. — *Olzubi'pagaztaïlea*.

POPULACE, s. f., le bas peuple. — *Yendechehia, yende-chehea, iritargarria*.

POPULAIRE, adj., du peuple. — *Irigokia*. ‖ Affable : *Lañoa, lañua*.

POPULAIREMENT, adv., d'une manière populaire. — *Populuki, irigoïki, irigokiró*.

POPULARISER (SE), v. p., se concilier le peuple. — *Irigokitzea, yende chehiaren ibiltzea, hartaz béré bùrua maïtaztia*.

POPULARITÉ, s. f., caractère populaire. — *Popularitatia.* || Crédit près du peuple : *Yende chehiaren amodióa izatia.*

POPULATION, s. f., les habitants d'un pays. — *Populacionea.*

POPULEUX, EUSE, adj., très-peuplé.— *Pŏpulutxŭa, diatúa.*

PORC, s. m., quadrupède. — *Urdea, urdiá, cherriá, zerria, bilóbeltza, azindábeltza.*

PORCELAINE, s. f., faïence d'une pâte très-fine, à demi vitrifiée. — *Porcelena.*

PORCHE, s. m., portique, parvis. — *Sótóa, átaria, eskaraza, bébarrŭa, atariko leorpea.* || Porche de l'église : *Aperikŭa, aphiriko azpia.*

PORCHER, s. m., qui garde les porcs. — *Cherrizaïna.*

PORE, s. m., trou imperceptible dans le corps. — *Chularmea.*

POREUX, EUSE, adj., qui a des pores. — *Chularmetsŭa.*

POROSITÉ, s. f., quantité poreuse. — *Chularmetasuna.*

PORPHYRE, s. m., marbre fort dur marqué de petites taches fort blanches. — *Argorria.*

PORREAU ou POIREAU, s. m., herbe potagère. — *Fórrua, phorŭa, pórrua.*

PORT, s. m., lieu pour recevoir les navires, lieux, passages élevés dans les montagnes, port de salut, lieu où l'on échappe à un péril. — *Portúa.* || Port (le), action de porter : *Portia.* || Maintien : *Atchikitzia, begokia.*

PORTABLE, adj., qui doit ou peut être porté. — *Ekargarria, ekarditakena.*

PORTAIL, s. m., principale porte. — *Portalea.*

PORTANT, ANTE, adj., qui porte. — *Ekartzaïlea.* || Portant (en) : *Ekartzean.*

PORTATIF, IVE, adj., aisé à porter. — *Ekargarria, ekartzen ahaldena.*

PORTE, s. f., ouverture pour entrer ou sortir d'un lieu, ce qui la ferme. — *Borta, borthá, athiá, atheá.*

PORTE-CROIX, s. m., qui porte la croix. — *Gurutze-ekartzaïlea.*

PORTE-DRAPEAU, s. m., qui porte le drapeau. — *Bandera-ekhartzaïlea.*

PORTÉE, s. f., ventrée. — *Sabel-aldia.* || Distance où peuvent porter les armes à feu ou de trait, où peuvent s'étendre la main, la vue, la voix et même l'intelligence, étendue, capacité d'esprit, étendue d'une pièce de bois mise en place. — *Ekarria, mena.*

|| A la portée : *Aŭghinean, menean.* || La portée (que l'on peut prendre) : *Hartzeko ghisan.* || Portée (que l'on peut toucher : *Unkitzeko ghisan.*

PORTEFAIX, s. m., qui porte les fardeaux. — *Portefea, fagerúa.*

PORTE-FEUILLE, s. m., carton plié en deux pour des papiers, espèce de livre à poches en cuir pour porter les lettres, etc. — *Porte-fuilla.*

PORTE-MANTEAU, s. m., valise, crochet de bois pour mettre les habits. — *Portemantúa.*

PORTE-MOUCHETTES, s. m., plateau pour les mouchettes. — *Múcheta-tókia, desbabillakay-tókia.*

PORTER, v. a., soutenir une charge, un fardeau. — *Ekartzea.* || Transporter : *Erematia, erematea, garraïyatzea, karreïyatzea.* || Avoir sur soi : *Ekartzea.* || Pousser : *Búlzatzea, búlgatzea, esportzatzea.* || Etendre : *Edatzea.* || Produire (du fruit), se dit de la grossesse des femmes et de la gestation des femelles des animaux : *Ekartzea.* || Endurer : *Païratzea, yasaïtea.* || Induire : *Atheratzea.* || Déclarer : *Azaltzea, arpetzea.* || v. n., poser : *Paüsatzia.* || Atteindre : *Heltzeá, heltzia.* || v. p., être enfanté : *Izor-izatea.* || S'appliquer : *Arreratzea, arthatzea.*

PORTEUR, EUSE, s., qui porte. - *Ekartzaïlea.* || Porteur et vendeur d'eau : *Urekarlea.*

PORTE-VOIX, s. m., instrument pour porter la voix au loin. — *Entzunlucea, charambela.*

PORTIER, ÈRE, s., garde de la porte. — *Bortházaña, athe'zaïna.* || s. f., porte de carrosse : *Karrosako-borthá.*

PORTION, s. f., partie d'un tout, pitance. — *Phartea, partia, zátia, puska.*

PORTIQUE, s. m., galerie ouverte. — *Lorióa.*

PORTRAIRE, v. a., faire le portrait.— *Ekánzatzea, irudieratzea, eránzatzea, erretratatzea.*

PORTRAIT, s. m., image d'une personne tracé au crayon, au pinceau, etc., description d'une personne. — *Pótretá, erretratóa, cránza, ekánza, fánza, irudiera.*

POSAGE, s. m., travail pour poser. — *Ezardea, parakuntza, ezartzeko lana.*

POSÉ, ÉE, adj., placé sur...., mis en place, modeste, grave. — *Paüsatúa.*

POSÉMENT, adv., doucement, de sang-froid. — *Paüsatuki.*

Poser, v. a., mettre. — *Ezartzea, paratzea.* || Placer sur.... : *Ezartzea, païsatzea.* || Etablir : *Ezartzea.* || Supposer : *Iduritzea, ématea.*

Poseur, s. m., qui pose. — *Païsatzaïlea.*

Positif, ive, adj., certain. — *Ségur, ségura.* || Que l'on sait : *Yakina, yakiña, jakina.*

Position, s. f., point où un lieu est placé. — *Estanta, tókia.* || Au moral, situation pour exprimer les circonstance où l'on se trouve : *Aürkintzea, heïna.*

Positivement, adv., précisément. — *Segurki.*

Possédé, ée, adj. et s., démoniaque. — *Poseditùa.*

Posséder, v. a., avoir en son pouvoir. — *Izaïtia, gózatzea, yabe izaïtia.* || Savoir : *Yakitea.* || v. p., être maître de soi : *Béré búruaz naüsi izaïtia.*

Possesseur, s. m., qui possède. — *Duena, yabeá, naüsia, gózatzaïlea.*

Possession, s. f., action de posséder, bien que l'on possède. — *Izatia, gózamena, yabetasuna, gózóa.*

Possibilité, s. f., état possible. — *Ahala.*

Possible, adj. et s. m., qui peut être ou qui peut se faire. — *Daïtena.* || adv., peut-être : *Behar-bada.* || C'est possible, ça ce peut : *Badilake, badate, badateke, baliztate, balizateke, izan leï, izan daïte, menturaz.*

Poste, s. m., emploi, corps militaire. — *Posta.* || Sa position : *Pláza.* || Lieu propre à être occupé militairement : *Tókia.* || s. f., relai pour voyager, bureau de distribution, balle de plomb d'une arme à feu : *Posta.*

Poster, v. a. et p., placer dans un lieu. — *Ezartzea, ématea.*

Postérieur, adj., opposé à antérieur, qui est depuis, qui est derrière : *Ondokùa, ghibelekùa, atzekùa, gheroztikakóa, ondótikakóa.* || s. m., le derrière : *Ghibela, atzia.* || Fig., le cul : *Iphurdiá, uzkia.*

Postérieurement, adv., après. — *Ghéro.* || A la suite : *Ondotic, ghéroztic.*

Postérité, s. f., les descendants. — *Ondokùac.* (En basque se dit au pluriel).

Posthume, adj. et s. m., né après la mort de son père. — *Aïta hilez ghéroztic sortùa.* || Ouvrage publié après la mort de l'auteur : *Aütorea hilez ghéroztic publikatùa, imprimatùa.*

Postiche, adj. et s. m., fait et ajouté après coup, faux, déplacé. — *Faltxùa, faltxóa, faltsia, faltxia, phalsóa.*

Postillon, s. m., valet de poste. — *Postilluna.*

Postulant, ante, adj. et s., qui postule. — *Galdeïlea, eskalea, galde'ghilea.*

Postulation, s. f., demande. — *Galdia, galdeá, eskea.*

Postuler, v. a., demander avec instance. — *Eskatzea, galde'ghilea.*

Posture, s. f., situation du corps. — *Postura.*

Pot, s. m., vase de terre ou de métal. — *Tupina, tupiña, heltzea, lapikóa, helzea, elzea.* || Pot-de-vin, don outre le prix : *Tratu batën gaïndiko présenta.* || Pot-à-eau : *Pítcherra, tchárrùa, chárrùa.* || Pot-de-chambre, vase de nuit : *Tirriña, kùtchùa, oriñala, oreïñala, pispóta, pichuntzia, chizontzia.* || Pot-de-fleurs : *Lóre-póta, lílipóta.*

Potable, adj., qu'on peut boire. — *Edangarria.*

Potage, s. m., bouillon avec du pain, etc. — *Elzekaria, eltzckaria, helcekoa, heltzekaria.*

Potager, ère, adj. et s. m. (jardin, etc.), pour le potage. — *Baratcea, baratzia.*

Poteau, s. m., pièce de charpente. — *Paldóa.*

Potée, s. f., contenu d'un pot. — *Heltzetara, elzetara.*

Potelé, ée, adj., gras et plein. — *Ezopea, potzóa.*

Potence, s. f., instrument de supplice. — *Urkabea.*

Potentat, s. m., qui a une puissance souveraine. — *Mempeduna.*

Poterie, s. f., vaisselle de terre, toute espèce de vaisselle. — *Lurrezko bacherá.*

Potier, s. m., qui fait ou qui vend de la poterie. — *Bachera'ghilea.*

Potion, s. f., breuvage, médecine. — *Edaria.*

Potiron, s. m., sorte de champignon. — *Onyua, onjua, ontoa, ontyoa.*

Pou, s. m., insecte. — *Zórriá.*

Pouah ! interj. de dégoût. — *Fù !*

Pouce, s. m., le plus gros doigt de la main. — *Erri-pototxa, bihatzhandia, ehipototxa, erritrebesa.*

Poudre, s. f., composition pour les armes à feu. — *Bólbora, pholbora, süaütsa, sútaütsa.* || Poussière : *Herraütxa, irina.*

POUDRER, v. a., couvrir de poudre. — *Irindatzea.*

POUDREUX, EUSE, adj., plein de poussière. — *Herraütxúa.*

POUDRIER, s. m., qui fait de la poudre. — *Bólbora'ghilea, pholbora'ghilea.*

POUDRIÈRE, s. f., endroit, boîte où se met la poudre. — *Bólbora tókia.*

POUF, adv., exprime un bruit sourd. — *Púmp.*

POUFFER, v. n., éclater de rire. — *Karkasas, algaraz, irriz úrratzea.*

POUILLEUX, EUSE, adj. et s., qui a des poux. — *Zórritxúa.*

POULAILLER, s. m., gîte des poules, marchand de volaille. — *Oïlo-tókia, oïloteghia.*

POULAIN, s. m., jeune cheval. — *Zaldiñoa, chaldiñoa, pótroka, pótchoka, pótrúa, pótchúa.* || Mal vénérien : *Istalokiko anditsûa, istalokiko handitxûa.*

POULARDE, s. f., jeune poule grasse. — *Oïlánda.*

POULE, s. f., femelle du coq. — *Oïloá.* || Poule-d'eau, oiseau aquatique : *Uroïloa.* || Poule-d'Inde, femelle du dindon : *Indioïloá, indioïluá.*

POULET, s. m., petit de la poule. — *Oïlaskóa, oïlaskua.*

POULETTE, s. f., jeune poule. — *Oïlandatchúa.*

POULICHE, s. f., jeune cavale. — *Béhoká, béhorká, podrá.*

POULIE, s. f., petite roue suspendue et creusée dans sa circonférence sur laquelle passe une corde pour élever des fardeaux, pour qu'une corde coure facilement. — *Bóleiya, pólica.*

POULINER, v. n., mettre bas, se dit de la cavale. — *Erditzea.*

POULINIÈRE, adj. f. (jument), qui pouline. — *Azteko behorrá.*

POULIOT, s. m., herbe sauvage. — *Neúda.*

POULS, s. m., battement des artères. — *Foltxúa, óla, púlsûa, folxua.*

POULPE ou POLYPE, s. m., sorte de poisson. — *Olagarróa.*

POUMON, s. m., organe de la respiration. — *Bulharra.*

POUPARD, s. m., enfant au maillot. — *Bulharreko-aúrra.*

POUPE, s. f., l'arrière d'un navire. — *Pópa.*

POUPÉE, s. f., petite figure de bois, carton, etc. — *Pámpina, pámpiña, pámpa, muñaka.*

POUR, prép. et conj., à cause de, au lieu de, afin de. — *Dako, tzat, gatic, de.* || Pour lui : *Horrendako.* (Pour : *Dako;* lui : *Horren.*) || Pour cela : *Hortakotzat.* (Pour : *Tzat;* cela : *Hortako.*) || Pour lui, pour ce motif, à cause de : *Horrengatic.* (Pour : *Gatic;* lui : *Horren;* pour : *Gatic;* ce motif : *Horren;* pour : *De;* à cause : *Horren.*) || s. m., le pour et le contre, l'affirmative ou la négative : *Kóntra éta halde.* (Le pour : *Halde;* et : *Eta;* le contre : *Kóntra.*) || Pour rien : *Deüsetzat, ezdeützat.* (Pour : *Tzat;* rien : *Deüse, ezdeü*). L'on voit qu'en basque la préposition et la conjonction forment la finale et qu'il y a inversion dans le mot ou la phrase.

POUR-BOIRE, s. m., don outre le salaire. — *Estraña, edatekóa.*

POURCEAU, s. m., cochon. — *Bargóa.*

POURCHASSER, v. a., rechercher avec obstination, fam. — *Perseghitzea.*

POURRI, s. m., chose pourrie. — *Ustela.*

POURRIR, v. a., n. et p., altérer, se gâter, se corrompre. — *Usteltzea.*

POURRITURE, s. f., état de ce qui est pourri, corruption. — *Usteldura.*

POURPARLER, s. m., conférence. — *Hitzerakida, hitzekida.*

POURPIER, s. m., plante potagère. — *Hetozkia, verdolaga.*

POURPRE, s. m., maladie maligne. — *Sukhar-gorriá.* || s. f., rouge foncé, teinture. — *Górri-gorriá, súteozkóa.* || Couleur de pourpre : *Súteoztúa.*

POURQUOI, conj., pour quelque chose. — *Cergatic, certako.* || C'est pourquoi : *Horrengatic.* || Pour ce motif : *Hartakotzat.* || Parce que : *Ceren.* || Pourquoi? demande : *Cergati, cergaïti, cergatikan, cegaïtarren.* || Pourquoi, en répondant : *Cergati, cergatic, cergatikan, ceren, cerren, alako, olako.*

POURSUITE, s. f., action de poursuivre ; pl., poursuites. — *Bulgakunda, perseghida.* | pl : *Bulgakundac, perseghidac.*

POURSUIVANT, s. m., qui poursuit, qui brigue. — *Bulgatzaïlea, bulgakundaria, perseghitzaïlea.*

POURSUIVRE, v. a., courir après, tâcher d'obtenir, rechercher, continuer ce qu'on a commencé. — *Bulgatzea, perseghitzea.*

POURTANT, conj., néanmoins. — *Bizkitartean, bizkitartian.*

Pourvoir, v. n., avoir soin. — *Harta izatea.* || v. a., munir : *Hornitzea.* || Garnir : *Garnitzea, ezartzea.* || Etablir par un mariage, une charge : *Ezartzea, ématea.*
Pourvoyeur, s. m., qui fait les provisions, qui fournit. — *Hornitzaïlea.*
Pourvu que, conj., à condition. — *Kóndicione hortan.* || En cas que : *Enkas éta éré.*
Pousse, s. f., bourgeon, nouvelle branche. — *Aldaska, muskela.*
Poussée, s. f., action de pousser, son effet. — *Púsakóa, púsada.*
Pousser, v. a. et p., tâcher de déplacer. —*Pusatzea, bulkatzea, bulzatzea.* || Contraindre : *Bortchatzea.* || Donner le mouvement : *Mughiaztia, ibilkatzia.* || Faire galoper : *Laürazka ématea, galápuztea, laürinkaztea, laüroïnkaztea.* || Presser : *Presatzea.* || Inciter : *Súbermetzea, esportzatzea, eraghitzea, narritzatzea.* || Pousser, jeter des cris : *Oïhu'ghitea, deadaratzea, cyagoratzeá, ahumenatzea.* || Des sanglots : *Marraskatzea, hepatzea, suspiratzea.* || v. n., végéter : *Púsatzea.*
Poussier, s. m., la menue poussière qui reste au fond d'un sac de charbon. — *Iduria, ikhatz erraütxa.*
Poussière, s. f., terre pulvérisée. — *Erraütxa.* || Poussière qui se dépose dans les appartements et sur les meubles : *Saramea.*
Poussif, ive, adj., à courte haleine. — *Gólandúa.*
Poussin, s. m., petit poulet. — *Chitúa, tchika, tohitúa, chitá.*
Poutre, s. f., grosse pièce de charpente qui traverse d'un mur à un autre. — *Pútra, kátea, láza, sómera, petraïla, futéla.* || Poutre qui en joint d'autres : *Abeá.*
Poutrelle, s. f., petite poutre. — *Soliba.*
Pouvoir, v. a. et n., avoir l'autorité. — *Ahala, dretchóa, eskudantza, boterea, indarra, eskúa, menea, mendea, podorea, podoria.* || Faculté de : *Ahala, ahal'izatia, esku izatia.* || s. m., crédit, autorisation : *Pódorea, alordea.* || Son pouvoir (faire) : *Béré ahala'ghitea.* || Pouvoir (force) : *Almená.* || Pouvoir (qui peut) : *Ahal izan.* || Pouvoir (qui ne peut) : *Ecin, ezin.* || Pouvoir (fondé de) : *Alordea.* || Pouvoir (jusqu'à ne pouvoir plus) : *Ecin gheïyagorañno, ezin gheïygoraïno.* || Pouvoir (de pouvoir à) : *Diandez diande, almenez almen.* || Pouvoir (ne pouvoir être autrement : *Ecin bertzea.*

Prairial, s. m., 9e mois de l'an de la république ; adj., des prés. — *Ostaro.*
Prairie, s. f., étendue de terre couverte d'herbe. — *Phentzea, sorróa, sorruá, phenceá.*
Praline, s. f., amande qu'on fait rissoler dans du sucre. — *Pralina.*
Praticable, adj., qui peut se pratiquer. — *Ekinkisuna, ekersigarria, eghingarria.*
Pratique, s. f., opposé à la théorie. — *Pratika, ekersia, ekiera.* || Exercice d'un art : *Ekersia.* || Chaland : *Charpaïll.* || Usage continuel : *Oïtura.* || Exécution : *Eghintza.*
Pratiquer, v. a., mettre en pratique. — *Pratikatzia, ekersitzea.* || Fréquenter : *Bakindatzea.* || Exercer : *Ekersitzea.*
Pré, s. m., prairie. — *Phentzea, sorróa, sorruá, phenceá.*
Préalable, adj. et s. m., qui doit précéder. — *Astian, lehena.* || Au préalable, adv., auparavant : *Astetic, lehendic.*
Préalablement, adv., au préalable. — *Astetic, lehendic.*
Préambule, s. m., espèce d'exorde. — *Astea, astia.*
Préau, s. m., petit pré. — *Sorrotchúa, phentzetchúa, phencechúa, sorropilla.*
Précaire, adj., incertain. — *Ikaldera, ciertoëza.* || s. m., usufruit : *Gózamena.*
Précairement, adv., d'une manière précaire. — *Ikaldeszkiro, ciertoëzkiró.*
Précaution, s. f., ce qu'on fait par prévoyance, circonspection : *Prékocionea.*
Précautionné, ée, adj., prudent. — *Prékocionatúa.*
Précautionner, v. a. et p., prémunir. — *Prekocionatzea.*
Précédemment, adv., auparavant, avant tout. — *Astetic, lehendic.* || Avant : *Lehen.*
Précédent, ente, adj., qui précède. — *Haïntzinekúa, lehenagokóa, aïtzinagokóa, haúrrekúa.*
Précéder, v. a., aller devant. — *Haïntzintzea, aïtzintzea, haúrreratzia, aïtzintzia, chitzea.*
Précepte, s. m., règle, conseil pour la conduite, commandement. — *Manamendúa.*
Précepteur, s. m., instituteur d'enfant. — *Erreyenta, maëstroa, irakuslea.*
Préceptoral, ale, adj., qui appartient au précepteur. — *Erreyentenekóa, maëstroenekóa, irakuslenekúa.*

PRÉCEPTORAT, s. m., état, fonction de précepteur. — *Erreyentgóa, maëstrogóa, irakuslegóa.*
PRÊCHE, s. f., sermon. —*Prédikûa, sermoïya.*
PRÊCHER, v. a. et n., annoncer en chaire la parole de Dieu. — *Predikatzea, sermoïyghitea.* || Remontrer : *Iroïtzea.* || Vanter : *Espantutzea.*
PRÊCHEUR, s. m., prédicateur. — *Prédikatzaïlea, sermoïy'ghilea, sermoïyarria, prédikaria.*
PRÉCIEUSEMENT, adv., avec grand soin. — *Presioski.*
PRÉCIEUX, EUSE, adj. et s., de grand prix.— *Baliosa, baliotsùa, gostamatsùa, aïnaldatsùa.* || Affecté : *Presiosa.*
PRÉCIPICE, s. m., gouffre. — *Erroïtza, centerna, errochá, jarraïpiña, leïhzuna.*
PRÉCIPITAMMENT, adv., à la hâte. — *Presakan, tarrapatan, erresakan.*
PRÉCIPITANT, s. m., ce qui précipite. — *Presagarria, lastergarria.*
PRÉCIPITATION, s. f., trop grande hâte. — *Presa, erresaka, urduria, nabarmena, lasterreghia.*
PRÉCIPITER, v. a. et p., jeter d'un lieu élevé dans un lieu très-bas. — *Ambiltzea, larruaratzea, lehiatzea, erroïtzea, amiltzea, burkaïztea, oldartzea.* || Hâter trop : *Lasterreghitzea.*
PRÉCIS, ISE, adj., fixe, formel. — *Presiso.* || Juste : *Yùstùa, justùa.* || Concis: *Laburra.* || s. m., abrégé : *Laburra.*
PRÉCISÉMENT, adv., exactement. — *Presiski.*
PRÉCISER, v. a., fixer, déterminer.— *Segurtatzea.*
PRÉCISION, s. f., exactitude. — *Segurantza.*
PRÉCOCE, adj., prématuré. — *Goïztiarra, letzorria, zorritùa, goïz heldùa.*
PRÉCOCITÉ, s. f., qualité précoce. — *Goïztiartasuna.*
PRÉCONISATION, s. f., action de préconiser. — *Laüdamendua, otsandea, ochandia.*
PRÉCONISER, v. a., déclarer apte ; fig., louer à l'excès. — *Laüdatatzea, laüdarioztutzia, otsandetzea, ochanditzea.*
PRÉCONISEUR, s. m., grand louangeur. — *Laüdatzaïlea.*
PRÉCURSEUR, s. m., qui précède un autre. — *Siñalea, haurrera bialdùa, haïntzinat egorria.*
PRÉDÉCESSEUR, s. m., qui a précédé. — *Haïntzinekùa, leïñukóa, arrakokóa, aïtzinekùa.*

PRÉDESTINATION, s. f., action de prédestiner. — *Leseñalpenea.*
PRÉDESTINER, v. a., destiner de toute éternité. — *Leseñalpenetzea.*
PRÉDÉTERMINER, v. a., déterminer d'avance. — *Lehenagobitzea, lekenegobitzea.*
PRÉDICABLE, adj., qui est bon, qui est propre à être prêché. — *Prédikagarria, prédikakisuna, diarizkisuna, diarizgarria.* || Terme de log., une catégorie, une division qui se fait de la nature des substances ou des qualités des êtres. — *Esakisuna.*
PRÉDICATEUR, TRICE, s., qui prêche. — *Prédikatzaïlea, prédikaria, prédikadoreá, diarizkaria, hiztuna, sermoïyemaïlia.*
PRÉDICATION, s. f., sermon. — *Prédikùa, sermoïya, diariztea.*
PRÉDICTION, s. f., action de prédire une chose. — *Asmóa, lehendanic erraïtea, cerbeït asmatzea.*
PRÉDILECTION, s. f., préférence d'affection. — *Préféramendùa, gheïtoniriztea.*
PRÉDIRE, v. a., annoncer l'avenir par inspiration ou par conjecture. — *Asmatzea, somatzea.*
PRÉDOMINANT, ANTE, adj., qui prédomine.— *Gaïntitzaïlea, chitzaïlea.* || Prédominant (en) : *Gaïntian, chitzean.*
PRÉDOMINATION, s. f., action de prédominer. — *Gaïntitasuna, chitzetasuna.*
PRÉDOMINER, v. n., prévaloir.— *Gaïntitzea, naüsitzea, chitzea.*
PRÉÉTABLIR, v. a., établir d'abord. — *Bertan ezartzea.*
PRÉEXISTANT, ANTE, adj., qui préexiste. — *Lehen dena.*
PRÉEXISTENCE, s. f., existence antérieure.— *Lehen izatea, lenizaïra.*
PRÉEXISTÉ, ÉE, part., qui a existé avant un autre. — *Lehen izan.*
PRÉEXISTER, v. n., exister avant un autre. — *Lehen izatea.*
PRÉFACE, s. f., discours préliminaire. — *Hitzaürrea.* || Partie de la messe : *Préfacioa.*
PRÉFECTURE, s. f., dignité de préfet.— *Préfetura, dianagusia, buruzaghiéra.*
PRÉFÉRABLE, adj., qui doit être préféré. — *Préférablia, légoïtzgarria, aïtzingarria, haütagarria, béréchigarria, bérécigarria.*
PRÉFÉRABLEMENT, adv., par préférence. — *Préférableki, légoïtgarriki, aïtzingarriki, haütagarriki, haütuz, béréchiki, béréciki.*

PRÉFÉRENCE, s. f., action de préférer ; pl., témoignage de prédilection. — *Préférentzia, légoïtza, lehenkuntza, haütúa, aïtzindea, bérechidea.*

PRÉFÉRER, v. a., donner l'avantage à un autre. — *Préfératzia, lehenkatzea, béréchtea, haütatzea, légaïtzatzea, aïtzindatzea, nahiago izaïtea.*

PRÉFET, s. m., administrateur du département. — *Préféta, dianagusia, búruzaghia.*

PRÉJUDICE, s. m., tort, dommage. — *Damúa, domaïya, kaltea, khaltea, bidégabea, bidegabia.*

PRÉJUDICIABLE, adj., nuisible. — *Bidegabegarria, khaltekorra, domaïygarria, damugarria, kaltekorra.*

PRÉJUDICIER, v. n., nuire. — *Khalte'ghitea, bidegabetzea, khaltezea, domaiy'ghitea, damu'ghitea, kaltetzea.*

PRÉJUGÉ, s. m., probabilité. — *Aparantzia, aperenzia, kára, destua, payérua.* || Présomption : *Handigóa.* || Opinion adoptée sans examen : *Sinetxte makurra.*

PRÉJUGER, v. a., conjecturer. — *Phentxatzea, destutzea, payerutzea.*

PRÉLAT, s. m., dignité ecclésiastique. — *Diaïtzindarla.*

PRÊLE, s. f., sorte de fougère. — *Acheri'buztana.*

PRÉLÈVEMENT, s. m., action de prélever. — *Altchadura.*

PRÉLEVER, v. a., lever une somme, etc., sur une quantité. — *Altchatzea, hartzea.*

PRÉLIMINAIRE, adj. et s. m., ce qui précède le principal. — *Sartaürrea, ékilena.*

PRÉLIMINAIREMENT, adv., d'une manière préliminaire. — *Sartaürrekiró, ékilenkiró.*

PRÉLUDE, s. m., ce qu'on chante, ce qu'on joue pour se mettre dans le ton ; fig., ce qui précède, ce qui prépare. — *Sartaürrea, ékilena.*

PRÉLUDER, v. n., faire des préludes. — *Sartaürretzea, ékilentzea.*

PRÉMATURÉ, ÉE, adj., mûr avant le temps. — *Sasoïn kóntrakúa, sasoï kóntrakóa, celdua.*

PRÉMATURÉMENT, adv., avant le temps convenable. — *Celduki.*

PRÉMATURITÉ, s. f., précocité. — *Letzorria.*

PRÉMÉDITATION, s. f., action de préméditer. — *Lehendanic gógartzea, lehendanic gógartatzea.*

PRÉMÉDITER, v. a., méditer quelque temps sur une chose avant de l'exécuter. — *Haïntzinetic gógoan hartzea.*

PRÉMICES, s. f. pl., premiers fruits, etc. — *Premiciac, lembiciac, lehenbiciac.*

PREMIER, ÈRE, adj. ordinal, qui est avant tous les autres en ordre, en rang ou en qualité. — *Lehena.* || Le premier : *Lehenbicikóa, lénengóa, lénena, léndabicikóa.*

PREMIER-NÉ, s., le premier enfant. — *Lehenbiziko aürra, lehen sorthu aürra.*

PREMIÈREMENT, adv., en premier lieu. — *Lehenic, lehenki, lehenekoric.*

PRÉMISSES, s. f. pl., les deux premières propositions d'un syllogisme. — *Lénaïpúa.*

PRÉMUNIR, v. a. et p., munir d'avance. — *Prékocionatzea.*

PRENABLE, adj., qui peut être pris. — *Hartditakena, hargarria.*

PRENANT, ANTE, adj., qui prend, qui reçoit. — *Hartzallea.* || Prenant (en) : *Hartzian.*

PRENDRE, v. a., saisir avec la main. — *Hartzea, lótzea.* || S'emparer : *Yabetzea, bérétzea, hartzea.* || Lever de force : *Altchatzea.* || Dérober : *Arrobatzea, ebastea.* || Recevoir : *Errecibitzea.* || Avaler : *Iretxtea, irextia, irestea, irexitzia.* Les acceptions de ce mot sont très-nombreuses au fig. || v. a., réunir : *Biltzea.* || v. n., réussir : *Eskuratzea.* || Se geler : *Hormatzea.* || v. p., s'attacher : *Lótzea.* || Se figer (en parlant du sang) : *Ciatzea, gatzatzea.*

PRENEUR, EUSE, s., qui prend. — *Hartzaïlea.*

PRÉNOM, s. m., nom qui précède celui de famille. — *Icena, izena.*

PRÉOCCUPATION, s. f., prévention. || *Lesarartea.*

PRÉOCCUPER, v. a. et p., prévenir contre. — *Lesarartzea.*

PRÉPARATIF, s. m., apprêt. — *Préparamendúa.*

PRÉPARATION, s. f., action de préparer, composition. — *Préparacionea, aphaïndura.*

PRÉPARATOIRE, adj., qui prépare. — *Preparagarria.*

PRÉPARER, v. a. et p., disposer. — *Prestatzea, chuchentzea, arrimatzea.* || Mettre en état de : *Aphaïntzea.* || Préparer le déjeuner, le dîner et le souper. — *Gósaria, bázkaria, afaria, maneatzea, kómpontzea, prestatzea.*

PRÉPONDÉRANCE, s. f., supériorité d'autorité ou d'influence. — *Eskudatzia.*

PRÉPONDÉRANT, ANTE, adj., qui a plus de poids. — *Eskudatzaïlea, eskudaria.*

PRÉPOSÉ, s. m., employé de l'administration des douanes. — *Gúarda, kárabiróa.*
PRÉPUCE, s. m., peau du gland.—*Ganaïsala.*
PRÉROGATIVE, s. f., privilége. — *Gallaldia.*
PRÈS, prép., qui marque proximité de lieu et de temps. — *Hurbil, hurbill, urreán, onyuan, ondoan.* ‖ A cela près : *Hori utziric.* ‖ Excepté cela : *Hori kámpo.* ‖ A peu près : *Olatxu, bardintxu gutiró.* ‖ Près de partir : *Abian.* ‖ Sur le départ : *Abiatze mementúan.*
PRÉSAGE, s. m., signe qui pronostique, conjecture qu'on en tire. — *Aztinantza, asmaëngóa, asmegokia.*
PRÉSAGER, v. a., indiquer l'avenir, conjecturer. — *Aztinantzea, asmatzea, azmegokitzea, aztiatzea.*
PRESBYTE, adj. et s., qui ne voit que de loin. — *Bichtaluzia, bichtalucea.*
PRESBYTÈRE, s. m., maison curiale.—*Aphezaren echia, aphezteghia, aphaïzteghia, aphezaren etchia.*
PRESCRIPTIBLE, adj., sujet à prescription. — *Béraügarria, bérétaügarria.*
PRESCRIPTION, s. f., droit de long usage. — *Ordena, béraüa, bérétaüa.*
PRESCRIRE, v. a., ordonner. — *Béraützea, bérétaützea, manatzea, ordenatzea.*
PRÉSÉANCE, s. f., prérogative. — *Lénendea.*
PRÉSENCE, s. f., existence dans un lieu. — *Présentzia, aïtzina, aürrea, aürkegoïtza, bétaudeá, bértandeá.* ‖ Présence d'esprit, esprit vif et juste : *Presentzia.* ‖ Présence (en) : *Presentzian, aïtzinean, haïntzinean, aürrean.*
PRÉSENT, ENTE, adj. et s. m., qui est dans le lieu dont on parle ou dans le temps actuel. — *Présenta, présentian, aürrekóa, aürkekóa, bertakóa.* ‖ A présent, adv., actuellement : *Oraï, présentian.* ‖ Présent, cadeau : *Présenta, emaïtza, doaïña, doóya, érregalóa.*
PRÉSENTABLE, adj., qu'on peut présenter.— *Presentablia, présentagarria.* ‖ Que l'on peut montrer : *Irakutxgarria.*
PRÉSENTATION, s. f., action de présenter. — *Présentácionea.*
PRÉSENTEMENT, maintenant.— *Oraï, bertan, béredla, berehala, présentian, orayetan.*
PRÉSENTER, v. a., offrir. - *Ofreïtzia, eskaïntzea, présentatzia.* ‖ Paraître devant quelqu'un au pr. et au fig. : *Aghertzea, présentatzea.* ‖ Introduire: *Présentatzea, sarraztea.* ‖ Présenter (se faire) : *Presentaztia.*

PRÉSERVATEUR, TRICE, s., qui préserve. — *Légardaria, légartzallea.*
PRÉSERVATIF, IVE, adj. et s. m., qui préserve. — *Légardea.*
PRÉSERVATION, s. f., action de préserver. — *Légarda.*
PRÉSERVER, v. a. et p., garantir du mal. — *Legardatzea, beghiratzea, gúardatzia.*
PRÉSIDENCE, s. f., fonction du président. — *Dianagustea, présidentcia.*
PRÉSIDENT, s. m., qui préside, qui assiste. — *Dianagusia, présidenta.*
PRÉSIDER, v. a. et n., occuper la première place dans une assemblée. — *Dianagusitzea, présidentzutzea.*
PRÉSOMPTIF, IVE, adj., héritier présumé. — *Erreghea hiltzen denian kórua helduzaïyonari.*
PRÉSOMPTION, s. f., vanité. — *Antuztea, goïtardea, handigóá, fáka.* ‖ Fatuité : *Bobaïzketa, ceadigóa.* ‖ Conjecture : *Ustekóa, destua, payerua, igherrusia, dúda.*
PRÉSOMPTUEUSEMENT, adv., avec présomption. — *Antustiró, goïtiro, goïtarki, arroki, orrotiró.*
PRÉSOMPTUEUX, EUSE, adj. et s., fat, orgueilleux. — *Bobaïtxúa, ceaditxúa, béré búruz hartúa.* ‖ Vaniteux : *Antustia, fákatia, handigotia, goïtia.*
PRESQUE, adv., peu s'en faut. — *Kásic, urran, abántzu, abantchu.*
PRESQU'ÎLE, s. f., péninsule. — *Oztugartea.*
PRESSAMMENT, adv., d'une manière pressante. — *Présa'uki.*
PRESSANT, ANTE, adj., qui presse. — *Présanta.*
PRESSE, s. f., foule, multitude qui se presse. — *Oste', ospe', di', ozpi', yendedi'handia.* ‖ Machine pour presser : *Hertchatzeko lankaya, zapatzeko lanabesa.* ‖ Pour imprimer : *Moldizkiratzeko lankaya, ekantzatzeko lanabesa, imprimatzeko lanabesa.*
PRESSÉ, ÉE, adj.; qui a hâte, urgent.— *Présatúa.*
PRESSENTIMENT, s. m., sentiment de ce qui doit arriver. — *Beldurkundea, lezomá, léndisoma.*
PRESSENTIR, v. a., avoir un pressentiment, chercher à deviner. — *Berldurkuntzea, lezomátzea, léndisomatzea, haïntzinetic phentxatzea.*
PRESSER, v. a., n. et p., serrer avec force. — *Zerratzea, hestutzea, hertchatzea, zá-*

patzea. ‖ Mettre en presse : *Hertchatzeko, zápatzeko, lankayan czartzea*. ‖ Hâter, se hâter : *Lástertzea, fitetzea, hirritxatzea, lehitzea, agudotzea*. ‖ Harceler : *Presatzea, cirikatzea*. ‖ Solliciter : *Eskatzea, galdo'ghitea*.

PRESSIER, s. m., ouvrier d'imprimerie qui travaille à la presse. — *Moldizkirako langhilea*.

PRESSION, s. f., action d'étreindre, action de presser. — *Hertxdura, zerradura, západura, hertchadura*.

PRESSOIR, s. m., machine pour presser. — *Dólaria, dólarea, lákôa, tólarea*. ‖ Petit pressoir où l'on foule les raisins, pommes, poires, etc. — *Dólaretchúa, tólaretchúa, lákotchúa*.

PRESSURAGE, s. m., action de pressurer. — *Dólaretsuna, lehertasuna*.

PRESSURER, v. a., presser des raisins, etc. — *Lehertzea, dólaretzea, dólaritzea, tólaretzea, lákotzea*.

PRESSUREUR, s. m., ouvrier qui conduit le pressoir. — *Lehertzaïlea, dólaretzallea, dólaritzaïlea, tólarotzallea*.

PRESTATION, s. f., action de prêter serment. — *Cina'ghitea*. ‖ Redevance : *Errenta*.

PRESTE, adj., prompt ; interj., vite. - *Zalu, zalia, zalua*.

PRESTEMENT, adv., lestement. — *Zaluki, zaliki, laster, fite, presaz, presakan, chotilki*. ‖ Habilement : *Antceki, maïnuki*.

PRESTESSE, s. f., agilité. — *Zalutasuna, lastertasuna, fitetasuna, chotiltasuna*.

PRESTIDIGITATEUR, s. m., physicien. — *Baïratzallea*.

PRESTIGE, s. m., illusion. — *Ciliboka, illusionia, illusiúa, baïra, gaïnta, utsirudia, irudutsa, engañúa, enganúa, enganióa, atzipea*.

PRESTO, adv., emprunté de l'italien, vite, promptement. — *Zalu, zaluki, fite, laster, presaz, chotilki, agudo*.

PRÉSUMABLE, adj., probable. — *Iduri álá izaïndela, arabezgarria, araüzgarria*.

PRÉSUMER, v. a. et n., juger par conjecture. — *Uste izatia, suspitchatzea, sospetchatzia, ustea*. ‖ Avoir trop bonne opinion : *Béré búruz hartúa*.

PRÉSURE, s. f., ce qui sert à faire cailler le lait. — *Gátzaghia*.

PRÊT, ÈTE, adj., préparé. — *Prest, presta*. ‖ Arrangé (pour ce qui est de la toilette d'une personne) : *Aphaïndúa, arrimatúa,*

arrenyatúa. ‖ s. m., action de prêter : *Maïlegúa, maïlleba, prestamena, elkuztea, prestamúa*.

PRÉTANTAINE, s. f. (courir la), aller, venir, courir çà et là.—*Terrententen kurritzia*.

PRÉTENDANT, ANTE, s., qui aspire à une chose. — *Gótirislea, gútedalea, prétendientea*.

PRÉTENDRE, v. a. et n., croire avoir droit.— *Prétenitzea, búrupe izaïtea, búruyope izaïtea*. ‖ Aspirer : *Gótoritzea, gútedetzea, búrupetzea*. ‖ Avoir intention : *Nahi izaïtia*. ‖ Affirmer : *Seguratzia, bayetzia, bayeztátzia*. ‖ Ne pas prétendre : *Búrupe ez izaïtea*.

PRÉTENDU, UE, adj., supposé. — *Prétenitúa*. ‖ s., futur époux : *Ghizongaïya*. ‖ Future épouse : *Emaztegheïya*.

PRÊTE-NOM, s. m., qui prête son nom pour une affaire ou pour les ouvrages d'un autre. — *Arartekóa, bitartezallea*.

PRÉTENTION, s. f., droit réel, imaginaire ou supposé. — *Pretentcionea, búruyapea, búrupca, gótiritza, gúteda*.

PRÊTER, v. a., donner à la charge de rendre. — *Maïleguz emaïtea*. ‖ Attribuer : *Dágoketzea*. ‖ v. n., s'étendre (se dit des étoffes, etc.) : *Largatzea*. ‖ s. m., l'action de prêter : *Prestatzea, maïllebatzea, elkuzitzea, maïlegutzea*.

PRÊTEUR, EUSE, s. et adj., qui prête. — *Maïllebatzaïlea, maïlegutzaïlea, prestamutzaïlea, elkuztzaïlea*.

PRÉTEXTE, s. m., motif supposé. — *Estakurúa, aïtzakia, achakia, estakulúa, apukóa, alkaüibeta, pretestúa*.

PRÉTEXTER, v. a., prendre un prétexte. — *Aïtzakitzea, estakurutzea, achakitzea, estakulutzea, ápukótzea, alkaützea, pretestatzea*.

PRÊTRE, s. m., ministre de culte.—*Apheza, aphayza, apéza*. ‖ Prêtre (grand) : *Aphez'handia, apéz'-handia, apayz'-handia*.

PRÊTRISE, s. f., sacerdoce chrétien.—*Apheztasuna, apéztasuna, aphayztasuna*.

PREUVE, s. f., ce qui constate la vérité. — *Fróga, frógantza, prógantza, pórogantza*.

PRÉVALOIR, v. n. et p., avoir, tirer avantage. — *Baliatzea, prébalitzea*.

PRÉVARICATEUR, s. m., qui prévarique. — *Fedaüslea, égopaïtu*.

PRÉVARICATION, s. f., action de prévariquer. — *Fedaüsia, égopaïta*.

PRÉVARIQUER, v. n., agir contre le devoir de sa charge. — *Fedaüstea, égopaïtzea*.

PRÉVENANCE, s. f., manière obligeante. — *Prestaridea, prébenentzia.*

PRÉVENANT, ANTE, adj., qui prévient. — *Prestaria, prestatzaïlea, prébenanta.*

PRÉVENIR, v. a. et p., devancer, anticiper.— *Haïntzintzea, aürreratzea.* ‖ Disposer l'esprit pour ou contre quelqu'un : *Itzultzea.* ‖ Avertir d'avance : *Haïntzinetic yakinaztia, mézutzea, arreteracitzea, arreraztea.* ‖ Faire savoir : *Yakinaztea, mézutzea.* ‖ Préparer : *Antolatzea, arrimatzea, prestatzia, máneátzea.* ‖ Prévision : *Haïntzinetic ikhustea, léndanic ikhustea.*

PRÉVENTION, s. f., préoccupation. — *Lesaratzea.* ‖ Obstination, entêtement.—*Séta, burkoïdea, hisia.* ‖ Action par laquelle on prévient : *Abisua, avisua, mézua, oharra, oárra, oárkera, oárpideá, árreta, harta, árta, seña, kóntua.* ‖ Confiance : *Konfidantzia, konfianza, fidandea, fianza.* ‖ Satisfaction de soi-même : *Béré búruaz hartúa, béré búruan fidandea, ústakida, fidanzia, konfianza.* ‖ Prévention, prévoyance : *Letartá.* ‖ Appareil, disposition : *Prestaëra, managóa, manealdia.*

PRÉVENU, UE, adj. et s. m., accusé.— *Obendua, oghendua, deügarotztua, akusatua, gaïzkitzatua.*

PRÉVISION, s. f., vue de l'avenir. — *Haïntzinetic ikhustea, léndanic ikhustea.*

PRÉVOIR, v. a., juger par avance qu'une chose doit arriver. — *Hantzinetic ikhustea, haïntzinetic asmatzea, lendisomatzea.*

PRÉVOYANCE, s. f., action de prévoir. — *Oharra, oárra, oárkera, oárpidea, árreta, harta, señá, kóntua, árta.*

PRÉVOYANT, ANTE, adj., qui prévoit. — *Ohartzaïlea, oártzaïlea, hártatzaïlea, ártatzaïlea, kóntutzaïlea, kóntu émaïlea, prékocionatúa.*

PRIER, v. a. et n., demander par grâce, intercéder. — *Othoïztea.* ‖ Inviter : *Kónbidatzea, gómbidatzea.*

PRIÈRE, s. f., action de prier, acte de religion. — *Othoïtza.*

PRIMAUTÉ, s. f., prééminence, premier rang. — *Lehentasuna.*

PRIME, s. f., première heure canoniale. — *Prima, ordulena, lehenhorena.* ‖ Prix de l'assurance : *Prima.* ‖ Gratification accordée comme encouragement : *Gratifikacionea.* ‖ adj., de prime-abord, au premier abord : *Bertan, bereála, ichtant bérian.*

PRIMER, v. n. et a., tenir la première place ; fig., surpasser, devancer.—*Haïntzintzea, aürreratzea, búruzaghitzea.*

PRIMEUR, s. f., première saison des fruits et des légumes. — *Fruïtu eta bahatzekari lehenbicikóac, lehenic heldu direnac, goïztiarrac.* ‖ pl., fruits précoces : *Fruïtu goïztiarrac.*

PRIMEVÈRE, s. f., fleur printanière. — *Ostaïzka.*

PRIMITIF, IVE, adj. et s. m., le premier, le plus ancien. — *Lehenbicikóa, hastekoa, leïzatia.*

PRIMITIVEMENT, adv., dans l'origine. — *Lehendic, astetikan, lehenic, astean, haxarian.*

PRIMO, adv., premièrement. — *Lehenic, lehenbicikoric, hasteko.*

PRIMOGÉNITURE, s. f., droit d'aînesse. — *Premutasuna, primugóa, lénijayótza.*

PRIMORDIAL, ALE, adj. et s., primitif. — *Lehenbicikokóa, lénastekóa.*

PRIMORDIALEMENT, adv., primitivement. — *Astetikan, lehendic.*

PRINCE, s. m., souverain.—*Printciá, princiá, lénena.*

PRINCESSE, s. f., souveraine. — *Printsesa, lénesá.*

PRINCIER, ÈRE, adj., de prince, de princesse. — *Printciakúa, princiárra.*

PRINCIPAL, ALE, adj. et s. m., le plus considérable en son genre. — *Principala, buruzaghia, handiena, lénasta, errokaya, léhendikóa.* ‖ s. m., somme, capital : *Súma.* ‖ Fonds d'une affaire, chef de collége : *Principala.*

PRINCIPALEMENT, adv., surtout. — *Principalki, printcipalki, béréciki, gheïyenic, haboroënic, errakaïro, bérégaïnki, batezéré, béréciró, bérécikiró, lénasteró, lénendikóró.*

PRINCIPALITÉ, s. f., office de principal. — *Printcipalitatia.*

PRINCIPAUTÉ, s. f., dignité, terre de prince. — *Lénendaïtza.*

PRINCIPE, s. m., première cause, corps simple, maxime ; pl., premiers préceptes. — *Printcipiúa, asiéra, dápurúa, hastapena.* ‖ En principe, au commencement : *Printcipiúan, astian, dápurúan, hastapenian, lénengóan, léndabizian, lehembicián.*

PRINTANIER, ÈRE, adj., qui appartient au printemps. — *Primaberakúa, belataékúa.*

PRINTEMPS, s. m., première saison de l'année. — *Primabera, belatx, udaberria, éralora, primadera.*
PRISE, s. f., action de prendre, la chose prise. — *Artzuya, hartce bat.* ǁ Moyen : *Lot-bidea.* ǁ Facilité de prendre : *Lottókia.* ǁ Dose : *Phartea, presa.* ǁ Querelle, combat : *Gúda, gúdua, gómbata, gómbatea, jazarra.*
PRISER, v. a., mettre le prix ; fig., faire cas de. — *Preciatzea, estimatzea, perechatzea.* ǁ Prendre du tabac en poudre : *Présatzia, arraspa hartzia.*
PRISEUR, EUSE, s., qui prise, qui prend du tabac en poudre. — *Harraspa-hartzaïlea, presatzaïlea.*
PRISON, s. f., lieu où l'on renferme. — *Presondeghia.*
PRISONNIER, ÈRE, adj. et s., privé de sa liberté. — *Présoniéra, itsatsiá.*
PRIVATION, s. f., perte de ce qu'on a, action de se priver. — *Pribacionea, eskasia, bagheéra, kaïzteéra.*
PRIVÉ, ÉE, adj. (en parlant des animaux), apprivoisé. — *Usatúa.*
PRIVER, v. a., ôter à quelqu'un ce qu'il possède. — *Gabetzea.* ǁ v. p., s'abstenir : *Débekatzea.* ǁ v. a., apprivoiser : *Usatzea, usatzia.*
PRIVILÉGE, s. m., faveur exclusive. — *Pribileyúa, gaïllaldia, privilegióa, bakoïleghea.*
PRIVILÉGIÉ, ÉE, adj. et s. m., qui jouit d'un privilége. — *Pribileytúa, gaïllalditúa, privilegitúa.*
PRIVILÉGIER, v. a., accorder un privilége. — *Pribileytzea, gaïllalditzea, privilegitzea.*
PRIX, s. m., valeur d'une chose. — *Precióa, balióa, gostasuma, aïnalda.* ǁ Estimation : *Estimia.* ǁ Récompense : *Errekompentsa.* ǁ En comparaison : *Komparacionez.* ǁ Au prix de : *Precióan.*
PROBABILITÉ, s. f., vraisemblance. — *Kára, aparantzia, aperenzia.*
PROBABLE, adj. et s. m., vraisemblable. — *Ditakena.*
PROBABLEMENT, adv., vraisemblablement. — *Aparantziaz, aperenziaz.*
PROBATOIRE, s. f., propre à prouver. — *Frogagarria.*
PROBE, adj., qui a de la probité. — *Zucena, parkidóa, kabalá.* ǁ Juste : *Ekardoya, yustúa, justúa.*

PROBITÉ, s. f., intégrité. — *Zucentasuna, parkidoydea, kabaldea.* ǁ Droiture, équité, rectitude : *Yustutasuna, ékardoydea, justutasuna.*
PROBLÉMATIQUE, adj., douteux. — *Dúdakúa, dúdagarria, dúdatzekóa, aldebitakóa.*
PROBLÉMATIQUEMENT, adv., d'une manière problématique. — *Dúdatuki, dúdagarriki, aldebitaz.*
PROBLÈME, s. m., question à résoudre. — *Aldebitá.*
PROCÉDÉ, s. m., manière d'agir, méthode à suivre dans les arts. — *Manéra, eghitatea.*
PROCÉDER, v. n., faire, se comporter, agir. — *Eghitea.* ǁ Agir en justice : *Aúcitan ḷaïtzea, haúcitan ibiltzea, aúcijoaïtatzea.* ǁ Passer devant : *Aïtzintzea, haïntzinian pasatzea, haïntzintzea.* ǁ Naître, venir de, provenir : *Ethortzea, sortzea, yayotzea.*
PROCÉDURE, s. f., manière de procéder en justice. — *Aúcitan manéraren ibiltzea.* ǁ Actes judiciaires : *Aúcien pezac.*
PROCÈS, s. m., différend pendant devant les juges. — *Aúcia, haúcia, prosesa.*
PROCESSIF, IVE, adj., qui aime les procès. — *Haúcikaria, aúcikaria, proseskaria.* ǁ Qui donne lieu à des procès : *Aúcikorra, haúcikorra, proseskorra, haúcilaria.*
PROCESSION, s. f., cérémonie religieuse. — *Prosesionea, prosesióa, donejóaïta, lethérina, lethériña.* ǁ Multitude : *Ostea, ospea, dia.*
PROCESSIONNEL, LE, adj., de procession. — *Prosesionekúa, prosesiokóa, donejóaïtakóa, lethérinkóa, lethériñkóa.*
PROCESSIONNELLEMENT, adv., en procession. — *Prosesionalki, prosesioki, donejóaïtaki, donejóaïtaka.*
PROCHAIN, AINE, adj., qui est proche. — *Urbil, urbill, uillan, hurbilla, aldekóa, urkóa.* ǁ s. m., son semblable : *Béré iduria, béré laguna, proximóa.* ǁ Chaque homme, tous les hommes : *Lagun urkóa.* ǁ Qui est proche : *Hurbilla, úrregoyá.*
PROCHAINEMENT, adv., bientôt. — *Laster, fite.*
PROCHE, adj., voisin. — *Aüzúa.* ǁ adv., auprès : *Aldean, aldian.* ǁ adj., près. — *Urbil, urbill.* ǁ Au plus proche : *Urbillian.* ǁ Tout près : *Urbil-urbil, onyo-onyuan, ondo-onduan.*
PROCHES, s. m. pl., parents. — *Ahaïdeac, azkaziac.*

PROCLAMATION, s. f., écrit proclamé, action de proclamer. — *Ostandeá, óchandia, próklamacionea.*
PROCLAMER, v. a., publier solennellement.— *Ostandetzeá, óchanditzea, próclamatzea.*
PROCRÉATION, s. f., action de procréer. — *Ume'ghita, ume'ghintasuna, em'artasuna.*
PROCRÉER, v. a., engendrer. — *Emartzea, emarmetzea, ûme'ghitea.* || Celui ou celle qui procrée : *Emartzellea, emarmetzellea, ûme'ghillea, ume'ghitaria.*
PROCURATION, s. f., pouvoir d'agir pour un autre. — *Prokuracionea.*
PROCUREUR, s. m., celui qui a pouvoir d'agir pour autrui. — *Prokurantza duena bertce baten aferac eghiteko.* || Officier établi pour agir en justice au nom du droit : *Prokurora, prokuradorea.*
PROCUREUSE, s. f., femme qui procure, mauvaise femme qui procure de jeunes filles. —*Billatzaïlea, cherkatzaïlea, miatzaïlea, makaëla, estaltzaïlea.*
PRODIGALEMENT, adv., avec prodigalité. — *Eriandeki, irioïdeki, gheïtugarriki.*
PRODIGALITÉ, s. f., profusion. — *Eriandea, irioïdea, gheïtugarria.*
PRODIGE, s. m., effet contraire à l'ordre de la nature, qui excelle en bien ou en mal. — *Sentagala, gheïtala, miraria.*
PRODIGIEUSEMENT, adv., à l'excès. — *Sentagalki, gheïtalki, mirariki.*
PRODIGIEUX, EUSE, adj., qui tient du prodige. — *Sentagalgarria, gheïtalgarria, mirarigarria.*
PRODIGUE, adj. et s., qui dissipe son bien.— *Eriantzaïlea, irioïtaria, gheïtugarria, fundibitalla.*
PRODIGUER, v. a., donner avec profusion.— *Eriandetzea, irioïtzea, gheïtuzgarritzea, fundibitalltzea.*
PRODUCTEUR, TRICE, s., qui produit.— *Probeditzallea, banernetzallea.*
PRODUCTION, s. f., action de produire. — *Banernea, probeditasuna.* || Engendrement, procréation : *Ume'ghitea, ûme'ghintasuna, emartasuna.*
PRODUIRE, v. a., faire naître. — *Ekarraztea.* || Engendrer : *Emartzea, emarmetzea, ûme'ghitea.* || Fig., causer : *Kaûsatzia.* || Rapporter : *Erakartzea.* || Exposer, mettre en vue : *Aghertzia.* || v. p., faire connaître : *Ezaûtaztia.*

PRODUIT, s. m., rapport. — *Profeïtúa, irabacia, produta, progotchúa.* || Résultat qui vient de quelque chose : *Banernea.* || Procréation : *Ume'ghita.*
PROÉMINENCE, s. f., état de ce qui est en relief. — *Góratasuna.* || Bosse en ouvrage de sculpture, de fonte, etc. : *Galatztasuna, gotoletasuna.*
PROÉMINENT, ENTE, adj., qui est en relief.— *Góra.* || Apparent : *Agheria.* || Sculpté, ou relief de fonte, etc. : *Galatza, gotolea.*
PROFANATEUR, s. m., qui profane.— *Ganuztarra, eztondaria.*
PROFANATION, s. f., action de profaner. — *Ganuzta, eztondea.*
PROFANE, adj. et s. m., contraire au respect de la religion, qui n'appartient pas à la religion, chose profane. — *Ganuztarra, eztondarra.*
PROFANER, v. a., traiter avec irrévérence des choses saintes. — *Ganuztartzea, eztondetzea.*
PROFÉRER, v. a., prononcer. — *Erraïtea.*
PROFESSER, v. a., avouer. — *Aïthortzea.* || Enseigner : *Irakustea, erakustea, erakutxtea, ekabiltzea.* || Exercer : *Ekersitzea.* || Professer la religion : *Profesatzea, ekabiltzea.*
PROFESSEUR, s. m., qui professe. — *Irakustzaïlea, erakutxtzallea, profesora, ekabildaria.*
PROFESSION, s. f., état, métier. — *Oficiúa, ophiciúa, ekabildea, profesióa.*
PROFIL, s. m., contour d'un objet vu de côté. — *Bazterretic ikhusten den gaûza baten ingurûa, arraya.*
PROFIT, s. m., gain. — *Profeïtúa, profeïtia, próbetchua, prógotchua, irábacia.* || Utilité : *Balióa.*
PROFITABLE, adj., utile. — *Profeïtugarria, próbetchugarria, prógotchugarria, irabazgarria.* || Avantageux : *Baliósa, irabazgarria, gaïndiró.*
PROFITER, v. n., gagner. — *Profeïtatzea, próbetchatzea, prógotchutzea, irabaztea.* || Croître : *Handitzea, larritzea.* || Faire des progrès : *Aïtzinatzea, haïntzinatzea.*
PROFOND, ONDE, adj., très-creux. — *Barna, barrankorra, barrena.* || Fig., extrême : *Gheïdia, gaûdia.* || Difficile : *Gaïtza, nekea.* || Savant : *Yakina, yakintsuna.*
PROFONDÉMENT, adv., d'une manière profonde. — *Barneki.*

PROFONDEUR, s. f., étendue en long. — *Barnatasuna*. || Du haut en bas : *Béhérétasuna*. || Profondeur d'esprit, etc. : *Yakintasuna*. || Fig., grandeur : *Handitasuna*.

PROFUSÉMENT, adv., avec profusion. — *Barrastaka, desmasiaki, soberaki, sobratuki, soberatuki*.

PROFUSION, s. f., excès de dépense, etc. — *Barrasta, desmasia, soberaghia, soberakiña*.

PROGÉNITURE, s. f., les enfants. — *Aürrac, aürridiac*. (En basque se dit au pluriel).

PROGRÈS, s. m., mouvement en avant, accroissement. — *Aïtzinamendûa, haïntzinamendûa, jarraïkintza*.

PROGRESSIF, IVE, adj., qui avance. — *Aïtzinagarria, haïntzinagarria, jarraïkiña*.

PROGRESSION, s. f., progrès. — *Aïtzinamendûa, haïntzinamendûa, jarraïkintza*. || Proportion : *Handidura*.

PROGRESSIVEMENT, adv., d'une manière progressive. — *Emcki-emeki, baratche-baratche*.

PROHIBER, v. a., défendre, interdire. — *Débekatzia, esendatzea, défendatzea*.

PROHIBITIF, IVE, adj., qui défend. — *Débekagarria, esendagarria, defentsagarria*.

PROHIBITION, s. f., défense. — *Débekua, esenda, défentsa*.

PROIE, s. f., ce que ravit l'animal carnassier. — *Saspilla, presa*. || Fig., butin de la guerre : *Kaitûra*.

PROJECTION, s. f., action de jeter. — *Artikitze, etchatze, égorria*.

PROJET, s. m., dessein. — *Proyeïta, chedea, gógóa*.

PROJETER, v. a., former le dessein. — *Proyeïtatzea, chedatzea, gógoatzea*. || Lancer : *Artikitzea, etchatzea, egortzea*.

PROLÉGOMÈNES, s. m. pl., longue préface. — *Izkribaürreac*.

PROLIFIQUE, adj., propre à la génération. — *Umeghiña, umeghillea, yendeén eta alimaleén azia*.

PROLIXE, adj., trop long dans ses discours. — *Lucéghia, astitsuéghia, lucerodetia, astirodetia, luzeéghia*.

PROLIXITÉ, s. f., longueur dans un discours. — *Lucerodea, astirodea, luzetasuna*.

PROLIXEMENT, adv., d'une manière prolixe, trop étendue. — *Luceghi, luzeghi, astiroghi*.

PROLOGUE, s. m., avant-propos d'une comédie. — *Jostaürrea*.

PROLONGATION, s. f., action de prolonger. — *Luzamendûa, luzamentia, luzamena, luzamentia, lucekuntza*.

PROLONGEMENT, s. m., extension. — *Edadura, edea, edaëra, edamena*.

PROLONGER, v. a., étendre la durée, etc. — *Luzatzea*. || Déployer : *Edatzea*.

PROMENADE, s. f., action de se promener. — *Promenada, paseïyûa, bóastitza, paseyóa*. || Promenade (allons à la) : *Góacen promenadat, paseïyurat, bóaztitzat, paseyorat*.

PROMENER, v. a., mener çà et là. — *Promenatzea, paseïyatzea, paseyatzea, bóastitzea, pasigûatzia, ibiltzea*.

PROMENEUR, EUSE, s., qui promène. — *Promenatzaïlea, paseïyutzaïlea, paseyatzaïlea, pasigûatzaïlea, bóastitzaïlea, ibiltzaïlea*.

PROMENOIR, s. m., lieu où l'on se promène. — *Promenateghia, paseïyuteghia, bóastitzteghia, paseyoteghia*.

PROMESSE, s. f., assurance donnée de bouche ou par écrit. — *Aghintza, hitza, aghindea, loskañia, promesa*.

PROMETTEUR, EUSE, s., qui promet. — *Aghintzaïlea, aghintzaïlia, loskañitzaïlea, hitz'emaïlia, promes'émaïlea*.

PROMINENCE, s. f., état de ce qui est prominent. — *Góreéntasuna*.

PROMINENT, ENTE, adj., qui s'élève au-dessus de ce qui l'environne. — *Inguratûa den gaüzez górago dóana, altóagokûa*.

PROMINER, v. n., s'élever au-dessus. — *Gaïndi góratzea, gaïnetic góratzea*.

PROMISCUITÉ, s. f., terme didactique, mélange. — *Nahasdura*.

PROMISE, adj. (la terre), la Judée. — *Lur'aghindûa*.

PROMISSION, s. f. (terre de), la Judée. — *Lur'aghindûa, lur'sagratu aghindûa*.

PROMONTOIRE, s. m., pointe de terre avancée en mer. — *Mûnoá*.

PROMOTION, s. f., nomination. — *Icendakuntza*.

PROMPT, OMPTE, adj., qui ne tarde pas, diligent. — *Prûnta, lasterra, ernea, bizia*. || De courte durée : *Laburra*. || Colère : *Yaüskorra, bizia*.

PROMPTEMENT, adv., vite. — *Laster, fite, agudo, prûntki*.

PROMPTITUDE, s. f., diligence. — *Prûntasuna, lastertasuña, agudotasuna*. || Brusquerie : *Aspékeria, mokhorkeria*.

PRÔNE, s. m., instruction faite par le curé. — *Prédikúa, sermoïya, diariztea.*

PRÔNER, v. n., faire le prône, fatiguer par les remontrances, vanter. — *Prédikatzea, sermoïytzea, diaritzea.*

PRÔNEUR, EUSE, s., qui sermonne, fait des remontrances. — *Prédikatzallea, sermoïtzallea, diariztzallea, predikaria, diarizkaria, prédikadorea.* ‖ Qui vante : *Famatzaïlea, omendaria.* ‖ Grand parleur : *Elheketaria, elhe'ghillea, déna elhe.*

PRONOM, s. m., terme de grammaire.— *Orticena.*

PRONOMINAL, ALE, adj., qui appartient au pronom. — *Orticenekúa.*

PRONONCÉ, ÉE, adj., très-marqué ; s. m., ce que le juge prononce. — *Yuyamendúa.*

PRONONCER, v. a., articuler les lettres, les syllabes, les sons. — *Erraïtea, ógucitzea, nasbaghetzea.* ‖ Réciter : *Erraïtea.* ‖ Déclarer : *Déklaratzea, azaltzea, arpetzea.* Décider : *Erraïtia, déliberatzea.* ‖ Marquer les contours, arts : *Markatzea.* ‖ v. p., développer son intention : *Erraïtea, cheheki mintzatzea.*

PRONONCIATION, s. f., manière de prononcer. — *Ogucita, nasbaghea, pronuntciacionea, pronunzaciúa.*

PRONOSTIC, s. m., conjecture médicale, signe d'avenir : *Marka, siñalea, siñalia, asmekóa, asmacióa, aztiaïra, asmóa.*

PRONOSTIQUER, v. a., faire un pronostic. — *Somatzea, asmatzea, aztiatzea.*

PRONOSTIQUEUR, s. m., qui pronostique, fam. —*Somatzaïlea, asmatzaïlea, aztiatzaïlea, aztia, aztina, aztiataria, asmekotaria.*

PROPAGANDE, s. f., congrégation établie à Rome pour les affaires qui regardent la propagation de la foi. — *Fedezko edakuntza, propaganda.* ‖ En France, on avait donné ce nom à une espèce d'association ayant pour but de propager les principes et les mouvements révolutionnaires : *Politikako edakuntza, propaganda.*

PROPAGANDISTE, s. m., membre de la propagande. — *Edatzaïlea, propagandista.*

PROPAGATEUR, s. m., qui propage. — *Umaskidaria, bidumeztaria.* ‖ Propagateur de nouvelles : *Edatzaïlea.*

PROPAGATION, s. f., génération. — *Umaskida, bidumeztasuna.* ‖ Fig., progrès : *Aïtzinamendua, haïntzinamendúa, jarraïkintza, édadura.* ‖ Accroissement : *Handitasuna, handidura.*

PROPAGER, v. a. et p., étendre. — *Edatzea, zabaltzea.* ‖ Répandre : *Barreïyatzia.* ‖ Semer : *Eraïtea.* ‖ Produire : *Umazkidatzea, bidumeztatzea, emartzea, emarmetzea.*

PROPENSION, s. f., pente naturelle. — *Ekarria, ichuria, mughida.*

PROPHÈTE, ÉTESSE, s., qui prédit. — *Prófeta, prófeïta, asmeghitaria.*

PROPHÉTIE, s. f., prédiction. — *Ethorkizunen asmeghia, prófeciá.*

PROPHÉTIQUE, adj., de prophète. — *Asmeghitarra.*

PROPHÉTIQUEMENT, adv., en prophète. — *Asmeghiteki, asmeghikiró, somaki.*

PROPHÉTISER, v. a., prédire. — *Asmeghitatzea, somatzea, asmatzea.*

PROPICE, adj., favorable. — *Fáboretxua, fágoretxúa, lagungarria, gheriztia, aldetia.*

PROPORTION, s. f., rapport des parties entre elles et relativement au tout. — *Heïna, négurria.* ‖ A proportion : *Heïnian, négurrian, araberan.*

PROPORTIONNALITÉ, s. f., état proportionnel. —*Dindea, doïdea, laghindea, heïntasuna, négurritasuna.*

PROPORTIONNEL, LE, adj., qui est en proportion. — *Heïnekúa.*

PROPORTIONNELLEMENT, adv., avec proportion. — *Heïnka.*

PROPORTIONNÉMENT, adv., en proportion. — *Négurriki, heïnki.*

PROPORTIONNER, v. a., garder la proportion. — *Heïntzea, négurritzea.*

PROPOS, s. m., discours, conversation.— *Gosárrera, solasa, elhea, hitza, jolasa.* ‖ Insinuation : *Sarkotasuna.* ‖ A propos, adv., convenablement : *Aproposki, puntuan, puntian, égokaïró, ontxa ethorria, ondu ethorria, dichakaïró, ontxa jina, ghisada.*

PROPOSABLE, adj., qui peut être proposé. — *Proposgarria, errangarria.*

PROPOSANT, s. m., celui qui propose.— *Proposatzaïlea, erraïlia, aïparia, góghibenlea, góghibendaria.*

PROPOSER, v. a., soumettre à l'examen. — *Irakustea.* ‖ Offrir : *Ofreïtzea, proposatzia, aïpatzea.* ‖ Indiquer : *Erakustea, esleïtzea.* ‖ v. p., projeter : *Gógartzea, proyeïtatzea, chedatzea, gogóatzea.*

PROPOSITION, s. m., chose proposée.— *Proposicionea, aïpamena, aïpua, góghibena.*

PROPRE, adj., qui appartient exclusivement à, même. — *Berreghina.* ‖ Convenable : *Ghisa dena.* ‖ Net : *Garbia, chahu.*

PROPREMENT, adv., précisément, dans le sens propre. — *Berreghinki.* ‖ Avec propreté : *Garbiki, chahuki.*

PROPRET, TE, adj. et s., d'une propreté recherchée. — *Garbitchúa.*

PROPRETÉ, s. f., netteté. — *Garbitasuna, chahutasuna.*

PROPRIÉTAIRE, s. m., qui possède. — *Yabea, naúsia, ontasunen yabea.*

PROPRIÉTÉ, s. f., droit de posséder, ce qu'on possède. — *Hontasuna, izaîtea.* ‖ Qualité particulière d'un corps : *Kalitatea, podoreá.*

PRORATA (AU), adv., à proportion. — *Heïnian, négurian, taldia, dindea, doïdea, araberan.*

PROROGATION, s. f., délai. — *Luzamena, luzaméndúa, gheïteda, gheïtera.*

PROROGER, v. a., prolonger le temps qui avait été pris. — *Luzatzea, gucitedatzea, gheïteratzea.*

PROSAÏQUE, adj., qui tient de la prose. — *Celotoskôa.*

PROSATEUR, s. m., écrivain en prose. — *Celotoskaria.*

PROSCRIPTION, s. f., act. de proscrire.-*Eripea.*

PROSCRIRE, v. a., condamner sans forme, chasser. — *Egortzea, eripetzeá.* ‖ Fig., abolir : *Khentzea.*

PROSCRIT, ITE, s., chassé. — *Eripetúa.*

PROSE, s. f., discours non assujetti à la mesure. — *Celototsa.*

PROSÉLYTE, adj. et s., nouveau partisan. — *Fedaldaya.*

PROSÉLYTISME, s. m., zèle à faire des prosélytes. — *Fedaldaytasuna.*

PROSODIE, s. f., prononciation régulière. — *Oguskindea.*

PROSODIQUE, adj., qui appartient à la prosodie. — *Oguskindekúa.*

PROSOPOPÉE, s. f., figure de rhétorique. — *Norbaliza.*

PROSPÈRE, adj., propice. — *Dóatsúa, zóri-ónekúa, pátu-ónekúa.*

PROSPÉRER, v. n., avoir du succès. — *Dóatsutzea, frangatzea.*

PROSPÉRITÉ, s. f., état heureux. — *Dóatsuéra, dóatsutasuna, pátu-óna, zóri-óna.*

PROSTERNATION, s. f., état de celui qui est prosterné. — *Belhaünikóa, belaünikóa.* ‖ Humiliation : *Umildadea, aphaltasuna, béheramendua.*

PROSTERNER, v. n., se jeter à genoux. — *Belhaünikatzea, belaünikatzea.* ‖ S'humilier : *Umildatzea, aphaltzea, béheratzea.*

PROSTITUÉE, s. f., fille débauchée. — *Fildá, galdúa, galdia, abandonatúa, abandonatia, araghitúa, emakume orozkóa, nechka orozkóa, púta.*

PROSTITUER, v. a. et p., livrer à l'impudicité. — *Abandonatzia, abandonatzea, aragheïtzea, aragheïtatzea.*

PROSTITUTION, s. f., débauche. — *Aragheïta.*

PROSTRATION, s. f., perte des forces. — *Erbartasuna, ebaïntasuna.*

PROTECTEUR, TRICE, s. et adj., qui protége. — *Laguntzalia, laguntzaïlea, mempetzaïlea.*

PROTECTION, s. f., action de protéger. — *Laguntza, mempegóa.*

PROTÉGÉ, ÉE, part., personne protégée. — *Lagundua, mempetúa.*

PROTÉGER, v. a., prendre la défense. — *Laguntzea, laguntzia, meïnpetzea.*

PROTESTANT, s., sectaire. — *Protestanta.*

PROTESTATION, s. f., déclaration publique de sa volonté. — *Gógarpena, errankisuna.* ‖ Promesse réitérée : *Segurantza.*

PROTESTER, v. a. et n., assurer positivement, déclarer. — *Gógarpetzea, érratea.* ‖ Promettre : *Seguratzea.* ‖ Protester de ses sentiments : *Béré sendimenduz seguratzea.*

PROTOCOLE, s. m., formulaire. — *Izkirabúrua, ichkirabúrua.*

PROTOTYPE, s. m., original, modèle. — *Leáraüldea.*

PROTUBÉRANCE, s. f., éminence. — *Altura.*

PROUE, s. f., avant du navire. — *Bránka, brankeá, próa, úpaïta.*

PROUESSE, s. f., action de valeur, excès. — *Balentria.*

PROUVER, v. a. et n., constater la vérité. — *Frógatzia.*

PROVENANT, ANTE, adj., qui provient. — *Ethorrera.*

PROVENIR, v. n., émaner, procéder, dériver, revenir au profit, à l'utilité de quelqu'un. — *Ethortzea, ethortzia.*

PROVENU, UE, part.; il est aussi s., qui est venu de. — *Ethorria.*

PROVERBE, s. m., sentence vulgaire. — *Errana, errankomuna, erranghia, esanghia, errantza, errankizuna.*

PROVERBIAL, ALE, adj., du proverbe. — *Erranghiarra, esanghiarra, errankomunarra.*

PROVERBIALEMENT, adv., par proverbe. — *Erranki, esanki, esanghiró.*

PROVIDENCE, s. f., sagesse de Dieu.—*Letartá.*

PROVIDENTIEL, LE, adj., de providence. — *Letartákóa.*

PROVINCE, s. f., division d'un Etat. — *Próbentcia, próvincia, próbencia.*

PROVINCIAL, ALE, adj. et s., de province. — *Próbentciakúa, próvinciarra, próbenciala.* ‖ Religieux qui a la direction et l'autorité sur plusieurs couvents d'une province : *Próbentciala, próvinciala, próbenciala.*

PROVINCIALEMENT, adv., en provincial.—*Próbentcialki, próvincialkiró, próbencialki.*

PROVISION, s. f., amas et fourniture de choses nécessaires, droit de pouvoir. — *Probisionia, hornidura, zuzkidura, jabiltza.*

PROVISIONNEL, LE, adj., qui se fait par provision, en attendant ce qui sera réglé définitivement. — *Probisionetxua, zuzkidurtxua.*

PROVISIONNELLEMENT, adv., par provision.— *Probisionalki, hornidukoki, zuzkiduki, jabiltzaki.*

PROVISOIRE, adj., préalable. — *Mementekúa, presentekóa.*

PROVISOIREMENT, adv., pour le moment, en attendant. — *Mementekotz, presentekotz.*

PROVOCATEUR, TRICE, s., qui provoque. — *Achaïkaria, ataïkaria, achaïkatzaïlea, ataïkatzallea, akómetatzaïlea, naritatzaïlea, atakatzaïlea, yaüzaratzaïlea.*

PROVOCATIF, IVE, adj., qui provoque. — *Ataïkagarria, atakagarria, akómetagarria, naritatgarria, achaïkagarria.*

PROVOCATION, s. f., action de provoquer. — *Achaïka, ataïka, ataka, akómeta, narita.*

PROVOQUER, v. a., inciter, causer. — *Achaïkatzea, ataïkatzea, akómetatzea, naritatzea, atakatzea.*

PROXIMITÉ, s. f., voisinage. — *Urbilltasuna, urbiltasuna, aldea, albóa.*

PRUDE, adj. et s., qui affecte un air sage. — *Zóghiera, zóghitasun, zurtasun, zuhurtasun, gómartasun irakhutxten duen présuna batec béré bicitzeko manéran.*

PRUDEMMENT, adv., avec prudence. — *Prudentki, zóghiró, zuhurki, zurkiró, gómarki, gómarkiró.*

PRUDENCE, s. f., circonspection, discernement de convenances. — *Prudentcia, zóghiera, zuhurtzia, zurtasuna, gómartasuna.*

PRUDENT, ENTE, adj., qui a de la prudence. — *Prudenta, zóghia, zurra, zuhurra, gómartia, arretatia, artatsúa, óartia.*

PRUDERIE, s. f., affectation de sagesse. — *Zóghier'faltxúa.*

PRUNE, s. f., fruit du prunier. — *Arana.*

PRUNEAU, s. m., prune sèche. — *Aranmerlatúa.*

PRUNELAIE, s. f., lieu planté de pruniers.— *Arandia, aranteghia.*

PRUNELLE, s. f., prune sauvage. — *Aranbasatia.* ‖ Pupille de l'œil : *Beghi-arana, beghi-minia, beghi-minika.*

PRUNELLIER, s. m., arbrisseau. — *Aranhóndo'basatia.*

PRUNIER, s. m., arbre fruitier. — *Aranhóndoá.*

PRURIGINEUX, EUSE, adj., qui cause de la démangeaison. — *Atzagarria.*

PRURIT, s. m., démangeaison. — *Atza.*

PSALMODIE, s. f., le chant des psaumes. — *Salmodia.*

PSALMODIER, v. a., chanter des psaumes. — *Salmóac kantatzea.*

PSAUME, s. m., cantique. — *Salmóa.*

PSAUTIER, s. m., recueil des psaumes de David. — *Salterióa.*

PSORA, s. f., gale. — *Zaragarra, azteria, hazteria.*

PSORIQUE, adj., qui est de la nature de la gale. — *Zaragarrekúa, azterikúa, hazterikúa.*

PUAMMENT, adv., avec puanteur.— *Usaïnduki, urrinduki.*

PUANT, ANTE, adj. et s., qui pue. — *Usaïndúa, urrindúa.*

PUANTEUR, s. f., mauvaise odeur. — *Usaïnkeria, urrinkeria.*

PUBÈRE, adj., en âge de puberté. — *Larrinedúa, érabetúa, morroïna.*

PUBERTÉ, s. f., âge de se marier. — *Larrinera, erabera, adizkondea, morroïndea, ezkontzeko adina.*

PUBLIC, IQUE, adj., du peuple. — *Guciakóa, orozkóa.* ‖ Notoire : *Publikóa, yakina, yakiña.* ‖ s. m., le peuple : *Populua, yendea.* ‖ s. f., publique (fille ou femme) : *Filda, púta.* ‖ Publique (renommée) : *Fáma públikóa.* ‖ Publique (voix) : *Boz públikóa, omendea.*

PUBLIQUEMENT, adv., en public. — *Publikoki, agherian, otsanderó.*

PUBLICATION, s. f., action de publier pour les bans de mariage. — *Manac, kridac,* deïac. || Criées publiques : *Publikacionea, otsandea, ochandia.*

PUBLICITÉ, s. f., notoriété. — *Agheria, aguerria, publikotasuna.*

PUBLIER, v. a., annoncer une chose en public. — *Banatzea, otsandetzea, ochantzia, publikatzea.* || Bans de mariage : *Manāc, kridac, deïac emaïtia, deïtzea.* || Publier un livre : *Liburu bat agherraztia.* || Publier une ordonnance : *Ordenantza bat deïtzia.* || Publier la guerre : *Gherla otsandetzea, ochantzia, gherra publikatzea.*

PUBLIQUEMENT, adv., devant le peuple. — *Publikoki, agherian, otsanderó, achandiró, aïtzinean, haïntzinean.*

PUCE, s. f., insecte aptère. — *Kûkusóa, kûkusua.*

PUCEAU, s. m., jeune garçon qui n'a jamais connu de femmes. — *Puntcela, dóntzella, póntzela, batsaya.*

PUCELAGE, s. m., virginité. — *Puntcelaïya, pontzellerá, póntzelerá, batsaygóa.* || Coquillage univalve : *Puntcelaïya.*

PUCELLE, s. f., fille vierge. — *Puntcela, dóntzella, dónceïla, andreórena, pontzela, batsaya.*

PUCERON, s. m., insecte hémyptère. — *Zorria, galaérna.*

PUDEUR, s. f., honte. — *Ahalkea, ahalghea, ahalghia, ahaleá, érabea.* || Honnêteté : *Onestasuna.* || Par pudeur : *Ahalkez, ahalghez, érabez.*

PUDICITÉ, s. f., chasteté. — *Gárbitasuna, ahalketasuna, ahalghetasuna, chaükindea, chahutasuna.*

PUDIQUE, adj., chaste. — *Gárbi, chaŭû, chaŭ, ahathe, ahalghe, ahalghi, ahale, érabe.*

PUDIQUEMENT, adv., avec pudeur. — *Gárbiki, chaükiro, chahuki, ahalkeki, ahalgheki, ahaleki, érabeki.*

PUER, v. n., sentir mauvais. — *Usaïntzea, usaïntzia, urrintzea, urrintzia.*

PUÉRIL, ILE, adj., de l'enfance. — *Aürkóa, aürkûa.*

PUÉRILEMENT, adv., d'une manière puérile. — *Aürkoki.*

PUÉRILITÉ, s. f., discours, action puérile. — *Aürkeria.*

PUGILAT, s. m., combat à coups de poings. — *Gûda bat ukhaïl kólpéka.*

PUÎNÉ, ÉE, adj. et s., né depuis un frère, une sœur. — *Ondokóa, ondokûa, etcheko semea.*

PUIS, adv., ensuite. — *Ghéró.*

PUISQUE, conj., qui marque la raison par laquelle on agit, parce que. — *Ceren éta badá, ezgheroztic, ezkeró, ezkeroztanic.* || Ainsi : *Behaz, beaz.*

PUISSAMMENT, adv., d'une manière puissante. *Azkarki, almentsoró, aldunsoró.*

PUISSANCE, s. f., pouvoir, autorité. — *Botherea, botera, mena, eskudantzia, ahalá, podorea, ála, altuna, ahaldyna, ahaltuna, almenaria, almenduna.* || Domination : *Menea, mendea, botherea, podorea, jabaridea, mempea, bringhidea.* || Force : *Almena, indarra.* || Etat souverain : *Potentcia.*

PUISSANT, ANTE, adj., qui a beaucoup de pouvoir. — *Botheretxua, boteretsua, almentsua, púchanta, podoretxua.* || Riche : *Aberatxa, okhitua, púchanta.* || s. m. pl., les grands : *Handiac.* || Tout-Puissant (Dieu) : *Gúcizkóa, gúcialduna.* || Toute-puissance, pouvoir sans bornes : *Podore gúcia.*

PUITS, s. m., trou profond pour avoir de l'eau, terre des mines. — *Pútzûa, zûpûa.* || Gouffre : *Osina.*

PULLULER, v. n., multiplier rapidement. — *Multzokatzia, diaskitzea.*

PULMONAIRE, adj., du poumon. — *Bulhárrekóa, bulhárrekûa, birikakóa, biriakóa.* || s. f., plante : *Biribelharra.*

PULMONIE, s. f., maladie du poumon. — *Birikeria, birika-miña, bulharretako mina.*

PULMONIQUE, adj. et s., maladie du poumon. — *Hetika, biriminduna, bulharretaric eritua.*

PULPE, s. f., substance des fruits. — *Mâmiá.*

PULSATION, s. f., battement du pouls. — — *Pulsada.*

PULVÉRISATION, s. f., action de pulvériser. — *Erraütxkuntza, herraütxkuntza.*

PULVÉRISER, v. a., réduire en poudre. — *Erraütxtea, herraütxtea.* || Fig., anéantir : *Ezdeüstatzea.*

PUNAISE, s. f., insecte puant. — *Cimitza, chimitcha.*

PUNIR, v. a., châtier. — *Gaztigatzea, púnitzea, kastigatzia, kórreïtzia.*

PUNISSABLE, adj., qui mérite punition. — *Gaztigarrea, kastigarria, púnigarria, kórreïgarria.*

PUNITION, s. f., peine infligée pour punir. — *Gaztigûa, kastigûa, púnicionea, kórreïmendua.*

PUPILLE, s. f., ouverture dans l'iris de l'œil. — Beghi-ninia. ‖ Enfant en tutelle : Erápekóa.

PUPITRE, s. m., meuble sur lequel on met les livres pour étudier ou les papiers pour écrire. — Pipitra, libraya.

PUR, URE, adj., sans mélange. — Utxa, nahasi-gabea, nasbaghea, naskea, púra, bakarra, choïlla. ‖ Or, vin pur : Urre, arno nahastekatu gábea. ‖ Air pur : Aïre púra. ‖ C'est la pure vérité : Eghi ber béra da. ‖ Sans tache, sans souillure : Gárbia, chahúa, chaüa. ‖ Net, clair : Gárbia, klára. ‖ Exact, correct : Lichta, ohartezkua, utzendua.

PURÉE, s. f., suc tiré des pois, etc. — Zópapasatúa.

PUREMENT, adv., d'une manière pure, chastement. — Gárbiki, chahúki. ‖ Sans mélange : Nahasi gábe.

PURETÉ, s. f., qualité pure, nette. — Gárbitasuna, chahútasuna. ‖ Innocence : Inocentcia. ‖ Intégrité : Parkida, parkidoïdea. ‖ Droiture : Chúchentasuna, zucentasuna. ‖ Chasteté : Gárbitasuna, chahútasuna, chaükindea.

PURGATIF, IVE, adj. et s. m., qui purge. — Púrgágarria, édikuzkagarria, árreragarria.

PURGATION, s. f., évacuation procurée par un purgatif. — Púrgá.

PURGATOIRE, s. m., séjour expiatoire des âmes. — Púrgatorioá, sútikuzteghia.

PURGE, s. f., médecine. — Púrgá, édikuskaya.

PURGER, v. a., purifier les humeurs. — Púrgátzea, édikuzkaytzea. ‖ Délivrer : Libratzea. ‖ Dégager : Deskatibatzea.

PURIFICATION, s. f., action de purifier. — Púrifikamendúa. ‖ La Chandeleur : Kánderaïllu.

PURIFICATOIRE, s. m., linge pour essuyer le calice après la communion. — Púrifikagarria.

PURIFIER, v. a. et p., rendre pur. — Púrifikatzea.

PUS, s. m., humeur corrompue. — Zórnea, zórnia, hiróa, materia.

PUSILLANIME, adj., faible et timide. — Enula, hila, hilhaüna, khelbera, allaïturria.

PUSILLANIMITÉ, s. f., manque de courage. — Enultasuna, hiltasuna, hilhaüntasuna, khelbertasuna, allaïturritasuna.

PUSTULE, s. f., tumeur pleine de pus. — — Bizika, pustilla.

PUTAIN, s. f., prostituée, garce. — Fildá, púta, gálotsa, bordioná ematoróa, galdúa, galdia, abandonatúa, abandonatia, araghitúa, emakume orozkóa, nechka orozkóa.

PUTANISME, s. m., désordre des putains. — Pútakeria, pútaneria, gáloskeria, bordionkeria, ématorokeria.

PUTASSIER, s. m., adonné aux putains. — Pútanerúa, gálotsúa, bordionkiró, ématorotxúa, kótilluna maïte dúena.

PUTRÉFACTION, s. f., action de pourrir. — Ustelera.

PUTRÉFIÉ, ÉE, adj., corrompu, infect. — Usteldúa, usaïndúa.

PUTRÉFIER, v. a. et p., corrompre. — Usteltzea, marriatzea, bóhatzea.

PUTRIDE, adj., avec pourriture. — Usteldua, marriatúa, bohatúa. ‖ Putride (fièvre) : Sákhar ustela.

PUTRIDITÉ, s. f., état putride. — Usteltasuna, marriatasuna, bóhatasuna.

PYRAMIDAL, ALE, adj., qui est en forme de pyramide. — Ciametarra.

PYRAMIDALEMENT, adv., en pyramide. — Ciametalki, ciametarkiró.

PYRAMIDE, s. f., solide à plusieurs faces et terminé en pointe. — Ciameta.

Q

Q, s. m., on ne l'écrit jamais qu'on ne mette un u immédiatement après ; si ce n'est dans quelques mots où il est final, comme dans le mot coq et il se prononce alors comme un k ; dix-septième lettre de l'alphabet. — Abeceko amazazpigarren letra.

QUADRAGÉNAIRE, adj. et s. m., âgé de 40 ans. — Berrogoïurtekoa.

QUADRAGÉSIMAL, ALE, adj., appartenant au carême. — Gaïzumakúa.

QUADRAGÉSIME, s. f., le premier dimanche du carême. - Gaïzumako lehenbiciko igandea.

QUADRAN. — Voyez CADRAN.

QUADRANGULAIRE, ULÉ, ÉE, adj. et s., à quatre angles. — Laúkantoïnekóa.

QUADRE. — Voyez CADRE.

QUADRILATÈRE, adj. et s. m., figure à quatre côtés. — *Laû aldetako figura.*

QUADRUPÈDE, adj. et s. m., animal à quatre pieds.—*Laûoïnkóa, laûroïnkóa, laû zangotako bestia, laû zangotako alimalia.*

QUADRUPLE, adj., quatre fois autant. — *Laû aldiz haïn bertce, laûbiderra.* ∥ Monnaie d'Espagne : *Unzako úrrea, otchinekûa.*

QUADRUPLER, v. a., porter au quadruple. — *Laû aldiz doblatzera, laûbidertzea.*

QUAI, s. m., levée le long de la rivière. — *Khaya.*

QUALIFICATION, s. f., action de qualifier. — *Deïya, alakozdea, icendamendûa, icendagóa.*

QUALIFIER, v. a. et p., attribuer une qualité. — *Icendatzea, deïtzea, alkoztea, alangotzea.*

QUALITÉ, s. f., ce qui fait qu'une chose est telle ou telle. — *Kalitatia, égokia.* ∥ Noblesse : *Aïturia, aïthoria.* ∥ Titre : *Titulûa.* ∥ Lustre : *Distiradura.* ∥ Inclinaison : *Kûrtasuma.* ∥ Condition : *Etorkia, ekarraya.* ∥ Talent : *Talendûa, yakitatea.* ∥ Qualité (espèce) : *Móta, ghisa, kasta.*

QUAND, adv., dans le temps. — *Noïz.* ∥ Quand (depuis) : *Noïz danic.* ∥ Quand (alors que) : *Noïz éta éré.* ∥ conj., quoique, bien que : *Halaric éré.* ∥ Encore que : *Nahiz gatic.*

QUANT A, loc. adv., pour ce qui est de. — *Hortaz bertzalde, hortaz salbo.* ∥ Quant à moi : *Nitaz denaz becembatian, néré gatic.* ∥ Quant à soi : *Béré gatic.* ∥ Quant à lui : *Harren gatic.* ∥ Quant à eux : *Eyen gatic, heïyen gatic.* ∥ Quant à nous : *Gure gatic.*

QUANTES, s. f. pl., toutes les fois. — *Aldi oroz.*

QUANTIÈME, s. m., désigne le nom et le rang numérique. — *Cembatgarrena.*

QUANTITÉ, s. f., ce qui peut être mesuré au nombre. — *Kantitatia.* ∥ Multitude : *Multzua, multchua, andana, saldóa.*

QUARANTAINE, s. f., nombre de quarante. — *Berrogoïkia, berrogheïkia.* ∥ Quarantaine (une) : *Berrogoï bat.* ∥ Isolement pendant quarante jours pour empêcher la contagion : *Kárantena.*

QUARANTE, adj. num., quatre fois dix. — *Berrogoï.*

QUARANTIÈME, adj. et s., nombre ordinal de quarante. — *Berrogoïgarrena.*

QUARRÉ. — Voyez CARRÉ.

QUARREAU. — Voyez CARREAU.
QUARRURE. — Voyez CARRURE.

QUART, s. m., la quatrième partie d'un tout. — *Laûrdena.* ∥ Temps durant lequel le quart de l'équipage est en fonction : *Laûrdena.* ∥ Quart de cercle : *Bollesiaren laûrdena.*

QUARTE ou QUARTAINE, adj. f., fièvre. — *Elgaïtza.* ∥ s. f., mesure. — *Kûarta.*

QUARTIER, s. m., le quart ; partie d'un tout. — *Laûrdena.* ∥ Quartier d'une ville, d'un village : *Kartièra.* ∥ Quartier d'un hameau : *Etcheáldia, échadia.* ∥ Derrière d'un soulier : *Zapata ghibela.* ∥ Endroit : *Tókia.* ∥ Partie du camp : *Gherrarien etzankuntza, gherlarien égoïtza.* ∥ Grâce aux vaincus : *Gracia, ondartzea.*

QUARTIER-MAÎTRE, s. m., officier de marine. — *Kártie-métra.*

QUASI, adv., presque. — *Kásic, hurran.*

QUASIMODO, s. f., dimanche après Pâques.— *Bazko-zahar.*

QUATERNE, s. m., quatre numéros sortis ensemble à la loterie. — *Káterna.*

QUATORZAINE, s. f., intervalle de quatorze jours. — *Amalaúdia.* ∥ Quatorzaine (une) : *Amalaû bat.*

QUATORZE, s. m., dix et quatre. — *Amalaû, amalaûr.* ∥ Quatorzième jour : *Amalaûgarren'eguna.* ∥ Nº 14 : *Amalaûgarren númeroa.*

QUATORZIÈME, adj. et s. m., nombre ordinal. — *Amalaûgarrena.*

QUATRE, adj. numérique, deux fois deux. — *Laû, laûr.* ∥ s. m., le quatrième jour : *Laûgarren eguna.* ∥ Nº 4 : *Laûa.* ∥ Le quatrième numéro : *Laûgarren númeroa.* ∥ Quatre de chiffre, piège pour les rats : *Arte espés bat laû baten forma dûena.* ∥ Quatre à quatre : *Laûnazka.* ∥ Quatre-vingts : *Laûrogoï.* ∥ Quatre-vingt-dix : *Laûrogoï'ta amar.*

QUATRE-TEMPS, s. m. pl., trois jours de jeûne dans chaque saison. — *Gartac.*

QUATRIÈME, adj. ordinal. — *Laûgarren.* ∥ Quatrième (le) : *Laûgarrena.*

QUATRIÈMEMENT, adv., en quatrième lieu. — *Laûgarrenekoric.*

QUE, pron. rel. ou absolu, conj., etc., (que l'on veuille, que l'on ne veuille pas). — *Nahi éta ez.* ∥ Quoi : *Cer.* ∥ Combien : *Cembat.*

QUEL, LE, adj. pr., demander, etc. — *Ceïn.* ∥ Quel (le) : *Ceïnec.* ∥ Quel (quel homme) !

Cer ghizona! || Quelle (quelle femme)! *Cer emaztekia!* || Quel malheur est-il arrivé? *Cer dohakabetasun'ghertadu da?* Que (combien)! *Cembat!* || Que (quoi)! *Cer!*

QUELCONQUE, adj., quel qu'il soit : *Nor-nahi, ceïn nahiden edo ceïn.*

QUELLEMENT, adv., tellement, ni fort bien, ni fort mal, mais plutôt mal que bien. — *Holá holá.*

QUELQUE, adj., un ou une entre plusieurs; adv., environ, à peu près. — *Cembaït, zombaït, zumbaït.* || Quelque chose : *Cerbeït, cerbaït.*

QUELQUEFOIS, adv., parfois. — *Cembeït aldiz, noïzbeït, noïzpaït, aldiz, noïzian behin, noïzetic-noïzerat, batzuetan, batzietan, batzutan.*

QUELQU'UN, adj. et s. m., une personne. — *Norbeït, norbaït.* || Quelques-uns, plusieurs : *Cembeït, cembaït.*

QU'EN DIRA-T-ON, s. m., propos du public. — *Errana, errankizuna.*

QUENOUILLE, s. f., petit bâton pour filer. — *Khiloa, khillúa, liñaya, urkhila.*

QUENOUILLÉE, s. f., filasse de la quenouille. — *Chorroïna, chorroña, tchorroya.*

QUERELLE, s. f., vive contestation, dispute. — *Eskatima, kimera, aharra.*

QUERELLER, v. a., faire querelle à ; v. p., se disputer. — *Eskatimatzea, kimetzea, ahuratzea.*

QUERELLEUR, EUSE, adj. et s., qui aime à quereller. — *Eskatimatea, kimeraria, ahararia.*

QUÉRIR, v. a., chercher pour amener, pour apporter.—*Billatzea, billatzia, cherkatzea, cherkatzia.*

QUESTION, s. f., demande, proposition sur laquelle on discute. — *Kestionea, leïkitza, galdea, galdia.* || Torture : *Estira.*

QUESTIONNER, v. a., faire des questions. — *Kestionatzea, gald'eghitea, leïkitzatzea.* || Lieu où l'on questionne : *Leïkitzteghia.*

QUESTIONNEUR, EUSE, s., qui questionne. — *Kestionatzaïlea, gald'eghilea, galdetzaïlea.*

QUÊTE, s. f., action de chercher. — *Asmóa.* || Collecte pour les pauvres : *Eskea, eskia.*

QUÊTER, v. a. et n., faire une collecte. — *Eskatzea, eske'ghitea.* || Chercher : *Asmatzea, billatzea.*

QUÊTEUR, EUSE, s., qui quête, qui fait une collecte. — *Eskatzaïlea, eskalaria, eskalea.* || Qui cherche : *Asmatzaïlea, billatzaïlea, billatzaïlia.*

QUEUE, s. f., extrémité du corps des animaux, bout, extrémité du dernier rang.— *Buztana.* || Pédoncule et pédicule des végétaux : *Ghirtoïná, churtoïná.* || File de gens qui attendent : *Lerróa, lerrúa.*

QUEUE-DE-CHEVAL. — Voyez PRÊLE.

QUI, pron. relatif, lequel sert à interroger.— *Nor, ceïn.* || Lequel : *Ceïnec, norc.* || Qui que ce soit : *Nor beïta eré.*

QUICONQUE, pron. indéf., qui que ce soit. — *Ceïn nahi, nor nahi.*

QUIET, ÈTE, adj., calme. — *Gheldia, trankila, trankilla, apakea, khalma, ugheraldia.*

QUIÉTUDE, s. f., repos. — *Paisua, sosegúa, deskantxua.* || Indolence : *Banotasuna, banokeria, naghikeria, faünkeria.*

QUIGNON, s. m., gros morceau de pain. — *Kochkorra, kozkorra.*

QUILLE, s. f., cône de bois pour jouer. — *Birla, ghirla, firla, ghilla.* || Pièce sous le navire : *Untci azpiko zúr peza, khilla.*

QUILLIER, s. m., espace où l'on range les quilles. — *Birlateghia, ghirlateghia, firlateghia, ghillateghia, birla, ghirla, firla tokia, ghillen lekia.*

QUINCAILLERIE, s. f., marchandise de quincaille. — *Kinkailleria, kinkalla.*

QUINCAILLIER, s. m., marchand de quincaillerie.—*Kinkail, kinkall saltzaïlea, martchanta.*

QUINE, s. m., cinq numéros sortis ensemble à la loterie. — *Kiná.*

QUINQUAGÉNAIRE, adj. et s., âgé de 50 ans. — *Berrogoï'ta amargarren urtekoa.*

QUINQUAGÉSIME, s. f., dimanche avant le carême. — *Igande ihaüt.*

QUINQUET, s. m., lampe à courant d'air. — *Kinkea.*

QUINQUINA, s. m., écorce fébrifuge.-*Kinkina.*

QUINTAL, s. m., cent livres pesant; pl., quintaux. — *Kintála.*

QUINTE, s. f., toux, caprice. — *Buelta.*

QUINTESSENCE, s. f., substance éthérée ; fig., ce qu'il y a de meilleur, de plus essentiel, de plus fin. — *Hoberena, obena, haüta.*

QUINTEUX, EUSE, adj. et s., fantasque. — *Bueltakorra.*

QUINTUPLE, adj. et s. m., cinq fois autant. —*Bortz aldiz haïn bertce.*

QUINTUPLER, v. a., répéter cinq fois.—*Bortz aldiz doblatzia.*
QUINZAIN, s. m., terme dont on se sert à la paume pour marquer que les joueurs ont quinze chacun. — *Kintzenés.*
QUINZAINE, s. f., quinze jours. — *Amabortza.* ‖ Quinzaine (à la) : *Amabortzian.*
QUINZE, adj. num. ; s. m., dix et cinq, quinzième. — *Amabortz.*
QUINZIÈME, adj. ord. ; s. m., la quinzième partie. — *Amabortza.* ‖ Quinzième (le) : *Amabortzgarrena.*
QUINZIÈMEMENT, adv., en quinzième lieu. — *Amabortzgarrenekoric.*
QUIPROQUO, s. m., méprise, fam. — *Ustegabea.*
QUITTANCE, s. f., action pour tenir quitte.— *Kitantza, errezebuta, erreciboa, kóntaraüa.*

QUITTANCER, v. a., donner quittance. — *Kitantatzea, errezebuta, erreciboa, kóntaraüa émaïtea.*
QUITTE, adj., libéré de sa dette, etc. — *Kitó.*
QUITTER, v. a. et p., se séparer de quelqu'un : *Uztea, kitatzea, kitatzia.* ‖ Quitter un lieu : *Tóki bat uztea.* ‖ Se dépouiller : *Biluztea, soïltzea, gabetzea.* ‖ Céder : *Uztea.*
QUI-VA-LA? Qui vive? s. m., cri de la sentinelle. — *Nor-da-hor ?* ‖ Fig., être sur le qui-vive, être attentif : *Béré guardian izaïtea.*
QUOI, pron. relatif, quelque chose. — *Cer.*
QUOIQUE, conj., bien que. — *Nahiz.*
QUOTE-PART, adj., la part de chacun. — *Phartea.*
QUOTIDIEN, NE, adj., de chaque jour.— *Egunekúa, egunorozkóa.*

R

R, s. f., suivant l'ancienne appellation, qui prononçait *erre*, et m., suivant l'appellation moderne, qui prononce *re*, comme dans la dernière syllabe du mot *gare*; dix-huitième lettre de l'alphabet. — *Abeceko emezortzigarren letra.*
RABACHAGE, s. m., action de rabâcher.— *Errepika.*
RABACHER, v. a. et n., répéter souvent, fam. — *Errepikatzea.*
RABACHERIE, s. f., répétition. — *Errepikadura.*
RABACHEUR, EUSE, s., qui rabâche. — *Errepikatzaïlea.*
RABAIS, s. m., diminution de prix. — *Merkeá, beá.*
RABAISSEMENT, s. m., rabais. — *Merketasuna, beékiró, ghichiéra, urriéra.* ‖ Abaissement : *Aphaltasuna, béheratasuna.*
RABAISSER, v. a., mettre plus bas. — *Aphaltzea, béheratzea.* ‖ Fig., déprécier : *Mespreciatzea, gutitzea, tchipitzea, mendretzea.* ‖ Avilir : *Gutitzea, irritzea, aphaltrea, beheratzea.*
RABANS, s. m. pl., petites cordes avec lesquelles on trousse les voiles à la vergue et à l'arrière du navire. — *Bélen lokarriac, vélen lokarriac.*
RABAT, s. m., collet rabattu. — *Balona, arrabireta.*

RABATTRE, v. a. et p., rabaisser. — *Aphaltzea, béheratzea.* ‖ Faire descendre : *Béheraztia.* ‖ Diminuer de prix : *Merkatzea, béheraztia.* ‖ Aplatir : *Zabaltzea.*
RABÊTIR, v. a., rendre bête. — *Abretzea, azindatzea, alimaletzea.*
RABLU, UE, RABLÉ, ÉE, adj., râble épais, fort et robuste. — *Gothorra.*
RABONNIR, v. a., rendre meilleur. — *Ontzea, ontzia.*
RABOT, s. m., outil de menuisier. — *Errebota, kurrukia.*
RABOTER, v. a., polir avec le rabot. — *Errebotatzea, kurrukitzea.*
RABOTEUX, EUSE, adj., inégal. — *Kàskaïlla, malkarra.* ‖ Noueux : *Ardatxúa.*
RABOUGRI, IE, adj. et part., mal conformé. — *Tchar'peritua, mendria, kochkortua.*
RABOUGRIR, v. n., empêcher de profiter. On dit aussi se rabougrir. — *Mendretzea, peritzea, chartzea.*
RABROUER, v. a., rebuter avec rudesse. — *Aspreki egortzea, dorpeki bidaltzea.*
RACAILLE, s. f., populace, rebut, fam. — *Purruskaïlla, karrakaïlla.*
RACCOISER, v. a., rendre calme. — *Eztitzea, upaketzia.*
RACCOMMODAGE, s. m., action de raccommoder. — *Antolaketa.*

RACCOMMODEMENT, s. m., réconciliation. — *Antolamendua.*

RACCOMMODER, v. a. et p., remettre en état, réparer. — *Antolatzea, antolatzia.* ∥ Rapiécer : *Pedachatzea.* ∥ Réconcilier : *Antolatzea, antolatzia, baketzea.*

RACCOMMODEUR, EUSE, s., qui raccommode. — *Antolatzaïlea, moldetzaïlea.*

RACCOURCI, s. m., diminué, abrégé. — *Laburtua.*

RACCOURCIR, v. a., diminuer, abréger. — *Laburtzea.*

RACCOURCISSEMENT, s. m., action de raccourcir. — *Laburtasuna.*

RACCOUTREMENT, s. m., action de raccoutrer. — *Antolamendúa, abobamendúa, moldadura.*

RACCOUTRER, v. a., raccommoder. — *Antolatzia, moldatzea, abobatzea.*

RACCOUTUMER, v. a., reprendre une habitude. — *Berriz usatzea.*

RACCROC (coup de), inattendu. — *Ustegabekó gólpéa.*

RACCROCHER, v. a. et p., accrocher de nouveau. — *Berriz itsatsitzea, lotzea, arrapatzea.* ∥ Pop., faire le métier de raccrocheuse : *Fildakérian aïtzea, gálotskérian ibiltzea.*

RACCROCHEUR, s. m., qui raccroche de nouveau. — *Itsatsitzaïlea, lotzaïlea, arrapatzaïlea, arraparia.*

RACCROCHEUSE, s. f., fille publique. — *Fildá, púta, gálotsa, bórdioná, émastoróa, galdúa, galdia, abandonatúa, abandonatia, araghitúa, emakume orozkóa, nechha orozkóa.*

RACE, s. f., ceux d'une même famille. — *Leïnua, leïñua, ethorkia.* ∥ En parlant des animaux : *Arraza.*

RACHAT, s. m., action de racheter. — *Erreskatea, kitapea, berterosgóa.*

RACHETABLE, adj., qui peut se racheter. — *Erreskatagarria, kitapegaria, berterosgarria.*

RACHETER, v. a., acheter ce qu'on avait vendu. — *Berriz erostea, berterostea.* ∥ Délivrer à prix d'argent une personne, retirer des mains d'autrui un bien, une rente, etc. : *Erreskatatzea, kitapetzea.*

RACHITIQUE, adj., attaqué du rachitis. — *Kóra.*

RACHITIS, s. m., courbure de l'épine dorsale. — *Kóradea.*

RACHITISME, s. m., maladie du blé. - *Górnia.*

RACINE, s. f., partie des plantes qui s'étendent dans la terre. — *Erróa, errua, surtzaya.*

RACLER, v. a., ratisser. — *Karraskatzea, errasatzea, erradatzea.* ∥ Passer le racloir : *Arrasatzea, arraskintzea, mukuroztatzea, adarrakitzea.*

RACLEUR, EUSE, s., qui ratisse. — *Karraskatzaïlea, errazatzaïlea, erradatzaïlea.*

RACLOIR, s. m., instrument pour racler, ratisser. — *Arraskea, errazalkia, erradakaya.*

RACLOIRE, s. f., instrument de mesureur de blé. — *Arraska, arraskiña, mukurozkiña, adarrakia.*

RACLURE, s. f., ce qu'on ôte en raclant. — *Erradaütxa, purruska, purruchka, erraütxa, herraütxa.*

RACONTER, v. a. et n., faire un récit, narrer. — *Kóntatzea, góntatzea.*

RACONTEUR, EUSE, s., qui a la manie de raconter, fam. — *Kóntatzaïlea, góntatzaïlea.*

RACORNIR, v. a. et n., rendre dur, coriace. — *Biltzea, kochkoïltzia, kozkortzea, chuzpiltzea, zuspiltzea.*

RACORNISSEMENT, s. m., état racorni. — *Kochkoïltasuna, kozkortasuna, zuspiltasuna, chuzpiltasuna.* ∥ Racornissement des membres : *Bildura.*

RACQUITTER (SE), v. p., regagner. — *Kitatzea, galmenac aleratzia.*

RADE, s. f., abri pour les vaisseaux le long d'une côte. — *Ugarrada.*

RADEAU, s. m., sorte de plancher mobile sur l'eau ; plusieurs pièces de bois attachées ensemble. — *Baldutsa.*

RADIATION, s. f., action d'un corps qui lance des rayons de lumière. — *Ciarghilletasuna.* ∥ Action de rayer un article d'un compte, le nom de quelqu'un d'une liste : *Kóntu batetic artikulu bat khentzea; lichta batetic icen bat aleratzea.*

RADICAL, ALE, adj., qui est comme la racine. - *Errotxúa, surtzaytxúa.* ∥ Entier : *Osúa.*

RADICALEMENT, adv., entièrement, tout à fait. — *Osoki.* ∥ Dans le principe, la racine : *Errotic.*

RADIÉ, ÉE, adj., à rayons. — *Lerrotúa, ciluztúa, ciarghillea.*

RADIEUX, EUSE, adj., rayonnant, joyeux. — *Arrayotxua, ciarghitsúa.*

RADIS, s. f., sorte de raifort. — *Radia.*

RADOTAGE, s. m., discours dénué de sens. — *Chocheria.*

RADOTER, v. n., parler sans suite. — *Chocheatzea, seïntzea, bürutic yaütsea.*
RADOTERIE, s. f., extravagance qu'on dit en radotant. — *Chochedura, seïntzedura.*
RADOTEUR, EUSE, s., qui radote.— *Chochea, burutic yaütsia.*
RADOUB, s. m., réparation de navire. — *Obatzeta, obetzea, adobeteza.*
RADOUBER, v. a. et p., faire radoub. — *Obatzea, obetzea, adobatzea.*
RADOUCIR, v. a. et p., rendre, devenir plus doux. — *Estitzea, estitzia.* ǁ Rendre plus malléable : *Gozaztea, gozatzatzea.*
RADOUCISSEMENT, s. m., action de radoucir. — *Eztimendua.*
RAFALE, s. f., pluie chassée avec force par le vent. — *Chirimbola.* ǁ Coup de vent de terre : *Boliera.*
RAFFERMIR, v. a. et p., rendre plus ferme au pr. et au fig. — *Gógórraztia.* ǁ Rendre plus fort, plus sûr : *Borthitztea, finkatzea.*
RAFFERMISSEMENT, s. m., affermissement.— *Gógórtasuna.*
RAFFINAGE, s. m., action de raffiner le sucre, etc. — *Garbikuntza.*
RAFFINEMENT, s. m., extrême subtilité. — *Chotilkeria, chotiltasuna.* ǁ Purification : *Garbitasuna.*
RAFFINÉ, ÉE, part., devenu fin.—*Garbitúa.* ǁ Subtil, adroit : *Chotila.*
RAFFINER, v. a., n. et p., rendre, devenir plus fin, purifier. — *Garbitzea, chaützea, chahutzea, bérégantzea, berecitzea.* ǁ Se raffiner, devenir plus fin, plus adroit, se déniaiser : *Chotiltzea, désastotzea.*
RAFFINERIE, s. f., lieu où l'on raffine le sucre. — *Garbiteghia.*
RAFFINEUR, s. m., celui qui raffine. — *Garbitzaïlea.*
RAFFOLER, v. n., se passionner follement.— *Erotzea.*
RAFLE, s. f., grappe sans grains. — *Mahatx kúskurra, mahatx kuskuta, mahatx chiztoïna.*
RAFRAÎCHIR, v. a., n. et p., rendre frais. — *Freskatzea.* ǁ Se rafraîchir, boire frais, faire rafraîchir : *Freskaztea.*
RAFRAÎCHISSANT, ANTE, adj. et s., qui rafraîchit. — *Freskagarria.*
RAFRAÎCHISSEMENT, s. m., ce qui rafraîchit. —*Freskotasuna.* ǁ pl., aliments, boissons : *Errefreskóa, otzarróa.*

RAGAILLARDIR, v. a., n. et p., rendre la gaîté. — *Alhegheratzea, arrayatzea.* ǁ Reprendre ses forces : *Bichkortzea.*
RAGE, s. f., hydrophobie ; fig., passion violente, manie. — *Errabia.*
RAGOT, OTE, adj. et s., trapu. — *Gothorra.*
RAGOUT, s. m., mets appétissants, faits de tranches de veau ou de mouton, préparés avec des herbes hachées et des épices. — *Okeleta, erregusta, yuseskóa, saltsa.*ǁRagoût fait avec une fraise de veau : *Birikakia.*
RAGOUTANT, ANTE, adj., qui ragoûte. — *Gustagarria, miukitsúa, miukizgarria, sabrosóa.* ǁ Qui excite : *Kilikarria.*
RAGOUTER, v. a. et p., mettre en appétit. — *Gustatzia.* ǁ Réveiller le goût : *Zaletzea, zaleágotzea.*
RAGRAFER, v. a., agrafer de nouveau. — *Berriz krochetatzia.*
RAGRANDIR, v. a., agrandir de nouveau. — *Berriz handitzea.*
RAIE, s. f., trait, ligne. — *Marra.* ǁ Poisson de mer : *Zerra, arraya.*
RAILLER, v. a., n. et p., plaisanter, se moquer, tourner en ridicule. — *Trúfatzea, búrlatzea, ihakindatzea.*
RAILLERIE, s. f., action de railler.— *Trúfa, búrla, arralleria, trúfakeria, ihakinda.*
RAILLEUR, EUSE, s., qui raille. — *Trúfaria, trúfanta, búrlaria, burralaria, trúfatzaïlea, ihakindaria.*
RAINE, RAINETTE, s. f., grenouille. — *Ighel'ferdia.*
RAINETTE, REINETTE, s. f., sorte de pomme. — *Erneta.* ǁ Rainette blanche : *Gordinchuria.*
RAINURE, entaillure en long dans le bois. — *Errartea, akatsa.*
RAIS, s. m., pièce droite de la roue. — *Arrayóa, arrayúa.*
RAISIN, s. f., fruit de la vigne. — *Mahatxa.*
RAISINÉ, s. m., confiture de raisin. — *Errechimeta.*
RAISON, s. f., faculté intellectuelle qui distingue l'homme de la brute, bon sens. — *Adimendúa, arrazoïna, arrazoya.* ǁ Droit : *Dretchua.* ǁ Justice : *Yusticia.* ǁ Satisfaction sur ce qu'on demande : *Soseǵamendúa, askiestasuna.* ǁ Preuve : *Froga.* ǁ Cause : *Kaüsa.* ǁ Motif : *Arrazoïna, almutea, arrazóya, erakaya.*
RAISONNABLE, adj., doué de raison, convenable. — *Adimentxua, arrazoïnablia, arrazoyáblia.*

RAISONNABLEMENT, adv., avec raison.— *Adimenduki, arrazoïnableki, arrazoyableki.*
RAISONNÉ, ÉE, adj., appuyé de raison. — *Adimendutúa, arrazoïndúa, arrazoydúa.*
RAISONNEMENT, s. m., action de raisonner. — *Arrazoïnamendúa, arrazoyamendúa.*
RAISONNER, v. n. et a., employer sa raison. *Arrazoïnatzea, arrazoyatzea.* || Discuter : *Aharatzea, jakirazkidatzea.*
RAISONNEUR, EUSE, s., qui raisonne. — *Arrazoïnatzaïlea, arrazoyatzaïlea.*
RAJEUNI, IE, part., redevenu jeune. — *Gaztetúa.*
RAJEUNIR, v. n. et a., redevenir, rendre jeune. — *Gaztetzea.*
RAJUSTÉ, ÉE, part., ajusté de nouveau. — *Yuntatúa, arrimatúa, arrenyatúa.*
RAJUSTER, v. a. et p., ajuster de nouveau.— *Yuntatzea, arrimatzea, arrenyatzea.*
RALE, s. m., oiseau. — *Rála.* || Action de râler : *Korroka, sollozotiña.*
RALEMENT, s. m., râle ou enrouement. — *Korroka, sollozotiña.*
RALENTI, IE, part., devenu, rendu plus lent. — *Emekitua, eztitua, baratchetúa.*
RALENTIR, v. a. et p., rendre, devenir plus lent. — *Emekitzea, eztitzea, ematzea, baratchetzia, berlasaïtzea.*
RALENTISSEMENT, s. m., relâchement. — *Emekia, baratchea, lasaïdura, nasaïtasuna, iberlasaïdura.*
RALER, v. n., respirer avec bruit, faire du bruit avec la gorge quand on est à l'agonie. — *Korrokatzea, zollozotzea.*
RALLIEMENT, s. m., action de rallier. — *Bildura, berpadea.*
RALLIER, v. a. et p., rassembler, terme de marine. — *Biltzea, berpatzea.*
RALLONGER, v. a. et p., rendre plus long. — *Luzatzea.*
RALLUMER, v. a. et p., allumer de nouveau. *Pichtea, berrizpichtea, berriz irasakitzea.*
RAMAGE, s. m., rameau, chant des petits oiseaux. — *Kanta.*
RAMAGER, v. n., chanter. Se dit des oiseaux. — *Kantatzea.*
RAMADOUER, v. a., radoucir par caresses. — *Laüsengatuz, titulikatuz eztitzea.*
RAMAS, s. m., amas de diverses choses. — *Tádea, saldóa, montoya, muntóa, pillá, bileüa, méta, tara, móla, montoïna, multzua.*
RAMASSÉ, ÉE, adj., trapu, vigoureux. — *Gothorra.*

RAMASSER, v. a. et p., faire un ramas. — *Biltzea.* || Relever : *Altchatzea.* || Traîner : *Errestatzea.* || Ramasser : *Biltzèa.*
RAMASSIS, s. m., amas sans choix : *Bilkura.*
RAME, s. f., support d'une plante grimpante. — *Zurkaïtza.* || Pièce de bois longue et aplatie pour faire voguer. — *Rama, arraba.*
RAMEAU, s. m., branche d'arbre.— *Aldaska, adarra, laïra, adakia, adakaya, tantaya.*
RAMÉE, s. f., branches avec leurs feuilles. — *Ostoïlla, orrichola.*
RAMENER, v. a., amener de nouveau. — *Ekarraztea.*
RAMÉ, ÉE, part., légumes grimpants auxquels on a mis des rames. — *Zurkaïtztatúa.*
RAMER, v. a., soutenir des pois, des haricots, ou quelque autre chose de même sorte avec des rames que l'on plante en terre. — *Zurkaïztatzea, zurkaïtzac ematea.* || v. n., tirer à la rame : *Arrabatzia, ramatzia.*
RAMEREAU, s. m., jeune ramier.— *Usótchúa, ursotchúa.*
RAMEUR, EUSE, s., qui rame.— *Arrabatzaïlea, ramatzaïlea.*
RAMEUX, EUSE, adj., à branches. — *Adartxúa.*
RAMIER, s. m., pigeon sauvage. — *Usúa, usóa, ursóa.*
RAMIFICATION, s. f., division en rameaux au pr. et au fig.— *Adarkaïtza, adakaïtza.*
RAMIFIÉ, ÉE, part., qui a une ramification. — *Adarkaïtúa, adakaïtúa.*
RAMIFIER (SE), v. p., se partager en branches. — *Adurkaïtzea, adakaïtzea, aldaskatzea.*
RAMOLLI, IE, part., rendu mou. — *Guritúa, biguñtúa.*
RAMOLLIR, v. a. et p., rendre mou. — *Guritzea, guriaztea, biguñaztia.*
RAMONAGE, s. m., action de ramoner. — *Chimineyaren garbikuntza, khedarghea, déskerdea.*
RAMONÉ, ÉE, part., cheminée qui a été nettoyée. — *Déskerdatúa.*
RAMONER, v. a., nettoyer une cheminée. — *Chimeneya garbitzea, khedarghetzea, déskherdatzea.*
RAMONEUR, s. m., qui ramone.—*Chiminey' garbitzaïlea, khedarghetzallea, déskerdatzallea.*
RAMPANT, ANTE, adj., qui rampe. — *Errestakaria.* || Fig., vil : *Aphala.*

RAMPE, s. f., partie d'un escalier, balustrade. — Grillá.

RAMPER, v. n., se traîner sur la terre. — Errestakatzia, errestatzea, errastatzea, arrastatzea. ‖ Fig., s'avilir : Aphaltzea.

RAMURE, s. f., le bois d'un cerf, d'un daim. — Adaburúa.

RANCE, adj. et s. m., qui commence à se gâter. — Khardinga, gartinga, garriña, garrantza.

RANCIR, v. n., devenir rance, en parlant de la viande de porc.—Khardingatzea, gartingatzea, kardamutzea, garriotzea, garrantzatzea.

RANÇON, s. f., prix pour la délivrance d'un captif, d'un prisonnier. — Erreskatea, kitapea.

RANÇONNEMENT, s. m., action de rançonner. — Erreskadea kitapedea.

RANÇONNER, v. a., mettre à rançon ; fig., exiger trop. — Erreskatatzea, kitapetzea.

RANÇONNEUR, EUSE, s., qui rançonne.—Erreskatatzallea, kitapetzallea.

RANCUNE, s. f., ressentiment d'une offense. —Herra, errenkura, hudigóa, etsaigóa, otiña, areriotasuna.

RANCUNIER, ÈRE, adj. et s., qui a de la rancune. — Errenkuratxúa, etsaigotia, hudigotia, otiñtsúa, areriotxúa.

RANG, s. m., dignité, mérite. — Mechimendúa, gaïtasuna, diñadia. ‖ Place élevée : Goyendea. ‖ Place : Errenkúa. ‖ Ordre, hiérarchie : Batinchekia. ‖ Rangée : Lerróa.

RANGÉ, ÉE, adj., qui a de l'ordre, de l'économie. — Ordenatúa.

RANGÉE, s. f., rang sur une ligne. — Lerróa, lerrúa, errenkúa.

RANGER, v. a., p. et réc., mettre en ordre. — Moldatzea, antolatzea, arrenyatzea. ‖ Mettre en rang : Lerrokatzea, errenkatzia. ‖ Ranger (se), de son côté : Arren alde ezartzea. ‖ Ranger (se), s'écarter pour faire place : Aldatzea, baztertzea.

RANIMER, v. a. et p., rendre la vie ; fig., réveiller les sens assoupis, rendre le courage. — Pichtea, pichtia, piztia, esporsatzea.

RAPACE, adj., avide de proie, de rapine. — Arrapaillu, arraparia.

RAPACITÉ, s. f., avidité. — Arrapaillukeria, arrapakeria.

RAPATRIAGE ou RAPATRIEMENT, s. m., réconciliation, fam. — Adichkidemendúa.

RAPATRIER, v. a. et p., réconcilier.— Adichkidetzea, adichkidetzia, ongundetzia.

RAPE, s. f., ustensile pour râper, espèce de lime. — Arraspa.

RAPER, v. a., pulvériser avec la râpe.— Arraspatzia, arraskatzea.

RAPETASSER, v. a., rapiécer. — Pedachatzea, pedachatzia.

RAPETISSER, v. a. et n., rendre, devenir petit. — Tchikitzia, tchikitzea. ‖ Diminuer : Gutitzea.

RAPIDE, adj., qui se meut avec vitesse. — Farrasta, lasterra. ‖ Qui est à pic : Tchuta, chuta.

RAPIDEMENT, adv., avec rapidité. — Brastan, farrastkiró, brist, biziki.

RAPIDITÉ, s. f., grande célérité.— Lasterra, lastertasuna, lasterrea, arindea, biziera.

RAPIÉCER ou RAPIÉCETER, v. a., mettre des pièces. — Pedachatzea, pedachatzia, antolatzea.

RAPIÉCETAGE, s. m., action de rapiécer. — Pedachadura.

RAPIÉCETER, v. a. — Voyez RAPIÉCER.

RAPINE, s. f., action de ravir, pillage, larcin. — Arrapakeria, ohoïntza, ebaskeria.

RAPINER, v. a. et n., faire des concussions.— Arrapatzea, ebastea, ohoïntzan ibiltzea.

RAPINEUR, s. m., fripon, fam. — Frikúna, filúsa.

RAPPEL, s. m., action de rappeler. — Bigarren deyá.

RAPPELER, v. a. et p., appeler de nouveau. — Berriz deytzia. ‖ Faire venir : Ekarraztea. ‖ Faire ressouvenir : Orrhoïtaraztea. ‖ Fig., représenter le passé : Orrhoïtzea, orrhoïtzia.

RAPPORT, s. m., revenu. — Gózamena, errenta. ‖ Récit : Kondaïra, eghitza. ‖ Témoignage : Lekukótasuna. ‖ Révélation indiscrète ou maligne : Nahasta, chuchurla, salamendua, salatze, agherketa. ‖ Exposition par écrit d'une cause : Erreporta. ‖ Analogie entre plusieurs choses: Heïtea. ‖ Parties assemblées : Iratchikia. ‖ Rots : Pokherra. ‖ Par rapport, prép., quant à.... : Horren gatic, hortako. ‖ Discours malin fait à dessein de nuire : Karia.

RAPPORTER, v. a. et n., remettre au lieu où il était. — Erematia. ‖ Apporter de loin : Erekartzea. ‖ Redire à mauvais dessein : Erreportatzea, salatzea, kariatzea. ‖ v. p., s'en référer : Fidatzea.

RAPPORTEUR, EUSE, s., qui rapporte. — *Salataria, nahastaria.*

RAPPRENDRE, v. a., apprendre de nouveau. — *Berriz ikhastea.*

RAPPROCHEMENT, s. m., action de rapprocher. — *Hurbilkuntza.*

RAPPROCHER, v. a. et p., approcher de nouveau, de plus près. — *Uillanaztia, urbillaztia.* ‖ Rapprocher (se) : *Uïllantzia, urbiltzia.* ‖ Fig., réconcilier : *Achkidetzea, achkidetzia, baketzea, bakctzia.*

RAPT, s. m., action de ravir. — *Eremakuntza.*

RAPURE, s. f., ce que la râpe enlève. — *Purruska.*

RAQUETTE, s. f., instrument pour jouer au volant : *Palotia.* ‖ Pour marcher sur la neige : *Arraketa.*

RARE, adj., qui n'est pas commun, précieux. — *Arrarúa, arraróa, arraro, bakhan, bakhana.*

RARÉFIANT, ANTE, adj., qui dilate. — *Zábalgarria, berregarria, hedagarria, lárgagarria.*

RARÉFIER, v. a., dilater. — *Zábaltzea, berretzea, hedatzea, lárgatzea.*

RAREMENT, adv., peu souvent. — *Bakhan, arraroki, bakhantki.*

RARETÉ, s. f., disette ; au pl., curiosité. — *Arrarotasuna, bakhandia.*

RAS, ASE, adj., à poil court. — *Motcha, arrasa, ohila.* ‖ Uni : *Leguna.* ‖ Ebrancher un arbre au ras : *Módortzea, chederatzea, adarrac moztea.*

RASADE, s., verre plein jusqu'au bord. — *Tragóa, basóa betheric.*

RASER, v. a., n. et p., tondre. — *Mochtea, murrichtea, murriztea.* ‖ Couper le poil de la peau, faire la barbe : *Bizar'ghitea.* ‖ Démolir : *Desekidatzea, lurreratzea.* ‖ Enlever tous les arbres, etc. : *Arraskatzia, arrontatzea, soïltzea.*

RASOIR, s. m., instrument pour raser. — *Bizar-nabala, bizarlabaña, bizarlabala.*

RASSASIANT, ANTE, adj., qui rassasie. — *Asegarria.*

RASSASIEMENT, s. m., satiété. — *Asetasuna, asekeria.*

RASSASIER, v. a. et p., satisfaire l'appétit, les sens, etc. — *Asetzea, asetzia.*

RASSEMBLEMENT, s. m., action de rassembler. — *Bilkúa, bilkuya, bilmendua.* ‖ Attroupement : *Biribilkuntza, babilkuntza, ballerakuntza.*

RASSEMBLÉ, ÉE, part., réuni. — *Bildúa.* ‖ Attroupé, ée : *Biribildua, balleratúa.*

RASSEMBLER, v. a. et p., réunir. — *Biltzea, biltzia.* ‖ Attrouper : *Biribiltzea, balleratzea.* ‖ Rassembler (faire) : *Bilaraztea.* ‖ Attrouper (faire) : *Biribillaztea, balleraztea.*

RASSEOIR, v. a. et p., asseoir de nouveau. — *Berriz yartzea.* ‖ Faire rasseoir : *Berriz yarraztea.* ‖ Replacer : *Berriz ezartzea.* ‖ Faire replacer : *Berriz ezarraztia.*

RASSÉRÉNER, v. a. et p., rendre serein. — *Arghiztatzea, arghiaztea, klaraztea, goyeratzea.*

RASSIS, adj. et part., pain qui n'est plus tendre, caractère plus calme. — *Paüsatúa.* ‖ Assis de nouveau : *Berriz yarria.*

RASSURANT, ANTE, adj., qui rend la confiance. — *Déskantxagarria.*

RASSURER, v. a. et p., raffermir. — *Segurtatzia, segurtatzea.* ‖ Rendre la confiance : *Deskantxatzea.*

RAT, s. m., petit quadrupède. — *Arratoïna, arratúa, arratoya, erratoya, arrotoya.*

RATATINÉ, ÉE, adj. et part., ridé, flétri, rapetissé. — *Chimildúa, chimeldúa.*

RATATINER (SE), v. p., se rider, se flétrir. — *Chimiltzea, chimeltzea.*

RATE, s. f., viscère. — *Barea, baria.*

RATEAU, s. m., instrument pour ratisser. — *Arrastelúa.*

RATELÉE, s. f., ce qu'on peut ramasser d'un coup de râteau. — *Arrastelukat, arrastelutara.*

RATELER, v. a., amasser avec le râteau. — *Arrastelatzea, arrastelatzia.*

RATELEUR, s. m., qui ratelle. — *Arrastelatzaïlea.*

RATELIER, s. m., sorte d'échelle suspendue en travers et inclinée pour mettre le foin. — *Banyatera, minyetera.*

RATER, v. n. et a., manquer à tirer ; fig., ne pas réussir. — *Fallatzea, mankatzea.*

RATIÈRE, s. f., machine à prendre les rats. — *Arratoïn'artea, kóagea, atzikaya.*

RATIFICATION, s. f., approbation. — *Ichekoghita, fermughita.*

RATIFIER, v. a., approuver. — *Ichekoghitzea, fermughitzea.*

RATION, s. f., portion de vivres, milit. — *Racionea, racionia, anóa, arrantchúa.*

RATIONNEL, ELLE, adj., terme d'astr. et de math. — *Eraldetarra.*

RATIONNELLEMENT, adv., d'une manière rationnelle. — *Eraldetarki, craldetarkiró.*
RATISER, v. a., ranimer le feu. — *Pitcheraztia, berriz sûa pichtia.*
RATISSÉ, ÉE, part., qui a été gratté. — *Karraskatûa.*
RATISSER, v. a., gratter la superficie. — *Karraskatzea, karraskatzia.*
RATTACHER, v. a., attacher de nouveau. — *Estakaztia, amarraztia, lotuáztia, berriz estakatzea.*
RATTEINDRE, v. a., rattraper. — *Berriz achematia, berriz arrapatzia.*
RATTRAPER, v. a., ratteindre, reprendre. — Voyez RATTEINDRE.
RATURE, s. f., effaçure par un trait de plume. — *Arrayadura, borradura.*
RATURER, v. a., effacer ce qui est écrit. — *Arrayatzea, arrayatzia, borratzea, borratzia.*
RAUQUE, adj. (son de voix), rude et enroué. — *Erlatxa, karranka.*
RAVAGE, s. m., dégât avec violence, ruine, désolation, destruction. — *Soïlamena, galmendea, désmasia.*
RAVAGÉ, ÉE, part., qui a eu du dégât. — *Soïldûa, galdûa, lurreratûa, deseghiña, désmasiatûa.*
RAVAGER, v. a., faire ravage. — *Soïltzea, galtzea, lurreratzea, deseghitea, désmasiatzea.*
RAVALEMENT, s. m., crépissage. — *Zartadura, embokadura.* ‖ Fig., abaissement, avilissement. — *Aphaltasuna.*
RAVALER, v. a. et p., crépir. — *Zartatzea, embokatzea.* ‖ Fig., abaisser, avilir : *Aphaltzia, aphaltzea.*
RAVAUDAGE, s. m., raccommodage. — *Antoladura.*
RAVAUDER, v. a., raccommoder. — *Antolatzea, konpontzea, arrenyatzia, arrimatzea.*
RAVAUDERIE, s. f., discours plein de niaiseries. — *Erghelkeria.*
RAVAUDEUR, EUSE, s., qui ravaude. — *Antolatzaïlea, konpontzaïlea, arrenyatzaïlea, arrimatzaïlea.*
RAVE, s. f., plante potagère, sa racine. — *Arbia, errefaûa, errefaûna, lucharbia.* ‖ Terre semée de raves : *Arbilanda, errefaüdia, errefaündia, lucharbidia.*
RAVIGOTER, v. a. et p., remettre en force, pop. — *Biskortzia, biskortzea, pichkortzea.*

RAVILIR, v. a., rendre vil. — *Gutitzea, guchitzea, urritzea.*
RAVIN, s. m., lieu cavé par une ravine, chemin creux. — *Erreka, naba, zulotsûa, cilotsûa.*
RAVINE, s. f., torrent subit, ravin. — *Erreka.*
RAVIR, v. a., enlever par force. — *Erematea, erematia, beretzea, yabetzea.* ‖ Fig., charmer : *Charmatzea.* ‖ A ravir, adv., admirablement bien : *Charmagarriki.*
RAVISER (SE), v. p., changer d'avis. — *Ohartzea, gogoz kambiatzea.*
RAVISSANT, ANTE, adj., qui enlève de force. — *Eremaïlea.* ‖ Fig., merveilleux, qui charme l'esprit et les sens : *Miragarria.*
RAVISSEMENT, s. m., enlèvement avec violence. — *Ohoïntza, lapurreria berekuntza.* ‖ Enlèvement d'une femme : *Ostukia.* ‖ Admiration : *Charmamendûa.*
RAVISSEUR, s. m., qui enlève une femme. — *Ostutzalea.* ‖ Qui ravit, qui s'empare d'un objet : *Eremaïlea, eremantzaïlea, beretzaïlea, ohoïna, lapurra.*
RAVITAILLEMENT, s. m., action de ravitailler. — *Yanari hornidura.*
RAVITAILLER, v. a., avitailler de nouveau. — *Yanariz hornitzea.*
RAVIVÉ, ÉE, part., rendu plus vif. — *Bizetûa, pichtûa.* ‖ Ravivé (qu'on a) : *Pitcherazia.*
RAVIVER, v. a., rendre plus vif. — *Pitchaztia, pitcheraztia, pisteraztia, bizieraztia.*
RAVOIR, v. a., avoir de nouveau, retirer des mains d'autrui, recouvrer. — *Berriz ukatea, berriz izatia.*
RAYÉ, ÉE, part., qui a des raies. — *Marratûa.* ‖ Qui a des lignes : *Lerrotûa, ciluztûa.* ‖ Qui est effacé : *Borratûa.*
RAYER, v. a., faire des raies. — *Marratzea.* ‖ Tracer des lignes : *Lerrotzea, ciluztea.* ‖ Effacer : *Borratzea.*
RAYON, s. m., travail de lumière, rais. — *Pirrinda, arrayóa.* ‖ Sillon : *Hildoa, hildóaska.* ‖ Tablette d'armoire : *Taületa.*
RAYONNANT, ANTE, adj., qui rayonne. — *Arrayotxûa, pirrindatxûa.* ‖ Joyeux : *Alhegheratxûa.*
RAYONNEMENT, s. m., action de rayonner. — *Arrayotasuna, dirdiratasuna.*
RAYONNER, v. n., jeter des rayons, briller. — *Arrayatzea, dirdiratzea.*
RAYURE, s. f., manière dont une étoffe est rayée. — *Marra.*

RÉACTIF, IVE, adj. et s. m., qui réagit. — *Kóntragarria.*

RÉACTION, s. f., action de réagir. — *Kóntrakua.* || Fig., vengeance : *Mendekabea.*

RÉADMETTRE, v. a., admettre de nouveau.— *Berriz errecibitzea, berriz etartzea.*

RÉADMISSION, s. f., nouvelle admission. — *Berriz errecibitzea, berriz etarza.*

RÉAGIR, v. n., se dit d'un corps qui agit sur un autre, qui éprouve l'action, au pr. et au fig. — *Kóntrakatzea.*

RÉAJOURNEMENT, s. m., nouvel ajournement. — *Ghibelamendua, bertce ayornamendúa.*

RÉAJOURNÉ, ÉE, part., renvoyé à un autre jour. — *Ghibelatúa, berriz ayornatúa.*

RÉAJOURNER, v. a., ajourner de nouveau. — *Ghibelatzea, berriz ayornatzea.*

RÉAL, s. m., monnaie d'Espagne ; pl., réaux, reales. — *Erreala.*

RÉALISATION, s. f., action de réaliser. — *Eghintasuna.*

RÉALISÉ, ÉE, part., rendu réel. — *Eghina.*

RÉALISER, v. a., rendre réel. — *Eghitea.*

RÉALITÉ, s. f., existence réelle. — *Eghina, cina.*

RÉAPPOSER, v. a., apposer de nouveau. — *Berriz ezartzea.*

RÉASSIGNER, v. a., assigner, appeler de nouveau. — *Berriz deïtzea.*

REBAISSER, v. a., baisser de nouveau. —*Berriz béheïtitzea, berriz béheratzia, berriz aphaltzia.*

REBAPTISER, v. a., baptiser de nouveau. — *Berriz bathaïytzea.*

RÉBARBATIF, IVE, adj., rude, rebutant, fam. — *Malkorra, erroya, mokhorra, mukherra, ikezúa, dorpeá, bihurria.*

REBATIR, v. a., bâtir de nouveau.— *Birtekidatzea.*

REBELLE, adj. et s., qui se révolte. — *Errebollatúa, goïhandúa, menalłúa.*

RÉBELLION, s. f., révolte, soulèvement, résistance ouverte aux ordres de son souverain. — *Nahasdura, biahorka, goïhandura, errebolta, nahasmendúa, menaldeéra, bekaïndeéra.*

REBÉNIR, v. a., bénir de nouveau. — *Berriz bénédikatzea.*

REBÉQUER (SE), v. pr., répondre avec fierté à son supérieur, fam. — *Yazartzea.*

REBIFFER, v. a., redresser.— *Altchatzea.* || v. pers., regimber : *Itzultzea.*

REBLANCHIR, v. a., blanchir une deuxième fois. —*Berriz chúritzea, bigarren aldian chúritzea.*

REBOIRE, v. a., boire de nouveau. — *Berriz edatea.*

REBONDI, IE, adj., arrondi par embonpoint. — *Lóditúa.*

REBONDIR, v. n., faire un bond.—*Saltatzea, yaúztea.* || Faire rebondir : *Saltaraztea, yaútxaraztea.* || En parlant de la paume : *Púmpatzia.*

REBONDISSANT, ANTE, adj., qui rebondit. — *Saltagarria.*

REBONDISSEMENT, s. m., action de rebondir. — *Saltóa, yautxtasuna.* || En parlant de la paume : *Púmpa, púmpakúa.*

REBORD, s. m., bord élevé, saillie. — *Bazterra, eghia.* || Rebord (avancée du toit) : *Egatxa.*

REBORDER, v. a., border de nouveau une étoffe, une chaussure. — *Erreazpiltzea.*

REBOUCHER, v. a., boucher de nouveau. — *Berriz tapatzea, erretapatzia.* || Une bouteille : *Berriz búchoïnatzea, errebúchoïnatzea.*

REBOURS, s. m., le contre-poil. — *Ille-kóntra.* || A rebours, adv., en sens contraire : *Kóntratic, búru kóntra.* || Le dessous : *Kóntrakúa, ifrentzúa.*

REBROUSSER, v. a. et n., relever en sens contraire. — *Kóntratic itzultzea.* || Retourner en arrière : *Itzultzea, ghibelat yúaytea.*

REBUFFADE, s. f., mauvais accueil, fam. — *Esker gachtóa.*

REBUT, s. m., action de rebuter ; chose rebutée. — *Errefusa.*

REBUTANT, ANTE, adj., qui rebute, repoussant.—*Góhaïngarria, iguïngarria.* || Rébarbatif : *Malkorra, erroya, mokhorra, mukerra, ikezúa, dorpeá, bihurria.* || Orgueilleux : *Soberbiosa.*

REBUTER, v. a. et p., rejeter avec dureté.—*Bulkatzea, egortzea, bidaltzea.* ||Déplaire : *Gaïtzestea.* || Décourager : *Desalaïtzea.*

RECACHETER, v. a., cacheter de nouveau. — *Berriz kachetatzea, berriz cighillatzea, berriz sellútzea.*

RÉCALCITRANT, ANTE, adj., qui résiste avec opiniâtreté.-*Enferratzaïlea, bihurtzaïlea.*

RÉCALCITRER, v. n., résister avec humeur et avec opiniâtreté. — *Enferratzea, bihurtzea.*

RÉCAPITULATION, s. f., répétition sommaire. — *Itzabúrra, hitzabúrra.*

RÉCAPITULER, v. a., résumer. — *Itzabûrtzea, hitzabûrtzea.*
RECARDER, v. a., carder de nouveau.—*Berriz kardatzea, berriz charrantchatzea, berriz bargatzea.*
RECARRELER, v. a., carreler de nouveau. — *Berriz adrillatzea, berriz aderraïluztatzea, berriz laûzatzea.*
RECÉLÉ, ÉE, part., recèlement. — *Gordia, estalia, estaldûa.*
RECÈLEMENT, s. m., action de recéler. — *Gordetze, estaldea, estalera.*
RECÉLER, v. a., garder et cacher le vol de quelqu'un. — *Gordetzia, gordetzea, estaltzea.*
RECÉLEUR, EUSE, s., qui recèle. — *Gordetzaïlea, estaltzaïlea.*
RÉCEMMENT, adv., nouvellement.— *Berriki, berriró, orañago.*
RECENSEMENT, s. m., dénombrement.—*Icendagóa, kóndu chehia yendez edo gaüzez.*
RECENSER, v. a., faire un recensement. — *Icendatzea, kóndatzea, góndatzea, cembatzea.*
RÉCENT, ENTE, adj., nouveau. — *Berria, berrikikóa, oraïngóa.*
RÉCEPTACLE, s. m., lieu où s'amassent plusieurs choses. — *Etarkaya.*
RÉCEPTION, s. f., action de recevoir. — *Errecibimendûa.*
RECETTE, s. f., ce qui est reçu. — *Erreceta, bildu den dirûa.* || Action de recevoir : *Errecikuntza, dirûa errecibitzea, biltzea.* || Composition de drogues : *Erreceta.* || Ecrit qui indique cette composition : *Erreceta, sentarana.*
RECEVABLE, adj., admissible. — *Errecibigarria, art'ditakena.*
RECEVEUR, s. m., employé chargé d'une recette. — *Errecibidora, errecebura, errecibitzaïlea.*
RECEVOIR, v. a., prendre ce qui est présenté, donné ou dû.—*Errecibitzea, errecibitzia.* || Ressentir : *Senditzea, senditzia.* || Accueillir : *Errecibitzea, errecibitzia, onhestea.* || Installer : *Ezartzea.*
RECHANGE (DE), s. m., en réserve. — *Erresalbóa.* || Rechange : *Berriz kambiantzekóa, berriz aldatzekûa.*
RECHANGER, v. a., changer de nouveau. — *Berriz kambiatzea, berriz aldatzea.*
RECHANTER, v. a., répéter une chanson. — *Berriz kanta bat ématea, berriz kantatzea.*

RÉCHAPPER, v. a., être délivré. — *Eskapatzea, salbatzea.*
RECHARGER, v. a., charger de nouveau. — *Errekargatzia, errekargatzea, berriz kargatzea.*
RECHASSER, v. a., repousser ailleurs, chasser de nouveau. — *Errekasatzia, errekasatzea, berriz kasatzea, berriz egortzea.* || Poursuivre le gibier de nouveau : *Berriz ihiztatzia.*
RÉCHAUD, s. m., ustensile pour chauffer les mets. — *Chófetá.*
RÉCHAUFFÉ, ÉE, s. m. et part., acquis de la chaleur. — *Berotûa.* || Mets, personne, etc., réchauffée : *Errebérotûa.*
RÉCHAUFFER, v. a., acquérir de la chaleur. — *Berotzea.* || Chauffer ce qui était refroidi : *Errebérotzea, errebéróaztia, berriz béróaztea.*
RECHAUSSER, v. a., chausser de nouveau. — *Berriz zangotakûac ezar'tzea.*
RECHERCHE, s. f., perquisition, action de rechercher. — *Billakuntza.*
RECHERCHÉ, ÉE, part., ce que l'on désire trouver. — *Billatûa.* || Ce que l'on désire avoir : *Désiratûa, nahitûa.*
RECHERCHER, v. a., chercher de nouveau, avec soin, revenir sur le passé. — *Billatzea, berriz cherkatzea.*
RECHIGNÉ, ÉE, adj., maussade. — *Murrukutuna, sunkuïla, mestitsûa, deskurritsûa.*
RECHIGNEMENT, s. m., action de rechigner. — *Murrukutunkeria, sunkuïlkeria, mestitsukeria, deskurritsutasuna.*
RECHIGNER, v. n., gronder, répugner. — *Murrukutuntzea, sunkuïltzea, mestitzea, deskurritzea.*
RECHUTE, s. f., nouvelle chute en maladie. — *Errechuta, erorikóa, bertéripena, berkaïsoëra.*
RECHUTER, v. n., tomber dans la même faute. —*Bertérortzea, berterostea, berriz yaustea.* || Tomber de nouveau malade : *Bertéritzea, berkaïsotzea.*
RÉCIDIVE, s. f., rechute dans une faute. — *Bertéroria.*
RÉCIDIVER, v. n., retomber dans une même faute. — *Berterortzea, berriz erortzea.* || Rechuter dans une maladie : *Bertéritzea, berkaïsotzea, berriz eritzea.*
RÉCIF ou RESSIF, s. m., chaîne de rochers à fleur d'eau. — *Uhurpea.*
RÉCIPIENT, s. m., vase pour recevoir les distillations. — *Etartzallea, artzallea.*

RÉCIPROCITÉ, s. f., état réciproque. — *Elkarduna, elkargankia.*
RÉCIPROQUE, adj., mutuel. — *Ordaïna, ordaña, elkargankia, elkarduna.*
RÉCIPROQUEMENT, adv., mutuellement. — *Ordaïnez, ordañez, ordaïnka, elkarganderó, elkarri.*
RÉCIT, s. m., narration. — *Hitzaldia, kóndaïra, gondaïra.*
RÉCITATIF, s. m., sorte de chant qui n'est point assujetti à la mesure et qui doit être débité. — *Hitzaldikóa.*
RÉCITATION, s. f., action de réciter. — *Hitzaldikuntza.*
RÉCITER, v. a., dire par cœur. — *Errecitatzea.* ‖ Raconter : *Hitzaldiatzea, kóndatzea, góndatzia.*
RÉCLAMATION, s. f., action de réclamer. — *Erreklamacionea, eraïgora.*
RÉCLAMER, v. a., implorer. — *Othoïztea, galdetzea.* ‖ Revendiquer : *Erreklamatzea, eraïgoratzea.* ‖ Rappeler : *Orrhoïtaztea.* ‖ v. n., exposer ses droits : *Béré dretchuac ezaütaztea.* ‖ Réclamer : *Galdetzea, gald'eghitea.* ‖ Rappeler, terme de chasse : *Deïtotsitzea.*
RECLOUER, v. a., clouer une seconde fois.— *Bigarren aldian itzeztatzia.*
RECLUS, USE, adj. et s., qui vit dans la retraite. — *Erachia.*
RÉCLUSION, s. f., détention. — *Eraistea.*
RECOIFFER, v. a., coiffer de nouveau. — *Berriz koïfatzea, berriz buruztatzea.*
RECOIN, s. m., coin caché.-*Chokóa, chokúa.*
RÉCOLTE, s. f., action de récolter les biens de la terre, les fruits que l'on récolte. — *Errekolta.*
RÉCOLTÉ, ÉE, part., fait la récolte. — *Errekoltatúa, bildúa.*
RÉCOLTER, v. a., faire la récolte. — *Errekoltatzia, biltzea.*
RECOMMANDABLE, adj., estimable.— *Gómendagarria, dóandigarria, estimagarria, errekomendagarria.*
RECOMMANDATION, s. f., action de recommander, estime pour le mérite.— *Gómendióa, dóandigóa, errekomendacionea.*
RECOMMANDÉ, ÉE, part., exhorté, prié d'avoir soin, chargé de quelque chose. — *Gómendatúa, dóanditúa, errekomendatúa.*
RECOMMANDER, v. a. et p., demander qu'on soit favorable à..., prier d'avoir soin. — *Gómendatzea, dóanditzea, errekomendatzea.*

RECOMMENCÉ, ÉE, part., commencé de nouveau. — *Berriz asia.*
RECOMMENCER, v. a. et n., commencer de nouveau. — *Berriz astea.*
RÉCOMPENSE, s. f., prix d'un service rendu, d'une belle action. — *Errekompentxa, gólordia, gólardóa.* ‖ Prix d'un travail : *Saria.*
RÉCOMPENSÉ, ÉE, part., payé le travail. — *Pagatúa, saria émana.* ‖ Reconnu une belle action. *Errekompentxatúa, gólorditúa, gólardotúa.*
RÉCOMPENSER, v. a., payer un travail. — *Pagatzea, sari bat ematea, sariztatzea.* ‖ Un service, une belle action : *Errekompentxatzea, gólorditzea, gólardotzea.*
RECOMPOSÉ, ÉE, part., composé de nouveau. — *Berriz komposatúa, berriz eghina, berriz menátúa.*
RECOMPOSER, v. a., composer de nouveau. — *Berriz komposatzea, berriz eghitea, berriz menátzea.*
RECOMPOSITION, s. f., composition nouvelle. — *Komposicione berria, eghin', menádeberria.*
RECOMPTÉ, ÉE, part., compté de nouveau.— *Berriz kóndatúa, berriz góndatúa.*
RECOMPTER, v. a., compter de nouveau. — *Berriz kóndatzea, berriz góndatzea.*
RÉCONCILIABLE, adj., qui peut être réconcilié. — *Adichkidegarria, ongundegarria, komundigarria, bakegarria.*
RÉCONCILIATEUR, TRICE, s., qui réconcilie. — *Adichkidetzaïlea, ongundaria, komunditzaïlea, baketzaïlea.*
RÉCONCILIATION, s. f., action de réconcilier. — *Adichkidamendúa, ongundea, komundióa, baketasuna.*
RÉCONCILIER, v. a. et p., faire une réconciliation. — *Adichkidetzea, ongundetzea, komundatzea, baketzea.*
RECONDUIRE, v. a., accompagner par civilité. — *Seghitzea, laguntzea.*
RECONDUITE, s. f., action de reconduire. — *Laguntza.*
RÉCONFORTER, v. a., fortifier, consoler. — *Borthitztea, azkartzea.*
RECONFRONTER, v. a., confronter de nouveau. — *Berriz aürkedatzea.*
RECONNAISSABLE, adj., facile à reconnaître. — *Ezaütgarria.*
RECONNAISSANCE, s. f., action de reconnaître. —*Ezaütza, ezagutza.* ‖ Souvenir de bienfait, gratitude qu'on en témoigne :

Ezaützа, ezagutza, eskerra, dóaïkerdea, dóaïkerra, ikustatea. ‖ Ecrit par lequel on reconnaît : *Ezaützа, billeta.* ‖ Terme de guerre : *Ezagutza, itzulia.*

RECONNAISSANT, ANTE, adj., qui a de la gratitude. — *Ezagutzaduna, dóaïkertia, eskertia, eskertsùa, eskeremallea, eskerghillea, eskerghiña, ikustateduna.*

RECONNAÎTRE, v. a., se rappeler l'image d'une personne ou d'une chose. — *Ezaützea, ezagutzea.* ‖ Remarquer : *Ohartzea.* ‖ Observer : *Gùardiatzea.* ‖ Avouer : *Aïthortzea.* ‖ Récompenser : *Errekompentxatzea, gólorditzea, gólordotzea.* ‖ Payer : *Pagatzea, sariztatzea.*

RECONQUÉRIR, v. a., conquérir de nouveau. — *Berriz kónkestatzea.*

RECONSTRUCTION, s. f., action de reconstruire. — *Birtekida.*

RECONSTRUIRE, v. a., rebâtir. - *Birtekidatzea.*

RECOPIER, v. a., copier de nouveau. — *Berriz kopiatzea.*

RECOQUILLER, v. a. et p., retrousser en coquille. — *Bollakintzea, kizkurtzea, galbartzea, izurtzea, kochkoïltzea, biltzea.*

RECOUDRE, v. a., coudre ce qui est décousu. — *Berriz yostea.*

RECOUPER, v. a., couper de nouveau avec un instrument tranchant. — *Berriz pikatzea.* ‖ Recasser : *Berriz aùstea.* ‖ Briser : *Berriz cheátzea.*

RECOURBER, v. a., courber par le bout. — *Makurtzea, makurtzia.*

RECOURIR, v. n., courir de nouveau. — *Berriz kurritzea, berriz lasterkatzea.* ‖ Implorer : *Othoïtztea.*

RECOURS, s. m., action de recourir, d'implorer. — *Othoïtza, galdea.*

RECOUVRABLE, adj., qui peut se recouvrer. — *Kóbragarria.*

RECOUVREMENT, s. m., action de recouvrer ce qui est perdu. — *Izatia.* ‖ Perception des deniers qui sont dus et les diligences qui se font pour cela : *Kóbrantza.*

RECOUVRER, v. a., retrouver, percevoir. — *Kóbratzea.*

RECOUVRIR, v. a., couvrir de nouveau ; fig., masquer. — *Berriz estaltzea.*

RÉCRÉATIF, IVE, adj., qui récrée. — *Yóstagarria, lóriagarria, libertigarria, dóstagarria, jóstagarria, ábusagarria.*

RÉCRÉATION, s. f., action de récréer. — *Yósteta, yóstagaïlùa, dósteta, dóstaraïlúa, jósteta, libertimendua, ábusamendùa.*

RÉCRÉER, v. a. et p., réjouir, divertir. — *Yóstatzea, dóstatzea, jóstatzea, libertitzea, lóriatzea, ábusaizia.*

RÉCRÉPIR, v. a., crépir de nouveau. — *Berriz embokatzea, berriz zartatzea.*

RÉCRIER (SE), v. p., faire une exclamation. — *Plañitzea.*

RÉCRIMINATION, s. f., action de récriminer. — *Erreberritasuna.*

RÉCRIMINER, v. n., répondre par une accusation. — *Erreberritzea.*

RECROÎTRE, v. n., croître de nouveau. — *Berriz ethortzea, berriz larritzea, berriz handitzea.*

RECRUE, s. f., nouveau soldat, etc. — *Konskrita, konsgrita, diagheïtarra.*

RECRUTEMENT, s. m., levée des soldats. — *Diagheïta.*

RECRUTER, v. a. et p., faire des recrues. — *Diagheïtzea, diagheïtatzea.*

RECRUTEUR, s. m., qui recrute. — *Diagheïtatzaïlea, diagheïtzallea.*

RECTA, adv., ponctuellement. — *Chuchentki.*

RECTIFICATION, s. f., action de rectifier. — *Chuchendamendúa, zucenghita, artezghita.*

RECTIFIER, v. a., redresser, remettre en état. — *Chuchentzea, kompontzea, antolatzea, zucentzea, areztea, arrimatzea.*

RECTILIGNE, adj., formé par des lignes droites. — *Mararteza, marzucena.*

RECTITUDE, s. f., équité, justesse d'esprit. — *Chuchentasuna, zucentasuna, yustutasuna, justutasuna.*

RECTO, s. m., terme emprunté du latin, la première page d'un feuillet. — *Aürkia, gaïna.*

RECTUM, s. m., gros intestin. — *Ondoértzia.*

REÇU, s. m., quittance. — *Kitantza, errezebuta, erreciboa.*

RECUEIL, s. m., collection d'écrits, etc. — *Bilgura, bazá, batadea, bildadea.* ‖ Abrégé : *Laburkuntza.*

RECUEILLEMENT, s. m., action de se recueillir. — *Phentxaketa.* ‖ Action de recueillir, de réunir : *Bilkuntza, bilgura, bazá.*

RECUEILLIR, v. a., cueillir, ramasser, réunir. — *Biltzea.* ‖ v. p.; rappeler ses esprits : *Gógotatzea, gógotan égotea.*

RECUIRE, v. a., cuire de nouveau (à l'eau). — *Berriz egosaztea.* ‖ Griller : *Berriz erreaztea.*

RECUIT, ITE, part., cuit de nouveau (à l'eau). — *Berriz egosazia.* ‖ Grillé : *Berriz er-*

38

reazia. || adj., trop cuit (à l'eau): *Egosieghia.* || Grillé : *Erreéghia.*

RECUL, s. m., mouvement d'une chose qui recule. Il se dit principalement du canon. — *Ghibelamendúa.*

RECULADE, s. f., action d'une ou plusieurs voitures qui reculent ; fig., en parlant des affaires, ce qui en éloigne la conclusion : *Ghibelamendúa.*

RECULEMENT, s. m., action de reculer. — *Ghibelamendúa.*

RECULER, v. a., n. et p., tirer, pousser en arrière. — *Ghibelarat bulkatzea, esportzatzea.* || Emporter en arrière : *Ghibelarat érematea.* || Fig., éloigner : *Urruntzea.* || Retarder : *Ghibelatzea.* || Étendre, porter plus loin : *Handitzea.*

RECULONS (A), adv., en reculant. — *Ghibelka, atzeraka.*

RÉCUPÉRER (SE), v. p., se dédommager. — *Béré búrua ordaïntzea.*

RÉCUSABLE, adj., qui peut être récusé. — *Artzukogarria, artzukagarria.*

RÉCUSATION, s. f., action de récuser. — *Artzukóa.*

RÉCUSER, v. a., rejeter un juge, un témoin. — *Artzukatzea, artzukotzea.*

RÉDACTEUR, s. m., qui rédige. — *Ichkiribatzaïlea, izkiribatzaïlea.*

RÉDACTION, s. f., action de rédiger. — *Ichkiribakuntza, izkiribakuntza.*

REDDITION, s. f., action de rendre. — *Errendamendúa.*

REDÉFAIRE, v. a., défaire de nouveau. — *Berriz urratzea.*

REDEMANDER, v. a., demander une deuxième fois. — *Bigarren aldian gald'eghitea, berriz galdetzea.*

RÉDEMPTEUR, s. m., qui rachète. — *Erredentorea, eroslea, erresketatzaïlea, kitapetzallea.*

RÉDEMPTION, s. f., rachat. — *Erredempcionea.* || Rédemption du genre humain : *Ghizonen erredempcionea, ghizonen erredencióa, kitapena.*

REDEVABLE, adj. et s. ; fig., obligé. — *Žor duna, zor izatia.*

REDEVANCE, s. f., dette annuelle. — *Urteko zorha, urteko censóa.*

REDEVENIR, v. n., devenir de nouveau. — *Berriz bilakatzea, berriz ethortzea, berriz jitea.*

RÉDIGER, v. a., mettre par écrit. — *Ichkiribatzea, izkiribatzea.*

REDINGOTE, s. f., vêtement. — *Chenillá.*

REDIRE, v. a., dire de nouveau, répéter. — *Berriz erratea.* || Révéler à un autre ce qu'on a dit : *Salatzea.*

REDITE, s. f., répétition fréquente, ce que l'on redit. — *Errepika.* || Rapports : *Erasiac, hitzuntzikeriac, berritsukeriac.*

REDONNER, v. a., donner de nouveau. — *Berriz émaïtea.*

REDORER, v. a., dorer de nouveau. — *Berriz urreztatzea.*

REDOUBLEMENT, s. m., augmentation. — *Erredoblea, gheïtaberria.*

REDOUBLER, v. a. et n., réitérer, augmenter. — *Erredoblatzea, gheïtambetzea.* || Replier : *Birtolestea, bertolestatzea.*

REDOUTABLE, adj., fort à craindre. — *Beldurgarria.* || Dangereux : *Irriskosa, icigarria, lanyerosa.*

REDOUTE, s. f., pièce de fortification détachée en avant. — *Erreduta.*

REDOUTER, v. a., craindre beaucoup. — *Beldurtzia, lotxatzia, ikharatzea.*

REDRESSEMENT, s. m., action de redresser. — *Zucendea, arteztea, artezdea, chuchendea.*

REDRESSER, v. a., rendre droit, etc. — *Chuchentzea, chuchentzia, zucentzea, artetzea.*

REDRESSEUR, EUSE, s., de torts, chevalier errant. — *Chuchentzaïlea, zucentzaïlea, arteztaria, arteztzallea.*

RÉDUCTIBLE, adj., qui peut être réduit. — *Gutiditakena, tchipiditakena, ttipiditakena.*

RÉDUCTION, s. f., action de réduire. — *Gutitasuna, tchipitasuna, ttipitasuna.*

RÉDUIRE, v. a., restreindre, diminuer. — *Gutitzea, guchitzea.* || Dompter : *Cebatzea, heztea, eztea, esitzea, malsotzea.* || Résoudre : *Bilakatzea, aboëtzea.* || Se terminer : *Finitzea.*

RÉDUIT, s. m., retraite. — *Chokóa, chokúa, zokúa.*

RÉEL, LE, adj. et s. m., qui est en effet. — *Eghiazkóa, erreala.*

RÉELLEMENT, adv., véritablement. — *Eghiazki, erreaki, cinez.*

RÉEXPORTATION, s. f., action de réexporter. — *Kampoko martchandizac berriz estranyereat eremaïten direnac.*

RÉEXPORTER, v. a., exporter des marchandises importées. — *Estranyereat eremaïtea, estranyeretic ethorri diren martchandizac.*

REFAIRE, v. a., n. et p., faire de nouveau. — *Berriz éghitea.* ‖ Se rétablir (guérir, revenir en santé) : *Bichkortzea, sendatzea.* ‖ Réparer : *Kompontzea, antolatzea, arrenyatzea.*

REFENDRE, v. a., fendre de nouveau. — *Berriz erdikatzea, berriz arraïlatzea.*

RÉFÉRER, v. a., rapporter. — *Fidatzea.* ‖ Attribuer : *Dágoketzea.*

REFERMÉ, ÉE, part., fermé de nouveau. — *Berriz zerratúa.*

REFERMER, v. a., fermer de nouveau. — *Berriz zerratzea.*

REFERRER, v. a., garnir de nouveau de fers les pieds d'un cheval. — *Berriz ferratzea.*

RÉFLÉCHI, IE, adj., fait avec réflexion. — *Pausatuki, gógotaturic, errefletzion'ekilan.* ‖ Qui réfléchit (qui pense, qui est dans ses réflexions): *Gógotatua.* ‖ Qui est réfléchi (reflété) : *Ciarghitúa, butarghitúa, ikurtatúa.*

RÉFLÉCHIR, v. a., repousser. — *Butarghitzea, ikurtatzea.* ‖ v. n., penser : *Phentxatzea, gógoratzea.* ‖ Fig., rêver : *Ametxtea, amestea.*

RÉFLECTEUR, s. m., corps qui réfléchit la lumière. — *Ciarghiaren ikurtaria, biurketaria.*

REFLET, s. m., réflection de la lumière. — *Butarghia, arghi biurketa.*

REFLÉTER, v. a., renvoyer la lumière. — *Butarghitzea, ikurtatzea, arghia ikurtzea.*

REFLEURIR, v. n., fleurir de nouveau. — *Berriz loratzea.*

RÉFLEXION, s. f., action de réfléchir. — *Errefletzionea, óarketa, oarrá, oarkera, arthá, arreta, oarkaïña, oartasuna.* ‖ Action de refléter : *Butarghia, arghiaren biurketá, ciarghiaren ikurta.*

REFLUER, v. n., retourner vers là source. — *Marea goïti yuaïtea.* ‖ Remonter, aller opposément : *Goïtitzea, itzultzea.*

REFLUX, s. m., mouvement réglé de la mer. — *Marea, maria, ugoïbea, menasta.*

REFONDRE, v. a., fondre de nouveau. — *Berriz urtzea.*

REFONTE, s. f., action de refondre. — *Urtkuntz'berria, berriz urtzeko lana éghitea.*

REFORGER, v. a., forger de nouveau. — *Burdinezko lan bat berriz éghitea.*

RÉFORMABLE, adj., qui peut être réformé. — *Erreformagarria.*

RÉFORMATEUR, TRICE, s., qui réforme, qui donne une nouvelle forme à l'objet qui l'avait perdue. — *Erreformatzaïlea, bertaraützallea, berteratzallea.*

RÉFORMATION, s. f., action de réformer. — *Erreformacionea, berteraüa.* ‖ Donner la forme primitive : *Berterá, birterá, lehenbiciko forma berriz ematea.*

RÉFORME, s. f., rétablissement dans l'ordre, dans l'ancienne forme. — *Erreforma, moldura, berteraüa.* ‖ Retranchement : *Espea, ébakia.* ‖ Réduction : *Gutitasuna, gutchitasuna.* ‖ Congé : *Konyta.* ‖ Rétablir la forme primitive : *Berterá, birterá, lehenbiciko forman berriz ezartzea.*

RÉFORMER, v. a. et p., rétablir dans l'ancienne forme. — *Lehenbiziko ekanzan ezartzea.* ‖ Retrancher : *Khentzea.* ‖ Réduire : *Gutitzea.* ‖ Mettre de côté comme inutile : *Erreformatzea.*

REFOULEMENT, s. m., action de refouler. — *Barnakuntza.*

REFOULER, v. a., pousser avec le refouloir. — *Barnatzea, barnat yótzea.* ‖ Refluer : *Itzultzea.*

RÉFRACTAIRE, adj. et s. m., rebelle. — *Fedaüslea.*

RÉFRACTER, v. a., produire la réfraction. — *Arghia irudaüstea.*

RÉFRACTION, s. f., division d'un rayon de lumière. — *Arghiaren irudaüsta.*

REFRAIN, s. m., répétition à chaque couplet, etc. — *Eüskarichóa, kantastea.* ‖ Retour de vagues : *Tirañen itzulia.*

REFRÉNER, v. a., réprimer. — *Onterazotzea, hertchatzea.*

RÉFRIGÉRANT, ANTE, adj., qui rafraîchit. — *Hotzaghillea, otzaroghillea.*

REFROGNÉ, ÉE, part., qui a le front rembruni. — *Bekoskotúa, bekurundestúa.*

REFROGNEMENT, s. m., action de se refrogner. — *Bekoskóa, bekurundea.*

REFROGNER (SE) ou RENFROGNER (SE), v. p., se faire des plis au front qui marquent du mécontentement, du chagrin. — *Bekoskotzea, bekuruntzea.*

REFROIDIR, v. a., n. et p., rendre froid. — *Hotztea, hotztia, hotzitzea.* ‖ Se refroidir : *Errefriatzea.* ‖ S'enrhumer : *Hotzeritzea, hotzersitzea.*

REFROIDISSEMENT, s. m., diminution de chaleur au pr. et au fig. — *Errefria, hotzdura.* ‖ Devenir malade par suite du froid : *Hotzeria, hotzersia.*

REFUGE, s. m., asile. — *Iheslekua, ihesteghia, habea, yestokia, gordelekua.* ǁ Retraite : *Erretiróa, leku arrazghea.*

RÉFUGIÉ, ÉE, adj. et s. m., retiré de son pays. — *Ihesghitua.*

RÉFUGIER (SE), v. p., se retirer en lieu de sûreté. — *Ihesteghitzea.*

REFUS, s. m., action de refuser. — *Errefûsa, eza, ezetza.*

REFUSER, v. a., ne pas accepter, rejeter une demande. — *Errefûsatzia, ez émaïtea.* ǁ v. p., se priver : *Kaïzteétzea, pribatzea.*

RÉFUTATION, s. f., discours pour réfuter. — *Iraïzkida, egozkida.*

RÉFUTER, v. a., combattre par des raisons. — *Iraïzkidatzea, egozkidatzea.*

REGAGNER, v. a., gagner ce qu'on a perdu. — *Berriz irabaztea, berriz iraztia.*

REGAILLARDIR, v. a., remettre de bonne humeur. — *Alhegheraztea.*

REGAIN, s. m., deuxième foin. — *Urrisorróa, urrisorrûa, sorromotza.*

RÉGAL, s. m., festin. — *Oberaria, gombidanza, jaketa, bonaza, gozaróa.* ǁ Fig., grand plaisir, fam. : *Atxeghina, gozaldia.* ǁ pl., régals : *Aseac.* ǁ Présent : *Présenta, émaïtza, doaiña, doóya, erregalóa, doaña.*

RÉGALADE, s. f. (boire à la), la tête renversée. — *Gargantian edatea.*

RÉGALER, v. a., donner un régal. — *Oberaritzea, gozarotzea, bonazatzea.* ǁ Faire des présents : *Présentac, émaïtzac, doaiñac, doañac, doóyac, erregalóac emaïtea.*

REGARD, s. m., action de la vue. — *Soa, bekokia, bekundea, beïratzea, behakuntza.* ǁ Regard (en), loc. adv., vis-à-vis : *Bisiambis.*

REGARDANT, s. m., qui regarde. — *Beïratzaïlea.* ǁ Près de ses intérêts : *Beïrakorra.* Regardant (en) : *Beïratzian.*

REGARDER, v. a., jeter la vue. — *Beïratzia, beïratzea.* ǁ Examiner : *Etxaminatzea, miratzea, ikertzea.* ǁ Considérer : *Kónsideratzea.* ǁ Etre vis-à-vis : *Bisiambis izaïtea.* ǁ Concerner : *Dágokitzea, cégokitzea.*

RÉGENCE, s. f., fonction de régent. — *Erregencia, érondea, gobernûa, anzaëra.*

RÉGENT, s. m., qui enseigne dans le collège. — *Erreyenta, errejenta, maïstrûa, eskola maysûa.* ǁ adj., qui gouverne pendant la minorité : *Erregentea, érondaria, gobernutaria, gobernatzaïlea, anzaëria.*

RÉGENTER, v. a. et n., enseigner. — *Irakustea, crakustia, irakastea, érakastea.* ǁ Maîtriser : *Ibiltzea, antzatzea.*

RÉGICIDE, s. m., assassinat d'un roi. — *Erreghe baten heriotza.* ǁ Celui qui commet le crime : *Erreghe baten heriotzaïlea.*

RÉGIE, s. f., administration des impôts indirects, droits réunis. — *Siseketarien administracionea, ekartzaïlûa, erabillzaïlûa.* Régie (employé de la) : *Siseketaria.*

RÉGI, IE, part., gouverné, administré. — *Gobernatua, erontztua, erondetua.*

REGIMBER, v. n., ruer, rebiffer. — *Itzultzea, ordaïntzea.* ǁ Résister, fam. : *Ihardukitzea, bihurtzea, enferratzea.*

RÉGIME, s. m., manière de vivre. — *Yaterea.* ǁ Manière de gouverner : *Gobernûa, erondea.*

RÉGIMENT, s. m., corps militaire. — *Erreyimendûa, erregimendûa, diabilla.*

RÉGION, s. f., grande étendue d'un pays, ou division de la terre. — *Erria, alderria.* ǁ En parlant des éléments : *Ekoteghia.* ǁ Portion du corps humain : *Bicighita.*

RÉGIR, v. a., gouverner, administrer. — *Gobernatzea, erontzea, erondetzea.*

RÉGISSEUR, s. m., qui régit. — *Gobernatzaïlea, erontzallea, erondetzallea.*

REGISTRE ou REGÎTRE, s. m., livre où l'on inscrit. — *Erregistrûa.*

RÈGLE, s. f., instrument pour tirer les lignes. — *Erreghela.* ǁ Opération d'arithmétique : *Erreghela.* ǁ Fig., principe : *Principiûa, erreghela.* ǁ Ordre : *Ordena, erreghela.* ǁ Modèle : *Módela.* ǁ Statuts : *Bitezardeac, erreghelamendûac, araüdeac.* ǁ Règlement : *Chuchenkunza, araüdea, araüa, adrakaya.* ǁ pl., menstrues : *Odolac, ilberac, illodolac, atsegaïtzac, erreghelac.*

RÉGLÉ, ÉE, adj., conforme aux règles, point décidé. — *Erreghelatua, ordenatûa.* ǁ Esprit sage : *Zuhurra, prudenta, erreghelatûa, zentzutûa.* ǁ Papier couvert de lignes : *Marratûa.*

RÈGLEMENT, s. m., statuts, action de régler. — *Erreghelamendua, araüdea, araüa, adrakaya, chuchenkuntza.* ǁ D'une ville, d'une province : *Errondaldia.*

RÉGLÉMENT, adv., avec règle. - *Erreghelatuz, araüaz, araüdez, adrez, erreghelatuki.*

RÉGLEMENTAIRE, adj., qui concerne le règlement. — *Erreglemendukórra, araüdekórra, adrakaykorra.*

RÉGLER, v. a., fixer, tirer des lignes sur le papier. — *Marratzea*. || Fig., conduire, diriger suivant certaines règles, déterminer, décider une chose d'une façon ferme et stable, mettre ses affaires, sa dépense dans un bon ordre. — *Erreghelatzea*.

RÉGLISSE, s. f., plante. — *Errekalitza, gocherróa*.

RÉGNANT, ANTE, adj., qui règne. — *Erreiñaria, baterondoria*.

RÈGNE, s. m., gouvernement d'un roi, etc.— *Erresuma, erreiñúa, erreñua, bateronkia*. || Terme d'histoire naturelle : *Erreiñua*. || Laps de temps que règne un roi : *Erreiñaldia, bateronaldia*.

RÉGNER, v. n., gouverner un état ; fig., dominer, être en crédit, s'étendre. — *Erreiñatzea, baterontzea, jabaritzea*.

REGORGEMENT, s. m., action de ce qui regorge. — *Gaïntasuna*.

REGORGER, v. n., déborder, abonder. — *Gaïnditzea*.

REGRET, s. m., chagrin d'avoir perdu. — *Erregreta, dolua*. || Repentir : *Errenkura, arrenkura, urrikia, dólua, gógoanbeharra*.

REGRETTABLE, adj., qu'on doit regretter. — *Errenkuragarria, erregretagarria, urrikigarria, dólugarria, gógoan behar garria*.

REGRETTER, v. a., être affligé d'une perte.— *Errenkuratzea, erregretatzea, urrikitzea, dólutzea, gógoanbehartzea*.

RÉGULARISER, v. a., rendre régulier. — *Kompontzea, araützea, erregulartzea*.

RÉGULARITÉ, s. f., état régulier. — *Zucentasuna, araüdea*.

RÉGULIER, adj., conforme aux règles. — *Zucena, erreghelakúa*. || Exact : *Zucena, chuchena, zorrotza, erreguliera*. || s., religieux : *Erregularra, araütarra*. || Régulier, commun, ordinaire : *Kómuna, berdina, igúala, sarritakúa, betaldikúa*.

RÉGULIÈREMENT, adv., d'une manière régulière. — *Zucenki, chuchenki, erregularki*.

RÉHABILITATION, s. f., action de réhabiliter (l'honneur).—*Erreparamendúa*. || Remettre comme avant : *Lehen bezala ezartzea*.

RÉHABILITER, v. a. et p., remettre dans le premier état (en parlant de l'honneur). — *Erreparatzea*. || Arranger comme avant : *Lehen bezala ezartzea*.

REHAUSSEMENT, s. m., action de rehausser. — *Gheïtalchamendúa*.

REHAUSSER, v. a., hausser davantage. — *Gheïtalchatzea*. || Fig., augmenter : *Handitzea*. || Vanter : *Goratzea, espantutzea*. || En peinture : *Gaïnloratzea, ghciyago kholoreztatzea, kholorea goïtitzea*.

REINS, s. m. pl., les lombes, le bas de l'épine du dos et la région voisine. — *Erraïnac, errañac, sayetsac*.

REINE, s. f., femme de roi, femme qui règne. — *Erreghiña*.

REINETTE, s. f., sorte de pomme. — *Erneta*. || Reinette blanche : *Gordinchuria*

RÉINTÉGRATION, s. f., action de réintégrer.— *Birtosaëra*.

RÉINTÉGRER, v. a., remettre en possession.— *Birtosartzea*. || En prison : *Berriz preso ezartzea, berriz presondeiyan sarraztea*.

RÉITÉRATION, s. f., action de réitérer. — *Berriztamendúa*.

RÉITÉRER, v. a., dire de nouveau. — *Berriztatzea*.

REJAILLIR, v. n., jaillir. — *Yaïlkitzea, yalghitzea, yaüztea, ilkitzea*. || Etre réfléchi : *Butarghitzea, arghia ikurtzea*. || Retomber : *Erortzea*.

REJAILLISSEMENT, s. f., action, mouvement de ce qui rejaillit. — *Yaütxia, yaïlkia, yaïlkitasuna, hilkitzia*.

REJET, s. m., action de rejeter.— *Errefusa*. || Nouvelle pousse d'un végétal : *Muskila, aldaska*.

REJETER, v. a., jeter une seconde fois. — *Berriz botatzea, etchatzea, aürdikitzea*. || Repousser : *Bulkatzea*. || Jeter dehors (vomir) : *Goït'ghitea, oka'ghitea, goïtika'ghitea*. || Il se dit aussi des arbres qui repoussent après avoir été coupés : *Aldaskatzea, muskiltzea, pampanotzea*. || Fig., rebuter, ne pas agréer : *Gaïtzestea*.

REJETON, s. m., nouveau jet. — *Aldaska, muskila, pampanoa, urtuma*. || Fig., descendant : *Leiñukôa, ondokôa, ethorkikôa*.

REJOINDRE, v. a. et p., réunir, ratteindre. — *Yuntatzea*.

RÉJOUI, IE, s., personne gaie. — *Alheghera, bóza, harróa, arraya*. || part., qui éprouve du contentement : *Alhegheratúa*.

RÉJOUIR, v. a., divertir. — *Alhegheratzea, bóztea, bozkariotatzea*.

RÉJOUISSANCE, s. f., démonstration de joie. — *Bózkarióa, alhegheratasuna, alhegherantzia*.

RÉJOUISSANT, ANTE, adj., qui réjouit. — *Alhegheragarria, bózkariogarria*.

RELACHE, s. m., repos. — *Paüsua, deskantxûa, desnekea, atsedagóa.* ‖ s. f., lieu où l'on peut relâcher : *Dembora tcharretan untciac sartzen ahal diren portûac, tókiac.*

RELACHÉ, ÉE, adj., se dit principalement du relâchement dans les mœurs et dans la religion : *Lachotûa, lazotûa, galdûa.* ‖ Qui a perdu sa tension : *Lachatua.*

RELACHER, v. a., faire qu'une chose soit moins tendue ; fig., moins sévère, moins intègre. — *Lachotzea, lazotzea, lachatzea.* ‖ Laisser aller : *Lazotzea.* ‖ Céder : *Amor emaïtea.* ‖ Diminuer : *Gutitzea.* ‖ v. n., terme de marine, s'arrêter : *Untciac portu batian sartzea, dembora tzar izanez, edo bertce behar batendako.* ‖ Mettre en liberté : *Lachatzea, largatzea.*

RELAIS, s. m., chevaux qui doivent en remplacer d'autres en route. — *Tiróa.*

RELANCER, v. a., lancer, mettre de nouveau en mouvement. — *Berriz abiaztea.* ‖ Jeter de nouveau : *Berriz etchatzea, botatzea, aürtikitzea, iraücitzea.* ‖ Poursuivre : *Berriz perseghitzea.* ‖ Faire lever de nouveau une pièce de gibier : *Berriz altchaztea.* ‖ Riposter : *Ordaïntzea.*

RELAPS, APSE, adj. et s., qui est retombé dans l'hérésie. — *Berterióa.*

RELATER, v. a., raconter un fait. — *Kóndatzea, góndatzea.*

RELATIF, IVE, adj., qui a du rapport. — *Arabera, beákidea, behakidea, elkarkidea.*

RELATION, s. f., récit. — *Kóndaïra, eghitza.* ‖ Liaison : *Elkar atchikitzia.* ‖ Rapport : *Beákida, elkargokia.*

RELATIVEMENT, adv., par rapport. — *Araberian.*

RELAVER, v. a., laver de nouveau. — *Berriz garbitzea.*

RELAXATION, s. f., relâchement. — *Librantza, berlasaïta, bernasaïta.*

RELAXÉ, ÉE, adj. et part., mis en liberté. — *Libratua.*

RELAXER, v. a., remettre en liberté. — *Libratzea.*

RELAYER, v. a., occuper des ouvriers les uns après les autres. — *Aldizkatzea, chanyazkatzea, kambiazkatzea.* ‖ v. n., changer de relais : *Tiróa kambiatzea.*

RELÉGUER, v. a., exiler en un lieu fixé. — *Destarrotzea.*

RELEVÉ, ÉE, adj., noble, sublime. — *Handia.* ‖ part., haussé : *Goïtitûa, altchatûa.* ‖ s. m., extrait de compte, etc. : *Kóntu pharte bat.*

RELEVÉE, s. f., t. de pratique, après-midi. — *Atxaldea.*

RELEVER, v. a. et p., remettre debout. — *Chutitzea, chutitzia.* ‖ Reconstruire : *Berriz ekidatzea.* ‖ Hausser : *Goratzea, goïtitzea, altchatzea.* ‖ Fig., ranimer : *Pichtea.* ‖ Faire valoir : *Baleïyaztea.* ‖ Exalter : *Alimatzea.* ‖ Censurer : *Kritikatzea.* ‖ Dépendre : *Menetzea.*

RELIEF, s. m., bosse en ouvrage de sculpture, de fonte, etc. — *Galatza, gotolea.*

RELIER, v. a., coudre et couvrir un livre. — *Estaltzea, kobertur'ematea.* ‖ Lier de nouveau (attacher) : *Berriz lotzea.* ‖ Revenir à une ancienne liaison : *Berriz adichkidetzea.*

RELIEUR, EUSE, s., qui relie des livres. — *Liburu estaltzaïlea, kobertur'emaïlea.*

RELIGIEUSEMENT, adv., avec religion. — *Erligioneki, erreligioneki.*

RELIGIEUX, EUSE, adj., de la religion. — *Erreligionekûa.* ‖ Pieux : *Yúyûsa.* ‖ Fidèle : *Fidela, fiela, leyala.* ‖ s., moine : *Fraïlia, fraïlea, fraïdea.*

RELIGION, s. f., culte. — *Erreligionea.* ‖ Foi : *Fedea.* ‖ Piété : *Debocionea, debociûa, jaïera, yúyûsdea.* ‖ Femme qui vit dans un couvent : *Serora, andre-jaïnkotia.* ‖ Religion fausse, superstition : *Donghedea.* ‖ Religion, vertu morale qui porte à adorer Dieu : *Donedea.*

RELIGIONNAIRE, s., celui, celle qui suit la religion protestante. — *Protestanta, donghedazalea.*

RELIQUAIRE, s. m., boîte, cadre où l'on enchâsse des reliques. — *Ondoneghia.*

RELIQUAT, s. m., t. de pratique, reste de compte. — *Ondarra.*

RELIQUE, s. f., reste d'un saint. — *Erlika.*

RELIRE, v. a., lire de nouveau. — *Berriz irakurtzea.*

RELIURE, s. f., ouvrage de relieur. — *Estalkia.*

RELUIRE, v. n., luire par réflexion. — *Arghitzea.* ‖ Fig., briller : *Dirdiratzea, distiratzea.*

RELUISANT, ANTE, adj., qui reluit. — *Dirdiranta, arghigarria.*

RELUSTRER, v. a., lustrer de nouveau. — *Berriz distiraztea.*

REMANIEMENT, s. m., action de remanier, l'effet de cette action. — *Erabilkuntz'berria.*

REMANIER, v. a., manier de nouveau. — *Berriz erabiltzea*. ‖ Refaire : *Berriz eghitea*.

REMARIER, v. a. et p., marier une seconde fois. — *Berriz ezkontzea*.

REMARQUABLE, adj., digne d'attention. — *Ikusgarria, miragarria, berechgarria, ezagutgarria, erremarkagarria*.

REMARQUABLEMENT, adv., notablement. — *Igusgarriki, miragarriki, erremarkagarriki*.

REMARQUE, s. f., observation.—*Erremarka, góardiakuntza, ezagutbidea, zagutbidea*.

REMARQUER, v. a., voir, observer. — *Erremarkatzia, ohartzea*. ‖ Distinguer : *Ezagutzia, ezagutzea*. ‖ Observer : *Góardiatzea, bealditzea*. ‖ Marquer de nouveau : *Berriz markatzea, señaletzea, chedatzea*.

REMBARQUEMENT, s. m., action de rembarquer. — *Errembarkamendua, itsasgoïmendua, onciramendua*.

REMBARQUER, v. a., n. et p., embarquer de nouveau. — *Berriz embarkatzea, berriz itsasgoïtea, berriz onciratzea*.

REMBARRER, v. a., repousser vigoureusement. Il est peu usité au prop. — *Borthitzki bulkatzea*. ‖ Fig. et fám., rembarrer quelqu'un, rejeter avec fermeté, avec indignation. On dira en basque : *Bériac erraïtea* (lui dire les siennes), c'est-à-dire lui dire, lui répondre ce qu'il mérite. ‖ Je l'ai rembarré ou rembarrée d'importance : *Bériac errandiozkat merecizuen bezala, bériac aïtutu méreci zuen bezala*. (Je lui ai dit les siennes comme il le méritait; pour dire : Je lui ai dit ce qu'il méritait, il a entendu ce qu'il méritait).

REMBLAI, s. m., terre rapportée. — *Lur emenda*.

REMBLAYER, v. a., combler de terre de rapport. — *Lurrez emendatzea*.

REMBOURRÉ, ÉE, part., garni de laine, de crin, de bourre. — *Illaündúa*.

REMBOURRER, v. a., garnir de bourre, de laine, de crin. — *Illaüntzea*.

REMBOURSABLE, adj., qui peut être remboursé. — *Pagagarria*.

REMBOURSEMENT, s. m., action de rembourser. — *Pagamendúa*.

REMBOURSÉ, ÉE, part., rendu le débours. — *Pagatúa*.

REMBOURSER, v. a., rendre le débours. — *Pagatzea, bertce bati zure kontuko éghintuen gastuac itzultzea, turnatzea*.

REMÈDE, s. m., ce qui sert à guérir. — *Erremedióa, sendagarria*.

REMÉDIER, v. n., apporter remède. — *Erremediatzea, erreperatzea*.

REMÉMORATIF, IVE, adj., qui fait ressouvenir. — *Orrhoïtgarria*.

REMÉMORER, v. a. et p., remettre en mémoire. — *Orrhoïtaztea*.

REMERCIER, v. a., rendre grâces, refuser honnêtement.— *Esker emaïtea, esker ghitea, dóaïkertzea, erremersiatzea*.

REMERCIEMENT, s. m., action de remercier. — *Eskerra*.

REMESURER, v. a., mesurer de nouveau. — *Berriz négurtzea*.

REMETTRE, v. a., mettre une chose où elle était précédemment. — *Itzultzera béré tókirat*. ‖ Renvoyer : *Itzultzera*. ‖ Remettre, pardonner les fautes : *Barkatzea*. ‖ Mettre en dépôt : *Paüsatzea, ematea, ezartzea, uztea*.

REMETTRE (SE), v. p., se replacer. — *Ezartzea*. ‖ Recouvrer la santé, les forces : *Sendatzea, bichkortzea*. ‖ Revenir d'un évanouissement, d'un trouble : *Béré kónturat ethortzia*.

REMEUBLER, v. a., regarnir de meubles. — *Berriz mobletzea, alajatzea, alajetzea*.

RÉMINISCENCE, s. f., ressouvenir.-*Orrhoïtza*.

REMISE, s. f., retraite du gibier. — *Oatzia*. ‖ Retardement : *Ghibelamendúa, ghibelkuntza, berantza, luzamendúa*. ‖ Argent remis : *Pagamendúa*. ‖ Lieu où l'on tient les carrosses, etc. : *Aldateghia, aldateïya*. ‖ Grâces : *Barkamendúa*.

RÉMISSIBLE, adj., pardonnable. — *Barkagarria*.

RÉMISSION, s. f., pardon. — *Barkamendúa, barkacióa, doacilla*. ‖ Renvoi : *Egorketa, bialketa, bidalketa*.

REMMENER, v. a., tirer d'un lieu, et emmener avec soi.— *Itzulaztea, eremanaztea, turnaztea*.

REMONTE, s. f., chevaux qu'on donne à des cavaliers pour les remonter. — *Emaïten diren zaldi berriac zaldizkueri*.

REMONTER, v. a., examiner une chose dès l'origine. — *Billatzea, ikhustea, miratzea, ikertzea lehenbiciko puntutic*. ‖ Aller contre le courant : *Ur'kontra ibiltzea*. ‖ Monter de nouveau : *Berriz goïti yuaïtea*.

REMONTRANCE, s. f., action de remontrer. — *Etxorta, erakutxkuntza*.

REMONTRER, v. a., représenter les inconvénients. — *Etxortatzia, erakustea.*

REMORA, s. m., poisson. — *Gheldarria.*

REMORDRE, v. a., mordre une seconde fois. — *Berriz asikitzea, birtaütsikitzea.*

REMORDS, s. m., reproche de conscience. — *Arra, aüsikia, hira, korromióa, hudigóa.*

REMORQUE, s. f., action de remorquer. — *Lotekia, erremulkóa, cirga.*

REMORQUER, v. a., tirer après soi, se dit d'un navire qui en tire un autre : *Lotekitzea, erremulkaztea, cirgatzea.*

REMOUDRE, v. a., moudre une seconde fois. — *Bigarren aldian ehotzea.*

RÉMOULEUR, s. m., gagne-petit.—*Chorrochtaïlea, zorrotzallea, zorroztaria, cimeatzallea, ezteratzallea.*

REMOUS, s. m., tournoiement d'eau.—*Osiña, erremonia.*

REMPAILLER, v. a., garnir de paille. — *Ihiztatzia.*

REMPAILLEUR, EUSE, s., la personne qui rempaille. — *Ihiztatzaïlea.*

REMPART, s. m., levée qui défend une place. — *Ramparra.*

REMPLAÇANT, s. m., celui qui remplace un conscrit. — *Ordaïna, ordaria.*

REMPLACEMENT, s. m., action de remplacer. — *Ordaïntza.*

RÉMPLACER, v. a., faire un remplacement, un emploi utile. — *Erreplasatzea, ordaïntzea.* ‖ Succéder à... : *Ondoretzea.*

REMPLIR, v. a., emplir de nouveau, achever d'emplir.—*Bethetzea.* ‖ Compléter : *Osandetzea.*‖ Occuper entièrement : *Bethetzea.* ‖ Faire les fonctions : *Ekersitzea, kárgu bat ibiltzera.* ‖ Satisfaire : *Askiestea, sosegatzea.*

REMPLUMER, v. a., regarnir de plumes. — *Lumaztatzea.*

REMPOCHER, v. a., remettre dans la poche, fam.— *Berriz béré sakolan sartzea, ematea, ezartzea.*

REMPORTER, v. a., reprendre. — *Erematea, eremaïtea.* ‖ Gagner : *Irabaztea.*

REMUANT, adj., qui remue sans cesse. — *Ezin égona.* ‖ Hardi dans les affaires : *Ensayatua.* ‖ Esprit brouillon et propre à exciter des troubles dans un état : *Ezinégona, nahasia.*

REMUE-MÉNAGE, s. m., dérangement, désordre. — *Nahasteka, désordena, araüka.*

REMUEMENT, s. m., action de ce qui remue. — *Mughitze, ibiltze.* ‖ Fig., mouvement, brouillerie excitée dans un état : *Alborotûa, asalda, nahaskeria.*

REMUER, v. a., n. et p., déplacer. — *Aldatzea, kambiatzea, kambiantzia.* ‖ Fig., émouvoir : *Mughitzea, highitzea, talastatzea.* ‖ Faire agir : *Ibiltzea.*

RÉMUNÉRATEUR, s. m., celui qui récompense. Il ne se dit proprement que de Dieu et quelquefois des princes, dans le style soutenu. — *Gólardotzaïlea, gólórditzaïlea, errekompentzaïlea.*

RÉMUNÉRATION, s. f., récompense.— *Saria, gólardóa, gólordia, errekompentxa.*

RÉMUNÉRER, v. a., récompenser. Il est peu d'usage. — *Errekompentzatzea, gólorditzea, gólardotzea.*

RENACLER, v. n., faire certain bruit en retirant impétueusement son haleine par le nez lorsqu'on est en colère. Il est pop.— *Zurruntzatzea.*

RENAISSANCE, s. f. ; au fig., renouvellement. —*Erreberrimendûa, berriz sortzea, birjayotza.*

RENAISSANT, ANTE, adj., qui renaît. — *Berritze, birjayóa.*

RENAÎTRE, v. n., naître de nouveau. — *Berriz sortzea, berrïtzea, birjayotzea, pitchtia, pitchtea, pichtea, piztea.*

RENARD, s. m., quadrupède rusé. — *Acheria, azeria.*

RENARDE, s. f., femelle du renard.— *Acheri emea, azeri emea.*

RENARDEAU, s. m., petit renard. — *Acheritchûa, azeritchûa, acheri ûmea, acherikumea, azeri ûmea.*

RENARDIÈRE, s. f., tanière de renards. — *Acheri chilóa, acheri zilûa.*

RENCHÉRIR, v. a. et n., rendre ou devenir plus cher. — *Karioaztea, kariotzea.*

RENCHÉRISSEMENT, s. m., augmentation de prix. — *Kariomendûa.*

RENCLOUER, v. a., enclouer de nouveau. — *Berriz itzeztatzia.*

RENCOGNER, v. a. et p., pousser dans un coin.— *Choko batian pusatzea, zoko batian pusatzea.*

RENCONTRE, s. f., réunion par hasard. — *Ghertua.* ‖ Jonction, approche de deux choses mues en sens inverse : *Errekontra, errekontria, errekontrûa.* ‖ Occasion : *Ghertûa, parada.* ‖ Hasard, aventure : *Ghertoya, trancea, mentura, ghertûa, asarta, ghertakarria, zória, estrapua, ethorkizuna.* ‖ Action de trouver une personne ou une chose : *Arkitea, idoropena.* || Rencontre en chemin : *Enkontrûa, bidalkartea.* || Conjoncture (mauvaise) : *Mugaïtza.* || Conjoncture (bonne) : *Mugona.*

RENCONTRER, v. a., trouver en cherchant ou par hasard. — *Errenkontratzea, enkontratzea.* || v. p., avoir la même pensée : *Phentxamendu bérian, gógó bérian ghertatzea, gógakiñ béra izatia* || Se rencontrer : *Buruz buru eghitea, batzea.*

RENDEZ-VOUS, s. m., invitation pour se rendre au même lieu. — *Hitz hartûa tóki bérian ghertatzeko, présun batzuec hitz hartua, denac batian nombeït atheratzeko.*

RENDORMIR, v. a. et p., endormir de nouveau. — *Berriz ló'ghitea, berriz lókartzea.*

RENDRE, v. a., remettre ce qu'on a reçu, pris ou emprunté. — *Itzultzea, bihurtzea, ordaïna ématea.* || Produire : *Ekartzea.* || Changer : *Kambiatzea.* || Livrer (une place, les armes) : *Errenditzea.* || v. p., se soumettre : *Susmetitzea.* || Devenir : *Bilakatzea, sanyatzea, mudatzea.* || Se transporter : *Yuaïtea.* || v. a., représenter : *Ekántzatzea.* || Traduire : *Itzultzea.*

RENDU, UE, adj., las. — *Faïllikatûa, chûa, eñetua.* || s. m., soldat qui se rend : *Errendatúa.*

RÊNE, s. f., courroie de bride. — *Bridaûla, aoleskia, brida.*

RENÉGAT, s. m., qui renie la religion. — *Arnegatûa, fedeari ukho'ghillea.*

RENEIGER, v. unipers., neiger de nouveau. — *Berriz elhur éghitea, berriz elhurtzea.*

RENFERMER, v. a., enfermer, mettre dedans. — *Cerratzea, sartzea, barneat ezartzea, zerratzea.* || Contenir : *Atchikitzea, atchikitzia, irukitzia, kókatzea.* || Comprendre (y joindre) : *Sartzea, ezartzea, ématea.*

RENFONCER, v. a., enfoncer de nouveau. — *Berriz sartzea, barnatzea.*

RENFORCER, v. a. et p., fortifier. — *Borthitztea, azkartzea.*

RENFORT, s. m., augmentation de force. — *Laguntza.*

RENFROGNER (SE). — Voyez REFROGNER.

RENGAGEMENT, s. m., action de se rengager. — *Engayamendu, bahikunde berria.*

RENGAGER, v. a., engager une autre fois, de nouveau. — *Berriz engayatzea, bahikitzea.*

RENGAÎNER, v. a., remettre dans la gaîne. — *Maghinan sórûan ezartzea.*

RENGORGEMENT, s. m., action de rengorger, au fig. — *Edermilliskundea.*

RENGORGER (SE), v. p., faire l'important, s'affecter dans son port, au fig. — *Edermilliskatzea.*

RENIEMENT, s. m., action de renier. — *Ukhamendûa.*

RENIER, v. a., désavouer. — *Ukhatzea, ukhatzia.* || Renier sa religion : *Arnegatzia, fedeari ukho'ghitea, fedea ukhatzea.*

RENIFLEMENT, s. m., action de renifler. — *Múkhiaren urrupatz zurrupa.*

RENIFLER, v. n., retirer, en respirant un peu fort, l'humeur qui remplit les narines. — *Múkhia urrupatzea, zurrupatzea.*

RENIFLEUR, EUSE, s., qui renifle. — *Múkhiaren urrupatzaïlea, zurrupatzaïlea.*

RENOM, s. m., réputation, renommée. — *Fama, fameá, omena, ïomena, ospea.* || Celui qui donne du renom : *Famatzallea, omendaria, ospetzaïlea.*

RENOMMÉ, ÉE, adj., illustre. — *Arghidortarra, omendatûa, deïtatûa, famatûa.*

RENOMMÉE, s. f., renom. — *Fama, fameá, omena, ïomena, ospea, haróa.*

RENOMMER, v. a., nommer avec éloge. — *Famatzea, omendatzea, ospetzea.*

RENONCEMENT, s. m., action de renoncer. — *Errenonciamendûa.*

RENONCER, v. n., abandonner la possession, la prétention, etc. — *Uztea, uztia, abandonatzea, errenonciatzea.* || N'avoir plus d'espoir : *Etxitzea.* || Reculer devant un projet : *Ukho'ghitea.*

RENONCIATION, s. f., action de renoncer. — *Errenonciamendua.*

RENONCULE, s. f., fleur. — *Edaskia.*

RENOUEMENT, s. m., rétablissement. — *Bertezardea.* || Renouvellement : *Ereberritasuna.*

RENOUER, v. a., nouer de nouveau. — *Berriz kóropillatzea, berriz kóapillatzea.* || Renouer une liaison : *Berriz adichkidetzea.* || Une affaire : *Berriz kompontzea.*

RENOUEUR, EUSE, s., celui ou celle qui remet les membres disloqués. — *Membru, bizkay iñartatu antolatzaïlea.*

RENOUVEAU, s. m., printemps, saison nouvelle, fam. — *Primabera, bedaxa, primadera, udaberria, éralora, sasoïn-berria.*

RENOUVELER, v. a., n. et p., rendre nouveau. — *Erreberritzea, berritzea.* || Faire de nouveau : *Berriz eghitea.*

RENOUVELLEMENT, s. m., action de renouveler.— *Erreberritasuna, erreberrikuntza, erreberritze.*

RÉNOVATION, s. f., renouvellement. — *Erreberritze.*

RENSEIGNEMENT, s. m., indication. — *Informacionea, noticia.*

RENSEIGNER, v. a., enseigner de nouveau.- *Berriz irakutxtea.* || Indiquer : *Informatzea.*

RENTE, s. f., revenu annuel. — *Errenda, errenta, alokarióa.*

RENTÉ, ÉE, adj. et part., qui a des rentes. — *Errentatúa.*

RENTER, v. a., donner, assigner certain revenu. — *Errentatzea.*

RENTIER, ÈRE, s., qui a des rentes. — *Errentadoria.*

RENTRAIRE, v. a., coudre deux morceaux de drap sans que la couture paraîsse. — *Surkusatzea.*

RENTRANT, adj., qui rentre. — *Sartzaïllea.* || Rentrant (en) : *Zartzian.*

RENTRÉE, s. f., action de rentrer, retour. — *Sartzia.* || part., rentré : *Sartúa.* || Revenu : *Itzulia.*

RENTRER, v. n., entrer de nouveau. — *Berriz sartzea.* || Retour : *Itzultzia.*

RENVERSE (A LA), adv., sur le dos, le visage en haut. — *Ahoz-góra, azpikóaz-góra, tarabira.* Ce dernier mot se dit aussi lorsqu'on tombe sur le côté, etc.

RENVERSEMENT, s. m., dérangement, trouble. — *Désaraüdea.* || Action de renverser : *Iratióa, araüldea, irabia.*

RENVERSER, v. a. et p., jeter par terre. — *Biratzea, uzkaïltzea, ambiltzea, aürtikitzea, aürdikitzea, etchatzea, artikitzia, urtikitzia, botatzia, irabiatzea.* ||Bouleverser : *Desaraüdetzea, dezucentzea, nahastea, nastea, nahastekatzea.* || Renverser (une voiture, une charrette, un véhicule) : *Itzultzia, itzultzia, iraültzia, biratzea.* || Abattre : *Eroraztea, aspiratzea, lurreratzea, beheratzea, botatzea.*

RENVOI, s. m., action de renvoyer. — *Bialketa, bidalketa, egorketa, egortze, bigalze, idortze.* || Signe pour une note : *Señalea, siñalea, seña, aztarná, arradiza, azgarria, margóa.*

RENVOYER, v. a., envoyer une seconde fois. — *Egortzea, egortzia, bidaltzia, berriz egortzea.* || Faire rapporter avec refus d'accepter : *Errefusaturic ghibelarat egortzia.* || Congédier : *Kónyt'ematea, egortzea, egortcea, kamporatzea.* ||Répercuter (réfléchir les rayons) : *Ukiúrtzea, ukurtzea, butarghitzea.* || Faire rentrer : *Sarraztea.* || Renvoyer les sons : *Oyarzuntzea, eyartzuntzea, artantzea.* || Absoudre : *Barkatzea.* || Ajourner : *Ghibelatzea, ghibelat egortzea.*

RÉORDONNER, v. a., conférer pour la seconde fois les ordres sacrés à quelqu'un dont la première ordination a été nulle. — *Berriz ordenatzea.*

RÉORGANISER, v. a., organiser de nouveau. — *Berriz organisatzia.*

REPAIRE, s. m., retraite de bêtes féroces. — *Erretira, teghia, cilóa.* || De voleurs : *Lapurteghia, ohoïnteghia.*

RÉPAISSIR, v. a., rendre plus épais. — *Lódiaztea.*

REPU, UE, part., rassasié. — *Asea.*

REPAÎTRE, v. a. et p., nourrir. — *Asetzea.*

RÉPANDRE, v. a. et p., distribuer. — *Phartitzea, emaskidatzea.* || Fig., propager : *Hedatzea, edatzea.* || Verser : *Ichurtzea.* || Disperser en plusieurs endroits : *Barreyatzea.*

RÉPARABLE, adj., qu'on peut réparer pour l'honneur ou une faute. — *Erreparagarria.* || Qu'on peut arranger (un objet, une affaire) : *Antolagarria, kompongarria.*

REPARAÎTRE, v. n., paraître de nouveau. — *Berriz aghertzia.* || Faire reparaître : *Agherraztia.*

RÉPARATEUR, TRICE, adj. et s., qui répare un objet, une affaire. — *Antolatzaïlea, kompontzaïlea, arrimatzaïlea.* || Qui répare une faute : *Erreparatzaïlea.*

RÉPARATION, s. f., ouvrage qu'on fait ou qu'il faut faire pour réparer. — *Erreparacionea, kompondura, antoladura.* || Satisfaction d'une offense : *Erreparacionea.*

RÉPARER, v. a., rétablir, donner satisfaction. — *Erreparatzia.* || Rétablir, arranger : *Antolatzea, kompontzea, arrimatzea, erreparatzea.*

RÉPARTIE, s. f., réplique. — *Errepuesta.*

REPARTIR, v. n., partir de nouveau. — *Berriz yuaïtea.* || v. a., répondre, répliquer: *Errepuest'ematea, errespoñditzea, ihardestea.*

RÉPARTIR, v. a., partager, distribuer. — *Phartitzea, zatitzea.*
RÉPARTITION, s. f., distribution. — *Phartilla, emaskida.*
REPAS, s. m., nourriture réglée, heure, moment de prendre le repas. — *Yantordua, oturuntza, utruntza, otonza, otunanza, apayrua.*
REPASSAGE, s. m., action de repasser le linge. — *Kachaketa.*
REPASSER, v. a. et n., passer une autre fois. — *Berriz pasatzea.* || Des couteaux, les aiguiser : *Chorrotchtea, zorrotztea, zorrotztia.* || Du linge, etc., l'unir avec un fer chaud : *Lisatzea, kachatzea, planchatzea.* || Répéter (apprendre) : *Ikhastea.*
REPÊCHER, v. a., retirer du fond de l'eau ce qui y était tombé. — *Uretic khentzea, atheratzea.*
REPEINDRE, v. a., peindre de nouveau. — *Berriz pintratzea.*
REPENTANCE, s. f., repentir. — *Urrikia, damia, dólia, urrikaltasuna.*
REPENTANT, ANTE, adj., qui se repent. — *Urrikitûa, dólutûa.*
REPENTIR, s. m., regret d'avoir fait ou de n'avoir pas fait quelque chose. — *Urrikia, damia, dólia.*
REPENTIR (SE), v. pers., avoir une véritable douleur, un véritable regret d'avoir commis quelque faute. — *Urrikitzia, urrikitzea, dolutzea, dólutzia, damu izatea.*
REPERCER, v. a., percer de nouveau. — *Berriz cilhatzea.*
RÉPERCUSSIF, IVE, adj., qui répercute (réverbération).—*Butarghiarra.* || Qui fait rentrer : *Sarraztgarria.* || Qui renvoie les sons : *Ihardetsgarria.*
RÉPERCUSSION, s. f., action de répercuter (réverbération) : *Butarghia, ikurta.* || Action de faire rentrer : *Sarrarztetasuna.* || Renvoi des sons : *Ihardetstasuna.*
RÉPERCUTER, v. a., réfléchir les rayons.-*Butarghitzea, ikurtatzea.* || Faire rentrer : *Sarraztea.* || Renvoyer les sons : *Ihardestea.*
REPERDRE, v. a., perdre de nouveau. — *Berriz galtzea.*
RÉPERTOIRE, s. m., table de livre. — *Aürkhiteghia, taüla, idorogarria.* || Liste : *Lista, cekidorá, errunká.* || Recueil des pièces qu'on joue, collection d'écrits, etc. : *Bilgura, bazá, batadea, bildadea.*
REPESER, v. a., peser une seconde fois. — *Errepisatzea.*

RÉPÉTAILLER, v. a., répéter les mêmes choses jusqu'à l'ennui. — *Errepikatzea.*
RÉPÉTER, v. a., redire. — *Errepikatzea, berriztea, bitertatzea, berritzatzea.* || Réclamer : *Erreklamatzea.* || Refaire : *Berriz eghitea.*
RÉPÉTITEUR, s. m., qui fait répéter les écoliers. — *Berriztaria, berritzallea.*
RÉPÉTITION, s. f., redite ; fig., réclamation. — *Errepika, berritza.*
REPÉTRIR, v. a., pétrir de nouveau. — *Berriz orratzea.*
REPEUPLER, v. a., peupler de nouveau. — *Berriz poblatzia.*
REPIQUER, v. a., percer de nouveau légèrement. — *Berriz sastatzea, berriz chichtatzea.* || Unir de nouveau deux étoffes par des points symétriques : *Berriz trespuntatzea.* || Offenser de nouveau : *Berriz pikatzea.* || Se vanter de nouveau : *Berriz larderiatzea, berriz espantutzea.*
RÉPIT, s. m., relâche. — *Paüsúa, paüsada.*
REPLACER, v. a., mettre en place. — *Béré tokira ezartzea.*
REPLET, ÈTE, adj., qui a trop d'embonpoint. — *Ghicena, ghiceneghia, gurdúa, fezóa.*
REPLI, s. m., pli redoublé. — *Azpiltasuna.* || pl., mouvement des reptiles : *Ziga-ziga.* || Fig. et fam., les replis de l'âme, du cœur : *Arimaren, bihotzaren icherzac, arimaren, bihotzaren barnea.*
REPLIER, v. a., plier de nouveau. — *Berriz plegatzea.* || v. p., rétrograder : *Itzultzea.*
RÉPLIQUE, s. f., réponse. — *Errepuesta, errepusta.*
RÉPLIQUER, v. a. et n., répondre. — *Erresponditzea, errepuesta ematea.*
REPLONGER, v. a., plonger de nouveau. — *Berriz pulumpatzea.*
RÉPONDANT, s. m., caution. — *Fiantza, fiadora, senaüsta, bermia, bermea.*
RÉPONDRE, v. a. et n., repartir sur ce qui est dit, écrit ou demandé, réfuter. — *Erresponditzea, errepost'eghitea.* || Etre caution : *Fiadortzea, bermetzea, senaüstatzea.* || Aboutir, réussir, arriver à un point : *Heltzea.* || Repercuter : *Ihardestea.*
RÉPONDU, UE, adj. et part., à quoi on a répondu. — *Erran, ésan.* || Répondu (il ou elle a) : *Erran du, ésan du, erran dizu.*
RÉPONSE, s. f., ce qu'on répond. — *Errepuesta, errepusta.*
REPORT, s. m., action de reporter. — *Bertze aldikûa, errekarria.*

REPORTER, v. a., porter une chose à sa première place. — *Erematea, erematia.* || Redire ce que l'on a vu ou entendu : *Salatzea.* || v. p., se transporter en idée : *Gógoz nombeït izatea.*

REPOS, s. m., cessation de mouvement. — *Paüsúa, sosegúa.* || De travail : *Deskhantxua.* || Sommeil : *Lóa.*

REPOSER, v. a., poser de nouveau. — *Berriz paüsatzea.* || Mettre dans un état tranquille : *Ematzea, gozatzea, deskantxatzea.* || v. n., dormir : *Ló'ghitea, lótzea, lókurtzea.* || Cesser d'agir : *Ghelditzea.* || Laisser reposer une terre, être sans la cultiver : *Alferric uztea.* || Avoir pour base : *Asentatzea.* || v. p., se confier en : *Fidatzea.* || Prendre du repos : *Paüsatzea, sosegutzea, deskantxatzea.* || Prendre haleine : *Hatx'hartzea, paüsatzea, trikatzea.*

REPOSOIR, s. m., autel temporaire. — *Paüsalekúa, paüsaghia, aldarea, aldaria, altarea.*

REPOUSSANT, ANTE, adj., qui inspire de l'aversion. — *Desgustagarria, disgustagarria, góhaïngarria, icigarria, iguïngarria.*

REPOUSSER, v. a. et n., rejeter. — *Bulkatzea, ghibelaztea.* || Réfuter : *Iraïzkidatzea, egozkidatzea.* || Pousser de nouveau (en parlant des cheveux) : *Luzatzea, pusatzea.* || Des plantes : *Handitzea.*

RÉPRÉHENSIBLE, adj., digne de répréhension. — *Erreportchagarria, miniztagarria, hoghenduna, faltaduna.*

RÉPRÉHENSION, s. f., blâme. — *Erreportchúa, minizta.*

REPRENDRE, v. a., prendre de nouveau. — *Berriz hartzea.* || Continuer ce qui avait été interrompu : *Berriz seghitzea.* || Critiquer : *Errakistatzea, kritikatzia.* || v. p., se corriger : *Korreïytzea, korreïtzea.*

REPRÉSAILLE, s. f., vengeance. — *Ordaïna, ordaïria.*

REPRÉSENTANT, s. m., celui qui en représente un autre, qui tient sa place, qui a reçu de lui le pouvoir pour agir en son nom. — *Errepresentanta.*

REPRÉSENTATIF, IVE, adj., qui représente. — *Iduritzaïlea, iruditzallea, ekansaria.*

REPRÉSENTATION, s. f., action de représenter. — *Errepresentacionea.* || Remontrance respectueuse : *Etxorta, erakutxkuntza.* || Air d'une personne : *Beghitartea, itchura.* || Faste exigé des gens considérables : *Soberbia.* || Figure : *Ichura, forma.* || Image : *Iduria, imagina.* || Supplique : *Eskaria.* || Apparition, illusion, fiction : *Iduripena, irudipena, beghitaciúa.* || Comédie, tragédie : *Kómedia, dostirúdia.*

REPRÉSENTER, v. a., n. et p., présenter de nouveau. — *Berriz irakustea, berriz erakustea.* || Exhiber : *Irakustea, erakustea.* || Remplacer : *Ordaïntzea.* || Figurer, au pr. et au fig. : *Idurikatzea.* || Remontrer : *Etxortatzea.* || Se représenter, se figurer : *Iduritzea.* || Historier : *Ichtoriotzea.* || Faire une relation : *Kóndatzea, góndatzea.* || Portraire (une personne, un paysage, un objet) : *Erretratatzea, ekánzatzea, irudieratzea, pintratzea.*

RÉPRESSIF, IVE, adj., qui réprime. — *Débekatzaïlea, défendatzaïlea, esendagarria.*

RÉPRESSION, s. f., action de réprimer. — *Débeku, esenda, défentsa.*

RÉPRIMANDE, s. f., correction verbale. — *Erreportchúa.*

RÉPRIMANDER, v. a., reprendre quelqu'un avec autorité. — *Erreportchatzea.*

RÉPRIMER, v. a., rabaisser, rabattre, empêcher de faire du progrès. — *Ertchatzea, baratzea, hesteu, empechatzea, kerersitzea, cükidatzea.*

REPRISE, s. f., action de reprendre, continuation après interruption. — *Aürrandea, seghida, berriz hartzea utzikako gaüza.* || Réparation à du linge, etc. : *Sarea.*

RÉPROBATION, s. f., action de réprouver. — *Ezekia, iraïtza, arbuya.* || Condamnation des pécheurs : *Lentiraïtza.*

REPROCHABLE, adj., répréhensible. — *Miniztgarria, hoghenduna, faltaduna, erreportchugarria.* || Récusable, t. de pal. : *Artzukogarria, artzukagarria.*

REPROCHE, s. m., ce qu'on objecte pour faire honte. — *Erreportchúa, minizta.*

REPROCHER, objecter une chose pour faire honte. — *Erreportchatzea, miniztatzia.* || v. p., se repentir : *Urrikitzea, damutzea.*

REPRODUCTION, s. f., action de procréer (parlant des hommes). — *Emartasuna.* || Action de reproduire (procréation des animaux) : *Ume'ghita, ume'ghintasuna.* || Action de représenter par le dessin, la peinture : *Erretratua, ekánza, irudiera, pintura.* || Action de montrer (exhibition) : *Ikusaraützea.*

REPRODUIRE, v. a. et p., fournir de nouveau. — *Berriz hornitzea, berriz púchitzea.* Reproduire (procréer relativement à l'homme) : *Emartzea, emarmetzea.* ‖ Relativement aux animaux : *Ume'ghitea.* ‖ Représenter par le dessin ou la peinture son semblable, un paysage, un objet : *Erretratatzea, ekánzatzea, irudieratzea, piñtratzea.* ‖ Faire de nouveau : *Berriz eghitea.* ‖ Montrer, faire voir de nouveau : *Berriz irakustea.*

RÉPROUVÉ, s. m., damné. — *Damnatua, errefrogatüa, lentiraïtüa, lentiraïtzia.* ‖ part., désapprouvé : *Desontzatua, iraïtua, iraïtzia, arbuyatúa.*

RÉPROUVER, v. a., prouver de nouveau. — *Berriz frogatzea.*

RÉPROUVER, v. a., désapprouver. — *Desontzatzea, iraïtztea, arbuyatzea.* ‖ Damner : *Damnatzea, errefrogatzea, lentiraïtzea.*

REPTILE, s. m., animal qui rampe. — *Errestakaria.*

RÉPUBLICAIN, adj. et s., de la république. — *Errepublikanóa, dierondarea.*

RÉPUBLIQUE, s. f., état gouverné par plusieurs. — *Errepublika, dierondea.*

RÉPUDIATION, s. f., action de répudier. — *Désezkondea.*

RÉPUDIER, v. a., renvoyer sa femme, lui déclarer légalement qu'on fait divorce avec elle : *Désezkontzea.*

RÉPUGNANCE, s. f., aversion. — *Herabetasuna, iguïndura, nakaïzdura, bekaïzkoa, nakaïtza, eghigóa, cédala, desgustúa.*

RÉPUGNANT, ANTE, adj., qui déplaît. — *Herabegarria, iguïngarria, nakaïtzgarria, bekaïtzgarria, eghigogarria, cedalgarria, cedatekóa, desgustagarria.*

RÉPUGNER, v. n., être opposé, inspirer, avoir de la répugnance. — *Herabetzea, iguïntzea, nakaïztea, bekaïztea, eghigotzea, cedaltzea, desgustatzea.*

RÉPULSIF, IVE, adj., qui repousse. — *Bulkarria.* ‖ Qui répugne : *Herabegarria, iguïngarria, nakaïtzgarria, bekaïtzgarria, eghigorraria, cedalgarria, cedatekóa, desgûstagarria.*

RÉPULSION, s. f., action de répulser. — *Bulkatasuna.*

RÉPUTATION, s. f., estime publique, renom. — *Fama, omena, fameá, ïomena, ospea.*

RÉPUTÉ, ÉE, adj. et part., censé, avoir le renom. — *Famatua, omendatua, deïtatúa.* ‖ Regardé comme : *Beïratúa.*

RÉPUTER, v. a., présumer, estimer. — *Famatzea, deïtatzea.*

REQUÉRANT, ANTE, adj. et s., t. de palais, qui requiert, qui demande en justice. — *Galdetzaïlea.*

REQUÉRIR, v. a., prier. — *Othoïztea.* ‖ Demander en justice : *Galdetzea, adieraztea.* ‖ Exiger : *Bortchatzea.*

REQUÊTE, s. f., demande en justice. — *Galdia, galdea, eskaria, eskaëra.*

REQUIEM, s. m., prière pour les morts. — *Rekiem.*

REQUINQUER (SE), v. p., se parer plus qu'il ne convient. — *Errekinkillatzea.*

REQUIS, ISE, adj., convenable. — *Ikabeárra.*

RÉQUISITION, s. f., action de requérir. — *Adieranza.*

RÉQUISITOIRE, s. m., réquisition. — *Adieranza.*

RÉSÉDA, s. m., plante odoriférante. — *Reseda.*

RÉSERVE, s. f., exception (à la réserve de). — *Salbo, landa.* ‖ Choses réservées : *Erresalbua, salbutea.* ‖ Troupes, vaisseaux, etc., gardés pour être employés plus tard : *Guaytatúac.* ‖ Discrétion : *Zurtasuna, zoghiertasuna, zuhurtasuna, bereïstasuna, diskrecionea.* ‖ Retenue (modération) : *Móderacionea, móderá, païrúa, móldera, eztimendúa.* ‖ Prévoyance : *Zerhelere, oharra, oárra, oharkera, oárkera, oárpidea, arreta, árta, seña, kóntúa, harta.*

RÉSERVÉ, ÉE, adj. et s., circonspect. — *Prudenta, sensuá, bealditsuá, gardatúa.*

RÉSERVER, v. a., garder quelque chose du total. — *Altchatzea, ispetzea, gheldïtzea.* ‖ Se garder pour un autre temps, un autre usage : *Gûardiatzea, zaïntzea.* ‖ v. p., attendre : *Beghiratzea.* ‖ Être prévoyant : *Oárpetzea.*

RÉSERVOIR, s. m., lieu où l'on ramasse les eaux, où l'on conserve les poissons. — *Aïtzira, langóa, ugoïtza.*

RÉSIDANT, ANTE, adj., qui réside, qui demeure. — *Dagóna, lekontaria.*

RÉSIDENCE, s. f., demeure ordinaire en quelque ville, en quelque lieu. — *Egon lekua, egoïtza, bicitza, biciteghia, ckotaldia.*

RÉSIDER, v. n., faire sa demeure. Fig., exister dans... : *Egotea, egotia, bicitzea.*

RÉSIDU, s. m., le restant, sédiment. — *Ondarra, erresa, kûtsa, kóndóa, emparagúa.*

RÉSIGNATION, s. f., action de résigner, abandonner, se démettre d'un emploi, d'un bénéfice. — *Uztea, largá, arutzia.* ‖ Se soumettre à la volonté d'un autre : *Mendaroá, susmetitzea.*

RÉSIGNER, v. p., se soumettre. — *Mendarotzeá, susmetitzea.* || v. a., se démettre d'un office, d'un emploi : *Uztea, largatzea, arutzitzea.*

RÉSILIATION, s. f., résolution d'un acte. — *Kóntratu baten deseghina.*

RÉSILIER, v. a., casser un contrat. — *Kóntratu bat aüstea, deseghitea.*

RÉSINE, s. f., substance végétale grasse, etc. — *Arruchiña, erresiña, braya, arrachina.*||Résine (chandelle de) : *Chiribita, arrochiña.*

RÉSINEUX, EUSE, adj., de résine. — *Arruchiñtxúa, erresiñtsúa, braytxúa, erresinatia.*

RÉSISTANCE, s. f., action de résister. — *Cemuya, erresiztentcia.*

RÉSISTER, v. n., ne pas céder. — *Cemutzea, erresiztatcea.* || Combattre : *Ihardukitzea, bihurtzea, enferratzea.* || S'opposer : *Debekatzea, empechatzea.* || Endurer : *Païratzea, yasaïtea.*

RÉSOLU, UE, adj. et s., décidé, hardi. — *Atrebitua, deliberatua.*

RÉSOLUMENT, adv., d'une manière résolue.— *Atrebituki, déliberatuki, korayoski, kúrayoski.*

RÉSOLUTIF, IVE, s. et adj., t. de pharm., qui peut résoudre, qui dissipe l'humeur morbifique. — *Suntsitzaïlea.*

RÉSOLUTION, s. f., décision.— *Atrebitasuna, deliberatasuna, kóraiya.* || D'esprit : *Gógóa, chedea.* || Courage : *Kóraiya, kúraiya.*

RÉSOLVANT, ANTE, adj. — Voir RÉSOLUTIF.

RÉSONNANCE, s. f., battement graduel et prolongé du son. — *Burumba.*

RÉSONNANT, ANTE, adj., qui retentit. — *Soïnutzaïlea.* || Résonnant (en) : *Soïnatzian, soïnu'ghitean.*

RÉSONNEMENT, s. m., retentissement. — *Soïnúa.*

RÉSONNER, v. a., renvoyer le son. — *Soïnutzea.*

RÉSOUDRE, v. a., n. et p., détruire la consistance. — *Urtzea, urtzia, billakatzea.* || Rendre nul : *Aboëztea, bomeátzea.* || Dissiper : *Suntsitzea.* || Evaporer : *Suntsitzea, lanotzea, celaüstetzea, khemeartzea.* || Amollir : *Guritzea, guritzia.* || Se déterminer à : *Atrebitzea, déliberatzea, gógoan hartzea.*

RESPECT, s. m., vénération. — *Errespetúa, errespetóa, beghirunea, beákurta.* || pl., hommages : *Ahoriac.*

RESPECTABLE, adj., digne de respect.— *Errespetagarria, errespetablia, beákurgarria.*

RESPECTER, v. a., révérer. — *Errespetatzia, errespetatzea, beákurtzea.* || Epargner : *Salbatzca.* || v. p., garder la décence : *Móldesia beghiratzea.*

RESPECTIF, IVE, adj., réciproque.—*Beákida, elkhargankia, ordaïna.*

RESPECTIVEMENT, adv., d'une manière réciproque, d'une manière respective. — *Beákideró, órdaïnka, ordaïnez, elkarganderó.*

RESPECTUEUSEMENT, adv., avec respect. — *Errespetuki, beghirunez, beákurtaz.*

RESPECTUEUX, EUSE, adj., plein de respect. — *Errespetosa, errespetutxua, beghirundekóa, beákurtakúa.*

RESPIRABLE, adj., qu'on peut respirer. — *Hatxgarria, esnasigarria.*

RESPIRATION, s. f., action de respirer. — *Hatxa, esnasia.*

RESPIRER, v. n. et a., vivre, aspirer et expirer l'air. — *Hatx-hartzea.* || Prendre du relâche : *Hatx-hartzea, paüsatzea, deskantxatzea.* || Fig., désirer : *Naïmentzea, gáloskitzea, désiratzea, déseótzea, guticiatzea, lehiatzea.*

RESPLENDIR, v. n., briller avec éclat.— *Dirdiratzea, gargallutzea.*

RESPLENDISSANT, ANTE, adj., qui resplendit avec éclat. — *Dirdiragarria, gargallugarria.* || Resplendissant (en) : *Dirdiratzian, gargallutzian.*

RESPLENDISSEMENT, s. m., grand éclat de lumière. — *Dirdira, distiramendúa, gargallúa.*

RESPONSABILITÉ, s. f., garantie. — *Errespontxabilitatia.* || Cautionnement : *Bermetasuna, fiadortasuna.*

RESPONSABLE, adj., qui doit être garant. — *Errespontxablia.* || Caution : *Berme, fiador, senaüsta, fiantza.*

RESSAC, s. m., choc des vagues. — *Tirañen yóac, tirañen erorikóac.*

RESSAIGNÉ, ÉE, part., saigné de nouveau.— *Berriz sangratúa.*

RESSAIGNER, v. a., saigner de nouveau. — *Berriz sangratzea.*

RESSAISI, IE, part., saisi de nouveau. — *Berriz hartúa.*

RESSAISIR, v. a., saisir de nouveau. — *Berriz hartzea.*

RESSASSÉ, ÉE, part., sassé de nouveau. — *Berriz cétabetûa.* ǁ Fig., examiné de nouveau : *Berriz miratûa, berriz ikertûa.* ǁ Discuté de nouveau : *Berriz aharatûa, berriz talazkidatûa.*

RESSASSER, v. a., sasser de nouveau. — *Berriz cétabetzia.* ǁ Fig., examiner de nouveau : *Berriz miratzea, berriz ikertzea.* ǁ Discuter de nouveau : *Berriz aharatzea, talazkidatzea.*

RESSAUTER, v. a., sauter de nouveau. — *Berriz saltatzia.*

RESSEMBLANCE, s. f., conformité. — *Heïtia, iduritasuna.*

RESSEMBLANT, ANTE, adj., qui ressemble. — *Iduria, heïteduna.* ǁ Qui a l'air d'être le même : *Itchura.* ǁ Qui paraît être ce que l'on suppose : *Kara.*

RESSEMBLER, v. n., avoir de la ressemblance. —*Iduritzea, heïte izatia.* ǁ Avoir la même tournure, la même apparence : *Itchura izatea.* ǁ Qui a de la vraie ressemblance : *Kara izatea.*

RESSEMELÉ, ÉE, part., remis des semelles.— *Zóla berriac emanac.* ǁ Fait ressemelé : *Zóla berriac emanaziac.*

RESSEMELER, v. a., remettre des semelles.— *Zóla berriac émaïtea.* ǁ Faire ressemeler : *Zólaztatzea, zóla berriac émanaztea.*

RESSEMER, v. a., semer de nouveau. — *Berriz craïntea, berriz ereïtea.*

RESSENTIMENT, s. m., souvenir des injures, désir de s'en venger. — *Herra, asperkundea, gaïtzerizkóa, hûdigóa, otiña, ayerkundea, hisia.* ǁ Par ressentiment : *Herraz, asperkundez, gaïtzerizkóaz, hûdigóaz, otiñaz, ayerkundez, hisiz.*

RESSENTIR, v. n. et p., sentir, avoir part. — *Senditzea.*

RESSERRÉ, ÉE, part., qui est resserré. — *Berriz tinkatûa, cerratûa.* ǁ Retréci : *Ertchitûa, ersitua, eztûa.* ǁ Joint : *Yuntatûa.*

RESSERRER, v. a. et p., serrer de nouveau. — *Berriz tinkatzea, cerratzea.* ǁ Retrécir : *Ertchitzea, ersitzea, eztutzea.* ǁ Joindre : *Yuntatzea.*

RESSORT, s. m., élasticité.—*Elastikadura.* ǁ Métal élastique : *Erresorta.* ǁ Fig., activité : *Lasterrera, bizitasuna.* ǁ Energie : *Kálipûa, otserotasuna.*

RESSORTISSANT, ANTE, adj., qui ressortit à un tribunal. — *Yalkitzen dena, jalkitzen dena, atheratzen dena.*

RESSOUDER, v. a., souder de nouveau. — *Berriz zoldatzia, galdatzea, kaldatzea.*

RESSORTI, IE, part., sorti de nouveau. — *Berriz hilkia.*

RESSORTIR, v. n., sortir de nouveau. — *Berriz hilkitzea.* ǁ Saillir : *Atheratzea.* ǁ Eclairer : *Arghitzea.*

RESSOURCE, s. f., ce à quoi on a recours. — *Erresurtsa.*

RESSOUVENANCE, s. f., souvenir.—*Orrhoïtza, gógóramendua.*

RESSOUVENIR (SE), v. p., se souvenir. — *Orrhoïtzea, orrhoïtzia, ohoïtzia, gógóratzea.* ǁ Faire attention : *Ohartzea.* ǁ s. m., idée passée : *Gógóratzea.*

RESSUSCITÉ, ÉE, part., revenu à la vie. — *Pichtûa, phiztûa, pistûa.*

RESSUSCITER, v. a., n. et p., ramener, revenir à la vie. — *Pichtea, phiztea, pistea.*

RESTANT, ANTE, adj., qui reste. — *Egontzaïlea, dagona.* ǁ s. m., ce qui reste, le surplus : *Errestantza, goïtikóa, crresta empargûa, gañerakóa, ondarra.*

RESTAURANT, adj. et s. m., qui répare les forces. — *Azkartzaïlea, indarkorra.* ǁ Etablissement de restaurateur : *Restóranta.*

RESTAURATEUR, TRICE, s., qui rétablit. — *Berritzaïllea.* ǁ Qui donne des forces : *Indarkorra.* ǁ Traiteur : *Restórant atchikitzaïlea.*

RESTAURATION, s. f., rétablissement. — *Bertezardea, berritce.* ǁ Renouvellement : *Errebérritasuna, erreberrikuntza, erreberritzea.*

RESTAURÉ, ÉE, part., rétabli : *Berritûa, erreberritua.* ǁ Réparé : *Antolatûa.*

RESTAURER, v. a. et p., rétabir. — *Berritzea, barritzea, erreberritzea, berparatzea.* ǁ Réparer : *Antolatzea.*

RESTE, s. m., ce qui demeure d'un tout. — *Ondarra.* ǁ pl., cadavre : *Gorphutz-hila.*

RESTER, v. n., être de reste. — *Gheldïtzea.* ǁ Se fixer : *Egotea, egotia.* ǁ Demeurer après les autres : *Gheldïtzea.*

RESTITUÉ, ÉE, part., rendu. — *Itzulia.* ǁ Rétabli : *Antolatua.*

RESTITUER, v. a., rendre. — *Itzultzea, turnatzea.* ǁ Rétablir : *Antolatzea.*

RESTITUTION, s. f., action de restituer. — *Turnatce, itzultze, bihurtce, biurrera, jaüpedea.*

RESTREINDRE, v. a. et p., resserrer. — *Ertchitzea*. ‖ Défendre : *Débekatzea*. ‖ v. p., réduire à : *Gutitzea, gutchitzea*. ‖ Résumer, raccourcir : *Laburtzea*.

RESTRICTIF, IVE, adj., qui restreint. — *Ertchigarria*. ‖ Qui défend : *Ertchigarria*. ‖ Qui diminue : *Debekutzaïlea*. ‖ Qui raccourcit : *Laburgarria*.

RESTRICTION, s. f., modification. — *Ertchimendúa*.

RÉSULTANT, ANTE, adj., qui résulte. — *Ondokóa, disortakóa, heldu dena*.

RÉSULTAT, s. m., ce qui résulte. — *Ondorea, disorta*.

RÉSULTER, v. n., s'ensuivre. — *Ethortzea, heltzea, yeïtea, yeïtia, jeïtia*.

RÉSUMÉ, s. m., précis d'un ouvrage, etc. — *Gutistea*.

RÉSUMER, v. a. et p., réduire en peu de mots. — *Gutitzea*. ‖ Conclure : *Finitzea, akabatzea, bukatzea, azkentzia*.

RÉSURRECTION, s. f., retour à la vie. — *Erresuretcionea, bitzaïra, pitzaïra*.

RÉTABLE, s. m., t. d'arch., coffre d'un autel. — *Erretabloa, antzola*.

RÉTABLI, IE, part., remis dans le premier état. — *Berparatúa*. ‖ En bon état : *Antolatúa*. ‖ Remis en santé, guéri : *Sendatúa*.

RÉTABLIR, v. a. et p., remettre dans le premier état. — *Berritzea, bertezartzea*. ‖ En bon état : *Antolatzea*. ‖ Se remettre en santé : *Sendatzea*.

RÉTABLISSEMENT, s. m., action de rétablir. — *Bertezardea*.

RETAILLER, v. a., tailler de nouveau. — *Berriz pikatzea*.

RETARD, s. m., délai, remise, retardement. — *Ghibelamendua, erretarda*.

RETARDEMENT, s. m., délai, remise. — *Ghibelamendúa*.

RETARDER, v. a., différer, entraver la marche ; v. n., être en retard. — *Ghibelatzea*.

RETEINDRE, v. a., teindre de nouveau. — *Berriz tintatzia*.

RETENIR, v. a., garder. — *Atchikitzea*. ‖ Réserver : *Altchatzea*. ‖ Arrêter : *Gheldizea*. ‖ Modérer : *Païratzea, eztitzea*. ‖ v. n., concevoir (en parlant des bêtes) : *Ernaltzia*.

RÉTENTION, s. f., réserve. — *Erresalbóa*. ‖ Difficulté d'uriner : *Ghernu debekua*.

RETENTIR, v. n., rendre un son éclatant. — *Arrabotxtea, arrabotxkatzea, ocentzea*.

RETENTISSANT, ANTE, adj., qui retentit. — *Arrabotxgarria, ocendaria, ocenghillea*.

RETENTISSEMENT, s. m., action de retentir. — *Arrabotxa, ocendea, ozena*.

RETENU, UE, adj., circonspect. — *Zuhurra*. ‖ Gardé : *Ghelditua*.

RETENUE, s. f., modération. — *Moderacionea, païrúa, móderá*. ‖ Réserve : *Zurtasuna, zoghiertasuna, zuhurtasuna, bereïstasuna, diskrecionea*.

RÉTIF, IVE, adj. et s., qui s'arrête ou recule au lieu d'avancer ; fig., difficile à conduire (se dit des montures). — *Ghibelkaria*.

RÉTINE, s. f., épanouissement du nerf optique. — *Sarechóa*.

RETIRÉ, ÉE, adj., solitaire. — *Choïla, bakharra*. ‖ Homme retiré : *Etchekoya*.

RETIREMENT, s. m., contraction. — *Barbillea*.

RETIRER, v. a., tirer de nouveau, recueillir. — *Atheratzea*. ‖ Tirer une chose du lieu où elle était : *Khentzea*. ‖ Au fig., retirer du vice : *Biciotic khentzea*. ‖ D'un danger : *Lanyer batetic atheratzea*. ‖ v. p., s'en aller : *Yuaïtea*. ‖ Se raccourcir : *Laburtzea*. ‖ Se reculer : *Ghibelatzea*.

RETOMBÉ, ÉE, part., tombé de nouveau. — *Berriz eroria*.

RETOMBER, v. n., tomber de nouveau. — *Berriz erortzea*.

RETONDRE, v. a., tondre une seconde fois. — *Berriz mochtea*.

RETORDRE, v. a., tordre de nouveau. — *Berriz bihurtzea*.

RETORDU, UE, part., tordu de nouveau. — *Berriz bihurtua*.

RÉTORQUER, v. a., tourner contre son adversaire les arguments qu'il a employés. — *Itzultzea*.

RETORS, ORSE, adj., qui a été tordu plus d'une fois. — *Bihurtúa*. ‖ Fig., fin, rusé et artificieux : *Amarrutxúa, yokotritxúa, enganatzallea, zákurra*.

RETOUCHE, s. f., changement, endroit retouché. — *Unkia*.

RETOUCHER, v. a., toucher ce qui est achevé. — *Azken eskualdia ematea, azken unkia*.

RETOUR, s. m., action de revenir. — *Erreturra*. ‖ Equivalent : *Baliodueña*. ‖ Ce qu'on ajoute pour rendre un troc égal : *Gaïneatekúa, gañeatekúa*.

RETOURNER, v. a. et p., tourner dans un autre sens. — *Bihurtzea*. ‖ v. n., aller de nouveau dans un lieu : *Berriz yuaïtea*. ‖

Faire aller de nouveau : *Itzulaztia, biraztia.* ǁ S'en retourner : *Itzultzea.* ǁ v. p., s'en aller : *Yuaïtea.*

RETRACER, v. a., tracer de nouveau ou d'une manière nouvelle. — *Berriz ekanzatzea edo manera berri batian paratzea.* ǁ Fig., raconter les choses passées et connues : *Kóndatzea.*

RÉTRACTATION, s. f., action de se rétracter. — *Ukhóa, esabiurra, désesa.*

RÉTRACTER, v. a., déclarer qu'on n'a plus l'opinion qu'on avait avancée. — *Ukhatzea, esabiurtzea, désesatea, déserratea.* ǁ v. p., se dédire : *Hitza yatia.*

RETRAITE, s. f., action de se retirer. — *Erretira, erretirada, otzartza, ortzartzea, erretreta.* ǁ Lieu où l'on se retire : *Egonlekúa, egoïtza, egonghia.* ǁ Lieu solitaire : *Bakhartasuneko lekúa, erretiróa, lekú arrazghea, bakharra.* ǁ Pension : *Errenta.*

RETRAIT, s. m. — Voyez LATRINES.

RETRANCHEMENT, s. m., suppression, ouvrage militaire pour se couvrir. — *Lurrepaïra, lutepaïra, lutesia.* ǁ Diminution : *Gútimendua, kegheya.*

RETRANCHER, v. a., séparer une partie d'un tout, supprimer. — *Khentzea, khentzia.* ǁ v. p., se fortifier : *Borthiztea.* ǁ En terme de guerre, faire des lignes, des tranchées : *Lurrepaïtzea.* ǁ Se restreindre : *Hertxitzea, ertchitzea.*

RÉTRÉCIR, v. a., n. et p., rendre, devenir plus étroit.—*Ertchitzea, ertchitzia, hertxitzea.*

RÉTRÉCISSEMENT, s. m., état rétréci.—*Ertchitasuna.*

RÉTRIBUTION, s. f., salaire. — *Saria, paga.*

RÉTROACTIF, IVE, adj., qui agit sur le passé. — *Ghibelakaria.*

RÉTROACTION, s. f., effet de ce qui est rétroactif. — *Ghibelatasuna.*

RÉTROGRADE, adj., qui va en arrière. — *Ghibelatzaïlea.*

RÉTROGRADER, v. n., aller en arrière. — *Ghibeltzea, ghibelkatzea, ghibelatzea, atzeratzea.*

RETROUSSER, v. a. et p., relever en haut ce qui était détroussé. — *Altchatzea.*

RETROUVER, v. a. et p., trouver une seconde fois.—*Berriz atchematea.* ǁ Reconnaître : *Ezaützea.*

RETS, s. m., filet, ouvrage de corde, de fil, etc., pour prendre du poisson, des oiseaux. — *Sareac.*

RÉUNION, s. f., action de réunir et l'effet qui en résulte. — *Bilkúa.* ǁ Assemblée : *Bilkuya, kápitóa, kapitúa, bilguma, batzarrea, bilkura, bilkidá.* ǁ Fig., réconciliation : *Adichkidamendúa, batasuna, ongundea, komundióa.*

RÉUNIR, v. a. et p., rassembler ce qui était épars, divisé. — *Biltzea, biltzia, batatzea, batutzea.* ǁ Fig., réconcilier : *Bakhetzea, adichkidetzea, ongundetzea, komundatzea, elkarganatzea.*

RÉUSSIR, v. n., avoir du succès. — *Erreüsitzea, heltzea.*

RÉUSSITE, s. f., bon succès, issue. — *Erreüsita.*

REVANCHE, s. f., action par laquelle on rend la pareille, seconde partie de jeu. — *Errebantya.* ǁ Compensation : *Ordaïna.*

RÊVE, s. m., songe ; fig., idée chimérique. — *Ametxa.*

REVÊCHE, adj., rude ; fig., peu traitable. — *Makurra, errebesa.*

RÉVEIL, s. m., cessation de sommeil. — *Iratzartze.*

RÉVEILLE-MATIN, s. m., horloge destinée pour réveiller à une certaine heure. — *Iratzarraztekúa, iratzartzezaïlea.*

RÉVEILLER, v. a., tirer du sommeil. — *Iratzartzea.* ǁ Faire réveiller : *Iratzarraztea.* ǁ Ranimer : *Pichtea, piztea.*

RÉVEILLON, s. m., repas au milieu de la nuit. — *Sorghin-gósaria.*

RÉVÉLATION, s. f., action de révéler. — *Salatze, agherketa, arghiketa.*

RÉVÉLER, v. a., découvrir un secret. — *Salatzia, salatzea.* ǁ Découvrir différemment : *Arghitzea, arghitzia, aghertzea.* ǁ Avouer : *Aüthortzea.*

REVENANT, s. m., esprit qui revient.— *Arima-erratúa, ghizotxóa.*

REVENDEUR, EUSE, s. qui revend. — *Birsaltzallea.*

REVENDICATION, s. f., action de revendiquer. — *Erreklamacionea.*

REVENDIQUÉ, ÉE, part., réclamé. — *Erreklamatúa.*

REVENDIQUER, v. a., réclamer ce qui est à soi. — *Erreklamatzea.*

REVENDU, UE, part., vendu ce qui a été acheté. — *Berriz saldúa, birsaldúa.*

REVENDRE, v. a., ce qui a été acheté.—*Berriz saltzea, birsaltzea.*

REVENIR, v. n., venir de nouveau. — *Berriz ethortzea.* ǁ Survenir, venir par ha-

40

sard : *Arribatzea.* ‖ Recommencer à dire : *Errepikatzea.* ‖ A faire : *Berriz éghitea.* ‖ A rétablir : *Berriz ezartzea.* ‖ Plaire : *Agradatzea.* ‖ Valoir : *Baleiyatzea.* ‖ S'apaiser : *Eztitzea.*

REVENTE, s. f., seconde vente. — *Bigarren saltzea.*

REVENU, s. m., produit annuel, rente. — *Errenta.*

RÊVER, v. n. et a., faire un rêve, penser. — *Ametx'ghitea.*

RÉVERBÉRATION, s. f., réflexion de la lumière. — *Butarghia, arghiaren bihurketa.* ‖ De la chaleur : *Berotasunen bihurketa.*

RÉVERBÈRE, s. m., espèce de lanterne suspendue dans les rues d'une ville, pour éclairer pendant la nuit.— *Lanterna, gabarghia.*

RÉVERBÉRER, v. a., réfléchir, renvoyer la lumière. — *Butarghitzea.*

REVERDIR, v. n., redevenir vert, etc. — *Berriz ferdetzea, berdetzia, verdetzea.*

RÉVÉRENCE, s. f., mouvement du corps pour saluer. — *Agurra, kùrra.* ‖ Respect : *Erreberentcia, erreverencia, behakurta, beghirunea.*

RÉVÉRENCIEUSEMENT, adv., avec respect. — *Ohorezki, errespetuki, erreberentciaz, erreverenciaz, behakurtaz, beghirunez.*

RÉVÉRENCIEUX, EUSE, adj., qui affecte de faire des révérences. — *Fazoïntxua.*

RÉVÉREND, ENDE, adj., digne d'être révéré. — *Erreberentciaduna, erreverenciaduna, behakurtaria, beghiruneduna.*

RÉVÉRENDISSIME, adj., très-révérend, titre. — *Erreberendicimôa, erreverendicimôa.*

RÉVÉRER, v. a., honorer.— *Ohoratzea, ohoratzia, behakurtzea, beghirunetzea, erreberentciatzea, erreverenciatzea.*

RÊVERIE, s. f., pensée vague. — *Gôgôketa, heldarûoa.* ‖ Idée extravagante : *Zorokeria, errokeria, bahaskeria.* ‖ Délire : *Erreberia.* ‖ Etre en délire : *Erreberietan izatia.*

REVERS, s. m., coup d'arrière-main. — *Sehiarra.* ‖ Côté opposé à la tête (monnaie) : *Pirla.* ‖ Sens contraire : *Kóntra, infrentzúa.* ‖ Verso : *Aldazpia, iruncia.* ‖ Retroussis : *Bilduac (chapelcn egalac bilduac).* ‖ Fig., accident inattendu : *Ustegabekúa, idurikigabea.* ‖ Disgrâce : *Désgracia, désagradamendua, zóri gaïstóa, malhurra, ondikóa, machurea, dóaïnkaïtza, dóakabea.* ‖ Côté d'une montagne : *Alderdia, bazterra.* ‖ Côté opposé (d'une étoffe) : *Kóntra, pimpera, infrentsúa, aürkia.* ‖ Revers (coup de) : *Erresada, errebesada.* ‖ Revers (au revers, du revers) : *Errebes, erabes, aldazpiz, irunciz, alderanciz, errebeska, aldazpizka, irunciarra, alderancira.*

REVERSIBLE, adj., qui doit retourner à... — *Bihurgarria.*

REVERSION, s. f., réunion, retour. — *Bihurketa, bihurrera.*

REVÊTEMENT, s. m., ouvrage de pierre, etc., dont on revêt un rempart, etc. — *Gaïna.*

REVÊTIR, v. a. et p., habiller. — *Bestitzea.*

REVÊTU, UE, adj., habillé. — *Bestitúa.* ‖ Fig., recouvert : *Estalia.*

RÊVEUR, EUSE, s., qui rêve. — *Phentxakaria, gôgôkaria.*

REVIDER, v. a., vider de nouveau. — *Berriz ustea.*

REVIREMENT, s. m., t. de mer, action de revirer.— *Biratze.* ‖ Changement d'affaires : *Itzultze.*

REVIRER, v. n., tourner d'un autre côté, t. de mer. — *Itzultzea, biratzea.* ‖ Revirer (faire) : *Itzulaztea, biraztea.*

REVISER, v. a., revoir un objet. — *Berriz ikhustea, beïratzea, sô'ghitea, berriz miratzea, ikertzea.*

RÉVISION, s. f., nouvel examen. — *Berriz ikhustia, bertikustea, bertikusta.*

REVIVIFIER, v. a., vivifier de nouveau. — *Pitchaztea.*

REVIVRE, v. n., ressusciter. — *Pichtea, piztea, azkortzea.* ‖ Fig., faire ranimer : *Pitchaztia, pitzaztia.* ‖ Rétablir : *Berriz paratzea, ezartzea, bertezardea.* ‖ Faire reparaître : *Agherreaztea.*

RÉVOCABLE, adj., qui peut être révoqué, destitué. — *Errebokagarria.*

RÉVOCATION, s. f., action de révoquer. — *Errebokacionea.*

RÉVOCATOIRE, adj., qui révoque. — *Errebokatzaïlea.*

REVOIR, v. a., n. et p., voir, examiner de nouveau. — *Berriz ikhustea.* ‖ s. m., au revoir : *Ikhus artio.*

RÉVOLTANT, ANTE, adj., qui révolte. — *Erreboltagarria.*

RÉVOLTE, s. f., insurrection. — *Errebolta, nahasmendua, menaldeéra, békaïndeéra.*

RÉVOLTÉ, s. m., celui qui se révolte. — *Erreboltatúa, menaldetúa, békaïndúa.*

RÉVOLTER, v. a. et p., soulever. — *Erreboltatzia, menaldetzea, békaïntzea.*

Révolu, ue, adj., achevé, fini. — *Eghina, bethea.*

Révolution, s. f., retour d'un astre. — *Errebolucionea, irabia.* ǁ On le dit aussi du temps. La révolution des saisons : *Sasoïnen mudantza, kambiamendua.* ǁ Des siècles : *Mendeén mudantza, kambiamendua.* ǁ Fig., changement dans les affaires publiques, bouleversement politique : *Nahasdura, bihahorea.* ǁ Mouvement extraordinaire dans les humeurs : *Nahasdura.*

Révolutionnaire, adj. et s., partisan de la révolution. — *Errebolucionala, irabiatzallea, trakada, naskaria, nahaskaria, nahastzallea, ghenastaria, bóaldaria.*

Révolutionner, v. a., mettre en révolution. — *Errebolucionatzea, bóaldatzea, ghenastatzea.*

Révoquer, v. a., chasser d'un emploi. — *Errebokatzea, khentzea, atheratzea.* ǁ Annuler : *Ghedeïtzea, deseghitea, indarkaïtzea, ezdeüstea.*

Revue, s. f., inspection. — *Errebua.* ǁ Action de revoir : *Ikusia.* ǁ Publication périodique : *Erreseña, errebista.*

Rez, prép., tout contre. — *Kóntra.*

Rez-de-chaussée, s. m., niveau du terrain. — *Behera, zuñoldea.*

Rhabiller, v. a., habiller de nouveau. — *Berriz beztitzea.*

Rhétoricien, s. m., qui sait ou apprend la rhétorique. — *Hitzkindaria.*

Rhétorique, s. f., art de bien dire. — *Hitzkindea.* ǁ Qui appartient à la rhétorique : *Hitzkindekúa, hitzkindeárra.*

Rhinocéros, s. m., grand quadrupède ayant une corne sur le nez. — *Abere-adar-bakotcha.*

Rhubarbe, s. f., racine médicinale. — *Erruibarbóa.*

Rhumatismal, ale, adj., de rhumatisme. — *Errematismala, ubilleriarra, ujariomiñarra.*

Rhumatisme, s. m., douleur dans les muscles. — *Errematisma, ubilleria, ujariomiña.* ǁ Qui a des rhumatismes : *Errematismatxua, ubiltsua, ujariotsúa.*

Rhume, s. m., fluxion des bronches. — *Marranta, mafrundia, otzichá, kóstoma.*

Riant, ante, adj., qui marque de la gaieté, gracieux, avenant. — *Arraya.*

Ribambelle, s. f., kyrielle. — *Parrasta.*

Ricanement, s. m., action de ricaner. — *Búrla, trúfakeria, ihakinda.*

Ricaner, v. a., rire à demi par sottise, malice ou insolence. — *Búrlatzia, trúfatzia, ihakindatzea.*

Ricaneur, euse, s., qui ricane. — *Búrlaria, trúfaria, ihakindaria.*

Richard, s. m., homme riche. — *Aberatxúa, puchanta, buryesa.*

Riche, adj. et s. m., qui a du bien. — *Aberatxa.* ǁ Précieux : *Baliosa, baliotsúa, gostamatsúa, aíñadatsúa.* ǁ Abondant : *Nasaya, aüsarki.*

Richement, adv., d'une manière riche. — *Aberatxki.*

Richesse, s. f., abondance de biens. — *Aberatxtasuna.*

Richissime, adj., excessivement riche. — *Aberatx okhitúa.*

Ricochet, s. m., bond que fait une pierre plate jetée obliquement sur la surface de l'eau. — *Saltóa.* ǁ Bond d'une pierre ordinaire, d'un boulet, etc. : *Pumpa.*

Ride, s. m., pli sur la peau, sur l'eau, etc. — *Chimurra, cimurra.*

Rideau, s. m., étoffe suspendue pour couvrir. — *Erridaba, burtina.* ǁ Fig., quelque chose qui masque la vue (nuages) : *Edoï-cherrenda.* ǁ Rideau de bois, de montagnes : *Cergada, cerrenda.*

Ridelle, s. f., côté d'une charrette à râtelier. — *Kantchela.*

Rider, v. a. et p., faire des rides. — *Chimurtzea, cimurtzea.*

Ridicule, adj., digne de risée. — *Bitchia-irrigarria, farragarria, pharragarria, barragarria, nardagarria.*

Ridiculement, adv., d'une manière ridicule. — *Bitchiki, irrigarriki, farragarriró, pharragarriró, barragarriró, nardagarriki.*

Ridiculiser, v. a. et p., rendre ridicule. — *Irrigarritzea, farragarritzea, pharragarritzea, barragarritzea, nardaztatzea, bitchia errendatzea.*

Rien, pr. indéf. et s. m., néant, nulle chose. — *Deüsic, deüs, deüsére.* ǁ pl., bagatelles : *Chirchilkeriac, deüsesbatzuec.*

Rieur, euse, s., qui aime à rire. — *Irríghilea, pharralaria, irritxúa, barratsúa, farratsúa.*

Rigide, adj., sévère. — *Garratza, zorrotza.* ǁ Exact : *Chuchena, zucena, zorrotza.* ǁ Austère : *Haindura.*

Rigidement, adv., avec rigidité. — *Garratzki, zorrotzki.*

RIGIDITÉ, s. f., grande sévérité. — *Garratztasuna, zorrotztasuna.*

RIGOLE, s. f., tranchée pour faire couler l'eau. —*Arrola, arrolla, erreka, arroïla, izaka.*

RIGORISME, s. m., morale trop sévère. — *Garratztasuna, zorrotztasuna, dorpetasuna, mutiritasuna, borthiztasuna.*

RIGORISTE, adj. et s., trop sévère en morale. — *Garratzkorra, zorrotzkorra, dorpetxua, mutiritxúa.*

RIGOUREUSEMENT, adv., avec rigueur.—*Garratzki, zorrotzki, dorpeki, mutiriki.*

RIGOUREUX, EUSE, adj., très-sévère, rude.— *Garratza, zorrotza, dorped, mutiria.* ‖ Exact : *Chuchena, zucena.*

RIGUEUR, s. f., sévérité, âpreté.— *Garratztasuna, zorrotztasuna, dorpetasuna, mutiritasuna.* ‖ Exactitude : *Chuchentasuna, zucentasuna.*

RIME, s. f., retour régulier des mêmes consonnances. — *Titchóa, batosgóa.* ‖ pl., vers : *Bertxuac, lototsac.*

RIMER, v. a., faire consonner.— *Titchotzea, batosgotzea.* ‖ v. n., faire des vers : *Bertxutzea, bertxuac eghitea, birsatzea, lotosatzea.*

RIMEUR, s. m., mauvais poète.— *Kopla'ghillea, biursag'hille tcharra.*

RINCÉ, ÉE, adj. et part., nettoyé en lavant. — *Garbitúa.* ‖ Réprimandé : *Erreportchatúa.* ‖ Battu, pop. : *Zámpatua, úmakatua.*

RINCER, v. a., nettoyer en lavant. — *Garbitzea.* ‖ Battre d'importance, pop. : *Zámpatzea, úmakatzea.*

RINÇURE, s. f., eau où l'on a rincé, eau de vaisselle. — *Ichurkiña.*

RIPAILLE, s. f., grande chère. — *Aseá.*

RIPOSTE, s. f., répartie. — *Errepuesta.* ‖ Botte en parant : *Ordaïna.*

RIPOSTER, v. n., répondre vivement et sur-le-champ pour repousser quelque raillerie, une injure.-*Errepuest'ghitea.* ‖ Un coup : *Ordaïntzea.*‖Fig., repousser : *Bulkatzea.*

RIRE, v. n. et réc., exprimer les expressions de la joie par un mouvement des lèvres. — *Irria, farra, pharra, barra.* ‖ Fig., se divertir : *Yóstatzea, yóstatzia, jóstatzia, libertitzia, ábusatzia, irri'ghitea.* ‖ Railler : *Trúfatzea, búrlatzea, ihakindatzea.* ‖ Badiner : *Yóstatzia, yóstetatzea, libertitzea.* ‖ v. p., se moquer : *Trúfatzia, búrlatzia, ihakindatzea.* ‖ s. m., ris : *Irria.*

RIS, s. m., action de rire. — *Irria, farra, pharra, barra.* ‖ Glande sous la gorge du veau : *Luphua.*

RISÉE, s. f., grand éclat de rire. — *Irri-aldia, karkasa, algará, farra-aldia, pharra'aldia, barr'aldia.*

RISIBLE, adj., capable de rire, de faire rire, digne de risée. — *Irringarria.*

RISQUABLE, adj., périlleux. — *Lanyerosa, irriskosa.*

RISQUE, s. m., danger, péril. — *Lanyera, ateka, kórdoka, irriskúa.*

RISQUER, v. a. et n., hasarder. — *Irriskatzea.*

RISSOLER, v. a., roussir en rôtissant.—*Gorritzia.*

RIT, ITE, s. m., cérémonial religieux, coutume. — *Oïtura.*

RITOURNELLE, s. f., reprise d'un chant, répétition. — *Eüskarichóa, kantastea.*

RITUEL, s. m., livre contenant le rite d'un diocèse. — *Errituala.*

RIVAGE, s. m., bord de la mer.— *Ur'-eghia, ur'-bazterra, itxas'-eghia, ur'-ondoa, ubasterra.*

RIVAL, ALE, s. et adj., concurrent. —*Phartida.* ‖ Concurrent en amour : *Yelostaria.*

RIVALISER, v. a. et n., disputer de mérite, de talent. — *Phartidatzea, bakidatzea, bilkidatzea.*

RIVALITÉ, s. f., concurrence. — *Phartidakuntza.* ‖ Rivalité (en amour) : *Yelostarikuntza.*

RIVE, s. f., bord de l'eau. — *Ur'-eghia, ur'-bazterra, ur'-ondoa, ubasterra.*

RIVER, v. a., recourber la pointe d'un clou sur l'autre côté du corps qu'il perce.-*Zabaltzea.*

RIVIÈRE, s. f., cours d'eau assez considérable qui se jette dans un fleuve. — *Ibaya, ibaiya, uhaïtza.*

RIXE, s. f., querelle accompagnée d'injures, de menaces et quelquefois de coups ; débat, discussion orageuse.—*Kimera, eskatima, aharra.*

RIZ ou RIS, s. m., plante, son grain. — *Erriza.*

RIZIÈRE, s. f., terre semée de riz. — *Errizadia.*

ROBE, s. f., vêtement long. — *Zaya, soïna, trahia.* ‖ Robe d'enfant : *Yaka.*

ROBINET, s. m., pièce d'un tuyau de fontaine ou de tonneau pour faire écouler un liquide ou le retenir. — *Errobiñeta, faltxeta, dutchulóa.*

ROBUSTE, adj., vigoureux.— *Azkarra, borthitza, pizkorra, bizkorra.*
ROBUSTEMENT, adv., d'une manière robuste. *Azkarki, borthitzki, pizkorki, bizkorki.*
ROC, s. m., masse de pierre dure. — *Arroka, arkadia.*
ROCAILLE, s. f., cailloux. — *Zagorra.*
ROCAILLEUX, EUSE, adj., plein de cailloux. — *Zagortxúa.* ‖ Raboteux : *Kaskaïla, malkarra.*
ROCHE, s. f., rocher. — *Arroka, arkadia, peña, gherinda.*
RODER, v. n., errer çà et là. — *Kurritzea, orron ibiltzea.*
RODEUR, EUSE, s., qui rode. — *Kurritzaïlea, orron ibiltzallea, orron dabillena.*
RODOMONT, s. m., fanfaron. — *Balentriatxua, aghirakaria, antularia, larderitxua, fúrfuyatxua, pamparroya.*
RODOMONTADE, s. f., fanfaronnade. — *Balentriatasuna, antulaska, larderia, fúrfuya, pamparrontasuna.*
ROGATIONS, s. f., prières pour les biens de la terre. — *Arrogacioneac, erregateac, arrenezteac.*
ROGNE, s. f., gale invétérée. — *Zaragar zahartúa.* ‖ Dans les troupeaux : *Atzordoya.*
ROGNER, v. a., retrancher, ôter quelque chose des extrémités, de la longueur ou de la largeur d'une étoffe, d'un cuir, etc.; fig., ôter, retrancher à quelqu'un une partie de ce qui lui appartient. — *Khentzea, idokitzea, murrichtea, murritzea, cercenatzea.*
ROGNEUR, EUSE, s., qui rogne. — *Murritzallea, murritchtaïlea, cercenatzaïlea.*
ROGNEUX, EUSE, adj., qui a la rogne. — *Zaragar zahar duena.* ‖ En parlant d'un troupeau : *Atzordoytúa, atzordoytsúa.*
ROGNON, s. m., rein, testicules. — *Ghelzurdina, ghilzurdiña, ghilzurriña.*
ROGNURE, s. f., ce qu'on a rogné.-*Purruska.*
ROGOMME, s. m., eau-de-vie, pop.— *Agúardienta.*
ROI, s. m., monarque.—*Erreghea, erréghe.* ‖ Principale figure des cartes : *Erreghe.*
ROIDE, adj., fort tendu. — *Latúa.* ‖ Difficile à plier : *Gógorra, tiesóa, zaïla.* ‖ Rapide : *Chuta, zuta, apika.* ‖ Opiniâtre : *Thematxúa, isitia, sétatsúa.*
ROIDEUR, s. f., qualité roide, tension. — *Latuera, latugóa.* ‖ Force : *Gógortasuna.* ‖ Rapidité : *Apiktasuna.* ‖ Violence : *Mutiritasuna.*

ROIDIR, v. a. et n., rendre roide. —*Gógórtzea, gógórtzia.*
ROITELET, s. m., oiseau. — *Larrepetchitcha, larrepetita, tchepetcha, erreghechupita, erreghechipia, erreghepetita.*
RÔLE, s. m., liste.— *Lichta, lista, errunká, cekidorá.* ‖ Ce qu'un acteur en scène doit réciter, personnage qu'il représente : *Phartia.*
ROMAIN, AINE, adj. et s., de Rome. — *Erromatárra.* ‖ Personne : *Erromanúa, erromanóa.*
ROMAN, s. m., récit d'aventures supposées. — *Aïsakondaïra.*
ROMANCE, s. f., chanson tendre. — *Amodiozko khanta, amodiozko aheria, otsaldia, jakarra.*
ROMANCIER, s. m., auteur de romans. — *Aïsakondarakiña.*
ROMANESQUE, adj., qui tient du roman. — *Aïsakondaïratarra.* ‖ Qui a les idées romanesques : *Aïsakondaïratsúa.*
ROMANTIQUE, adj., qui prête à des descriptions poétiques et attachantes. — *Aïsakondaraïtarra.*
ROMARIN, s. m., arbuste. — *Erromania, erromeróa.*
ROMPRE, v. a., n. et p., casser. — *Aústea.* ‖ Mettre en pièces : *Cheatzea, porroskatzea, zatitzea.* ‖ Importuner : *Unatzea.* ‖ Arrêter : *Baratcea, gheldizea, trikatzea, idukitzea.* ‖ Détourner : *Itzultzea, desgógoratzea, ghibelaztea.* ‖ Annuler : *Deseghitea, ezdeústea.* ‖ Rompre avec quelqu'un, devenir ennemi : *Aserretzea, asarretzea, atelatzea, aghirakatzea.*
ROMPU, UE, adj. et part., brisé, cassé. — *Aútsia.* ‖ Les relations : *Ghelditu, asarretu, aserretu, atelatúa, aghirakatúa.* ‖ Exercé : *Usatúa, ekersitúa.* ‖ Fatigué : *Unatua, nekátua, akhitua, akitua.*
RONCE, s. f., arbuste épineux. — *Elhorria, lapharra, láharrá, larra.*
ROND, ONDE, adj., de forme circulaire. — *Arrunda.* ‖ Sphérique : *Biribilla, burubila, boïla.* ‖ Sincère : *Eghiatia.* ‖ s. m., cercle : *Uztaya.* ‖ Circuit, contour : *Ingurua, itzulia.* ‖ Volté en rond : *Saltúa itzulikatuz.* ‖ Détour : *Ingurúa.*
RONDE, s. f., visite militaire. — *Itzulia, inguria.* ‖ Danse : *Arrunda.* ‖ Chanson à refrain : *Arrundako-khanta.* ‖ A la ronde, adv., à l'entour : *Inguruan.* ‖ Tour à tour : *Aldizka.*

RONDEAU, s. m., air à reprise. — *Arrundako-khanta.* ǁ Danse : *Arrunda.*

RONDELET, TE, adj., un peu replet. — *Biribiltchúa.*

RONDEMENT, adv., uniment, franchement. — *Zaluki.*

RONDEUR, s. f., forme ronde. — *Biribiltasuna.*

RONDIN, s. m., bois à brûler rond. — *Egur biribila.* ǁ Bâton : *Makhil lódia eta laburchkúa.*

RONFLANT, ANTE, adj., sonore, bruyant. — *Kurrunkaria.*

RONFLEMENT, s. m., bruit que l'on fait en ronflant. — *Kurrunka.*

RONFLER, v. n., faire en dormant un râlement prolongé ; fig., faire un grand bruit. — *Kurrunkatzea.*

RONFLEUR, EUSE, s., qui ronfle. — *Kurrunkatzaïlea.*

RONGER, v. a., couper avec les dents. — *Arrasatzea, kurruskatzea.* ǁ Fig., tourmenter : *Tormentatzea.* ǁ Détruire peu à peu, miner : *Emeki erematea, arrasatutzea.*

RONGEUR, adj., animal qui ronge, qui détruit en rongeant. — *Arrasatzaïlea, kurruskatzaïlea.* ǁ Fig., le remords qui tourmente le coupable : *Asikigarria, hiragarria, koromiogarria.*

ROSAIRE, s. m., sorte de chapelet. — *Arrosarióa, arrosariúa, kondera.*

ROSE, s. f., fleur, sa figure, sa couleur. — *Arrosa.* ǁ Nœud : *Belachtia, belachtika, chintilúa.* ǁ Cadran de boussole : *Untcietako arrosa.*

ROSBIF, s. m., mot anglais, bœuf rôti. — *Idi-errekia.* ǁ Les cuisiniers le disent aussi de la partie du derrière d'un agneau : *Bildotx-errekia.* ǁ D'un mouton : *Zikiro, chikiro-errekia* ǁ D'un chevreuil, etc. : *Orkatz-errekia.*

ROSÉ, adj., d'un rouge faible. — *Arrosa kholore churikara, arrosa churichta.*

ROSEAU, s. m., plante aquatique. — *Kanabera, seska, kanabela, garriza.*

ROSÉE, s. f., pluie fine. — *Ihintza, arrosada.*

ROSERAIE, s. f., lieu de rosiers. — *Arroseria.*

ROSETTE, s. f., ornement en forme de petite rose. — *Belatchia.* ǁ Encre rouge : *Tinta gorria.*

ROSIER, s. m., arbrisseau.—*Arros'-hondóa.*

ROSIÈRE, s. f., fille couronnée pour sa vertu. —*Arrosa kôrua irabacia duena prestuena izanez.*

ROSSE, s. f., cheval sans force, sans vigueur. — *Aroya, naghia, errocinóa, moïsala.*

ROSSER, v. a. et pr., battre violemment. — *Ehotzia, ehotzea, iyótzia, ûmakatzea, zampatzea.*

ROSSIGNOL, s. m., oiseau de passage. — *Errosiñoleta, errechinoleta.*

ROSSINANTE, s. f., rosse, mauvais cheval. — *Aroya, naghia, errocinóa, moïsola.*

ROT, s. m., vent qui s'échappe de l'estomac. — *Phokerra.*

RÔT, s. m., viande rôtie. — *Errekia.*

ROTATION, s. f., mouvement circulaire. — *Itzulia.*

ROTER, v. n., faire des rots. — *Phokertzea.*

RÔTI, s. m., viande rôtie. — *Errekia.*

RÔTIE, s. f., tranche de pain grillée. — *Oghi-chigortúa.*

RÔTIR, v. a. et n., cuire devant le feu. — *Erretzea.* ǁ Fig., être exposé à l'action d'un feu, d'un soleil ardent : *Erretzea.*

RÔTISSERIE, s. f., lieu où les rôtisseurs vendent leurs viandes rôties ou prêtes à rôtir. — *Errekidia.*

RÔTISSEUR, EUSE, s., qui vend des viandes rôties, ou prêtes à être rôties. — *Erreki saltzaïlea.*

ROTONDITÉ, s. f., rondeur. — *Biribiltasuna.*

ROTULE, s. f., os sur le devant des genoux. — *Belhaün-kochkúa, belhaün-gatchilúa.*

ROTURE, s. f., état roturier. — *Iripedia.*

ROTURIER, ÈRE, s. et adj., qui n'est pas noble. — *Iripedarra, yende chehea.*

ROUCOULER, v. n., se dit du cri du pigeon. — *Kurrukatzea.*

ROUCOULEMENT, s. m., action de roucouler. — *Kurruka.*

ROUE, s. f., machine ronde et plate tournant dans un essieu. — *Arruda, arroda, firrilla, pirrilla.*

ROUÉ, ÉE, adj. et s. ; au fig., fatigué. — *Nékátúa, ahitua, unatua.* ǁ Sans mœurs : *Erruatúa.*

ROUELLE, s. f., tranche ronde. — *Cerra.*

ROUER, v. a., battre excessivement.— *Ehotzia, ehotzea, iyótzia, ûmakatzia, zámpatzea.*

ROUET, s. m., machine à roue pour filer, etc. — *Tornua.*

ROUGE, adj., couleur de sang. — *Gorria.* ǁ ǁ Roux : *Gorrasta, gorrachta.* ǁ Rougi au feu : *Gorritua*. || s. m., couleur : *Gorria*. || Le fard : *Edergarri, kholoregarria*.

ROUGE-BORD, s. m., rasade : *Bleï*.

ROUGE-GORGE, s. m., petit oiseau. — *Paparogorria, papogorria, bapharogorri*.

ROUGE-QUEUE, s. m., oiseau de passage. — *Buztangorri*.

ROUGEATRE, adj., tirant sur le rouge. — *Gorrikara, gorrachta*. || Un peu rouge : *Gorrichkûa, gorrichka*.

ROUGEAUD, AUDE, adj. et s. m., qui a le visage rouge. — *Bermejóa, bermeyóa*.

ROUGEOLE, s. f., mal qui couvre la peau de rougeur. — *Charrampina, charrampiña*.

ROUGET, s. m., poisson. — *Kraba, arroselchikia*.

ROUGEUR, s. f., couleur rouge. — *Gorritasuna*. || Tache rouge sur la peau : *Nota gorria*.

ROUGIR, v. a. et n., rendre, devenir rouge. — *Gorritzia*.

ROUI, IE, s. m. et part., action de rouir. — *Urtatùa*.

ROUILLÉ, ÉE, adj. et part., couvert de rouille. — *Erdoïldûa, erdoydûa, ordoydua, ugherdua, erdoïdua*.

ROUILLE, s. f., oxide du fer. — *Erdoïla, erdoya, ordoya, ugherra, erdoïa*. || Maladie des plantes : *Gornia, erdoïla*.

ROUILLER, v. n., couvrir de rouille. — *Erdoïltzea, erdoytzea, ordoytzea, ughertzea, erdoïtzea*.

ROUILLURE, s. f., effet de la rouille. — *Erdoïltasuna, erdoytasuna, ordoytasuna, ughertasuna*.

ROUIR, v. a., macérer le chanvre dans l'eau. — *Urtatzia*.

ROULADE, s. f., agrément que la voix fait en roulant. — *Bóaùstea*. || Roulades (faire des) : *Bóaùstitzea*.

ROULANT, ANTE, adj., qui roule aisément. — *Amilkatzaïlea, ambilkatzaïlea, kurritzaïlea, iboïlkatzaïlea, biratzaïlia*. || Roulant (en) : *Kurritzian, amilkan, ambilkan, iboïlkan, biratzian*.

ROULEAU, s. m., paquet roulé. — *Bilgoa, bilduma*. || Cylindre en bois sur lequel on fait rouler des fardeaux : *Errobillóa, rodaja*.

ROULEMENT, s. m., mouvement de ce qui roule. — *Amilka, ambilka, iboïlla*.

ROULER, v. a. et n., avancer ou faire avancer en tournant. — *Kurritzia, biratzia, ambilkatzea, amiltzea, iboïltzia, pirritatzea*. || Plier en roulant : *Biribilkatzea*. || Fig., errer : *Errebelatzia, erratzia*. || Tomber et faire des tours : *Pimpoïlkatzia, itzulipurdikatzia*. || Plier en rond : *Biltzea, bilgotzea, boïltzea*.

ROULETTE, s. f., petite roue. — *Arrudatchû, firrillatchûa, pirrillatchûa*.

ROULIER, s. m., charretier de roulage. — *Karreteróa*.

ROULIS, s. m., agitation d'un navire. — *Balentza*.

ROUPIE, s. f., goutte d'eau au nez. — *Phekada, dindirria, mûkhi-dindirria*.

ROUPILLER, v. n., sommeiller à demi. — *Kûluskatzia*.

ROUSSEATRE, adj., tirant sur le roux. — *Gorrasta, gorrachta, origorrikara*.

ROUSSEAU, s. m., poisson. — *Arroselá, arrosoïla*.

ROUSSEUR, s. f., qualité de ce qui est roux. — *Origorritasuna*. || Taches qui viennent au visage : *Lentiñac, lentillac*. (En basque se dit au pluriel.)

ROUSSETTE, s. f., chien de mer. — *Itxas'chakurra*.

ROUSSI, s. m., odeur d'étoffe qui brûle. — *Erre usaina*.

ROUSSIN, s. m., cheval entier. — *Garañua, garañoa*.

ROUSSIR, v. a. et n., rendre, devenir roux. — *Origorritzea, origorritzia*.

ROUTE, s. f., voie, chemin. — *Bidia, bidea, kamióa*. || Indication de chemin et de logement : *Bidaldia*. || Fig., moyen employé, conduite pour arriver à un but : *Bidia, bidea, zucembidea, zucempidea*. || Grande route où passent les charrettes : *Bidandia, gurdabidea, kamiozabala*. || Route royale : *Bidandia, bidereála, kamioreáleá*. || Sentier : *Bidechka, bidechigorra, perrabidea*. || Chemin d'un vaisseau : *Bidea, bidia, errumbóa*.

ROUTINE, s. f., capacité acquise par habitude. — *Usaiya, ûsantza*.

ROUTINIER, s. m., qui agit par routine. — *Usaïyez, ûsantzez éghilea*.

ROUVRIR, v. a., ouvrir de nouveau. — *Berriz idekitzea*.

ROUX, OUSSE, adj., entre jaune et rouge ; s. m., cette couleur. — *Gorrasta, gorrachta, origorria*.

ROYAL, ALE, adj., de roi. — *Erreghekûa*. || Fig., libéral, magnifique : *Handighitarra*.

ROYALEMENT, adv., d'une manière royale.— *Erregheki, erréghe ghisan, handighitarki, andigoïró, erreghekiró.*

ROYALISME, s. m., amour de la royauté. — *Erreghetartasuna.*

ROYALISTE, s. m., partisan du roi et de la royauté. — *Erregheén phartekúa, erregheren aldia atchikitzen duena.*

ROYAUME, s. m., état régi par un roi. — *Erreïnua, erreñua, bateronkia, erresuma.*

ROYAUTÉ, s. f., dignité de roi. — *Erreghetasuna.*

RU, s. m., canal d'un petit ruisseau. — *Errekatchúa.*

RUADE, s. f., action de ruer. — *Ostikóa, ustarra.*

RUBAN, s. m., tissu de soie, de fil, etc. — *Chingola, érribana, cinta, histoya, ipura, cerrenda.*

RUBANERIE, s. f., marchandises de rubanier. —*Chingoleria, erribaneria, cinteria, listoyeria, ipureria, cerrenderia.*

RUBANIER, s. f., qui fait des rubans.—*Chingola, érriban, cinta, listoy, cerrend'eghilea.* || Qui les vend : *Chingola, érriban, cinta, listoy, cerrend'martchanta, saltzaïlea.*

RUBRIQUE, s. f. ; fig., finesse, ruse, détour, adresse. — *Abillezia, amarrua, yokotria.*

RUCHE, s. f., panier où l'on met les abeilles, ce panier et les abeilles. — *Kofoïna, kofoña, kopoïa, kofaüa, eültza, erlachea.*

RUDE, adj., âpre au toucher, au goût. — — *Latza, garratzá, káratxa, khiratxa, minkorrá, erroya, mukerra, ikesúa.* || Raboteux : *Kaskaïla, malkarra.* || Fig., violent : *Dorpea, mina, mutiria.* || Difficile : *Gaïtza, neheza, kechagarria.* || Fâcheux : *Súmingarria, kéjagarria, ekaïtzgarria, adorgarria.* || Sévère : *Garratza.*

RUDEMENT, adv., d'une manière rude. — *Borthitzki, gógorki, idorki, aspréki, dorpeki.*

RUDESSE, s. f., qualité rude d'un objet. — *Latztasuna.* || D'une personne : *Borthiztasuna, gógórtasuna, dorpetasuna, mokortasuna, aspretasuna, mokhortasuna.*

RUDOYER, v. a., traiter rudement. — *Borthitzki, gógórki, dorpeki, mokhorki ekartzea, ibiltzea, tratatzea.*

RUE, s. f., chemin de ville, etc. —*Karrika, khalia.* || Plante médicinale : *Bortusaya.* || Rue sauvage : *Astabortusaya.*

RUELLE, s. f., petite rue. — *Karrikatchúa, khaliatchúa.* || Intervalle de lits : *Ohe-tartea, ohe-tartia, ohe-chokúa.*

RUER, v. n., jeter les pieds en l'air (en parlant des chevaux, des ânes et des mulets). — *Ostikokatzea, ustarkatzea.*

RUGIR, v. n., se dit du cri du lion.— *Orro'ghitea, órrollotzea.*

RUGISSANT, ANTE, adj., qui rugit. — *Orro'ghillea, orrotzallea.* || Rugissant (en) : *Orroan.*

RUGISSEMENT, s. m., cri du lion ; fig., cri de fureur : *Orroa.*

RUINE, s. f., destruction au pr. et au fig. — *Galmendea.* || pl., débris d'édifice : *Errestantza, ondarra.* || Perte de sa fortune, de son avoir : *Errekarat yóa, erruïna.*

RUINER, v. a. et p., détruire au pr. et au fig. — *Lurreratzea, deseghitea.* || Faire perdre les biens, etc. : *Erruïnatzea, errekaratzea, soïllatzea.*

RUINEUX, EUSE, adj., qui ruine, qui se ruine. — *Erruïnagarria, galgarria, soïllaria.*

RUISSEAU, s. m., courant d'eau, etc. — *Erreka, chirripa, cirripa, ur-chirripa.*

RUISSELANT, ANTE, adj., qui ruisselle. — *Zurruztatzaïlea.* || Ruisselant (en) : *Zurruztant.*

RUISSELER, v. n., couler en ruisseau. — *Zurruztatzea.*

RUMB, s. m., aire du vent. — *Errumbóa.*

RUMEUR, s. f., bruit.—*Búrrumba, haróa.* || Querelle, etc. : *Eskatima, kimera, aharra.*

RUMINANT, ANTE, adj. et s., quadrupède qui rumine. — *Aüznarrakúa, aüsmarlea.*

RUMINATION, s. f., action de ruminer. — *Aüznarra, aüsmarra.*

RUMINÉ, ÉE, part., qui a été ruminé. — *Aüznarratúa, aüzmarratua.*

RUMINER, v. a., remâcher.—*Aüznarratzea, aüsmarratzea.* || Fig., penser et repenser : *Gógótatzea.*

RUPTURE, s. f., action de rompre. — *Aütxidura.* || Hernie : *Sabel chumia eroria.* || Brouillerie : *Nahaskeria, nahasmendua, eskatima.* || Cassation d'un acte : *Ezdeüstasuna.* || Rupture d'un tendon : *Zaïn baten aütxidura.*

RURAL, ALE, adj., des champs. — *Landatarra, landakúa.*

RUSE, s. f., moyen adroit de tromper.— *Amarrúa, yokotria.*

RUSÉ, ÉE, adj., plein de ruse. — *Amarrutxúa, yokotritxúa.*

RUSTICITÉ, s. f., qualité rustique. — *Landatardea, oyandardea, destarkeria.* ||Grossièreté : *Ezakeâ, leïtxukeria, dorperkeria.* || Pesanteur et lourdeur d'esprit : *Tontokeria, pisutasuna.* || Bassesse d'extraction : *Billaünkeria, ethorkiz'béhera.*

RUSTIQUE, adj. et s. m., champêtre. — *Basatia, kampotaria, oyandarra, baserritarra.* || Grossier : *Leïtxua, dorpea.* || Paysan : *Laboraria, nekatzaïlea.* || Mur travaillé en pierres brutes ou taillées à leur imitation : *Kampotaria.*

RUSTIQUEMENT, adv., d'une manière rustique. — *Kampotarki, oyandarki, basarritarki.*

RUSTRE, adj., très-rude. — *Ezaketxua.* || Grossier : *Leïtxua, dorpea.* || Paysan : *Laboraria, nekatzaïlea.*

RUT, s. m., le temps où les bêtes fauves sont en chaleur. — *Berotûa.* || En basque, il y a un terme particulier pour chaque animal en rut. Pour le chien : *Ohara.* || Le chat : *Berotûa.* || La jument, l'ânesse : *Ghiri.* || La vache : *Susarra.* || La chèvre : *Azkara.* || La brebis : *Arkara.* || La truie : *Irhaüs.*

S

S, s. f., suivant l'ancienne appellation qui prononçait ESSE, et m., suivant l'appellation moderne, qui prononce SE, comme dans la dernière syllabe du mot MASSE. Lettre consonne, dix-neuvième lettre de l'alphabet. — *Abeceko emeretzigarren letra.* || On ne fait guère sonner la lettre *s* à la fin d'un mot, si ce n'est lorsque le mot qui suit commence par une voyelle. Si dans un mot elle se trouve seule entre deux voyelles, elle a la prononciation d'un *z*. En basque, la lettre *s* a la prononciation grasse et jamais comme un *z*.

SA, adj. pos. f. — *Orrena.*

SABBAT, s. m., chez les juifs, le dernier jour de la semaine, assemblée nocturne que tiennent les sorciers, suivant les croyances populaires, adorer le diable ; fig. et fam., grand bruit qui se fait, désordre, confusion. — *Sabato.*

SABLE, s. m., gravier. — *Area, aria, sablia.*

SABLÉ, ÉE, adj. et part., garni de sable. — *Areztatûa, sabletûa.*

SABLER, v. a., couvrir de sable. — *Areztatzea, sabletzea.* || Boire, avaler d'un trait : *Kólpez edatea.*

SABLEUX, EUSE, adj., mêlé de sable. — *Aretxûa, arekorra, sablekorra.*

SABLIER, s. m., horloge. — *Arezko-orena.* || Vase à sable : *Are-tokia, sable-tokia, salvadera.*

SABLIÈRE, s. f., lieu d'où l'on tire le sable. — *Areteghia, sableteghia.*

SABLON, s. m., sable fin. — *Are fina, sable fina.*

SABLONNER, v. a., nettoyer avec du sablon. — *Arez garbitzea, sablez garbitzea.*

SABLONNEUX, EUSE, adj., plein de sable. — *Aretxûa, sabletxûa.*

SABLONNIER, s. m., marchand de sablon. — *Are, sable martchanta, saltzaïlea.*

SABLONNIÈRE, s. f., lieu d'où se tire le sablon. — *Areteghia, aredia, sableteghia.*

SABORD, s. m., embrasure au côté d'un navire, pour faire passer et tirer le canon. — *Kanoy leiyoa.*

SABOT, s. m., chaussure de bois. — *Eskalapoïna, eskalapoïa, eskalapûa, eskalapoña, eskalaproïa.* || Corne du pied du cheval, de l'âne : *Aztapar-koskoa.* || Du bœuf, de la chèvre, des brebis : *Aztaparra.*

SABOTIER, s. m., qui fait des sabots. — *Eskalapoï ghilea.*

SABRE, s. m., arme en coutelas. — *Sabrea.*

SABRER, v. a., frapper d'un sabre. — *Sabreükaldika yótzea.* || Fig. et fam., expédier une affaire sans examen : *Beïratu gabe.*

SAC, s. m., sorte de poche. — *Zákûa, zurruna.* || Son contenu : *Zákukat.* || Pillage et saccagement entier d'une ville : *Pillagia, arpilloa, sakeóa.* || Cul-de-sac, impasse : *Karrikatcho bat buru batetic zerratua dena.*

SACCADE, s. f., secousse prompte, secousse en général. — *Zalantza, kordokera.* || Secousse en tirant la bride d'un cheval, etc. : *Astina, astintza, iñarrusia, iharro, sia.* || Fig., dure réprimande : *Erreportchu aspréa.*

SACCADER, v. a., donner des secousses. — *Zalantzatzea, kordokeratzea.* || Secouer, se secouer : *Astintzea, iñarrusitzea, iharrositzea.*

41

SACCAGE, s. f., bouleversement. — *Nahasdura, bihahorea, arpillóa.*

SACCAGER, v. a., piller avec grand dégât. — *Arpillatzea, sakeátzea.* ‖ Bouleverser, fam. : *Iratiotzea, araülitzea, irabiatzea.*

SACERDOCE, s. m., caractère des prêtres. — *Sacerdocióa, donekindea.*

SACERDOTAL, ALE, adj., qui appartient au prêtre. — *Sacerdotala, donekindarra.*

SACHÉE, s. f., plein un sac. — *Zákukat.*

SACHET, s. m., petit sac, coussin parfumé. — *Usain ónezko zákutchúa.*

SACOCHE, s. f., deux bourses de cuir ou de toile jointes ensemble. — *Alporchac.*

SACRAMENTAL, ALE, ou SACRAMENTEL, LE, adj., du sacrement.—*Sakramenendukúa, sagramendukúa, sakramentukóa, sagramendutarra.* ‖ Essentiel, fam. : *Exkutapekóa, ezkutapeárra.*

SACRAMENTALEMENT, adv., d'une manière sacramentale. — *Sakramenduki, sagramenduki, sakramentarkiró.*

SACRE, s. m., action de sacrer. — *Kontsegracionea, konsagracióa, donekida.*

SACRÉ, ÉE, adj., s. et part., qui a été sacré, saint, inviolable. — *Sakratúa, sagratúa.*

SACREMENT, s. m., signe d'une grâce inviolable. — *Sakramendúa, sagramendúa, sakramentúa.*

SACRER, v. a., donner un caractère saint.— *Sakratzia, sagratzia, donekidatzea, donakidatzea.* ‖ v. n., blasphémer, jurer : *Arnegatzia, yuramentu'ghitea.*

SACRIFICATEUR, s. m., qui sacrifie. — *Sakrifikatzaïlea, sakrifikatzallea, sagrifikatzaïlea, sakrifikaria, doskaïnlea.*

SACRIFICE, s. m., offrande à Dieu ; fig., renoncement, abandon. — *Sakrificiúa, sakrificióa, sakripicióa, doskañia; sagrificiúa.*

SACRIFIER, v. a., faire un sacrifice ; v. p., se dévouer, fig. — *Sakrifikatzea, sakrifikatzia, doskañtzea, doskaïntzea, sagrifikatzea.*

SACRILÉGE, s. m., action impie. — *Sakrileiyua, sakrilegóa, donaüslea.* ‖ adj., souillé d'un sacrilége : *Sakrileiytúa, sakrilegotúa, donaütsia.*

SACRISTAIN, s. m., préposé au soin d'une sacristie. — *Klabéra, sankrichto, sankristoba, élizaya.*

SACRISTIE, s. f., lieu où l'on serre les vases sacrés et où les prêtres s'habillent. — *Sankristania, sankastenúa.*

SAFRAN ou CROCUS, s. m., plante. — *Safrana, azafraya.* ‖ Lieu où vient le safran, terre ensemencée de safran : *Safranteghia, azafrayteghia.*

SAFRANER, v. a., apprêter, jaunir avec du safran. — *Safraneztatzia, azafraytzia.*

SAGACE, adj., doué de sagacité. — *Somaz, somariro.*

SAGACITÉ, s. f., pénétration, justesse d'esprit. — *Somá.*

SAGE, adj., qui parle, pense et agit avec sagesse. — *Prestúa, zuhurra.*

SAGE-FEMME, s. f., accoucheuse. — *Emaghiña.*

SAGEMENT, adv., d'une manière sage. — *Prestuki, perestuki.*

SAGESSE, s. f., chasteté. — *Prestutasuna, perestutasuna.* ‖ Prudence : *Zuhurcia, zuhurtasuna.* ‖ Modération : *Moderacionea, móderá, païrúa.*

SAGITTAIRE, s. m., signe du zodiaque. — *Sayetizarra.*

SAIGNANT, ANTE, adj., d'où il dégoutte du sang. — *Odoldúa, oroldúa.*

SAIGNÉE, s. f., action de saigner. — *Sangrada, sangra, sañat.*

SAIGNEMENT, s. m., écoulement, épanchement de sang, principalement par le nez. — *Odol-ichuria, odol ekhartzebat.*

SAIGNER, v. a., tirer du sang. — *Sangratzea, sañatzea, odol'atheratzea.* ‖ Faire ou se faire saigner : *Sangraztea, sañaztea, odol'atheraztea.* ‖ v. p., perdre du sang : *Odoltzea, oroltzea, odol ichurtzea.*

SAILLANT, ANTE, adj., qui avance, sort en dehors. — *Irteéraria, irtetaria.*

SAILLIE, s. f., sortie impétueuse.—*Atheraaldia.* ‖ Avance, t. d'arch. : *Irteéra, irteta, ilkiera, aterera.* ‖ Fig., boutade, trait d'esprit : *Izpiritu-aldiá.*

SAILLIR, v. a., couvrir sa femelle, en parlant du taureau, du cheval, etc. —*Estalizia.* ‖ Saillir (faire) : *Estalaztia.* ‖ v. n., sortir avec impétuosité : *Hilkitzea, jalkitzea.* ‖ S'avancer, t. d'arch. : *Ilkitzea, atheratzea, irteératzea, irtetatzea.*

SAIN, AINE, adj., non maladif. — *Sánóa, osasunekúa.* ‖ Entier : *Osóa.* ‖ En bon état : *Estalu ónian.* ‖ Salubre : *Osasunekúa.* ‖ Judicieux : *Umóa.*

SAINDOUX, s. m., graisse de porc. — *Uriñ eztia, saíña, gatza, uriñ gatz gabia.*

SAINEMENT, adv., d'une manière saine. — *Sánoki.*

SAINFOIN, s. m., plante. — *Betarokia.*
SAINT, AINTE, adj. et s., consacré à Dieu, à la religion, à un usage sacré.—*Saïndûa, santóa.*
SAINTEMENT, adv., d'une manière sainte. — *Saïnduki, santoki.*
SAINTETÉ, s. f., qualité sainte, titre du Pape. — *Saïndutasuna, santotasuna.*
SAISI, adj., muni. — *Hornitûa.* || Surpris : *Harritûa.* || Frappé de douleur ou de joie : *Yóa hartûa.* || Débiteur qu'on a saisi : *Sésitûa, emparatua.*
SAISIE, s. f., arrêt sur les biens. — *Sésida, artzuya, empara.*
SAISIR, v. a. et p., prendre, attaquer. — *Hartzea, lotzea, arrapatzea.* || Arrêter les biens : *Sesitzea, emparatzea.* || Fig., comprendre aisément : *Aïseki entelegatzea.*
SAISISSABLE, adj., qui peut être saisi, que l'on peut prendre. — *Hartgarria, lotgarria.* || Terme de palais, biens qui peuvent être saisis : *Emparagarria.*
SAISISSANT, ANTE, adj., qui saisit. — *Harrigarria.* || s., terme de palais : *Emparatzallea.*
SAISISSEMENT, s. m., impression subite. — *Harridura, sésimendûa, mûghidalda.* || Saisissement de cœur, impression qui fait un grand déplaisir : *Desmayóa, hilguna, désalaïdóa, erildea, erarsuna.*
SAISON, s. f., quatrième partie de l'année.— *Sasoïnd.*
SALADE, s. f., mélange d'herbes ou de viandes assaisonnées avec de l'huile et du vinaigre. — *Ensalada.*
SALADIER, s. m., vase où l'on sert la salade. — *Ensalada-tokia.*
SALAGE, s. m., action de saler. — *Gacidura, gacitasuna.*
SALAIRE, s. m., paiement. — *Irabacia, saria, paga, yornala, jornala, soldata, aloghera.* || Récompense : *Errekompentxa, gólordia, gólardóa.*
SALAISON, s. f., salage. — *Gacitasuna.* || Viande salée : *Gacitûac.* (En basque se dit au pluriel).
SALANT, adj. m., d'où l'on tire le sel.—*Gatzteghia.* || Salant (marais), où l'on fait le sel avec l'eau de la mer : *Lugacitûa.*
SALARIÉ, ÉE, adj., s. et part., un individu qui reçoit un salaire. — *Pagatûa.*
SALARIER, v. a., récompenser. — *Pagatzea.*
SALAUD, AUDE, adj. et s., sale, pop. — *Zikhina.*

SALE¹, adj., malpropre ; fig., déshonnête, obscène. — *Zikhina, lizuna.*
SALÉ, ÉE, adj., où il y a du sel. — *Gacia.* || s. m., chair de porc salée : *Cherri gacitûa.* || part., assaisonné de sel : *Gacitûa.*
SALEMENT, adv., d'une manière sale. — *Zikhinki.* || Obscène : *Lizunki.*
SALER, v. a., assaisonner de sel. — *Gacitzea.*
SALETÉ, s. f., qualité sale. — *Zikhinkeria, zikhintasuna.* || Chose obscène : *Lizunkeria.*
SALIÈRE, s. f., vase pour le sel. — *Gatzuncia, gatz-tokia, saliera, gatzuntzia.*
SALIGAUD, AUDE, adj., et s., sale, pop. — *Zikhintxûa.*
SALIN, INE, adj. et s. m., qui contient du sel. — *Gacitxûa.*
SALINE, s. f., lieu où se fait le sel. — *Gatzteghia, gatztoïya, gatzaya, gatzkinteghia.*
SALIR, v. a., rendre sale. — *Zikhintzea.*
SALISSANT, ANTE, adj., qui salit. — *Zikhintzallea, zikhinkorra.* || Qui se salit aisément : *Zikingarria.*
SALIVAIRE, adj., glandes salivaires qui contiennent la salive. — *Thûko gurintchûac.* || Conduit salivaire par où elle passe : *Thûko pasaya.*
SALIVATION, s. f., écoulement de la salive provoqué par quelque remède. — *Thûékarria, ahogózodia.*
SALIVE, s. f., humeur aqueuse et un peu visqueuse qui coule dans la bouche. — *Thûa, ahogózóa.*
SALIVER, v. n., rendre beaucoup de salive. — *Thûkatzia, ahogózotzia.*
SALLE, s. f., salon. — *Sáluna, sáloya, sálahandia.* || Salle à manger : *Sála.* || Salle de spectacle : *Kómediako sála, dostirûdiko sála.* || De bal : *Bálako, dantzako sála.* || D'hôpital, etc. : *Ospitaleko, eritheghiko sála.*
SALMIS, s. m., ragoût de pièces de gibier.— *Salmia, ihiziki saltxa, okeleta.*
SALOIR, s. m., sorte de vaisseau de bois dans lequel on met le sel, où l'on sale les viandes, les fromages. — *Gaciteghia.*
SALON, s. m., pièce dans un appartement destinée à recevoir les visites. — *Sáluna, sáloya.*
SALOPE, adj., sale, malpropre, fam.-- *Zikina.* || s. f., femme de mauvaise vie : *Filda.*
SALOPERIE, s. f., saleté, grande malpropreté. — *Zikhinkeria, zikinkeria.* || Discours ordurier : *Likitxkeria.*

SALPÊTRE, s. m., sel qui se tire ordinairement des plâtres des vieilles démolitions. *Salpetra, gátzúa.*

SALPÊTRIER, s. m., ouvrier qui travaille à faire du salpêtre. — *Gátzú langhilea.*

SALPÊTRIÈRE, s. f., où se fait le salpêtre. — *Salpetreteghia, gatzúteghia.*

SALSIFIS, s. m., racine bonne à manger. — *Salsifia.*

SALTIMBANQUE, s. m., bateleur, bouffon, charlatan. — *Operáturra, kómedianta.*

SALUBRE, adj., sain, qui contribue à la santé. — *Osasunekúa, sánúa, sánóa.*

SALUBRITÉ, s. f., qualité de ce qui est salubre. — *Osasuntasuna, sánotasuna.*

SALUER, v. a., donner une marque extérieure de civilité, de péférence ou respect, faire ses compliments par lettre. — *Agur'ghitea, agurtzea, salutatzea.* || Proclamer : *Deïtzea.*

SALURE, s. f., qualité que le sel communique. — *Gacidura.*

SALUT, s. m., conservation.— *Salbamendúa.* || Rétablissement dans un état heureux et convenable, félicité éternelle : *Salbamendúa, salvacióa, salvacionea.* || Action de saluer ceux qu'on rencontre : *Salutacionea, agurra.*

SALUTAIRE, adj., utile, avantageux. — *Probetchugarria, progotchugarria, baliosa, progotchosa.* || Pour la conservation de la vie, la santé : *Osasunekúa, osagarrikúa, osasungarria, sendagarria.* || Des biens, de l'honneur : *Salbagarria, sensugarria.* || Pour le salut de l'âme : *Salbagarria, salvagarriro.*

SALUTAIREMENT, adv., utilement, avantageusement : *Probetchuki, progotchuki, balioski.*

SALUTATION, s. f., action de saluer. — *Agurra, salutacionea.*

SALVE, s. f., décharge de canons et de mousquets en signe de réjouissance, salut. — *Tiro-aldiá, sálva.*

SALVÉ, s. m., prière en l'honneur de la Vierge. — *Sálbe, sálvea, agurra.*

SAMEDI, s. m., le dernier jour de la semaine. — *Larumbata, ebiakoïtza, azkeneguna, neskaneguna, iragakoïtza, egubakoïtza, irakoïtza, zapatua.*

SANCTIFIANT, ANTE, adj., qui sanctifie. — *Santifianta.*

SANCTIFICATION, s. f., l'action et l'effet de la grâce qui sanctifie. — *Santifikacionea.*

SANCTIFIER, v. a., rendre saint. — *Santifikatzea.*

SANCTION, s. f., constitution, ordonnance sur les matières ecclésiastiques, approbation, autorité donnée à une loi.-*Afrogamendúa.*

SANCTIONNER, v. a., donner sanction. — *Afrogatzea.*

SANCTUAIRE, s. m., chez les juifs, le lieu le plus saint du temple; chez les chrétiens, la partie de l'église où est le maître-autel. — *Santuarióa.*

SANDALE, s. f., chaussure qui ne couvre qu'en partie le dessus du pied et dont se servent les religieux qui vont nu-pieds. — *Batzola, abarka, sandalia, sandála.*

SANDARAQUE, s. f., gomme qui coule du grand génévrier par les incisions que l'on y fait en été. — *Sándaraka.*

SANG, s. m., liqueur rouge qui coule dans les veines et dans les artères.— *Odola, orola.*

SANG-FROID, s. m., tranquillité, présence d'esprit. — *Sanfreta.*

SANGLADE, s. f., coups de fouet, de sangle.— *Zeha-aldia, zafr'-aldia.*

SANGLANT, ANTE, adj., qui est taché de sang. — *Odoldúq, oroldúa.* || Sanglant combat (où il y a beaucoup de sang répandu) : *Sakhaïla, hilkintza, gúda, sakhaïla, ériokintza.*

SANGLE, s. f., bande qui sert à ceindre, à serrer. — *Sangla, cinchá.*

SANGLER, v. a., ceindre, serrer avec des sangles. — *Sanglatzia, cinchatzea.* || Fig. et fam., appliquer avec force, battre : *Zehatzea, zafratzea.*

SANGLIER, s. m., porc sauvage.— *Basurdea, basaúrdea, basaúrdia.*

SANGLOT, s. m., soupir redoublé poussé avec une voix entrecoupée.— *Hipa, hepa, suspira, marraska.*

SANGLOTER, v. n., pousser des sanglots. — *Hipatzea, hepatzea, suspiratzea, marraskatzea.*

SANGSUE, s. f., animal aquatique qui suce le sang; fig., celui qui exige plus qu'il ne lui est dû.—*Chintchimaria, chinchaña, chinchaïna, odol'-edalia, ichaïna, antcha.*

SANGUIN, INE, adj., celui en qui le sang prédomine. — *Odoltxúa, oroltxúa.* || Qui est de couleur de sang : *Odol'kholore.*

SANGUINAIRE, adj., qui se plaît à répandre le sang humain. — *Odolkaria, orolkaria.* || Cruel : *Odolghiroa.* || Inhumain : *Umano ez dena.*

SANGUINE, s. f., mine de fer d'une couleur rouge. — *Burdinezko mia kholore gorrikúa.* ǁ Pierre précieuse de couleur de sang.— *Arri fina odol kholorekúa.*

SANGUINOLENT, ENTE, adj., teint de sang. — *Odoldúa, oroldúa.*

SANITAIRE, adj., qui a pour but la conservation de la santé. — *Osasunekúa.*

SANS, prép. exclusive. — *Gabe.* ǁ Sans honneur : *Ohoreric gabe.* ǁ Sans jugement : *Sensuric gabe.*

SANSONNET, s. m., oiseau. — *Zózabarra.*

SANTÉ, s. f., état de celui qui est sain, qui se porte bien. — *Osasuna, osagarria, sendera.* ǁ Santé (en bonne) : *Osasunean, sendaraz.* ǁ Salutation faite en buvant : *Osagarria.*

SAPE, s. f., action de saper. — *Pikotchadea.*

SAPER, v. a., travailler avec le pic à démolir les fondements d'un édifice, d'un bastion, d'un chemin couvert.—*Pikotchtea.* ǁ Fig., ébranler : *Bamboleatzea, kordokatzea.* ǁ Détruire, renverser : *Arrasatutzea, lurreratzea, deseghitea.*

SAPEUR, s. m., celui qui est employé à la sape. — *Sapúrra.*

SAPIN, s. m., grand arbre. — *Izaiyá.*

SAPINE, s. f., solive ou planche de sapin. — *Izaiyazko soliba, biga edo taúla.*

SAPINIÈRE, s. f., lieu planté de sapins.— *Izaïdia.*

SARCASME, s. m., raillerie amère. — *Eskarnióa.*

SARCELLE ou CERCELLE, s. f., oiseau de rivière. — *Charchela, certceta.*

SARCLER, v. a., arracher les mauvaises herbes. — *Yorratziá, yorratzeá, jorratzeá, sarratzeá.*

SARCLEUR, EUSE, s., qui sarcle. — *Yorratzaïlea, jorratzaïlea.*

SARCLOIR, s. m., instrument propre à sarcler. — *Yorraïyá.*

SARDINE, s. f., petit poisson de mer.—*Chardina, chardiña.*

SARMENT, s. m., bois que pousse la vigne.— *Aïhena.*

SARMENTEUX, EUSE, adj., qui produit beaucoup de sarment. — *Aïhentxúa.*

SARRASIN, INE, adj. et s. m., blé noir, sorte de blé à graine noire. — *Bihi beltz espés bat.*

SARRAU, s. m., espèce de souquenille que portent les paysans, les rouliers et les soldats. — *Chamarra.*

SAS, s. m., tissu qui sert à passer la farine, etc. — *Cethabea, cethabia.*

SASSER, v. a., passer au sas. — *Cethabetzea.*

SATAN, s. m., le chef des démons. — *Satan.*

SATANIQUE, adj., de satan. — *Satanekúa.*

SATIÉTÉ, s. f., réplétion d'aliments qui va jusqu'au dégoût. — *Asea.*

SATIN, s. f., étoffe de soie lustrée.— *Satiña.*

SATINÉ, ÉE, adj. et part., qui a l'apparence du satin. — *Satiñatúa.*

SATINER, v. a., donner à une étoffe, à un ruban, à du papier, l'œil du satin.— *Satiñatzea.*

SATIRE, s. f., censure des vices, critique mordante. — *Perkeá.*

SATIRIQUE, adj., de la satire, enclin à la satire ; s. m., auteur de satire.— *Perkaria.*

SATIRIQUEMENT, adv., d'une manière satirique. — *Perkeki, perkatzuki, perkezeki.*

SATIRISER, v. a., railler. — *Perketzea, perkatzea.*

SATISFACTION, s. f., contentement, action par laquelle on satisfait quelqu'un en réparant l'offense qui lui a été faite. — *Sosegamendúa, askiestasuna.*

SATISFAIRE, v. a. et n., contenter, donner sujet de contentement. — *Sosegatzia, sosegatzea, askiestea.* ǁ Acquitter : *Pagatzea.* ǁ Faire ce qu'on doit : *Eghitea.* ǁ Se satisfaire, v. p., contenter le désir qu'on a de quelque chose : *Béré búrua sosegatzea, askiestatzea.*

SATISFAIT, AITE, adj. et part., content. — *Sosegatúa, askiestatúa.*

SATISFAISANT, ANTE, adj., qui contente, qui satisfait. — *Sosegarria, askiestgarria.*

SATYRE, s. m., demi-Dieu qui, d'après la fable, habitait les bois et qui était moitié homme, moitié bouc. — *Sátiróa.*

SAUCE, s. f., assaisonnement liquide, salé ou épicé. — *Saltxa.*

SAUCER, v. a., tremper du pain ou de la viande dans la sauce. — *Saltxatzea, saltxatzia.*

SAUCIÈRE, s. f., vase pour les sauces. — *Saltx'untcia, saltx'tokia.*

SAUCISSE, s. f., boyau rempli de viande crue. — *Chaúchicha, likhaïnka.*

SAUCISSON, s. m., sorte de grosse saucisse, grosse fusée. — *Chaúchichuna, tchorichúa, chalchichona.*

SAUF, VE, adj., qui n'est point endommagé, qui est hors de péril. — *Salbo, salbatúa.* ǁ prép., sans blesser, sans porter atteinte : *Salbo.*

Sauf-conduit, s. m., sorte de passeport donné à un ennemi, etc., pour aller séjourner, revenir sans risques. — *Pása, biála.*

Sauge, s. f., plante aromatique. — *Salbia.*

Saugrenu, ue, adj., impertinent, absurde, ridicule, fam. — *Bitchia, nardagarria.*

Saule, s. m., arbre qui croît dans les lieux humides. — *Sagatxa, sahatsa.*

Saumatre, adj., eau qui a le goût de celle de la mer. — *Gacitxúa.*

Saumon, s. m., poisson de mer qui monte les rivières. — *Izokiña, izokina, izokia.*

Saumonneau, s. m., petit saumon. — *Izokiñtchúa, izokintchúa, izokitchúa.*

Saumonné, ée, adj., truite à chair rouge comme celle du saumon. — *Izokiñatúa, izokinatua, izokiatúa.*

Saumure, s. f., liqueur salée pour garder ou manger la viande, le poisson, etc.- *Ghezala.*

Sauner, v. n., faire du sel. — *Gatz'ghitea.*

Saunerie, s. f., fabrique de sel. — *Gatzkintza, gatz fabrika.*

Saunier, s. m., qui fait le sel. — *Gatz'ghilea, gazkiña.* ‖ Qui vend du sel : *Gatz martchanta, gatz saltzaïlea, gatzalea.*

Saunière, s. f., coffre pour conserver le sel. — *Gatz-tokia, gatz-untcia, gatz-kutcha.*

Saupiquet, s. m., sauce ou ragoût qui pique, qui excite l'appétit. — *Okelakia.*

Saupoudrer, v. a., poudrer de sel. — *Gatz chehia gañetic emaïtea.* ‖ De farine : *Irindatzea.* ‖ De poivre : *Bipher chehatúa gañetic emaïtea.*

Saussaie, s. f., lieu planté de saules. — *Sagatxtoya, sahatxtoya, sahasteïa.*

Saut, s. m., action de sauter, mouvement par lequel on saute. — *Saltóa, saltúa, yaütsia, yaützia, gasupa.* ‖ Chute, fam. : *Itzulipurdia.* ‖ Chute d'eau : *Uryaütsia, uralmildea, ursaltóa.*

Sauter, v. n., s'élever de terre avec effort ou s'élancer d'un lieu à un autre ; fig., parvenir d'une place à une autre sans intermédiaires. — *Saltatzea, saltatzia, yaüstia, yaüztia, yaücitzea.*

Sauterelle, s. f., insecte qui ne s'avance qu'en sautant. — *Chártala, chertoïla, larrapoteá, otiya, othia.*

Sauteur, euse, s., qui saute. — *Saltatzaïlea, yaücikaria, saltokaria.*

Sautillement, s. m., action de marcher en faisant de petits sauts. — *Chaltokadea, gasupakadea, yaüsikadea.*

Sautiller, v. n., sauter à petits sauts. — *Chaltokatzia, chaltokatzea, yaütsikatzea, gasupakatzea.*

Sauvage, adj., féroce, farouche, en parlant des animaux qui ne sont pas apprivoisés. — *Salbaya, basatia, basatarra, oïhandarra.* ‖ Inculte et désert : *Larretarra.* ‖ s. m., homme non civilisé : *Salbaya, salvagea.* ‖ Fig., homme d'un abord difficile, à manières rudes : *Basatarra, ermutarra.*

Sauvageon, s. m., jeune arbre qui croît sans culture. — *Basatia, basatea.*

Sauvagerie, s. f., caractère de celui qui vit seul. — *Basakeria, ermukeria, salbaykeria, salvageria.*

Sauvegarde, s. f., protection accordée par le prince. — *Gúardiakúa, gúardiakóa.* ‖ Garde qu'un général envoie dans une maison pour garantir de pillage et d'insulte : *Gúardia.*

Sauver, v. a., garantir, tirer du péril. — *Salbatzea, libratzea.* ‖ Mettre en sûreté : *Beghiratzea, infiñitzea, segurantzea, jarritzea, izukentzea.* ‖ v. p., s'enfuir, se réfugier : *Ihesghitea.* ‖ Se sauver, v. réc., s'échapper, se retirer dans un lieu pour y chercher un asile. — *Salbatzia, salbatzea, eskapatzea, eskapatzia, ihesghitea.* ‖ Faire son salut : *Salbatzea.*

Sauveur, s. m., libérateur, celui qui sauve. — *Salbatzaïlea.*

Savamment, adv., d'une manière savante. — *Yakintxuki, yakinsuró.*

Savant, ante, adj., qui sait beaucoup en matière d'érudition, de littérature, qui est bien instruit. — *Yakina, yakiña, jakiña, yakinsuna, gosartua, jakinlea, yakintxuna.* ‖ Bien informé de quelque chose, de quelque affaire : *Ikasia, yakina, arghitúa.* ‖ s. m., homme de beaucoup d'érudition : *Yakintxuna, yakinsuna, jakinlea, yakintxùa, jakintia, irakasia.*

Savate, s. f., vieux soulier fort usé, messager qui va à pied d'une ville aux lieux écartés. — *Zápata-erresta, oski-erresta, zápeta-erresta.*

Saveter, v. a., gâter un ouvrage, le mal faire, fam. — *Ez yakinez lan bat funditzea edo eghitean edo antolatzian.*

Savetier, s. m., ouvrier dont le métier est de raccommoder de vieux souliers. — *Zápat'erresta antolatzaïle.* ‖ Pop., méchant ouvrier en quelque métier que ce soit : *Langhile tzarra, ikasi gabia.*

SAVEUR, s. f., qualité sentie par le goût. — *Gustua, gostukuntza, minkira, záporea.*
SAVOIR, v. a., connaître. — *Yakitea, ezagutzea.* ǁ Etre informé : *Yakitea, yakitia.* ǁ Etre versé dans la théorie, la pratique : *Yakintasuna.* ǁ v. n., avoir l'esprit orné : *Yakintasuna.* ǁ conj., spécifier : *Berecidea, banatidea.* ǁ s. m., science : *Yakintasuna, jakindea, jakintza.* ǁ Savoir-faire, industrie : *Yakitea.* ǁ Savoir-vivre, connaissance des usages du monde : *Bici modu ezagutzea, bicitzea yakitea.*
SAVON, s. m., composition faite avec de l'huile et de l'alcali et qui sert à blanchir le linge, à nettoyer, à dégraisser. — *Salboïna, salboya, chábua.*
SAVONNAGE, s. m., nettoiement, blanchissage par le savon. — *Churiketa, chábuáda.*
SAVONNER, v. a., nettoyer, dégraisser et blanchir avec du savon ; fig. et pop., faire une réprimande à quelqu'un : *Salboïnatzea, salboyatzea, chábuatzia.*
SAVONNERIE, s. f., lieu où se fait le savon. — *Salboïnteghia, salboy, chábu fabrika.*
SAVONNETTE, s. f., boule de savon préparé. — *Salboïneta.*
SAVONNEUX, EUSE, adj., qui tient de la qualité du savon. — *Salboïntxua, salboytxua, chábutxa.*
SAVOURER, v. a., goûter avec attention et plaisir. — *Gustu hartzea, minkistea, zaporetzea, sabrotzea.*
SAVOUREUSEMENT, adv., en savourant. — *Gustuki, minkiski, minkiz, zaporeki, sabroki.*
SAVOUREUX, EUSE, adj., qui a bonne saveur. — *Gustutxúa, minkistxúa, zaporetxúa, sabrosóa.*
SCANDALE, s. m., ce qui est occasion de chute, de péché ; éclat que fait une chose honteuse à quelqu'un ; mauvais exemple ; indignation d'une mauvaise action ; grave indécence. — *Eskandala, gaïtzbidea, gaïzbidea, brüïta.*
SCANDALEUSEMENT, adv., d'une manière scandaleuse. — *Eskandaloski, gaïtzbideki, gaïzbideki, brüïta eghinic.*
SCANDALEUX, EUSE, adj., qui cause du scandale. — *Eskandalatxúa, gaïtzbidetxúa, gaïzbidekorra, eskandalosa.*
SCANDALISER, v. a., donner du scandale. — *Eskandalisatzea, gaïtzbidekatzea.* ǁ Se scandaliser, v. réc., prendre du scandale : *Eskandalisatzea, gaïtzbidekatzea.* ǁ S'offenser : *Damutzea, iraïnitzea.*

SCAPULAIRE, s. m., t. claustral, partie du vêtement : longue pièce d'étoffe fendue pour passer la tête et qui retombe aux pieds devant et derrière ; morceaux d'étoffe bénite. — *Défentsa, kútuna.*
SCARIFICATION, s. f., incision sur la peau. — *Pikadura, ébakia, pikóa, épaïra.*
SCARIFIER, v. a., inciser la chair. — *Pikatzea, ébakitzea, épaïratzea.*
SCARLATINE, adj. f., fièvre avec rougeur. — *Skarlata.*
SCEAU, s. m., grand cachet, son empreinte. — *Cirillua, cighillua, sellúa.*
SCEL, s. m., sceau. — *Cirillua, cighillua, sellúa.*
SCELLER, v. a., mettre le sceau. — *Cirillutzea, cighillutzea, sellutzea.* ǁ Fig., affirmer, cimenter : *Seguratzia.*
SCÉLÉRAT, ATE, adj., coupable ou capable de crime. — *Kapirillúa.*
SCÉLÉRATESSE, s. f., méchanceté noire. — *Kapirilkeria.*
SCÈNE, s. f., partie du théâtre où les acteurs jouent, tout ce qui sert sur le théâtre. — *Biltokia.*
SCÉNIQUE, adj., qui a rapport au théâtre. — *Biltokikúa.*
SCEPTICISME, s. m., doctrine des sceptiques. — *Dudakuntza, fedegabetasuna.*
SCEPTIQUE, adj., partisan du scepticisme, qui doute de tout. — *Dudatzaïlea, fedegabea.*
SCEPTRE, s. m., bâton, marque de la royauté ; fig., le pouvoir souverain, la royauté. — *Septróa.*
SCHALL, s. m., grand mouchoir du Levant. — *Chálá.*
SCHISMATIQUE, adj. et s. m., qui est dans le schisme. — *Targótaria, bakigótaria.*
SCHISME, s. m., division, séparation de communion religieuse. — *Targóa, bakigóa.*
SCHISTE, s. m., pierre qui se sépare par feuilles comme l'ardoise. — *Lapitzá.*
SCIAGE, s. m., action de scier, ouvrage du scieur. — *Cerrakuntza.*
SCIATIQUE, adj. et s. f., espèce de goutte qui s'attache principalement à l'emboîture des cuisses. — *Anka-mina, ankako-miña.*
SCIE, s. f., lame de fer longue et étroite taillée d'un des côtés en petites dents ; lame de fer montée en forme de scie et dont on se sert pour scier le marbre. — *Cerra, sega.*
SCIEMMENT, adv., sachant bien ce qu'on fait, avec connaissance. — *Yakinez.*

SCIENCE, s. f., connaissance qu'on a de quelque chose. — *Yakintasuna, jakindea, jakintza.* ‖ Erudition : *Yakintasuna, jakintza, jakindea, yakitatea.*

SCIENTIFIQUE, adj., qui concerne les sciences abstraites et sublimes. — *Yakindekúa, jakindekúa, jakintzakúa.*

SCIENTIFIQUEMENT, adv., d'une manière scientifique. — *Yakindeki, jakinderó.*

SCIER, v. a., couper avec la scie. — *Cerratzia, segatzea.* ‖ Couper le blé avec la faucille : *Pikatzea.* ‖ En t. de marine, ramer à rebours, revenir sur son sillage : *Arrastó, aztarna, sená gañetic itzultzea.*

SCIEUR, s. m., celui dont le métier est de scier. — *Cerratzaïlea, segatzaïlea.*

SCINTILLATION, s. f., mouvement propre à la lumière des étoiles. — *Dirdira, dirdiramendúa, distira, distiramendúa.*

SCINTILLER, v. n., étinceler. — *Dirdiratzea, distiratzea.*

SCIURE, s. f., ce qui tombe du bois quand on le scie. — *Cerra-zahia, cerra-erraütxa.*

SCOLAIRE, adj., qui concerne les écoles. — *Eskolarra.*

SCOLASTIQUE, adj., appartenant à l'école. — *Eskolakúa.*

SCORBUT, s. m., corruption contagieuse du sang. — *Oïkusteldea.*

SCORBUTIQUE, adj., qui tient de la nature du scorbut; celui, celle qui est malade du scorbut. — *Oïhusteldekúa, oïkusteldekiró.*

SCORIÉ, s. f., substance vitrifiée sur métal fondu. — *Sepa.*

SCORIFICATION, s. f., action de scorifier. — *Sepakia, sepatasuna.*

SCORIFIER, v. a., réduire en scorie. — *Sepatzia.*

SCORPION, s. m., insecte venimeux. — *Arrubia, arrabióa, harrubia, harrulia, lúpúa.* ‖ Un des signes du zodiaque : *Lúpu-izarra.*

SCORSONÈRE, s. f., plante médicinale. — *Sendapokia.*

SCRIBE, s. m., copiste. — *Eskribatzaïlea.* ‖ Au temps des juifs un docteur de la loi : *Erakuskaria, leghe erakutxlea.*

SCROFULES, s. f. pl., écrouelles. — *Gurintchac, gurintchóac, kurintchóac, kúrrunchóac, gurenac.*

SCROFULEUX, EUSE, adj., qui cause, qui a des écrouelles. — *Gurintchotxúa, kurintchotsúa, kuruntchotsúa, gurentsúa.*

SCRUPULE, s. m., peine, inquiétude de la conscience ; grande exactitude à observer la règle, à remplir ses devoirs ; grande sévérité d'un auteur dans la correction d'un ouvrage ; sorte de délicatesse en matière de procédés, de mœurs. — *Eskrupula, eskrupulóa, artukitza.* ‖ Sorte de petit poids : *Okalea.*

SCRUPULEUSEMENT, adv., d'une manière scrupuleuse. — *Eskrupuloski, artukitzki, artukitzkiró.*

SCRUPULEUX, EUSE, adj. et s., qui a des scrupules. — *Eskrupulosa, artukitztia, artukitztuna.*

SCRUTATEUR, s. m. et adj., qui sonde les cœurs, vérificateur d'un scrutin. — *Billatzaïlea, billakindaria.*

SCRUTER, v. a., sonder, examiner à fond, chercher à pénétrer dans les choses cachées. — *Billatzea, billakintzea, billákindatzea.*

SCRUTIN, s. m., élection, délibération par suffrage secret. — *Haütakuntza, icendakuntza.*

SCULPTER, v. a., tailler quelque figure en pierre, en marbre, en bois, en métal, etc. — *Otallutzea.*

SCULPTEUR, s. m., celui qui sculpte. — *Otallughillea, otallaria.*

SCULPTURE, s. f., art de sculpter, ouvrage de sculpteur. — *Otallakintza.*

SE, pron. de la troisième personne, de tout genre et de tout nombre. Il précède toujours un verbe. Dans la langue basque, il se trouve compris dans les terminaisons. Exemple : Il se promène. —*Paseyatzen*DA. ‖ Il se fait jour : *Arghitzen ari* DA.

SÉANCE, s. f., droit, action de prendre place dans une assemblée, sa durée sans interruption. — *Billaldia, biltzarkida, batzarkida.* ‖ Discours qui s'y tiennent : *Hitzerakida.*

SÉANT, part. du verbe *Seoir* qui n'est plus en usage, qui tient séance, qui réside actuellement. — *Dagona, egotendena, ezarria.*

SÉANT, ANTE, adj., décent, qui sied bien, qui est convenable. — *Módesta, móldesiakúa, onirudia, móldekuda, respetukóa.*

SEAU, s. m., vaisseau pour puiser l'eau, son contenu. — *Tiña.*

SÉBILE, s. f., vaisseau de bois rond et creux. *Ophorra, aspila, potchua, gatilua, gatelua, gateïlúa, techka, káchola.*

SEC, ÈCHE, adj., aride, qui a peu ou point d'humidité. Il est aussi substantif. — *Idorra.*

SÈCHE, s. f., poisson de mer. — *Egachibia, chicha.*

SÈCHEMENT, adv., d'une manière sèche. — *Idorki.* ‖ En lieu sec : *Idorrian.* ‖ Fig., d'une manière rude, invincible et rebutante : *Idorki, aspreki.*

SÉCHER, v. a., rendre sec ; v. n., devenir sec. — *Idortzea, idortzia.*

SÉCHERESSE, s. f., état, qualité de ce qui est sec.— *Idortasuna, idortea, agortea, idortia, agorreria.* ‖ Fig., manière de répondre avec dureté : *Idortasuna, aspretasuna.* ‖ t. de dévotion, état de l'âme refroidie, qui ne trouve plus de consolation dans les exercices de la piété : *Idortasuna.*

SÉCHOIR, s. m., carré de bois où les parfumeurs font sécher leurs pastilles. — *Idorlekûa, idorlekia, legorlekûa.*

SECOND, ONDE, adj. num. ord., deuxième, qui suit immédiatement le premier. — *Bigarren.* ‖ Aide : *Laguntzaïlea, laguntaria.*‖Témoin de duel : *Laguna, bigarren lekukûa, laguntzaïlea, yakilea, ikhuslea.*

SECONDAIRE, adj., accessoire qui ne vient qu'en second. — *Bigarrenekûa.*

SECONDE, s. f., soixantième partie d'une minute, d'heure ou de degré. — *Orenaren irurogoïgarren phartea.*

SECONDEMENT, adv., en second lieu. — *Bigarrenki, bigarrenekoric.*

SECONDER, v. a., aider, favoriser quelqu'un dans un travail, dans une affaire. — *Laguntzea, lakuntzea.*

SECOUER, v. a., remuer fortement quelque chose. — *Ighitzea, ighitzia.* ‖ Ebranler : *Inharrostea, kordokatzea, iñarrustea, iharrostea, bamboleatzea.*

SECOURABLE, adj., qui aime à secourir les autres, à les soulager dans leurs besoins. —*Laguntzaïlea, lakuntzaïlea.* ‖ Qui peut être secouru : *Lagungarria.*

SECOURIR, v. a., aider, assister, donner aide, prêter assistance.-*Laguntzea, lakuntzea.*

SECOURS, s. m., aide, assistance dans le besoin, troupes qu'on envoie au secours d'une place, d'une armée. — *Laguntza, lakuntza.*

SECOUSSE, s. f., agitation. — *Mughidura, mughitze, ighipena, ibilpena, ighidura.* ‖ Ebranlement de ce qui est secoué : *Inharrosaldia, kordoka, bambolanza.*

SECRET, ÈTE, adj., qui n'est connu que d'une ou de fort peu de personnes. — *Segreta, sekreta.* ‖ Qui sait taire et tenir une chose secrète : *Ichila, gordea.* ‖ Fig., qui fait semblant de ne point s'apercevoir de ce qu'il voit : *Itxûa.* ‖ s. m., ce qu'il ne faut dire à personne : *Segretûa, sekretûa.*

SECRÉTAIRE, s. m., celui qui écrit les lettres d'un supérieur, qui rédige les actes, etc., d'une assemblée, bureau où l'on enferme les papiers. — *Segretariûa, sekretariôa, góarpelaria.*

SECRÉTAIRERIE, s. f., lieu où le secrétaire d'un ambassadeur, d'un gouverneur, fait et délivre les expéditions et où il garde les minutes. — *Segretariteghia, sekretarioteghia.*

SECRÉTARIAT, s. m., emploi, fonction de secrétaire. — *Segretariôaren oficiûa.*

SECRÈTE, s. f., oraison que le prêtre dit tout bas à la messe, immédiatement après la préface. — *Othoïtz ichila, préʼaciôaren ondoko oracionea.*

SECRÈTEMENT, adv., en particulier, en secret. — *Segretki, sekretki, gordeka, segretuki.*

SECTAIRE, s. m., qui est d'une secte quelconque condamnée par l'Eglise. — *Setákorra.*

SECTATEUR, s. m., qui fait profession de suivre l'opinion de quelque philosophe, de quelque docteur. — *Setákûa.*

SECTE, s. f., nom collectif qui se dit de plusieurs personnes qui suivent les mêmes opinions, qui font profession d'une même doctrine. — *Setá.*

SECTION, s. f., espèce de division ou de subdivision d'un ouvrage, d'un livre, d'un traité. — *Phartea, berechdea, berezdea, uzkuya, uzkôa, uzkurra.*

SÉCULAIRE, adj., qui se fait de siècle en siècle, de cent ans en cent ans. — *Mendetarra.*

SÉCULARISATION, s. f., action par laquelle on sécularise un bénéfice régulier, une communauté religieuse. — *Ganusta, sekularidea.*

SÉCULARISER, v. a., rendre séculier. — *Sekularitzea, ganustea, ganusitzea.*

SÉCULARITÉ, s. f., état de séculier, juridiction séculière. — *Sékularidea.*

SÉCULIER, ÈRE, adj., qui vit dans le siècle. — *Mendekûa.* ‖ s., laïque : *Arrontera, sekularra, ganustarra.*

42

SÉCURITÉ, s. f., confiance, tranquillité d'esprit lorsqu'on pourrait avoir de la crainte. *Deskantxûa, segurtasuna.*

SÉDATIF, IVE, adj., t. de méd., qui calme les douleurs. — *Gozagarria, eztigarria.*

SÉDENTAIRE, adj., qui demeure ordinairement assis. — *Yarritegona, jarritegona.* || Qui se tient presque toujours chez soi: *Etchetiarra.* || Fixé, attaché en un lieu : *Egonkorra, tókikorra, lekukorra.*

SÉDIMENT, s. m., ce qu'une liqueur dépose au fond du vase. — *Ondarra, liga, lapa.*

SÉDITIEUSEMENT, adv., d'une manière séditieuse. — *Súminduki, biahorkoki, errebolucionalki, bóaldakiro, ghenaskariro, múgaïztiró, genastiró.*

SÉDITIEUX, EUSE, adj. et s., qui a part à la sédition, enclin à la sédition, qui y tend. — *Súmindúa, biahorkaria, errebolucionala, naskaria, nahastzallea, ghenastaria, bóaldaria, múgaïztia, genastia.*

SÉDITION, s. f., émeute populaire, révolte, soulèvement contre la puissance légitime. — *Súmindura, biahorka, errebolucionea, irabia, mugaïtza, genastea.*

SÉDUCTEUR, TRICE, adj. et s., qui séduit, qui fait tomber en erreur, corrupteur, qui débauche. — *Enganatzallea.*

SÉDUCTION, s. f., action par laquelle on séduit. — *Enganamendúa, enganióa.*

SÉDUIRE, v. a., tromper, faire tomber dans l'erreur par ses insinuations, ses écrits, ses discours. — *Enganatzea, enganatzia.*

SÉDUISANT, ANTE, adj., qui séduit. — *Enganagarria, eganakorra.*

SÉGÉTAL, ALE, adj., qui croît dans les champs cultivés. — *Landatarra.*

SEIGLE, s. m., sorte de blé. — *Sekalea.*

SEIGNEUR, s. m., maître, possesseur d'un pays, d'un Etat, d'une terre, celui de qui relève une terre, un fief qu'on possède.— *Yaúna, naúsia, nagusia, nabusia, yabea, jabea, ubazaba.* || Nom qui appartient à Dieu : *Yaúna, Yinkóa, Jinkúa, Jaïnkóa, Yaïnkóa.*—Gentilhomme noble : *Ezkutaria, aïtoren semea.*

SEIGNEURIAL, ALE, adj., qui appartient au seigneur, qui donne des droits de seigneur. — *Yaúngokóa.*

SEIGNEURIE, s. f., droit, puissance, autorité qu'un homme a sur la terre dont il est le seigneur, terre seigneuriale. — *Señoria.* || C'est aussi un terme d'honneur et de civilité. Si l'on s'adresse à un homme :

Señoria. || Si l'on s'adresse à une femme : *Andreéreá.*

SEIN, s. m., partie du corps depuis le cou jusqu'au creux de l'estomac. — *Bulhárra.* || Les mamelles : *Titiac, ditiac.*

SEING, s. m., signature apposée sur une lettre, un contrat, etc. — *Sinadura, firma.*

SEIZE, adj. et s. m., nombre contenant dix plus six, seizième partie d'une aune. — *Amaseï.*

SEIZIÈME, adj. et s. m., qui est immédiatement après le quinzième, seizième partie. — *Amaseïgarrena.*

SÉJOUR, s. m., temps pendant lequel on demeure dans un lieu.— *Egoïtza, egoná, égotea.*

SÉJOURNÉ, adj. et part., qui a pris du repos. — *Egona, égotúa.*

SÉJOURNER, v. n., faire un séjour dans un lieu en voyageant. — *Egotea, égoïtea.*

SEL, s. m., substance dure, friable, soluble dans l'eau et qui pénètre aisément dans l'organe du goût. — *Gatza.*

SELLE, s. f., petit siége de bois où une seule personne peut s'asseoir, sorte de siége que l'on met sur le dos d'un cheval pour la commodité de la personne qui y monte dessus. — *Cela, silla, cerralkia, saltoki.*

SELLER, v. n., mettre et accommoder une selle sur un cheval, sur une monture quelconque. — *Celatzea, celatzia, sillatzea, cerralkitzea, saltokitzea.*

SELLERIE, s. f., lieu où l'on serre les selles, les harnais des chevaux. — *Celateghia, sillateghia.*

SELLETTE, s. f., petit siége de bois fort bas sur lequel on obligeait un accusé de s'asseoir quand on l'interrogeait pour le juger. — *Kacheta.*

SELLIER, s. m., celui qui fait des selles, des carrosses. — *Cela, silla, cerralki, saltoki'ghilea.*

SELON, prép., suivant. — *Nola-den, arabera, eredurua.* || Eu égard à...: *Cer ghisan.* || Conformément à...: *Araberan.* || A proportion : *Araberan, heïnian, négurrian.*

SEMAILLE, s. f., action de semer les grains. — *Eraïntza, ereïntza, ereïñoa.* || Les grains semés : *Azia.* || Grains de plusieurs espèces : *Azieria.* || Temps où l'on sème : *Eraïteko dembora, azaróa, ereïnkiróa, ereïnghiróa.*

SEMAINE, s. f., suite de sept jours, depuis le dimanche jusqu'au samedi inclusivement, travail de sept jours, payement que l'ouvrier reçoit de son travail. — *Astea.*

SEMAINIER, IÈRE, adj. et s., qui est de semaine pour officier dans un chapitre ou dans une communauté religieuse. — *Astekaria.*

SEMBLABLE, adj., pareil, qui ressemble, qui est de même nature, de même qualité. — *Ber-bera, berdina, igûala, bera, ghisaberekûa.* || Ressemblant : *Iduria.*

SEMBLABLEMENT, adv., pareillement, aussi. — *Berki, igûalki, berdinki.*

SEMBLANT, s. m., apparence. — *Itchura, apurantzia, ghisa, era.*

SEMBLER, v. n., paraître avoir une certaine qualité ou être d'une certaine manière. — *Iduritzea, iduritzia.*

SEMELLE, s. f., pièce de cuir qui fait le dessous du soulier. — *Zóla.*

SEMENCE, s. f., grains que l'on sème, matière dont les animaux sont engendrés ; fig., cause éloignée. — *Azia.*

SEMÉ, ÉE, adj. et part., plein, rempli. Ce chemin est semé de fleurs. — *Bide hori lórez bethea da.* || Terre qu'on a ensemencée de grains : *Ereïna, eraïna.* || Fig., répandu = *Edatûa, barreyatûa.*

SEMER, v. a., épandre des grains sur une terre préparée afin de les produire et multiplier. — *Ereïtea, eraïtea.* || Fig., répandre : *Edatzia, barreyatzea.*

SEMESTRE, s. m., espace de six mois consécutifs. — *Seï ilhabeteko artea, dembora.*

SEMESTRIER, s. m., officier ou soldat absent de son corps par un congé de six mois. — *Soldado edo oficiera, seï ilhabeteko kónytarekin béré erreiymendutic kámpo dagona.*

SEMEUR, s. m., celui qui sème du grain. — *Ereintzailea, eraïntzaïlea, eraïlea.* || Fig., qui sème la discorde, de faux bruits : *Edatzaïtea, barreyatzaïlea, salataria.*

SEMI, adj., demi. Il ne se dit que lorsqu'il est joint à un autre mot. — *Erdi, erdia.* || Semi-preuve : *Froga erdia.*

SÉMILLANT, ANTE, adj., remuant, extrêmement vif, réjoui, fam. — *Arraya, harróa, bóza, bizia.*

SÉMINAIRE, s. m., lieu destiné pour élever, instruire, former des ecclésiastiques. — *Seminariûa, seminarióa.*

SÉMINAL, ALE, adj., qui a rapport à la semence. — *Azikûa.*

SÉMINARISTE, s. m., celui qui est élevé, instruit dans un séminaire. — *Seminarista.*

SEMOIR, s. m., espèce de sac où le semeur met les grains qu'il répand sur la terre. — *Eraïtekûa.*

SEMONCE, s. f., avertissement fait par une autorité, réprimande. — *Alborada.*

SEMONCER, v. a., faire une semonce. — *Alboratzea, alboratzia.*

SEMPITERNEL, LE, adj., qui dure toujours. — *Bethikóa, sekulakóa.*

SÉNAT, s. m., assemblée de personnes considérables dans laquelle réside l'autorité suprême en certains Etats. — *Sénatûa, biltzarra.*

SÉNATEUR, s. m., celui qui est membre du Sénat. — *Sénatorea, sénadorea.*

SÉNATORERIE, s. f., fonctions, arrondissement, résidence d'un sénateur en France sous l'Empire. — *Sénatoria, sénadoria.*

SÉNATORIAL, ALE, adj., qui appartient au sénateur. — *Sénatorekûa.*

SÉNATUS-CONSULTE, s. m., décision du sénat romain, du sénat français. — *Senatuen, biltzarren deliberacionea, erabakdea.*

SÉNÉ, s. m., arbrisseau du Levant dont les feuilles sont un grand purgatif. — *Pitusgarria.*

SÉNÉCHAL, s. m., officier civil et militaire, chef de justice. — *Cenechala.*

SÉNÉCHAUSSÉE, s. f., juridiction du sénéchal, son étendue, son tribunal. — *Cenechalatorea.*

SÉNEVÉ, s. m., petite graine dont on fait la moutarde. — *Mustarda, ciapea, cerba, bostoñaza.*

SENS, s. m., faculté de l'animal par laquelle il reçoit l'impression des corps. — *Sendikunza, sendikuntza.* || Faculté de comprendre les choses et de juger, selon la droite raison, la signification qu'a un discours, un écrit : *Sensutasuna.* || Signification : *Siñifikacionea.* || Avis : *Idea.* || Opinion : *Ustea, iduria.* || Sentiment : *Sentimendûa.* || Côté d'une chose, d'un corps : *Aldea.* || Sens dessus dessous : *Gaïn béhera.* || Sens de quelque propos, propositions, etc. : *Adigarria.*

SENSATION, s. f., impression que l'âme reçoit des objets par les sens. — *Sendiéra, sentiera, bidadia, tarritagóa.* || Peine, douleur : *Asekabea, naïgabea.* || Fig., faire impression dans une assemblée, etc. : *Impresione.*

SENSÉ, ÉE, adj., qui a du bon sens, de la raison, du jugement, conforme à la raison, au bon sens. — *Adimendukûa, ûmóa.* ‖ Réfléchi, posé : *Paüsatûa, sensukûa, sensatûa.*

SENSÉMENT, adv., d'une manière sensée, judicieuse. — *Paüsatuki, sensuki.*

SENSIBILITÉ, s. f., qualité par laquelle un sujet est accessible aux impressions des objets. — *Sensibilitatia.*

SENSIBLE, adj., qui se fait sentir, qui fait impression sur les sens. — *Sensiblia, sendigarria.* ‖ Qui a du sentiment, qui reçoit aisément l'impression que font les objets : *Sensiblia.* ‖ Qui se fait apercevoir : *Ikusgarria, agheria.* ‖ Qui se fait remarquer aisément : *Agheria, klara.*

SENSIBLEMENT, adv., d'une manière sensible et perceptible. — *Agheriki.* ‖ D'une manière qui affecte le cœur : *Sensibleki, minki.*

SENSITIF, IVE, adj., qui a la faculté de sentir. — *Sendikorra.*

SENSUALITÉ, s. f., attachement aux plaisirs des sens. — *Aragheïa, gálostasuna.*

SENSUEL, LE, s. et adj., voluptueux, être attaché aux plaisirs des sens. — *Golotsa, aragheïtarra, araragheïzaya, aragheïzalea.*

SENSUELLEMENT, adv., d'une manière sensuelle. — *Golotski, aragheïki, aragheïkiró.*

SENTENCE, s. f., dit mémorable, apophtegme, maxime qui renferme un grand sens, une bonne moralité, jugement rendu par des juges inférieurs. — *Sententcia, erabakia, erabaketa, erabakdea.*

SENTENCIER, v. a., condamner quelqu'un par une sentence. — *Sententciatzea, erabakitzea.*

SENTENCIEUSEMENT, adv., d'une manière sentencieuse. — *Sentenlcioski, sentenciatsuró, erabakitzki, erabakitsuró.*

SENTENCIEUX, EUSE, adj., qui contient des maximes, qui parle par maximes. — *Sentenlciotxûa, sententciatsûa, erabakitxûa, erabakitsûa.*

SENTÈNE, s. f., bout de l'écheveau à dévider. — *Bûrua.*

SENTEUR, s. f., odeur, parfum. — *Usaïna, usaña, usaya, urrina.*

SENTIER, s. m., chemin étroit à travers les champs, les bois, etc. — *Bidechka, bidechiorra, chendra.*

SENTIMENT, s. m., perception par les sens. *Sendikuntza.* ‖ Sensibilité physique ou morale, opinion : *Sentimendûa.* ‖ Odorat du chien : *Asmûa, usna.*

SENTIMENTAL, ALE, adj., qui a le sentiment pour principe. — *Sendimendutarra, sentimendutarra.*

SENTINELLE, s. f., soldat qui fait le guet, la fonction qu'il remplit. — *Sentinela, sentiñela.*

SENTIR, v. a. et n., recevoir une impression par les sens, avoir l'âme émue, éprouver. — *Senditzea, sentitzea, senditzia, bidaditzea.* ‖ Flairer : *Usaïndatzea.* ‖ Exhaler une odeur : *Senditzea, usaïntzea, urrintzea.* ‖ Apercevoir : *Ikustea.* ‖ Connaître : *Ezagutzea.* ‖ Avoir l'air : *Iduritzea.* ‖ Entendre : *Senditzea, aditzea, enzutea.* Sentir (se), v. pers., connaître l'état où l'on est : *Senditzea béré bûrua nóla den.* ‖ Connaître ses qualités, ses forces, ses ressources : *Senditzea.*

SÉPARABLE, adj., qui peut être séparé. — *Separagarria.*

SÉPARATION, s. f., action de séparer. — *Berechkuntza.* ‖ Chose qui sépare : *Separacionea.* ‖ Action de s'éloigner : *Yuaïtia, separacionea.*

SÉPARÉMENT, adv., à part l'un de l'autre. — *Berech, aphart.*

SÉPARER, v. a., séparer les parties jointes d'un tout. — *Separatzea.* ‖ Distinguer : *Berechtea.* ‖ Séparer le bon grain d'avec le mauvais, choisir : *Berechtea.* ‖ Faire que des personnes, des animaux, des choses ne soient plus ensemble, diviser, partager : *Phartitzea.* ‖ Séparer (se); v. p., se diviser en plusieurs parties : *Separatzea, phartitzea.* ‖ S'éloigner : *Aphartatzea.* ‖ S'en aller, quitter quelqu'un : *Separatzea.*

SEPT, adj. et s. m., nombre impair qui suit immédiatement le nombre six. — *Zazpi.* ‖ Septième : *Zazpigarren.*

SEPTANTE, adj. et s., soixante-dix. Il n'est guère d'usage. — *Irurelan ogoï-ta-amar.*

SEPTEMBRE, s. m., le neuvième mois de l'année. — *Bûruïla, burulla, burula.*

SEPTENAIRE, adj., qui a professé pendant sept ans. — *Zazpigarrengóa.* ‖ s. m., espace de sept ans de la vie de l'homme : *Ghizon baten bicitic zazpi urteén artea.*

SEPTENNAL, ALE, adj., qui arrive tous les sept ans. — *Zazpigarrentarra.*

SEPTENTRION, s. m., Nord, pôle arctique. — *Nortea, nortia, ipharraldea, ifarraldea.*

SEPTENTRIONAL, ALE, adj., du côté du septentrion. — *Nortekûa, ipharraldekûa, ifarraldekûa.*

SEPTIÈME, adj. et s. m., nombre ordinal après le sixième, la septième partie d'un tout. — *Zazpigarren.*

SEPTIÈMEMENT, adv., pour la septième fois. — *Zazpigarrenki.*

SEPTUAGÉNAIRE, adj: et s., âgé de 70 ans.— *Iruretan ogoï'ta amar urtekóa.*

SEPTUAGÉSIME, s. f., troisième dimanche avant le carême. — *Igande-saldun.*

SEPTUPLE, adj. et s. m., sept fois autant. — *Zazpi aldiz haïn bertze.*

SEPTUPLER, v. a., répéter sept fois. — *Zazpikatzia.*

SÉPULCRAL, ALE, adj., qui appartient, qui a rapport au sépulcre. — *Obiakûa, hobiakûa, ehortzulukóa.*

SÉPULCRE, s. m., tombeau. — *Obea, hobia, ehortzulûa.*

SÉPULTURE, s. f., lieu où l'on enterre un mort.—*Sepultûra.* ǁ L'inhumation même : *Ehortztasuna, aûkua.*

SÉQUESTRATION, s. f., action de séquestrer. — *Benartetasuna, ipigandetasuna.*

SÉQUESTRE, s. m., état d'une chose litigieuse remise en main tierce. — *Benartea, ipigandea.*

SÉQUESTRER, v. a., mettre en main tierce, écarter des personnes d'avec d'autres. — *Benartetzea, ipigandetzea, dépositatzea.*

SÉRAPHIN, s. m., esprit céleste de la première hiérarchie. — *Sérafina, sérapina.*

SÉRAPHIQUE, adj., qui appartient au séraphin. — *Sérafinekûa, sérapinekûa.*

SEREIN, EINE, adj., qui est clair, doux et calme.—*Klára, garbia, arrasóa.* ǁ s. m., rosée qui tombe au coucher du soleil : *Ihintza, ihinza.*

SÉRÉNADE, s. f., concert que l'on donne la nuit, dans la rue, sous les fenêtres. — *Alborada, albuada, obeta.*

SÉRÉNITÉ, s. f., état de ce qui est serein. — *Klártasuna, garbitasuna.*

SÉREUX, EUSE, adj., aqueux. — *Urxûa.* ǁ Humeur séreuse : *Umore urxûa.* ǁ Sang séreux : *Odol urxûa.*

SERF, ERVE, adj. et s., qui n'est pas libre, qui est entièrement dépendant d'un maître. — *Kitaghea, menpekóa-lotekia, esklavóa, esklabóa, kátibua, galibuá.*

SERFOUETTE, s. f., sarcloir. — *Yorraïyá.*

SERFOUIR, v. a., bêcher autour des plantes avec la serfouette ou tout autre instrument.— *Yorratzia, yorratzeá, jorratzia, sárratzea.*

SERGE, s. f., étoffe légère de laine. — *Chirrikituna.*

SERGENT, s. m., bas-officier de justice. — *Saryanta, ucharra.* ǁ Sous-officier d'infanterie : *Saryanta.* ǁ Outil de menuisier : *Mútila.*

SERGER ou SERGIER, s. m., celui qui fait et vend la serge. — *Chirrikitun'ghilea, fabrikanta, pabrikanta.*

SERGETTE, s. f., petite serge. — *Chirrikituntchûa.*

SÉRIE, s. f., suite de grandeurs croissantes ou décroissantes. — *Séghida.*

SÉRIEUSEMENT, adv., d'une manière sérieuse. — *Sérioski, gardiakorki.*

SÉRIEUX, EUSE, adj., grave. — *Sériosa, gardiakorra.* ǁ Solide : *Segura.* ǁ Important : *Egokidakóa.* ǁ Sincère : *Eghiatia.* ǁ Vrai : *Eghiazkóa.* ǁ s. m., gravité dans l'air, les manières : *Sériosa.*

SERIN, INE, s., petit oiseau dont le chant est fort agréable. — *Kiriskileta, kanadia.*

SERINGUE, s. f., petite pompe qui sert à faire des injections. — *Krichtera, siringá, chirrichtaïla, cirripista, ajudá.*

SERINGUER, v. a., pousser un liquide avec une seringue. — *Krichteratzea, siringatzea, chirrichiaïltzea, cirripistatzea, ajudatzea.*

SERMENT, s. m., affirmation en prenant à témoin Dieu, une chose sainte, divine, jurement, promesse solennelle. — *Yuramentûa, yuramentia, juramentûa, cina.*

SERMENTÉ, ÉE, part., qui a prêté le serment requis. — *Yuramentu, juramendu, cina eghina.*

SERMENTER, v. a., faire prêter serment, jurer. — *Yuramentu, juramentu, cina'ghitea.*

SERMON, s. m., prédication, discours chrétien pour instruire le peuple. — *Prédikûa, sermoïya.*

SERMONNAIRE, s. m., recueil de sermons.— *Prédikuteghia, sermoïteghia.*

SERMONNER, v. a., faire d'ennuyeuses remontrances hors de propos. — *Iroïtzea.*

SERMONNEUR, s. m., qui fait de longs discours, de longues remontrances.— *Iroïtzaïlea.*

SÉROSITÉ, s. f., humeur aqueuse qui se mêle dans le sang et dans les autres humeurs. — *Umore urxua, odolekin edo bertze umorekin nahastekatzen dena.*

SERPE, s. f., outil d'acier recourbé, de jardinier, pour couper le bois, etc. — *Sârpeta, pûda.*

SERPENT, s. m., reptile. — *Sugheá, sughiá, sufiá.* ‖ Serpent ou dragon que l'on portait en Espagne dans les processions et les fêtes : *Taraska, mamûa.* ‖ Serpent ailé ou dragon que l'on suppose, dans le pays basque, voir passer dans les airs et se précipiter à la mer, apparition que l'on considère comme funeste : *Eren-sughea.*

SERPENTAIRE, s. f., plante vivace. — *Sughebelharra.*

SERPENTEAU, s. m., petit serpent. — *Sughetchúa, sughitchûa, sufitchûa.*

SERPENTER, v. n., avoir une marche, une direction, un cours tortueux. — *Sighisagatzea.*

SERPER, v. n., lever l'ancre. — *Aïngûra, angura, ankora altchatzea.*

SERPETTE, s. f., petite serpe. — *Sârpetchôa.*

SERPILLIÈRE, s. f., toile grosse et claire. — *Sârpillera, ârpilla.*

SERPOLET, s. m., herbe odoriférante. — *Chârpota, chârrapota.*

SERREMENT, s. m., action par laquelle on serre. — *Tinkadura.* ‖ Etat où se trouve le cœur quand on est saisi de tristesse : *Zerradura.*

SERRE-PAPIERS, s. m., lieu où l'on serre les papiers, tablettes à compartiments pour les mettre. — *Pâperteghia.*

SERRÉ, ÉE, part. et adj., étoffe serrée bien battue. — *Yóa.* ‖ Avoir le cœur serré, saisi de douleur : *Zerratúa.* ‖ Pressé : *Zápatûa.* ‖ Joint : *Yuntatûa.* ‖ Rapproché : *Urbildua.* ‖ Fig., avare : *Atchikia.*

SERRER, v. a., étreindre. — *Tinkatzea, zerratzea.* ‖ Presser : *Zápatzea.* ‖ Joindre : *Yuntatzea.* ‖ Rapprocher : *Urbiltzea.*

SERRE-TÊTE, s. m., sorte de bonnet de nuit. — *Serreketa.*

SERRURE, s. f., machine fixe de métal, pour fermer et ouvrir. — *Sarraïla, sarla, hersdura.*

SERRURERIE, s. f., art, commerce, travail, ouvrage du serrurier. — *Sarraïlleria.*

SERRURIER, s. m., qui fait des serrures et des ouvrages en fer. — *Sarraïlghina, sarlaghina, sarraïll'ghilea.*

SERVAGE, s. m., état de celui qui est serf ou esclave. — *Gátibutasuna, kátibutasuna, kátibueria, esklabotasuna.*

SERVANT, adj. et s. m., qui sert. — *Serbitzaïlea.*

SERVANTE, s. f., domestique femelle. — *Neskatôa, nechkatúa, neskamia, nechhandia, sehia.* ‖ Terme de civilité : *Cerbitzari, cerbitzaria.*

SERVIABLE, adj., qui est prompt et zélé à rendre service. — *Cerbitzaria, cerbitzaïlea.*

SERVICE, s. m., usage que l'on tire d'une personne, d'une chose, cérémonie religieuse, funèbre, vaisselle, linge de table, mets que l'on sert et que l'on ôte à la fois. — *Cerbitzúa.* ‖ Messe chantée : *Meza kantatúa.*

SERVIETTE, s. f., linge de table pour garantir les vêtements. — *Cerbienta, cerbita, haïncinekôa.*

SERVILE, adj., qui appartient à l'état d'esclave ; fig., bas, rampant, âme, esprit servile. — *Serbigokia, cerbigokia, aphala.*

SERVILEMENT, adv., d'une manière servile. — *Serbigoki, serbigokirô, cerbigoki, aphalki.*

SERVILITÉ, s. f., esprit de servitude, bassesse d'âme. — *Serbigokitasuna, cerbigokitasuna, aphaltasuna.*

SERVIR, v. a. et n., être domestique, être militaire, donner des mets à quelqu'un avec qui l'on est à table. — *Serbitzatzea, cerbitzatzea, cherbitzatzea.*

SERVITEUR, s. m., domestique. — *Serbitzaria, ekurtaria, cerbitzaria, cherbitzaria.*

SERVITUDE, s. f., esclavage, captivité. — *Gátibotasuna.* ‖ Etat de celui qui est serf : *Kátibutasuna, kátibueria, esklabotasuna.*

SÉTON, s. m., petit cordon passé à travers les chairs pour faire écouler l'humeur. — *Zurda.*

SEUIL, s. m., pièce qui est en travers et au bas de l'ouverture. — *Atelasa, atalapusta.*

SEUL, EULE, adj., qui est sans compagnie. — *Bakharric.* ‖ Isolé : *Bakharra.* ‖ Unique : *Choïla.*

SEULEMENT, adv., rien de plus. — *Baïzik, baïzik eta éré.* ‖ Pas davantage : *Choïlki, ez gheiyago.* ‖ Du moins : *Bédéren.*

SEULET, TE, adj., diminutif de seul. — *Bakhartchûa.*

SÈVE, s. f., humeur active des arbres. — *Icerdia.*

Sévère, adj., rigoureux, austère. — *Garratza.*

Sévèrement, adv., avec sévérité. — *Garrazki.*

Sévérité, s. f., rigueur, austérité. — *Garratzlasuna.*

Sévices, s. m. pl., mauvais traitements, actes de violence. — *Tratamendu gachtóac.*

Sévir, v. n., traiter, agir avec rigueur. — *Garrazki, gógórki tratatzea.*

Sevrage, s. m., temps, action de sevrer un nourrisson. — *Titighea.*

Sevrer, v. a., ôter à un enfant l'usage du lait de sa nourrice. — *Titighetzea, titia erabotztia; titia khentzea, bulharra khentzea.* || Fig., priver, frustrer : *Erematea, ebastea, khentzea.*

Sexagénaire, s. et adj., qui a soixante ans. — *Iruretan ogoï urtekóa.*

Sexe, s. m., différence physique du mâle et de la femelle. — *Armaghia.*

Sextuple, adj. et s. m., six fois autant. — *Seï aldiz haïn bertce.*

Sextupler, v. a., répéter six fois. — *Seïkatzia.*

Sexuel, le, adj., qui tient au sexe, le caractérise. — *Armaghitxúa, armaghiarra.*

Si, conj. conditionnelle, pourvu que, à moins que. — *Baldin, eya, haïn, haïñ.* || Affirmation opposée à non : *Baï, ba.*

Sicaire, s. m., assassin. — *Eriotzallea, eriotzaïlea, heriotzaïlea, érallea.*

Siccité, s. f., qualité de ce qui est sec. — *Idortasuna.*

Siècle, s. m., espace de cent ans, espace de temps. — *Mendea.* || Vie mondaine : *Erabillanza.*

Siége, s. m., meuble fait pour s'asseoir. — *Alkia.* || Place en avant d'un carrosse : *Yarlekua, yarteghia, eserlekúa, jarrikunza.* || Lieu de résidence : *Egon lekúa.* || Opération militaire pour prendre une place : *Sethoïa.*

Sien, ne, pron. pos. relatif. Il est quelquefois s. et signifie son bien. — *Béria, bérena, béréa.* || Au pl., les parents : *Ahaïdeac.* || Les héritiers : *Seguntariac, ondoreac, guruzkac.* || Les descendants : *Ondokóac, ethorkikóac, leïnukóac.* || Les domestiques : *Sehiac, seyac, mirabéac, morroyac.*

Sieste, s. f., repos pendant la chaleur du jour. — *Siesta, egurdiéra, egurdiéra.*

Sieur, s. m., diminutif de Monsieur. — *Yaün, jaün.*

Sifflant, ante, adj., qui siffle. — *Chichtukaria.* || J, C, H, S, Z sont en français des consonnes sifflantes et en basque le z seulement. || Sifflant (en) : *Chichtukan, chichtu'ghitean.*

Sifflement, s. m., le bruit qu'on fait en sifflant. — *Chichtúa.*

Siffler, v. n., former un son aigu avec la langue et les lèvres en poussant ou aspirant l'air ; v. a., apprendre à un oiseau, désapprouver avec dérision : *Chichtu'ghitea, chichtukatzia, chichtukatzea.*

Sifflet, s. m., petit instrument avec lequel on siffle. — *Chirola.*

Siffleur, euse, s., qui siffle. — *Chichtularia.*

Sigillé, ée, adj. et s. f., terre glaise. — *Bustiñoa.*

Signal, s. m., signe que l'on fait pour servir d'avertissement. — *Siñalea, siñalia, aztarna.*

Signalement, s. m., description de la figure de quelqu'un pour le reconnaître. — *Siñalamendúa, siñalamentúa, señalakera, señalaéra.*

Signalé, ée, adj. et part., remarquable. — *Siñalatúa, señalatúa, margotúa.*

Signaler, v. a., donner un signalement. — *Siñalatzea, señalatzea, margotzea.* || Faire des signaux : *Señaleac, siñaleac, aztarnac'ghitea.* || v. pers., se rendre remarquable : *Siñalatzea, señalatzea, béré búrua ezaütaztea, irakustca cerbeïtetan.*

Signataire, s. m., celui qui a signé une pétition, une adresse. — *Sinatzaïlea, firmatzaïlea.*

Signature, s. f., le seing, le nom que quelqu'un écrit de sa main, action de signer. — *Sinna, sinadura, firma.*

Signé, s. m., indice, marque. — *Siñalea, seña, senã, señalea, aztarna.* || Tache naturelle qu'on a sur la peau : *Oreña.* || Démonstration extérieure que l'on fait pour donner à connaître ce que l'on pense ou ce que l'on veut : *Keïnua, keñua, siñua, eghiramúa, keïnuya, aïherua.* || Signe de la croix, geste que fait un chrétien : *Gurutciaren señalea.* || Signe des yeux : *Beghiradá, beáda, beghikada, beákada, begaldia, beáldia.* || Constellation : *Izardia, izarpilla, izarmolsúa.*

Signer, v. a., mettre son seing. — *Sinatzea, firmatzea.* || v. pers., faire le signe de la croix : *Gurutcearen señalea'ghitea.*

SIGNET, s. m., ruban qu'on met dans les livres pour marquer les endroits qu'on veut aisément retrouver. — *Markatzekúa.*

SIGNIFICATIF, IVE, adj., qui exprime bien la pensée. — *Senaria, señaria, señatzaïlea, señatzallea, aditrazlea.*

SIGNIFICATION, s. m., ce que signifie une chose.— *Siñifikacionea, marka, señarea.* ‖ Notification d'un arrêt, d'une sentence : *Notifikacionea, yakinazdea, jakiñerazo, èzagherazó.*

SIGNIFIER, v. a., dénoter, marquer quelque chose, déclarer quelque chose par paroles. — *Siñifikatzea, markatzea, señaletzea.* ‖ Notifier par procédure de justice : *Yakinaztea, notifikatzea, jakiñerazotzea.*

SILENCE, s. m., action de se taire, cessation de tout bruit. —*Ichiltasuna, isilgóa.* ‖ Silence (en) : *Ichilic.* ‖ Silence (dans le) : *Ichiltasunian.*

SILENCIEUSEMENT, adv., d'une manière silencieuse.— *Ichilic, isilic, ichilikan, ichilki, isilki, isilkiró.*

SILENCIEUX, EUSE, adj., qui ne dit mot. — *Ichila, isilkorra, isiltia.*

SILEX, s. m., pierre à feu. — *Sú-arria.*

SILLAGE, s. m., trace du vaisseau en naviguant. — *Arrastua, herrestoa.*

SILLON, s. m., trace de la charrue. — *Hildazka, hildóa, ikóeá.* ‖ Terre retournée par la charrue : *Hildua, zóya.* ‖ pl., rides : *Chimurrac.*

SILLONNER, v. a., faire des sillons. — *Hildaskatzea, hildokatzea, ikóeátzea.* ‖ Labourer : *Iraültzea.* ‖ Rider : *Chimurtzea.*

SIMAGRÉE, s. f., minauderie, grimace. — *Maña, kúpera, sinua.*

SIMARRE, s. f., sorte de robe longue. —*Soïn espés bat.*

SIMILAIRE, adj., de même nature. — *Natural batekua, berdina, iguala.*

SIMILITUDE, s. f., comparaison, ressemblance.—*Idurintza, berdintasuna, igualtasuna.*

SIMILOR, s. m., mélange de cuivre et de zinc. — *Simildorra.*

SIMPLE, adj., non composé. — *Chimplia.* ‖ Seul, unique : *Bakarra, bakuna.* ‖ Qui est sans ornement, sans déguisement : *Naturala.* ‖ Sans malice, niais, qui se laisse facilement tromper : *Chimplia, sinetxkorra, zózóa, lélca.* ‖ Simple, de peu de valeur : *Fériesa.* ‖ pl. f. et sing., plantes médicinales : *Belhar-sendagaiya.*

SIMPLEMENT, adv., d'une manière simple.— *Chimpleki.* ‖ D'une manière niaise, crédule, ingénue : *Chimpleki, sinetxkorki, tóleski, sencillki.*

SIMPLESSE, s. f., ingénuité, crédulité, niaiserie. — *Chimplezia, sinetxbertasuna, lélekeria, zózokeria.*

SIMPLICITÉ, s. f., qualité de ce qui est simple. — *Chimpletasuna.* ‖ Naïveté, sincérité, candeur : *Sencildea, toleskabea.* ‖ Niaiserie : *Chimplezia, simpleza, lélekeria, zózókeria.*

SIMPLIFIER, v. a., rendre simple. — *Chimpletzia.*

SIMULACRE, s. m., image, fantôme. — *Itchura, iduria, iduripena.*

SIMULATION, s. f., terme de palais, déguisement. — *Ezterazia, besteragarritasuna.*

SIMULÉ, ÉE, part. et adj., déguisé, imité, faux. — *Ezterazitua, besteragarritúa, faltxóa.*

SIMULER, v. a., supposer, feindre, faire paraître réel ce qui ne l'est pas. — *Ezterazitzea, besteragarritzea.*

SIMULTANÉE, adj., qui se fait en même temps. — *Gólpez, kólpez, batian, bertan, batétakóaz.*

SIMULTANÉITÉ, s. f., existence de plusieurs choses dans le même instant. — *Elkargóa, batetakóa, dembora berekúa.*

SIMULTANÉMENT, adv., en même temps, au même instant. — *Gólpez, kólpez, batian.*

SINAPISME, s. m., médicament topique dont la graine de moutarde fait la base. — *Partchia, cinapizma.*

SINCÈRE, adj., véritable, franc, qui est sans artifice. — *Eghiatia, fédekúa, féde ónekúa, eghiazkóa, cintia, bakuna, óntaghia.*

SINCÈREMENT, adv., d'une manière sincère. — *Eghiazki, fédezki, cinez, bakunez, bakunkiró, óntaghiró.*

SINCÉRITÉ, s. f., grandeur, franchise. — *Bakundea, cinanza, óntaghia, eghiatasuna.*

SINCIPUT, s. m., sommet de la tête.— *Búru kórua, búru káskóa.*

SINGE, s. m., animal anthropomorphe et quadrumane d'espèces très-variées. — *Chiminóa, chiminúa, tchimiyua.*

SINGER, v. a., imiter, contrefaire. Ce mot est nouveau, mais généralement adopté. — *Chiminotzea, ihakindatzea, eskarniotzea.*

SINGERIE, s. f., grimaces, gestes, tours de malice. — *Chiminokeria, ihakina, eskarnióa.*

SINGULARISER (SE), v. réc., se faire remarquer par une singularité. — *Bakhartzea.*

SINGULARITÉ, s. f., ce qui rend une chose singulière, manière extraordinaire d'agir, de penser, de parler, etc., différente de celle de tous les autres. — *Bakhartasuna, bakhardadea.* ǁ Action, objet comique, drôle : *Bitchikeria.*

SINGULIER, ÈRE, adj., unique. — *Bakharra, pakhanta.* ǁ Rare : *Arraróa, bakhana.* ǁ Bizarre : *Bitchia, bitzia.* ǁ Capricieux : *Burkoïtxûa, thematxûa.* ǁ s. m., terme de grammaire : *Bakharra.*

SINGULIÈREMENT, adv., particulièrement, spécialement. — *Bakharki.* ǁ D'une manière affectée, bizarre : *Bitchiki.*

SINISTRE, adj., qui cause, qui présage des malheurs. — *Ondikorra.* ǁ Méchant : *Heriotzkúa, eriozkóa.* ǁ Pernicieux : *Gaïtzkorra, kháltekorra, káltiarra.*

SINISTREMENT, adv., d'une manière sinistre. — *Ondikorki.*

SINON, conj., autrement, faute de quoi, sans quoi. — *Bertcenaz, beztenaz, peztenaz, ezperen.* ǁ Il est aussi particule exceptive. Il ne lui répondit rien, sinon que : *Ez zion errepuestaric éman baïcic éré.*

SINUEUX, EUSE, adj., qui est tortueux, qui fait plusieurs tours et détours. — *Ceárra, bihurtûa, billunkia, kákola, makurra.*

SINUOSITÉ, s. f., qualité d'une chose sinueuse. — *Ceárgunea, billungúnea, bihurgúnea, cearrera, bihurrera, makurgúnea.*

SIRE, s. m., seigneur, titre donné à un roi. — *Yaûna, jaûna.*

SIRÈNE, s. f., monstre fabuleux, moitié monstre et moitié poisson. — *Ughemarra, cédena.*

SIROCO, s. m., vent sud-est sur la Méditerranée. — *Urtaïza.*

SIROP, s. m., liqueur sucrée et épaisse. — *Cirota, arropea.*

SIROTER, v. n., boire avec plaisir, à petits coups et longtemps, pop. — *Emeki éta luce urrupatzea.*

SIRTES, s. f. pl., sables mouvants. — *Are aldakorrac, mughikorrac, kambiakorrac.*

SIS, ISE, part. du verbe SEOIR, qui n'est plus guère en usage qu'en style de pratique. Situé, ée. — *Ezarria, yarria, paratua.*

SITE, s, m., situation de paysage. — *Citûa, lekûa, tokia.*

SITÔT, adv., déjà, dès cette heure, si vite. — *Yadanic, yadan, gargoro, angora, haïn fité, haïn laster.* ǁ Si tôt que, conj., dès que : *Ordutic, ordu bérétic, ichtant bérétic.*

SITUATION, s. f., assiette. — *Citûa, lekûa.* ǁ Position d'une ville, d'une maison, etc., posture des hommes et des animaux; fig., disposition de l'âme, des affaires : *Posicionea, planta.* ǁ Position d'une rente : *Nongartea.*

SITUER, v. a., placer, poser en certain endroit par rapport aux environs ou aux parties du ciel. — *Ezartzea, ezartzia, paratzea, ifiñitzea.*

SIX, adj., deux fois trois; s. m., le chiffre 6. — *Seï.*

SIXIÈME, adj. ordinal ; s. m., sixième partie d'un tout, sixième classe. — *Seïgarren.* ǁ Le sixième : *Seïgarrena.*

SIXIÈMEMENT, adv., en sixième lieu. — *Seïgarrenki.*

SOBRE, adj., qui a de la sobriété. — *Arrontera, urritia.*

SOBREMENT, adv., d'une manière sobre. — *Arrontki, urriki.*

SOBRIÉTÉ, s. f., tempérance dans le boire et dans le manger. — *Arrontasuna, urritasuna, urrighera.*

SOBRIQUET, s. m., surnom, épithète burlesque. — *Icen-goïtia.*

SOC, s. m., instrument de fer servant à labourer. Le soc qui tourne la terre des deux côtés. — *Goldia, goldea.* ǁ Le soc qui ne tourne la terre que du côté droit : *Berya, berjya.*

SOCIABILITÉ, s. f., qualité de l'homme sociable. — *Elkarritasuna, eskugarritasuna, lagunkia.*

SOCIABLE, adj., fait pour vivre en société, qui l'aime. — *Elkargarria, eskurgarria, lagunkina.*

SOCIAL, ALE, adj., qui concerne la société, les vertus, les qualités sociales. — *Zocietatekúa.*

SOCIÉTÉ, s. f., assemblage d'hommes unis par la nature et les lois. — *Zocietatea.* ǁ Union de personnes pour le même intérêt et les mêmes règles : *Zocietatea, partzuergóa.* ǁ Compagnie de savants, de gens de lettres, réunion de plaisirs, de jeux : *Zocietatea.*

Socque, s. m., chaussure basse, de bois, dans laquelle on place le pied déjà revêtu d'une chaussure plus mince, pour le garantir de l'humidité ; fig., chaussure de la comédie. — *Klaka.*

Sœur, s. f., femme, fille née d'un même père et d'une même mère qu'une autre personne. Un parent ou étranger parlant de sa sœur à une fille ou à une femme doit dire : *Aïzpa.* ‖ Et parlant à un frère de sa sœur : *Arreba.* ‖ Frère et sœur : *Anay'-arreba.* ‖ Sœurs : *Aïzpac.* ‖ Nom que l'on donne à certaines filles qui vivent en communauté sans être pourtant religieuses : *Sérora.*

Sofa ou Sopha, s. m., lit de repos. — *Sófa.*

Soi, pron. pers. de la troisième personne et seulement du nombre singulier. — *Béra, béré.* ‖ Soi-même : *Ce-honec.* ‖Soi-disant, adj. se disant être : *Diotena.*

Soie, s. f., fil de ver ou de chenille. — *Seda.* ‖ Soie filée : *Cirikúa, ceta-'rïa.* ‖ Poil long et rude de certains animaux : *Ilhea.*

Soierie, s. f., marchandise, commerce, fabrication, fabrique de soierie. — *Sederia, sederiteghia.*

Soif, s. f., altération.—*Egarria, egartxúa.* ‖ Désir, envie : *Nahia.* ‖ Besoin de boire : *Egarria, egartxúa, edan beharra.* ‖ Fig., désir immodéré : *Guticia, irrixa.*

Soigner, v. a., avec beaucoup de soin. — *Sŭañatzia, arthatzia, arthatzea.* ‖ v. n., avoir soin : *Arthatzia, artha izatia.* ‖ Veiller à quelque chose : *Arthatzea, guardiatzea.*

Soigneusement, adv., avec soin, attention, exactitude. — *Erneki, atzarki, arthatxuki, ártatsuki.*

Soigneux, euse, adj., qui agit avec soin. — *Arthatxúa, ártatsúa.* ‖ Avec vigilance : *Ernea, atzarria, artha duna.*

Soin, s. m., attention, application à faire une chose.— *Artha, chimentasuna.* ‖ Crainte, inquiétude : *Griña.* ‖ Peine d'esprit : *Phentxramendua, khechadura.* ‖ Souci, sollicitude : *Ardura, achola, ajola, artha, árta.*

Soir, s. m., dernière partie, dernières heures du jour. — *Arratxa, ilhuntzea.*

Soirée, s. f., durée du soir. — *Arratxa.*

Soit, conj. alternative. — *Nahiz, déla, den.* ‖ Soit d'ici, soit de là : *Nahiz emendi, nahiz handic.* ‖ Soit petit, soit grand : *Déla handi, déla tchipi.* ‖ Quelle chose que ce soit : *Cer nahi den.* ‖ Soit, façon de parler elliptique. Que cela soit, je le veux bien : *Izan dayen nahi dut ba, izan dadin nahi dut ba, dóala, izan bedi nahi dut.*

Soixantaine, s. f., nombre de soixante ou environ. — *Irurogoïa, hiruretan-hogoïa.* ‖ Une soixantaine : *Irurogoï bat, hiruretan-hogoï bat.*

Soixante, adj., nombre composé de six dizaines. — *Iriruetan-ogoï.*

Soixante-dix, adj., nombre composé de sept dizaines. — *Iruretan-ogoï'ta-amar, hiruretan-hogoï-'ta-hamar.*

Soixantième, adj. et s. m., nombre ordinal, fraction d'une chose divisée en soixante parties. — *Iruretan-ogoïgarrena, hiruretan-hogoïgarrena.*

Sol, s. m.; terroir considéré quant à la qualité.— *Lurra.* ‖ Fond sur lequel on bâtit : *Zóla.*

Solaire, adj., du soleil.— *Iruzkikúa.* ‖Les rayons solaires : *Iruzkiko arrayóac, pirrindac.* ‖ Année solaire : *Iruzkiko urtea.* ‖ Cadran solaire : *Iruzkiko orboïlla.*

Soldat, adj. et s., homme de guerre, militaire. — *Soldadúa, soldadóa, soldarúa.*

Soldatesque, s. f., les simples soldats. — *Soldadotarra.*

Solde, s. f., paie donnée aux gens de guerre, complément d'un paiement. — *Paga, soldata.*

Solder, v. a., payer un reliquat de compte. — *Pagatzea.*

Sole, s. f., poisson. — *Platucha.*

Solécisme, s. m., faute grossière contre la syntaxe. — *Araütutsa.*

Soleil, s. m., l'astre du jour. — *Iruzkia, iduzkia, iguzkia, ekhia.* ‖ Tourne-sol : *Iruzki-loria, iduski-lorea, iguzki-lorea, ekhi-lilia.* ‖ Cercle d'or ou d'argent garni de rayons destiné à renfermer l'hostie sacrée : *Iruzki-saïndúa.*

Solennel, le, adj., célèbre, pompeux, accompagné de cérémonies. — *Dóandikoya, otsandikoya.*

Solennellement, adv., d'une manière solennelle. — *Dóandikoki, otsandikoki, dóandiro, otsandiro, dóandikiró, otsandikiró.*

Solennisation, s. f., action par laquelle on solennise. — *Dóanditasuna, otsanditasuna.*

Solenniser, v. a., célébrer avec cérémonie. —*Dóandikotzea, dóanditzea, otsanditzea.*

SOLENNITÉ, s. f., cérémonie qui rend solennel ; pl., formalités qui rendent authentique. — *Dóanditasuna, dóandigóa, otsanditasuna, otsandigóa.*
SOLIDAIRE, adj., obligé solidairement. — *Fiador, fiantza, berme bat bertciarendako.*
SOLIDAIREMENT, adv., avec solidarité. — *Fiadorki, fiantzan, bermetasunian yarriac direnac bat bertcerentzat, eta guciec batendako.*
SOLIDARITÉ, s. f., caution réciproque. — *Fiadortasuna, fiantzatasuna, bermetasuna.*
SOLIDE, adj., qui n'est pas fluide. — *Bethea.* || Fig., réel : *Eghiazkóa.* || Durable : *Segura, azkarra, fina.*
SOLIDEMENT, adv., d'une manière solide. — *Finki, azkarki.*
SOLIDITÉ, s. f., qualité de ce qui est solide. — *Solidotasuna.*
SOLILOQUE, s. m., discours de celui qui parle seul. — *Béré búruekin atchikitzen dendiskurtsa, sólasa, góyea, bakharrizea.*
SOLITAIRE, adj., qui est seul, sans compagnon. — *Bakhartarra, lagungabea, lagunbaghea.* || s. m., anachorète qui vit seul : *Eremuarra, emutarra.* || Esseulé : *Bakartua, bakhartua, bakharkatua, choïla.*
SOLITAIREMENT, adv., d'une manière solitaire. — *Bakharki, choïlki.*
SOLITUDE, s. f., état solitaire. — *Bakhartasuna, soledadea.* || Désert : *Désertúa, désertia, ermuga, basatia.*
SOLIVE, s. f., pièce de charpente. — *Sóliba, biga, olkaya, lodagá.*
SOLIVEAU, s. m., petite solive. — *Sólibatchúa, bigatchúa, olkaytchúa, lodagatchúa.*
SOLLICITATION, s. f., démarche, action de solliciter. — *Galdea, galdia, eskea, óarpillaëra.*
SOLLICITER, v. a., inciter, postuler. — *Galdetzea, galdetzia, eskatzea, óarpillatzia.*
SOLLICITEUR, EUSE, s., qui sollicite. — *Galdetzaïlea, galdetzaïlia, eskatzaïlea, óarpillaria, galdekaria.*
SOLLICITUDE, s. f., souci, soin affectueux. — *Artha, griña, óarpilla, ardura, ansiya, antsia.*
SOLO, s. m., terme de musique, morceau joué ou chanté seul. — *Batekúa, bakharrekúa.*
SOLUBLE, adj., qui peut se résoudre en eau. — *Urgarria.* || Qui peut s'expliquer : *Explikagarria, azalgarria, askagarria.*

SOLUTION, s. f., explication d'une difficulté. — *Explikacionea, azaldea, askantza.* || Dissolution d'un liquide : *Urkuntza.* || Fin d'une affaire, terminaison : *Akabantza.*
SOLVABILITÉ, s. f., moyens, pouvoir de payer. — *Pagatzeko ahala duena.*
SOLVABLE, adj., qui a de quoi payer. — *Pagadorra.*
SOMBRE, adj., peu éclairé, obscur. — *Ilhuna.* || Temps sombre : *Goïbela, estalia, ilhuna.* || Fig., taciturne : *Ichila, izila, guti mintzo dena.*
SOMBRER, v. n., t. de mer, couler bas sous voiles. — *Itxatsóan untci bat pulumpatuz galtzea.*
SOMMAIRE, adj. et s. m., abrégé. — *Láburgóa, igaburra, igaburtaria.*
SOMMAIREMENT, adv., en abrégé. — *Láburzki, láburgoro, igaburkiro.*
SOMMATION, s. f., action de sommer. — *Manamendu, deïa, deïra, yakinazdea, deyá.*
SOMME, s. f., charge, fardeau. — *Kárga, hachea.* || Certaine quantité d'argent : *Súma.* || s. m., sommeil : *Lóa.*
SOMMEIL, s. m., repos. — *Lóa.* || Grande envie de dormir : *Lógalea.* || Qui aime à dormir, dormeur : *Lótia.*
SOMMEILLER, v. n., dormir légèrement. — *Kuluskatzea, kuluskatzia.*
SOMMER, v. a., signifier. — *Manatzea, deïtzea.* || Trouver la somme de plusieurs quantités : *Kantitaté batzuen súma batatzea, súma batzuec biltzea, batian ematea.*
SOMMET, s. m., le haut, la partie la plus élevée. — *Punta, goya, gaïna.* || Au fig., le sommet des grandeurs : *Gaïndiróa, grandesa.*
SOMMIER, s. m., cheval de somme. — *Záldia.* || Matelas de crin : *Zampelezko, zurdazko, koltchoïna, kultchoña.*
SOMMITÉ, s. f., extrémité supérieure, sommet. — *Punta, altura, goya, gaïna.*
SOMNAMBULE, s., qui agit et parle en dormant. — *Ló dagolaric gaüza guciac eghiten tuenac.*
SOMNAMBULISME, s. m., état du somnambule. — *Eritasun bat ló zagozilaric eghinazte zaïtuena gaüza guciac iratzarria bazine bezala.*
SOMNIFÈRE, adj. et s. m., qui provoque le sommeil. — *Lókartzaïlea, lógarria, lógaletzaïlea.*

SOMPTUAIRE, adj., qui règle la dépense. — *Gastu erreghelatzaïlea.*

SOMPTUEUSEMENT, adv., avec dépense. — *Kostu handiz, góstaïki, kostutsoro.* ‖ Avec somptuosité : *Narorki, ugariki, ïoriki, manifikoki.*

SOMPTUEUX, EUSE, adj., splendide. — *Narodea, ugaridea, ïoridea, manifikûa.*

SOMPTUOSITÉ, s. f., faste. — *Soberbia.* ‖ Grande dépense : *Despendio handia, góstaïki eghinikako gaüzan, gastu handia.*

SON, SA, SES, adj. pos. de la troisième personne. — *Béré.*

SON, s. m., la partie la plus grossière du blé moulu. — *Zahia.* ‖ Ce qui frappe l'ouïe : *Soïnua, azantza, heraüza.*

SONDE, s. f., instrument pour sonder. — *Súnda.*

SONDER, v. a., fouiller au fond ; fig., tâcher de connaître l'inclination, la pensée de quelqu'un. — *Súndatzea.*

SONDEUR, s. m., celui qui sonde. — *Súndatzaïlea.*

SONGE, s. m., illusion de l'esprit durant le sommeil. — *Ametxa.*

SONGER, v. n., rêver. — *Ametxtea, ametx'ghitea.* ‖ Penser à...: *Gógóratzea, phentxatzea.*

SONGEUR, EUSE, s. et adj., qui raconte ses songes. — *Ametxkaria.* ‖ Homme accoutumé à rêver profondément, fam. : *Gógókaria, phentxakaria.*

SONNAILLE, s. f., clochette attachée au cou des bêtes. — *Yóarea, yóaria, chilintcha.*

SONNAILLER, s. m., l'animal qui va le premier avec la grosse clochette. — *Búlumbaria.*

SONNER, v. a., rendre un son. — *Soïnu'ghitea.* ‖ Avertir, être annoncé par un son : *Chilintcha yotzea.*

SONNETTE, s. f., petite cloche. — *Yóarea, yóaria, chilintcha, pampalina, pampaliña.* ‖ Grelot : *Kochkolla, kochkoïla.*

SONNEUR, s. m., qui sonne les cloches. — *Izkilla yotzaïlea, errepikatzaïla.*

SONORE, adj., qui a un son beau, lieu favorable à la voix. — *Ocena, osduna.*

SOPEUR, s. f., assoupissement. — *Lógaletasuna.*

SOPHISME, s. m., argument captieux. — *Eralghea.*

SOPHISTE, s. m., philosophe ancien, qui fait des sophismes : *Eralghetia.*

SOPHISTIQUE, adj., trompeur, captieux. — *Eralghetarra.*

SOPHISTIQUER, v. n., subtiliser. — *Eralghetzea.* ‖ Falsifier des drogues, etc. : *Nahastekatzea, fálsotzea.*

SOPHISTIQUERIE, s. f., fausse subtilité. — *Eralghetasuna, eralgheria.*

SOPHISTIQUEUR, s. m., qui sophistique. — *Eralghetzaïle.*

SOPORATIF, IVE, s. et adj., qui a la vertu d'endormir. — *Lógarria, lógaletzaïlea, lóharkatzaïlea.*

SOPOREUX, EUSE, adj., qui cause un assoupissement, un sommeil dangereux. — *Lógaletxúa.*

SOPORIFÈRE ou SOPORIFIQUE, s. et adj., qui fait dormir. — *Lókartzaïlea, lókartzaïllea, lólgaletzaïlea.*

SORCELLERIE, s. f., opération de sorcier. — *Sorghinkeria.*

SORCIER, ÈRE, s., magicien. — *Sorghina.*

SORDIDE, adj., sale, vilain, avare. — *Cizkoïtzá, yaramana, gupidea, cikoïtzá, lukuraria.*

SORDIDEMENT, adv., d'une manière sordide. — *Cizkoïtzki.*

SORDIDITÉ, s. f., mesquinerie. — *Michkinkeria, eskaskeria, tcharkeria.* ‖ Avarice : *Cizkoïtzkeria, yrámanza, lukuraritxa.*

SORNETTE, s. f., discours frivole. — *Erghelkeria, zózokeria.*

SORT, s. m., destinée. — *Sortea, zortea.* ‖ Hasard : *Mentura, ghertuá, zória, asarta.* ‖ Maléfice : *Charma.*

SORTABLE, adj., convenable. — *Móldekua.*

SORTE, s. f., espèce. — *Móta, ghisa, kasta.* ‖ Genre : *Kalitatia, móta.* ‖ Manière : *Eskuantza, ghisa.* ‖ Façon : *Moldea, ghisa.*

SORTIE, s. f., action de sortir. — *Atheratzia, yalghia, atheraldia, hilki-aldia.* ‖ Issue : *Athera-lekûa.* ‖ Attaque des assiégés lorsqu'ils sortent pour combattre les assiégeants et pour ruiner leurs travaux : *Hilki-aldia akópillatzeko, akómetatzeko.*

SORTILÉGE, s. m., maléfice. — *Charma.*

SORTIR, v. n., passer du dedans au dehors. — *Atheratzea.* ‖ Etre issu : *Hilkitzea.* ‖ v. a., tirer dehors, pousser au dehors : *Atheratzea, hilkitzea.* ‖ Fig., obtenir : *Khentzea, izatea.* ‖ Sortir (au) : *Atheratzetic, hilkitzetic.* ‖ adv., en sortant : *Atheratzian, hilkitzian.*

SOT, TE, adj. et s., sans esprit. — *Erghela, zózóa, tontóa, lólóa.*

SOTTEMENT, adv., d'une manière sotte. — *Erghelki, zózoki, tontoki, lóloki.*
SOTTISE, s. f., qualité, action du sot.-*Erghelkeria, zózokeria, tontokeria, lólokeria.*
SOTTISIER, adj. et s. m., recueil de sottises. — *Erghelteghia.* ‖ Diseur de sottises : *Erghela.*
SOU, s. m., monnaie de cuivre. — *Sósa.*
SOUBASSEMENT, s. m., partie inférieure d'une muraille. — *Azpiko múrrúa.* ‖ Piédestal continu servant de base à un édifice : *Irozpea.*
SOUCHE, s. f., tronc et racines.—*Zomborrá.* ‖ Premier aïeul : *Lehen aïtasóa.*
SOUCI, s. m., plante à fleur jaune. — *Yelosia.* ‖ Inquiétude : *Griña.*
SOUCIER (SE), v. pers., s'inquiéter, se mettre en peine. — *Griñatzea.* ‖ Désirer : *Guticiatzea.*
SOUCIEUX, EUSE, adj., inquiet, morne. — *Griñatxúa.*
SOUCOUPE, s. f., sorte de petite assiette. — *Kiker'-azpikóa, chata, platchina.*
SOUDAIN, AINE, adj., subit. — *Súpitoki, sost, ohargabe, bat-bateán.* ‖ Prompt : *Bertan.* ‖ adv., dans le même instant : *Ichtantberian, béréhala, béreála.*
SOUDAINEMENT, adv., subitement.—*Súpitoki, bat-bateán, supitúan, ustegabean, bertan, terrepenki.*
SOUDAN, s. m., prince, général mahométan. — *Soldana.*
SOUDARD ou SOUDART, s. m., vieux soldat. — *Soldado zaharra.*
SOUDER, v. a., joindre avec l'étain, etc. — *Zoldatzia, galdatzea, kaldatzea, erskonderatzea.*
SOUDURE, s. f., action de souder. — *Zoldaëra, galdaëra, kaldaëra, erskondera.* ‖ Soudure (matière à souder) : *Zoldakaya.*
SOUFFLE, s. m., agitation. — *Ighipena.* ‖ Respiration de l'air : *Esnasia, atxa, atsedea, atza, arnasea.*
SOUFFLER, v. a., faire du vent.—*Aïze'ematea, buhatzia, buhatzea.* ‖ Respirer : *Atx'hartzea.* ‖ Suggérer : *Bururatzea, gógóratzea.* ‖ Dire tout bas à l'oreille : *Ichilketa, izilketa, beharrizea.* ‖ Fig., fam., enlever : *Erematea.* ‖ Escamoter : *Operatzea.*
SOUFFLET, s. m., instrument pour souffler. — *Aüskòac.* (En basque se dit au pluriel). ‖ Coup sur la joue : *Pásóa, macelakúa, matelakóa, beharrondokóa.*

SOUFFLEUR, EUSE, s. et adj., qui souffle à l'oreille ou tout bas. — *Ichilketaria, izilketaria, beharrizaria.* ‖ s. m., cétacé : *Bale'ospés bat.*
SOUFFRANCE, s. f., douleur. — *Dolorea, oïnacea, oñacia.* ‖ Etat de celui qui souffre : *Phena, sofrikarióa, païramena.*
SOUFFRANT, ANTE, adj., qui souffre, endurant, patient. — *Païrakorra.*
SOUFFRE-DOULEUR, s. m., qu'on excède de fatigue. — *Menekúa.*
SOUFFRETEUX, EUSE, adj., qui souffre de la misère et de la pauvreté. — *Behartia.*
SOUFFRIR, v. a. et n., sentir la douleur. — *Sofritzea.* ‖ Endúrer : *Païratzea, yasaïtea, sofritzea.* ‖ Supporter : *Yasaïtea, honestea, onhestea.*
SOUFRE, s. m., minéral inflammable. — *Súfria, súfrea, sófrea.*
SOUFRER, v. a., enduire de soufre. — *Súfratzea, sófratzea.*
SOUFRIÈRE, s. f., minière ou lieu d'où l'on tire le soufre. — *Súfredia, sófradia.*
SOUGORGE, s. f., cuir sous la gorge du cheval. — *Bridapea, bridapekóa.*
SOUHAIT, s. m., désir, vœu. — *Desira, opá, gáloskia, haütokia, guticia, deseóa, aütoka.* ‖ A souhait, adv., selon ses désirs : *Desiran, opán, galoskian, haütokan, gutician, deseóan.*
SOUHAITABLE, adj., désirable. — *Desiragarria, opágarria, gáloskigarria, aütokagarria, deseógarria, haütokarria, guticiagarria.*
SOUHAITER, v. a., désirer. — *Desiratzea, opágarritzea, gáloskitzea, aütokatzea, guticiatzea, deseóitzea, haütokatzea.*
SOUILLER, v. a., gâter. — *Funditzea, notatzea.* ‖ Salir : *Zikintzea.*
SOUILLURE, s. f., tache. — *Nota.* ‖ Impureté : *Likitxkeria, lizunkeria.*
SOUL, OULE, adj. et s. m., rassasié. — *Asea, asia.* ‖ Ivre : *Ordia, mochkorra, mozkorra.*
SOULAGEMENT, s. m., diminution de mal. — *Esporsamendua, gozaëra, atsedena, unalaïta.*
SOULAGER, v. a., diminuer la charge. — *Esporsatzea.*
SOULANT, ANTE, adj., qui soûle. — *Orditzaïlea, ordigarria.* ‖ Soûlant (en se) : *Orditzian, mochkortzian, mozkortzian.*
SOULER, v. a. et p., rassasier.— *Asetzea.* ‖ Enivrer : *Orditzea, mochkortzea, mozkortzea.*

SOULÈVEMENT, s. m., émotion. — *Tarritagóa*. || Révolte : *Errebolta, nahasmendúa, menaldera, békaïndeéra, nahasdura, bihahorea, gohaïndura*. || Soulèvement de cœur, mal d'estomac : *Goïtika-nahia, goïti-nahia, goïtikomita-nahia*.

SOULEVER, v. a. et n., élever un peu. — *Altchatzea*. || Causer du dégoût : *Barnia ighitzea*. || De l'indignation : *Tarritagotzea*. || v. p., révolter : *Erreboltatzea, bihahoratzea, menaldetzea, bekaïntzea, nahastea, súbermatzea, gohaïntzea*.

SOULIER, s. m., chaussure du pied, en cuir. — *Zápata, oskia, oïnetakóa, zápeta*.

SOULIGNER, v. a., tirer une ligne sous un ou plusieurs mots. — *Marratzea*.

SOUMETTRE, v. a., réduire sous la puissance. — *Sumetitzea, azpikotzatzea, cebatzea, bentzutzea, eskuperatzea*. || Soumettre (se), v. pers., se conformer à la volonté de quelqu'un : *Obeditzea, meneghintzea*.

SOUMIS, ISE, adj., dépendant, respectueux. — *Umilla*.

SOUMISSION, s. f., déférence respectueuse, obéissance. — *Umiltasuna*. || Engagement : *Engayamendúa, bahikúndea, patúa*. || pl., respects, excuses : *Errespetúa, beghirunea, behakurta, errespetóa*.

SOUMISSIONNAIRE, s. m., qui soumissionne. — *Engayatzaïlea, bahikundetzaïlea*.

SOUMISSIONNER, v. a., faire sa soumission pour acheter et payer le prix. — *Engayatzea, bahikundetzea, bahikitzea, patu hartzea*.

SOUPÇON, s. m., opinion, croyance désavantageuse, conjecture. — *Ayerúa, suzpitcha, beldurkundea, ayeresa*. || Fig., très-petite quantité : *Deüsez bat*.

SOUPÇONNER, v. a., avoir un soupçon. — *Ayertzea, suzpitchatzea, nabarmentzea*.

SOUPÇONNEUX, EUSE, adj., enclin à soupçonner. — *Ayerutxua, suzpitchua, suzpitchakorra, ayerukerra, oárpetia*.

SOUPE, s. f., potage. — *Zopa, eltzekaria, hèltcekóa*.

SOUPENTE, s. f., courroie de voiture. — *Uhaltzarra, hedatzarra*. || Terme d'arch., entresol : *Baztardá, harteko-estaiyá*.

SOUPER ou SOUPÉ, s. m., le repas du soir. — *Afaria, ayharia*. || v. n., prendre le repas du soir : *Afaltzea, afaltzia, ayhari'ghitea*.

SOUPESER, v. a., soulever pour juger le poids. — *Altchatzea, altchatzia, jasotzea, altzatzea, pisuaren yakitea*.

SOUPEUR, s. m., celui dont le principal repas est le souper. — *Afaltzaïlea*.

SOUPIÈRE, s. f., vase dans lequel on sert la soupe. — *Sûpierá, zâpiérá*.

SOUPIR, s. m., aspiration et respiration pénible, prolongée par la douleur ou le plaisir. — *Aühéna, asperena, hasgorapena, hasperena*. || Dernier soupir : *Azken-atxa*.

SOUPIRAIL, s. m., ouverture pour aérer. — *Sayeta-cilúac*.

SOUPIRANT, s. m., amant, fam. — *Amorantea, galanta*.

SOUPIRER, v. n., pousser des soupirs ; fig., désirer ardemment. — *Aühendatzea, asperenatzea, hasgorapenatzea, hasperenatzea*.

SOUPLE, adj., qui se plie. — *Súflia*. || Fig., docile : *Obedienta, umilla*.

SOUPLEMENT, adv., avec souplesse. — *Súfleki*. || Fig., d'une manière complaisante, docile : *Umilki, obedientki*.

SOUPLESSE, s. f., flexibilité du corps. — *Zalutasuna*. || Fig., souplesse d'esprit, complaisance, docilité : *Obedientasuna, umiltasuna*.

SOURCE, s. f., endroit où l'eau sort de terre. — *Urbeghia, ithurburúa, itchurribeghia*. || Fig., principe, cause, origine de maux : *Kaltepezgarria*. || Commencement, principe, cause : *Astapena, aspen, áste*.

SOURCIER, s. m., qui découvre les sources. — *Urbeghi, ithurbeghi, itchurribeghi atchemaïlea*.

SOURCIL, s. m., poil au-dessus des yeux. — *Bekaïngaïna, bepurcia, bephurua, bupurua, betulea, bekeïna*.

SOURCILLER, v. n., remuer les sourcils. — *Bekaïngaïnac, bepurciac, bephuruac, bupuruac, betuleac, békeïnac, érabiltzera*.

SOURD, OURDE, adj. et s., qui n'entend pas ; fig., inexorable, inflexible. — *Gógórra, górra, elhorra, elcorra*.

SOURDEMENT, adv., d'une manière sourde. — *Gógórki, górki, górkiro, elhorki, elkorki*. || Tramer, agir sourdement : *Gordeka*. || D'une manière secrète, cachée : *Ichilka, eskupetic, azpïtic*.

SOURDINE, adv., sourdement, secrètement. — *Ichilic, isilic, ichilikan, ichilki, isilki, isilkiró*.

SOURDRE, v. n., sortir de terre, d'un rocher, etc., parlant de l'eau. — *Galgaratzea, borboratzea*.

SOURIANT, ANTE, adj., qui sourit. — *Irriaïrian*.

SOURICEAU, s. m., petit d'une souris. — *Sábu-úmia, sábukumia, ságu-úmia, sághï'-úmia.*

SOURICIÈRE, s. f., piége pour prendre les souris. — *Sábu-artea.*

SOURIRE, v. n., rire sans éclater.—*Irri-aïria.*

SOURIS, s. f., petit animal mammifère du genre du rat. — *Sábua, ságua, sághia.*

SOURNOIS, OISE, adj. et s., qui cache sa pensée. — *Gordea.*

SOUS, prép., marque la situation inférieure. — *Azpian, pean, pian.* || La dépendance, le règne : *Demboran.*

SOUSCRIPTEUR, s. m., celui qui souscrit. — *Sinatuz engayatua dena, engayatzen dena.*

SOUSCRIPTION, s. f., action de souscrire. — *Engayamendu hartzea sinadura émanic.*

SOUSCRIRE, v. a., approuver un acte par sa signature ; v. n., consentir. — *Engayatzea sinadura émanic.*

SOUS-ENTENDRE, v. a., donner à entendre quelque chose qu'on n'exprime point. — *Aditzea.*

SOUS-ENTENDU, s. m., ce qu'on sous-entend artificieusement. — *Aditúa.*

SOUSSIGNÉ, ÉE, adj. et s., qui signe une lettre, une pétition. — *Ichkiribapetea, izkiribapetea, engayamendu baten sinatzaïlea, sinadura ématea.*

SOUSSIGNER, v. a. et n., mettre son nom au bas d'un acte. — *Ichkiribapetea, izkiribapetzea, engayamendu batian béré sinadura ématea.*

SOUSTRACTION, s. f., action de soustraire. — *Gutimendúa.*

SOUSTRAIRE, v. a., ôter par fraude. — *Khentzea, hartzea, ebastea.* || Retrancher, diminuer : *Khentzea, gutitzea.* || Se dérober : *Eskapatzea, ihes'ghitea.*

SOUS-VENTRIÈRE, s. f., courroie qui passe sous le ventre du limonier. — *Tripa-azpikó-uhala.*

SOUTANE, s. f., habit ecclésiastique.—*Sótana.*

SOUTANELLE, s. f., petite soutane. — *Sótanatchúa.*

SOUTENABLE, adj., qui peut se soutenir. — *Sustengagarria, atchikigarria.*

SOUTENANT, s. m., qui soutient une thèse.— *Atchikitzaïlea.*

SOUTÈNEMENT, s. m. soutien, appui.— *Asentúa.*

SOUTENEUR, s. m., qui soutient un mauvais lieu, une fille publique. — *Filda sustengatzaïlea.*

SOUTENIR, v. a., appuyer, étayer. — *Kontrakatzea.* || Affirmer : *Seguratzea.* || Secourir dans le besoin : *Sokorritzea, laguntzea.* || Tenir : *Atchikitzea.* || Résister : *Ihardukitzea, bihurtzea, enferratzea, cemuytzea.* || v. p., se tenir debout : *Chutic egotea.*

SOUTENU, UE, part., style soigné. — *Sustengatua.* || Protégé : *Lagundúa.*

SOUTERRAIN, AINE, adj., cavité sous terre.— *Lurpea, lurpekóa, laüpia.*

SOUTIEN, s. m., ce qui soutient. — *Sustengúa.* || Qui maintient debout : *Iroslaria.* || Protecteur : *Laguntzaïlea, mempetzaïlea.*

SOUTIRER, v. a., transvaser d'un tonneau à un autre ; fig. enlever de l'argent, l'obtenir par adresse, etc. — *Atheratzea, khentzea, edekhitzea.*

SOUVENANCE, s. f., souvenir, mémoire. — *Orhoïtza, ohoïtza, orrhoïtkida.*

SOUVENIR (SE), v. pers., garder la mémoire d'un bienfait ou d'une injure, s'occuper de quelque chose. — *Orhoïtzea, gógóratzea.* || s. m., impression conservée par la mémoire, ce qui rappelle le souvenir de quelque chose : *Orhoïtza, gógóramendúa.*

SOUVENT, adv., plusieurs fois.— *Maïz, úsu, ardura.*

SOUVERAIN, AINE, adj., suprême. — *Gorena, goyena.* || s. m., qui a la souveraineté, prince souverain : *Soberanóa.* || Très-excellent dans son genre : *Oberena.*

SOUVERAINEMENT, adv., d'une manière souveraine. — *Soberanoki.*

SOUVERAINETÉ, s. f., autorité suprême. — *Soberanotasuna.*

SOYEUX, EUSE, adj., doux au toucher comme de la soie. — *Sedatxúa.*

SPACIEUSEMENT, adv., dans un grand espace. — *Largoki, handiki, lasaïki.*

SPACIEUX, EUSE, adj., de très-grande étendue. — *Largúa, largóa, handia, lasaiya, zabala, hedatua.*

SPADASSIN, s. m., bretteur. — *Jaïtezalea.*

SPARTE, s. m., natte, tissu de corde. — *Ezpartzua, trentza.*

SPARTERIE, s. f., tissu de sparte. — *Ezpartzukóa.* || Fabrique de tissus de sparte : *Ezpartzuteriteghia.*

SPASME, s. m., sorte de convulsion. — *Pasmoa, zaïnetako miña.*

SPASMODIQUE, adj., du spasme. — *Pasmotxua, pasmokiró.*

SPÉCIAL, ALE, adj., particulier. — *Bérécha, berecia, banatia, beregaïnkia, partikularra.*

SPÉCIALEMENT, adv., d'une manière spéciale. — *Béréchki, bereciki, partikularzki, beregaïnki, bereciro, banatiro.*

SPÉCIALITÉ, s. f., expression, détermination d'une chose spéciale. — *Berechtasuna, berecitasuna, berecidea, banatidea, partikulartasuna.*

SPÉCIEUSEMENT, adv., d'une manière spécieuse. — *Agherikorki.*

SPÉCIEUX, EUSE, adj., qui paraît vrai. — *Agherikorra.*

SPÉCIFICATION, s. f., action de spécifier. — *Béréchitasuna, berecitasuna, berechidea, berecidea.*

SPÉCIFIER, v. a., particulariser. — *Béréchitzea, berecitzea.*

SPÉCIFIQUE, adj. et s. m., remède spécial. — *Béréchia, berecia, bakharra.*

SPÉCIFIQUEMENT, adv., d'une manière spécifique. — *Berechiki, bereciki.*

SPECTACLE, s. m., ce qui attire la vue, représentation théâtrale. — *Ikhuskuntza, behagarria, beágarria, ikusgarria.*

SPECTATEUR, TRICE, s., témoin oculaire d'un événement. — *Lekukua.* || Qui assiste à un spectacle : *Ikuslea, beïratzaïlea.*

SPECTRE, s. m., figure fantastique. — *Izugóa.*

SPÉCULATEUR, s. m., qui spécule. — *Beharretaria, beárretaria.*

SPÉCULATIF, IVE, adj. et s. m., objet de spéculation. — *Beharretakúa.* || Qui spécule en finance : *Beharretakorra.*

SPÉCULATION, s. f., action de spéculer. — *Beharretea.*

SPÉCULER, v. a. et n., observer. — *Beghiratzea.* || Méditer : *Gógartatzea.* || Faire des projets, des opérations de finance, de politique, etc. : *Beharretatzea.*

SPERMATIQUE, adj., du sperme. — *Azikóa, acigokia.*

SPERME, s. m., semence dont l'animal est engendré. — *Alimaleén azia.*

SPHÈRE, s. f., globe, machine armillaire. — *Boïla, bóla, boïllosa.*

SPHÉRIQUE, adj., en forme de sphère. — *Boïla forman dena.*

SPHÉRIQUEMENT, adv., en sphère. — *Boïlaki, boïloskiro.*

SPINAL, ALE, adj., qui appartient à l'épine du dos. — *Bizkarezurrekúa.*

SPIRAL, ALE, adj., tourné en spirale, en forme de vis. — *Biraka.*

SPIRALE, s. f., courbe partant de son centre. — *Marboïllakóa.*

SPIRITUALITÉ, s. f., l'opposé de matérialité. — *Izpiritutasuna.*

SPIRITUEL, LE, adj., incorporel, qui a de l'esprit ou qui est fait avec esprit. — *Izpirituala.*

SPIRITUELLEMENT, adv., d'une manière spirituelle. — *Izpiritualki.*

SPIRITUEUX, EUSE, adj., volatil. — *Izpirituarra.*

SPLEEN, s. m., consomption. — *Higagóa, erkitasuna.*

SPLENDEUR, s. f., grand éclat de lumière. — *Bereghintza, arghiera.* || Fig., gloire : *Gloria, omena, iomena.* || Pompe, vanité : *Soberbióa.* || Magnificence : *Handigoytasuna, manificentcia.*

SPLENDIDE, adj., magnifique. — *Manifikúa, narodea, ugaridea.*

SPLENDIDEMENT, adv., d'une manière splendide. — *Manifikoki, handigoïro, naroki, ugariki, ïoriki.*

SPOLIATEUR, s. m., qui dépouille, qui vole. — *Soïltzallea.*

SPOLIATION, s. f., action de spolier. — *Soïldea, bulusdea.*

SPOLIER, v. a., déposséder par fraude. — *Soïltzea, bulustea, billustea, gabetzea, biluztea.*

SPONGIEUX, EUSE, adj., de la nature de l'éponge. — *Espoñtxua, espoïntxua, arrokitsua, beloghitxúa.*

SPONGITE, s. f., pierre poreuse. — *Arrichularmetsúa.*

SPONTANÉ, ÉE, adj., fait volontairement. — *Béré baïtatic, nahitakóa.* || Immédiat : *Kólpez, gólpez.*

SPONTANÉMENT, adv., d'une manière spontanée. — *Bertan, bereála, berehala.* || De sa propre volonté : *Béré baïtaz.*

SPUTATION, s. f., action de cracher. — *Krachamendúa.*

SQUAMMEUX, EUSE, adj., qui a rapport à l'écaille. — *Eskalatxúa.*

SQUELETTE, s. m., ossements décharnés qui se tiennent encore ; fig., personne très-maigre. — *Alka.*

STABILITÉ, s. f., état stable, durable. — *Iraüntasuna.*

STABLE, adj., ferme. — *Borthitza, solidúa.* || Durable : *Iraüngarria.* || Qui ne bouge pas : *Egonkoya.*

STAGNANT, ANTE, adj., qui ne coule point.— *Gheldia.*

STAGNATION, s. f., état stagnant. — *Ghelditasuna.*

STALLE, s. f., siége de bois dans le chœur, siége séparé dans une salle de spectacle. — *Yar-lekûa, alkia.*

STANCE, s. f., assemblage de plusieurs vers, strophe, couplet. — *Bereïsta.*

STATION, s. f., demeure de peu de durée dans un lieu. — *Egoïtza.* || Visite dans les églises : *Estacioniac, egoïtaldiac.*

STATIONNAIRE, adj., fixe. — *Gheldikoya.* || Qui n'avance pas : *Haïntcinat ez dôana.*

STATIONNAL, ALE, adj., où l'on fait des stations. — *Egoïtaldikûa.*

STATUAIRE, s. m., sculpteur qui fait des statues. — *Tallughillea, tallukiña.*

STATUE, s. f., figure de marbre, etc. ; fig., personne immobile : *Taïllua, talluntza, tallunza.*

STATUER, v. a., ordonner. — *Ordenatzea, manatzea.* || Régler : *Erreghelatzea.* || Décider : *Deliberatzea.*

STATURE, s. f., hauteur de la taille. — *Altura, handitasuna, taillua.*

STATUT, s. m., règle pour la conduite d'une compagnie. — *Bitezardea.*

STÈRE, s. m., nouvelle mesure pour le bois de chauffage. — *Eztera.*

STÉRILE, adj., qui ne produit rien. Parlant de la nature morte : *Agorra.* || Parlant des végétaux : *Alferra.* || Parlant des animaux : *Barreta.* || Parlant d'une femme : *Matchorra.*

STÉRILITÉ, s. f., qualité de ce qui est stérile. Parlant de la nature morte : *Agortasuna.* || Parlant des végétaux : *Alfertasuna.* || Parlant des animaux : *Barretasuna.* || Parlant des femmes : *Matchortasuna.*

STERNUM, s. m., os du devant de la poitrine. — *Bulhar'ezurra.*

STERNUTATOIRE, adj. et s. m., qui fait éternuer. — *Urtzinz eghinaztzaïlea.*

STIGMATES, s. m. pl., marques des plaies sur le corps. — *Zaüri, sakaïl marka, señalea.*

STIGMATISÉ, ÉE, adj., qui porte des stigmates.— *Zaüriz, sakaïlez markatûa, señaletûa.*

STIMULANT, ANTE, adj. et s., qui a la vertu d'exciter. — *Bérotzaïlea, guticiatzaïlea, guticia émaïlea, ciakatzaïlea.*

STIMULER, v. a., exciter. — *Bérotzea, guticiatzea, ciakatzea.*

STIPULATION, s. f., clause dans un contrat. — *Hitzazkhena, hitzerosa, eraskeïnda.*

STIPULER, v. a., faire une stipulation.— *Hitzazken bat, hitzeros bat kontratu batian czarraztea, eghinaztea, erazkeïntzea.*

STOÏQUE, adj., ferme, inébranlable. — *Ecin kordokatua.*

STOÏQUEMENT, adv., avec fermeté, courage, qui ne peut être ébranlé. — *Ecin kordokatuki.*

STOMACAL, ALE, adj., qui fortifie l'estomac. — *Estomakarra.*

STOMACHIQUE, adj. et s. m., qui appartient à l'estomac, bon pour l'estomac. — *Estomakakûa.*

STRANGULATION, s. f., étranglement.— *Ithodura.*

STRAPASSER, v. a., maltraiter de coups. — *Hûmakatzea.*

STRAPONTIN, s. m., siége mobile de carrosse. — *Alkitchôa, alkitchua.* || Terme de marine, hamac : *Kamaïna.*

STRATAGÈME, s. m., ruse de guerre, finesse.— *Enganôa, amarrûa, abillezia.* || Tour d'adresse : *Adrezia.* || Subtilité : *Chotilkeria.*

STRICT, TE, adj., étroit, resserré ; fig., rigoureux. — *Chûchena, zorrotza.*

STRICTEMENT, adv., d'une manière stricte.— *Chûchenki, zorrotzki.*

STROPHE, s. f., couplet, certain nombre de vers. — *Kópla, koplea, lototsa, neürtotsa.*

STRUCTURE, s. f., construction. — *Ekida, ekidandea, eghidura.* || Ordre : *Ekidarana.*

STUC, s. m., mortier fait avec du marbre pulvérisé. — *Naskarrea.*

STUDIEUSEMENT, adv., avec soin. — *Artikaskiro.*

STUDIEUX, EUSE, qui aime l'étude. — *Ikhaskorra, ikhatxûa.*

STUPÉFACTIF, adj. m., remède qui engourdit, ôte le sentiment, etc., t. de médecine. — *Sorreragarria.*

STUPÉFACTION, s. f., engourdissement des parties. — *Sorrera.* || Fig., étonnement extraordinaire, extatique : *Arritasuna, arridura, uzkurdura, zukurritza.*

STUPÉFAIT, AITE, adj., interdit, immobile de surprise. — *Arritua, uzkurtûa, zukurritûa.*

STUPÉFIER, v. a., engourdir ; fig., étonner, rendre immobile. — *Arritzea, uzkurtzea, zukurritzea.*

44

STUPEUR, s. f., état de celui qui est stupéfait. — *Uzkurdura, zorrera.* ‖ Fig., étonnement, effroi : *Arritasuna, arridura.*

STUPIDE, adj. et s. m., sot. — *Erghela, tontóa, zózóa.* ‖ Hébété : *Tontóa, naghia, eraücia, ghelpéa.*

STUPIDEMENT, adv., d'une manière stupide. — *Tontoki, naghiki, eraüciki, ghelpeki, zózóki.*

STUPIDITÉ, s. f., pesanteur d'esprit. — *Tontotasuna, naghitasuna, eraücitasuna, ghelpetasuna, zózotasuná.*

STYLE, s. m., poinçon. — *Eztena, cikaya, barcikaya.* ‖ Aiguille : *Orratza.* ‖ Fig., manière d'écrire, de composer, de compter, de procéder en justice, etc. : *Eghindura.* ‖ Partie du pistil : *Niniphartea.*

STYLER, v. a., former, dresser. — *Eskolatzea.* ‖ Habituer : *Usatzea.*

STYLET, s. m., petit poignard. — *Puñalatchúa, traketátchúa, úkabicitchúa.*

SUAIRE, s. m., linceul dans lequel on ensevelit un mort. — *Hil-mihisea, hil-oihala, hil-oïyala, manyiria, hil-óyala.*

SUANT, ANTE, adj., qui sue. — *Icerditan.*

SUAVE, adj., doux, agréable. — *Gochúa, gózóa, eztia.*

SUAVITÉ, s. f., qualité de ce qui est suave. — *Gochotasuna, gózotasuna, eztitasuna.*

SUBALTERNE, adj. et s., subordonné. — *Azpikúa.*

SUBDIVISER, v. a., diviser une partie. — *Bertucitzea.*

SUBDIVISION, s. f., action de subdiviser. — *Bertucigóa.*

SUBIR, v. a., être assujetti à ce qui est ordonné ou imposé. — *Païratzea, yasaïtea, osartzea, sofritzea, erampetzea.*

SUBIT, ITE, adj., prompt. — *Kúchian, bertan, kolpez, golpez, sostekóa, supitukóa, tirripusta, ohargabekóa.*

SUBITEMENT, adv., soudainement. — *Supitoki, bat-bateán, ohart-gabeán, supitúan, ustegabean, bertan, terrepenki.*

SUBJUGUÉ, ÉE, part., soumis, vaincu. — *Memperatúa, cebatúa, azpiratua.* ‖ Celui qui subjugue : *Memperatzaïlea, cebatzaïlea, azpiratzaïlea.*

SUBJUGUER, v. a., réduire en sujétion. — *Memperatzia, cebatzea, azpiratzea.*

SUBLIME, adj. et s. m., élevé, grand, ne se dit qu'au moral. — *Goïtandia.*

SUBLIMEMENT, adv., d'une manière sublime. — *Goïtandiki, goïtandiró.*

SUBLIMITÉ, s. f., qualité sublime. — *Goïtandiéra.*

SUBMERGER, v. a., inonder, couvrir d'eau. — *Murghitzea, usarpetzia, hondatzea.*

SUBMERSION, s. f., grande inondation. — *Uholtia, usarpea, murghilla.*

SUBORDINATION, s. f., dépendance résultant de l'ordre social. — *Azpikotasuna, menupea.*

SUBORDONNÉMENT, adv., en sous-ordre. — *Azpikoki, menupeki.*

SUBORDONNER, v. a., établir la subordination. — *Azpikotzea, menupetzea.*

SUBORNATION, s. f., action de suborner. — *Emazkia, emaïtzagóa.*

SUBORNÉ, ÉE, part., qui agit contre le devoir. — *Emazkitúa.*

SUBORNER, v. a., porter à agir contre le devoir. — *Emazkitzea.*

SUBORNEUR, EUSE, s., qui suborne. — *Emazpillatzallea.*

SUBROGATION, s. f., acte par lequel on suboge. — *Ordeztasuna.*

SUBROGER, v. a., substituer, mettre à la place de quelqu'un. — *Ordetzea, oñordetzea.*

SUBSÉQUEMMENT, adv., ensuite, après. — *Ghéro.*

SUBSÉQUENT, ENTE, adj., qui suit, qui vient après. — *Ondokóa.*

SUBSIDE, s. m., impôt, levée de deniers. — *Cérga, légarria, imposa, legarra.* ‖ Secours : *Laguntza.*

SUBSISTANCE, s. f., nourriture, entretien. — *Yatekóa janaria, hazkuria, yanaria, bizigarria.*

SUBSISTER, v. n., continuer d'être. — *Bertiraützea, bethi iraütea.* ‖ Vivre : *Bicitzea.*

SUBSTANCE, s. f., être qui subsiste par lui-même, toute sorte de matière. — *Egopea, sustantcia.* ‖ L'essentiel : *Beharrena, nesesarioéna.* ‖ La substance : *Yanaria, yatekóa, hazkarria, bicigarria.* ‖ En substance, adv., en abrégé, en gros, sommairement : *Egopeán, sustantcian.*

SUBSTANTIEL, LE, adj., plein de substance. — *Sustantciarra.*

SUBSTANTIELLEMENT, adv., en substance. — *Sustantcialki.*

SUBSTANTIF, s. m., mot qui signifie une substance, un être. — *Egopearra.*

SUBSTANTIVEMENT, adv., en substantif. — *Egopearki.*

SUBSTITUER, v. a., mettre à la place, changer. — *Kambiatzea, chanyatzea, tordeztatzea, ordaïnkatzea, oñordeztea, ordeztea.*

SUBSTITUT, s. m., suppléant. — *Ordaïna, ordaria.*

SUBSTITUTION, s. f., action de substituer.— *Ordestasuna, kambiûa.*

SUBTERFUGE, s. m., ruse pour s'échapper. — *Enganôa, ihesbidea, ighesbidea, itzurpidea, itzuringurûa.*

SUBTIL, ILE, adj., délié. — *Mehea, mearra.* ‖ Fin, menu, adroit : *Chotila.*

SUBTILEMENT, adv., d'une manière subtile. — *Chotilki.*

SUBTILISATION, s. f., action de subtiliser. — *Chotiltasuna.*

SUBTILISER, v. a., rendre subtil ; v. n., chercher des finesses. — *Chotiltzea.*

SUBTILITÉ, s. f., qualité subtile.-*Chotilkeria.*

SUBVENIR, v. n., secourir. — *Laguntzea.* ‖ Pourvoir : *Hornitzea.*

SUBVENTION, s. f., sorte de subside. — *Hornidura.*

SUBVERSIF, IVE, adj., qui renverse. — *Itzulgarria, nahasgarria.*

SUBVERSION, s. f., renversement. — *Désaraüdea, araüldea.*

SUBVERTIR, v. a., renverser. — *Itzultzea, nahastea, désaraüdetzea, uzkaïltzea, ambiltzea, aürtikitzea, aürdikitzea, artikitzia, urtikitzia, etchatzea.*

SUC, s. m., liqueur exprimée des corps pulpeux. — *Yusa, ghesala, ghezala, ezadea.* ‖ Ce qu'il y a de meilleur : *Ezadea.*

SUCCÉDER, v. n., prendre la place de quelqu'un, venir après, hériter.— *Ondoretzea, primantzatzia, seguntatzia, ondoregotzia.* ‖ Survenir : *Ghertatzea, suertatzea, acertatzea, jazotzea.*

SUCCÈS, s. m., réussite issue d'une affaire. — *Erreüsita.*

SUCCESSEUR, s. m., celui qui succède. — *Ondokûa, gherartaria, ondorengôa.*

SUCCESSIF, IVE, adj., qui succède. — *Seghidan, kontinoki.*

SUCCESSION, s. f., héritage qu'on laisse en mourant. — *Primeza, primantza, ondoregôa, segunta.* ‖ Suite de choses, de temps : *Seghida, gucerapena.* ‖ Qui survient : *Ghertakuntza, ghertaëra, suertaëra, acertaëra, jazoëra.*

SUCCESSIVEMENT, adv., l'un après l'autre. — *Bat bertciaren ondotic, seghidan.*

SUCCINCT, INCTE, adj., court. — *Laburra, ersia, laburgoró.*

SUCCINCTEMENT, adv., brièvement. — *Laburzki, laburgóa, ersikiró.*

SUCCION, s. f., action de sucer. — *Churgamendua.*

SUCCOMBER, v. n., être accablé, vaincu. — *Erortzea.*

SUCCULENT, ENTE, adj., plein de suc. — *Ezatsûa.*

SUCEMENT, s. m., action de sucer. — *Churgadura, zurgadura, égoskidura, tostadura.*

SUCER, v. a., attirer avec les lèvres.—*Churgatzea, zurgatzea, tustatzia, égoskitzea.*

SUCEUR, s. m., qui suce les plaies pour les guérir. — *Churgatzaïlea, zurgatzaïlea, tustatzaïlea, égoskitzaïlea.*

SUÇOIR, s. m., qui sert à sucer. — *Churgatzekûa, zurgatzekûa, tustatzekûa, égoskitzekûa.*

SUÇON, s. m., marque à la peau sucée. — *Churga, zurga, tûsta, égoskia.*

SUÇOTER, v. a., sucer peu à peu. — *Emeki emeki churgatzea, zurgatzea, tústatzea, égoskitzea.*

SUCRE, s. m., suc très-doux tiré de plusieurs végétaux. — *Azukrea, azukria.*

SUCRÉ, ÉE, adj., qui a du sucre. — *Azucreztatûa.*

SUCRER, v. a., assaisonner avec du sucre.— *Azukreztatzea.*

SUCRERIE, s. f., lieu où l'on recueille, prépare, raffine le sucre ; pl., choses sucrées. — *Azukreteghia.*

SUCRIER, s. m., vase pour le sucre. — *Azukre-tókia, azukre-untcia.*

SUD, s. m., l'opposé du Nord. — *Egóa, egherdi phartea, egoaldea.* ‖ Sud (vent de Sud) : *Ego'aïċea.* ‖ Sud-Est, point entre le Sud et l'Est : *Ego'-iruzki-pharte.* ‖ Sud-Ouest, point entre le Sud et l'Ouest : *Ego'-mendebal-pharte.*

SUDORIFIQUE, SUDORIFÈRE, adj., qui provoque la sueur. — *Icertgarria.*

SUER, v. n., rendre une humeur liquide par les pores ; v. a., fig., travailler beaucoup, suer sang et eau, se donner du mal. — *Icertzea.*

SUETTE, s. f., maladie épidémique. — *Icerditia.*

SUEUR, s. f., humeur liquide qui sort des pores ; fig., peine pour réussir : *Icerdia.*

SUFFIRE, v. n., pouvoir fournir ; v. imp., être assez : *Aski izatea.*

SUFFISAMMENT, adv., assez.— *Aski, franko, frango, franki.*

SUFFISANCE, s. f., ce qui suffit. — *Askidena.* ‖ Aptitude : *Gáiendea, cintzoéria.* ‖ Vanité : *Antustea.*
SUFFISANT, ANTE, adj., qui suffit. — *Aski, franko.*
SUFFOCANT, ANTE, adj., qui suffoque. — *Ithogarria.*
SUFFOCATION, s. f., action de suffoquer. — *Ithodura.*
SUFFOQUÉ, ÉE, part., perdu la respiration. — *Ithóa.*
SUFFOQUER, v. a. et n., ôter, perdre la respiration. — *Ithotzea.*
SUFFRAGANT, adj. et s. m., se dit d'un évêque à l'égard du métropolitain. — *Menian.*
SUFFRAGE, s. m., déclaration de son avis, approbation. — *Bóza.*
SUGGÉRER, v. a., insinuer une idée. — *Búruratzea, gógóratzea.*
SUGGESTION, s. f., inspiration. — *Gógóakida, gógarghia.*
SUICIDE, s. m., attentat à sa propre vie, celui qui le commet. — *Béré búrua hil duena.*
SUICIDER (SE), v. pers., se tuer soi-même. — *Béré búrua hiltzea.*
SUIE, s. f., matière noire et épaisse que la fumée laisse à son passage. — *Kheldarra, kéderra, khedarria.*
SUIF, s. m., graisse de mouton,. de bœuf, etc., fondue. — *Segúa, cihóa, mingorra.*
SUINT, s. m., laine en suint. — *Zikhina.*
SUINTEMENT, s. m., action de suinter. — *Ichuria, jarióa, gheldazadea.*
SUINTER, v. n., couler peu à peu. — *Ichurtzea, émekitcho ichurtzea, jariotzea, gheldazatzea.*
SUITE, s. f., cortège, ce qui suit, continuation d'un ouvrage. — *Seghida.* ‖ Résultat, enchaînement de choses, liaison : *Seghida, ondoria.* ‖ De suite : *Berehala.* ‖ A la suite : *Ondotic.* ‖ adv., l'un après l'autre : *Aldizka.* ‖ Tout de suite, sur-le-champ, l'un à la suite de l'autre : *Seghidan.*
SUIVANT, ANTE, adj., qui suit. — *Ondokúa, seghidakúa.* ‖ s., qui accompagne : *Seghidaria, lagundaria.* ‖ Prép., selon : *Noladen, arabera, credurúa.*
SUIVER, v. a., enduire de suif. — *Seguztatzia.*
SUIVI, IE, adj., qui attire beaucoup de monde (spectacle, acteur, sermon, prédicateur) ; où il y a de l'ordre. — *Seghitúa.*

SUIVRE, v. a., aller ou être après, accompagner. — *Laguntzea, seghitzea.* ‖ Se conformer : *Onestia.* ‖ Marcher sur les traces : *Seghitzea.* ‖ Fréquenter : *Balkindatzea.* ‖ Continuer : *Seghitzea.* ‖ Epier : *Cheletatzea, gúardiatzea, burrandatzea.*
SUJET, TE, adj. et s. m., soumis à. — *Menian, menekóa, manukóa.* ‖ Adonné à : *Emana.* ‖ s. m., cause : *Kaúsa.* ‖ Raison, motif : *Arrazoïna, almutea, arrazoya.* ‖ Matière : *Suyeta.* ‖ Personne indéterminée : *Yendea, presuna, izapena, suyeta, suyita, sujeta, sugetóa.*
SUJÉTION, s. f., dépendance. — *Menea.* ‖ Assiduité gênante : *Yarraïkitasun yeïnagarria.*
SULFURÉ, ÉE, ou SULFUREUX, EUSE, adj., qui tient de la nature du soufre. — *Súfretxúa.*
SUMAC, s. m., ou VINAIGRIER, arbrisseau. — *Tánóa, zúmakeá.*
SUPERBE, s. f., orgueil. — *Urguilliúsa, soberbióa, golteria, antustea.* ‖ Présomption : *Goïtardea, handigóa.* ‖ Arrogance : *Arrogantzia, fáka, antustea.*
SUPERBE, adj. et s., orgueilleux. — *Goïtia, handi-goïtia, urguillutxúa.* ‖ Très-beau : *Eder-ederra.* ‖ Somptueux : *Manifikúa, narodea, súperra, ugaridea, ïoridea.*
SUPERBEMENT, adv., magnifiquement. — *Manifikoki, naroki, ugariki, súperki.*
SUPERCHERIE, s. f., fraude subtile. — *Yokotria, atziperia.*
SUPERFICIE, s. f., surface. — *Gaïna, gaïña, gaña, aüzkia.* ‖ Le dessus, la croûte, la peau, l'écorce : *Achala, azala, aïsala.* ‖ L'étendue : *Eremua.*
SUPERFICIEL, LE, adj., qui n'est qu'à la superficie, la surface. — *Gaïndarra, aüzkiarra.* ‖ Sur la croûte, la peau, l'écorce : *Achaldarra, azaldarra, aïsaldarra.* ‖ Fig., léger, qui effleure : *Arina, achaldarra, azaldarra, aïsaldarra.*
SUPERFICIELLEMENT, adv., d'une manière superficielle. Il se dit surtout au fig. — *Arinki, gaïnetic, gañetic, achaletic, azaletic, aïsaletic.*
SUPERFIN, adj. et s. m., très-fin. — *Fin-fina, fin-fiña.*
SUPERFLU, UE, adj. et s., inutile, ce qui est de trop. — *Gaïndia, soberakina, sobrakina, sobreghi.*
SUPERFLUITÉ, s. f., trop grande abondance, ce qui est superflu. — *Soberaghia, soberakuntza.*

SUPÉRIEUR, EURE, adj., qui est au-dessus. — *Gaĩnekûa, gaĩnekóa, gañekûa, sûperiora.* || s., qui a l'autorité : *Naŭsia, burazaghia.* || Chef de monastère : *Sûperiora.*

SUPÉRIEUREMENT, adv., d'une manière supérieure. — *Sûperiorki, gaĩneki.*

SUPÉRIORITÉ, s. f., excellence. — *Gaĩntasuna, sûperiortasuna.* || Autorité : *Naŭsitasuna.* || Prééminence, dignité de supérieur : *Sûperiortasuna.*

SUPERLATIF, IVE, adj. et s. m., qui exprime la supériorité. — *Gaĩndikóa, chitezkóa.*

SUPERLATIVEMENT, adv., au plus haut degré. — *Gaĩndikoki, chitezki.*

SUPERSTITIEUSEMENT, adv., d'une manière superstitieuse. — *Donghedatiro, superticioski, dongheki.*

SUPERSTITIEUX, EUSE, adj. et s., qui a de la superstition. — *Donghetia, superticiosa.*

SUPERSTITION, s. f., fausse opinion religieuse, vain présage ; fig., excès de soin. — *Donghedea, sûpersticionea.*

SUPPLANTATION, s. f., action de supplanter. — *Gaĩntadura, engañoa, engañoa, atzipea, baĩra, ciliboka.*

SUPPLANTER, v. a., ravir à quelqu'un sa place, son crédit, etc. — *Gaĩntatzea, enganatzea, engañetzea, atzepetzea, baĩratzea, cilibokatzea.*

SUPPLÉANT, s. m., qui supplée. — *Ordaĩna, ordaĩra, usbetandea.*

SUPPLÉ, ÉE, part., remplacé, réparé. — *Ordaĩndûa, usbetatûa.*

SUPPLÉER, v. a., ajouter, fournir ce qui manque, remplacer ; v. n., réparer le défaut. — *Ordaĩntzea, usbetetzea.*

SUPPLÉMENT, s. m., ce qui supplée. — *Ordaĩntasuna, usbetandea.* || En sus : *Gaĩneákûa.*

SUPPLÉMENTAIRE, adj., du supplément. — *Ordaĩnkûa, usbetankóa.* || Qui a été ajouté : *Gaĩneátekûa.*

SUPPLIANT, ANTE, adj. et s., qui supplie. — *Gurteskalea, errekeritzallea.*

SUPPLICATION, s. f., humble prière. — *Gurteskadea, errekeritza, othoĩtza.*

SUPPLICE, s. m., punition corporelle. — *Gaĩtzondóa.* || Douleur vive au moral et au physique. — *Sofrikarióa.*

SUPPLICIER, v. a., faire subir un supplice. — *Gaĩtzontzea.*

SUPPLIER, v. a., prier avec instance. — *Othoĩtztea, eskatzea, gurteskatzea, galdetzea.*

SUPPLIQUE, s. f., sorte de requête. — *Galdea, gurteska, eskea, othoĩtza.*

SUPPORT, s. m., ce qui soutient, étançon. — *Pordoĩna, temposa, puntchoĩna, puntchoĩa.* || Fig., aide, soutien : *Sustengûa.*

SUPPORTABLE, adj., que l'on peut supporter. — *Paĩragarria, paĩrakisuna, yasaĩgarria, onhesgarria, sûportagarria.* || Excusable, qu'on peut tolérer : *Barkagarria, erampegarria.*

SUPPORTABLEMENT, adv., d'une manière supportable. — *Paĩragarriki, yasaĩgarriki, onhestgarriki, sûportagarriki.*

SUPPORTER, v. a., soutenir. — *Atchikitzea.* || Souffrir : *Paĩratzea, yasaĩtea, onhestea, sofritzea, sopritzea.*

SUPPOSÉ, ÉE, adj. et part., dans la supposition. — *Balizatûa, ipenzatûa.*

SUPPOSER, v. a. et p., poser une chose comme reçue afin d'en tirer induction, alléguer ce qui est faux. — *Balizatzea, ipenzatzea.*

SUPPOSITION, s. f., action de supposer. — *Balizakuntza, ipenza.*

SUPPÔT, s. m., fauteur. — *Gaĩztakidea.*

SUPPRESSION, s. f., action de supprimer, défaut d'évacuation. — *Espea.*

SUPPRIMER, v. a., empêcher ou faire cesser de paraître. — *Gheldiaztea, baraztea, espetzea.* || Retrancher : *Khentzea, atheratzea, edekitzea.*

SUPPURATIF, IVE, adj. et s. m., qui fait suppurer. — *Zornataria, ugóaĩtaria, kûragarria, zornatzaĩlea.*

SUPPURATION, s. f., action de suppurer. — *Zornadura, kûramendûa, ugoaĩta.*

SUPPURER, v. n., jeter du pus. — *Zornatzea, kûratzea, ugoaĩtatzea.*

SUPPUTATION, s. f., calcul. — *Kárkula, kálkula.*

SUPPUTER, v. a., compter. — *Kárkulatzea, kálkulatzia.*

SUPRÉMATIE, s. f., droit de supériorité. — *Goyenandia.*

SUPRÊME, adj., au-dessus de tout. — *Gorena, goyena, garayena.*

SUR, prép. marquant l'élévation. — *Gaĩnian.* || La supériorité : *Goyenian.* || Dans : *Barnean.* || Vers cet endroit : *Alderat, pharterat.* || Vers un être vivant : *Gana, ganat.* || Sur le point de : *Heinean.*

SUR, URE, adj., aigre, acide. — *Kiratxa, karatxa, mina, miña.*

Sûr, ûre, adj., certain. — *Segura, ghertúa.* ‖ Indubitable : *Segura.* ‖ Ferme : *Segura.* ‖ Solide : *Segura, solidóa.* ‖ Où l'on peut se fier : *Segura, fidablia, fidagarria.* ‖ A coup sûr, indubitablement : *Segurki, dúdaric gabe.*

Surabondamment, adv., plus que suffisamment. — *Sobereghi, sobreghi, chit-ugarriro.*

Surabondance, s. f., très-grande abondance. — *Soberatasuna, sobratasuna, gheïtugarria, goïtitasuna, ugarrieghia, gheïtoparea, naroéghia, soberakina, goïtia.*

Surabondant, ante, adj., superflu, qui surabonde. — *Sobereghi, sobreghi, gheïtugarri, naroéghi, chit-ugarri.*

Surabonder, v. n., être très-abondant. — *Soberatzia, sobratzia, gheïtugarritzea, ugarritzea, naroéghitzea, gheïtoparetzea.*

Suranné, ée, adj., vieux, hors d'usage. — *Zahartua.*

Surcharge, s. f., surcroît de charge. — *Sobrekarga, gheïkarga.*

Surcharger, v. a., charger, imposer trop. — *Sobera kargatzea, sobra kargatzea, gheïkargatzea, sobera zamatzea.*

Surcroissance, s. f., ce qui croît au corps par dessus nature. — *Goracidea.*

Surcroît, s. m., augmentation en sus. — *Soberatasuna, sobratasuna, emendagailua, emendacionea, gheïya, emendallá, berrea, emendea.*

Surcroître, v. n., trop accroître. — *Sobratzea, gheïyeghitzea, berretzea.*

Surdité, s. f., perte de l'ouïe. — *Gogortasuna, elkortasuna.*

Sureau, s. m., arbre. — *Sahuka, sabuka, sabikóa.*

Surement, adv., avec sûreté, certainement. — *Segurki, seguratuki, gherluki.*

Surenchère, s. f., enchère au-dessus d'une autre. — *Káriomendúa.*

Surenchérir, v. n., faire une surenchère. — *Káriotzea.*

Sureté, s. f., abri du danger, nantissement. — *Segurantcia, segurantza, segurtasuna, fidantcia.*

Surface, s. f., extérieur d'un corps. — *Gaïna, gaña, gaïña, auzkia.* ‖ Le dessus, la croûte, la peau, l'écorce : *Achala, azala, aïsala.* ‖ L'étendue : *Eremua.*

Surfaire, v. a., demander trop cher. — *Karioéghitzea.*

Surfaix, s. m., sangle par dessous la selle. — *Gheïcincha, cinchagaña.*

Surgir, v. n., arriver, sortir tout à coup. — *Hilkitzia, yalkitzia, jalkitzia.*

Surhausser, v. a., élever trop haut. — *Goïtieghitzea, gheïtalchatzea.*

Surhumain, aine, adj., au-dessus de l'humain. — *Umangaña, umangaraya.*

Surjet, s. m., espèce de couture faite bord à bord. — *Puntu-gaïn.*

Surjeter, v. a., coudre en surjet. — *Puntugaïntzea.*

Surlendemain, s. m., jour après le lendemain. — *Biharamuna.*

Surmontable, adj., qu'on peut surmonter. — *Gaïngarria.* ‖ Qu'on peut vaincre : *Gaïntigarria, bentzugarria, garraïtgarria, azpiragarria.* ‖ Qu'on peut monter : *Igaïtgarria.*

Surmonter, v. a., monter au-dessus. — *Goïtitzia, goratzia, gaïntzea.* ‖ Vaincre : *Gaïntitzea, bentzutzea, garraïtzea, azpiratzea.* ‖ Dompter : *Eztea, esitzea, cebatzea, maltsotzea, maltxotzea.*

Surnaturel, le, adj., au-dessus des forces de la nature. — *Icetagaraï, sortizgaraya.*

Surnaturellement, adv., d'une manière surnaturelle. — *Icetagaraïki, icetagaraïro, sortizgaraïki, sortizgaraïro.*

Surnom, s. m., épithète ajoutée au nom. — *Icengoïtia, icengaña.*

Surnommer, v. a., donner un surnom. — *Icengoïtia ematea, icengaña ematea.*

Surnuméraire, adj. et s. m., au-dessus du nombre déterminé. — *Konteransia.*

Surpasser, v. a., excéder, être plus élevé ; fig., être au-dessus de quelqu'un. — *Gaïntitzea, iragaïtea, naüsitzea, eraghintzea, gaïnditzea.*

Surpayer, v. a., payer trop cher. — *Sobera pagatzea.*

Surplis, s. m., vêtement ecclésiastique. — *Sobrepelliza, mechurigaña.*

Surplus, s. m., l'excédant, le reste. — *Gheïyena, gheïagóa, gaïnerakóa.* ‖ Ce qui reste au fond : *Ondarra.* ‖ Au surplus, adv., au reste. C'est égal : *Berdin dá, igual dá.* ‖ Qu'est-ce que çà me fait : *Cer dóakit.*

Surprenant, ante, adj., étonnant. — *Arrigarria, estonagaria.*

Surprendre, v. a., prendre sur le fait à l'imprévu. — *Suprenitzea, supituan, ba-*

tetan norbeït cerbitetan. ‖ Tromper : *Enganatzea.* ‖ Découvrir : *Atchematea, arrapatzea.* ‖ Saisir : *Harritzea.*

SURPRIS, ISE, adj. et part., étonné. — *Suprenitua estonitúa.* ‖ A l'improviste : *Supituki atcheman.* ‖ Surpris (un ennemi) : *Basalaritúa.*

SURPRISE, s. f., action de surprendre. — *Ustegabekóa.* ‖ Etonnement : *Suprenicionea.* ‖ A l'improviste : *Ustegabean.* ‖ Frayeur : *Harridura.* ‖ Tromperie : *Enganióa.*

SURSAUT, s. m., surprise lorsqu'on est éveillé brusquement. — *Kolpez, golpez, supitoki.*

SURSÉANCE, s. f., délai d'affaire. — *Ghibelamendúa, ghibeladura, larghesta, jarraïghea, atzeramendúa.*

SURSEMER, v. a., semer dans une terre déjà ensemencée. — *Gaïnetic eraïtea yadanic craïna den lurra.*

SURSEOIR, v. a. et n., remettre, différer. — *Larghestea, ghibelatzea, atzeratzea, luzatzea.* ‖ Arrêter : *Baratzea, trikatzea.*

SURSIS, ISE, adj.; différé, retardé ; s. m., délai : *Ghibelamendúa, atzeramendua, luzamena, epea.*

SURTOUT, adv., sur toute chose. — *Bereciki, oroz-gaïndi, oroz-gaïnetic, bérégaïnki.* ‖ s. m., vêtement sur les autres : *Aldagarria.*

SURVÉCU, UE, part., qui a vécu malgré une douleur, un chagrin, un danger, une maladie. — *Bicitu.*

SURVEILLANCE, s. f., action de surveiller. — *Gúardia.*

SURVEILLANT, ANTE, adj. et s., qui surveille. — *Gúardiatzaïlea, zaïntzalea.*

SURVEILLE, s. f., jour d'avant. — *Bezperagóa, erenegun.* ‖ La veille d'avant-hier : *Bezperagóa, erenegungo-arratxa.*

SURVEILLER, v. n., observer avec une attention suivie, veiller avec autorité. — *Gúardiatzea, arretatzea, góardatzea, beghiratzea, eghikaritzea, zaïntzea.*

SURVENANT, ANTE, adj. et s., qui survient. — *Gaïntorria.*

SURVENU, UE, adj., venu inopinément. — *Gaïntorria, ghertatu.* ‖ Malencontre : *Ghertakaria.*

SURVENIR, v. a., arriver inopinément. — *Aghertzea, ghertatzea, gaïntortzia.*

SURVENDRE, v. a., vendre trop cher. — *Karioghitzea, karioeghi saltzera.*

SURVENTE, s. f., action de survendre. — *Salpen'karioéghia.*

SURVIVANCE, s. f., droit de succéder à quelqu'un après sa mort. — *Ondoretasuneko dretchóa.*

SURVIVANT, ANTE, adj., qui survit. — *Azkenic bicidena.*

SURVIVRE, v. n., vivre après un autre. — *Azkenic bicitzea.* ‖ Devenir le plus âgé, le plus vieux : *Zaharragotzea.* ‖ Survivre à une douleur, un danger, une maladie : *Bicitzea.*

Sus, interj., pour exhorter, pour exciter. — *Gaïnera.* ‖ Prép., sur : *Gaïnian.* ‖ En sus, au delà : *Gaïnetic.*

SUSCEPTIBILITÉ, s. f., disposition à se choquer facilement. — *Minberatasuna, minkortasuna.*

SUSCEPTIBLE, adj., capable de recevoir certaine qualité, certaine modification. — *On, óna.* ‖ Trop sensible, qui s'offense facilement : *Minbera, minkorra.*

SUSCITATION, s. f., suggestion, instigation. — *Gógoakida, çógarghia, súbermea.*

SUSCITER, v. a., faire naître, causer des embarras, attirer des ennemis. — *Ghertaztea, súbermatzea.*

SUSCRIPTION, s. f., adresse de lettre. — *Adreza, nogandia.*

SUSDIT, ITE, adj. et s., nommé ci-dessus. — *Gaïn-errana, aïpatúa, eghiztúa, icenghillatúa.*

SUSPECT, ECTE, adj., qui fait naître le soupçon. — *Suspitcha, nabarmena.*

SUSPECTER, v. a., soupçonner. — *Suspitchatzea, nabarmentzea.*

SUSPENDRE, v. a., faire pendre en l'air. — *Dilindatzea, dilidan czartzea, esekitzea.* ‖ Détenir, arrêter : *Gheldïtzea, baratzea.* ‖ Interdire pour un temps : *Débekatzea, dembora batentzat.* ‖ Surseoir : *Larghestea, ghibelatzea, luzatzea, atzeratzea.* ‖ Douter : *Dudatzea, zalantzátzea.* ‖ Suspendre d'un emploi, etc : *Eragozketzea.* ‖ Armistice : *Armen gheraldia.*

SUSPENS, adj. m., retard. — *Luzamena, ghibelamendúa, atzeramendúa, epea.* ‖ Interdit : *Debekúa.* ‖ adv., en doute : *Dudan.*

SUSPENSIF, IVE, adj., qui suspend. — *Luzatzaïlea, atzeratzaïlea.*

Suspension, s. f., sursèance. — *Ghibelamendua, larghezta, atzeramendua, jarraïghea, gheldiera.* ‖ Interdiction : *Gheldiera, debekûa, eragoskera.*

Suspicion, s. f., soupçon. — *Beldurkundea, itchurapena.*

Sustentation, s. f., aliment, nourriture suffisante. — *Yanaria, hazkuria.*

Sustenter, v. a., nourrir modérément. — *Bazkatzea, janaritzea.* ‖ Alimenter : *Haztea, mantenitzea, biciazetea.* ‖ Soutenir : *Sokorritzea.*

Suture, s. f., jointure. — *Yuntura.* ‖ Couture : *Yostura.*

Svelte, adj., léger, délié. — *Lerdena, liraiña, zardaya.*

Sybarite, s. m., voluptueux. — *Aragheïtia.*

Sycophante, s. m., fourbe. — *Enganatzaïlea, faltxûa.* ‖ Délateur : *Salatzaïlea, salaltzallea, salataria, gaïtzghertaria.*

Syllabaire, s. m., livre pour apprendre à lire. — *Gheïbecharia.*

Syllabe, s. f., voyelle seule ou jointe à une lettre ne formant qu'un son. — *Letraya, gheïbechia.*

Syllabique, adj., qui a rapport aux syllabes. — *Letraykûa, gheïbechikûa.*

Syllogisme, s. m., t. de log., argument composé de trois propositions : la majeure, la mineure, la conséquence. — *Bidaûrrea.*

Syllogistique, adj., qui appartient au syllogisme. — *Bidaürrekôa, bidaürreárra.*

Syllogiser, v. a., faire des syllogismes. — *Bidarraützea.*

Sylvestre, adj., qui vient sans culture. — *Basatia, basatarra, sarocearra.*

Symbole, s. m., figure, image qui désigne une chose. — *Sena, seña, senadia.* ‖ Formulaire de la foi : *Simbola.*

Symbolique, adj., qui sert de symbole. — *Senazkôa, señazkôa.* ‖ Concernant la foi : *Simbolakûa.*

Symboliser, v. n., avoir du rapport. — *Senaztatzea, señaztatzea.* ‖ Relativement à la foi : *Simbolisatzia.*

Symétrie, s. f., proportion, rapport. — *Neürkidá, neaürkida.*

Symétrique, adj., en symétrie. — *Neürkidea, neaürkidea, neaürkidarra.*

Symétriquement, adv., avec symétrie. — *Neürkidoki, neaürkirô.*

Symétriser, v. n., faire symétrie. — *Neürkidatzea, neaürkidatzea.*

Sympathie, s. f., convenance morale. — *Gôgakida.*

Sympathique, adj., de la sympathie. — *Gôgakidarra.*

Sympathiquement, adv., d'une manière sympathique. — *Gôgakidaki.*

Sympathiser, v. n., se convenir. — *Gôgakidatzea.*

Symphonie, s. f., concert d'instruments de musique. — *Elkarroskia.*

Symphoniste, s. m., qui compose les symphonies, qui les exécute. — *Musikariôa.*

Symptomatique, adj., du symptôme. — *Itchurekûa.*

Symptôme, s. m., signe de maladie. - *Itchura.*

Syncope, s. f., défaillance. — *Flakadura.* ‖ Pamoison : *Flakeza, urteriôa.*

Syndic, s. m., agent de communauté. — *Sendikûa.*

Syndical, ale, adj., des syndics. — *Sendikakûa.*

Syndicat, s. m., charge, fonction de syndic. — *Sendikuaren kargia.*

Synonyme, adj. et s. m., qui a le même sens qu'un autre. — *Orobatekua.*

Synonymie, s. f., qualité de mots synonymes. — *Orobatetasuna.*

Syntaxe, s. f., construction des mots, des phrases, selon les règles de la grammaire. — *Hitzaldiaren ekida.*

Syrop, s. m. — Voyez Sirop.

Systématique, adj. et s. m., qui appartient aux systèmes. — *Billaskidaria.*

Systématiquement, adv., d'une manière systématique. — *Billaskideki.*

Système, s. m., assemblage de propositions, de principes. — *Billaskida.*

T

T, s. m. (té ou te), 20ᵉ lettre de l'alphabet. — *Abeceko ogoïgarren letra.* ‖ Un grand T, un double TT : *T handia, TT doblia.* On prononce *té* suivant l'appellation ancienne et *té* suivant la moderne. En basque, le double *tt* se mouille. Lorsque le temps d'un verbe terminé par une voyelle est suivi immédiatement des pronoms *il, elle, on,* on met un *t* entre le verbe et le pronom, uniquement pour empêcher l'hiatus : *Dira-t-on, fera-t-il, joue-t-elle.*

Ta, adj. pos. f. de ton. — *Hire.*

TABAC, s. m., plante. — *Tabakóa.* ‖ Tabac à fumer : *Pipako belharra.* ‖ Tabac à priser : *Arraspa.*

TABAGIE, s. f., lieu pour fumer. — *Tabakodia.*

TABARIN, s. m., farceur. — *Ghizon bitchikerietan ari dena.*

TABARINAGE, s. m., bouffonnerie. — *Bitchikeria.*

TABATIÈRE, s. f., boîte à tabac. — *Tabakera, tabakoncia.*

TABELLION, s. m., notaire de village. — *Notarióa, notaridа, notaria.*

TABELLIONNAGE, s. m., fonction, étude du tabellion. — *Notariokiña.*

TABERNACLE, s. m., petit temple qui renferme le ciboire. — *Tabernaklea.*

TABLE, s. f., meuble à pieds, sur lequel on mange, on écrit, on joue. — *Mahaïna, mahaña, maïa, mallaïna, arrodoïna.* ‖ Sommaire d'un livre : *Aürkhiteghia.*

TABLEAU, s. m., ouvrage de peinture. — *Antzola, ekantzola, pintura, antresia, antzeslea, quadróa, laürkaïna.* ‖ Fig., description : *Ciazaldea.*

TABLETTE, s. f., planche posée pour recevoir quelque chose. — *Alasea, alasia, apala.*

TABLIER, s. m., pièce d'étoffe que l'on met devant soi, ornement. — *Tabliera, dabantiera, mantala, dabantala.*

TABOURET, s. m., siége sans dos. — *Kacheta, alkitchúa.*

TAC-TAC, adv. et s. m., mot imitatif qui exprime un bruit réglé. — *Tac-tac.*

TACHE, s. f., saleté. — *Tatcha, nota, natúa, manchadura, mancha, manchea, satusta.* ‖ Marque naturelle : *Oreña.* ‖ Tache (de rousseur) : *Orestá, nakana.* ‖ Fig., souillure de l'âme : *Tatcha, nota.* ‖ Tâche, ouvrage à faire : *Tatxa.*

TACHÉ, ÉE, part., souillé. — *Tatchatúa, notatúa.*

TACHER, v. a., souiller. — *Tatchatzia, notatzia, notatzea.*

TÂCHER, v. n., s'efforcer, essayer, faire en sorte. — *Entsayatzea, esayatzea.*

TACHETÉ, ÉE, adj. et part., marqueté. — *Pintarkatúa, pintarnakatúa, titákatúa.*

TACHETER, v. a., marquer de taches. — *Pintarkatzea, pintarnakatzea, titákatzea.*

TACITE, adj., sous-entendu. — *Ichilpea, isilpea, izilpea, gordea, ichila.* ‖ Présumé : *Aditua.*

TACITEMENT, adv., d'une manière tacite. — *Ichiltasunian, isilpez, gordeka, ichilic, izilic, eskupetic.*

TACITURNE, adj., qui parle peu. — *Guti mintzo dena, ichila, isila, izila, ichilkorra, izilkorra, isilkorra, isilkoya.*

TACITURNITÉ, s. f., humeur taciturne. — *Ichiltasuna, isiltasuna, iziltasuna, isilkoïdea.*

TACT, s. m., sens du toucher. — *Unkia, hazta, cekitzea.*

TACTILE, adj., qui est ou peut être l'objet du tact, aisé de toucher. — *Uunkigarria, haztgarria, cekitzgarria.*

TACTION, s. f., action de toucher. — *Unkitasuna, haztasuna, cekitztasuna.*

TAFFETAS, s. m., sorte d'étoffe de soie. — *Taféta, tafétana.*

TAFIA, s. m., eau-de-vie de sucre. — *Azukretic eghinikako agordienta.*

TAIE, s. f., enveloppe d'oreiller. — *Buhurdilarrúa, búrurdiachala.* ‖ Pellicule sur l'œil : *Laüsóa.*

TAILLADE, s. f., entaille. — *Ochká, ozká.* ‖ Coupure : *Pikadura, ebakia.*

TAILLADER, v. a., faire des taillades. — *Ochkátzea, ozkátzea.*

TAILLANT, s. m., tranchant d'épée, etc. — *Ahúa, aba.*

TAILLE, s. f., manière de tailler les habits, les arbres, les pierres, etc. — *Pikóa, moztura, pikura.* ‖ Stature : *Altura.* ‖ Bois pour marquer, par des entailles, ce que l'on fournit ou reçoit : *Taïla, zótza.*

TAILLÉ, ÉE, adj., bien ou mal fait. — *Liraintua.* ‖ Air dégagé et résolu : *Liraïna, liraïntasuna.*

TAILLER, v. a., couper, retrancher une matière. — *Pikatzea, ebakitzea, mochtea, moztea.* ‖ Faire l'opération de la taille : *Pikatzea, mochtea.*

TAILLEUR, s. m., qui taille, qui fait des habits. — *Tállura, sastria, táilluŗa, chachtria.*

TAILLIS, s. m., bois en coupe réglée. — *Chara.*

TAIRE, v. a., n. et p., faire garder le silence. — *Ichiltzea, ichiltzia.*

TAISSON, s. m., blaireau. — *Azkánarróa, azkánarrúa, akhúa, azkona.*

TALC, s. m., pierre transparente. — *Meortarria.*

TALENT, s. m., aptitude. — *Yakitatea, talendua.*

TALISMAN, s. m., figure à laquelle l'astrologie et la superstition attribuent des vertus surnaturelles. — *Défentsa.*

TALISMANIQUE, adj., du talisman. — *Défentsakúa.*

TALLE, s. f., rejeton d'une plante.-*Muskilla.*

TALLER, v. n., pousser des talles. — *Muskiltzea.*

TALOCHE, s. f., coup de la main sur la tête. — *Chartakúa, zartakóa.*

TALON, s. m., derrière du pied. — *Takoïna, takoña, hindagora.*

TALUS, s. m., pente, biseau. — *Aldapa, aldatsa.*

TALUTER, v. a., mettre en talus. — *Aldapan, aldatsan ezartzea.*

TAMARIS ou TAMARIX, s. m., sorte d'arbrisseau. — *Millazkia.*

TAMBOUR, s. m., caisse cylindrique à fonds fermés de peaux tendues, sur l'une desquelles on frappe avec des baguettes. — *Atabala.* ǁ Celui qui bat le tambour : *Tambúrra, atabalaria.* ǁ Tambour de basque, petit tambour à un seul fonds : *Katamborea, gatamboria.*

TAMBOURIN, s. m., long tambour. — *Tamburiña, tamburina.*

TAMBOURINER, v. n., battre le tambourin. — *Tamburinatzea.* ǁ v. a., réclamer au son du tambour un objet perdu : *Publikatzea, otsandetzea.*

TAMBOURINEUR, s. m., qui tambourine. — *Tamburinaria, tamburina yotzallea.*

TAMIS, s. m., sas. — *Cetabea, cethabea.*

TAMISER, v. a., passer par le tamis. — *Cétabetzea, cethabetzea.*

TAMPON, s. m., sorte de gros bouchon. — *Tapoña, tapoïna.*

TAMPONNER, v. a., boucher. — *Tapoñatzea, tapoïnatzea.*

TAN, s. m., écorce pour tanner. — *Tanóa, zumakea, zalaütza.*

TANCER, v. a., réprimander. — *Erreportchatzea.*

TANDIS QUE, conj., pendant le temps.—*Noïz éta éré, bitartean, artean, tarte hortan.*

TANGAGE, s. m., balancement de navire. — *Untci baten haïntcinetic ghibelerako zalantza.*

TANIÈRE, s. f., repaire de bêtes féroces. — *Cilóa, teghia.*

TANNÉ, ÉE, adj., de couleur à peu près semblable à celle du tan. — *Tano, zumake, zalaützkholorekúa.* ǁ Part. : *Zurratúa.*

TANNER, v. a., préparer du cuir. — *Zurratzea, zurratzia.*

TANNERIE, s. f., lieu où l'on tanne. — *Zurrateghia, zurratzeko fabrika, pabrika.*

TANNEUR, s. m., ouvrier qui tanne le cuir. — *Zurratzaïlea.*

TANT, adv. de quantité indéfinie. — *Haïn bertce, aïn beste, an beste, ambat.* ǁ Tant que ça : *Horren bertce, haïn bertce, aïn beste.* ǁ Tant qu'on en veut : *Nahi becembat.* ǁ Tant de bons que de mauvais : *Tzar becembat on.* ǁ Tant de plus : *Haïn bertce gheiyago, aïn beste gheiyago, une beste gheiyagóan.* ǁ Tant pis : *Ambat gaïchto, ambat gaïztóago.* ǁ Tant mieux : *Ambat obe, ambat obeago, ambat ón.* ǁ Tant (autant plus) : *Bertce haïn bertce, bertce aïn bertce, beste an beste.* ǁ Tant pour tant : *Aïnbestetan, ambatez.* ǁ Tant (ni tant, ni moins) : *Ez haïn bertce ez gutiago, ez goï'ta ez doï, ez ambat ez aïn guchi, ez aïn góra'ta ez aïn behera.* ǁ Tant à tant : *Haïn bertcetan, aïn bestetan, haïn bertzean.* ǁ Tant que (autant que) : *Haïn bertce, aïn beste.* ǁ Tant que cela durera ça ira bien : *Iraüten duelaric onghi yuaïn da.* ǁ adv. approbatif ou désapprobatif : *Ambat, aimbat, haïn bertce, aïn beste.* ǁ Quantité d'une chose : *Eodea.*

TANTE, s. f., sœur du père ou de la mère, femme de l'oncle, sœur de l'aïeul. — *Izaba, izeba, matanta.*

TANTÔT, adv., il y a peu de temps. — *Dembora guti da.* ǁ conj. alternative, bientôt : *Laster, fite, dembora laburrez.* ǁ Plus tard : *Sarri, gheróago.* ǁ Quelquefois : *Cembeït aldiz, batzutan, noïzian behin, batzuetan, noïzbeït, noïzpaït, noïzeticnoïzera.* ǁ Tantôt oui, tantôt non : *Batzuetan baï batzuetan ez.* ǁ Tantôt il veut ceci, tantôt il veut cela : *Batzuetan haü nahi du bertcetan hori.*

TAON, s. m., grosse mouche sclérostome à aiguillon. — *Abia, espatá.*

TAPAGE, s. m., désordre avec grand bruit.— *Harramantza, hasaïla, arrabotxa, algara.*

TAPAGEUR, EUSE, s., qui fait du tapage. — *Harramantzakaria, hasaïlaria, arrabotxkaria, algararia, deádarkaria.*

TAPE, s. f., coup de la main.— *Chartakúa, zartakúa, zarta.*

TAPÉ, ÉE, adj., fruit séché, cuit au four. — *Merlatua.*

TAPECU, s. m., cabriolet qui n'est point couvert.— *Kabriolet espés bat estalia ez dena.*
TAPER, v. a., frapper. — *Yótzea.*
TAPINOIS (EN), adv., sourdement, en cachette.— *Gordeka, ichilic, izilic, ichilka, isilic, ichilikan.*
TAPIS, s. m., étoffe sur une table, un paquet, etc.— *Tápiza.*
TAPISSER, v. a., revêtir de tapisserie. — *Tápizatzea.*
TAPISSERIE, s. f., étoffe pour tenture. — *Tápizeria.*
TAPISSIER, ÈRE, s., qui fait des tapis.-*Tápiz'ghilea, fabrikanta.* || Qui vend des meubles, etc. : *Tápiz saltzaïlea, marichanta.*
TAPOTER, v. a., donner de petits coups, fam. — *Chartakatzea, zartakatzea.*
TAQUIN, E, adj. et s., contrariant, querelleur. — *Zirikatzaïlea, jaïtaria, ancibartaria.*
TAQUINEMENT, adv., d'une manière taquine. — *Jaïtarki, zirikoki, ancibarki.*
TAQUINER, v. a., contrarier, quereller. — *Zirikatzea, jaïteritzea, ancibartzea.*
TAQUINERIE, s. f., action de taquiner. — *Kontrarióa, jaïtetasuna, ancibartasuna, zirikakeria.*
TARANDE, s. f., espèce d'animal sauvage qui naît dans les pays septentrionaux. — *Tarandóa.*
TARD, adv., après le temps indiqué. — *Bérant, bérandu.* || A la fin du jour : *Béranduan.*
TARDER, v. n., différer de faire ; v. imp., avoir impatience.— *Berantzea, berantzia.*
TARDIF, IVE, adj., qui tarde.— *Berantkorra, luzekórra, berantiarra.* || Lent, paresseux : *Naguia, naghia, narra, ghelpea, luzekorra.*
TARDIVEMENT, adv., d'une manière tardive. — *Berantki, beranduki.* || Lentement, paresseusement : *Ghelpeki, ghelperó, naghiki, luzeki.*
TARE, s. f., diminution de l'enveloppe ; fig., défaut. — *Gambilla.*
TARÉ, ÉE, adj., vicié, gâté, corrompu. — *Biciatua.*
TARENTULE, s. f., espèce d'araignée très-venimeuse. — *Tarantala, irmiárma tarantarra.*
TARER, v. a., peser un vase avant de le remplir. — *Gambillatzea.*
TARGETTE, s. f., sorte de fermeture, petit verrou. — *Kiskéta, klichketa.*

TARGUER (SE), v. p., se prévaloir.-*Baliatzea.*
TARIÈRE, s. f., outil pour percer. — *Taratelúa, taratulia, taátelúa.*
TARIF, s. m., rôle, taxe. — *Tarifa, pagabidea, pagaleghea.*
TARIFER, v. a., réduire à un tarif. — *Tarifatzea, pagabidetzea, pagaleghetzea.*
TARIR, v. a. et n., mettre à sec, s'épuiser.— *Agortzea, sekatzea.*
TARISSABLE, adj., qui peut se tarir.— *Agorgarria, sekagarria.*
TARISSEMENT, s. m., desséchement.— *Agortasuna, sekatasuna, agortea, sekadura.*
TARTARE, adj., de Tartarie. — *Tartaróa.*
TARTE, s. f., pâtisserie plate. — *Tárta.*
TARTELETTE, s. f., petite tarte. — *Tártatchúa, tárteleta.*
TARTINE, s. f., tranche de pain beurrée. — *Oghi zérra burraztatúa.*
TARTUFE, s. m., hypocrite. — *Gazmuña, gazmuñaria, irudeztarra, ipokrita.*
TARTUFERIE, s. f., hypocrisie. — *Gazmuñkeria, irudeztasuna, ipokrisia.*
TARTUFIER, v. n., faire le tartufe. — *Gazmuñtzea, irudeztea, ipokritzea.*
TAS, s. m., amas. — *Méta, móla.* || Attroupement, rassemblement : *Multxia, biribilkuntza.* || Enclume portative : *Nohat nahi erematen ahal den inguria.*
TASSE, s. f., vase à boire, son contenu. — *Khikera.*
TASSÉ, ÉE, adj. et part., (figure) trop courte. — *Laburreghia.* || Empilé : *Métatúa, mólatúa.*
TASSEAU, s. m., support de tablette.— *Férrotea.*
TASSER, v. a., mettre en tas. — *Métatzea, mólatzea.* || v. n., multiplier : *Emendatzea, diazkitzea.* || Croître : *Handitzea, larritzea.* || S'affaisser : *Beheïtitzea, beératzea, beheratzea.*
TATEMENT, s. m., action de tâter. — *Unkia.*
TATER, v. a., toucher, manier doucement. — *Unkitzea, haztatzea.* || Essayer : *Ensayatzea, esayatzea.* || v. p., s'examiner, fam.— *Etxaminatzea, miratzea, ikertzea.*
TATEUR, EUSE, s. et adj., qui tâte. — *Etxaminatzaïlea, miratzaïle, ikertzaïlea, haztatzaïlea.* || Irrésolu : *Gógöetatxúa.*
TATONNEMENT, s. m., action de tâtonner. — *Asmúa.*
TATONNER, v. a., chercher dans l'obscurité en tâtant ; fig., agir avec incertitude. — *Asmukatzea, atzeztatzea.*

TATONNEUR, EUSE, s., qui tâtonne. — *Asmukaria, atzeztaria.*

TATONS (A), adv., en tâtonnant. — *Asmukan, atzeztakan.*

TAUDIS, s. m., logement en désordre. — *Aloyamendu, biciteghi, egonleku, kramest tzarra, zikhina.*

TAUPE, s. f., petit quadrupède. — *Sátorra, satsuria.*

TAUPE-GRILLON, s. m., insecte qui vit sous la terre. — *Lúhartza.*

TAUPIER, s. m., preneur de taupes. — *Sátorkaria.*

TAUPIÈRE, s. f., piége pour les taupes. — *Sátor-artea.*

TAUPINÉE ou TAUPINIÈRE, s. f., trou fait par la taupe ; fig. et fam., hutte, cabane. — *Sátor-cilúa.*

TAURE, s. f., génisse. — *Miga, bilarrochia.*

TAUREAU, s. m., mâle de la vache. — *Cécená.*

TAUX, s. m., prix établi, fixation d'un intérêt, etc. — *Precióa.*

TAVELÉ, ÉE, adj., qui a des taches sur la peau. — *Pintarnakatúa, titákatúa, titátua, pinkardatúa.*

TAVELER, v. a., moucheter, tacheter. — *Titákatzea, pintarnakatzea, pinkardatzea.*

TAVELURE, s. f., bigarrure d'une peau tavelée. — *Titákadura, pintarnakadura, pinkardura.*

TAVERNE, s. f., cabaret. — *Ostatúa, táberna.*

TAVERNIER, ÈRE, s. cabaretier. — *Ostatularia, ostaléra, tábernaria.*

TAXATEUR, s. m., qui taxe. — *Tatxatzaïlea, tasatzaïlea.* || Qui met un impôt : *Cérga, légar, impos émaïlea.*

TAXATION, s. f., action de taxer. — *Tatxacionea, tatxacióa, tasacióa.* || pl., droits, impôts : *Cergadea, légarridea, impos ezardea.*

TAXE, s. f., règlement de prix. — *Tatxá.* || Impôt : *Cérga, légarria, imposa.*

TAXER, v. a. et p., régler le prix, les frais, etc. — *Erreghelatzea, tatxatzea.* || Etablir un impôt : *Cérgatzea, légarritzea, imposatzea.* || Imposer un travail : *Tatxatzea.* || Accuser : *Akusatzea, oghendatzea, gaïzkizatzea.*

TE, pron. pers., toi. — *Hi.* || A toi : *Hiri.* || De toi : *Hitaz.* || Pour toi : *Hiretzat.*

¶TECHNIQUE, adj., propre à un art, à une science. — *Dóakona.*

TE DEUM, s. m., hymne d'actions de grâces. — *Tédeón.*

TÉGUMENT, s. m., ce qui sert à couvrir. — *Estalguna.*

TEIGNE, s. m., mal du cuir chevelu. — *Ezkabia, thina.*

TEIGNERIE, s. f., hôpital des teigneux. — *Ezkabiteghia.*

TEIGNEUX, EUSE, adj., qui a la teigne. — *Ezkabitxúa.*

TEINDRE, v. a., colorer. — *Tintatzea, tindatzea, gambusitzea, kóransitzea.*

TEINT, s. m., teinture. — *Tintua, tindua, tintea, gambusia, kóransia.* || Part. : *Tintatua, tindatua, gambusitua, kóransitúa.* || Coloris du visage : *Kholoria, larranza, kóloria, kárrantza.*

TEINTE, s. f., degré de couleur. — *Kholorea, kóloria, tinta, kóransia.* || Demi-teinte, teinte moyenne : *Kholore, kólore tinta, kóransi erdia.*

TEINTURE, s. f., liqueur pour teindre. — *Tintura, tindura, gambusteá, kóransia.*

TEINTURERIE, s. f., métier, laboratoire de teinturier. — *Tinteghia, tindeghia, gambusteghia, kóransteghia.*

TEINTURIER, ÈRE, s., qui exerce l'art de teindre. — *Tindatzallea, tintatzaïlea, gambustzaïllea, kóransallea.*

TEL, LE, adj., pareil. — *Olakúa, urlia, berdina, igúala.* || Quelqu'un : *Zoïnec.* || Quelque chose : *Zoïnac.* || Tel quel, médiocre : *Olache.*

TÉLÉGRAPHE, s. m., machine pour correspondre par des signaux. — *Télegrafa.*

TÉLÉGRAPHIE, s. f., art de télégraphier. — *Télegrafia.*

TÉLÉGRAPHIQUEMENT, adv., d'une manière télégraphique. — *Télegrafoki.*

TÉLESCOPE, s. m., instrument pour voir loin. — *Largabichta, kataluch'handi bat izar'arteac beïratzeko, izáryakinen katalucha.*

TELLEMENT, adv., de telle sorte, si fort que. — *Ambat non, halako ghisaz non.* || Quellement, tant bien que mal : *Nolánahi, holá-holá.*

TÉMÉRAIRE, adj. et s. m., hardi par imprudence. — *Largóaya.*

TÉMÉRAIREMENT, adv., avec témérité. — *Largóaïki.*

TÉMÉRITÉ, s. f., hardiesse imprudente. — *Largóaïta.*

TÉMOIGNAGE, s. m., rapport de témoins. — *Lekukotasuna.* || Preuve : *Froga.* || Marque : *Marka, siñalea.*

TÉMOIGNER, v. a., servir de témoin. — *Lekukotzea, lekuko izatea.* ‖ Marquer, démontrer : *Irakustea, erakustia.*

TÉMOIN, s. m., qui a vu ou entendu. — *Lekukôa.*

TEMPE, s. f., partie entre l'oreille et le front. — *Olua.* ‖ Les tempes : *Oluak.*

TEMPÉRAMENT, s. m., complexion, constitution du corps. — *Temperamendúa.* ‖ Caractère (tempérament violent) : *Temperamendu saltakorra, mutiria, sukoya.* ‖ Tempérament (avoir du), être porté à la luxure : *Lizunkeriarat ekarria.* ‖ Fig., en matière de négociation, expédient, adoucissement qu'on propose pour concilier les esprits et pour accommoder les affaires : *Eztitasuna.*

TEMPÉRANCE, s. f., vertu qui tempère. — *Templanza, góghiróa, góguria.* ‖ Modération : *Moderá.* ‖ Adoucissement : *Eztitasuna.*

TEMPÉRANT, ANTE, adj., qui a la vertu de la tempérance. — *Templanzagarria, góghirogarria, góghirotzallea, góguritzallea.*

TEMPÉRATURE, s. f., disposition de l'air. — *Nasarôa.*

TEMPÉRÉ, ÉE, adj. et s. m., mitoyen. — *Templanzatûa, góghitûa, góguritua.* ‖ Modéré : *Moderatûa.* ‖ Adouci : *Eztitua.* ‖ Climat tempéré : *Aïcetorki eztia.*

TEMPÉRER, v. a., modérer, adoucir. — *Eztitzea.* ‖ Diminuer l'excès : *Gutitzea, tchipitzea.*

TEMPÊTE, s. f., vent impétueux. — *Tempesta, pesia, ortzia.* ‖ Fig., trouble, désordre, sédition : *Désordena, araüka, súmindura, biahorka, nahaskeria.*

TEMPÊTER, v. n., faire grand bruit. — *Tempestatzea, pesitzea, ortzitzea.*

TEMPLE, s. m., édifice consacré au culte. — *Templúa.*

TEMPORAIRE, adj., qui n'est que pour un temps. — *Demborabatekúa, apurbatekúa.*

TEMPORAIREMENT, adv., pour un temps. — *Demborabatenzat, apurbatentzat.*

TEMPORAL, ALE, adj., des tempes. — *Olukûac.*

TEMPORALITÉ, s. f., juridiction temporelle. — *Demboratasuna.*

TEMPOREL, LE, adj. et s. m., périssable, séculier. — *Dembora batekotz, erartarra, demborarra.*

TEMPORELLEMENT, adv., durant un temps. — *Arteko, eraldiró, dembora batendako.*

TEMPORISATION, s. f., action de temporiser. — *Luzamena, erakida, luzamendúa, luzamentia, luzamentúa.*

TEMPORISER, v. n., gagner du temps. — *Luzatzea, ghibelatzea, arte hartzia, erakidatzea.*

TEMPORISEUR, s. m., qui temporise. — *Luzatzaïlea, ghibelatzaïlea, erakidatzaïlea.*

TEMPS, s. m., mesure de la durée. — *Dembora.* ‖ Succession de moments, loisir : *Dembora, astia, aïzina.* ‖ Eternité : *Eternitatea, era.* ‖ Epoque : *Dembora.* ‖ Température : *Nasaróa.* ‖ A temps, adv., assez tôt : *Aski goïz.* ‖ De temps en temps, quelquefois : *Noïzian behin.* ‖ De tout temps : *Egundaïnotic, bethidanic.* ‖ De tout temps (toujours) : *Bethi.* ‖ Temps (à bon moment) : *Muga ónez, muga ónean.* ‖ Temps déterminé, précis pour quelque chose : *Epea, búrua.* ‖ Temps inopportun : *Muga gaïchtoz, erazkez.* ‖ Temps (en même) : *Batetan, bat-batian, dembora berian.* ‖ Temps (long-) : *Aspaldi.* ‖ Temps (il y a peu de) : *Dembora guti da, arestia.*

TENABLE, adj., où l'on peut rester. — *Egongarria.* ‖ Où l'on peut tenir : *Atchikigarria.*

TENACE, adj., visqueux, qui s'attache. — *Bizkatxua, likatxúa.* ‖ Fig., opiniâtrement attaché à : *Sétatxua, burkoïa, burkoïtxúa, thematxúa.* ‖ Avare : *Cizkoïtzá, cikoïtzá, atchikia, cekena.*

TENACITÉ, s. f., qualité tenace, opiniâtre. — *Séta, burkoïdea, thema.* ‖ Viscosité : *Bizka, liká, istingá.*

TENAILLE, s. f., instrument de fer pour saisir. — *Tenazac, trukesac, kurrikac, betzearrac.* (En basque se dit au pluriel).

TENAILLER, v. a., tourmenter avec des tenailles ardentes. — *Tenazatzea, trukesatzia, kurrikatzia, tenaza gorriz zatitzea.*

TENANCIER, ÈRE, s., propriétaire. — *Yabea, naüsia.*

TENDANCE, s. f., action de tendre. — *Itchura, pindura, lehia.*

TENDANT, ANTE, adj., qui tend à une fin. — *Yotzia.*

TENDINEUX, EUSE, adj., de la nature des tendons. — *Zaïnekúa.*

TENDON, s. m., extrémité du muscle. — *Zaïntulea.*

TENDRE, adj., qui n'est pas dur. — *Samurra, guria, chamurra.* || Fig., sensible : *Samurra, sensiblia, tendria.* || Touchant : *Damugarria, mingarria, oñacegarria, beratza, uzterra.* || s. m., inclination amoureuse : *Tendria.*

TENDRE, v. a., tirer une corde, etc. — *Luzatzia, edatzea.* || Tirer avec force : *Tinkatzea, tiratzea.* || Tapisser : *Tápizatzea.* || Présenter : *Présentatzia, eskaïntzea, ofreïtzea.* || v. n., aboutir vers, au pr. et au fig. : *Heltzea.*

TENDREMENT, adv., avec tendresse. — *Tendreki.*

TENDRESSE, s. f., amour tendre. — *Tendrezia.*

TENDRETÉ, s. f., qualité tendre. — *Samurtasuna, tendretasuna.*

TENDU, UE, adj., bandé. — *Tiratua.* || Armé : *Armatua.* || Exactement tiré de toutes parts, esprit appliqué : *Edatûa.* || Style roide : *Latûa.*

TÉNÈBRES, s. f. pl., obscurité. — *Ilhumbeac, illumpiac.* || Partie du service divin de la Semaine Sainte : *Donaberac, aïzóac.*

TÉNÉBREUX, EUSE, adj., des ténèbres. — *Ilhuna, illuna, iluna, aïrayhea.* || Qui se cache : *Gordea.*

TENETTE, s. f., pince de chirurgien. — *Barberen trukeza.*

TENEUR, s. f., contenu d'un écrit; s. m., qui tient les livres — *Indera.*

TENIA, s. m., ver solitaire. — *Chicharinaüsia.*

TENIR, v. a., avoir à la main, posséder. — *Izaïtea.* || Contenir : *Kokatzea, atchikitzea.* || Occuper (remplir) : *Bethetzea.* || Occuper (donner du travail) : *Emplegatzea, lana émaïtea.* || Garder (avoir en dépôt) : *Atchikitzea, idukitzea, zaïntzea, beghiratzea.* || Maintenir (en l'air, soulever) : *Altchatzea.* || Affirmer : *Seguratzea.* || Recevoir : *Errecibitzea.* || v. n., durer, *Iraütea.* || Subsister : *Bicitzea.* || Résister (se défendre) : *Bihurtzea, ihardukitzea, enferratzea.* || Prolonger : *Iraütea.* || Etre attaché : *Atchikitzea.* || v. imp., dépendre de : *Menetzea.* || Peu importe : *Ez du importa.* || v. p., s'attacher : *Lotzea, atchikitzea.* || S'arrêter au : *Gheldiizea.* || Demeurer en certain lieu : *Gheldiizea.*

TENON, s. m., bout d'une pièce de bois qui entre dans la mortaise. — *Mihia.*

TENSION, s. f., état tendu. — *Estirá, erstira, estiramendua.* || Tension des nerfs : *Tiranaya.*

TENTANT, E, adj., qui tente. — *Tentagarria, tentagarritxûa, tentatxûa, ciraïkaria.*

TENTATEUR, TRICE, adj. et s., qui tente. — *Tentatzaïlea, tentatzallea, ciraïkitzaïlea.*

TENTATION, s. f., désir. — *Tentacionea, tentacionia, tentació, limburtasuna, ciraïkia.*

TENTATIVE, s. f., essai. — *Ensayóa.*

TENTE, s. f., toile tendue sur des piquets. — *Tenda, oïyal tinki edatûa pazote batzuen gaïnian.* || Rouleau de charpie : *Litx biribilkatûa.*

TENTER, v. a., essayer. — *Ensayatzea.* || Donner envie : *Gutíciatzea.* || Inciter au mal : *Tentatzea, limburtzea, ciraïkitzea*

TENTURE, s. f., tapisserie, papier peint. — *Tápizeria.*

TÉNU, UE, adj., fort délié. — *Mehia.*

TENUE, s. f., durée d'une assemblée, manière de se tenir. — *Atchikitze.*

TÉNUITÉ, s. f., qualité d'une substance ténue. — *Mehetasuna.*

TÉRÉBENTHINE, s. f., sorte de résine. — *Tiribintiña.*

TÉRÉBINTHE, s. m., arbre résineux. — *Aüntzadarra.*

TÉRÉBRATION, s. f., action de percer un arbre pour en tirer la gomme, la résine. — *Ciladura, cilhadura.*

TERGIVERSATEUR, s. m., qui tergiverse. — *Dûda-mudan dagona.*

TERGIVERSATION, s. f., action de tergiverser. — *Dûda-muda.*

TERGIVERSER, v. n., chercher des détours. — *Dûda-mudatzea, itzulikatzea.*

TERME, s. m., fin. — *Akábantza, búká, uzkuya, búkaëra, termióa, fina, akáballa.* || Borne par rapport au temps et au lieu : *Mûga.* || Epoque de payement : *Termioa, epea, bûrua.* || Moyen, manière, mode, façon, règle, forme, sorte : *Moldea, manera, modûa.* || Mot : *Hitza.* || Expression : *Hitzkuntza, erranbidea, hitzera, abotsa.* || Borne, limite : *Mûga, mûgarria, cedarria, chedarria, kozka, marra.*

TERMINAISON, s. f., désinence. — *Akábantza, akáballa, búká, uzkuya, búkaëra, termióa, fina.*

TERMINAL, ALE, adj., qui termine. — *Akábantzakóa, termiokûa, akáballakûa.*

TERMINER, v. a., n. et p., borner, finir. — *Akábatzea, bùkatzea, uzkuytzea, finitzea, trenkatzea.*

TERNAIRE, adj., du nombre de trois. — *Irukùa.*

TERNE, adj., sans éclat. — *Itxa.* ‖ Obscur : *Ilhuna.*

TERNI, IE, adj., qui a perdu son lustre. — *Ichtûa.* ‖ Obscurci : *Ilhundùa.*

TERNIR, v. a. et p., ôter l'éclat. — *Ichtea.* ‖ Assombrir : *Ilhuntzea.*

TERNISSURE, s. f., état terni. — *Ichtura.* ‖ Assombrissement : *Ilhuntasuna.*

TERRAIN, s. m., espace de terre. — *Luturtea.* ‖ Lieu : *Lekùa.* ‖ Endroit : *Tókia.*

TERRAL, s. m., t. de mer, vent de terre. — *Lurreko phartetic heldu den aïzea.*

TERRASSE, s. f., levée de terre, sorte de balcon, plate-forme. — *Plaùna.*

TERRASSÉ, ÉE, adj. et part., garni de terre. — *Plaùnatùa.*

TERRASSER, v. a., garnir un mur de terre. — *Lurreztatzea, pláùnatzea.* ‖ Jeter par force à terre : *Lurreratzea, aùrdikitzea, urdikitzea.* ‖ Vaincre : *Azpiratzea, lurreratzea, bencitzea.* ‖ Fig., convaincre par des raisons sans réplique : *Frogatzea.*

TERRASSIER, s. m., qui travaille aux terrasses. — *Plaùnatzaïlea.*

TERRE, s. f., un des quatre éléments des anciens, globe terrestre.— *Lurra.* ‖ Pays : *Erria.* ‖ Rivage : *Leiyorra.* ‖ Terre inculte : *Lùkiteza.* ‖ Terre-ferme, continent : *Luteghea.*

TERREAU, s. m., terre mêlée de fumier, terre végétale : *Lur-ustela.*

TERRE-NEUVIER, adj. et s. m., qui pêche au banc de Terre-Neuve. — *Ternaùzalea.*

TERRER, v. a., enduire de terre. — *Lurreztatzea.* ‖ v. n. et p., se loger sous terre : *Lur barnean, lur azpian égotea.*

TERRESTRE, adj., de la terre. — *Lurtarra.*

TERREUR, s. f., grande crainte.— *Arridura, lazdura, izialdura.*

TERREUX, EUSE, adj., de la terre.- *Lurtxùa.*

TERRIBLE, adj., effrayant, fam. — *Izigarria, lazgarria, ikharagarria, izugarria.* ‖ Etonnant : *Espantagarria.*

TERRIBLEMENT, adv., d'une manière terrible. — *Izigarriki, lazgarriki, izugarriki, ikharagarriki.* ‖ Etonnamment : *Espantagarruki.*

TERRIEN, NE, s. et adj., qui a beaucoup de terre. — *Lur haïnitzen yabe dena.*

TERRIER, s. m., trou servant de retraite à certains animaux.— *Cilùa, cilóa lur peán éghina*

TERRINE, s. f., vase de terre. — *Tirrina, tirriña, aspilá, aspillá, boillaska.*

TERRINÉE, s. f., plein une terrine.—*Tirrinatrat, tirriñatrat, aspillatrat, boillaskatrat.*

TERRITOIRE, s. m., espace de terre qui dépend d'une juridiction. — *Barutia.*

TERROIR, s. m., qualité de la terre. — *Lur kalitatea.*

TERTRE, s. m., petite colline, petite élévation. — *Bichkarra.*

TES, pron. pos. pl. de TON. — *Ireac, iriac, hireac.* ‖ TES en basque est mis au singulier ; tes livres, tes vêtements : *Ire liburuac, hire arropac ;* et au pluriel, quand il prend la place de TIENS ou TIENNES. Ce ne sont pas mes bestiaux qui font du dégât, mais bien les tiens. — *Ez dire néré azindac bidegabe éghin dutena, baïnan ba ireac.* ‖ Mes morues sont bonnes, mais les tiennes ne valent rien : *Néré bakaïllaùac ónac dire, baïnan hireac deùsic ez dute balio.*

TESSON, s. m., morceau de poterie. — *Bacheraki puska.*

TESTACÉ, E, adj. et s. m., animal à coquille. — *Machkurkia.*

TESTAMENT, s. m., acte qui contient les dernières volontés. — *Testamentùa, testamentia, ordenùa.* ‖ L'Ancien et le Nouveau Testament : *Testament zahar'ta berria.*

TESTAMENTAIRE, adj., du testament. — *Testamentukóa, ordenukùa.*

TESTATEUR, TRICE, s., qui teste, qui fait son testament. — *Ordenu'ghilea, testamentu'ghilea.* ‖ Qui a testé : *Testatzaïlea, ordenutzaïlea.*

TESTER, v. n., faire son testament. — *Testamentu'ghitea, ordenu'ghitea.*

TESTICULE, s. m., corps glanduleux où se prépare la semence.— *Barrabilla.* ‖ Pour ceux des animaux on dit aussi : *Barrabilla* et *potraskilla.*

TESTIF, s. m., poil de chameau. — *Kamelu illea.*

TESTIMONIAL, ALE, adj., qui rend témoignage. — *Lekukotarra.*

TESTIMONIALEMENT, adv., par témoins. — *Lekukoz.*

TESTONNER, v. a., peigner les cheveux, les friser, les accommoder avec soin.— *Illeac aphaïntzea.*

TÉTARD, s. m., frai de grenouille. — *Kaïkubúrua.*

TÊTE, s. f., partie qui tient au corps par le cou. — *Búrua, búruiya, búria.* ǁ Personne : *Yende.* ǁ Esprit : *Izpiritúa.* ǁ Fantaisie : *Oldeá, fantesia.* ǁ Energie : *Kalipúa.* ǁ Bois du cerf : *Oreñen adarrac.* ǁ Sommet : *Búrua.* ǁ Commencement : *Búrua, punta.* ǁ Etre à la tête d'une chose, la diriger. — *Gaüza baten búruan izaitia, gaüza ori ibiltzea, ghidatzea.* ǁ Etre le chef : *Haïntcidaria, buruzaghia, chefa.* Etre le principal : *Lehena, printcipala.*

TÊTE-A-TÊTE, adv., seul à seul, en particulier ; s. m., entretien de deux personnes. — *Búruz-búru.*

TÊTER, v. a., sucer le lait de la mamelle. — *Bulhar édatia, titi, diti édatia.*

TÉTIÈRE, s. f., coiffe d'enfant. — *Mechana.* ǁ Partie de la bride : *Brida-gaïna.*

TÉTIN, s. m., le bout de la mamelle. — *Titi punta, diti punta.*

TÉTINE, s. f., pis de la vache. — *Titi, diti.*

TÉTON, s. m., mamelle de femme. — *Bulharra, titia, ditia.*

TETTE, s. f., le bout de la mamelle des animaux. — *Titi, diti.*

TÊTU, UE, adj. et s., obstiné. — *Thematxúa.*

TEXTE, s. m., les paroles d'un auteur, sujet de discours. — *Beretiza, texto.*

TEXTILE, adj., propre à tisser. — *Ehaïteko óna dena.*

TEXTUAIRE, adj. et s. m., livre où il n'y a que le texte seul. — *Textodia, beretitzgóa.*

TEXTUEL, LE, adj. du texte. — *Beretitzkóa.*

TEXTUELLEMENT, adv., suivant le texte. — *Beretitzki, beretitzkiró.*

TEXTURE, s. f., act. de tisser. — *Ehaïtasuna.*

THÉ, arbrisseau. — *Dúthe hóndoá.* ǁ Infusion de sa feuille, sorte de collation : *Dúthea, dútia.*

THÉATRAL, ALE, adj., qui appartient au théâtre. — *Teátrukúa, bollesitarra.*

THÉATRE, s. m., lieu où l'on représente les pièces dramatiques. — *Teátrua, bollesia.*

THÉIÈRE, s. f., vase pour le thé. — *Dútheuntcia.*

THÉIFORME, adj., comme le thé. — *Duthearen formakúa.*

THÉOLOGAL, ALE, adj., qui a Dieu pour objet. — *Yaïnkotarra, yinkotarra.*

THÉOLOGIE, s. f., science qui a Dieu et la religion pour objet. — *Yaïnkokindea, yinkokindea.*

THÉOLOGIEN, s. m., qui sait, enseigne la théologie. — *Yaïnkokindarria, yinkokindarra.*

THÉOLOGIQUE, adj., de la théologie. — *Yaïnkokindekúa, yinkokindekúa.*

THÉOLOGIQUEMENT, adv., en théologie. — *Yaïnkokindeki, yinkokindeki.*

THERMIDOR, s. m., onzième mois de la république française. — *Errearóa.*

THERMOMÈTRE, s. m., tube avec de l'esprit de vin ou du mercure, pour indiquer les degrés de chaleur. — *Béroneürria.*

THÉSAURISER, v. n., amasser de l'argent. — *Diru biltzea, dirúa gordaïrutzea, ontasun biltzea.*

THÉSAURISEUR, EUSE, s., qui thésaurise. — *Diru, ontasun biltzaïlea, gordaïrutzallea.*

THON, s. m., poisson de mer. — *Atuná.*

THORACHIQUE, adj., pectoral. — *Bulhartarra.*

THORAX, s. m., capacité de la poitrine. — *Bulharreko barnetasuna.*

THYM, s. m., plante odoriférante. — *Beberiña.*

TIARE, s. f., ornement de tête chez les Perses, bonnet du pape. — *Thiarra, búrukia.*

TIBIA, s. m., os intérieur de la jambe. — *Aztaleko ezur naüsia.*

TIBIAL, adj. m. Il se dit d'un des extenseurs de la jambe. — *Aztalen edatzeko ghi bat.*

TIÈDE, adj., entre le chaud et le froid ; fig., sans zèle, sans ardeur. — *Ephela, berasia.*

TIÈDEMENT, adv., avec tiédeur. — *Ephelki, beraski.*

TIÉDEUR, s. f., qualité tiède ; fig., manque de zèle, de ferveur. — *Ephellasuna, berastasuna.* ǁ D'activité : *Naghitasuna.*

TIÉDIR, v. n., devenir tiède ; fig., manquer de zèle, d'ardeur. — *Epheltzea, epheltzia, berastea.* ǁ Manquer d'activité : *Naghitzea.* ǁ Faire tiédir : *Ephelaztea.*

TIEN, s. m., qui est à toi. — *Irea, iria, hirea.* ǁ Pl. : *Iriac, ireac, hireac.* ǁ Tes proches, ceux qui te sont attachés : *Ire ahaïdeac, azkaziac.*

TIERCÉ, adj., divisé en trois. — *Iruztatúa.*

TIERCELET, s. m., mâle d'épervier. — *Chapalatch', mirotz', belatch'arra.*

TIERÇON, s. m., mesure de liquide. — *Terciúa.*

TIERS, s. m., TIERCE, f. adj., troisième. — *Hirurgarren.* ǁ La troisième partie : *Hirurgarren phartea, herena.* ǁ Une troisième personne : *Hirurgarrena.* ǁ Tierce (fièvre) : *Helgaïtzac.*

TIGE, s. f., corps d'une plante. — *Hóndoá.*
|| Terme de généalogie, le chef d'une famille : *Erróa, leiñua.* || Tige d'arbre ou de vigne, plante, etc. : *Urtumea, muskilla.*

TIGRE, ESSE, s. bête féroce. — *Katamotza, tigria.* || Fig., féroce, sanguinaire : *Odolghiróa, sámindúa.* || Femme méchante et cruelle : *Gachtóa, gaistóa, krudela, bihotzgorra.*

TIGRÉ, ÉE, adj., moucheté. — *Titákatúa, pintarnakatúa, pinkárdatúa.*

TILLAC, s. m., le plus haut pont d'un navire. — *Biderda.*

TILLE, s. f., écorce du chanvre. — *Eskarta.* || Du tilleul : *Azála, achála.*

TILLER, v. a., détacher la tille du chanvre. — *Garbatzia.*

TILLEUL, s. m., grand et bel arbre rosacée, à suc céphalique pour les nerfs, écorce détersive, apéritive. — *Tillúla, astigarra.* || Lieu planté de tilleuls : *Tillúladia, astigardia, astagarraga.*

TILLOLE, s. f., petit bateau de pêcheur. — *Arrantzariko báchet tchipia.*

TIMBALE, s. f., instrument de musique militaire. — *Tymbala.*

TIMBALIER, s. m., qui bat des timbales. — *Tymbala yótzaïlea, tymbalaria.*

TIMBRE, s. m., cloche frappée par un marteau. — *Soïnua.* || Son de la voix : *Boza.* || Marque imprimée : *Timbria.* || Droit perçu sur le papier : *Timbria.*

TIMBRÉ, ÉE, adj., marqué d'un timbre. — *Timbratúa, markatua.* || Papier timbré : *Paper markatúa.* || Fig., fou, folle : *Zóróa.*

TIMBRER, v. a., marquer d'un timbre. — *Timbratzea, markatzea.*

TIMBREUR, s. m., qui timbre. — *Timbretzaïlea, markatzaïlea.*

TIMIDE, adj., peureux, craintif. — *Beldurtia, érabea, uzkurra, izipéra.*

TIMIDEMENT, adv., avec timidité. — *Beldurki, érabeki, uzkurki, iziperki.*

TIMIDITÉ, s. f., qualité de l'être timide. — *Beldurtasuna, érabetasuna, uzkurtasuna, izipertasuna.*

TIMON, s. m., pièce d'une voiture qui dirige l'avant-train. — *Timoïna, mundoïna, úrka, timoya.* || Barre de gouvernail : *Timoïna, léma, érakilla.* || Fig., gouvernement de l'Etat : *Timoïna.* || Partie du navire où est le timon : *Lémateghia, erakildeghia.*

TIMONNIER, s. m., matelot qui gouverne le timon. — *Lémaria, érakildaria.* || Cheval du timon : *Timoïnekúa, ondokúa.*

TIMORÉ, ÉE, adj., qui craint d'offenser. — *Beldurtia.*

TINE, s. f., espèce de tonneau. — *Dupa, dupel', úpel', úpe'espés bat.*

TINETTE, s. f., petite cuve. — *Tiña.*

TINTAMARRE, s. m., grand bruit. — *Harróa, harramantza, kasaïla, dumbotsa.* || Faiseur de tintamarre, tapageur. — *Harro'-ghilea, harrantz'ghilea, kasaïl'ghilea, dumbots'ghilea.*

TINTEMENT, s. m., prolongation du son d'une cloche. — *Dirrinda, burrumba, durrunda.* || Action de tinter : *Dirrindatasuna, burrambatasuna, durrundatasuna.*

TINTER, v. a. et n., sonner lentement une cloche. — *Emeki izkilla yótzea.* || Prolonger le son : *Dirrindatzea, burrumbatzea.* || La cloche tinte : *Izkilla yótzen ari da.* || L'oreille me tinte : *Beharriac burrumba éghiten naü.*

TINTOUIN, s. m., bruit dans les oreilles. — *Burrumba, burrunda.* || Fig., inquiétude : *Griña.*

TIQUE, s. f., insecte qui s'attache à la peau des animaux. — *Lakásta, laparra, bakasta, lakazta, lakaña.*

TIQUER, v. n., avoir le tic. — *Kostum'izatia.*

TIQUETÉ, ÉE, adj., marqué de taches. — *Pintarkatúa, pintarnakatúa, titákatúa, pinkardatúa.*

TIR, s. m., lieu où l'on tire. — *Tirodia.*

TIRADE, s. f., suite de phrase. — *Hitzer'seghida.*

TIRAGE, s. m., action de tirer au sort. — *Zorteko tiratzia.*

TIRAILLEMENT, s. m., action de tirailler; fig., incertitude. — *Tiranaya.*

TIRAILLER, v. a. et n., tirer mal, avec violence. — *Estiratzia, tiratzia.* || Des coups de fusil : *Tirokatzia, desparakatzea.*

TIRAILLEUR, s. m., qui tiraille. — *Tiratzaïlea, estiratzaïlea.* || Soldat qui escarmouche : *Desparakatzallea, tirokaria.*

TIRANT, s. m., cordon de bourse, morceau de cuir pour boucler les souliers. — *Khordoïna, lókarria.*

TIRASSE, s. f., filet d'oiseleur. — *Choriketariko sarea.*

TIRASSER, v. a. et n., chasser à la tirasse. — *Choriketariko sare ekin ihiztatzea.* || Tourmenter : *Tentatzea, toliatzea, tormentatzea.*

TIRÉ, ÉE, adj. maigri. — *Igana*. ‖ s. m., Chasse au fusil : *Chichpako ihizia*.

TIRE-D'AILE (voler à), s. m. — *Heïn ahala egaldatzia, biziki aïratzia, biziki aïrian ibiltzea, yûaïtea*. ‖ adv. , rapidement : *Heïn-ahala*.

TIRE-BALLE, s. m., instr. pour tirer une balle d'un fusil. — *Tira-bála*.

TIRE-BOTTE, s. m., instrument de bois dans lequel on engage le pied pour ôter la botte. — *Tira-bóta*.

TIRE-BOUCHON, s. m., vis de métal pour tirer des bouchons. — *Tira-bûchoña*.

TIRE-BOURRE, s. m., instr. pour tirer la bourre d'une arme. — *Tira-tápa, tira-bùrra, sáka-trapùa*.

TIRE-LAISSE, s. m., appât trompeur.—*Bazká, peïtá, enganatzaïlea*.

TIRE-LARIGOT (boire à), adv., pop., excessivement. — *Heïn ahala*.

TIRE-LIGNE, s. m., instr. pour tirer des lignes. — *Markatzeko, arrayetzeko tresna*.

TIRELIRE, s. f., tronc pour l'argent.—*Heltze-itxua*.

TIRE-PIED, s. m., courroie, instrument de cuir pour tenir l'ouvrage sur le genou. — *Oïngúala*.

TIRER, v. a., amener à soi. — *Ekarraztea, tiratzea*. ‖ Décharger des armes à feu : *Tiratzea*. ‖ Oter : *Atheratzea, hilkitzea, khentzea, idekitzea*. ‖ Changer de place : *Aldaratzea*. ‖ Recueillir : *Biltzea*. ‖ Délivrer : *Libratzea*. ‖ Extraire : *Atheratzea, erroïtitzea, sustraïtitzea*. ‖ Etendre : *Edatzea*. ‖ Elargir : *Zabaltzea*. ‖ Répandre : *Barreyatzea*. ‖ Allonger : *Luzatzea*. ‖ Tracer : *Trazatzea, markatzea*. ‖ Imprimer : *Imprimatzea, ekantzatzea, moldizkiratzea*. ‖ Jeter, lancer : *Tiratzea, iraïtzitzea, aürdikitzea*. ‖ Prendre, tirer au sort : *Zortian tiratzea*. ‖ v. p., se dégager : *Atheratzea*. ‖ v. n., aller, s'acheminer : *Yúaïtea*.

TIRET, s. m., lien pour les papiers. — *Paper lókarria*. ‖ Trait de plume : *Tita*.

TIREUR, s. m., qui tire. — *Tiratzaïlea*.

TIROIR, s. m., caisse emboîtée dans une armoire, etc. — *Tireta, tiradera*.

TISANE, s. f., infusion de plantes médicinales. — *Tizana, uregosia*.

TISON, s. m., bûche à demi-brûlée.—*Itchindia, illetia, iletia*.

TISONNÉ, ÉE, adj., tacheté de noir. — *Beltzez pintarkatùa, titákatúa*.

TISONNER, v. n., remuer les tisons.—*Itchindiac, illetiac, iletiac, ighitzea, ibiltzea*.

TISONNEUR, EUSE, s., qui tisonne. —*Itchindiac, illetiac, iletiac, ighitzaïlea, ibiltzaïlea*.

TISONNIER, s. m., outil pour attiser le feu.— *Itchindi, elleti, ileti ibiltzeko tresna éta súa pitchazteko*.

TISSER, v. a., faire un tissu. — *Ehotzia, ehaïtia, iyotzia, eheïtzea*.

TISSERAND, s. m., ouvrier qui fait de la toile. — *Ehaïlea, ehulia, eülea, eheïlea*.

TISSERANDERIE, s. f., profession de tisserand. — *Ehaïlteghia, ehulteghia, eülteghia, eheïlteghia*.

TISSU, adj. et s. m., ouvrage fait au métier. — *Oïyala, oïhala*.

TISSURE, s. f., texture. — *Ehuna*.

TISSUTIER , s. m. , rubanier. — *Chingol', erriban', cinta, histoy', ipur', cerrend'-ghilea*.

TITILLANT, ANTE, adj., qui titille.— *Kilikatzaïlea*. ‖ Chatouillant : *Khilikaria*. ‖ Sautillant : *Gasuparia, saltokaria, yaüsikaria, yaünzikaria*.

TITILLATION, s. f., action de titiller. — *Kilikamendùa*. ‖ Chatouillement : *Khilika, khilikadura*. ‖ Sautillement : *Chaltokadea, gasupadea, yaüsikadea, yaüzikadea*.

TITILLER, v. a. et n., chatouiller. — *Khilikatzea*. ‖ Sautiller : *Saltokatzea, yaüzikatzea, yaüsikatzea, gasupatzea*.

TITRE, s. m., inscription d'un livre, d'un chapitre, etc. — *Titulúa*. ‖ Dignité : *Gaïtasuna, gaïcenda, goyendea, titrúa*. ‖ Acte qui constate un droit : *Erakaya*. ‖ Degré de fin., mon., droit : *Titrúa*. ‖ Loc. adv., à titre et qualité de : *Erakayez éta kalitatez, dretchoz éta kalitatez*.

TITRÉ, ÉE, adj., qui a un titre, un droit. — *Titratúa*. ‖ Qui possède un acte : *Erakaytua*. ‖ Un titre honorifique : *Titratúa, gaïtúa, gaïcendúa, goyendúa*.

TITRER, v. a., donner un titre, un droit. — *Titratzea*. ‖ Un acte : *Erakaytzea*. ‖ Un titre honorifique : *Titratzea, goyendatzea, gaïtatzea, gaïcentzea*. ‖ Autoriser : *Otorisatzia, premisione ematia*.

TITUBATION, s. f., action de chanceler. — *Zalantza*.

TITULAIRE, adj. et s. m., qui a un droit. — *Titrúarra*. ‖ Un acte : *Erakayarra*. ‖ Titre honorifique : *Titrúarra, goyendarra, gaïcendarra, gaïtarra*.

TOAST, s. m., boire à la santé de quelqu'un. — *Norbeïten osagarriari edatéa.*

TOCSIN, s. m., cloche d'alarme. — *Sŭ-izkíla.*

TOI, pron. pers. de la seconde personne. — *Hi, hic, eu, euc.*

TOILE, s. f., tissu de fil. — *Téla, oïyala, oïhala.* || Tissu que font les araignées : *Sarea, amama, amelaŭna.* || Rideau de théâtre : *Teátruko, boliesiako, erridaba, burtina.* || pl., filets de chasse : *Ihiziko sareac.*

TOILERIE, s. f., marchandise de toile. — *Oïyaleria, oïhaleria.*

TOILETTE, s. f., parure. — *Edergaïllüa, aphaïndura, berreghintza.* || Meuble où se tiennent les objets pour faire sa toilette : *Aphaïndilleta.*

TOILIER, s. m., ouvrier qui fabrique la toile. — *Ehaïlea, chulia, eülea, eheïlea.* || Marchand toilier, celui qui vend de la toile : *Oïyal, oïhal saltzaïlea, martchanta.*

TOISE, s. f., mesure de six pieds. — *Tŭasa.*

TOISÉ, s. m., mesurage à la toise, art de mesurer les surfaces.—*Neŭrtasuna, négurtasuna, izártasuna.*

TOISER, v. a., mesurer à la toise. — *Tŭasaz neŭrtzea, négurtzea, izartzea.* || Fig., examiner avec dédain. — *Goïti behera beïratzea.*

TOISEUR, s. m., qui toise. — *Neŭrtzaïlea, négurtzaïlea, izartzaïlea.* || Fig., examiner dédaigneusement : *Goïti béhera beïratzaïlea.*

TOISON, s. f., la laine du mouton. — *Arrullea, zamarra.* || Toison d'or : *Urrezko arrullea, zamarra.*

TOIT, s. m., couverture d'un bâtiment. — *Teïlatúa.*

TOITURE, s. f., confection des toits. — *Teïlatudia.* || Le toit même : *Teïlatúa.*

TÔLE, s. f., fer en feuilles. — *Burdiñostóa, burdinostóa.*

TOLÉRABLE, adj., qu'on peut tolérer. — *Païragarria, érampegarria, sofrigarria, soprigarria.*

TOLÉRANCE, s. f., indulgence. — *Païragóa, érampea, sofrimentŭa, soprimentŭa.* || Permission du libre exercice des cultes, etc. : *Païragóa.*

TOLÉRANT, ANTE, adj., qui tolère. — *Païratzaïlea, érampetzallea, sofritzaïllea, sopritzallea.*

TOLÉRANTISME, s. m., système de tolérance en matière de religion. — *Païramena.*

TOLÉRER, v. a., avoir de la tolérance.— *Païratzea, érampetzea, sofritzea, sopritzea.*

TOLLÉ (crier), s. m., exciter l'indignation contre quelqu'un. — *Húyatzea.*

TOMATE, s. f., pomme d'amour. — *Tomatia, tomatea.*

TOMBE, s. f., sépulcre. — *Thumba, óbia, ehortzulŭa, hobia.* || Pierre qui la recouvre : *Gaïneko arria, árlanza, lósa.*

TOMBEAU, s. m., sépulcre, monument pour un mort. — *Thumba, óbia, ehortzulŭa, hobia.*

TOMBER, v. imp., être entraîné du haut en bas par son propre poids ; fig., déchoir.— *Erortzea, erortziá.* || Ne pas réussir : *Erortzea, errekarat yótzea.* || Pécher : *Erortzea, bekhátu'ghitea.* || Se jeter : *Etchatzea, aürdikitzea.* || Devenir : *Ethortzea.* || Tomber, devenir malade : *Eritzea.*

TOMBEREAU, s. m., charrette entourée d'ais. — *Arkera, tomberŭa.*

TOME, s. m., volume d'un ouvrage qui en a plusieurs. — *Tomoá.*

TON, adj. pos. m., qui répond au pron. pers. *tu, te, toi*. Il fait au f. *ta* et au pl. *tes*. — *Hire.* || Pl. : *Hireac.* || s. m., degré d'un son : *Aïria.* || Manière, toilette : *Aïria.* || Style : *Manera.* || Terme de musique : *Aïria.* || De peinture : *Kholorea.*

TONDEUR, EUSE, s., qui tond. — *Mochtaïlea, moztaïlea.*

TONDRE, v. a., couper la laine, le poil des animaux, les branches, etc.— *Mochtea, moztea.*

TONDU, E, adj., part. et s., à qui l'on a coupé les cheveux, la laine, le poil, les branches, l'herbe, etc. Il se dit aussi en mauvaise part. — *Mochtúa, moztúa.*

TONIQUE, adj. et s. m., remède qui tend les fibres, qui donne de l'activité aux organes. — *Borthitzgarria, azkargarria, azkarkorra, borthitzkorra.*

TONNANT, ANTE, adj., qui tonne. — *Ihurtzurian, durudan, ortzantzan.* || Fig., voix forte et éclatante : *Ihurtzurian, durudan, oztzantzan, osgortutzian.*

TONNE, s. f., vaisseau en forme de muid. — *Dupa, dupela, ŭpela, ŭpeá.*

TONNEAU, s. m., petite tonne.— *Dupatchúa, dupelatchŭa, ŭpelatchua, ŭpeátchŭa, tónela.*

TONNELIER, s. m., qui fait des tonneaux. — *Dupela, dupa, ŭpel, ŭpe, tónel', barrika'ghilea.*

TONNELLE, s. f., berceau de treillage couvert de verdure. — *Itzal-lekua.* ‖ Treille : *Trillá, matsaradia, édamastia.* ‖ Espèce de filet à prendre des perdrix : *Epher atchemateko sare espés bat.*

TONNELLERIE, s. f., métier de tonnelier. — *Dupego, dupago, úpelgo, úpego, tónelgo oficiùa.*

TONNER, v. n. imp., se dit du bruit du tonnerre, etc. — *Durunda, ihurtzuri, oztzantza, oztzu'ghitea.* ‖ Fig., parler avec force ; se dit aussi du bruit du canon : *Durunda, ihurtzuri, oztzantz, oztzu, osgortu'ghitea.*

TONNERRE, s. m., bruit de la foudre. — *Ihurtzuria, durunda, ortzantza, oztzúa.*

TONSURE, s. f., couronne de cheveux rasés. — *Tontsura, apaïzgayeria.*

TONSURÉ, adj. et s. m., qui a reçu la tonsure. — *Tóntsuratúa, apaïzgayatúa, apaïzgaitúa.*

TONSURER, v. a., donner la tonsure. — *Tóntsuratzea, apaïzgayatzea, apaïzgaïtzea.*

TONTE, s. f., action de tondre. — *Motchkintza, motzkintzia.* ‖ Laine tondue : *Motchaldia, motzaldia.*

TONTINE, s. f., sorte de rente viagère. — *Bici guciko errenta espés bat.*

TONTINIER, ÈRE, s., rentier de tontines. — *Bici guciko errenta espés batez gózatzen dena.*

TONTURE, s. f., poil que l'on tond sur les draps, branches et feuilles que l'on coupe aux palissades, aux bordures de buis, etc. — *Chederakina.*

TOPER, v. n., t. de jeu, consentir. — *Onhestea, onhastea.*

TOPIQUE, adj. et s. m., remède extérieur. — *Sendakaya.* ‖ pl., t. de rhét., lieux communs : *Erran komunac.*

TOPOGRAPHE, s. m., qui s'occupe de topographie. — *Batziazaldiarra.*

TOPOGRAPHIE, s. f., description d'un lieu. — *Batziazaldea.*

TOPOGRAPHIQUE, adj., de la topographie. — *Batziazaldekóa.*

TOQUE, s. f., sorte de chapeau. — *Chapel', kapel', sombrellu espés bat.*

TOQUER, v. a., toucher. — *Hunkitzea.* ‖ Frapper : *Yótzea.*

TOQUET, s. m., bonnet de femme, etc. — *Bóneta.*

TORCHE, s. f., flambeau de résine. — *Arghizuzia, braysúya, arruchiñarghia.*

TORCHE-CUL, s. m., ce dont on s'essuie le derrière ; fig., écrit méprisable.— *Iphurdichukatzekúa, uzki-chukatzekúa.*

TORCHE-NEZ, s. m., instrument de maréchal. — *Múrlaza.*

TORCHER, v. a., essuyer en frottant. — *Chukatzea, ichukatzea, igortzitzea, torrátzea, múrruskatzea.* ‖ Fig., mal travailler : *Gaïzki'ghitea.*

TORCHÈRE, s. f., espèce de guéridon sur lequel on met un flambeau. — *Mahaïn arrunda tchiki espés bat, arghi, eskosúy, arghizuzi baten dako.*

TORCHIS, s. m., mortier mêlé de paille. — *Morterúa, naskarilla lastoékin nahastelakatúa múrru batzuen eghiteko.*

TORCHON, s. m., serviette de grosse toile pour essuyer. — *Trapúa, esku-oïyala, eskuchukatzekúa, zátarra, chatarra, sorkia, kallemaza, aüsperukóa, aüstrapúa, zapin, túrchuna.* ‖ Femme sale, pop. : *Emazteki zikhina.*

TORDAGE, s. m., façon donnée à la soie, à la laine, etc., en tordant. — *Bihurkuntza, bihurdura.*

TORDRE, v. a., tourner un corps flexible en long et en sens contraire en serrant. — *Bihurtzea, bihurtzia.* ‖ Fig., mal interpréter : *Gaïzki hartzea.*

TORDU, UE, part., tourné en long et biais.— *Bihurtúa.* ‖ En long : *Bihurria.* ‖ De travers : *Makurtúa.*

TORON, s. m., cordon d'un câble. — *Kableko khordoïna.*

TORPEUR, s. f., engourdissement profond.— *Sorrera, gógórtasuna, mokórdura, uzkurtasuna.*

TORRÉFACTION, s. f., action de torréfier. — *Errekuntza.*

TORRÉFIER, v. a., rôtir. — *Erretzea.*

TORRENT, s. m., courant d'eau rapide. — *Ibasóa, ujola.*

TORRIDE, adj., brûlant. — *Errekorra.*

TORS, E, adj., tordu. — *Bihurtúa, makurtúa, káskaïla.*

TORSE, s. m., tronc de statue. — *Tallu baten gorphutz gaïna.*

TORT, s. m., opposé à la justice, à la raison. — *Falta, kulpa.* ‖ Dommage : *Bidegabea.*

TORTICOLIS, s. m., mal de cou. — *Tortikolia.* ‖ Fig. et pop., hypocrite : *Ipokrita.*

TORTILLANT, ANTE, adj., tortillé.-*Bihurria.*

TORTILLEMENT, s. m., action de tortiller ; pl., détours dans les affaires.-*Bihurrikuntza.*

TORTILLER, v. a., tordre à plusieurs tours. — *Bihurtzea.* || v. n., chercher des subterfuges : *Itzulikatzea.*

TORTILLON, s. m., objet tortillé que les femmes mettent sur la tête pour porter une charge. — *Bûrutia, kápetcha, kápetchia.* || Tout ce qui est tortillé en rond : *Erroska, boïllakia.*

TORTIONNAIRE, adj., inique et violent. — *Mûtiria.*

TORTIS, s. m., fils tordus. — *Ari-bihurtuac.* || Guirlande : *Ghirlanda, bichurmea.*

TORTU, E, adj., de travers, qui n'est pas droit. — *Bihurtua, makurra, makurtúa, bihurra.*

TORTUE, s. f., animal amphibie qui marche fort lentement et dont tout le corps est couvert d'une grande écaille dure. — *Chaberamá, aphodrmatúa.*

TORTUER, v. a. et p., rendre tortu. — *Bihurtzea.*

TORTUEUSEMENT, adv., d'une manière tortueuse. — *Makurki, ingurutxuki.*

TORTUEUX, EUSE, adj., tortu. — *Makurra, makurtxúa, ingurutxúa.*

TORTUOSITÉ, s. f., état tortueux. — *Bihurgunea, ingûrunea.*

TORTURE, s. f., gêne. — *Yeïnadura, yeïnamendúa, trabúa.* || Tourment : *Minkaïtza, oïnacca, oñacea, tormentúa.* || Question judiciaire : *Minkaldea, estira.*

TORTURER, v. a., tourmenter. — *Minkaltzea, minkaïtzea, tormentatzea.*

TOSTE, s. m., act. de boire à la santé. — *Norbeïten osagarriari edatéa.*

TOSTER, v. a. et n., porter des toasts. — *Batzuen osagarriari edatéa.*

TÔT, adv., vite. — *Laster, fite.* || Incontinent : *Bertan, berehala, bereála, kûchian.* || Tôt ou tard, un jour ou l'autre : *Egun bat édo bertze, oraï édo ghero.*

TOTAL, s. m., le tout, addition. — *Totala.* || En entier, complet : *Déna, gúzia, osúa.*

TOTALEMENT, adv., entièrement. — *Osoki.*

TOTALITÉ, s. f., le total. — *Déna.*

TOUAGE, s. m., action de touer. — *Haïntzinakuntza tiratzian, haïntzinatzea tiratzian.*

TOUCHANT, ANTE, adj., qui touche le cœur, etc. — *Damugarria, oïnacegarria, oñacegarria, mingarria, hunkigarria, erdiragarria, sarkorra.* || Prép., concernant : *Dagokana.* || Palper avec la main ou quelque chose : *Hunkitzian.*

TOUCHER, v. a., n. et p., mettre la main, etc., sur quelque chose, recevoir de l'argent. — *Hunkitzea, errecibitzea.* || Frapper : *Yótzea.* || Éprouver : *Senditzea, espróbatzea, frógatzea.* || Aborder : *Urbiltzea.* || S'approcher de terre : *Lehortzea.* || Se joindre : *Yuntatzea.* || Fig., émouvoir : *Mughitzea, ighitzea, hughitzea, tarritatzea.* || s. m., action de toucher : *Hunkitzia, hunkia.*

TOUE, s. f., action de touer. — *Haïntzinakuntza tiratzian, haïntzinatzea tiratzian.*

TOUER, v. a., faire avancer en tirant. — *Tiratzian haïntzinaztea.*

TOUFFE, s. f., amas d'herbe, de poil, etc. — *Múltzûa, kárceta, floka.*

TOUFFEUR, s. f., exhalaison chaude. — *Bafada béróa.*

TOUFFU, E, adj., épais. — *Lódi.* || En touffe : *Multzûan, kárcetan, flokan.*

TOUJOURS, adv., continuellement. — *Bethi.*

TOUPET, s. m., petite touffe, cheveux au haut du front. — *Tûpeta.*

TOUPIE, s. f., jouet. — *Cibota, ciboïlla.* || Pop., prostituée : *Filda.*

TOUPILLER, v. n., tournoyer, fam. — *Itzulikatzea.*

TOUPILLON, s. m., petit toupet. — *Tûpetatchúa.*

TOUR, s. f., construction carrée, beaucoup plus haute que large. — *Dorea, doria.* || Tour placée sur les côtes, la frontière, pour faire le guet : *Ikuslekua, behatokia, beátorrea.* || s. m., mouvement en rond, etc. : *Itzulia.* || Promenade : *Promenada, pasea, bóastia.* || Circuit : *Ingurúa.* || Fois : *Aldia.* || Fig., trait d'adresse, de ruse : *Yókotria, gikotria, antea.* || Il m'a joué un tour : *Yokatu naü.* || Aspect sous lequel on présente une affaire, une pensée : *Manera.* || Rang : *Errenkúa.* || A mon tour : *Ene aldian.* || Ce qui entoure : *Itzulia, ingurúa.* || Transport d'aller et venir : *Tornua.* || Machine pour façonner en rond : *Tornúa, gaboïlla.* || Tour à tour : *Áldizka.* || A tour de bras : *Besaïnka, besogaïnka.* || adv., l'un après l'autre : *Bat bertciaren ondotic, bakotcha béré alde.* || Rang successif, alternatif : *Aldia, chanya, chanda.*

TOUR DE REINS, s. m., foulure des reins. — *Errañen iñartadura.*

TOUR DE BATON, s. m., profit illicite. — *Irábaci gordea, débekatúa.*

TOURBE, s. f., terre combustible. — *Zóhi-ikhatxu erretzekúa.* ‖ Multitude confuse : *Multchùa, multzúa.*

TOURBEUX, EUSE, adj., de la tourbe.— *Zóhi-ikhatxùa.*

TOURBIÈRE, s. f., fosse à tourbe. — *Zóhi-ikhatxu tókia.*

TOURBILLON, s. m., vent impétueux qui tournoie. — *Chirimola, chirimolia, giraboïlkina.*

TOURELLE, s. f., petite tour. — *Doretchùa.*

TOURMENT, s. m., douleur:— *Oïnacea, oñacia.* ‖ Supplice : *Gaïtzondóa, estira.*

TOURMENTANT, ANTE, adj., qui tourmente, qui vous met au supplice. — *Gaïtzondokorra, estirakorra.* ‖ Qui rend soucieux : *Griñakorra.*

TOURMENTE, s. f., orage sur mer. — *Zóperna.*

TOURMENTER, v. a., faire souffrir le corps ou l'esprit. — *Toleïatzea, toliatzea.* ‖ Supplicier : *Gaïtzondoretzea, gaïtzondotzea, estiratzea, minkaïztea, oïnazkatzea, oñazkatzea.* ‖ Harceler : *Cirikatzea.* ‖ v. p., s'inquiéter : *Griñatzea, tormentatzea.* ‖ Se déjeter : *Makurtzea.*

TOURMENTEUX, EUSE, adj., sujet aux tourmentes. — *Zópernatxùa.*

TOURNAILLER, v. n., rôder, fam. — *Kurritzea, ibiltzea, itzulikatzea.*

TOURNANT, ANTE, adj., qui tourne. — *Itzulia.* ‖ Tournant (en) : *Itzulian.* ‖ s. m., endroit où l'eau tournoie : *Aùsiñura.* ‖ Coude de rivière, coin de rue : *Itzulia.*

TOURNE-BROCHE, s. m., machine pour faire tourner la broche. — *Gherren-itzultzekùa.*

TOURNÉE, s. f., voyage annuel, inspection, excursion, promenade : *Itzulia.*

TOURNER, v. a. et p., mouvoir en rond, changer de sens, de place : *Itzultzea.* ‖ Cerner : *Inguratzea.* ‖ Prendre à revers : *Itzultzea.* ‖ Façonner au tour : *Tornutzea, gaboïltzea.* ‖ Fig., interpréter : *Itzultzea.* ‖ v. n., s'aigrir : *Mintzea.*

TOURNESOL, s. m., planté. — *Iruzki-lorea, gireguzkia.*

TOURNEUR, s. m., artisan qui façonne au tour. — *Tornutzaïllea, gaboïltzallea.*

TOURNEVIS, s. m., inst. pour tourner les vis. — *Tùrnebisa.*

TOURNOIEMENT, s. m., action de tourner. — *Birunka, erremònia.* ‖ Vertige, tournoiement de tête : *Zoramendùa, zorabilla.*

TOURNOYER, v. n., tourner en faisant plusieurs tours. — *Birakatzea, birunkatzea, ingurinatzea, itzulikatzea.* ‖ Tourner sur soi-même : *Iraùlketzea.* ‖ Fig., biaiser : *Bidachtetzea, ingurukatzea, bazterkatzea.*

TOURNURE, s. f., tour, disposition, forme du corps. — *Tornura.*

TOURTEREAU, s. m., petit de la tourterelle. — *Tchortchoïltchùa, tortoïltchùa.*

TOURTERELLE, s. f., oiseau. — *Tortoïlá, tchortchoïla.*

TOURTIÈRE, s. f., ustensile de cuisine qui sert à faire cuire des tourtes. — *Nasopaya, paztiz-éghitekúa.*

TOUSELLE, s. f., grain sans barbe. — *Español-oghia, oghi-murritzá.*

TOUSSAINT, s. f., fête de tous les saints. — *Umia-saïndu, umuru-saïndu, saïndu guciac.*

TOUSSER, v. n., faire l'effort et le bruit de la toux. — *Eztultzea, eztul'ghitea.*

TOUT, s. m., chose considérée en son entier, toutes choses. — *Dena, gaùza guziac.* ‖ C'est le tout : *Hori dá dena.* ‖ Le tout : *Gùcia.*

TOUT, adv., entièrement, sans exception, sans réserve. Tout dévoué à. — *Dena ekharria.* ‖ En tout : *Denetan.* ‖ En tout et pour tout : *Osoki gaùza gùzietan.* ‖ Partout : *Gucietan, orotan.* ‖ Après tout : *Hoïc gùzien gatic.*

TOUSSEUR, EUSE, s., celui qui tousse. — *Eztulkaria.*

TOUT, E, adj., TOUS, TES, pl., se dit de l'intégrité de la chose considérée dans son entier. — *Denac, guziac.* ‖ Chaque : *Bakotcha.* ‖ Encore que : *Nahiz gátic.* ‖ s. m., total, toutes les choses : *Totala, denac.* ‖ adv., entièrement : *Osoki, denac.* ‖ Quoique : *Nahiz.* ‖ Tout à fait, entièrement : *Osoki.* ‖ Tout à coup, soudain : *Bertan, kolpez, golpéz.*

TOUT-BEAU, espèce d'interj., plus doucement, arrêtez-vous. — *Gùardia, emekiago, gheldizité.*

TOUTEFOIS, adv., néanmoins, cependant. — *Bizkitartian.*

TOUT-OU-RIEN, s. m., pièce de la quadrature d'une répétition. — *Gùziac édo baterez, gùzia édo deùseré.*

TOUX, s. f., mouvement de la poitrine accompagné de bruit. — *Eztula.*

TOXIQUE, s. m., poison en général. — *Pozoïna yeneralian.*

TRAC, s. m., allure du cheval. — *Ibiltzia.*

TRACAS, s. m., mouvement accompagné d'embarras. — *Trakazúa.*

TRACASSER, v. a. et n., inquiéter, tourmenter.—*Trakazatzea, toleïatzea, kechatzea.*

TRACASSERIE, s. f., chicane. — *Trakazeria, yokotria, maüla, amarúa.*

TRACASSIER, ÈRE, s., qui tracasse. — *Trakaziera, tóleïatzaïlea, yokotritzaïlea, maülaria, amarrutzaïlea, nahasia.*

TRACE, s. f., vestige d'homme, d'animal, etc. — *Errestóa, errastúa, oïnhatza, traza, mâtzá, aztarna, hatza.* ‖ Marque, premier trait : *Marka.* ‖ Fig., marcher sur les traces, prendre pour modèle : *Ibiltzea.*

TRACÉ, s. m., trait d'un plan. — *Plana baten ciamartea.*

TRACEMENT, s. m., action de tracer. — *Trazadea, ciamardea.*

TRACER, v. a., tirer les lignes d'un dessin, etc. — *Trazatzia, ciamartzea, lapitzatzea.* ‖ Ramper (se dit des racines) : *Errestakatzea.*

TRACEUR, s. m., celui qui trace un plan sur le sol. — *Tràzatzaïlea.*

TRAÇOIR, s. m., outil pour tracer. — *Trazatzekúa.*

TRADITION, s. f., act. de livrer à. — *Librantza.* ‖ Voie par laquelle les faits se transmettent d'âge en âge : *Erran-zaharra.* ‖ Chose transmise verbalement : *Erran-zaharra.*

TRADITIONNEL, LE, adj., de la tradition. — *Erran-zaharkúa.*

TRADITIONNELLEMENT, adv., par tradition.— *Erran-zaharkizunez.*

TRADUCTEUR, s. m., qui traduit. — *Bihurtzaïlia, itzultzaïlea, itzularia, bihurlaria.*

TRADUCTION, s. f., act. de traduire.— *Itzulkera, bihurkera.*

TRADUIRE, v. a., citer en justice. — *Erematia, agherraztia.* ‖ Transférer : *Erematia.* ‖ Faire une traduction : *Itzultzea, bihurtzea.*

TRADUISIBLE, adj., qui peut être traduit. — *Itzulgarria, bihurgarria.*

TRAFIC, s. m., commerce. — *Tratúa, salerosgóa.*

TRAFIQUANT, s. m., commerçant. — *Tratularia, salerestaïlea, saleroslea.*

TRAFIQUER, v. a. et n., faire trafic. — *Salerostea, tratúan aïtzea.*

TRAGÉDIE, s. f., poème dramatique, événement funeste. — *Tragedia.*

TRAGÉDIEN, NE, s., acteur tragique. — *Tragedianta.*

TRAGI-COMÉDIE, s. f., tragédie comique. — *Tragi-komedia.*

TRAGI-COMIQUE, adj., qui tient du tragique et du comique. — *Tragi-komediarra.*

TRAGIQUE, adj., de la tragédie. — *Tragedikóa.* ‖ Fig., funeste : *Dóakabea.* ‖ s. m., genre tragique : *Tragediko manera.*

TRAGIQUEMENT, adv., d'une manière tragique. — *Tragedikoki.* ‖ Funestement : *Dóakabeki, dóakabero.*

TRAHIR, v. a. et p., manquer de foi. — *Béré hitzari faltazea, béré hitza yatea.* ‖ Faire une perfidie : *Enganatzea.* ‖ Déceler : *Sálatzea.*

TRAHISON, s. f., action de trahir, manque de foi. — *Fedegabetasuna.* ‖ Perfidie : *Enganióa.* ‖ Décel : *Sálaketa.*

TRAIN, s. m., allure. — *Ibiltzia.* ‖ Partie de devant et de derrière des animaux. Partie de devant : *Haïntcineko aldia.* ‖ Partie de derrière : *Ghibeleko aldia.* ‖ Bois mis en radeau : *Baldutsa.* ‖ Attirail militaire : *Treña.* ‖ Charronnage : *Orgagóa.* ‖ Suite de valets, etc. : *Seghida.* ‖ Bruit : *Arrabotza.* ‖ Manière de vivre : *Bicimodúa, bicimanera.* ‖ Cours des choses : *Kúrsa.*

TRAÎNANT, ANTE, adj., qui traîne. — *Errestan.* ‖ Traînant (en) : *Herrestakan.* ‖ Languissant : *Ahitúa, hiratúa, langhiatxúa, iraünghia.*

TRAÎNEAU, s. m., voiture sans roues. — *Narrá, léra.*

TRAÎNÉE, s. f., chose répandue en long. — *Erresta.*

TRAÎNER, v. a., tirer après soi. — *Errestatzea, terrestatzea.* ‖ Fig., attirer : *Ekharrazea.* ‖ Différer : *Luzatzea.* ‖ v. n., pendre à terre : *Dilindakan.* ‖ Etre exposé : *Lanyertúa.* ‖ Languir : *Ahitzea, hiratzea.* ‖ v. p., ramper : *Errestakatzea.*

TRAÎNEUR, s. m., qui traîne, qui reste en arrière. — *Errestatzaïlea.*

TRAIRE, v. a., tirer le lait des vaches, etc.— *Deïztea, yetzitzea.*

TRAIT, s. m., dard. — *Eztena, dardóa, dardúa.* ‖ Flèche : *Tirakaya, ghecia, lutzia, azagaya, chotcha.* ‖ Longe : *Edia, edea, eria, úala, uhala, uvala.* ‖ Ce qu'on avale d'une liqueur sans prendre haleine : *Tragóa, edaldia, kolpea, hatx batez.* ‖ Ce qui emporte l'équilibre de la balance : *Or-*

ratza. || Ligne : *Lerróa, ciluza*. || Linéament : *Tretûa*. || Action remarquable : *Eghintz'ederra*. || Pensée remarquable : *Pentxamendu ederra*. || Rapport : *Heïtea*. Trait (mauvais), mauvais office : *Laïdóa*.

TRAITABLE, adj., doux. — *Lañoa, lañua*.

TRAITANT, s. m., celui qui traite avec le fisc. — *Tratutzaïlea*. || Traitant (en), en faisant un marché : *Tratu'ghitea*. || Traitant (en), une personne ou une chose : *Tratatzian*.

TRAITE, s. f., chemin fait sans s'arrêter. — *Bidaldia*. || Transport : *Gárrayóa, kárrayóa*. || Lettre de change : *Kambioko letra, gambizka*.

TRAITÉ, s. m., dissertation. — *Eralgudea, eralgundea, izkiramena, tratatua*. || Convention : *Patûa, ongundea*.

TRAITEMENT, s. m., action de traiter, d'agir avec quelqu'un, accueil, réception. — *Tratamendua, otsicendea, eghitatea*. || Appointements : *Paga, soldata, saria*.

TRAITER, v. a. et n., discuter. — *Aharatzea, talazkidatzea*. || Négocier, qualifier, donner à manger, panser, soigner, médicamenter : *Tratatzea*. || Accueil, égard, réception : *Tratatzea, otsicendetzea*. || Traiter un sujet par écrit : *Tratatzea, hitzeghintzea, ezalgudatzea*.

TRAITEUR, s. m., qui donne à manger. — *Trétura*.

TRAÎTRE, ESSE, s., qui trahit ; adj., perfide. *Traïdorea, traïdoria, salkindaria, setoya*.

TRAÎTREUSEMENT, adv., en trahison. — *Traïdoreki, salkindeki, tretuki, setoyki*.

TRAJECTOIRE, s. f., courbe. — *Arrunda*.

TRAJET, s. m., espace à traverser. — *Bidea*.

TRAMAIL, s. m., sorte de filet de pêche. — *Arrantzako sare espés bat*.

TRAME, s. f., fils ourdis. — *Omenaria, ari irazkaya*. || Fig., complot : *Kómplota*.

TRAMER, v. a., passer la trame. — *Ari irazkitzea*. || Fig., comploter : *Kómplotatzea*.

TRAMONTANE, s. f., le Nord. — *Iphárra, nortea*. || Perdre la tramontane, se troubler, fam. : *Beldurtzea, izitzea*.

TRANCHANT, ANTE, adj., qui tranche. — *Pikatzaïlea, ebakitzaïlea, epaïllea, epakitzallea*. || s. m., fil d'épée, etc. : *Ahóa, cimeá, ahúa*.

TRANCHE, s. f., morceau coupé mince. — *Zerra, erragüetea*. || Bord rogné d'un livre : *Murriská, cercenazká*. || Tranche de pain, de jambon, de lard : *Zerra*. || Tranche de poisson : *Marsoya*.

TRANCHÉE, s. f., colique intestinale. — *Sabelerrabia*. || Fossé pour divers usages devant une place assiégée : *Lurepaïra, lutepaïra, lutesia*. || Tranchées après l'accouchement : *Erdi ondoko somiñac*.

TRANCHELARD, s. m., couteau de cuisine. — *Marroza, marraüza, gánibet'handia, alfanghea*.

TRANCHEMONTAGNE, s. m., fanfaron, fam. — *Larderitxúa, fúrfuyatxúa, pamparroya*.

TRANCHER, v. a. et n., séparer en coupant. — *Pikatzea, trenkatzea, epakitzea, okhelastea, ebakitzea*. || Mettre à morceaux : *Puskatzea, zatitzea, cheátzea*. || Décoller la tête : *Lephóa pikatzea, khentzea, ebakitzea*. || Couper à la racine : *Ondotic pikatzea*.

TRANCHET, s. m., outil de cordonnier. — *Trentcha, trancheta*.

TRANCHOIR, s. m., plateau pour trancher la viande. — *Zúntoya, tajóa*.

TRANQUILLE, adj., calme, paisible. — *Gheldia, émeá, trankilla, paüsa, sésúa, sosagúa*.

TRANQUILLEMENT, adv., sans émotion. — *Trankilki, paüsatuki, émeki, deskantxuki, paüsatiró, soseguz, sosegukiró, sésuki*.

TRANQUILLISANT, ANTE, adj., qui tranquillise. — *Trankilisagarria, émagarria, deskantxugarria, gózagarria, sosegarria*. || Adoucissant : *Eztigarria, gózagarria*.

TRANQUILLISER, v. a., calmer. — *Trankilisatzea, ématzea, deskantxatzea, gózatzea, sosegatzea, sésatzea*. || v. p., se reposer : *Paüsatzea, deskantxatzea*.

TRANQUILLITÉ, s. f., état calme. — *Trankilitatia, sosegutasuna, paüsúa, sésutasuna, deskantxúa*. || Repos : *Paüsúa, deskantxúa*. || Paix : *Bakhea*.

TRANS, prép., au delà. — *Bertce aldera*. || A travers : *Barnez barne*. || Entre : *Tartean*.

TRANSACTION, s. f., acte pour transiger. — *Antolamendúa, aüztepaya*.

TRANSCENDANCE, s. f., grande supériorité. — *Naüsitasuna, eskudantzia, arkizuria*.

TRANSCENDANT, ANTE, adj., qui excelle en son genre, infini. — *Naüsi, arkizuri*.

TRANSCRIPTION, s. f., action de transcrire. — *Erabesta*.

TRANSCRIRE, v. a., copier un écrit. — *Erabestatzea*.

TRANSE, s. f., appréhension. — *Beldurra, ikharra, trancea, ghertoya*.

TRANSFÉRER, v. a., transporter, changer dans un autre lieu. — *Erematea, tokiz kambiatzea.* ‖ Transmettre une possession : *Eralditzea.*

TRANSFERT, s. m., transport de propriété. — *Eraldia, eraldakia.* ‖ Transport d'un objet dans un autre lieu : *Eremankuntza.*

TRANSFIGURABLE, adj., qui peut changer de figure. — *Bertceidurigarria, bestidurigarria.*

TRANSFIGURATION, s. m., changement de figure. — *Bertceidurítasuna, bestiduritasuna.*

TRANSFIGURÉ, ÉE, part., qui a changé de figure. — *Bertceiduritúa, bestiduritúa.*

TRANSFIGURER, v. a., changer de figure, se dit de J.-C. — *Bertceiduritzea, bestiduritzea.*

TRANSFORMATEUR, s. m., qui transforme. — *Billakatzaïlea, chanyatzaïlea, kambiatzaïlea, berceratzaïlea, besteratzaïlea.*

TRANSFORMATION, s. f., changement de forme. — *Billakundea, kambiamendúa, chanyamendúa, bertcerantza, besteranza.*

TRANSFORMÉ, ÉE, part., qui a subi un changement. — *Billakatúa, kambiatúa, chanyatúa, bertceratúa, besteratúa.*

TRANSFORMER, v. a., métamorphoser. — *Billakatzea, chanyatzea, kambiatzea, bertceratzea, besteratzea.*

TRANSFUGE, s. m., qui passe à l'ennemi. — *Aldakoya, iheslea.*

TRANSGRESSÉ, ÉE, part., enfreint. — *Autxia, mugaütxia, erabakitúa.*

TRANSGRESSER, v. a., enfreindre. — *Aüstea, mugaüstea, erabakitzea.*

TRANSGRESSEUR, s. m., qui transgresse. — *Aüstaïlea, mugaüslea, erabakitzaïlea.*

TRANSGRESSION, s. f., action d'enfreindre. — *Aüstasuna, mugaüstasuna, erabakia.*

TRANSI, IE, adj. et part. (amant), timide. — *Erkitúa, uzkurtúa, izipera, ahalketia, érabea.* ‖ Transi (de froid) : *Hotzez hila.*

TRANSIGÉ, ÉE, part., fait un accommodement. — *Antolatu, kompondu, arrimatu.*

TRANSIGER, v. n., accommoder une affaire. — *Antolatzea, kompontzea, arrimatzea.*

TRANSIR, v. a. et n., pénétrer, engourdir de froid. — *Hórmatzea, errefriatzea, hotzez hiltzea, uzkurtzea.* ‖ Fig., saisir de peur : *Ikharatzea, arritzea, beldurrez hiltzea.*

TRANSISSEMENT, s. m., état transi. — *Errefria, hotzdura, hórmadura, uzkurdura.* ‖ Frayeur : *Ikhara, arridura.*

TRANSIT, s. m., emprunt d'un territoire. — *Iragoëra, iragandeá.*

TRANSITIF, IVE, adj., qui marque l'action d'un sujet sur un autre. — *Iragatzaïlea.*

TRANSITION, s. f., manière de passer d'une partie d'un discours à un autre, différence tranchante d'un objet à une autre. — *Iragoldia, pasaëra.* ‖ Changement subit : *Chanyamendu súpitúa.*

TRANSITOIRE, adj., passager. — *Iragokorra, iragánkorra.*

TRANSITOIREMENT, adv., d'une manière transitoire. — *Iragokorki, iragankorki.*

TRANSLATER, v. a., traduire. — *Itzultzea, bihurtzea.*

TRANSLATEUR, s. m., traducteur. — *Itzultzaïlea, bihurtzaïlea.*

TRANSLATION, s. f., action de transférer, changer d'un lieu à un autre. — *Chanyamendúa.*

TRANSLUCIDE, adj., transparent. — *Arghia, góaïtarghia, cearghilea.*

TRANSLUCIDITÉ, s. f., transparence. — *Arghitasuna, cearghia.*

TRANSMETTRE, v. a., céder à un autre. — *Uztea.* ‖ Faire passer à ses successeurs : *Pasaztea, erematea.*

TRANSMIGRATION, s. f., émigration. — *Yóaïra, hilkida.* ‖ Des âmes, métempsycose : *Arimaldaëra.*

TRANSMISSIBLE, adj., qui peut être transmis, cédé. — *Utzigarria, emangarria, bestiragarria.* ‖ Qu'on peut faire passer à d'autres : *Eremangarria.*

TRANSMISSION, s. f., action de transmettre, de céder. — *Utziera, bestiragóa.* ‖ Remise, action de faire passer : *Eremantza, eremankuntza.*

TRANSMUABLE, adj., qu'on peut transmuer. — *Billakagarria, kambiagarria, chanyagarria.*

TRANSMUER, v. a., transformer. — *Billakatzea, kambiatzea, chanyatzea.*

TRANSMUTABILITÉ, s. f., qualité transmutable. — *Billakuntasuna, kambiamendutasuna, bertcerantztasuna, besteranztasuna.*

TRANSMUTATION, s. f., changement d'une chose en une autre. — *Billakundea, kambiamendúa, chanyamendúa, bertcerantza, besteranza.*

TRANSPARENCE, s. f., qualité transparente. — *Arghitasuna, cearghia, góaïtarghiera.*

47

TRANSPARENT, ENTE, adj., diaphane. — *Arghia, goaïtarghia, cearghilea.* || s. m., papier tracé : *Paper marratúa.* || Papier huilé derrière lequel on met des lumières : *Paper olioztatúa.*

TRANSPERCER, v. a., percer de part en part. — *Pasatzea, cilatzea, trebesatzea, atrabesatzea, lanzartzea.*

TRANSPIRABLE, adj., qui sort par la transpiration. — *Icerditekagarria, celaütsgarria.* || Qui peut être divulgué, qu'on peut savoir : *Salagarria, yakingarria.*

TRANSPIRATION, s. f., sueur. — *Icerdilekadura, celaüsta.* || Divulgation : *Salaketa, otsandea.*

TRANSPIRER, v. n., sortir du corps par les pores, sueur. — *Icerdilekatzea, celaüstatzea.* || Fig., se divulguer : *Yakinaztea, arghiratzea.*

TRANSPLANTATION, s. f., action de transplanter. — *Birlandamendúa.*

TRANSPLANTÉ, ÉE, part., planté ailleurs. — *Birlandatúa.*

TRANSPLANTER, v. a. et p., planter ailleurs. — *Birlandatzea.* || Fig., transporter dans un autre pays : *Eraldetzea, bertce leku batian érematea.*

TRANSPORT, s. m., action de transporter. — *Karrayóa, garrayóa.* || Cession : *Utziera, ólargaéra.* || Fig., passion, amour, affection violente : *Yayera, kária, ayerta, pasionéa.* || Délire : *Erreberria, erreberióa, desmorióa.*

TRANSPORTER, v. a., porter ailleurs. — *Erematea.* || Céder : *Uztea.*

TRANSPOSER, v. a., changer de place, etc.— *Aldatzea.* || Reporter d'une chose à une autre : *Kambiatzea.*

TRANSPOSITION, s. f., action de transposer d'une place à une autre. — *Aldaïra, aldámena.* || Report d'une chose à une autre : *Kambiamendúa.* || Renversement de l'ordre accoutumé (des mots, des pages) : *Hitzaldaïra.*

TRANSUBSTANTIATION, s. f., changement de substance par la consécration. — *Bestegopetasuna.*

TRANSUBSTANTIER, v. a., changer une substance. — *Bestegopetzea.*

TRANSVASER, v. a., verser dans un autre vase. — *Untciz aldaratzea.*

TRANSVERSAL, ALE, adj., qui coupe obliquement. — *Cearrekúa.*

TRANSVERSALEMENT, adv., en travers. — *Sahetxka, cearka.*

TRANSVERSE, adj., oblique. — *Cearra.*

TRAPPE, s. f., porte horizontale ou à coulisse. — *Trampa.* || Piége : *Artea.*

TRAPU, E, adj., gros et court. — *Trokotxa, potzoka, gothorra.*

TRAQUE, s. f., action de traquer. — *Aïzakuntza.*

TRAQUENARD, s. m., espèce d'amble rompu, piége. — *Alimale basa artzeko artea.*

TRAQUER, v. a., t. de chas., battre un bois. — *Aïzatzea.*

TRAQUET, s. m., piége. — *Artea.* || Claquet de moulin : *Kalaka, citotá, arkola.*

TRAQUEUR, s. m., qui traque. — *Aïzatzaïlea.*

TRAUMATIQUE, adj., médicament qui fait suppurer. — *Zornaztekúa, erremedio zornaztaïlea.*

TRAVADE, s. f., vent accompagné d'orage.— *Aïcé khalernatxúa.*

TRAVAIL, s. m., TRAVAUX, pl., peine que l'on prend pour faire une chose. — *Lana.* || Ouvrage fait ou à faire : *Lana.* || Etat d'une femme en mal d'enfant : *Erditzeko mina.* || Travaux, rapports ministériels : *Lanac.* || Machine de maréchal : *Indacha.*

TRAVAILLÉ, ÉE, adj., fait avec soin, peiné.— *Obratúa.*

TRAVAILLER, v. a. et p., faire un travail. — *Lan bat éghitea, obratzea, lankatzea.* || Se déjeter (en parlant du bois) : *Makurtzea.* || Faire avec soin : *Artatzuki'ghitea.* || Façonner : *Obratzea.* || Tourmenter : *Cirikatzea.* || Fermenter : *Mughigudatzea.*

TRAVAILLEUR, EUSE, s., qui travaille.— *Langhilea, lanaria, obraria.* || Journalier : *Nekazallea, nekazaria.* || pl., pionniers militaires : *Péonac.*

TRAVÉE, s. f., espace entre deux poutres.— — *Bi pútren, lázen, sómeren artea.*

TRAVERS, s. m., largeur. — *Largotasuna.* || Côté : *Sahetxa.* || Biais : *Trebesa, cearra, ceïharra.* || Travers (de), de mauvais côté : *Makurki.* || Travers (de), vent de côté : *Cearaïria.* || Travers (en) : *Trebeska.* || Travers (au) : *Barnetic, erditic.* || Fig., caprice : *Kápriza, kápreciúa.*

TRAVERSE, s. f., pièce en travers. — *Trebesaña, trabeskaya.* || Tranchée : *Lurepaïra.* || Chemin de traverse, qui coupe : *Trebesbidea, bide-ceárra.* || pl., obstacles : *Tra-*

búac, empechúac. || Opposition : *Debekua*. || Incident : *Estrapua*. || Affliction, disgrâce : *Atsekabea, lastima, desgracia*.

TRAVERSÉE, s. f., trajet par mer. — *Itxasoko piaiya portu batetic bertcera*.

TRAVERSER, v. a., passer à travers. — *Trebesatzea, pasatzea*. || Fig., susciter des obstacles : *Trabatzea, empechatzea*.

TRAVERSIER, ÈRE, adj., qui traverse. — *Trebesatzaïlea*. || Flûte traversière, qui s'embouche horizontalement : *Chirola-cearra*.

TRAVERSIN, s. m., long oreiller.— *Burukia, buhurdia, bururdia, buruneghia*.

TRAVESTIR, v. a. et p., masquer. — *Maskatzea, músigangatzea, mosorratzea*. || Déguiser : *Maskatzea, mudatzea, kambiatzea, estaltzea*. || Traduire en style burlesque : *Bitchiki mudatzea*.

TRAVESTISSEMENT, s. m., déguisement. — *Mudantza, estalkuntza*. || Mascarade : *Músiganga*. || Traduction burlesque : *Bitchikeriko mudantza*.

TRAYON, s. m., bout du pis d'une vache, etc. — *Titia, ditia, edoskaya*.

TRÉBUCHANT, ANTE, adj., qui est de poids, t. de monnaie. — *Pisukúa*. || Trébuchant (en), en faisant un faux pas : *Behaztupatzian, beáztopatzian, aburikatzian*.

TRÉBUCHEMENT, s. m., action de trébucher. — *Behaztupa, beáztopa, aburikóa*.

TRÉBUCHÉ, ÉE, part., qui a fait un faux pas. — *Behaztupatúa, beáztopatúa, aburikatúa*.

TRÉBUCHER, v. n., faire un faux pas. — *Behaztupatzea, beáztopatzea, aburikatzea*. || Tomber, au pr. et au fig. — *Erortzea*. || Être plus lourd que le contre-poids : *Kontra pisúa beïno pisúago izatia*.

TRÉBUCHET, s. m., piège. — *Arte cspés bat*. || Balance : *Cithárrezko éta urrezko dirúa pisatzeko bálentza*. || Languette de la balance : *Cierdia*.

TRÈFLE, s. m., plante. — *Trefla, betarokia, irusta, trebola*. || Une des couleurs noires d'un jeu de cartes : *Kartetako kholore bat, bastoya, bastoëa*.

TRÉFLÉ, ÉE, adj., terminé en trèfle. — *Treflatúa, betarokitúa, irustatúa, trebolatúa*.

TREILLAGE, s. m., treillis de lattes, etc. — *Khereztatúa*.

TREILLE, s. f., berceau. — *Itzal-lekúa*. || Treillage de ceps : *Trillá, matsaradia, édamastia*.

TREILLIS, s. m., barreaux qui se croisent. — *Khereztatúa*. || Grosse toile : *Oïyal lódia*.

TREILLISSER, v. a., garnir de treillis.— *Khereztatzea*.

TREIZE, adj. num., dix et trois. — *Amahirur*. || Treizième : *Amahirurgarren*. || s. m., treizième jour : *Amahirurgarren eguna*. || Numéro 13 : *Amahirurgarren lumeróa*.

TREIZIÈME, adj., nombre d'ordre. — *Amahirurgarren*. || Le treizième : *Amahirurgarrena*. || s. m., treizièmement : *Amahirurgarrenki*.

TREIZIÈMEMENT, adv., en treizième lieu. — *Amahirurgarrenekoric*.

TRÉMA, s. m., deux points sur une lettre.— *Letra baten gaïneko bi puntúac*.

TREMBLAIE, s. f., lieu planté de trembles. — *Urlodia, zumardia*.

TREMBLANT, ANTE, adj., qui tremble.—*Ikharan*. || Tremblant (en) : *Ikharetan*.

TREMBLE, s. m., espèce de peuplier. — *Urlóa, zumarra*.

TREMBLEMENT, s. m., action de trembler. — *Ikhara, dardara, daldara, lardazkia*. || || Fig., grande crainte : *Ikhara*. || Tremblement de froid : *Hotzikhara*.

TREMBLER, v. n., être agité, craindre. — *Ikaratzea, dardartzea, daldaratzea, lardazkitzea*. || Trembler la fièvre, pop. : *Ikharatzea*. || Trembler de froid : *Hotzikharatzea, hotzikharetan egotea*.

TREMBLEUR, EUSE, s., craintif. — *Ikharatzaïlea, ikharatia, beldurtia*.

TREMBLOTANT, ANTE, adj., qui tremblote. — *Daldaran, ikharetan, lardazkian, dardaran*.

TREMBLOTER, v. n., diminutif de trembler. — *Daldaratzea, daldaran egotea, dardarakatzea, lardazkitzea*.

TRÉMIE, s. f., auge carrée de moulin dans laquelle on met le blé, qui tombe de là entre les meules pour être réduit en farine. — *Chúrrúa*.

TRÉMOUSSEMENT, s. m., action de trémousser. — *Erabilla, mughida, uherria*.

TRÉMOUSSER, v. n. et p., s'agiter d'un mouvement vif et régulier, faire des démarches. — *Erabiltzea, mughitzea, uherritzea, inharrostea*.

TREMPE, s. f., action de tremper le fer, etc. ; fig. et fam., caractère. — *Nasaróa*.

TREMPÉ, ÉE, adj. et part., très-mouillé. — *Bustia, surrustan, trempatúa, zurrustan*. || Trempé (qui a reçu la trempe) : *Nasarotúa*.

TREMPER, v. a., mouiller; v. n., être dans un liquide. — *Bustitzea, trempatzea.* ‖ Participer : *Pharte hartzea.*

TRENTAIN, s. m., t. de jeu, chacun trente. — *Ogoï-'ta-amarna.*

TRENTAINE, s. f., nombre de trente. — *Oghoï-'ta-amarkia.* ‖ Trentaine (une) : *Ogoï-'ta-amar bat.*

TRENTE, adj. num., trois fois dix. — *Ogoï-'ta-amar.* ‖ s. m., trentième : *Ogoï'ta-amargarrena.*

TRÉPAS, s. m., décès. — *Hériotzea, hériotcea.*

TRÉPASSÉ, s. m., décédé. — *Hila, iragana.*

TRÉPASSEMENT, s. m., trépas. — *Hériotzea, hériotcea.*

TRÉPASSER, v. n., mourir. — *Hiltzea.*

TRÉPIDATION, s. f., tremblement. — *Ikhara.*

TRÉPIED, s. m., ustensile de cuisine. — *Hirurchangotakúa, hirurkoya, cherbidora.*

TRÉPIGNER, v. n., frapper des pieds contre terre avec vivacité. — *Zangoz lurra yotzea bizitasun bat ekilan.*

TRÈS, part. superlative. — *Arras, guciz, osoki.*

TRÉSOR, s. m., amas de choses précieuses, lieu dans lequel on le tient enfermé; fig., ce qui est excellent, très-utile. — *Trésora, gordaïrúa, tésora, urruchóa.*

TRÉSORERIE, s. f., département des finances, charge d'un trésorier. — *Tresoridia, tesoridia, gordaïruria, gordaïruteghia.*

TRÉSORIER, s. m., garde d'un trésor. — *Trésorerúa, trésoriera, gordaïruzaya.* ‖ Payeur : *Pagadorea, pagatzaïlea.*

TRESSAILLEMENT, s. m., action subite en tressaillant. — *Ikhara.*

TRESSAILLI, IE, adj. et part., qui a ressenti un tressaillement. — *Ikharatúa.*

TRESSAILLIR, v. n., être subitement ému. — *Ikharatzea.*

TRESSE, s. f., tissu plat de fil, cheveux, etc. — *Ezpartzúa, trentza.*

TRESSER, v. a., entrelacer en tresse. — *Ezpartzatzia, trentzatzea.*

TRESSEUR, EUSE, s., qui tresse. — *Ezpartzatzaïlea, trentzaïlea, trentzaria.*

TRÉTEAU, s. m., support de bois sur quatre pieds. — *Zábaya.* ‖ pl., théâtre forain : *Teátru aldakoya.*

TREUIL, s. m., machine pour lever des fardeaux. — *Kárghen, hachen altchatzeko tresna.*

TRÊVE, s. f., suspension d'armes, relâche. — *Gheraldia, tregúa, atsaldia.*

TRIANGLE, s. m., figure à trois angles, instrument d'acier. — *Hiraüzka, hirur-angulu.*

TRIANGULAIRE, adj., à trois angles. — *Hirurangulukúa, hiraüzkakúa.*

TRIANGULAIREMENT, adv., en triangle. — *Hirur-anguluz, hiraüzkoki.*

TRIBORD, s. m. — Voyez STRIBORD.

TRIBU, s. f., division du peuple, peuplade. — *Irtucia.*

TRIBULATION, s. f., affliction. — *Ansia, naïgabea.*

TRIBUNAL, s. m., lieu où siégent les juges, leur juridiction. — *Tribunalia.*

TRIBUNE, s. f., lieu élevé où parlent les orateurs. — *Mintzalekúa.*

TRIBUT, s. m., ce qu'un Etat paie à un autre de temps en temps; impôt que les princes lèvent dans leurs Etats. — *Cérga, figóa, kótiza, gaïntemaïntza.*

TRIBUTAIRE, adj. et s., qui paie le tribut. — *Kótiztaria, gaïntemallea, cérgaria, figotaria.*

TRICHER, v. a. et n., tromper au jeu, etc. — *Chikanatzea, yokotritzea.*

TRICHERIE, s. f., tromperie, fam. — *Chikana, yokotria.*

TRICHEUR, EUSE, s., qui triche, fam. — *Chikanosa, chikanatzaïlea, yokotritzalla.*

TRICOLORE, adj., de trois couleurs. — *Irurkholorekua, hirurkholorekóa.*

TRICOT, s. m., bâton gros et court. — *Pásotia, kárrotia.* ‖ Tissu à mailles : *Trikota.*

TRICOTAGE, s. m., action de tricoter. — *Trikotatzeko lana.*

TRICOTER, v. a., faire du tricot. — *Trikotatzea.*

TRICOTEUR, EUSE, s., qui tricote. — *Trikotatzaïlea.*

TRIDE, adj., terme de manége, vif, prompt, serré. — *Bizia.*

TRIDENT, s. m., fourche à trois dents. — *Hirurhortzetako burdin-sardia, hirurhortzekóa, hirorza.*

TRIENNAL, ALE, adj., de trois ans en trois ans. — *Hirururtekóa.*

TRIER, v. a., choisir. — *Berechtea, haütatzea.*

TRIEUR, EUSE, s., qui trie. — *Berechtaïlea, haütatzaïlea.*

TRIGAUD, AUDE, s. et adj., qui n'agit pas franchement, fam. — *Falltúa, zákurra.*

TRIGAUDER, v. a., ne pas agir franchement, fam. — *Faltxoki, zákurki ibiltzea.*
TRIGAUDERIE, s. f., action de trigauder. — *Faltxokeria, zákurkeria.*
TRILATÉRAL, ALE, adj., à trois côtés. — *Hiruraldetakúa.*
TRILINGUE, s. m., qui contient trois langues. — *Hirurlenguaiyekúa, hiruzkundarra.*
TRILLION, s. m., mille billions. — *Trillona.*
TRIMBALER, v. a., porter, conduire partout avec soi. — *Karreïyatzia, treñatzea.*
TRIMER, v. a., faire vite beaucoup de chemin ou d'ouvrage, pop. — *Nekatuz lehertzea.*
TRIMESTRE, s. m., espace de trois mois. — *Trimestra, hirurhillabetekúa.*
TRINGLER, v. a. et n., tracer une ligne au cordeau. — *Ariz yotzea.*
TRINITÉ, s. f., un seul Dieu en trois personnes. — *Trinitatea, hirurtasuna.*
TRINQUER, v. n., boire en choquant le verre. — *Trinkatzea.*
TRINQUET, s. m., lieu approprié pour jouer à la paume. — *Trinketa.*
TRINQUETTE, s. f., voile triangulaire. — *Trinketea.*
TRIO, s. m., musique à trois parties. — *Hirur pharletako musika.* || Chant à trois voix : *Hirur bozetako kanta.*
TRIOMPHAL, ALE, adj., du triomphe. — *Triumfarra, gúdondarra.*
TRIOMPHALEMENT, adv., en triomphe. — *Triunfan.*
TRIOMPHANT, ANTE, adj., qui triomphe. — *Triunfaria, triunfalaria, gúdondarlea.* || Triomphant (en) : *Triunfatzian, gúdondartzian.* || Victorieux : *Garraïtxúa.*
TRIOMPHATEUR, s. m., qui triomphe. — *Triunfatzaïlea, gúdondartzallea.* || Vainqueur : *Garraïtzaïlea, bentzutzaïlea.*
TRIOMPHE, s. m., cérémonie pompeuse à l'entrée d'un général victorieux. — *Triunfa, gúdondarlea.* || Victoire : *Garraïtia.*
TRIOMPHER, v. n., obtenir le triomphe. — *Triunfatzea, gúdondartzea.* || Vaincre, etc. : *Garraïtzia, bentzutzea.*
TRIPAILLE, s. f., les tripes. — *Tripakiac.*
TRIPE, s. f., boyau d'un animal. — *Tripa, ertzia.*
TRIPERIE, s. f., lieu où se vend la tripe. — *Tripateghia.*
TRIPETTE, s. f., petite tripe. — *Tripatchúa, ertzetchúa.*

TRIPIER, ÈRE, s., qui vend des tripes. — *Tripa martchanta, ertze martchanta, tripaki saltzaïlea.*
TRIPLE, adj., qui contient trois fois une grandeur. — *Hirur aldiz handiago, hiruranbatekúa.* || s. m., trois fois autant : *Hiru aldiz haïn bertce, hirurhaïnbertcekóa.*
TRIPLEMENT, s. m., augmentation jusqu'au triple ; adv., d'une manière triple. — *Hirurhaïnbertceki.*
TRIPLER, v. a. et n., rendre, devenir triple. — *Hirurhaïnbertcetzea.*
TRIPLICITÉ, s. f., nombre triplé. — *Hirurhaïnbertcetasuna.*
TRIPOLI, s. m., sorte de terre à polir. — *Polikarria.*
TRIPOLIR, v. a., nettoyer avec du tripoli. — *Polikaria ekin garbitzea.*
TRIPOT, s. m., maison de jeu clandestine. — *Yokoko etchea ichila, débekatua.*
TRIPOTAGE, s. m., mauvais mélange. — *Nahasdura tzarra.* || Tracasserie : *Chipotkeria, nahaskeria.* || Commérage : *Elheketa.*
TRIPOTER, v. a. et n., faire un tripotage (mauvais mélange). — *Tzarki nahastea, nahasitzea.* || Faire le tracassier : *Nahastea, chipotatzea.* || Faire du commérage : *Elheketatzea.*
TRIPOTIER, s. m., chef d'un tripot. — *Yoko tzar atchitzaïlea, nagusia.* || Tracassier, qui tripote, fam. : *Nahasia, naspilla.* || Qui fait un mauvais mélange : *Nahasitzallea, nahaskaria.* || Commère : *Elheketaria.*
TRIQUE, s. f., gros bâton. — *Pásotia, kárrotia.*
TRIQUE-BALE, s. f., machine pour transporter les canons. — *Kanoyac karreïyatzeko tresna.*
TRIQUET, s. m., battoir pour la paume. — *Paleta, palota.*
TRISAÏEUL, E, s., père de bisaïeul. — *Arbaso.* || Mère de bisaïeul : *Armaso.*
TRISANNUEL, LE, adj., qui dure trois ans. — *Hirurtekóarra.*
TRISECTION, s. f., division en trois parties égales. — *Hirurpartetasuna, phartayu hirur phartetan berdinac.*
TRISYLLABE, adj., mot de trois syllabes. — *Hiru letrayko, hiru gheïbechiko hitza.*
TRISTE, adj., affligé. — *Erdigarritúa, trichtia.* || Affligeant : *Lástimagarria.* || Obscur : *Illuna, goïbela.*
TRISTEMENT, adv., avec tristesse, affliction. — *Lástimagarriki, trichteki.*

TRISTESSE, s. f., affliction. — *Trichtezia, lástima.*

TRITON, s. m., poisson de mer ou monstre de mer fabuleux. — *Tritoya.*

TRITURABLE, adj., qui peut être trituré. — *Erraütxgarria, cheágarria.*

TRITURATION, s. f., broiement. — *Erraütxkuntza, cheákuntza.*

TRITURER, v. a., réduire en poudre. — *Erraütxtea, cheátzea.*

TRIVIAL, ALE, adj., commun. — *Kómuna.* || Rebattu : *Errepikatúa.* || pl. m., triviaux : *Kómunac.*

TRIVIALEMENT, adv., d'une manière triviale, commune. — *Kómunki.* || D'une manière rebattue : *Errepikatuki.*

TRIVIALITÉ, s. f., chose triviale, commune. — *Kómunkeria.* || Rebattue : *Errepika.*

TROC, s. m., échange. — *Trukada, kambiúa, biskambia, bizkambia.*

TROCHET, s. m., bouquet de fleurs et de fruits. — *Kórdoka, chordokea, lakaña.*

TROËNE, s. m., arbrisseau. — *Belchalia, biñorria, sosakusia.*

TROGNE, s. f., visage plein, ouvert et gai. — *Betzomorróa.*

TROGNON, s. m., le cœur d'un fruit, etc. — *Kázkurra, zurtoïna, churtoïna.*

TROIS, adj. num., deux et un. — *Hirur.* || s. m., troisième : *Hirurgarren.* || Chiffre 3 : *Hirura.* || Carte à jouer marquée de trois points : *Hirura.* || Trois à trois : *Hirurna.* || Trois contre trois : *Hirunazka.* || Trois fois : *Hiru aldiz.* || Trois (en) : *Hiruretan.* || Trois quarts : *Hirulaürden.*

TROISIÈME, adj. ord. de trois. — *Hirurgarren.* || s. m., troisièmement : *Hirurgarrenki.* || Troisième (en troisième fois) : *Hirurgarrenián.*

TROISIÈMEMENT, adv., en troisième lieu. — *Hirurgarrenekoric.*

TROMBE, s. f., tourbillon d'eau et d'air. — *Aïcez éta urizko chirimola.*

TROMPE, s. m., museau d'éléphant, long suçoir d'insectes. — *Trómpa.* || Guimbarde : *Trúmpa.*

TROMPER, v. a. et p., induire, être en erreur. — *Enganatzea, atzipetzea, trumpatzéa, baratatzea.*

TROMPERIE, s. f., action de tromper. — *Enganióa, enganúa, amarrúa, yokotria, jokotria, engañua.*

TROMPETER, v. a., publier à son de trompe. — *Trumpetatzea, túhuntatzea, túrrutatzea.* || Fig., divulguer : *Salatzea.*

TROMPETTE, s. f., instr. militaire. — *Trumpeta, túhunta, túrruta.* || Celui qui en sonne : *Trumpetaria, túhutaria, túrrutaria.* || Fig., indiscret : *Salataria.*

TROMPEUR, EUSE, adj. et s., qui trompe. — *Trumpatzaïlea, enganatzallea, enganatzaïlea, atzipatzaïlea.*

TRONC, s. m., tige d'arbre. — *Trunkúa, motzorra.* || Fig., souche d'une même famille : *Leïnúa.* || L'épine, le thorax et le bassin : *Gorphutz-gaïna.* || Boîte pour les aumônes, les lettres, etc. : *Búata.*

TRONÇON, s. m., morceau d'une pièce plus longue que large. — *Puska, zátia, trozóa, ezkaïla, zátika.*

TRONÇONNER, v. a., couper en travers. — *Puskatzea, zátitzea, aütsitzea, ezkaïltzea.*

TRÔNE, s. m., siège royal. — *Tronúa, jargoya.* || Fig., puissance souveraine : *Tronúa.*

TRONQUÉ, ÉE, adj., qui n'est pas entier. — *Zátitún, epakia, ebakia.*

TRONQUER, v. a., retrancher une partie. — *Zátitzea, epakitzea, ebakitzea.*

TROP, adv., plus qu'il ne faut ; s. m., ce qui est de surcroît. — *Sobera, sobra, haïnitzeghi, ghciyeghi.*

TROPHÉE, s. m., dépouille de vaincu, assemblage d'armes, etc. — *Garaïsena.*

TROPIQUE, s. m., cercle de la sphère. — *Mughiurra.*

TROQUER, v. a. et n., faire un troc. — *Trukatzea, kambiatzea.*

TROQUEUR, EUSE, s., qui troque. — *Trukatzaïlea, kambiatzaïlea.*

TROT, s. m., allure entre le pas et le galop. — *Trosta, trotea.*

TROTTADE, s. f., petite course. — *Kurridatchúa.* || Petite promenade : *Promenadatchúa, paseyatchúa.*

TROTTE, s. f., espace de chemin, pop. — *Trostaldia, lasterkaldia, trotaldia.*

TROTTER, v. n., aller le trot. — *Trostatzea, trotatzea.* || Courir, fam. : *Trostatzea, lasterka ibiltzea, trotatzea.*

TROTTEUR, s. m., cheval dressé au trot. — *Trostaria, trotaria.*

TROTTIN, s. m., petit laquais, pop. — *Lakaytchóa, esku-mákhila.*

TROTTOIR, s. m., chemin élevé le long des ponts pour les piétons. — *Oïnbidea, oïnbidea.*

TROU, s. m., ouverture, cavité. — *Cilôa, cilhôa, cilûa, zulûa, chilôa, chilûa, chulûa.* || Creux : *Utsa.*

TROUBLE, adj., qui n'est pas clair. — *Nahasia.* || Obscur : *Ilhuna.* || s. m., brouillerie : *Nahaskeria.* || Emotion populaire, désordre : *Nahasdura, menaldera, biahorea, bihahorea, asalda, arasôa, alborotôa.* || Emotion, sensation : *Tarritagôa, asaldura, arridura, icialdura.*

TROUBLE-FÊTE, s. m., importun, fam. — *Nahasia, mutiria.*

TROUBLER, v. a. et p., rendre trouble. — *Nahastea.* || Inquiéter : *Asaldatzea.* || Fig., causer du trouble : *Nahastea.* || Intimider : *Beldurtzea, lotxatzea, icitzea.* || Interrompre : *Desarrenyatzea.* || Emouvoir : *Tarritatzea, asaldatzea.*

TROUÉE, s. f., ouverture dans l'épaisseur. — *Pasaiya.*

TROUER, v. a., percer. — *Cilhatzea, chilatzea.*

TROUPE, s. f., multitude. — *Moltzôa, multzûa, mulichûa, ostea, saïhera, andana, araldea, saldôa, tropa.* || Troupe en désordre : *Tropelia, nasdia.* || Soldats : *Tropa.* || Société de comédiens : *Tropa.*

TROUPEAU, s. m., troupe d'animaux domestiques. — *Artaldea.* || Peuple d'un diocèse, d'une paroisse : *Artaldea.*

TROUSSE, s. f., faisceau. — *Estucha.* || Carquois : *Gheciteghia, istoleghia, buïrakâ.* || Etui : *Chichkûa.* || pl., chaussures : *Zangotakûac.* || Adv., aux trousses, à la poursuite : *Ondotikan.* || En trousse, en croupe : *Zaldi ghibelian norbeït hartzea, zaldi hanketan hartzea.* || Prendre quelqu'un sur le devant de son cheval : *Soïnburutzian.*

TROUSSEAU, s. m., clés passées dans un anneau. — *Gako-multzûa.* || Nippes d'une mariée : *Yóyac.*

TROUSSE-GALANT, s. m., choléra-morbus. — *Chólera.*

TROUSSEQUIN, s. m., le derrière d'une selle. — *Cela-ghibela.*

TROUSSER, v. a., replier. — *Trochatzea, trozatzea, biribilkatzea.* || Expédier : *Egortzea.* || Relever, en parlant des habits : *Altchatzea, trochatzea, trozatzea.*

TROUSSIS, s. m., pli fait à une étoffe. — *Alosna.*

TROUVABLE, adj., qu'on peut trouver. — *Atchemangarria, kaüsigarria.*

TROUVAILLE, s. f., chose trouvée heureusement, fam. — *Kaüsidura, gaüza atchemana, erdireïnza, arkidea, idorogôa.*

TROUVER, v. a., rencontrer une personne ou une chose. — *Atchematea, kaüsitzea, arrapatzea, arkitzea, aürkitzea.* || Inventer : *Phentxatzea.* || v. p., être en un lieu : *Izatia.*

TRUAND, ANDE, s., vagabond, pop. — *Ibildaüna.*

TRUANDAILLE, s. f., les truands. - *Ibildaünac.*

TRUANDER, v. n., mendier, pop. — *Ibildaützea.*

TRUANDERIE, s. f., métier de truand. — *Ibildaütasuna.*

TRUCHEMAN, s. m., interprète. — *Adiaratzaïlea, adiarazlea.*

TRUCHER, v. n., mendier. — *Eskatzea, erromeskerian ibiltzea.*

TRUCHEUR, EUSE, s. et adj., mendiant, pop. — *Eskalea, eskalia, eskaïlia, erromesa.*

TRUELLE, s. f., outil de maçon. — *Naïkaya, plaünkaya.*

TRUELLÉE, s. f., contenu d'une truelle. — *Naükayada, plaünkayada.*

TRUFFE, s. f., espèce de champignon, ou masse charnue informe, sans tige ni racines, qui se trouve dans la terre. — *Boïllurrac.*

TRUFFER, v. a., tromper. — *Enganatzea.* || Garnir de truffes : *Boïllurrez garnitzea.*

TRUIE, s. f., la femelle du porc. — *Cherri emea.*

TRUITE, s. f., poisson de rivière. — *Amorroïna, amorraña, amurraïna.*

TRUITÉ, E, adj., marqué comme une truite. — *Amorroïtûa, amorrañtua, amurraïntûa.*

TRUMEAU, s. m., glace. — *Miraïla.* || Espace entre les fenêtres : *Bi leiyoen artea.* || Jarret de bœuf : *Changarra, zangarra.*

TU, pron. de la deuxième personne. — *Hi, hic, eu, euc.*

TUABLE, adj., qu'on peut tuer. — *Hilgarria.*

TUANT, ANTE, adj., très-fatigant, fam. — *Hilkorra, leherkorra.*

TU-AUTEM, s. m., la difficulté. — *Trabûa.*

TUBE, s. m., tuyau. — *Tútûa.*

TUBÉREUX, EUSE, adj., charnu, t. de bot. — *Mamitxûa.*

TUBÉROSITÉ, s. f., tumeur. — *Trunkullôa, handigôa.*

TUBULÉ, ÉE, adj., garni d'un tube. — *Tútûa, tútû batez garnitûa.*

TUBULEUX, EUSE, adj., en tube.—*Tútùtxúa.*

TUER, v. a. et p., ôter la vie. — *Hiltzea.* || Fatiguer : *Nekatzea, lehertzea.* || Détruire : *Ezeztatzea.*

TUERIE, s. f. ; carnage. — *Zakaïla, sarraskia.* || Lieu pour tuer les bestiaux : *Hilteghia, mataderia.*

TUE-TÊTE (A), adv., crier de toute sa force. — *Oiyuka-éta patarraka.*

TUEUR, s. m., qui tue, bretteur. — *Hiltzaïlea.*

TUF, s. m., pierre et terre blanche poreuse. — *Arbela, loïtarria, utsundarra.*

TUILE, s. f., terre cuite pour couvrir les toits. — *Teïlea, teïlla.*

TUILEAU, s. m., morceau de tuile. — *Teïla puska, teïlla puska.*

TUILERIE, s. f., lieu où se fait la tuile. — *Teïlleghia, teïleria.*

TUILIER, s. m., qui fait des tuiles. — *Teïlaria, teïllaria, teïlaïna.*

TULIPE, s. f., fleur liliacée. — *Tulipaya.*

TUMÉFACTION, s. f., tumeur. — *Trunkullóa, handigóa.*

TUMÉFIER, v. a., causer une tumeur. — *Trunkulltzea, handigotzea.* || v. p., devenir enflé : *Hantzea.*

TUMEUR, s. f., enflure, t. de méd. — *Trunkullóa, handigóa.* || Tumeur qui se forme aux aînes provenant du mal vénérien : *Zornabuya.*

TUMULTE, s. m., bruit et désordre. — *Biahorea, ghenasdea, boálda, harróa, harramantza.*

TUMULTUAIRE, adj., avec tumulte. — *Biahortxúa, biahorkaria, biahorezkorra, ghenazkaria, boáldatsúa, harrotxúa.*

TUMULTUAIREMENT, adv., en tumulte. — *Biahorki, ghenaski, boáldaki, ghenaskiró, boáldakiro, harroki.*

TUMULTUEUSEMENT, adv., avec tumulte. — *Biahorki, ghenaski, boáldaki, ghenaskiró, boáldakiró, harroki, harramantzki.*

TUMULTUEUX, EUSE, adj., plein de désordre. — *Biahoretxúa, ghenastia, boálditsúa, ghenaskaria, harratxúa, harramantzatxua.*

TUNIQUE, s. f., vêtement de dessous des anciens. — *Tùnika, tùnikea.* || Dalmatique des diacres et sous-diacres : *Eliz'athorra.* || Pellicule ou membrane qui enveloppe : *Membraná, aïntza, metartea.*

TURBAN, s. m., coiffure des Orientaux. — *Turbana, turbantea.*

TURBINÉ, ÉE, adj. (coquillage), contourné en spirale. — *Muchkur cspés bat.*

TURBOT, s. m., poisson de mer. — *Turbotea.*

TURBULEMMENT, adv., d'une manière turbulente. — *Trakacierki, ghenasiró.*

TURBULENCE, s. f., caractère de celui qui est turbulent. — *Nahastasuna, trakaciertasuna, arretatuna, ghenasitasuna.*

TURBULENT, ENTE, adj., porté au bruit, etc. *Nahasia, trakaciera, ghenasia.*

TURC, QUE, adj. et s., de Turquie. — *Turkóa.* || s. m., langue turque : *Turko lenguaiya.* || A la turque, adv., sans ménagement : *Turkoki.*

TURLUPIN, s. m., farceur, mauvais plaisant. — *Bûrlaria, bùrlatzaïlea, bùrlaghillea, trùfakaria, naùsaria, iñakarazkina.*

TURLUPINADE, s. f., mauvaise plaisanterie.— *Bùrla, trùfa, iñakiña, irianaùsa.*

TURLUPINER, v. n., faire des turlupinades ; v. a., railler. — *Bùrlotzea, trùfatzea, iñakintzea, musikatzea.*

TURPITUDE, s. f., honte. — *Ahalkea, ahelea, érabea, ahalghea.* || Ignominie : *Gaïzdiomena, laïdóa.*

TUTÉLAIRE, adj., qui protége. — *Zaïtaria, zaïntzallea, zaïtzallea, zaïntzaïlea, beghiralea, estalparia.*

TUTELLE, s. f., autorité sur un mineur. — *Zaïtasuna.*

TUTEUR, TRICE, s., qui a la tutelle. — *Zaïtagóa.*

TUTOIEMENT, s. m., act. de tutoyer. D'homme à homme, de femme à homme : *Tóha.* || De femme à femme, d'homme à femme : *Nóka.* || Pour les deux genres : *Hi.*

TUTOYER, v. a., user des mots *tu* et *toi* en parlant à quelqu'un. D'homme à homme, de femme à homme : *Tókatzia.* || De femme à femme, d'homme à femme : *Nokatzia.* || Pour les deux genres : *Hikatzia.*

TUYAU, s. m., tige creuse. — *Tùtùa.* || Conduit par où l'eau passe dessous terre : *Urodia, urjóala.* || Conduit des toits pour l'eau de pluie, tuyau de fontaine : *Kanala.*

TYMPAN, s. m., partie de l'oreille.—*Enzunkhiaren frintza.*

TYPE, s. m.; figure originale.—*Lehenbidea.* || Modèle : *Módela, bezucendea.* || Symbole : *Simbola.* || Description : *Ciazaldea.*

TYPHON, s. m. Voyez TROMBE.

TYPHUS, s. m., fièvre maligne. — *Sükharmarina.*

TYRAN, s. m., qui a usurpé la souveraineté, qui abuse de son pouvoir. — *Tiranóa, bidaghea.*

TYRANNEAU, s. m., tyran subalterne. — *Tiranotchúa, bidaghetchúa.*

TYRANNIE, s. f., domination usurpée. — *Tirania, bidaghera, bidagherayóa.*

TYRANNIQUE, adj., qui tient de la tyrannie.— *Bidagherakóa, tirankorra.*

TYRANNIQUEMENT, adv., d'une manière tyrannique. — *Tiranoki, bidagheraro, bidagherakiró.*

TYRANNISÉ, ÉE, part., qu'on tyrannise. — *Tiranisatúa, bidagheratúa.*

TYRANNISER, v. a., gouverner, traiter tyranniquement. — *Tiranisatzia, bidagheratzia.*

U

Û, s. m., vingt-unième lettre de l'alphabet. — *Abeceko ogoï-'ta-batgarren letra.* En basque, l'*u* se prononce *ou*, comme en espagnol, excepté en Soule, où on le prononce comme en français.

ULCÉRATION, s. f., formation d'ulcère; fig., ressentiment. — *Zaürimendúa, zornamendúa.*

ULCÈRE, s. m., plaie formée par une corrosion d'humeurs. — *Zaüria, zornea.*

ULCÉRÉ, ÉE, adj., formé en ulcère; fig., fâché. — *Zaüritúa, zornatua.*

ULCÉRER, v. a., causer un ulcère; fig., faire naître la haine, le ressentiment. — *Zaüritzea, zornatzea.*

ULTÉRIEUR, adj., qui est au delà, qui vient après. — *Haïndikóa, gherozkóa, aronzkóa, arunzkóa, gherokóa.*

ULTÉRIEUREMENT, adv., par delà; outre ce qui est dit ou fait.—*Haïndian, bertz'-alde, gheróago, aronzki, aronzkiró, arunzkiró.*

ULTIMATUM, s. m., dernière condition d'un traité. — *Azkenera, atzenera.*

UN, s. m., le premier nombre. — *Bat, batec.* ‖ Le chiffre qui désigne un : *Bata.* ‖ Un, une, seul, unique : *Bakharra.* ‖ Art. indéfini, quelque, certain : *Norbeït.* ‖ Un à un : *Banazka, banaka, bederazka.* ‖ Une chose après l'autre : *Aldizka, bat bertciaren ondotic.* ‖ Une fois : *Behin, aldi bat.*

UNANIME, adj., qui réunit les suffrages. — *Osóa, osúa, guciakóa, gógakidea.*

UNANIMEMENT, adv., avec unanimité. — *Bozbatez, osoki, arraükidaró, gógnkinderó.*

UNANIMITÉ, s. f., conformité des sentiments. — *Gógakida.*

UNI, IE, adj. et part., simple. — *Chimplia.* ‖ Egal, poli : *Leguna.* ‖ Plainier : *Bardina, celaya.* ‖ Sans façon, au pr. et au fig. : *Fazoïn gabea, lañoki.* ‖ Part., aplani : *Bardindúa, celaytúa.* ‖ Poli : *Legundúa.*

UNIÈME, adj., nombre ordinal de un, une. On ne l'emploie qu'avec un autre nombre. — *Batgarren.* ‖ Unième (le) : *Batgarrena.*

UNIFORME, adj., toujours égal. — *Berdina, igúala.* ‖ Habit militaire : *Soldado, soldaro arropa, úniforma.*

UNIFORMÉMENT, adv., avec uniformité. — *Igúalki, berdinki.*

UNIFORMITÉ, s. f., ressemblance. — *Igúalitatia, bardintasuna, igúaltasuna.*

UNIMENT, adv., d'une manière unie, polie.— *Legunki.* ‖ Plainier : *Celayki, bardinki.* ‖ D'une manière sans gêne : *Lañoki.*

UNION, s. f., jonction; fig., mariage. — *Ezkontza.* ‖ Concorde : *Unionea, batasuna.*

UNIQUE, adj. et s., seul dans son espèce. — *Bakharra, pakanta.* ‖ Excellent : *Etselenta, gaindikua.* ‖ Singulier, différent à d'autres : *Berecha.*

UNIQUEMENT, adv., seulement. — *Choïlki, bakharric.*

UNIR, v. a. et p., joindre. — *Yuntatzea, biltzea.* ‖ Fig., marier : *Ezkontzea.* ‖ Aplanir : *Celaytzea, bardintzea.* ‖ Egaliser, polir : *Leguntzea.*

UNISSON, s. m., accord de plusieurs sons.— *Aïreén alosia.* ‖ Unisson (à l'), ensemble, à la fois : *Batian.*

UNITÉ, s. f., non pluralité. — *Batasuna.*

UNIVALVE, adj. et s. m., coquille d'une seule pièce. — *Peza choïlbateko machkurra.*

UNIVERS, s. m., le monde, la terre. — *Mundúa, lurra.*

UNIVERSALITÉ, s. f., généralité. — *Gheïyentasuna.*

UNIVERSEL, LE, adj., qui s'étend partout. — *Gucietakúa, gucietakóa, gheïyenkúa.*

UNIVERSELLEMENT, adv., généralement. — *Gheïyenian, komuzki.*

48

URBANITÉ, s. f., politesse acquise par l'usage du monde. — *Kortina, kortesia, artzontea, beghirunea.*

URÈTRE, s. m., canal par où sort l'urine. — *Uretera, picharen kanala, ghernu pasaïya.*

URGENCE, s. f., qualité de ce qui est urgent. — *Presa, premia, beharra, beárra, premiatasuna.*

URGENT, ENTE, adj., pressant. — *Presakakúa, ezin-bertzea, premiazkóa, beharrezkúa, beárrezkúa, ezin-bestea.*

URINAIRE, adj., de l'urine. — *Pichakúa, ghernukúa, urisurikúa, urchurikúa.*

URINAL, s. m., vase pour uriner. — *Kutchúa, oheázpikúa.*

URINE, s. f., humeur séreuse. — *Picha, urchuria, ghernúa, pisya, chisya, urisuria.*

URINER, v. a., évacuer l'urine. — *Pichatzia, urchuritzea, ghernutzea, ghernutzia, pisy'ghitea, urac-ichurtzia.*

URINEUX, EUSE, adj., de la nature de l'urine. — *Pichatxúá, ghernutxúa, urchuritxúa, pisytxúa, chisytsúa, urisuritsúa.*

URNE, s. m., vase antique. — *Llobia, ercilla.* ‖ Vase pour le scrutin, etc. : *Untzia.*

Us, s. m., usage d'un pays. — *Usaya, ohitza, kóstuma.* ‖ Fors : *Fuerúac.*

USAGE, s. m., coutume. — *Usaya, ohitza, kóstuma.* ‖ Emploi : *Emplegúa.* ‖ Habitude : *Abitura, aztura, oitura.* ‖ Expérience : *Espédientzia, oitakia, frógantza, fróga.*

USAGER, s. m., qui a droit d'usage, de pacage. — *Kóstumakúa, usayakúa, ohitzkúa.*

USANCE, s. f., usage reçu. — *Usaya errecibitua.*

USANT, ANTE, adj., hors de tutelle. — *Zaïtasunetic hilkia.*

USÉ, ÉE, adj. et part., affaibli. — *Igana.* ‖ Emoussé : *Kamutxtúa.*

USER, v. a. et p., consommer. — *Gastatzea, gaztatzea.* ‖ Détériorer imperceptiblement : *Igatzea.* ‖ Fig., affaiblir : *Flakatzea.* ‖ v. n., faire usage : *Usatzea.* ‖ s. m., usage, service, fam. : *Ibiltzea, zerbitchatzea.* ‖ Emousser : *Kamutxtea.*

USITÉ, ÉE, adj., en usage. — *Usatúa, ohitúa, kóstumatúa.*

USTENSILE, s. m., petits meubles de ménage, outils, machines, etc. — *Tresnac.*

USUEL, LE, adj., d'un usage ordinaire. — *Usuarra.*

USUELLEMENT, adv., d'une manière usuelle. — *Usuarki, usuarkiró.*

USUFRUCTUAIRE, adj., d'usufruit. — *Gózamenekóa, usurfruïtuarra.*

USUFRUIT, s. f., jouissance du revenu. — *Gózóa, gózamena, usurfrutúa.*

USUFRUITIER, ÈRE, s., qui jouit de l'usufruit. — *Gózamenaria, usurfrutúaria.*

USURAIRE, adj., où il y a usure. — *Lukurantxua, irabazgoïduna, irabazgoïtia, usuratxúa.*

USURAIREMENT, adv., d'une manière usuraire. — *Lukurantzki, irabazgoïki, irabazgoïkiró, usuratxuki.*

USURE, s. f., intérêt illégitime de l'argent. — *Lukurantza, irabazgoya, úsura.* ‖ Etat usé : *Igadura.*

USURIER, ÈRE, s., qui prête à usure. — *Lukuraria, irabazgoyaria, úsuraria.*

USURPATEUR, TRICE, s., qui usurpe. — *Oskenlaria.*

USURPATION, s. f., action d'usurper. — *Oskentza.*

USURPER, v. a. et n., s'emparer par force. — *Oskentzea.*

UTÉRIN, E, adj., né d'une même mère, mais non d'un même père ; qui tient à la matrice. — *Aürride-erdia, sabelkidea.*

UTÉRUS, s. m., matrice. — *Emasabela, aür-untzia, matriza.*

UTILE, adj., profitable, avantageux. — *Onkaria, baliosa.*

UTILEMENT, adv., avec utilité. — *Balioski, goyonki, probetchuki, progotchuki.*

UTILISÉ, ÉE, part., rendu utile, avantageux. — *Baliostúa, probetchatúa, progotchatúa.*

UTILISER, v. a. et p., rendre utile, avantageux. — *Baliatzea, probetchatzea, progotchutzea.* ‖ Faire profiter : *Baliaztea, probetchaztea, progotchaztea.*

UTILITÉ, s. f., avantage. — *Probetchúa, progotchúa, baliotasuna.*

UVÉE, s. f., deuxième tunique de l'œil. — *Natserakúa.*

V

V, s. m. (VÉ ou VE), vingt-deuxième lettre de l'alphabet. — *Abeceko ogoï-'ta-bigarren letra.* En basque comme en espagnol, le *v* se prononce comme le *b*.

VA, loc. adv., soit. — *Izan bedi, izan dadi, izan dayen, hóa, dóa.* ‖ s. m., terme de jeu : *Dóala, dóa.* ‖ Va, impératif du verbe aller : *Hóa.* ‖ Va-t'en-d'ici : *Hóa emendic.*

VACANCE, s. f., temps durant lequel une place n'est pas remplie. — *Bakantza.* ‖ pl., cessation annuelle des études, des audiences : *Bakantzac.*

VACANT, ANTE, adj., qui n'est plus occupé. — *Utxa, utsa.*

VACARME, s. f., grand bruit, tumulte. — *Harramantza, harróa, karrilluna, biharóa, ghenasdea, bóalda.*

VACATION, s. f., métier, profession. — *Oficióa, oficiúa, opiciúa.* ‖ Vacances judiciaires : *Bakantzac.* ‖ Espace de trois heures employé par les gens de loi hors de chez eux : *Bakacionea.*

VACCIN, s. m., virus de pustules du pis d'une vache, ou d'un vacciné. — *Chertóa.*

VACCINATEUR, s. et adj. m., qui vaccine. — *Chertatzaïlea, chertatzallea.*

VACCINATION, s. f., action de vacciner. — *Chertamendúa.*

VACCINE, s. f., inoculation du vaccin. — *Chertadura.*

VACCINER, v. a., inoculer le vaccin. — *Chertatzea.*

VACHE, s. f., la femelle du taureau. — *Behiá, beïa.* ‖ Coffre sur les voitures : *Kárrosako, kótchiako kutcha.*

VACHER, ÈRE, s., qui garde les vaches. — *Béhi-zaïna, béhi-zaïña, ulhaïna.*

VACHERIE, s. f., étable à vaches. — *Béhiteghia, heyá, eya, ehia.*

VACILLANT, ANTE, adj., qui vacille. — *Zalantzan.* ‖ Fig., irrésolu : *Dúdan.*

VACILLATION, s. f., action de vaciller. — *Zalantza.* ‖ Fig., irrésolution : *Dúda.*

VACILLER, v. n., chanceler. — *Zalantzatzea.* ‖ Fig., être irrésolu : *Dúdatzea.*

VACUITÉ, s. f., état d'une chose vide. — *Utxtasuna, utsunea, soïldura.*

VADÉ-MÉCUM, s. m., livre. — *Liburu-orrhoïtzakaria.* ‖ Chose qu'on porte habituellement avec soi : *Bethi berekin ekartzen den gaüza.*

VA-ET-VIENT, s. m., machine pour dévider. — *Haïlkaya, arilkaya.*

VAGABOND, ONDÉ, adj. et s., qui erre çà et là ; homme sans aveu. — *Ibildaüna.*

VAGABONDAGE, s. m., état vagabond. — *Ibildaütasuna.*

VAGABONDER, v. n., faire le vagabond, pop. — *Ibildaützea.*

VAGIN, s. m., canal qui conduit à la matrice. — *Emasabelen, aür-untzien, matrizen kanala, pasaiya, pasayúa.*

VAGINAL, ALE, adj., qui a rapport au vagin. *Emasabelen, aür-untzien, matrizen-pasaïyekúa, kanalekúa, pasaiyakúa, pasayukua.*

VAGISSEMENT, s. m., cri des enfants. — *Aürren nigarra, aürren negarra.*

VAGUE, s. f., flot. — *Tiraña, uhina.* ‖ adj. et s. m., indéfini : *Ez onghi agheria.* ‖ Terre inculte : *Larrea, lur ibilli gabea, laüba.*

VAGUEMENT, adv., d'une manière vague. — *Ilhunki.*

VAGUER, v. n., errer çà et là. — *Erratzia.*

VAILLAMMENT, adv., avec vaillance. — *Küraiyoski, kórayoski, balentrioski.*

VAILLANCE, s. f., bravoure. — *Küraiya, kóraya, balentritasuna.*

VAILLANT, ANTE, adj., courageux. — *Kórayosa, kürayosa, balenta, balentritxua, bihotzoya.* ‖ s. m., le bien d'une personne : *Izatia.*

VAILLANTISE, s. f., action de valeur. — *Kürayatasuna, balentritasuna, kórayostasuna.*

VAILLE QUE VAILLE, adv., à tout hasard. — *Balioz-balio.*

VAIN, AINE, adj., chose chimérique, inutile. — *Banóa, vanóa, alferra.* ‖ Frivole : *Arina, ariña, cekaya.* ‖ Personne orgueilleuse : *Urguillutxua, goïtitxúa, soberbitxúa, antuztetxúa.* ‖ En vain, adv., inutilement : *Alferric.*

VAINCRE, v. a., remporter un avantage ; fig., surpasser. — *Bentzutzea, garraïtzea, bentcitzea, azpiratzea.*

VAINCU, s. m., ennemi battu. — *Bentzutúa, garraïtúa, azpiratúa.*

VAINEMENT, adv., d'une manière vaine. — *Alferki, banoki.*

Vainqueur, s. m. et adj., qui a vaincu. — *Bentcitzaïlea, bentzutzaïlea, garraïtzaïlea, azpiratzaïlea, azpiratzallea.*

Vairon, s. m. Il se dit de l'œil d'un cheval dont la prunelle est entourée d'un cercle blanchâtre. — *Beghi chúriz inguratúa.* ‖ De celui qui a un œil d'une façon et un d'une autre. On le dit aussi des hommes : *Beghi bat kholore batetic éta bertzia bertzetic.*

Vaisseau, s. m., vase, navire. — *Untcia, uncia, untzia, hontzia.*

Vaisselle, s. f., plats, assiettes, etc. — *Báchera.*

Val, s. m. **Vaux**, pl., vallée. — *Ballea.*

Valable, adj., admissible. — *Ona, balioduna.*

Valablement, adv., d'une manière valable. — *Balioski.*

Valériane, s. f., plante dont la racine est d'un très-grand usage en médecine. — *Belhar-bédeïkatua, belhar-bénédikatua.*

Valet, s. m., serviteur. — *Muthil.* ‖ Terme de civilité : *Cerbitzari, cerbidore, cherbitchari, cherbitzari.* ‖ Figure de carte : *Chaldun.* ‖ Instrument de menuisier : *Muthila.* ‖ Poids derrière une porte pour qu'elle se ferme : *Pisúa.*

Valetage, s. m., servitude. — *Cerbitzúa, muthilgóa, sehigoa.*

Valetaille, s. f., les valets. — *Muthilkiac, cerbitzariac.*

Valeter, v. n., avoir une assiduité servile, faire des démarches pénibles. — *Muthiltzea.*

Valétudinaire, adj. et s. m., sujet à être souvent malade. — *Eritxúa, erbala, erikorra, eriska.*

Valeur, s. f., ce que vaut une chose, équivalent des termes. — *Balióa, baliña.* ‖ Signification : *Siñifikacionea, señarea.* ‖ Courage : *Balentriatasuna, kúraiya, kóraya.*

Valeureusement, adv., avec courage. — *Kúraïyoski, kórayoski, balentrioski.*

Valeureux, euse, adj., vaillant. — *Kúraïyosa, kórayosa, balenta, balentritxúa, bihotzoya.*

Validation, s. f., action de valider. — *Baliokuntza.*

Valide, adj., qui a les conditions requises. — *Baliosa, óna, bideskia.*

Validement, adv., valablement. — *Balioski, bidezki, bidezkiró.*

Valider, v. a., rendre valide. — *Baliotzea.*

Validité, s. f., qualité de ce qui est validé. — *Baliotasuna.*

Valise, s. f., sac de cuir. — *Bidezorróa.*

Vallée, s. f., espace entre des montagnes. — *Ballea, mendartea, ibarra, hará, irurá, belaüa, harana.*

Vallon, s. m., petite vallée. — *Balletchúa, mendarietchúa, ibartchúa, belaütchúa, harantchúa.*

Valoir, v. n., avoir le prix, une valeur. — *Balio-izaïtia.* ‖ Rapporter, produire : *Ekartzea.* ‖ Donner du produit : *Baliaztea, baliaraztea, probetchatzia, progotchutzea.* ‖ v. a., procurer, faire obtenir : *Izanaztea, izanaraztea, baliaztea, baliaraztea.*

Valse, s. f., danse. — *Balsa.*

Valser, v. n., danser des valses. — *Balsatzea.*

Vampire, s. m., nom qu'on donne en Allemagne à des êtres chimériques ; cadavre qui, suivant la superstition populaire, suce le sang des personnes qu'on voit tomber en phthisie. Fig., ceux que l'on accuse de profiter des malheurs publics, de s'engraisser de la substance du peuple. — *Edolédalia.* ‖ Chauve-souris d'Amérique : *Ameriketako gaü-haïnara.*

Van, s. m., instrument pour vanner. — *Bahea, esku-bahea, aïzkiña espartzukóa.*

Vanille, s. f., fruit du vanillier. — *Banilla, baïnilla.*

Vanillier, s. m., plante exotique. — *Banil'-hóndoá, baïnil'-hóndoá.*

Vanité, s. f., inutilité. — *Banotasuna, alfertasuna.* ‖ Amour-propre : *Urguillúa, soberbióa, antuztea, goïteria.*

Vaniteux, euse, adj., plein de vanité. — *Urguillútxúa, goïtitxúa, soberbitxúa, antuztetxúa, urguillusa.*

Vanne, s. f., écluse. — *Trapa, utichia, ughersia, palanga.*

Vanneau, s. m., oiseau échassier, à huppe noire. — *Kurlóa, mianta.*

Vanner, v. a., nettoyer le grain. — *Baheztatzea, bahetzea, haïzatzea.*

Vannerie, s. f., métier de vannier. — *Otharrekintza, zarekintza, saskintza, chichterakintza, cezterakintza, cizterakintza.*

Vannette, s. f., petit van pour l'avoine. — *Artzea.*

Vanneur, s. m., qui vanne. — *Baheztaria, bahetzalléa, bahetzaïlea, haïzeztaria, haïzetzallea, haïzetzaïlea, artzetzallea.*

VANNIER, s. m., qui travaille en osier.—*Otharre'ghilea, zare'ghilea, saski'ghilea, chichter'ghilea, cezter'ghilea, cizter'ghilca.*

VANTAIL, s. m., battant d'une porte, volet. — *Leiyo alderdi bat.* || pl., vantaux : *Leiyo bi alderdiac.*

VANTARD, ARDE, adj. et s., celui qui se vante. — *Fanfarruna, pamparruna, larderitxua, espantukaria.*

VANTER, v. a., louer beaucoup. — *Laüdatzea, espantutzea.* || v. p., se glorifier : *Espantukatzea.*

VANTERIE, s. f., action de se vanter. — *Fanfarrunkeria, pamparrunkeria, larderia, laüdamena, espantúa.*

VAPEUR, s. f., exhalaison. — *Baphorea, baóa, khemea, khemearra.* || Odeur : *Usaïna, bafada.*

VAPOREUX, EUSE, adj. et s. m., qui a des vapeurs. — *Baphoretxúa, khemeartxúa.*

VAPORISER (SE), v. p., réduire en vapeur.— *Baphoretzea, khemeartzea.*

VAQUER, v. n., être vacant, en vacance. — *Bakantzetan izaïtea.* || Vaquer à une chose, s'en occuper : *Okupatzea, lanac eghitea.*

VARECH, s. m., plante marine. — *Orbela.*

VARENNE, s. f., terre inculte. — *Larrea, lur ibilli gabea, laüba.*

VARIABILITÉ, s. f., qualité de ce qui est variable. — *Kambiakortasuna, mudakortasuna.*

VARIABLE, adj., sujet à varier. — *Kambiakorra, mudakorra.*

VARIANT, ANTE, adj., qui change souvent. — *Kambiatzaïlea, mudatzaïlea.*

VARIATION, s. f., changement. — *Kambiamendua, mudantza.*

VARICE, s. f., veine dilatée. — *Zaïn odoloritúa.*

VARIER, v. a., n. et p., changer. — *Chanyatzea, kambiatzea.* || Manquer de fixité : *Mudatzea.*

VARIÉTÉ, s. f., diversité. — *Banaïta, bersakea.* || pl., mélanges : *Nahasdura.* || Changement : *Mudantza, kambiamendúa.*

VARIOLE, s. f., petite vérole. — *Pikota, baztanga.*

VARIOLIQUE, adj., qui forme la petite vérole. — *Pikotaria, baztangaria.*

VARIQUEUX, EUSE, adj., de la varice.— *Zaïn odoloritxúa.*

VARLOPE, s. f., grand rabot.—*Errebot, kurruki handia.*

VASE, s. m., vaisseau pour les liquides. — *Untcia, uncia, untzia, hontzia.* || s. f., bourbe au fond de l'eau : *Líga, lóhia, bálxa, bása, bálsa, pártha, loya.*

VASEUX, EUSE, adj., plein de vase. — *Lígatxúa, lóhitxúa, básatxúa, balxatsúa, bálsatxúa, phartatxúa, loyatxúa.*

VASISTAS, s. m., petite partie d'une porte ou d'une fenêtre qui s'ouvre et se ferme à volonté. — *Leiyo-itxua.*

VASTE, adj., qui est d'une fort grande étendue. — *Arras handia, eremu hardikúa.*

VATICAN, s. m., palais du Pape à Rome. — *Batikana, Aïta-Saïnduaren palacióa Erroman.*

VAURIEN, s. m., fainéant. — *Alferra, alperra, deüsetakúa.* || Libertin : *Libertiña, barreyatúa.*

VAUTOUR, s. m., gros oiseau de proie. — *Bueïtriá, bultria, aztorra.*

VAUTRER, v. p., se rouler dans la boue, sur l'herbe, etc. — *Ihaürskatzia.*

VEAU, s. m., petit de la vache. — *Ahatchia, aratzea, chahálá, ahatchea, aratchia.* || Sa chair : *Ahatchekia, aratzekia, aratchekia, chahalkia.* || Son cuir : *Ahatche, aratche, aratze, chahál larrúa.*

VECTEUR, adj. m., rayon, t. d'astr. — *Arrayóa.*

VEDETTE, s. f., sentinelle à cheval. — *Zaldizko sentinela, sentiñela.*

VÉGÉTABLE, adj., qui peut végéter. — *Zagheïgarria.*

VÉGÉTAL, s. m., ce qui végète. Il se dit des plantes et des arbres. — *Zagheya.* || adj., qui appartient à ce qui végète : *Zagheïkúa.*

VÉGÉTANT, ANTE, adj., qui végète. — *Zagheïtarra.* || Végétant (en) : *Zagheïtzian.*

VÉGÉTATIF, IVE, adj., qui fait végéter. — *Zagheïtzallea, zagheïtzaïlea.*

VÉGÉTATION, s. f., action de végéter. — *Zagheïtasuna.*

VÉGÉTER, v. n., croître (en parlant des plantes) ; fig., n'avoir que le sentiment animal (en parlant des hommes). — *Zagheïtzea.*

VÉHÉMENCE, s. f., impétuosité. — *Múturitasuna, oldartasuna, bóalda, fúlia, búltzera, bultzada, bémendea, beémencia, borthitztasuna.*

VÉHÉMENT, ENTE, adj., impétueux. — *Mútiria, oldarra, bóaldia, bóaldatsúa, fúliatia, bultzadatia, bultzadatsúa, bémendea, beémentsúa, borthitza.*

VÉHÉMENTEMENT, adv., très-fort. — *Mutirikorra, oldarkorra, boaldikorra, bultzadakorra, fuliakorra, bemenkorra, beémenkorra, izigarri borthitz.*

VEILLE, s. f., privation de sommeil. — *Logabetasuna.* ‖ Partie de la nuit : *Beïlla, bella, bighira.* ‖ Le jour précédent : *Atzo arratxian, bard'arratxiun.* ‖ pl., longue application, nuits passées au travail : *Gaühac.* ‖ Travail assidu : *Lan lucea.*

VEILLÉE, s. m., veille que plusieurs personnes font ensemble. — *Tertulia.* ‖ L'action de garder un malade pendant la nuit : *Gaü-beilla.*

VEILLEUR, EUSE, s., qui veille auprès d'un malade. — *Gaü-beillaria.*

VEINE, s. f., vaisseau ou espèce de petit canal qui contient le sang de l'animal et qui le porte au cœur. — *Zaïna.*

VEINÉ, ÉE, adj., qui a des veines. — *Zaïnduna.*

VEINEUX, EUSE, adj., plein de veines. — *Zaïntxúa.*

VÊLER, v. n., faire un veau. — *Erditzea.*

VELLÉITÉ, s. f., volonté faible. — *Nahia, nahikundea.* ‖ Celui qui a des velléités : *Nahikaria.*

VÉLOCE, adj., la vitesse du mouvement d'une planète. — *Lasterra, zalu, zalua.*

VÉLOCITÉ, s. f., vitesse, rapidité. — *Lastertasuna, zalutasuna.*

VELOURS, s. m., étoffe de soie, de coton. — *Bélusa.*

VELOUTÉ, ÉE, adj. et s. m., qui imite le velours. — *Bélus parekúa, bélustxúa.*

VELU, UE, adj., couvert de poil. — *Illetxúa, iletxúa, illhetxúa, bilutxúa, bilotxúa, ilhetxúa.*

VENAISON, s. f., chair de bête fauve ou rousse, comme cerf, sanglier, etc. — *Basakien araghia.*

VÉNAL, ALE, adj., qui se vend, qui peut se vendre. — *Saltzen dena, saltzen ahal dena.* ‖ Fig., homme vénal, qui a l'âme basse et qui ne fait les choses que par un intérêt sordide, que pour l'amour de l'argent : *Ghizon aphala, bérékoya, cikoïtzkoya.*

VENANT, adj. et s. m., qui vient. — *Ethortzaïlea, ethortzallea.* ‖ Venant (en) : *Ethortzian.*

VENDABLE, adj., qui peut être vendu. — *Salgarria.*

VENDANGE, s. f., récolte du raisin. — *Mahatx bildura.* ‖ pl., temps où elle se fait : *Mahatx biltzeko dembora.*

VENDANGER, v. a. et n., faire vendange. — *Mahatxac biltzea, mahatxa biltzia.*

VENDANGEUR, EUSE, s., qui vendange. — *Mahatx biltzaïlea.*

VENDEUR, EUSE, s., qui vend. — *Saltzaïlea.*

VENDRE, v. a., céder pour un prix ; fig., trahir par intérêt, vendre cher sa vie, la bien défendre : *Saltzea.*

VENDREDI, s. m., sixème jour de la semaine. — *Asteartea.*

VENDU, UE, adj., donné à prix d'argent. — *Saldúa.*

VENÉ, ÉE, adj., viande qui commence à se gâter. — *Usaïn-aïrea.*

VENELLE, s. f., petite rue. — *Karrikatchúa.*

VÉNÉNEUX, EUSE, adj., plante délétère. — *Phosoïntxúa, pozoïntxúa, pozoïtxúa, pozutxúa, iretxúa, irosa, edentşúa, venenotsúa.*

VÉNÉRABLE, adj., respectable. — *Beákurgarria, gurgarria, donekarria, ambala, ohoragarria, vénérabléa, bénérabléa.*

VÉNÉRATION, s. f., respect religieux, estime. — *Beákurta, gurtea, donekarria, ambalera, venéracioá, bénéracioneá.*

VÉNÉRER, v. a., révérer. — *Beákurtzea, gurtzea, donekartzea, ambaltzea, vénératzea, bénératzea, ohoratzea.*

VÉNÉRIEN, NE, adj. Il se dit du commerce charnel entre les hommes et les femmes, acte, plaisir vénérien. — *Chikoka, amodiozko placera.* On évite de se servir de ce mot. ‖ Maladie vénérienne, contractée par le commerce charnel entre les hommes et les femmes, lorsqu'il y a eu du venin de part ou d'autre : *Buhako, bubako, lotseriko eritasuna.*

VENETTE, s. f., alarme, fam. — *Alarma, dekadarra, asaltea, asaldua, heyagora, deyhadarra.*

VENGEANCE, s. f., action de se venger. — *Mendekióa, asperkundea, aïhermendúa, mendekúa, mendeka, venganza.*

VENGER, v. a. et p., tirer raison d'une injure. — *Mendekatzea, aspertzea, aïhertzea, mendetzea, vengatzea.*

VENGEUR, RESSE, adj. et s., qui venge. — *Mendekaria, asperzaïlea, aïhertzaïlea, mendekatzallea, vengatzallea.*

VÉNIEL, LE, péché qui ne fait point perdre la grâce. — *Barkakoya, barkagarria, cedastuna, ariña, veniala, beniala.*

VÉNIELLEMENT, adv., d'une manière vénielle. — *Barkoki, barkakoïró, cedastunkiro, vénialki, bénialki, ariñki.*

VENIMEUX, EUSE, adj., qui a du venin. — *Phozoïntxûa, pozütxûa, pozoïtxua, iretxûa, pozoïntxûa.*

VENIN, s. m., suc délétère; fig., rancune.— *Phozoïna, pozoïna, pozûa, pozoïa, irea.*

VENIR, v. n., se transporter d'un lieu à un autre lieu plus rapproché. — *Ethortzea, ethortzia, yeïtea, yitea.* || Arriver fortuitement : *Ethortzea, ethortzia, aghertzea, yeïtea, yitea.* || Sortir, dériver, croître : *Ethortzea, ethortzia, yeïtea, yitea.* || Procéder, émaner : *Ethortzea, ethortzia.*

VENT, s. m., air agité. — *Aïzea.* || Vent de Nord : *Ipharra, norteko-aïzea.* || Vent de Sud : *Egóa, egûa.* || Vent d'Est : *Iruzki-aïzea.* || Vent d'Ouest : *Mendebala.* || Air dans le corps : *Aïrea.* || Air qui s'en échappe. Par en haut : *Phokerra.* || Par en bas : *Uzkerra, uzkarra, puzkerra, phuskerra.* || Haleine : *Atxa.* || Odeur : *Usaïna.* || Fig., présomption, suspicion, soupçon : *Beldurkundea, ustekóa, destûa.*

VENTE, s. f., action de vendre. — *Salpena.*

VENTER, v. n. et imp., faire du vent. — *Aïzetzea, aïze'ghitea.*

VENTEUX, EUSE, adj., sujet au vent.— *Aïrekorra.* || Qui le cause, qui en résulte : *Aïretxûa.* || Exposé au vent : *Aïzetxûa.*

VENTILATEUR, s. m., machine pour renouveler l'air. — *Aïzemaïlea.*

VENTILATION, s. f., action de ventiler. — *Aïzemankuntza.*

VENTOSITÉ, s. f., vents enfermés dans le corps. — *Aïreac.* (En basque se dit au pluriel).

VENTRE, s. m., capacité du corps. — *Sabela.* || Fig., renflement (d'un vase, d'un mur, etc., appétit, gourmandise : *Sabela.*

VENTRÉE, s. f., petits d'une portée. — *Sabelaldia, umealdia, sabelada.*

VENTRICULE, s. m., cavité de l'estomac. — *Sabeltchóa, sabelchûa, ogotsunea.*

VENTRIÈRE, s. f., sangle. — *Cingla, cinchá, cinghilla.*

VENTRU, UE, adj., qui a un gros ventre. — *Sabeltxûa.*

VENU, UE, part. du verbe venir. — *Ethorria.* || Bien venu : *Onghi ethorri.* || Nouvellement venu : *Berriki ethorria.* || s. f., venue, arrivée : *Arribada.* || fig., croissance : *Handitasuna.* || Taille : *Altura, handitasuna.*

VÊPRE, s. m., le soir. — *Arratxa.* || s. f. pl., office du soir : *Bezperac.*

VER, s. m., insecte rampant de terre et celui qui vient dans notre corps. — *Chicharia.* || Ver qui donne la soie : *Gusonóa.* || Ver qui vient dans les souches et les lieux pourris : *Arra.* || Fig., rongeur, remords : *Arra.*

VÉRACITÉ, s. f., attachement à la vérité. — *Eghitasuna, cintasuna.*

VERBAL, adj. dérivé du verbe, de vive voix. — *Hitztarra, ahoztarra.* || s. m., procès, rapport dressé par un officier public de ce qu'il a vu ou entendu : *Proserbala.*

VERBALEMENT, adv., de vive voix. — *Hitzez, ahoz, verbaz.*

VERBALISER, v. n., faire un procès-verbal.— *Proserbal'ghitea.*

VERBE, s. m., partie d'oraison. — *Oracio, othoïtz phortea.* || Parole : *Hitza.* || Terme grammatical : *Erazkitza.* || Le Christ : *Verbo dibinoa, Christóa, Yesu-Chrichto.*

VERBEUX, EUSE, adj., qui abonde en paroles. — *Hitzjaria, heletxua, elhetsûa.*

VERBIAGE, s. m., abondance de paroles inutiles.— *Erasiac, heleac, chacharra, chorchorera, jolustea, charchara.* (En basque français se dit au pluriel).

VERBIAGER, v. n., dire trop de mots. — *Heleketatzea, erasitzea, chachartzea, charcharitzea, chorchoritzea, jolustea, elheketatzea.*

VERBIAGEUR, EUSE, s., qui verbiage. — *Heleketaria, chacharia, charchararia, chorchoraria, jolutsaria, erasitaria, elheketaria, hitzuntzia.*

VERBOSITÉ, s. f., vice de ce qui est verbeux. — *Erazkikeria.* || Abondance, grammaticalement parlant, de paroles : *Hitzjariokeria, heletasuna, elhetasuna.*

VERDATRE, adj., tirant sur le vert. — *Berdetxûa, ferdetxua, ferdekara.*

VERDET ou VERT-DE-GRIS, s. m., oxyde de cuivre. — *Berdegrisa.*

VERDEUR, s. f., sève du vin, acidité du bois, jeunesse de l'homme. — *Berdetasuna.*

VERDIER, s. m., oiseau. — *Tchorroïtcha, chóaberdea.*

VERDOYER, v. n., devenir vert.— *Berdetzea.*

VERDURE, s. f., herbe, feuilles vertes; teinture qui représente des arbres.— *Berdura.*

VÉREUX, EUSE, adj., qui a des vers. — *Aryóa.* || Fig., suspect : *Suspitcha, nabarmena.* || Mauvais : *Gachtóa, gaïchtóa, gaïstóa, tzarra.*

VERGE, s. f., baguette longue et flexible. — *Bardáská, cigorra.* ||Anneau : *Erreztuna.* || Membre viril : *Pitña, pitchúa, pithóa.*

VERGER, s. m., arbre fruitier. — *Sagardia, vergela.*

VERGETÉ, adj., rayé. — *Marratúa.* || Moucheté : *Titákatúa, pintarnakatúa, pinkardatúa.*

VERGETER, v. a., nettoyer avec les vergettes. -*Brózatzea, eskóbillatzea, esponcetatzea.*

VERGETTE, s. f., brosse pour les habits. — *Bróza, ezkóbilla, esponceta.*

VERGETTIER, s. m., ouvrier qui fait des vergettes. — *Bróza'ghilea, eskóba'ghilea, esponcet'ghilea.* || Qui vend des vergettes : *Esponcet'saltzaïlea, broza saltzaïlea, eskoba saltzaïlea.*

VERGLAS, s. m., petit pluie qui se glace en tombant ou aussitôt qu'elle est tombée. — *Uri-hormatúa.*

VERGNE, s. m., aune. — *Altza, haltza.*

VERGOGNE, s. f., honte, pudeur, fam. — *Ahulkea, ahalghea.*

VERGUE, s. f., longue pièce de bois qui soutient la voile. — *Untziko bela zurruna.*

VÉRIDICITÉ, s. f., caractère de ce qui est véridique. — *Eghitasúna, cintasuna.*

VÉRIDIQUE, adj., vrai. — *Eghia, cina.* || Qui dit la vérité : *Eghiatia, eghia erraïlea, cinez mintzo dena.*

VÉRIFICATEUR, s. m., qui vérifie. — *Bérifikatzaïlea, billatzaïlea, billaria, billakindaria, ikhuslea, beïratzallea, ikhertzaïlea, erregistratzaïlea.*

VÉRIFIER, v. a., reconnaître la vérité. — *Bérifikatzea, billatzea, billakindetzea, beïratzea, ikhertzea, erregistratzea.*

VÉRITABLE, adj., vrai.— *Eghia, cina.* || Non falsifié : *Eghiazkóa, naturala, nahastekatu gabea.* || Excellent en son genre : *Etselenta, gaïndikóa, gaïndikúa.*

VÉRITABLEMENT, adv., selon la vérité. — *Eghiazki, cinez.*

VÉRITÉ, s. f., conformité de l'idée avec son objet, d'un récit avec un fait, etc.; l'opposé de l'erreur, principe, sincérité. — *Eghia, cina.*

VERJUS, s. m., suc de raisin vert. — *Mahatx-ura, mats-ura.*

VERJUTÉ, ÉE, adj., acide comme le verjus. — *Mahatx-ur gustukúa.*

VERMEIL, LE, adj., d'un rouge foncé.— *Origorria.* || s. m., argent doré : *Cilhar-urreztatúa.*

VERMICELLE, s. m., pâte en filaments pour le potage. — *Orilleac.*

VERMICULAIRE, adj., en forme de vers. — *Chichari-formakua, chichari-moldekua.*

VERMIFORME, adj., en forme de ver. — *Chichari-formakua, chichari-moldekua.*

VERMIFUGE, adj. et s. m., remède contre les vers, méd. — *Chicharien kontrako erremedióa.*

VERMILLER, v. n., t. de vénerie. Il se dit des sangliers qui fouillent la terre avec leur boutoir. — *Musurrikatzea.*

VERMILLON, s. m., couleur d'un rouge éclatant. — *Arminká, bermejoya.*

VERMINE, s. f., insectes sales. — *Arbiská.*

VERMINEUX, EUSE, adj., qui a de la vermine. — *Arbiskatxúa.*

VERMISSEAU, s. m., petit ver. — *Chicharitchua.*

VERMOULER (SE), v. p., être piqué des vers. — *Irintzea, zurintzea, arrez-yótzea.*

VERMOULU, UE, adj., piqué de vers. — *Irindua, zurrindua, arrez yóa.*

VERMOULURE, s. f., piqûres de vers. — *Irindura, zurindura, arren ciladura.*

VERNAL, ALE, adj., du printemps. — *Primaberakóa, primaderakua, belatxékua, udaberrikua, éralorekua.*

VERNE. Voyez AUNE.

VERNIR, v. a., enduire de vernis. — *Bernizatzea, likurtatzea, bernisatzea.*

VERNIS, s. m., enduit liquide et brillant; fig., lustre, éclat. — *Berniza, likurta, bernisa.* || Vernis de Chine : *Charola.*

VERNISSER, v. a., vernir de la poterie. — *Berniztatzea, likurtatzea, bernisatzea.*

VERNISSEUR, s. m., qui vernit. — *Bernizatzaïlea, likurtzaïlea, bernisatzallea.*

VERNISSURE, s. f., application du vernis. — *Bernizadura, likurtasuna, bernisadura.*

VÉROLE, s. f., maladie vénérienne. — *Buha, buba, lotseria.*

VÉROLÉ, ÉE, adj. et s., qui a la vérole. — *Buhatua, bubatua, lotseritua.*

VÉROLE (PETITE-), s. f., maladie cutanée.— *Pikota, baztanga, navarreria.*

VERRAT, s. m., pourceau non châtré. — *Akhetcha, apotea.*

VERRE, s. m., corps transparent. — *Beriña, berina, vidrióa, beïra.* || Vase de verre : *Basóa, gandola, basua.*

VERRÉE, s. f., plein un verre. — *Basolarat, gandolarat, baso baten bethe, beïratarat.*

VERRERIE, s. f., art du verrier. — *Beriñteghia, berinteghia, vidrioteghia, beïrateghia.*

VERRIER, s. m., qui fait du verre. — *Beriñ'ghilea, berin'ghilea, vidrio'ghilea, beïra'ghilea.* || Sorte de panier pour les verres : *Baso-chichtera.*

VERROTERIE, s. f., menue marchandise de verre. — *Beriñezko martchandiz'chumea.*

VERROU, s. m., fermeture de porte. — *Morroïla, morralla, morrolloa, pintzaïla.*

VERROUILLER, v. a., fermer au verrou. — *Morroïltzea, morraltzea, morroltzea, pintzaïltzea.*

VERRUE, s. f., sorte de durillon. — *Kálitcha, kárecha, énora.* || Plein de verrues : *Kálitchaz, kárechaz, énorez bethea.*

VERS, s. m., mots mesurés et cadencés. — *Bertsóa, versóa, biursa, lototsa.* || Prép. de lieu et de temps. Du côté de : *Aldé.* || Auprès : *Aldean, aldian.* || Environ : *Inguruan, ingurian, ingurunean.*

VERSANT, ANTE, adj., sujet à verser. — *Ichurgarria.* || Versant (en) : *Ichurtzian.* || s. m., côté d'une montagne : *Malda, alderdia.*

VERSATILE, adj., variable, inconstant. — *Aldakorra, girakorra, mudakarra.*

VERSATILITÉ, s. f., qualité versatile. — *Aldakortasuna, girakortasuna, aldakordia, mudakortasuna.*

VERSE (A), adv., abondamment (pleuvoir). — *Phesian.*

VERSÉ, ÉE, adj., expérimenté, fig. — *Yakina, ekindúa, trebea.*

VERSEAU, s. m., signe du zodiaque. — *Izarpilla.*

VERSER, v. a., épancher. — *Ichurtzea, ichurtzia.* || Verser au pr. et au fig., tomber sur le côté en parlant des voitures : *Itzultzea, uzkaïltzea.* || Transvaser : *Ematea, kambiatzea.*

VERSET, s. m., passage de l'Ecriture sainte. — *Bertsóa.*

VERSIFICATEUR, s. m., qui fait des vers. — *Koplaria, kopla'ghilea, biurs'ghilea, lototx'ghilea, verso'ghilea.*

VERSIFICATION, s. f., manière de tourner des vers. — *Kopla, biurs'lototx', verso'éghintza.*

VERSIFIER, v. n., faire des vers. — *Koplatzea, biursatzea, lototxatzea, verso éghitea.*

VERSION, s. f., interprétation, manière de raconter un fait. — *Itzulkero, biurkera, itzulia.*

VERSO, s. m., seconde page d'un feuillet. — *Ifrentzúa, aldazpia, iruncia.*

VERT, E, adj., de la couleur des herbes, qui a de la sève, de la verdeur, au pr. et au fig., non mûr. — *Berdea, berdia, ferdea, ferdia.* || Aigre : *Minkorra, mina, miña, kiratxa, karatxa.* || s. m., couleur verte : *Berdea, berdia, ferdea, ferdia.* || Verdure : *Berdetasuna, ferdetasuna.*

VERT-DE-GRIS, s. m., oxyde de cuivre. — *Berdegrisa.*

VERTÉBRAL, ALE, adj., des vertèbres. — *Gartzurrekúa.*

VERTÈBRE, s. f., chacun des 24 os de l'épine du dos. — *Gartzurra.*

VERTEMENT, adv., avec vigueur, fam. — *Azkarki, borthitzki, sendoró, indartki, ersonkiro, portizkiro.*

VERTICAL, ALE, adj., qui est d'aplomb. — *Promuan, chúchen, zucen, artez, berunean.*

VERTICALEMENT, adv., perpendiculairement à l'horizon. — *Promunki, chúchenki, zucenki, artezki.*

VERTIGE, s. m., étourdissement. — *Burtzurotasuna, zorabilla, zoramendúa, burubira.* || Folie : *Errotasuna.*

VERTIGINEUX, EUSE, adj., des vertiges. — *Burtzurotxúa, zorabiltxúa, zoramendutxúa, burubiratxúa, burtzuróa.*

VERTU, s. f., tendance de l'âme vers le bien, chasteté, propriété, efficacité : — *Birtutea, dohaïna.* || En vertu, adv., conformément à : *Birtutez.*

VERTUEUSEMENT, adv., avec vertu. — *Birtutoski, dohaïnki.*

VERTUEUX, EUSE, adj., qui a de la vertu. — *Birtutosa, dohaïntxúa.*

VERVE, s. f., chaleur d'imagination. — *Aldartia, aldia.* || Caprice : *Luna.*

VERVEINE, s. f., plante. — *Berbena, verbeúd.*

VESCE, s. f., plante, sa graine. — *Sdilharra, garrobea.*

VÉSICATOIRE, adj. et s. m., médicament externe. — *Bichikadorea, bisikaghillea, maskulloghilea.*

VESSE, s. f., vent qui sort sans bruit par l'anus. — *Phutza.*

VESSE-DE-LOUP, s. f., sorte de champignon. — *Asto-phutza,* ce qui veut dire en français vesse d'âne.

VESSER, v. n., lâcher une vesse. — *Phutz'ghitea.*

VESSIE, s. f., sac membraneux de l'urine. — *Bichika, bisija, pichuntzia, pizuntzia.* ‖ Ampoule cutanée : *Bichika, maskullóa, ugollóa.*

VESTE, s. f., vêtement court. — *Chartacha, maripolisa.*

VESTIAIRE, s. m., garde-robe de couvent, etc. — *Arropateghia, janciechóa, jancilekûa.* ‖ Dépense pour l'habillement : *Arropa-gastûa.*

VESTIBULE, s. m., pièce d'entrée, t. d'arch. — *Sotoa, eskaraza, ataria, bebarrûa, ezkabatza.*

VESTIGE, s. m., empreinte du pied. — *Errestóa, iraza, aztarna, sena, hatzá, herecha.* ‖ Fig., traces : *Marka.* ‖ Restes : *Errestantzac.*

VÊTEMENT, s. m., qui couvre le corps. — *Aldarria, arropa, soñekóa, soïnkúa, jaünzkaya, abillamendûa.*

VÉTÉRINAIRE, adj., de la médecine des animaux ; s. m., versé dans cet art. — *Alimale sendatzeko yakintza.*

VÉTILLE, s. f., bagatelle. — *Chirtchilkeria, chiliabilia, bagatela, ezdeüskeria.*

VÉTILLER, v. n., s'amuser à des vétilles. — *Chirtchilkerietan, chiliabilietan, bagateletan, ezdeuskerietan yostatzea.*

VÉTILLEUR, EUSE, s., qui vétille. — *Chirtchila, ezdeüsetan yostatzaïlea.*

VÉTILLEUX, EUSE, adj., plein de difficulté. — *Dificilla, dificila, nekea.*

VÊTIR, v. a. et p., mettre des habits. — *Bestitzea, bestitzia, jaünztea, arropatzea.*

VETO, s. m., mot qui signifie je m'oppose, j'empêche, formule qu'employaient les tribuns du peuple à Rome pour s'opposer aux décrets du Sénat. En Angleterre, le roi a le veto. — *Debekûa.* ‖ Je m'oppose, je défends : *Debekatzen dut.*

VÊTU, UE, adj. et part., habillé. — *Beztitûa.*

VÉTUSTÉ, s. f., ancienneté, en parlant des édifices. — *Zahartasuna.*

VEUF, VE, adj. et s., qui a perdu sa femme ou son mari. — *Alharguna.* ‖ Devenir veuf : *Alharguntzea.*

VEUVAGE, s. m., état de viduité. — *Alharguntasuna, alharguntza.*

VEXATION, s. f., action de vexer. — *Bersióa, laïdóa.*

VEXATOIRE, adj., qui vexe. — *Bersiogarria, bersiadia, laïdogarria.*

VEXER, v. a. et p., tourmenter injustement. — *Bersitzea, laïdostatzea.*

VIABLE, adj., qui peut vivre. — *Bicigarria, bicitzen ahal dena.*

VIAGER, ÈRE, adj. et s. m., ce qui n'est qu'à la vie. — *Bici gucikûa, bici orotakûa.*

VIANDE, s. f., chair dont on se nourrit. — *Araghia, okhelia.*

VIATIQUE, s. m., provision ou argent qu'on donne à un religieux pour un voyage. — *Piaiyako dirûa.* ‖ Communion donnée à un mourant : *Elizakóac, elizakúac, sakramendûac.* (En basque se dit au pluriel).

VIBRANT, ANTE, adj., qui vibre. — *Dardaran.* ‖ Vibrant (en) : *Dardaratzian.*

VIBRATION, s. f., mouvement de pendule, tremblement. — *Dardara.*

VIBRER, v. n., faire des vibrations, darder. — *Dardaratzea.*

VICAIRE, s. m., suppléant de curé, etc. — *Bikarióa.*

VICARIAL, ALE, adj., qui a rapport au vicariat. — *Bikariotarra.*

VICARIAT, s. m., fonction, emploi de vicaire. — *Bikariogóa.*

VICARIER, v. n., faire les fonctions de vicaire dans une paroisse. — *Bikariotzea.*

VICE, s. m., défaut, imperfection physique ou morale, débauche. — *Bicióa.*

VICE-AMIRAL, s. m., officier de marine après l'amiral. — *Biz-amirala.*

VICE-AMIRAUTÉ, s. f., charge de vice-amiral. — *Biz-amiraldea.*

VICE-CONSUL, s. m., celui qui tient la place du consul ou du commissaire des relations commerciales. — *Biz-kóntsula.*

VICE-CONSULAT, s. m., emploi de vice-consul. — *Biz-kónsuladûa.*

VICENNAL, ALE, adj., de vingt ans. — *Ogoïurtekûa.*

VICE-REINE, s. f., femme de vice-roi. — *Biz-erreghina.*

VICE-ROI, s. m., gouverneur d'un Etat qui a ou qui a eu le titre de royaume. — *Biz-erreghe.*

VICE-ROYAUTÉ, s. f., dignité de vice-roi. — *Biz erreghetasuna.*

VICE-VERSA, adv., réciproquement. — *Ordaïnez, alderanciz.*

VICIÉ, ÉE, adj., gâté. — *Galdûa, galdia, galghirotûa.* ‖ Corrompu, au pr. et au fig. : *Galdûa, galdia, biciatûa.*

VICIER, v. a., altérer, rendre nul. — *Galtzea, galghirotzea.* ‖ Au fig. : *Galtzea, biciatzea, gachtatzea, tzartzea.*

VICIEUSEMENT, adv., d'une manière vicieuse. — *Bicioski, galghiroz.*

VICIEUX, EUSE, adj. et s. m., très-défectueux, qui a des vices. — *Biciotxua, galghirotsúa, galghirotia.*

VICISSITUDE, s. f., instabilité des choses humaines. — *Aldizgóa, mudantza.*

VICOMTE, ESSE, s., qui a une vicomté ; s. m. : *Bizkondea* ; s. f. : *Bizkondesa.*

VICOMTÉ, s. f., titre de terre. — *Bizkondadúa.*

VICTIMAIRE, s. m., t. d'antiq., qui fournissait les victimes. — *Yaüskanitzaïlea.*

VICTIME, s. f., qui est immolé, sacrifice. — *Yaüskania.* || Fig., dupe de sa bonne foi : *Enganatua, atzipetua.*

VICTIMER, v. a., rendre quelqu'un victime. — *Yaüskanitzea.*

VICTOIRE, s. f., avantage signalé à la guerre. — *Garraïtza, garraïtia.*

VICTORIEUSEMENT, adv., d'une manière victorieuse. — *Garraïtzki, garraïtki.*

VICTORIEUX, EUSE, adj., qui remporte la victoire. — *Garraïtxua.*

VICTUAILLE, s. f., vivres.— *Yatekúa, yanaria.*

VIDANGE, s. f., action de vider, évacuation. — *Utxkuntza.* || Etat de ce qui est vide : *Utxa, utsa.*

VIDANGEUR, s. m., qui vide les fosses des latrines. — *Preósteiyac, zerbitzúac garbitzaïlea.*

VIDE, s. m., espace vide privé même d'air; fig., manque, privation. — *Utxa, utsa.* || A vide, sans rien contenir : *Utxic, utsic.*

VIDER, v. a. et p., rendre vide. — *Utxtea, utstea.* || Evider : *Changratzea.* || Terminer un différend, au fig. : *Finitzea.* || Evacuer : *Yalkitzea, hilkitzea, jalkitzea, utxtea, utstea, ustutzea.*

VIDIMUS, s. m., visa d'un acte.— *Peza baten, eghintza baten firma.*

VIDRECOME, s. m., grand verre à boire. — *Baso, gandol', beïr'handia.*

VIDUITÉ, s. f., état de veuf ou de veuve. — *Alharguntza, alharguntasuna.*

VIE, s. f., état des êtres animés ou végétaux, espace de temps depuis la naissance jusqu'à la mort. — *Bicia.* || Manière de vivre : *Bici-modúa, bici-manera.* || Histoire : *Hichtorio.* || Criaillerie : *Deadarra, eyagorra, ahunarra.* || Débauche, pop. : *Bici tzarra, libertinkeria.*

VIEIL, VIEUX, VIEILLE, adj. ou s., qui a duré longtemps, usé, ancien. — *Zaharra.*

VIEILLARD, s. m., homme d'un grand âge.— *Ghizon-zaharra, agudóa.*

VIEILLERIE, s. f., vieux meubles, etc. — *Zaharkeria.*

VIEILLESSE, s. f., dernier âge de la vie. — *Zahartasuna.*

VIEILLIR, v. a. et n., rendre, devenir vieux. — *Zahartzea, zahartzia.*

VIEILLISSEMENT, s. m., action de vieillir. — *Zahartziac.*

VIEILLOT, TE, adj., qui commence à avoir l'air vieux. — *Zahartchúa.* (En basque il n'y a pas de genre).

VIERGE, s. f., fille qui a vécu dans une continence parfaite. — *Biryina, birjina.* || La mère du Christ : *Biryina saïndua, Birjina saïndua, Andredena-Maria.*

VIF, IVE, adj., vivant. — *Bicia.* || Actif : *Bizia, ernea.* || Violent, irascible : *Bizia, saltakorra.* || s. m., chair vive : *Araghibicia.* || Fig., toucher au vif : *Minean unkitzea, minean ukitzea.*

VIF-ARGENT, s. m., métal liquide.— *Cilharbicia.*

VIGIE, s. f., sentinelle sur un mât, t. de mar. — *Gúardiatzaïlea.*

VIGILAMMENT, adv., avec vigilance. — *Erneki, atzarriki, iratzarriki.*

VIGILANCE, s. f., attention active. — *Ernetasuna, atzartasuna, iratzartasuna.*

VIGILANT, ANTE, adj., attentif, soigneux. — *Erenea, artosa, chimena, atzarria, iratzarria.*

VIGILE, s. f., veille de fête. — *Bichilia.*

VIGNE, s. f., plante qui porte le raisin, terre en vigne. — *Mahastia.*

VIGNERON, s. m., qui cultive la vigne. — *Mahastizaïna.*

VIGNETTE, s. f., petite estampe.— *Lorkinda.*

VIGNOBLE, s. m., lieu planté de vignes. — *Mahastidia.*

VIGOUREUSEMENT, adv., avec vigueur. — *Indartki, borthitzki, azkarki.*

VIGOUREUX, EUSE, adj., qui a de la vigueur. — *Azkarra, indartxúa, borthitza.*

VIGUEUR, s. f., force, ardeur. — *Indartasuna, borthitztasuna, azkartasuna.*

VIL, ILE, adj., méprisable, de peu de valeur. — *Likitxa, liatsúa, aphala.*

VILAIN, AINE, adj., qui déplaît à la vue, désagréable. — *Itxusia.* || Méchant : *Gaïchtóa, tzarra.* || Avare : *Cikoïtza.*

VILAINEMENT, adv., d'une manière vilaine.— *Itxuski.*

VILEBREQUIN, s. m., outil pour percer. — *Ghimbaleta, pimpaleta, zulukia.*

VILEMENT, adv., d'une manière vile. — *Aphalki.*

VILENIE, s. f., ordure. — *Urdekeria, Zikinkeria.* || Fig., avarice : *Cizkoïtzkeria, cikoïtzkeria, gramanza, lukhurantza, gupidetasuna, abaricioskeria.* || Action basse : *Aphaltasuna.*

VILETÉ, s. f., qualité de ce qui est vil. — *Aphalkeria.* || De peu d'importance, à vil prix : *Deüskeria.*

VILIPENDER, v. a., déprimer. — *Ghipetzea.* || Mépriser : *Mespresatzea.*

VILLAGE, s. m., assemblage de maisons moins considérable qu'un bourg. - *Irichka, iriska.*

VILLAGEOIS, s. m., habitant d'un village. — *Irichkatarra, iriskatarra, kampañarra, aldearra, aldeatarra.*

VILLE, s. m., assemblage de maisons plus considérable qu'un bourg. — *Iria.*

VILLETTE, s. f., très-petite ville. — *Iritchua.*

VIN, s. m., liqueur qu'on tire du raisin. — *Arnoa, arnia.*

VINAIGRE, s. m., vin rendu aigre. — *Biñagria, minagria, minagrea.*

VINAIGRER, v. a., assaisonner de vinaigre.— *Biñagreztatzea, minagreztatzea, minagreztatzia.*

VINAIGRIER, s. m., qui fait du vinaigre. — *Biñagre, minagre'ghilea.* || Qui vend du vinaigre : *Biñagre, binagre saltzaïlea.* || Vase pour le vinaigre : *Biñagre-ampolla, minagre-tokia.*

VINDICATIF, IVE, adj., porté à se venger. — *Mendekaria, erratxua, mendekatia, irakorra.*

VINÉE, s. f., récolte de vin d'une année. — *Urteko arno aldia.*

VINEUX, EUSE, adj., du goût, de la couleur du vin. — *Arnotxua.*

VINGT, adj. num., deux fois dix. — *Ogoï.* || s. m., vingtième jour du mois : *Ilhabetiaren ogoïgarren eguna.* || Numéro 20 : *Numero ogoïa.*

VINGT-QUATRE. (IN), s. m., format en vingt-quatre feuillets. — *Ogoï'ta-laügoa.*

VINGTAINE, s. f., nombre de vingt.— *Ogoïdia.*

VINGTIÈME, adj. et s. m., nombre ordinal.— *Ogoïgarrena.*

VIOL, s. m., violence qu'on fait à une fille. — *Bortcha, borcha, erchakuntza, keïsua.*

VIOLATEUR, TRICE, s., qui viole la loi, etc. — *Bortcharia, borcharia, ercharia, keïsaria.*

VIOLATION, s. f., action de violer. — *Bortchaëra, borchaëra, erchaëra, keïsaëra.*

VIOLEMENT, s. m., infraction aux lois. — *Bortchaëra, borchaëra, keïsaëra, erchaëra.* || Par viol : *Bortchaz, borchaz, erchaz, keïsuaz.*

VIOLEMMENT, adv., avec violence, forcément. — *Bortchaz, keïsuaz, bortchakan, mutiriki.* || Brusquement : *Aspreki, mokhorki.*

VIOLENCE, s. f., qualité de ce qui est violent, force injuste. — *Bortcha, borcha, erchakuntza, keïsua, mutiritasuna.*

VIOLENT, ENTE, adj., qui agit avec force. — *Mutiria, dorpea, mina.* || Violent (homme), emporté : *Saltakorra.* || Violente (mort) : *Heriotze mutiriua.*

VIOLENTER, v. a., contraindre. — *Bortchatzea, bortchatzia, keïsatzea.*

VIOLER, v. a., enfreindre, faire violence. — *Bortchatzea, bortchatzia, borchatzia, erchatzea.*

VIOLET, TE, adj. et s., de couleur violette.— *Moria, morea.*

VIOLETTE, s. f., fleur printanière. — *Bioleta, biola, biolchoa.*

VIOLIER, s. m., plante qui vient sur les murs sans être cultivée. — *Biolia.*

VIOLON, s. m., instrument de musique. — *Chirribika, charabeta, biolina.*

VIOLONISTE, s. m., qui joue du violon. — *Chirribikaria, charrabetaria, biolinista.*

VIORNE, s. f., arbrisseau. — *Ezker-aïhen-beltza.*

VIPÈRE, s. f., serpent venimeux.— *Biphera.*

VIPEREAU, s. m., petit de vipère. —*Biperatchua.*

VIRAGO, s. f., fille qui a l'air d'un homme. — *Marighizon.*

VIREMENT, s. m., transport d'une dette. — *Kambiantza.*

VIRER, v. a., tourner, t. mar. — *Itzultzea.* || v. n., questionner, fam. : *Galdetzea.*

VIREVEAU, s. m., sorte de cabestan. — *Giragora.*

VIRGINAL, ALE, adj., de vierge. — *Biryinakua, birjinakua, puntzeladarra, batzaïtarra.*

VIRGINITÉ, s. f., état vierge. — *Biryinitatia, birjinitatia, puntzeltasuna, batsaïtasuna.*

VIRGULE, s. f., signe de ponctuation. — *Cigorchoa.*

VIRIL, ILE, adj., d'homme, au pr. et au fig. — *Ghizonkûa.* ‖ De l'homme : *Ghizonarena.* ‖ Du sexe mâle : *Ghizonkia.*

VIRILEMENT, adv., d'une manière virile. — *Ghizonki.*

VIRILITÉ, s. f., âge viril. — *Ghizontasuna, ghizaróa.*

VIROLE, s. f., petit cercle de métal qui assujettit. — *Errestuna.*

VIRTUALITÉ, s. f., caractère, qualité de ce qui est virtuel. — *Birtugarritasuna.*

VIRTUEL, LE, adj., qui a la puissance d'agir. — *Birtuarra, virtuarra, vertuarra.*

VIRTUELLEMENT, adv., d'une manière virtuelle. — *Birtualki, virtuarkiró, vertuarkiró.*

VIRULENCE, s. f., qualité virulente. — *Zorna.*

VIRULENT, ENTE, adj., qui a du virus. — *Zornatxua.*

VIRUS, s. m., venin. — *Zornia.*

VIS, s. f., pièce cannelée en spirale. — *Bisa, gaboïlchóa, tornillóa.*

VIS-A-VIS, prép., en face. — *Bisiambis, parrian-par.* ‖ Face à face : *Haïntcinez-haïntcin, buruz-buru.*

VISA, s. m., formule pour rendre authentique. — *Bisa.*

VISAGE, s. f., face de l'homme. — *Bisaiya, ahurpeghia, ahurpidea, musua.* ‖ Fig., terme de mépris, injurieux : *Muthurra.*

VISCÈRE, s. m., organe intérieur destiné à élaborer les substances vitales. Sing. : *Erraya, halsara, entraña* ; pl., viscères: *Errayac, halsarac, entrañac.* (C'est le plus souvent au pl. qu'on se sert de ces derniers termes en basque).

VISCOSITÉ, s. f., qualité visqueuse. — *Biska, istinga, lizka.*

VISÉE, s. f., direction de la vue au but. — *Beghiratasuna.*

VISER, v. a., mirer. — *Miratzia, beïratzia.* ‖ Regarder au but : *Apuntatzia.* ‖ Mettre le visa : *Firmatzea, bisatzea.* ‖ v. n., avoir en vue, fig. : *Beghiztatzea.*

VISIBILITÉ, s. f., qualité de ce qui est visible. — *Ikusgarritasuna.*

VISIBLE, adj., qui peut se voir, évident. — *Ikusgarria, agheria.*

VISIBLEMENT, adv., d'une manière visible. — *Ikusgarriki, agheriki.*

VISIÈRE, s. f., bouton au bout du fusil. — *Apuntatzekûa.* ‖ Pièce de casque, de casquette : *Kuşirrita, bisiéra.*

VISION, s. f., action de voir. — *Ikuskuntza, ikuskera, ikusketa.* ‖ Apparition : *Itchurapena.* ‖ Fig., idée extravagante : *Gógó bahaska, phentxamendu, gógakin dësaraüa.*

VISIONNAIRE, adj. et s. m., qui croit avoir des visions. — *Itchurakorra, ikuskeralea.* ‖ Qui a des idées chimériques : *Phentxamendu banaskac, dësaraüac duena.*

VISITATION, s. f., fête catholique. — *Bisitacionea.*

VISITE, s. f., action d'aller voir quelqu'un. — *Bisita, visita.* ‖ Recherche, examen, vérification : *Ikherdea, billakindea, berifikacionea, erregistróa.*

VISITER, v. a., faire visite. — *Bisitatzea, visitatzea.* ‖ Vérifier : *Ikhertzea, billakindetzea, berifikatzea, erregistratzea.*

VISITEUR, s. m., commis pour visiter. — *Ikhertzaïlea, billatzaïlea, billakindaria, berifikatzaïlea, erregistratzaïlea.*

VISQUEUX, EUSE, adj., gluant. — *Lizkatxúa, limburdikatxúa, biskatxúa, istingatxúa.*

VISSER, v. a., attacher avec des vis. — *Bisatzea, gaboïltzea, tornillzea.*

VISUEL, LE, adj., qui appartient à la vue. — *Bichtakúa, beghikúa, beghitarra.*

VITAL, ALE, adj., de la vie. — *Bicitic, bicikúa.*

VITALITÉ, s. f., mouvement vital. — *Bicigarritasuna.*

VITE, adj., qui se meut avec célérité. — *Fite, laster, kúto, agudo, pruntki.*

VITEMENT, adv., vite, fam. — *Fite, laster, kútoki, agudo, pruntki.*

VITESSE, s. f., grande promptitude. — *Lastertasuna, pruntasuna, agudotasuna, lasterrera, arindea, biziera, kútotasuna.*

VITRAGE, s. m., les vitres d'un bâtiment. — *Beriñac, beriñac.*

VITRAUX, s. m. pl., les grandes vitres d'une église. — *Elizeén beriñ handiac.*

VITRE, s. f., carreau de verre. — *Beriña, berina.*

VITRÉ, ÉE, adj., garni de vitres. — *Beriñeztatúa, berineztatúa.*

VITRER, v. a., garnir de vitres. — *Beriñeztatzea, berineztatzea.*

VITRERIE, s. f., art du vitrier. — *Beriñteghia, berinteghia.*

VITREUX, EUSE, adj., qui ressemble au verre. — *Beriñtxúa, berintxúa, beïratxúa, vidriotzúa.*

VITRIER, s. m., ouvrier qui travaille en vitres. — *Beriñ-ezarlea, berin-ezarlea.*

VITRIFIABLE, adj., propre à être converti en verre. — *Beriñgarria, beringarria, beïragarria, vidriogarria.*

VITRIFICATION, s. f., action de vitrifier. — *Beriñakuntza, berinakuntza, beïra'ghita, vidrioghita.*

VITRIFIER, v. a., convertir en verre. — *Beriñtzea, berintzea, beïra'ghitea, vidriotzea.*

VITRIOL, s. m., sulfate. — *Menaslora.*

VITRIOLÉ, ÉE, adj., où il y a du vitriol. — *Menasloretúa.*

VITRIOLIQUE, adj., du vitriol. — *Menaslorekúa.*

VIVACE, adj., qui a les principes d'une longue vie. — *Bicikorra, bicitxûa, bizitorra, zaïla.*

VIVACITÉ, s. f., promptitude de mouvement, activité, ardeur. — *Bizitasuna, atzarritasuna.* ǁ Éclat, bruit : *Arrabotxa, arrôa.* ǁ Lumière : *Arghia.* ǁ pl., emportements : *Saltukortasuna.*

VIVANDIER, ÈRE, s., qui vend des vivres. — *Bazkornitzaïlea.*

VIVANT, ANTE, adj. et s. m., quelqu'un qui vit. — *Bicia, bicidena.*

VIVAT, s. m. et interj., cri d'applaudissement. — *Bibat.*

VIVE ! interj. qui exprime la joie. — *Biba.* ǁ s. f., poisson de mer : *Armiarma-arraya, irmi-arma-arraïna.*

VIVEMENT, adv., avec vivacité. — *Biziki.*

VIVIFIANT, ANTE, adj., qui vivifie. — *Bicigarria, bicieraslea, biciaraslea.*

VIVIFICATION, s. f., action de vivifier. — *Bicigarritasuna.*

VIVIFIER, v. a., donner la vie, la vigueur. — *Biciaraztea.*

VIVIFIQUE, adj., qui vivifie. — *Bicigarria.*

VIVOTER, v. n., vivre petitement. — *Doydoya-bicitzea.*

VIVRE, v. n., être en vie, fig., durer, passer sa vie. — *Bicitzea.* ǁ Se nourrir : *Aztea.* ǁ s. m., nourriture : *Yanaria, yutekúa, hazgarria, hazkuria.*

VOCABULAIRE, s. m., liste alphabétique des mots d'une langue. — *Hitzteghia.*

VOCABULISTE, s. m., auteur de vocabulaire. — *Hitzteghi'ghilea.*

VOCAL, ALE, adj., qui s'exprime par la voix. — *Bozakúa, boztarra, áosdarra.*

VOCALEMENT, adv., par la voix. — *Bozez, ahoz, aóskiz.*

VOCATION, s. f., inclination pour un état, disposition naturelle. — *Ekarraya, gógóa, jarkia, jaïdura, ayerra.*

VOCIFÉRATION, s. f., discours avec clameur. — *Deadarra, karrasia.*

VOCIFÉRER, v. n., faire des vociférations. — *Deadartzea, karrasitzea.*

VOCIFÉRATEUR, TRICE, s. et adj., qui vocifère. — *Deararia, karrasitzaïlea.*

VŒU, s. m., promesse à Dieu, ex-voto ; pl., profession religieuse, désir ardent, souhaits. — *Botúa, beïla.*

VOGUE, s. f., mouvement d'une embarcation causé par l'action des rames. — *Urian ibiltzeac.* ǁ Grand cours d'une chose, crédit, réputation : *Fama, fameá, ïomena, omena.*

VOGUER, v. n., ramer, aller à rames. — *Arrabatzia, ramatzia.*

VOICI, prép., pour montrer ce qui est près. — *Huna.*

VOIE, s. f., chemin. — *Bidea, bidia.* ǁ Traces : *Arrastúac, errastúac, errestóac.* ǁ Voiture : *Karreiyúa, karraiyóa.* ǁ Manière de faire : *Eghin manera.* ǁ Expédient : *Moyena, moyana, úsma.* ǁ Mesure : *Neürria, negurria, izária.* ǁ Moyen : *Moyena, ghisa, bidea, karia.* ǁ Voie lactée, amas d'étoiles : *Erromako-bidea, erromako-zubia.*

VOILA, prép., pour montrer ce qui est un peu loin. — *Horra.*

VOILE, s. m., étoffe pour dérober aux yeux. — *Búala, estalkia.* ǁ Couverture de tête des religieuses : *Búala, belóa, budoya.* ǁ Prétexte : *Estakurua, pretestúa.* ǁ s. f., toile pour recevoir le vent : *Béla, véla, aïzapia.* ǁ pl., vaisseaux : *Bélac, vélac, aïzapiac.*

VOILÉ, ÉE, adj., couvert d'un voile. — *Búalatúa, belotúa, budoytúa.* ǁ Caché : *Estalia.* ǁ Voix qui n'est pas sonore : *Estalia.*

VOILER, v. a., couvrir d'un voile. — *Búalatzea, beloïtzea, budoytzea.* ǁ Fig., d'un prétexte : *Estaltzea.*

VOILERIE, s. f., lieu où se font les voiles. — *Bélateghia, vélateghia, aïzapiteghia.*

VOILIER, s. m., qui fait les voiles. — *Béla-'ghilea, véla'ghilea, aïzapi'ghilea.* ǁ Navire dont la course est rapide ou lente : *Ibiltzaïlea.* ǁ Bon voilier : *Bélaria, vélaria arina.* ǁ Mauvais voilier, mauvais marcheur : *Pisúa.*

VOILURE, s. f., les voiles. — *Béladia, vélaghea, aïzapidia.*

Voir, v. a., recevoir les images par la vue. *Ikustea.* || Examiner : *Beïratzea.* || S'apercevoir : *Ikustea.* || Faire visite : *Bisitatzea, visitatzea.* || Fréquenter : *Ikustea.* || Regarder : *Beïratzea.* || Pénétrer : *Sartzea.* || Juger : *Yuyatzea.* || Connaître : *Ezagutzea.* || S'informer : *Yakitea.* || Inspecter : *Ikustea, ikertzea, bérifikatzea.*

Voire, adv., même. — *Baï'ta éré.*

Voisin, ine, adj. et s., habitant qui est proche. — *Aüzóa, aïzúa.* || Objet qui est proche : *Urbilá, urbilla.*

Voisinage, s. m., proximité. — *Aüzotasuna, aïzotasuna.*

Voisiner, v. n., fréquenter ses voisins. — *Aüzóac ikustea, eyekin ibiltzea, aüzokatzea, aïzokatzea.*

Voiture, s. f., ce qui sert au transport des personnes. — *Kárrosa, dilijencia, kótchia, manurga.* || Transport : *Kárreiyúa, karraiyóa.*

Voiturer, v. a., transporter par voiture. — *Karreiyatzea, karraiyatzea.*

Voiturier, s. m., qui conduit une voiture. — *Kárrosa-zaïna, konduturra.*

Voiturin, s. m., celui qui loue des chevaux, des voitures à des voyageurs. — *Zaldi, kárros alokatzaïlea.* || Qui les conduit : *Zaldi, kárros ghidaria.*

Voix, s. f., son qui sort de la bouche de l'homme qui parle, du gosier des oiseaux, des perroquets, des chats-huants, etc., chanteur, chanteuse, suffrage, opinion, droit de suffrage, sentiment, jugement. — *Bóza.* || De vive voix : *Bozez, aóskiz.*

Vol, s. m., mouvement de l'oiseau, de l'insecte ailé qui se soutient en l'air. — *Aïratze.* || Action de dérober, chose volée : — *Ohoïntza, ebasgóa, lapurkeria, ohoïngóa, arrogacionea, lapurtza.*

Volable, adj., qui peut être volé. — *Ohoïngarria, abasgarria, arrogagarria.*

Volage, adj., inconstant. — *Arina, mudakorra.*

Volaille, s. f., oiseau de basse-cour. — *Egazkia.*

Volant, ante, adj., qui s'élève et se soutient en l'air. — *Aïrakorra.* || En volant, en s'élevant dans les airs : *Aïratzian.* || Fig., qui change incessamment de place : *Aldakorra.* || Léger : *Arina.* || s. m., jouet à raquette : *Bolanta.* || Aile de moulin : *Aïzoko-errotaren egala.*

Volatil, ile, adj., qui s'évapore par le feu — *Súaz celaüsten, khemeartzen dena.*

Volatile, adj. et s. m., animal qui vole. — *Egaztina, egazkina.*

Volatilisation, s. f., action de volatiliser. — *Celaüstea, khemeartá.*

Volatiliser, v. a., rendre volatil. — *Celaüstetzea, khemeartzea.*

Volatilité, s. f., qualité volatile. — *Celaüstadura, khemeardura.*

Volatille, s. f., oiseau bon à manger. — *Egazkin yateko ón den gúcia.*

Volcan, s. m., mont qui vomit du feu ; fig., imagination ardente : *Sútokoria.*

Volée, s. f., vol d'un oiseau. — *Aldea.* || Bande d'oiseaux qui volent : *Chori aldea.* || Nichée : *Kafialdia, ume-aldea.* || Branle des cloches : *Balanza, kórdoka.* || Décharge de canons : *Kánoy tiro aldea.* || Coups de bâton, fam. : *Makhil golpe, eho aldea.* || A la volée, adv., inconsidérément : *Aïrian.*

Voler, v. n., sé soutenir en l'air avec des ailes ; fig., courir vite. — *Aïratzea, égaldatzea.* || Dérober : *Ebastea, arrogatzea.*

Volereau, s. m., petit voleur, fam. — *Ohoïntchúa, ebasletchúa, arrogatzaïletchúa, lapurtchúa.*

Volerie, s. f., larcin, fam. — *Ohoïntza, ebasgóa, ohoïngóa, arrogacionea, lapurkeria.*

Volet, s. m., pigeonnier. — *Usoteghia, usoteya, ursoteya.* || Ais à l'entrée d'une volière : *Taüla.* || Panneau couvrant une croisée : *Leiyo'pharte bat.*

Voleter, v. n., voler faiblement. — *Flakoki aïratzea, egaldatzea.*

Voleur, euse, s., qui dérobe. — *Ohoïna, ebaslea, lapurra.*

Volière, s. f., grande cage où l'on nourrit des oiseaux. — *Káyol'handia.*

Volontaire, adj. et s., qui se fait sans contrainte. — *Gógoz, nahiz.* || Qui ne fait que sa volonté : *Béré nahizkóa.* ||, s. m., soldat volontaire : *Boluntarioa.*

Volontairement, adv., de bonne volonté. — *Bolontatez, borondatez, nahi ukanez.*

Volonté, s. f., faculté de vouloir. — *Bolondatea, borondatea, nahikundea, gógóa, goghá.* || Disposition : *Menea, trempúa.* || De bonne volonté, ardeur pour son devoir : *Gógóa, icekia, kharra.*

Volontiers, adv., de bon cœur. — *Bihotz ónez, bihotzez, gógo ónez, gógotic.*

VOLTE, s. f., mouvement en rond. — *Itzulia*. || Faire volte-face, tourner le visage à l'ennemi qui poursuit : *Itzultzea*.

VOLTIGEMENT, s. f., action de voltiger. — *Bolea, irabia, birakundea, girabira*.

VOLTIGER, v. n., voler çà et là, flotter au gré des vents, faire des exercices, être léger, inconstant : *Boleatzea, irabiatzea, birunkuntzea, girabiratzea*.

VOLTIGEUR, s. m., qui voltige. — *Boleátzailea, irabiatzailea, birunkatzailea, girabiratzailea*. || Soldat d'élite : *Boltijurra*.

VOLUBILITÉ, s. f., facilité de se mouvoir. — *Iraülikoïdea, aldakoïdea*. || Articulation nette et rapide : *Bizitasuna mintzatzian*.

VOLUME, s. m., grosseur, étendue d'un corps. — *Bultóa, handigóa, lodera, handitasyna*. || Livre : *Tomóa*.

VOLUMINEUX, EUSE, adj., fort étendu. — *Handia*. || Fort gros : *Lódia*.

VOLUPTÉ, s. f., plaisir des sens. — *Aragheïd*.

VOLUPTUEUSEMENT, adv., avec volupté. — *Aragheïki*.

VOLUPTUEUX, EUSE, adj., qui aime, qui inspire la volupté. — *Aragheïtia*.

VOMIR, v. a. et n., rejeter par la bouche ce qui est dans l'estomac, etc. — *Goïtikatzea, goïtikatzia, goïtigatzea*.

VOMISSEMENT, s. m., action de vomir. — *Goïtigomita, goïtikomita, goïtikóa*.

VOMITIF, IVE, adj. et s., qui fait vomir. — *Goïtitzaïlea, goïti-éghinaraztekúa*.

VORACE, adj., qui a de la voracité. — *Ithoka yaten duena*.

VORACITÉ, s. f., avidité à manger. — *Ithokan yatea*.

VOTANT, s. m., qui vote. — *Bóz'émaïlea, bakerizlea*.

VOTATION, s. f., action de voter. — *Bakerizdea*.

VOTE, s. m., vœu émis. — *Botúa, beïla*. || Suffrage donné : *Bóza, aóskia, bakeriza*.

VOTER, v. a., donner son suffrage. — *Bóza émaïtea, bakeritzea*.

VOTIF, IVE, adj., qui a rapport à un vœu. — *Botutxúa, beïlatxúa, bakeritxúa*.

VOTRE, adj. pos., de vous. — *Zure*. || Le vôtre : *Zurea, zuria*.

VOUER, v. a., consacrer. — *Konsagratzea, donekitzea, donekidatzea*. || Promettre par vœu : *Botuz, beïlaz aghintzea, promes'émaïtea*.

VOULOIR, v. a. et n., avoir la volonté, désirer, consentir, exiger. — *Nahi, nahitzea,*

nahi izaïtia. || En vouloir à quelqu'un, lui vouloir du mal : *Gaïzki nahi izaïtea*. || Prétendre : *Prétenitzea, búrupetzea*. || s. m., volonté : *Nahia, oldea, borondatea, naïghiña, bolondatea, nahikundea*.

VOUS, pl. du pron. *tu, toi*. — *Zu, zuc*.

VOUTE, s. f., ouvrage de maçonnerie fait en arc. — *Bobeda, boveda, uztaïtziña, laberea*.

VOUTÉ, ÉE, part., formé en voûte. — *Bobedatúa, bovedatúa, uztaïtziñtúa, laberatúa*. || Courbé par l'âge : *Makurtúa*.

VOUTER, v. a., faire une voûte. — *Laberetzea, bobedatzea, bovedatzea, uztaïtzintzea*. || v. p., se courber par l'âge : *Makurtzea*.

VOYAGE, s. m., chemin fait dans un trajet de quelque étendue. — *Piaiya, bidagea, biagea, bidagóa*. || Sa relation : *Kondaïra*.

VOYAGÉ, part., parcouru divers pays. — *Ibillia, piaiyac eghinac*.

VOYAGER, v. n., faire des voyages. — *Piaiyac éghitea, ibiltzea urrun tóki diferentetan, piaiyatzea, bidageatzea, biajatzea, bidagotzea*.

VOYAGEUR, EUSE, s., qui voyage. — *Bideanta, piaiyetan ibiltzen dena, bideranta, bidajarria, biajaria, bidabillea*.

VOYANT, ANTE, adj. et s., qui se voit de loin. — *Ikuslea*. || Qui a trop d'éclat (en parlant des objets de toilette) : *Aïrosa*. || Prophète : *Proféta, profeïta, asmeghitaria*.

VOYELLE, s. f., lettre qui a un son plein sans le secours des consonnes. — *Bechaóa*.

VRAI, E, adj., conforme à la vérité. — *Eghia*. || Sincère : *Eghiatia, fédekúa, féde ónekua, cintia, bakuna, ónighia*. || s. m., la vérité : *Eghia*. || adv., vraiment : *Eghiazki*.

VRAIMENT, adv., véritablement. — *Eghiazki, eghiaz*.

VRAISEMBLABLE, adj., qui paraît vrai. — *Itchurakúa*.

VRAISEMBLABLEMENT, adv., avec vraisemblance. — *Aparantciaz, itchuran*.

VRAISEMBLANCE, s. f., apparence du vrai. — *Itchura, aparantzia, iduria*.

VRILLE, s. f., outil pour percer. — *Pimpaleta, ghimbaleta*. || Liens avec lesquels les plantes s'accrochent aux corps voisins : *Aïhena*.

VU, participe de *voir*. — *Ikusi*. || Visa : *Bisa*.

VUE, s. f., faculté, action de voir. — *Bichta, bista*. || Les yeux : *Beghiac*. || Manière dont on voit : *Ikusi manera*. || Étendue de ce qu'on peut voir : *Bichta.* ‖ Inspection : *Beïrakuntza, bérifikacionea, billakindea, erregistróa, ikerdea, behakuntza, beghirakuntza, espekcionea.* ‖ Passage : *Pasayúa.* ‖ Connaissance : *Yakintasuna.* ‖ pl., projets, desseins : *Deseñua, intentcionea, guticia.*

VULGAIRE, adj., commun, trivial. — *Kómuna.* ‖ s. m., le peuple : *Populúa.*

VULGAIREMENT, adv., communément. — *Kómunzki.*

VULNÉRABLE, adj., qui peut être blessé. — *Kólpagarria, gólpagarria.*

VULNÉRAIRE, adj. et s. m., propre pour la guérison des plaies. — *Sakaïl, zaüri sendagarria.*

VULVE, s. f., orifice du vagin. — *Alúa, alia.*

X

X, s. m. (IKS ou XE), vingt-troisième lettre de l'alphabet. — *Abeceko ogoï-'ta-hirurgarren letra.*

XÉNIE, s. f., don, présent. — *Présenta, orroïtzapena, émaïtza, doaïña, doóya, érregalóa.*

XÉROPHAGE, s. f., qui ne vit que de fruits secs et de pain. — *Oghiz éta fruïtu idorrez bici dena.*

XÉROPHAGIE, s. f., abstinence pendant laquelle l'on ne vivait que de pain et de fruits secs. — *Barura dembora iraüten zueïno oghiz éta fruïtu idorrez baïcik bicitcen ciren.*

Y

Y, s. m. (I GREC), vingt-quatrième lettre de l'alphabet. — *Abeceko ogoï-'ta-laügarren letra.* ‖ adv. relatif. En cet endroit (là-bas, ou ici, ou là) : *Harat, hunat, horrat.* ‖ Voulez-vous que j'y aille : *Nahi duzu yúanadin.*

YEUX, s. m. pl. de œil. — *Beghiac.*

Z

Z, s. m. (ZÈDE ou ZE), vingt-cinquième lettre de l'alphabet. — *Abeceko ogoï-'ta-bortzgarren letra.*

ZAGAIE, s. f., sorte de grand dard dont les Maures et quelques autres peuples se servent pour combattre. — *Azkona, azagaya.*

ZAIN, adj. (cheval) tout noir ou tout bai. — *Zaldi dena beltza edo gaztaïn kholorekúa.*

ZÉLATEUR, TRICE, s., qui agit avec zèle. — *Kharrakorra.*

ZÈLE, s. f., affection ardente. — *Kharra.* ‖ Grand empressement : *Cela, celóa.*

ZÉLÉ, E, adj., qui a du zèle. — *Khartxúa.*

ZÉPHYR, s. m., vent doux. — *Aïze arina, eztia.*

ZÉRO, s. m., caractère d'arithmétique. — *Séro.*

ZEST, interj. pour se moquer. — *Pzith.* ‖ Fam., entre le zist et le zest, ni bon, ni mauvais : *Ez ón ez gachto.*

ZESTE, s. m., cloison dans les noix. — *Eltzaür barneko separacionea.* ‖ Superficie de l'écorce d'un citron, d'une orange : *Cidroïnen, laranyen achala gaïna.* ‖ Rien, fam. : *Deüsez.*

ZIGZAG, s. m., suite de lignes l'une au-dessus de l'autre formant entre elles des angles très-aigus. — *Sighi-saga, ceïharka.*

ZIZANIE, s. f., ivraie. — *Iraka, zalkea, lollóa, zoragarria.* ‖ Fig., discorde : *Desongundea, desarakida, asarrea, nahaskeria.*

ZODIACAL, ALE, adj., qui appartient au zodiaque. — *Senesikúa.*

ZODIAQUE, s. m., espace où les planètes se meuvent. — *Senesia.* ‖ Grand cercle de la sphère : *Boïlako uztaïl handia, arrunda handia.*

Zoïle, s. m., mauvais critique. — *Zoïlo.* Envieux : *Nahikorra, guticiatxŭa.*

Zone, s. f., chacune des cinq divisions de la terre entre les pôles. — *Boskia, boski-bolla.*

Zoographie, s. f., description des animaux. — *Alimaléen ciazaldea.*

Zoologie, s. f., histoire naturelle des animaux. — *Alimaléen hichtoriŭa. émaïten du.*

ERRATA

Lettre A

Pages Lignes

5   1re du mot ACHALANDER, lisez *faire avoir*, au lieu de *faire ayant*.
5   1re du mot ACHARNÉ, lisez *avoir*, au lieu de *ayant*.
8   3e du mot AGACER, mettez après envie : *Erneaztia, erazararaztia, jaïkiaraztia, guticiatzea* ; et après agacer les dents par un acide : *Ozkitzia, orzakilikatzea*.
8   2e du mot AGONIE, lisez *azkeneko* au lieu de *azkeko*.
10   2e, après le mot AINESSE, lisez *andregheïtasuna*, au lieu de *andreyheïtasuna*.
11   Sur la même ligne du mot ALMANACH, lisez *almanaka*, au lieu de *almanaca*.
12   2e, après le mot AMALGAMER, lisez *nahastekatzea*, au lieu de *nahashtekatzea*.
12   3e, après le mot AMASSÉ, lisez *biribilkatzea*, au lieu de *biribilcatzea*.
12   2e et 3e du mot AMBITIEUX, lisez *irritxaria, irritsaria, nahikundarra, apicitsùa, ansuteduna, andinaykorra, omenatxùa*, au lieu de *Irritxa, irritsá, nahikundea, apicíùa, ansutia, andinaya, omenaga*.
13   2e, après le mot AMONCELLEMENT, lisez *montoïtasuna*, au lieu de *montoïkatzea*.
13   2e, après le mot ANCIENNETÉ, lisez *zahartasuna*, au lieu de *zaharretan*.
15   2e, après le mot APOSTASIE, lisez *arnegùa*, au lieu de *arneghua*.
17   2e, après le mot ARGENT, lisez *zillárra*, au lieu de *zilhárra*.
18   3e, après le mot ARROSER, lisez *uriztatzea*, au lieu de *urriztatzea*.
18   3e, après le mot ARTICULATION, lisez *yóntura*, au lieu de *yónturac*.
20   Sur la ligne du mot ATTACHE, lisez *lókarria*, au lieu de *lokcarria*.
22   2e du mot AUPRÈS, lisez *uillanian*, au lieu de *nillanian*.

Lettre B

24   Mettez avant le mot BABIL : B (BÉ ou BE), s. m., 2e lettre de l'alphabet. — *Abeceko bigarren letra.*
27   3e, après le mot BAVEUX, lisez *edeakorra*, au lieu de *edekorra*.
32   A la suite de la 1re ligne, au mot BRAIRE, ajoutez, après *marrantzia, orrukatzia*.

Lettre C

35   Sur la même ligne du mot CABOTEUR, lisez *untciko*, au lieu de *ucitako*.
35   2e du mot CACAOYÈRE, lisez *kakaódia*, au lieu de *kakaóteghia*.
36   2e ligne du mot CALCULER, supprimez le trait-d'union qui joint les deux mots *chifratan aïtzia*.
39   3e du mot CATÉCHISME, substituez à *doktrina* un *c* au *k*.
40   A la fin de la ligne du mot CÉRÉALE, lisez *bihikia*, au lieu de *bihia*.
44   2e du mot CERTES, lisez *eghiaz*, au lieu de *egiaz*.
45   3e du mot CHÈVRE, lisez *basahuntza*, au lieu de *basaùntza*.
46   2e du mot CHEVRETTE, lisez *orkatz emea* et *basahuntz emea*, au lieu de *orkatzumea* et *basahuntzumea*.
50   2e du mot COLLECTIVEMENT, lisez *bilgóro*, au lieu de *bilgóra*.
52   2e du mot COMPARER, lisez *anzunzea*, au lieu de *auzunzea*.
56   A la fin de la première ligne du mot CONFUS, lisez *ahalketua*, au lieu de *aheketua*.
63   2e du mot CORNOUILLER, lisez *basagheci hóndoa* et *basakereïz hóndoa*, au lieu de *basaghereci-óndoa* et *basakereïzondoa*.
67   A la fin de la première ligne du mot CREUSER, lisez *cilhótzea*, au lieu de *cilhótza*.
68   2e du mot CROISEMENT, supprimez la virgule entre les mots *gurutzeka* et *izaïtia*.
69   2e du mot CURIOSITÉ, lisez *birrighintasuna*, au lieu de *birringitasuna*.

Lettre D

Pages Lignes
70   4e du mot Dans, lisez au deuxième mot basque *aüzoan*, au lieu de *aünzoan*.
72   A la fin de la ligne du mot Déclamer, lisez *hizkuntzea*, au lieu de *hiztzeadun*.
73   2e du mot Découvrir, lisez *khentzea*, au lieu de *kentzea*.
75   2e du mot Défricher, lisez *atheratzea*, au lieu de *atheratcea*.
76   A la suite de la première ligne du mot Délire, lisèz *erreberióa*, au lieu de *errebrióa*.
78   A la fin de la première ligne du mot Démonstration, lisez *fróga*, au lieu de *frógha*.
85   4e du mot Dessous, séparer par une virgule *alderantcia* et *kóntra*.
86   4e du mot Détermination, supprimer le tréma du deuxième *e* de *betezarra*.
87   2e du mot Dialogue, lisez *hizketa*, au lieu de *htzketa* et *hitzkaëra* au lieu de *hiizekaëra*.
88   3e du mot Diamant, supprimez la virgule entre *diamanta* et *laneztatúa*.
88   A la suite de la première ligne du mot Diffamant, lisez *galotsagarria*, au lieu de *galetsagarria*.
88   2e du mot Diffamatoire, lisez *galotsitxúa*, au lieu de *galitsitxúa*.
89   A la fin de la ligne du mot Dinde, lisez *indioïlo emea*, au lieu de *indioïlua*.
89   A la fin de la ligne du mot Dindon, lisez *indioïlo arra*, au lieu de *indioïlua*.
89   3e du mot Discipline, ajoutez *emaïtea* après le mot *iphurditan*.
91   A la suite de la première ligne du mot Dissection, lisez *ereïra*, au lieu de *erciera*.
93   2e du mot Doctement, lisez *irakaskiro*, au lieu de *iraskiro*.
93   2e du mot Dominer, lisez *par*, au lieu de *de*.
94   A la fin des première et deuxième lignes du mot Douteusement, ajoutez un accent circonflexe sur les mots *dúdarekin*, *dúduékin* et à ce dernier mot un accent aigu sur l'*e*.
96   Au commencement de la quatrième ligne du mot Dynastie, supprimer la lettre *a* au mot *erreghea*.

Lettre E

97   2e du mot Echanvrer, lisez *garbatzia*, au lieu de *garbatxia*.
99   2e du mot Ecouter, ajoutez, après la virgule du mot *aditzea*, le mot *cheletatzea*.
102   2e du mot Elastique, supprimer l'accent aigu sur l'*e* du mot *gomme*.
104   2e du mot Emigration, lisez *hilkida*, au lieu de *hilkia*.
106   2e du mot Enclave, lisez *cerratua*, au lieu de *zerratua*.
107   A la suite de la première ligne du mot Encrasser, lisez *zikintzea*, au lieu de *zinkintzea*.
107   2e du mot Endommagé, lisez *kháltetua*, au lieu de *khátetua*.
110   A la suite de la première ligne du mot Enquête, lisez *billakindea*, au lieu de *bilbakindea*.
110   2e du mot Entasser, lisez *montoïtzea*, au lieu de *motoïtzea*.
111   A la suite de la ligne du mot Entraînant, lisez *eremangarria*, au lieu de *eremengarria*.
112   2e du mot Entre-égorger (s'), lisez *elkar-sarraskitzea*, au lieu de *elkar-sarraskatzia*.
113   A la suite de la ligne du mot Envoyé, lisez *mandataria*, au lieu de *mandalaria*.
113   2e du mot Eparpillement, lisez *berduradura*, au lieu de *derduradura*.
113   A la suite de la première ligne du mot Eparpiller, lisez *barreiyatzea*, au lieu de *berreiyatzea*.
113   A la suite de la première ligne du mot Epars, lisez *berduratuac*, au lieu de *berduratuc*.
114   2e du mot Epizootie, lisez *izurritia*, au lieu de *izurritikúa*.
114   2e du mot Epizootique, lisez *izurritikúa*, au lieu de *izurritia*.
116   A la suite de la première ligne du mot Escalade, lisez *igaïtasuna* et *iraïtasuna*, au lieu de *ygaïtia* et *iraïtia*.
116   2e du mot Escalader, lisez *igaïtia*, au lieu *ygaïtia*.
118   2e du mot Etamer, lisez *cirradatzea*, au lieu de *cerradatzea*.
118   3e du mot Eternel, lisez *egundaïnokóa*, au lieu de *egudaïnokóa*.
119   2e du mot Etincelant, lisez *chindarran*, au lieu de *chindarra*.
119   2e et 3e du mot Etinceler, lisez *inharkotzea, pindarkatzea, chindakortzea*, au lieu de *inharkórra, pindarkorra, chindakorra*.
119   A la fin de la deuxième ligne du mot Etourderie, lisez *zórotasuna*, au lieu de *zórotas una*.
119   3e du mot Etrange, lisez *ikusgarria*, au lieu de *ikusgarriki*.
121   2e du mot Evaporer (s'), lisez *khemeartzea*, au lieu de *khomeartzea*.
123   A la suite de la ligne du mot Exemplaire, lisez *etxemplugarria*, au lieu de *etxemplagarria*.
125   A la suite de la ligne du mot Exprimable, lisez *errangarria*, au lieu de *erragarria*.

Lettre F

Pages Lignes

126 6° du mot Façon, lisez *ghisa hortan behaz*, au lieu de *ghisa hortan hortaz*.
127 A la suite de la deuxième ligne du mot Faîte, séparez par une virgule les mots *bizkarra* et *punta*.
128 2° du mot Fanfaronnerie, lisez *fúrfuykeria*, au lieu de *fúrfuzkeria*.
130 A la ligne du mot Fémur, lisez *terme d'anatomie*, au lieu de *terme d'astronomie*.
431 A la ligne du mot Fenaison, lisez *saison*, au lieu de *action*.
133 A la ligne du mot Figuier, lisez *piko hóndoá*, au lieu de *piko hondóa*.
133 Aux 6° et 7° lignes du mot Filtre, lisez *amodio-belharra*, au lieu de *amodio-beldio-belharra*.
135 2° du mot Foison, lisez *il y en a eu à foison*, au lieu de *il y en a à foison*.
137 Sur la ligne du mot Fossoyer, lisez *clore de fossés*, au lieu de *clore de fosses*.
139 Après la première ligne du mot Franc, lisez *Frankúa, phrankúa*, et à la deuxième ligne, à la suite du mot sincère, lisez *frankúa, agheria, phrankúa*.
139 2° du mot Fraude, lisez *yokotria*, au lieu de *yakotzia*.
140 2° du mot Fréquentation, lisez *ibilkuntza*, au lieu de *ibibilkuntza*.
140 2° du mot Frisé, lisez *arrotúa*, au lieu de *larrotúa*.
141 2° du mot Froncer, lisez *izurtzea*, au lieu de *izuria*.
141 2° du mot Froncis, lisez *izuria*, au lieu de *izurtzea*.

Lettre G

146 2° du mot Géométrie, lisez *neürtarkindea*, au lieu de *neurtakindea*.
146 2° du mot Géométrique, lisez *neürtarkindakóa* au lieu de *neürtakindakóa*.
148 A la suite de la ligne du mot Glapissant, lisez *saïngan*, au lieu de *soïngan*.
149 A la suite de la première ligne du mot Gorger, lisez *cintzurraïno*, au lieu de *cintzuhaïno*.
151 A la suite de la deuxième ligne du mot Grêlon, lisez *babazuka*, au lieu de *habazuka*.

Lettre H

155 2° du mot Haineux, lisez *gaïtzeritxúa*, au lieu de *yaïtzeriztxúa*.
155 2° du mot Hanche, lisez *anka*, au lieu de *aúka*.
159 Au mot commençant la deuxième ligne du mot Honnêtement, lisez *prestuki*, au lieu de *perestuki*.
160 A la fin de la deuxième ligne du mot Hotteur, lisez *bizkar otharretzaïlea*, au lieu de *bizkaratharretzaïlea*.
161 A la ligne du mot Huitaine, lisez *zortzidia*, au lieu de *zortzian*.

Lettre I

163 3° du mot Ignominieusement, lisez *aphalki*, au lieu de *abphalki*.
165 3° du mot Impatiemment, lisez *osartezkiro*, au lieu de *otsartezkiro*.
166 A la suite de la troisième ligne du mot Importunément, lisez *nekagarriki*, au lieu de *nekargarriki*.
167 6° du mot Impossible, lisez *ezinerazóa*, au lieu de *ecinerazóa*.
168 2° du mot Impudiquement, lisez *limurki* au lieu de *limunki*.
168 2° du mot Inaliénable, supprimez la virgule entre les mots *besterengarria* et *eztana*.
168 3°, après le mot Inaltérable, lisez *inamissible*, adj. de t. g., qui ne peut se perdre, au lieu de *inadmissible*, adj., qui ne peut être admis.
169 2° et 3° du mot Incertain, lisez *ségur ez dena, cierto ez tena*, au lieu de *ségur ezdena, ciertoéztena*.
170 2° du mot Inconnu, lisez *ez dena*, au lieu de *ezdena*.
173 2° du mot Indirect, lisez *cearra*, au lieu de *cearka*.
177 2° du mot Inhumainement, lisez *umanotateric gabe*, au lieu de *umanotatericgabe*.
182 2° du mot Intercaler, supprimez la virgule entre les mots *artian* et *ezartzea*.
183 2° du mot Intervenir, lisez *ethortzia*, au lieu de *ethorraztia*.
185 2° du mot Invisible, lisez *ikusezgarria*, au lieu de *ikusesgarria*.
185 2° du mot Invisiblement, lisez *ikuseziñez*, au lieu de *ikuseniñez*.

Lettre J

Pages Lignes

189   4e du mot Jouir, supprimez le trait-d'union mis entre les deux mots *atsein* et *artzia*.
190   A la suite de la ligne du mot Juger, lisez *yùyatzea*, au lieu de *yûijatzea*.

Lettre L

192   A la suite du mot Lacération, lisez *sarraskia*, au lieu de *sarraska*.
198   2e du mot Licencié, lisez *kónytatúa*, au lieu de *kónica*.
201   4e du mot Lorgnon, lisez *beátokia*, au lieu de *beátokikia*.

Lettre M

206   2e du mot Maltraiter, lisez *erabiltzea*, au lieu de *erabitzea*.
207   2e du mot Manier, lisez *erabiltzea*, au lieu de *erabillzea*.
212   2e du mot Mécontenter, lisez *désnaïkidatzea*, au lieu de *désnaïkidea*.
212   2e et 3e du mot Médire, supprimez les virgules entre les mots *gaïzkika* et *mintzatzia*, et *medisentki* et *elheketatzia*.
212   2e du mot Mélodieux, lisez *otseztitxúa*, au lieu de *otsezlitxúa*.
215   2e du mot Messagerie, lisez *mandatari plaza*, au lieu de *mandari plaza*.
216   2e du mot Météorologique, lisez *kémeaïrakindekùa*, au lieu de *kémeaïrakindeki*.
222   2e du mot Mordant, lisez *oskataria*, au lieu de *okataria*.

Lettre N

227   2e du mot Nasillard, supprimez la virgule qui est entre les mots *zûdurretic* et *mintzaria*.
228   3e du mot Nattier, séparer par une virgule les mots *zaret'* et *zpartzu*.
229   2e du mot Neutralement, lisez *egobiki*, au lieu de *nutreki*.
229   2e du mot Neutralisation, lisez *egobitasuna*, au lieu de *egobia*.

Lettre O

234   2e du mot Obéissant, lisez *oberienta*, au lieu de *aberienta*.
235   2e du mot Occulte, lisez *ichila*, au lieu de *tchila*.
237   2e du mot Oiseleur, lisez *tchoriketaria*, au lieu de *tchoketaria*.
239   3e du mot Orageux, lisez *oragiatxúa*, au lieu de *oragiatúa*.
241   A la fin de la deuxième ligne du mot Ortie, lisez *aüsima*, au lieu de *aüsina*.

Lettre P

246   2e du mot Parc, lisez *korralia*, au lieu de *horralia*.
246   2e du mot Parchemin, lisez *permamia*, au lieu de *germamia*.
246   3e du mot Pardon, lisez *barkacióa*, au lieu de *harkacióa*.
247   3e du mot Parer, lisez *eïgertzea*, au lieu de *eïgertkea*.
249   3e du mot Passionnément, lisez *yayerki*, au lieu de *yayarki*.
249   A la fin de la quatrième ligne du mot Passionner, lisez *ayertatzea*, au lieu de *ayerta*.
254   4e du mot Pensée, lisez *phentxamendùa*, au lieu de *phentzamendúa*.
257   2e du mot Perturbation, lisez *nahasmendùa*, au lieu de *nahasmundùa*.
259   1re du mot Piano, à la suite de *doucement*, ajoutez *emeki*.
259   10e du mot Pièce, lisez *lander*, au lieu de *lauder*.
261   A la suite de la ligne du mot Pissenlit, lisez *tchikore-salbaya*, au lieu de *thikore-salbaya*.
261   Aux 7e et 10e lignes du mot Pitié, supprimez les virgules entre les mots *urrikalmendu* et *izatia*, et les mots *urrikalmendúa* et *izantzazu*.
264   3e du mot Pliant, lisez *pliànta*, au lieu de *pianta*.

Pages Lignes

269 1re du mot Pont, lisez *côté*, au lieu de *bout*.
272 2e du mot Préférablement, lisez *légoïtzgarriki*, au lieu de *légoïtgarriki*.
273 3e du mot Préférer, lisez *légoïtzatzea*, au lieu de *légaïtzatzea*.
273 5e du mot Préparer, supprimez la virgule entre les mots *afaria* et *maneatzea*.
274 2e du mot Préposé, lisez *karabineróa*, au lieu de *karabiróa*.
276 A la suite de la 2e ligne du mot Printanier, lisez *belatzékúa*, au lieu de *belataékúa*.
281 2e du mot Protéger, lisez *mempetzea*, au lieu de *meïnpetzea*.

Lettre Q

286 2e du mot Quelconque, séparez par une virgule le mot *nahiden* de *édo*.
286 3e du mot Quereller, lisez *aharratzea*, au lieu de *ahuratzea*.

Lettre R

292 A la suite de la cinquième ligne du mot Raser, lisez *arrasatzia*, au lieu de *arraskatzia*.
293 2e du mot Ravissement, séparez par une virgule les mots *lapurreria* et *berekuntza*.
293 A la suite de la première ligne du mot Ravivé, lisez *bizitûa*, au lieu de *bizetûa*.
294 4e du mot Rebutant, lisez *mukherra*, au lieu de *mukerra*.
300 2e du mot Règle, lisez *astegaïtzac*, au lieu de *atsegaïtzac*.
301 Aux 3e et 4e lignes du mot Regrettable, lisez, en un seul mot, *gogoanbehargarria*.
303 2e du mot Remarquablement, lisez *ikusgarriki*, au lieu de *igusgarriki*.
303 2e du mot Remédier, lisez *erreparatzea*, au lieu de *erreperatzea*.
305 2e du mot Reniflement, lisez *urrupa*, au lieu de *urrupatz*, et séparez, par une virgule, ce mot de *zurrupa*.
307 2e du mot Repli, lisez *zighi-zaga*, au lieu de *zighi-zigha*.
307 2e du mot Report, supprimez la virgule entre les mots *aldikûa* et *errekarria*.
310 2e du mot Résonnant, lisez *soïnutzian*, au lieu de *soïnatzian*.
320 2e du mot Ruban, lisez *listoya*, au lieu de *histoya*.

Lettre S

322 2e du mot Sacramental, lisez *sakramendukûa*, au lieu de *sakramenendukûa*.
323 3e du mot Saisi, séparez par une virgule le mot *yóa* du mot *hartûa*.
324 4e du mot Sanglant, supprimez le quatrième mot (*sakaïla*), qui a été répété par erreur.
329 2e du mot Secrète, substituez le mot *avant* au mot *après*; et à la quatrième ligne du même mot (Secrète), substituez *haïntcineko* à *ondoko*, et ajoutez, après avoir mis une virgule après *oracionea*, le mot *segreta*.
331 4e du mot Semeur, lisez *edatzaïlea*, au lieu de *edatzaïlea*.
337 A la suite du mot Six, après deux fois trois, ajoutez *seï*, et après s. m., le chiffre 6, lisez *seïa* au lieu de *seï*.
338 2e du mot Soit, lisez *nahiz emendic*, au lieu de *nahiz emendi*.
339 3e du mot Sommier, supprimez la virgule entre les mots *zurdako* et *koltchoïna*.
342 3e du mot Sourciller, supprimez la virgule entre les mots *békeïnac* et *erabiltzea*.
346 2e du mot Stupeur, lisez *sorrera*, au lieu de *zorrera*.
346 5e du mot Style, lisez *nini phartea* mis en deux mots, au lieu de *niniphartea* mis en un seul.
346 2e du mot Subsistance, séparez par une virgule les mots *yatekóa* et *janaria*, et lisez, à la suite de la même ligne, *bicigarria*, au lieu de *bizigarria*.
346 5e du mot Substance, lisez *azkuria*, au lieu de *azkaria*.
347 A la suite de la 2e ligne du mot Sucement, lisez *tustadura*, au lieu de *tostadura*.
348 1re du mot Superbe, lisez *urguillusa*, au lieu de *urguilliusa*.

Lettre T

355 3e du mot Tardif, supprimez le mot *naghid*.
362 2e du mot Tire-laisse, supprimez la virgule entre les mots *peïta* et *engañatzaïlea*.
362 2e du mot Tisonner, supprimez la virgule entre les mots *iletiac* et *ighitzea*.

Pages	Lignes	
362	2e	du mot Tisonneur, supprimez la virgule entre les mots *ileliac* et *ighitzaïlea*.
366	3e	du mot Tout-beau, lisez *gheldi zite*, au lieu de *gheldizite* mis en un seul mot.
367		A la suite de la 3e ligne du mot Traîner, lisez *ekharraztea*, au lieu de *ekarrazea*.
368	3e	du mot Traitant, lisez *tratu'ghitean*, au lieu de *tratu ghi'ea*.
369	3e	du mot Transformateur, lisez *bertceratzaïlea*, au lieu de *verceratzaïlea*.
369		Sur la 1re ligne du mot Transgressé, mettez un tréma sur l'*u* de *aütxia*.
370		Sur la 1re ligne du mot Traquenard, supprimez ces trois mots : *espèce d'amble rompu*.
375		A la suite de la première ligne du mot Tubulé, lisez *Tütütûa*, au lieu de *Tûtûa*.
376	3e	du mot Tumultueux, lisez *harrotxûa*, au lieu de *harratxûa*.
376	2e	du mot Turbulence, lisez *arretasuna*, au lieu de *arretatuna*.

Lettre V

382   A la suite de la première ligne du mot Venette, lisez *dehadara*, au lieu de *dekadarra*.

Bayonne. — Imprimerie de veuve Lamaignère, rue Chegaray, 89.

www.ingramcontent.com/pod-product-compliance
Lightning Source LLC
Chambersburg PA
CBHW071854230426
43671CB00010B/1339